鄂尔多斯煤炭工业志

（1949—2018）

《鄂尔多斯煤炭工业志》编纂委员会　编

应急管理出版社
·北京·

图书在版编目（CIP）数据

鄂尔多斯煤炭工业志：1949—2018/《鄂尔多斯煤炭工业志》编纂委员会编．--北京：应急管理出版社，2021

ISBN 978-7-5020-8520-9

Ⅰ.①鄂… Ⅱ.①鄂… Ⅲ.①煤炭工业—工业史—鄂尔多斯—1949-2018 Ⅳ.①F426.21

中国版本图书馆CIP数据核字(2021)第277178号

鄂尔多斯煤炭工业志（1949—2018）

编　　者　《鄂尔多斯煤炭工业志》编纂委员会
责任编辑　曲光宇
编　　辑　李世丰
责任校对　孔青青　张艳蕾
封面设计　罗针盘

出版发行　应急管理出版社（北京市朝阳区芍药居35号　100029）
电　　话　010-84657898（总编室）　010-84657880（读者服务部）
网　　址　www.cciph.com.cn
印　　刷　北京盛通印刷股份有限公司
经　　销　全国新华书店

开　　本　787mm×1092mm 1/16　**印张**　44　**插页**　14　**字数**　1055千字
版　　次　2021年12月第1版　2021年12月第1次印刷
社内编号　20192194　**定价**　268.00元

《鄂尔多斯煤炭工业志》
编纂委员会

1993年5月4日　原能源部部长黄毅诚（前中）在东胜矿区调研

1993年6月18日　煤炭工业部部长王森浩（前中）在神东矿区调研

2005年9月28日　国务院国资委主任李荣融（中）在神华鄂尔多斯煤直接液化项目现场调研

2006年2月8日　内蒙古自治区党委书记储波（前左一）在准格尔矿区调研

2011年12月18日　内蒙古自治区党委副书记、自治区主席巴特尔（前右一）在伊东集团东华能源公司调研

2012年10月25日　内蒙古自治区党委书记胡春华（前中）在伊泰集团京粤酸刺沟煤矿井下调研

2013年3月26日　内蒙古自治区党委书记王君（右）在伊泰煤制油公司调研

2016年9月21日　内蒙古自治区政府主席布小林（前中）在中天合创化工分公司调研

2016年12月6日　内蒙古自治区党委书记李纪恒（前中）率领自治区第一安全生产督查组在伊泰煤制油公司安全检查

2018年7月18日　中国煤炭工业协会会长王显政（左一）在神东煤炭集团煤矿调研

年产2800万吨的神东煤炭集团补连塔煤矿

年产1800万吨的伊泰集团京粤酸刺沟煤矿

年产3400万吨的准格尔能源集团黑岱沟露天煤矿抛掷爆破

2010年1月8日　世界首个7米大采高综采工作面在神东煤炭集团补连塔煤矿投产

2018年3月19日　神东煤炭集团上湾煤矿世界首套8.8米超大采高成套综采智能化工作面设备投入生产

2018年12月　国内首个深部冲击地压煤层大采高智能化工作面在中天合创门克庆煤矿投入使用

准格尔能源集团黑岱沟露天煤矿采煤设备——斗容容量90立方米、挖掘深度71米、排放高度45.1米、作业半径100米吊斗铲

神东煤炭集团上湾煤矿井下无人值守变电站

入井前安全教育

鄂尔多斯市煤炭局党组书记、局长邬建勋（中）深入煤矿进行安全检查

神东矿山救援队伍

消防演练

黑岱沟选煤厂

煤炭集装站

煤炭清洁运输

2006年3月25日　神华准能公司大准铁路万吨列车开行

2016年度全国煤炭交易会在鄂尔多斯市召开

第十三届鄂尔多斯市国际煤炭及能源工业博览会开幕仪式

2016中国煤炭清洁高效利用高峰论坛

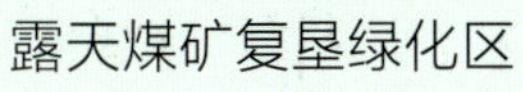

露天煤矿复垦绿化区

煤井（田）灭火工程

2017年6月8日　伊泰集团200万吨/年煤间接液化项目奠基仪式

神华鄂尔多斯煤制油分公司工业厂区全景

2017年4月27日　中天合创360万吨/年甲醇（中间产品）、137万吨/年聚烯烃项目投料试车一次成功

矿井水处理装置

污水处理装置

2010年9月12日 “神华杯”采煤技能国际邀请赛在神东矿区举行

2017年10月30日 鄂尔多斯市煤炭系统职工岗位技能比赛开幕式

鄂尔多斯市数字煤炭综合平台

神东区域控制中心

爱国主义教育基地党性教育

学习中国共产党第十九次全国代表大会精神知识竞赛

2008年5月　伊泰集团向汶川地震灾区捐款2000万元

生态治理后的绿色矿区

《鄂尔多斯煤炭工业志》评审会与会人员合影

序

鄂尔多斯，蕴藏着丰厚优质的煤炭资源。全市含煤区面积约6.1万平方千米，探明煤炭储量2102亿吨，预测煤炭总储量近万亿吨。鄂尔多斯煤炭易开采、品质好，是优质的环保煤炭（三低一高）。截至2018年，全市共有煤矿328座，设计生产能力80881万吨/年，煤炭开采机械化程度达到97%，采区采出率达到80%，煤炭生产百万吨死亡率0.008，生产能力和安全指标居世界领先水平。

鄂尔多斯，奉献着源源不断的光明和动力。1949年全盟煤炭产量只有6.82万吨，到2004年全市煤炭产量突破1亿吨，成为全国最大的产煤地级市，2018年全市煤炭产量达到6.2亿吨。鄂尔多斯是国家规划建设的14个大型煤炭基地之一、9个大型煤电基地之一和4个现代煤化工产业示范区之一。“鄂尔多斯煤”通过不同途径送往全国，享誉世界。

鄂尔多斯，书写着草原新都的能源篇章。党的十八大以来，鄂尔多斯煤炭人认真贯彻习近平总书记对内蒙古工作的重要指示精神，全面落实中央和内蒙古自治区决策部署，努力实践“绿水青山就是金山银山”理念，探索现代能源经济发展新模式，努力实现能源经济发展与生态环境保护高度融合。秉承创新、协调、绿色、开放、共享五大理念，走出一条安全绿色智能化开采、清洁高效低碳化利用的煤炭产业升级转型新路径，为建设全面小康社会夯实了坚实支点，为国家能源安全作出了应有的贡献。

2019年1月31日，鄂尔多斯市能源局挂牌成立。这是市政府进一步转变政府职能，发挥市场调节优势，优化资源配置的重要举措。新组建的市能源局作为市政府的职能部门，将原市煤炭局所有职责以及市发改委有关能源管理等职责进行整合，全面规划和管理鄂尔多斯能源工作，开启了鄂尔多斯市能源发展的新时代！

修志问道，以启未来。鄂尔多斯市能源局党组高度重视文化建设工作，依据国务院《地方志工作条例》的规定和国家关于第二轮修志工作的部署，按照鄂尔多斯市政府关于开展第二轮修志的工作安排，经局党组研究，决定编纂《鄂尔多斯煤炭工业志（1949—2018）》。这是全市煤炭工业的一项盛举，是加强煤炭行业文化建设的重要举措，将填补鄂尔多斯煤炭工业在史志方面的空白，功在当代、利在千秋！

2019年10月，恰逢新中国成立70周年。70年流金岁月，也是鄂尔多斯人在党和政府的引领下，抓住国家能源战略西移的机遇，以“创建国家现代能源经济示范城市”为契机，乘势而上，拼搏奋进，用勤劳的双手和聪明才智，创造了一个个人间奇迹！70年风雨砥砺，鄂尔多斯煤炭发展历程，是一条集约发展，去芜存菁的艰难历程。落后产能逐步退出，优质产能充分释放，产业集中度显著提高，行业实力明显增强。鄂尔多斯始终紧盯煤炭产业的发展方向，着力延长产业链，突出高新技术和低碳产品优势，探索清洁利用和精深加工的产业模式，初步形成了门类齐全、产品丰富的煤电、煤化工产业体系。截至2018年，全市火电装机达到2038万千瓦，煤制油产能262万吨，煤制气产能4亿立方米，煤化工产能1533万吨。鄂尔多斯市已成为国家重要的清洁能源输出基地和现代煤化工生产示范基地。

在这个重要时间节点，举全市煤炭行业之全力，编纂一部《鄂尔多斯煤炭工业志（1949—2018）》，恰逢其时，意义重大！

鄂尔多斯市能源局成立了以局党组主要领导任组长的编纂工作领导小组，下设编纂办公室，负责日常的协调和沟通。编纂得到了中国煤炭工业协会煤炭工业文献委员会的大力支持。编纂以马克思列宁主义、毛泽东思想、邓小平理论、“三个代表”重要思想、科学发展观和习近平新时代中国特色社会主义思想为指导，坚持辩证唯物主义和历史唯物主义，记述1949—2018年鄂尔多斯市煤炭行业的发展历史，反映煤炭行业在改革开放过程中所取得的成果，揭示煤炭行业的发展规律，发挥志书存史、资政、育人的重要功能，为促进全市煤炭行业健康发展和转型升级提供有益的历史借鉴。

此次编纂工作得到市能源局有关科室及二级单位，各旗（区）能源局，驻鄂尔多斯市央企、各省国企和地质勘探公司，以及本市的大型煤炭企业的大力支持，大家克服突如其来的新型冠状病毒感染的肺炎疫情带来的干扰和影响，提供了大量宝贵的煤炭史志著作、大事记、人物传略、年鉴、纪念图册和各类资料汇编。编纂人员到鄂尔多斯市地方志办公室、档案馆、统计局查阅了大量资料，在此表示衷心感谢！

《鄂尔多斯煤炭工业志（1949—2018）》记录了鄂尔多斯市煤炭工业的

昨天。俯瞰鄂尔多斯版图，一抹耀眼的“鄂尔多斯绿”勾勒出黄土高原走可持续绿色发展之路的生动图画。在新时代的新征程中，展望锦绣前程，我们更加充满信心，以习近平新时代中国特色社会主义思想为指导，不忘初心、牢记使命、同心同德、奋发进取，发扬“蒙古马”的奔腾精神，用自己的勤劳和汗水、智慧和勇气继续为鄂尔多斯能源绿色发展贡献力量，再铸新的辉煌！

鄂尔多斯市能源局党组书记、局长
《鄂尔多斯煤炭工业志》编委会主任、主编　邬建勋
2021 年 1 月 20 日

凡　　例

一、编纂以马克思列宁主义、毛泽东思想、邓小平理论、“三个代表”重要思想、科学发展观、习近平新时代中国特色社会主义思想为指导，坚持辩证唯物主义和历史唯物主义，全面、客观、系统地记述鄂尔多斯煤炭工业的发展历程和现状。

二、编纂按照国务院《地方志工作条例》规范，遵循中国地方志指导小组《地方志书质量规定》，坚持志书横排竖写、述而不论、实事求是的要求。

三、时间上限起于1949年，下限截至2018年底，大事记等内容根据实际上溯至发端。

四、采用述、记、志、传、图、表、录七种体裁，以志为主。全书由序、概述、大事记、各专业篇、人物与荣誉、企业简介、附录和编纂始末等组成。图表随文设置，按篇–章–序号的顺序统一编号。

五、记述采用规范的语体文，记述力求准确、客观、严谨、朴实。语言文字、标点符号、专业名词、计量单位等，按国家标准执行。采用公元纪年。

六、大事记采用编年体，适当结合纪事本末体，记述鄂尔多斯市煤炭工业的重要和有影响的事件。

七、“人物”采用简介、人物表及名录等形式，收录鄂尔多斯市煤炭管理部门领导干部、全国劳动模范、自治区及以上中共党代表、人大代表和政协委员。“荣誉”收录获得内蒙古自治区、国家部委、全国性行业协会及以上部门表彰的先进集体、先进个人等。

八、2001年2月，经国务院批准，撤销伊克昭盟，设立地级鄂尔多斯市。鄂尔多斯市辖康巴什区、东胜区、达拉特旗、准格尔旗、伊金霍洛旗、乌审旗、杭锦旗、鄂托克旗、鄂托克前旗。各时期煤炭管理部门、企事业单位的名称均采用相对应的名称，第一次用全称，以后用规范的简称。

九、附录收入重要规章制度、发展规划等文献资料。

十、本志资料主要来源内蒙古自治区及鄂尔多斯市有关部门、统计部门的有关统计资料；市煤炭主管部门和旗区煤炭管理部门，以及所属单位提供的档案、汇编等文献资料；中央直属煤炭企业、外省国有煤炭企业、地方大型煤炭企业提供的史志类著述等文献资料；档案馆有关资料、部分人员口述或提供资料，一般不注明出处。

目　　录

第四篇　煤　炭　生　产

第五篇　煤　矿　安　全

第六篇　环　境　保　护

第七篇　科技与信息化

第八篇　煤　炭　转　化

第九篇　经　营　管　理

第十篇　党　群　组　织

人　物　与　荣　誉

煤炭企业简介

附　　录

概　　述

一

鄂尔多斯市位于内蒙古自治区西南部，面积8.7万平方千米，人口207万，地处东北、华北、西北相连接的中心位置，呼和浩特—包头—鄂尔多斯城市群的重要城市。

鄂尔多斯（Ordos）蒙古语意为“众多的宫殿”，西北东三面为黄河环绕，南临古长城，毗邻晋陕宁。除西缘的桌子山海拔达2149米外，其余绝大部分在1100～1400米，地表呈波状起伏，中部高，岩石裸露，四周低，沙丘密布。北部有库布齐沙漠，南部有毛乌素沙漠。

鄂尔多斯属北温带半干旱大陆性气候区，冬夏寒暑变化大。多年平均气温6.2 ℃，日最高气温38 ℃，日最低气温-31.4 ℃。平均降水348.3毫米，多集中于7—9月三个月，占全年降水量的70%左右。

鄂尔多斯市煤炭资源富集，分布广阔，含煤区面积约6.1万平方千米，占全市国土面积的70%以上。截至2018年，煤炭探明储量2102亿吨，预测总储量近万亿吨，约占全自治区的三分之二、全国的六分之一。

全市境内由东到西分布有准格尔、东胜、桌子山三大煤田。煤田构造简单，煤层赋存稳定、低瓦斯、埋藏浅、易开发，适宜兴建大型、特大型矿井；煤种齐全，可用作动力煤、化工用煤，也可作配焦用煤；煤炭资源品质优良，总体具有低硫、低磷、低灰、中高发热量的特征。

新中国成立以后，特别是改革开放40年以来，鄂尔多斯依托资源优势，抓住国家能源工业战略转移和西部大开发的机遇，大力发展煤炭产业，贯彻“创新、协调、绿色、开放、共享”五大理念，认真贯彻国家和自治区的各项部署，走出一条安全绿色智能化开采、清洁高效低碳化利用的煤炭产业升级转型新路径，为全面建设小康社会夯实了坚实基础，为国家能源安全作出了重要贡献。

截至2018年，在鄂尔多斯市的央企主要有神东煤炭集团、神华准能公司、神华包头公司、神华乌海公司等，省属国企主要有山东能源集团、兖矿集团等，地方企业主要有伊泰集团、汇能集团、蒙泰煤电、满世投资、伊东资源、乌兰煤炭等。全市煤炭销量6.6亿吨，设计生产能力达到80881万吨/年，煤矿单井平均产能达252万吨/年。发电装机容量2308万千瓦，煤制油、煤制天然气等各类煤化工产能1621万吨。煤、电、气、煤制油、焦炭等产品产量均居自治区首位，每年生产近全国六分之一的煤炭，是国家首批产业转型示范区，国家重要清洁能源输出基地。

二

1949—2018年，鄂尔多斯煤炭工业经历了以下发展阶段：

（一）缓慢发展阶段（1949—1978年）

新中国成立初期，伊克昭盟是内蒙古经济发展比较落后的区域，“沙多草稀，地广量低”，生态环境异常恶劣，多为私人办矿、季节性开采，全盟煤炭产量只有6.82万吨。20世纪80年代前，全盟工业基础非常薄弱，工业年产总值等各项指标均列内蒙古自治区的后位，煤炭产业以地方煤矿为主，开采规模较小、效益较低。

（二）快速发展阶段（1978—1999年）

1978年党的十一届三中全会后，国家以经济建设为中心，实行改革开放政策。1981年，煤炭工业部提出了“扶持、整顿、改造、联合”的发展社队煤矿方针，地方政府也出台了经济政策鼓励和支持乡镇社队煤矿的发展。1983年3月，中共中央、国务院批转煤炭工业部《关于加快发展小煤矿八项措施的报告》，鼓励各行各业办矿，允许群众集资办矿，出现群众办矿的高潮。1984年6月和11月，煤炭工业部印发《关于进一步放宽政策，放手发展地方煤矿的通知》和《关于积极支持群众办矿的通知》，在办矿体制、资源划分、产品运销、技术服务、劳动工资等方面进一步放宽了政策，鼓励专业承包办矿，允许个人办矿，并要求从制定扶持措施、划分储量、技术服务、多种形式办矿等方面积极支持社队办矿、鼓励群众办矿。1985年10月，煤炭工业部颁发《乡镇煤矿管理办法》。1986年12月，国务院印发《关于乡镇煤矿实行行业管理的通知》，自治区实行煤炭行业归口管理，加快了地方煤矿的迅速发展壮大。从1986年开始，农民纷纷办矿，小煤矿遍地开花，大小煤矿数以千计。

20世纪90年代初，随着国民经济发展的需求，能源开发逐渐向西部转移，国家实施“国家修路、群众办矿、大中小并举”的能源开发方针，伊克昭盟利用自身丰富的煤炭资源优势，抓住机遇，大力发展煤炭工业，先后引进了神华、准能、达电等大型工业项目，为全盟工业经济的快速发展奠定了基础。成为全区第一个招商引资、第一个借助国家能源战略西移政策引进中央大型企业、第一个实施资源转化战略建设世界级发电厂的地区。1998年前，在“有水快流”的政策背景下，全盟最高峰时出现1900多座小型煤矿，产量1000万吨左右。这些煤矿生产规模小、生产方式较落后，煤炭的采出率不足30%。从1998年底，开始对地方煤矿开展大规模的关井压产、治理煤炭运输超载超限等工作。

（三）跨越式高速发展阶段（2000—2012年）

2000年，全市以煤矿安全生产和综合治理为切入点，先后开展了资源整合、产业升级、兼并重组等一系列工作，煤矿数量大幅减少、产能大幅提高、安全保障能力增强，煤炭工业整体水平得到大幅提升。到2004年，全市地方煤矿数量压缩到552座，治理工作取得显著成效，煤炭产量突破1亿吨。2005年，内蒙古自治区政府提出，3年之内解决小煤矿的问题。鄂尔多斯市实施“煤炭资源整合、采煤工艺改进和推广机械开采”为主要内容的“提高地方煤矿资源回采率三年攻坚战”，采取入股、兼并、收购等方式，将456处小煤矿整合为156处年产30万吨以上的大中型煤矿。2005年，根据《内蒙古自治区煤矿整顿关闭工作方案》的要求，鄂尔多斯市政府成立煤矿整合技改领导小组，坚持“安全第一、淘汰落后、整合重组、综合治理”的煤矿整顿关闭工作原则，结合全市煤矿资源赋存、布局和矿区双回路供电系统规划等实际情况，按照“分类指导、分批实施”的要求，对鄂尔多斯地区煤矿提出的整合技改要求，将未达到《国务院关于预防煤矿生产安全事故的特别规定》要求的安全生产条件的煤矿，划分为停产整顿、关闭取缔、整合技改三类。

2010 年，《鄂尔多斯市地方煤矿提高回采率三年攻坚战实施意见》和《鄂尔多斯市新建、改扩建及资源整合煤矿监督管理办法》颁布。资源整合后将鄂尔多斯煤矿关闭到 300 座以内，加大对煤矿的采空区、瓦斯、火区等重大危险源的治理力度。

2011 年 3 月，鄂尔多斯市开始组织实施煤炭企业兼并重组工作，在摸底调查及调研基础上，编制了全市煤炭企业兼并重组工作方案。同年 11 月，经内蒙古自治区煤炭企业兼并重组工作领导小组批复同意全面推开煤炭企业兼并重组各项工作。2014 年，鄂尔多斯市政府印发《鄂尔多斯市煤炭资源配置清理工作方案》，进一步安排资源配置清理工作。

（四）结构调整、产业链延伸，产业转型升级阶段（2013—2018 年）

2012 年下半年开始，煤炭价格持续下滑，许多中小型煤矿遭遇重创，被迫减产、停产或以销待产。2013 年全年生产销售原煤 5.76 亿吨，同比减少 2000 多万吨。面对“量、价、利润”齐跌的生存困境，鄂尔多斯市政府积极推进产业升级、延伸和多元化。坚决淘汰落后产能，努力提升资源开发产业的现代化水平和整体竞争力，延伸并形成了煤电、煤气、煤油、煤化肥、煤醇和天然气、甲醇等多条产业链，构筑起以煤炭、电力、天然气为主的能源产业链群，以煤化工、天然气化工和氮化工为主的化工产业链群。2015 年，全市有煤矿 342 座，总设计生产能力 78511 万吨/年，煤炭产量 6.16 亿吨，完成销售 5.4 亿吨，居全国产煤地级市之首。

党的十八大、十九大以来，鄂尔多斯市立足于丰富的能源资源，服务于国家能源安全、东部地区大气污染治理等重大战略，推动能源产业实现跨越式发展。

2018 年，鄂尔多斯市煤炭产量 61615 万吨，同比增加 4334 万吨，增长 7.6%。全市煤矿的机械化综采率达 95%，洗选率 90% 以上，采出率 80% 以上，煤电、焦化、甲醇、乙二醇、煤制油、煤制气等产业链不断延伸，鄂尔多斯煤炭实现了从原料到材料、从资源到绿色的转变，成为全国清洁能源输出和国家级现代煤化工基地。

三

（一）煤炭大基地建设与生产取得丰硕成果

积极推进大型煤炭基地建设。“十二五”期间，鄂尔多斯市加强规划和建设管理，合理有序推进国家大型煤炭生产基地建设。准格尔、万利、高头窑、神东、塔然高勒、呼吉尔特、新街、上海庙、苏里格 9 部规划获国家发改委批复，面积约 35116 平方千米，资源总储量 2020.6 亿吨，建设总规模近 8.2 亿吨。

“十三五”期间，鄂尔多斯煤矿实行分期规划，分期建设。截至 2018 年，全市共规划 15 个开发矿区，规划井田 129 个，面积 21401 平方千米，煤炭资源储量 3146 亿吨。其中 11 个矿区总体规划已获得国家发改委批复，规划井田 107 个，面积 17530 平方千米，煤炭资源储量 2681 亿吨，是国家规划建设的 14 个大型煤炭基地之一。

煤炭生产能力大幅度提高。2011—2015 年，通过实施关井压产、煤矿整合技改和机械化升级改造等工作，煤矿机械化程度提升到 95% 以上。全市地方煤炭企业兼并重组验收备案工作完成，煤炭企业由 187 户减少至 145 户，其中央企 7 户、国企 10 户、地方企业 128 户；培育形成了亿吨级煤炭企业 1 户、5000 万吨级煤炭企业 1 户、3000

万吨级煤炭企业1户、1000万吨级煤炭企业14户。

截至2018年，通过多年的技术改造和整合提升，全市已建成煤矿328座，平均单井产能247万吨，最低规模30万吨/年，最高规模3500万吨/年。按煤矿建设情况分：生产煤矿270座，设计生产能力63151万吨/年；技改矿井41座，设计生产能力4210万吨/年；核准在建煤矿17座，设计生产能力13520万吨/年。按开采方式分：井工煤矿177座，设计生产能力54131万吨/年；露天煤矿151座，设计生产能力26750万吨/年。按照国家能源局公布的全国煤矿生产能力情况，鄂尔多斯就有生产能力超千万吨的煤矿7座。

煤炭企业不断发展壮大。鄂尔多斯境内已拥有神华准格尔能源公司、神华集团神东公司、神华包头公司、神华乌海公司、伊泰集团、汇能集团、满世集团、蒙泰集团、伊东集团和亿利集团等多家全国知名的煤炭生产企业，对鄂尔多斯市煤炭产业的改革发展发挥了示范引领和支柱支撑作用。

煤炭洗选配实现一体化。大力发展高精度高质量煤炭洗选加工，完善以跳汰和重介为主的大型选煤厂成套技术和装备，新建煤矿全部配套建设高效选煤厂或群矿选煤厂。现有煤矿建设和完善矿区煤炭优质化配送中心、大型现代化煤炭物流园区和储配煤中心，为清洁高效利用煤炭和煤炭深度加工奠定了基础。

中长期煤炭战略合作协议全面落实。2017年，全市地方煤炭企业与下游企业签订中长期供应合同，签订煤炭供应量10844万吨，占企业生产煤矿总产能的63%。在输煤通道方面，已建成包神、包西、东乌、巴准、准东和呼准鄂6条输煤通道，设计输煤能力9亿吨，基本做到了产多少运多少销多少。

全力打造“鄂尔多斯煤”国优品牌。组织实施了煤炭质量及品牌标准化建设工作，编制了《鄂尔多斯煤品种及质量》，已由国家标准化管理委员会备案实施。2016年11月，在国家工商总局商标局正式注册了“鄂尔多斯煤”原产地证明商标，并在北京和秦皇岛分别组织召开了“鄂尔多斯煤”品牌战略发布会和战略推介暨专场交易会，扩大了品牌知名度和影响力，增强了市场竞争力。

规范煤炭市场秩序。经过多年的探索实践，鄂尔多斯市对合法生产、安全生产的煤炭产品实行“凭票证销售”的管理制度。煤矿企业在销售原煤时，先领购煤炭销售票证，并按销售煤炭吨位足量开票，据实填写煤炭销售票证，随货同行，借助煤炭准销票证掌握了煤炭企业的销售量，为税费核算提供了准确依据，实现以销量控税费。领购票证过期，企业还可以“交旧领新”，避免因票证给企业带来损失。实施该项制度既可强化对煤矿的约束力，又可强化对煤炭市场的监督管理。如果煤矿出现违规、违法生产及令行不止等行为，通过停发煤炭销售票证，督促其积极整改增强对市场的调控力。在煤炭销售市场低迷的情况下，通过煤票有效调控产量，减少煤炭供应量，稳定价格，保障煤炭市场健康持续发展。鄂尔多斯市煤炭局设立煤炭纠察支队，并根据市内矿区分布、道路交通等情况设立了东南西北四大煤管站和众多分站，对载煤车辆进行查验，确保凭票销售制度贯彻实施。

（二）煤炭转化延伸了产业链，增强了区域发展势力

努力打造煤电综合开发基地。截至2018年底，全市煤电装机已达2038万千瓦，通过建设蒙西—天津南、上海庙—山东两条特高压输电通道及配套电源项目，可再新增装

机 1460 万千瓦。近年来，大力推广环保生产技术，在役电厂脱硫、脱硝改造全部完成，新建燃煤电厂均采用技术先进、能耗低、水耗低的 60 万千瓦及以上超超临界空冷发电机组。区域内已经形成“一横两纵”的 500 千伏网架结构，500 千伏变电站共有 4 座，变电容量为 900 万千伏安，线路长度为 1204 千米；220 千伏变电站 52 座，变电容量为 1885 万千伏安，线路长度为 3321 千米，是国家 9 个大型煤电基地之一。

有效推进煤炭清洁高效利用。煤制燃料方面：鄂尔多斯是全国重要的清洁能源输出基地和现代煤化工生产示范基地，随着神华、伊泰、汇能等一批重大煤制燃料示范项目相继建成投产，煤制燃料产业逐步实现了煤炭的高效、清洁和综合利用。2018 年，神华、伊泰煤制油和汇能煤制气项目实现了安全、稳定、长周期、满负荷、优质运行目标。神华煤直接液化二三线项目、伊泰 200 万吨煤制油和北控 40 亿立方米煤制天然气项目开工建设。现代煤化工方面：由规模优势向质量优势转变，煤化工产品产业正向产业链延伸、高端化、精细化水平迈进，国家《现代煤化工产业创新发展布局方案》将鄂尔多斯市列为“十三五”全国 4 个现代煤化工产业示范区之一。

截至 2018 年，全市规模以上工业企业就地转化煤炭 1.4 亿吨，就地转化率为 22%。主要产品为：燃煤发电 972.1 亿千瓦时，增长 14.8%；焦炭 550.8 万吨，下降 33%；煤制尿素 293.6 万吨，下降 22.5%；煤制油 102.8 万吨，增长 0.1%；煤制甲醇 630.6 万吨，增长 12.2%；煤制气 4.8 亿立方米，增长 17.8%。

（三）科技进步为煤炭工业高质量发展提供了智力和技术支持

坚持以科技为先进生产力。20 世纪 80 年代，借国家开发准格尔煤田的契机，与德国、日本、美国、瑞士等国家的科研机构、制造厂商和投资商开展技术交流，并派考察组出访法国、德国、美国、荷兰、日本、比利时等国，调查了解鄂尔多斯地区精煤在国外的销售使用情况、煤炭市场情况，学习借鉴先进的煤炭设备和生产工艺。

进入 21 世纪，鄂尔多斯坚持传统产业新型化、智能化、绿色化，全力推动煤炭工业转型升级，与北京煤科院、西安研究院、中煤集团西安设计院、重庆煤炭科学院等合作建立科研机构，与 20 多家科研院所、高校和企业建立了产学研合作关系。积极打造鄂尔多斯煤炭科技联盟，建设国家煤炭科技研发示范基地。伊泰煤间接液化技术、汇能水煤浆气化技术、神东补连塔煤矿 8 米大采高综采技术、准能公司黑岱沟煤矿抛掷爆破加吊斗铲技术、兖矿集团转龙湾煤矿智能化综采工作面等多项技术和工艺均达到国内乃至世界一流水平。

2006 年 4 月，首届“鄂尔多斯国际煤炭及能源工业博览会”举办。截至 2018 年，鄂尔多斯国际煤炭及能源工业博览会已举办 13 届，鄂尔多斯国际煤炭及能源工业博览会集大型煤炭能源投融资企业形象与成果展示、招商项目推介、行业交流、煤炭生产企业机械化采购为一体，为全市煤炭生产企业与国内外大型能源企业、煤炭科研机构、煤机制造企业搭建一个相互接触、交流、合作的平台。2006 年 12 月，鄂尔多斯市将煤炭与科技应用、配套装备研制以及煤化工产业化开发作为优先重点项目，将煤炭高效、清洁、安全开发与信息化管理技术作为重点领域和优先主题。2018 年度内蒙古自治区科学技术奖中，鄂尔多斯市有 8 项煤炭科技成果获奖。

依靠科技进步促进企业发展。2000 年 10 月，内蒙古伊煤实业集团有限公司成立科学技术协会。2001 年 7 月，内蒙古伊东煤炭集团有限责任公司设立准格尔旗伊东集团技术开发中心，进行煤炭产业循环利用的研究与实验，与中国矿业大学（北京校区）合作开发全国首家超纯煤项目工作。2004 年 9 月 21 日，准格尔旗在内蒙古伊东煤炭集团有限责任公司设立煤转化研发中心，进行煤炭转化相关研究与实验。2009 年 11 月，国家发改委正式确定伊泰煤制油有限责任公司为煤间接液化国家地方联合工程研究中心。

推进煤炭行业数字化、信息化、精细化管理。2010 年，按照鄂尔多斯市委、市政府的安排部署，组织建设了鄂尔多斯数字煤炭综合平台，通过整合煤矿企业已有的信息化系统，基本实现了煤矿企业、旗（区）煤炭局和市煤炭局三级的平台统一、数据集中存储、信息分布维护，避免了重复建设。煤炭管理部门、企业以不同权限、不同角色直接登录系统开展工作，进行管理。平台强化了对煤炭运销的监管，减少了销售环节偷逃税费，也为税务部门核算税费提供准确依据，确保全市煤炭税费的应征不漏；对煤炭销售价格和数量等信息进行实时采集监控，及时为全市煤炭经营企业提供可靠的煤炭价格指导，帮助企业分析市场形势，采取措施防范风险；围绕安全生产实现井下环境实时监控、井下人员定位、生产设备监控和应急管理，为未来煤炭行业利用物联网技术，构建鄂尔多斯市数字化矿山，创建智能化、无人化矿山奠定了工作基础。

（四）安全生产状况达到国际领先水平

全面贯彻落实安全生产方针和政策。2002 年 9 月，根据《国务院办公厅关于进一步做好关闭整顿小煤矿和煤矿安全生产工作的通知》《国务院安全生产委员会关于印发〈深化煤矿安全生产专项整治工作实施方案的通知〉》的精神，鄂尔多斯市人民政府办公厅制定《鄂尔多斯市深化地方煤矿安全生产专项整治工作实施方案》、鄂尔多斯市煤炭局制定《鄂尔多斯市继续深化煤矿安全生产专项整治工作实施方案》，坚持开展煤矿安全专项整治工作。

党的十八大以来，认真贯彻落实习近平总书记“发展绝不能以牺牲人的生命为代价”重要指示精神，作为煤矿安全生产的一条不可逾越的红线，通过实施国家安全生产法律法规，学习借鉴国有大矿安全管理经验，建立健全安全管理制度，更新安全技术装备，提高安全科技管理手段，加强职工安全技术培训，培育煤矿安全文化，逐步形成鄂尔多斯市特色的煤矿安全管理模式和管理经验。

夯实安全生产主体责任。2015 年以来，鄂尔多斯市煤炭局深入贯彻落实上级关于加强安全生产工作的决策部署，以“全面落实企业安全生产主体责任”为主题，督促煤矿企业健全完善安全生产各项管理制度和覆盖全员、全方位、全过程的安全生产责任体系，把责任落实到各个环节、各个岗位和每个职工，形成常态化、长效化的管理机制。

安全生产保障能力进一步增强。全市煤炭企业通过贯彻落实国务院、内蒙古自治区关于煤炭企业重组整合、抓大关小的工作部署，淘汰落后产能，处置“僵尸企业”，更新落后装备，致力于办大煤矿、建现代化煤矿，一大批产能几百万吨、上千万吨、装备现代化的大型煤矿迅速崛起，煤矿的安全生产条件和矿工的作业环境发生了巨大变化，安全抗灾能力得到提高。

“十三五”期间，鄂尔多斯市煤矿安全监管和监察部门落实“安全第一、预防为主、综合治理”方针，开展煤矿安全生产隐患排查工作，以煤矿安全风险分级管控、隐患排查治理双重预防机制建设和煤矿安全生产标准化建设为核心内容，深入推进煤矿安全生产标准化建设工作，安全生产水平显著提高。截至 2018 年，全市已建成安全生产标准化矿井 192 座。煤矿安全生产综合监管网络系统建成，实时监测井下设备运行，生产作业隐患排查治理和风险点管控情况，形成了事前预防为主、日常信息化监管、应急指挥为一体的安全生产信息化监管新模式。鄂尔多斯煤矿监察分局辖区煤矿百万吨死亡率 0.0059，连续 5 年在 0.01 以下，达到世界主要产煤国家领先水平。

（五）环境保护与综合利用配套实施，形成绿色发展新模式

全面开展矿区环境综合整治和居民搬迁工作，实现矿区和谐发展。从 2003 年起，鄂尔多斯煤矿生态环境与恢复治理坚持“谁开发谁保护、谁污染谁治理、谁破坏谁恢复”的方针，最大限度地减少煤矿生产经营活动对环境的影响。推进全市煤矿井田绿化、三区（生产区、生活区、办公区）美化、通矿公路硬化、筒仓和防风抑尘网建设，进一步修复和改善矿区生态环境。对于因煤炭开采造成地质灾害和环境破坏，严重影响当地居民生产、生活的矿区，统筹组织移民搬迁，将矿区居民集中安置在移民新村，并给予一定的补偿。

资源综合利用水平得到提高。煤矸石利用率达到 80%，矿井水利用率达到 95%，煤矸石充填开采技术等多项科技攻关取得重大突破，处于国内领先水平。

四

党的领导和党的建设是鄂尔多斯市煤炭工业不断发展壮大的政治保证，也是引领煤炭产业广大党员和干部职工不忘初心、艰苦创业、锐意进取、深化改革、勇于创新、执着前行的核心领导力量。2001 年 12 月，中共伊克昭盟煤炭工业管理局委员会更名为中共鄂尔多斯市煤炭局委员会。局机关党的建设工作得到加强和提升，对保证上级各项政策的贯彻实施提供了有力保证。煤炭系统各级党组织注重加强自身建设，担负党建主体责任，积极发挥政治引领作用。党的组织体系进一步健全，党员队伍不断发展壮大。工作制度不断完善，逐渐形成了煤炭行业配套的党建制度体系。按照党中央关于开展党的先进性教育的部署要求，各级党组织深入贯彻“三个代表”重要思想和科学发展观，进一步增强了党组织的活力，指导和推动了全市煤炭工业改革发展。2008 年 1 月，南方多省遭受冰雪灾害，全市煤炭企业响应市委、市政府号召，积极增产煤炭，发挥了重要的支撑和保障作用。

党的十八大、十九大之后，煤炭行业各级党组织坚持从严治党，认真学习习近平新时代中国特色社会主义思想，深入开展党的群众路线教育实践活动、“三严三实”专题教育、“两学一做”学习教育，引导广大党员牢固树立“四个意识”，坚定“四个自信”，坚决做到“两个维护”，在思想上政治上行动上同党中央保持高度一致，实践社会主义核心价值观，党员队伍的理想信念更加坚定，精神面貌焕然一新。通过狠抓党的作风建设，强化纪检监察工作，开展反腐倡廉教育，营造了风清气正的政治生态，为煤炭行业狠抓治理整顿、推动深化改革，提供了坚实的政治保证，发挥了核心领导作用。

鄂尔多斯煤炭系统各级党组织历来重视领导群团工作。20 世纪 50 年代，在建立煤矿党组织的同时，各煤矿也相继建立了工会、共青团等群众组织。各级工会、共青团组

织围绕中心，服务大局，教育和引导职工艰苦奋斗、爱岗敬业，积极开展多种形式的建功立业劳动竞赛、文化体育活动、群众安全监督协管和增产节约等活动，发挥了联系群众的桥梁纽带作用、党的助手和突击队作用，为营造和谐矿区作出了积极贡献。

五

鄂尔多斯煤炭工业在取得举世瞩目成就的同时，也积累和存在着一些影响煤炭工业高质量发展的问题。如产业政策有待完善配套、煤炭资源有待合理开发和科学配置、集约生产应进一步加强、煤炭运输能力亟待强化，加快煤炭产业链的完整延伸、加强生态环境的保护和治理，安全生产意识应常抓不懈、专业人才不足应高度重视、员工整体素质必须抓紧提高等，这些问题必须在改革发展中得到解决。

“十三五”期间，鄂尔多斯市制定了煤炭工业发展指导思想：牢固树立“创新、协调、绿色、开放、共享”的发展理念，以国家和内蒙古自治区煤炭“十三五”规划为指导，从鄂尔多斯市区域经济和社会发展实际情况出发，积极适应经济发展新常态，抓住能源革命新机遇，围绕建设国家清洁能源输出基地和现代煤化工产业示范区，打造“鄂尔多斯煤”国家优质品牌，以建设先进产能、优质产品，打造绿色矿山、和谐矿区，争创世界一流的煤炭行业水平为目标，以提高发展质量和效益为中心，以推动煤炭供给侧结构性改革为主线，着力优化产业结构，着力推进清洁高效低碳发展，着力规范发展秩序，化解存量、做优增量、调控总量，稳固提升国家大型煤炭生产基地的突出地位，稳定国家煤炭供应、发挥能源兜底保障作用、实现国民经济和社会发展“十三五”规划目标奠定基础。

2018 年 3 月，习近平总书记在参加十三届全国人大一次会议内蒙古代表团座谈会并发表重要讲话，希望内蒙古要把现代能源经济这篇文章做好。作为资源型城市，鄂尔多斯肩负着能源经济转型发展重任。通过煤矿技改、资源整合和企业兼并重组，进一步延长资源型产业链，大力发展煤基产业，开展多能互补，通过能源多元化发展，着力探索现代能源经济发展新路径。

长风破浪会有时，直挂云帆济沧海。新时代的鄂尔多斯充满了憧憬与抱负。煤炭工业发展路径已经明晰，鄂尔多斯煤炭人继续发扬“蒙古马”的奋进精神，立足新起点，适应新形势，瞄准新目标，增创新优势，实现新跨越。

大　事　记

春秋战国时期
(公元前771—公元前221年)

公元前306—公元前250年　秦昭襄王时期修筑长城敖包梁段(今鄂尔多斯市达拉特旗境内),城垣的夯层中夹有煤木灰和未燃尽的煤渣。

元
(1206—1368年)

在伊克昭盟准格尔旗羊市塔区大石砬沟发现的元代古城遗址中有“煤炭焦碴”。

清
(1616—1911年)

康熙三年(1664)

准格尔旗二道沟地区的山林被山火烧毁,居住在此地的群众从煤层局部露头处采掘少量煤块,供自己生活燃用。

乾隆三十八年(1773)

山西河曲县周文谦、王拴等人在准格尔旗哈达达巴、什拉布克图、什拉哈少开办煤窑20多处。

嘉庆十一年(1806)

准格尔旗城坡开口窑,由窑主刘三、杨广廉两人合办。

嘉庆二十年(1815)

山西朔州人士郭存仁逃荒到准格尔旗窑沟乡纳林沟定居,在高圪台、阴场一带打立梯斜井采煤。

道光十五年(1835)

有逃荒农民高氏在达拉特旗高头窑打立梯独眼斜井采煤。

咸丰十年(1860)

准格尔旗城坡坑口煤窑建成,窑主为刘三、杨广廉。至1938年因日军骚扰关闭,后复开。

同治七年(1867)

陕西人郭登举从黑豆壕(今达拉特旗境内)迁居准格尔旗纳林沟,翌年在石圪卜开窑挖煤,专营采煤业。

光绪年间(1875—1908)

准格尔旗广开煤窑采煤,纳林沟有窑8口、工人60余名,年产量3500吨。黑岱沟有井口5处、工人60余名,年产量500吨。乌素沟、五道包、准格尔召一带亦开窑挖煤,多为当地居民自挖自用;榆树湾的二道沟、石碶沟煤窑属季节性挖煤,春夏秋靠驴骡驮运,冬天黄河封冻靠拖子人工拉运。

光绪四年(1878)

刘僖盈在准格尔旗二道沟开办煤窑。

光绪十九年(1893)

俄国地质学家奥勃鲁契夫在桌子山一带调查矿藏,著有游记和调查报告。

光绪三十二年(1906)

东胜县境内的添漫梁乡阳塔、麻黄湾、枳机塔、马场窑及塔拉壕乡水头沟等地先后开了6个煤窑,从业人员50余人,年产煤2500吨左右。

光绪三十三年（1907）

杜姓农民在东胜县塔拉壕乡水头沟开采煨煤。雇工10多名，每日出煤约5000公斤，每1000公斤价值银圆2元，除当地民用，少量运销包头。

光绪三十四年（1908）

准格尔旗榆树湾石灰沟煤窑有工人7名，年产煤炭37.8万公斤。

是年 东胜县塔拉壕乡酸刺沟炭窑渠、红泥塔、巴龙图、白家渠等地又先后开8个煤窑，从业人员80余人，年产煤6000吨左右。

宣统二年（1910）

是年 宁夏郑参议在鄂托克旗老石旦地区开窑采煤。

是年 有人在达拉特旗罕台沟开独眼斜井挖煤。

中华民国
（1912—1949年）

民国初年，鄂尔多斯的煤炭除民用外，煤炭主要销往包头、巴彦淖尔盟、托克托县、清水河县。准格尔旗榆树湾等地多销往山西偏关、河曲县城。中西部大多采用畜驮，二饼子木轮车（车轮用木板拼成圆形，宜于沙路行走）。从包头往返一趟需6~8天。榆树湾、城坡、纳林沟等地大多用木船运，水运至黄河对岸后，再用驴驮运往县城销售。

民国3年（1914）

有人在准格尔旗纳林沟挖开沙咀煤炭窑。

《绥远盟旗调查概要·伊盟王旗·物产》载：伊金霍洛旗、准格尔旗、达拉特旗、鄂托克旗均有煤炭。

民国4年（1915）

矿商张嘉荣在鄂托克旗老石旦矿区包办开采拉僧庙煤矿。

是年 宁夏矿商郑万福、王嘉宾、张嘉荣等人在鄂托克旗雀儿沟、摩尔沟、老石旦一带开办小煤窑。

民国7年（1918）

宁夏地主张作义的羊倌在鄂托克旗老石旦地区发现露头煤，正值破产之际的张作义变卖家产，向鄂托克旗王府租借老石旦一块有煤的地方，招募10余名农民挖井采煤，日产原煤15吨左右。随后，宁夏军阀马鸿逵、地主邬安礼、国民党石嘴山稽查处处长穆某也先后在老石旦地区投资开办煤窑，共有矿工60余人，日产原煤30吨左右。据《马鸿逵传》记载："马鸿逵早期以老石旦煤矿为主要资产……。"享有土地所有权的鄂托克旗王府以"一九"或"二八"比例与各窑主分成。

民国9年（1920）

法国地质学家德日进等到桌子山地区调查，并分别在1924年《法国地质学会报》第二十四卷第四期及《中国地质学业报》第二卷第一期上发表报告，简述了桌子山的地质构造和地层。

中国地质学家王竹泉、潘钟祥、何春孙等从1921年开始至1948年对鄂尔多斯盆地的地质、构造古生物煤炭等地质资源进行开拓性研究。

民国17年（1928）

东胜县境内的魏家渠、耳字壕，先后开煤窑2个，从业人员15人。年产量1000吨左右。

民国23年（1934）

郡王旗扁利图沟和乞沟够新开煤窑2个，土法开采，卖给当地居民做生活用煤。

民国25年（1936）

伊金霍洛旗境内大纳林沟炭窑和尔吉曼沟炭窑分别发生着火事故，燃烧20余天，燃烧面积20余亩，着火原因系挖炭工人在井下取暖引起。

民国26年（1937）

准格尔旗纳林沟的郭铁拴在黑豆壕（今达拉特旗境内）南沟开一煤窑，井深300米，有6个作业面，延续生产至1953年归煤窑生产合作社。

民国28年（1939）

据《伊克昭盟志》记载，郡王旗“旗境东部产煤”。在一区扁利图沟，乞凯沟新开煤窑2个。土法开采，售于当地人做燃料。伊金霍洛旗石圪台、忽吉图、本坝渠3处煤窑，由郡王旗西协理私人经营，收入七成归西协理。使用刨锤，锤楔、尖镢等原始工具，挖掘全靠人工。忽吉图煤窑有季节性采煤工60多人，年产煤450吨左右，石圪台本坝渠有季节性采煤工2100多人，年产煤4500吨左右。

民国29年（1940）

老石旦地区已开始土焦生产。生产工艺是在储煤场附近挖底小上大，平均直径为5米左右的土窑，然后在土窑边沿开若干个点火孔，装末煤后用木材点燃，燃烧20天左右，用水浇灭则成土焦，每窑产量20吨左右，年产量200吨。

民国31年（1942）

鄂托克旗保安司令奇孟克等人掌管了老石旦煤矿，并向窑主摊派税收。

民国32年（1943）

任绩、胡增壁在桌子山南端的雀儿沟、老石旦两个矿区调查，著有《煤田地质报告书》，载入《燃料汇编》第一卷。

伊金霍洛旗二区王英、胡月合开煤窑1个，雇窑工18人，月产煤350吨。

民国33年（1944）

霍民成详测雀儿沟一带煤田的井下开采情况。民国以前这里的私人煤窑全靠人工开采，采取“棚采落煤”法。矿工分工：刨手、扶手、背手。由刨手用刨镐在煤壁的左右上下刨出槽沟，再在顶上摇槽加楔。“放棚”采取的煤块，由扶手放在背手的煤筐内，再由背手赤裸身子口衔油灯、手拉木棍，由狭窄的巷道将100—200斤重的煤筐背到井口，一天往返30多趟。

民国36年（1947）

王巴音斗林在准格尔旗乌素沟开出“王窑”煤矿井。

中华人民共和国

1949年

12月 中国人民解放军581团派一个连在老石旦地区采煤，供应部队用煤。

本月 伊克昭盟人民自治政务委员会成立建设处，下设工商科，分管伊克昭盟地区的煤炭工业。

是年 准格尔旗有煤窑88座，工人近400名，年产量约5万吨。

是年 达拉特旗敖包梁、耳字壕、燕家塔畔、罕台川畔和高头窑等地有10个小煤窑。

1952 年

是年 伊克昭盟达拉特旗人民政府以公私合营的形式接收了高头窑地区十大股窑，至1954年转为地方国营高头窑煤矿。

是年 准格尔旗先后建立起纳林沟、二道沟、乌素沟、城坡4个煤炭生产互助组，翌年改建为煤炭生产合作社。

是年 东胜县有煤窑9个，年产量2954吨。

是年 内蒙古地质局地质队在准格尔地区进行1∶50000~1∶200000的地质填图。

1953 年

4月 鄂托克旗人民政府接管和改造由私人经营的老石旦煤矿。

5月1日 地方国营鄂托克旗石嘴山煤炭公司正式成立，有职工396人。

5月5日—9月25日 中央人民政府地质部指派叶绍勤等人组成清水河普查队，利用四个多月时间在准格尔旗东部1100平方千米范围内进行了调查，编制《绥远省准格尔旗煤田地质报告》和《准格尔旗煤田普查报告》。报告将煤田内煤的牌号定为长焰煤，初步确定煤田面积800平方千米，煤储量191亿吨，耐火黏土储量3.6亿吨，白云岩储量50亿吨。

是年 鄂托克旗人民政府接管了宁夏商人郑万福、王嘉宾、张嘉荣等人包办的雀儿沟、老石旦、二柜沟等22个煤窑，成立了地方国营雀儿沟和老石旦煤矿。雀儿沟煤矿有斜井1对，职工80人；老石旦煤矿有斜井2对，职工150人。

是年 绥远省人民政府公布了土法开采煤矿的暂行管理办法，凡是个人或集体开采的小煤窑，必须由旗人民政府批准，发给开采执照后方可开采。从此，伊克昭盟境内的集体、个体办矿逐步兴起。

是年 根据燃料工业部和地质部共同制定的《两部五省勘探规划》，集中两个普查勘探大队及一个煤田地质队，共3000多名职工，40多台钻机，在鄂尔多斯腹地开展了大规模综合性地质勘探，包括地质调查、地球物理钻井、试油，测量、综合研究等十几个项目。煤田117队及104地质队等相继在鄂尔多斯东部和西部地区进行石油、天然气、煤炭和水文方面的地质普查勘探工作，填绘1∶100000地质图，提交《桌子山煤田普查报告》。

1954 年

5月1日 地方国营鄂托克旗煤矿成立。

6月 达拉特旗人民政府接管1953年合股集资建起的一座8大股窑，并改名为地方国营罕台川煤矿。

7月 达拉特旗罕台川和高头窑合营煤窑改造转为地方国营煤矿，从业人数390人，年产原煤2.86万吨。

12月23日 伊克昭盟人民政府桌子山矿区办事处成立。

是年 东胜县人民政府接管巴龙图、酸刺沟一带私人煤窑19个，封闭危险煤窑8个，合并后更名为地方国营酸刺沟煤矿。

是年 地质部物探处桌子山物探队配合205地质队在桌子山卡布其煤田开展电法（直流电法、自然电法）地球物理测井进行煤田勘查。这是在全国首次使用这种方法。

是年 地质部203队在东胜至准格尔一带进行地质普查和初步勘探，提交《内蒙古准格尔煤田普查报告》。

1955 年

2月 伊克昭盟工商处撤销，成立伊克昭盟工业处，负责管理煤炭工业。

4月29日—5月2日　桌子山矿区首届人民代表大会召开，成立桌子山矿区人民委员会，唐宝山任区长。

9月1日　伊克昭盟人民政府将桌子山矿区移交鄂托克旗管辖。

10月　中共伊克昭盟委员会决定从乌审旗、杭锦旗、东胜县、达拉特旗组织4500人，会同鄂托克旗、桌子山矿区6000人的炼钢大军在桌子山矿区开展夺煤大会战。指挥部设在卡布其，盟委第一书记赵会山担任总指挥。

11月　鄂托克旗煤矿更名为老石旦煤矿。

是年　伊金霍洛旗石圪台、忽鸡图、本坝渠3处煤窑改组为农业合作社社办煤窑。

是年　达拉特旗的红崖头、阳塔2个私营煤窑组成集体所有制阳塔煤业社。

1956年

6月2日　鄂托克旗三区（拉僧庙区）政府用土法上马建设公乌素煤矿。

11月　老石旦煤矿更名为桌子山煤矿。

是年　准格尔旗纳林沟地区的一座私人煤窑改组为地方国营准格尔旗纳林沟煤矿。

是年　阳塔煤业社划归东胜县管理，至年底，阳塔煤业社转为国营，与阳塔石油厂、酸刺沟耐火器材厂合并为酸刺沟联合总厂。

1957年

6月19日　中共伊克昭盟委员会任命康岳为桌子山煤矿矿长。

6月　郡王旗与神木县磋商开办煤矿，成立了“郡王旗神木县忽吉图煤业合作社”，隶属于郡王旗手工业管理局。

是年　达拉特旗罕台川煤矿、高头窑煤矿井下运输方式由人拉、人推车改为畜力车运输。东胜市酸刺沟煤矿的采煤工艺由手工掏挖改为人工打眼、爆破落煤。

1958年

5月1日　桌子山矿区公乌素煤矿成立。

7月　准格尔旗人民政府将城坡地区一处私人煤窑改组为地方国营城坡煤矿。

9月　内蒙古煤田地质勘探公司117队迁往东胜。

10月　桌子山矿务局筹备处在卡布其成立。

11月　伊金霍洛旗忽吉图煤矿购回了第一台5马力锅砣机，解决了该矿排水难的问题。

是年　达拉特旗罕台川煤矿的采煤方法，由原来的留长帮柱采煤改为前进式的花点柱采煤。

是年　准格尔旗人民政府将乌素沟的一处私人煤窑、榆树湾地区的一处手工业联社窑改组为地方国营煤矿，即准格尔旗乌素沟煤矿和准格尔旗二道沟煤矿。

是年　准格尔旗社队煤矿发展到84个，年产量6万吨。

是年　包兰铁路和海勃湾至公乌素专用铁路相继建成通车（统配煤矿专用线），并建成拉（僧庙）察（汗淖尔）公路（后改为109国道）和鄂（托克旗）乌（海）公路，贯穿棋盘井、骆驼山等矿区，从此，煤炭外运短途用汽车，长途用火车，煤炭销往乌海、包头、呼和浩特，以及华北、西北、东北、华东等地区。

是年　生产“大跃进”，因陋就简、土法上马，大办地方工业。新建地方国营公乌素煤矿、摩尔沟煤矿、卡布其煤矿，并将千里山煤矿转为地方国营千里山煤矿。年底，国营煤矿增加到6个，职工达500人，年产原煤38.2万吨，翌年2月，千里山煤矿下马。

是年 准格尔旗纳林沟、城坡、阜素沟、二道沟煤炭合作社转为地方国营煤矿，增加了焦炭生产。

1959 年

4 月 1 日 桌子山矿务局成立，谢军任局长兼中共桌子山矿务局临时党委书记。

5 月 海勃湾市成立，公乌素煤矿、摩尔沟煤矿、卡布其煤矿、千里山煤矿、老石旦煤矿一并划归海勃湾市管辖。

5 月上旬 平沟煤矿安装使用了 25 马力柴油发电机。

8 月 1 日 内蒙古自治区煤炭工业管理局老石旦建井工程处成立。

12 月 桌子山煤矿、老石旦煤矿分别被评为全国小型煤矿红旗单位。

是年 内蒙古地质局准格尔旗地质队提交了《窑沟矿区东露天井田、西露天井田及上山井田详细勘探地质报告》。翌年 1 月 13 日，全国矿产储委会批准该报告。

是年 伊金霍洛旗忽鸡图煤矿改组为地方国营煤矿。

1960 年

3 月 内蒙古矿业学院在海勃湾成立，王翼飞任院党委书记，李永年为副院长。该院于 1961 年底改为桌子山煤矿学校，同年下马。

5 月 中共伊克昭盟盟委副书记郝文广兼任桌子山矿务局党委书记。

6 月 21 日 伊克昭盟行政公署经济委员会成立，工业局撤销，分别成立重工业局、煤炭电力局、轻工业局，由煤炭电力局管理伊克昭盟地区煤炭工业。

1961 年

2 月 东胜县酸刺沟联合厂撤销，重新单独设立酸刺沟煤矿，并把伊克昭盟石油厂在碾盘梁的斜井煤矿并入该矿。

6 月 桌子山矿务局贯彻中共中央提出的“调整、巩固、充实、提高”的方针，压缩基建项目，平沟斜井、骆驼山斜井、公乌素小露天、局办公大楼等停建。

本月 一场特大洪水冲毁了伊金霍洛旗忽鸡图煤矿，冲走了采煤工具和两名采煤工人，其中 1 人得救，1 人遇难，并淹没了抽水设备。7 月，忽吉图煤矿宣告停产。11 月，伊金霍洛旗人民政府决定重新建设忽吉图煤矿，并当年转为地方国营煤矿。

8 月 张静任中共桌子山矿务局委员会第一副书记（书记空缺），主持党委工作。

是年 伊克昭盟老石旦煤矿加强通风及运输设施，制定并执行了《火药雷管核销卡片制度》，开展“通风瓦斯关、消灭煤尘关、探放水关、杜绝井下火灾关、顶板管理及提升运输关”等攻关活动。

1962 年

3 月 鄂托克旗新建地方国营黑龙贵煤矿，建斜井 1 对，有职工 80 人，年产原煤 5000 吨，由于资金不足，产品滞销，至 11 月停产。

5 月 7 日 内蒙古煤炭工业管理局撤销桌子山矿务局建制，改名为桌子山煤矿。平沟煤矿和旧洞沟煤矿改为桌子山煤矿的两个坑口，并将建井工程处和基建工程处合并为综合工程处。

11 月 内蒙古矿产储委会组织有关单位对内蒙古地质局准格尔旗地质队提出的《窑沟矿区东露天井田、西露天井田及上山井田详细勘查地质报告》进行了初步复审。1963 年 12 月，全国矿产储委会在内蒙古矿产储委会的复审基础上，又进行了复审核实，并在煤矿专业小组第13次会议上通过了复审报告决议书。1964年3月16日，地质部全国矿产储委会将复审报告决议书下发内蒙古地质局。

是年　伊金霍洛旗忽鸡图煤矿购进第3台10马力锅砣机。

是年　东胜酸刺沟煤矿从东胜变电站架设6.6千伏输电线路，成为最早架设输电线路的煤矿。

是年　桌子山煤矿平沟坑口209青年快速掘进队出席全国煤炭战线群英会。

1963年

3月8日　伊克昭盟第一支矿山救护队成立。

4月　准格尔旗工交局制定开办小煤窑政策规定：对国家矿藏长远建设影响不大、距离国营煤矿15千米、在保证安全、不准外销的前提下，报计委、工交局批准后方可开采，并封闭了3个公社的14个小煤窑。

5月　桌子山矿务局恢复建制，平沟坑和旧洞沟坑同时恢复煤矿建制，综合工程处撤销，恢复基本建设工程处。

是年　准格尔旗城坡煤矿将石梯子窑改为斜井，采用人推小板车运煤。

是年　准格尔旗纳林沟煤矿开始在签房子、托县河口、土右旗十四分子等地设立煤炭销售点，每吨批发价22.97元，零售价每吨26.8元。

是年　伊克昭盟罕台川煤矿制定了《安全操作规程》，贯彻人人管生产、人人管安全的“两管”措施。

1964年

4月　海勃湾市属企业老石旦煤矿和摩尔沟煤矿划归桌子山矿务局管理。

7月27日　海勃湾下段黄河水位急剧上涨，出现特大洪峰。桌子山矿务局组织了4602人的抗洪队伍连续奋战11个昼夜，保住了包兰铁路未被冲毁。

是年　达拉特旗罕台川煤矿下设高头窑、纳林沟2个分矿的采煤方式首次用煤电钻打眼。

1965年

3月　桌子山矿务局老石旦煤矿大一号井复工兴建，1970年10月1日投产，设计年生产能力60万吨。

5月中旬　内蒙古煤炭工业管理局通知，撤销桌子山矿务局。撤销后的平沟煤矿、旧洞沟煤矿、摩尔沟煤矿合并成立卡布其煤矿，矿党委书记由千奋勇担任，矿长为曾昭省，直属内蒙古煤炭工业管理局领导；保留的老石旦煤矿，直属内蒙古煤炭工业管理局领导。该局的基建处改名为内蒙古煤炭工业管理局老石旦建井工程处。局本部编余干部到新成立的内蒙古干部学校；该局的中小学、砖瓦厂、副业厂移交海勃湾市管理。

9月15日　卡布其煤矿平沟滑坡煤仓开工兴建，全长147米，容量1500吨。翌年9月24日建成移交使用。

是年　内蒙古煤田地质勘探公司和煤炭工业部航空测量大队合作，在桌子山一带进行了1：10000航片调查和1：5000地形成图。这是内蒙古自治区地形测绘第一家采用航空摄影技术。

是年　伊金霍洛旗石圪台煤矿由社办转为国营。

是年　达拉特旗罕台川煤矿划归伊克昭盟工业处管理，至1967年又移交达拉特旗管理，且采掘、排水、通风、照明、运输等环节逐步实现了半机械化。

是年　伊克昭盟贯彻执行煤炭工业部《关于加强财务管理工作十项规定》和《煤炭工业财务管理基本制度》，在全盟煤炭领域开展清产合资活动。

1966年

7月 伊金霍洛旗石圪台煤矿井口被洪水淹没造成停产，购买第一台小型锅砣机排水，于9月恢复生产并开始使用电石灯照明。

是年 准格尔旗乌素沟煤矿的采煤工艺由原来的留马鬃柱梁的小工作面改为坑木支护的大工作面，又逐渐改为梅花式的花点煤柱，并由麻油灯改为电石灯照明。

是年 经内蒙古自治区科委批准，伊克昭盟罕台川煤矿筹建以褐煤为原料，试制硝基腐殖酸肥料的中间试验厂，国家投资20万元。

是年 伊克昭盟工业交通委员会成立，下设农机处、手工业管理局、工业科、交通科、邮电办事处，由工业科分管煤炭工业。

1967年

8月 中共中央决定对煤炭工业部、煤炭地区管理局和部属企业实行军管并派驻军代表，伊克昭盟军分区派军宣队进驻各矿执行军管。

是年 内蒙古煤田地质局117勘探队开始在阿尔巴斯、棋盘井一带进行了普查找煤工作，共在棋盘井矿区内施工钻孔27个，钻探工程量10430.89米，并编制了1：25000地质草图。

1968年

年初 鄂托克旗棋盘井煤矿从额尔格图嘎查117队驻地接入10千伏输电线路，井下开始使用煤电钻采掘。

3月 伊克昭盟革命委员会成立，同时建立生产建设指挥部，下设工业交通组，负责管理煤炭工业的生产和建设。

8月 鄂托克旗革命委员会接收公其日嘎公社办的煤矿，改建为国营棋盘井煤矿。

1969年

6月 老石旦二号矿井发生火灾，到11月蔓延到全井，矿井被迫封闭停产。小一号井右二片回采工作面受到威胁，被迫停产。

10月15日 东胜至达拉特旗罕台川煤矿高压输变电线路建成并送电。

是年 鄂托克旗革命委员会决定接管公卡汉分社校办棋盘井煤矿，成立地方国营鄂托克旗棋盘井煤矿；10月改为“10·5”干校，投资15万元，新建斜井2对。

1970年

3月 147地质勘探队完成了东胜神府煤田的普查找煤工作，普查面积达5629平方千米，评价煤炭资源远景储量为927.71亿吨。(其中包括陕西省神府煤田142亿吨储量。)

春 鄂托克旗“10·5”干校撤销，恢复地方国营棋盘井煤矿，职工80余人，年生产原煤2万吨。

是年 伊金霍洛旗忽鸡图煤矿完成风机房105平方米的建设安装，建成了70平方米的材料库，完成了500米的主井架线工程以及铺轨和巷道修理、调坡工程。

是年 伊金霍洛旗忽鸡图煤矿在石灰沟旧窑附近新建井口1处，并改人工背炭为骡马车运煤出窑，电石灯代替了麻油灯照明。

1971年

4月 千奋勇任中共卡布其煤矿委员会书记。

8月 公乌素总机厂破土动工兴建。

是年 棋盘井煤矿至额尔格图大队10千伏输电线路建成。

是年 准格尔旗乌素沟煤矿由手工掏

槽改为割煤机掏槽，打眼爆破落煤，用柴油机发电，达拉特旗罕台川煤矿也由手工掏槽改为割煤机掏槽。

是年 巴音陶亥农场新建罗卜图煤矿，挖斜井1对，职工50人，当年产原煤1万吨。

1972年

2月 内蒙古自治区科技局、燃化局在达拉特旗召开褐煤直接入炉气化生产后成氨的技术鉴定会，开辟了生产肥料新途径。

是年 酸刺沟煤矿开始使用割煤机掏槽、调度绞车，同时采用机械通风。

是年 石圪台煤矿开始井下铺轨，人推矿车运输。

是年 达拉特旗罕台川煤矿使用安全矿灯，结束了井下明火照明的历史。

1973年

1月 伊克昭盟燃料化学工业局成立，下设煤炭科，管理全盟的地方国营煤矿和乡镇煤矿。各旗、县的煤炭主管机构是各旗县工业交通局下设的煤炭组。

是年 达拉特旗高头窑煤矿兴建昌汗沟采区，1975年建成投产。

是年 伊金霍洛旗忽鸡图煤矿购回了第一台推土机，开始露天开采。

是年 鄂托克旗棋盘井煤矿年产12万吨的平硐井开工建设，1975年8月15日建成投产，

1974年

2月 中共内蒙古自治区委员会、内蒙古自治区革命委员会授予鄂托克棋盘井煤矿“内蒙古自治区先进集体”称号。

8月15日 伊克昭盟罕台川煤矿附属化肥厂邱发则等人以罕台川褐煤为原料制取硝基腐殖酸肥料获得成功。该厂的总结性论文《用褐煤制取硝基酸腐殖酸(综合法)》发表在1974年《化肥工业》第4期和《北方省、市、自治区发展腐殖酸类肥料经验交流会资料汇编》中。

1975年

1月 准格尔旗纳林沟煤矿建起一座造价3万元的变电所，供本矿使用。

3月 鄂托克旗三段地公社在芒哈图地区古长城脚下开办煤矿，称“三段地公社煤矿”，时有工人95名。翌年移交鄂托克旗工交局管理。

是年 伊金霍洛旗石圪台煤矿谢世尧自制伊金霍洛旗第一台割煤机，于1976年正式交付使用。

是年 准格尔旗纳林沟煤矿井下使用矿灯和电煤钻，井下铺设轨道，采用电机车运输。伊金霍洛旗石圪台煤矿将原来的骡马车运输改为轨道运输。伊金霍洛旗忽吉图煤矿绿化了窑口北部的1000多亩沙梁，新建了800多平方米的宿舍、伙房、办公室，并架设了高压输电线路，引进电煤钻、割煤机等设备。

是年 鄂托克旗棋盘井煤矿新建半机械化井口1对，当年生产原煤5.1万吨。

1976年

1月 准格尔煤田大会战开始，内蒙古煤田地质勘探公司117队、151队、153队以及以测绘为主的勘测队参加准格尔煤田露天地质勘探大会战。

3月6日 鄂托克旗棋盘井煤矿新斜井发生瓦斯、煤尘爆炸，井下7名矿工遇难，井下设备、巷道受到了严重的破坏，直接经济损失达20万元。

本月 伊克昭盟矿山救护队成立，隶属燃化局，编制15人，由苏谦任队长兼指导员，分设2个小队，每年财政拨款2万元。11月下放到达拉特旗罕台川煤矿

管理。

5月17日　内蒙古自治区革命委员会正式批准成立内蒙古准格尔煤田开发筹备处，内蒙古煤炭工业管理局安检处处长范影负责筹备工作。

7月1日　内蒙古煤田地质勘探公司117队编制了《准格尔煤田窑沟矿区供水水源普查找水设计》，并开始了水源勘探查找工作。

7月14日　煤炭工业部报请国家计划委员会，建议准格尔煤田窑沟矿区建设规模为年产1000万吨，其中露天矿建设规模为年产300万~500万吨，采用4~8立方米电铲和铁路运输开采工艺，设备实行国产化。

12月　内蒙古自治区煤矿设计院首次编制完成《准格尔煤田窑沟矿区总体设计》。

是年　高头窑煤矿使用小型割煤机，爆破落煤，矿车运输。

是年　伊金霍洛旗石圪台煤矿新建2号井口，并购回一台135马力柴油发电机组。

是年　准格尔旗纳林沟煤矿成立矿山救护队，队员17人，救护车1辆。

1977年

2月　达拉特旗高头窑煤矿采空区煤面自燃，井下15立方米坑木、1台干式变压器、35米电缆被烧毁，直接损失19多万元。

3月25日　内蒙古煤炭工业管理局就内蒙古煤矿设计院提出的《准格尔煤田窑沟矿区总体设计方案》作出批示，同意以黑岱沟为界将煤田划分为南北两大矿区，首先开发北部矿区；北部矿区集配站设在薛家湾；同意以露天为主的总体设计方案中推荐的第三方案。同意建设矿区发电厂，装机容量为30万千瓦，分3期建成。

4月14日　内蒙古自治区党委组织部通知，任命范影为中共内蒙古煤田地质勘探公司党委书记、革命委员会主任，兼任准格尔煤田开发筹备处主任，潘凤舞为副主任。

9月12日　达拉特旗青达门公社煤矿着火。9月16日，抢险过程中，公社副主任单儒恒等4人一氧化碳中毒死亡。再次组织灭火时，下井15人，其中13人一氧化碳中毒，又有4人经抢救无效死亡。

11月19日　内蒙古自治区革命委员会将《准格尔煤田窑沟矿区总体设计方案的审批意见》呈报国家计划委员会和国家建设委员会，请求连同《准格尔煤田窑沟露天矿计划任务书》一并予以批复，并列入国家计划。

11月21日　国家计委下发《关于准格尔煤田窑沟露天矿和准格尔铁路设计计划任务书的复文》，同意建设窑沟露天矿，建设规模为年产原煤500万吨，露天矿生产的煤主要用于坑口电站、其他动力及民用。准格尔铁路支线的输送能力近期按500万吨、远期按1000万吨考虑。

是年　达拉特旗罕台川煤矿被评为内蒙古自治区“学大庆，赶开滦”先进单位。

是年　达拉特旗高头窑煤矿井下使用小型电机车运输；罕台川煤矿用矿车运输、卷扬机牵引。

是年　孙家壕煤矿开始筹建，设计生产能力6万吨/年，采取边建边生产方式，于1980年正式投产。

是年　鄂托克旗棋盘井煤矿安装了小型离心式风扇机，首次改自然通风为机械通风。

是年　鄂托克旗棋盘井煤矿开始进行井下技术改造，更新提升绞车，建风机房，井下改为50米短壁工作面，明火爆破改为电雷管爆破，井下运输改为17型刮板机和20型刮板机。

1978年

1月22日 全国煤炭工业“学大庆，赶开滦”群英大会在北京隆重开幕。准格尔旗纳林沟煤矿革委会副主任张华以伊克昭盟代表身份出席了会议。

本月 内蒙古煤田地质勘探公司153地质队提交了《黑岱沟矿区普查设计修改补充说明》。6月，153队提交了《内蒙古自治区伊克昭盟准格尔煤田窑沟矿区黑岱沟勘探区总体勘探地质报告》。

5月30日 中共伊克昭盟委员会、革命委员会联合召开优秀科技成果表彰大会。达拉特旗罕台川煤矿硝基腐殖酸肥料厂等5单位受奖。

7月1日 鄂托克旗三段地公社社办煤矿转为地方国营鄂托克旗长城煤矿，工人增至150名。

8月 内蒙古煤矿设计研究院编制了《准格尔煤田北部矿区（窑沟区）总体设计》。

10月 内蒙古自治区革命委员会同意准格尔煤田筹建处提出的在龙王沟口后附近建设火电厂的意见。

11月22日 内蒙古自治区革命委员会副主任张鹏图主持召开了准格尔煤电工业基地筹建领导小组扩大会议。会上议定：加快搞好准格尔煤电工业基地的总体规划；争取列入1979年国家计划的项目投资；充实和加强基地建设领导小组，决定刘景平兼任组长，刘玉柱、李斌三、刘吟庆、千奋勇任副组长。

11月26日 准格尔煤田筹建处副主任潘凤舞参加了煤炭工业部召开的准格尔矿区问题会议，准格尔矿区设计规模保持在1000万吨以上。根据内蒙古准格尔煤田开发领导小组的意见，黑岱沟露天煤矿建设规模为1500万吨。

12月20日 高头窑与东胜地区的输变电枢纽工程——东胜变电站，竣工并交付使用，输出电压10千伏，由配电线路向罕台川煤矿实行双回路供电。

本月 准格尔旗人民政府决定成立“准格尔旗燃料公司”，对全旗社队迅猛发展的小煤矿首次整顿。

是年 准格尔旗纳林沟煤矿被中共内蒙古自治区委员会命名为“大庆式企业”。

1979年

1月12日 煤炭工业部通知，同意准格尔露天煤矿施工，列入1979年基建计划。

本月 内蒙古煤矿设计院在准格尔煤田北部矿区原设计基础上编制了总体补充设计。与原设计不同的是，初期年产1000万吨的规模全部由黑岱沟露天煤矿承担。

本月 内蒙古电力勘测设计院编制完成了《蒙南准格尔地区火电基地规划选厂报告》。

6月28日 以国家计委副主任金熙英为组长，国家经济委员会、煤炭工业部、铁道部、水利电力部组成调查小组到准格尔矿区进行调查。

12月28日 伊克昭盟科技先进代表会召开，大会评选出103项科技成果，准格尔旗纳林沟煤矿获得集体一等奖。

本月 内蒙古煤田地质勘探公司153队提交《准格尔煤田窑沟矿区黑岱沟露天精查报告》，获得储量20.8亿吨。

是年 鄂托克旗棋盘井煤矿发生洪水灾害，经济损失11万元。

是年 准格尔旗窑沟乡牛光圪旦村办煤窑与纳林沟国营矿掘通，致使洪水淹没了该矿矿井，造成停产2个月，经济损失

10 万元。

是年 棋盘井煤矿将土法炼焦改为圆室焦炉。

1980 年

1 月 28 日 煤炭工业部根据国家计划委员会的意见，组织有关人员到准格尔现场，对内蒙古煤田地质勘探公司 153 队提交的《准格尔煤田窑沟矿区黑岱沟露天精查勘探地质报告》及 117 地质队提交的《准格尔煤田窑沟矿区露天精查最终地质报告》进行复查。复查结果认为，两份地质报告提出的储量、构造、煤质、水文等方面的资料可靠。

3 月 27 日 美国福陆公司采矿代表团一行，应中国煤炭工业技术装备总公司的邀请，到准格尔煤田进行考察。

4 月 16 日 美国西方石油公司代表团一行，应中国煤炭工业技术装备总公司的邀请，来华同中方商谈准格尔等矿区煤矿补偿贸易和合资经营问题，并到准格尔煤田参观考察。提出煤田适应于建设大型露天矿，采用单斗电铲采煤——汽车运输的生产工艺为宜。

4 月 28 日 美籍华人、美国著名的实业界人士、美国大新公司董事长叶南一行，应内蒙古自治区科委的邀请，到准格尔矿区进行现场考察。

5 月 30 日 内蒙古自治区人民政府发出通知，要求自治区水利局承担准格尔煤田基地浑河发电厂水源工程和小沙河湾水电枢纽工程勘测设计任务。

8 月 12 日 经国务院批准，鄂托克旗分设为鄂托克旗和鄂托克前旗。地方国营鄂托克旗长城煤矿归属鄂托克前旗工交局管理。

10 月 内蒙古自治区人民政府向 631 重大科研成果完成单位和人员授奖。达拉特旗化肥厂，内蒙古化工研究所的廉守仁、王忠、蔡登棣的“褐煤直接入炉造气合成氨新工艺”获二等奖。

11 月 10 日 美国国际商业公司组织的煤炭投资代表团一行，应中国国际信托投资公司的邀请，到准格尔煤田进行考察。

是年 鄂托克旗棋盘井煤矿接通矿区与鄂托克旗电话通信网。

是年 国家投资 108 万元给高头窑煤矿配备小型机车。

1981 年

4 月 内蒙古煤炭工业管理局授予鄂托克旗棋盘井煤矿“安全生产先进单位”称号。

5 月 21 日 由煤炭工业部、电力工业部、石油工业部、第一机械工业部等组成调查组到准格尔矿区考察输煤管道事宜。

9 月 15 日 西德华德、瑞士华瑞两公司常驻北京代表李逢春对准格尔煤田进行考察。

10 月 18 日 内蒙古煤炭工业管理局局长阎宁波、准格尔煤田筹建处副主任潘凤舞分别向煤炭工业部、国家进出口委员会、国务院侨务办公室、国家科学技术咨询部汇报了利用外资开发准格尔煤田事宜。煤炭工业部、国家进出口委员会表示同意。

是年 准格尔旗窑沟乡孙家壕年产煤炭 9 万吨矿井动工建设，1985 年建成投产。

1982 年

4 月 24 日 内蒙古自治区人民政府呈文国务院，表示完全同意煤炭工业部《关于请审批开发准格尔露天煤矿综合项目建议书》中指出的把内蒙古准格尔煤田作为骨干建设项目和利用外资开发的意见，并建议：露天矿的规模初期为年产

1000万吨，远期为年产3000万吨，生产原煤全部入选，选后出口。中煤和泥煤就地供电厂使用；准格尔矿区至港口的运输问题建议采用铁路运输方案，修建准秦线；应考虑建设坑口电站，总规模为100万千瓦。

5月20日 准格尔煤田筹建处副主任潘凤舞在北京与美国柏克德公司代表董事罗伯特·艾伦进行谈判后于26日一同到准格尔矿区进行现场考察。至此，准格尔煤田综合项目可行性研究已达成设计合作协议，并草签了意向性的协议书。双方协定于1983年9月中方派人到美国旧金山进行中间审查。

7月20日 准格旗纳林沟煤矿被洪水淹没，全部停产，直接损失80万元。

7月23日 内蒙古自治区人民政府发出通知，决定成立准格尔煤田筹建开发领导小组，并设办公室。自治区副主席陈炳宇任领导小组组长，范影兼任办公室主任。

8—10月 内蒙古煤矿设计研究院与鞍山矿山冶金设计研究院合作编制《准格尔煤田黑岱沟露天煤矿技术经济论证报告》。确定黑岱沟露天煤矿生产规模为1500万吨，开采工艺采用单斗电铲采装汽车运输方案。

12月 内蒙古煤田地质勘探公司151地质队提交了《内蒙古自治区准格尔煤田黑岱沟露天精查补充勘探地质报告》。

是年 棋盘井煤矿进行井下技术改造，工作面改为100米长壁工作面，井下运输改为40型刮板输送机，支护采用摩擦式金属支柱。

是年 闫家渠煤矿开工建设，设计生产能力90万吨/年，2009年建成投产。

1983年

1月10日 内蒙古自治区计划委员会主任暴彦巴图、煤炭工业管理局局长阎宁波等率领工作组到准格尔煤田筹备处同伊克昭盟公署副盟长院良臣、准格尔旗旗委书记高毓先等就地方政府为开发准格尔煤田服务项目的建设问题进行了现场考察和座谈。

1月22日 内蒙古自治区副主席彭梦庚率领内蒙古计划委员会、经济委员会等有关部门负责人到煤炭工业部，商谈准格尔煤田开发的前期准备工作问题。

1月30日 中方与美国柏克德国际服务公司签订了合作编制《准格尔项目可行性研究》合同。就开采方案与中煤能源集团有限公司合作编写了《黑岱沟煤矿厂，准格尔—秦皇岛煤浆管道系统可行性研究报告》《黑岱沟煤矿可行性中间报告》《准格尔项目可行性研究最终报告》《准格尔项目实施计划》，并经审查通过。

本月 煤炭工业部、全国煤矿地质工会和内蒙古自治区人民政府分别授予棋盘井煤矿“安全生产先进集体”称号。

2月7日 美国柏克德土木和矿业公司总裁福特、柏克德国际服务公司副总经理戈茨率领10名专家，结束了对准格尔煤田黑岱沟露天矿可行性研究的咨询服务工作。

3月1日 国务院召开会议，决定加速开发准格尔煤田。

3月21日 伊克昭盟成立支援准格尔煤田建设领导小组，组长由伊克昭盟副盟长院良臣担任。

4月6日 煤炭工业部部长高扬文、内蒙古自治区党委副书记千奋勇等到准格尔煤田筹建处，传达党中央、国务院开发准格尔煤田决定。

4月9日 水利电力部第一副部长李鹏由自治区党委副书记千奋勇陪同到现场了解准格尔煤电基地电厂厂址情况。

同日 呼准（呼和浩特—准格尔）

公路建设指挥部成立。

4月13日 内蒙古自治区人民政府、水利电力部召开准格尔电力基地规划会议。中共内蒙古自治区委员会第一书记周惠、自治区人民政府代主席布赫与水利电力部第一副部长李鹏就准格尔电力规划有关问题进行了会谈。

4月21日 煤炭工业部委托内蒙古煤矿设计研究院、鞍山黑色冶金矿山设计院承担准格尔矿区黑岱沟露天煤矿、选煤厂、煤浆制备厂和脱水厂可行性研究的编制工作。

4月29日 中国煤炭开发总公司与美国柏克德土木矿业公司、柏克德国际服务公司签署了《合作编制内蒙古准格尔矿区黑岱沟露天煤矿选煤厂及由准格尔至秦皇岛煤管道运输系统的可行性研究合同》。参加签字仪式的有煤炭工业部部长高扬文、副部长刘辉、顾问邹桐，水利电力部副部长汪德芳，交通部部长郑光迪，内蒙古自治区党委副书记千奋勇等。

4月30日 内蒙古自治区准格尔矿区总体设计队编制完成了《准格尔矿区总体设计》。

5月5日 中共中央委员、中央书记处候补书记郝建秀由内蒙古自治区党委副书记千奋勇陪同到准格尔矿区进行实地考察。

5月10日 国家计划委员会批准了由内蒙古煤矿设计研究院和鞍山黑色冶金矿山设计院合作编制的《黑岱沟露天煤矿预可行性研究》及《补充修改黑岱沟、窑沟露天煤矿可行性研究报告》。

5月18日 中共中央委员、国家经济委员会副主任袁宝华由内蒙古自治区党委副书记千奋勇陪同到准格尔矿区进行考察。

6月7日 中共内蒙古自治区委员会决定成立准格尔煤矿建设指挥部，任命关绍臣为中共准格尔煤矿建设指挥部委员会书记、指挥部指挥，范影任党委委员、指挥部第一副指挥。从此，准格尔煤田开发筹备处变更为准格尔煤田建设指挥部。

6月14日 国家计划委员会副主任吕克白、城乡建设环境保护部部长李锡铭一行到准格尔煤电基地进行考察。

7月18日 水利电力部部长钱正英由内蒙古自治区党委副书记千奋勇陪同，到准格尔矿区进行考察。

7月 内蒙古煤设计研究院第一批8名技术人员赴美国旧金山与柏克德土木矿冶工程公司、鞍山矿山冶金设计研究院合作编制《准格尔煤田黑岱沟露天煤矿最终报告》。

8月18日 内蒙古自治区人民政府与中国科技咨询服务中心签订了《关于准格尔煤田开发总体规划论证协议书》。

8月22日 《人民日报》社社长胡绩伟等一行到准格尔矿区参观访问。

本月 以新日本制铁株式社长务取缔役山形荣治为团长的日本亚洲交流协会准格尔项目合作访华团到准格尔煤田，考察和促进利用第二批能源贷款建设准格尔项目。随后，日本长期使用银行代表横井士郎等日本企业界人士相继来准格尔煤田，就有关贷款问题达成协议。

12月21日 内蒙古煤矿设计研究院与中国矿业学院共同编制了《准格尔煤田黑岱沟露天煤矿开采程序的研究》。

1984年

1月 内蒙古煤矿设计研究院第二批10名技术人员赴美国旧金山与柏克德土木矿冶工程公司、鞍山矿山冶金设计研究院合作编制《准格尔煤田黑岱沟露天煤矿最终报告》。

2月26日 煤炭工业部副部长叶青由准格尔煤田建设指挥部指挥关绍臣、副指挥范影陪同到准格尔矿区检查指导工作。

3月21日 煤炭工业部部长高扬文会见日本国准格尔项目委员会成员。

4月 伊克昭盟煤矿设计室成立，开始独立设计盟内小型煤矿。1988年8月更名为伊克昭盟煤矿设计院，下设采煤、机电、土建、公路桥涵工程、经济等科室。

5月 中国科技咨询服务中心准格尔项目咨询论证专家组编制了《准格尔矿区综合开发煤电运统筹同步建设方案咨询论证报告》。

本月 中国煤炭开发总公司和美国柏克德土木矿业公司、柏克德国际服务公司合作编制了《准格尔项目可行性研究最终报告》。8月3日，该报告在北京通过审查。

7月 准格尔露天煤矿可行性研究预审会议在北京召开。

8月28日 铁道部第三设计院提交了为准格尔煤田运煤设计的《大准线方案研究补充报告》，确定大准线自大同东湖起至准格尔旗的薛家湾止，全长282.45千米，投资14.05亿元人民币，近期输送能力为3550万吨，远期为4000万吨。

11月16日 根据国家计划委员会和中国精煤公司筹备处的意见，经中共伊克昭盟委员会决定，成立中国精煤公司伊克昭盟精煤分公司。

11月28日 根据伊克昭盟党办发（84）215号文通知，决定成立伊克昭盟煤炭工业公司，管理全盟地方煤矿，县级建制，归口经委系统，直属盟行政公署，同时撤销伊克昭盟燃化局。

12月20日 煤炭工业部露天总公司通知内蒙古煤炭工业厅，确定内蒙古煤矿设计研究院为准格尔工程项目设计归口联系设计院。

本月 准格尔旗唐公塔煤矿由能源部投资兴建，1987年简易移交生产。

是年 鄂托克旗党委政府、内蒙古煤炭工业厅、煤炭工业部、全国煤矿地质工会分别相继授予鄂托克旗棋盘井煤矿“文明企业”“正规开采安全生产先进单位”“1984年全国矿（处）级竞赛先进单位”等称号。

是年 达拉特旗唐公沟煤矿年产21万吨的斜井开工建设，1987年投产。

是年 东胜煤炭开发经营公司组建东胜矿区矿山救护队，设2个小队，队员18人。

1985年

1月19日 中美国际工程公司编制的《准格尔工程项目实施计划》在北京审查通过。

本月 内蒙古煤矿设计研究院有关技术人员在深圳与中美国际工程咨询公司合作编制准格尔煤田黑岱沟露天矿和选煤厂施工图，7月完成编制工作。

2月8日 中国精煤公司伊克昭盟分公司的首次精煤专列经包头站发往江苏南通。

3月25日 国务院副总理李鹏组织国家计划委员会副主任黄毅诚、煤炭工业部副部长叶青等召开专题会议，就日本输出银行为开发准格尔露天煤矿提供能源贷款和民间贷款的使用问题进行了研究。

5月15日 经批准，中国精煤公司筹备处正式更名为华能精煤公司。

6月15日 中共中央总书记胡耀邦视察准格尔煤田。

6月21日 根据华能精煤公司意见，经中共伊克昭盟委员会批准，中国精煤公司伊克昭盟分公司更名为华能精煤公司伊克昭盟分公司。

7月1日 华能精煤公司伊克昭盟分公司委托内蒙古煤田地质勘探公司151、105、108、117、104地质队在东胜矿区的布连、布尔台、新庙等精煤区开展大规模地质勘探工作。

8月13日 伊克昭盟所属各旗市政府组织煤炭、乡镇企业、物价工商、劳动人事等部门组成矿山整顿小组，对现有煤矿逐个进行整顿。

同日 伊克昭盟行政公署对全盟煤炭价格进行调整，吨煤根据地区不同提价3.0~6.0元。

8月21日 华能精煤公司在东胜市召开工作会议，明确了神府东胜煤田的开发建设方针、步骤和目标——国家修路、集资办电、地方和群众办矿。开发建设的指导思想是“先土后洋、先小后大、先易后难、由近及远、由浅入深”。

8月 准格尔煤炭工业公司成立，管理全旗国营、二轻、乡镇煤矿的生产销售、安全技术。

本月 内蒙古自治区煤炭工业厅批准，伊克昭盟矿山救护队成立，负责全盟煤矿救护。

9月14日 以松本有为团长的日本三菱商事株式会社代表团一行7人考察神府东胜矿区。

10月 经国务院批准，包神铁路开工建设。

11月12—13日 国务院副总理李鹏在煤炭工业部部长于洪恩、陕西省副省长曾慎达等陪同下，视察了神府东胜煤田。

12月 内蒙古煤田地质勘探公司完成了《东胜煤田布连矿区、东马家塔露天勘探报告》。这是东胜煤田第一份可供建井的地质报告。

是年 伊克昭盟行政公署发布《关于加强煤炭管理工作的通知》，加强煤炭销售管理工作。

1986年

4月 中国煤炭地质工会全国委员会，授予鄂托克旗棋盘井煤矿工会“全国煤矿群众安全监督检查先进集体”。

5月17日 国家计划委员会、国家科学技术委员会、煤炭工业部、城乡建设环境保护部、铁道部、水利电力部等部委领导来准格尔煤田考察，提出煤田开发方案，并对有关事宜作了指示。

5月23—24日 国家计划委员会副主任黄毅诚，国家经济委员会副主任赵维诚，中央财经领导小组顾问、煤炭工业部原部长高扬文，煤炭工业部副部长叶青，国务院能源基地规划办公室副主任李智胜，考察神府东胜煤田。

5月25日 华能精煤公司向日本首次出口的15万吨精煤从包头车站起运。这批出口的精煤，每吨为国家换回外汇35美元。

5月31日 华能精煤公司伊克昭盟分公司所属的马家塔露天矿筹建处正式组建。该矿设计年生产能力为60万吨。

6月26日 国务委员兼国家计划委员会主任宋平主持召开国家计划委员会办公会议，基本同意华能精煤公司提出的《关于加速开发神府东胜煤田的汇报提纲》，给神府东胜煤田投资40亿元，建设3000万吨规模的矿区。

7月1日 准格尔煤田开发项目经国务院批准正式立项。国家计划委员会在下达的函件中提出：准格尔煤田的建设要进行较大的改革，煤、电、铁路运输必须同步进行；要改变按条条分投资、各自建设的作法；要成立准格尔煤电运总公司作为经济实体，具有独立的法人资格，单独核算，自负盈亏。这个总公司隶属于煤炭工业部，对整个项目实行统一领导、统一计划、统一管理、统一经营……一期工程建设规模为年产原煤 1500 万吨，其中黑岱沟露天矿 1200 万吨，地方乡镇煤矿 300 万吨。要求准格尔煤田建设总投资控制在 28 亿元左右。

9 月 4 日　国务院副总理李鹏主持召开会议，研究神府东胜煤田开发建设问题，正式确定了华能精煤公司的任务、经营方式、开发建设目标、机构设置以及煤炭出口等问题。

11 月 29 日　神府东胜煤田开发建设协调领导小组会议在北京召开。会议由国家计划委员会副主任黄毅诚主持。煤炭工业部副部长张宝明、铁道部副部长罗云光、陕西省副省长张勃兴、内蒙古自治区计划委员会副主任戈维武、国务院压油办公室副主任王传剑、华能精煤公司董事长肖寒参加会议。会议对神府东胜煤田开发范围和开采权的审批、经营管理、铁路建设与运输、矿区公路建设、煤炭出口等问题进行了具体研究。

12 月 1 日　伊金霍洛旗成立布连塔煤矿筹建处，矿井设计年生产能力为 60 万吨。

12 月 8 日　经国务院批准，煤炭工业部以（86）煤办字第 872 号文通知成立准格尔煤炭工业公司。12 月 15 日，煤炭工业部任命宋瀚峰为准格尔煤炭工业公司经理、中共准格尔煤炭工业公司委员会书记。

12 月 8 日　经煤炭工业部批准成立准格尔煤电运总公司，下设一号露天矿、选煤厂、坑口电厂。

12 月 31 日　内蒙古 105、151 地质队完成了东胜煤田布连塔 41 平方千米、后石圪台 12 平方千米的精煤勘探任务，同时完成了马家塔地区 26.5 平方千米、后石圪台 9 平方千米的 1∶2000 地形测量任务，满足了初期矿区建设的需要。

本月　内蒙古自治区人民政府，授予鄂托克旗棋盘井煤矿“内蒙古自治区先进企业”称号。

本月　煤炭工业部组建了“准格尔煤炭工业公司”，下设计划、基建、审计、供应、技术、驻呼、驻京 7 个部门和黑岱沟露天矿。隶属中国统配煤矿总公司管理。

是年　准格尔旗四道柳乡五圪图村境内筹建国营五圪图精煤矿，于 1989 年投产。

1987 年

1 月 5 日　经华能精煤公司同意，中共伊克昭盟委员会决定将华能精煤公司伊克昭盟分公司改为内蒙古东胜煤田开发经营公司。6 月 19 日，内蒙古自治区人民政府以内政（87）29 号文正式批准由原县级建制升为地市级建制。

本月　伊克昭盟煤炭工业公司撤销，成立伊克昭盟煤炭工业管理处，与“东胜煤田开发经营公司”合署办公，一套机构，两块牌子，负责全盟煤炭管理工作。伊克昭盟煤矿设计室划归伊克昭盟煤炭工业管理处领导。

2 月 4 日　国家计划委员会批准建设包头至府谷的公路。这是神府东胜煤田第二条运煤干线，全长 303 千米，设计为二级柏油路面，概算总投资 1.74 亿元。

3 月 3 日　中共内蒙古自治区委员会副书记千奋勇、自治区副主席刘作会、华能精煤公司董事长肖寒视察东胜煤田，对煤田开发中的煤、电、路规划建设等事宜进行了研究。

6 月 15 日　内蒙古自治区副主席刘作会签发了《关于营盘湾煤矿全建制转移问题的会议纪要》。10 月 21 日，巴彦淖尔盟管辖的因资源枯竭闭坑的营盘湾煤矿全建制转移到伊克昭盟参加东胜矿区建设。

本月 煤炭工业部水文公司 203 钻机，在准格尔煤田龙王沟施工的 244 号水文孔在 240 米深的地层见水。经测试抽样，水源充足，水质可靠，日出水量为 2100 吨，可建成优质淡水井。

本月 伊克昭盟科技处赵蔚霖和东胜煤田开发经营公司罗红，研制成功代柴型煤。这项发明为伊克昭盟的特殊煤炭资源——煨炭沫煤开辟了新的利用途径，1988 年 10 月 14 日该发明获国家专利。

本月 内蒙古地矿局第一地质队提交《东胜煤田万利川勘探区精查及外围普查地质报告》。

8 月 13 日 国家计划委员会邀请世界银行工业代表团一行 5 人考察神府东胜矿区。

9 月 5 日 东胜精煤区马家塔露天矿破土动工，该矿采取国家、地方合资的形式，总投资 2651 万元，设计能力 60 万吨/年。

9 月 16 日 上湾煤矿开工建设，设计生产能力 300 万吨/年。1996 年因落实国家关井压产政策而停建。1998 年复工建设，矿井进行扩能改造，设计能力提高到 800 万吨/年，2005 年 6 月 14 日竣工验收，移交生产。后经多次改造，截至 2018 年，产能达到 1600 万吨/年。

9 月 18 日 包神铁路黄河大桥建成通车。内蒙古自治区人大常委会主任巴图巴根，自治区副主席、包神铁路建设指挥部总指挥刘作会，华能精煤公司副董事长张振和参加了通车仪式。

10 月 5 日 国家计划委员会副主任黄毅诚在内蒙古自治区人民政府副主席刘作会、裴英武陪同下，考察了东胜煤田并听取了东胜煤田开发情况的汇报。

10 月 30 日 东胜煤田布连塔煤矿正式开工建设，海勃湾矿务局建井一处承担建井施工任务。

本月 内蒙古煤田地质勘探公司和中国矿业学院合作完成的《准格尔煤田古生物地层划分对比与露天勘探网密度的研究》，获 1988 年能源部科技进步三等奖。

11 月 5 日 中共内蒙古自治区委员会任命院良臣为中共东胜煤田开发经营公司委员会书记；12 月 28 日，内蒙古自治区人民政府任命院良臣为公司经理。

本月 伊克昭盟精煤区第二条专线，松（定霍洛）—马（家塔露天矿）公路建成通车。该条公路是包神铁路配套公路的一个组成部分。全长 14 千米，工程总投资 560 万元。

是年 鄂托克旗棋盘井煤矿投资 520 万元，建设 30 万吨选煤厂。

是年 伊克昭盟行政公署批准，准格尔旗煤炭公司由科级升为准县级，下设 11 个职能科室、5 个经销站、1 个运输队。

是年 达拉特旗唐公沟煤矿简易移交生产，年设计能力 21 万吨。

是年 国营东胜市第二煤矿在添尔漫梁乡阳塔村查干沟开工建设。至翌年 9 月，第一期工程竣工投产，年产煤炭 9 万吨，最终形成年产 30 万吨的生产能力。

1988 年

1 月 1 日 伊克昭盟煤炭工业管理处与东胜煤田开发经营公司分设。

1 月 26 日 中共伊克昭盟委员会书记、公署盟长联合办公会议研究，同意伊克昭盟乡镇企业处成立以 21 名行政超编人员为基本队伍的伊克昭盟乡镇企业公司。

3 月 6—8 日 煤炭工业部在呼和浩特对《准格尔黑岱沟露天矿一期工程环境影响报告书》进行预审。国家环境保护局、北京大学、清华大学等 36 个单位 56 名专家和科技人员应邀参加了预审工作。

3 月 31 日 中共内蒙古自治区委员会书记王群一行到东胜市、准格尔旗视察工作，听取了准格尔煤炭工业公司项目情况介绍，并到黑岱沟露头煤现场进行了视察。

本月 国家计划委员会批复《准格尔矿区一期工程设计任务书》，并列入 1989 年全国新建扩建 27 个能源项目之首。

4 月 16 日 准格尔煤炭工业公司经理宋瀚峰随煤炭工业部代表团前往美国考察。

4 月 17 日 东胜煤田开发经营公司经理院良臣应法国道达尔公司和联邦德国蒂森公司的邀请，随同华能精煤公司考察组出访法国、德国、荷兰和比利时，调查了解神府东胜精煤在欧洲的销售使用情况和煤炭市场情况。

5 月 16 日 国家计划委员会批准了《神府东胜煤田总体设计任务书》。批准建设规模为：一期生产规模为 1000 万吨，同步建设包头—神木铁路；二期生产规模为 3000 万吨，同步建设神木—朔州铁路；远期生产规模为 6000 万吨，同步建设朔州到黄骅港口的铁路。

7 月 1 日 乌兰木伦煤矿开工建设，设计生产能力 30 万吨/年，1992 年建成投产。1995 年 12 月至 2009 年 7 月，乌兰木伦煤矿先后进行 3 次重大技术改造，生产能力提升到 700 万吨/年。

7 月 28 日 伊克昭盟煤炭工业管理处更名为伊克昭盟煤炭工业处。

同日 以查理 B. 史密斯为团长的 AQCD 公司代表团一行 6 人考察神府东胜矿区。

8 月 5 日 内蒙古自治区人民政府召开常务会议，专题研究东胜煤田开发建设事宜，就煤田建设的资金筹措、管理体制、煤炭销售、土地征用、公路管理和项目审批等问题作了明确的规定。

8 月 8 日 鄂托克旗阿尔巴斯苏木巴音乌素煤矿发生了一起煤气中毒事故，在坑道内作业的 5 名工人全部遇难。

8 月 29 日 东胜煤田后布连露天煤矿筹建处正式成立。由伊金霍洛旗、达拉特旗、东胜市和东胜煤田开发经营公司以股份制形式合资兴建，设计年生产能力为 30 万吨，10 月 1 日正式开工建设。

本月 神华神府精煤有限责任公司与神华东胜精煤有限责任公司整合，组建神华神府东胜煤炭有限责任公司，简称神东煤炭公司。

本月 伊克昭盟煤矿设计室更名为伊克昭盟煤矿设计院。

本月 寸草塔二矿开工建设，设计生产能力 60 万吨/年，2005 年 8 月进行技术改造，2007 年 10 月技改完成，生产能力提升到 450 万吨/年。

9 月 20 日 东胜煤田武家塔露天煤矿正式开工建设，设计年生产能力 60 万吨。

11 月 2 日 准格尔矿区 1 号公路竣工，起点为喇嘛湾黄河大桥西段，止于准格尔旗薛家湾坑口电站，全长 29.24 千米。

12 月 15 日 伊克昭盟煤炭工业处根据内蒙古煤炭工业局召开的全区统计会议精神，召开全盟煤炭统计工作会议，各旗（市）煤炭公司统计员、各地方国营煤矿统计员参加了会议。

是年 纳林沟煤矿引进滑移顶梁液压支柱放顶采煤法，使采出率由 10% 提高到 75%。

是年 伊克昭盟煤炭工业处上报《全盟煤炭行业“三个奋斗目标”规划方案的报告》，规划方案依据国家修路、地方办矿的原则，对各煤田统一规划，分级管理，采取“群采”“联办”等形式进行煤炭资源开发，根据资源储量，现有生产能力作为“七五”规划基数。

是年 伊克昭盟煤炭工业供销公司成立，隶属伊克昭盟煤炭工业处直接领导，专为地方国营煤矿组织供应专用材料、设备和向外地销售煤炭等。

是年 全盟煤炭系统实行一定三年经营承包形式，引进竞争机制，在承包中建立风险机制，做到利益共享，风险共担。

是年 柳塔煤矿开工建设，设计生产能力30万吨/年，1990年10月1日竣工投产。2005年9月20日进行技术改造，2007年项目全部竣工，生产能力达到300万吨/年。

是年 后温家梁煤矿开工建设，2006年进行技改，2008年竣工，产能180万吨/年。

1989年

1月26日 准格尔煤炭工业公司副总工程师吕廉随国家能源投资公司大倾角皮带运输机考察组赴南斯拉夫的克虏巴拉露天矿、鲍尔露天矿和康萨机械制造厂进行考察。

3月31日 国家计划委员会下达《关于准格尔矿区一期工程设计任务书的批复》。

本月 伊克昭盟铁路运输办公室成立。对全盟铁路运输计划审定、运量的分配以及有关组织、协调工作进行统一领导。

5月12日 伊克昭盟行政公署发布实施《伊克昭盟乡镇煤矿管理暂行办法》。

6月29日 准格尔一期工程小沙湾水源工程初步设计复审会在准格尔煤炭工业公司召开。

本月 鄂托克旗棋盘井煤矿洗煤厂建成投产。该厂采用淘汰、浮选的选煤方法，设计年处理原煤30万吨，是当时内蒙古自治区地方煤矿最大的洗煤厂，总投资700万元。

7月19日 能源部部长黄毅诚视察包（头）神（木）铁路和神府东胜矿区。

7月21日 东胜地区普降暴雨，乌兰木伦河石圪台大桥至马家塔露天矿段出现每秒15000立方米的洪峰，马家塔露天矿旱采坑、后布连露天矿首采坑被淹，直接经济损失223万元。

7月27日 西德克虏伯公司一行3人到准格尔煤炭工业公司进行实地考察。

8月11日 对外经济贸易部副部长沈觉一行6人考察神府东胜矿区。

9月13日 能源部在陕西省神木县主持召开神府东胜矿区总体设计审查会。

11月3日 设计年加工原煤20万吨（主要产品有选精煤、三级冶金焦、焦油）的鄂托克前旗焦化厂建成投产。

11月10日 经伊克昭盟行署批准，伊克昭盟乡镇企业公司更名为伊克昭盟煤炭公司。至此，该公司全面进入煤炭生产经营领域。

11月19日 专供准格尔煤田用电的薛家湾35千伏变电站输电成功。这条输电线路由准格尔旗电力工业公司设计、施工，全长33千米。此线与山西河曲刘家塔—沙圪堵35千伏供电线路相接。

12月18—20日 能源部在北京主持召开准格尔项目一期工程总体设计审查会，对沈阳煤矿设计院编制的《准格尔项目一期工程总体设计》进行了第二次审查，并向国家计划委员会提交了审查意见。国家计划委员会以计建设〔1990〕206号文件对国家能源投资公司和中国统配煤矿总公司第一次总体审查意见和能源部第二次审查意见作了《关于准格尔矿区一期工程总体设计的批复》。准格尔矿区一期工程总体设计正式完成终审工作。

12月20日 伊克昭盟煤炭公司首次

参加在上海举行的1989年全国煤炭订货会，并获得20万吨国家运输计划。

本月　中国统配煤矿总公司总经理于洪恩，内蒙古煤炭厅厅长廉宝纯到达拉特旗唐公沟煤矿调研万利川煤田开发情况。

是年　海勃湾矿务局第一基建工程处在东胜煤田马家塔斜井施工中运用“沉井法”成功地穿越流沙层，该成果获1989年内蒙古自治区煤炭系统科技一等奖。

是年　中共内蒙古自治区委员会、自治区人民政府授予鄂托克旗棋盘井煤矿“文明企业”称号。

是年　伊金霍洛旗忽鸡图煤矿被国家能源部评为“全国地方煤矿安全生产先进单位”。

是年　鄂托克旗棋盘井煤矿与兰州钢铁厂联营，成立兰—鄂煤焦总厂，实行董事会管理。

是年　伊克昭盟煤炭工业处对全市已生产和在建的乡、镇、村、联办的集体所有制和个体所有制的煤矿及城镇企事业单位开办的集体所有制煤矿进行了全面的清理整顿。

是年　东胜煤田的开发方针将原来的“多方集资、各方办矿、以群采为主”调整为“大中小并举，以大型机械化矿井为主”，并根据煤层赋存情况的地质特征重新划分了井田范围，对现有矿井设计规模进行了调整。

是年　内蒙古煤田地质勘探公司151队提交了《东胜煤田补连区武家塔露天矿区精查报告》《补连区上湾井田精查地质报告》《补连区霍洛湾井田精查地质报告》《补连区马家塔井田精查地质报告》。117队提交了《伊金霍洛旗布尔台乡寸草塔一井田煤矿精查勘探报告》《寸草塔二井精查勘探报告》。153队完成了准格尔煤田《唐公塔井田精查地质报告》,《准格尔煤田官板乌素井田勘探地质报告》。

是年　武家塔露天煤矿开工建设，设计生产能力60万吨/年，1996年12月一期工程竣工投产。2006年武家塔露天矿进行技术改造，2008年5月技改完成，生产能力达到300万吨/年。

1990年

1月13日　内蒙古自治区人大常委会主任巴图巴根到东胜矿区考察。

2月29日　内蒙古自治区人民政府在呼和浩特召开支援准格尔煤田建设项目动员大会。参加会议的有内蒙古自治区各厅（局）、委（办）负责人以及中国统配煤矿总公司基建司司长沈德琛、准格尔煤炭工业公司经理宋瀚峰等。

3月30日　东胜煤田开发经营公司邀请中国矿业大学北京研究生部主任巴肇伦教授，中国国际工程咨询公司能源项目专家、施工组织研究所技术总顾问蒋学乐等研讨乌兰木伦煤矿副井过流沙的具体实施方案。

4月21日　准格尔煤田建设的骨干工程——黑岱沟露天煤矿剥离工程破土动工。剥离工程土方量达1500万立方米，总投资6675万元。

5月17日　受流沙困扰1年多的乌兰木伦煤矿，副井采用“沉井法”施工，顺利通过流沙层。

5月24日　伊克昭盟所属的布连塔煤矿全建制移交华能精煤公司。

同日　伊金霍洛旗人民政府将建设中的国营马家塔煤矿移交华能精煤公司。该矿更名为补连塔煤矿，设计生产能力经多次设计变更和扩能改造，2009年12月31日建成2000万吨/年现代化特大型矿井，2018年产能达到2800万吨/年。

6月8日　准格尔煤炭工业公司向中国统配煤矿总公司呈报丰（镇）准（格尔）铁路开工报告。16日，内蒙古审计局对丰准铁路工程进行开工前审计，认为该项工程前期工作已基本就绪，资金来源已经落实，与有关单位签订了考古、文物、挖掘、征地、拆迁等协议，符合开工条件，同意开工。

6月30日 呼和浩特至准格尔煤田22万伏高压输变电工程一次试送成功，并网送电。7月12日，准格尔矿区11万伏变电站和到黑岱沟黄河水源地及中心区3条11万伏输电线路27千米试送电成功并移交使用，准格尔煤炭工业公司结束了自筹建以来长期使用山西省电力的历史。

7月1日 神府东胜煤田横跨乌兰木伦河464米长的石圪台公路大桥和石圪台至大柳塔的8千米二级公路通车。

7月2日 国家能源投资公司批复了《丰准电气化铁路110千伏供电工程初步设计》，同意电气化铁路供电系统方案。

7月14日 水利部司长丁泽民率水土保持专家到准格尔煤炭工业公司调研水土保持工作。

7月17日 准格尔项目一期工程暨丰（镇）准（格尔）铁路开工典礼在和林格尔县大红城乡举行。全国政协副主席谷牧、内蒙古自治区主席布赫为开工剪彩。准格尔煤田一期工程总投资41.5亿元。包括年产1200万吨的黑岱沟露天煤矿和选煤厂、20万千瓦的坑口电厂、正线全长216千米的丰（镇）准（格尔）电气化铁路及黄河取水工程在内的煤、电、路同步建设的综合集团项目。

8月27日 中国技术进出口总公司在北京人民大会堂举行“内蒙古准格尔大型露天煤矿工程项目引进设备新闻发布会”，通报了有关项目进展情况和采购内容及方式。中国统配煤矿总公司、国家计划委员会、能源部、对外经济贸易部、机械电子工业部、铁道部等有关部门的领导、日本驻华大使馆商务处和日本输出入银行驻京办事处以及国内外工商企业界、制造厂家代表出席新闻发布会。

9月28日 中共中央总书记江泽民视察准格尔煤炭工业公司黑岱沟露天煤矿施工现场，并题词“大力协同，搞好准格尔煤矿建设”。

10月1日 寸草塔一号矿井通过验收移交生产，设计年生产能力15万吨，总投资1450万元。

11月23日 东胜煤田开发经营公司的上湾煤矿300万吨矿井设计、400万吨选煤厂设计、铁路专用线设计以及黑炭沟小区规划等设计，在华能精煤公司的主持下正式通过审查。

本月 准格尔煤田陈家沟门水源扩建工程8眼井全部竣工，并与首期6眼井联合抽水试验一次成功，昼夜供水量达4万吨，解决了准格尔项目一期工程用水的难题。

是年 伊克昭盟经济委员会、盟煤炭工业处联合在棋盘井煤矿召开全盟地方国营煤矿企业管理现场经验交流会，棋盘井煤矿做了重点经验介绍。

是年 唐公塔煤矿开工建设，设计生产能力150万吨/年，1994年竣工验收。

1991年

3月 武家塔露天煤矿转为华能精煤公司独资企业。

5月9日 准格尔项目一期工程开工建设。

7月22日 伊克昭盟煤炭工业处更名为伊克昭盟煤炭工业管理局。

12月 东胜煤炭集装发运站开始筹建，1992年1月13日建成投入运营，完成建设投资179.9万元。

是年 伊克昭盟行政公署编制完成《伊克昭盟乡镇煤矿基本情况调查及“八五”期间乡镇煤矿发展规划》，规划提出

"八五"期间规划建设20个重点产煤乡，改造和扩建重点乡镇煤矿48个。

是年　伊克昭盟煤炭工业管理局编制完成《伊克昭盟地方煤炭工业发展十年规划和"八五"计划》，指出"八五"期间和今后十年全盟地方煤炭工业发展的基本任务，形成电煤及其他工业用煤、商品煤、民用煤、煤焦化四个基地。

是年　伊克昭盟煤炭工业管理局制定并颁布《伊克昭盟煤炭市场管理暂行办法》。规定凡本盟境内的煤矿（包括盟外企事业单位、军队和劳改部门办的煤矿）、煤炭经销单位、用户和承运人均应服从本地区煤炭运销管理。

是年　根据国务院《关于立即整顿国营煤矿井田内各种小井的意见》和国务院关于整顿个体煤矿的规定，伊克昭盟对乡镇煤矿的整顿采取"扩建一批、保留一批、联合一批、关闭一批"的政策，完成西部地区小煤窑的清理整顿工作。

1992年

1月　东圪堵煤矿开工建设，设计生产能力180万吨/年，1993年12月竣工投产。

3月　伊克昭盟煤炭工业管理局组织召开全盟重点煤矿基本建设项目工作会议，成立伊克昭盟煤矿基本建设工程领导小组，议定《伊克昭盟煤矿基本建设工程施工管理及验收办法的暂行规定》《基本建设财务管理暂行办法》和《基建年度目标考核奖惩办法》。

5月　霍洛湾煤矿开工建设，设计生产能力30万吨/年，2006年8月进行改扩建，2009年12月通过竣工验收，生产能力提升为300万吨/年。

6月1日　根据伊克昭盟行政公署《关于煤矿维简费等费用征收使用问题的批复》和伊克昭盟财政局《关于印发〈伊克昭盟地方煤炭生产发展基金的征集和管理办法〉的通知》，对伊克昭盟煤炭工业管理局直属矿征收4元/吨生产发展基金，费用按月足额上缴主管局，专户储存。

本月　伊克昭盟煤炭工业管理局参照东胜煤田开发经营公司、准格尔煤炭工业公司工资、劳保福利待遇等方面的执行标准，制定《关于伊克昭盟直属煤矿职工工资、劳保、福利等有关问题的暂行规定》。

7月　黑岱沟露天矿开工建设，设计生产能力1200万吨/年，配套同等规模的选煤厂，1996年9月试生产。经过多次技术改造和设备更新，截至2018年，产能达到3400万吨/年。

10月1日　伊克昭盟行政公署决定对全盟地方煤炭价格外向用户吨煤加收5元发展基金和3元维简费，维简费中20%按规定用于安全技术改造。

本月　伊克昭盟煤炭公司（现内蒙古伊泰集团有限公司）投资4600万元，建设位于丰准铁路线的唐公塔煤炭集装站。

11月28日　后布连露天矿移交投产，累计完成投资2004.98万元。

是年　准格尔项目一期工程1号发电机组投产。

是年　内蒙古煤炭工业局发布《关于伊克昭盟地方煤矿物资、材料、设备供应办法的通知》，随着国家能源政策战略西移和伊克昭盟地方煤炭工业的发展，实现煤炭物资供应就地就近，系统供应。

是年　伊克昭盟行政公署制定《伊克昭盟行署关于发展乡镇煤矿的决定》，在清理整顿的基础上，积极发展乡镇煤矿。

是年　《伊克昭盟行政公署关于外来开办煤矿有关问题的暂行规定》颁布实施，鼓励外地、外单位和军队系统以联营方式整合改造入选鄂尔多斯地方发展规划的地方国营煤矿和重点乡镇煤矿。

是年　内蒙古煤田地质局提交的《鄂尔多斯盆地聚煤规律资源评价（内蒙古部分）研究报告》，荣获“七五”期间国家一类地质研究项目。

是年　满来梁煤矿开工建设，2007年完成技改，产能达到150万吨/年。

是年　特拉布拉煤矿开工建设，设计生产能力180万吨/年，1994年建成投产。

1993年

3月30日　伊克昭盟行署决定对盟煤炭集团公司试行“无主管部门企业”模式，这将给地方企业简政放权。

4月7日　伊克昭盟劳动人事处颁布《伊克昭盟矿山安全生产条件合格证发放标准》。

6月20日　煤炭工业部部长王森浩率领部有关司局、中煤建设开发总公司、中国地方煤矿总公司、国家能源投资公司、北京煤炭设计院的负责人和专家，到伊克昭盟对煤炭工作进行指导。

7月　内蒙古自治区政府、铁道部、呼和浩特铁路局批准伊克昭盟煤炭集团公司自备车单打“蒙”字底。

12月1日　伊克昭盟煤炭集团公司与韩国汉城黄海开发贸易株式会社合资成立的内蒙古蒙西水泥有限公司，注册资金1200万美元，其中，伊克昭盟煤炭集团公司出资900万美元。

12月20日　经内蒙古自治区计划委员会批准，伊克昭盟煤炭集团公司规划建设年产120万吨出口煤基地——纳林庙煤矿开始动工建设。

是年　霍洛湾矿井进行改扩建，设计生产能力提高到120万吨/年。

是年　后布连露天矿煤矿进行30万吨/年的改扩建，采取露天与井工开采相结合的方式，进行井工开采接续井的建设。

是年　伊克昭盟煤炭工业管理局由行政局转为企业局，全面实行企业化管理，但仍保留原有行政管理职能。

是年　伊克昭盟行政公署下达《伊克昭盟一九九三年国民经济和社会发展计划（草案）》，指出要抓紧建设东胜市碾盘梁、准格尔旗旗唐公塔和伊金霍洛旗霍洛湾煤矿。在抓好对现有乡镇煤矿改造的同时，新开工建设10个年产10万吨规模的乡镇煤矿，并要搞好出口煤基地的规划和建设。

是年　伊克昭盟行政公署印发《伊克昭盟国民经济和社会发展第八个五年计划调整意见》，指出要加快、加大地方煤矿建设，使生产能力与运销、转化能力均衡发展。

是年　鄂托克旗棋盘井煤矿进行体制改革，实行自负盈亏，对生产单位采煤队、掘进队实行费用大包干、节约不分成，明确工作职责以及产品、工程质量，降低物资消耗。

是年　李家塔煤矿开工建设，设计生产能力120万吨/年。1998年底由于受亚洲金融危机影响，国家开发银行终止贷款，仅形成了15万吨/年简易生产条件。2005年，李家塔煤矿实施改扩建，2009年9月扩建项目完成，产能达到300万吨/年，2010年正式移交生产。

是年　万利一矿由内蒙古煤矿设计研究院设计，煤炭工业部批准开工建设，设计生产能力150万吨/年，2005年7月移交神华集团实施技术改造，成为产能1000万吨/年的矿井。

1994年

3月20日　经准格尔煤炭工业公司同意，伊克昭盟煤炭集团公司自备车正式进入大准铁路运营。

4月1日　唐公塔煤矿及洗煤厂全建

制划归伊克昭盟煤炭集团公司经营管理。

4月17日　伊克昭盟行政公署发布《伊克昭盟基本建设投资管理暂行办法》，明确基本建设和项目实行项目业主责任制。

6月10日　伊克昭盟煤炭集团公司与韩国黄海株式会社共同投资建设年产30万吨的蒙西水泥有限公司。项目即日开工建设。

本月　伊克昭盟煤炭工业管理局根据煤炭工业部《关于开展〈晋陕蒙宁区“九五”计划及2010年发展规划〉的通知》《伊克昭盟地方煤炭工业发展十年规划和“八五”计划》以及各煤田主要勘探区地质勘探报告和有关现场实际调查资料，编制完成《内蒙古伊克昭盟煤炭工业“九五”计划及2010年发展规划》。

8月　唐公塔煤炭集装站试建成投入营运。

是年　准格尔旗人民政府累计投资420万为城坡煤矿新建马家塔煤矿接续井，煤矿进行延伸主要巷道，实现机械通风，形成21万吨/年的生产能力。

是年　内蒙古煤田地质勘探公司117队提交《柴登南详查地质报告》，勘探面积198.0平方千米，获得储量337383万吨；《东胜煤田纳林庙详查报告》勘探面积18.5平方千米，获得储量14245万吨。

1995年

2月15日　伊克昭盟煤炭工业管理局印发《伊克昭盟地方煤炭企业安全生产奖罚规定》。

3月10日　伊盟煤炭工业管理局印发《关于局直属煤矿直属单位开办煤矿安全生产奖罚规定》。

5月1日　伊克昭盟煤炭集团公司党委书记、总经理张双旺被评为全国劳动模范。

6月　内蒙古自治区煤矿设计研究院与伊克昭盟煤矿设计院联合编制完成《内蒙古自治区伊克昭盟地方煤炭工业发展规划》。对伊克昭盟境内的东胜煤田、准格尔煤田、桌子山煤田区内的地方煤矿的发展规模、矿井选择、安全生产及技术方向的改进重点规划论证。

7月1日　伊克昭盟煤炭集团公司“蒙”字底自备车进入包神线铁路运输煤炭。

12月8日　伊克昭盟煤炭集团公司自备车进入沈阳铁路局运营申请获得呼和浩特铁路局、北京铁路局、沈阳铁路局批准。

是年　唐公塔煤矿具备30万吨的生产能力。配套投资5000万元建设300万吨/年的集运能力的集装站以及入洗能力为120万吨/年的唐公塔洗煤厂。

是年　伊克昭盟煤炭工业管理局根据《内蒙古自治区地方煤矿维简费和发展基金征收管理办法的通知》，对地方销售煤炭每吨征收5元发展基金和7.5元维简费。

是年　伊克昭盟严格煤矿清理整顿，全盟累计关闭非法开采煤矿444个。

是年　内蒙古煤田地质勘探公司117队提交《东胜煤田悖牛川普查地质报告》，勘探面积293平方千米，获得储量162844万吨；《东胜煤田宏景塔详查地质报告》，勘探面积74.0平方千米，获得储量64430万吨。

1996年

1月18日　伊克昭盟煤炭集团公司与内蒙古如意公司联合创办的西蒙煤炭有限公司成立，并向东北发出运煤专列，进入吉通铁路运营煤炭。

3月13日　内蒙古伊克昭盟地方煤矿安全技术培训中心成立，对煤矿矿长、井下安检员、井下爆破工、绞车工、电气维修工等进行培训。

是年 武家塔露天煤矿建成投产，完成投资1849.48万元。

是年 伊克昭盟境内煤炭销售收取0.3元/吨的教育附加费。由旗（市）煤管部门统一收取后返还给旗（市）教育部门，由教育部门集中用于各项教育事业。

是年 伊克昭盟地方煤矿清理整顿小组通过对全盟地方煤矿的清理整顿，关闭全盟86个无采矿许可证的非法开采矿井。

1997年

3月1日 伊克昭盟财政局和盟地方税务局根据财政部、国家税务总局《关于调整内蒙古伊克昭盟煤炭资源税单位税额的通知》，结合本地情况，伊克昭盟境内的煤炭（部分中央煤矿和地方煤矿）资源税单位税额由原来的每吨0.5元调整为每吨1.5元。煤炭资源税的50%由旗（市）局征收并入旗（市）级库，其余50%由伊克昭盟地税局征收。

3月12日 伊克昭盟矿山消防救护队更名为内蒙古矿山救护支队伊克昭盟区域矿山救护消防大队。

4月20日 伊克昭盟煤炭工业管理局编制完成了《伊克昭盟煤炭工业销、运、产情况调研报告》，提出要加强票证管理，全盟地方煤炭的销售要使用统一票证，统一发运单，使全盟煤炭产、运、销平衡发展。

7月 石湾子三井煤矿开工建设，设计生产能力120万吨/年，1998年11月竣工投产。

8月2日 伊泰煤炭股份有限公司成立。8日，内蒙古伊泰煤炭股份有限公司在上海证券交易所举行“伊煤B股上市交易挂牌鸣锣仪式”，并在上海举行上市新闻发布会。伊煤B股是中国煤炭第一股，当日在上海交易所正式上市，总发行流通股数为16600万股，募集资金5.62亿元。

8月13—15日 伊克昭盟行署组织召开了全盟整顿煤炭生产秩序暨安全生产工作会议，对全盟煤矿颁证工作和清理整顿工作进行了统一部署，制定并下发了《伊盟地方煤矿依法办矿，整顿煤炭生产秩序的实施意见》，同时对1210个地方煤矿进行了分类排队，将613个矿井列为主要扶持改造的煤矿，其中，边生产边整改的有170个，停产限期整改的404个，在建23个。

11月3日 伊克昭盟行政公署印发《关于全盟煤炭销售实行准销证管理办法的通知》，并制定《伊克昭盟煤炭市场实行准销证制度的暂行办法》，决定在全盟范围内实行煤炭销售准销证管理措施。

是年 截至年底，伊克昭盟境内大小煤矿发展到1901座。

是年 针对全盟部分地方煤矿空顶面积大、放顶难，伊克昭盟煤炭工业管理局委托辽宁工程技术大学专家研究制定了《微量控制爆破局部放顶方案》。

1998年

2月25日 内蒙古自治区人民政府以内政发〔1998〕20号文件上报国务院，请求批准伊克昭盟煤炭集团公司出口自营权。

3月 东胜酸刺沟煤矿转制为私营企业，成立东胜酸刺沟煤炭有限责任公司。

4月8日 依照伊克昭盟经济体制改革管理局的转制方案，伊克昭盟煤炭工业管理局对原有的直属企业实行转制，所有人员全部分流。

8月11日 神华神府东胜煤炭有限公司成立。

8月11—12日 全盟召开整顿煤炭

生产秩序现场会议。

9月29日　补连塔煤矿矿长鹿志发、马家塔煤矿矿长刘仲田荣获内蒙古自治区优秀青年企业家称号。

11月8日　由伊克昭盟煤炭集团公司和内蒙古创业集团共同投资，共同建设，联合经营的伊克昭盟第一条地方铁路——准东铁路破土动工。

12月10日　上湾煤矿荣获内蒙古自治区优秀单位称号。

12月17日　伊克昭盟煤炭集团公司被评为“全国煤炭工业现场管理最佳企业”。

是年　在清理整顿工作成果的基础上，伊克昭盟行政公署在全盟范围内同步开展了煤炭生产许可证颁证工作和关井压产工作，作出了关闭非法和布局不合理小煤矿的决定。

是年　马家塔露天矿在原设计能力的基础上实现了产量翻番，年生产能力达到180万吨。

是年　万利一矿整体移交神华集团，由万利煤炭分公司经营。

是年　温家梁煤矿开工建设，设计生产能力120万吨/年，2000年投产。2005年进行技改，2009年完成，产能达到240万吨/年。

1999年

6月1日　伊克昭盟煤炭工业管理局印发《关于在全盟范围内实行煤炭准销证管理办法的通知》，将准销证的发放严格限定在持有“两证”（采矿许可证和煤炭生产许可证）的煤矿范围内。

7月3日　《人民日报》《中国青年报》、中央电视台、中央人民广播电台等组成的中华环保世纪行“爱我黄河”记者团，赴神东矿区采访考察。

9月　伊克昭盟煤炭集团公司投资2100万元，在京包线东兴火车站东南新建两股道装车的东兴集装站，年发运煤炭300万吨。

10月1日　伊克昭盟煤炭集团公司经国务院批准被列入520户国家重点企业名单，成为其中34户煤炭企业之一。

2000年

4月8日　海华煤矿开工建设，设计生产能力90万吨/年，2012年12月14日竣工投产。

4月20日　伊克昭盟煤炭集团公司被共青团中央确定为“全国‘五四’红旗团委创建单位”，被内蒙古自治区命名为“全区‘五四’红旗团委”；伊煤曹羊公路收费所被内蒙古自治区团委评为“全区青年集体标兵”单位。

本月　西营子发运站开工建设。12月正式投产运营。发运站设计发运能力为300万吨/年，储存能力为30万吨。

5月14—20日　伊克昭盟煤炭工业管理局开展了主题为“掌握安全知识，迎接新世纪”的第十届全盟煤矿“安全生产周”活动。

5月26日　神东煤炭公司被全国绿化委员会授予全国部门造林绿化“400”佳单位荣誉称号。

8月14日　中国地方铁路协会授予内蒙古准东铁路有限责任公司“全国地方铁路建设管理先进单位”荣誉称号。

8月25—27日　全国地方铁路建设管理经验交流会在东胜市召开。

9月1日　根据伊克昭盟行政公署《关于整顿伊克昭盟煤炭销售秩序有关问题的实施意见》，即日起实行煤炭销售最低保护价。

10月31日　准格尔项目一期工程1号发电机组并入蒙西电网。

11月6日　准东铁路一期工程72.60

千米线路全线贯通，这是伊克昭盟第一条地方铁路。

11月10—11日 全国政协副主席钱正英率领的黄河流域水土保持考察团，到神东矿区考考赖沟风沙治理区、上湾红石圈小流域治理区、马家塔复垦区考察。

11月18日 中国煤炭工业协会在北京召开1999年度全国煤炭工业优秀矿长命名表彰大会，神东煤炭集团公司马家塔露天矿矿长王玉良被授予“1999年度煤炭工业优秀矿长”称号。

本月 伊克昭盟煤矿安全监察分局成立。

本月 内蒙古自治区煤田地质局117队提交《东胜煤田四道柳普查地质报告》，勘探面积730平方千米，获得储量255596万吨。

12月6日 伊克昭盟煤炭工业管理局被授予“内蒙古自治区机关档案目标管理特级先进单位”荣誉称号。

是年 伊克昭盟煤炭工业管理局编制完成《伊克昭盟地方煤炭工业“十五”发展规划及2010年规划》。

是年 伊克昭盟煤炭销售协会和各旗区煤炭销售协会成立，对煤炭价格进行宏观监督，实施最低保护价，打击低价竞销和低价倾销的不正当竞争行为。

2001年

3月20日 神东煤炭公司被中华全国总工会和国家经济贸易委员会评为全国“安康杯”优胜企业。

4月30日 经国务院批准，伊克昭盟撤盟建鄂尔多斯市。10月8日，伊克昭盟煤炭工业管理局正式更名为鄂尔多斯市煤炭局。

8月9—10日 在水利部召开的水土保持法颁布实施十周年纪念大会上，神东煤炭公司荣获“全国水土保持先进集体”称号。

本月 补连塔煤矿总工程师杨鹏成为共青团中央、国家经济贸易委员会、国家知识产权局、中国科学技术协会举办的首届全国青年创新创效奖获得者。

9月5日 内蒙古自治区党委书记储波到神东矿区视察工作。

9月17日 中国企业新纪录审定委员会审定通过第六批中国企业新纪录，神东煤炭公司四项新纪录入选。

9月29日 鄂尔多斯市煤炭局制定颁布《鄂尔多斯市地方煤矿安全生产标准》。

10月 神东煤炭公司入选“世界矿业500强”。

11月5日 中共鄂尔多斯市委员会第一届三次常委会《关于伊煤集团公司资产重组有关事宜的会议纪要》决定：“根据国家有关政策规定，伊煤集团上市企业的国有股全部退出。”

12月26日 内蒙古自治区人民政府批准单独设置鄂尔多斯市煤炭局为行业行政主管部门，重新列入行政序列。

同日 全国煤炭订货会议在厦门召开，伊泰集团获得国家煤炭运输计划530.5万吨，伊泰集团成为全国96户重点供煤企业之一。

是年 高头窑煤矿由国有企业转制为私营企业。

是年 伊克昭盟煤炭工业管理局更名为鄂尔多斯煤炭局，伊克昭盟煤矿设计院更名为鄂尔多斯市煤矿设计院，伊克昭盟区域矿山救护消防大队更名为鄂尔多斯市区域矿山救护消防大队。

是年 敬老院煤矿开工建设，设计生产能力120万吨/年，2002年竣工投产。

2002年

1月1日 伊泰集团资产重组，国有股全部退出，公司转制为全员持股的股份制公司。

3月28日 中共中央总书记、国家主席、中央军委主席江泽民到神东矿区视察。

5月18日 伊泰集团投资1800万元与中国科学院山西煤炭化学研究所签订《联合开发煤基合成液体燃料——浆态床技术的协议》。

9月2日 神东煤炭公司被授予“内蒙古自治区民族团结先进集体”荣誉称号。

9月21日 “神东现代化矿区建设与生产技术”通过中国煤炭工业协会科学技术获奖项目的评审，荣获2001年度中国煤炭科技进步特等奖。

是年 伊东煤炭集团有限责任公司筹建全市第一家机械化综合开采矿井——牛连沟煤矿。

是年 罕台川煤矿转制为私营，原属罕台川煤矿的东山井、苏家沟井、江木图南井、江木图北井四个井口经过历次整合分别为现在的金运、苏家沟、海华、兴旺四家民营企业。

是年 鄂托克旗人民政府决定将棋盘井煤矿转制为民营企业，转制后更名为棋盘井矿业有限责任公司。

是年 棋盘井-乌仁都西矿区运煤专线建成通车。

是年 准联煤矿开工建设，设计生产能力90万吨/年，2009年2月15日竣工投产。

2003年

1月19日 在内蒙古自治区第十届人大一次会议上，准格尔能源公司董事长、总经理马军当选第十届全国人民代表大会代表。

本月 准格尔能源公司被中央企业厂务公开协调小组评为中央企业厂务公开先进单位。

3月5日 神东煤炭公司董事长杨景才当选第十届全国人大代表。

本月 棋盘井三号井开工建设，设计生产能力180万吨/年，2005年7月竣工投产。

4月1日 伊泰集团公司投资15125万元动工修建曹羊公路复线全长50.25千米。

4月24日至5月23日 准格尔能源公司召开预防非典型性肺炎（称“非典”）紧急会议，部署非典防治工作，防止疫情发生。5月23日内蒙古自治区“非典”防控指挥部在自治区政府礼堂举行仪式，接受包括准格尔能源公司等企业的防控“非典”捐款。准格尔能源公司捐款100万元。同日，准格尔能源公司将公司员工防控“非典”捐款78738.50元移交准格尔旗“非典”防控指挥部。

4月 伊泰集团有限公司将收购的准旗酸刺沟煤矿实施技术改造，设计产能由原来的30万吨/年提升到150万吨/年。建设中，由于煤矿部分井田与哈尔乌素露天煤矿井田重叠而停建。2005年，准格尔矿区进行资源整合，对酸刺沟煤矿重新设计，设计产能1200万吨/年，配套建设相同规模的选煤厂和铁路专用线，矿井于2008年建成投产。2018年核定生产能1800万吨/年。

5月19日 内蒙古自治区经济贸易委员会发文《关于神华准格尔能源有限公司2×13.5万千瓦煤矸石电厂项目建议书的批复》，至此，该项目立项。项目设计概算13.86亿元。

5月20日 内蒙古自治区党委书记储波、党委常委任亚平一行到准格尔能源公司实地考察了黑岱沟露天煤矿扩建工程和矸石电厂项目前期准备情况。

7月1日 黑岱沟露天煤矿吊斗铲工艺技术改造项目土方剥离工程破土动工。

7月18日 蒙古国矿产局局长德·吉日嘎拉塞汗一行及加拿大爱丰豪公司副董事长罗小岩等到准格尔能源公司参观考察。

7月25—27日 大同市、丰镇市、凉城县境内普降大暴雨，造成大准铁路管内线路、桥梁多处损毁。当日12时10分大准铁路全线停运。经过46小时抢险，27日9时55分封锁解除，全线开通。

8月6日 鄂尔多斯市煤炭运销企业座谈会召开，印发《鄂尔多斯市人民政府关于煤炭铁路外运有关问题的通知》。

8月21日 准格尔项目二期工程——唐公塔给水工程正式投入运营。该工程建设规模为日供水能力24000立方米，10台深井泵为8开2备。

本月 鄂尔多斯市煤炭局与市国土资源局共同编制完成了《2003年—2010年鄂尔多斯市煤炭资源开发利用布局总体规划》，提出“建设西部最大的能源大市，成为亿吨级的煤炭生产基地”的总体要求。

9月8日 神华鄂尔多斯煤直接液化项目基础设计审查会在北京召开。

9月22日 煤电气化联产与洁净煤发电燃煤综合利用基地项目签字仪式在东胜举行，鄂尔多斯市政府代表与香港海粤电力投资公司代表签字。该项目总投资260亿元，选址在达拉特旗境内。

9月27日 中国企业联合会、中国企业家协会第八批中国企业新纪录新闻发布会，公布的煤炭行业19项纪录中，神华集团占11项，其中神东煤炭公司占有10项。

本月 准东铁路周家湾至西营子段电气化扩能改造正式开工建设。

本月 鄂尔多斯市煤矿设计院通过国家煤矿安全评价机构的资质认证，成为具有煤矿安全评价资格的中介机构。

10月19日 蒙古国前总理大呼拉尔委员彭·扎斯来携夫人在内蒙古自治区政协副主席傅守正、巴盟盟委书记郭启俊、盟长乌兰等的陪同下来神东矿区参观考察。

本月 神东煤炭公司在第八批中国企业新纪录中共创原煤生产、销售、高产高效矿井建设等11项新纪录，中国企业联合会、中国企业家协会联合发文表彰。

11月10日 内蒙古自治区人民政府主持召开办公会议，听取中科院山西煤炭化学研究所专家关于煤间接液化项目的情况，并形成《内蒙古自治区人民政府主席办公会议纪要》，确定伊泰集团为内蒙古自治区煤基合成油项目的业主单位。

12月19日 准格尔能源公司获得2002年度全国煤炭工业“优秀企业”称号，黑岱沟露天煤矿获得2002年度全国煤炭工业“双十佳煤矿”和“特级高产高效矿井”称号。

是年 悖牛川煤电化工基地一期10万千瓦发电厂开工建设。

是年 鄂尔多斯市建设边家沟—贾家壕、边家沟—府谷公路两条主线105千米，12条支线共60千米。

是年 马家塔露天矿对后补连采区进行改造，将年生产能力由30万吨提升为160万吨，2004年又提高到180万吨。

2004年

1月16—19日 伊泰准东铁路一期工程竣工验收大会在伊泰准东铁路公司总部召开。

2月8—12日 国家发展改革委下发《关于审批神华准格尔能源有限责任公司黑岱沟露天煤矿改造项目可行性研究报告的请示的通知》，至此，黑岱沟露天煤矿吊斗铲工艺技术改造项目正式立项。项目设计概算 120570.95 万元。2 月 12 日黑岱沟露天煤矿吊斗铲工艺技术改造项目的主要引进设备 8750-65 型吊斗铲采购合同签字仪式在准能宾馆举行。准格尔能源公司和神华国贸公司、比塞洛斯国际公司三方签署了价值 5700 万美元的吊斗铲采购合同。合同的签订标志着准格尔能源公司露天煤矿技术改造工程全面启动。

2 月 10 日　神华煤制油公司与壳牌公司开始进行煤气化技术谈判，双方就煤直接液化技术自身的特殊要求及重要技术问题进行了深入讨论，并达成共识，确定了合同技术附件。

2 月 20 日　“神东现代化矿区建设生产技术”获国家科技进步一等奖。

2 月 26 日　鄂尔多斯市安泰安全评价中心成立，与鄂尔多斯市煤矿设计院实行一套机构，两块牌子。

本月　扶贫煤矿开工建设，设计生产能力 120 万吨/年，2006 年 9 月竣工投产。

3 月 1 日　中国神华煤制油有限公司煤制油厂（简称煤制油厂）成立，主要负责煤直接液化项目生产运行的前期准备工作。

3 月 16 日　伊泰集团与中联煤层气公司合作开发鄂尔多斯羊市塔区块煤层气。

3 月 24 日　高家梁一矿开工建设，设计生产能力 600 万吨/年，同步建设同等规模的选煤厂。2010 年 10 月，一期工程竣工，产能 300 万吨/年。2011 年 11 月实现了 600 万吨/年达产验收。2018 年，产能增至 750 万吨/年。

4 月 1 日　呼准铁路正式开工建设。

4 月 23 日　准东铁路电气化机车正式开始运营。至此，准东铁路淘汰蒸汽机车，告别使用蒸汽机车的历史。

4 月 26 日　鄂尔多斯市与北京国际电力投资公司在呼和浩特签订鄂托克前旗上海庙煤电一体化合作项目，内蒙古自治区政府副主席赵双连、主席助理冯士亮、市长刘锦出席签字仪式。

4 月 28 日　准格尔能源公司荣获“全国五一劳动奖状”。

4 月 30 日　伊泰集团公司总经理张东海被评为自治区和全国劳动模范，分别受到内蒙古自治区政府和国务院的表彰。

本月　大同至准格尔铁路扩能改造工程开工。

5 月 17 日　神东煤炭公司荣获“2003 年度煤炭工业科技进步十佳企业”第一名。

6 月 8 日　神华鄂尔多斯煤直接液化项目工程开工。

6 月 11 日　国务院副总理黄菊到神华鄂尔多斯煤直接液化项目施工现场和神东矿区视察，内蒙古自治区党委书记、自治区人大常委会主任储波等陪同。

同日　中国石油和化学工业协会、中国煤炭工业协会共同组织的“中国神华煤直接液化工艺技术科技成果鉴定会”在北京召开。鉴定委员会认为“中国神华煤直接液化工艺技术”具有煤直接液化加氢可靠性高、反应器利用率高、催化剂性价比好、液固分离过程可靠等特点，整体工艺流程合理并具有集成创新性；在工艺稳定性、油收率和相同反应器最大处理能力等综合技术水平达到国际先进水平。一致同意通过鉴定，并建议加快中国神华煤直接液化工艺的工业化进程。

本月　双欣煤矿开工建设，设计生产能力 120 万吨/年，2005 年 5 月竣工投产。

7 月 13 日　中国煤炭工业协会公布“2003 年度全国煤炭工业企业 100 强”名单，伊泰集团居第 28 位，居内蒙古自治区煤炭企业之首。

本月 国家信息测评中心举行“中国企业信息化标杆工程”首批标杆企业发布会。神东煤炭公司被评为“中国企业信息化标杆企业”。

8月25日 神华鄂尔多斯煤直接液化项目举行开工典礼。

8月26日 国务院副总理曾培炎视察神华鄂尔多斯煤直接液化项目建设现场和神东矿区。

8月27日 在国务院召开的全国大型煤炭基地建设座谈会上，神东矿区被规划为建设全国13户亿吨级大型煤炭生产基地之首。伊泰集团被确定为亿吨级基地建设的骨干企业之一。

本月 国家发展和改革委员会批复同意神华鄂尔多斯煤直接液化项目一期工程采用具有中国自主知识产权的中国神华煤直接液化工艺技术，建设工程总规模为320万吨油品，并明确由神华集团公司自主安排第一条生产线开工建设。

9月30日 神东煤炭公司被人事部、国务院国有资产监督管理委员会授予“中央企业先进集体”荣誉称号。

10月 中国首套煤矿井下移动通信KT18系统在上湾煤矿正式开通。KT18井下移动通信系统由地面通信系统和井下通信系统两部分组成，手机为KTW4本安型，下井人员持手机在井下工作面及巷道内可实现点对点的双向通话，也可以实现与调度固定电话、地面市话、全球移动通信系统手机的通话。为安全生产提供快捷方便的信息通道。

11月18日 中国企业联合会、中国企业家协会发布了第九批“中国企业新纪录”。神东煤炭公司有10项纪录名列其中，占煤炭行业总数的42%。

12月10日 劳动和社会保障部授予神东煤炭公司国家技能人才培育突出贡献奖。

12月22日 内蒙古自治区发展和改革委员会核准了伊泰集团酸刺沟煤矿铁路专用线项目。该铁路专用线北起准东铁路周家湾车站，南至酸刺沟煤矿，正线全长26.85公里，项目总投资5.03亿元。

12月30日 神东煤炭公司被国家信息化测评中心评为“中国企业信息化标杆企业”。

是年 鄂尔多斯市煤炭产量突破1亿吨，成为全国最大的产煤地级市。

是年 补连塔煤矿综采单面年生产原煤1075万吨，创建了世界第一个千万吨综采工作面。

是年 准东铁路完成电气化改造。

是年 武家塔露天改制转为神东天隆集团公司和神东煤炭公司合资企业。

2005年

1月 串草圪旦煤矿开工建设，设计生产能力240万吨/年，2008年7月竣工投产。

2月 中煤国际工程集团北京华宇工程有限公司编制完成了《内蒙古珠江投资有限公司青春塔煤矿及选煤厂工程可行性研究报告》。3月7日，煤炭工业技术委员会组织召开项目可研技术论证会，并下发了《关于印发“内蒙古青春塔煤矿可行性研究报告”论证意见、“采煤方法”论证意见、“选煤厂技术”论证意见的通知》。

4月23日 准东电气化铁路顺利开通，年运力1500万吨/年。

4月24日 久泰能源100万吨二甲醚项目在一期布尔台格乡开工建设，该项目计划投资60亿元，建成投产后年产甲醇150万吨、二甲醚100万吨。

4月29日 黑岱沟露天煤矿设备维修中心杨进京被国务院授予“全国劳动模范”称号。

本月 原大地精煤矿、大水沟煤矿及两矿的扩大区和原吴滁壕井田整合而成大地精煤矿。

本月 东胜李家壕煤矿开发前期工作启动。一期设计生产能力为600万吨/年，二期设计生产能力为1200万吨/年。

本月 伊泰京粤酸刺沟煤矿进行资源整合，由获得探矿权并经国土资源部划定矿区范围的准格尔煤田酸刺沟矿区组成与井田东北角的旧酸刺沟煤矿整合而成。

5月1日 神东煤炭公司被全国总工会授予“全国五一劳动奖状”，马家塔露天矿党委书记、矿长马宝清，设备维修中心一部生产经理张文斌荣获“全国劳动模范”称号。

5月23日 全国人大常委会副委员长李铁映到神府东胜煤炭有限责任公司上湾煤矿、神华煤制油项目考察。

本月 兴隆黑岱沟煤矿开工建设，设计生产能力150万吨/年，2008年8月竣工投产。

6月20日 中国煤炭工业协会下发命名决定，神东煤炭公司所属的8矿9井（含一个露天矿）全部被煤炭工业协会命名为“2004年度行业特级高产高效矿井”。

7月19日 神华集团、亿利资源集团、上海庙华谊集团PVC项目扩股和煤电一体化合作项目签字仪式在呼和浩特举行，两个项目总投资100亿元。

本月 蒙西工业园区铁路专用线建成运营。

本月 凯达煤矿开工建设，设计生产能力150万吨/年，2006年11月竣工投产。

8月15日 根据《鄂尔多斯市矿业可持续发展人力资源建设实施意见》，全市境内所有煤炭生产企业按每矿的实际年产量或核定生产能力由鄂尔多斯市煤炭局吨煤代集中1元的矿业人员培训、培养费，用于筹建“鄂尔多斯矿业大学”。

8月23日 内蒙古自治区发展和改革委员会批准“内蒙古伊泰集团有限公司48万吨/年煤基合成油项目”立项，同意伊泰集团开展前期工作。

9月27—28日 国务院国有资产监督管理委员会主任李荣融到神东矿区考察工作。

10月 伊泰京粤酸刺沟煤矿铁路专用线开工建设。

11月7日 国家安全生产监督管理总局副局长王德学率国家整顿关闭不具备安全生产条件和非法煤矿督查组，到上湾煤矿检查。

11月12日 呼准铁路建成通车。

11月14日 补连塔煤矿被授予全国煤炭工业双十佳煤矿称号。

本月 补连塔煤矿荣获“全国文明单位”称号，受到了中央精神文明建设指导委员会的表彰。

本月 原宏景塔一矿、二矿、准旗王家坡煤矿整合成宏景塔一矿，整合后设计生产能力300万吨/年。

本月 呼准铁路进行电气化改造，全线牵引方式由内燃变更为电力。

本月 设计能力为年产2000万吨的哈尔乌素露天煤矿项目得到国家发展和改革委员会核准。

本月 在国务院第四次全国民族团结进步表彰大会上，准格尔能源公司被国务院授予“全国民族团结进步模范集体”光荣称号。这是继1994年以来，公司第二次获此殊荣。

12月20日 国务院安委会办公室副主任、国家煤矿安全监察局局长赵铁锤率领国务院安全生产委员会督查组来到神东矿区检查指导工作。

12月28日 包(头)西(安)线包神段，即新包神铁路开工建设。

本月 准旗城坡煤炭有限责任公司和

黑岱沟兑尔圪卜煤矿实行整合，更名为蒙祥煤炭有限责任公司，同时进行技术改造，矿井设计生产能力为30万吨/年。

是年 鄂尔多斯市采取了合并合法保留煤矿井田、配置已关闭煤矿井田及无法新设矿业权零星边角资源等措施，全面拉开了对地方煤矿进行“整顿关闭、资源整合和技术改造”为内容的“三年攻坚战”。全市地方煤矿纷纷进行改扩建初步设计，对煤矿的开采、运输、通风、排水、供电、通信、安全等设备设施进行综合机械化技术改造。

是年 西营子发运站虎石站台筹建，于当年12月16日开始试运营。

是年 神东武家塔露天煤矿改扩建，设计生产能力提到到300万吨/年。

是年 神东霍洛湾煤矿生产能力达到200万吨/年。

是年 神东柳塔煤矿开始实施技术改造，生产能力达到300万吨/年。

是年 原准旗纳林庙煤矿一号井与原准旗纳林庙煤矿三号井整合技改而成准旗纳林庙煤矿一号井。

是年 鄂尔多斯市人民政府成立煤矿整合技改领导小组制定《鄂尔多斯市煤矿安全生产综合治理实施方案》，对鄂尔多斯地区煤矿提出整合技改要求。

是年 上湾煤矿建成了国内第一个300米加长大采高综采工作面。

是年 鄂尔多斯市煤炭局制定并印发了《鄂尔多斯市地方煤矿重特大安全生产事故应急救援预案》。

是年 满世投资集团有限公司根据内蒙古自治区内政字〔2005〕37号文件精神，对准格尔旗境内的果园煤矿、柳林沟煤矿、石卜台沟煤矿进行资源整合，整合后煤矿名称变更为昶旭煤矿，并于2008年3月25日开始技术改造，2009年4月25日完成剥离进行联合试运转，2010年1月通过综合验收，生产能力核定为400万吨/年。

是年 宏鑫煤矿开工建设，设计生产能力240万吨/年，2008年竣工投产。

是年 羊市塔二矿开工建设，设计生产能力120万吨/年，2008年建成投产。

是年 忽沙图一矿开工建设，设计生产能力120万吨/年，2009年竣工投产。

是年 羊市塔一矿开工建设，设计生产能力120万吨/年，2008年竣工投产。

是年 神东煤炭公司开发成功的“大断面、低风压、大风量”通风系统的降“压”防火、“快掘、快采、快撤、快闭”的以“快”治火和新型的“悬砂稠化剂”防灭火材料的以“砂”灭火成套技术，实现了亿吨级矿区煤层不发火目标，为国内首创。

是年 神东煤炭公司开发成功的矿区采前生态功能圈构建技术，减少对地表的扰动。煤矿只设矿井工业区，生活设施采取集中设置模式，并且对矿区周边由外向内依次划分成外围防护圈、周边绿化圈、小区美化三个功能圈，成功遏制沙漠蔓延，改善了矿区生态环境，为国内首创。

2006年

1月10日 神东煤炭公司上湾煤矿连采二队日掘进165米，创国内煤矿连采机掘进日进尺新纪录。

本月 神东煤炭分公司上湾煤矿连采二队连采掘进3668米，创国内煤矿连采机掘进月进尺新纪录。

2月8日 内蒙古自治区党委书记储波到伊东煤炭集团有限责任公司扶贫煤矿视察并指导工作。

2月18日 “中国十大英才”颁奖大会在北京政协礼堂举行，伊泰集团公司副总经理李成才被授予“2005年中国十大建设英才”称号。

2月21日　中华环境保护基金会主办的第三届中华环境奖颁奖典礼大会，授予神东煤炭公司中华环境奖。中华环境奖是全国环保领域的最高奖项。

2月24日　鄂尔多斯市煤炭工作会议召开。2006年煤炭工作重点是：抓住发展这个中心环节，加强安全管理，坚定不移地打好“地方煤矿提高资源回采率三年攻坚战”，推进采煤工艺改革，提高地方煤炭工艺技术装备水平，全面加快产业升级。

3月13日　鄂托克旗荣盛煤矿发生瓦斯爆炸事故，21名矿工遇难。国家煤矿安全监察局副局长王树鹤、内蒙古自治区政府及鄂尔多斯市领导等赶赴事故现场指挥抢险救灾及善后工作。

3月15日　国务院国有资产监督管理委员会监事会主席曹光佑等到神华鄂尔多斯煤直接液化项目现场调研。

3月21日　内蒙古自治区党校组织全区各旗县主要领导到伊东煤炭集团有限责任公司扶贫煤矿参观考察。

3月25日　大准铁路公司万吨重载列车开通试运营剪彩仪式在点岱沟车站举行，大准铁路顺利开通万吨重载列车。

本月　鄂尔多斯市煤炭局组建鄂尔多斯煤炭技术培训学校，免费为本地适龄农牧业人口和城镇无业人员提供煤炭职业技能培训。

本月　鄂尔多斯市煤炭局与煤炭科学研究总院、东胜区政府联合举办了“首届鄂尔多斯采矿设备、技术及人才博览会”，博览会上地方煤矿企业共与参展煤机厂商达成煤矿设备订购合同9项、意向性协议133项、煤矿技术改造“交钥匙”工程协议9项，煤矿专业技术人员引进意向72项，采矿技术服务意向协议16项，协议资金总额近60亿元。

本月　四道柳煤矿开工建设，设计生产能力120万吨/年，2008年9月竣工投产。

4月　昌汉沟煤矿、兴盛煤矿、建安煤矿和召沟联办煤矿整合而成宏丰煤矿。

4月16日　首届鄂尔多斯国际煤炭及能源工业博览会在鄂尔多斯国际会展中心开幕。

本月　曹羊公路纳户至纳林庙段改建工程开工，次年建成通车。

5月1日　伊泰纳林庙煤矿矿长齐俊峰荣获“内蒙古自治区五一劳动奖章”。

同日　布尔台煤矿开工建设，设计生产能力2000万吨/年，2008年3月15日竣工投产。

5月3日　中共中央组织部培训中心主任姚雪在神华集团公司副总经理、煤制油公司董事长张玉卓的陪同下到神华鄂尔多斯煤直接液化项目现场调研。

5月11日　伊泰集团有限公司煤间接液化一期年产16万吨项目在准格尔旗大路工业园区开工奠基，该项目通过国家科技部“863”项目验收，属国家重点建设项目。

同日　内蒙古福城煤矿在上海庙能源基地成立。

5月13日　神华鄂尔多斯煤直接液化项目第一台煤液化反应器在中国第一重型机械集团公司组焊现场通过了水压试验，世界上最大的反应器制造成功。

同日　哈尔乌素露天煤矿开工建设，设计生产能力2000万吨/年，配套建设相同规模的选煤厂。2008年11月建成试生产，后经多次改造。截至2018年，产能达到3500万吨/年。

5月20日　大路煤化工基地基础设施工程开工建设，基地规划面积18.5平方千米，预计建设总投资800亿元，规划年转化原煤2136万吨、燃料煤459万吨。是国家煤化工循环经济示范基地。

5 月 28 日 哈尔乌素露天煤矿运煤专线——大准铁路点岱沟至南坪支线开工建设，设计总概算为 69096.8 万元。

6 月 2 日 国务院总理温家宝到神东矿区和神华鄂尔多斯煤直接液化工程现场视察。

6 月 17 日 神华鄂尔多斯煤直接液化项目直径 5.486 米、长度 57.776 米、重 2100 吨的煤液化反应器吊装成功，打破了世界起重吊装重量的新纪录，堪称“神州第一吊”。

6 月 22 日 准格尔能源公司选煤厂被中国煤炭工业协会评为“全国十佳选煤厂”，这是该选煤厂继 2003 年之后第二次获此殊荣。

7 月 1 日 中税煤矿开工建设，设计生产能力 120 万吨/年，2009 年 10 月 1 日竣工投产。

7 月 12 日 国家安全生产监督管理总局矿山医疗救护中心神东分中心成立，并举行揭牌仪式。

7 月 13 日 准格尔旗金利煤矿发生洪水灌井事故，12 名矿工被困井下，经抢救，10 名矿工获救，2 名遇难。

本月 大同至准格尔铁路扩能改造工程竣工。

8 月 富民煤矿开工建设，设计生产能力 120 万吨/年，2008 年 10 月竣工投产。

9 月 10 日 神华煤制油公司在鄂尔多斯市乌审旗浩勒报吉小学举行了隆重的捐资助学仪式，为当地两所小学捐款 2.6 万元，电脑 10 台，生活用煤 100 吨及部分书籍。

9 月 17 日 国家发展和改革委员会和中国科学院院士、中国工程院院士考察团到神华鄂尔多斯煤直接液化项目现场调研。

9 月 19 日 神华煤制油公司与鄂尔多斯煤直接液化工程 EPC（设计、采购、施工）总承包商党建共建工作座谈会在鄂尔多斯召开。会后，共同签署了党建共建公约和党建共建单位廉洁从业承诺书。

本月 伊金霍洛旗霍洛湾煤矿改扩建工程开工建设，2007 年 8 月建成，项目总投资 5.81 亿元，2009 年 4 月开始采用长壁综合机械化采煤法联合试运转，矿井改扩建后年生产能力将达 300 万吨。

本月 黑岱沟露天煤矿被中国煤炭工业协会命名为“2005 年度煤炭工业特级高产高效矿井（露天）”。

本月 恒泰煤矿开工建设，设计生产能力 180 万吨/年，2009 年 9 月竣工投产。

本月 沙咀子煤矿开工建设，设计生产能力 120 万吨/年，2009 年 12 月竣工投产。

10 月 22 日 全国煤炭工业“双十佳”采掘队长和优秀队（工）长表彰大会在北京中国劳动关系学院隆重召开，上湾煤矿综采队长姬振华获得“十佳采煤队长”称号，补连塔煤矿机运队长崔贵荣获得“优秀队长”称号。

10 月 24 日 科建煤矿开工建设，设计生产能力 180 万吨/年，2008 年 4 月 23 日竣工投产。

10 月 26 日 中国企业文化研究会在神东矿区举行神东现代化文化管理论证暨中国企业文化建设示范基地揭牌仪式，确定神东煤炭公司为“中国企业文化建设示范基地”。

10 月 29 日 神华鄂尔多斯煤直接液化项目备煤装置（101 单元）型钢混凝土框架混凝土浇筑至 82.8 米，实现封顶，开创了国内超大型型钢混凝土结构施工的先河。

本月 国土资源部批复内蒙古伊泰煤炭股份有限公司享有塔拉壕井田采矿权。

本月　人力资源和社会保障部、中华全国总工会、中华全国工商业联合会等授予伊泰集团公司“全国就业与社会保障先进民营企业”称号。

11月20日　鄂尔多斯市煤炭局结合全市煤矿企业的实际情况，修订了《鄂尔多斯市煤矿企业重特大煤矿生产安全监管应急救援预案》。

11月25日　伊东集团公司在“2006年中国成长企业100强揭晓盛典”上以770.48%的成长速度入围非上市非国家控股企业前10强，居第4位。在参选能源工业企业中排名第一。

同日　中国企业新纪录组委会在北京举行新闻发布会，公布了第十一批中国企业新纪录。神东煤炭公司获得11项，“亿吨神东”获中国重大创新项目。

本月　大地精煤资源整合技术改造项目正式动工建设。

12月4日　点岱沟至南坪铁路专用线开工建设。

12月15日　国家安全生产监督管理总局监察专员李德忠在神华集团副总经理李东的陪同下到神华鄂尔多斯煤直接液化项目调研。

12月21日　国家监督检验检疫总局认定伊泰集团公司生产经营的“伊泰洗、精煤”产品为“国家免检产品”。

12月26日　伊东集团公司循环经济产业基地被内蒙古自治区列为第一批工业循环经济示范园区。

12月28日　神东煤炭公司获“内蒙古自治区科技创新名牌企业”称号，“神东亿吨级矿区生态环境综合防治技术”获自治区科技进步一等奖，总经理王安获“科技创新杰出人才奖”。

本月　大地精煤矿开工建设，设计生产能力120万吨/年，2008年1月竣工投产。

本月　伊东集团矿山救护中队被内蒙古煤矿安全监察局、内蒙古自治区总工会评为“2006年度全区矿山救援工作先进单位”。

本月　东胜酸刺沟煤炭有限责任公司煤矿进行改扩建，由井工开采改为露天开采，设计生产能力为60万吨/年。

是年　原金烽煤炭分公司寸草塔煤矿与万利一矿进行资源置换，昌汉沟煤矿全体员工进驻万利一矿，煤矿更名为昌汉沟煤矿。国家科学技术部和国务院国有资产监督管理委员会选择昌汉沟煤矿作为国产化成套综采设备试点。

是年　原孙家壕煤矿与牛连沟煤矿进行资源整合和联合改造，仍称孙家壕煤矿设计生产能力由原15万吨/年、60万吨/年提高到300万吨/年。

是年　伊泰煤炭股份有限公司对纳林庙二矿、纳林庙四矿、宏景塔三矿实行资源整合，整合成为纳林庙煤矿二号井并进行技术改造。矿井设计生产能力300万吨/年，2008年4月25日竣工验收移交生产。2009年产能核定为500万吨/年。

是年　新上海一号矿开工建设，设计生产能400万吨/年，配套建设相同规模的选煤厂。2016年11月21日竣工投产。

是年　蒙泰范家村煤矿开工建设，设计生产能力240万吨/年，2008年建成投产。

2007年

1月　高家梁煤矿正式开工建设，矿井建设总规模600万吨/年，分两期建设，一期工程建设规模300万吨/年。

2月1日　黑岱沟露天煤矿8750型吊斗铲大臂成功起吊。这标志着当时世界上最大的、交流电机驱动的迈步式吊斗铲组装工作完成。

2月6日　伊东集团公司循环经济产

业基地被列入内蒙古自治区人民政府办公厅公布的自治区第一批工业循环经济示范园区和企业名单（内政办发〔2007〕8号）。

3月1日 黑岱沟露天煤矿首次将抛掷爆破技术应用于露天煤矿岩层剥离，一次爆破总量106万立方米，使用炸药985吨，创国内煤矿一次爆破总量、炸药使用量新纪录。

3月7日 国家煤矿安全监察局和神华集团联合立项的“煤矿本质安全管理体系”现场试点工作在上湾煤矿启动。

3月20日 哈尔乌素选煤厂正式开工建设，是哈尔乌素露天煤矿配套工程，年洗选原煤规模2000万吨，是当时一次性建成的亚洲规模最大的选煤厂。

3月21日 内蒙古自治区煤炭工业局批准银泰煤矿与大饭铺煤矿进行资源整合并联合改造，2009年4月15日，大饭铺煤矿整合改造项目开工建设，设计生产能力240万吨/年。同步建设规模为500万吨/年的选煤厂，2012年6月建成投产，2015年煤矿产能核定为510万吨/年。

3月25日 四川省省长蒋巨峰率省直相关部门、各市、州党政主要负责人100余人到神华鄂尔多斯煤直接液化项目现场考察。

3月27日 鄂尔多斯市煤炭局安全生产监控调度中心成立，并下发《鄂尔多斯煤炭局关于成立全市煤矿安全生产远程监控系统验收领导小组的通知》，推进鄂尔多斯地区煤矿安全生产远程监控系统建设。

4月8日 受国家安全生产监督管理总局委托，内蒙古自治区煤矿安全监察局组织国内有关专家召开矿井呆滞煤柱回收项目鉴定会，伊泰集团公司开展的煤柱回收课题成果通过鉴定。

4月16日 第二届鄂尔多斯国际煤炭及能源工业博览会在鄂尔多斯国际会展中心开幕。

4月25日 伊泰集团公司被内蒙古自治区总工会授予“五一劳动奖状”。

本月 阳塔煤矿开工建设，设计生产能力240万吨/年，2010年8月竣工投产。

5月11日 国内首家拥有完全自主知识产权的煤间接液化项目在位于准格尔旗大路工业园区的内蒙古伊泰集团煤制油工厂举行开工奠基仪式。

5月15日 准格尔能源公司选煤厂粉尘综合治理项目国通国家验收，该项目所用技术在国内煤炭洗选行业尚属首例，是我国粉尘综合治理的一次突破。8月18日，该项目通过内蒙古科技奖励中心科技成果鉴定。

5月29日 内蒙古自治区煤炭工业局《关于满世集团有限公司罐子沟一矿和二矿资源整合的意见》，同意两矿整合和实施技术改造。2011年1月30日，罐子沟煤矿技改项目开工建设，设计生产能力300万吨/年。9月19日竣工验收移交生产，之后，通过实施产能置换。截至2018年，该矿产能核增至600万吨/年。

本月 神东煤炭公司上湾煤矿建成国内首个6.3米大采高综采工作面，创综采工作面采高最大世界新纪录。

6月2日 国务院总理温家宝到神东煤炭集团上湾煤矿、神华鄂尔多斯煤直接液化项目施工现场、补连塔矿洗煤厂和装煤车站进行视察。温家宝指出：第一，通过大型煤矿兼并重组中小煤矿，中小煤矿联合改组等办法建设有实力的煤炭企业，下决心建几个亿吨级的大型煤炭基地；第二，实现煤矿生产的规模化、技术设备现代化、队伍专业化和管理信息化，把煤炭企业办成真正的现代企业；第三，下大力气抓好煤矿瓦斯治理，推进先抽后采，综合利用，确保生产安全。

6月12日　鄂尔多斯市煤炭局成立计算机信息网络安全领导小组。

6月13日　全国最大的粉煤灰提取氧化铝项目——蒙西集团年产40万吨粉煤灰提取氧化铝项目正式开工建设。

本月　伊泰京粤酸刺沟煤矿铁路专用线全线竣工通车。

本月　伊泰丁家渠煤矿开工建设，设计生产能力120万吨/年，2008年12月建成投产。

本月　伊东忽沙图二矿开工建设，设计生产能力120万吨/年，2009年7月竣工投产。

7月27日　内蒙古自治区国土资源厅批准杨关煤矿与铜匠川矿区朝脑梁井田资源整合，由巴音孟克纳源煤炭有限公司对纳源露天煤矿进行技术改造。工程于2010年8月16日动工建设，设计生产能力500万吨/年，2012年12月建成投产。

本月　鄂尔多斯市煤炭协会成立。

本月　花图沟煤矿开工建设，设计生产能力120万吨/年，2009年12月竣工投产。

本月　补连塔煤矿综采一队班长宋达荣获全国煤炭工业劳动模范。

本月　由准东铁路公司筹建的准格尔召发运站动工建设。

本月　中国民营企业联合会、中国管理科学研究院企业发展研究中心、中国统计协会确认伊东集团公司为“2007年中国民营500强”企业。

本月　内蒙古自治区社会科学院、工商行政管理局、统计局、工商业联合会、经济信息中心、私营企业管理协会、新闻中心将伊东集团公司列入“2007年内蒙古自治区民营企业100强”。伊东集团公司董事长杨二喜获“2007年内蒙古民营经济杰出贡献人物”称号。

本月　中煤西安设计工程有限责任公司完成煤矿改扩建初步设计，将原果园煤矿与石卜圪台煤矿整合成为昶旭煤矿。

本月　经国家建设部审核，鄂尔多斯市煤矿设计院设计资质由丙级提高到乙级。

8月7日　国家发展和改革委员会核准伊泰煤炭股份有限公司建设酸刺沟煤矿。矿井建设规模为1200万吨/年，项目总投资23.6亿元。

8月18日　国家发展和改革委员会办公厅发改办能源〔2007〕1985号文件，确定了2007—2010年煤矸石综合利用电厂项目建设计划，其中，准能矸电公司2×30万千瓦机组项目获批。至此，准能矸电公司二期建设项目报批工作完成，进入建设筹备阶段。21日，准格尔能源公司召开坑口2×30万千瓦机组热电联产改建工程可研报告审查会。内蒙古自治区、鄂尔多斯市、准格尔旗相关部门领导、中国国际工程咨询公司专家、设计单位代表出席会议。

8月28日　亿利黄玉川煤矿开工建设，设计生产能1000万吨/年，配套建设相同规模的选煤厂。2014年5月建成投产。

本月　达拉特旗煤炭集团公司高头窑煤矿一号井变更为达拉特旗益阳煤炭有限责任公司高头窑一号井。

9月30日　伊泰宏景塔煤矿和大地精煤矿副主任工程师张海峰分别评为“全国煤炭工业先进集体”和“劳动模范”。

本月　东胜区铜川镇店圪卜煤矿与潮脑梁后店沟张候其煤矿进行资源整合及其外围无矿权设置的边角地段一并划入，形成潮脑梁煤矿的矿田范围。

10月7日　呼和乌素煤矿开工建设，设计生产能力180万吨/年，2008年建成投产。

11月2日　准旗黑岱沟露天煤矿抛

掷爆破技术研究项目通过验收。

11 月 12 日 呼和浩特——准格尔铁路建成通车。

11 月 17—18 日 中共中央总书记、国家主席、中央军委主席胡锦涛视察了正在建设中的神华鄂尔多斯煤直接液化项目现场、亿利能源化工循环经济产业园区建设工地，并接见了职工代表。

11 月 26 日 2007 年全国追求卓越大会在北京召开，神东煤炭公司荣获“2007 年度全国质量奖”，是中国煤炭行业唯一获得这一荣誉的企业。

本月 孙家壕煤矿开工建设，设计生产能力 300 万吨/年，配套建设相同规模的选煤厂。2011 年 2 月建成投产。

12 月 3 日 伊东集团公司被列为“国家级煤炭行业六个循环经济试点单位”之一。

12 月 14 日 以巴特巴雅尔为团长的蒙古国议会代表团到准格尔能源公司参观访问，国家发展和改革委员会外事司及神华集团公司有关部门人员陪同。

12 月 18 日 准格尔至朔州铁路开工建设，计划于 2011 年底竣工。

12 月 19 日 “准格尔矿区粉煤灰综合利用研究与开发”项目通过验收。

12 月 25 日 准格尔能源公司被中华环保联合会能源环境专业委员会评为“中国环境保护示范单位”。

本月 伊泰纳林庙煤矿一号井技术改造竣工完成，改造后煤矿的生产能力为 120 万吨/年。

是年 全市煤矿完成整合技改，地方煤矿由之前的 552 座减少到 276 座，总设计生产能力由之前的 4880 万吨/年增至 14000 万吨/年。

是年 民达煤矿、杨家渠煤矿及矿区实施资源整合，进行了年产 120 万吨/年的民达露天煤矿技改扩建，2009 年 3 月投产，2010 年 2 月产能核定为 500 万吨/年。

是年 伊泰宝山煤矿开工建设，设计生产能力 180 万吨/年，2008 年建成投产。

是年 神东上湾煤矿原煤回采工效 885 吨/工，创国内单矿原煤回采工效最高新纪录。

2008 年

1 月 7 日 内蒙古自治区发展和改革委员会向呼和浩特市、鄂尔多斯市发展和改革委员会发出《关于大同至准格尔铁路二道河至点岱沟增建二线项目核准的批复》，至此，该项目正式立项。

1 月 15 日 伊泰苏家沟煤矿开工建设，设计生产能力 150 万吨/年，2012 年 12 月 21 日移交生产。

1 月 22 日 在“内蒙古最具影响力劳动模范”评选揭晓及颁奖晚会上，伊泰集团党委书记、董事长张双旺获“内蒙古最具影响力劳动模范”称号。

1 月 28—29 日 在内蒙古自治区工业大会上，准格尔能源公司、伊泰集团分别被命名为“内蒙古工业二十强企业”称号。

本月 魏家峁露天煤矿开工建设，设计生产能力 600 万吨/年，2012 年 9 月建成投产。

本月 麻黄煤矿开工建设，设计生产能力 120 万吨/年，2016 年 9 月竣工投产。

2 月 2 日 内蒙古自治区党委书记储波及有关委、厅、局负责人，鄂尔多斯市委、市政府负责人一行就贯彻落实党中央、国务院保电煤供应工作到准格尔能源公司调研。

2 月 6 日 内蒙古自治区党委、自治区人民政府向准格尔能源公司等 5 个在确保南方冰冻灾区电煤供应工作作出突出贡献的单位发出慰问电进行慰问。

本月 榆树井煤矿开工建设，设计生产能力300万吨/年，配套建设相同规模的选煤厂。2011年7月1日正式投产。

3月24日 世界第一大井工矿补连塔煤矿累计安全生产原煤10004.81万吨，实现亿吨零死亡。

4月2日 王家塔煤矿开工建设，设计生产能力500万吨/年，同步建设同等规模的选煤厂。2012年6月建成投产，2015年12月产能核定为680万吨/年。

4月8日 鄂尔多斯市人民政府召开办公会议，专题研究鄂尔多斯市煤（井）田灭火治理工作。

4月16日 第三届鄂尔多斯国际煤炭及能源工业博览会在鄂尔多斯国际会展中心开幕。

4月20日 宝利煤矿开工建设，设计生产能力120万吨/年，2010年7月18日竣工投产。

本月 满世昶旭煤矿由井工开采变更为露天开采，整合后设计生产能力120万吨/年。

本月 伊泰大地精煤矿井整合改造项目完成，矿井生产能力提高到240万吨/年。同年12月21日，通过内蒙古自治区煤炭工业局综合验收。

本月 伊化母杜柴登煤矿开工建设，设计生产能力600万吨/年，同步建设同等规模的选煤厂。2017年12月建成投产。

5月3—4日 中共中央政治局委员、国务院副总理张德江在神东矿区考察。

5月15日 “5·12”四川汶川发生大地震后，准格尔能源公司职工集中捐款达100.1616万元。神东矿区职工及家属为灾区共捐款382.4万元。

5月18日 满世点石沟煤矿开工建设，设计生产能力180万吨/年，2011年1月10日竣工投产。

5月22日 内蒙古自治区党委书记储波到伊泰集团煤制油公司现场视察指导工作。

同日 神东煤炭公司被人力资源和社会保障部确定为“国家级高技能人才培养示范基地”。

5月29日 内蒙古自治区代主席巴特尔到伊泰集团煤制油公司、准格尔能源公司视察指导工作。

本月 大准铁路二道河至点岱沟段增建二线工程开工建设。

6月4日 内蒙古自治区副主席赵双连带领自治区有关部门负责人，赴鄂尔多斯市检查煤田灭火综合治理工作，并召开专题会议，研究部署相关工作。

6月10日 神华蒙西棋盘井煤矿铁路专用线开工建设。

6月13日 内蒙古自治区总工会副主席钟来吉、自治区直属企事业工会主席何逸民代表中华全国总工会授予黑岱沟露天煤矿“抗震救灾、重建家园‘工人先锋号’”荣誉称号。

6月21日 国务院发展研究中心原副主任、学术委员会副主任、全国人大财经委委员、研究员陆百甫，国务院发展研究中心、信息中心主任、研究员、博士生导师米建国率领中国煤炭资源型企业可持续发展战略研究及神东模式案例分析课题组一行12人到神东煤炭分公司参观调研。

本月 东胜宏丰露天煤矿开工建设，设计生产能力60/年，2009年12月进行优化设计，设计产能提高到300万吨/年，2011年11月竣工投产。

本月 永顺煤矿开工建设，设计生产能力120万吨/年，2010年8月竣工投产。

本月 锦泰碓臼沟煤矿开工建设，设计生产能力120万吨/年，2015年12月竣工投产。

7月9日　中共中央政治局常委、全国人大常委会委员长吴邦国，在神华集团公司董事长陈必亭陪同下，到神华鄂尔多斯煤直接液化项目视察，作“努力掌握煤液化核心技术”的题词。

7月11日　经内蒙古自治区党委批准，由自治区直属机关工委主办、准格尔能源公司承办的自治区直属机关工委企业党建工作“五个一”创建活动经验交流会在准格尔能源公司召开。

7月18日　准格尔能源公司团委被中央企业团工委授予“中央企业五四红旗团委”荣誉称号。

7月24日　塔然高勒煤矿项目获得国家发改委核准，设计生产能力1000万吨/年，配套建设相同规模的选煤厂。当年矿井全面开工建设。建设中，矿井东翼煤层上方发现其他资源，于2015年11月矿井缓建。

本月　神东煤炭公司“荒漠化地区大型煤炭基地生态环境综合防治技术”和“煤炭自燃理论及其防治技术研究与应用”两项成果荣获国家科技进步二等奖。另有6项成果获省部级科技进步奖，11项成果被审定为中国企业新纪录。

8月1日　全长3.195千米的大准铁路燕庄站至大同东站联络线开通运营。从此，准格尔能源公司开往大秦线的列车不再在大同东站等候，可直达湖东站，而且大准线进出大秦线的列车实现了空、重列车分线运行，使该区段运输能力由过去单线最大4950万吨提高到近亿吨。

同日　宝平湾煤矿开工建设，设计生产能力120万吨/年，2010年12月竣工投产。

8月29日　国务院副总理李克强到神华鄂尔多斯煤制油分公司视察。李克强指出：“神华发展煤制油化工产业具有十分重要的示范意义，包括煤制油、煤制氢、煤制甲醇、煤制天然气还有二氧化碳的封存技术，都带有很强的示范效应。神华煤直接液化项目不仅国内瞩目，世界也瞩目。现在，神华煤直接液化工艺流程快要打通了，这是一个了不起的里程碑。”

本月　呼准铁路进行万吨列车到发线改造。

本月　伊泰京粤酸刺沟发运站正式运营。

本月　纳林河二号井开工建设，设计生产能力800万吨/年，2014年10月进入试生产阶段。截至2018年，矿井正在建设中，已完成总投资的80%。

9月7日　高头窑煤矿开工建设，设计生产能力800万吨/年，配套建设相同规模的选煤厂。2012年8月开始联合试运转，2014年4月通过综合验收正式生产。

9月16日　中国煤炭工业协会公布2008年中国煤炭工业100强，伊东集团公司位列46位，比2007年排名上升了14位。

9月20日　苏家沟煤矿开工建设，设计生产能力90万吨/年，2011年11月竣工投产。

本月　赛蒙特尔煤矿开工建设，设计生产能力300万吨/年，2009年12月建成投产。

10月12日　国家发展和改革委员会核定昌汉沟煤矿矿井生产能力为1000万吨/年。

10月13日　杭锦旗塔然高勒至达拉特旗关碾房铁路开工建设。

本月　鄂尔多斯市煤炭局转发《内蒙古自治区煤炭经营监管办法实施细则》，规定煤炭经营、加工企业实行资格审查制度。

本月 麻地梁煤矿开工建设，矿井资源来自准格尔矿区整合的 24 座小煤矿，设计生产能力 500 万吨/年，配套相同规模选煤厂。开工后，由于多种原因停建。2017 年 5 月复工建设，截至 2018 年底，一期工程全部完成，二期工程正在建设中。

11 月 3 日 李家壕煤矿开工建设，设计生产能力 1200 万吨/年，配套建设相同规模的选煤厂。2011 年 2 月正式投入生产。

11 月 6 日 杨家村煤矿开工建设，设计生产能力 300 万吨/年，配套建设相同规模的选煤厂。2012 年 3 月 28 日正式投产。

11 月 8 日 哈尔乌素露天煤矿运煤专线——大准铁路点岱沟至南坪支线历经两年的施工顺利通车。

11 月 12 日 根据国务院总理温家宝、副总理李克强的指示精神，国务院副总理张德江主持会议，专题研究了神华鄂尔多斯煤直接液化项目工程试车工作。

12 月 2 日 国家安全生产监管总局在北京组织召开神华鄂尔多斯煤直接液化示范项目联动试车安全专题会议。

12 月 5 日 根据国务院领导的指示精神，神华鄂尔多斯煤直接液化项目联动试车协调指导小组第一次会议在工业和信息化部召开。会议原则通过了《神华煤直接液化示范工程联动试车协调指导小组工作方案》。

12 月 7—19 日 文化部、国家广播电影电视总局、国家民族事务委员会和内蒙古自治区政府主办，内蒙古电视台、鄂尔多斯成龙煤炭集团具体承办的“成龙煤炭杯”国际蒙古族长调大奖赛在内蒙古电视台隆重举行。共有来自中国、蒙古、俄罗斯的 350 余人参加。

12 月 12 日 国家安全生产监管总局相关司局组织神华鄂尔多斯煤直接液化项目联动试车安全组专家，完成为期 4 天的神华煤直接液化项目现场调研和安全检查。

12 月 25 日 神华鄂尔多斯煤直接液化示范工程联动试车协调指导小组第二次会议在工业和信息化部召开。

12 月 30 日 14 时 46 分，神华鄂尔多斯煤直接液化百万吨级示范工程开始投煤试车，经过 16 小时稳定运行于 12 月 31 日 7 时顺利实现油渣成型，打通全流程，产出合格油品和化工品。

本月 国家发展和改革委员会核准内蒙古准格尔矿区青春塔煤矿项目，矿井建设规模为 600 万吨/年，配套建设相应规模的选煤厂和铁路专用线。

是年 全国最大的采掘设备维修中心，神东矿区机电设备维修中心在伊金霍洛旗工业园建成。

是年 乌审召生态化工园区铁路专用线建成通车。

是年 根据内蒙古自治区煤矿整顿关闭领导小组办公室《关于同意鄂尔多斯市昊华精煤有限责任公司七个采矿权进行整合的意见》，高家梁煤矿进行资源整合。

是年 丁家渠煤矿开工建设，设计生产能力 120 万吨/年，2009 年竣工投产。

是年 益民煤矿开工建设，设计生产能力 120 万吨/年，2011 年竣工投产。

是年 经纬煤矿开工建设，设计生产能力 180 万吨/年，当年竣工。

是年 瑞德煤矿开工建设，设计生产能力 120 万吨/年，2009 年建成投产。

是年 荣达煤矿开工建设，设计生产能力 90 万吨/年，2010 年竣工投产。

是年 神东煤炭公司完成了 2 米以下薄煤层的综采配套和组装调试工作，并且成熟运用远程控制技术，实现世界首例薄煤层自动化开采，产煤量达到 300 万吨。

2009年

1月7日 神华鄂尔多斯煤直接液化装置连续运行168小时，试车取得成功。中央电视台、中央人民广播电台、《人民日报》、新华通讯社、《中国日报》《中国工业报》《科技日报》《经济日报》《光明日报》、彭博新闻社、《中国石化报》《中国化工报》《中国煤炭报》13家媒体分别作了报道。

1月8日 《人民日报》发表标题为《“煤制油”取得重大进展——我国成为唯一掌握百万吨级煤直接液化关键技术的国家》的新闻报道。

1月22日 神华鄂尔多斯煤直接液化项目联动试车协调指导小组第三次会议在工业和信息化部召开。

本月 安源煤矿开工建设，设计生产能力120万吨/年，2011年11月竣工投产。

3月 察哈素煤矿开工建设，设计生产能力100万吨/年，同步建设同等规模的选煤厂。2012年12月建成投产。

本月 库里火沙兔煤矿开工建设，设计生产能力120万吨/年，2016年8月移交生产。

4月8日 神华鄂尔多斯煤制天然气项目奠基仪式在伊金霍洛旗乌兰木伦镇松定霍洛举行。内蒙古自治区党委书记储波，自治区政府主席巴特尔，自治区政府副主席赵双连，神华集团公司总经理张玉卓出席仪式。

4月16日 蒙古国总理桑·巴雅尔在外交部、内蒙古自治区党政领导、神华集团公司领导陪同下，到神华鄂尔多斯煤直接液化项目及神东矿区。

同日 第四届鄂尔多斯国际煤炭及能源工业博览会在鄂尔多斯国际会展中心开幕。

本月 准东铁路一期二线周家湾至虎石段开工建设。

5月12日 鄂尔多斯市煤炭局制定并实施《鄂尔多斯市地方井工矿驻矿承包管理实施细则》。

同日 瑞光煤矿开工建设，设计生产能力180万吨/年，2011年4月29日竣工投产。

本月 鄂尔多斯市煤炭局印发《全市煤（井）田火区治理工程煤和煤矸石销售票证暂行管理办法》，规定鄂尔多斯市境内的煤（井）田火区治理工程煤和煤矸石销售使用专用票证，严格执行“一证、一票、一车”的规定。

本月 色连一号井开工建设，设计生产能力500万吨/年，采用斜井开拓方式。

6月21日 青海省委副书记骆惠宁到神东矿区考察，内蒙古自治区党委副秘书长胡丰陪同。

6月23日 鄂尔多斯市区域矿山消防救护大队更名为鄂尔多斯市矿山应急救援指挥中心。

6月26日 位于鄂尔多斯市伊金霍洛旗乌兰木伦湖境内的神华新村开工奠基，该项目由神华集团投资4亿元建设，占地62.7公顷，规划总面积约30万平方米，其中住宅25万平方米，可集中安置农牧民1200户。

本月 山东兖矿集团与鄂尔多斯市签订《煤电化综合开发框架协议》。

本月 嘉信德煤矿开工建设，设计生产能力210万吨/年，2013年9月竣工投产。

7月18日 《鄂尔多斯市煤炭业务管理信息化项目规划报告》经国家信息化领导小组和清华大学、北京科技大学有关专家通过评审。

7月 石富煤矿开工建设，设计生产能力120万吨/年，2010年7月停建。

8月1日 铧尖露天煤矿开工建设，

设计生产能力 300 万吨/年，2010 年 12 月建成投产。

同日 水利部黄河管理委员会组成专家组，对神华鄂尔多斯煤直接液化项目水土保持设施进行竣工验收，并签署了《神华鄂尔多斯煤直接液化（含煤直接液化及天然气制氢配套设施）项目水土保持设施竣工验收证书》。

8 月 14 日 国土资源部部长徐绍史到东胜煤田纳林希里煤炭普查项目工区看望、慰问煤田地质勘查一线职工。

8 月 24 日 中共中央政治局常委、中央书记处书记、国家副主席习近平到神华鄂尔多斯煤直接液化项目现场视察。

本月 马泰壕煤矿开工建设，设计生产能力 800 万吨/年，同步建设同等能力的选煤厂。2017 年 2 月建成投产。

9 月 21 日 鄂尔多斯市煤炭局颁布实施《鄂尔多斯市煤炭业务管理信息项目规划实施工作方案》推进信息化项目建设。

本月 大路煤化工基地铁路专用线开工建设。

10 月 1 日 在国庆六十周年阅兵式上，神华鄂尔多斯煤制油分公司总工程师、全国劳动模范舒歌平搭乘能源成就彩车通过天安门广场。

10 月 10 日 兴恒煤矿开工建设，设计生产能力 150 万吨/年，2011 年 11 月 23 日竣工投产。

10 月 12 日 俄罗斯副总理谢钦率俄罗斯政府考察团，在国家发展和改革委员会副主任、能源局局长张国宝，神华集团总经理张玉卓陪同下，到神华鄂尔多斯煤直接液化项目参观考察。

同日 装载着神华百万吨级煤直接液化项目生产的石脑油列车经神华包神铁路外销。

10 月 24 日 中共中央政治局委员、中央书记处书记、中共中央组织部部长李源潮视察神华鄂尔多斯煤直接液化装置。

11 月 10 日 金正泰露天煤矿开工建设，设计生产能力 120 万吨/年，2010 年 9 月建成投产。2013 年 1 月批准核定产能 300 万吨/年。

本月 国家发展和改革委员会正式确定伊泰煤制油有限责任公司为“煤间接液化国家地方联合工程研究中心”。

12 月 9 日 内蒙古自治区党委书记胡春华到神东煤炭集团公司上湾煤矿、神华鄂尔多斯煤直接液化项目考察。

12 月 28 日 经国家商务部审核批准，神华鄂尔多斯煤制油公司正式获得“成品油批发经营批准证书”。

12 月 30 日 山东兖州煤业有限公司全资子公司鄂尔多斯能化有限公司在鄂尔多斯市揭牌成立。

本月 宏丰煤矿升级改造，设计生产能力提升到 300 万吨/年，配套建设 300 万吨/年的选煤厂。

本月 呼准铁路工程万吨列车到发线改造全面竣工。

本月 新包神铁路包头至罕台川北段 81 千米先期开通运营。

本月 泊江海子煤矿开工建设，设计生产能力 300 万吨/年，配套建设相同规模的选煤厂。2016 年 12 月建成投产。

是年 内蒙古伊东煤炭集团有限责任公司位列 2009 年全国煤炭企业 100 强第 39 位和 2009 年全国煤炭企业产量 50 强第 29 位。

是年 远兴煤矿开工建设，设计生产能力 120 万吨/年，2010 年竣工投产。

是年 安家坡煤矿开工建设，设计生产能力 120 万吨/年，2017 年建成投产。

是年 锦泰长滩煤矿开工建设，设计生产能力 120 万吨/年，2012 年竣工投产。

是年 全市实现原煤产销 33033 万

吨，其中国有煤矿产销原煤 12882 万吨，地方煤矿 20151 万吨。较上年同比增长 7894 万吨，增幅 31.4%。原煤产量占全国煤炭产量的 11.3%，占自治区煤炭产量的 54.9%。全市煤炭工业实现规模以上工业增加值 626.1 亿元，占全市规模以上工业增加值的 60.7%，完成财政收入 168.7 亿元，较上年同比增长 44.4%，占全市财政总收入的 46.1%。全市地方煤矿数量由 552 座减少到 263 座。

2010 年

1 月 15 日　国家能源局牵头，鄂尔多斯市政府、伊泰集团、中科合成油技术公司组成的煤制油产业调研组到神华鄂尔多斯煤制油分公司调研。

本月　满都拉煤矿开工建设，设计生产能力 120 万吨/年，2011 年 11 月竣工投产。

本月　白云乌素煤矿开工建设，设计生产能力 90 万吨/年，2014 年 4 月竣工投产。

本月　淖尔壕煤矿开工建设，设计生产能力 120 万吨/年，2015 年 5 月建成投产。

本月　葫芦素煤矿开工建设，设计生产能力 1300 万吨/年，配套同等能力的选煤厂。采用一次设计，分期达产建设方式，2017 年 1 月首采工作面联合试运转。

3 月 11 日　2010 年全市煤炭工作会议暨地方煤矿三年攻坚战表彰大会在东胜召开，表彰奖励全市地方煤矿三年攻坚战和 2009 年全市煤炭行业先进集体和先进工作者，市煤炭局向全市各产煤旗（区）煤炭局负责人签发《2010 年度煤炭行业目标管理责任状》。

3 月 22 日　美国北达科他州能源代表团一行参观考察神华鄂尔多斯煤直接液化示范工程。神华鄂尔多斯煤制油分公司总经理张继明与代表团就双方关心的技术、经济问题进行了交流。

4 月 16—18 日　第五届鄂尔多斯国际煤炭及能源工业博览会暨国际新能源投融资高峰论坛在鄂尔多斯市国际会展中心举办。以“构建合作交流平台，推动煤炭能源新增长”为主旨，共设煤炭能源企业形象与成果展区、煤炭能源设备展区、大型煤炭机械装备展区，共有来自美国、德国、英国、瑞士、日本的 452 家国际煤炭企业和国内煤炭企业参加，展示煤炭采掘技术与装备。

4 月 21—23 日　准格尔能源公司组织开展向青海玉树地震灾区捐款活动，捐款总额共计 114.77 万元。

5 月 7 日　内蒙古自治区科学技术表彰大会召开。准格尔能源公司“露天煤矿高台阶抛掷爆破及拉斗铲倒堆剥离关键技术研究与应用”项目获自治区科技进步一等奖。

7 月 1 日　小鱼沟煤矿开工建设，设计生产能力 120 万吨/年，2012 年 10 月竣工验收。2013 年 4 月 23 日进行扩能改造，产能提升为 300 万吨/年，2014 年 8 月工程竣工。

7 月 16 日　中共中央政治局常委、中央纪委书记贺国强在内蒙古自治区党委书记胡春华、自治区政府主席巴特尔、神华集团公司总经理张玉卓的陪同下视察了神华鄂尔多斯煤直接液化项目。

8 月 7 日　全国人大常委会副委员长华建敏及全国人大财经委副主任储波、中国煤炭工业协会会长王显政到神东煤炭集团公司、神华鄂尔多斯煤直接液化项目考察。

8 月 15 日　以中国工程院院长周济为组长的中国工程院院士共 32 人，在神华集团公司总经理张玉卓的陪同下到神华鄂尔多斯煤制油分公司、神东煤炭集团参观考察。

8月16日　鄂尔多斯国际那达慕大会“神华准能杯：万众一心·黄河情”拔河锦标赛暨创吉尼斯世界纪录大赛在准格尔旗举行。128支代表队的1280人参加比赛。哈尔乌素露天煤矿和黑岱沟露天煤矿分别获第一名、第二名。该项比赛以参赛人数和规模超以往而创造了新的吉尼斯纪录。

同日　以澳门特别行政区立法会主席、澳门工会联合总会副会长刘焯华为团长的十一届全国人大澳门特别行政区代表团到神华鄂尔多斯煤制油分公司参观考察。

8月27日　神华鄂尔多斯分公司二氧化碳捕集与封存示范项目钻井工程在鄂尔多斯开工。新华社、中央电视台、凤凰卫视等16家媒体参加了新闻发布会并对开工仪式进行了报道。

本月　文玉煤矿开工建设，设计生产能力300万吨/年，配套建设相同规模的选煤厂。2011年7月竣工投产。

9月12—17日　以“友谊、交流、合作”为主题的“神华杯”采煤技能国际邀请赛在神东煤炭集团举办。来自澳大利亚、德国、印度、俄罗斯、南非、美国、印尼、越南和中国9个国家、12家煤炭企业的114名参赛选手参加比赛。

10月10日　长城三矿开工建设，设计生产能力500万吨/年，配套建设相同规模的选煤厂。2016年5月竣工。

10月18日　金运煤矿开工建设，设计生产能力120万吨/年，2013年10月20日竣工投产。

本月　伊化矿业有限公司母杜柴登煤矿建设项目全面开工建设。矿井设计生产能力为600万吨/年。

11月6日　新疆维吾尔自治区党委书记张春贤率党政代表团到神华鄂尔多斯煤直接液化项目参观考察。

本月　准东铁路一期二线周家湾至虎石段完工，完成总投资11.68亿元。

本月　神东煤炭集团公司被授予“全国煤炭工业信息化示范企业”称号。

12月31日　世界首个7米大采高综采工作面在补连塔煤矿22303综采工作面投入试生产。该工作面长301米，推进长度4971米，煤层平均厚度7.55米。

本月　鄂尔多斯大路煤化工产学研创新基地在准格尔旗大路新区成立，建成后将形成年转化1.5亿吨原煤的深加工能力。

是年　鄂尔多斯市既有铁路发送运量为26181.49万吨，其中煤炭20694.23万吨，煤炭运量占总运量的79.04%；其他货运量为5487.26万吨，占总运量20.96%。

是年　鄂尔多斯市煤炭局编制完成《鄂尔多斯市煤炭工业“十一五”规划》，规划确定全市煤炭工业以循环产业化、煤炭企业集团化、煤炭重化工为重心的发展战略。

是年　鄂尔多斯市发生煤矿安全生产事故3起、死亡4人，百万吨死亡率0.009，安全生产处于国内领先水平。

是年　神东煤炭集团公司被评为“全国企业文化建设先进单位”。

是年　西梁煤矿开工建设，设计生产能力90万吨/年，2012年竣工投产。

是年　全市煤矿总计347座，其中，国有21座，地方技改263座，新建63座；生产能力在30万吨/年以下的35座，45万吨/年的22座，60万吨/年的115座，90万吨/年的33座，90万~120万吨/年的53座，120万~150万吨/年的11座；150万~240万吨/年的25座，240万~300万吨/年的14座，300万~500万吨/年的13座，500万~800万吨/年的12座，800万~1200万吨/年的10座，2000万吨/年的4座。

2011 年

1 月 2 日 神华鄂尔多斯 10 万吨/年 CCS 示范工程成功将超临界状态液体二氧化碳注入 2243.6 米深的山西组地层，打通全部生产流程。1 月 6 日又成功注入非压裂的石盒子地层，两层共注入 121 吨 CO_2，神华 CCS 示范项目的液体 CO_2 在低渗透咸水层区域注入取得成功。

本月 门克庆煤矿开工建设，设计生产能力 1200 万吨/年，同步建设同等规模的选煤厂。2016 年 10 月，矿井一期工程建设完成，2017 年 1 月联合试运转。2018 年 4 月，因矿井冲击地压呈现而停产。

3 月 14 日 亿利资源集团与中国泛海集团、大连万达集团、四川宏达集团、浙江传化集团、上海均瑶集团、内蒙古亿利能源股份公司在京组建绿色清洁能源联合投资企业，并与鄂尔多斯市签约建设绿色清洁能源示范基地。该基地建设项目位于杭锦旗境内，具体项目包括：100 亿立方米煤制天然气、100 万吨煤制乙二醇、100 万吨煤制乙醇、100 万吨混合低碳醇、100 万吨煤基尿素和 1000 平方千米碳汇林及生物微藻项目。

3 月 15 日 内蒙古自治区人民政府印发《内蒙古自治区煤炭企业兼并重组工作方案》，根据文件精神，鄂尔多斯市对辖区内的煤炭企业进行大幅度的兼并、重组。

3 月 30 日 神东煤炭集团公司的“薄煤层自动化工作面开采技术及设备配套研究”获得“第二届中央企业青年创新奖”金奖，该技术填补了国内空白。

3 月 22 日 内蒙古自治区党委书记胡春华到神华煤炭集团设备维修中心考察。

本月 宏亚煤矿开工建设，设计生产能力 150 万吨/年，2012 年 3 月竣工投产。

4 月 2 日 鄂尔多斯市人民政府召开 2011 年第 4 次常务会议，听取了重大项目建设进展情况汇报，审议通过了《鄂尔多斯市煤矿转让税收征收管理办法》。

4 月 3 日 全国首例矿用井下移动式救生舱真人实验在神东煤炭集团公司上湾煤矿井下获得成功。

4 月 16 日 浩源煤矿开工建设，设计生产能力 120 万吨/年，2013 年 6 月 1 日竣工投产。

同日 第六届鄂尔多斯国际煤炭及能源工业博览会暨首届中国煤化工发展高峰论坛在鄂尔多斯国际会展中心举行。其间，100 多家能源投资及大型装备制造企业签约项目 112 个，达成意向性投资接近 300 亿元，总投资 5 亿元以上项目 17 个。

4 月 19 日 准格尔旗薛家湾镇黑岱沟村李家圪堵社村民开始整社搬迁，这标志着黑岱沟与哈尔乌素两露天煤矿采区内剩余村民搬迁工作全面启动。此次搬迁工作由准格尔旗矿区居民搬迁补偿办公室、薛家湾镇政府和准格尔能源公司共同完成。搬迁 126 户、334 人、房屋面积 6.2 万平方米。

4 月 23 日 鄂尔多斯市矿山应急救援指挥中心获得国家安全生产应急救援指挥中心和自治区煤矿安全监察局应急救援中心认定的国家一级矿山救援资质。

本月 巴彦高勒煤矿开工建设，设计生产能力 400 万吨/年，同步建设同等规模的选煤厂。2014 年 7 月建成投产。

本月 嘉东煤矿开工建设，设计生产能力 180 万吨/年，2013 年 9 月竣工投产。

6 月 14 日 全国政协提案委员会副主任、中国煤炭工业协会会长王显政率国家能源局、国务院国有资产监督管理委员会规划发展局、国家发展和改革委员会等部委的政协提案委员到神华鄂尔多斯煤制油分公司参观考察。

6 月 15 日 中共中央政治局委员、国务院副总理王岐山在内蒙古自治区党委书记胡春华、自治区政府主席巴特尔、神华集团公司总经理张玉卓的陪同下视察神华鄂尔多斯煤直接液化项目。

6 月 22 日 鄂尔多斯市人民政府公布《鄂尔多斯数字煤炭综合平台运行维护和煤炭工业信息化建设管理暂行办法》。

6 月 24 日 国家矿山救援鄂尔多斯基地在神东煤炭集团公司建成。

本月 柳林沟煤矿开工建设，设计生产能力 120 万吨/年，2012 年 6 月竣工投产。

7 月 4 日 中共中央政治局委员、全国政协副主席王刚一行在内蒙古自治区领导的陪同下，到神华鄂尔多斯煤制油分公司视察。

7 月 5—7 日 中国经济社会理事会和内蒙古自治区政协联合主办，鄂尔多斯市委、市政府、政协承办的 2011 年中国经济社会论坛在鄂尔多斯市举行。本次论坛主题是“世界经济调整与‘十二五’时期中国的发展”。会议期间，来自各领域专家学者围绕“世界经济调整趋向与我国发展战略选择”“绿色低碳发展与经济结构战略性调整”“改善民生与促进社会和谐稳定”三个专题举行了深入探讨，并在鄂尔多斯市考察。

7 月 9 日 全国政协副主席、科学技术部部长万钢到神东矿区考察。在神华集团公司总经理张玉卓的陪同下视察神华鄂尔多斯煤直接液化项目和 10 万吨/年 CCS 示范项目。

本月 青春塔煤矿开工建设，设计生产能力 600 万吨/年，配套建设相同规模的选煤厂。2017 年 9 月建成投产。

8 月 4 日 陕西省委书记赵乐际一行在内蒙古自治区政协主席任亚平、神华集团公司总经理张玉卓的陪同下到神华鄂尔多斯煤制油分公司考察。

同日 国内首台国产 TMC90 型全路面大口径矿山救援钻机在神东煤炭集团公司投用。

9 月 1 日 蒙古国人民党总书记乌·呼尔勒苏赫率领的蒙古国人民党代表团到神华鄂尔多斯煤制油分公司参观考察。

9 月 7 日 潮脑梁露天煤矿开工建设，是由店圪卜煤矿、后店沟煤矿、张候其煤矿进行资源整合和技术改造，由井工开采变为露天开采，设计生产能力为 400 万吨/年。2012 年 10 月建成投产。

9 月 17—18 日 国家能源局组织内蒙古自治区、鄂尔多斯市和伊金霍洛旗三级政府煤炭工业局、安全检查人员及煤炭工业规划设计研究院的专家组成验收委员会，顺利通过对布尔台煤矿建设项目的竣工验收，该矿成为国内首个一次设计年产 2000 万吨的井工煤矿。

本月 补连塔煤矿综采一队队长谷树伟获国务院国有资产监督管理委员会党委颁发的第一届“中央企业青年五四奖章”。

10 月 25 日 波兰经济产业部副部长卡里斯基·马西尔、世界采矿大会国际组委会主席约瑟夫·杜宾斯基访问神华鄂尔多斯煤制油分公司。

11 月 6 日 内蒙古矿山应急救援队伍质量标准化验收组经过现场检查评定，认定神东煤炭集团公司救护消防大队达到内蒙古特级救护队标准。

本月 满来梁煤矿开工建设，设计生产能力 180 万吨/年（后期为 360 万吨/年），2013 年 10 月建成投产，实现产能 360 万吨/年。

12 月 18 日 国家级准格尔矿区矿产资源综合利用示范基地揭牌暨准格尔煤炭

伴生资源循环经济产业项目100万吨/年氧化铝示范厂开工奠基仪式在准格尔旗大路工业园区举行。

12月30日 石圪图煤矿开工建设，设计生产能力120万吨/年，2013年1月21日竣工投产。

12月31日 国家发展和改革委员会核准龙王沟建设项目，矿井建设规模1000万吨/年，配套建设同等规模的选煤厂。工程于2014年3月开工建设，截至2018年，项目仍在建设中。

是年 荣恒煤矿开工建设，设计生产能力180万吨/年，2011年建成投产。

是年 鄂尔多斯市累计建成安全质量标准化矿井280座，其中井工煤矿170座（一级98座、二级55座、三级17座），露天煤矿110座（一级52座、二级43座、三级15座）。累计治理煤田（煤矿）火区101处，占煤矿火区总数的76.3%，火区治理工程累计投入资金102亿元，复垦绿化面积24.7平方千米。

2012年

1月 恒博煤矿开工建设，设计生产能力120万吨/年，2014年4月14日竣工投产。

2月9日 鄂尔多斯市与中国铝业公司签署《煤电铝循环经济一体化项目合作框架协议》。根据协议，中国铝业公司将在准格尔旗煤电铝工业基地投资300亿元，建设高铝煤炭资源开发及循环经济产业链项目，建设1000万吨级煤矿、3×350万千瓦火电发电厂、120万吨电厂粉煤灰提取氧化铝项目、50万吨电解铝及相关配套设施，形成完整的循环经济产业链。

2月14日 俄罗斯阿穆尔州政府副主席丘索娃·塔其娅娜·阿纳多里耶夫娜、俄罗斯燃料公司总经理涅斯诺夫·瓦列里·尼古拉耶维奇代表团到神华鄂尔多斯煤制油分公司考察。

2月27—28日 神华鄂尔多斯煤制油分公司总经理张继明应邀参加在英国伦敦举办的第六届欧洲二氧化碳捕集与封存（CCS）普拉茨年会，并在会上做了关于神华CCS示范工程的专题报告。

2月28日 南非爱索公司考察团到准格尔能源公司参观考察，并就煤炭采掘工艺、洗选工艺、发电厂建设、管理模式等研究课题与准能公司领导进行了交流。

同日 中央电视台《新闻联播》播出消息《内蒙古：科技创新增强传统企业后劲》，神东煤炭集团公司坚持科技创新的工作成效，作为煤炭行业的典型经验被报道。

本月 鄂尔多斯市人民政府印发《关于进一步加强煤炭安全生产管理的实施意见》《关于全市露天开采煤矿及灭火工程环境综合治理的实施意见》《关于进一步加强全市煤炭工业信息化建设工作的通知》。

本月 鄂尔多斯市煤炭局制定《鄂尔多斯市煤田火区项目监管办法》。进一步加强全市煤田火区项目管理，加大监管力度，依法依规推进煤田火区治理工作，维护良好的开采秩序和市场秩序，从源头上坚决遏制倒买倒卖火区等违法违规行为的发生，有效保护和扩大煤田（煤矿）火区治理成效。

本月 《鄂尔多斯数字煤炭综合平台运行维护和煤炭工业信息化建设管理暂行办法》正式实施。

本月 孙家沟煤矿开工建设，设计生产能力120万吨/年，2013年1月竣工投产。

3月24日 内蒙古自治区党委副书记、自治区政府主席巴特尔到神华鄂尔多斯煤制油分公司考察。香港凤凰卫视资讯台副台长、首席主播吴小莉对巴特尔及神华鄂尔多斯煤制油分公司总经理张继明就煤直接液化的发展历程进行了访谈。

4月1日 世界煤炭协会（WCA）主席、首席执行官米尔顿·卡特林（Milton Catelin）一行到神华鄂尔多斯煤制油分公司参观考察。

4月16日 第七届鄂尔多斯国际煤炭及能源工业博览会在鄂尔多斯国际会展中心开幕。

本月 荣兴西来峰煤矿开工建设，设计生产能力90万吨/年，2013年11月竣工投产。

5月3—4日 美国能源部代表团一行4人到神华鄂尔多斯煤制油分公司参观考察。

5月17日 色连二号井开工建设，设计生产能力500万吨/年，同步建设同等规模的选煤厂。2016年11月24日建成投产，2018年12月生产能力核增至1000万吨/年。

5月28日 内蒙古自治区政协主席任亚平带领参加内蒙古自治区政协十届十八次常委会的政协代表100余人到神华鄂尔多斯煤制油分公司参观考察。

5月29日 东达煤矿开工建设，设计生产能力90万吨/年，2013年11月12日竣工投产。

6月2日 印度尼西亚投资协调委员会代表团到神华鄂尔多斯煤制油分公司参观考察。

6月19日 国家发展和改革委员会副秘书长兼环资司司长赵家荣在内蒙古自治区经信委和发改委相关领导陪同下到神华鄂尔多斯煤制油分公司调研节能减排工作。

本月 补连塔煤矿员工谷树伟作为“第一届中央企业五四青年奖章获得者”“全国首届煤炭工业百名优秀青年矿工”之一，应邀参加由全国煤炭行业共青团工作指导和推进委员会组织的“在矿山舞动青春，在一线建功立业”——全国煤炭行业优秀青年走进高校巡回演讲。

7月12日 内蒙古伊泰煤炭股份有限公司H股在香港联合交易所主板成功挂牌上市（股票代码：3948），成为内蒙古自治区第一家B股、H股一并上市的企业。

7月17日 神东煤炭集团公司被国务院授予“全国就业先进企业”荣誉称号。

本月 乌兰木伦煤矿被中华全国总工会和国家安全生产监督管理总局联合评为全国“安康杯”竞赛优胜单位，救护消防大队东胜中队二小队被评为全国“安康杯”竞赛优胜班组。

本月 青春塔煤矿开工建设，设计生产能力400万吨/年，配套建设相同规模的选煤厂。2015年12月建成投产，核定生产能力800万吨/年。

本月 盛鑫煤矿开工建设，设计生产能力120万吨/年，2016年4月竣工投产。

8月12日 全国政协经济委员会副主任、国家能源专家咨询委员会主任张国宝，国家能源局副局长刘琦、吴吟一行前往神华鄂尔多斯煤制油分公司调研。

8月23日 国家“863”计划“煤基高密度军用航空燃油制备技术”课题启动会在北京召开。神华集团公司总经理张玉卓，空军后勤部军需物资油料部副部长万金贵出席启动会。

同日 数字矿山建设暨区域中央自动化控制系统项目启动大会在神东煤炭集团公司召开。

9月5日 国家发展和改革委员会党组成员、副主任胡祖才一行到神东煤炭集团公司调研，内蒙古自治区发展和改革委员会、鄂尔多斯市政府及市发展和改革委员会有关领导陪同考察。

本月 神东煤炭集团公司党委被国务院国有资产监督管理委员会党委授予“中央企业思想政治工作先进单位”称号。

10月8日 鄂尔多斯市人民政府关于印发《和谐矿区建设试点工作方案的通知》，以科学发展观为指导，切实转变煤炭产业经济发展方式，妥善处理好煤炭开采与矿区民生的关系，维护煤炭矿区社会稳定，促进煤炭矿区和谐，努力建设矿地关系和谐型矿区，实现生产发展、人民富裕、生态良好的有机统一，推动全市煤炭工业经济又好又快发展。

11月28日 澳大利亚驻华大使孙芳安到神华鄂尔多斯煤制油分公司参观考察。

本月 神华煤直接液化核心技术“一种煤炭直接液化的方法”获得第十四届中国专利金奖，并位列20项专利金奖名单榜首。

12月16日 截至当日18时，哈尔乌素露天煤矿原煤产量全年累计达3001万吨，成为继黑岱沟露天煤矿之后的又一座年产超3000万吨的露天煤矿，同时也成为全国第一个5年内建成年产原煤超过3000万吨的特大型露天煤矿。

本月 黑岱沟露天煤矿在国家能源局和《中国能源报》共同举办的“寻找中国最美矿山”公益活动中获“中国最美矿山”荣誉称号。

本月 《鄂尔多斯市煤矿转让税收征收管理办法》实施。鄂尔多斯市人民政府印发《关于印发鄂尔多斯市煤炭交易与物流产业建设方案的通知》。

是年 五圪图精煤矿开工建设，设计生产能力120万吨/年，2018年竣工投产

是年 截至2012年底，鄂尔多斯市共有煤矿339座，其中生产及技术改造煤矿310座，在建煤矿29压，单井设计生产能力达千万吨级的煤矿有18座。培育形成1亿吨级煤炭企业1户，5000万吨级煤炭全业2户，3000万吨级煤炭企业1户，1000万吨级煤炭企业9户，现代化煤炭工业基地建设初具规模。全市共销售煤炭5.9亿吨同比增长254万吨，增幅0.43%。其中地方煤矿销售煤炭4.42亿吨，同比增长218万吨，增幅0.5%，国有煤矿销售煤炭1.48亿吨，同比增长36万吨，增幅0.2%；煤炭工业完成财政收入378.1亿元，占全市财政总收入的46.12%；实现工业增加值1270亿元，占全市规模以上工业增加值的63.4%。

2013年

1月18日 纳户沟煤矿开工建设，设计生产能力120万吨/年，当年12月27日竣工投产。

1月23日 神东煤炭集团“千万吨矿井群资源与环境协调开发技术”获2012年度国家科学技术进步二等奖。

本月 腾远煤矿开工建设，设计生产能力120万吨/年，2016年2月竣工投产。

2月7日 神东煤炭集团公司与中国矿业大学合作的“干旱半干旱区煤矸石山丛枝菌根生态重建理论与应用研究”项目，获中国煤炭工业协会和中国煤炭学会颁发的中国煤炭工业科学技术一等奖。

本月 石拉乌素煤矿开工建设，设计生产能力1000万吨/年，同步建设同等规模的选煤厂。2017年7月建成投产。

3月3日 准格尔能源公司氧化铝中试厂成功打通粉煤灰酸法提镓工艺，生产出第一批金属镓，标志着循环经济产业项目中，镓的提取工艺取得重大进展。

3月6日 国务院国有资产监督管理委员会命名神东煤炭集团公司为“中央

企业企业文化示范单位”。

3 月 28 日　上湾煤矿连采一队被共青团中央授予“2011—2012 年度全国青年文明号”荣誉称号。

3 月 28 日　中国煤炭工业协会会长王显政一行到准格尔能源公司就氧化铝中试厂运行情况进行调研。

3 月 29 日　中国煤炭工业协会会长王显政、副会长兼秘书长姜智敏一行来神东煤炭集团公司检查指导工作。中国煤炭加工利用协会理事长吕英，神华集团党组成员、副总经理韩建国等陪同。

本月　鄂尔多斯市发改委编制了《鄂尔多斯市煤炭工业发展十二五规划》。规划对发展现状和面临的形势作了总结，对煤炭需求和供需平衡作了预测和分析，确立了发展思路、目标和任务，规划了煤炭开发布局，提出了政策建议与措施。

本月　红庆河煤矿开工建设，设计生产能力 1500 万吨/年，同步建设同等规模的选煤厂。2017 年 1 月建成投产。

本月　致富煤矿开工建设，设计生产能力 90 万吨/年，2014 年 4 月竣工投产。

4 月 1 日　崔二圪咀煤矿开工建设，设计生产能力 120 万吨/年，2018 年 8 月 7 日竣工投产。

4 月 9 日　蒙古国国家大呼拉尔主席恩赫包勒德一行到神华鄂尔多斯煤制油分公司参观交流，神华集团公司副总工程师、煤制油化工公司董事长吴秀章陪同参观。

4 月 16—18 日　第八届鄂尔多斯国际煤炭及能源工业博览会召开。博览会突出国际合作，科技创新和行业领先特色，集中展示国内外煤炭行业新技术、新成果、新工艺，搭建一个能源领域的国际性交流、学习、合作平台。

5 月 9 日　国务院国有企业监事会主席李兵到神华鄂尔多斯煤制油分公司调研指导工作。

5 月 14 日　中共中央政治局常委、国务院副总理张高丽在内蒙古自治区党委书记王君、政府主席巴特尔的陪同下，到神华鄂尔多斯煤制油分公司视察。

5 月 29 日　黑岱沟露天煤矿入选全国矿产资源节约与综合利用先进适用技术推广应用示范矿山名录。

本月　尔林兔煤矿开工建设，设计生产能力 800 万吨/年，同步建设同等规模的选煤厂。2017 年 6 月尔林兔井田与阿滚沟井田实施整合。

6 月 13 日　中国有色金属工业协会与中国煤炭工业协会在京召开准格尔矿区高铝粉煤灰提取氧化铝关键技术研究及其工业化中试装置开发技术鉴定会，与会专家通过技术鉴定。

6 月 24 日　国家税务总局副局长丘小雄在内蒙古自治区副主席常军政的陪同下到神华鄂尔多斯煤制油分公司调研。

本月　红树梁煤矿开工建设，设计生产能力 500 万吨/年。截至 2018 年，矿井正在建设中，已完成投资 17.23 亿元。

8 月 8 日　国内首台防爆电子移动通信终端在神东煤炭集团补连塔煤矿 22305 综采工作面投入使用。该终端显示器为 54 寸液晶显示屏，是国内最大的可在井下使用的电子移动通信终端设备。

8 月 20 日　为庆祝中肯建交 50 周年，肯尼亚国家记者团到神华鄂尔多斯煤制油分公司参观采访。

9 月 26 日　经国务院和中国证监会批准，动力煤期货历经四年论证研究，在郑州商品交易所正式挂牌上市。鄂尔多斯市副市长李国俭赴郑州参加动力煤期货上市新闻发布会和动力煤期货服务实体经济座谈会，并代表市人民政府与郑州商品交易所签署《动力煤期货战略合作协议》。

本月　塔拉壕煤矿开工建设，设计生产能力 600 万吨/年，配套建设相同规模的选煤厂。2016 年 9 月 5 日建成投产。

10 月 14—15 日 鄂尔多斯市市长廉素陪同自治区副主席王波赴京拜访国家发展和改革委员会副主任胡祖才并就准格尔旗 120 亿立方米煤制天然气项目建设事宜与北京控股集团、河北建设投资集团负责人进行座谈沟通。

10 月 31 日 补连塔煤矿累计生产原煤 2.15 亿吨，实现连续安全生产 12 年。

11 月 红庆梁煤矿开工建设，设计生产能力 600 万吨/年，同步建设同等规模的选煤厂。2018 年 4 月开始联合试运转，截至 2018 年底，工程单项验收全部结束，已具备综合验收条件。

11 月 19 日 准格尔能源公司副总经理郭昭华研发的“露天煤矿交通车辆防撞预警器”和大准铁路公司车辆段副段长张树国研发的“铁路隧道照明自动控制系统”在第 65 届纽伦堡国际发明展览会上分别获得银奖和铜奖。

本月 阳堡渠煤矿开工建设，设计生产能力 120 万吨/年，2017 年 1 月竣工投产。

12 月 19 日 大准铁路点岱沟——外西沟 111 千米的复线自动闭塞正式开通运行，标志着大准铁路增二线点二段全线开通，至此，该区段年运输能力将达到 2.27 亿吨。

12 月 30 日 神华鄂尔多斯煤制油分公司正式生产出第一罐车用汽油，填补了煤直接液化产品品种没有车用汽油的空白。

是年 唐家会煤矿开工建设，设计生产能力 500 万吨/年，同步建设规模为 600 万吨/年的选煤厂。2017 年 1 月建成投产，10 月国家发展和改革委员会将产能核增至 900 万吨/年。

是年 建元煤矿开工建设，设计生产能力 120 万吨/年，2014 年竣工投产。

2014 年

1 月 25 日 中国工程院与瑞典皇家工程科学院有关代表到神华鄂尔多斯煤制油分公司参观考察。

本月 白家梁煤矿开工建设，设计生产能力 120 万吨/年，2018 年 1 月 25 日竣工投产。

2 月 21 日 《国家安监局关于神华集团公司黑岱沟等三处煤矿核定生产能力的批复》核准黑岱沟露天煤矿和哈尔乌素露天煤矿的核定生产能力分别为 3400 万吨/年和 3500 万吨/年。

3 月 24 日 蒙古国乌兰巴托市市长巴图巴雅尔一行到神华鄂尔多斯煤制油分公司参观考察，公司总经理张传江与巴图巴雅尔签订了《成品油购销框架协议》。

3 月 28 日 中国煤炭工业协会主办，神东煤炭集团公司和中国煤炭科学研究总院共同承办的煤粉型工业锅炉清洁高效利用现场会在神东矿区召开。煤炭企业领导和部分专家学者共 200 余人参加会议。

4 月 10 日 俄罗斯能源部副部长雅诺夫斯基·安·巴一行到神华鄂尔多斯煤制油分公司参观考察。

4 月 16 日 第九届鄂尔多斯国际煤炭及能源工业博览会在鄂尔多斯国际会展中心开幕。国家能源局原副局长吴吟，鄂尔多斯市委副书记、市长廉素出席开幕式。吸引了来自全球十多个国家的 432 家能源企业和高新技术设备制造企业参展，展会设备成交额约 2.3 亿元，达成购买意向 20 多亿元。展会期间还举办了以“绿色能源、转型跨越、优势互补、合作共赢”为主题的“2014 中国煤炭产业发展论坛”。

4 月 29 日 中华全国总工会授予准格尔能源公司党委书记、董事长张维世

“全国五一劳动奖章”。

5月7日 神东煤炭集团公司被授予“煤炭工业科技创新先进企业”荣誉称号。神东煤炭集团公司的“大功率高压变频刮板输送机成套设备研究与应用”和“生态脆弱区煤炭现代开采地下水和地表生态保护技术”两个项目获2013年度中国煤炭工业科学技术奖一等奖。

5月28—29日 国家煤矿安全监察局局长付建华在内蒙古煤矿安监局局长、党组书记杨泽余陪同下到准格尔能源集团、寸草塔二矿调研。

本月 鄂尔多斯市建立北部区煤炭销售联盟，组织东胜区、达拉特旗和黄天棉图地区的37座地方煤矿成立鄂尔多斯市北部地区煤炭销售联盟，稳定市内煤炭市场经营秩序。

6月17日 以“诚信互惠、合作共赢”为主题的第三届鄂尔多斯市煤炭产运需恳谈会在康巴什召开。国内六大电力公司、六大港务公司，神华集团、冀中能源等10家国有大型煤炭企业和浙电、粤电、上海申能、首钢集团等133家煤炭终端用户企业负责人以及市内97家煤炭企业主要负责人参加会议。鄂尔多斯市10户重点煤炭生产企业与国内35家终端用户达成新的合作意向，新增煤炭合同量4053万吨。

7月6日 中国石油和化学工业联合会组织专家在神华鄂尔多斯煤制油分公司召开了“神华10万吨级CCS示范项目”科技成果鉴定会，该项目通过鉴定。

7月16日 中国环境新闻工作者协会组织《科技日报》《中国环境报》《中国改革报》《中国工业报》等媒体记者深入准格尔能源集团，就环保工作进行为期三天的专题采访。

7月18日 中共中央政治局常委、全国政协主席俞正声到神华鄂尔多斯煤制油分公司视察。

9月17日 前进露天煤矿开工建设，设计生产能力300万吨/年，2016年5月31日建成投产。

9月 蒙祥煤矿开工建设，设计生产能力180万吨/年，2016年9月竣工投产。

10月24日 汇隆露天煤矿开工建设，矿区资源来自黑岱沟矿田关闭的18座地方煤矿，设计生产能力300万吨/年。建设中经过两次重大设计变更，于2017年6月竣工验收，2018年11月移交生产。

11月12日 荷兰商务代表团到神华鄂尔多斯煤制油分公司考察。

12月4日 鄂尔多斯动力煤价格指数和鄂尔多斯煤炭公路运价指数论证会在北京召开。由内蒙古煤炭交易中心、中国煤炭运销协会、鄂尔多斯市煤炭销售协会主编的《鄂尔多斯动力煤价格指数和鄂尔多斯煤炭公路运价指数报告》通过了专家组论证，与会专家一致表示，鄂尔多斯动力煤价格指数和鄂尔多斯煤炭公路运价指数，数据来源翔实可靠，编制方法科学，基本反映市场走势，可以向社会公开发布。

12月29日 中国煤炭运销协会、鄂尔多斯市人民政府和神华集团联合主办的2015年鄂尔多斯煤炭交易会暨能源科技与金融高峰论坛在东胜举行。会议期间举行了鄂尔多斯动力煤价格指数发布仪式和神华集团2015年区内煤炭订货合同签约仪式。

是年 杨家渠煤矿开工建设，设计生产能力120万吨/年，截至2018年正在技改中。

是年底 全市共计销售煤炭56067万吨，同比减少1549万吨，减幅2.7%；煤炭综合平均价约226元/吨，同比降低40元，降幅15%。完成矿区移民搬迁3800户、11000人，支付补偿资金41亿元，开展农民工培训，多渠道促进就业，做好移民安置。

2015 年

1 月 9 日 在国家科学技术奖励大会上，以神东煤炭集团地下水资源利用技术为核心的“生态脆弱区煤炭现代开采地下水和地标生态保护关联技术”获国家科学技术进步二等奖。

同日 神华鄂尔多斯煤制油分公司煤液化中心创新工作室在内蒙古自治区职工创新工作室命名大会上，被命名为“内蒙古自治区职工创新工作室”。

4 月 12 日 世界首次采用煤基航天煤油的火箭发动机整机热试车成功，标志着神华鄂尔多斯煤制油分公司煤基航天煤油研制取得重要阶段性成果。

4 月 16 日 第十届鄂尔多斯国际煤炭及能源工业博览会暨 2015 中国煤化工产业发展高峰论坛在鄂尔多斯国际会展中心开幕。博览会吸引了 380 余家国内外能源企业、煤机制造商、煤炭洗选加工和煤化工技术装备生产厂商参展，展示面积达 3.5 万平方米，集中展出了煤炭采掘、勘探、运输、煤化工、煤炭洗选技术与设备。

4 月 23 日 陕西省省长娄勤俭一行到神华鄂尔多斯煤制油分公司参观考察。

5 月 鄂尔多斯市煤炭局成立煤炭营销服务工作组，积极应对煤炭市场下行，帮助煤炭企业拓展市场，稳定煤炭价格和销量，全力以赴帮助煤炭企业摆脱困境。

6 月 6 日 德国联邦地学与自然资源研究院矿产经济室博士迪特尔，研究员莫伦与国土资源部信息中心，内蒙古自治区国土资源厅相关人员就煤炭综合利用情况来准格尔能源集团调研。

6 月 29 日 中央统战部国企党外领导干部研讨班学员一行 60 余人莅临准格尔能源集团参观考察。参观人员对公司在土地复垦绿化、生态农业建设、绿色开采、循环产业发展给予高度评价。

6 月 按照鄂尔多斯市 2015 年度矿区环境综合治理实施方案要求，市煤炭局各级安全监管支队与各旗区煤炭局建立了矿区环境治理互联长效机制，加强了对矿区环境治理实行共同监督管理，对各煤炭生产企业进行了摸底排查，共核实梳理环境治理企业项目 183 处，向市环境保护局报送矿区环境治理情况核实表 10 类共计 792 项，为环保部门提供了真实有效的环境数据。

7 月 31 日 中国人民解放军空军后勤部和神华集团公司在北京召开军民融合发展——煤基喷气燃料研究成果汇报会。会议听取了空军后勤部军需物资油料部和煤制油化工公司关于煤基喷气燃料研究成果的汇报，为煤基航空油料研究室国家重点实验室授牌，对深化合作的中长期规划进行了研究部署。

8 月 美国著名咨询公司——永安公司经过评估认为：鄂尔多斯是世界上少有的最适合发展能源重化工产业的区域之一。

9 月 8 日 第七届中国班组长论坛暨准格尔能源集团班组安全管理标准化研讨会在准能集团公司召开，本次会议由中国安全生产协会班组委主办，准格尔能源集团公司承办。中国班组长论坛是企业班组迄今最高端班组管理经验交流及成果与论文发布平台。

9 月 15 日 准池铁路全线电气化正式开通运营。万吨列车运行试验取得成功，标志着准池铁路正式进入了万吨列车行列。

本月 蒙西鑫源煤矿开工建设，设计生产能力 120 万吨/年，2017 年 9 月竣工投产。

10 月 12 日　神华公益基金会和内蒙古自治区扶贫办、准格尔能源集团公司签订了 500 万元的三方扶贫协议。14 日，500 万元扶贫款已由神华公益基金会汇至内蒙古自治区扶贫办账户，开展定点扶贫资助。

10 月　中央电视台《文明密码》摄制组走进神东煤炭集团公司，通过实地采访全面反映神东矿区现代化煤矿生产情况。

11 月 6 日　鄂尔多斯市煤炭局转发《内蒙古自治区煤炭工业局关于鄂尔多斯市煤矿采空区灾害综合治理有关事宜的通知》，各旗区煤炭局按照文件要求开展相关工作。

同日　鄂尔多斯市煤炭局编制完成了《鄂尔多斯煤炭品种及质量》地方标准，将全市商品煤划分为鄂尔多斯块煤、混煤、末煤、炼焦用煤、特低灰煤和石炭煤 6 个产品系列、26 个小类。

12 月 13 日　国内首座采用 TBM 工法建设的煤矿斜井——补连塔煤矿 2 号辅运平硐安全顺利贯通，填补了地铁盾构施工技术在大坡度、长距离矿井建设方面的空白。

12 月 17 日　《人民日报》刊登题为《神华神东积极推动环保建设从投入型向效益型转变——绿色发展见真章》的报道，全面展示了矿区开发建设 30 年来在生态环境建设方面所取得的丰硕成果。

2016 年

2 月　《鄂尔多斯煤炭品种及质量》由国家标准化管理委员会备案实施。

4 月 16 日　第十一届鄂尔多斯国际煤炭及能源工业博览会在鄂尔多斯国际会展中心召开。

本月　神华鄂尔多斯煤制油分公司“煤基航天领域特种燃料研究与开发”获内蒙古自治区职工优秀技术创新成果一等奖。

6 月 28 日　内蒙古自治区召开科技创新大会，表彰奖励为自治区科技创新发展做出重要贡献的先进集体和个人。准格尔能源集团公司副总经理郭昭华荣获“2013 年度自治区科学技术特别贡献奖”。

8 月 15 日　鄂尔多斯市煤炭局印发《关于进一步加快煤田（煤矿）火区治理项目竣工验收工作的实施意见》。

9 月 23 日　内蒙古自治区党委书记李纪恒到神华鄂尔多斯煤制油分公司调研，神华集团公司党组书记、董事长张玉卓等陪同。

10 月 9—12 日　中国煤炭工业协会设备管理分会露天设备专业委员会 2016 年年会暨技术交流会在准格尔能源集团公司召开，会议主题为“加强交流合作，推进露天矿用设备高效低耗运行”。来自全国大型煤炭企业、科研教育机构、设备设计制造和服务厂商 120 余名代表参加了会议。

10 月 31 日　内蒙古自治区国有资产监督管理委员会党委召开党代会，选举出席内蒙古自治区第十次党代会代表。准格尔能源集团公司董事长、党委书记杨汉宏当选为内蒙古自治区第十次党代会代表。

本月　李家渠煤矿开工建设，设计生产能力 120 万吨/年，2018 年 2 月竣工投产。

11 月 7 日　“鄂尔多斯煤”原产地证明商标在国家工商总局商标局正式注册。

11 月 14 日　国家安全生产监管总局党组副书记、副局长付建华率领国务院安委会督导组到神华鄂尔多斯煤制油分公司检查指导工作。

本月　哈尔乌素露天煤矿运输队运行二班等 9 个班组，刘力琴等 6 名班组长，在由中国安全协会组织的评选活动中荣获

“百强班组”和“百强班组长”荣誉称号。

11 月 29 日和 12 月 1 日 “鄂尔多斯煤”品牌战略发布会和战略推介暨专场交易会在北京和秦皇岛分别组织召开。

12 月 6 日 内蒙古自治区党委书记李纪恒率领自治区第一安全生产督查组到准格尔能源集团检查安全生产工作。

12 月 9 日 美国能源专家代表团一行 7 人到神华鄂尔多斯煤制油分公司访问交流。

是年 营盘壕煤矿开始建设前期准备工作，矿井设计产能 1200 万吨/年，配套建设同等规模的选煤厂。

2017 年

2 月 18 日 鄂尔多斯市人民政府印发《鄂尔多斯市提高煤炭行业综合竞争力行动计划（2016—2018）》，要求集中精力提高煤炭行业综合竞争力，实现煤炭工业科学发展，力争到 2018 年底全市煤炭工业达到国内领先、世界一流水平。

2 月 20 日 国家工业和信息化部副部长刘利华由内蒙古自治区、鄂尔多斯市、准格尔旗相关领导陪同到准格尔能源集团公司就安全生产管理工作进行专项调研。

4 月 16 日 第十二届鄂尔多斯国际煤炭及能源工业博览会暨“煤炭大讲堂”走进鄂尔多斯——中国煤炭清洁高效利用大会在鄂尔多斯国际会展中心开幕。共设总面积为 3 万平方米的 2 个室内展馆和 1 个室外展区，310 多家国内外大型能源企业、煤机制造商、煤炭洗选加工和煤化工技术装备生产厂商参展。展会突出国际合作、科技创新特色，集中展示国内外煤炭行业取得的新成果、新工艺、新技术、新产品，是一次集合作与技术推广为一体的煤炭行业盛会。

6 月 8 日 伊泰集团 200 万吨/年煤炭间接液化项目正式开工建设。这是中国首个由民营企业承担的百万吨级煤间接液化项目。

6 月 22 日 神华鄂尔多斯煤制油分公司与中国航天科技集团第六研究院一六五研究所签署战略合作协议。

8 月 10 日 准格尔能源集团公司开展“绿色发展”媒体开放日活动，《中国国土资源报》社党委委员、副社长徐志军，国务院国有资产监督管理委员会新闻中心处长李瑛，新华社经参研究院院长李新民，以及《中国环境报》《经济日报》《工人日报》《中国矿业报》、人民网等多家主流媒体对准格尔能源集团复垦绿化及生态农牧业建设成果进行采访报道。

8 月 24 日 鄂尔多斯市煤炭局组织召开鄂尔多斯市煤炭学会成立大会，选举产生了煤炭学会机构。

7 月 3 日 鄂尔多斯煤矿安全监察分局召开专题会议，学习国家煤矿安监局召开的全国煤矿水害防治工作视频会议精神，贯彻落实《内蒙古煤矿安全监察局关于进一步加强汛期煤矿防治水工作的通知》，安排部署煤矿防治水监察工作。

本月 2017 夏季全国煤炭交易会在鄂尔多斯召开，交易会期间发布了鄂尔多斯煤价格指数，成为国内首个品牌煤价格指数。

本月 乌审旗图克工业园区的中天合创世界规模最大的煤制烯烃项目投入商业运行，年就地转化煤炭 700 万~800 万吨，清洁转化率高于 44%。

本月 安联煤矿开工建设，设计生产能力 120 万吨/年，2019 年 1 月竣工投产。

8 月 30 日 由航天六院 165 所与神华鄂尔多斯煤制油分公司、神华宁夏煤业集团公司合作研制的煤基航天煤油在中国航天科技集团六院的试验区进行了 18 吨火箭发动机的热试车试验取得成功。

本月 鄂尔多斯煤矿安全监察分局按照国家安全生产监督管理总局及内蒙古煤矿安全监察局关于煤矿全面安全体检工作的有关要求，全面完成了煤矿安全“体检”工作。共体检矿井 193 处，其中井工煤矿 110 处、露天煤矿 83 处。体检正常生产煤矿 161 处、正常建设煤矿 29 处、长期停产停建煤矿 3 处。

本月 李家渠煤矿开工建设，设计生产能力 120 万吨/年，2018 年 2 月竣工投产。

本月 鄂尔多斯市煤炭学会成立。

9 月 蒙西鑫源煤矿开工建设，设计生产能力 120 万吨/年，2017 年 9 月竣工投产。

10 月 25 日 鄂尔多斯市总工会、市人力资源和社会保障局、市煤炭局联合主办，神东煤炭集团公司承办的 2017 年鄂尔多斯市煤炭系统职工岗位技能比赛在神华神东煤炭集团文体中心开幕。来自全市 18 家煤炭企业的 44 家二级单位的 275 名技能人才齐聚一堂，分别围绕综采维修电工、矿井维修电工、工程测量工、煤质化验工、电焊工、钳工和瓦斯检查工七个工种展开角逐。

同日 何梁何利基金会 2017 年度颁奖大会在北京举行，52 位中国科学家荣获何梁何利基金三大类奖项。准格尔能源集团公司副总经理郭昭华因在煤炭开采和伴生资源综合利用研发及工程实践方面作出突出贡献，荣获“2017 年何梁何利基金科学与技术创新奖”。

11 月 7 日 第五届全国文明单位评选揭晓，准格尔能源集团公司荣获“全国文明单位”荣誉称号。

12 月 15 日 准格尔能源集团公司与准格尔旗人民政府联合申报的内蒙古准格尔矿山公园通过国土资源部组织的第四批国家矿山公园专家评审与公示，成为内蒙古第五处、鄂尔多斯第一处国家矿山公园，准格尔能源集团公司也成为国家能源集团首家获选国家矿山公园的单位。

是年 白家海子煤矿开始建设前期准备工作，项目已获国家发改委核准，核准建设规模 1500 万吨/年，同步建设相同规模的选煤厂。截至 2018 年，累计完成投资 42.48 亿元。

是年 国家能源局网站正式公布全国首批 55 个“互联网+”智慧能源（能源互联网）示范项目，位于鄂托克旗的内蒙古蒙西高新技术工业园区能源互联网示范基地项目入选，成为内蒙古自治区唯一入选项目。

是年 神华煤制油化工公司“煤制油品/烯烃大型现代煤化工成套技术开发及应用”获国家科技进步一等奖。

2018 年

3 月 19 日 神东煤炭集团上湾煤矿世界首套 8.8 米超大采高成套综采智能工作面设备投入试生产，3 月底正式投入运行。项目于 2015 年开始研发建设，总投资约 10 亿元，该综采设备投产后，预计年回采煤量可达 1.8 亿吨，年可实现利润约 30 亿元，上湾煤矿也将成为全世界单井单面产量最高、效率最优、效益最好的 1600 万吨特级安全高效矿井。

4 月 16 日 第十三届鄂尔多斯国际煤炭及能源工业博览会暨 2018 全国煤矿安全开采与科技创新发展高层论坛在鄂尔多斯国际会展中心开幕。展示面积共计 4 万平方米，设一个室内展馆、5 个室外专业展棚和大型煤机设备展区，邀请 380 多家国内外能源企业、装备制造企业和咨询物流企业参展，是一次集合作交流与技术推广为一体的煤炭行业盛会。同期还举办了 2018 全国煤矿安全开采与科技创新发展高层论坛、2018 中国煤炭开采技术与智能装备发展峰会等多场前沿专业论坛。

6 月 21 日　鄂尔多斯市煤炭局印发《关于切实推进煤矿火区治理项目竣工验收工作的通知》，进一步明确了煤田（煤矿）火区治理项目符合竣工验收基本条件后，由旗区煤炭局组织初步验收后上报市煤炭局竣工验收。

7 月 26 日　鄂尔多斯市煤矿安全生产与绿色矿山建设工作调度会在神东煤炭集团公司召开。

7 月 27 日　鄂尔多斯市与国际能源论坛（IEF）筹备组座谈会召开。

7 月　人力资源和社会保障部和中国煤炭工业协会印发《关于表彰全国煤炭工业先进集体劳动模范和先进工作者的决定》。鄂尔多斯市 6 个单位被授予“全国煤炭工业先进集体”称号，分别是内蒙古汇能煤电集团羊市塔煤炭有限责任公司一矿综采队、内蒙古伊泰京粤酸刺沟矿业有限责任公司酸刺沟煤矿采煤一队、内蒙古满世煤炭集团罐子沟煤炭有限责任公司综放队、鄂尔多斯市乌兰煤炭集团有限责任公司温家塔煤矿综采队、鄂尔多斯市华兴能源有限责任公司唐家会煤矿综机综采工作区、鄂尔多斯市煤炭局；3 名同志被授予“全国煤炭工业劳动模范”称号，分别是内蒙古伊泰京粤酸刺沟矿业有限责任公司酸刺沟煤矿采煤一队队长马祥、内蒙古蒙泰煤电集团有限公司副总工程师张贵强、内蒙古伊泰广联煤化有限责任公司董事长张振金。

8 月 4 日　鄂尔多斯市举办煤矿生产安全事故（水灾）应急演练。

8 月 29—30 日　鄂尔多斯市委书记牛俊雁到满世集团、伊泰集团和中天合创能源有限责任公司进行实地调研。强调要抢抓机遇、开拓进取，加快能源重大项目建设，持续调整优化产业结构，为推动全市经济高质量发展作出新的更大贡献。

8 月 30 日　鄂尔多斯煤矿安全监察分局按照内蒙古煤监局专项监察工作要求，开展了煤矿提升运输专项监察，重点监察生产年限长、运输环节多、设备维修管理水平差、近三年发生过提升运输事故的矿井。

9 月　宏燃煤矿开工建设，设计生产能力 120 万吨/年。

10 月 26 日　2018 年鄂尔多斯西部煤炭战略合作洽谈会在鄂托克前旗召开。鄂托克前旗主要负责人、市煤炭局及各旗区煤炭局主要负责人、相关企业负责人等参加会议。

10 月　市煤炭局印发《鄂尔多斯市煤炭局关于切实推进煤田（煤矿）火区治理工作的通知》和《鄂尔多斯市煤炭局关于印发全市煤田（煤矿）着火点治理方案》，明确了新产生的火点、未完成治理的火区和治理主体灭失火区治理措施，由旗区人民政府尽快组织治理。

11 月　准格尔能源公司哈尔乌素露天煤矿、黑岱沟露天煤矿等入选中国煤炭工业协会 2016—2017 年度煤炭工业安全高效矿井（露天）名单。

是年　鄂尔多斯市原煤产量 6.2 亿吨，煤矿平均单井产能达 252 万吨/年；天然气产能 305 亿立方米；煤制油、煤制天然气等各类煤化工产能 1621 万吨，煤、电、气、煤制油、焦炭等产品产量均居内蒙古自治区首位。

第 一 篇

体制与机构

中华人民共和国成立前，境内煤窑均属私营性质，自采自卖，自开自停。煤窑经营主要采取个体独资经营和合伙入股经营各种形式，生产经营均由窑主负责。窑主雇佣有管账先生，记录井下每日的出煤量，计算窑工的报酬及红利。

中华人民共和国成立后，煤炭工业的管理体制和组织机构逐步建立完善。

1988 年，伊克昭盟煤炭工业处成立。1991 年 7 月，伊克昭盟煤炭工业处更名为伊克昭盟煤炭工业管理局，内设人事秘书科、生产技术科、计划经营科、财务审计科、安全检查科。

2001 年 10 月，撤盟设市改为鄂尔多斯市煤炭局，行使煤炭行业管理工作。2002 年 3 月，鄂尔多斯市煤炭局政企分离，恢复原来的行政局建制，负责全市煤炭行业管理，煤炭工业的规划、开发、建设，煤炭行业的技术改造，新技术推广及应用，全市地方煤矿安全生产管理的监督检查，依法整顿煤炭生产和经营秩序以及全市地方煤炭销售市场管理工作。随着煤炭事业的蓬勃发展，各旗、区相继设立和完善了煤炭管理机构，理顺了辖区管理体制；加强了乡镇、集体、个体煤矿的管理工作，使煤矿管理工作进入了有序化状态。

进入 21 世纪，鄂尔多斯各类煤炭企业陆续建立现代企业制度，实行现代化管理模式。企业改制之后，公司设有董事会、监事会，设有企业党的委员会和职工代表大会，形成了决策、执行与监督的管理体制，从体制和机制上适应了生产力发展的要求，构建起了现代企业制度的体制和机制，保证了鄂尔多斯市煤炭工业的可持续发展。

第一章　行业管理体制

第一节　盟市煤炭管理体制

一、盟市煤炭管理部门

民国 4—7 年（1915—1918 年），宁夏石嘴山商人即在阿尔巴斯山、雀儿沟、拉僧庙、老石旦等地开办煤窑，均为自采自管。

1949 年 12 月，伊克昭盟人民自治委员会成立建设处，内设工商科，负责伊克昭盟地区的煤炭工业管理。为本区第一个工业管理机构。1951 年，撤销工商科，成立工商处。按“统一领导，分级管理”的原则，对所属区域煤矿进行直接管理，对私营、个体煤矿进行技术、业务方面的系统领导。1955 年 2 月，撤销工商处，成立伊克昭盟工业局，成为本地区最早的煤炭工业专职管理机构。

1960 年 6 月 21 日，伊克昭盟行政公署经济委员会成立。工业局撤销，分别成立了煤炭电力局、重工作局、轻工业局。伊克昭盟地区的煤炭工业由煤炭电力局管理。1965 年 7 月，伊克昭盟地区的煤炭行业管理隶属内蒙古自治区煤炭工业管理局。

1966 年 5 月，“文化大革命”开始后，伊克昭盟地区的煤炭工业管理受到严重影响，管理体制亦相应改变。是年，成立伊克昭盟交通委员会，所辖有手工业管理局、工业科、交通科、农机处、邮电办事处，工业科负责煤炭工业管理。1967年8月，伊克昭盟革命委员会将境内各煤矿接收，伊克昭盟军分区派军宣队进驻，执行军事管制。1968年3月，伊克昭盟革命委员会成立生产指挥部，下设工业交通组，负责管理煤炭生产建设。

1973年初，伊克昭盟成立了燃料化学工业局，内设煤炭科，管理全盟的国营煤矿和地方煤矿。

1981年6月，伊克昭盟燃料化学工业局分设伊克昭盟煤炭公司，下设东胜煤炭工业公司和达拉特旗煤炭工业公司两个分公司，人、财、物由伊克昭盟煤炭公司直统，并在准格尔旗、伊金霍洛旗单设煤炭管理站，由公司与煤炭管理站负责各地区的煤炭生产销售，统一开票。各公司设立矿点拉煤，负责煤炭资源、技术改造、安全措施、监督检查和管理工作。计划由伊克昭盟煤炭公司直统。业务上受内蒙古自治区煤炭工业管理局领导。

1984年3月，伊克昭盟煤炭公司重新划归伊克昭盟燃料化学工业局，更名为伊克昭盟煤炭化学工业公司，并将东胜、达拉旗两个分公司下放给所属旗市经济委员会管理。11月，撤销伊克昭盟煤炭化学工业公司，分设伊克昭盟化学工业公司和伊克昭盟煤炭工业公司。伊克昭盟煤炭工业公司负责全盟地方煤矿管理，为县级建制，归口经济委员会系统，直属伊克昭盟行政公署。

1985年8月13日，伊克昭盟行政公署颁布实施《关于加强煤炭管理工作的通知》，要求全盟国营、乡镇和个体户（包括联户）办煤矿统一归口各级煤炭管理部门管理，乡镇企业管理部门要协助管好乡镇和个体户（包括联户）办煤矿。各地区煤炭工业公司接管了各地经委以及各级乡镇企业局对乡镇、个体矿的直接管理，对乡镇、村和个体煤矿进行具体管理。

1987年1月，伊克昭盟煤炭工业公司撤销，成立伊克昭盟煤炭工业管理处，为伊克昭盟行政公署下设的职能部门，负责全盟煤炭管理工作。成立初期，该处与东胜煤田开发经营公司合署办公，一套人员，两块牌子。1988年1月分设。同年7月28日，更名为伊克昭盟煤炭工业处，设秘书科、生产技术科、计划经营科、财务审计科、安全检查科。

1990年3月，伊克昭盟煤炭公司归口伊克昭盟煤炭工业处管理。1991年7月22日，伊克昭盟煤炭工业处更名为伊克昭盟煤炭工业管理局。

1993年3月，按照内蒙古自治区煤炭工业管理的改制方案，伊克昭盟煤炭工业管理局由行政局转为企业局，全面实行企业化管理，保留原有行政职能。下设综合业务部（分设生产技术科、安全检查科、计划经营科）、办公室（分设秘书科、人事劳资科、政工科）、财务部（分设财务科、审计科、专项资金管理科）。之后，陆续成立了广源煤焦化有限责任公司、鑫源公司、富源公司、北源公司、伊克昭盟煤炭建筑安装工程公司、基地建设开发公司、伊克昭盟煤炭经营开发公司、金源物资工贸有限公司、伊克昭盟煤焦化有限责任公司、欣源煤焦有限责任公司、伊克昭盟开源有限责任公司、伊克昭盟铸造有限公司和伊克昭盟大源煤电开发有限公司。

1998年4月8日，根据伊克昭盟经济体制改革管理局的转制方案，伊克昭盟煤炭工业管理局对原有的直属企业实行转制，所有人员被全部分流。

1998年10月以后，伊克昭盟及所辖

旗区相继成立了煤炭工业协会。

2001 年 2 月，伊克昭盟撤盟建市。10 月 8 日，伊克昭盟煤炭工业管理局更名为鄂尔多斯市煤炭局。12 月 26 日，内蒙古自治区人民政府批准，单独设置鄂尔多斯市煤炭局，为行业行政主管部门，列入行政序列。按照内蒙古自治区、鄂尔多斯市（伊克昭盟）行业管理体制的改革要求，各旗区的煤炭管理体制也同步进行了改革。

2002 年 4 月 24 日，鄂尔多斯市人民政府办公厅根据《内蒙古党委、政府关于鄂尔多斯市党政机构改革方案的通知》精神，下发了《关于印发鄂尔多斯市煤炭局职能配置内设机构和人员编制规定的通知》，经鄂尔多斯市机构编制委员会办公室审核，并经市人民政府批准，鄂尔多斯市煤炭局为市人民政府主管煤炭行业管理工作的职能部门。内设 5 个职能机构，即办公室、生产技术科、安全检查科、监察科、规划发展科。机关行政编制为 13 名（含单列管理的派驻机检人员编制 1 名）。其中，局长 1 名，副局长 3 名，派驻纪检组长 1 名，科级领导职数 7 名（5 正、两副）。同时，设立机关事务管理中心，科级建制，核定自收自支编制 25 名。其中，科级职数 3 名（1 正、2 副）。工作职能：贯彻执行国家、自治区关于煤炭工业管理的法律、法规、方针、政策并监督实施，对全市煤炭系统实行行业管理；负责全市煤炭工业的规划、开发、建设工作，加强煤炭资源管理，促进行业结构调整；负责全市煤炭行业的技术改造，新技术推广及应用；负责对全市地方煤矿安全生产管理工作的监督和检查，依法整顿煤炭生产和经营秩序，关停违法开办的各类煤矿，取缔非法煤炭经营企业；负责全市地方煤炭销售市场管理工作；承办市人民政府和上级主管部门交办的其他事项。

2009 年，鄂尔多斯市煤炭局内设机构增加灭火处和露采科两个科室。2010 年 1 月，根据《鄂尔多斯市人民政府 2009 年第 12 次常务会议纪要》精神，成立鄂尔多斯市煤田防灭火监管支队、鄂尔多斯市国有煤矿安全监管支队。

2010 年 6 月 21 日，鄂尔多斯市人民政府办公厅根据《内蒙古党委办公厅政府办公厅关于印发〈鄂尔多斯市人民政府机构改革方案〉的通知》精神，下发《关于印发鄂尔多斯市煤炭局主要职责内设机构和人员编制规定的通知》，明确鄂尔多斯市煤炭局为市人民政府工作部门，并进行了职责调整，即加强煤炭工业发展的资源勘查、矿区总体规划、煤炭生产开发规划编制和实施的协调工作；加强煤炭资源的开发、建设、生产、转化、销售和市场需求、运输能力的有序衔接管理工作；增强国有重点煤矿的生产安全监督管理煤（井）田防灭火的监督管理职能；增加参与煤矿新建项目、煤矿改扩建项目、煤炭洗选储备项目立项阶段审查职能；增加监管煤炭资源及伴生资源、煤层气资源的开发、建设、生产、运输、销售、转化的职能，会同资源管理部门、发展改革部门拟定煤炭伴生资源和煤层气资源的综合开发利用规划并组织实施；增加煤炭经营企业铁路运输立户的审查职能。

鄂尔多斯市煤炭局的主要职责为：

（1）贯彻执行国家、自治区有关煤炭工业和煤矿安全的有关法律、法规、方针和政策；负责对下级煤炭主管部门的工作进行指导和监督；负责全市煤炭行业的监督管理工作。

（2）研究制定全市煤炭产业政策，煤炭工业发展、煤炭资源储备和就地加工转化利用、煤炭生产经营布局、煤炭工业节减排等的建设战略及中长期规划并组织实施；协同有关部门拟定全市煤炭伴生资源、煤层气资源的开发利用规划并组织实施；起草全市煤矿安全监管方面的地方性政策规定草案，制定和组织实施有关细则、办法等，并组织实施。

（3）加强煤炭资源管理，促进煤炭产业结构调整，分析全市煤炭资源的现状、预期开发、利用潜力，负责向市人民政府定期汇报全市煤炭资源开发利用的情况，为全面促进煤炭工业的结构优化和产业升级提出合理开采建议。

（4）监督实施国家、自治区关于煤炭行业相关的技术标准；负责全市煤矿项目和煤矿从业人员的准入标准的制定，并监督实施；负责对全市煤炭企业、煤井（田）灭火工程的安全生产管理工作进行监督管理和检查；负责对煤炭生产、经营企业的产品储备进行监督检查；负担监督煤矿安全生产专用设备的生产、市场准入和使用安全的管理；负责监督管理煤矿安全生产专项资金的安排、使用情况；依法整顿、关停进行各类违法违规生产和经营的煤矿，取缔非法煤炭生产、经营企业。

（5）负责对煤炭伴生资源、煤层气资源的开发、建设、生产过程中的安全管理监督；参与煤矿新建项目、煤矿改扩建项目、煤炭洗选储备项目和煤井（田）灭火工程的立项审批；负责煤矿新建项目、煤矿改扩建项目、煤炭洗选储备项目和煤井（田）灭火工程的建设审批。

（6）负责煤矿事故应急救援管理机构和应急救援队伍的管理工作；起草煤矿重特大事故预案，参与煤矿重特大事故的抢险救援工作；依法组织开展煤矿事故的调查处理，监督事故查处的落实情况；负责煤矿安全监管制度、统计信息发布工作，发布煤矿事故、职业危害等煤矿安全生产信息。

（7）负责煤炭行业重大科技攻关项目的组织、协调、管理工作；推动全市煤炭行业的技术改造以及新技术、新工艺、新设备的推广与应用。

（8）负责煤矿各类从业人员的安全生产知识和从业资格培训及管理工作；负责对煤矿企业安全生产教育情况、培训情况和煤矿特种作业人员持证上岗情况定期开展监督检查。

（9）负责受理煤炭行政执法方面的行政复议和行政诉讼应诉工作。

（10）承办市人民政府交办的其他事项。

鄂尔多斯市煤炭局设8个内设机构：

（1）办公室。负责局机关日常政务和制度建设工作；负担局机关综合性材料起草、会议组织、公文处理、机要保密、来信、来访和接待工作；负责局机关及所属单位的党务、纪检监察、群团、宣传、精神文明、社会治安综合治理、机构编制管理、采购、考核、档案工作；负责煤炭行业信息化建设和市局系统电子政务、网络建设的组织指导与实施工作；负责煤炭行业中介组织、社会团体的管理、指导工作。

（2）规划运行科。负责全市煤炭行业经济运行、结构调整、产业发展等重大问题的调查研究，提出煤炭经济运行规划和年度调控目标；负责全市煤炭资源勘查规划和煤炭生产开发规划的组织拟定和实施工作；负责全市煤炭信息的发布工作；负责全市煤炭行业品牌建设的指导工作；负责煤炭行业统计工作；负责煤炭经营资格证的管理工作。

（3）技术装备科。负责煤矿新建、改扩建项目准入标准的拟定和监督实施工作；负责煤矿和煤炭洗、选、配、储建设项目的质量管理标准的监督实施工作；负责煤炭行业新技术、新工艺、新设备的推广组织工作；负责煤矿新建项目，改扩建项目。煤炭洗、选、配、储项目建设和煤井（田）火区治理，工程的技术审查、竣工验收及申报工作；负责煤炭生产许可证的管理工作。

(4) 安全监管科。负责煤矿安全生产厂管理制度的组织拟定及监督实施工作；负责煤矿企业生产伤亡事故的统计和管理工作；负责煤矿安全生产事故的举报受理、调查核实工作；负责煤矿安全生产控制指标的任务分解、考核目标拟定工作；参与煤矿安全生产事故的调查处理工作；负责煤矿安全生产许可证的审核申报管理工作。

(5) 法规监督科。负责煤矿安全生产管理行政处罚、煤炭市场管理行政处罚、煤矿建设管理行政处罚决定的审核工作；负责市局财务核算审计工作；负责市局二级单位领导任职审计工作；负责煤炭行业管理制度、煤矿安全生产管理制度、煤炭市场管理制度建设的合法性审核工作；负责市局的应诉、社会矛盾处理和行政复议、法制建设工作；在上级法制部门的指导下，负责市局行政执法人员的执法资格考核、审查、管理工作。

(6) 应急调度科。负责全市煤炭行业公共突发事件和煤矿安全生产管理、煤炭市场管理、煤炭行业管理应急事故的信息调度、统计、分析和归口上报工作制度的拟定和组织实施工作；负责煤矿安全生产应急预案拟定和实施工作，承担各旗区及大型煤炭企业煤矿安全生产应急预案的备案工作；负责煤矿安全生产应急救援资源的综合管理工作；指导、协调重特大煤矿安全生产事故灾难的应急救援工作，根据有关规定或授权组织指挥特大事故灾难应急救援工作。

(7) 财务票证科。负责煤炭管理票证的印制、发放、收缴、稽核、销毁制度的拟定和监督管理工作；负责煤炭管理票证发放使用的监督管理工作；负责市局财务管理工作；负责市局系统的国有资产管理和处置工作；负责煤炭行业税费调查、统计、分析、建议工作；负责煤矿企业安全费用投入和使用情况的监督、检查工作；承办市局授权和交办的其他工作。

(8) 教育培训科。负责煤炭行业职工教育培训工作的组织协调和业务指导；负责全市煤矿从业人员资格准入标准的监督实施工作；负责煤炭企业的劳动用工管理工作;监督指导煤炭企业的职工劳动保障和劳动保护工作;承办市局交办的其他工作。

2013 年，鄂尔多斯市煤炭局内设机构没有变化，下设东、南、西、北 4 个煤炭联合管理站和矿山应急救援中心、煤矿设计院、煤炭纠察支队、煤炭技工学校、煤井田灭火监管支队、国有煤矿监管支队、煤炭矿区发展协调服务中心、信息中心等二级单位。

2015 年底，鄂尔多斯市煤炭局内设办公室、技术装备科、规划运行科、安全监管科、法规监督科、应急调度科、财务票证科、教育培训科 8 个职能科室；内设煤矿设计院、煤炭纠察支队和东、南、西、北 4 个煤炭联合管理站；下辖矿山应急救援指挥中心、煤炭技工学校、煤井田灭火监管支队、国有煤矿安全监管支队、煤炭矿区发展协调服务中心、信息中心 6 个事业单位。全市 307 个煤矿进行行业管理，其中国有煤矿 53 个、其他所有制煤矿 254 个。

截至 2018 年底，鄂尔多斯市煤炭局内设 8 个职能科室，核定 12 个二级单位，辖 8 个旗区煤炭局，以及实行行业管理的 328 座煤矿。鄂尔多斯市煤炭局按照转变政府职能，增强服务意识，落实简政放权的要求，创新行业管理机制，大力推行权力清单、责任清单、负面清单并实施动态管理，推进阳光审批和信息公开，从资源规划、生产运行、标准制定、安全监管等方面，不断完善职能职责，形成了市、旗区、乡镇统一管理，分级负责，上下联动，覆盖全域的煤炭行业管理体制；形成了主管部门、监管部门和行业组织间相互联系、相互协作又界限分明的监管体系。

1988—2018年鄂尔多斯市煤炭局（伊克昭盟）领导班子成员任职见表1-1-1。

表1-1-1 1988—2018年鄂尔多斯市（伊克昭盟）煤炭局领导班子成员任职表

姓名	职 务	任职时间
柳英（兼）	盟煤炭工业管理处处长	1988年1月至1988年7月30日
刘玉祥	盟煤炭工业处处长、党总支书记	1988年7月30日至1991年12月
王秉璋	盟煤炭工业管理处副处长 盟煤炭工业管理局局长、党组书记	1990年10月至1991年12月25日 1991年12月25日至1995年12月
薛培明	盟煤炭工业管理局局长	1995年8月25日至1997年2月17日
郭金树	盟煤炭工业管理局党委书记、局长 市煤炭局党委书记、局长	1997年2月17日至2004年8月
郭成信	市煤炭局党委书记、局长、调研员	2004年8月至2015年2月
王树荣	市煤炭局党委书记、局长	2012年3月至2016年1月
王　瑞	市煤炭局党委书记、局长 市煤炭局党组书记、局长	2016年1月至2016年11月 2016年11月至2018年2月
邬建勋	市煤炭局党组书记、局长 市能源局党组书记、局长	2018年2月至2019年1月 2019年1月起任现职
徐占彪	盟煤炭工业管理局副局长、督导员	1988年7月至1994年4月
祁文华	盟煤炭工业管理局副局长	1991年5月至2004年10月
白祥林	盟煤炭工业管理局党委委员、副局长	1995年8月至1998年9月
郭银泉	盟煤炭工业管理局党委委员、副局长 市煤炭局党委委员、副局长	1998年1月至2003年12月
王益民	盟煤炭工业管理局党委副书记、副局长 市煤炭局党委副书记、纪委书记 市煤炭局调研员	1997年2月至2002年4月 2002年4月至2013年4月 2013年4月至2014年11月
王万里	盟煤炭工业管理局副局长 市煤炭局党委委员、调研员	1997年3月至2005年12月
王　理	盟煤炭工业管理局党委委员、副局长 市煤炭局副局长	1997年3月至2012年11月
李志强	盟煤炭工业管理局副局长 市煤炭局党委委员、副局长	1998年1月至2010年11月
冯桂林	盟煤炭工业管理局总会计师 市煤炭局党委委员、总会计师、调研员	1998年5月至2015年7月
刘　智	盟煤炭工业管理局党委委员、副局长 市煤炭局党委委员、调研员	2000年3月至2002年4月 2002年4月至2005年10月
赵光荣	市煤炭局党委委员、副局长	2007年4月至2017年7月

表 1-1-1（续）

姓名	职 务	任职时间
牛忠亮	市煤炭局党委委员、副局长	2007 年 4 月至 2017 年 9 月
于建英	市煤炭局副调研员、党委委员、副局长 市能源局党组成员、副局长	2007 年 8 月至 2019 年 7 月
王恭敏	市煤炭局调研员	2007 年 8 月至 2011 年 4 月
魏凤英	市煤炭局党委委员、副局长（正处级）	2007 年 11 月至 2017 年 3 月
梁永杰	市煤炭局副调研员	2012 年 12 月至 2015 年 11 月
王海滨	市煤炭局副调研员	2014 年 11 月起任现职
杨　昊	市煤炭局党委委员、派驻纪检组组长	2015 年 6 月至 2018 年 9 月
高凌云	市煤炭局副调研员 市能源局党组成员、副局长	2016 年 2 月至 2019 年 1 月 2019 年 1 月起任现职

二、市煤炭局二级单位

2001 年 10 月 8 日，撤盟设市后，伊克昭盟煤炭工业管理局更名为鄂尔多斯市煤炭局，12 月 26 日内蒙古自治区人民政府批准单独设置鄂尔多斯市煤炭局为行业行政主管部门，重新列入行政序列。2015 年底，鄂尔多斯市煤炭局有煤矿设计院、煤炭纠察支队和东、南、西、北 4 个煤炭联合管理站，核定矿山应急救援指挥中心、煤炭技工学校、煤井田防灭火监管支队、国有煤矿安全监管支队、煤炭矿区发展协调服务中心、信息中心 6 个事业单位。

截至 2018 年，鄂尔多斯市煤炭局有煤炭市场管理站、矿山应急救援中心、信息中心等事业单位。

（一）鄂尔多斯市煤矿设计院

1983 年 7 月，伊克昭盟煤矿设计院成立，隶属于伊克昭盟经济贸易委员会。

1988 年，伊克昭盟煤炭工业管理处成立后，伊克昭盟煤矿设计院成为盟煤炭处的二级单位。

2001 年，设计院更名为鄂尔多斯市煤矿设计院。

（二）鄂尔多斯市煤炭市场管理站

1991 年 6 月 15 日，伊克昭盟煤炭销售市场管理总站成立，全盟实行销售市场管理。1995 年成立伊克昭盟西部伊乌煤炭销售市场联合管理站；1996 年 3 月 18 日成立伊准东部地区煤炭联合收费管理站；1997 年 1 月 1 日成立伊克昭盟北部地区煤炭销售市场联合管理站、伊克昭盟煤炭南部稽查管理站，对全盟煤炭销售市场进行联合管理。2004 年 8 月 30 日，鄂尔多斯市煤炭管理总站撤销。

（三）鄂尔多斯市矿山救护队

1988 年 1 月初，伊克昭盟煤炭工业处成立，伊克昭盟矿山救护队划归伊克昭盟煤炭工业处二级单位。

1997 年 3 月 12 日，伊克昭盟矿山救护队更名为内蒙古矿山救护队伊克昭盟区域矿山消防大队。

2001 年，更名为内蒙古矿山救护队鄂尔多斯矿山消防大队。2018 年更名为鄂尔多斯市矿山应急救援指挥中心。

（四）鄂尔多斯市煤炭纠察支队

1997 年 9 月 5 日，伊克昭盟煤炭纠察大队成立，各旗区也相应成立纠察中队，监督煤炭销售市场，对全盟煤炭生产经营企业进行纠察。

（五）鄂尔多斯煤炭技工学校（煤炭安全技术培训中心）

学校位于鄂尔多斯市东胜区铜川镇，学校占地41亩，总建筑面积10660平方米，建有宽敞明亮、布局合理、教学设施齐备、功能齐全的综合教学楼，每个教室都配备了与专业教学相配套的多媒体教学手段。建有实验设备齐备、实习项目完善的实验楼及新建成的机电综合实训车间，同时满足690人教学需求建成采煤机、掘进机、煤矿井下电气、瓦斯检测等17个煤矿安全技术实际操作考核室。每个作业类别配备10工位，采用实物、模拟实物和虚拟仿真相结合的考核方式，可满足9个特种作业类别12个准操项目和其他从业人员4个准操项目的实操考核需求。另外配有通用科目考核室10间，考核工位合计222个；铜川校区配备有可以同期满足330人实施考试的理论考试场地；棋盘井已建成1个教考点并配备实操考核设备，方便服务于较远地区煤矿企业。

2006年3月，鄂尔多斯市煤炭技术培训学校成立，鄂尔多斯市委、市政府批准并委托鄂尔多斯市煤炭局组建、管理，集煤炭专业技工教育、煤矿安全技术培训与煤矿职业技能鉴定为一体的专业学校。2009年8月，内蒙古自治区人力资源和社会保障厅批准为国家职业技能鉴定所，负责全市煤炭行业技术等级鉴定；2010年1月经内蒙古自治区劳动厅批复，成为公办中等专业技工学校，更名为鄂尔多斯煤炭技工学校，是经内蒙古自治区劳动厅和内蒙古自治区煤矿安全监察局批准的国家级职业技能鉴定所、煤矿安全技术培训中心，并承担煤矿特种工种人员的培养任务。2011年12月12日，内蒙古自治区煤矿安全监察局批准为三级煤矿安全培训机构，职责是对全市煤炭行业实施技术培训、安全培训、提供考试场所及技术服务。

2015年5月由中国煤炭工业协会批准为国家开放大学学习中心，职责是面向煤炭行业从业人员开展行业所需要的大专、本科学历教育。

2017年5月正式开始特种作业实操考核；6月，通过内蒙古自治区安全生产监督管理局评审，成为安全生产培训中心，开展非煤矿山、危险化学等企业主要负责人、安全生产管理人员、特种作业人员和其他从业人员培训。

2019年4月，正式成为鄂尔多斯市安全生产监督管理局安全生产考试中心东胜区考试点，建成满足26个工种的特种作业实操考核设备并启动考核。

（六）煤炭矿区发展协调服务中心

2012年，根据《国务院关于进一步促进内蒙古经济社会又好又快的若干意见》《内蒙古自治区人民政府关于加强矿业生产安全管理依法保护环境保障民生的紧急通知》和《内蒙古自治区人民政府关于进一步规范矿业开发秩序依法保护环境保障民生的指导意见》的精神，结合本市的实际情况。鄂尔多斯市煤炭矿区发展协调服务中心成立，隶属于鄂尔多斯市煤炭局管理。

煤炭矿区发展协调服务中心的职责为依据《中华人民共和国环境保护法》《内蒙古自治区矿山地质环境治理办法》《鄂尔多斯市环境保护条例》等法律法规和实施意见，贯彻落实国家、自治区、鄂尔多斯市煤炭矿区环境恢复治理、征地补偿和移民搬迁工作的各项政策措施；制定全市煤炭矿区移民搬迁规划、环境治理规划并协调指导旗区组织实施；负责因矿区环境治理、移民搬迁导致的矛盾纠纷排查化解工作。

（七）煤炭信息中心

2001年，鄂尔多斯市煤炭信息中心成立，负责全市煤炭行业网络安全监管和煤炭专网维护和保障工作。具体职责是：负责煤炭局新建系统的需求分析和招标采购；负责已建成的各类系统的保障运行工作；全天候对中心机房值班值守和日常维护管理，对煤管站各类软硬件进行维护，推动全局使用正版办公软件；负责安全监控值班工作，接收上报生产安全事故信息；配合联合惩戒成员单位利用数字煤炭平台进行联合执法；负责市煤炭局各类信息公开工作，通过官方网站、微信公众号、微博等途径及时公开各类信息。

（八）鄂尔多斯市煤炭安全生产监管综合执法局

2017年，经《鄂尔多斯市机构编制委员会关于鄂尔多斯市煤炭安全生产监管综合行政执法体制改革实施方案的批复》同意，撤销市国有煤矿安全机关支队、市煤田防灭火监管支队的基础上，成立市煤炭安全生产监管综合执法局。具体职责是：经市煤炭局委托，统一负责煤炭行业方面的法律、法规和政策执行情况的监督检查，对违反煤炭行业方面相关法律、法规的行为进行查处；对煤矿的违法违规行为，向旗区煤炭行政管理部门依法下达该矿的限期整改或停产（停建）整改通知书，并监督旗区煤炭行政管理部门按照通知书对煤矿实施行政处罚；负责煤矿事故统计上报工作，参与煤矿事故的抢险救援和调查处理；制定煤矿职工年度安全培训计划，并监督旗区煤炭行管理部门组织实施；编制季度安全生产监管工作计划，指导旗区煤炭行政管理部门开展安全监管工作；加强本区域内央企全资煤矿企业安全生产监督管理工作，积极为央企全资煤矿企业安全发展、改善安全生产条件、加强安全基础建设、提高应急能力、建立煤矿安全生产长效机制提供必要的支持和帮助；负责将各央企全资煤矿企业安全生产监督管理工作纳入年度安全目标责任考核体系之中；依法做好央企全资煤矿企业生产安全事故报告和调查处理工作；负责央企全资煤矿企业有关安全生产与职业健康方面的重要活动、信息或事项，及时向行政主管部门报告；与旗区煤炭综合执法机构按照责任分工，加强对央企全资煤矿企业安全生产监管工作的协作联动；负责对煤矿企业在煤炭产品中掺杂、掺假，以次充好等违法违规行为进行处罚。

第二节　旗区煤炭管理体制

一、东胜区煤炭局

1975年前，随着机构调整，东胜县的煤炭产销先后归县建设科、工商科、工业交通邮电部、工业交通科、生建部工交组管理。1976年，东胜县的煤炭产销归口县工业交通局。

1977年10月18日，东胜县社队办小煤窑由县工业交通局移交县社会企业局管理。12月10日，成立东胜县五金燃料公司。县国营煤矿及社队小煤窑生产的煤炭，其销售、供应纳入商业渠道管理。1981年7月9日，东胜县工业交通局设立煤炭管理站。1982年3月，东胜县煤炭管理站移交伊克昭盟煤炭公司，改称东胜煤炭分公司。1984年10月，东胜撤县改市，伊克昭盟煤炭化学工业公司移交于东胜市，改称东胜市煤炭工业公司。

1990年6月1日，为了实现政企分开，更好地实行行业管理，伊克昭盟行政公署批准成立东胜市煤炭工业管理局，主要负责全市煤炭工业的开发和管理工作，并分设东胜市煤炭管理站和东胜市煤炭公司。1997年，进行体制改革，单独行使煤炭行业管理职能，下辖东胜市煤炭管理站和东胜市煤炭集团公司。

2001年，东胜撤市设区后，更名为

东胜区煤炭管理局。2002年与东胜区经济贸易局合并。2004年3月又单设煤炭局。

2015年设立东胜区经济和信息化局，加挂煤炭局牌子。2016年9月26日，东胜区煤炭局脱离经济和信息化局，为政府职能部门，科级建制。2016年9月26日，东胜区委印发《关于增核区经济和信息化局（挂煤炭行业、粮食局牌子）所属事业单位编制的通知》，煤炭行业脱离经济和信息化局，单独挂牌，为区人民政府职能部门。

截至2018年底，东胜区煤炭局内设办公室、财务室、票证室、法规室、技术规划室、纪检监察室、安监室、安全培训管理室、煤炭市场管理室、协调办、环保办、供电办、现代煤炭工业服务中心、煤炭信息中心、煤矿安全监控调度中心、煤管站、区煤矿安全监督管理站、纠察队、矿山救护队等机构。

二、达拉特旗煤炭局

1981年7月，伊克昭盟煤炭工业公司树林召分公司成立，为达拉特旗煤炭行业专门管理机构。1984年，成立了达拉特旗煤炭工业公司，准科级建制。1986年3月，升格为正科级建制，负责达拉特煤炭行业的管理与经营。1989年10月，达拉特旗煤炭工业管理局成立，为达拉特旗煤炭行业的主管部门。2001年，更名为达拉特旗煤炭局。科级建制，隶属于达拉特旗人民政府。

截至2018年底，达拉特旗煤炭局内设综合办公室、综合业务室（行政审批室）、综合监督室，下辖达拉特旗煤炭安全监督管理综合执法局、达拉特旗煤炭管理站。

三、准格尔旗煤炭局

1981年6月，伊克昭盟燃料化学工业局在准格尔旗单设煤炭管理站。1985年9月15日，准格尔旗煤炭工业公司正式成立。1990年成立准格尔旗煤炭工业管理局，与准格尔旗煤炭工业总公司合署办公。

1991年，成立准格尔旗煤炭工业管理局，负责准格尔旗煤炭行业开发、生产、销售和管理工作。2010年11月成立准格尔旗煤炭局，科级建制，隶属于准格尔旗人民政府。

截至2018年底，准格尔旗煤炭局、总站内设办公室、财务审计股、规划技术股、培训中心、监控中心、监察股、征收股、总站票证股、安监站（东部安监站、西部安监站、中南部安监站、露采办公室、纠察队）。下辖救护队、玻璃圪旦地区煤管站、哈岱高勒地区煤管站、弓家塔地区煤管站、中部地区煤管站、西部地区煤管站、纳林庙煤管站、沙圪堵煤管站。

四、伊金霍洛旗煤炭局

1981年6月，伊克昭盟燃料化学工业局在伊金霍洛旗单设煤炭管理站。1985年7月，伊金霍洛旗成立煤炭联合经销公司。1986年12月17日，更名为伊金霍洛旗煤炭工业公司，与伊金霍洛旗煤炭工业管理局合署办公。为旗政府专管煤炭工业的职能部门。1989年，在松定霍洛、新街、碌碡墕、阿镇设立4个煤炭检查站。1990年5月8日，根据伊金霍洛旗《关于成立煤炭管理站的通知》，成立了煤炭运销管理站，并根据工作需要，在碌碡墕、纳林陶亥、松定霍洛和忽吉图建立了4个煤炭检查站。1992年，经旗人民政府同意，伊金霍洛旗煤炭工业公司更名为伊金霍洛旗煤炭工业总公司。1995年12月4日，伊金霍洛旗煤炭工业管理局与伊金霍洛旗煤炭工业总公司分设，成为履行煤炭管理职能的参公事业局，负责境内煤炭生产、销售、管理等工作。

2003 年 1 月 4 日，伊金霍洛旗煤炭工业管理局更名为伊金霍洛旗煤炭局，内设办公室、票证科、安监科、综合科、稽查队，下设煤炭管理总站及 16 个煤炭经销站。

2010 年，根据工作需要，伊金霍洛旗煤炭局内设办公室、财务室、票证室、颁证办公室、培训办公室、露天灭火办公室、露采灭火办公室、技术股、纠察稽查大队、矿业执法大队、销售协会 11 个内设机构，下设伊金霍洛旗煤炭经销管理站、旗煤矿安全生产监督管理站、旗矿山救护队。2014 年，伊金霍洛旗煤炭局增设煤矿地面建筑安全管理办公室、煤矿安全质量标准化动态达标管理办公室，培训办公室改为考务中心。

2017 年 9 月 6 日，为优化执法力量配置，完善行政执法体制，切实解决多头执法，多层执法和重复执法等突出问题，根据鄂尔多斯人民政府《关于综合行政执法体制改革试点工作实施方案的通知》，鄂尔多斯市机构编制委员会《关于伊金霍洛旗综合行政执法体制改革试点工作实施方案的批复》和《伊金霍洛旗旗级综合行政执法体制改革试点工作实施方案》精神，经旗综合行政执法体制改革试点工业领导小组研究决定，将煤炭监督管理站更名为伊金霍洛旗煤炭安全生产监督管理综合执法局。

截至 2018 年底，伊金霍洛旗煤炭局内设办公室、财务室、票证室、颁证室、考务中心、技术股、纠察稽查队、露天灭火办公室、露采办公室、销售协会、煤矿地面建筑安全管理办公室、煤矿安全质量标准化动态达标管理办公室 12 个管理机构，行使对伊金霍洛旗境内煤炭生产、销售、管理等职能。

五、乌审旗煤炭局

2005 年 7 月，乌审旗煤田开发建设领导小组办公室成立，主要负责对全旗煤炭资源勘探、设计的管理和监督。同年 12 月，成立乌审旗煤炭管理局。

2010 年 6 月，乌审旗煤炭管理局更名为乌审旗煤炭局，成为旗人民政府职能部门，设有办公室、财务室、安监站、煤管站、信息中心、票证科、矿区移民办、考务办、统计审计股、技术规划股、对外协调办、机关事务中心、纠察队、矿山救护队。2011 年，乌审旗煤炭局有事业编制 8 个，设有综合业务室、财务室、安监站和煤管站。2014 年，乌审旗煤炭局有行政编制 5 个，事业编制 23 个，设有办公室、业务股、安监站、信息中心和矿山救护队。

2015—2017 年，乌审旗煤炭局行政编制 4 个，事业编制 13 个，工勤编制 1 个，内设机构没有变化。

截至 2018 年底，乌审旗煤炭局行政编制 4 个，事业编制 14 个，工勤编制 1 个，设有办公室、业务股、煤矿安全生产监管综合执法局、应急调度室、矿山救护队 5 个内设机构，主要负责乌审旗境内煤炭行业及企业的监督管理和服务工作。

六、杭锦旗煤炭局

2004 年 8 月，杭锦旗煤炭局成立，负责境内煤炭行业的监督管理工作。截至 2018 年底，局内下设办公室、党建办、财务室、技术规划股、票证股、应急调度股、考务办、信息中心、安监站、煤炭综合服务站。

七、鄂托克旗煤炭局

1982 年 8 月，伊克昭盟煤炭工业公司棋盘井分公司成立，隶属伊克昭盟煤炭公司，受伊克昭盟煤炭公司和鄂托克旗双重领导，负责鄂托克旗煤炭行业管理工作。1989年7月16日，经鄂托克旗人民政府旗长会议研究，决定成立鄂托克旗煤炭工业管理局，与乡镇企业局合署办公。同年，成立鄂托克旗煤炭管理站。1990年12月29日，鄂托克旗煤炭工业管理局挂靠鄂托克旗经济发展委员会，由旗经济发展委员会统一管理。1991年，鄂托克旗经济发展委员会加挂鄂托克旗煤炭工业管理局牌子。1994年12月，鄂托克旗经济发展委员会与煤炭工业管理局分设后，成为具有行政职能的事业局，单独行使境内煤炭行业管理职能。2002年，鄂托克旗煤炭工业管理局更名为鄂托克旗煤炭局，科级建制，隶属于鄂托克旗人民政府。

2017年，经鄂托克旗编制委员会批复，成立鄂托克旗煤炭安全生产监督管理执法局。

八、鄂托克前旗煤炭局

2005年5月，鄂托克前旗煤炭工业管理局成立，内设办公室和综合业务股两个职能股室（综合业务股挂煤炭监察大队牌子）。2006年12月，设立煤矿企业安全生产监管站、煤炭市场经营监管站、煤矿安全监控调度中心3个二级单位。2010年3月，组建成立鄂托克前旗矿山救护中队。

截至2018年底，鄂托克前旗煤炭局内设办公室、煤矿安全资格考试培训中心，下设矿山救护中队、煤矿安全生产监管站、数字煤炭信息中心、煤炭市局经营监管站、煤炭监察大队等二级单位。

第二章 煤矿安全监察监管机构

第一节 内蒙古煤矿安全监察局鄂尔多斯监察分局

2000年6月，内蒙古煤矿安全监察局设包头煤矿安全监察处，下设东胜站。同年11月7日，中华人民共和国国务院发布了《煤矿安全监察条例》(国务院令〔2000〕第296号)，经国务院第32次常务会议通过，决定从2000年12月1日起施行。11月16日，内蒙古煤矿安全监察局内蒙古煤矿安全监察局包头办事处成立，为内蒙古煤矿安全监察局派出机构。

2005年1月11日，国家煤矿安全监察局办公室印发通知，各煤矿安全监察办事处更名为监察分局。包头办事处更名为包头监察分局。

2006年11月，包头安全监察分局整体搬迁到鄂尔多斯市东胜区。2009年8月13日，经中央编制委员会办公室批复，内蒙古煤矿安全监察局包头监察分局更名为内蒙古煤矿安全监察局鄂尔多斯监察分局，负责鄂尔多斯市（不包括鄂托克旗、鄂托克前旗）、包头市、巴彦淖尔市和呼和浩特市行政区域内的煤矿安全监察工作。辖区面积21.8万平方千米，监察区域内有煤矿295处，产能79850吨/年。2012年1月，鄂尔多斯安全监察分局增设监察四室。2014年5月，鄂尔多斯监察分局办公地点搬迁至鄂尔多斯市康巴什新区。

截至2018年，内蒙古自治区安全监

察局鄂尔多斯监察分局下设6个业务科室，分别为综合办公室、安全监察一室、安全监察二室、安全监察三室、安全监察四室和事故调查室。

内蒙古自治区安全监察局鄂尔多斯监察分局的职责为：

（1）贯彻落实国家关于煤矿安全生产工作的法律、法规、方针、政策及规章、规程；研究分析煤矿安全生产形势，提出煤矿安全生产发展规划和目标的建议。

（2）依法监察煤矿企业贯彻执行煤矿安全生产法律、法规、规章、规程、标准和安全生产条件、设备设施安全等情况；对煤矿安全实施重点监察、专项监察和定期监察；对煤矿安全生产违法违规行为依法作出现场处理决定或实施行政处罚，对不符合安全生产标准的煤矿企业进行查处。

（3）检查指导地方煤矿安全监督管理工作。对地方贯彻落实煤矿安全生产法律、法规、标准，关闭不具备安全生产条件的矿井，煤矿安全监督检查执法，煤矿安全专项整治、事故隐患整改及复查，煤矿事故责任人责任追究的落实等情况进行监督检查，并向有关地方人民政府及其有关部门提出意见和建议。

（4）依法组织或参与煤矿生产安全事故的调查处理，监督事故查处的落实情况；负责煤矿安全监察统计信息工作，发布煤矿事故等煤矿安全生产信息。

（5）指导煤矿安全生产科研成果推广工作，研究提出煤矿安全生产科技规划的建议；组织对煤矿使用的设备、材料、仪器仪表、安全标志、劳动保护用品的安全监察工作。

（6）按照职责范围，负责对从事煤矿安全生产条件、煤矿设备设施和煤矿作业场所监测验、安全评价、安全培训、安全咨询等业务的社会中介机构进行监督检查。

（7）负责煤矿安全生产许可证的日常监督检查。

（8）按照职责范围，依法监督检查煤矿企业建设项目安全设施“三同时”情况，对煤矿建设工程安全设施验收活动和验收结果进行监督检查。

（9）指导、协调或参与煤矿事故应急救援工作。

（10）承办内蒙古自治区煤矿安全监察局交办的其他事项。

第二节　盟市、旗区煤矿安全监管机构

中华人民共和国成立前，伊克昭盟均未设立安全监察部门。工头或把头是井下安全的全权责任者，负责发现安全隐患，提醒窑工自主保安。私营窑主在经济利益的驱使下，无视窑工的生命安全，各类安全事故多有发生。

中华人民共和国成立后，党和政府十分重视和关心矿工的生命安全和健康，伊克昭盟地方煤矿在“反把头”的基础上，逐步把私营煤矿收归国有。加强安全生产管理，煤矿职工的生命安全有了保障。从1950年起，伊克昭盟煤炭系统逐步设立了从盟工业管理局、旗县矿山监察室到煤矿的三级安全监察体制。

1958年，全国开展“大跃进”，伊克昭盟大办地方工业。鄂托克旗土法上马，因陋就简，新建国营公乌素煤矿、毛儿沟煤矿、卡布其煤矿。在矿井建设和投产过程中，责成由分管生产的副职对安全生产进行兼管。同年底，为便于安全监察和管理，将千里山煤矿转为地方国营千里山煤矿。

1963—1965年，按照煤炭工业部《煤矿安全监察条例》要求，重新恢复了各级安全监察部门。伊克昭盟及所属旗区、

公社及各煤矿的安全监察工作恢复和加强。伊克昭盟酸刺沟煤矿、罕台川煤矿先后成立了安全生产委员会。有的煤矿行政、工会设立了群众安全监察接待站，制定了《安全监察网条例》，发挥了职工群众在安全生产中的监督作用。

1966—1976 年，“文化大革命”期间，煤矿安全监察体制被严重削弱，部分规章制度被废除。伊克昭盟及旗区煤矿失去安全生产监察和制约，安全事故时有发生。1974 年，通过清理整顿，全盟煤矿陆续成立了安全监察科、安全监察办公室和安全监察站。管理较好的煤矿建立了安全生产委员会，安全监察体制逐步得到了恢复和完善。1975 年 4 月 7 日，伊克昭盟根据国务院《全国安全生产会议纪要的通知》要求，确定每个地方煤矿必须有 1 名矿领导专管安全生产，对发生安全事故严格执行事故原因分析不清不放过，事故责任者和群众没有受到教育不放过，没有防范措施不放过“三不放过”的原则，进一步强化了安全监察工作。

1979 年，伊克昭盟劳动局设立了矿山监察科（原为劳动保护科），各旗区劳动局也设立了矿山监察室。

20 世纪 80 年代，伊克昭盟地区各煤矿不断对安全监察体制进行改革，盟属及旗区煤矿实行三级或四级安全监察体制，乡镇（社、队）煤矿实行二级或三级安全监察体制。使安全责任落实到站、股、科、室、队，以及每个安监员的头上，实现了统一领导，逐级负责，层层把关。1980 年伊克昭盟按照煤炭工业部颁布的《建立健全安全监察机构　强化安全监察工作》第 1 号安全指令，要求盟内各煤矿进行安全补欠，建立健全安全生产责任制，加强煤矿安全监察工作。

1983—1990 年，伊克昭盟及各旗区煤炭管理局先后设立了安全监察科（股、室），不定期向煤矿派驻监察组和监察员。

1991 年以来，伊克昭盟煤炭管理局及所辖旗区煤炭行业管理部门，坚持安全监察体制只能加强、不能削弱的原则，坚持安全第一，安全职责不懈怠，安全监察投入不减少，安全监察不放松，不断完善安全监察工作的运行机制，以及安全监察人员的自我约束机制，保持了盟、市统一领导，旗区、社、队分级负责，无盲区、全覆盖、稳定有序，监管有力的安全监察管理体制。

2004 年 9 月 8 日，根据《内蒙古自治区人民政府关于进一步加强安全生产的决定》和《中共鄂尔多斯市委员会、鄂尔多斯市人民政府关于印发〈鄂尔多斯市市直、旗区政府机构改革实施意见〉的通知》精神，鄂尔多斯市人民政府办公厅印发了《鄂尔多斯市安全生产监督管理局主要职责内设机构和人员编制规定》，将市煤炭局原承担的对全市地方煤矿安全生产的监督职能，以及原市经济贸易局承担的全市安全生产、安全监察、协调处理安全生产经营中发生的事故等职能划归市安全生产监督管理局。10 月 22 日，鄂尔多斯市煤炭局向市人民政府提交了《关于明确全市地方煤矿安全生产职能的请示》，市政府批准同意，鄂尔多斯市煤炭局继续承担煤矿的安全生产监督和管理职能。鄂尔多斯市安全生产监督管理局共有 15 项主要职责，内设机构有办公室、安全生产监督管理一科、安全生产监督管理二科、矿山监察科 4 个科室。

2006 年，为充分发挥煤矿安全生产监管职能作用，加大安全生产监管执法力度，进一步完善安全生产监管体制，鄂尔多斯市煤炭局下设煤矿安全生产监管处，内设 3 个安全监管科。对全市煤炭企业安全生产监管分 3 个片区进行巡回监管，实行区域负责制，并配备有一定比例的副科级安全监管员。工作人员保持在 15 人以上，专业化率高于 80%。

鄂尔多斯市煤炭局安全生产监管机构的职责为：

（1）贯彻执行国家、自治区有关安全生产的法律、法规、政策以及市人民政府有关煤矿安全生产监管的规定。

（2）对全市煤矿企业安全生产进行抽查性监督检查，负责旗区煤炭局对所辖煤矿重大隐患排查和安全生产监管工作的监督检查。

（3）对煤矿的违法违规行为，向旗区煤炭局依法下达该矿的限期整改或停产（停建）整改通知书，并监督旗区煤炭局按照通知书对煤矿实施行政处罚。

（4）负责监督旗区煤炭局对煤矿重大隐患治理、不具备安全生产条件矿井的关闭等监管工作。

（5）负责煤矿事故统计上报，参与煤矿事故的抢险救灾和调查处理。

（6）制定煤矿职工年度安全培训计划，并监督旗区煤炭局组织实施。

（7）负责编制季度安全生产监管工作计划，指导旗区煤炭管理部门开展安全监管工作。

（8）负责每季度召开一次由旗区煤炭局长、分管安全生产工作的副局长、安监机构负责人参加的安全生产例会。

（9）会同有关部门对煤炭安全生产费、维简费提取使用管理的专项检查。凡煤矿企业未按照《鄂尔多斯市煤炭生产安全费用提取和使用管理办法》和《鄂尔多斯市关于规范煤矿维简费管理问题若干规定的贯彻实施办法》提取和使用煤炭安全生产费和维简费的，由税务部门依法全额补税，并按照有关法律和行政法规的规定给予相应处罚。

（10）履行上级主管部门和市委、市人民政府赋予的其他工作职责。

鄂尔多斯市所辖旗区煤炭部门的安全生产监察机构名称虽不尽相同，但依法履行安全监管的职能却是一致而又有效的。2006 年 6 月 5 日，鄂尔多斯市人民政府印发的《鄂尔多斯市煤矿企业安全生产监管办法》，明确规定各旗区煤炭局安全生产监管机构的职责为：

（1）贯彻执行国家、自治区有关安全生产法律、法规、政策以及上一级及本级政府有关煤矿企业安全生产监管的规定。

（2）负责对所辖煤矿企业安全生产进行重点监管、专项监管和日常性监督检查。

（3）对市煤炭局抽查以及自查发现的煤矿违法违规行为依法实施行政处罚。

（4）按照上级有关部门的要求，负责对所辖煤矿矿井恢复生产的验收。

（5）负责煤矿事故统计上报，参与煤矿事故的抢险救灾和调查处理。

（6）严格执行市煤炭局下达的年度职工安全生产培训计划，组织开展矿长和特种作业人员的安全生产培训工作，监督煤矿新上岗人员岗前安全生产培训工作。

（7）贯彻落实市煤炭局下达的季度安全生产监管工作计划，并按季度以书面形式将贯彻落实情况上报市煤炭局。

（8）会同有关部门对煤炭安全生产费、维简费提取和使用管理的专项检查。凡煤矿企业未按照《鄂尔多斯市煤炭生产安全费用提取和使用管理办法》和《鄂尔多斯市关于规范煤矿维简费管理问题的若干规定的贯彻实施办法》提取和使用煤炭安全生产费和维简费的，由税务部门依法全额补税，并按照有关法律和行政法规给予行政处罚。

（9）按照《内蒙古自治区煤炭企业安全生产风险抵押金管理实施办法（暂行）》，负责收取管理所辖煤矿的安全风险抵押金。

（10）履行上级主管部门和旗区人民政府赋予的其他工作职责。

截至2018年底，东胜区煤炭局设有安监室、煤炭市场管理室和区煤矿安全监督管理站；伊金霍旗煤炭局设有煤矿安全生产监督管理站和纠察稽查队；准格尔旗设有监察股和东部、西部、中南部3个安监站；达拉特旗设有稽查股和煤矿安全监察总站；鄂托克旗设有煤矿安全检查站；杭锦旗设有安监站；鄂托克前旗设有煤矿安全生产监管站和煤炭纠察大队；乌审旗设有安监站和煤矿安全生产综合执法局。

鄂尔多斯市煤矿安全监察工作形成了“国家监察、地方监管、企业负责”格局，始终坚持“安全第一、预防为主、综合治理”的方针，坚持“监察、管理、装备”并举，坚持安全监察与促进安全管理相结合、教育与惩处相结合，以管理和教育为主的原则，及时发现和消除事故隐患，有效纠正影响煤矿安全生产的违法、违规行为，建立起了安全监察管理工作的长效机制，保证了辖区内煤炭企业的安全生产。

第三章 煤炭企业

第一节 国有煤炭企业

一、桌子山矿务局

1954年12月23日，伊克昭盟人民政府成立了桌子山矿区办事处。1958年5月1日，桌子山矿区公乌素煤矿成立。10月，桌子山矿务局筹备处成立，隶属于内蒙古自治区。1959年4月1日，桌子山矿务局正式成立。

1962年5月7日，内蒙古自治区煤炭工业管理局撤销桌子山矿务局建制，改为桌子山煤矿。1963年5月，桌子山矿务局恢复建制。1965年5月，内蒙古自治区煤炭工业管理局发出通知，桌子山矿务局撤销。

二、神华神东煤炭集团有限责任公司

1987年6月19日，内蒙古东胜煤田开发经营公司成立，地级建制。1992年3月，自治区政府同意将内蒙古自治区东胜煤田开发经营公司全建制划给华能精煤公司管理。1993年7月，按照华能精煤公司意见，内蒙古东胜煤田开发经营公司更名为华能精煤东胜分公司（非独立法人）。1995年8月8日，国务院批复在华能精煤公司基础上按照现代企业制度组建神华集团公司，为国家投资组建的国有独资企业。

1998年8月，华能精煤东胜分公司与华能精煤神府分公司合并组建神华神府东胜煤炭有限责任公司。

2005年4月，神华集团公司将神东煤炭公司、金烽煤炭公司、万利煤炭公司涉及煤炭生产业务的资产重组，注入中国神华能源股份有限公司参与上市，设立为中国神华能源股份有限公司神东煤炭分公司、金烽煤炭分公司、万利煤炭分公司，对神东煤炭公司未上市资产及业务由存续保留的神东煤炭公司负责经营。2009年5月，神华集团公司实施大基地、大集团战略，以原神东煤炭分公司为基础，将神东煤炭公司、神东煤炭分公司、金烽煤炭分

公司、万利煤炭分公司进行跨省区整合，成立神东煤炭集团公司，注册资本45.477亿元，负责神东矿区及配套设施开发建设。2011年成为全国首个2亿吨商品煤生产基地。

三、神华准格尔能源有限责任公司

1986年12月，煤炭工业部批准成立煤炭部准格尔煤炭工业公司，是煤炭工业部直属企业。1998年6月，煤炭工业部撤销，由国家经济委员会国家煤炭工业局代管。1998年9月，准格尔煤炭公司划归神华集团经营管理。2001年3月，按照现代企业制度要求，改制为神华集团准格尔能源有限责任公司。2005年3月，中国神华能源股份公司上市，更名为神华准格尔能源有限责任公司。准能公司股东为神华股份公司和中国信达资产管理公司。2013年7月，神华集团有限责任公司批准，组建神华准能集团公司。

截至2018年，在鄂尔多斯市的中央国有企业还有：中煤西北能源有限公司、中国神华煤制油化工有限公司鄂尔多斯煤制油分公司、中国华能集团北方联合电力有限责任公司、国电集团、大唐电力、华电集团等。

其他省属国有企业主要有：兖州煤业鄂尔多斯能化有限公司、山东能源集团鄂尔多斯市上海庙能源化工基地和鄂尔多斯中东部能源化工基地、淮南矿业、鄂尔多斯市昊华精煤有限责任公司、冀中能源、开滦集团、皖北煤电智能、铁法煤业、内蒙古鹤蒙集团等。

第二节 非公有制煤炭企业

中华人民共和国成立前，伊克昭盟地区多为单独或合伙开办的民办煤窑。设经理或掌柜，除窑主外，井上设有账房和管事，一个管钱，一个管物，负责经营。井下设有工头，亦称窑头，专管生产。

中华人民共和国成立后，煤矿实行以公有制为基础的计划经济条件下内部管理体制和办法，伊克昭盟境内的私人煤窑逐步被当地政府接管，同时兴建或改造为村办、社办、地方国营煤矿。煤矿内部管理体制沿用经理制。经理在党组织的领导下，根据党和国家的方针、政策管理企业，对政府负责。煤矿设立有管理委员会，协助经理进行决策和生产经营管理。企业建立有工会组织，实行民主管理。

1955年，煤矿推行“一长制”的管理体制，即经理（矿长）负责制。煤矿经理（矿长）具有决策、指挥和管理生产经营的权力，对煤矿各项工作负全面责任。副经理（副矿长）则进行具体分工，协助经理（矿长）负责抓好分管工作。重大问题由经理（矿长）主持召开管委会会议，研究解决并组织实施。

1957年，伊克昭盟境内及所属国有、地方煤矿改“一长制”为党的委员会领导下的矿长负责制和职工代表大会制。煤矿生产经营中的一切重大问题，先由矿党委会研究决定，由矿长负责实施执行。矿工会为民主管理的监督机构，对煤矿的生产经营活动进行民主监督。

1960年，各煤矿认真学习鞍钢经验，贯彻落实“鞍钢宪法”，实行“两参一改三结合”的内部管理体制。“两参”即干部参加生产劳动，工人参加企业管理；“一改”即改革企业中不合理的规章制度；“三结合”即在技术改革中实行企业领导干部、技术人员、工人三结合的原则。

从1966年开始，“文化大革命”期间，煤矿领导和内部管理体制实行革命委员会“一元化”领导，各项工作全部由革命委员会负责管理。

1978年中共十一届三中全会以后，

实行改革开放政策，建立以市场经济为主导的经济体制改革，各级革命委员会撤销，伊克昭盟境内及所属煤矿恢复了党的委员会领导下的矿长负责制。

20世纪70年代末期，伊克昭盟地区根据国家和内蒙古自治区煤炭工业发展形势，大、中、小并举，国家、集体、个人一齐上，大力兴建社（乡）办煤矿、队（村）办煤矿以及联营煤矿、集资煤矿等集体煤矿和私营煤矿。集体煤矿矿长由公社（乡镇）党委和大队（村）党支部委派任。私营煤矿则由出资人掌管煤矿一切生产经营活动，也有出资人聘用懂业务的专业人员对煤矿进行管理。

1986年，根据中共中央、国务院颁发的《全民所有制工业企业厂长工作制条例》《中国共产党全民所有制工业企业基层组织工作条例》和《全民所有制企业职工代表大会条例》，煤矿领导体制开始实行矿长负责制。煤矿矿长是企业法定代表人，在企业处于中心地位，对企业生产指挥和经营管理实行统一领导，全面负责。煤矿党组织负责企业的思想政治领导，保证和监督党的各项方针政策的贯彻执行，保证企业沿着社会主义方向发展，发挥政治核心作用。在行使矿长负责制的同时，进一步建立健全工会委员会制度和职工代表大会制度。职工代表大会行使审议重大决策，监督矿管理委员会和矿长的经营行为，维护职工的合法权益等民主管理权力。理顺了党、政、工三者之间的关系之后，开始实行了承包经营责任制和任期目标责任制。领导干部按照革命化、专业化、年轻化、知识化的“四化”标准要求选聘。

1988年，《中华人民共和国全民所有制企业法》正式颁布实施，伊克昭盟各国有和地方煤矿领导体制和内部管理体制走上了法制化轨道。

1993年，《中华人民共和国企业法》颁布实施以后，随着社会主义市场经济体制的逐步建立和完善，伊克昭盟煤炭企业按照建立现代企业制度的方向和要求，通过转换企业经营机制，实行模拟法人运转、实行效益承包、实行煤与非煤产业分离，结束了高度集中的计划管理体制，改变了煤矿“大而全”的内部管理机制，建立了适应内部市场的运作机制，实现了经营理念和经营机制的创新，增强了企业活力。伊克昭盟地区不同经济类型的煤矿企业在改革中快速发展，非公有制企业在改革中不断壮大。

1996年1月1日，煤炭工业部为贯彻落实国家《“九五”时期工业改革与发展纲要》，推进煤炭企业经济增长方式改变，制定并下发了《关于煤炭企业构建“三个一”格局实行“三条线”管理的若干意见》，要求在煤炭企业内部实施三条线管理与核算，通过企业内部组织机构、管理体制、核算办法等方面的综合配套改革，以矿务局（公司）所属矿、厂、处、公司等和基层单位的三级单位为划分对象，按生产、经营和服务性质不同，分为煤炭生产、多种经营、后勤服务三条线，对三条线实行分别管理、分别统计、分别核算、分别反映经营成果。伊克昭盟各煤矿，尤其是境内和所属的国有煤炭企业，按照煤炭工业部要求，正确处理核算点设置与多少的关系，会计核算与统计核算相互补充的关系，内部核算指标与企业总体指标的关系，内部核算点与经营成果考核、经营者及职工个人利益如何挂钩的关系。按照三条线管理的要求，重新对内部管理体制进行了划分和组合，在财务方面，对企业内部每个生产、经营和服务单位立实行分点的会计核算；在生产组织上，实施以产定人办法；在内部单位之间引入市场机制，促进内部核算点比照自主经营、自负盈亏、自我发展、自我约束的“四自”要求，“分灶吃饭”，自负盈亏，转换经营机制，提高经济效益，解决了企业人员多、负担重、经营管理粗放的问题。通过内部管理体制的重大改革，促使煤矿企业实现扭亏增盈。

20 世纪 90 年代末，是内蒙古自治区地方国有煤炭企业管理体制改革最快的时期，鄂尔多斯市则是全自治区地方国有煤炭企业改制最为彻底的地区。至 2001 年底，全市所有市属、旗属企业全部转变为非公有制股份制企业。

一、内蒙古伊泰集团有限公司

公司的前身为成立于 1988 年 3 月的伊克昭盟乡镇企业公司。1989 年 11 月，公司更名为伊克昭盟煤炭公司。1997 年 8 月 8 日，“伊煤 B 股”在上海证券交易所交易市场上市交易。1998 年 8 月，公司开始实施产权制度改革。1999 年 1 月，公司依据《公司法》制定公司章程，设立股东会、董事会、监事会，完善企业法人治理结构。

1999 年 10 月，国有控股与职工参股组成伊煤实业集团有限责任公司，其中国有股 34371 万股，占 63%；职工股 19977 万股，占 37%。2001 年 12 月，伊煤实业集团有限责任公司更名为内蒙古伊泰集团有限公司。2002 年 1 月，内蒙古伊泰集团开始资产重组。国有股全部退出，公司转制为全员持股的股份制企业。6 月 30 日，职工完成身份置换工作。

2012 年 7 月，“伊泰 H 股”成功在香港联交所上市交易。

二、内蒙古汇能煤电集团有限公司

2001 年 12 月，鄂尔多斯市汇能煤业投资有限责任公司成立，注册资本 600 万元。2004 年 12 月，注册资本变更为 5000 万元，更名为鄂尔多斯市汇能煤电集团有限公司。2005 年 1 月 16 日，更名为内蒙古汇能煤电集团有限公司，属于非公有制企业。

三、内蒙古伊东资源集团股份有限公司

1985 年，准格尔旗煤炭工业公司成立，与准格尔旗煤炭管理局为一个机构，两块牌子。1998 年，公司转制为国有资产控股、职工参股企业，公司改称为准格尔旗煤炭工业（集团）有限责任公司。2000 年 8 月，公司转制为民营企业，更名为准格尔旗伊东煤炭有限责任公司。2002 年 9 月，公司更名为内蒙古伊东煤炭集团有限责任公司。2009 年 12 月，内蒙古伊东投资集团有限公司成立，控股内蒙古伊东煤炭集团有限责任公司，成为伊东集团的母公司，2012 年更名为内蒙古伊东资源集团股份有限公司。

四、内蒙古鄂尔多斯市乌兰煤炭（集团）有限责任公司

1995 年 12 月，伊金霍洛旗煤炭工业总公司以 3 个国有煤炭企业为核心组建伊金霍洛旗煤炭集团公司。1999 年 10 月，伊金霍洛旗政府同意伊金霍洛旗煤炭集团公司由现在的国有企业改组为国家控股、内部职工持股的有限责任公司。1996 年 1 月，公司更名为内蒙古伊金霍洛旗煤炭集团公司。

1999 年 10 月，伊金霍洛旗政府同意公司转制为国家控股、内部职工持股的有限责任公司，同时更名为伊金霍洛旗乌兰煤炭有限责任公司。2006 年更名为内蒙古鄂尔多斯市乌兰煤炭（集团）有限责任公司。公司发展成为集煤炭开采、洗选、深加工及转化（煤制化肥、焦油加氢），热电联产，化工，建材，人造板，机械制造，餐饮住宿，路桥，酿酒，制

药、农牧业为一体的大型企业集团。

五、内蒙古蒙泰煤电集团有限公司

前身是伊克昭盟煤炭集团公司代管的鄂托克前旗焦化厂，2001年10月，伊克昭盟煤炭集团公司转制为非公有制的伊泰集团公司时，鄂尔多斯市委、市政府决定由伊克昭盟煤炭集团公司在原鄂托克前旗焦化厂的基础上，组建鄂尔多斯蒙泰煤焦有限责任公司。2002年，公司转制为非公有制企业，更名为内蒙古蒙泰煤电集团有限公司，是以煤炭生产、运销、转化（热电）为主业，以房地产开发、水泥生产、生态建设及铁路投资为互补的大型能源企业集团。

六、内蒙古满世投资集团有限公司

1991年9月，刘满世承包经营内蒙古军区八一煤矿，走上自主创业之路。1997年6月，准格尔旗满世煤炭运销有限责任公司成立，非公有制企业。2000年3月，公司更名为内蒙古满世煤炭运销有限责任公司。2005年12月，公司更名为内蒙古满世煤炭集团有限责任公司。2011年11月，公司更名为内蒙古满世投资集团有限公司。2015年6月，公司更名为满世投资集团有限公司。公司已经发展成煤炭生产、煤炭物流、煤炭发电、国际投资、煤化工为主营业务，其他产业多元拓展的大型企业集团。

七、神东天隆集团有限责任公司

前身是神华集团神东多种经营有限责任公司。1998年8月，为进一步精干主业、搞活辅业，原神府精煤公司和东胜精煤公司两大公司所属的各类型多种经营产业全部合并，组建成立神华集团神东多种经营有限责任公司。1999年9月，神华集团运销公司在鄂尔多斯市所属的多种经营企业也全部划归神东多种经营公司，结束了神东矿区多种经营依附主业、分散经营、低水平重复发展局面，走上“自主经营、独立核算、自负盈亏”的产业化、效益型的发展道路。

2004年5月，神东天隆集团有限责任公司改制为非国有控股股份制企业。公司主营煤炭和金属及相关产、运、销产业，支持型产业有煤机维修、零部件物流项目和配套的煤化工项目，是以煤炭生产和销售为核心业务，同步发展煤化工，集矿用产品制造加工和专业化服务为一体的综合性大型现代企业。

截至2018年底，鄂尔多斯市各类煤矿基本情况详见表1-3-1。

表1-3-1 截至2018年底鄂尔多斯市各类煤矿基本情况表　　万吨/年

序号	企业名称	序号		煤矿名称	设计产能	总产能	采煤方式	备注
1. 央企7户，总设计产能27270万吨/年								
1	中国神华能源股份有限公司	1	1	黑岱沟露天煤矿	3400	17910	露采	
		2	2	哈尔乌素露天煤矿	3500		露采	
		3	3	补连塔煤矿	2800		综采	
		4	4	上湾煤矿	1600		综采	
		5	5	乌兰木伦煤矿	510		综采	
		6	6	布尔台煤矿	2000		露采	

表 1-3-1（续）

万吨/年

序号	企业名称	序号		煤矿名称	设计产能	总产能	采煤方式	备注
1	中国神华能源股份有限公司	7	7	柳塔煤矿	300		综采	
		8	8	寸草塔一矿	240		综采	
		9	9	寸草塔二矿	450		综采	
		10	10	神山露天煤矿	60		露采	
		11	11	万利一矿	100		综采	
		12	12	李家壕煤矿	600		综采	
		13	13	蒙西棋盘井煤矿	300		综采	
		14	14	利民煤矿	150		综采	
		15	15	塔然高勒煤矿	1000		综采	
2	中煤西北能源有限公司	16	1	山不拉煤矿	120	4020	综采	
		17	2	门克庆煤矿	1200		综采	
		18	3	葫芦素煤矿	1300		综采	
		19	4	纳林河二号井	800		综采	
		20	5	伊化母杜柴登煤矿	600		综采	
3	中国华能集团北方联合电力有限责任公司	21	1	高头窑煤矿	800	1700	综采	
		22	2	铧尖煤矿	300		露采	
		23	3	魏家茆露天煤矿	600		露采	
4	国电集团	24	1	玻璃沟煤矿	400	1400	综采	
		25	2	察哈素煤矿	1000		综采	
5	大唐电力	26	1	龙王沟煤矿	1000	1120	综采	
		27	2	宝利煤矿	120		露采	
6	内蒙古上海庙矿业有限责任公司	28	1	新上海庙一井	400	700	综采	
		29	2	榆树井煤矿	300		综采	
7	华电集团	30	1	浩源煤矿	120	420	露采	
		31	2	兴旺露天矿	60		露采	
		32	3	金通煤矿	150		综采	
		33	4	神通煤矿	90		综采	

2. 国企 10 户，总设计产能 10250 万吨/年

序号	企业名称	序号		煤矿名称	设计产能	总产能	采煤方式	备注
8	兖州煤业鄂尔多斯能化有限公司	34	1	安源煤矿	120	2240	综采	
		35	2	文玉煤矿	120		综采	
		36	3	转龙湾煤矿	1000		综采	
		37	4	石拉乌素煤矿	1000		综采	

表 1-3-1（续）

万吨/年

序号	企业名称	序号		煤矿名称	设计产能	总产能	采煤方式	备注
9	淮南矿业	38	1	泊江海子煤矿	300	2000	综采	淮南 50% 永勘 41% 个人 9%
		39	2	唐家会煤矿	900		综采	
		40	3	色连二矿	800		综采	淮南 90% 中北 10%
10	山东能源	41	1	长城煤矿	60	1830	综采	
		42	2	长城二号煤矿（麻黄井）	120		综采	
		43	3	长城五号煤矿	180		综采	
		44	4	长城六号煤矿	150		综采	
		45	5	裕兴煤矿	60		综采	
		46	6	石场湾煤矿	60		综采	
		47	7	金正泰煤矿	300		综采	
		48	8	杨家村煤矿	500		综采	
		49	9	巴彦高勒煤矿	400		综采	
11	鄂尔多斯市昊华精煤有限责任公司	50	1	昊华高家梁煤矿	750	1350	综采	
		51	2	红庆梁煤矿	600		综采	
12	冀中能源	52	1	嘉信德煤矿	210	780	露采	
		53	2	盛鑫煤矿	120		综采	
		54	3	张大银煤矿	180		综采	
		55	4	乾新平安煤矿	60		综采	
		56	5	油房渠煤矿	60		综采	
		57	6	张家梁煤矿	60		露采	
		58	7	后阴塔煤矿	90		综采	
13	开滦集团公司	59	1	串草圪旦煤矿	240	740	综采	
		60	2	红树梁煤矿	500		综采	
14	皖北智能	61	1	麻地梁煤矿	500	500	综采	
15	监狱管理局	62	1	内蒙古李家塔煤矿	300	300	综采	
16	铁法集团	63	1	东辰唐公塔煤矿	150	270	综采	
		64	2	敬老院煤矿	120		综采	
17	内蒙古鹤蒙集团公司	65	1	海华江木图南井	90	240	露采	
		66	2	苏家沟井	150		综采	

表 1-3-1（续） 万吨/年

序号	企业名称	序号		煤矿名称	设计产能	总产能	采煤方式	备注
3. 地方企业 125 户，总设计产能 43691 万吨/年								
18	内蒙古伊泰集团有限公司	67	1	纳林庙煤矿一号井	180	6055	综采	
		68	2	纳林庙煤矿二号井	500		综采	
		69	3	宏景塔一矿	500		综采	
		70	4	凯达煤矿	150		综采	
		71	5	白家梁煤矿	90		露采	
		72	6	大地精煤矿	240		综采	
		73	7	塔拉壕煤矿	600		综采	
		74	8	酸刺沟煤矿	1800		综采	
		75	9	宝山煤矿	180		综采	
		76	10	伊泰同达丁家渠煤矿	150		综采	
		77	11	宏景塔二矿	45		综采	
		78	12	安家坡煤矿	120		露采	
		79	13	红庆河煤矿	1500		综采	
19	内蒙古汇能煤电集团有限公司	80	1	羊市塔一矿	150	4180	综采	
		81	2	羊市塔二矿	240		综采	
		82	3	宝平湾煤矿	240		综采	
		83	4	布尔洞煤矿	240		综采	
		84	5	尔林兔煤矿	800		综采	
		85	6	富民煤矿	120		综采	
		86	7	公沟煤矿	240		综采	
		87	8	巴隆图煤矿	150		露采	
		88	9	长滩露天矿	2000		露采	
20	内蒙古伊东集团股份有限公司	89	1	扶贫煤矿	240	2550	综采	
		90	2	沙咀子（杨树沟）煤矿	240		综采	
		91	3	杨家壕煤矿	300		综采	
		92	4	宏测煤矿	240		综采	
		93	5	宏鑫煤矿	240		综采	
		94	6	炭窑渠煤矿	120		综采	
		95	7	东圪堵煤矿	180		综采	
		96	8	忽沙图一矿煤矿	150		综采	
		97	9	石湾子煤矿	120		综采	
		98	10	古城煤矿	300		露采	
		99	11	大庙渠煤矿	60		露采	
		100	12	栗家塔煤矿	120		露采	
		101	13	西乌素煤矿	120		综采	
		102	14	玉川煤矿	120		综采	

表 1-3-1（续）

万吨/年

序号	企业名称	序号		煤矿名称	设计产能	总产能	采煤方式	备注
21	内蒙古蒙泰集团有限公司	103	1	范家村煤矿	240	2220	综采	
		104	2	蒙泰满来梁煤矿	360		综采	
		105	3	新鑫煤矿	120		露采	
		106	4	不连沟煤矿	1500		综采	
22	内蒙古满世煤炭集团投资有限公司	107	1	满世罐子沟煤矿	600	1840	综采	
		108	2	永智煤矿	180		综采	
		109	3	四道柳煤矿	120		综采	
		110	4	昶旭煤矿	400		露采	
		111	5	金阳煤矿	120		露采	
		112	6	点石沟煤矿	240		露采	
		113	7	西梁圪旦煤矿	90		露采	
		114	8	川发煤矿	90		露采	20%股份中煤龙源控股
23	内蒙古鄂尔多斯投资控股集团有限公司	115	1	鄂尔多斯煤矿	120	1310	综采	
		116	2	阿尔巴斯煤矿二矿	120		综采	
		117	3	电力冶金一矿	80		综采	
		118	4	白云乌素矿区 11-15 线煤矿	90		综采	
		119	5	马泰壕煤矿	400		综采	
		120	6	色连一矿	500		综采	同煤 51% 鄂绒 30% 浙能 19%
24	内蒙古恒东能源集团有限责任公司	121	1	美日煤矿	270	1290	综采	
		122	2	宏亚煤矿	270		综采	
		123	3	忽沙图煤矿	90		综采	
		124	4	汇隆煤矿	300		露采	
		125	5	阳堡渠煤矿	120		露采	
		126	6	路鑫聚（恒博）煤矿	120		露采	
		127	7	白家梁煤矿	120		露采	
25	鄂尔多斯市乌兰煤炭（集团）有限公司	128	1	满来壕煤矿	60	1290	综采	
		129	2	石圪台煤矿	90		综采	
		130	3	温家塔煤矿	240		综采	
		131	4	武家塔煤矿	60		综采	
		132	5	温家梁三号煤矿	90		综采	
		133	6	后温家梁露天煤矿	180		露采	
		134	7	荣恒煤矿	180		露采	
		135	8	特拉布拉煤矿	180		露采	
		136	9	满来梁煤矿	150		露采	
		137	10	兰家塔煤矿	60		露采	

表 1-3-1（续） 万吨/年

序号	企业名称	序号		煤矿名称	设计产能	总产能	采煤方式	备注
26	亿利资源集团有限公司	138	1	伊金霍洛旗东博煤矿	120	1210	综采	
		139	2	神华亿利黄玉川煤矿	1000		综采	神华 51% 亿利 49%
		140	3	宏斌煤矿	90		露采	
27	内蒙古开远聚祥控股有限公司	141	1	益民煤矿	120	900	综采	
		142	2	阳塔煤矿	240		综采	
		143	3	三鼎煤矿	120		综采	
		144	4	准格尔旗准连煤矿	90		露采	
		145	5	壕赖梁煤矿	150		露采	
		146	6	永顺煤矿	120		露采	
		147	7	荣泰煤矿	60		综采	
28	内蒙古神东天隆集团股份有限公司	148	1	武家塔露天煤矿	300	690	露采	
		149	2	霍洛湾煤矿	300		综采	
		150	3	伊旗昊达煤矿	90		综采	
29	新奥集团新能矿业有限公司	151	1	王家塔煤矿	680	680	综采	
30	准格尔旗锦泰能源有限公司	152	2	长滩阳圪愣煤矿	240	600	综采	
		153	3	碓臼沟煤矿	120		综采	
		154	4	川宏煤矿	150		露采	
		155	4	城塔煤矿	90		综采	
31	内蒙古珠江投资有限公司	156	1	青春塔煤矿	600	600	综采	
32	准格尔旗兴隆煤炭有限责任公司	157	1	准旗兴隆黑岱沟煤矿	150	580	综采	
		158	2	蒙祥煤矿	180		露采	
		159	3	厅子堰煤矿	250		露采	
33	鄂尔多斯市呼能煤炭集团有限责任公司	160	1	呼氏丁家梁煤矿	120	570	综采	
		161	2	乌兰哈达煤矿	210		露采	
		162	3	敖家沟煤矿	120		综采	
		163	4	淖尔壕煤矿	120		综采	
34	内蒙古金泰煤业集团	164	1	潮脑梁煤矿	400	520	露采	占股 51%
		165	2	准旗李家渠煤矿	120		露采	
35	内蒙古特弘煤电集团有限责任公司	166	1	乌拉素煤矿	60	510	综采	
		167	2	特宏来叶沟煤矿	120		综采	
		168	3	特宏官板乌素煤矿	240		综采	
		169	4	协华煤矿	90		综采	

表1-3-1（续） 万吨/年

序号	企业名称	序号		煤矿名称	设计产能	总产能	采煤方式	备注
36	内蒙古三维资源集团	170	1	小鱼沟煤矿	300	510	综采	
		171	2	建元一矿	120		综采	
		172	3	昌汉哈达一矿	45		综采	
		173	4	昌汉哈达二矿	45		综采	
37	内蒙古准格尔旗力量煤业有限公司	174	1	大饭铺煤矿	510	510	综采	
38	鄂尔多斯市民达煤炭有限责任公司	175	1	民达煤矿	500	500	露采	
39	鄂尔多斯市巴音孟克纳源煤炭有限责任公司	176	1	纳源煤矿	500	500	露采	巴音孟克集团占股75%
40	中誉能源股份有限公司	177	1	巴音孟克刘家渠煤矿	300	450	综采	
		178	2	张美厚煤矿	60		露采	
		179	3	准格尔旗尔林图煤矿	60		露采	
		180	4	考考赖沟煤矿	30		综采	
41	内蒙古博源煤化工有限责任公司	181	1	湾图沟煤矿	450	450	综采	
42	内蒙古广纳煤业（集团）有限责任公司	182	1	夭斯图煤矿	60	420	露采	
		183	2	利达煤矿	60		露采	
		184	3	骆驼山鑫源煤矿	60		露采	
		185	4	蒙泰骆驼山煤矿	60		露采	
		186	5	久丰煤矿	60		露采	
		187	6	蒙西煤矿	120		露采	
43	内蒙古嘉烨煤业有限公司	188	1	创业煤矿	60	390	露采	
		189	2	兴恒煤矿	150		露采	
44	内蒙古双欣能源化工有限公司	190	3	瑞光煤矿	180	390	露采	
		191	1	正丰矿业双欣煤矿	120		综采	
		192	2	鸿鑫纳户沟煤矿	120		露采	
		193	3	乌仁都西煤矿	150		露采	
45	中誉资源控股有限公司	194	1	金运煤矿	120	360	露采	
		195	2	阿会沟致富煤矿	90		综采	
		196	3	闫家沟鑫东煤矿	120		综采	占股51%
		197	4	杭盖沟煤矿	30		露采	占股51%

表 1-3-1（续） 万吨/年

序号	企业名称	序号		煤矿名称	设计产能	总产能	采煤方式	备注
46	内蒙古乾泰实业集团有限公司	198	1	丰胜奎煤矿	60	330	露采	
46	内蒙古乾泰实业集团有限公司	199	2	羊场煤矿	90	330	露采	
46	内蒙古乾泰实业集团有限公司	200	3	亿宏露天煤矿	60	330	露采	
46	内蒙古乾泰实业集团有限公司	201	4	东扬煤矿	60	330	露采	
46	内蒙古乾泰实业集团有限公司	202	5	亿源煤矿	60	330	露采	
47	内蒙古棋盘井矿业有限责任公司	203	1	棋盘井煤矿	180	330	露采	
47	内蒙古棋盘井矿业有限责任公司	204	2	荣兴西来峰煤矿	90	330	露采	
47	内蒙古棋盘井矿业有限责任公司	205	3	弘业集团宝丰煤矿	60	330	露采	
48	内蒙古新亚能源投资集团有限公司	206	1	新亚煤矿	60	300	综采	
48	内蒙古新亚能源投资集团有限公司	207	2	东亨煤矿	60	300	综采	
48	内蒙古新亚能源投资集团有限公司	208	3	东辰煤矿	60	300	露采	
48	内蒙古新亚能源投资集团有限公司	209	4	库里火沙兔煤矿	120	300	综采	
49	蒙发能源控股集团有限责任公司	210	1	窝兔沟煤矿	90	300	综采	
49	蒙发能源控股集团有限责任公司	211	2	呼和乌素煤矿	120	300	综采	
49	蒙发能源控股集团有限责任公司	212	3	东达精煤矿（万兴隆煤矿）	90	300	露采	控股 40%
50	内蒙古鄂尔多斯市宏丰煤炭有限责任公司	213	1	宏丰煤矿	300	300	露采	
51	内蒙古赛蒙特尔煤业有限责任公司	214	1	赛蒙特尔煤矿	300	300	综采	
52	鄂尔多斯市永恒华煤炭运销有限公司	215	1	前进煤矿	300	300	露采	
53	内蒙古津粤能源集团有限责任公司	216	1	三界沟煤矿	45	285	综采	
53	内蒙古津粤能源集团有限责任公司	217	2	赵二成渠煤矿	60	285	露采	
53	内蒙古津粤能源集团有限责任公司	218	3	柏树坡煤矿	120	285	综采	
53	内蒙古津粤能源集团有限责任公司	219	4	光裕煤矿	60	285	综采	
54	荣达煤业	220	1	荣达煤矿	90	270	综采	
54	荣达煤业	221	2	经纬煤矿	180	270	露采	
55	鄂尔多斯市恒泰煤炭有限公司	222	1	碾盘梁煤矿	180	270	综采	
55	鄂尔多斯市恒泰煤炭有限公司	223	2	燎原煤矿	90	270	综采	
56	鄂尔多斯市和泰煤炭有限责任公司	224	1	和泰煤矿	270	270	露采	

表1-3-1（续） 万吨/年

序号	企业名称	序号		煤矿名称	设计产能	总产能	采煤方式	备注
57	内蒙古东神煤炭有限公司	225	1	裕隆富祥煤矿	60	255	综采	
		226	2	伊丰矿业煤矿	90		综采	东神占55%股份
		227	3	忠华煤矿	45		综采	
		228	4	山贵煤矿	60		综采	东神占30%股份
58	内蒙古恒威矿业投资有限责任公司	229	1	八宝沟煤矿	60	240	露采	
		230	2	大伟煤矿	120		露采	
		231	3	龙太煤矿	60		露采	
59	鄂尔多斯市瑞德煤炭化有限责任公司	232	1	瑞德煤矿	180	240	露采	
		233	2	瑞德二矿（原奎乌煤矿）	60		综采	
60	内蒙古西蒙煤炭有限责任公司	234	1	西蒙弓家塔煤矿	60	240	露采	
		235	2	电力满都拉煤矿	120		综采	
		236	3	乌兰渠露天煤矿	60		露采	
61	内蒙古广泰煤业有限责任公司	237	1	华武煤矿	60	240	露采	
		238	2	安利煤矿	120		露采	
		239	3	六保煤矿	60		露采	广泰占股60%
62	力旺集团	240	1	华富煤矿	120	240	露采	
		241	2	召富煤矿	120		露采	
63	内蒙古如意实业股份有限责任公司	242	1	如意苏家沟煤矿	90	210	露采	
		243	2	云凯煤矿	120		露采	
64	大源煤炭有限责任公司	244	1	大源柳林沟煤矿	200	200	露采	
65	内蒙古蒙兴投资集团有限公司	245	1	兴旺煤矿	30	180	综采	
		246	2	振兴煤矿	90		综采	
		247	3	育才煤矿	60		综采	
66	内蒙古华盛矿业集团有限公司	248	1	尔格图煤矿	60	180	露采	
		249	2	新胜煤矿	60		露采	
		250	3	巴音乌素煤矿	60		露采	
67	易高环保资源投资有限公司	251	1	科建煤矿	180	180	露采	
68	神山镇永利煤炭有限责任公司	252	1	永利（露天）煤矿	180	180	露采	

表 1-3-1（续） 万吨/年

序号	企业名称	序号		煤矿名称	设计产能	总产能	采煤方式	备注
69	内蒙古呼能矿业集团有限责任公司	253	1	棋盘井呼武煤矿	60	120	露采	公司拥有乌海东方红煤矿120万吨/年
		254	2	福强煤矿	60		露采	
70	内蒙古鑫宇能源集团有限公司	255	1	华宇煤矿	60	120	露采	
		256	2	晨光煤矿	60		露采	
71	绿地集团	257	1	食联煤矿	60	120	露采	
		258	2	高西沟煤矿	60		露采	
72	石圪图煤炭有限责任公司	259	1	石圪图煤矿	120	120	露采	
73	远兴煤矿	260	1	远兴煤矿	120	120	露采	
74	内蒙古生力资源集团	261	1	崔二圪咀煤矿	120	120	露采	
75	内蒙古经信委下设的煤炭企业	262	1	恰和聚源煤矿	120	120	综采	
76	内蒙古宝丰矿业有限公司	263	1	宝丰煤矿	120	120	综采	
77	鄂尔多斯市兴盛达煤业有限公司煤矿	264	1	兴盛达煤矿	120	120	露采	
78	达拉特旗文兴煤炭有限责任公司	265	1	高山沟煤矿	120	120	露采	
79	准格尔旗矿区星达工贸有限公司	266	1	宝通煤矿	120	120	露采	
80	准格尔旗杨家渠煤炭有限责任公司	267	1	杨家渠煤矿	120	120	露采	
81	鄂尔多斯市西部运销有限责任公司	268	1	五圪图煤矿	120	120	露采	
82	鄂尔多斯市腾远煤炭有限责任公司	269	1	腾远煤矿	120	120	露采	
83	准旗哈岱高勒乡宝昌煤矿有限公司	270	1	宝昌煤矿	120	120	露采	

表1-3-1（续） 万吨/年

序号	企业名称	序号		煤矿名称	设计产能	总产能	采煤方式	备注
84	内蒙古鸿远煤炭集团有限公司	271	1	孙三沟煤矿	120	120	露采	
85	鄂尔多斯市蒙西鑫源煤业有限公司	272	1	鑫源煤矿	120	120	露采	
86	内蒙古泰升实业集团有限公司	273	1	泰源煤矿	120	120	综采	
87	神运煤矿	274	1	神运煤矿	120	120	露采	
88	准格尔旗神陶煤炭运销有限责任公司	275	1	营沙壕煤矿	100	100	综采	
89	秦皇岛峥宝煤炭有限公司	276	1	全盈煤矿	120	120	露采	
90	伊金霍洛旗赛特煤业	277	1	巴龙图沟煤矿	90	90	露采	
91	内蒙古伊东煤炭有限责任公司	278	1	致富煤矿	90	90	露采	
92	伊金霍洛旗兴隆煤矿	279	1	伊旗兴隆煤矿	90	90	露采	
93	鄂尔多斯市闫家渠煤炭有限责任公司	280	1	闫家渠煤矿	90	90	综采	
94	准旗西召中兴煤矿有限责任公司	281	1	中兴煤矿	90	90	露采	
95	伊金霍洛旗纳林陶亥煤炭经营运销公司	282	1	小纳林沟煤矿	90	90	露采	
96	鄂尔多斯市广利煤炭有限责任公司	283	1	广利纳林庙煤矿	90	90	露采	
97	伊金霍洛旗纳林陶亥镇南梁社办煤矿	284	1	南梁社办煤矿	90	90	露采	
98	羊市塔松树焉神洲煤矿	285	1	神洲煤矿	90	90	露采	

表 1-3-1（续） 万吨/年

序号	企业名称	序号		煤矿名称	设计产能	总产能	采煤方式	备注
99	内蒙古星光煤炭集团有限责任公司	286	1	星光一号井	60	60	综采	
100	大石圈煤矿	287	1	大石圈煤矿	60	60	露采	
101	鄂尔多斯市蒙西鑫盛煤业有限公司	288	1	蒙西鑫盛煤矿	60	60	露采	
102	伊金霍洛旗新庙丁家梁	289	1	新庙丁家梁煤矿	60	60	综采	
103	内蒙古杨家梁煤炭公司	290	1	杨家梁煤矿	60	60	综采	山西离柳集团占股，公司总产能超300万吨
104	鄂托克旗金欧煤矿	291	1	金欧煤矿	60	60	露采	乌海荣鑫公司，重组达到300万吨以上
105	内蒙古鄂托克旗昊源煤焦化有限责任公司	292	1	昊源煤矿	60	60	综采	乌海源通公司煤矿，乌海有2个露天矿，120宝成，130长富，总产能超300万吨
106	伊金霍洛旗乌兰煤矿有限公司	293	1	乌兰煤矿	60	60	露采	
107	准格尔旗金利煤矿有限责任公司	294	1	金利煤矿	60	60	露采	
108	卓正煤矿有限责任公司	295	1	卓正煤矿	60	60	露采	
109	内蒙古吉祥煤业有限公司	296	1	吉祥煤矿	60	60	露采	
110	鄂尔多斯市一通煤化有限责任公司	297	1	泰生煤矿	60	60	露采	

表 1-3-1（续） 万吨/年

序号	企业名称	序号		煤矿名称	设计产能	总产能	采煤方式	备注
111	鄂尔多斯巴音孟克煤炭有限责任公司	298	1	巴音孟克煤矿	60	60	露采	巴音孟克集团占股 20%，有意被纳源整合
112	内蒙古通富煤炭有限责任公司	299	1	通富煤矿	60	60	露采	
113	鄂托克旗骆驼山毛盖图煤矿	300	1	毛盖图煤矿	60	60	露采	
114	达拉特旗物华煤炭有限公司	301	1	物华煤矿	60	60	露采	
115	达拉特旗高头窑李五兴煤矿	302	1	李五兴煤矿	60	60	露采	
116	达拉特旗创新煤矿	303	1	创新煤矿	60	60	露采	
117	鄂尔多斯市聚兴龙煤炭有限责任公司	304	1	聚鑫龙煤矿	60	60	露采	
118	鄂尔多斯市振兴煤业有限公司	305	1	东胜区振兴煤矿	60	60	露采	
119	内蒙古伊东煤炭责任有限公司	306	1	敖劳不拉煤矿	60	60	综采	
120	准格尔旗羊市塔正泰煤矿	307	1	正泰煤矿	60	60	综采	
121	准格尔旗怀远壕赖沟煤矿有限公司	308	1	怀远壕赖沟煤矿	60	60	露采	
122	鄂托克旗千里沟卧龙煤矿	309	1	卧龙煤矿	120	120	露采	
123	达拉特旗益阳煤炭有限公司	310	1	高头窑益阳煤矿	60	60	露采	
124	伊金霍洛旗新庙三星煤矿	311	1	三星煤矿	60	60	综采	
125	鄂尔多斯市鸿森矿业有限责任公司	312	1	贾家渠煤矿	60	60	综采	

表 1-3-1（续） 万吨/年

序号	企业名称	序号		煤矿名称	设计产能	总产能	采煤方式	备注
126	鄂尔多斯市广厦煤炭运销有限责任公司	313	1	刘家渠煤矿	60	60	综采	
127	伊金霍洛旗常青煤炭责任有限公司	314	1	常青丁家梁煤矿	60	60	露采	
128	伊金霍洛旗钠林塔纳林沟煤矿	315	1	纳林沟煤矿	60	60	综采	
129	伊旗乌兰木伦镇小柳塔露天矿	316	1	小柳塔露天矿	60	60	露采	
130	伊金霍洛旗乌兰木伦考考赖沟煤矿华能井	317	1	华能井	60	60	露采	
131	欣发达煤矿	318	1	欣发达煤矿	60	60	露采	
132	吴家梁煤矿	319	1	吴家梁煤矿	60	60	露采	
133	亿佳和能源股份有限公司	320	1	碾房塔纳林沟煤矿	30	60	露采	
		321	2	海伊奎煤矿	30		综采	
134	内蒙古兰太煤业有限公司	322	1	福利煤矿	45	45	综采	
135	鄂托克旗千里沟白云煤矿	323	1	千里沟白云煤矿	45	45	综采	
136	朝阳煤矿	324	1	朝阳煤矿	45	45	综采	
137	建金煤矿	325	1	建金煤矿	30	30	综采	
138	内蒙古鄂托克旗西阿煤炭有限责任公司	326	1	西阿煤矿	30	30	露采	
139	鄂托克旗常洪口中山煤业有限公司	327	1	中山煤矿	30	30	露采	
140	准格尔旗阳窑子村办矿	328	1	阳窑子煤矿	30	30	露采	
141	内蒙古龙泰矿业有限责任公司	329	1	龙泰煤矿	30	30	露采	
142	小松树煤矿	330	1	小松树煤矿	21	21	综采	

第 二 篇

煤炭地质与勘查

鄂尔多斯盆地是中国煤炭资源最富集的地区之一，对保障中国能源需求、战略能源储备、可持续发展具有非常重要的战略意义。

鄂尔多斯盆地（北缘），主要在内蒙古境内，东、北、西三面黄河环绕，南部与宁夏回族自治区、陕西省、山西省相接，东西长 400 千米，南北宽 340 千米，含煤面积达 7.23 万平方千米，横跨鄂尔多斯市、乌海市、呼和浩特市三个市，主体含煤区位于鄂尔多斯市，是内蒙古著名的特大型整装煤炭基地之一。构造位置为鄂尔多斯盆地东胜隆起和西缘逆冲带、天环拗陷、中央古隆起北部。该盆地在古生界石炭—二叠纪含煤地层之上又沉积了中生界侏罗纪含煤地层，属于“双界三纪”含煤盆地。横向上为一连续沉积轴向的东西方向的向斜盆地，东部的清水河矿区、西部的乌达矿区因后期剥蚀而分开，形成了规模巨大的侏罗纪东胜煤田、石炭—二叠纪准格尔煤田和著名的炼焦用煤产地桌子山煤田，纵向上为两套含煤地层，由于构造运动，西来峰大断裂西部地层抬升剥蚀，残留的石炭—二叠纪地层接近地表，形成桌子山煤田。

截至 2018 年底，鄂尔多斯盆地（北缘）累计获得煤炭总资源储量 10524.8 亿吨；其中查明保有资源储量 2554.8 亿吨，预测的资源量 7883.7 亿吨，消耗煤炭资源储量 86.3 亿吨。另外预测区共预测资源量 194.4 亿吨，其中鄂尔多斯市煤炭探明储量为 2102 亿吨。准格尔煤田有生产煤矿 48 个，东胜煤田有生产煤矿 250 个，桌子山煤田有生产煤矿 104 个。

鄂尔多斯盆地（北缘）勘查程度相对较高，勘查、开发已有一百多年的历史。在 20 世纪 50—70 年代中期，地质部清水河普查大队，华北地质局 203 普查队，内蒙古地质局普查队等先后在该区进行了不同勘查程度的煤田地质工作。20 世纪 70 年代中期至 90 年代末，内蒙古自治区煤田地质局、内蒙古地矿局所属地勘单位做了大量勘查、研究工作，取得了一批重要成果。2000 年以后，内蒙古自治区煤田地质局 117 队、153 队、151 队、147 队以及内蒙古自治区地质调查院等单位进行了勘查工作，取得丰硕的成果。截至 2018 年底，鄂尔多斯盆地（北缘）共提交各类煤田报告 528 件，施工钻孔 18198 个，总工程量 889.2 万米。

第一章　煤　炭　地　质

第一节　成煤时代与含煤地层

一、成煤时代

鄂尔多斯市范围内聚煤作用主要集中在晚古生代的石炭—二叠纪、中生代的侏罗纪和早白垩世。其中，晚石炭世—早二叠世的聚煤作用是连续沉积，形成的煤炭资源主要分布在准格尔旗、鄂托克旗、鄂托克前旗西部，代表性煤田有准格尔煤田、桌子山煤田等。早、中侏罗世聚煤作用主要在东胜区、伊金霍洛旗、乌审旗、达拉特旗南部、杭锦旗南部、鄂托克前旗等地，在鄂尔多斯盆地内形成了著名的东胜煤田。

二、含煤地层

含煤地层自下而上为石炭系上统太原组（C_2t）、二叠系下统山西组（P_1s）、侏罗系中下统延安组（$J_{1-2}y$），为一套海陆过渡相的含煤碎屑岩沉积。

太原组（C_2t）的岩性由深灰色泥岩、砂质泥岩为主，局部有砂岩薄层和煤组成，地层厚度为12.31～144米，平均厚度为60米，含煤5～6层，单煤层平均厚度0～47.16米，煤层累计平均厚度3.65～23.06米，含煤系数6.08%～38.43%。主要可采煤层平均厚度3.65～23.06米，最大厚度42.12米。煤层主要发育在盆地的东部（准格尔煤田）和西部的（桌子山煤田）。

山西组（P_1s）的岩性由灰白色砂岩、灰黑色砂质泥岩、泥岩、黏土岩及煤组成。地层厚度为36.24～165米，平均厚度为98米，含煤5～7层，单煤层平均厚度1.74～3.85米，煤层累计平均厚度3.85～4.10米，含煤系数6.08%～38.43%。主要可采煤层平均厚度0.76～320.70米，最大厚度16.20米。煤层主要发育在盆地的东部（准格尔煤田）和西部的（桌子山煤田）。

延安组（$J_{1-2}y$）含煤地层总厚度平均为205米，含五个煤组（即2、3、4、5、6煤组）。含煤10～28层，最多可达30层以上，可采煤层24层，可采煤层累计总厚度18.62～132.61米，平均厚度39.30米；单孔可采煤层累计总厚1.63～28.60米，平均15.64米，可采含煤系数1.04～12.95%，平均7.57%。钻孔见煤最大单层厚度13.19米，自东向西埋藏深度加大。区内有7层主要可采煤层，分别是2-2、3-1、4-1、4-2、5-1、6-1、6-2，其层位、厚度均为较稳定的中厚煤层。煤层主要发育在盆地的中部（东胜煤田）和西部的（桌子山煤田东麓一带，紧邻东胜煤田）。

（一）石炭—二叠纪含煤地层

石炭—二叠纪含煤地层在鄂尔多斯盆地（北缘）的发育范围：东起清水河煤田的东部边界线、西至贺兰山煤田西部边界线，北起乌兰格尔隆起的南缘9号煤层隐伏露头线、南至蒙陕和蒙宁省界。石炭—二叠纪含煤区域有准格尔煤田、桌子山煤田、贺兰山煤田，含煤地层主要为石炭系上统太原组（C_2t）和二叠系下统山西组（P_1s），含煤区总面积约7.23万平方千米。含煤盆地的总体构造形态为一走向近南北向的不对称向斜盆地，向斜轴位于中部偏西，东翼宽缓、地层倾角3°～10°，地质构造简单，含煤地层埋藏较深；西翼陡峭，地层倾角10°～75°，地质构造相对复杂，沉积期后构造作用改造强烈，对含煤地层的破坏较为严重。

1. 准格尔煤田

含煤地层有石炭系上统本溪组（C_2b）、太原组（C_2-P_1t），二叠系下统山西组（P_1s），为一套海陆交互相含煤沉积。

本溪组：出露于准格尔矿区东缘黄河岸边，地层厚度一般在20米左右，主要岩性下部为褐红色铁质泥岩，局部为褐铁矿、铝质黏土岩；上部为深灰色泥岩、钙质泥岩、泥晶灰岩及石英砂岩；局部夹煤层1～3层，均不可采；与下伏奥陶系马家沟组呈不整合接触。

太原组：地层厚度12～115米，平均52米，含丰富的动植物化石，与下伏地层本溪组呈整合接触，据岩性及生物特征，可分为上、下两段。下段主要为浅灰色长石石英砂岩，灰色、深灰色泥岩、泥灰岩及7-10号煤层，产丰富的动植物化石；上段主要为灰色粗粒杂砂岩，浅灰色泥岩，高岭石黏土岩及巨厚复杂结构的6号煤层，含丰富的植物化石。

山西组：岩性由中粗粒砂岩、砂质泥岩、泥岩、黏土岩及煤组成，含1、2、3、4、5号煤层。地层厚度一般为21~95米，平均60米。该组地层连续沉积于太原组之上，与上覆下石盒子组整合接触，含丰富的植物化石。

2. 桌子山煤田

揭露的地层主要为石炭系上统—下二叠统太原组（C_2P_1t）、二叠系中下统山西组（$P_{1-2}\hat{s}$）以及侏罗系下统延安组（J_1y）地层。

（1）石炭系上统—下二叠统太原组。太原组地层厚度为21~144米，平均厚度为68米，依据岩性组合及沉积旋回特征，可划分为两个岩段。

第一岩段（或下段）：该岩段位于太原组下部，总体上由西向东有所变薄，段层厚25~140米，平均厚度80米左右，含丰富的动植物化石，与下伏地层呈整合接触关系。岩性主要由灰色、灰白色中、细粒砂岩、深灰色砂质泥岩、泥岩及煤层组成，含煤1~4层（14、15、16、17号煤层）。

第二岩段（或上段）：该岩段位于太原组上部，地层厚度由西向东有所变薄，岩性为灰色、灰白色中、细粒砂岩及深灰色、黑灰色砂质泥岩、泥岩，中部含12、13号煤层，一般不可采。

（2）二叠系中下统山西组。山西组地层厚度95~165米，含植物化石，与下伏地层太原组呈整合接触，自下而上划分为三个段。

第一岩段：该岩段位于山西组底部，厚度变化不大，岩性由深灰色砂质泥岩、泥岩及煤层组成，局部夹薄层黏土岩，底部为灰白色砂岩，含7、8、9、10号煤层。

第二岩段：该岩段位于山西组中部，岩性以浅灰色，灰白色中、细粒砂岩与深灰色、黑灰色砂质泥岩、泥岩为主，含5号煤层。

第三岩段：该岩段位于山西组上部，总体由北向南有所增厚。岩性为深灰色，灰色砂质泥岩，砂质黏土岩，局部夹薄层细粒砂岩，含2、3号煤层。

（二）侏罗纪含煤地层

侏罗纪含煤地层在鄂尔多斯盆地（北缘）的中部发育，主要为东胜煤田。

1. 东胜煤田

东胜煤炭地层区划属于华北地层大区（Ⅲ）鄂尔多斯地层区（$Ⅲ_1$）鄂尔多斯地层分区（$Ⅲ_1^1$）。地层层序由下到上包括三叠系上统延长组（T_3y）、侏罗系富县组、延安组（J_1y）、直罗组、安定组、白垩系志丹群、古近系和第四系组成。含煤地层为侏罗系下统延安组，是煤田的主要含煤地层。

延安组：目前含煤最大勘查深度约1597米，地层厚度133~279米，一般厚度200米左右，由东北向西南总厚度增大；岩性由灰色、灰深色泥岩、粉砂岩与灰色、灰白色的含砾砂岩、砂岩组成，呈不等厚互层状产出，普遍夹炭质泥岩和煤层，含丰富的植物化石和淡水动物化石，为一套陆相型河流-湖泊相的含煤碎屑岩建造。

2. 桌子山煤田

侏罗系下统延安组地层厚度为133~279米，平均厚度为200米，依据岩性组合及沉积旋回特征，可划分为三个岩段。

第一岩段：位于延安组下部，由延安组底界至5煤组顶板砂岩底界。岩性组合为一套灰白色的细粒砂岩、粉砂岩及灰黑色、黑色泥岩、砂质泥岩及煤组成。底部以灰白色含砾石英砂岩为主，局部为砾岩，充填物为高岭土或泥质。上部为一套粗细相间的碎屑岩，岩性为粉砂岩、砂质泥岩及煤层互层出现，局部可见河道透镜状砂体。

第二岩段：位于延安组中部，由5煤组顶板砂岩底界至3煤组顶板砂岩底界。该岩段岩性南北差异较大，北部以浅灰色砂岩夹砂泥岩、粉砂岩为主，南部以细碎屑岩为主，中夹不稳定的砂体和透镜状泥灰岩，含3、4两个煤组。

第三岩段：位于延安组上部，由3煤组顶板砂岩底界至延安组顶界。该岩段下部为灰白色、黄绿色细粒砂岩，粉砂岩及泥岩。上部则为灰白色中细粒砂岩、粉砂岩、泥岩及砂质泥岩，含2煤组。

第二节 煤田分布与煤层特征

鄂尔多斯盆地（北缘）东胜、准格尔、桌子山等煤田构造及分布如图2-1-1所示。

一、东胜煤田

东胜煤田位于鄂尔多斯盆地北部，行政区划隶属鄂尔多斯市。煤田南北最大长度约330千米，东西最大宽度约351千米，总面积约为40231平方千米。

（一）含煤性

含煤地层为延安组，平均总厚度为205米，含5个煤组，即2、3、4、5、6煤组。含煤10~28层，最多可达30层以上。24个可采煤层，可采煤层累计总厚度18.62~132.61米，平均厚度39.30米；单孔可采煤层累计总厚1.63~28.60米，平均15.64米，可采含煤系数1.04%~12.95%，平均7.57%。钻孔见煤最大单层厚度13.01米，单孔见煤11~25层，累计厚度0.28~39.66米，平均18.23米，含煤系数8.93%。单孔见可采煤层数5~13层，累计可采厚度0.85~35.32米，平均12.64米，含煤系数6.19%。

（二）可采煤层

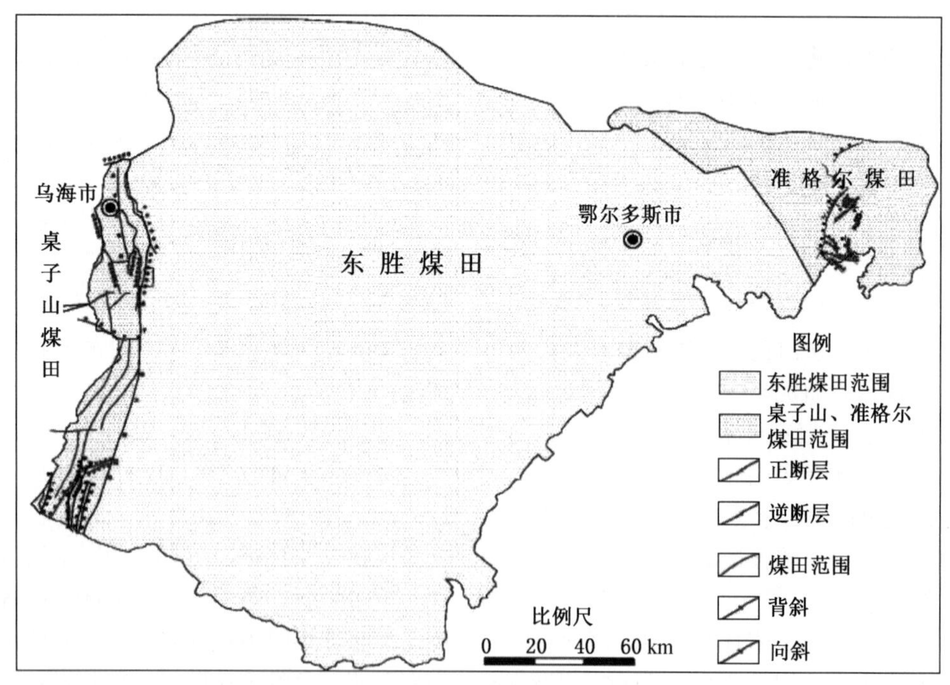

图2-1-1 鄂尔多斯盆地（北缘）构造及煤田分布示意图

可采煤层埋深在 3.13～1439.00 米，自东向西埋藏深度加大。区内有 7 层主要可采煤层，分别是 2－2、3－1、4－1、4-2、5-1、6-1、6-2，其层位、厚度均为较稳定的中厚煤层。

2 号煤组在煤田内单层煤层厚度大，煤层厚度变化较快，横向连续性差，厚度总体南部大于北部。一般含煤 3～5 层，其中 2-2 煤层发育最好，可采面积最大，不含夹矸或 1~2 层夹矸。

3 号煤组主要可采煤层厚度大于 6 米的富煤带分布于北部区的东西两侧，东胜-伊金霍洛旗一线仍是主要的富煤带轴心地区。一般含煤 3～5 层，可采煤层 4 层，3-1煤层为主要可采煤层，含 1~2 层夹矸。

4 号煤组主要可采煤层厚度大于 6 米的富煤带分布在东胜至伊金霍洛旗一线，一般含煤 2～4 层，主要可采煤层 2 层（4-1、4-2 煤层），含 1~3 层夹矸。

5 号煤组主要可采煤层厚度大于 8 米的富煤带在北部的杭锦旗和东胜地区，西缘富煤带范围明显减小并呈南北带状分布，在煤田东北部有缺失。一般含煤 4~7 层，可采煤层 5 层，主要可采煤层 1 层（5-1 煤层），含 0~2 层夹矸。

6 号煤组主要可采煤层厚度大于 8 米的富煤带主要位于东胜至伊金霍洛旗一线，在煤田西部断裂附近也有大面积的分布，向北向南两个方向变薄，在煤田北部青达门—高头窑—塔然高勒一线缺失。一般含煤 1~5 层；主要可采煤层 2 层（6-1、6-2 煤层），含 1~4 层夹矸。

东胜煤田主要可采煤层特征见表 2-1-1。

表 2-1-1 东胜煤田主要可采煤层特征一览表 米

煤层编号	煤层埋深	自然厚度	可采厚度
2-2	5.43～1319.45	0.05～13.01	0.80～13.01 / 2.69
3-1	5.20～1367.69	0.10～10.19	0.80～10.19 / 3.27
4-1	3.13～1414.95	0.10～9.10	0.86~9.10 / 2.45
4-2	10.38～1430.95	0.05～7.50	0.80～7.50 / 1.86
5-1	2.56～1457.57	0.10～8.36	0.85～8.36 / 2.68
6-1	6.15～1383.40	0.14～3.96	0.80～3.96 / 1.60
6-2	2.85～1439.00	0.15～10.96	0.80～10.96 / 3.04

二、准格尔煤田

准格尔煤田位于鄂尔多斯市东部，行政区划属准格尔旗管辖。煤田南北最长处 73 千米，东西最宽处 90 千米，面积 5700 平方千米。

准格尔煤田含煤地层主要为太原组和山西组，太原组一般含 5 个煤组，即 6、7、8、9、10 号煤组，其中全区发育的主要可采煤组为 6、9 号煤组，8 号煤组，在区内局部可采，为不稳定煤层；山西组一般含 5 个煤组，即 1、2、3、4、5 号煤组，其中局部发育的可采煤层为 3、5 号煤组，不稳定、局部可采。山西组含煤系数 7.88%，太原组含煤系数 31.56%，山西组、太原组总含煤系数 22.71%。

区内共见可采煤层 6 层，即 3、5、6（6Ⅰ、6Ⅱ、6Ⅲ、6Ⅳ、6Ⅴ、6Ⅵ）、8、9上、9（9Ⅰ、9Ⅱ、9Ⅲ、9Ⅳ）号煤层，其中 3、5、8 号煤层，在区内局部可采，为不稳定煤层；6、9 号煤层在含煤区内基本全区可采，结构较简单—复杂，为较稳定煤层。各可采煤层的发育特征及变化规律自上而下记述如下：

（1）3 号煤层：位于山西组中部，分布零星，主要分布于煤田北段的塔哈拉川西侧和西南部。煤层自然厚度0.10~4.27米，平均0.74米。为不稳定煤层，局部可采。

（2）5号煤层：位于山西组中下部，主要分布于煤田西部，在准格尔南部详查区的中西部最厚，煤层自然厚度0.10~7.14米，平均2.36米。经126个钻孔统计，变异系数69%，标准差1.60米。

（3）6号煤层：6号煤层位于太原组的顶部，煤层自然厚度0.51~42.12米，平均23.06米。经241个钻孔统计，厚度变异系数33.40%，标准差7.70米，煤层属厚度层状，上部结构复杂，中下部结构简单，煤层及其结构的对比研究可分为6个分煤层段，6（Ⅰ~Ⅵ），在黑岱沟矿区中6个煤层段发育齐全。在煤田北部结构尤其复杂，薄煤层与夹矸互层，含有高灰煤。6号煤层属于全区可采的较稳定的煤层。

（4）8号煤层：主要分布在龙王沟、塔哈拉川以南，煤层自然厚度0.10~2.15米，平均0.75米，在煤田西南端合并为6号煤层，局部可采。

（5）9号煤层：位于太原组中部，煤层自然厚度0.15~14.76米，平均3.65米。经237个钻孔统计，厚度变异系数76.40%，标准差2.80米，煤层结构复杂—简单，夹矸岩性为炭质泥岩、高岭石泥岩和泥岩，由于夹矸岩性发生相变和厚度的增大，在局部地段9号煤层分叉，分为4个分煤层段，9（Ⅰ~Ⅳ），9（Ⅰ~Ⅱ）合并为9上煤层，9（Ⅲ~Ⅳ）合并为9号煤层。9号煤层在煤田的总体变化是南部厚北部薄。在哈尔乌素矿区和黑岱沟矿区以北煤层厚度一般4~6米，在小鱼沟矿区最厚达12米，而在煤田南部一般厚度2~4米，在红树梁矿区厚度仅1~2米。这种南北方向上的厚度变化与成煤后期的海侵有关，在东西方向上的变化由于受成煤前自北而南分流河道的影响，在矿区的中间形成一个南北向的薄煤带，在薄煤带的东西两侧煤层厚度增大。综上所述，9号煤层虽然厚度变化较大，但其变化规律明显，全区大部可采，仍属于较稳定煤层。

准格尔煤田主要可采煤层特征见表2-1-2。

表2-1-2 准格尔煤田主要可采煤层特征一览表 米

煤层编号	含煤地层	煤层自然厚度 最小~最大 平均	可采厚度 最小~最大 平均
3	山西组	0.18~16.08 3.75	0.80~11.51 3.50
5		0.10~14.50 2.36	1.00~12.40 3.94
6	太原组	0.51~42.12 23.06	1.48~30.44 14.38
8		0.20~13.63 2.83	0.84~8.73 2.80
9		0.15~14.76 3.65	0.80~11.64 3.24

三、桌子山煤田

桌子山煤田位于乌海市、鄂尔多斯市西部，行政区划隶属乌海市和鄂尔多斯市鄂托克旗、鄂托克前旗，面积2377平方千米。

（一）含煤性

桌子山煤田主要含煤地层为石炭系上统太原组（C_2t）和二叠系下统山西组（P_1s），含煤0~28层，一般6~13层，平均11层。含煤厚度0.83~4.28米，平均1.75米，可采煤层厚0.98~4.28米，平均1.73米，含煤率为4.40%。次要含煤地层为侏罗系中下统延安组（$J_{1-2}y$）（主要参考千里山、乌仁都西及苦草洼三区数据）含煤6~13层，含煤厚度1.43~7.42米，平均3.59米，可采煤层厚度2.06~8.53米，平均4.02米，含煤系数3.30%。

（二）可采煤层

桌子山煤田含可采煤层30层，其中侏罗纪含煤地层含可采煤层11层，即2-2、3-1、3-3、4-1、4-2、4-3、5、6、8、15、18煤层分布于上海庙矿区、乌仁都西及其以北地区，均为局部可采煤层；石炭—二叠纪含煤地层含可采煤层19层，即1、2、3、5、7、8、9-1、9-2、10、12、13、14、15、16-1、16-2、16-3、17-1、17-2、17-3，其中8、9-1、9-2、10、16-1、16-2、17-1煤层为全区或大部可采煤层，其余煤层为局部可采煤层，

桌子山煤田主要可采煤层特征详见表2-1-3。

表2-1-3 桌子山煤田主要可采煤层特征一览表 米

含煤地层	煤层	煤层厚度	可采厚度
二叠系下统山西组—石炭系上统太原组	1	0.40~5.00 1.73	1.08~5.00 1.98
	3	1.39~6.32 4.28	1.39~6.32 4.28
	5	1.74~6.67 3.46	1.74~6.67 3.46
	7	0~3.06 1.33	0.72~2.52 1.33
	8	0~7.40 1.45	1.70~7.40 1.58
	9-1	0~10.67 2.64	0.70~7.03 2.29
	9-2	0~8.13 2.02	0.70~6.79 1.71
	10	0~3.84 1.12	0.70~3.28 1.12
	12	0~8.05 1.84	0.70~6.13 1.77

表2-1-3（续） 米

含煤地层	煤层	煤层厚度	可采厚度
二叠系下统山西组—石炭系上统太原组	13	0~4.53 0.87	0.70~2.00 0.98
	14	0~4.54 1.10	0.70~4.18 1.14
	15	0~5.65 1.01	0.70~4.26 1.15
	16-1	0~14.31 1.97	0.70~11.71 1.83
	16-2	0~7.25 1.78	0.70~6.80 1.69
	16-3	0~4.37 1.33	0.70~4.24 1.41
	17-1	0~5.70 1.68	0.70~2.65 1.17
	17-2	0.19~3.02 0.83	0.7~3.02 1.10
	17-3	0~3.45 1.08	0.70~3.45 1.21
侏罗系中下统延安组	2-2	0~5.41 2.47	0.77~4.51 2.60
	3-1	0~13.99 5.83	1.04~13.99 6.20
	3-3	0~16.45 3.24	1.09~16.03 3.92
	4-1	0~9.64 3.15	0.82~9.41 3.47
	4-2	0~7.68 1.43	0.80~7.68 2.38
	4-3	0~16.24 2.78	0.88~16.11 3.23
	5	0~12.38 4.13	0.81~11.86 4.78
	6	0~22.97 7.42	0.86~22.97 8.53
	8	1.52~5.25 3.83	1.52~5.25 3.83
	15	1.36~6.59 3.19	1.36~6.59 3.19
	18	0.35~5.46 2.00	0.80~5.46 2.06

四、乌兰格尔煤田

勘查区含煤地层为石炭系上统太原组及二叠系下统山西组，属陆相沉积，其岩性、岩相变化较大，厚度较稳定，岩性主要为黄褐色、灰黄色长石石英砂岩，灰色、灰黑色、紫红色泥岩，黏土岩及煤层。该套地层由南向北受古地貌的影响逐渐变薄。

太原组含2个煤组，即6、9号煤组，含煤3层，其编号由上至下依次为$6_{上}$、6、9号，达到可采的煤层有2层，其编号依次为$6_{上}$、6号。

山西组含4号煤组，有编号的煤2层，其编号为$4_{上}$、4号，其余为不可采煤层。

石炭系上统太原组平均厚度56.92米，煤层平均厚度3.23米，太原组含煤系数为5.7%；二叠系下统山西组平均厚度54.69米，煤层平均厚度6.92米，山西组含煤系数为12.7%。

第三节 水文地质与开采条件

一、气候

鄂尔多斯市属典型的温带大陆性气候。年日照时间2700~3200小时。年平均气温5.3~8.7℃，平均月最低气温-10~-13℃，7月平均气温为21~25℃，东部地区降水量300~400毫米，西部地区降水量190~350毫米，全年降水集中在7—9月。蒸发量大，年蒸发量达2000~3000毫米。

二、河流

黄河从鄂尔多斯市西南至东南环流860千米，中经东胜煤田北部外围及准格尔煤田东部外围后再经山西省河曲一带流入山西及陕西省境内。东胜煤田范围内河谷属黄河水系，其中较大的有位于达拉特旗中部的罕台川，发源于东胜区罕台庙乡石家渠，向北流经青达门、耳字壕、树林召、大树湾等乡（镇），全长77.4千米，流域面积874.7平方千米，旧有“鄂尔多斯十三兑，最大数罕台川”之说。乌兰木伦河位于伊金霍洛旗东北部，发源于合同庙乡的合同川，全长138千米，流域面积2991平方千米，从西北向东南流经合同庙、红海子、哈巴格奇、布尔台格、布连等乡经陕西省府谷县北汇入悖牛川，然后流入黄河。

在准格尔煤田范围内属黄河水系较大的河谷有十里长川，位于准格尔旗东部，发源于布尔陶亥乡东南的碾房渠，从北向南流经巴润哈岱、海子塔、长滩乡，在马栅乡注入陕西省境内黄浦川，全长72千米，两岸支流20余条。由于准格尔煤田煤层底板均高于黄河水位，故煤田范围内第四系地层潜水不易被黄河补给。

三、水文地质及开采技术条件

（一）东胜煤田

煤田内的含水岩层有第四系松散层孔隙潜水含水组，侏罗—白垩系碎屑岩孔隙、裂隙潜水、承压水含水岩组。

第四系冲、洪积层含水层厚度一般2~8米，最厚达36.19米，水位埋深一般4~15米；单位涌水量$q=0.000611\sim1.1574$升/(秒·米)，渗透系数$K=0116\sim5.34$米/天，矿化度0.193克/升，水化学类型HCO_3Ca型。

上更新统萨拉乌素组为灰—深灰色粉细砂及黏土夹层，只在西南部出露，厚度一般10~40米，最厚可达到107.03米；单位涌水量$q=0.0016\sim3.74$升/(秒·米)，水位标高1152.50~1297.90米，矿化度0.8克/升，水化学类型HCO_3—Na型。

志丹群含水岩组岩性为黄绿色、紫红色砾岩和砂岩夹粉砂岩、泥岩，含水层厚度一般 15.52～122.00 米；单位涌水量 q=0.0078～2.04 升/(秒・米)，水位标高 1302.74～1437.93 米，水化学类型 HCO_3—K+Na 型，矿化度 0.25 克/升；浅部多为孔隙、裂隙潜水，深部多为承压水。

侏罗系地层孔隙、裂隙承压水含水岩组，包括侏罗系中统安定、直罗组、中、下统延安组，地层厚度 200～400 米；q=0.00027～0.0261 升/(秒・米)。水位标高 1284.98～1334.00 米，矿化度 0.186～0.951 克/升，水化学类型 HCO_3—Ca 型和 Cl—HCO_3—K+Na 型；属孔隙裂隙承压水。

煤系基底三叠系上统延长组孔隙、裂隙含水岩组，岩性为灰绿色含砾粗砂岩，夹紫褐色、灰黑色粉砂质泥岩，钻孔揭露最大厚度 78.75 米；单位涌水量 q=0.000308～0.253 升/(秒・米)，水位标高 1252.23～1325.19 米，矿化度 1.152～0.66 克/升，水化学类型 HCO_3—Ca 型和 Cl—K+Na 型和 HCO_3・Cl・SO_4—Na 型；属孔隙、裂隙承压水。

煤田内煤层顶底板岩石抗压强度自然状态平均为 30 兆帕左右，煤层顶底板岩石的稳固性较差。瓦斯含量 0～6.75 立方米/吨，一般为瓦斯风化带，矿井均为低沼气矿井；煤尘具爆炸性，易自燃，地温梯度小于 3 ℃/100 m，地温正常。在煤田深部区，因煤层埋藏深度大，有瓦斯和高温区存在的可能性。区内各矿区环境质量中等。

（二）准格尔煤田

煤田内含水层有第四系冲洪积含水层及基岩含水层。

第四系含水层厚度一般 0.5～3 米。该含水层含孔隙潜水，富水性不均一，分布范围小，矿化度小于 1 克/升，以 HCO_3—Ca・Mg・Na 型水为主。

白垩系下统志丹群含水层厚度 0～368.49 米，平均 183.49 米，含水层岩性以细、中、粗砂岩为主，水位埋深 16.35 米，单位涌水量 0.00171 升/(秒・米)，矿化度 0.28 克/升，为 HCO_3—Mg・Ca 型水。三叠系下统刘家沟组地层厚度 0～382.20 米，平均 187.45 米，水位埋深 1～35.62 米，水位标高 965～1126 米，含水层为砂岩，单井涌水量一般 30～60 立方米/天。矿化度小于 1 克/升，水化学类型多为 HCO_3—Ca・Mg 型。孙家沟组地层厚度 0～209.8 米，平均 153.87 米。岩性以泥岩、砂质泥岩、粉砂岩为主，间夹砂岩、细砾岩透镜体弱含水层，隔水性较好，单位涌水量 0.033～0.039 升/(秒・米)，水质为 HCO_3—Ca・Mg 型，矿化度 0.207 克/升。石盒子组地层平均厚度 280 米，水位埋深 216.75 米，单位涌水量 0.0095 升/(秒・米)，为 HCO_3—Ca・Mg 型水。山西组和太原组含水层岩性为砂岩，水位埋深 99.98～226.38 米，单位涌水量 0.0014～0.0091 升/(秒・米)，矿化度 0.407～1.930 克/升。

奥陶系含水岩组，水位标高 864.40～870.65 米，单位涌水量 1.181～4.07 升/(秒・米)，富水性强。243 孔矿化度 2.831 克/升，为 Cl—Na 型水。

水文地质类型为第二——类第一型，裂隙—孔隙充水的水文地质条件简单的矿床。

各煤层顶底板岩石抗压强度值多小于 30 兆帕，为软弱岩类，个别地段岩层岩石抗压强度值在 30～60 兆帕，以软弱岩石为主，半坚硬岩石次之，稳固性较差。

工程地质类型为第三类第二型：层状岩类、工程地质条件中等型的矿床。

矿山开采对土地、自然景观和含水层造成一定破坏，地质环境类型确定为：第二类，地质环境质量中等。

瓦斯样品的 CH_4 含量 0.00~1.39 立方米/吨，平均 0.09 立方米/吨；各种气体总量 0.03~9.92 立方米/吨，平均 3.40 立方米/吨，局部气体总量大于 8 立方米/吨。各主采煤层具有煤尘爆炸危险性，自燃倾向性为容易自燃—自燃。地温梯度正常，在 800 米以浅对矿井开采无地热危害。但随着勘探、开采深度的加大，可能存在地热危害。

矿床开采技术条件勘查类型划分为开采技术条件中等的复合问题型的矿床即Ⅱ-4 型。

（三）桌子山煤田

1. 石炭二叠纪

煤田内含水层包括第四系含水层、石炭二叠系碎屑岩含水层及奥陶系含水层。

第四系松散层潜水含水层，岩性为灰黄色亚砂土、砂及砾石，冲洪积砂砾石层等，在全区分布广泛。地层厚度 3.20~24.25 米，平均 11.35 米。单位涌水量 q= 0.679 升/(秒·米)，渗透系数 k=16.02 米/天，水化学类型为 HCO_3—Ca·Na 型。

二叠系碎屑岩类承压水含水层，岩性为杂色中粗粒砂岩、砂质泥岩，夹泥岩及薄层黏土岩。含水层厚度 79.08 米，单位涌水量 q=0.0659~0.132 升/(秒·米)，渗透系数 k=0.0476~0.525 米/天，含水层的富水性弱。

石炭系—二叠系碎屑岩类承压水含水层岩性为灰白色、灰色粗、中粒砂岩，灰黑色、深灰色砂质泥岩，夹泥岩、粉砂岩及煤层。含水层厚度 41.50~94.50 米，地下水位埋深 13.50 米，水位标高 1252.96 米，水位降深 S=48.68 米，单位涌水量 q=567 升/(秒·米)，渗透系数 k=942 米/天，溶解性总固体 1617 毫克/升，pH 值为 7.5，F 含量 1.59 毫克/升，水化学类型 Cl·SO_4—Na 型水。

奥陶系石灰岩承压水含水层，岩性为灰色厚层状生物碎屑灰岩、石灰岩、夹灰白色石英砂岩，钻孔揭露厚度 3.12~4.86 米，据区域地层资料，地层厚度大于 200 米，单位涌水量 q=0.317~0.349 升/(秒·米)，渗透系数 k=0.330~1.060 米/天。

煤田内岩石抗压强度在吸水状态大部分小于 30 兆帕，部分砂质泥岩遇水后崩解破坏。自然状态大部分岩石大于 30 兆帕，少量小于 30 兆帕。主要可采煤层 CH_4含量在 0.09~3.19 毫升/克，曾多次发生瓦斯爆炸。煤尘有爆炸性，易自燃，地温梯度小于 3 ℃/100 米，无地温异常。区内地质环境质量中等。

2. 侏罗纪

区内的侏罗纪煤田含水岩组划分为两大类，即松散岩类孔隙潜水含水岩组和碎屑岩类裂隙、孔隙潜水—承压水含水岩组。

第四系松散岩类孔隙潜水岩组岩性为各种粒级的砂、冲洪积砂砾石等、分布于各大沟谷，厚度 0.95~11.29 米，平均 5.46 米，水位埋深 0.15~3.75 米，q= 0.06~0.71 升/(秒·米)。

志丹群裂隙—孔隙潜水含水层，岩性主要由砂砾岩及泥质充填的砾岩。厚度 0~101.46 米，平均 43.27 米，水位标高一般 1384.12~1395.70 米，单位涌水量 q= 0.078~0.058 升/(秒·米)，渗透系数 k=0.04 米/天，水化学类型 HCO_3 SO_4·Cl—NaHCO_3—Ca·Na·Mg 型水，溶解性总固体 450~460 毫克/升，富水性弱。

侏罗系含水岩组岩性为中粗砂砾岩、粗砂岩夹薄煤层。单层含水层厚度 0~86.32 米，平均 34.44 米。水位埋深 0.69~78.59 米，单位涌水量 q=0.0461 升/(秒·米)，水化学类型 Cl·SO_4—K·Na 及 HCO_3·Cl—Na 型水，溶解性总固体 492~764 毫克/升。

三叠系上统延长组（T_3y），岩性为粗砂岩，含砾粗砂岩，揭露厚度 2.09～35.56 米，平均 19.28 米，水位埋深 38.26～86.51 米，单位涌水量 $q=0.151\sim0.793$ 升/(秒·米)，渗透系数 $k=1.07\sim2.39$ 米/天，水化学类型 Cl·SO_4—Na 型水，溶解性总固体 1330～1748 毫克/升，含孔隙裂隙潜水—承压水，富水性中等，为区内直接充水含水层。

区内侏罗纪煤田煤层中瓦斯含量低，煤尘具有爆炸性，地温梯度正常，无高温区，环境质量中等。

第二章　地　质　勘　查

第一节　队伍与成果

一、勘查队伍

20 世纪 50—70 年代中期，地质部清水河普查大队、华北地质局 203 普查队、内蒙古地质局普查队等先后在伊克昭盟进行了不同勘查程度的煤田地质工作。20 世纪 70 年代中期至 90 年代末，内蒙古自治区煤田地质局 117 队、153 队、151 队、147 队、内蒙古地矿局所属地勘单位做了大量勘查、研究工作，取得了一批重要成果。

1954 年 7 月，华北第一勘探大队更名为华北煤田地质勘探局石拐子勘探大队。1955 年 7 月，更名为华北煤田地质局 117 队。1958 年秋，内蒙古自治区成立燃化工业厅，华北煤田地质勘探局将 117 队划归内蒙古燃化厅，同时，117 队由包头石拐子迁到伊克昭盟东胜。1959 年 6 月，117 队划归新成立的内蒙古煤炭工业管理局，117 队也迁到乌海。1963 年初，经煤炭工业部和内蒙古自治区人民委员会批准，内蒙古成立了地质勘探公司，117 队归属内蒙古煤田地质勘探公司。此后，117 队曾于 1971 年 11 月更名为内蒙古煤田地质勘探一队，1973 年 11 月更名为内蒙古煤田地质勘探公司 117 队。随着内蒙古煤田地质勘探公司变更为内蒙古煤田地质局以后，117 队也随着变名。2001 年 17 队更名为 117 勘探队。队部于 1983 年春迁至东胜。

内蒙古石油局 101 队、内蒙古地矿局第一地质大队、105 队、108 队、104 队等在鄂尔多斯市地区进行过煤田地质勘查工作。2000 年以后，还有内蒙古地矿局的勘探队，内蒙古有色地质局的勘探队，内蒙古煤田地质局的 109 队、104 队等在鄂尔多斯市地区进行煤田地质勘查工作。

在鄂尔多斯市地区进行煤田地质勘查工作的外省勘探队伍有地质部 203 队、205 队，黑龙江煤田地质勘探队，宁夏煤田地质勘探队，甘肃省煤田地质勘探队，陕西省煤田地质勘探队，河北省煤田地质勘探队，中国煤田地质总局水文地质勘探队，山东省煤田地质勘探队，安徽省煤田地质勘探队等。

二、勘查成果

1893 年俄国地质学家奥勃鲁契夫调查狼山、色尔腾山及乌拉山，然后自三盛公过黄河，沿桌子山西部穿越鄂尔多斯地区到达陕北，再经银川过贺兰山到巴音浩特，为此行他著有游记及报告。1920 年，法国地质学家德日进及李森艾迈二氏，曾在桌子山区工作，并分别在 1924 年《法国地质学汇报》第二十四卷第四期及《中国地质学会志》第三卷第一期发表相关报告，报告中简述了桌子山的构造与地层，并确定了石炭二叠系及煤系的存在。

1923 年，德日进氏进入后套至鄂尔多斯西部进行地质矿产调查。

从 1949 年新中国成立以后到改革开放初期的，伊克昭盟煤炭资源勘查取得了一些重要成果。下面将这一时期的桌子山、东胜和准格尔煤田的勘查成果分述如下：

桌子山煤田。1953 年，地质部桌子山普查队曾对全煤田进行普查工作，填绘 1∶100000 地质图，实测 1∶50000 地质图，并著有下列报告：①桌子山煤田普查报告（1953 年提交）；②伊克昭盟桌子山区西部及南部煤田普查临时报告。

1954 年，地质部 205 队在卡布其井田进行详勘完成以下工作：①1∶5000 地形地质测量 50 平方千米；②完成钻探进尺共 8200 米。

1955 年，提交卡布其详勘报告一件获得各类储量：

（1）北部区旧洞沟井田：A_2级储量 3280.3 万吨，B 级储量 3394.8 万吨，C_1级储量 6495.8 万吨，A_2+B 级储量 6675.1 万吨，A_2+B+C_1级储量 13170.9 万吨。

（2）南部区卡布其井田：A_2级储量 3388.2 万吨，B 级储量 6740.1 万吨，C_1级储量 24535.4 万吨，A_2+B 级储量 10128.3 万吨，A_2+B+C_1级储量 34663.7 万吨。

1959 年，117 队根据内蒙古煤炭工业管理局的指示，首先开展了桌子山煤田地质调查工作，并根据以往地质成果确定，桌子山含煤面积大，煤种为焦肥煤，可进行大规模勘探工作。在这个基础上，经请示上级的同意，117 队决定将工作重点转移到桌子山煤田，队部由东胜迁往海勃湾拉什仲庙，东胜作为一个工区继续施工。

1970 年，147 地质勘探队完成了桌子山煤田棋盘井普查报告，获得储量 64051 万吨。

1975 年，117 队提交桌子山棋盘井详查报告，详查面积 54.5 平方千米，先后共施工 67 孔，钻探总工程量 23872 米，获得储量 62500 万吨。

1975 年，151 队提交桌子山阿尔巴斯普查报告，普查面积 14 平方千米，施工 25 孔，钻探工程量 7652.5 米，获得储量 14950 万吨。

东胜煤田。煤田地质勘查工作始于 20 世纪 50 年代末，先后由石油、地矿、煤炭等部门的地勘单位在煤田内进行勘查工作。

1958 年下半年，117 队根据踏勘找矿的结果，对伊克昭盟东胜煤田的资料进行了充分的研究，认为东胜煤田面积大，煤层厚，煤质好构造简单，可进行精查勘探。经请示上级，同意在东胜建立队部，并与年底前将全部钻机撤出石拐子矿区迁往东胜施工。

1970 年，147 地质勘探队完成了东胜煤田的普查找煤工作，普查面积达 5629 平方千米，评价煤炭资源远景储量为 9277159 万吨（其中包括陕西省神府煤田 142 亿吨储量），找矿储量 1069286 万吨。

1985 年 7 月 1 日，华能精煤公司伊克昭盟分公司委托内蒙古 151、105、108、117、104 地质队在东胜矿区的布连、布尔台、新庙等精煤区展开了大规模的地质勘查工作。

1985 年 12 月，内蒙古煤田地质勘探公司完成了《东胜煤田布连矿区、东马家塔露天勘探报告》。这是东胜煤田第一份可供建井的地质报告。

准格尔煤田。自 1952 年起，先后由地质部所属地质队对准格尔煤田进行不同程度的工作。

1953 年，中央人民政府地质部指派叶绍勤等人组成了清水河普查队，从 5 月 5 日至 9 月 25 日，利用四个多月时间在准格尔旗东部 1100 平方千米范围内进行地质调查，写出了《绥远省伊克昭盟准格尔旗煤田地质报告》和《绥远省伊克昭盟准格尔旗煤田普查报告》。报告将煤田内煤的牌号确定为长焰煤，初步确定煤田面积 800 平方千米，煤储量 191 亿吨。

1954 年，华北地质局 203 队普查队在准格尔煤田填绘 1：50000 地形地质图 1524 平方千米，并进行了槽井探工作，采煤层大样一个，计算地质储量 233 亿吨。编著《内蒙古准格尔煤田普查报告》，提出煤层产状平缓，煤层较厚，浅部可作为露天开采。

1956 年，华北地质局再次组织 203 队进入准格尔煤田进行普查初勘工作，203 队根据煤层分布和自然地理等条件将准格尔煤田划分为六个矿区：

（1）平地窑沟矿区，位于准格尔煤田北部。

（2）窑沟矿区，位于平地窑沟矿区以南，以煤层赋存浅部区为主。

（3）焦稍沟矿区，位于窑沟矿区以西。

（4）哈尔乌素矿区，位于窑沟矿区和焦稍矿区以南。

（5）磁窑沟矿区，位于煤田南部。

（6）十里长滩矿区，位于煤田西部，煤层赋存属于中深部地带。

1957 年，203 队编著了《准格尔煤田地质普查年终报告》。

内蒙古地质局准格尔地质队在 1957 年工作的基础上，选择窑沟矿区东部煤层赋存较浅地带进行详勘（精查），并提交了伊克昭盟准格尔煤田、窑沟矿区东露天井田、西露天井田及上山井田详勘地质报告：

（1）绘制 1：2000 地形图 40. 37 平方千米，1：5000 地形地质图 16. 25 平方千米，施工钻孔 99 个，钻探进尺 21929. 98 米，采取煤质大样 8 套。

（2）获得储量：东露天井田，勘探面积 5. 8 平方千米，A_2级储量 1121. 6 万吨，B 级储量 6783. 8 万吨，C_1 级储量 7260. 4 万吨，A_2+B 级储量 17999. 8 万吨，A_2+B+C_1 级储量 25260. 2 万吨。西露天井田，勘探面积 9. 5 平方千米，A_2级储量 2305 万吨，B 级储量 8796. 8 万吨，C_1级储量 18678. 4 万吨，C_2 级储量 681. 3 万吨，A_2+B 级储量 11101. 8 万吨，A_2+B+C_1级储量 29780. 2 万吨。

上山井田，勘探面积 7. 1 平方千米，A_2级储量 169. 0 万吨，B 级储量 1163. 6 万吨，C_1级储量 9037. 7 万吨，C_2级储量 5846. 6 万吨，A_2+B 级储量 1532. 6 万吨，A_2+B+C_1级储量 10570. 3 万吨，总计获得 A_2+B+C_1级储量 65610. 7 万吨。

1975 年，内蒙古煤炭工业管理局在制定内蒙古煤炭工业发展远景规划时，把重点放在西部区。权衡准格尔煤田和东胜煤田的利弊关系之后，认为准格尔煤田具备露天开采的优越条件，交通较为方便而且煤质为良好的动力煤，准格尔煤田煤层厚、埋藏浅、储量大、具有大规模开发的前景，尤其是露天开采产量大、成本低、管理方便，用工省。所以 1975 年底，内蒙古煤炭工业管理局集中煤田地质公司优势兵力，采取打歼灭战的办法，力争高速度拿下准格尔煤田露天勘探项目以作为内蒙古煤炭工业发展的重点。

1976 年 1 月，准格尔煤田大会战——准格尔旗窑沟会议召开，决定从 1976 年起，由117队、151队、153队以集中兵力打歼灭战的方式，参加准格尔煤田露天地质勘探会战。准格尔会战是内蒙古及鄂尔多斯煤炭工业发展新的里程碑。

1976年，153队提交准格尔煤田窑沟露天详查报告，详查面积88平方千米，共施工190孔，钻探进尺39289.85米，获得储量171921.1万吨。

1978年，153队提交黑岱沟普查报告，面积218平方千米，先后施工85孔，钻探进尺25684.19米，获得储量616659万吨。

1978年，153队提交黑岱沟露天详查报告，详查面积55平方千米，施工89孔。完成钻探工程量18316.48米，获得储量190189万吨。

至1979年8月，准格尔煤田会战集中三个队的兵力，历经三年时间，完成窑沟区露天详、精查勘探，提交A_2+B+C_1级储量91348.7万吨。由153队提交了准格尔煤田黑岱沟露天精查报告，勘探面积58平方千米，提交储量208036.6万吨，为建设特大型露天矿提供了地质依据。151队递交东孔兑普查报告193平方千米，施工53孔，钻探工程量17695米，获得储量572516万吨。在不到三年时间内，探明储量近140亿吨，而且提交两件大型露天报告，确定了全国五大露天之一的准格尔煤田黑岱沟露天矿的地位。1983年，151队提交了黑岱沟露天精查补充报告（储量与原报告接近）。

1986—1990年（“七五”计划期间），伊克昭盟共提交煤炭地质勘查详查报告5件，勘查面积1046.2平方千米，提交储量1859713.8万吨；提交勘探（精查）报告12件，勘查面积336.58平方千米，提交储量669046.5万吨；提交补勘报告1件，勘查面积6.8平方千米，提交储量16376万吨。1986—1990年全盟地质报告提交情况详见表2-2-1至表2-2-5。

表2-2-1 1986年全盟煤炭地质报告提交情况

地质报告名称	提交报告单位	报告性质	提交储量（万吨）	煤种	勘查面积（平方千米）
准格尔煤田牛连沟井田煤炭详查报告	153	详查	50886.4	长焰煤	55.5
东胜煤田铜匠川矿区煤炭详查报告	117	详查	1262421.4	不黏煤	700

表2-2-2 1987年全盟煤炭地质报告提交情况

地质报告名称	提交报告单位	报告性质	提交储量（万吨）	煤种	勘查面积（平方千米）
东胜煤田补连矿区煤炭详查报告	151	详查	490859	不黏煤	258

表2-2-3 1988年全盟煤炭地质报告提交情况

地质报告名称	提交报告单位	报告性质	提交储量（万吨）	煤种	勘查面积（平方千米）
东胜煤田寸草塔一井煤炭详查报告	117	详查	26113	不黏煤	16.5

表 2-2-3（续）

地质报告名称	提交报告单位	报告性质	提交储量（万吨）	煤种	勘查面积（平方千米）
东胜煤田寸草塔二井煤炭详查报告	117	详查	29434	不黏煤	16.2
东胜煤田李家塔井田煤炭勘探报告	151	勘探	72659	不黏煤	37.37
东胜煤田武家塔井田煤炭勘探报告	151	勘探	32971	不黏煤	17.5
东胜煤田马家塔井田煤炭勘探报告	151	勘探	22183	不黏煤	11.52
准格尔煤田小鱼沟矿区煤炭勘探报告	153	勘探	41722	长焰煤	23

表 2-2-4 1989 年全盟煤炭地质报告提交情况

地质报告名称	提交报告单位	报告性质	提交储量（万吨）	煤种	勘查面积（平方千米）
东胜煤田碾盘梁井田煤炭勘探报告	117	勘探	26984	不黏煤	10
东胜煤田霍洛湾井田煤炭勘探报告	151	勘探	26013	不黏煤	16.0
东胜煤田上湾矿区煤炭勘探报告	151	勘探	67878	不黏煤	41.2
东胜煤田尔林兔矿区煤炭勘探报告	151	勘探	131947	不黏煤	65.0
准格尔煤田唐公塔井田煤炭勘探报告	153	勘探	30389	不黏煤	11.5
准格尔煤田官板乌素井田勘探报告	153	勘探	11652	长焰煤	4.45

表 2-2-5 1990 年全盟煤炭地质报告提交情况

地质报告名称	提交报告单位	报告性质	提交储量（万吨）	煤种	勘查面积（平方千米）
东胜煤田万利一井煤炭补勘报告	117	补勘	16376	不黏煤	6.8
东胜煤田宋家梁井田煤炭勘探报告	117	勘探	34741.5	不黏煤	16.04
东胜煤田呼和乌素井田煤炭勘探报告	151	勘探	169907	不黏煤	83.0

1991—1995年（“八五”计划期间），共提交煤炭地质勘查详查报告5件，勘查面积646.5平方千米，提交储量902746万吨；提交普查报告2件，勘查面积828.8平方千米，提交储量1380522万吨；提交勘探（精查）报告3件，勘查面积24.11平方千米，提交储量45703.1万吨；提交补勘报告1件，勘查面积36.7平方千米，提交储量76492万吨。1991—1995年地质报告提交情况详见表2-2-6至表2-2-10。

1996—2000年（“九五”计划期间），共提交煤炭地质勘查普查报告1件，勘查面积730平方千米，提交储量255596万吨。2000年地质报告提交情况详见表2-2-10。

表2-2-6 1992年全盟煤炭地质报告提交情况

地质报告名称	提交报告单位	报告性质	煤种	提交储量（万吨）	勘查面积（平方千米）
东胜煤田宋家渠二井煤炭勘探报告	117	勘探	不黏煤	34742	16.0
东胜煤田补连塔井田煤炭补勘报告	151	补勘	不黏煤	76492	36.7
东胜煤田布尔台区煤炭详查报告	117	详查	不黏煤	294337	173

表2-2-7 1993年全盟煤炭地质报告提交情况

地质报告名称	提交报告单位	报告性质	煤种	提交储量（万吨）	勘查面积（平方千米）
东胜煤田水塔沟露天矿区煤炭勘探报告	117	勘探	不黏煤	3473	2.96
东胜煤田范家村井田煤炭勘探报告	117	勘探	不黏煤	7488.1	5.15
东胜煤田万利川矿区煤炭详查报告	117	详查	长焰煤	192351	180.0
东胜煤田乌兰希里勘查区煤炭普查报告	151	普查	不黏煤	1217678	535.8

表2-2-8 1994年全盟煤炭地质报告提交情况

地质报告名称	提交报告单位	报告性质	煤种	提交储量（万吨）	勘查面积（平方千米）
东胜煤田柴登南勘查区煤炭详查报告	117	详查	不黏煤	337383	198.0
东胜煤田纳林庙煤矿煤炭详查报告	117	详查	不黏煤	14245	18.5

表 2-2-9 1995 年全盟煤炭地质报告提交情况

地质报告名称	提交报告单位	报告性质	煤种	提交储量（万吨）	勘查面积（平方千米）
东胜煤田勃牛川井田煤炭普查报告	117	普查	不黏煤	162844	293.0
东胜煤田宏景塔井田煤炭详查报告	117	详查	不黏煤	64430	74.0

表 2-2-10 2000 年全盟煤炭地质报告提交情况

地质报告名称	提交报告单位	报告性质	煤种	提交储量（万吨）	勘查面积（平方千米）
东胜煤田四道柳勘查区煤炭普查报告	117	普查	不黏煤	255596	730

2001—2005 年（“十五”计划期间），共提交煤炭地质勘查详查报告 14 件，勘查面积 885.81 平方千米，提交储量 589984 万吨；提交普查报告 2 件，勘查面积 634.43 平方千米，提交储量 271069 万吨；提交勘探（精查）报告 25 件，勘查面积 798.25 平方千米，提交储量 1539612 万吨；提交补勘报告 2 件，勘查面积 48.15 平方千米，提交储量 146865 万吨；提交预查报告 5 件，勘查面积 19973.22 平方千米，提交储量 28657884 万吨。2003—2005 年全市地质报告提交情况详见表表 2-2-11 至表 2-2-13。

表 2-2-11 2003 年鄂尔多斯市煤炭地质报告提交情况

地质报告名称	提交报告单位	报告性质	探明储量（万吨）	煤种	勘查面积（平方千米）
东胜煤田不拉峁西矿区煤炭详查报告	117	详查	8663	不黏煤	10.3
东胜煤田不拉峁东矿区煤炭详查报告	117	详查	9695	不黏煤	16.5
东胜煤田淖尔壕南矿区煤炭详查报告	117	详查	7388	不黏煤	12.4
东胜煤田淖尔壕北矿区煤炭详查报告	117	详查	7865	不黏煤	10.9
桌子山煤田阿尔巴斯南煤炭详查报告	117	详查	4232	1/3 焦煤	6.96
桌子山煤田棋盘井深 1 煤炭勘探报告	117	勘探	8300	1/3 焦煤	6.9

表 2-2-11（续）

地质报告名称	提交报告单位	报告性质	探明储量（万吨）	煤种	勘查面积（平方千米）
桌子山煤田棋盘井深 2 煤炭勘探报告	117	勘探	5030	1/3 焦煤	4.6
桌子山煤田阿尔巴斯北煤炭详查报告	117	详查	5198	1/3 焦煤	10.6
东胜煤田赛蒙特尔井田勘探报告	151	勘探	12389	不黏煤	14.91

表 2-2-12 2004 年鄂尔多斯市煤炭地质报告提交情况

地质报告名称	提交报告单位	报告性质	探明储量（万吨）	煤种	勘查面积（平方千米）
桌子山煤田棋盘井南部煤炭勘探报告	117	勘探	26497	1/3 焦煤	19.59
桌子山煤田库里火沙兔煤炭勘探报告	117	勘探	12800	1/3 焦煤	17.19
桌子山煤田白云乌素 11-15 区煤炭详查报告	117	详查	8252	1/3 焦煤	4.7
准格尔煤田酸刺沟井田煤炭勘探报告	117	勘探	99253	长焰煤	36.49
东胜煤田塔拉壕井田煤炭勘探报告	117	勘探	87656	不黏煤	42.57
东胜煤田高家塔区煤炭详查报告	117	详查	11777	不黏煤	16.9
东胜煤田尔林兔区煤炭详查报告	117	详查	44348	不黏煤	19.8
东胜煤田红庆梁中间煤炭详查报告	117	详查	88238	不黏煤	97.75
东胜煤田塔然高勒区煤炭详查报告	117	详查	171900	不黏煤	265.61
桌子山煤田布尔嘎斯太煤炭详查报告	117	详查	29469	1/3 焦煤	23.07
准格尔煤田酸刺沟井田煤炭补勘报告	151	补勘	19543	长焰煤	4.93
达旗乌兰格尔煤田煤炭预查报告	151	预查	51522	不黏煤	290.32
准格尔煤田榆树湾区瓷窑沟煤炭普查报告	151	普查	5635	长焰煤	7.35

表 2-2-12（续）

地质报告名称	提交报告单位	报告性质	探明储量（万吨）	煤种	勘查面积（平方千米）
准格尔煤田长滩区煤炭勘探报告	153	勘探	256674	长焰煤	67.11
准格尔煤田杨四圪咀井田煤炭勘探报告	153	勘探	114537	长焰煤	32.25
准格尔煤田龙王沟井田煤炭勘探报告	153	勘探	186941	长焰煤	52.59
东胜煤田铜匠川阿会沟井田勘探报告	煤田局地调院	勘探	5749	不黏煤	8.09

表 2-2-13 2005 年鄂尔多斯市煤炭地质报告提交情况

地质报告名称	提交报告单位	报告性质	探明储量（万吨）	煤种	勘查面积（平方千米）
东胜煤田湾图沟井田煤炭勘探报告	117	勘探	32515	不黏煤	24.84
东胜煤田塔然高勒扩大煤炭详查报告	117	详查	192959	不黏煤	347.68
东胜煤田油房壕东部煤炭预查报告	117	预查	139696	不黏煤	117
东胜煤田红庆梁井田煤炭勘探报告	117	勘探	57211	不黏煤	32.44
东胜煤田色连一井田煤炭勘探报告	117	勘探	72342	不黏煤	35.39
东胜煤田色连二井田煤炭勘探报告	117	勘探	59431	不黏煤	38.27
东胜煤田布尔台梁井田煤炭勘探报告	117	勘探	42860	不黏煤	24.54
东胜煤田高家梁西井田煤炭勘探报告	117	勘探	72984	不黏煤	47.0
准格尔煤田酸刺沟井田煤炭补勘报告	117	补勘	127322	长焰煤	43.22
东胜煤田不拉峁矿区西煤炭勘探报告	117	勘探	7482	不黏煤	12.95
东胜煤田不拉峁矿区东煤炭勘探报告	117	勘探	9999	不黏煤	27.22
东胜煤田泊江海子井田煤炭勘探报告	117	勘探	67596	不黏煤	59.69
东胜煤田李家壕井田煤炭勘探报告	117	勘探	154550	不黏煤	67.64

表 2-2-13（续）

地质报告名称	提交报告单位	报告性质	探明储量（万吨）	煤种	勘查面积（平方千米）
东胜煤田吴四圪堵井田煤炭勘探报告	151	勘探	23456	长焰煤	55.78
准格尔煤田宏景塔三矿煤炭勘探报告	151	勘探	17294	长焰煤	11.45
准格尔煤田黄玉川区煤炭详查报告	151	详查	147413	长焰煤	42.64
达旗乌兰格尔煤田煤炭普查报告	151	普查	265434	不黏煤 长焰煤	627.08
东胜煤田铜匠川矿区宏测煤矿勘探报告	151	勘探	8448	不黏煤	6.39
东胜煤田深部区巴彦柴达木煤炭预查报告	煤田局地调院	预查	3656731	不黏煤	2523
东胜煤田深部区纳林希里区煤炭预查报告	煤田局地调院	预查	2484078	不黏煤	1596.9
东胜煤田深部区煤炭预查报告	煤田局地调院	预查	22325857	不黏煤	15473
准格尔煤田魏家峁露天煤矿煤炭勘探报告	153	勘探	97718	长焰煤	52.63

2006—2010 年（“十一五”规划期间），鄂尔多斯市煤炭地质勘查共提交详查报告 13 件，勘查面积 2652.23 平方千米，提交储量 4298391 万吨；提交普查报告 31 件，勘查面积 8915.77 平方千米，提交储量 12177155 万吨（其中：一件报告未提交，储量未确定，一件报告确定无煤）；提交勘探（精查）报告 51 件，勘查面积 2846.27 平方千米，提交储量 4461938.7 万吨；提交补勘报告 7 件，勘查面积 310.22 平方千米，提交储量 462692 万吨；提交预查报告 5 件，勘查面积 3070.48 平方千米，提交储量 2030770.6 万吨（其中：两个报告未提交，储量未确定）。2006—2010 年全市地质报告提交情况详见表 2-2-14 至表 2-2-18。

表 2-2-14 2006 年鄂尔多斯市煤炭地质报告提交情况

地质报告名称	提交报告单位	报告性质	提交储量（万吨）	煤种	勘查面积（平方千米）
东胜煤田巴彦柴达木区煤炭普查报告	煤田局地调院	普查	920585	不黏煤	471.82
东胜煤田纳林河区煤炭普查报告	煤田局地调院	普查	498472	不黏煤	306.42
东胜煤田乌兰陶勒盖煤炭普查报告	煤田局地调院	普查	546760	不黏煤	297.38

表 2-2-14（续）

地质报告名称	提交报告单位	报告性质	提交储量（万吨）	煤种	勘查面积（平方千米）
东胜煤田察哈素区煤炭普查报告	煤田局地调院	普查	248712	不黏煤	150.32
东胜煤田红海子区煤炭普查报告	煤田局地调院	普查	267332	不黏煤	113.9
准格尔煤田榆树湾矿区小塔沟井田勘探报告	煤田局地调院	勘探	18322	不黏煤	7.62
东胜煤田纳林才登煤炭普查报告	117	普查	997149	不黏煤	425.75
东胜煤田淖尔壕井田煤炭勘探报告	117	勘探	15568	不黏煤	25.7
东胜煤田铜匠川矿区郭家坡井田煤炭勘探报告	117	勘探	47680	不黏煤	18.8
东胜煤田呼雅克图二井田煤炭勘探报告	117	勘探	117837	不黏煤	50.94
东胜煤田前进井田煤炭勘探报告	117	勘探	13773	不黏煤	5.76
乌审旗纳林河区煤炭普查报告	117	普查	143574	不黏煤	189.38
乌审旗纳林河区煤炭详查报告	117	详查	164277	不黏煤	189.38
东胜煤田布尔台井田煤炭勘探报告	117	勘探	330301	不黏煤	192.8
乌审旗纳林河勘查区张家湾井田煤炭勘探报告	117	勘探	47973	不黏煤	49.34
乌审旗呼吉尔特区梅林庙煤炭普查报告	117	普查	168602	不黏煤	120.1
乌审旗呼吉尔特勘查区煤炭普查报告	117	普查	791614	不黏煤	416.88
乌审旗呼吉尔特勘查区煤炭详查报告	117	详查	719964	不黏煤	416.88
乌审旗呼吉尔特勘查区门克庆井田煤炭勘探报告	117	勘探	118973	不黏煤	44.06
东胜煤田呼雅克图三井田煤炭勘探报告	117	勘探	27845	不黏煤	20.51
东胜煤田湾图沟井田煤炭补充勘探报告	117	补勘	28875	不黏煤	21.84
东胜煤田油房壕北部井田煤炭勘探报告	117	勘探	86792	不黏煤	115.8

表 2-2-14（续）

地质报告名称	提交报告单位	报告性质	提交储量（万吨）	煤种	勘查面积（平方千米）
乌审旗呼吉尔特勘查区梅林庙井田煤炭勘探报告	117	勘探	195632	不黏煤	120.1
乌审旗呼吉尔特勘查区巴彦高勒井田煤炭补充勘探报告	117	补勘	104021	不黏煤	58.33
东胜煤田杨家村井田煤炭勘探报告	117	勘探	98276	不黏煤	36.84
东胜煤田塔然高勒井田煤炭勘探报告	117	勘探	195642	不黏煤	347.68
准格尔煤田大饭铺井田勘探报告	151	勘探	11547	长焰煤	2.66
准格尔煤田东坪井田煤炭勘探报告	151	勘探	83678	长焰煤	19.07
东胜煤田呼雅克图一井田勘探报告	151	勘探	131302	不黏煤	52.01
东胜煤田青达门区煤炭详查报告	151	详查	101184	不黏煤	102.35
东胜煤田宏景塔一矿煤炭详查报告	151	详查	18930	不黏煤	28.41
鄂托克前旗布拉格勘查区煤炭普查报告	151	普查	3588	不黏煤	19.52
东胜煤田四道柳区宝山煤矿煤炭勘探报告	151	勘探	6450	不黏煤	24.97
东胜煤田四道柳大石圈煤矿补充勘探报告	151	补勘	3982	不黏煤	30
东胜煤田丁家渠煤矿煤炭勘探报告	151	勘探	6956	不黏煤	17.39
准格尔煤田孙家壕煤矿煤炭勘探报告	151	勘探	32955	长焰煤	10.23
东胜煤田高头窑井田煤炭勘探报告	151	勘探	100585	不黏煤	102.22
准格尔煤田酸刺沟井田西部勘探报告	151	勘探	16553	长焰煤	6.6
东胜煤田四道柳忽沙图煤矿煤炭勘探报告	151	勘探	8032	不黏煤	33.42
东胜煤田四道柳诚意煤矿煤炭勘探报告	151	勘探	3568	不黏煤	5.08
准格尔煤田蒙海井田勘探报告	153	勘探	56199.7	长焰煤	15.35

表 2-2-14（续）

地质报告名称	提交报告单位	报告性质	提交储量（万吨）	煤种	勘查面积（平方千米）
准格尔煤田孔兑沟井田煤炭勘探报告	153	勘探	88831	长焰煤	41.61
准格尔煤田长滩西井田煤炭勘探报告	153	勘探	60279	长焰煤	20.65
东胜煤田四道柳裕民煤矿煤炭勘探报告	153	勘探	9726	不黏煤	12.5

表 2-2-15　2007 年鄂尔多斯市煤炭地质报告提交情况

地质报告名称	提交报告单位	报告性质	提交储量（万吨）	煤种	勘查面积（平方千米）
鄂托克旗三北羊场煤炭普查报告	煤田局地调院	普查	未提交	不黏煤	258.43
东胜煤田纳林希里区煤炭普查报告	煤田局地调院	普查	2019081	不黏煤	1105.7
鄂托克前旗苦草洼区煤炭预查报告	煤田局地调院	预查	559584	气煤 肥煤	247.01
东胜煤田巴彦柴达木煤炭详查报告	煤田局地调院	详查	913736	不黏煤	471.82
东胜煤田纳林河区煤炭详查报告	煤田局地调院	详查	502889	不黏煤	306.4
东胜煤田黄陶勒盖及扩区煤炭普查报告	煤田局地调院	普查	1025720	不黏煤	630.04
东胜煤田巴音乌素煤炭预查报告	煤田局地调院	预查	未提交	不黏煤	693.14
东胜煤田红庆河区乃马岱井田煤炭勘探报告	煤田局地调院	勘探	321942	不黏煤	167.5
东胜煤田纳林才登煤炭详查报告	117	详查	541378	不黏煤	258.79
东胜煤田葫芦素煤炭详查报告	117	详查	271284	不黏煤	98.01
东胜煤田寸草塔井田煤炭补充勘探报告	117	补勘	35459	不黏煤	22.64
东胜煤田铧尖井田煤炭勘探报告	117	勘探	16604	不黏煤	59.56
东胜煤田铜匠川矿区联办一矿煤炭勘探报告	117	勘探	44173	不黏煤	12.4
东胜煤田王家塔井田煤炭勘探报告	117	勘探	109099	不黏煤	57.86

表 2-2-15（续）

地质报告名称	提交报告单位	报告性质	提交储量（万吨）	煤种	勘查面积（平方千米）
东胜煤田纳林河区二号井田煤炭勘探报告	117	勘探	123113	不黏煤	139.39
东胜煤田呼吉尔特区沙拉吉达北井田煤炭勘探报告	117	勘探	78173	不黏煤	46.5
东胜煤田呼吉尔特矿区沙拉吉达南井田煤炭勘探报告	117	勘探	87847	不黏煤	46.55
准格尔煤田唐家会井田煤炭勘探报告	117	勘探	80522	长焰煤	28.58
东胜煤田乌兰希里区煤炭详查报告	151	详查	415066	不黏煤 长焰煤	243.51
乌兰格尔煤田煤炭普查报告	151	普查	259298	不黏煤 长焰煤	626.43
东胜煤田山不拉东部矿区羊市塔一矿煤炭勘探报告	153	勘探	10874	不黏煤	14.47
东胜煤田山不拉东部矿区羊市塔二矿煤炭勘探报告	153	勘探	12896	不黏煤	11.37
东胜煤田山贵煤矿煤炭勘探报告	153	勘探	3492	不黏煤	6.81
准格尔煤田华富煤矿煤炭勘探谭报告	153	勘探	9044	长焰煤	6.51

表 2-2-16 2008 年鄂尔多斯市煤炭地质报告提交情况

地质报告名称	提交报告单位	报告性质	提交储量（万吨）	煤种	勘探面积（平方千米）
东胜煤田台格庙南区煤炭普查报告	煤田局地调院	普查	898135	不黏煤	477.71
准格尔煤田大路井田煤炭预查报告	煤田局地调院	预查	未提交	长焰煤	484.29
东胜煤田石拉乌素区煤炭详查报告	117	详查	218250	不黏煤	69.11
东胜煤田柴登南矿区色连一号井田煤炭勘探报告	117	勘探	75605	不黏煤	36.62
东胜煤田塔然高勒区红庆梁井田南部煤炭普查报告	117	普查	14363	不黏煤	11.1
东胜煤田马泰壕井田煤炭普查报告	117	普查	205662	不黏煤	123.32
东胜煤田马泰壕井田煤炭勘探报告	117	勘探	199045	不黏煤	123.32

表 2-2-16（续）

地质报告名称	提交报告单位	报告性质	提交储量（万吨）	煤种	勘探面积（平方千米）
东胜煤田葫芦素井田煤炭勘探报告	117	勘探	272255	不黏煤	98.01
东胜煤田塔然高勒北部井田煤炭勘探报告	117	勘探	33968	不黏煤	66.16
东胜煤田呼吉尔特区门克庆-陕汉毛利井田煤炭勘探报告	117	勘探	254732	不黏煤	94.95
东胜煤田呼吉尔特区母杜柴登井田煤炭勘探报告	117	勘探	97719	不黏煤	50.74
准格尔煤田黑岱沟井田煤炭勘探报告	117	勘探	69652	不黏煤	21.45
东胜煤田布牙土煤炭预查报告	117	预查	600074	不黏煤	1284.61
东胜煤田苏布尔嘎井田煤炭普查报告	151	普查	136093	不黏煤	66.5
达旗乌兰格尔煤田盐店煤炭详查报告	151	详查	174662	不黏煤 长焰煤	333.15
鄂托克前旗大榆树矿区煤炭普查报告	151	普查	120579	气煤	68.28
东胜煤田天隆井田煤炭普查报告	151	普查	89088	不黏煤 长焰煤	51.83
准格尔煤田玻璃沟井田煤炭详查报告	153	详查	48299	长焰煤	18.53
东胜煤田满来梁井田煤炭勘探报告	153	勘探	15807	不黏煤	19.18

表 2-2-17 2009 年鄂尔多斯市煤炭地质报告提交情况

地质报告名称	提交报告单位	报告性质	提交储量（万吨）	煤种	勘查面积（平方千米）
东胜煤田漫赖勘查区煤炭普查报告	117	普查	173709	不黏煤	132.15
东胜煤田高家梁井田煤炭补充勘探报告	117	补勘	144828	不黏煤	87.4
东胜煤田塔然高勒区呼斯梁井田煤炭勘探报告	117	勘探	38182	不黏煤	118
鄂托克前旗苏亥图煤炭普查报告	117	普查	526359	焦煤	427.56
东胜煤田台格庙北区煤炭普查报告	117	普查	490311	不黏煤	257.45

表 2-2-17（续）

地质报告名称	提交报告单位	报告性质	提交储量（万吨）	煤种	勘查面积（平方千米）
准格尔煤田东坪井田煤炭补充勘探报告	151	补勘	80721	长焰煤	19.07
东胜煤田深部区班迪煤炭普查报告	煤田局地调院	普查	无煤	不黏煤	502.05
东胜煤田红镜滩煤炭普查报告	煤田局地调院	普查	224075	不黏煤	250.54
东胜煤田沙尔利格区煤炭普查报告	煤田局地调院	普查	261349	不黏煤	255.29
东胜煤田通史煤炭普查报告	煤田局地调院	普查	454213	不黏煤	471.21
东胜煤田速贝梁勘查区煤炭普查报告	煤田局地调院	普查	299305	不黏煤	188.42
准格尔煤田海子塔区煤炭勘探报告	煤田局地调院	勘探	123105	不黏煤	35.63
东胜煤田青达门城梁勘查区煤炭勘探报告	煤田局地调院	勘探	221672	不黏煤	115.89
东胜煤田青达门城梁勘查区煤炭详查报告	煤田局地调院	详查	208472	不黏煤	115.89

表 2-2-18 2010 年鄂尔多斯市煤炭地质报告提交情况

地质报告名称	提交报告单位	报告性质	提交储量（万吨）	煤种	勘探面积（平方千米）
东胜煤田巴音乌素煤炭普查报告	117	普查	253293	不黏煤	152.4
东胜煤田纳林才登区石拉乌素井田煤炭勘探报告	117	勘探	231142	不黏煤	69.11
东胜煤田纳林河区一号井田煤炭补充勘探报告	117	补勘	64806	不黏煤	70.94
东胜煤田高头窑井田南部区煤炭普查报告	151	普查	76006	不黏煤	58.24
鄂托克旗羊路井勘查区煤炭普查报告	153	普查	64128	气煤	289.65
准格尔煤田呼查梁区煤炭预查报告	153	预查	871112.6	不黏煤	361.43

2011—2015 年（“十二五”规划期间）。截至 2015 年底，鄂尔多斯含煤盆地群内共提交各类勘查报告 553 份，施工钻孔 19750 个，总工程量 9844612.52 米。其中石炭—二叠纪含煤盆地内共提交各类勘查报告 215 件，施工钻孔 6856 个，总

工程量 2409199.23 米。侏罗纪含煤盆地共提交各类勘查报告 338 件，施工煤炭勘查钻孔 12894 个，总工程量 7435413.29 米。准格尔煤田共提交各类勘查报告 97 件，施工钻孔 4018 个，完成钻探工程量 1354284.93 米。桌子山煤田共提交各类勘查报告 95 件，施工钻孔 2413 个，完成钻探工程量 983618.97 米。东胜煤田共提交各类勘查报告 338 件，施工钻孔 12894 个，完成钻探工程量 7435413.29 米。

2011—2015 年，内蒙古煤田地质局 151 勘探队提交鄂尔多斯市地质报告见表 2-2-19。

截至 2018 年底，鄂尔多斯盆地（北缘）共提交各类煤田报告 528 件，施工钻孔 18198 个，总工程量 8892480.4 米。

表 2-2-19 2011—2015 年内蒙古煤田地质局 151 勘探队提交鄂尔多斯市地质报告

地质报告名称	提交时间	勘探面积（平方千米）	累计探明储量（万吨）	煤种
乌兰格尔煤田乌兰沟煤炭预查报告	2011 年 11 月	497.48	729470	不黏煤
乌兰格尔煤田布尔陶亥煤炭详查报告	2011 年 12 月	117.66	83390	不黏煤
鄂托克前旗大榆树井田煤炭勘探报告	2012 年 11 月	68.21	121831	气煤
东胜煤田巴彦淖井田煤炭补充勘探报告	2013 年 7 月	101.76	230203	不黏煤
鄂托克前旗苦草洼南区煤炭详查报告	2014 年 8 月	139.72	97614	不黏煤 长焰煤
东胜煤田通格朗煤炭详查报告	2015 年 6 月	116.28	267711	不黏煤
准格尔煤田布尔陶亥勘察区煤炭详查报告	2015 年 12 月		2802720	不黏煤 长焰煤

第二节 技术装备

一、钻探

“一五”计划期间，使用的钻机以苏式 KA 米-300 和 KA 米-500 型为主，手把给进皮带传动。

“二五”计划期间，钻机以国产（张家口、上海探矿机厂产）跃进-650 型油压钻机为主，将苏式 KA 米-500 型手给进钻把机改为手轮给进，减轻了体力劳动，保证了人身安全。

“三五”计划期间，钻机机型上有了新产品，1967 年使用 TAV-700 型油压钻机，1969 年以后，采用 TXB-1000 型钻机，钻机采用转盘回转、主动钻杆钻进、结构简单，便于操作。

1976—1984 年，钻机型号全部换为 TXB-1000A 及 TXB-1000 型。

1985—1990 年，地质钻探设备采用直角钻塔，TK-3 型钻机。

20 世纪 90 年代初期，开始采用 150 型工程钻机。

1991—1995 年，117 勘探队共有钻机 17 台/套，其中，岩心钻机（TK-3）2 台/套、岩心钻机（TXB-1000A）6 台/套、岩心钻机（TK-4600）5 台/套、车载水源钻机（GJC-40H）1 台/套、车载岩心钻机（DPP-100）1 台/套、水源钻机（TSJ-1000）2 台/套。151 勘探队共有钻机 6 台/套，其中，TK-3 岩心钻机 4 台/套、TXB-1000 钻机 2 台/套。153 勘探队共有钻机 13 台/套，其中，TXB-1000 钻机 2 台、TK-3 岩心钻机 5 台、TK-4 岩心钻机 6 台。

1996—2000 年：117 勘探队共有钻机 11 台/套，其中，岩心钻机 TK-3 型 2 台、岩心钻机 TXB-1000A 型 2 台、车载水源钻机 GJC-40H 型 1 台/套、车载岩心钻机 DPP-100 型 1 台、水源钻机 TSJ-1000 型 2 台、水源钻机 ZG-300（SPJ-300）型 1 台、水源钻机 TSJ-2000 型 1 台、水源钻机 SPJT-400 型 1 台。151 勘探队共有钻机 7 台/套，其中，TSJ-1000 水井钻机 1 台、TSJ-2000 水井钻机 1 台、TK-3 岩心钻机 2 台/套、TXB-1000A 型钻机 2 台/套、大口径灌注桩 GPS-15S 型钻机 1 台。153 勘探队共有钻机 9 台/套，其中，工程钻机 GPS-15S2 台、TK-3 岩心钻机 2 台、水源钻机 5 台。

2001—2005 年“十五”期间：117 勘探队共有钻机 3 台/套，其中，水源钻机 TSJ-1000 型 2 台、水源钻机 TSJ-2000 型 1 台。151 勘探队共有钻机 5 台/套，其中，TSJ-1000 水井钻机 1 台、TSJ-2000 水井钻机 1 台、RG20 石油钻机 1 台、车载水源钻机 SPJ-600 型 1 台、车载水源钻机 SPC-300 型 1 台。153 勘探队共有钻机 7 台/套，其中，工程钻机 GPS-15S1 台、磨盘钻机 150 型 1 台、水源钻机 TC-300 型 1 台、水源钻机 JPS-1000 型 1 台、水源钻机 SPJ-300 型 1 台、水源钻机 S-400 型 1 台、岩心钻机 HXY-1500 型 1 台。

2006—2010 年：117 勘探队共有钻机 6 台/套，其中，水源钻机 TSJ-1000 型 2 台、水源钻机 TSJ-2000 型 1 台、连云港黄海机械厂 HCR-8 型全液压岩心钻机 1 台/套、YDX-1800A 型全液压岩心钻机 2 台/套。151 勘探队共有钻机 8 台/套，其中，TSJ-1000 型钻机 1 台、TSJ-2000 型钻机 1 台、RG20 石油钻机 1 台、车载水源钻机 SPJ-600 型 1 台、车载水源钻机 SPC-300 型 1 台、XY-6B 型岩心钻机 3 台。153 勘探队共有钻机 7 台/套，其中，JC-30 石油钻机 1 台、TXJ-1600 岩心钻机 1 台、RT30J 石油钻机 1 台、DZ170/2.8-T 加高底盘钻机 1 台、SPS2000/605 工程钻机 2 台、XY-6B 岩心钻机 1 台。

2011—2015 年：117 勘探队共有钻机 8 台/套，其中，水源钻机 TSJ-1000 型 2 台、水源钻机 TSJ-2000 型 1 台、连云港黄海机械厂 HCR-8 型全液压岩心钻机 1 台/套、YDX-1800A 型全液压岩心钻机 4 台/套。151 勘探队共有钻机 5 台/套，其中，XY-6B 岩心钻机 3 台、TSJ-1000 型水源钻机 1 台、SPJ-600 车载水源钻机 1 台/套。153 勘探队共有钻机 7-台/套，其中，C30 石油钻机 1 台、TXJ-1600 岩心钻机 1 台、RT30J 石油钻机 1 台、DZ170/2.8-T 加高底盘钻机 1 台、SPS2000/605 工程钻机 2 台、XY-6B 岩心钻机 1 台。

二、物探

（一）测井

“一五”计划经济期间，当时采用上海地质部仪器厂生产的 56 型半自动测井仪。

“二五”计划经济期间，开始使用石家庄产出的米 D-F61 型放射性测井仪，后改进为 GJ-1000 型。

“三五”计划末，开始使用天津煤矿专用设备厂产的TYFE-2型，后被渭南仪器厂改进为FYEE-4型的双道放射性测井仪。到1972年，117队、153队、151队都配备了该仪器。

1974—1977年，117队、153队、151队配备了静电显影记录仪及TYEG-1型车装测井仪。静电显影记录一次成像，原始曲线保存时间都优于照相记录，是测井记录仪的一大改进。其缺点是温度高、湿度大、走纸慢时不易成像。

1978年，153队为了提高煤层及夹矸的解释精度，改装了组合测井仪，开展小源距测井，后推广到各队。

1977—1982年，各队陆续配备了井温、井径、声速测井仪和测井试校调仪器，购置了示波仪、信号发生器、频率计、万能电桥、标准电阻箱和晶体管测井仪等设备。

1991—1995年，117勘探队测井分队由模拟测井向数字测井过渡，开始出现模数转换器，即将模拟信号转换为数字信息，进行数字化处理，逐步提高了信息处理的速度和精度。1993年引进了第一台TXSL-3Q型数字测井仪，煤田测井进入了数字化时代。151勘探队测井分队煤田测井淘汰了模拟测井技术，实现了测井技术数字化；测井资料利用电脑进行数字化解释，使测井成果的解释精度更高。只是因为仪器厂家没有开发出测井斜探管，只能继续使用模拟测斜仪JJX-3A，井斜成果只能人工记录。153勘探队测井分队使用的仪器设备仍是TYFZ-4型模拟组合测井仪，从全国的测井发展情况看，这一工艺比较落后。

1996—2000年，151队煤田测井采用了TYSC-3Q型数字测井仪，相比TYSC-2Q型数字测井仪，TYSC-3Q型数字测井仪器大量采用了集成块技术，使仪器的使用和维修更加简便。其他测井技术没有更新。

2001—2005年，117队煤田测井采用新型的PSJ-1型数字测井系统和PSJ-2型数字测井系统用于煤田测井，主要进行地层岩性定性解释及煤层定量解释，常用四种参数为视电阻率、自然电位、自然伽马、人工伽马，还能测量声波时差、井径、井斜、井温及井液电阻率等。151队煤田测井对TYSC-2Q型数字测井仪进行了技术升级，提高到了TYSC-3Q型数字测井仪器水平。其他测井技术没有更新。153队购置了多套当时最先进的煤田测井数字仪器，因其组合化、轻便化、多功能化、稳定性好和测井信息采集完整资料处理简单等特点，为该队打开测井新局面、创造经济效益作出了一定的贡献。

2006—2010年，117队煤田测井使用PSJ-1型数字测井系统和PSJ-2型数字测井系统进行煤田测井，主要进行地层岩性定性解释及煤层定量解释，常用四种参数为视电阻率、自然电位、自然伽马、人工伽马，还能测量声波时差、井径、井斜、井温及井液电阻率等。151队测井分队煤田测井采用了PH-2型数字测井仪测斜和自然电位组合探管，使井斜测量数字化。

2011—2015年，117队煤田测井使用PSJ-1型数字测井系统和PSJ-2型数字测井系统进行煤田测井，主要进行地层岩性定性解释及煤层定量解释，常用四种参数为视电阻率、自然电位、自然伽马、人工伽马，还能测量声波时差、井径、井斜、井温及井液电阻率等。151队煤田测井采用了PH-3型数字测井仪，相对TYSC-3Q型数字测井仪，PH-3型数字测井仪器在仪器的小型化和各种测井参数的组合化得到了进一步发展，更贴近测井野外工作，使测井工作的效率进一步提高。153队测井分队在原有工艺技术的基础上，又增加了煤层气测井设备，发挥了更大的作用。

（二）电法勘查

1975年，内蒙古自治区煤田地质勘探公司153队组建了一个电法分队，该队在准格尔煤田会战期间，为解决水源做了大量工作。目前，各队都配备了专业的电法勘探设备和技术人员，地面物探设备有FFA-1型数字闪烁辐仪、WDJD-3型直流激电仪等设备。

（三）地震勘查

1980年以前，使用苏联产CC-30/30-58型和国产DZ-24-66型等轻便地震仪，采取反射波和折射波法进行工作。

1980—2008年内蒙古自治区各地质勘查单位没有地震勘探设备，业务由外省勘查队伍承担。

2008年，勘测队成立物探公司，从法国引进了最先进的Sercel 428XL高分辨率数字地震仪，进行二维、三维地震勘探。

2009—2011年全市完成地震勘查成果统计详见表2-2-20。

表2-2-20 2009—2011年全市完成地震勘查成果统计表

项目名称	面积（平方千米）	勘查单位	物理点（个）	长度（千米）	时间
东胜煤田布牙土煤炭预查二维地震勘查		勘测队	5784	113.78	2009年9月至2011年7月
东胜煤田纳林柴登详查区巴彦淖井田煤炭三维地震勘查	30	勘测队	16682		2010年9月至2011年11月
东胜煤田纳林河矿区陶忽图井田煤炭三维地震勘查	16.72	勘测队	6753		2011年5月至2011年12月

第三节 煤田测绘

一、航空摄影测量

1978—2007年，全市完成航空摄影测量成果统计详见表2-2-21。

二、水准测量

1976—2010年，全市完成的水准测量成果统计详见表2-2-22。

三、控制测量

1973—2008年，全市三角控制测量成果统计详见表2-2-23。

表2-2-21 1978—2007年全市完成航空摄影测量成果统计表

煤田名称	测区名称	面积（平方千米）	施测单位	比例尺	坐标系统	高程系统	完成时间
东胜、准格尔煤田	准格尔722航区	1576	勘测队151队	1∶5000	北京54坐标系	56黄海高程	1978年
	准格尔722航区	1000	勘测队	1∶2000	北京54坐标系	56黄海高程	1979年
	十里长川测区	800	勘测队	1∶5000	北京54坐标系	56黄海高程	1981年

表 2-2-21（续）

煤田名称	测区名称	面积（平方千米）	施测单位	比例尺	坐标系统	高程系统	完成时间
东胜、准格尔煤田	东胜南测区	2975	勘测队 151 队	1：10000	北京 54 坐标系	56 黄海高程	1983 年
	东胜北测区	2573	勘测队 151 队	1：10000	北京 54 坐标系	56 黄海高程	1985 年
	伊金霍洛测区	2025	勘测队	1：10000	北京 54 坐标系	56 黄海高程	1985 年
	补连测区	400	勘测队	1：5000	北京 54 坐标系	56 黄海高程	1987 年
	呼吉尔特勘探区地形图测量	500	煤田局勘测队	1：5000	北京 54 坐标系	85 高程基准	2005 年
	塔然高勒勘探区（西区）地形图测量	90	煤田局勘测队	1：5000	北京 54 坐标系	56 黄海高程	2005 年
	巴彦柴达木普查区、乌兰陶勒盖、纳林河、黄陶勒盖区煤炭资源普查	1570	煤田局勘测队	1：10000	北京 54 坐标系	85 高程基准	2006 年
	红庆河乃马岱勘查区煤炭资源勘查	167.5	煤田局勘测队	1：2000	西安 80 坐标系	85 高程基准	2007 年
	纳林柴登详查区地形图测量	275	煤田局勘测队	1：10000	北京 54 坐标系	85 高程基准	2007 年
	东胜煤田青达门矿区城梁勘查区地形图测量	115.8	煤田局勘测队	1：5000	北京 54 坐标系	56 黄海高程	2008 年

表 2-2-22　1976—2010 年全市完成的水准测量成果统计表

煤田名称	项目名称	路线名称	等级	点数	路线长度	高程系统	施测单位	完成时间
准格尔煤田	平地窑测区	喇榆线	Ⅲ	11	57	56 黄海高程	勘测队	1976 年
	准格尔 722 航区 3、6、9 分区	Ⅲ等水准网	Ⅲ	20	117	56 黄海高程	勘测队	1977 年
		Ⅳ等附合网	Ⅳ	3	25	56 黄海高程	勘测队	1977 年
	十里长川测区	Ⅳ等附合网	Ⅳ	7	35	56 黄海高程	勘测队	1980 年
	黑岱沟露天矿控制测量	ⅢB 米 45～ⅢB 米 52	Ⅳ	37	30.6	56 黄海高程	煤田局勘测队	1989 年

表 2-2-22（续）

<table>
<tr><th>煤田名称</th><th>项目名称</th><th>路线名称</th><th>等级</th><th>点数</th><th>路线长度</th><th>高程系统</th><th>施测单位</th><th>完成时间</th></tr>
<tr><td rowspan="8">东胜煤田</td><td rowspan="2">东胜南测区</td><td>Ⅲ等水准网</td><td>Ⅲ</td><td>37</td><td>181</td><td>56 黄海高程</td><td>勘测队</td><td>1981 年</td></tr>
<tr><td>Ⅳ等水准网</td><td>Ⅳ</td><td>46</td><td>236</td><td>56 黄海高程</td><td>勘测队</td><td>1981 年</td></tr>
<tr><td rowspan="2">东胜北测区</td><td>段大线</td><td>Ⅳ</td><td>12</td><td>78</td><td>56 黄海高程</td><td>勘测队</td><td>1982 年</td></tr>
<tr><td>Ⅰ棋东 66～Ⅲ耳罕 2</td><td>Ⅳ</td><td>11</td><td>80</td><td>56 黄海高程</td><td>勘测队</td><td>1982 年</td></tr>
<tr><td>塔拉沟测区控制测量</td><td>棋塔线</td><td>Ⅲ</td><td>29</td><td>269</td><td>56 黄海高程</td><td>煤田局勘测队</td><td>1989 年</td></tr>
<tr><td>神东矿区控制测量</td><td>包咸 36～包咸 36</td><td>Ⅲ、Ⅳ</td><td>16
34</td><td>218.8
184.6</td><td>85 高程基准</td><td>煤田局勘测队</td><td>2002 年</td></tr>
<tr><td>东胜煤田深部区、巴彦柴达木、纳林希里煤炭资源预查区</td><td>Ⅱ松乌线、Ⅱ乌靖线、棋东线、巴杭线、鄂乌线</td><td>Ⅳ</td><td>803</td><td>686</td><td>85 高程基准</td><td>煤田局勘测队</td><td>2006 年</td></tr>
</table>

表 2-2-23 1973—2008 年全市三角控制测量成果统计表

<table>
<tr><th>煤田名称</th><th>项目名称</th><th>测区面积（km²）</th><th>等级</th><th>点数</th><th>坐标系统</th><th>高程</th><th>施测单位</th><th>完成时间</th></tr>
<tr><td rowspan="12">东胜、准格尔煤田</td><td rowspan="2">准格尔旗 722 航区</td><td rowspan="2">2500</td><td>Ⅲ</td><td>64</td><td>北京 54 坐标系</td><td>56 黄海高程</td><td>151 队</td><td>1973 年</td></tr>
<tr><td>Ⅳ</td><td>10</td><td>北京 54 坐标系</td><td>56 黄海高程</td><td>勘测队</td><td>1977 年</td></tr>
<tr><td>十里长川测区</td><td>1200</td><td>Ⅲ</td><td>28</td><td>北京 54 坐标系</td><td>56 黄海高程</td><td>勘测队</td><td>1979 年</td></tr>
<tr><td rowspan="2">东胜测区</td><td rowspan="2">5500</td><td>Ⅲ</td><td>130</td><td>北京 54 坐标系</td><td>56 黄海高程</td><td>勘测队</td><td>1981 年</td></tr>
<tr><td>Ⅳ</td><td>3</td><td>北京 54 坐标系</td><td>56 黄海高程</td><td>勘测队</td><td>1981 年</td></tr>
<tr><td>准格尔测区</td><td>2600</td><td>Ⅲ</td><td>65</td><td>北京 54 坐标系</td><td>56 黄海高程</td><td>勘测队</td><td>1984 年</td></tr>
<tr><td>塔拉沟测区</td><td>2465</td><td>Ⅲ</td><td>61</td><td>北京 54 坐标系</td><td>56 黄海高程</td><td>煤田局勘测队</td><td>1989 年</td></tr>
<tr><td>黑岱沟露天矿控制测量</td><td>12</td><td>Ⅳ</td><td>37</td><td>北京 54 坐标系</td><td>56 黄海高程</td><td>煤田局勘测队</td><td>1989 年</td></tr>
<tr><td>神东矿区测区</td><td>1720</td><td>C
D</td><td>53
20</td><td>北京 54 坐标系</td><td>85 高程基准</td><td>煤田局勘测队</td><td>2002 年</td></tr>
<tr><td>东胜煤田深部区、巴彦柴达木、纳林希里煤炭资源预查区煤炭资源预查</td><td>19578</td><td>D</td><td>803</td><td>北京 54 坐标系</td><td>85 高程基准</td><td>煤田局勘测队</td><td>2006 年</td></tr>
<tr><td>台格庙煤炭普查区基础控制测量</td><td>737.7</td><td>E</td><td>60</td><td>北京 54 坐标系</td><td>56 黄海高程</td><td>煤田局勘测队</td><td>2008 年</td></tr>
</table>

第三章 煤 炭 资 源

第一节 煤炭储量

鄂尔多斯市所辖的7旗、2区境内均有煤炭资源赋存。境内的准格尔煤田、东胜煤田及桌子山煤田的东部、东南部区域，最大含煤面积71657平方千米（占市域面积的82.63%）。截至2009年底，鄂尔多斯市累计探获煤炭资源储量17599700.4万吨，详见表2-3-1。

1995—2015年鄂尔多斯市煤炭资源储量统计情况详见表2-3-2。

按2015年底《内蒙古自治区矿产资源储量表》统计：累计探明资源储量合计21555198万吨（勘探14494653万吨，详查3238757万吨，普查3821788万吨），

表2-3-1 截至2009年鄂尔多斯市累计探获煤炭资源储量表 万吨

旗 区	资源储量类型			合计
	331	332	333	
东胜区	178089.5	367161.4	5865353.0	6410603.9
达拉特旗	65959.0	129694.9	511978.6	707632.5
准格尔旗	127155.5	287232.4	2138597.1	2552985.0
鄂托克前旗	116951.1	138915.6	431918.6	687785.3
鄂托克旗	2829.8	13220.4	118958.2	135008.4
杭锦旗	32395.0	34919.9	163993.7	231308.6
乌审旗	366256.2	785815.0	3298725.6	4450796.8
伊金霍洛旗	423008.6	340113.7	1660457.6	2423579.9
总计				17599700.4

表2-3-2 1995—2015年鄂尔多斯市煤炭资源储量统计表 万吨

年份	累计探明资源储量				探明保有资源储量	探明资源储量（334）?
	合计	勘探	详查	普查		
1995	3896899	3789412	100298	7189	3895840	7951257
2000	11637708	4987546	934710	5715453	11608115	—
2005	12320674	5859676	745545	5715453	12249919	11161
2010	17977744	13547226	2217956	2212562	17736803	32210321
2015	21555198	14494653	3238757	3821788	20978677	35268367

注：煤炭资源/储量统计时间段为1991—2015年，统计节点为1995年、2000年、2005年、2010年和2015年。统计数据分别来自《内蒙古自治区矿产储量表》第一册“燃料矿产”（内蒙古自治区地质矿产厅，1996年出版）《内蒙古自治区矿产资源储量简表》第一册“能源矿产”（内蒙古自治区国土资源厅，2001年出版）、《内蒙古自治区矿产资源储量表》第一册“能源矿产”（2006年、2011年、2016年出版）。资源/储量统计方式按自治区各盟市、勘查阶段、煤类分别进行统计，2000年储量简表无“潜在资源量（334）?”。

探明保有储量 20978677 万吨，预测资源量 35268367 万吨。

截至 2015 年，累计煤炭资源量 199851492 万吨（占内蒙古自治区煤炭资源量的 79.71%），其中 481 件勘查报告提交煤炭资源量 71767415 万吨（包括查明资源量 27491399 万吨，（334）？资源量 44276016 万吨）、4 个煤炭预测区共计预测煤炭资源量 128084077 万吨（预测区累计面积 88030 平方千米）。煤质以中变质阶段的烟煤为主，主要煤类为长焰煤、不黏煤、弱黏煤和气煤。在提交的煤炭资源量中，有长焰煤 6997745 万吨、不黏煤 63214049 万吨、弱黏煤 297794 万吨、1/2 中黏煤 495 万吨、气煤 929247 万吨、肥煤 15738 万吨、1/3 焦煤 167558 万吨、焦煤 144792 万吨。全市保有资源量 26922050 万吨，（334）？资源量 44276016 万吨。

一、按煤炭赋存区分

（一）侏罗纪赋煤区

即广义的东胜煤田，包括东胜煤田国家规划矿区、东胜煤田国家规划矿区深部勘查区、桌子山东麓侏罗纪含煤区、上海庙侏罗纪含煤区及东胜煤田深部煤炭资源预测区 5 个部分。累计含煤面积 64261 平方千米（占市域面积的 74.10%），累计煤炭资源量 97028588 万吨（占内蒙古自治区煤炭资源量的 38.70%），其中 338 件勘查报告提交煤炭资源量 60016511 万吨［包括查明资源量 22011513 万吨，（334）？资源量 38004998 万吨］、2 个煤炭预测区共计预测煤炭资源量 37012077 万吨（预测区面积 24030 平方千米）。

煤质以中变质阶段的烟煤为主，煤类主要为不黏煤、长焰煤，在提交煤炭资源量中有不黏煤 59273013 万吨、长焰煤 451698 万吨、弱黏煤 290715 万吨、1/3 焦煤 16 万吨（桌子山东麓矿区的同一井田内的石炭—二叠纪资源量，上资源储量表时未单独分出）、焦煤 1071 万吨（桌子山东麓矿区的同一井田内的石炭—二叠纪资源量，上资源储量表时未单独分出）。全市保有资源量 21594602 万吨，（334）？资源量 38004998 万吨。

（二）石炭—二叠纪赋煤区

包括桌子山煤田棋盘井石炭—二叠纪矿区、桌子山煤田上海庙石炭—二叠纪矿区、准格尔煤田国家规划矿区、准格尔煤田深部勘查区、准格尔煤田深部预测Ⅰ区、准格尔煤田深部预测Ⅱ区 6 个部分，累计含煤面积 71657 平方千米（占市域面积的 82.63%），累计煤炭资源量 102822904 万吨（占内蒙古自治区煤炭资源量的 41.01%），其中 143 件勘查报告提交煤炭资源量 11750904 万吨（包括查明资源量 5479886 万吨，（334）？资源量 6271018 万吨）、2 个煤炭预测区共计有预测煤炭资源量 91072000 万吨（预测区面积 64000 平方千米）。煤质以中变质阶段的烟煤为主，煤类主要为长焰煤和不黏煤，在提交煤炭资源量中有长焰煤 6546047 万吨、不黏煤 3941036 万吨、弱黏煤 7079 万吨、1/2 中黏煤 495 万吨、气煤 929247 万吨、肥煤 15738 万吨、1/3 焦煤 167542 万吨、焦煤 143721 万吨。全市保有资源量 5327448 万吨，（334）？资源量 6271018 万吨。

二、按煤田分

（一）东胜煤田

截至 2015 年底，共提交总资源量 60016513 万吨（长焰煤 451698 万吨、不黏煤 59273013 万吨、弱黏煤 290715 万吨、1/3 焦煤 16 万吨、焦煤 1071 万吨），其中查明资源量 22011513 万吨、（334）？资源量 38004998 万吨；保有资源量

21594602万吨、另有（334）？资源量38004998万吨。另有预测资源量37012077万吨，预测面积24030平方千米。资源量计算最大垂深2000米。其中神东煤炭集团（内蒙古自治区境内）2015年6月底各矿井保有储量、可采储量汇总见表2-3-3。截至2016年底神东煤炭集团公司煤炭储量见表2-3-4。

表2-3-3 截至2015年6月底神东煤炭集团（内蒙古自治区境内）各矿井保有储量、可采储量汇总表

序号	矿井名称	井田面积（平方千米）	累计探明储量（万吨）	保有资源储量（万吨）	剩余可采储量（万吨）
1	补连塔矿	108.3	225385.1	190263.4	125939.4
2	上湾矿	62.2	136037.7	117572.2	76003.8
3	乌兰木伦矿	44.1	42022.0	30933.9	20630.0
4	布尔台矿	192.9	331453.0	317535.3	189191.4
5	柳塔矿	13.6	23952.0	19616.8	12193.7
6	寸草塔矿	8.8	7772.0	5901.7	2774.6
7	寸草塔二矿	16.5	31114.0	27007.4	17759.5
8	唐公沟矿	7.2	10854.0	7773.3	4624.8
9	黄玉川矿	42.6	150731.0	150242.0	86704.5
10	神山矿	2.2	2571.0	1741.9	1367.8
内蒙古自治区境内小计		498.4	961891.8	868587.9	537189.5

表2-3-4 截至2016年底神东煤炭集团公司煤炭储量表

序号	矿井名称	井田面积（平方千米）	累计探明储量（万吨）	保有资源储量（万吨）	保有可采储量（万吨）
1	补连塔	108.3	225385.1	188052.4	124472.8
2	上湾矿	62.2	136037.7	112752.9	72813.3
3	乌兰木伦	44.1	42022.0	30136.38	20098.1
4	布尔台矿	192.9	279886.0	313210.3	186287.4
5	柳塔矿	13.6	23952.0	19484.1	12149.1
6	寸草塔矿	8.8	59339.0	59017	2774.6
7	寸草塔二矿	16.5	31114.0	26894.7	17685.3
8	唐公沟矿	7.2	10854.0	7773.3	4624.8
合计		453.6	808589.8	704205.7	440905.4

（二）准格尔煤田

截至2015年底，共提交总资源量10567742万吨（长焰煤6546047万吨、不黏煤3922834万吨、弱黏煤7079万吨、气煤91782万吨），其中查明资源量4935749万吨、（334）？资源量5631993万吨；保有资源量4790291万吨、另有（334）？资源量5631993万吨。预测资源

量 91072000 万吨，预测面积 64000 平方千米，预测区包括东胜煤田下及深部空白区。资源量计算最大垂深 5600 米（其中，勘查报告提交资源量计算最大垂深为 1500 米，预测资源量计算最大垂深为 5600 米）。

（三）桌子山煤田

截至 2015 年底，桌子山煤田共提交总资源量 1528755 万吨（不黏煤 18202 万吨、1/2 中黏煤 1289 万吨、气煤 865520 万吨、肥煤 154930 万吨、1/3 焦煤 228439 万吨、焦煤 260375 万吨），其中查明资源量 882208 万吨、（334）？资源量 646545 万吨；保有资源量 814759 万吨、另有（334）？资源量 646545 万吨。资源量计算最大垂深 1524 米。

截至 2018 年底，鄂尔多斯盆地（北缘）累计获得煤炭总资源储量 105248096 万吨；其中查明保有资源储量 25548042 万吨，预测的资源量 78836837 万吨，消耗煤炭资源储量 863217 万吨。另外预测区共预测资源量 1944115 万吨。其中鄂尔多斯市煤炭探明储量为 2102 亿吨。

查明保有煤炭资源储量中，上表资源储量 23661972 万吨，未上表资源储量 1886070 万吨；未利用资源储量 18275272 万吨，占用资源储量 6147163 万吨，压覆资源储量 1125604 万吨。

查明上表的保有煤炭资源储量中，探明的资源/储量 2399020 万吨，控制的资源/储量 4525994 万吨，推断的资源量 16736958 万吨。其中长焰煤 4390749 万吨，不黏煤 18032635 万吨，弱黏煤 578687 万吨，肥煤 142528 万吨，焦煤 63606 万吨，气煤 201860 万吨，1/2 中黏煤 1289 万吨，1/3 焦煤 250615 万吨。

截至 2018 年底鄂尔多斯盆地（北缘）资源储量汇总见表 2-3-5 及表 2-3-6。

表 2-3-5 截至 2018 年底鄂尔多斯盆地（北缘）资源/储量汇总表 万吨

基础单元	规模	成煤时代	勘查程度	开发现状	上表情况	查明程度								占用程度			
						查明保有资源储量				预测的资源量(334)?	潜在的资源量	消耗的资源储量	总资源储量	查明保有资源储量			
						探明的	控制的	推断的	合计					未利用	占用	残留	压覆
E-1. 准格尔煤田	超大型	C_2-P_1	勘探	已开发	上表	473674	1426730	2292114	4192518	2174611		231523	6598652	2279919	1730997		181599
					未上表			486874	486874	413733			900607	486874			
E-2. 东胜煤田	超大型	J_{1-2}	勘探	已开发	上表	1618165	2718654	13577899	17914718	37221199		540962	55676879	12998524	4097836		818358
					未上表			1193643	1193643	38787800	1145218		39981443	1188042			5601
E-3. 桌子山煤田	超大型	C_2-P_1	勘探	已开发	上表	307181	380610	866945	1554736	239494		90732	1884962	1116360	318330		120046
					未上表			205553	205553		798897		205553	205553			

表 2-3-5（续） 万吨

基础单元	规模	成煤时代	勘查程度	开发现状	上表情况	查明程度								占用程度			
						查明保有资源储量				预测的资源量(334)?	潜在的资源量	消耗的资源储量	总资源储量	查明保有资源储量			
						探明的	控制的	推断的	合计					未利用	占用	残留	压覆
总计					上表	2399020	4525994	16736958	23661972	39635304	0	863217	64160493	16394803	6147163		1120003
					未上表	0	0	1886070	1886070	39201533	1944115	0	41087603	1880469			5601
					总计	2399020	4525994	18623028	25548042	78836837	1944115	863217	105248096	18275272	6147163		1125604

表 2-3-6 截至 2018 年底鄂尔多斯盆地（北缘）资源/储量分煤类汇总表 万吨

基础单元	煤类							
	查明保有资源储量							
	肥煤	焦煤	气煤	1/2 中黏煤	1/3 焦煤	长焰煤	不黏煤	弱黏煤
E-1. 准格尔煤田	5148		15573			3850499	291284	30011
						486874	0	
E-2. 东胜煤田						505281	16873607	535830
							879304	314339
E-3. 桌子山煤田	137380	63606	186287	1289	250615	34969	867744	12846
			205553					
总计	142528	63606	201860	1289	250615	4390749	18032635	578687
	0	0	205553	0	0	486874	879304	314339
	142528	63606	407413	1289	250615	4877623	18911939	893026

第二节 煤 质

鄂尔多斯盆地（北缘）煤炭资源大部地区为低变质阶段，桌子山煤田的部分地区为中变质阶段。东胜煤田、准格尔煤田和桌子山煤田侏罗纪的煤，煤类以长焰煤和不黏煤为主，其次为弱黏煤。桌子山煤田石炭二叠的煤，煤类为焦煤、肥煤、气煤、1/3 焦煤等，其中乌达矿区以焦煤类为主，桌子山各矿区以肥煤为主，可作炼焦配煤和动力用煤。

鄂尔多斯盆地煤变质因素主要是区域埋深变质作用，其次是褶皱带大型压性、压扭性断裂和推覆体作用，大部地区为低变质阶段，桌子山煤田的部分地区为中变质阶段。区内以不黏煤、长焰煤为主，占 96% 以上，主要位于准格尔煤田和东胜煤田；桌子山煤田部分地区含有炼焦煤（肥煤、焦煤、气煤、1/3 焦煤、1/2 中黏煤）。

一、东胜煤田

（一）煤的化学组分

延安组各主要煤层原煤灰分产率平均值在8.22%~9.74%，为特低灰煤；延安组各主要煤层浮煤挥发分产率平均值在35%~37%，为中高挥发分煤；延安组各主要煤层原煤硫含量平均值在0.381%~0.80%，为特低—低硫煤。

（二）煤的工艺性能

延安组各主要煤层原煤干燥基高位发热量平均值在29.29~29.57兆焦耳/千克，为高发热量煤。

（三）煤类

东胜煤田煤的显微煤岩类型属微镜惰煤，丝质类含量较高，煤田北部属于低灰、低硫、低磷的不黏煤；南部属于特低灰、特低硫、特低磷、中—高发热量的不黏煤和少量长焰煤；

（四）煤的工业用途

东胜煤田的煤质特征一般为低灰分、低硫分、发热量一般大于5000大卡，煤类主要为不黏煤，少量长焰煤，可作为动力燃料、气化用煤、工业液化和低温干馏用煤。

（1）动力用煤：区内各煤层均为低灰—中灰，特低—中硫，特低磷，中高热值的特点，所以区内各煤层的煤是良好的动力用煤，适用于民用、发电、工业锅炉、蒸汽机、船舶等。

（2）气化用煤：由于区内各煤层的煤、气化性能良好，热稳定性能强。故区内各煤层的煤，可作为城市气化和工业化用煤。至于区内的一部分中—强结渣、低灰分的煤，可采用降低气化锅炉温度的办法予以解决。

（3）低温干馏用煤：由于本区各煤层的煤均为含油煤，因此，本区的煤可用作焦油提炼，制取树脂胶，用以制作合成板和柴油。其半焦和气体又是合成氨和一系列化工产品的重要原料和气、液体燃料。

二、准格尔煤田

（一）煤的化学组分

山西组各主要煤层原煤灰分产率平均值在21.67%~25.87%，为中灰煤；太原组平均值在19.25%~25.66%，为低—中灰煤。

山西组各主要煤层浮煤挥发分产率平均值在38.60%~38.98%；太原组平均值在38.77%~39.71%，均为高挥发分煤。

山西组各主要煤层原煤硫含量平均值在0.7%1~0.98%，为低硫煤；太原组平均值在0.96%~2.25%，为低—中高硫煤。

（二）煤的工艺性能

山西组各主要煤层原煤干燥基高位发热量平均值在22.74~26.02兆焦耳/千克，为中—中高发热量煤；太原组平均值在25.39~26.50兆焦耳/千克，为中高发热量煤。

（三）煤类

准格尔煤田以浮煤挥发分产率、黏结指数为主要分类指标，确定煤类。准格尔煤田以长焰煤为主约占查明资源储量的93%，其次为不黏煤约占查明资源储量的6%，个别勘查区含有弱黏煤、气煤和肥煤。

（四）煤的工业用途

煤类以低—中灰、低硫—中高硫、中—中高热量的长焰煤为主，不黏煤次之；变质程度南部略高于北部，下部煤层略高于上部煤层，清水河矿区变质程度略高些，是良好的动力用煤和民用煤及气化用煤。

三、桌子山煤田

（一）煤的化学组分

山西组与太原组各主要煤层原煤灰分产率平均值在20.03%~30.08%，为中灰—中高灰煤；延安组平均值在7.44%~15.57%，为特低—低灰煤。

山西组与太原组各主要煤层浮煤挥发分产率平均值在26.27%~39.30%，为中—高挥发分煤；延安组平均值在32.19%~36.54%，为中高挥发分煤。

山西组与太原组各主要煤层原煤硫含量平均值在0.69%~3.67%，为低—高硫煤；延安组平均值在0.34%~1.34%，为特低—中硫煤。

（二）煤的工艺性能

山西组与太原组各主要煤层原煤干燥基高位发热量平均值在21.58~34.77兆焦耳/千克，为中低—特高发热量煤；延安组平均值在25.15~28.70兆焦耳/千克，为中—高发热量煤。

（三）煤类

石炭系上统—下二叠统太原组、二叠系中下统山西组各煤层原煤灰分在20.03%~30.08%，浮煤挥发分26.27%~39.30%，原煤硫分0.69%~3.67%，原煤发热量在21.58~34.77兆焦耳/千克。总之，煤类属于中灰—中高灰、低—高硫煤、低磷—特低磷的焦煤、肥煤、气煤、1/3焦煤等，可作炼焦配煤和动力用煤。

延安组各煤层原煤灰分平均在7.44%~15.57%，浮煤挥发分平均值32.19%~36.54%，原煤硫分0.34%~1.34%，原煤发热量在25.15~28.70兆焦耳/千克，煤类属于特低—低灰、特低—中硫、低磷—特低磷的不黏煤、长焰煤、弱黏煤，动力用煤。

（四）煤的工业用途

石炭系上统—下二叠统太原组、二叠系中下统山西组，煤类属于中灰—中高灰、低—高硫煤、低磷—特低磷的焦煤、肥煤、气煤、1/3焦煤等，可作炼焦配煤和动力用煤。延安组煤类属于特低—低灰、特低—中硫、低磷—特低磷的不黏煤、长焰煤、弱黏煤，为动力用煤。

第三节 共(伴)生矿产

一、耐火黏土

分布于东胜煤田水塔沟、白泥渠、竹鸡塔和碾盘梁等地。矿床赋存在侏罗系延安组中。Al_2O_3占34.47%~27.76%，Fe_2O_3占0.49%~1.66%，TiO_2 1.27%。准格尔煤田黑岱沟、龙王沟、窑沟等地含煤岩系本溪组底部亦有赋存，呈似层状或透镜状。矿种有高铝矾土矿、铁矾土矿、铝土矿。

二、油页岩

分布于东胜煤田罕台川、冯家渠、库伦沟、碾盘梁，伊金霍洛旗的补连沟和准格尔旗的付家坡、木匠沟等地。赋存于侏罗系延安组中，常与煤层共生，厚度及规模小，品味及赋存不稳定，以小型矿床或矿点产生。工业储量66万吨，总厚度3.16~5米，含油率1.48%~10.4%，一般为5%。

三、高岭土

主要分布于准格尔煤田的窑沟及黑岱沟等地。赋存于含煤岩系太原组及山西组中。该区高岭土矿石类型有硬质高岭土及软质高岭土，矿石中高岭土含量一般大于90%，工业品位很高，有优质高岭土矿床。鄂尔多斯市准格尔旗的黄天棉图高岭土矿，矿石类型为陶瓷级高岭土，矿石成分中SiO_2平均含量62.75%、Al_2O_3平均含量23.13%、K_2O+Na_2O平均含量2.48%、Fe_2O_3平均含量1.19%、TiO_2平均含量1.06%、CaO+MgO平均含量1.00%，白度44.5%，烧失量7.93%，塑性指数12.995%。

四、黏土

分布于桌子山煤田老石旦矿区，赋存于太原组中，可作为水泥配料。

五、天然碱

主要分布于鄂尔多斯西部鄂托克旗的巴音淖、小湖、察汗淖、乌都淖、哈达图淖、杭锦旗的盐海子、呼吉尔淖和乌审旗的合同察汗淖等地。

六、石英砂岩及石英岩

鄂尔多斯共有产地6处，其中石英砂岩总储量534.8万吨，石英岩总储量4.45亿吨。品质尚佳，二氧化硅含量为82.33%~98.87%。层位稳定，地质条件简单，覆盖层薄。

七、页岩气

2012—2014年的前半年，内蒙古自治区煤田地质局下属各二级单位进行页岩气勘查的前期选区工作，2014年的后半年自治区相继成立内蒙古矿业（集团）绿能非常规天然气勘查开发有限责任公司和内蒙古自治区非常规天然气工程技术研究中心，是页岩气勘查、研究、开发的专业性队伍。2014年，内蒙古矿业（集团）绿能非常规天然气勘查开发有限责任公司在鄂尔多斯市鄂托克旗施工的自治区第一口页岩气参数井“鄂页1井”，在2015年度对主要的页岩气含气层“太原组1段”进行采样测试、压裂改造、试气等工作，获取较为齐全的页岩气开发技术评价参数，实现最大产能5万立方米/天，试产期间日产气1.7万~2.0万立方米/天的页岩气开发新突破。

第三篇
煤矿建设

清朝初期到民国年间，陕西、山西、宁夏的乡绅、商人、军阀等在准格尔旗、达拉特旗、鄂托克旗开办小煤窑，全凭手工作业，多为汉人承包经营。到1949年，伊克昭盟共有私营小煤窑8个，合计年产量不足7万吨。

20世纪50年代，伊克昭盟人民政府通过公私合营和资本主义工商业的社会主义改造，大办地方工业，遵循国家办矿程序，新建酸刺沟、公乌素、毛儿沟、卡布其、千里山等一批地方国营煤矿。从此，煤炭工业的技术力量日趋壮大，生产设备及开采方式逐步达到半机械化程度。1978年后，随着全国工作重心向经济建设转移，乡镇煤矿迅速发展，到1985年，全盟煤矿发展到79个，其中地方国营煤矿13个，乡镇煤矿66个。

“七五”期间，在准格尔、东胜两矿区开发初期，走出了一条“国家修路、群众办矿，国家、集体、个人一齐上”的道路。短短3年时间，小煤窑星罗棋布，无序开挖，形成了大小不一、数以千计的小煤窑群。小煤窑的泛滥，不但没有形成规模，反而严重影响了矿区规模化开发。从1991年起，地方政府根据国家指令，对乡镇煤矿进行整顿，对非法和布局不合理的小煤窑实施关闭，对煤炭资源进行统一调整、规模化配置，保证了矿区有序建设。煤矿建设企业瞄准世界采矿发达国家水平，突破传统煤矿设计理念和建设思想，坚持“高起点、高技术、高质量、高效率、高效益、低成本”的开发建设方针，依靠科技创新和管理创新，应用先进科学手段改造和提升传统工艺，以先进的投资理念和技术思想指导煤矿建设，实现投资效益最大化，建设高产高效煤矿。

神东煤炭集团作为国家重点项目“神华工程”的核心组成部分，集成国内外最先进的采掘技术，建成了以系统简单、装备精良、高产高效为基本特征的“一井一面”千万吨矿井群。“智能矿山”建设全面推进，建成了上湾煤矿8.8米智能超大采高综采工作面和智能化选煤厂，井下实现了3G信号专用全覆盖。在煤矿建设中，创造并掌握了斜硐、大分区、条带式布置及全煤大巷开拓技术、快速建井技术、无轨胶轮车辅助运输及保障技术、千万吨工作面综采技术、连续采煤机短臂开采成套技术、大断面超长煤巷掘进技术、综采工作面快速搬家技术、综合自动化信息化技术、模块化选煤厂及快速装车技术、荒漠化控制与矿井水复用技术、本质安全型矿井建设核心技术。准格尔能源集团实施科技领先战略，集成创新理念，大胆突破传统技术思想和技术规范，跳出传统露天煤矿的设计思路，以“高产、高效、安全、环保”为特征的全新技术体系，建设并运营了年产能力3400万吨的黑岱沟露天煤矿和年产能力3500万吨的哈尔乌素露天煤矿。

鄂尔多斯煤矿实行分期规划，分期建设。截至2018年，全市已规划15个煤炭开发矿区，已获国家发改委批复矿区总体规划11部，即准格尔矿区、准格尔中部矿区、神东矿区、新街矿区、新街台格庙矿区、呼吉尔特矿区、纳林河矿区、上海庙矿区、塔然高勒矿区、高头窑矿区、万利矿区；已经编制完成矿区总体规划4部，即纳林希里矿区、乌兰格尔矿区、苏亥图矿区、呼吉尔特纳林才登矿区。规划井田129个，面积21401平方千米，煤炭资源储量3146亿吨。其中11个矿区总体规划已获得国家发改委批复，规划井田

107个，面积17530平方千米，煤炭资源储量2681亿吨，是国家规划建设的14个大型煤炭基地之一。

2018年，全市共有煤矿328座，设计生产能力80881万吨/年，其中1000万吨/年以上的煤矿22个，最低规模30万吨/年，最高规模3500万吨/年，平均单井（矿）生产能力247万吨/年。按煤矿建设情况分：生产煤矿270座，设计生产能力63151万吨/年；技改矿井41座，设计生产能力4210万吨/年；核准在建煤矿17座，设计生产能力13520万吨/年。按开采方式分：井工煤矿177座，设计生产能力54131万吨/年；露天煤矿151座，设计生产能力26750万吨/年。煤矿全部实行综采机械化开采和露天开采，采掘机械化程度达97%以上，采区采出率达80%以上。

第一章 规划与设计

第一节 发展规划

一、管理机构

1991年前，伊克昭盟的矿区规划主要由内蒙古煤矿设计院负责编制，大型煤电基地开发总体规划由国家统一组织编制。

1991年7月，伊克昭盟煤炭工业处更名为伊克昭盟煤炭工业管理局，设规划运行科，负责全盟的煤炭工业发展规划管理工作。其主要职责是：负责全盟煤炭行业经济运行，结构调整，产业发展等重大问题的调查研究，提出煤炭经济运行规划和年度调控目标；负责全盟煤炭资源勘查规划和煤炭生产开发规划的组织拟定和实施工作；负责全盟各类煤炭信息的发布工作；负责全盟煤炭行业品牌建设的指导工作；负责煤炭行业统计工作；负责煤炭经营资格证的管理工作。

2001年10月，伊克昭盟煤炭工业管理局更名为鄂尔多斯市煤炭局，作为行业行政主管部门，负责全市煤炭工业的规划、开发和建设。

2011—2018年，鄂尔多斯市煤炭工业发展规划由鄂尔多斯市发展和改革委员会负责编制，鄂尔多斯市煤炭局规划运行科的其他职能不变。

二、规划编制

（一）矿区前期规划

1. 准格尔矿区

1960年3月，内蒙古煤矿设计院编制了《准格尔煤田总体设计》，后受经济条件制约没有组织实施。

1976年12月，内蒙古煤矿设计院编制了《准格尔煤田窑沟矿区总体设计方案》，1977年1月内蒙古煤管局对该方案进行预审，并提出了预审意见：鉴于窑沟露天区的地质勘探程度高，应先进行露天矿的扩大初步设计，随着对黑岱沟露天区的加速勘探，继续进行黑岱沟露天矿的扩大初步设计。

截至1989年，内蒙古煤矿设计院、西安煤矿设计院、中国矿业学院、沈阳煤矿设计院，根据煤炭工业部组织编制的《准格尔煤电基地开发总体规划大纲》，分别编制了《准格尔矿区总体规划》和《准格尔矿区一期工程可行性研究》。

1990年3月，国家计委下发《关于准格尔矿区一期工程总体设计的批复》（计建设〔1990〕286号），同意准格尔矿区一期工程煤矿建设规模为年产原煤1500万吨，其中黑岱沟露天煤矿1200万吨，地方煤矿300万吨。同意建设1200万吨/年选煤厂、丰准铁路和坑口电厂等。

2007年9月，国家发改委下发《关于内蒙古鄂尔多斯准格尔矿区总体规划的批复》（发改能源〔2007〕2496号），同意总体规划划定的矿区范围，即北部、东部以煤层露头线和黄河为界，南部以田家石畔挠折断裂带和6号煤层露头线为界，西部分别以呼准高速公路煤柱线、6号煤层+600米等高线和长滩沟为界。同意矿区井田划分和生产建设规模，矿区划分为22个矿（井）田、1个勘查区和1个小煤矿整合区，生产建设总规模暂定17380万吨/年。2011年，国家发改委能源〔2011〕2864号文件批复矿区总体规划调整方案，国家环境保护总局以环审〔2008〕85号文件出具总体规划环境影响审查意见。依据批复全矿区共划分22个开发井田，1个小煤矿开采区，薛家湾镇1个保护区，规划建设规模17380万吨/年，其中黑岱沟露天矿2000万吨/年、官板乌素矿井90万吨/年、哈尔乌素露天矿2000万吨/年、黄玉川矿井1000万吨/年、罐子沟矿井由90万吨/年扩建到300万吨/年、唐公塔一号矿井由60万吨/年扩建到240万吨/年、魏家峁露天矿1200万吨/年、长滩露天矿2000万吨/年、酸刺沟矿井1200万吨/年、青春塔矿井600万吨/年、石岩沟矿井600万吨/年、唐公塔二号矿井400万吨/年、不连沟矿井1000万吨/年、孔兑沟矿井700万吨/年、唐家会矿井600万吨/年、麻地梁井田500万吨/年、龙王沟矿井1000万吨/年、东坪井田500万吨/年、小塔沟露天矿田300万吨/年、准旗兴隆黑岱沟150万吨/年。榆树湾勘查区勘查程度低，待进一步勘查后，确定开发方式和建设规模。

2. 神东矿区东胜区

1985年6月，华能精煤公司在《关于开发神府、东胜煤田的报告》中，对神府、东胜煤田的开发和铁路建设做出了规划。

1986年11月，在北京召开的神府东胜煤田开发协调小组第一次会议议定：神府、东胜矿区开发经营管理实行“统一规划，联合开发，自主经营、自我发展”的发展战略。围绕这一战略，华能精煤公司统一神府东胜煤田的开发建设布局，统一安排铁路、公路、电力、水源、通信、集装站等主体工程建设。1987年9月，神府东胜煤田开发协调小组第二次协调会议议定：神府东胜煤田要按照“矿、路、电、港集团项目综合发展，产、运、销一条龙经营管理”的发展战略和经营模式进行开发建设。

1991年3月，国家计委《关于神府东胜矿区总体设计的批复》（计燃〔1991〕262号），批准矿区一、二期建设总规模为3245万吨/年。其中，东胜矿区的煤矿1420万吨/年，包括上湾矿井300万吨/年、补连塔矿井300万吨/年、马家塔露天煤矿60万吨/年、武家塔露天煤矿60万吨/年、巴图塔矿井400万吨/年，地方乡镇煤矿300万吨/年。并同意建设上湾400万吨/年洗煤厂。

2008年6月，国家发改委印发《关于内蒙古自治区鄂尔多斯神东矿区东胜区总体规划的批复》（发改能源〔2008〕1304号），同意总体规划划定的矿区范围，北以铜匠川详查区第11勘探线为界，南以活鸡兔沟、考考赖沟、陕西省与内蒙古自治区省界为界，东以5号煤层露头线、束会川和悖牛川为界，西以补连勘探区和布尔台勘探区的西部边界为界。同意矿区划分为17个矿（井）田和1个小煤矿整合开采区，大中型煤矿生产建设总规模8840万吨/年，其中生产矿井上湾矿井1000万吨/年、补连塔矿井2000万吨/年、乌兰木伦矿井300万吨/年，改扩建武家塔露天矿300万吨/年、霍洛湾矿井300万吨/年、柳塔矿井300万吨/年、万利寸草塔（一矿）矿井240万吨/年、金峰寸草塔（二矿）矿井300万吨/年、李家塔矿井300万吨/年、温家塔矿井400万吨/年、朝石矿井90万吨/年，新建矿井布尔台矿井2000万吨/年、湾图沟矿井300万吨/年、转龙湾矿井500万吨/年、淖尔壕矿井180万吨/年、赛蒙特尔矿井150万吨/年、满来梁矿井180万吨/年。

3. 万利矿区

2007年7月，国家发改委印发《关于内蒙古鄂尔多斯万利矿区总体规划的批复》（发改能源〔2007〕32号），同意总体规划划定的矿区范围面积约767平方千米。同意矿区划分为8个矿井和4个小型煤矿整合改造区，生产建设总规模暂定3840万吨/年，其中万利矿井（万利一、二号井和昌汗沟一号井合并）由180万吨扩建到800万吨/年、高家梁矿井600万吨/年、杨家村矿井500万吨/年、范家村矿井120万吨/年、塔拉壕矿井600万吨/年、碾盘梁矿井120万吨/年、王家塔矿井500万吨/年、李家壕矿井600万吨/年。矿区内划定的4个小型煤矿整合改造区定名为祁家畔、赵油房、酸刺沟和潮脑梁小型煤矿整合改造区。

4. 塔然高勒矿区

2007年6月，国家发改委印发《关于内蒙古鄂尔多斯塔然高勒矿区总体规划的批复》（发改能源〔2007〕1388号），同意总体规划划定的矿区范围面积2379平方千米。同意矿区划分为5个井田和1个勘查区，建设总规模暂定2600万吨/年，其中塔然高勒矿井1000万吨/年、呼斯梁矿井400万吨/年、红庆梁矿井600万吨/年、油房壕矿井300万吨/年、泊江海子矿井300万吨/年。西南部勘查区勘查程度低，待进一步勘查后确定开发方式。

5. 呼吉尔特矿区

2008年2月，国家发改委印发《关于内蒙古自治区鄂尔多斯呼吉尔特矿区总体规划的批复》（发改能源〔2008〕504号），同意矿区划分为7个井田、2个勘查区和1个远景区，建设总规模暂定6000万吨/年。其中，梅林庙1000万吨/年、门克庆1200万吨/年、沙拉吉达800万吨/年、母杜柴登600万吨/年、巴彦高勒400万吨/年、石拉乌素1000万吨/年、葫芦素1000万吨/年。一号、二号勘查区和远景区待进一步勘查后确定开发方式。

6. 新街矿区

2010年6月，国家发改委印发《关于内蒙古自治区鄂尔多斯新街矿区总体规划的批复》（发改能源〔2010〕1911号），同意总体规划划定的矿区范围面积2189平方千米。同意矿区划分为5个井田、2个勘查区、1个后备区、4个保护区和1个待规划区，建设总规模为4900万吨/年，其中满来梁矿井300万吨/年、红庆河矿井1500万吨/年、察哈素矿井1500万吨/年、马泰壕矿井800万吨/年、尔林兔矿井800万吨/年。北部普查勘查区、南部普查勘查区和西部后备区待进一步勘查后确定开发方式。

7. 高头窑矿区

2010年7月，国家发改委印发《关于内蒙古自治区鄂尔多斯高头窑矿区总体规划的批复》（发改能源〔2010〕1525

号），同意总体规划划定的矿区范围面积3110平方千米。同意矿区划分4个井田、2个小井开采区、3个勘查区、2个保护区和1个待规划区，建设总规模为2300万吨/年，其中高头窑矿井800万吨/年、色连一号矿井500万吨/年、色连二号矿井400万吨/年、城梁矿井600万吨/年。北部勘查区、青春山勘查区和伊金霍洛勘查区待进一步勘查后确定开发方式。

8. 上海庙矿区

2013年2月，国家发改委印发《关于内蒙古上海庙矿区总体规划（修编）的批复》（发改能源〔2013〕350号），同意总体规划划定的矿区范围面积约1154平方千米。同意矿区划分为14个井田，建设总规模6160万吨/年，其中在建榆树井煤矿建设规模300万吨/年，规划改扩建长城一号矿井的建设规模由60万吨/年提高到300万吨/年。规划新建矿井12处，建设规模5560万吨/年，分别为长城二号矿井400万吨/年（一期120万吨/年）、长城三号矿井500万吨/年、长城五号矿井180万吨/年、长城六号矿井180万吨/年、新上海庙一号矿井400万吨/年、鹰骏一号矿井600万吨/年、鹰骏二号矿井600万吨/年、鹰骏三号矿井600万吨/年、鹰骏五号矿井400万吨/年、巴楞矿井800万吨/年、马兰矿井暂定为400万吨/年、陶利矿井暂定为500万吨/年。

9. 纳林河矿区

2009年10月，中煤集团南京煤矿设计研究院有限责任公司完成了《内蒙古鄂尔多斯纳林河矿区总体规划》，规划确定矿区范围面积2068平方千米，规划建设总规模5840万吨/年。矿区划分有8个井田、1个勘查区、1个保护区和1个煤化工区，其中纳林河一号井400万吨/年、纳林河二号井500万吨/年、纳林河三号井240万吨/年、无定河矿井600万吨/年、补拉滩矿井500万吨/年、陶忽兔矿井600万吨/年、白家海子矿井1500万吨/年、营盘壕矿井500万吨/年，北部勘查区面积838平方千米，待查清地质情况后另定开发方式。该矿区总体规划已上报至国家发改委待批。

2017年，国家发改委以发改能源〔2017〕404号文件批复纳林河矿区总体规划，国家环境保护部环审〔2018〕10号出具总规环评审查意见。全矿区共划分12个井田和2个勘查区，规划建设规模11100万吨/年，其中纳林河一号矿井400万吨/年、纳林河二号矿井800万吨/年、无定河矿井700万吨/年、陶忽图矿井800万吨/年、白家海子矿井1500万吨/年、营盘壕矿井1200万吨/年、嘎鲁图矿井500万吨/年、巴彦柴达木矿井1000万吨/年、后柳湾矿井1000万吨/年、黄陶勒盖图矿井1000万吨/年、巴音敖包矿井1200万吨/年、布日奇矿井1000万吨/年。巴音塔拉、新庙梁勘查区待进一步勘查后确定开采方式。

全矿区未核准已建成投产煤矿2座，建设规模2000万吨/年；在建煤矿1座，建设规模1500万吨/年；未开发井田9个，规划建设规模7600万吨/年。

10. 纳林希里矿区

2008年12月，中煤集团沈阳煤矿设计研究院有限责任公司完成了《内蒙古鄂尔多斯纳林希里矿区总体规划》，规划确定的矿区范围面积3042.65平方千米，规划建设总规模2300万吨/年。矿区划分有4个井田、1个勘查区、1个远景区，其中奎腾沟矿井500万吨/年、苏布尔嘎矿井600万吨/年、壕赖苏矿井600万吨/年、纳林希里矿井600万吨/年。勘查区面积462平方千米，待查清地质情况后，另定开发方式。

11. 准格尔中部矿区

国家发改委以发改能源〔2017〕1306号文件批复矿区总体规划，规划环评已经上报国家生态环境部待批。全矿区共划分8个开发井田、1个受水影响暂缓开发区、1个井下公用输煤通道，规划建设总规模6700万吨/年，其中房子梁井田120万吨/年、老三沟井田1000万吨/年、哈达图井田1000万吨/年、圪柳沟井田1000万吨/年、达赖梁井田500万吨/年、海子塔井田700万吨/年、黑岱沟井田500万吨/年、刘三圪旦井田800万吨/年。

12. 准格尔中部矿区

国家发改委以发改能源〔2017〕1305号文件批复矿区总体规划，规划建设规模6200万吨/年，其中一号矿井1500万吨/年、二号矿井1000万吨/年、三号矿井1500万吨/年、四号矿井1200万吨/年、五号矿井1000万吨/年。后备区待进一步勘查后确定开发方式，环评尚未批复。

（二）全市煤炭工业发展规划

2013年3月，鄂尔多斯市发展和改革委员会根据国家及内蒙古自治区《煤炭工业发展“十二五”规划》和《鄂尔多斯市国民经济和社会发展第十二个五年规划》，编制了《鄂尔多斯市煤炭工业发展十二五规划》。对发展现状和面临的形势作了总结，对煤炭需求和供需平衡作了预测和分析，确立了发展思路、目标和任务，规划了煤炭开发布局，提出了政策建议与措施。

“十二五”期间，鄂尔多斯市煤炭工业的发展思路：以科学发展为主题，以转变发展方式为主线，以国家建设大型煤炭基地为契机，变输出原煤为输出提质煤，变输煤为输电、输油、输气，遵循“四个发展”，做好“四个加强”，实现“四个提高”，建设“三个基地”。四个发展是：清洁发展、循环发展、低碳发展、绿色发展。四个加强是：加强煤炭洗选配一体化，加强资源整合和企业兼并重组，加强煤矸石、高铝粉煤灰、伴生资源综合利用，加强煤电用一体化和煤炭产业延伸。四个提高是：提高原煤洗选率、提高产业集中度、提高资源综合利用水平、提高煤炭产业层次和精深加工水平。三个基地是：建设国家重要的煤炭生产基地、国家重要的电力生产基地和现代煤化工基地。

煤炭生产：据预测，2015年全国煤炭需求量39亿吨。内蒙古自治区拟将2015年煤炭产量调控在10亿吨左右，综合考虑蒙东、蒙西煤炭发展布局，2015年鄂尔多斯市煤炭产量应控制在7亿吨，考虑到国家发生自然灾害的应急需要，建议储备产能5000万吨，总产能控制在7.5亿吨左右。

和谐矿区建设：建设一批资源节约型、环境友好型、矿地关系和谐型示范矿区，及时将和谐生态、和谐民生、和谐生产安全、绿色矿山、农牧民持续增收等方面建设经验与成效转化为政策和制度成果，建立健全和谐矿区建设长效机制。

煤炭基地建设：“十二五”末，将建成8亿吨级商品煤生产基地，建成准格尔、神东2个亿吨级矿区，万利、新街、上海庙3个5000万吨级矿区，高头窑、塔然高勒2个3000万吨级矿区。

煤炭生产布局：重点开发准格尔、万利、神东、高头窑、上海庙、塔然高勒矿区，适度开发新街、呼吉尔特、纳林河矿区，完善纳林河、纳林希里、准格尔中部矿区总体规划，适时规划乌兰格尔矿区。强化矿区总体规划在煤炭开发过程中的指导作用，一个井田由一个主体开发，一个主体可以开发多个井田。煤炭开发过程中，将资源节约、转化、循环利用、污染治理、水资源保护放在突出位置。除鄂托克旗边角资源外，新建井工矿规模 120 万吨/年以上、露天矿规模 300 万吨/年以上。

“十二五”期间的主要任务：发展大型煤炭企业集团，优化产业组织结构和生产结构。针对开发主体参差不齐、较为分散的情况，要着力推进煤炭企业兼并重组，打造一批对全区乃至全国煤炭市场具有一定调节能力的大型和特大型能源企业，进一步优化煤炭组织结构，提高抗风险能力，增加市场话语权。优化煤炭生产结构，生产规模在 300 万吨以下的煤炭生产企业全部退出市场。

“十二五”时期，鄂尔多斯市合理推进煤矿项目建设，打造国家重要的煤炭生产基地。拟规划新开工煤矿备选项目总建设规模 24140 万吨。到 2015 年，建成 8 亿吨级煤炭生产基地。分年度安排为：2011 年 4520 万吨、2012 年 5040 万吨、2013 年 5220 万吨、2014 年 5670 万吨、2015 年 3690 万吨。按矿区安排为准格尔矿区 4430 万吨、万利矿区 600 万吨、高头窑矿区 1420 万吨、神东矿区 180 万吨、塔然高勒矿区 300 万吨、新街矿区 2640 万吨、呼吉尔特矿区 6000 万吨、上海庙矿区 2640 万吨、纳林河矿区 3370 万吨、准格尔矿区中部区 1040 万吨。

2017 年 11 月，鄂尔多斯市发展和改革委员会完成了《鄂尔多斯市煤炭工业发展“十三五”规划》的编制工作，确立了“十三五”期间煤炭工业发展的指导思想、基本原则、发展目标和主要任务，提出了保障措施和政策建议。

“十三五”期间的发展思路：牢固树立“创新、协调、绿色、开放、共享”的发展理念，以国家和自治区煤炭“十三五”规划为指导，从鄂尔多斯市区域经济和社会发展实际情况出发，积极适应经济发展新常态，抓住能源革命新机遇，围绕建设国家清洁能源输出基地和现代煤化工产业示范区，打造“鄂尔多斯煤”国家优质品牌，以建设先进产能、优质产品，打造绿色矿山、和谐矿区，争创世界一流的煤炭行业水平为目标，以提高发展质量和效益为中心，以推动煤炭供给侧结构性改革为主线，着力优化产业结构，着力推进清洁高效低碳发展，着力规范发展秩序，化解存量、做优增量、调控总量，稳固提升国家大型煤炭生产基地的突出地位，为稳定国家煤炭供应、保障能源安全、实现国民经济和社会发展“十三五”规划目标奠定基础。

煤矿建设方面：“十三五”期间，“十二五”结转新开工煤矿 2 座，产能 2400 万吨/年，续建煤矿 26 座，产能 17100 万吨/年。为满足鄂尔多斯市境内煤电、煤制气、煤制油等国家重点建设和示范项目原料和燃料煤需求，合理布局重点煤矿开发建设。规划新建高标准、高起点的现代化备选矿井 38 座，拟建规模为 29360 万吨，估算建设总投资 1695 亿元。其中“十三五”末投产规模为 4500 万吨。

规范煤炭开发秩序。加强行业自律，遵循市场规律，依法建设和生产，促进市场供需平衡；有效衔接资源勘探、矿区总体规划、矿业权设置方案之间关系，合理布局矿区建设规模、矿井产能和开发顺序；严格执行国家产业政策和项目基本建设程序，提高煤矿企业及新建产能准入标准，发展先进产能，严禁煤矿超能力生产；重点支持煤电、煤制气、煤制油等国家重点建设和示范项目原料和燃料煤需求为目标的煤矿建设，新建煤矿的开发主体必须投资能提高煤炭产品附加值、延长煤炭产业链或生态治理等转化项目；鼓励煤炭企业对在籍煤矿进行资源整合技改，依法淘汰落后产能，大力提高煤矿先进产能比重。严格通过产能核定等方式提高煤矿生产规模，建立联合执法机制，加强源头治理，严格查处未批先建等违规项目，严禁非法违法开采煤炭资源。

创新煤炭发展模式。实施创新驱动发展战略，推动煤炭产业生产、消费、技术和体制革命，推动行业发展从高强度资源投入型、劳动密集型发展向资源节约型、人才技术密集型和两化深度融合型转变；加强煤炭上下游产业一体化发展，推进煤炭企业转型发展；鼓励企业兼并重组，提高集中度，争取市场话语权；推进煤炭企业与煤电、煤化等企业联营，形成利益共同体；新建煤矿必须走煤电或煤化一体化项目，推动煤炭由燃料向原料与燃料并重转变；强化煤炭清洁利用，大幅度提高煤炭洗选，大力推广低温提质技术；推广充填、保水等绿色开采技术，推进废弃物和伴生资源综合利用，减少污染物排放。

优化煤炭开发布局。重点开发建设上海庙、准格尔中部、纳林河、呼吉尔特4个矿区，打造神东、准格尔2个亿吨级矿区，高头窑、万利、新街、上海庙、准格尔中部、纳林河、呼吉尔特7个千万吨级矿区，满足鄂尔多斯境内煤电、煤制气、煤制油等国家重点建设和示范项目原料和燃料煤需求，提高煤炭长期稳定供应保障能力。

优化煤炭产业结构。加快煤炭产品提质增效，实现煤炭清洁高效利用。推进企业兼并重组，提高煤炭产业集中度，横向引导大型煤炭企业与地方中小型煤炭企业、大型国有煤炭企业与地方民营煤炭企业兼并重组；采取多种形式，引导、鼓励地方中小型煤炭企业联合重组；纵向鼓励引导煤炭企业与电力、冶金、建材、化工等上下游企业兼并重组。“十三五”期间，培育亿吨级煤炭企业1家、5000万吨级煤炭企业4家、1000万吨级煤炭企业10家。

三、规划实施

20世纪80年代，伊克昭盟煤炭工业开始大规模开发建设，东胜和准格尔矿区被国家确定为“八五”期间的重点建设项目。1986年11月，国家计委在北京召开的神府东胜煤田开发协调小组第一次会议决定：神府东胜矿区开发经营管理实施“统一规划、联合开发、自主经营、自我发展”的发展战略。围绕这一战略，华能精煤公司统一神府东胜煤田的开发建设布局，统一安排铁路、公路、电力、水源、通信、集装站等主体工程建设。东胜矿区开建时，适逢改革开放初期，资金短缺、物资匮乏，设计建设矿井基本都是装备和技术水平较低的30万~60万吨/年小型矿井。准格尔矿区一期工程按照煤炭工业部的统一安排开工建设。1999年11月24日移交投产。

随着准格尔、东胜煤田国家重点项目的开发建设，乡镇及民营企业逐步兴起，鄂尔多斯煤炭工业走出了一条“国家修路、群众办矿、国家、集体、个人一齐上”的道路。小煤矿（窑）广泛布点，形成了数以千计的小矿窑群，但这些小矿窑并不具备基本的生产技术条件和安全生产条件，这一模式不仅没有形成较大的生产规模，反而影响了晋、陕、蒙能源三角区内采矿秩序。

“八五”至“十一五”期间，随着国家对煤矿进行安全专项整治，鄂尔多斯市根据国家对煤炭行业实施关井压产、总量控制政策，分期分批对小矿井进行清理整改，并提出了整改措施。严格煤炭资源配置，提高生产行业准入门槛。推广神东煤炭公司经验，矿区建设坚持“高起点、高技术、高质量、高效率、高效益”的五高方针，带动地方煤炭企业转型升级。兼并重组中小型煤炭企业，培育地方大型能源企业集团。逐步改变煤炭开发主体分散的局面。截至 2010 年，全市煤炭工业得到了有序发展，实现了稳中向好。

煤炭产量从 2005 年的 1.5 亿吨增长到 2010 年的 4.5 亿吨，年均增长约 6200 万吨，年均增长率为 25%，外运出市率平均 89%。

2005 年，全市地方煤矿有 552 处，总产能不足 5000 万吨，平均单井产能不足 10 万吨。通过实施煤炭资源整合，“十一五”期间煤矿数量减少至 276 处，总生产能力提高到 15000 万吨。一批亿吨级和千万吨级的煤炭企业集团正在形成。

“十一五”期间，新增矸石电厂项目装机 321 万千瓦，劣质煤综合利用 900 万吨。2010 年在建煤矸石发电规模 120 万千瓦。

按照《鄂尔多斯市铁路中长期发展规划》，加快建设“三横四纵”主铁路网架，煤炭运输能力大幅提高，煤炭外运量由 2005 年 12600 万吨提高到 26000 万吨。

“十二五”期间，面对煤炭需求持续走低，经济下行压力加大的不利局面，鄂尔多斯市积极推进煤炭工业转型升级步伐。淘汰落后、高污染、低附加值的煤炭产业，实施了有针对性的改革措施，解决经济发展中面临的新问题和新矛盾，煤炭工业发展实现了增长平稳、结构优化、质量提升。

截至 2015 年底，累计勘查获得煤炭资源量 3031.8 亿吨，其中保有储量 2921.7 亿吨、可采储量 1016.9 亿吨。根据资源赋存特点、地质勘探程度、区域分布状况，全市 1000 米以内的浅层煤炭资源划分为 14 个开发矿区。其中万利、准格尔、神东、高头窑、塔然高勒、新街、呼吉尔特、上海庙 8 个矿区总体规划已获国家发展和改革委员会批复；纳林河、准格尔中部、新街台格庙、纳林希里、乌兰格尔 5 部矿区总体规划已经编制完成；桌子山矿区经国家发改委同意不需报批总体规划。

“十二五”期间，鄂尔多斯市加强规划和建设管理，合理有序推进国家大型煤炭生产基地建设。逐步建成了东胜、准格尔 2 个亿吨级矿区和万利、高头窑 2 个 5000 万吨级矿区。以绿色开采、清洁生产为抓手，持续推进煤矿建设的现代化和标准化，建成了国内先进、世界前列的千万吨级特大型煤矿。“十二五”期间，在建煤矿 27 座，建设规模 17900 万吨/年。其中“十一五”结转续建煤矿 5 座，建设规模 3800 万吨/年。“十二五”期间，核准在建煤矿 22 座，建设规模 14100 万吨/年。核准未开工煤矿 2 座，建设规模 2400 万吨/年。建成投产煤矿 3 座，新增煤炭产能 1880 万吨/年；技改煤矿 68 座，产能 7005 万吨/年。“十二五”期间，煤矿建设投资 900 亿元。

截至 2015 年底，全市在籍煤矿 331 座，设计产能 76145 万吨/年。按开采方式分：井工煤矿 178 座，产能 50695 万吨/年；露天煤矿 153 座，产能 25450 万吨/年。按进展情况分：生产煤矿 239 座，产能 53120 万吨/年；技改煤矿 68 座，产能 7005 万吨/年；在建煤矿 24 座，产能 16020 万吨/年。按企业性质分：央企 33 座，设计产能 25970 万吨/年；外省国企 35 座，设计产能 7560 万吨/年；地方煤矿 263 座，设计产能 42615 万吨/年。煤矿平均单井产能 230 万吨/年，较 2010 年的 140 万吨提升 64%。按照井型划分：大、中、小型煤矿个数分别占 51%、44%、5%，产能分别占 85%、14%、1%。2011—2015 年全市累计生产原煤 31 亿吨，“十二五”期间年平均递增 7.1%。其中，2015 年煤炭产量 6.15 亿吨，比 2010 年 4.5 亿吨增 36.67%，完成“十二五”规划 7 亿吨以下的控制目标。全市累计销售煤炭 28.6 亿吨，其中 2015 年销售煤炭 5.4 亿吨。

煤炭产业集中度：在煤炭资源整合基础上，煤炭企业兼并重组有序进行，大型煤炭企业发展成效明显，煤矿技术水平得到提升，企业自我发展能力显著增强。截至 2015 年底，共有煤炭生产企业 146 家。其中，中央企业 7 家，总设计产能 25970 万吨/年；外省国有企业 10 家，总设计产能 7560 万吨/年；地方煤炭企业 129 家，总设计产能 42615 万吨/年。“十二五”期间，市内煤炭企业技术面貌发生了较大变化，全市煤矿采掘机械化程度、全员效率、采区采出率分别达到 90%、35 吨/工、78%。大型重点煤炭企业改变过去单一煤炭生产经营模式，逐渐向电力、煤化工以及房地产、交通运输等领域延伸，自我发展能力和抗风险能力增强。

截至 2015 年，全市选煤厂 182 座，总洗选能力 5.6 亿吨/年，2015 年原煤洗选量 48610 万吨，洗选率 90%。实施煤炭清洁生产同时，强化煤炭高效利用、循环发展战略，促进煤炭产业链延伸增值。2015 年就地转化能力达到 17%，较“十一五”末提高 6%；资源综合利用水平提高，高铝粉煤灰资源化利用取得新进展，煤矸石等固体废弃物综合利用率达到 69%，矿井水综合利用率达到 68%，焦煤全部实现了就地循环利用。

2016—2018 年，鄂尔多斯市在煤炭开发利用、煤炭产能、煤炭燃料、能源供给质量、安全生产等方面实现了平稳发展。

截至 2018 年底，全市共规划 15 个开发矿区，规划井田 129 个，面积 21401 平方千米，煤炭资源储量 3146 亿吨，其中 11 个矿区总体规划已获国家发改委批复，规划井田 107 个，面积 17530 平方千米，煤炭资源储量 2681 亿吨，是国家规划建设的 14 个大型煤炭基地之一。煤矿平均单井生产能力 247 万吨/年，最低规模 30 万吨/年，最高规模 3500 万吨/年。煤矿开采方式全部为综合机械化开采和露天开采，采掘机械化程度达到 97% 以上，采区采出率达到 80% 以上。煤炭生产企业 143 户，其中央企 7 户、国企 10 户、地方企业 126 户，已培育形成亿吨级煤炭企业 1 户、5000 万吨级煤炭企业 1 户、3000 万吨级煤炭企业 2 户、1000 万吨级煤炭企业 14 户。

截至 2018 年，全市共有煤矿 328 座，设计生产能力 80881 万吨/年。按煤矿建设类别分：生产煤矿 270 座，设计能力 63151 万吨/年；技改煤矿 41 座，设计能力 4210 万吨/年；核准在建煤矿 17 座，设计能力 13520 万吨/年。按开采方式分：井工煤矿 177 座，设计能力 54131 万吨/年；露天煤矿 151 座，设计生产能力 26750 万吨/年。

截至 2018 年，全市已建成煤制燃料项目 3 个，其中煤制油项目 2 个，总规模 124 万吨/年，即神华 108 万吨/年煤直接液化项目和伊泰集团 16 万吨/年煤间接液化项目；煤制天然气项目 1 个，规模 4 亿立方米/年，即汇能集团 16 亿立方米/年煤制天然气项目一期工程。截至 2018 年，累计生产油品 823 万吨，天然气 4.81 亿立方米。

2017—2018 年，鄂尔多斯市深入推进煤炭行业供给测结构性改革，引导退出落后产能煤矿 12 座，退出产能 915 万吨/年。组织竣工验收煤矿 19 座，完成产能核增煤矿 9 座，共释放产能 9820 万吨/年。煤炭资源清洁高效利用水平不断提升，截至 2018 年底，全市已建成投产洗煤厂 216 座，入洗能力 7.68 亿吨/年，洗选率达到 90.3%，煤炭就地转化率达到 22%。电力装机结构进一步优化，全市煤电装机已达 2038 万千瓦，单机 30 万千瓦及以上煤电机组占 76%，单机 60 万千瓦及以上煤电机组占 19%。全市火电设备平均利用小时 5100 小时，发电平均煤耗由 318 克/千瓦时降至 310 克/千瓦时。2018 年，全年发电量 1035.1 亿千瓦时，同比增长 17.8%。

第二节 煤矿设计

一、设计机构

20 世纪 50 年代初期，伊克昭盟地区煤矿建设项目委托外省设计院承担矿井设计工作。

1958 年 7 月，内蒙古自治区煤矿设计研究院成立，鄂尔多斯地区的煤矿设计由自治区煤矿设计研究院负责。

1963 年 5 月，桌子山矿务局恢复建制后，下设基建工程处，局属煤矿的设计工作由基建工程处设计科负责。

1984 年 4 月，伊克昭盟煤矿设计室成立，隶属伊克昭盟经济委员会管辖。设计资质为丁级，下设采煤、机电、土建、公路桥涵工程、经济等科室。

1988 年 7 月 16 日，设计室升格为伊克昭盟煤炭设计院，隶属于伊克昭盟煤炭工业管理处，下设办公室、财务、采煤、土建、机电、经济、成品等科室。

1993 年，设计资质升为丙级。

2001 年，伊克昭盟撤盟设市，伊克昭盟煤炭设计院更名为鄂尔多斯市煤矿设计院。

2003 年 9 月，鄂尔多斯市煤矿设计院通过国家煤矿安全评价机构的资质认证，成为具有煤矿安全评价资格的中介机构。

2004 年 2 月 26 日，根据国家矿山安全管理部门设立地方安全评价组织的规定，经上报国家安全生产监督管理局批准，设立鄂尔多斯市安泰安全评价中心，评价资质为乙级。该中心与煤矿设计院实行一套机构，两块牌子。

2006 年 8 月，神东煤炭公司设计研究院成立，2009 年 12 月注册为鄂尔多斯市神东工程设计有限公司，下设矿井室、露采室、机运室、电气室、土建室、选煤室、经济室、综合办公室 8 个科室。主要承担神东煤炭集团新建煤矿、改扩建煤矿、洗煤厂及配套设施和煤矿水平延伸、采取接续等设计工作。

2012 年，神华将鄂尔多斯市神东工程设计有限公司 100%股权转让给神东煤炭集团。

截至 2018 年，鄂尔多斯市煤矿设计院设立设计部（地采室、露采室、机电室、土建室、经济室）、办公室、财务室、安全评价中心 4 个部门。注册人员 28 人，其中注册工程师 6 人、高级工程师 3 人、工程师 14 人、助理工程师 3 人、技师 1 人、高级经济师 1 人。主要有采矿、矿山机电、机械制造、工业与民用建筑、公用设备、总图运输、经济等专业。具有现代化设计手段，AutoCAD 制图，100%的计算机出图。业务范围是：煤炭行业井工矿 90 万吨/年及以下、露天矿 400 万吨/年及以下的可行性研究报告、初步设计和施工图设计，各类中小型煤矿的技术改造、扩建设计，煤矿建设生产期间包括井巷施工、机电设备安装调试，地面生产系统建设，工业与民用生活福利设施建筑等的技术咨询、施工现场技术指导、工程概预算，非煤矿类采掘工程的各阶段设计。同时具有对煤矿、非煤矿山的安全评价资质。

二、设计成果

20 世纪 80 年代前，伊克昭盟煤矿的设计项目大部分委托内蒙古自治区煤矿设计院和外省设计院承担矿井设计工作。1984年伊克昭盟煤矿设计室成立，鄂尔多斯开始自主承担部分煤矿设计工作。

1984—2018年，鄂尔多斯（伊克昭盟）煤矿设计院共完成各类设计项目见表3-1-1、表3-1-2、表3-1-3。

表3-1-1 1990年前伊克昭盟煤矿设计院设计项目表

项目名称	设计规模（万吨/年）	设计阶段	概算价值（万元）	完成时间
准格尔旗孙家壕斜井	45	初步设计	3900	1983年9月
达拉特旗罕台川唐公沟斜井	21	初步设计施工图	840	1984年1月
东胜酸刺沟煤矿沙渠斜井	15	初步设计	686.7	1984年7月
伊金霍洛旗忽吉图二号平硐改扩建	15	初步设计施工图	357.35	1985年5月
准格尔旗二道沟煤矿接续平硐	9	初步设计	295.03	1985年9月
伊克昭盟万里川矿区	180	项目建议书	17738.82	1985年9月
伊金霍洛旗忽吉图煤矿武家塔斜井	6	初步设计	69.86	1986年7月
东胜市昌汉沟煤矿改扩建	9	方案设计	320.51	1988年7月
准格尔旗五塔图煤矿改扩建	9	方案设计	96.51	1988年8月
东胜煤田补连露天煤矿	30	初步设计施工图	994.49	1988年9月

表3-1-2 1990—2002年鄂尔多斯市（伊克昭盟）煤矿设计院设计项目表

所在地区	设计项目名称	完成数量（个）	完成图纸（张）
准格尔旗	技术改造施工图	42	179
伊金霍洛旗	技术改造施工图	37	162
达拉特旗	技术改造施工图	31	134
东胜区	技术改造施工图	40	72
	井筒施工设计	1	1
乌审旗	技术改造施工图	1	5
鄂托克旗	技术改造施工图	116	548
鄂托克前旗	技术改造施工图	5	21
	煤层开发设计施工图	1	4
杭锦旗	技术改造施工图	1	5
周边地区	技术改造施工图	6	28

表3-1-3 2003—2018年鄂尔多斯市煤矿设计院设计项目表

完成时间	设计项目名称	完成数量（个）	设计总规模（万吨/年）
2003年	技术改造方案设计	5	87
	煤矿资源开发利用方案	4	135
	可行性研究报告	1	21
	改扩建初步设计	1	21

表 3-1-3（续）

完成时间	设 计 项 目 名 称	完成数量（个）	设计总规模（万吨/年）
2004 年	煤矿资源开发利用方案	16	417
	改扩建初步设计	11	248
	初步设计安全专篇	1	21
2005 年	改扩建初步设计	84	2025
	煤矿资源开发利用方案	3	47
	改扩建初步设计安全专篇	3	72
2006 年	改扩建初步设计	25	765
	改扩建初步设计安全专篇	2	60
	煤矿资源开发利用方案	2	45
2007 年	改扩建初步设计安全专篇	4	120
	改扩建初步设计	22	630
	煤矿井田火区治理方案	7	—
	回收煤柱项目（试行）初步设计	1	60
	技术改造初步设计修改说明	1	—
2008 年	煤矿项目变更说明	1	—
	煤矿改扩建初步设计	9	495
	技术改造可行性研究报告	1	—
	改扩建初步设计施工图	1	—
	井下机电施工图	1	—
	改扩建初步设计安全专篇	4	—
2009 年	煤矿改扩建初步设计	15	940
	边角煤煤柱回收方案	1	30
	煤矿施工图设计	1	—
	改扩建初步设计安全专篇	4	240
	煤矿资源开发利用方案安全设施设计	1	—
	煤矿项目变更说明	1	—
	煤矿水平延伸初步设计	1	60
	回收煤柱项目（试行）初步设计安全专篇	1	60
2010 年	煤矿技术改造初步设计	2	150
	改扩建初步设计	2	120
	综合机械化开采设计（安全专篇）	1	60
	煤矿优化初步设计	2	—
	煤矿资源开发利用方案	2	—
	改扩建初步设计安全专篇	3	210

表3-1-3（续）

完成时间	设 计 项 目 名 称	完成数量（个）	设计总规模（万吨/年）
2011年	井工煤矿优化初步设计	2	135
	井工煤矿采区接续设计	2	150
	煤炭资源开发利用方案	1	60
	灭火专项设计	3	330
	优化、接续设计安全专篇	4	285
	露天煤矿安全质量标准化考核评级	5	
2012年	井工煤矿初步设计	1	90
	井工煤矿采区接续设计	2	90
	井工煤矿水平延伸（深）设计	2	240
	煤炭资源开发利用方案	2	
	灭火专项设计	1	90
	露天煤矿优化设计	2	210
	井工、露天煤矿方案设计	5	420
	煤矿安全质量标准化考核评级	3	
	井工、露天煤矿生产能力核定	7	
	与初设配套的安全专篇	5	210
	露天煤矿施工图	3	
2013年	井工煤矿井下紧急避险系统专项初步设计	24	1905
	井工煤矿边角煤回收方案设计	1	21
	井工煤矿水平延深初步设计	1	60
	井工煤矿采区设计	1	90
	井工煤矿盘区优化初步设计	1	90
	井工煤矿技术改造（回采工艺）初步设计	1	30
	井工煤矿安全专篇	2	300
	井工煤矿施工图67张		
	矿产资源开发利用	1	
	露天煤矿优化、变更初步设计	2	240
	露天煤矿安全专篇	1	120
	生产能力核定	1	
	露天煤矿安全质量标准化考核评级	8	
	与北京煤炭科学研究总院合作完成鄂尔多斯市地方煤矿采空区灾害综合治理总体规划	1	
	与北京华宇工程有限公司合作编制完成鄂尔多斯市物流园区总体规划和煤泥煤矸石总体规划	1	
	与北京华宇工程有限公司合作编制完成鄂尔多斯市煤矸石和煤泥综合利用规划	1	
	与北京华宇工程有限公司合作编制完成鄂尔多斯市北部区洁净煤综合利用项目总体规划	1	

表 3-1-3（续）

完成时间	设 计 项 目 名 称	完成数量（个）	设计总规模（万吨/年）
2014 年	井工煤矿水平延深初步设计（联合煤炭工业济南设计研究院有限公司）	1	120
	井工煤矿改扩建初步设计变更	1	60
	井工煤矿大巷煤柱回收方案设计	2	120
	煤矿井下紧急避险系统专项初步设计变更	2	
	井工煤矿开采设计	1	60
	露天煤矿优化、变更开采设计	4	450
	水平延深项目勘测验收报告	1	
	验收井工煤矿井下紧急避险系统建设项目	46	
	安全预评价项目	1	
2015 年	安全预评价项目	6	
	井工大巷煤柱回收开采设计	2	120
	露天煤矿改扩建初步设计变更	4	360
	露天煤矿采区优化设计	1	60
	露天煤矿生产能力核定	1	200
	露天煤矿优化初步设计方案	1	300
	井工煤矿采设计变更	1	60
	煤矿采空区灾害治理工程项目初步设计变更	1	90
	井工煤矿变更回采工艺初步设计变更	1	60
2016 年	露天煤矿优化初步设计变更	3	240
	露天煤矿技术改造初步设计	1	60
	井工煤矿开采补充设计	1	30
	井工煤矿水平延深初步设计变更及水仓施工图设计	1	60
	煤矿采空区灾害综合治理工程初步设计	1	
	井工煤矿开采设计修改	1	90
2017 年	露天煤矿优化、变更设计	8	1080
	露天煤矿应急灭火方案	1	
	露天煤矿边坡稳定性验算分析与评价	2	
	井工煤矿水平延深初步设计变更	1	60
	煤矿采空区灾害综合治理工程初步设计	1	
	煤矿采空区灾害综合治理工程初步设计修改	1	
	露天煤矿开采设计方案	1	60
2018 年	露天煤矿环境治理方案设计	11	
	露天煤矿边坡稳定性验算分析与评价	3	
	露天煤矿设计变更	5	405

表3-1-3（续）

完成时间	设计项目名称	完成数量（个）	设计总规模（万吨/年）
2018年	煤矿采空区灾害综合治理工程初步设计安全设施设计	1	
	井工煤矿充填开采方案设计	1	60
	井工煤矿浅埋深房柱采空区下壁式开采致灾因素分析及防控技术设计	1	60
	井工煤矿水平延深技术方案设计	1	60
	露天煤矿初步设计安全设施设计变更	2	120
	露天煤矿供电方式变更设计	1	60
	露天煤矿应急灭火方案（补充）	1	
	井工煤矿煤资源开发利用方案	1	
	露天煤矿开采方案设计	1	60
	露天煤矿煤层火点安全隐患治理工程方案设计	1	60
	采空区灾害综合治理项目设计	1	

20世纪80年代到2018年，除鄂尔多斯市（伊克昭盟）煤矿设计院的项目外，其他煤矿建设项目主要由内蒙古煤矿设计研究院有限责任公司、中煤西安设计工程有限责任公司、中煤沈阳设计研究院有限公司、中煤邯郸设计工程有限公司、中煤武汉设计研究院有限公司、中煤南京设计研究院有限公司、中煤华宇工程有限公司、北京大地工程开发有限公司、煤炭工业济南设计研究院有限公司、中煤沈阳设计研究院有限公司、煤炭工业石家庄设计研究院、煤炭工业合肥设计研究院、天地科技股份有限公司、北京圆之瀚设计院、中煤天津设计工程有限责任公司等专业机构负责设计。

第二章 煤矿建设项目

第一节 特大型煤矿建设项目

20世纪80年代，随着国家能源战略西移，东胜、准格尔两大矿区被国家列为重点开发建设项目，给伊克昭盟煤炭工业发展带来机遇。神东煤炭公司和准格尔能源公司在煤矿建设中，充分依托神华集团煤、电、路、港、航、化工一体化，产运销一条龙运营模式，坚持“高起点、高技术、高质量、高效率、高效益”的建设方针，大胆进行技术和管理创新，逐步形成了安全高效千万吨矿井群生产模式。2000年后，东胜、准格尔两矿区的快速发展，带动了大型民营煤炭企业的崛起，一些外省能源企业来鄂尔多斯市（伊克昭盟）投资建矿，各企业以做大、做强、做优为目标，着力建设特大型煤矿。截至2018年，鄂尔多斯市年生产能力为500万~3500万吨的特大型煤矿45座，分布全市7个旗（区），其中伊金霍洛旗13座、准格尔旗15座、乌审旗6座、达拉特旗2座、杭锦旗1座、东胜区7座、鄂托克前旗1座。

一、东胜区境内项目

（一）李家壕煤矿

李家壕煤矿位于鄂尔多斯市东胜区罕台镇境内，由神华包头矿业有限责任公司建设经营。

李家壕煤矿井田面积67.55平方千米，保有地质资源量15.46亿吨，可采储量5.26亿吨，设计矿井服务年限63年。受鄂尔多斯市城市规划压覆资源影响，井田面积缩减为20.81平方千米，地质资源量缩减为4.83亿吨，设计可采储量缩减为2.46亿吨，设计矿井服务年限缩减为26年。

2005年初，经内蒙古自治区政府和鄂尔多斯市政府同意，国土资源部将李家壕煤矿井田划给神华集团，作为神华包头煤制烯烃项目配置原料基地。同年3月11日，神华集团公司下达《关于启动李家壕矿井开发前期工作的批复》，决定由包头矿业公司负责开发李家壕煤矿，并作为包头矿业公司的接续矿井。

同年，包头矿业公司委托中煤科技武汉设计院、中煤科技北京华宇设计研究院编制了《神华集团李家壕矿井可行性研究报告》和《李家壕煤矿初步设计》，设计生产能力600万吨/年，配套建设同等规模选煤厂，概算总投资317465.44万元。

2008年，国家发改委对李家壕煤矿项目予以核准。11月3日开工建设。矿建工程由浙江中宇实业发展有限公司、陕西神东天隆矿建工程有限责任公司、陕西新荣工程建设有限公司、神华大岩工程建设有限公司承建，土建工程由中冶天工建设有限公司、包头建工（集团）股份有限公司、中铁十一局集团建筑安装工程有限公司、兖矿集团东华建设有限公司、中煤建筑安装工程公司、包头矿务局建筑安装有限总公司承建，安装工程由中建七局安装工程有限公司、中煤建筑安装工程公司、甘肃中煤工程建设有限公司、神东天隆集团机电安装工程有限责任公司承担。建设项目工程监理由煤炭工业部济南设计研究院工程建设监理公司承担。

选煤厂初步设计由中煤国际工程集团北京华宇工程有限公司设计，土建工程由中冶天工建设有限公司承建，安装工程均由泰戈特（北京）工程技术有限公司承担，建设项目工程监理由煤炭工业部济南设计研究院工程建设监理公司承担。

神华集团包头矿业有限责任公司李家壕煤矿及选煤厂建设项目于2011年5月完成了主体工程并进行了联合试运转。矿井建设项目共完成矿建单位工程41个，井巷工程量9430.81立方米、28336.04米，矿建工程投资52171.13万元；完成土建单位工程60个，工程量17904.7米、96136.4平方米、11000立方米，土建工程投资66140.4万元；完成安装单位工程53个，安装工程投资25346.94万元；设备购置投资92717.57万元；其他投资103731.68万元；矿井建设总投资340107.72万元，吨煤投资567元。

神华集团包头矿业有限责任公司李家壕煤矿及选煤厂建设项目单位工程由煤炭工业神华包头矿区建设工程质量监督站认证，共完成单位工程154个，其中矿井111个、选煤厂31个。认证单位工程137个，其中矿井111个、选煤厂26个。工程质量认证率89%，合格品率100%。煤矿建设项目单位工程由煤炭工业建设工程管理监督总站委托煤炭工业神华建设工程质量监督中心站组织认证。矿井及选煤厂单项工程得分79.71分，评定单项工程质量等级合格。2011年2月24日，李家豪煤矿正式投产。2014年7月26日，通过神华集团的验收。

（二）万利一矿

万利一矿位于鄂尔多斯市东胜区万利镇境内，原为内蒙古万利煤业集团有限责任公司经营的国有重点煤矿，始建于1993年，1998年8月移交神华集团公司。

2003年，神华集团公司对矿井实施技术改造，核定生产能力为150万吨/年。

2005年7月，万利一矿技术改造工程全面启动，设计生产能力800万吨/年，由中煤国际工程集团武汉设计研究院提交技术改造设计，矿井各系统按1000万吨/年建设，概算总投资143586.34万元，吨煤投资179.48元。由神东天隆矿建工程有限责任公司、榆林市大众建筑工程有限公司、中煤第九十二工程处、中国第十冶金建设公司等单位施工，神东监理公司负责监理，神华万利矿区质量监督站和神东矿区质量监督站负责质量监督。

2007年5月29日，矿井技术改造工程竣工，累计完成总投资110658.16万元，其中矿建井巷工程完成投资14641.67万元、土建工程完成投资1962.80万元、设备购置完成投资78537.99万元、安装工程完成投资10149.06万元、其他费用5366.64万元。

（三）塔拉壕煤矿

塔拉壕煤矿是内蒙古伊泰煤炭股份有限公司投资建设的又一座大型现代化矿井，是东胜地区在“十一五”期间规划建设的重大项目之一。煤矿位于国家规划的万利矿区，井田面积42.62平方千米，可采煤层共6层，煤层总厚度可达17米，地质储量8.67亿吨，可采储量5.32亿吨，为特低灰、低硫、特低磷、中高发热量的不黏煤及长焰煤。矿井设计生产能力600万吨/年，服务年限68.2年，并配套建设相同规模的选煤厂。

2010年9月2日，国家能源局以国能煤炭〔2010〕286号文件同意塔拉壕煤矿项目开展前期工作。2012年，塔拉壕煤矿矿井及选煤厂建设项目获得国家发改委发改能源〔2012〕3049号文件核准。2010年11月开工建设，矿建工程由华美集团有限公司、重庆巨能建设（集团）有限公司、中煤第五建设有限公司等单位承担，土建工程由宁夏煤炭基本建设公司、中煤建筑安装工程集团有限公司、平煤神马建工集团有限公司等单位承建，安装工程由中煤第三建设（集团）有限责任公司、中煤第九十二工程有限公司、陕西天安送变电工程有限公司等单位承建，工程监理由北京康迪建设监理咨询有限公司（矿建）和西安煤炭建设监理中心（土建）承担。

2015年4月9日，取得国土资源部颁发的采矿许可证。2016年9月5日鄂尔多斯市煤炭局以鄂煤局发〔2016〕218号文同意煤矿首采工作面及选煤厂进行联合试运转，项目建设实际完成投资22.92亿元。2017年12月5日，取得内蒙古煤矿安全监察局颁发的安全生产许可证。2017年4月至12月，煤矿取得了取水许可证，先后通过了竣工项目消防备案、环境保护验收、单项工程质量认证、水土保持设施验收、职业病危害项目备案、档案验收、综合验收。2018年8月17日，煤矿顺利通过国家一级安全生产标准化矿井验收。

（四）民达煤矿

民达煤矿位于鄂尔多斯市东胜区铜川镇境内，由鄂尔多斯市民达煤炭有限责任公司建设经营，煤炭资源储量1.41亿吨，可采储量1.16亿吨。

2007年3月16日，民达煤矿获得采矿许可证。同年整合了原民达煤矿、原杨家渠煤矿及扩区，进行了年产120万吨的露天煤矿改扩建工程建设。2009年3月，该项目通过内蒙古自治区煤炭工业局组织的竣工验收。

2010年2月，民达煤矿委托煤炭科学研究总院进行了生产能力核定，经核定，民达露天煤矿具备500万吨/年的生产规模。内蒙古自治区煤炭工业局于2010年3月颁发了500万吨/年的煤炭生产许可证。

2011年2月25日，内蒙古自治区煤炭工业局下达《关于鄂尔多斯市露天煤矿火区治理与露天开采集中合并的批复》，要求鄂尔多斯地区部分煤矿火区治理工程和露天开采集中合并，民达露天煤矿属于集中合并的煤矿之一。根据开采现状，决定将矿田东部的火区治理工程与露天开采集中合并，实现优化布局，集中生产，建设规模为500万吨/年的现代化露天煤矿。

（五）巴音孟克纳源煤矿

巴音孟克纳源煤矿位于鄂尔多斯市东胜区铜川镇境内，由鄂尔多斯市巴音孟克纳源煤炭有限责任公司建设经营。

2007年7月27日，内蒙古自治区国土资源厅以内国土资采划字〔2007〕0242号文件划定矿区范围，将原东胜区铜川镇杨关煤矿与鄂尔多斯市益欣置业有限责任公司取得的铜匠川矿区朝脑梁井田煤炭详查探矿权范围进行整合，并将其外围无矿权争议的边角地段也一并划入，划定矿区范围矿业权人为鄂尔多斯市巴音孟克纳源煤炭有限责任公司。资源储量1.55亿吨，可采储量1.26亿吨。

2010年8月16日，进行了年产300万吨的露天煤矿改扩建工程，2012年12月该项目通过内蒙古自治区煤炭工业局组织的竣工综合验收。

2015年6月，内蒙古自治区煤炭工业局下发了关于《鄂尔多斯市巴音孟克纳源煤炭有限责任公司煤矿核定生产能力的批复》核定生产能力为500万吨/年。

（六）色连一号井

色连一号井位于鄂尔多斯市东胜区罕台镇境内，是高头窑矿区总体规划之中的四个矿井之一，由大同煤业股份有限公司、鄂尔多斯投资控股集团有限公司和浙江省能源集团有限公司三方共同投资成立的内蒙古同煤鄂尔多斯矿业投资有限公司投资建设。

色连一号井始建于2009年10月，2013年2月18日取得项目核准的批复，核准建设规模为500万吨/年。初步设计由内蒙古自治区煤炭工业局内煤局字〔2013〕285号文件批复。项目施工中对初步设计进行了修改，2016年5月18日，内蒙古自治区煤炭工业局以内煤局字〔2016〕77号文件对修改后的初步设计进行了批复。依据修改后的初步设计，矿井、选煤厂项目总造价410258.31万元。截至2018年，色连一号以整体托管模式进行运营。

（七）色连二号井

色连二号井位于鄂尔多斯市东胜区罕台庙镇境内，由淮南矿业（集团）有限责任公司与中能源电力燃料有限公司共同出资（淮南矿业集团控股）成立的鄂尔多斯市中北煤化工有限公司负责建设经营。

色连二号井井田位于鄂尔多斯高头窑矿区，井田规划面积38.3平方千米，矿权范围内煤炭资源储量5.97亿吨，设计可采储量3.46亿吨，设计生产能力400万吨/年，实际建设生产能力为1000万吨/年，产能核增为 800 万吨/年，配套建设同等规模选煤厂。

色连二号井于 2012 年 7 月正式开工建设，2013 年 2 月取得国家发改委的项目核准批复，2015 年 12 月正式进入联合试运转期，2017 年 1 月通过国家能源局综合竣工验收，项目实际投资完成 35.80 亿元，其中矿井 32.55 亿元、选煤厂 3.25 亿元。

二、达拉特旗境内项目

（一）红庆梁煤矿

红庆梁煤矿位于鄂尔多斯市达拉特旗昭君镇石巴圪图村，由杭锦旗西部能源开发有限公司建设经营。

勘探资料显示，红庆梁煤矿井田面积 47 平方千米，主要可采区内共有 6 层可采煤层，平均厚度 5.32 米。煤质为低灰、特低硫、特低磷的不黏煤和长焰煤，矿井资源量 7.42 亿吨，可采储量 4.85 亿吨。

2013 年 11 月，红庆梁煤矿开工建设，矿井建设规模为 600 万吨/年，概算投资 44.5 亿元，服务年限 62.2 年。矿井由北京华宇设计院设计，北京康迪监理公司负责工程监理，煤炭工业内蒙古建设工程质量监督直属站监督。

2018 年 4 月，内蒙古自治区煤炭工业局内煤局发〔2018〕78 号文件批准，红庆梁煤矿及选煤厂生产辅助系统整体开始联合试运转。

红庆梁煤矿矿井设计单位工程 107 个，合格率 100%。选煤厂设计单位工程 41 个，合格率 100%。

红庆梁煤矿及选煤厂计划投资 44.5 亿元，累计完成投资 32.15 亿元，其中矿建 7.88 亿元、土建 4.71 亿元、机电设备 8 亿元、选煤厂 2.71 亿元、沿河铁路投资 1.42 亿元、待抵进项税 1.55 亿元。

2018 年 7 月 6 日，通过职业病防护设施设计验收；9 月 12 日，通过单项工程质量认证验收；9 月 27 日，完成水土保持自主验收；11 月 13 日，通过档案验收；11 月 24 日，完成环境保护自主验收；12 月 21 日，通过安全设施竣工验收。

（二）高头窑煤矿

高头窑煤矿位于东胜煤田北部边缘，行政区划属鄂尔多斯市达拉特旗昭君镇，东南距东胜区 35 千米，是国家发改委制定的《煤炭工业发展“十一五”规划》重点建设项目，由中国华能集团有限公司下属北方联合电力有限责任公司经营管理。

勘探资料显示，高头窑煤矿井田南北宽 7.8 千米，东西长 16.3 千米，面积为 102.22 平方千米。主要可采煤层为 2-3、3-1、4-1、4-2、5-1 号煤层。煤种为不黏煤为主，探明矿产资源量 10.50 亿吨，可采储量 6.50 亿吨，矿井服务年限 60.9 年。

2007 年 4 月 24 日，中国国际工程咨询公司对中煤国际工程集团沈阳研究院编制的《高头窑矿井及选煤厂可行性研究报告》提出评审意见。高头窑矿井及选煤厂项目总投资为 19.76 亿元，矿井 16.85 亿元，其中矿建工程 2.21 亿元、土建工程 1.11 亿元、设备及工器具购置 6.27 亿元，安装工程 1.06 亿元、工程建设其他费用 6.20 亿元；选煤厂 2.91 亿元，其中土建工程 1.12 亿元、设备及工器具购置 0.95 亿元、安装工程 0.22 亿元、工程建设其他费用 0.62 亿元。同年 10 月 10 日，高头窑煤矿筹备处正式成立，12 月北方联合电力有限责任公司下发《关于北联电能源开发有限责任公司成立高头窑、黑城子煤矿筹备处的批复》。

2008 年 4 月，由于材料、设备及人员工资上涨幅度较大，国家对大型煤矿建设标准及安全标准进一步提高，沈阳煤矿研究院对《高头窑矿井及选煤厂可行性研究报告》进行了修改，项目总投资调整为27.59亿元。同年8月7日，国家发改委下发《关于内蒙古高头窑矿区高头窑煤矿项目开展前期工作的咨询复函》，为建设神东大型煤炭基地，提高煤炭资源采出率，高头窑煤矿可按800万吨/年建设规模开展前期工作。9月7日开工建设。

2011年6月26日，国家发改委下发《关于内蒙古高头窑矿区高头窑煤矿及选煤厂项目核准的批复》，项目单位为内蒙古北联电能源开发有限责任公司，矿井建设规模为800万吨/年，配套建设相同规模的选煤厂。2011年6月29日，内蒙古自治区煤炭工业局下发《关于高头窑矿井及选煤厂初步设计的批复》，矿井及选煤厂项目建设工期31个月，建设项目总投资为27.77亿元，其中矿井投资24.92亿元、选煤厂投资2.8亿元。

2012年10月18日，内蒙古自治区煤炭工业局下发《关于高头窑矿井及选煤厂修改初步设计的批复》，矿井投产时建设工期31个月，矿井达产时建设总工期51个月。矿井分期建成移交达产，选煤厂一次建成投产。矿井及选煤厂建设项目总资金32.28亿元，其中矿井28.18亿元、选煤厂4.1亿元。

2012年8月3日，内蒙古自治区煤炭工业局以内煤局字〔2012〕305号批准本项目试运转。

2013年2月4日，内蒙古自治区煤炭工业局以内煤局字〔2013〕60号《关于内蒙古北联电能源开发有限责任公司高头窑煤矿建设项目联合试运转延期的批复》批准本项目试运转延期至2013年5月6日。2013年5月2日，内蒙古自治区煤炭工业局以内煤局字〔2013〕182号《关于内蒙古北联电能源开发有限责任公司高头窑煤矿建设项目联合试运转延期的批复》批准本项目试运转延期至2013年8月5日。

2014年4月1日，经内蒙古自治区煤炭工业局和北方联合电力有限公司批准通过综合验收进入正式生产运营，建设总工期67个月，实际完成投资31.43亿元。

三、准格尔旗境内项目

（一）青春塔煤矿

青春塔煤矿位于鄂尔多斯市准格尔旗魏家峁镇境内，由内蒙古珠江投资有限公司负责建设经营。井田东西长10.64千米，南北宽4.15千米，面积44.20平方千米。矿井地质资源量91754万吨，可采储量61393万吨，矿井设计生产能力600万吨/年，服务年限78.7年。矿井主采6号煤层，煤层平均厚度为15.88米，平均煤层倾角小于5°。

青春塔煤矿于2011年7月开工建设，2017年9月完成建设。2017年9月26日取得鄂尔多斯煤炭局关于青春塔煤矿及选煤厂建设项目联合试运转的批复，试运转时间6个月。2018年2月7日，联合试运转申请延期，鄂尔多斯煤炭局予以批复，延期时间6个月，即延期至2018年9月26日；因各大系统调试出现问题较多，后经内蒙古自治区煤炭工业局批准，联合试运转再次延期3个月，即延期至2018年12月26日。

青春塔煤矿由中煤科工集团北京华宇工程有限公司负责设计，广东韩江建筑安装工程有限公司负责土建工程，中煤第一建设有限公司负责安装工程，山西煤炭建设监理有限公司负责工程监理，煤炭工业内蒙古建设工程质量监督直属站负责工程质量监督。

2017年8月31日，矿井通风、提升、运输、排水、供电、防尘、压风、安全监测监控等主要生产系统及安全设施均按设计全部建成，地面生产系统、环境保护设施、主要工业和行政福利建筑按设计建成并投入使用。

2017 年 12 月，煤炭工业内蒙古建设工程质量监督直属站对青春塔矿井建设工程项目进行了单位工程质量认证。项目单位工程 96 个，其中矿建认证 27 个单位工程、土建认证 29 个单位工程、安装认证 35 个单位工程。

（二）黄玉川煤矿

黄玉川煤矿位于鄂尔多斯市准格尔煤田中西部，地处晋、陕、蒙交界处，行政划分隶属于准格尔旗长滩乡和薛家湾镇，井田东与玉川井田和石岩沟井田毗邻，北靠酸刺沟井田，南接长滩井田。黄玉川煤矿是原神华神东电力公司（现重组为国神集团）与亿利资源集团公司（现为亿利洁能股份公司）按照 51∶49 的比例共同出资建设，由神华亿利能源有限责任公司负责建设和管理。

矿井井田面积 42.64 平方千米，地质资源储量 15.07 亿吨，可采储量 9.26 亿吨，主采煤层为 4 号、$6_{上}$ 号、6 号煤层，平均厚度 3.35 米、12.37 米、5.77 米，煤种为长焰煤，属低硫、低磷、中灰分、高挥发分，中高发热量，是优质的动力用煤。

黄玉川煤矿是国家“十一五”发展规划中 2007 年西部新开工 10 项重点工程和原神华集团 2009 年十大重点工程之一，矿井设计生产能力为 1000 万吨/年，包括年洗原煤 1000 万吨的选煤厂和长 11 千米铁路专用线，服务年限为 66.2 年。

2006 年 6 月，中煤国际北京华宇工程有限公司编制完成了《黄玉川煤矿及选煤厂可行性研究报告》，经原神华集团和神东电力公司审查后，委托其编制矿井初步设计方案。该设计于 2007 年 2 月 28 日由原神华集团公司批复同意（神华规划〔2007〕71 号文）。2 月 13 日获国家发改委核准，8 月 28 日开工建设。同年 9 月 1 日，由于地面铁路征地无法实施，中国神华能源股份有限公司召开总裁办公会议，会议确定采用井下输送带外运方案，由井下外运通道输送带运输至哈尔乌素工业厂区外运主斜井工业场地，经地面输送带到达选煤厂，矿井选煤厂位于哈尔乌素工业场地内，并上报取得了鄂尔多斯市人民政府和国土资源部办公厅同意。

2013 年 8 月 5 日，内蒙古自治区煤炭工业局以内煤局字〔2013〕306 号文，同意黄玉川煤矿进行联合试运转。2014 年 5 月 3 日正式投产。概算总投资为 52.53 亿元，累计完成投资 51.56 亿元，其中矿建工程完成投资 10.16 亿元、土建工程完成投资 7.99 亿元、安装工程完成投资 3.60 亿元、设备购置完成投资 13.92 亿元、其他费用为 15.89 亿元。工程由中煤五建第四工程处、中煤三建第三十工程处、神东天隆集团机电安装公司、大地工程开发有限公司、中铁十九局集团有限公司、北京中矿万通建筑工程有限公司和内蒙古自治区薛家湾供电局等单位施工，陕西中安监理公司负责工程监理，原神华工程质量监督站负责工程质量监督。

2016 年，根据国家发改委《关于在建煤矿项目落实化解过剩产能任务有关事项的通知》要求，黄玉川煤矿 2018 年 5 月 19 日，在河北环境能源交易所，通过网络竞拍取得北阳庄、单侯矿北井、崔家寨三家煤矿煤炭退出产能置换指标 200 万吨，交易金额 16577 万元，2018 年 7 月 17 日获得国家能源局综合司批复。

2018 年 10 月，黄玉川煤矿项目竣工现场验收，根据验收专家组提出的要求进行整改优化。2019 年 4 月 4 日取得《内蒙古煤矿安全监察局关于黄玉川矿井安全设施变更设计的批复》，4 月 9 日取得神华神东电力公司《关于审查黄玉川煤矿初步设计（修改）的批复》，4月17日经黄玉川煤矿项目竣工验收专家组复核，同意通过验收，4月30日取得神华神东电力公司《关于黄玉川煤矿建设项目竣工验收工作的批复》及黄玉川煤矿建设项目竣工验收鉴定书。

（三）唐家会煤矿

唐家会煤矿位于准格尔煤田东孔兑普查区的西南部，薛家湾镇西北约4千米处，开发主体是鄂尔多斯市华兴能源有限责任公司。2010年8月，由淮南矿业（集团）有限责任公司与内蒙古包头恒通集团按照70∶30比例共同出资组建。

勘探资料显示，唐家会煤矿井田面积28.58平方千米，主要可采煤层为6号煤层，煤种以动力用煤为主，矿井保有资源储量7.66亿吨，设计可采储量4亿吨。

2013年2月28日，国家发改委《关于内蒙古准格尔矿区唐家会煤矿项目核准的批复》，批准矿井建设规模为500万吨/年，同步建设600万吨/年规模的选煤厂，批准投资概算32.04亿元（不含矿业权费用），服务年限62年。矿井由煤炭工业内蒙古设计研究院和合肥设计院设计，由中煤三十处、中煤七十一处、中煤三建、中煤五建等单位施工，济南设计研究院和安徽国汉建设监理咨询有限公司负责工程监理，内蒙古建设工程质量监督中心站负责工程质量监督。

2013年11月14日，取得了国土资源部颁发的采矿许可证。2015年9月24日，唐家会煤矿铁路专用线通过内蒙古自治区发改委核准。11月19日，取得了鄂尔多斯市煤炭局同意进行联合试运转的批复。12月16日，鄂尔多斯市华兴能源有限责任公司开始矿井联合试运转。2016年5月17日，取得联合试运转延期的批复。2016年7月14日，取得国土资源部颁发的安全生产许可证。2017年1月14日，取得国家发改委综合司《关于内蒙古准格尔矿区唐家会煤矿项目竣工验收意见的复函》(国能综煤炭〔2017〕70号)，正式投产。

2017年10月10日，国家发改委批复同意唐家会煤矿产能核增方案，拟核增生产能力至900万吨/年。2018年8月20日，取得内蒙古自治区煤炭工业局批复，同意唐家会煤矿按照900万吨/年组织生产。

2018年12月22日，唐家会煤矿铁路一期工程正式开通运营。至此，矿井建设基本结束，完成投资57.67亿元，其中矿井为48.1亿元、选煤厂为6.51亿元、铁路为3.06亿元。

（四）黑岱沟露天煤矿

黑岱沟露天煤矿位于鄂尔多斯市准格尔旗东部，始建于1992年7月，1996年9月试生产，1998年8月划转到神华集团。

2001年，神华集团公司决定对黑岱沟露天煤矿实施吊斗铲工艺技术改造。同年11月7日，国家经贸委批准准格尔能源公司黑岱沟露天煤矿吊斗铲工艺技术改造项目立项。12月，准格尔能源公司委托西安煤炭设计研究院、中煤国际工程集团沈阳设计研究院编制可行性研究报告。

2002年11月，受国家经贸委委托，中国国际工程咨询公司组织专家对《黑岱沟露天煤矿吊斗铲工艺技术改造可行性研究》进行评估，于2003年1月将评估报告上报国家经贸委。

2003年4月，准格尔能源公司委托中煤国际工程集团沈阳设计研究院编制《黑岱沟露天煤矿吊斗铲工艺技术改造初步设计》。

2004年2月8日，国家发改委批准改造项目可行性研究报告，吊斗铲工艺技术改造项目设计概算120570.95万元，因工程地质条件、设备采购价格增长等原因，2005年11月概算调整为129711.78万元。

黑岱沟露天煤矿吊斗铲工艺技术改造项目主要由两个单项工程四部分内容构成。两个单项工程分别是新建产品仓及装车站工程和吊斗铲工艺技术改造工程。四部分内容分别是采场工作面由1200米扩展到2000米，原煤生产由1200万吨扩大到2000万吨；新建一套破碎运输储煤地面生产系统；新建一套年产量800万吨的重介浅槽洗选系统，使选煤厂的洗选能力由原年生产商品煤1200万吨/年扩大到2000万吨/年；新建12.8万吨产品仓及装车站。

2004年12月吊斗铲组装场地开工建设，2005年1月18日吊斗铲开始组装，2007年11月下坑试生产。竣工结算实际完成131320.74万元。吊斗铲改造后，黑岱沟露天煤矿2008年的原煤产量达到2284万吨。与吊斗铲同时进行技术改造的配套项目还有：选煤厂技术改造一期工程，完成投资11253.92万元；新建产品仓及装车站，完成投资17677.08万元；炸药厂改扩建项目，完成投资9101.4万元；污水厂改造工程，完成投资4403.02万元；净水厂改扩建工程，完成投资7200万元。

工程由中国煤炭国际经济技术总公司、中铁二十局集团有限公司、鄂尔多斯东方路桥公司、中煤建安公司九十二处、呼和浩特市什拉门更钢结构有限公司等单位施工，内蒙古自治区华准工程监理公司负责监理，准格尔能源公司质量监督站负责质量监督。

2009年后，先后经过多次技改，截至2018年，产能达到3400万吨/年。

（五）哈尔乌素露天煤矿

哈尔乌素露天煤矿位于准格尔煤田中部，与黑岱沟露天煤矿毗邻，是国家“十一五”期间重点建设项目之一。

2004年，神华集团公司委托中煤国际工程集团沈阳设计研究院完成《哈尔乌素露天煤矿初步设计》，委托内蒙古自治区水利科学研究院完成了《哈尔乌素露天煤矿坝系防洪工程可行性研究报告》。

2005年11月，国家发改委批准建设规模2000万吨/年，配套建设相应规模的选煤厂以及坝系防洪工程，环保、安全、消防和工业卫生等设施与主体工程同步建设。项目初步设计总概算投资610925.69万元。后因物价上涨等因素影响，经神华集团公司批准，概算投资调整为865883.45万元，增加了254957.76万元。

2006年5月18日开工建设，2008年11月建成试生产。累计完成投资859485.67万元，其中矿建土石方剥离工程81976.37万元、土建工程64228.17万元、设备购置完成328200.02万元、安装工程13107.46万元、其他费用371973.65万元。

工程由中铁二十二局集团有限公司、山西省水利建筑工程局、中国地质工程集团公司、中国水电建设集团十五工程局有限公司等11家施工单位施工。坝系工程由北京燕波工程管理有限公司监理，露天矿工程由内蒙古自治区华准工程监理公司监理，选煤厂工程由平顶山中平工程监理有限公司监理。

2009年后，先后经过多次技改，截至2018年，产能达到3500万吨/年。

（六）罐子沟煤矿

罐子沟煤矿位于鄂尔多斯市准格尔旗魏家峁镇境内，由内蒙古满世煤炭集团股份有限公司建设经营。

勘探资料显示，罐子沟煤矿井田面积17.1670平方千米，主要可采煤层为6号煤层，煤种以长焰煤为主，矿井资源量4.07亿吨，可采储量为2.312亿吨。

罐子沟煤矿是经国家发改委《关于内蒙古鄂尔多斯准格尔矿区总体规划的批复》文件批准的煤矿之一。根据内蒙古自治区煤炭企业政策和煤炭经济形势，将罐子沟一矿、二矿煤炭资源实行整合。罐子沟一矿2004年开工建设，设计生产能力为90万吨/年，主要系统按300万吨/年预留，2008年建成投产。罐子沟二矿与原罐子沟一矿为同一井田，同一业主，尚未开发。为合理开发煤炭资源，实现规模化生产，罐子沟一矿和二矿进行资源整合。2007年5月29日，内蒙古自治区煤炭工业局《关于满世煤炭集团有限责任公司罐子沟一矿和二矿资源整合的意见》，原则同意罐子沟一矿和二矿资源整合和实施技术改造。

2010年11月17日，内蒙古自治区煤炭工业局对天地科技股份有限公司编制的《罐子沟一矿整合改造初步设计》以内煤局字〔2010〕492号文予以批复。

2011年1月30日，内蒙古自治区煤炭工业局以《内蒙古满世煤炭集团有限责任公司罐子沟煤矿技改项目开工备案》对罐子沟煤矿技术改造项目开工予以备案，同意矿井进行技术改造，设计能力300万吨/年。2月16日，内蒙古煤矿安全监察局对《罐子沟一矿整合改造初步设计安全专篇》以内煤安字〔2011〕14号文予以批复。

依据初步设计及批复备案的文件，该整合技改项目如期开工建设。2011年9月19日，内蒙古自治区煤炭工业局组织相关部门和专家对罐子沟煤矿建设项目进行了综合验收，矿井正式移交生产。

2013年4月3日，内蒙古自治区煤炭工业局以内煤局字〔2013〕134号对《关于内蒙古满世煤炭集团股份有限公司罐子沟煤矿生产能力核定报告的批复》核定生产能力为450万吨/年。

2017年10月10日，经国家发改委办公厅批准（发改办运行〔2017〕1651号），同意罐子沟煤矿通过核减满世集团所属的已登记公告产能、未纳入化解煤炭过剩产能实施方案的3处生产煤矿共210万吨/年产能用于产能置换（其中206万吨/年用于该项目，折算为置换产能指标165万吨/年），实施核增生产能力产能置换，办理项目核增生产能力相关手续。

2018年4月9日，内蒙古自治区煤炭工业局批准（内煤函字〔2018〕30号），同意罐子沟煤矿生产能力由450万吨/年核增至600万吨/年。

（七）麻地梁煤矿

麻地梁煤矿位于准格尔旗龙口镇境内。2005年，根据准格尔矿区的总体规划，对原24座小煤矿进行整合，成立内蒙古智能煤炭有限责任公司。2008年，内蒙古智能煤炭有限责任公司与皖北煤电集团公司合作，皖北煤电控股53.79%，其他8名自然人股东持股46.21%，由皖北煤电集团公司经营管理。麻地梁煤矿南邻汇隆露天煤矿，北临长滩露天矿，东临榆树湾勘查区，西邻十里长川沟至准格尔矿区西部边界，井田东北角界外为罐子沟井田。

勘探资料显示，麻地梁煤矿井田面积20.7337平方千米，可采4号、5号、$6_{上}$号、6号、8号煤层，主要可采为5号、$6_{上}$号、6号煤层，煤种以长焰煤为主，矿井资源量6.8亿吨，可采储量为4.2亿吨。

2016年5月12日，内蒙古智能煤炭有限责任公司以《关于内蒙古智能煤炭有限责任公司麻地梁矿井及选煤厂初步设计的批复》，批准矿井建设规模为500万吨/年，配套建设相同规模选煤厂，批准矿井、选煤厂项目总造价197304.98万元，其中矿井总造价164783.98万元、选煤厂总造价32521.00万元，服务年限61.6年。麻地梁煤矿由煤炭工业合肥设计研究院设计。

麻地梁煤矿于2008年10月开工建设，后由于各种原因停工，于2017年5月复工。麻地梁煤矿由中煤三建第二十九工程处、中煤三建第七十一工程处、唐山开滦建设（集团）有限责任公司、淮北永旭矿山工程有限公司3家单位施工，安徽华东工程建设项目管理有限公司负责工程监理，煤炭工业内蒙古建设工程质量监督直属站负责工程监督。

截至2018年底，麻地梁煤矿完成了一期工程的全部、二期工程中的中央变电所、井底水仓及水泵房，矿井累计完成投资122765万元。

（八）红树梁煤矿

红树梁煤矿位于鄂尔多斯市准格尔旗龙口镇境内，西南方向距龙口镇6.5千米，北距准格尔旗薛家湾镇约60千米，其间有县乡二级公路相通，由开滦集团公司经营管理。

勘探资料显示，红树梁煤矿井田面积29.7平方千米，矿井资源量6.46亿吨，可采储量为4.00亿吨，可采煤层有7层，编号为4号、5号、6-1号、6号、$9_{上}$号、9号、$9_{下}$号煤层，煤性属中灰、低硫、高挥发分、中热值煤，煤种以长焰煤为主。设计生产能力为500万吨/年，矿井服务年限为70.44年。

2007年10月，内蒙古开滦投资有限公司收购了准格尔旗宏丰煤炭运销有限责任公司60%的股权，红树梁煤矿项目主体单位为内蒙古开滦投资有限公司，隶属于开滦集团有限公司。2011年12月5日，国家发改委以发改能源〔2011〕2864号文对《内蒙古自治区鄂尔多斯准格尔矿区总体规划（调整）》进行了批复，其中红树梁矿井建设规模500万吨/年。2013年7月，完成内蒙古自治区煤矿安全监察局、煤炭工业局、发改委和煤矿建设工程质量监督中心站的“开工申请备案”工作。2014年8月20日，取得了国土资源部颁发的采矿许可证。

截至2018年底，红树梁煤矿已完成全部支持性文件的审批工作，矿井正在建设中，红树梁煤矿共完成投资172256万元。

（九）不连沟煤矿

不连沟煤矿位于准格尔煤田最北部，行政区划隶属准格尔旗东孔兑乡，由内蒙古蒙泰不连沟煤业有限责任公司负责建设经营。矿井设计生产能力为1000万吨/年，服务年限为57.4年。同时建设相同规模的选煤厂。

勘探资料显示，不连沟煤矿井田面积33.21平方千米，主要可采煤层为6号、$9_{上}$号、9号煤层，煤种以长焰煤为主，矿井资源量11亿吨，可采储量为7.457亿吨。

从2006年开始，内蒙古蒙泰不连沟煤业有限责任公司陆续完成了项目的各项审批手续。2008年3月，获得国家发改委核准，同年11月取得了采矿许可证。

不连沟煤矿及选煤厂于2008年6月28日正式开工建设，总投资32.5亿元。由中煤第三建设（集团）有限责任公司负责土建工程施工，邯郸中原建设监理咨询有限责任公司承担工程监理。

2010年1月11日，内蒙古自治区煤炭工业局以内煤规〔2010〕9号文批复内蒙古蒙泰不连沟煤业有限责任公司矿井开始联合试运转。2011年11月，通过内蒙古自治区煤炭工业局综合验收。2012年4月12日，通过内蒙古自治区煤炭工业局批复核定生产能力1500万吨/年（内煤局字〔2012〕149号）。

（十）魏家峁煤矿

魏家峁露天煤矿位于鄂尔多斯市准格尔旗龙口镇境内，由中国华能集团北方联合电力全资建设经营。

魏家峁露天矿采矿权划定矿区面积52.6平方千米，地质储量9.77亿吨，6号煤层为主要可采煤层，为单一的近水平的厚煤层。

2003年7月24日，华能集团公司与内蒙古自治区政府签署资源开发战略合作协议，由华能集团公司全资在魏家峁建设煤电一体化项目。

2008年1月，国家发改委同意魏家峁煤矿开展前期工作，露天煤矿项目开工建设。

2009年8月18日，内蒙古自治区煤炭工业局以《关于北方联合电力公司魏家峁露天煤矿一期工程初步设计的批复》，批准魏家峁露天煤矿项目一期建设规模600万吨/年。批准概算投资399162.7万元，服务年限114年。

2012年9月28日，露天煤矿输送带地面生产系统联合试运成功，地面生产系统全面启动。12月17日，内蒙古自治区煤炭工业局以《关于北方魏家峁煤电有限责任公司魏家峁露天煤矿修改初步设计的批复》，批准魏家峁露天煤矿修改初步设计，建设规模为600万吨/年，服务年限124年。

2013年9月至2014年12月，魏家峁煤矿一期工程先后通过了内蒙古煤矿安全监察局安全设施及条件竣工验收，取得安全生产许可证。一期工程正式通过了国家环境保护部环境保护设施验收，内蒙古自治区煤炭工业局综合验收。《北方魏家峁煤电有限责任公司露天煤矿内排土场优化及排洪渠移设措施方案》通过了专家验收。

（十一）大饭铺煤矿

大饭铺煤矿位于鄂尔多斯市准格尔旗薛家湾镇境内，由内蒙古准格尔旗力量煤业有限公司负责建设经营。

大饭铺煤矿井田面积9.6108平方千米，主要可采煤层5号、$6_{上}$号、6号、9号煤层，煤种以长焰煤为主，矿井资源储量3.678亿吨，可采储量2.106亿吨，设计生产能力240万吨/年。

2007年3月21日，内蒙古自治区煤炭工业局印发《关于准格尔旗力量煤业有限公司银泰煤炭有限责任公司大饭铺煤矿资源整合意见》，批准原银泰煤矿与大饭铺煤矿进行资源整合和联合改造。5月25日，将原大饭铺煤矿与原银泰煤矿进行了整合，并将其外围无矿业权设置的边角地段一并划入大饭铺井田范围。11月取得内蒙古自治区国土资源厅核发的采矿许可证。同年委托北京圆之翰设计院编制《内蒙古准格尔旗力量煤业有限公司大饭铺煤矿整合改造可行性研究报告》及《内蒙古准格尔旗力量煤业有限公司大饭铺煤矿整合改造初步设计》。

2009年2—3月，内蒙古自治区煤炭工业局先后对《内蒙古准格尔旗力量煤业有限公司大饭铺煤矿整合改造可行性研究报告》《关于内蒙古准格尔旗力量煤业有限公司大饭铺煤矿整合改造初步设计》进行批复。4月15日，内蒙古自治区煤炭工业局批准了《关于大饭铺煤矿整合改造项目开工备案报告》，随即开工建设。同步建设洗选能力500万吨/年的选煤厂。2012年6月，经内蒙古自治区煤炭工业局批准，开始联合试运转。试运转期间，通过了消防、水保、环保、安全设施等单项验收。11月，通过了内蒙古自治区煤炭工业局组织竣工验收，矿井“一井一面”移交投产，并取得安全生产许可证。

2014年10月，大饭铺煤矿委托内蒙古煤矿设计研究院有限责任公司编制《内蒙古准格尔旗力量煤业有限公司大饭铺煤矿生产能力核定报告》，内蒙古自治区煤炭工业局以内煤局字〔2015〕59号文予以批复，大饭铺煤矿生产能力核定为510万吨/年。

（十二）龙王沟煤矿

龙王沟煤矿位于鄂尔多斯市准格尔旗薛家湾镇境内，由中国大唐能源投资有限责任公司和联美集团有限公司共同出资开发建设。中国大唐能源投资有限责任公司持股51%，联美集团有限公司持股49%，成立鄂尔多斯市国源矿业开发有限责任公司负责龙王沟煤矿建设经营。

龙王沟煤矿井田面积63平方千米。煤炭资源储量23.1亿吨，可采储量12.6亿吨，主采6号煤层，煤种为长焰煤，具有中低灰、低硫、低磷、中高发热量等特性，是良好的动力用煤和化工用煤。

2011年12月31日，国家发改委以发改能源〔2011〕3257号文件核准龙王沟矿井及选煤厂建设项目。矿井建设规模1000万吨/年，配套建设同等规模的选煤厂。

2012年10月18日，内蒙古自治区煤炭工业局以内煤局字〔2012〕397号文批复了龙王沟矿井及选煤厂初步设计。设计总概算投资546756万元，其中矿建工程74419万元、土建工程140592万元、设备及工器具购置101176万元、安装工程费29316万元、其他费用201252万元。变更批复总概算投资为439750万元，其中矿井部分为373203万元、选煤厂部分为66547万元。

煤矿于2014年3月开工建设，并逐步完成了矿井建设的各项审批手续。

2018年7月，国家发改委办公厅《关于内蒙古准格尔矿区龙王沟煤矿项目核准建设方案变更的复函》，同意建设方案变更，总投资为45.98亿元，其余事项按发改能源〔2011〕3257号文件核准的内容执行。11月5日，内蒙古自治区煤炭工业局以内煤局字〔2018〕238号文批复了龙王沟矿井及选煤厂初步设计变更。截至2018年，龙王沟煤矿正在建设中。

（十三）酸刺沟煤矿

酸刺沟煤矿位于鄂尔多斯市准格尔旗黑岱沟乡境内，1994年由原准格尔旗煤炭公司建设，2000年该公司无力偿还贷款，将矿权及其全部资产作价转让给内蒙古伊泰集团有限公司。伊泰集团有限公司收购后，由内蒙古伊泰煤炭股份有限公司管理。

2003年4月，内蒙古伊泰集团有限公司对酸刺沟煤矿分两期进行技改，计划投资1.9亿元，由内蒙古煤矿设计研究院设计，设计产能由原来的30万吨/年提高到150万吨/年，采用综采工艺回采。建设中，由于煤矿部分井田与哈尔乌素露天矿井田重叠，酸刺沟煤矿技改停建。

2005年，准格尔矿区进行资源整合，整合后的酸刺沟矿井面积为76.5平方千米，地质资源储量14.2亿吨，可采储量近13亿吨。整合后重新设计建设，由中煤邯郸设计工程有限责任公司进行初步设计，设计生产能力1200万吨/年，配套建设相同规模的选煤厂和运煤铁路专用线，服务年限83年，概算总投资23.6亿元。

2007年9月18日，内蒙古伊泰煤炭股份有限公司股东会决定，酸刺沟煤矿向北京京能热电有限公司、山西粤电能源有限公司分别转让15%的股权（2009年两公司分别持股24%），同时成立了内蒙古伊泰京粤酸刺沟矿业有限责任公司负责酸刺沟煤矿的建设经营。

矿井于2008年建成投产，实际完成投资控制在概算以内。2018年11月，批准核定生产能力1800万吨/年。

（十四）长滩露天煤矿

长滩露天煤矿位于鄂尔多斯市准格尔旗薛家湾镇境内，是内蒙古汇能煤电集团有限公司在建特大型露天煤矿，地理位置东起史家敖包—榆树湾公路，西至十里长川，北起史家敖包—长滩公路，南至大洼沟—南湾一线，隔黄河南与山西河曲县相望，西与陕西府谷县毗邻。

2003年，鄂尔多斯市汇能煤业投资有限责任公司（内蒙古汇能煤电集团有限公司前身）按照国家《矿产资源勘查区块登记管理办法》，于6月20日依法领取了该矿探矿权证。

2003年11月至2004年9月，鄂尔多斯市汇能煤业投资有限责任公司委托内蒙古自治区煤田地质局153勘探队进行长滩煤田勘探，并提交《内蒙古自治区准格尔煤田长滩区勘探地质报告》，经国土资源部矿产资源储量评审中心通过评审（国土资矿评储字〔2004〕150号），国土资源部以国土资储备字〔2004〕356号对该评审报告予以备案。2006年1月9日，国土资源部以国土资矿划字〔2006〕010号、国土资矿划字〔2006〕011号划定矿区范围批复，同意长滩一矿、二矿划定矿区范围。2013年8月19日，国土资源部以《关于内蒙古汇能煤电集团有限公司长滩露天煤矿矿区范围的复函》，同意批准划定的长滩一矿和长滩二矿矿区范围合并为长滩露天煤矿。2013年12月20日，国土资源部同意将内蒙古汇能煤电集团有限公司长滩露天煤矿（长滩一矿、二矿）划定范围批复预留期至2016年1月9日。之后，按规定申请划定矿区范围预留期，至2020年1月9日。

勘探资料显示，长滩露天煤矿井田面积58.99平方千米，主要可采煤层为4号、$5_{上}$号、5号、$6_{上}$号、6号和9号煤层，煤种以长焰煤为主，资源储量191933万吨，开采深度为1110米至740米标高。

露天矿建设规模2000万吨/年，配套建设相同规模的选煤厂。露天矿工业场地位于采掘场地面境界线西北200~600米处。剥离采用单斗—卡车、单斗—自移式破碎机—带式输送机及露天采矿机—卡车等综合工艺，采煤采用露天采矿机—卡车—给料转载站—带式输送机及单斗—卡车—半移动式破碎站—带式输送机等综合开采工艺。

2017年9月27日，内蒙古汇能煤电集团有限公司依据国家发改委《关于内蒙古准格尔矿区长滩露天煤矿及选煤厂项目核准的批复》等前置文件及相关图件，向国土资源部提出申请办理了采矿许可证。

长滩露天煤矿共投入资金24.18亿元，其中征地费用13.40亿元，设备、土建工程预付款1.18亿元，固定资产投资1.72亿元，在建工程投入2.77亿元，购买土地支出0.31亿元，前期费用支出2.15亿元。

四、伊金霍洛旗境内煤矿项目

（一）补连塔煤矿

补连塔煤矿前身为伊克昭盟伊金霍洛旗国营马家塔煤矿，位于伊金霍洛旗乌兰木伦镇补连塔村，临近包神铁路，由神东煤炭集团负责经营。

1987年5月5日，华能精煤公司以《关于马家塔煤矿初步设计的批复意见》批准矿井建设规模为60万吨/年（后期为120万吨/年），批准概算投资2658万元，服务年限81年。矿井由邯郸煤炭设计研究院设计，同年7月，国营伊旗马家塔矿井筹建处组织开工建设，海勃湾矿务局、中煤集团六十九处、中煤集团七十一处、乌达建井一处、横山土木建筑公司、福建土木建筑公司和中天建设集团7家单位施工。中平监理公司和神东监理公司负责工程监理，东胜矿区建筑工程质量监督站负责工程监督。

1989年10月，根据能源部《关于印发〈神府东胜矿区总体设计〉的审查纪要通知》精神，华能精煤公司将原马家塔煤矿设计生产能力调整为300万吨/年。

1990年4月18日，华能精煤公司与伊金霍洛旗人民政府就国营伊旗马家塔煤矿移交华能精煤公司达成协议，5月24日办理交接后，将国营伊金霍洛马家塔煤矿更名为华能精煤公司补连塔煤矿。同年11月3日，华能精煤公司以《关于补连塔煤矿（含筛选厂、铁路专用线）初步设计的审批意见》，批准矿井规模为300万吨/年，增设年处理原煤400万吨的筛选厂和年运输能力600万吨的铁路专用线，批准总投资为46967.15万元，其中矿井投资40139.14万元。

1992年底，对设计进行了第二次修改，将采煤工作面由5个减少为3个。1994—1996年，通过两次调整，概算投资94578.71万元，吨煤投资315.26元。

1997年8月，经过两次重大设计变更，按照煤炭工业部建设高产高效矿井的要求，建成一井一面年产300万吨的煤矿，完成投资111791.97万元，其中矿建工程完成39678.2米，完成投资20343.99万元；土建工程完成90059.76平方米，完成投资13144.89万元；设备购置7641台/件/套，国产设备23619.50万元，进口设备12945.64万元；安装工程完成投资7462.20万元；其他投资34274.75万元；贷款利息19565.81万元。同年8月26—28日，受神华集团公司委托，东胜精煤公司按照国家建设项目移交验收有关规定，组织矿区工程质量监督站、邯郸煤炭设计院和补连塔煤矿成立验收小组，对补连塔煤矿进行预验收。神华集团工程质量监督中心站邀请山西、准格尔煤炭公司、伊敏煤电公司和大同矿务局质监站的5名专家组成认证小组，对补连塔煤矿单项工程进行认证，经现场检测，工程得分82.67分，符合优良工程标准，评定为优良单项工程。同年10月14—15日，国家计委委托神华集团公司与国家计委、煤炭部基建管理中心、国家开发银行、内蒙古自治区计委、劳动厅、环保厅、消防总队、东胜精煤公司、邯郸煤炭设计院等部门组成验收委员会，对补连塔煤矿进行验收，同意该煤矿于1997年10月15日移交投产。

1998年底，矿井进行了第三次扩能改造，扩建为800万吨/年，同时改造了地面生产系统。

2004年，为适应神华集团煤液化示范项目的需要，根据补连塔煤矿可采煤层的地质储量和煤质情况，神华集团公司决定将其扩建为2000万吨/年。神东煤炭公司设计研究院、中煤国际工程集团北京华宇工程有限公司、煤炭工业部西安设计研究院和澳大利亚约翰芬雷工程有限公司分别对矿井和地面储、装、运系统进行设计，初步设计于同年3月完成，设计生产能力2000万吨/年。

2009年12月31日，通过新主运系统建设、旧主运系统改造以及配套地面商品煤生产系统及外运系统扩建和改造，7米大采高工作面投产，建成2000万吨/年的现代化特大型矿井。至此，矿井基本建设结束，累计完成投资322125.26万元。采用连续采煤机与掘锚机掘进，装备了世界上最先进的大功率采煤机和高阻力液压支架，采取长壁式后退综合机械化开采，实现了主运输系统皮带化、辅助运输胶轮化、生产系统远程自动化控制和安全监测监控系统自动化。

2010年后，又进行了技术改造，截至2018年，产能达到2800万吨/年。

（二）布尔台煤矿

布尔台煤矿位于鄂尔多斯市伊金霍洛旗布尔台乡，是矿井生产能力、主运输系统提升能力和煤炭洗选加工能力位居世界第一的特大型现代化安全高效矿井，由神东煤炭集团经营。

2005年批准煤矿立项，委托武汉设计研究院设计，设计生产能力2000万吨/年，设计概算投资478303.73万元。

2006年5月1日，布尔台煤矿开工建设。2008年3月15日，项目竣工。实际完成投资416611.01万元，其中井巷工程32270.89万元、土建工程42320.43万元、安装工程38458.86万元、设备购置241828.95万元，其他费用61731.88万元。由中煤建筑安装工程公司六十九工程处、内蒙古第二建设股份有限公司、山西宏图建设工程有限公司等单位施工，神东监理公司负责工程监理，神华工程质量监督站负责工程质量监督。

（三）上湾煤矿

上湾煤矿位于鄂尔多斯市伊金霍洛旗乌兰木伦镇境内，距旗政府所在地阿勒腾席热镇43千米，南邻武家塔煤矿和忽鸡兔沟与陕西省交界，北接补连塔煤矿，西连尔林兔井田，东临乌兰木伦河，由神东煤炭集团负责经营。

1987年5月20日，华能精煤公司和内蒙古东胜煤田开发经营公司签订《关于合资建设经营上湾煤矿的协议书》，约定共同出资建设上湾煤矿。同年6月，巴彦淖尔盟营盘湾煤矿因资源枯竭造成全矿职工待业，为此，内蒙古自治区计委主持召开了巴彦淖尔盟、伊克昭盟及自治区有关部门负责人参加的协调会，商定将巴彦淖尔盟营盘湾煤矿全建制划转到伊克昭盟精煤区，以该矿现有的设备、材料为投资，与华能精煤公司合开一座60万吨/年的矿井。6月15日，内蒙古自治区副主席刘作会签发了《关于营盘湾煤矿全建制转移问题的会议纪要》。9月16日，内蒙古自治区政府批准成立了东胜煤田上湾煤矿筹建处。10月21日，营盘湾煤矿全建制转移到伊克昭盟，由东胜煤田上湾煤矿筹建处负责建设。

上湾煤矿由邯郸煤炭设计院设计。第一次设计规模为初期60万吨/年，后期为180万吨/年，概算投资2569万元，吨煤投资控制在40元之内。

1990年，经华能精煤公司批准，上湾煤矿生产能力设计300万吨/年，概算总投资42517万元，吨煤投资141元。

1991年3月20日，华能精煤公司与伊盟行政公署签订了《关于上湾煤矿及矿区四个配套项目移交华能精煤公司有关问题的协议》，上湾煤矿交由华能精煤公司独资建设，委托东胜煤田开发经营公司代管。

1996年，全国煤炭市场供大于求，国家实行关井压产政策，神华集团公司决定将上湾煤矿列为停缓建项目。停缓建期间，上湾煤矿进行生产自救，到1997年底，矿井形成60万吨/年的生产能力。

1998年，上湾煤矿复工建设。神华集团公司决定对矿井进行扩能改造，并向邯郸煤矿设计院提交了《关于上湾矿井修改初步设计的委托函》，确定扩建为300万吨/年，各个主要环节为后期600万吨/年和800万吨/年保留扩建余地，按生产能力800万吨/年计算，矿井服务年限35年。邯郸设计院设计完成了扩能改造工程初步设计，经神华集团公司审查后报国家计委。国家计委以《关于神华集团公司上湾矿井等项目核定概算的批复》，批准扩能改造初步设计，核准矿井生产能力300万吨/年，概算投资134422.003万元，其中矿建工程20629.64万元、土建工程10305.456万元、设备购置30659.214万元、安装工程6885.993万元、其他费用65941.70万元，贷款利息3332.40万元。同年6月，扩能改造工程开工。

2001年，扩能改造工程建成投产。同年12月，神华集团公司决定对矿井进行第二次扩能改造，委托邯郸设计研究院完成了矿井生产能力800万吨/年的初步设计修改。2002年12月，二次扩能改造开工，陕西宏旺工程建设有限公司、神东天隆建设安装有限公司、山西奔腾工程有限公司、西安五甲装饰装修有限公司和陕西久益电力工程有限公司5家单位施工，神东监理公司负责监理，神华工程质量监督站进行质量监督。

2003年11月，二次扩能工程投入试生产。累计完成投资184204.02万元，其中矿建工程30441.47万元、土建工程22491.85万元、设备购置48459.61万元、安装工程14967.56万元、其他费用67843.53万元。

2005年6月14日，神华集团公司组成验收委员会，对上湾煤矿800万吨/年扩建工程进行了竣工验收，同意移交投产。

2006年后，上湾煤矿又进行了多次技术改造。2017年，世界首个8.8米超大采高智能工作面在上湾煤矿形成，投产后上湾煤矿再次成为世界上单井单面产量、效率最高、效益最好矿井。2018年8.8米超大采高科研项目在上湾煤矿实施，与同煤层7米大采高相比，上湾煤矿的8.8米超大采高智能综采工作面可多回收煤炭405万吨，采出率提高了20.2%；回采工效提升了128吨/工，大大提高了资源采出率和回采工效。截至2018年，产能达到1600万吨/年。

（四）红庆河煤矿

红庆河煤矿位于神东煤炭基地内的东胜煤田新街矿区，行政区划隶属内蒙古自治区鄂尔多斯市伊金霍洛旗札萨克镇及红庆河镇。由内蒙古伊泰广联煤化有限责任公司开发建设。

根据《内蒙古自治区东胜煤田红庆河区乃马岱井田煤炭资源勘探报告》，井田面积140.8平方千米，矿井资源储量为32.19亿吨，设计可采储量21.69亿吨。

2010年，红庆河煤矿项目总体规划由国家发改委以发改能源〔2010〕1911号文件批复，可行性研究报告于2011年5月通过中国国际工程集团南京设计院组织专家评审，形成评审报告。红庆河矿井及选煤厂设计生产能力1500万吨/年。矿井服务年限103.3年，实际总投资70.716亿元。该项目由国家发改委以发改能源〔2013〕314号文件核准。初步设计由中煤科工集团南京设计研究院有限公司编制，由内蒙古自治区煤炭工业局以内煤局字〔2013〕200号文件批复；修改初步设计由内蒙古自治区煤炭工业局以内煤局字〔2018〕172号文件批复；水土保持方案由水利部以水保函〔2011〕91号文件批复；环境影响报告书由环境保护部以环审〔2011〕148号文件批复；安全设施设计由国家煤矿安全监察局以煤安监函〔2014〕1号文件批复。2017年7月，国土资源部颁发采矿许可证。

该项目于2013年4月开工建设。矿井矿建项目勘探由内蒙古煤炭建设工程（集团）总公司承担，地面岩土工程勘察由山西冶金岩土工程勘察有限公司承担，设计由中煤科工集团南京设计研究院有限公司承担，监理由河南工程咨询监理有限公司担任，矿建工程施工由中煤第三建设（集团）有限责任公司、中煤邯郸特殊凿井有限公司、中煤第五建设有限公司承担，土建工程施工主要由中煤第七十二工程有限公司、中煤第三建设（集团）有限责任公司、江苏南通六建建设集团有限公司、河南省第一建筑工程集团有限责任公司、大秦建设集团有限责任公司、中煤建筑安装工程集团有限公司、榆林市宏达基建工程有限公司等单位承担，安装工程施工由中煤第三建设（集团）有限责任公司、中煤第五建设有限公司、中煤第一建设有限公司、内蒙古总馨水处理设备有限公司、四川省南充市水电工程有限公司、河南卫华重型机械股份有限公司等单位承担。建筑材料由山东润鲁建筑材料检测技术服务有限公司检测，安全生产检测检验由内蒙古安科安全生产检测检验有限公司负责，煤炭工业内蒙古建设工程质量监督直属站对矿井及选煤厂进行质量监督。

2017年7月，鄂尔多斯市煤炭局以鄂煤局发〔2017〕269号文批准矿井314采区进行联合试运转。2017年1月，鄂尔多斯市煤炭局以鄂煤局发〔2017〕20号文批准矿井选煤厂建设项目进行联合试运转。

（五）满来梁煤矿

满来梁煤矿是蒙泰集团的全资子公司，矿井位于鄂尔多斯市神东矿区东胜煤田南部。

勘探资料显示，满来梁煤矿井田面积18.816平方千米，主要可采煤层为4-2煤层，煤种以不黏煤为主，矿井资源量1.58亿吨，可采储量为1.08亿吨。

2011年11月30日，《国家发展改革委关于内蒙古神东矿区东胜区满来梁煤矿项目核准批复》批准矿井建设规模为180万吨/年（后期为360万吨/年），项目总投资10.16亿元（不含矿业权费用），服务年限44.4年。矿井由内蒙古煤矿设计研究院有限责任公司设计，同年11月，满来梁矿井筹建处组织开工建设，中煤集团七十三处、中煤集团三十处、中煤第三建设（集团）有限责任公司、江苏南通二建集团有限公司、陕西天安送变电工程有限公司5家单位施工。三利监理公司负责工程监理，煤炭工业建设工程质量监督总站负责工程监督。

2013年10月22日，内蒙古自治区煤炭工业局同意满来梁煤矿联合试运转。

2014年10月，对初步设计进行了优化，将井田盘区由7个减少为6个，调整概算投资为15.6亿元。

2015年9月11日，内蒙古自治区煤炭工业局组织鄂尔多斯市煤炭局、伊金霍洛旗煤炭局并委托内蒙古自治区煤炭工业专业技术服务中心聘请有关专家，组成竣工验收委员会，对满来梁煤矿建设项目进行了竣工验收，同意该煤矿于2017年6月14日移交投产。

2018年11月5日，根据内蒙古自治区煤炭工业局《关于核定内蒙古蒙泰满来梁煤业有限公司生产能力的复函》，核定满来梁煤矿生产能力360万吨/年。

（六）马泰壕煤矿

马泰壕煤矿位于内蒙古鄂尔多斯市伊金霍洛旗札萨克镇境内，由内蒙古鄂尔多斯永煤矿业投资有限公司经营管理。

勘探资料显示，马泰壕煤矿井田面积79.58平方千米，主要可采煤层为侏罗系中统延安组——3-1煤层，煤种以不黏煤和长焰煤为主，矿井资源量13.98亿吨，可采储量为7.13亿吨。

2015年11月16日，国家能源局《关于内蒙古新街矿区马泰壕矿井及选煤厂一期工程项目核准的批复》（国能煤炭〔2015〕416号）核准马泰壕煤矿及选煤厂一期工程400万吨/年，批准概算投资46亿元，服务年限70.6年。矿井由煤炭工业石家庄设计研究院设计。2009 年 9 月，马泰壕煤矿开工建设，中煤七十一处、中煤五建三处、河南煤炭建设集团、石家庄建工集团、中煤七十二处和中铁十八局、中煤三建机电安装处、中煤五建五处及内蒙古神华安装公司 8 家单位施工，河南工程咨询监理有限公司、内蒙古蒙宏建设监理公司和山西中太工程建设监理公司负责工程监督。

矿井采用主斜井-副立井混合开拓方式，设计主斜井、副立井和风立井三个井筒，选煤厂设计规模为年处理原煤 800 万吨。

2017 年 2 月 14 日取得鄂尔多斯市煤炭局项目联合试运转批复。5 月 4 日，国土资源部同意发放采矿许可证，12 月 18 日取得安全许可证。12 月 25 日，马泰壕矿井及选煤厂一期工程正式通过内蒙古自治区煤矿安全监察局组织的竣工验收。2018 年 3 月 25 日，马泰壕煤矿通过国家发改委能源局组织的竣工验收。2019 年 6 月 18 日，内蒙古自治区能源局以内能煤运函〔2019〕258 号文件同意马泰壕煤矿生产能力由 400 万吨/年核增至 800 万吨/年。

（七）*石拉乌素煤矿*

石拉乌素煤矿位于鄂尔多斯市伊金霍洛旗札萨克镇门克庆嘎查，由内蒙古昊盛煤业有限公司为主体投资建设的，其成立于 2010 年 3 月 26 日，是兖州煤业股份有限公司控股子公司，由兖州煤业鄂尔多斯能化有限公司负责管理。

勘探资料显示，石拉乌素煤矿井田面积 70.644 平方千米，主要可采煤层为 2-1、$2-2_{上}$、$2-2_{中}$、3-1、4-1、$4-2_{中}$、5-1、5-2、6-2 煤层，煤种以 2-2 煤层为主，矿井资源量 23.59 亿吨，可采储量为 14.5 亿吨。

2012 年 6 月 12 日，兖矿集团有限公司以《关于内蒙古昊盛煤业有限公司石拉乌素矿井及选煤厂初步设计的批复》批准矿井建设规模为 1000 万吨/年，批准概算投资 46.3 亿元，服务年限 110 年。矿井由通用技术集团工程设计有限公司（原煤炭工业济南设计研究院有限公司）设计，2013 年 2 月开工建设，矿井及选煤厂工程主要由中煤第五建设有限公司三处、三十一处、河南国控建设集团有限公司、中煤建筑安装工程集团有限公司、兖矿东华建设有限公司、鄂尔多斯市东方路桥集团股份有限公司、山东华新建筑工程集团有限责任公司、中煤第三建设集团机电安装工程有限责任公司、内蒙古送变电有限责任公司、大地工程开发（集团）有限公司 10 家单位负责施工。中煤科工集团北京华宇工程有限公司承担工程监理，煤炭工业兖州矿区建设工程质量监督站进行质量监督。

2017 年 5 月，石拉乌素煤矿获得内蒙古自治区煤炭工业局初步设计变更的批复，矿井设计生产能力为 1000 万吨/年。7 月，石拉乌素煤矿土建、矿建、安装工程及选煤厂施工建设完成，各生产系统、安全设施、环保设施、水保设施、消防设施安装完毕并运行正常。获得鄂尔多斯市煤炭局《关于内蒙古昊盛煤业有限公司石拉乌素矿井及选煤厂建设项目联合试运转的批复》（鄂煤局发〔2017〕264 号），开始进入联合试运转。2018 年 1 月 16 日，取得《鄂尔多斯市煤炭局关于内蒙古昊盛煤业有限公司石拉乌素矿井及选煤厂建设项目联合试运转延期的批复》（鄂煤局发〔2018〕23 号）。

经过联合试运转，矿井运输、供电、排水、通风、压风等生产系统运转正常，达到了设计生产能力。矿井消防、供暖、供水、排水等辅助系统运行正常，满足生产要求。至此，项目完成投资 36.4 亿元，其中矿井 32.6 亿元、选煤厂 3.8 亿元。

（八）察哈素煤矿

察哈素煤矿为国电建投内蒙古能源有限公司下属煤矿，位于鄂尔多斯市东胜煤田北部伊金霍洛旗布连乡，行政区划隶属伊金霍洛旗乌兰木伦镇。

勘探资料显示，察哈素煤矿井田面积 155.8 平方千米，共有可采煤层 14 层，煤种属不黏煤和少量长焰煤，煤质为高热值、低硫的优质动力及化工用煤，矿井资源量 27.99 亿吨，可采储量为 17.24 亿吨。

2004 年，中国国电集团公司、河北省人民政府与内蒙古自治区人民政府签订了《合作开发煤电项目框架协议》，规划在内蒙古鄂尔多斯市伊金霍洛旗建设布连—察哈素大型煤电一体化项目。

2013 年 12 月 9 日，取得国家发改委《关于内蒙古新街矿区察哈素煤矿及选煤厂一期工程项目核准的批复》。矿井设计生产能力 1000 万吨/年，服务年限 123.2 年，配套建设同等规模选煤厂。

察哈素矿井及选煤厂项目矿建工程于 2009 年 3 月开工，矿井采用主斜井、副立井混合开拓，中央并列、抽出式通风，综合机械化采煤，带式输送机运输，设计 2 个综采工作面，首采工作面采用后退式回采法，自然垮落法管理顶板。

察哈素矿井及选煤厂单项工程在建设过程中严格按照基本建设程序进行招投标管理，项目参建单位主要有：中煤科工集团南京设计研究院、北京天鸿圆方建筑设计有限责任公司承担单项工程设计，中煤陕西中安项目管理有限责任公司承担建设工程监理，内蒙古煤炭地质勘察院承担工程地质勘查，中煤第五建设公司第五工程处、中煤第三建设有限责任公司第三十处、中煤第五建设有限责任公司第三十一工程处等承担矿建工程施工，中煤第五建设公司第五工程处、中煤第三建设有限责任公司第三十处承担土建工程施工。中煤第五建设公司第五工程处、中煤第三建设有限责任公司第三十处承担安装工程施工。山东润鲁建筑材料检测技术服务有限公司承担项目建设工程质量检测，煤炭工业河北建投建设工程质量监督站负责项目工程质量监督。

2012 年 12 月 24 日，进入企业内部联合试运转阶段。2014 年 8 月 15 日，取得内蒙古自治区煤炭工业局《关于国电建投内蒙古能源有限公司察哈素矿井及选煤厂初步设计的批复》。2014 年 9 月 18 日，取得国家煤矿安全监察局《关于国电建投内蒙古能源有限公司察哈素煤矿安全设施设计的批复》。

察哈素煤矿井下采掘布置受布连电厂三期保护煤柱扩大范围影响，对矿井初步设计进行修改，2015 年 12 月 1 日，取得内蒙古自治区煤炭工业局关于《国电建投内蒙古能源有限公司察哈素矿井及选煤厂（一期）修改初步设计》的批复。批复的察哈素煤矿及选煤厂项目总造价 53.14 亿元，其中矿井总造价 47.48 亿元、选煤厂总造价 5.66 亿元。

（九）王家塔煤矿

王家塔煤矿位于鄂尔多斯市伊金霍洛旗纳林陶亥镇境内，隶属新奥集团（新奥生态控股股份有限公司的全资子公司），主营业务为煤炭生产，是国家煤炭“十二五”规划批准的重点开工项目。

勘探资料显示，王家塔煤矿井田面积 56.67 平方千米，主要可采煤层为 $2-2_{下}$、3-1、4-1、$4-2_{中}$、5-1、$6-1_{中}$、$6-2_{上}$煤层，煤种以不黏煤为主，矿井资源量 10.28 亿吨，可采储量为 5.80 亿吨。

2004 年 3 月，新奥集团与鄂尔多斯市人民政府签订《关于建设煤化工生产基地的合作协议》，奠定了新奥集团进军清洁能源领域的基础。同年 7 月 5 日，取得《中华人民共和国矿产资源勘察许可证》。2006年4月，取得《内蒙古自治区东胜煤田呼雅克图二井田勘探报告》矿产资源储量评审备案证明，并通过了国土资源部评估中心的评估，并完成了国土资源部的储量评审备案。8月5日，取得国土资源部核发的探矿权延续证。

2007年2月13日，王家塔煤矿工业广场位置确定。6月8日取得鄂尔多斯市发展和改革委员会关于王家塔矿井及洗煤厂项目前期工作的请示批复。7月12日，取得铁道部关于铁路专用线国铁接轨许可证。11月20日，鄂尔多斯市发展和改革委员会调整上报了《鄂尔多斯市“十一五”期间新建煤矿项目排序的请示》，王家塔煤矿排列第一，并且产能调整为500万吨。

2008年2月1日，内蒙古自治区发改委以内发改交运字〔2008〕179号文件核准万利矿区铜川铁路专用线工程并增设王家塔矿井装车站。4月2日，王家塔矿井建设项目通过初步设计评审，项目建设正式启动。

2010年1月26日，王家塔煤矿取得国土资源部颁发的采矿许可证，11月27日顺利实现试生产。

2011年6月4日，煤矿建设项目取得内蒙古自治区煤炭工业局关于联合试运转延期批复，项目联合试运转期延期至2011年12月10日。6月28日，煤矿矿井及洗煤厂项目通过煤炭工业局内蒙古建设质量监督直属站单位工程质量认证认证合格率100%，同年12月顺利通过由自治区煤炭工业局组织各相关单位进行的综合验收。

2012年6月，煤矿通过了由国家发改委组织的综合验收，正式进入生产运营期。2015年12月14日，内蒙古自治区煤炭工业局对煤矿产能核定为680万吨/年。

（十）转龙湾煤矿

转龙湾煤矿位于鄂尔多斯市伊金霍洛旗纳林陶亥镇境内，矿井成立鄂尔多斯市转龙湾煤炭有限公司，为兖州煤业鄂尔多斯能化有限公司全资子公司。鄂尔多斯市转龙湾煤炭有限公司，设独立法人，自主经营管理。

勘探资料显示，转龙湾煤矿井田面积43.46平方千米，主要可采煤层为Ⅱ-3煤层、Ⅲ-2煤层、Ⅳ-2煤层、Ⅴ-1煤层，煤种以不黏煤为主，矿井资源量5.47亿吨，可采储量为3.59亿吨。

2011年1月28日，兖州煤业鄂尔多斯能化有限公司通过竞拍方式取得转龙湾矿井采矿权，同年5月成立转龙湾煤矿项目筹建处。

2012年，兖矿集团有限公司分别以《关于兖州煤业鄂尔多斯能化有限公司转龙湾矿井初步设计的批复》和《关于兖州煤业鄂尔多斯能化有限公司转龙湾矿井选煤厂初步设计的批复》批准矿井建设规模为年产500万吨（后核增为1000万吨），配套建设相同规模的选煤厂，批准概算投资25.51亿元，其中矿井概算投资21.34亿元、选煤厂概算投资4.16亿元，服务年限60.8年。矿井由中煤科工南京设计研究院有限公司设计。同年5月，兖矿集团以《关于鄂尔多斯能化公司转龙湾矿井建设开工的批复》，批准项目开工建设。5月17日，转龙湾煤矿项目筹建处组织开工建设，中煤三建第二十九工程处、中煤五建第三十一工程处、枣庄矿业中兴建安公司、兖矿集团东华建设有限公司、山西约翰芬雷华能设计工程有限公司5家单位施工。煤炭工业济南设计研究院、河南工程咨询监理有限公司负责工程监理，煤炭工业内蒙古建设工程质量监督中心站负责工程质量监督。

2016年11月24日，鄂尔多斯市煤

炭局以《关于鄂尔多斯市转龙湾煤炭有限公司转龙湾矿井及选煤厂建设项目联合试运转的批复》，确认矿井主体工程已建设完成，各生产系统已形成，进入联合试运转。矿井累计完成投资 159965.83 万元，其中矿建工程完成投资 24787.96 万元、土建工程完成投资 30029.93 万元、安装工程完成投资 14578.77 万元、设备购置投资完成 24180.65 万元、其他费用 66388.52 万元。同年底，转龙湾煤矿因首采区施工过程中揭露多条断层影响采区和工作面接替、增加了部分井巷工程和设备实际到货型号与设计不一致等原因，对矿井初步设计进行了变更。2017 年 11 月 21 日，内蒙古自治区煤炭工业局以《关于鄂尔多斯市转龙湾煤炭有限公司转龙湾矿井及选煤厂初步设计变更批复》，同意初步设计变更，确定矿井总造价 176329.802 万元。

2017 年，兖矿集团有限公司根据《国务院关于煤炭行业化解过剩产能实现脱困发展的意见》《关于实施减量置换严控煤炭新增产能有关事项的通知》《国家发改委关于做好符合条件优质产能煤矿生产能力核定工作的通知》，要求转龙湾煤矿在加快矿井竣工验收的同时，开展矿井产能核增工作，核增生产能力 500 万吨/年。7 月 11—13 日，受煤炭工业内蒙古建设工程质量监督中心站委托，煤炭工业兖州矿区建设工程质量监督站邀请煤炭工业内蒙古建设工程质量监督中心站、煤炭工业内蒙古建设工程质量监督直属站、煤炭工业淄博矿区建设工程质量监督站、煤炭工业大武口矿区建设工程质量监督站、煤炭工业郑州矿区建设工程质量监督站和兖矿集团有限公司共计 13 名专家成立单项工程认证委员会，对转龙湾矿井项目进行了单项工程质量认证，经现场检测，单项工程综合评定得分为 88.3 分，符合评定为工程质量等级为优良。

2018 年 3 月 8 日，兖矿集团有限公司按照国家建设项目移交验收有关规定，组织兖矿集团矿区工程质量监督站、财务部、生产技术部、机电环保部、综合部等单位，对转龙湾煤矿进行了预验收。8 月 16—17 日，国家发改委委托内蒙古自治区煤炭工业局，组织内蒙古自治区煤炭工业专业技术服务中心、内蒙古煤矿设计研究院有限责任公司、内蒙古宏兴矿业研究所、山东能源新矿集团内蒙古能源有限公司等 5 家单位组成验收委员会，对转龙湾煤矿进行竣工验收。9 月 6 日，内蒙古自治区煤炭工业局以《关于印发〈鄂尔多斯市转龙湾煤炭有限公司转龙湾矿井及选煤厂建设项目（500 万吨/年）竣工验收意见书〉的通知》同意移交投产。

2018 年 12 月 27 日，国家发改委以《关于鄂尔多斯市转龙湾煤炭有限公司转龙湾煤矿核增生产能力产能置换方案的复函》同意转龙湾煤矿实施核增生产能力置换，办理项目核增生产能力相关手续。同年 12 月 29 日，内蒙古自治区能源局以《关于核定鄂尔多斯市转龙湾煤炭有限公司转龙湾煤矿生产能力核定的复函》同意转龙湾煤矿生产能力由 500 万吨/年核增至 1000 万吨/年。

（十一）乌兰木伦煤矿

乌兰木伦煤矿位于鄂尔多斯市伊金霍洛旗乌兰木伦镇境内，矿井距鄂尔多斯市东胜区 67 千米、伊旗阿勒腾席热镇 38 千米、神府矿区中心区大柳塔镇 32 千米。由神东煤炭集团经营。

1987 年，华能精煤公司与东胜煤田开发经营公司达成协议，约定合资建设乌兰木伦煤矿，并委托沈阳煤矿设计院进行工程设计。因当时行政区划没有“乌兰木伦”之称，沈阳煤矿设计院只能按照矿井所处的地理位置将石圪台暂定为矿井名称，并提交了《东胜石圪台30万吨矿井设计任务书》。同年12月，华能精煤公司批准矿井立项。

1988年3—4月，东胜煤田开发经营公司成立乌兰木伦煤矿筹建处，具体负责矿井的建设管理。沈阳煤矿设计院根据矿井初步设计汇报会精神，将工程概算确定为780.45万元。同年7月1日，矿井破土动工。1990年将概算调整为2274.57万元。1991年，沈阳设计研究院提交《乌兰木伦煤矿初步设计（修改）》，华能精煤公司批准概算投资3998.94万元。

1992年，随着东胜煤田开发经营公司并入华能精煤公司，乌兰木伦煤矿由华能精煤公司独资建设经营。同年12月25日，矿井生产系统建成投入试生产。1993年，华能精煤公司再次修改对乌兰木伦煤矿设计，概算调整为5590.49万元。1995年12月至2009年7月，神华神东煤炭集团公司对乌兰木伦煤矿先后进行3次重大技术改造，使矿井生产能力由30万吨/年提升到700万吨/年，矿井总投资58609.52万元，吨煤投资159.70元。

（十二）尔林兔煤矿

尔林兔煤矿位于鄂尔多斯市伊金霍洛旗乌兰木伦镇境内，北部为察哈素煤矿，东北部为神华上湾煤矿井田，西部为马泰壕煤矿，东部为温家塔煤矿井田，南部以忽鸡兔沟与陕西省交界，南部为陕西益东煤矿井田、陕西嘉园煤矿井田，由内蒙古汇能集团尔林兔煤炭有限公司建设经营。

尔林兔煤矿井田面积37.73平方千米，矿井资源储量87334万吨。主要可采煤层为$2-2_{上}$、$2-2_{中}$、3-1、4-1、6-1、6-2煤层，煤种以不黏煤为主。设计生产能力800万吨/年，矿井服务年限56.9年。

2008年8月，国家发改委下发了《关于内蒙古新街矿区尔林兔煤矿项目开展前期工作的咨询复函》，同意尔林兔煤矿可整合周边资源、适当扩大建设规模。2009年1月，内蒙古汇能煤电集团有限公司与内蒙古鄂尔多斯市阿滚沟煤业有限公司达成资源整合协议，并将内蒙古鄂尔多斯市阿滚沟煤业有限公司名称变更为内蒙古汇能集团尔林兔煤炭有限公司，整合后的井田面积为37.73平方千米。

2011年3月，国家能源局下发了《关于同意新街矿区尔林兔煤矿项目按800万吨/年规模开展前期工作的复函》，再次要求“按照一个矿区原则上由一个主体开发的要求，引导和推进矿区煤矿企业的联合与重组，促进煤炭资源合理、有序、集约开发”。

2013年2月28日，国家发改委正式核准内蒙古汇能集团尔林兔矿井及选煤厂项目，核准建设单位为内蒙古汇能集团尔林兔煤炭有限公司，核准规模800万吨/年，配套建设相同规模选煤厂。之后，陆续完成了相关审批手续。5月，尔林兔煤矿开工建设。

2015年5月，国家煤矿安全监察局委托内蒙古汇能煤电集团有限公司首先对尔林兔煤矿项目安全设施及条件进行了现场验收，并于5月26日下发了《关于尔林兔煤矿及选煤厂800万吨/年建设项目安全设施及条件竣工验收的批复》。

2017年6月，内蒙古自治区人民政府下发了《关于尔林兔井田与阿滚沟井田整合有关事宜的批复》，同意两个井田实施整合，建设尔林兔煤矿项目，由整合主体内蒙古汇能集团尔林兔煤炭有限公司办理合并后的采矿登记手续。

截至2018年底，尔林兔煤矿正在建设中，累计完成投资23.4亿元。

（十三）高家梁一号矿

高家梁一号矿位于鄂尔多斯市伊金霍洛旗纳林陶亥镇境内。井田西、南两侧紧邻王家塔煤矿，北接李家壕煤矿，东临高家梁二号矿，由北京昊华能源股份有限责任公司旗下的鄂尔多斯市昊华精煤有限责任公司经营管理。

勘探资料显示，高家梁一号矿井田面积47.01平方千米，矿井资源量72544.2万吨，可采储量为48966万吨。可采煤层6层，即$2-2_{上}$、$2-2_{中}$、3-1、$4-2_{中}$、5-1、$6-2_{中}$煤层，煤种以不黏煤为主，少数长焰煤零星分布。

2004年3月24日，鄂尔多斯市昊华精煤有限责任公司成立，开始筹建高家梁一号矿项目。

高家梁一号矿及选煤厂建设项目由国家发改委以发改能源〔2007〕2939号文件核准，初步设计由内蒙古自治区煤炭工业局以内煤局字〔2008〕76号文件批复，初步设计安全专篇由国家煤矿安全监察局以煤安监函〔2008〕32号文件批复。矿井及选煤厂设计生产能力均为600万吨/年，一次设计、连续施工、分期达产，一期工程建设规模为300万吨/年，服务年限62.43年。矿井投资12.27亿元，其中矿建工程2.31亿元、土建工程1.53亿元、安装工程5.05亿元、其他投资3.38亿元。选煤厂投资1.84亿元。

高家梁一号矿由中煤西安设计工程有限责任公司负责设计，由北京矿建建筑安装有限责任公司、中国第二冶金建设有限责任公司等多家单位负责施工安装，济南设计研究院工程建设监理公司和中煤国际工程集团华宁工程监理有限公司负责监理，煤炭工业神华建设工程质量监督站负责工程质量监督。

2010年10月，高家梁一号矿通过内蒙古自治区煤炭工业局一期工程综合验收，生产能力达到300万吨/年。2012年11月24日，通过内蒙古自治区煤炭工业局600万吨/年达产验收。

2017年9月30日，高家梁煤矿取得国家发展和改革委员会办公厅《关于内蒙古鄂尔多斯市昊华精煤有限责任公司高家梁一号矿核增生产能力产能置换方案的复函》。10月19日，内蒙古自治区煤炭工业局组织专家对高家梁一号矿生产能力核定进行了现场核查。经核查，各主要生产系统“三个煤量”均满足750万吨/年生产能力要求。2018年10月11日，取得内蒙古自治区煤炭工业局《关于核定鄂尔多斯市昊华精煤有限责任公司铜匠川矿区高家梁一号矿煤矿生产能力的复函》，同意高家梁一号矿生产能力由600万吨/年核增至750万吨/年。

五、乌审旗境内煤矿项目

（一）门克庆煤矿

门克庆煤矿位于鄂尔多斯呼吉尔特矿区中部，行政区划隶属乌审旗图克镇，由中天合创能源有限责任公司经营管理。

井田南北长约12.3千米，东西倾斜宽约7.2千米，面积88.6平方千米。井田可采煤层9层（2-1、$2-2_{中}$、3-1、4-1、$4-2_{中}$、5-1、5-2、$6-2_{上}$、$6-2_{中}$煤层），各煤层以不黏煤为主，少数长焰煤及弱黏煤。

根据矿井初步设计，矿井工业储量22.84亿吨，可采储量为15.1亿吨。矿井初步设计生产能力为1200万吨/年，服务年限为89.9年。

矿井由中煤西安设计工程有限责任公司设计。2011年1月，门克庆煤矿开工建设，矿建工程由中煤第一建设有限责任公司、中煤第五建设有限公司承建，土建工程主要由北京中煤正辰建设有限公司、中煤建设集团工程有限公司、中煤建筑安装工程集团有限公司、中煤第五建设有限公司等单位承建，安装工程由中煤第五建设有限公司、中煤建筑安装工程集团有限公司、中煤电气有限公司等单位承建，建筑材料检测由江苏大屯检测检验有限公司承担，安全生产检测检验由内蒙古安科安全生产检测检验有限公司承担，煤炭工业合肥设计研究院负责工程监理，煤炭工业中煤鄂尔多斯矿区建设工程质量监督站负责工程监督。

2016年10月，矿井一期建设完成，于2017年1月开始一期联合试运转。2018年4月8日，矿井冲击地压显现，矿井停产。之后，矿井组织中煤西安设计工程有限责任公司负责矿井初步设计变更，研究冲击地压防治工作。

2018年8月3—5日，煤炭工业内蒙古建设工程质量监督中心站、煤炭工业中国中煤能源集团建设工程质量监督中心站组织行业相关专家，按照《煤炭建设工程质量认证办法》对中天合创门克庆矿井、选煤厂单项工程进行质量认证，并出具了质量认证书，双项认证等级均为优良。10月，矿井完成初步设计变更编制工作，上报地方主管部门审批，于12月24日获内蒙古自治区能源局批复。

（二）葫芦素煤矿

葫芦素煤矿隶属于中天合创能源有限责任公司煤炭分公司。井田位于鄂尔多斯市呼吉尔特矿区，隶属乌审旗图克镇境内。

矿井由中煤邯郸设计工程有限责任公司设计，设计生产能力1300万吨/年，配套建设同等能力选煤厂。矿井于2010年1月正式开工建设。选煤厂于2013年8月开工建设。

根据内蒙古自治区煤炭工业局内煤局字〔2015〕39号文件批复，葫芦素矿井采用一次设计、分期达产的建设方式。移交生产时一水平2-1煤层一、二盘区各布置1个综采工作面。2017年1月，鄂尔多斯市煤炭局以鄂煤局发〔2017〕22号文件对2-1煤层一盘区首采工作面联合试运转进行了批复。截至2018年底，中天合创能源有限责任公司煤炭分公司按照《矿井建设项目竣工验收管理办法》有关规定，筹备矿井验收工作。

（三）母杜柴登煤矿

母杜柴登煤矿位于鄂尔多斯市乌审旗图克镇境内，距旗政府所在地嘎鲁图镇95千米，处蒙陕交界处，南临陕西省榆林市，北接鄂尔多斯市康巴什区，由鄂尔多斯市伊化矿业资源有限责任公司负责开发建设与经营管理。

勘探资料显示，母杜柴登煤矿井田面积55.3平方千米，内含11个可采煤层，均为全井田可采或大部可采的稳定煤层。煤种以不黏煤为主，井田资源总量11.374亿吨，设计可采储量6.66亿吨。

2008年4月开工建设，设计生产能力600万吨/年，洗煤厂完成带煤调试。铁路专用线2017年8月开通运营。

2017年10月取得国家发改委项目核准批文（发改能源〔2017〕1796号），2017年12月取得内蒙古自治区煤炭工业局安全隐患治理复函（内煤函字〔2017〕86号），至此矿井开始组织推采。2018年10月划定矿区范围获得自然资源部批复（自然资矿划字〔2018〕043号），2018年11月母杜柴登煤矿列入国家加快释放优质产能保障煤炭供应煤矿。至此，矿井及选煤厂基建工程已全部完工，具备竣工验收条件。

（四）纳林河二号矿井

纳林河二号矿井位于鄂尔多斯市乌审旗境内，由中煤集团控股的乌审旗蒙大矿业有限责任公司负责经营管理。

纳林河二号井井田面积130.231平方千米，资源储量11.56亿吨，设计可采储量为6.68亿吨。煤层赋存条件稳定，煤质优良，主要可采煤层5层，煤质属低水、低灰、低硫、低磷、高热值的长焰煤、不黏煤及弱黏煤。主采煤层平均厚度

4.65米，埋深550~740米。矿井设计年生产能力为800万吨，服务年限为64.2年。采用立井方式开拓，长臂式采煤法采煤，垮落法管理顶板。配套建设相同规模的选煤厂及专用铁路运输线，项目概算总投资99亿元。

2008年8月项目开工建设，2013年主要提升、供电、排水、通风、压风、运输等系统全部形成，2014年10月转入试生产。截至2018年，矿井仍在建设，已完成投资总额的80%。

（五）白家海子煤矿

白家海子井田位于鄂尔多斯市乌审旗嘎鲁图镇神水台村境内，由内蒙古鄂尔多斯联海煤业有限公司负责开发建设。

白家海子煤矿项目，属于国家已批复的内蒙古自治区东胜煤田纳林河矿区规划矿井之一，是国家发改委“十三五”规划中煤矿建设的重点项目。国土资源部核准井田面积169.19平方千米，煤炭储量约33.61亿吨，设计资源/储量30亿吨，设计可采储量21.61亿吨。国家发改委核准矿井生产能力1500万吨/年，服务年限113.2年，并配套建设同等规模选煤厂。项目总投资90.05亿元（不含矿业权费用）。矿井采用立井开拓，分区式通风方式，投产时布置2个一次采全高综采工作面。井下煤炭运输采用带式输送机，辅助运输采用防爆无轨胶轮车。煤炭洗选采用重介浅槽分选工艺。双回路电源分别引自无定河220千伏变电站和巴音柴达木110千伏变电站。

项目取得了国家发改委《关于内蒙古纳林河矿区总体规划的批复》文件，自然资源部颁发的矿产资源勘查许可证，国家发改委印发的《关于内蒙古纳林河矿区白家海子煤矿项目核准的批复》文件，环评报告报至环境保护部评审中心并进入公示阶段；资源开采、安全生产及建设用地等相关手续正在积极办理当中，矿井各项建设任务现已全面展开并稳步推进。

项目处于前期准备工作，截至2018年底，已累计完成投资42.48亿元。

（六）营盘壕煤矿

营盘壕煤矿位于鄂尔多斯市乌审旗嘎鲁图镇境内，距旗政府所在地嘎鲁图镇16千米，南邻白家海子煤矿，北接纳林河矿区北部勘探区，西连嘎鲁图煤矿（未开发），东临巴音柴达木煤矿（未开发），由兖矿集团有限公司经营管理。

勘探资料显示，营盘壕煤矿井田面积113.32平方千米，主要可采煤层5层，其中全区可采煤层为3层，即2-2、3-1、4-1煤层；局部可采煤层2层，即5-1、6-1煤层。煤种以长焰煤、弱黏煤为主，矿井资源量22.57亿吨，可采储量为12.09亿吨。矿井设计产能1200万吨/年，配套建设同等规模的选煤厂。

2012年4月，内蒙古自治区煤田地质局117勘探队编制完成《内蒙古自治区东胜煤田巴彦柴达木矿区营盘壕井田（扩大）煤炭勘探报告》，国土资源部矿产资源储量评审中心以国土资矿评咨〔2012〕24号出具《〈内蒙古自治区东胜煤田巴彦柴达木矿区营盘壕井田（扩大）煤炭勘探报告〉矿产资源储量审查意见书》。

2014年2月20日，内蒙古自治区人民政府2014年第2次主席办公会议纪要同意为兖州煤业鄂尔多斯能化有限公司配置营盘壕田井田煤炭资源。

2016年，中煤科工集团南京设计研究院有限公司编制完成《鄂尔多斯市营盘壕煤炭有限公司营盘壕矿井及选煤厂可行性研究报告》，于2016年11月通过中投咨询有限公司组织专家审查，以中投咨〔2016〕38号出具《关于〈鄂尔多斯市营盘壕煤炭有限公司营盘壕矿井及选煤厂可行性研究报告〉的评估报告》，认为营盘壕矿井及选煤厂矿井设计生产能力确定1200万吨/年是可行的。

2017年5月，取得水利部黄河水利委员会以黄许可〔2017〕041号《取水准予许可决定书》。2018年8月，获得生态环境部以环审〔2018〕60号《关于内蒙古纳林河矿区营盘壕矿井及选煤厂项目环境影响报告书的批复》。2018年10月，获得自然资源部以自然资预审字〔2018〕76号《关于内蒙古纳林河矿区营盘壕矿井及选煤厂项目建设用地预审意见的复函》。2018年4月与中国石油长庆油田分公司签订了《矿权重叠区域资源勘查互不影响和权益保护协议》。

2018年12月6日，通过国家煤矿安全监察局组织专家的安全核准审查。2018年12月6—7日，中国国际工程咨询公司组织专家组对《鄂尔多斯市营盘壕煤炭有限公司营盘壕矿井及选煤厂项目申请报告》进行审查，认为从井田资源储量、开采条件、煤层生产能力、外部运输条件及市场、总体规划批复等方面分析，矿井设计生产能力确定为1200万吨/年是合理的，矿井工业场地的场址选择是可行的。至此，矿井建设前期准备工作正在进行中。

六、杭锦旗境内项目

塔然高勒煤矿是神华集团在鄂尔多斯地区建设的一个动力煤生产基地，是神华集团首座以立井开拓方式建设的千万吨级现代化矿井，由杭锦能源公司建设经营。

2003年9月，神华乌达矿业公司启动了塔然高勒煤田开发项目，成立了杭锦能源公司，由乌达矿业公司管理。2004年5月，神华集团公司与杭锦旗人民政府签订《开发建设杭锦旗塔然高勒煤田的合作协议》。2008年，按照神华集团公司部署，乌达矿业公司、海勃湾矿业公司、蒙西煤焦化公司、乌海煤焦化公司整合，杭锦能源公司与乌达矿业公司分离，升格为神华集团二级公司。

2008年7月24日，塔然高勒煤矿项目获得国家发改委批准，神华集团公司委托北京华宇设计院完成初步设计，设计生产能力1000万吨/年，服务年限95.9年。项目由矿井、选煤厂和矿区运煤专用铁路三部分组成，设计概算总投资418992.61万元（不含专用铁路线和信息化工程），其中探矿权单项费用33280.42万元、矿井建设333623.81万元、选煤厂47488.38万元、水源工程4600万元。同年，矿井全面开工建设。

矿井设计采用主、副、风全立井开拓。建井初期采用普通法施工，随着井筒逐渐向下延伸，井筒涌水量超过原地质报告提供的预计涌水量。2008年8月，井筒施工至距井口标高480米左右时，涌水量增大到118.7立方米/小时，给建井施工造成极大困难。同年11月，经专家反复论证，并取得神华集团公司同意后，塔然高勒矿井剩余井筒采用冻结法施工，并于2009年1月组织实施。

2010年12月，副井和风井已全部掘进到位，开始二期工程（井底车场）的准备工作。

截至2014年底，塔然高勒煤矿共完成项目投资316944.74万元，其中矿建工程完成98689.47万元，土建工程完成51518.75万元，设备购置完成60361.99万元，安装工程完成20843.42万元，建设管理费、贷款利息及其他完成85531.11万元。矿井综合自动化方面完成投资3508.32万元（此项投资不占预算投资计划）。

2014年9月，矿井东翼煤层上方勘查发现其他资源，神华集团公司本着保护资源、保护环境、保证安全的原则，暂停了矿井首采工作面安装，并于2015年11月，决定塔然高勒矿井缓建，并封闭了首采工作面及部分大巷。

七、鄂托克前旗境内项目

长城三号煤矿是新矿内蒙古能源有限责任公司出资建设的大型井工矿井。矿井位于内蒙古自治区与宁夏回族自治区交界处，行政区划隶属内蒙古自治区鄂尔多斯市鄂托克前旗上海庙镇管辖，面积47.30平方千米，距鄂托克前旗政府所在地敖勒召其镇方位294°，直距56千米。距宁夏银川市40千米，距青银高速公路5千米，距银川河东国际机场25千米，距在建的太中银铁路9千米，省道203公路从矿区西北侧经过，从矿区至307国道均有简易公路相连，至鄂托克前旗敖勒召其镇亦有简易公路相通，而经敖勒召其镇可到陕西省榆林，本区外围交通条件较为便利。

2005年10月7日，陕西省煤田地质局一九四队受鄂托克前旗权辉商贸有限公司委托，在长城三号井田西部进行了勘探阶段工作，并于2008年7月30日提交了《内蒙古鄂托克前旗沙章图井田煤炭勘探地质报告》；2008年9月17日，国土资源部以国土资储备字〔2008〕174号文对报告备案。

2007年3月，鄂托克前旗权辉商贸有限公司依据《矿产资源勘查区块登记管理办法》于3月26日取得沙章图煤炭资源勘探探矿权。

2007年6月，内蒙古自治区煤田地质局151勘探队受内蒙古仕奇控股股份有限公司的委托，在长城三号井田东部的大榆树探矿权区进行了普查阶段工作，并于2008年8月提交了《内蒙古自治区鄂托克前旗大榆树矿区煤炭普查报告》，经北京中矿联咨询中心评审通过（中矿蒙储评字〔2008〕183号文），内蒙古自治区国土资源厅以内国土资储备字〔2009〕35号文对报告备案。

2012年7—11月，新矿集团内蒙古能源有限责任公司委托内蒙古自治区煤田地质局151勘探队编制提交了《内蒙古自治区鄂托克前旗大榆树井田煤炭勘探报告》。2013年3月28日，国土资源部以国土资储备字〔2013〕74号文对报告备案。

2007年5月，内蒙古仕奇集团股份有限公司依据《矿产资源勘查区块登记管理办法》于5月14日取得大榆树煤炭资源勘探探矿权。

2019年7月1日，国土资源部以发改能源〔2019〕1149号《国家发展改革委关于内蒙古上海庙矿区长城三号煤矿项目核准的批复》对长城三号煤矿及选煤厂项目进行了核准。

资料显示，长城三号煤矿井田面积47.3平方千米，煤层为1号、$3_{上}$号、3号、5号、8号、9号、10号煤层共7个可采煤层。标高±0米以浅煤炭资源量68388.2万吨，标高±0米以深煤炭资源量12530.8万吨。

长城三号煤矿建设规模500万吨/年，配套建设有相同规模的选煤厂，矿井开采标高为±0～+970米，矿井井下采用带式输送机运煤，辅助运输采用无轨胶轮车运输方式，材料、设备由矿车或材料车经立井井筒运至井底车场后，通过蓄电池机车调车至换装硐室后，换装至无轨胶轮直接运至采掘工作地点。

第二节 大型及中小型煤矿建设项目

20世纪80年代末，伊克昭盟煤炭工业遵循“国家修路，群众办矿，国家、集体、个人一齐上”的发展思路，乡镇企业、民营企业、私人联办企业的小型煤矿蓬勃兴起。造成小煤矿（窑）数量多、生产分散，生产服务和生活服务布局困难，矿区管理十分复杂。这种粗放的发展模式不仅没有形成较大的生产规模，而且造成资源浪费、生态破坏、污染严重。

20世纪90年代后期，伊克昭盟根据国内煤炭行业在系统、工艺、装备和管理等方面与先进采煤国家存在的差距，系统思考，科学发展，在集成创新的基础上，加快自主创新的步伐，走出了一条引进、消化、吸收、创新的跨越式发展道路。在创新理念的指引下，在“设备是引进还是国产、辅助运输系统是有轨还是无轨、开采方式是露天还是井工、掘进是采用综掘机还是连采机”等关键性问题和矿井规模上，经过几代煤矿人不懈努力，艰辛探索，形成共识，实现煤炭工业跨越式发展的目标。

根据国家及内蒙古自治区的要求，积极发展大型煤炭企业集团，优化产业组织结构，淘汰落后产能，对违规开采、不具备安全生产条件的煤矿实行整顿，对新建煤矿严把审批关。截至2018年，鄂尔多斯煤炭系统大、中、小型煤矿共有283座，其中年产能力120万~500万吨的大型煤矿133座，年产能力45万~90万吨的中型煤矿139座，年产能力30万吨的小型煤矿11座，分布于伊金霍洛旗、准格尔旗、东胜区、鄂托克旗、达拉特旗、鄂托克前旗境内。

2018年鄂尔多斯市煤炭系统500万吨/年（不含）以下煤矿建设基本情况见表3-2-1。

表3-2-1 2018年鄂尔多斯市煤炭系统产能500万吨/年（不含）以下煤矿建设情况表

旗（区）	序号	煤矿名称	经营单位	井田面积(平方千米)	可采储量(亿吨)	设计规模(万吨/年)	服务年限（年）	建设开工时间	竣工时间	实际完成投资（万元）
伊金霍洛旗	1	满来梁煤矿	蒙泰满来梁煤业有限公司	18.82	1.08	360	44.4	2011年11月	2013年1月	—
	2	赛蒙特尔煤矿	赛蒙特尔煤业有限公司	16.9	0.96	300	48.5	2008年9月技改	2010年	53700
	3	湾图沟煤矿	博源煤化工有限责任公司	21.82	2.53	300	60.5	2007年技改	2011年8月	12000
	4	霍洛湾煤矿	神东天隆集团有限责任公司	13.2	0.9	300	22.8	2006年8月技改	2008年8月	28441
	5	柳塔煤矿	神东煤炭集团	—	—	300	32.7	2005年9月技改	2008年10月20日	45111
	6	寸草塔二矿	神东煤炭集团	—	—	450	32.7	2005年8月技改	2007年10月	53264.57
	7	李家塔煤矿	李家塔劳改煤矿	16.35	1.27	300	34	1999年技改	2009年9月	38192.5
	8	武家塔露天煤矿	神东天隆集团有限责任公司	9.16	—	300	—	2006年技改	2008年7月	55002.22
	9	育才煤矿	育才煤炭有限责任公司	8.02	0.09	60	14.3	2010年9月9日	2012年5月22日	7846

表 3-2-1（续）

旗（区）	序号	煤矿名称	经营单位	井田面积(平方千米)	可采储量(亿吨)	设计规模(万吨/年)	服务年限(年)	建设开工时间	竣工时间	实际完成投资(万元)
伊金霍洛旗	10	丁家渠煤矿	伊泰同达煤炭有限责任公司	17.39	0.45	120	28.6	2007年6月	2008年12月	34069
	11	大地精煤矿	伊泰煤炭股份有限公司	11.6	0.63	120	40.3	2006年12月	2008年1月	28437.16
	12	荣恒煤矿	乌兰煤炭（集团）有限责任公司	13.91	0.4	180	32.5	2011年	2012年	6083.5
	13	安源煤矿	兖州煤业鄂尔多斯能化有限公司	9.25	0.24	120	14.3	2009年1月	2010年11月	156200
	14	文玉煤矿	兖州煤业鄂尔多斯能化有限公司	9.36	0.43	300	11.1	2010年8月	2011年7月	364000
	15	巴龙图沟煤矿	赛特煤业有限责任公司	2.58	0.03	90	3.8	2009年12月	2018年1月	6293.49
	16	朝阳煤矿	乌兰木伦朝阳煤矿	1.53	0.08	6	93	1994年	1994年	10195
						45	10.1	2011年技改	2012年1月	
	17	东博煤矿	东博煤炭有限责任公司	10.22	0.51	120	32.7	2009年7月15日	2011年12月31日	26906.53
	18	敬老院煤矿	铁煤集团内蒙古东新煤炭公司	5.06	0.4	120	32.1	2001年	2002年	13338.63
	19	德隆煤矿	德隆矿业有限公司	3.32	0.45	60	36.7	2007年1月	2008年1月	998
	20	后温家梁煤矿	乌兰煤炭（集团）有限责任公司	7.3	0.38	180	39.3	1988年	1990年	1891.3
								2006年技改	2008年	3654.2
	21	满来梁煤矿	乌兰煤炭（集团）有限责任公司	7.9	0.19	150	5.26	1992年	1993年	1350
								2007年技改	同年完成	—
	22	闫家渠煤矿	闫家渠煤炭有限责任公司	7	0.14	90	37	1982年	2009年	4295.09
	23	富祥煤矿	裕隆富祥矿业有限公司	1.46	0.09	60	20.6	2006年1月	2009年11月	0
	24	呼和乌素煤矿	蒙发煤炭有限公司	5.95	20.44	120	12.2	2007年10月7日	2010年1月	213600000
	25	丁家梁煤矿	呼能煤炭有限责任公司	20.28	0.64	120	20	2008年	2009年	20000
	26	华能井煤矿	华能井煤矿有限公司	1.88	0.07	60	11.7	2011年9月25日	2013年6月1日	9622
	27	贾家渠煤矿	鸿森矿业有限责任公司	7.7	0.14	60	17	2007年12月	2009年3月	6215

表3-2-1（续）

旗（区）	序号	煤矿名称	经营单位	井田面积(平方千米)	可采储量(亿吨)	设计规模(万吨/年)	服务年限（年）	建设开工时间	竣工时间	实际完成投资（万元）
伊金霍洛旗	28	考考赖沟煤矿	乌兰木伦考考赖沟煤矿	0.55	0.031	15	14	2000年	2010年	26069.18
	29	满来壕煤矿	乌兰煤炭（集团）有限责任公司	4.47	0.064	60	1	1999年12月	2007年9月	15200
	30	淖尔壕煤矿	呼氏煤炭有限责任公司	25.18	0.094	120	55.8	2010年1月	2015年5月	90120
	31	小柳塔煤矿	神伊煤炭有限责任公司	1.09	0.041	60	7.67	2011年12月	2014年4月20日	15145.04
	32	通福煤矿	通福煤炭有限公司	2.19	0.0941	60	9.9	2010年12月	2012年6月	17789.15
	33	温家塔煤矿	乌兰煤炭（集团）有限责任公司	10.74	1.26	120	81	1998年	2000年	14238.7
						240	40	2005年技改	2009年	—
	34	窝兔沟煤矿	蒙泰煤炭有限责任公司	5.04	0.5	90	38.1	2013年7月	正建	78000
	35	石圪台煤矿	乌兰煤炭（集团）有限责任公司	2.77	0.27	95	44	1965年	1966年	—
	36	特拉布拉煤矿	乌兰煤炭（集团）有限责任公司	10.73	0.41	180	15	1992年	1994年	8750
	37	温家梁三号煤矿	乌兰煤炭（集团）有限责任公司	3.1	0.23	45	21.1	2006年3月	2007年5月	14795.16
	38	武家塔煤矿	乌兰煤炭集团有限责任公司	1.23	0.25	60	4.14	2008年	—	—
	39	常青煤矿	常青煤炭有限责任公司	3	0.9	60	30	2007年	2008年	1000
	40	富源煤矿	兰家塔富源煤炭有限责任公司	1.85	0.026	60	5.9	1995年	1998年	15021
	41	油房渠煤矿	油房渠矿业有限公司	5.03	0.03	60	5	2007年7月	2010年1月	7470
	42	兴隆煤矿	兴隆煤矿	2.96	0.1	90	10	2010年	2011年	6601.63
	43	致富煤矿	新庙阿会沟致富煤矿	5.73	0.03	90	3.45	2012年4月	2013年1月	6400
	44	益民煤矿	有恒煤炭有限责任公司	19.8	0.24	120	15.7	2008年	2011年	64232.9
	45	振兴煤矿	振兴煤炭有限责任公司	5.81	0.08	90	6.9	2014年11月	整合在建	19050
	46	宝山煤矿	伊泰集团	24.97	0.28	180	10.5	2007年	2008年	25482
	47	昊达煤矿	昊达煤炭有限责任公司	5.61	0.44	90	23.6	2006年1月	2008年7月	22339

表3-2-1（续）

旗（区）	序号	煤矿名称	经营单位	井田面积（平方千米）	可采储量（亿吨）	设计规模（万吨/年）	服务年限（年）	建设开工时间	竣工时间	实际完成投资（万元）
伊金霍洛旗	48	石场湾煤矿	石场湾煤矿有限公司	3.31	0.03	60	4.1	1922年	1993年	12538
	49	刘家渠煤矿	广厦煤炭运销有限公司	1.99	0.05	60	13.5	2003年	2006年	5000
	50	新庙三界沟煤矿	新庙三界沟煤矿	3.22	0.03	45	7.1	1999年	2001年	3155.62
	51	新庙三星煤矿	新庙三星煤矿	2.6	0.08	60	12.5	1999年	2002年	100
	52	小纳林沟煤矿	纳林陶亥煤炭经营运销公司	3.52	0.093	90	7	2008年	—	—
	53	丁家梁煤矿	丁家梁煤矿	2.13	0.12	60	7	1993年	1994年	3000
	54	杨家梁煤矿	杨家梁煤炭有限责任公司	8.54	0.15	60	19.85	2006年	2008年	11231
	55	燎原煤矿	山东能源集团公司	8.4	0.018	90	—	—	—	—
	56	纳林沟煤矿	纳林沟煤矿	1.8	0.071	60	—	—	—	—
	57	忠华煤矿	忠华煤矿	1.29	0.033	45	—	—	—	—
	58	兴旺煤矿	兴旺煤矿	3.3	0.056	30	—	—	—	—
	59	白家梁煤矿	伊泰煤炭股份有限公司	6.48	0.12	90	—	—	—	—
	60	南梁社办煤矿	南梁社办煤矿	4.34	0.065	90	—	—	—	—
达拉特旗	1	潮脑梁煤矿	潮脑梁煤矿有限公司	25.11	1.51	400	35.8	2011年9月25日	2013年1月	—
	2	羊场煤矿	陕西宇佳投资置业有限公司	5.29	0.29	90	30	2007年12月20日	2012年12月14日	8002
	3	苏家沟煤矿	苏家沟煤炭有限责任公司	4.44	0.31	150	15	2008年1月15日	2010年12月21日	158865
	4	物华煤矿	物华煤炭有限责任公司	5.65	0.03	60	5	2007年1月20日	2008年4月23日	8539
	5	宝利煤矿	宝利煤炭有限公司	7.74	0.1	120	8	2008年4月20日	2010年7月18日	13520
	6	金运煤矿	金运煤炭有限责任公司	12.3	0.3	120	8	2010年10月18日	2013年10月20日	31423
	7	兴恒煤矿	嘉烨煤业有限责任公司兴恒	1.68	0.02	150	2	2009年10月10日	2011年11月23日	8645
	8	创新煤矿	创新煤矿	1.67	0.05	60	7	2009年10月12日	2011年8月30日	11960
	9	点石沟煤矿	满世煤炭集团点石沟煤炭公司	28.7	0.59	180	28	2008年5月18日	2011年1月10日	58624
	10	丰胜奎煤矿	纳林丰胜奎煤矿	10.88	0.25	60	26	2009年4月25日	2011年1月14日	12300

表3-2-1（续）

旗（区）	序号	煤矿名称	经营单位	井田面积(平方千米)	可采储量(亿吨)	设计规模(万吨/年)	服务年限(年)	建设开工时间	竣工时间	实际完成投资(万元)
达拉特旗	11	亿宏煤矿	亿宏煤矿	4	0.4	60	28	2009年4月26日	2010年12月21日	9246
	12	李五兴煤矿	高头窑李五兴煤矿	11.79	0.34	60	11	2006年1月10日	2007年11月9日	9156
	13	益阳煤矿	益阳煤炭有限责任公司	10.01	0.45	60	68	2008年6月12日	2010年9月14日	11848
	14	高山沟煤矿	文兴煤炭有限责任公司	3.26	0.08	120	7	2016年10月10日	—	7618
	15	杭盖沟煤矿	达拉特旗蒙新煤炭有限责任公司	2.15	0.03	30	8.6	2006年1月18日	2007年12月2日	6048
	16	创业煤矿	嘉烨煤业有限责任公司	1.96	0.08	60	5	2007年1月18日	2009年1月19日	5731
	17	兴旺煤矿	华通瑞盛能源有限公司	10.27	0.89	60	76	2008年10月18日	2011年7月15日	7766
	18	张美厚煤矿	高头窑张美厚煤矿	5.5	0.31	60	22	2008年12月18日	2011年1月12日	7486
	19	东杨煤矿	东杨煤矿	4.17	0.16	60	15	2006年1月10日	2007年11月21日	6680
	20	浩源煤矿	浩源煤炭有限公司	10.4	0.2	120	14	2011年4月16日	2013年6月1日	15229
	21	建金煤矿	建金煤炭有限责任公司	4.06	0.06	30	20	2006年8月10日	2009年5月14日	13500
	22	科建煤矿	科建煤炭有限责任公司	12.93	0.06	180	9	2006年10月24日	2008年4月23日	7624
	23	海华煤矿	海华煤炭有限公司江木图南井	9.46	0.64	90	37	2000年4月8日	2012年12月14日	16470
	24	后阴塔煤矿	达拉特旗潮脑沟后阴塔煤矿	9.74	0.03	90	3	2007年8月16日	2010年11月11日	24537
	25	瑞光煤矿	嘉烨煤业有限责任公司	8.82	0.2	180	11	2009年5月12日	2011年4月29日	13482
鄂前旗	1	榆树井煤矿	上海庙矿业有限责任公司	24.56	2.47	300	57.3	2008年2月	2011年3月	225300
	2	新上海庙一号矿	上海庙矿业有限责任公司	6.57	3.49	400	—	2006年	2016年11月	496900

表3-2-1（续）

旗(区)	序号	煤矿名称	经营单位	井田面积(平方千米)	可采储量(亿吨)	设计规模(万吨/年)	服务年限(年)	建设开工时间	竣工时间	实际完成投资(万元)
鄂前旗	3	长城一号煤矿	长城煤矿有限责任公司	16.02	1.51	180	52.6	2010年1月	预计2021年6月	170466.15
	4	麻黄煤矿	福城矿业有限公司	24.4	2.38	120	82	2008年1月	2016年9月	83322
	5	长城五号矿	长城五号矿业有限公司	13.93	2.01	180	49.6	2011年	—	—
	6	长城六矿	山东能源新矿集团内蒙古能源有限责任公司	8.12	0.98	150	50	2012年9月	—	202244.05
鄂托克旗	1	棋盘井煤矿	神华乌海能源有限责任公司	19.59	2.59	300	34.3	2005年10月	2008年7月	35493.21
	2	泰源煤矿	泰升实业集团有限责任公司	6.92	0.53	120	30	2008年11月12日	整合改造	56711.63
	3	安联煤矿	广泰煤业安联煤炭销售公司	4.93	0.01	120	6.5	2017年7月	2019年1月	17888
	4	晨光煤矿	晨光煤焦化有限责任公司	7.96	0.04	60	6	2003年2月20日	2015年4月5日	318
	5	乌仁都西煤矿	乌仁都西煤焦有限责任公司	9.98	0.24	120	14.4	2020年	2023年	56691
	6	东亨煤矿	东亨煤矿	1.4	0.04	60	4.73	2010年3月	2011年7月	3009.14
	7	阿尔巴斯二矿	鄂尔多斯煤炭有限责任公司	10.47	4.89	90	38.8	—	—	20467.49
	8	电冶一矿	鄂尔多斯煤炭有限责任公司	6.72	0.26	60	30.4	2008年	2009年	25631.85
	9	中税煤矿	鄂尔多斯煤炭有限责任公司	7.1	0.53	120	42	2006年7月1日	2009年10月1日	22858.48
	10	白云乌素煤矿	鄂尔多斯煤炭有限责任公司	5.64	0.38	90	32.7	2010年1月	2014年4月	—
	11	阿尔巴斯一矿	鄂尔多斯煤炭有限责任公司	4.8	0.09	45	14.7	2004年	2007年	5184.92
	12	广汇煤矿	广纳煤业（集团）有限责任公司	1.22	0.1	90	14	前期	在建	4652
	13	呼武煤矿	棋盘井呼武煤矿	1.88	0.011	60	16.8	2009年1月	2011年4月	—
	14	建元煤矿	建元煤焦化有限责任公司	25.42	61.83	120	32.1	2013年	2014年	8304
	15	金欧煤矿	金欧煤业有限责任公司	1.47	0.13	60	11.3	2009年1月	2010年4月	8921.32

表3-2-1（续）

旗（区）	序号	煤矿名称	经营单位	井田面积(平方千米)	可采储量(亿吨)	设计规模(万吨/年)	服务年限(年)	建设开工时间	竣工时间	实际完成投资(万元)
鄂托克旗	16	库里火沙兔煤矿	蒙西矿业有限公司	7.94	0.5	120	32	2009年3月	2016年8月	41096.07
	17	蒙西煤矿	蒙西煤炭有限责任公司	9.55	0.49	120	23.2	—	—	9600
	18	鑫源煤矿	蒙西鑫源煤业有限公司	5.39	0.22	120	11.6	2015年9月	2017年9月	9029
	19	棋盘井三号井	棋盘井矿业有限责任公司	6.77	0.73	180	15.5	2003年3月	2005年7月竣工 2014年8月完成技改	32100
	20	西来峰煤矿	棋盘井矿业有限责任公司	1.76	0.09	90	9.32	2012年4月	2013年11月	20136
	21	宝丰煤矿	棋盘井矿业有限责任公司	2.18	0.13	60	10.2	2010年3月	2013年11月	10849
	22	新胜煤矿	新胜煤矿	1.5	0.028	60	3.73	2010年	2011年	7355.39
	23	新亚煤矿	新亚能源投资有限公司	1.35	0.06	60	7.8	2010年6月	2013年12月	2390.83
	24	星光一号井	星光煤炭集团有限责任公司	3.24	0.11	60	9.5	2002年	2029年	1000
	25	华泰煤矿	星光煤炭集团有限责任公司	1.55	—	30	—	2008年	2012年	1000
	26	夭斯图煤矿	广纳煤业集团有限责任公司	1.19	0.02	60	2.7	2009年3月	2010年3月	6000
	27	骆驼山煤矿	广纳煤业（集团）有限责任公司	1.66	0.12	60	16.3	2010年3月	2017年3月	15616.39
	28	利达煤矿	广纳煤业（集团）有限责任公司	1.61	0.15	60	15.3	2010年3月	2017年3月	14380.13
	29	鑫盛煤矿	陕西强宇建设工程集团有限公司	2.55	0.01	60	9.2	2009年9月	2014年6月	6712.21
	30	巴音乌素煤矿	华盛矿业集团	1.19	0.01	60	6.6	2019年9月	2020年1月	—
	31	昊源煤矿	广纳煤业（集团）有限责任公司	1.66	0.1	60	13	2006年3月	2007年6月	7200
	32	华武煤矿	华武煤矿	1.8515	0.06	60	4.31	2012年6月1日	2017年12月26日	7800
	33	东辰煤矿	东辰煤矿	1.23	0.04	60	9.6	2011年9月	2010年11月	4672.5
	34	尔格图煤矿	尔格图煤矿	4.65	0.04	60	6.3	2014年	2016年3月	7304.29

表3-2-1（续）

旗（区）	序号	煤矿名称	经营单位	井田面积(平方千米)	可采储量(亿吨)	设计规模(万吨/年)	服务年限（年）	建设开工时间	竣工时间	实际完成投资（万元）
鄂托克旗	35	久丰煤矿	广纳煤业集团有限责任公司	0.57	0.04	60	6.5	2014年	2017年3月1日	12743
	36	六保煤矿	巴音乌素六保煤矿	1.16	0.04	60	4.6	2012年1月	2014年11月	9414.3
	37	裕兴煤矿	裕兴矿业有限公司	1.46	0.14	60	16.4	2010年1月	2011年1月	6563.4
	38	双欣煤矿	双欣能源化工有限公司	4.06	0.24	120	20.5	2004年6月	2005年5月	43109.32
	39	福强煤矿	福强煤业有限公司	2.4	0.06	60	8.6	2011年	2014年	326.37
	40	福利煤矿	兰太煤业有限责任公司	1.12	0.16	45	36	前期	—	11200
	41	毛盖图煤矿	骆驼山毛盖图煤矿	1.12	0.01	60	2.7	1975年7月	1976年9月	1800.13
	42	鑫源煤矿	广纳煤业集团	0.57	0.02	60	3.54	2013年	2017年	9547
	43	华宇煤矿	鑫宇煤化有限公司	0.64	0.05	60	4.7	2018年4月	在建	1200
	44	白云煤矿	千里沟白云煤矿	0.87	0.3	120	17.1	前期	在建	24000
	45	伊西运销一矿	伊西运销一矿	3.24	0.13	60	—	—	—	—
	46	昌汉哈达一矿	奋达煤焦化公司	1.92	0.13	45	—	—	—	—
	47	昌汉哈达二矿	奋达煤焦化公司	4.11	0.13	45	—	—	—	—
	48	吉祥煤矿	吉祥煤矿	3.51	0.1	60	—	—	—	—
	49	卧龙煤矿	卧龙煤矿	1.03	0.07	120	—	—	—	—
东胜区	1	杨家村煤矿	双欣矿业有限公司	18.67	2.79	300	38	2008年10月	2011年6月	—
	2	泊江海子煤矿	银宏能源开发有限公司	—	2.62	300	62.5	2009年12月	2016年12月	295266.09
	3	宏丰煤矿	宏丰煤炭有限责任公司	—	0.4	300	16.4	2008年6月	2011年11月	31891.78
	4	前进煤矿	永恒华煤炭运销有限公司	6.43	1.31	300	39	2014年9月	2016年5月	24377.33
	5	亿源煤矿	亿源煤业有限公司	2.74	0.17	60	20	2016年4月	2018年8月	14000
	6	永顺煤矿	永顺煤炭有限责任公司	6.32	0.93	120	10	2008年6月	2010年8月	5700
	7	聚鑫龙煤矿	聚鑫龙煤炭有限公司	5.62	0.34	60	52.6	2006年	2012年	4000
	8	泰生煤矿	建能能源有限责任公司	1.08	0.07	60	10	2017年4月	2018年12月	16500
	9	兴盛达煤矿	兴盛达煤业有限公司	5.14	0.08	120	6.9	2010年12月	2011年6月	11361.47
	10	恒泰煤矿	恒泰煤炭有限公司	3.55	0.49	180	21.1	2006年9月	2009年9月	46397.44

表3-2-1（续）

旗（区）	序号	煤矿名称	经营单位	井田面积（平方千米）	可采储量（亿吨）	设计规模（万吨/年）	服务年限（年）	建设开工时间	竣工时间	实际完成投资（万元）
东胜区	11	张家梁煤矿	张家梁煤炭有限责任公司	5.54	0.55	60	70.8	2008年8月	2011年5月	7200
	12	嘉东煤矿	冀中能源内蒙古有限公司	8.46	0.24	180	13.09	2011年5月	2013年9月	246.32
	13	金阳煤矿	满世煤炭集团股份有限公司	4.26	0.25	60	38.53	2006年5月	2007年11月	5113
	14	盛鑫煤矿	冀中能源内蒙古有限公司	7.88	0.46	120	29.2	2012年7月	2016年4月	34085
	15	嘉信德煤矿	冀中能源内蒙古有限公司	4.83	0.44	210	19.2	2009年6月	2013年9月	38596
	16	腾远煤矿	腾远煤炭有限责任公司	6.25	0.2	120	16.4	2013年1月	2016年2月	3640
	17	范家村煤矿	蒙泰集团有限公司	10.03	0.64	240	40.73	2006年	2008年	12220
	18	巴音孟克煤矿	巴音孟克煤炭有限责任公司	5.11	0.11	60	17	2006年7月	2007年3月	13300
	19	振兴煤矿	振兴煤业有限公司	5.29	0.21	60	21.3	2007年1月	2008年7月	2052.58
	20	八宝沟煤矿	八宝沟煤炭有限责任公司	6.64	0.09	60	13.76	2006年12月	2010年5月	12751
	21	鑫源煤矿	蒙泰集团有限公司	6.06	0.16	60	20	2005年12月	2007年1月	2580
	22	金通煤矿	华电蒙能金通煤业有限公司	24.51	0.51	90	40.7	2007年3月	2010年7月	21432
	23	神通煤矿	神通煤炭有限公司	1.51	0.13	90	11.5	2010年1月	2012年9月	22113
准格尔旗	1	汇隆露天煤矿	恒东能源集团有限责任公司	7.63	1.024	300	34	2016年4月	2018年2月	91635
	2	宏景塔一矿	伊泰煤炭股份有限公司	28.41	1.21	300	31.1	2006年12月	2008年12月	45499.17
	3	昶旭煤矿	满世集团股份有限公司	12.25	0.63	400	—	2008年3月	2010年1月	21145.58
	4	孙家壕煤矿	伊东煤炭集团有限责任公司	10.24	1.14	300	36.1	2007年11月	2011年2月	91350.53
	5	小鱼沟煤矿	三维资源集团有限公司	3.99	0.64	300	41	2010年7月	2012年1月	92738.5
	6	铧尖露天煤矿	铧尖露天煤矿有限责任公司	57.39	1.02	300	—	2009年8月	2010年12月	69500

表3-2-1（续）

旗（区）	序号	煤矿名称	经营单位	井田面积（平方千米）	可采储量（亿吨）	设计规模（万吨/年）	服务年限（年）	建设开工时间	竣工时间	实际完成投资（万元）
准格尔旗	7	金正泰煤矿	金正泰煤炭有限责任公司	9.58	0.63	300	48	2009年11月	2010年9月	49105.07
	8	古城煤矿	伊东集团古城煤炭有限责任公司	28.39	0.76	300	24	2013年12月	2016年重建	—
	9	唐公塔煤矿	东辰公司	8.49	1.16	150	59.4	1990年	1994年	59376.65
	10	致富煤矿	伊东煤炭有限责任公司	2.48	0.14	90	8.5	2013年3月	2014年4月	24000
	11	碓臼沟煤矿	碓臼沟煤矿	5.08	0.52	120	19.2	2015年12月	2008年6月	47939
	12	汇能宝平湾煤矿	汇能煤电集团有限公司	13.26	1.2	120	71.39	2008年8月1日	2010年12月1日	56100.87
	13	柳林沟煤矿	大源煤炭有限责任公司	8.07	0.38	120	23.11	2011年6月	2012年6月	28578.59
	14	远兴煤矿	蒙泰远兴煤炭有限责任公司	3.62	0.16	120	10	2009年	2010年	211.86
	15	伊东宏测煤矿	伊东资源集团	9.16	0.93	90	24	2005年5月3日	2008年11月	28624.2
	16	伊东扶贫煤矿	伊东煤炭集团有限责任公司	5.42	0.75	120	45	2004年2月	2006年9月	7420.86
	17	富民煤矿	汇能煤电集团富民煤炭公司	12.53	0.45	120	23	2006年8月	2008年10月	20000
	18	官板乌素煤矿	准格尔旗特弘煤炭有限公司	3.5	0.88	30	31	1990年	1994年	33252
	19	宏鑫煤矿	伊东集团	16.61	1.15	240	26	2005年	2008年	4.98
	20	宏亚煤矿	恒东集团宏亚煤炭有限公司	20.63	0.91	150	44.9	2011年3月	2012年3月	186000
	21	忽沙图二矿	恒东能源集团有限责任公司	16.53	0.24	120	15.9	2007年6月	2009年7月	15565.99
	22	羊市塔二矿	汇能煤电集团	11.37	0.67	120	22	2005年	2008年	—
	23	经纬煤矿	经纬煤矿	8.16	0.31	180	17.2	2008年	2008年12月	4227.37
	24	阳塔煤矿	聚祥煤业集团有限公司	33.71	0.63	240	38	2007年4月	2010年8月	60000
	25	乌兰渠煤矿	西蒙悦达能源有限公司	8.56	0.2	60	26	2007年	2008年	—
	26	兴隆黑岱沟煤矿	兴隆能源集团有限公司	3.4	0.45	150	21.6	2005年5月	2008年8月	17728.23

表 3-2-1（续）

旗（区）	序号	煤矿名称	经营单位	井田面积(平方千米)	可采储量(亿吨)	设计规模(万吨/年)	服务年限（年）	建设开工时间	竣工时间	实际完成投资（万元）
准格尔旗	27	凯达煤矿	伊泰煤炭股份有限公司	45.75	1.19	150	50.2	2005 年 7 月	2006 年 11 月	9441.34
	28	安家坡煤矿	伊泰西部煤业有限责任公司	3.25	0.04	120	9.5	2009 年	2017 年	10511.56
	29	瑞德煤矿	瑞德煤矿	6.63	0.22	120	15.5	2008 年	2009 年	3621.8
	30	李家渠煤矿	川掌李家渠煤炭有限责任公司	2.06	0.08	120	8	2016 年 8 月	2018 年 2 月	17000
	31	恒博煤矿	恒东集团恒博煤炭有限责任公司	6.27	0.27	120	13.31	2012 年 1 月	2014 年 4 月 14 日	54964.44
	32	忽沙图一矿	伊东集团忽沙图煤炭公司	33.42	0.49	120	32	2005 年	2009 年	20000
	33	瑞德二矿	瑞德煤化有限责任公司	5.1	0.12	60	16.2	2005 年	2007 年	7000
	34	乌拉素煤矿	羊市塔乡乌拉素煤炭公司	1.7	0.03	60	3.9	2010 年 9 月	2012 年 7 月	12600
	35	闫家沟煤矿	闫家沟鑫东煤炭有限责任公司	9.44	0.44	60	22.7	2007 年 1 月	2008 年 12 月	19225.18
	36	羊市塔一矿	汇能羊市塔一矿	14.47	0.4	120	25.54	2005 年	2008 年	2000
	37	四道柳煤矿	四道柳煤炭有限责任公司	7.31	0.2	120	18.4	2006 年 3 月	2008 年 9 月	17132
	38	孙三沟煤矿	孙三沟煤矿	2.71	0.31	120	13.4	2012 年 2 月	2013 年 1 月	14500
	39	西梁煤矿	西梁煤炭有限责任公司	1.91	0.98	90	9.9	2010 年	2012 年	6700
	40	宏景塔二矿	伊泰集团有限公司	3.69	0.06	45	15.5	2006 年	2010 年	8807.87
	41	营沙壕煤矿	神陶煤炭运销有限责任公司	6.48	0.2	90	23.5	2009 年 5 月	2012 年 11 月	170000
	42	敖家沟西梁煤矿	神山煤炭有限责任公司	10.75	0.2	60	25	2006 年 1 月	2009 年 12 月	15821.4
	43	兴隆蒙祥煤矿	蒙祥煤炭有限责任公司	4.55	0.29	180	14.4	2014 年 9 月	2016 年 9 月	30000
	44	串草圪旦煤矿	云飞矿业有限责任公司	7.09	0.74	240	23.8	2005 年 1 月	2008 年 7 月	159160
	45	弓家塔煤矿	弓家塔煤矿	1.86	0.15	60	22	1989 年 3 月	1991 年	2200

表3-2-1（续）

旗（区）	序号	煤矿名称	经营单位	井田面积（平方千米）	可采储量（亿吨）	设计规模（万吨/年）	服务年限（年）	建设开工时间	竣工时间	实际完成投资（万元）
准格尔旗	46	卓正煤矿	卓正煤矿	8.86	0.1	60	18.8	2009年11月	2010年1月	2848.6
	47	壕赖梁煤矿	聚能煤炭集团有限责任公司	5.56	0.25	60	18.7	2006年12月	2024年	4450
	48	金利煤矿	金利煤矿有限责任公司	3.08	0.053	60	6.8a	2005年3月25日	2006年5月	500
	49	正泰煤矿	正泰煤矿	1.59	0.051	60	3.5	—	—	—
	50	赵二成渠煤矿	赵二成渠煤炭有限责任公司	6.5	0.12	60	11.69	2009年6月	2010年5月	8467.4
	51	杨家渠煤矿	杨家渠煤矿	5.92	0.14	120	10	2014年	正在技改期	2000
	52	乌兰哈达煤矿	神山煤炭有限责任公司	12.37	0.65	210	24.6	2008年	2017年	19813.53
	53	三鼎煤矿	三鼎煤炭有限责任公司	4.26	0.13	60	10	2009年4月	2010年1月	13038.11
	54	食联煤矿	食联煤炭有限责任公司	7.15	0.12	60	17.5	2005年3月	2008年1月	8876.88
	55	荣泰煤矿	荣泰煤炭有限责任公司	1.8	0.04	60	6.2	2011年1月30日	2011年9月27日	6933
	56	西乌素煤矿	伊东煤炭集团有限责任公司	4.14	0.15	60	—	2018年6月	灾害治理施工中	—
	57	司纳林庙煤矿	广利煤炭有限责任公司	3.98	0.13	90	12.7	2008年6月	2015年9月21日	—
	58	吴家梁煤矿	吴家梁煤矿	16.16	0.25	60	23.8	2007年12月	2008年10月20日	12750.53
	59	蒙泰新鑫煤矿	蒙泰新鑫煤业有限责任公司	9.37	0.28	120	21.3	2014年8月18日	2016年1月26日	10486.75
	60	云凯煤矿	云凯煤炭有限责任公司	7.7	0.11	120	19.09	2013年1月29日	2014年4月25日	10415.99
	61	恒东白家梁煤矿	恒东集团白家梁煤炭公司	3.6		120	9	2014年1月	2018年1月25日	15509.92
	62	阳堡渠煤矿	恒东集团阳堡渠煤炭公司	2.449	0.08	120	7	2013年11月	2017年1月	19042.847
	63	敖劳不拉煤矿	伊东煤炭有限责任公司	4.7184	0.18	60	16	2006年	2008年	—

表 3-2-1（续）

旗（区）	序号	煤矿名称	经营单位	井田面积(平方千米)	可采储量(亿吨)	设计规模(万吨/年)	服务年限（年）	建设开工时间	竣工时间	实际完成投资（万元）
准格尔旗	64	柏树坡煤矿	柏树坡煤炭有限责任公司	5. 7058	0. 38	120	16. 78	2012 年		—
	65	布尔洞煤矿	弓家塔布尔洞煤炭有限责任公司	12. 3275	0. 4	120	28	露天技改开工时间计划 2020 年 6 月	2021 年 6 月	—
	66	大石圈煤矿	大石圈煤矿	28. 6127	0. 4	60	34	2009 年	2019 年 1 月 24 日	10436
	67	美日花图沟煤矿	恒东能源集团有限责任公司	6. 0716	0. 42	120	25	2007 年 7 月	2009 年 12 月	—
	68	纳林沟煤矿	碾房塔纳林沟煤矿有限公司	5. 2828	—	30	—	未开工	—	—
	69	荣达煤矿	荣达煤业（集团）有限公司	2. 6674	0. 27	90	19	2008 年	2010 年	—
	70	聚源煤矿	怡和聚源煤炭有限公司	3. 7968	0. 17	120	13. 2	—	—	—
	71	永智煤矿	永智煤炭有限公司	5. 7372	0. 47	90	39. 2	2007 年 8 月	2008 年 1 月	38000
	72	满都拉煤矿	西蒙悦达集团有限公司	8. 015	0. 37	120	21. 8	2010 年 1 月	2011 年 11 月	26795. 34
	73	华富煤矿	华富煤炭有限责任公司	6. 5129	0	120	37. 76	前期	—	66378. 82
	74	宝通煤矿	星达工贸有限责任公司	10. 9136	0. 41	120	13. 9	前期	—	35000
	75	兴隆厅子堰煤矿	窑沟乡厅子堰煤矿有限责任公司	4. 0635	0. 58	300	17. 4	2017 年 12 月	在建	6865. 1
	76	五圪图精煤矿	西部煤炭运销有限责任公司	4. 475	0. 08	120	5. 3	2012 年	2018 年	8112. 46
	77	川发煤矿	川发煤矿	1. 9679	0. 08	90	7. 2	2012 年 7 月	2018 年	18022. 91
	78	崔二圪咀煤矿	生力资源集团富能煤炭有限责任公司	12. 674	0. 4	120	30	2013 年 4 月 1 日	2018 年 8 月 7 日	41089. 62
	79	高西沟煤矿	聚鑫煤焦有限责任公司	2. 62	0. 18	60	26. 55	2006 年 8 月	2010 年 12 月	71518
	80	壕赖沟煤矿	准格尔旗怀远壕赖沟煤矿有限责任公司	2. 53	0. 06	60	10	2010 年 7 月	2011 年 5 月	4300

表3-2-1（续）

旗（区）	序号	煤矿名称	经营单位	井田面积（平方千米）	可采储量（亿吨）	设计规模（万吨/年）	服务年限（年）	建设开工时间	竣工时间	实际完成投资（万元）
准格尔旗	81	宏然煤矿	宏然煤矿	6.01	0.26	120	19.9	2018年9月	在建	36600
	82	纳户沟煤矿	鸿鑫纳户沟煤炭有限责任公司	3.79	0.14	120	12.23	2013年1月18日	2013年12月27日	7340.61
	83	长滩煤矿	锦泰集团	5.48	1.55	120	59	2009年	2012年	228543.39
	84	神山露天煤矿	神华包头矿业股份有限责任公司	2.17	0.19	60	29.5	1992年	1997年	18722.55
	85	东圪堵煤矿	伊东集团东圪堵煤炭有限责任公司	8.6	0.3	180	22.6	1992年1月	1993年12月	72000
	86	石湾子三井煤矿	伊东集团石湾子煤炭有限责任公司	8.46	0.2	120	20	1997年7月	1998年11月	85000
	87	炭窑渠煤矿	伊东集团炭窑渠煤炭有限责任公司	4.25	0.13	90	11.64	2008年5月	2009年12月	20820.94
	88	闫家沟煤矿	闫家沟鑫东煤炭有限责任公司	9.44	0.44	60	22.7	2007年1月	2008年12月	19225.18
	89	川宏煤矿	锦泰能源（集团）有限公司	3.3	0.24	150	14.5	前期	—	0
	90	玉川煤矿	伊东集团	4.03	0.45	120	26.8	2014年4月	—	38900
	91	神洲煤矿	羊市塔松树焉神洲煤炭有限责任公司	2.37	0.06	90	7	—	—	—
	92	尔林图煤矿	尔林图煤矿	7.24	0.32	60	—	—	已破产拍卖变更中	—
	93	东达煤矿	万兴隆工贸有限责任公司准旗	5.54	0.12	90	28.8	2012年5月29日	2013年11月12日	—
	94	石圪图煤矿	川掌镇石圪图煤炭有限责任公司	8.84	0.27	120	10.2	2011年12月30日	2013年1月21日	12203.58
	95	准联煤矿	准联煤矿	2.6	0.14	90	10.5	2002年	2009年2月15日	300
	96	大庙渠煤矿	伊东煤炭集团有限责任公司	9.25	0.12	60	25	2008年6月	2009年8月	8924.55
	97	沙咀子煤矿	伊东集团沙咀子煤炭有限责任公司	7.85	1.08	120	64.2	2006年9月	2009年12月	29894.0404
	98	召富煤矿	召富煤炭有限责任公司	7.42	0.63	120	47.5	2009年7月	2010年7月停建	40000
	99	平安煤矿	乾新煤业	5.65	0.52	60	30.8	2006年12月	2008年5月	31818

表 3-2-1（续）

旗（区）	序号	煤矿名称	经营单位	井田面积(平方千米)	可采储量(亿吨)	设计规模(万吨/年)	服务年限（年）	建设开工时间	竣工时间	实际完成投资（万元）
准格尔旗	100	大伟煤矿	窑沟大伟煤矿有限责任公司	5.28	0.55	120	28.65	未开工	—	78000
	101	公沟煤矿	公沟煤炭有限责任公司	9.32	0.218	120	17	未开工	—	27512
	102	永利煤矿	神山镇永利煤炭有限责任公司	3.36	0.44	60	26.06	2007 年 11 月	2010 年 5 月	7486.46
	103	龙太煤矿	龙太煤炭有限责任公司	4.37	0.25	60	27.12	2008 年 9 月	未竣工	62000
	104	苏家沟煤矿	如意苏家沟煤矿有限责任公司	3.06	0.15	90	15.14	2008 年 9 月 20 日	2011 年 11 月	16158.45
	105	光裕煤矿	光裕煤矿光裕煤矿有限责任公司	4.48	0.0974	60	12.5	2008 年	2009 年	9490
乌审旗	1	巴彦高勒煤矿	黄陶勒盖煤炭有限责任公司	64.7	5.92	400	101.5	2011 年 4 月	2014 年 7 月	346000

第三章 建 设 管 理

第一节 管 理 机 构

一、行政主管部门

清雍正和乾隆年间，鄂尔多斯地处绥远境内，煤窑开采由清政府理藩院和工部批准。乾隆五年（1740 年），清政府将开采煤窑的权限由工部下放给地方官吏。乾隆三十三年（1768 年），每年派土默特参领、总管、佐领、骁骑校、前锋校各一员，对绥远境内的煤窑进行收税。凡呈谏开挖窑口者，由参领验照，认为无妨，发给印票，准其开挖。如开挖后有煤，再行发给印票，准其出卖，并令附近管窑各官照常收税；如开挖后无煤，准其将印票交回，封闭窑口。

中华民国年间，绥远境内的煤窑由绥远都统府管理，先后设有不同的管理机构管理煤矿的建设和经营。

1947 年 5 月，内蒙古自治区成立到 1949 年 9 月中华人民共和国成立前，伊克昭盟地区的煤炭工业分别由内蒙古自治区工商部和绥远省工商局管理。

1949 年 12 月，伊克昭盟人民自治政府委员会成立建设处，下设工商科，负责全盟的煤炭工业管理。分布在各旗（县）的煤窑由所在旗（县）人民政府直接管理，其主要职责是：按照国家过渡时期总路线的要求，集中精力恢复国民经济，积极推进对农业、手工业和资本主义工商业的社会主义改造，接管私营煤窑并进行资源整合重新建设，使其改制为地方国营煤矿。

1955 年 7 月，伊克昭盟人民政府改称伊克昭盟人民委员会，下设工业处和计划委员会，负责煤矿建设管理和建设项目的审批工作。1960 年 6 月，伊克昭盟行政公署成立煤炭电力局，后几经调整与改革，于 1987 年 1 月成立伊克昭盟煤炭工业管理处，1991 年 7 月 22 日更名为伊克昭盟煤炭工业管理局。

2001 年 7 月，伊克昭盟煤炭工业管理局更名为鄂尔多斯市煤炭局，并被内蒙古自治区人民政府批准为行业行政主管部门，列入行政序列，履行煤矿建设经营的政府管理职能。

截至 2018 年，鄂尔多斯市遵照国家对煤矿建设的要求，设立了与国家、内蒙古自治区相对应的管理机构，按照不同的管理权限，实行国家、自治区、本市三级管理。各级发改委、自然资源部（厅、局）、生态环境部（厅、局）、应急管理部（煤矿安全监察局）、能源局分别负责煤矿建设项目的核准、设计审查、土地占用、井田范围划定、环境影响评估、安全生产条件审查、项目审核申报、组织竣工验收等管理工作，逐步形成了“统一规划、分级管理、权限明晰、各负其责严格把关”的管理体制。

二、企业管理机构

1949 年初期，伊克昭盟地区能源行业发展程度低，煤炭经营权多数掌握在私人手中，制约着地方经济快速恢复。为完成私有制向公有制的社会主义改造，1952 年，伊克昭盟自治人民政府将分布在准格尔旗、伊金霍洛旗、鄂托克旗、达拉特旗、东胜县的 140 余座私人煤窑进行接管。各旗县人民政府对接管后的私人煤窑，除对少部分存在重大安全隐患的关闭外，其余全部重新组织队伍，设立基本建设管理机构，竣工后转制为地方国营煤矿生产经营。

1954 年 12 月，伊克昭盟人民政府成立桌子山矿区办事处，主要负责桌子山矿区前期开发工作。1955 年 9 月，伊克昭盟人民政府将桌子山矿区移交鄂托克旗管辖，所属矿井建设由各矿自行组织施工。

1958 年 10 月，桌子山矿务局筹备处成立，1959 年 4 月正式成立矿务局。5 月，内蒙古自治区决定，撤销桌子山矿务局建制，成立桌子山煤矿，平沟、旧洞沟两矿改为坑口，将基建工程处与建井工程处合并成立综合工程处，负责桌子山矿区的矿井建设。将公务素煤矿、摩尔沟煤矿、卡布其煤矿、千里山煤矿划归海勃湾市管辖。8 月，内蒙古自治区煤炭工业管理局成立老石旦建井工程处，负责老石旦矿区的煤矿建设。

1963 年 5 月，桌子山矿务局恢复建制，平沟、旧洞沟两个坑口恢复煤矿建制，综合工程处撤销，恢复基本建设工程处，桌子山矿务局辖区内的煤矿建设由基本建设工程处负责。

1965 年 5 月，内蒙古自治区煤炭工业管理局撤销桌子山矿务局，平沟、旧洞沟、摩尔沟三矿合并成立卡布其煤矿，与老石旦煤矿均由内蒙古自治区煤炭工业管理局直接领导，基本建设工程处划归老石旦建井工程处；1974 年 1 月，全部划归新成立的海勃湾矿务局管理。

1975 年，内蒙古自治区革命委员会决定开发建设准格尔煤田。1976 年 5 月 17 日，经内蒙古自治区革命委员会批准，成立了内蒙古准格尔煤田开发筹建处，下设基建计划组、机电组、技术组、砖瓦水泥厂筹备组，负责所属煤矿的筹建任务。由煤矿建设项目部、基本建设处、公用工程项目部、计划发展部、工程管理部负责基本建设的施工管理工作。1979—1982年，由于基本建设投资不足，准格尔煤田被列为缓建项目。

1983年3月1日，国务院召开会议，决定加快开发准格尔煤田。6月7日，内蒙古自治区人民政府决定，成立准格尔煤矿建设指挥部，重新组建管理机构，项目建设有效实施。

1984年，神府、东胜煤田开发被国家列为能源战略西移的重点项目。国家计委计第字〔1984〕23005号文件批准，成立中国精煤公司筹备处，下设陕西省榆林精煤分公司、内蒙古伊克昭盟精煤分公司，负责神府、东胜矿区的开发建设工作。11月16日，根据国家计委和中国精煤公司筹备处的意见，经中共伊克昭盟盟委决定，成立中国精煤公司伊克昭盟分公司和伊克昭盟煤炭工业公司，为一套机构两个牌子。矿区开发初期，中国精煤公司所属分支机构主要由地方政府派人组建，受中国精煤公司和地方政府双重领导。在实行地企双重管理期间，中国精煤公司在基本建设、投资等方面承担主导责任，地方政府和党委分别承担劳动工资计划等行政业务和党务工作的管理。

1985年5月，中国精煤公司改为华能精煤公司，榆林精煤分公司（后改为神府煤田开发经营公司）和伊克昭盟精煤分公司（后改为东胜煤田开发经营公司）的基本建设由华能精煤公司统一协调，重点建设项目则由相应的筹建处或指挥部负责管理。

1986—1992年，华能精煤公司先后成立了计划部、铁道建设部、基本建设部、财务部、能源部华能精煤公司工程质量监督中心总站、机械动力部、工程造价管理处等部门，负责矿区基本建设的相关业务。计划部统筹安排公司每年度的基本建设投资计划，监督年度投资计划的执行并根据实际情况适时调整，负责基建项目的前期工作；基本建设部负责矿区内除铁路、干线公路外的所有工程项目的准备及建设工作，并负责矿与矿（厂）之间的公路建设管理；矿区内铁路支线、专用线的建设管理以铁道建设部为主，有关业务部门参与研究，铁道建设部同时负责港口、机场、干线公路的建设管理；机械动力部负责除铁路外的所有机械动力设备及系统的运营管理，参与基建项目的设计审查和机械动力设备选型；财务部控制建设投资的使用，审查和考评公司的基本建设财务决策；工程造价管理处统一管理矿区基建项目的工程造价；能源部华能精煤公司工程质量监督中心总站，代表政府行使工程质量监督职能。

1998年，华能精煤公司为了避免有些项目重复建设，将神府煤田开发经营公司与东胜煤田开发经营公司实行整合，成立了神东煤炭公司，对基本建设管理进行重组优化，工作职责进一步明确。

20世纪90年代，根据“国家修路、群众办矿，国家、集体、个人一齐上”的建设方针，煤矿建设迅猛发展，到2003年，全市大小煤矿数量达到1901座。在煤矿建设中，一些个体煤矿、私人联办煤矿、乡镇企业及私营企业煤矿手续不全，安全无保障，管理机构不健全等违规违法问题，对资源合理配置和煤炭经营秩序造成影响。

针对存在的问题，鄂尔多斯市根据国务院和内蒙古自治区人民政府的指令，对违规企业及煤矿进行全面整顿和资源整合。截至2018年，全市共有煤炭企业135个，生产和在建煤矿337座。在煤炭企业中，中央企业、国营企业及大型民营企业集团占90%以上。所有企业在煤矿建设中建立健全了管理机构，细化了工作职责，实现了每个环节全覆盖。各企业的规划计划部门负责拟定本企业的基本建设年度计划、资金筹措计划，监督检查计划的落实情况并在必要时进行适时调整，组织管理项目建设的前期工作并报审项目开工，组织建设项目竣工决算会审；工程管理部门负责本企业的工程概预算、工程招标、工程质量、工程技术、工程进度和工程造价等管理；生产管理部门负责矿井地质勘查、勘测工程方案审查、施工管理及竣工验收；机电管理部门负责设备选型、设备采购技术标书审查，负责甲供设备、材料的到货协调；安监管理部门负责组织工程项目的安全设施，参与职业卫生健康专篇的评审及验收工作；公共关系部门负责工程建设用地征用、报批、办证等事宜；财务部门对基建资金安全使用进行控制、管理和监督，并参加基建项目的竣工财务决算；审计部门负责建设项目的财务决算审计工作；信息管理部门负责建设项目所需通信及网络的信号接入，参与项目的信息化建设；生产调度部门负责基本建设调度协调工作。至此，鄂尔多斯市所有煤炭企业的基本建设逐步建立完善了“统一领导、遵规守纪、机构健全、职责明确、协调配合、齐抓共管”的长效工作机制。

第二节 建设投资

一、资金来源

1949年前，区内私营煤窑全部由窑主自筹资金或多人入股合资建设。

1949—1980年，伊克昭盟煤炭系统的基本建设投资全部由国家计划委员会通过煤炭工业部下达。1981年后，在以国家计划投资为主渠道的基础上，投资来源逐步多样化。准格尔煤田、东胜煤田的开发建设，以国家拨款为主，少量由地方政府和企业自筹。自筹资金主要来源于企业的维简费、煤炭超额销售加价收入、企业经营减亏留成等。自筹资金纳入基本建设，由企业主管上级批准后执行。自筹资金多用于职工生活福利项目建设。

1984年，国家改拨款为贷款，凡批准的建设项目，由国家能源投资公司下达贷款指标，建设银行给予贷款，项目建成后逐步还本付息。1985年1月30日，煤炭工业部转发国家计委、财政部、中国人民建设银行联合制定的《关于国家预算基本建设投资全部由拨款改为贷款的暂行规定》，基本建设资金来源是：基本建设基金拨款、预算拨款改为银行贷款、投资公司基本建设基金委托借款、自筹资金、国家能源投资公司基本建设委托贷款、建设银行投资借款、特种拨改贷借款、专项基金拨款等8种形式。伊克昭盟煤炭系统的中央企业、国营企业的基本建设投资源主要采取拨改贷和自筹形式，地方煤矿主要来源于主管旗（县）、乡镇和煤矿自筹。

1986—2018年，鄂尔多斯煤炭系统的中央企业、国营企业的投资渠道分别为国家拨改贷、国家投资、国家贷款、煤代油集资、能源交通集资、地方政府集资等多种形式，其中以拨改贷为主。民营企业来源于银行贷款和自筹，其中以自筹为主。

二、投资管理

（一）管理主体

1952年开始，伊克昭盟原有的私营煤窑由所在旗（县）人民政府接管改制为地方国营煤矿后，煤矿的建设资金由各企业自行管理，自行核算，接受地方人民政府的监督。

1985—1997 年，准格尔煤田、东胜煤田被列为国家重点开发建设项目，建设投资主要来源于国家拨款。建设初期，准格尔矿区投资由准格尔煤炭工业公司自行管理。华能精煤公司对神府、东胜矿区的建设项目履行投资决策和资金投入职责，根据项目的实施进度，向神府、东胜两个煤田开发经营公司分期拨付建设资金，两公司独立核算。

1998 年后，东胜煤田开发经营公司并入神东煤炭公司，准格尔煤炭工业公司同时被神华集团公司兼并，更名为神华准格尔能源有限责任公司，成为神华集团全资子公司。从此，神华集团公司对基本建设资金实行集中管理，统一核算。董事会履行投资决策职能，计划部负责投资管理，财务部负责建设资金的筹集和核算。

2001 年后，鄂尔多斯市煤炭工业大规模发展，以神东煤炭集团、准格尔能源集团为龙头，伊泰集团、亿利资源集团、鄂尔多斯投资集团、东达集团、汇能煤电集团、满世投资集团、蒙泰煤电集团、伊东资源集团、乌兰煤炭集团、博源控股集团、恒东能源集团、蒙发能源控股集团、久泰能源公司、蒙西高新技术集团、双欣化工集团、兴泰建设集团、新能源公司、呼能煤炭公司、万正投资集团、建元煤焦化公司等大型民营企业相继形成规模，区外 5 家央企及山东能源集团和兖州矿业集团等先后入驻投资建设，推动了全市经济高质量发展。各企业根据《中华人民共和国公司法》《中华人民共和国国有企业资产法》《企业国有资产监督管理暂行条例》和国家关于企业投资管理及项目管理的有关规定等法律法规，结合本企业的实际，分别制定了《投资管理办法》，明确了出资人职责，规范了投资决策和权限，规定了对全资、控股、参股公司的管理方式，理顺了投资管理流程，确定了投资管理机构及其职责。

投资决策由各公司董事会、总经理会议履行投资决策职能，负责制定本企业发展战略、总体规划、投资方向，以及投资方案的评价标准，并依次对各投资议案进行决策，或授权总经理会议决策。

投资管理流程由集团公司实行集中管理。对控股、参股公司不直接管理，通过集团公司委派股东代表或董事行使股东权利。投资决策根据项目情况，不同阶段的决策由不同的决策机构审批。一般项目决策经过项目前期工作的审批、预可行性研究报告审批、可行性研究报告审批、初步设计审批。集团公司投资管理部门根据本企业的发展战略、中长期发展规划，负责核准各子公司开展项目建议书或可行性研究的启动工作。总经理办公会审查批准项目建议书或预可行性研究报告。董事会、董事长拥有审批可行性研究报告的职权。

各企业的计划部门或战略规划部门负责项目投资管理工作。其职责是：制定投资管理规章制度、流程、标准，并监督实施；负责拟定投资项目评价标准，负责企业及所属公司列入资本性开支的投资项目决策前的可行性研究及审核、报批等相关工作，负责企业所有投资项目的备案；牵头负责资源获取类新建项目、并购项目的执行过程管理；负责国内核准手续的办理；负责审批投资变更、投资预算调整及预算外投资。各集团公司的子（分）公司均设立了投资管理机构，负责本公司的投资管理工作，业务上接受上级公司投资管理机构的指导。

截至 2018 年，鄂尔多斯煤炭系统的基本建设投资形成了“投资主体明确、决策程序健全、业务流程合规、投资导向正确”的管理格局。

(二) 投资过程管控

从1985年开始，鄂尔多斯煤炭系统基本建设投资实行项目业主责任制。在投资项目实施过程中，企业确定项目责任人，负责项目实施的全过程管理。企业进行本年度审计时，在审计报告中，对投资项目财务支出情况进行专项披露和评价。在投资项目出现可能危及国有资产安全的重大事项或其他必要情况下，由鄂尔多斯市国资委聘请中介机构对项目进行专项审计。企业对完成投资并经过一个完整会计年度营运的项目，以及建设工期延长一年以上的在建项目组织后评价工作。对分阶段实施、时间跨度较长的项目，按阶段进行后评价。评价的主要内容包括：对项目可行性研究论证、决策、实施和运营情况进行全面回顾；对项目财务和经济效益、技术和能力、项目管理等方面进行分析；对项目存在的问题提出改进意见和责任追究建议。鄂尔多斯市国资委根据需要，对企业已完成的投资项目，有选择地开展项目稽查、审计和后评价。对故意隐瞒重要情况、未履行企业内部决策程序、通过分拆项目等方式故意逃避管理、可能危及国有资产安全的重大事项不及时报告、因管理不善造成国有资产损失的行为，鄂尔多斯市国资委会同煤炭局对企业法定代表人、其他国有产权代表或高级管理人员通过法定程序进行追责问责。

第三节 建 设 程 序

一、项目报批

新中国成立后，伊克昭盟煤矿建设项目遵循国家规定履行申报程序。1955年7月，伊克昭盟人民委员会下设工业处和计划委员会，负责煤矿建设管理和建设项目的审批工作。

1960年，伊克昭盟行政公署成立煤炭电力局，履行原工业处的职责，地方煤矿建设项目的审批仍由伊克昭盟计划委员会审批，国家统配煤矿项目由国家计委审批。

1985年，华能精煤公司成立初期，基本建设项目前期工作由各基建管理部门负责。1991年6月，能源部颁发了《煤炭工程建设投资估算指标》和《煤炭工程建设投资估算编制与管理办法》作为项目前期决策重要依据。

1996年9月，神华集团公司印发了《基本建设管理办法》《建设项目前期工作管理办法》，完善了东胜矿区基本建设项目投资决策、资金使用、基本建设程序及其前期工作的管理制度，统一了前期工作的内容：建设单位选择咨询机构并委托其编制项目建议书，后上报神华集团公司，神华集团公司审查通过后，即批复项目立项。建设单位选择咨询机构并委托其根据神华集团公司批复的意见编制可行性研究上报神华集团公司。神华集团公司对可行性研究报告的审查意见将作为项目开展下一个阶段工作的重要依据。如果项目需要国家或内蒙古自治区市级发改委核准，神华集团公司将根据经过修改完善后的项目可行性研究报告报送项目核准所需文件。

2004年9月15日，国家发改委颁布了《企业投资项目核准暂行办法》，又于2005年颁布了《关于改进和完善报请国务院审批或核准的投资项目管理办法》，从此，鄂尔多斯市建设项目申请核准工作执行国家规定。

2005年3月23日，鄂尔多斯市人民政府下发《鄂尔多斯市扩建、改扩建及资源整合煤矿监督管理办法》，明确规定在鄂尔多斯市境内新建煤矿，不分隶属关系和企业性质，对生产规模、采出率、机械化程度、开采工艺等提出了具体要求，同时规定了分级管理权限：设计生产能力在30万吨/年（含）以上煤矿，设计审查和竣工验收由鄂尔多斯市煤炭局初审，初审通过后上报内蒙古自治区煤炭工业局，由内蒙古自治区煤炭工业局审查批准和竣工验收。设计生产能力在30万吨/年以下煤矿，设计审查和竣工验收由煤矿所在地旗（区）煤炭管理部门上报鄂尔多斯市煤炭局，鄂尔多斯市煤炭局负责审查批准和竣工验收。同时对新建煤矿、改扩建、资源整合的煤矿的条件作了规定。

自筹资金新建煤矿的条件：有完整的详查、精查地质资料，资源可靠，能够满足拟建煤矿规模的储量要求和服务年限要求，可行性研究报告经过专家论证可行、资金落实到位方可立项。

招商引资资源配置下的建矿条件：煤炭资源就地转化率50%以上；投资项目签订协议后，鄂尔多斯市只办理探矿权，在一年内转化项目不落实，收回企业的探采矿权。

改扩建、资源整合的煤矿：通过调查摸底，详细查明生产矿井剩余可采储量，周边特批资源以及邻近矿井的情况，制定切实可行的改扩建和整合方案。

2006年6月12日，国家发改委、国土资源部、建设部、国家安全生产监督管理总局、国家煤矿安全监察局联合下发《关于加强煤矿建设项目管理的通知》，进一步规范了煤炭项目前期工作及核准程序。国家规划矿区内的煤炭开发项目由国家发改委核准或报告国务院核准（简称“国家核准”）。国家规划矿区以外的煤炭项目由省级发改委或省级政府指定的部门会同省级发改委核准。

2014年7月，内蒙古自治区印发《内蒙古自治区煤炭工业局主要职责、内设机构和人员编制规定》，明确了内蒙古自治区煤炭工业局负责全区煤矿技改项目审批和建设项目的设计审批、主要建设环节的监管和生产要素备案公告工作。

2016年12月14日，国务院发布了《企业投资项目核准和备案管理条例》，规范了政府对企业投资项目的核准和备案行为，加快了转变政府的投资管理职能，使企业投资自主权得到有效实施。

二、工程勘探

2002年前，鄂尔多斯地区的煤矿建设项目由建设单位自行委托勘察单位进行工程勘察。

2003年6月，国家发改委、建设部、铁道部、交通部、信息产业部、水利部、民用航空总局和广播电影电视总局联合下发了《工程建设项目勘察设计招标投资办法》，规范了工程建设项目勘察设计招标投标活动。从此，鄂尔多斯市范围内的煤矿建设项目全部通过招标方式选择勘察单位。勘察费用按照国家计委和建设部颁布的《工程勘察设计收费管理规定》执行。

三、工程设计

20世纪80年代开始，伊克昭盟煤矿建设项目工程设计控制的重点是初步设计及概算。建设单位选择设计单位完成项目的初步设计并预审后，地方煤矿项目上报内蒙古自治区煤炭工业管理局批准，神华工程上报神华集团批准。

1998—2007年，东胜矿区、准格尔矿区处于大规模开发期，为了规范工程设计管理，神华集团公司先后制定了《神华集团有限责任公司建设项目初步设计管理办法（试行）》《中国神华能源股份有限公司工程建设项目设计管理办法》《神华集团有限责任公司煤制油与煤化工建设项目基础（初步）设计管理办法（试行）》

《神华集团公司工程项目管理规定（试行）》《工程项目设计变更管理办法》，明确了建设项目初步设计及概算要经过子（分）公司预审和神华集团审查批复两级审批程序，施工图设计在开工前由建设单位、设计单位、施工单位和监理单位会审，设计变更和现场签证做到严格控制和审批。工程设计的管理制度对于规范设计程序、内容和深度，以及控制项目投资发挥了重要作用。

2010 年 12 月 30 日，内蒙古自治区煤炭工业管理局《关于进一步加强煤矿建设项目管理的通知》下发后，鄂尔多斯市境内的煤矿项目建设单位贯彻执行提出的初步设计（含优化、变更初步设计、放顶煤开采设计、采掘工作面开采设计等）管理规程，履行初步设计审批程序，做到了合规合法。

四、工程招标

1990 年，华能精煤公司负责建设的工程项目采取招投标方式确定施工单位。

1995 年，神华集团公司成立初期，制定了一系列招投标管理制度。1998 年 11 月 5 日，印发了《神华集团有限责任公司建设项目招投标管理办法（试行）》，并于 1999 年 5 月 27 日印发了《神华集团有限责任公司建设项目招投标管理办法补充规定》，规范了神东煤炭公司和准格尔能源公司的招投标活动。

2000 年 4 月 4 日，经国务院批准，国家发展计划委员会发布了《工程建设项目招标范围和规模标准规定》，将煤炭建设项目列为招标范围，包括项目的勘察、设计、施工、监理以及与工程建设有关的重要设备、材料的采购，达到规定标准之一的，必须进行招标。鄂尔多斯市范围内的煤矿建设单位严格遵照执行。

2003 年 12 月 31 日，《神华集团有限责任公司建设项目招标投标管理监督暂行办法》颁布实施，对神东煤炭公司、准格尔能源公司的建设项目招标投标行为及其监督进行了规范。

神华集团重组上市后，中国神华能源股份有限公司于 2006 年 3 月 28 日印发《关于进一步加强中国神华能源股份有限公司工程建设项目招标投标管理的通知》，神东煤炭公司和准格尔能源公司严格执行国家和集团公司招投标管理制度，定期编制并报送招标工作计划，招标过程由集团公司安排监督，评标时采用综合评标法。

2018 年 3 月 27 日，国家发改委对原国家计委于 2000 年 4 月 4 日颁布的《工程建设项目招标范围和规模标准规定》进行修订，形成了《必须招标的工程项目规定》，经国务院批准，于 2018 年 6 月 1 日起实施。《必须招标的工程项目规定》明确了施工单位合同估算价在 400 万元人民币以上，重要设备、材料等货物的采购，单项合同估算价在 200 万元人民币以上；勘察、设计、监理等服务的采购，单项合同估算在 100 万元人民币以上。同一项目中可以合并进行的勘察、设计、施工、监理以及与工程建设有关的重要设备、材料等货物的采购，合同估算价合计达到上述规定的，必须招标。从此，鄂尔多斯市境内的煤矿建设项目按规定执行。

五、开工审批

1991 年 7 月 25 日，华能精煤公司下发了《华能精煤公司基本建设项目开工的若干规定（试行）》，明确了建设项目开工应具备的条件。

2004 年，神东煤炭公司和准格尔能源公司的建设项目开工报神华集团公司审批。

2006 年，国家发改委以发改委能源

〔2006〕1039号文件下发《国家发展改革委关于加强煤矿建设项目管理的通知》，提出了实行项目开工备案制度。鄂尔多斯市境内煤矿建设项目开工前，建设单位将项目核准、初步设计和安全设施设计批复文件向内蒙古自治区发改委、煤炭工业局、煤矿安全监察局告知备案。

2010年12月30日，内蒙古自治区煤炭工业局印发《关于进一步加强煤矿建设项目管理的通知》，提出了煤矿建设项目开工备案管理规程。鄂尔多斯市境内的煤矿建设单位按照规定将鄂尔多斯市煤炭局申请文件，合法有效的工商营业执照复印件，内蒙古自治区煤炭工业局关于煤矿建设项目初步设计批复文件复印件，安全专篇批复文件复印件，环境影响报告批复文件复印件，水土保持方案报告批复文件复印件，经招标确定的施工单位中标文书、资质证书、安全许可证、施工合同复印件等，经招标确定的监理单位中标文书、资质证书、监理合同复印件等，质监单位出具的注册登记表及《煤炭工业建设工程质量监督书》以及其他需要提供的资料等申报材料上报内蒙古自治区煤炭工业局审查，7个工作日内完成备案工作。

第四节 项 目 管 理

一、工程安全管理

20世纪80年代，准格尔矿区和东胜矿区大规模开发建设，华能精煤公司和准格尔煤炭工业公司的安全管理机构负责生产和基建的安全管理，对公司的生产和基建项目的安全进行监督检查。

1995年后，鄂尔多斯地区的中央煤炭企业和民营煤炭企业，着力构建工程建设本质安全管理体系，通过合同和协议明确建设、勘察、设计、施工、监理等参建方的安全管理责任，落实到各个项目，落实到施工班组。

2006年6月30日，国家安全生产监督管理总局下发了《关于做好建设项目安全监管工作的通知》，强调了建设项目主体工程要与安全设施“同时设计、同时施工、同时投入使用”的“三同时”原则。2007年9月6日，国家发改委、国家安全生产监督管理总局和国家煤矿安全监察局联合下发了《煤矿安全改造项目管理暂行办法》，对煤矿安全改造项目的申报、审批、实施管理和监督管理都作出了规定。鄂尔多斯市范围内的煤矿建设单位依据上述两个文件，完善了基本建设安全管理制度。

2009年7月27日，国家安全生产监督管理总局、国家煤矿安全监督局、国家发改委、国家能源局联合下发了《关于进一步加强煤矿建设项目安全工作的通知》，对煤矿建设项目的建设程序、招投标管理、安全生产责任制、安全监管监察等方面提出了要求。鄂尔多斯市煤炭局转发此文件，要求各煤炭企业做好煤矿在建项目的安全工作，并完善相关管理制度。

2009年12月14日，国家发改委、工业和信息化部、住房和城乡建设部、交通运输部、铁道部、水利部、国家安全生产监督管理总局联合下发了《关于加强重大工程安全质量保障措施的通知》，从科学确定和执行合理工期、做好开工前的准备工作、加强工程建设全过程安全质量管理、落实安全质量责任制、建立应急救援体系等方面提出了要求。鄂尔多斯市煤矿企业在认真贯彻《关于加强重大工程安全质量保障措施的通知》精神的同时，吸取2010年全国煤炭建设项目接连发生重特大安全生产事故的教训，组织各企业学习了国家发改委、国家能源局、国家安全生产监督管理总局、国家煤矿安全监察局于2010年4月14日下发的《关于进一步加强煤矿建设项目安全管理的通知》，在与煤矿建设安全相关的责任落实、履行建设程序、工程招投标管理、编制施工组织设计等方面对建设项目加强安全管理。在外委施工队伍的管理方面，坚决杜绝“一包了之、以包代管、放任自流”的现象，积极引导施工单位正确处理安全与进度、安全与投入、安全与效益的关系，对安全管理优秀、成绩突出的施工企业给予表彰奖励。

2012年12月21日，国家安全生产监督管理总局、国家煤矿安全监察局、国家发改委、国家能源局、住房和城乡建设部联合颁布了《加强煤矿建设安全管理规定》。鄂尔多斯市煤炭企业认真贯彻落实《加强煤矿建设安全管理规定》精神，落实煤矿建设单位安全生产管理主体责任，强化建设单位安全管理职责；落实煤矿建设项目设计规范要求；落实煤矿建设项目施工单位安全施工主体责任，强化施工现场安全管理；落实煤矿建设项目监理单位安全责任，强化工程监理；落实煤矿建设项目安全监管责任，强化监督管理。从此，鄂尔多斯市的煤矿建设项目安全管理逐步建立起“责任落实、层层把关、资源共享、人人担责”的长效工作机制。

二、工程质量管理

20世纪80年代前，伊克昭盟地区的煤炭企业基本建设由于技术落后和粗放型管理，缺失工程质量监督程序，质量安全事故难以避免。

1984年9月18日，国务院颁布实施《关于改革建筑业和基本建设管理体制若干问题的暂行规定》，提出了改革工程质量监督办法，建立有权威的工程质量监督机构，根据有关法规和技术标准对本地区的工程质量进行监督检查。1987年10月17日，煤炭工业部下发了《煤炭工业建设工程质量管理的若干规定》，明确了煤矿建设单位的责任，提出了项目建设每个环节的质量管理要求，明确了矿区工程质量监督站的职权范围。从此，鄂尔多斯地区的煤矿建设工程质量管理实现了有章可循、遵章办事。

为了响应国家对工程质量监督的要求，华能精煤公司于1990年5月10日审定了《神府东胜矿区基本建设质量监督条例》，并使华能精煤公司工程质量监督中心总站建站申请取得能源部的批准，冠名为能源部华能精煤公司工程质量监督中心总站（简称质量监督中心站），成为华能精煤公司负责工程质量管理并行使政府监督职能的机构，在神府和东胜矿区分别设立了分站。质量监督中心站的职责是：执行国家和上级有关建设工程质量监督的方针政策、法律法规和强制性标准，制定本矿区建设质量监督管理有关规定和办法；负责本矿区煤炭企业投资建设项目的工程质量监督；检查工程建设各方责任主体（建设、勘察、设计、施工、监理等）的资质和有关人员的资格，办理单位工程质量监督手续；负责对工程建设各方责任主体的质量行为和工程实体质量进行监督检查；参与建设工程的图纸会审、设计交底、参与投标或承建单位的资质审查、施工组织设计审查，参加工程的中交、竣工验收；负责对工程建设各方责任主体（建设、勘察、设计、施工、监理等）的违法违规行为进行调查取证，对责任单位、责任人提出处罚建议；对参与工程建设各方责任主体的不良行为负责记录、备案；负责单位工程质量认证、竣工验收的备案工作，参加工程项目竣工验收；监督检查相关工程质量检测机构的工作质量；组织本站质量监督人员的业务培训；组织本矿区工程质量检查，掌握本矿区工程质量动态，审查本企业申报的优质工程；参与重大工程质量事故的处理，负责一般质量纠纷的仲裁；参与本矿区新材料、新结构、新技术、新工艺的鉴定。1990 年 11 月 6 日，质量监督中心站下发了《关于呈报基建工程质量监督委托的通知》，要求各分公司基建主管部门将竣工和新建工程包括土建、矿建、设备安装等在神府、东胜矿区质量监督分站办理质量监督委托手续。1991 年 10 月 18 日，华能精煤公司下发《关于工程质量监督范围和收费标准的通知》，明确了凡华能精煤公司投资建设的工程项目必须接受所在矿区工程质量监督站的监督。1991 年 11 月 12 日，质量监督中心站建立了工程质量监督季报制度，要求神府、东胜矿区质监站按季度向质量监督中心站报送工程质量监督工作情况和工程质量状况。

从 1991 年起，伊克昭盟地区的煤炭企业采取华能精煤公司的管理经验，严格执行国家有关部委颁布的《煤炭工业建设工程质量监督条例（试行)》《煤炭工业建设工程质量监督检测人员廉政规定》《煤炭工业建设工程质量监督站标准化标准和考核评级办法》《煤炭工业建设工程质量监督奖罚条例》《煤炭工业建设工程质量认证办法》《煤炭工业建设工程智联监督办法》《煤矿井巷工程质量检验评定标准》，加强了工程质量监督管理，使工程质量监督工作逐步实现程序化、规范化、法制化。

1992 年 3 月，伊克昭盟煤炭工业处组织召开全盟重点煤矿基本建设项目工作会议，成立伊克昭盟煤矿基本建设工作领导小组，议定了《伊克昭盟煤矿基本建设工程施工管理及验收暂行规定》《基建年度考核奖惩办法》等规章制度，强化对全盟煤炭行业基本建设的全过程监督，对隶属旗（市）的煤矿建设项目进行业务技术指导和行业督察。

1993 年 7 月，华能精煤公司将东胜、神府两个矿区工程质量监督结合并为华能精煤矿区工程质量监督站，其业务范围在原两站的业务范围基础上增加了铁路工程质量监督权。

1993 年 11 月，全国第五次建设监理工作会议召开后，工程监理制度在全国普遍实施。1994 年 1 月 8 日，煤炭工业部下发了《关于颁发煤炭行业建设监理单位资质等级证书的通知》。华能精煤公司根据煤炭工业部相关规定，于 1995 年 9 月 11 日下发了《神府东胜矿区建设监理试行办法》，开始在矿区基本建设领域推行工程监理制。之后，根据建设部和国家计委联合下发的《工程建设监理规定》及煤炭工业部下发的《煤炭工程建设监理单位资质管理办法》对《神府东胜矿区建设监理试行办法》进行了修订完善。

1996 年，伊克昭盟地区的煤矿建设单位，遵照煤炭工业部《煤炭建设工程质量认识办法》，对建设项目全部实行工程质量认证。根据建设部《工业项目施工质量管理责任制（试行)》，落实工程质量管理责任。同年 12 月 9 日，《神华集团建设工程质量监督管理实施细则》颁布实施，对神华系统内工程质量监督站的性质、机构人员、职责及权限作出规定，工程质量监督站对工程设计、招投标、开工、施工及竣工验收实施全过程质量监督并对工程质量进行认证。

1999 年 3 月 25 日，内蒙古自治区人大常委会颁布了《内蒙古自治区建设工程质量管理条例》。伊克昭盟地区的煤炭企业根据《内蒙古自治区建设工程质量管理条例》精神，建立健全了工程质量管理制度，规范了工程质量监管体系，明确了项目参建方应承担的质量责任（建设单位对工程质量负全责，勘察设计单位对勘察和设计成果负质量责任，材料、设备供应商对材料、设备质量责任，施工单位对工程质量负主体责任，监理单位对工程质量负监理责任）。

2001 年后，鄂尔多斯市煤炭局以矿区工程质量监督中心站为依托，定期或不定期开展在建工程质量和安全文明施工大检查。工程质量检查的重点是：工程质量管理体系的建立和运行情况、工程质量保证措施执行情况和工程质量有关的工程资料管理情况等。安全文明施工检查的重点是：以建设单位为中心的项目参建各方安全管理责任落实情况，安全管理“五关口”（承包商准入关、责任关、稳定关、监督关、验收关）与“五统一”（和外委队伍统一推行安全体系、统一推行安全质量标准化建设、统一推行班组建设、统一推行安全质量标准建设、统一推行考核）要求的执行情况，建设项目重大危险源清单与管理措施运行情况、应急救援预案编制与演练情况，现场文明施工情况等。

截至 2018 年，鄂尔多斯境内的煤矿建设工程质量管理，遵照国家和内蒙古自治区的法律法规，逐步建立起“责任明确，分级负责，程序规范、监督制约”的长效机制。

三、工程竣工验收

1958 年至 2004 年，鄂尔多斯地区的煤矿建设项目（包括神华集团项目）竣工验收一直遵照国家计委颁布的《建设项目（工程）竣工验收办法》执行。

2005 年 9 月至 2008 年 7 月，《中国神华能源股份有限公司工程项目竣工验收管理办法》和《神华集团有限责任公司煤制油与煤化工建设项目竣工验收管理办法（试行）》颁布实施，神华工程根据项目的性质、规模和审批渠道，建设项目竣工验收分为国家验收、行业管理部门验收和神华集团公司验收三级。

2012 年 4 月 17 日，国家能源局颁布了《煤矿建设项目竣工验收管理办法》，对竣工验收的依据和条件、程序、内容、结论和效果作出了规定。根据《煤矿建设项目竣工验收管理办法》，鄂尔多斯市煤矿建设项目竣工验收工作实行统一管理、分级负责，国家能源局负责全国煤矿建设项目竣工验收工作的管理、指导、协调和监督。国家发改委具体组织国家核准煤矿建设项目的竣工验收工作；内蒙古自治区发改委或煤炭工业局负责辖区煤矿建设项目竣工验收工作的管理、指导、协调和监督，组织由自治区人民政府有关部门核准获批的煤矿建设项目的竣工验收工作。竣工验收活动对建设项目的建设规模、建设内容、建设质量、资金使用等情况进行全面审查，对建设项目形成的固定资产、无形资产、递延资产等情况进行审核，对建设项目能否合格交付生产或者使用作出评价，对建设项目执行国家法律、法规的情况进行检查。未办理竣工验收，或验收不合格的工程建设项目一律不得交付投产使用或运营。

根据国家档案局《关于印发〈建设项目（工程）档案验收办法〉的通知》和国家档案局、国家发改委《重大建设项目档案验收办法》对建设项目档案验收作出特别规定，项目档案验收应在项目竣工验收之前 3 个月内完成，对工程项目建设、管理过程中形成的，具有保存价值的各种形式的历史记录，包括项目建设和管理活动中形成的文字材料、图纸、图表、照片、光盘、声像材料以及其他形式与载体的文件材料的完整性、准确性、系统性进行总体评价验收。

建设项目竣工验收主要程序包括单项工程验收和项目整体（全面）竣工验收。

单项工程验收是施工单位按照设计文件和合同要求完成其承建的单项工程后，向项目建设单位提出交工申请，由建设单位组织的对单项工程的验收。项目整体竣工验收是在单项工程验收的基础上对建设项目整体进行的竣工验收。

单项验收：消防验收由鄂尔多斯市消防支队或内蒙古自治区消防总队负责验收，安全设施由内蒙古自治区安全生产监督管理局负责验收，环保设施由内蒙古自治区环保局或国家环境保护部负责验收，职业卫生设施由内蒙古自治区卫生厅（卫健委）负责验收，水土保持设施由内蒙古自治区水利厅负责验收，工程档案由内蒙古自治区档案局或国家档案局负责验收。

综合验收：煤矿建设项目单项验收合格并具备综合验收条件后，项目单位按规定向竣工验收部门提出申请。国家核准的项目，由内蒙古自治区主管部门对项目进行验收材料初审后报国家发改委组织验收或委托自治区发改委组织综合验收。内蒙古自治区煤炭工业局或发改委负责由自治区人民政府有关部门核准或批复的煤矿建设项目竣工验收。鄂尔多斯市煤炭局或发改委负责权限范围内的煤矿建设项目的综合验收。

第四篇 煤炭生产

据史料记载，公元前306年—公元前250年，秦昭襄王时期修筑的长城敖梁段（现东胜区境内）城垣的夯土层中夹有煤粉灰和未燃尽的煤渣。1936年，国民政府蒙藏委员会调查室组织编写的《林石工商》第三章第一节中记载，在宋代人们就对煨煤（内蒙古煤炭的一种，有烟，但很小，可归入无烟煤）进行开采。元世祖成吉思汗时期（1206—1227年），官方即派人在桌子山地区采焦煤用以冶铁铸兵器。在伊克昭盟准格尔旗羊市塔地区大石砬沟的元代古城遗址中，不仅见有陶片，还发现了“煤炭焦渣”（《文物参考资料》1958年第4期）。从（清）康熙三年（公元1664年）到民国三十六年（公元1947年）的近300年间皆有采煤记载。

新中国成立前，伊克昭盟地区煤炭开采业技术落后，长期处于小煤窑开采状态，多是季节性生产，开采浅，产量小。至1949年，仅有8个靠手工开采的小煤窑，原煤年产量6.82万吨。

新中国成立初期，伊克昭盟地区煤矿所有制性质为私营或公私合营。多数煤矿设备简陋，开采手段落后，大多为自然通风，无完整的排水系统和正规的运输系统，主要采用穿硐式采煤方法，许多矿井处于停产或半停产状态。

20世纪60年代至70年代中期，因伊克昭盟地处偏僻，交通不便，运输困难，国营煤矿不多，当地煤炭需求有限，煤炭开采业发展比较缓慢。

1978年党的十一届三中全会以后，伊克昭盟地方煤矿大力发展采掘机械化，棋盘井煤矿开始采用走向长壁式采煤方法。煤矿生产技术装备水平逐步提高，矿井的井巷掘进、供电排水、提升运输、通风防尘等逐步实现了机械化和半机械化。全盟煤炭产量1980年提高到188.50万吨。

1981年，根据煤炭工业部提出的“优先发展露天开采”的煤炭生产方针，伊克昭盟地区开始规划建设大型露天矿区。1985—1990年，国家开始大规模开发东胜、准格尔煤田，伊克昭盟地区的煤炭工业迅速发展，全盟有独立核算煤炭企业112个。其间，相继新建了黑岱沟露天煤矿、马家塔露天煤矿、后补连塔露天煤矿、武家塔露天煤矿等大型露天煤矿，且机械化程度多在50%以上。这些露天煤矿的建设，不仅给伊克昭盟输入了先进的煤炭开发开采理念，也带动了全盟地方煤矿的采煤技术革命。到1990年底，伊克昭盟地方国营煤矿基本实现矿井提升、运输、通风、排水和地面储、装、运、卸机械化。

1990年后，随着伊克昭盟乡镇和私人办矿的兴起，大部分小煤窑生产技术与设备、设施落后，安全状况不好，许多矿井无序和无证开采，影响了煤炭开采技术的发展。1994年，伊克昭盟煤矿数量就达到了1303座，煤炭产量突破1000万吨。是年，伊克昭盟煤炭工业管理局成立了清理整顿小组，对境内无证开采的小煤矿和小土焦进行整理整顿。至1995年底，全盟共封闭矿井444座，基本取缔了无证开采。到1997年，全盟地方煤矿数量压减为1210座。1998年，伊克昭盟按照内蒙古自治区人民政府《关于在全区范围内开展煤矿关井压产工作的通知》，在全盟范围内同步开展了煤炭生产许可证颁发和关井压产工作。到1999年底，全盟共关闭开采技术落后的矿井787座，压缩煤炭产量838万吨。

2005年，鄂尔多斯市根据内蒙古自

治区煤炭产业政策，针对地方煤炭工业发展中存在的工业化程度低、煤矿点多面广、产业集中度低、采出率低、超设计能力生产现象突出等问题，开始了提高地方煤炭资源采出率“三年攻坚战”，从采煤方法到运输、通风、排水、供电、通信、安全管理等方面整体提高煤矿生产技术装备水平，实现矿井生产规模化、机械化和集约化。地方煤矿采煤方法实现了柱式体系向壁式体系转变，炮采工艺向普采、综采工艺转变，半机械化水平向机械化自动化转变。到2007年底，全市煤矿基本完成了技术改造工作，共保留煤矿296座，其中地方煤矿274座，设计生产能力14700万吨/年，平均单井规模51万吨/年，资源采出率达到75%以上。

截至2018年，鄂尔多斯地区煤矿开采方式全部实现了综合机械化开采和露天开采，采掘机械化程度达到97%以上，采区采出率达到80%以上，基本实现了《鄂尔多斯市提高煤炭行业综合竞争力行动计划（2016—2018年）》提出的“力争到2018年全市煤炭工业达到国内领先、世界一流水平”的目标。

第一章 井 工 开 采

第一节 开 拓

鄂尔多斯市境内多数煤田地质构造简单，煤层发育赋存稳定，属近水平煤层，为煤矿开拓带来了便利。但原有煤矿的开拓方式较为落后，井巷多为立梯式。有的小煤窑从煤层露头开口，沿煤层走向或倾斜方向打平硐或立梯斜井，基本无立井开拓，一般只开一条平硐或斜井，独眼井采煤，边掘边采，采掘不分。随着生产规模的扩大、技术条件的进步和改善，煤矿开拓方式因地制宜，随煤层的变化而改进。煤层埋藏较深的井田，多采用立井开拓，也有采用立井-斜井混合开拓。煤层埋藏较浅的矿井则采用斜井开拓。

一、立井开拓

在鄂尔多斯市境内，由于大部分开采煤层埋藏较浅（平均埋深小于400米），斜井或平硐开拓即可满足开采需要。同时在含流沙层、冻土层、软岩层、强含水层等特殊地质条件下，斜井施工易于立井，采用立井开拓的煤矿较少。1990年以前，伊克昭盟境内没有采用立井开拓的煤矿。

2009年，鄂托克前旗临矿集团榆树井煤矿采用主立井、副井和风井+石门+大巷开拓方式，每个煤层组布置采区，煤仓进入主煤流系统。2010年7月，该矿开始试生产。

2011—2018年，鄂尔多斯境内的上海庙矿区、纳林河矿区、塔然高勒矿区因煤层埋藏垂深达500米以上，而成为鄂尔多斯市采用立井开拓最为集中的地区。榆树井煤矿、长城煤矿等老生产矿井，新建的纳林河二号矿井、母杜柴登煤矿、长城三号井、长城五号井、营盘壕煤矿、上海庙一号井、麻黄煤矿（长城二号井）、巴彦高勒煤矿、葫芦素煤矿、门克庆煤矿、塔然高勒煤矿，在建的白家海子煤矿等矿井均采用立井开拓方式。山东能源临矿集团与中国双维投资公司共同出资建设的新上海庙一号矿井，由于发生两起突水事故，决定将斜井立井混合开拓方式改为立井开拓方式，工业广场内设主井、副井、风井三个井筒，两个水平开采。

鄂尔多斯市营盘壕煤炭有限公司营盘壕煤矿设计生产能力1000万吨/年，立井开拓方式。主井装备两套直径4.5×6塔式多绳摩擦式提升机，副井装有两套提升设备。新街矿区红庆河煤矿矿井建设规模为1500万吨/年，采用主井、副井一号风井、二号风井、三条立井开拓方式。在建的鄂尔多斯联海煤业有限公司白家海子煤矿采用了立井开拓，分区域通风方式。

二、平硐开拓

1953—1956年，准格尔旗纳林沟煤矿改扩建为平硐开拓方式，生产能力为3万吨/年，后转为地方国营煤矿。1957年，纳林沟煤矿改造沙咀沟的立梯斜井，次年改为平巷（平硐开拓方式）。

1958年，准格尔旗二道沟煤矿将斜井开拓改为平硐开拓方式。1963年，准格尔旗城坡煤矿将立梯式斜井开拓改为平硐开拓方式，并加高加宽了巷道断面。

20世纪70—80年代，伊克昭盟地区仅有个别国营煤矿采用了平硐开拓方式。大多数小煤矿为独眼井，运煤、人员和设备都走一个井口。因没有独立的通风井和通风设施，很容易形成瓦斯煤尘聚集，并引起爆炸造成安全事故。1982年，煤炭工业部颁发“五消灭”标准，次年又颁发了《地方国营煤矿“六消灭”标准》，其中第一条就是要清灭独眼井。要求矿井建立至少两个便于行人的安全出口，并与通到地面的安全出口连接。未建成两个安全出口的矿井和水平严禁生产。

20世纪80年代中后期，伊克昭盟境内各煤田加速开发。东胜煤田开发经营的煤矿多数采用平硐开拓方式。1988年12月28日，上湾煤矿3号辅助平硐顺利贯通。1989年，准格尔旗纳林沟煤矿、城坡煤矿平硐开拓方式及巷道布置相对正规，有完整的地质资料和相应的井田开拓布置图。全旗煤矿采用平硐开拓的占80%。

1996年，纳林庙二号井投产，采用平硐开拓方式。矿井有主、副井一对，主采6~2号煤层。

1998年，上湾与乌兰木伦煤矿尚属于基建矿井，为了建设高产高效集约化生产的特大型矿井，必须突破传统副斜井的开拓方式。1999年，神华神东煤炭集团公司提出采用“斜硐”（负坡度平硐）开拓方式，废除各矿的副斜井井筒，将原有的轨道绞车提升变为无轨胶轮车运输，取消了井底车场和矿井轨道线路，井筒与大巷直接相连，矿井的材料、设备和人员实现无轨连续运输。

2004年，伊泰集团煤矿采用平硐开拓的有纳林庙煤矿（一号井、二号井、三号井、四号井）、安家坡煤矿、白家梁煤矿、塔木图煤矿（南井、北井）、苏家壕煤矿。2005年以后，伊泰集团对原平硐开拓的井口，都进行了资源整合与机械化技改，不再利用平硐进行开拓。在这一时期，一定数量的民营煤矿在技改前亦广泛采用平硐开拓方式。平硐开拓方式应用最为成功的当属神东矿区。

2015年12月13日，国内首座采用TBMI法建设的补连塔煤矿2号辅运平硐安全顺利贯通，填补了地质构造施工技术在大坡度，长距离建设方面的空白。

三、斜井开拓

1949年，伊克昭盟仅有8个靠手工开采的小煤窑，多为立梯斜井开采。

中华人民共和国成立之后，盟、旗开始陆续改造和建设地方国营煤矿，多为斜井开拓。1962年，准格尔旗乌素沟煤矿改扩建，将开拓方式改为斜井开拓，生产能力为5万吨/年。

1971年，棋盘井煤矿开拓片盘斜井，实现主副井分开。主井提升煤炭，同时用于进风；副井运输人员和材料，同时用于回风，并开拓布置了运输大巷。

20世纪80年代，伊克昭盟境内新建与改扩建矿井广泛采用斜井开拓。在此期间，全盟陆续规划建设产能为6万~30万吨的中小型国营煤矿。原有国营煤矿也进行井筒延深及改扩建。到1989年底，准格尔旗斜井开拓的矿井占全旗煤矿的20%。

1991年以来，斜井开拓一直是伊克昭盟应用最为广泛的开拓方式。随着大倾角强力带式输送机的应用，允许的主斜井最大倾角已达26°~28°，使得相当数量的新建或技改扩建矿井均采用斜井集中开拓方式，强力皮带提升，斜井串车辅助运输。1992年，新建60万吨/年的碾盘梁煤矿采用斜井多水平大巷开拓，水平设主运、辅运、总回风三条大巷，均布置在煤层中。

1998年，神东煤炭公司新建乌兰木伦煤矿，建矿初期为30万吨/年，采用斜井开拓方式。同时，神东矿区的21处煤矿24对矿井均采用斜井开拓方式。

2003年，准格尔满世集团罐子沟煤矿进行改扩建，为斜井开拓，生产能力由90万吨/年提高到300万吨/年。新建的达拉特旗吴四圪堵煤矿采用斜井单水平开拓方式。工业场地建有主斜井、副斜井、回风斜井三条井筒，采用砼碹、锚网支护方式。同年，新矿集团长城煤矿采用斜井—阶段石门开拓方式，工业场地布置主斜井、副斜井，回风斜井三个井筒。主井井筒内铺设大倾角带式输送机，兼作回风井和安全出口。

2008年，伊泰集团大地精煤矿利用四条斜井开拓，增加一条行人斜井。采用三水平开采，并在每个水平布置了一组大巷。

2010年，鄂尔多斯地区煤矿采用斜井开拓的最大比例占井工矿72.6%。

截至2018年底，鄂尔多斯市境内煤矿采用斜井开拓的逐年增多。

四、综合开拓

（一）斜—立井混合开拓

1997年，东圪堵煤矿开始建设，矿井为斜-立井混合开拓方式，2005年建成投产。

黄玉川煤矿是神华亿利能源公司4×200兆瓦煤矸石电厂的配套煤矿，由神华神东电力公司与亿利资源集团公司按照51∶49的比例共同出资建设。项目于2007年2月13日由国家发改委正式核准，是国家“十一五”发展规划中2007年西部新开工10大重点工程之一，也是我国第一个一次设计施工建设的千万吨竖井。设计生产能力为1000万吨/年，服务年限为68年。在项目建设中，黄玉川煤矿克服了项目管理力量薄弱、无竖井建设管理经验等困难，创出国内同型井建井进度三项新纪录，在2010年1月12日建成了中国最大的副立井提升系统，开创了国内竖立井全无轨辅助运输的先例，并在提升能力、大罐笼柔性结构和容积方面创出了国内煤矿的3个第一。

到2015年底，内蒙古自治区产能500万吨/年以上主斜副立井开拓矿井有3处，均建在鄂尔多斯市，即达拉特旗、杭锦旗的西部能源开发有限公司红庆梁煤矿（600万吨/年），伊金霍洛旗国电建投内蒙古能源有限公司察哈素煤矿（1000万吨/年）和准格尔旗神华亿利能源有限公司黄玉川煤矿（1000万吨/年）。

同年底，内蒙古自治区产能500万吨/年以上主副斜井回风立井开拓矿井共8处，位于鄂尔多斯市东胜区、伊金霍洛旗和准格尔旗，即内蒙古伊泰煤炭股份有限公司塔拉壕煤矿、双欣矿业有限公司杨家村煤矿、色连一号煤矿、新能矿业有限公司王家塔矿井、昊华塔煤矿有限责任公司高家梁一号矿、内蒙古伊泰股份有限公司宏景塔一矿、内蒙古京粤伊泰酸刺沟矿业有限责任公司。

鄂尔多斯境内采用斜井-平硐-立井综合开拓的矿井均集中在神东矿区。采用该种综合开拓最具代表性的矿井为神东煤炭集团上湾煤矿、布尔台煤矿与补连塔煤矿。煤矿副井采用平硐（或缓坡斜井），实现辅助运输无轨化，机械设备、辅助材料及人员运输全部实现无轨化运输，从地面直接运输至采煤工作面。主井采用斜井，铺设大功率带式输送机。其中布尔台煤矿主斜井敷设宽带2.2米，提升能力为7000吨/小时的大功率带式输送机，是主提升能力先进的特大型高产高效现代化井工矿井。风井采用立井，在不同采区布置回风立井，实现分区式通风。

2009年后，神东煤炭集团公司通过矿井改扩建，原有生产矿井均采用主斜井-副斜硐-立井联合开拓方式。对井田面积较大的矿井，采用分区开拓方式。即将井田分为若干个分区域，每个分区采用大巷条带布置，每个分区有各自的辅助井筒，由服务于全矿的主井集中出煤。

从2015年5月10日开始，神东煤炭集团补连塔煤矿2号辅运平硐历时7个月，首次采用全段断面隧道掘进机（TBM）施工，开挖直径7.635米，长度2774米，创全国煤矿掘进施工多项纪录。

（二）斜井-平硐混合开拓

1954年，东胜县酸刺沟煤矿改为地方国营煤矿，矿井采用斜井-平硐开拓方式。1964年，伊金霍洛旗石圪台煤矿改为国营煤矿，并改扩建为斜井-平硐开拓方式，矿井设计能力为9万吨/年。

20世纪70年代，个别国营煤矿采用平硐开拓方式或小倾角斜井开拓方式，片盘从下运输巷到沿煤层底板布置，坡度变化随煤层的起伏而变化，工作面为回柱式开采，多面生产，多头掘进。

1985年，伊金霍洛旗忽吉图煤矿投资611.2万元，对矿井进行改扩建，开拓方式为斜井-平硐混合开拓，矿井设计能力为27万吨/年。1987年，伊金霍洛旗上湾煤矿开工建设，采用斜井-平硐混合开拓方式布置，一井一面。矿井设计能力为300万吨/年。

20世纪90年代，伊克昭盟新建国营煤矿多为双井布置，采用斜井-平硐混合开拓方式。1990年，伊金霍洛旗柳塔煤矿建成投产，设计产能30万吨/年。矿井采用斜井-平硐混合开拓方式布置，一井两面。1997年，伊金霍洛旗连塔煤矿建成投产，采用斜井-平硐混合开拓方式布置，生产布局亦为一井两面。

2001年，乌兰木伦煤矿进行技术改造，矿井采用斜井-平硐混合开拓方式。在工业广场布置4个井筒：主斜井、辅运平硐、副斜井、回风斜井。生产能力由1996年的60万吨/年提高到300万吨/年。

2008年，鄂尔多斯市煤矿在技术改造中，井工煤矿采用斜井-平硐开拓方式较为广泛。东胜区昌汉沟煤矿生产能力核定为1000万吨/年，开拓方式为斜井-平硐混合开拓。2009年，伊金霍洛旗境内的神东煤炭集团布尔台煤矿即采用斜井-平硐混合开拓方式。

截至2018年底，除神东煤炭集团的补连塔煤矿、乌兰木伦煤矿等生产矿井外，采用斜井-平硐混合开拓的煤矿还有柳塔煤矿、寸草塔煤矿、寸草塔二矿，同时取消井底车场和矿井轨道线路，井筒和大巷直接相连。井田面积较大的矿井，采用分区开拓方式，将井田分为若干区域，每个分区有各自的辅助井筒，分区采用大巷条带式布置。

第二节 掘 进

一、掘进组织

伊克昭盟原有煤矿生产工艺落后，采掘不分，作业无序，井口巷道和采煤工作面分区不清，有的几乎连为一体，严重影响持续生产和安全生产。1966 年，国营准格尔旗乌素沟煤矿实现采掘分开，先掘进运输巷，再打联络巷，之后开工作面。1969 年，准格尔旗纳林沟煤矿与城坡煤矿实现采掘分开，并设立掘进队与采煤队，掘进队负责各类巷道的开掘及工作面的开通与布置，采煤队直接进入工作面采煤。1976 年，东胜县酸刺沟煤矿与鄂托克旗棋盘井煤矿实现采掘分开。棋盘井煤矿设立采煤队、掘进队各 1 个，使采掘协调作业，有序生产。

20 世纪 80 年代，伊金霍洛旗忽吉图煤矿、达拉特旗高头窑煤矿，准格尔旗五圪图煤矿、后温家梁煤矿、石圪台煤矿、东胜市昌汉沟煤矿、鄂托克旗乌仁都西煤矿陆续实现采掘分开的作业方式，即先开掘运输巷道，后形成回采工作面，由采煤队进入采煤。

从 20 世纪 90 年代至 21 世纪，鄂尔多斯市各煤矿普遍建立了专门的掘进队伍。内蒙古伊东集团东圪堵煤矿从 1997 年建矿以来，组建一支 43 人的掘进队伍，分为三个班生产。2005—2010 年，伊泰集团所属 14 座煤矿除酸刺沟煤矿 6 号煤巷道由集团公司采用连采机自行组织队伍掘进外，其他巷道均委托外单位掘进队施工，以掘进延米计价。

2015 年，神东煤炭集团共有 26 个连采队，23 个锚掘队，7 个综掘队。同年，伊东资源集团掘进采用多循环作业方式，日进尺达 12 米。

2016 年，神东煤炭集团开拓掘进准备中心在淘汰外委施工队伍的情况下，为满足生产持续需要，将原有掘进队伍进行了转型，其中矿务中心下设 2 支掘锚队、9 支综掘队、3 支喷浆队、7 支砼底板队，主要服务于矿区中心的 10 个矿 11 个井。

截至 2018 年底，神东煤炭集团掘进队伍不断发展壮大，形成了一支采掘并举，掘进先行，以掘保采，以采促掘，精干高效的掘进队伍。

二、巷道掘进

（一）岩巷掘进

新中国成立前，伊克昭盟地区的小煤窑由于缺乏动力与凿岩设备，很少开凿岩石巷道。即使遇到石门非开不可，也多为手工凿掘、人力打眼，黑火药爆破，岩巷日掘进 1 尺左右。打下的石渣由人工背出，随掘随留 7 寸高石梯。

20 世纪 70 年代，伊克昭盟地区煤矿井下普遍使用电力，巷道掘进一般配备压风机、风电钻、装岩机、扒装机和运输提升设备，化学炸药、电雷管等普遍用于岩巷爆破，岩巷掘进技术有了普遍提高，掘进速度有了进一步的提升。1978 年，准格尔旗城坡煤矿开始使用 SD-12-380 型手持式岩石电钻。

20 世纪末至 21 世纪初期，鄂尔多斯各煤矿的硬岩掘进多数采用钻孔爆破法。先用液压凿岩机或风动钻机打眼，化学炸药爆破，爆破下来的岩石再用各种型号的装岩机、扒装机装入矿车、四轮车、自卸式汽车等直接运往地面。1992—2004 年，伊泰集团各煤矿的岩巷掘进均采用钻孔爆破方式。岩巷掘进工效随矿井地质条件和岩巷断面的不同而存在差别。

2010年，新矿集团长城煤矿岩巷掘进使用EBH300（A）型硬岩掘进机，形成了掘机、DSS1063/125型带式输送机为主体的综掘系统。同年，又投入使用EBH300型综掘机，形成了硬岩大断面综掘作业线。

截至2018年底，鄂尔多斯市各煤矿岩巷掘进机械化程度、掘进效率、工程质量都有了质的飞跃。

（二）半煤岩巷掘进

鄂尔多斯各煤矿半煤岩巷掘进多在薄煤层回采巷道、准备巷道中进行。有的岩巷或煤巷在掘进过程中，由于受地质构造的影响，部分地区地段也会出现半煤岩巷道掘进。半煤岩巷道掘进的工艺过程和掘进使用的设备、器材，与岩巷掘进大致相同。只是因掘进巷道中，煤岩同时存在，由于煤层软岩石硬，分别用电钻和风钻打眼。掏槽眼一般布置在煤层中。煤炭回收时，分批次爆破，煤岩分装分运。也有的一次性爆破，混装车外运，上井后筛分拣矸或洗选。

（三）煤巷掘进

新中国成立前，伊克昭盟地区小煤窑煤层掘进采用人工开眼，再用楔和锤将煤打落，巷道断面狭窄，窑工屈膝躬身将煤背出，每人一天能往外背煤约1吨。

1954年，伊克昭盟各煤矿开始采用钻孔爆破法掘进巷道，人工掏眼后，使用黑火药或者黄炸药将煤爆落，再用人工或畜力拉出。是年，东胜县酸刺沟煤矿使用撬棍掏眼，高头窑煤矿使用炮钎打眼。准格尔旗纳林沟煤矿使用打眼工具为锤、钎、钻，用炸药爆破落煤。

1966年，准格尔旗乌素沟煤矿仍采用炮钎打眼，黑炸药、黄炸药爆破落煤。由于该种炸药安全性差，明火起爆，在高瓦斯矿井中极易引起爆炸。从20世纪60年代开始，伊克昭盟境内个别煤矿引用了矿用炸药、雷管、导爆索等安全爆破方法。准格尔旗纳林沟煤矿是最早使用安全爆破炸药进行井巷掘进的矿井，既保证了爆破安全，又提高了掘进工效。

20世纪60年代中期，东胜县酸刺沟煤矿巷道掘进开始使用电煤钻打眼，并开始使用化学炸药爆破落煤。1967年，准格尔旗城坡煤矿开始使用84号TNT硝铵炸药。

1977年，棋盘井煤矿2号矿使用硝铵炸药，矿井爆破安全系数进一步提高。

1983年，煤炭工业部要求井下严禁干打眼。开凿井筒或采掘工作面必须实现湿式凿岩或电煤钻侧式供水，爆破时均采用水炮泥。1985年，伊金霍洛旗忽吉图煤矿巷道掘进采用光面爆破，一次成巷。1989年，石圪台煤矿也采用了同样的掘进爆破技术。到1990年，酸刺沟煤矿、棋盘井煤矿、乌素沟煤矿、石圪台煤矿、纳林沟煤矿、高头窑煤矿、忽吉图煤矿、五圪图煤矿、后温家梁煤矿、乌仁都西煤矿的煤巷掘进都使用上了电钻打眼爆破技术，其中五圪图煤矿、后温家梁煤矿主副巷同时进行掘进。

1992年，按照煤炭工业部提出的乡镇煤矿井下爆破必须使用放炮器和煤矿安全炸药、雷管，严禁明火明电爆破的要求，新建的碾盘梁煤矿在巷道掘进中使用两台80D-30×4型水泵供水，保证湿式打眼。

2002年，唐公沟煤矿工业部由原来的人工矿车装矸改用装载机配合人工装矸，打孔爆破使用煤电钻、钻头、煤钻杆、爆破器。2003—2008年，鄂托克前旗长城煤矿采用钻孔爆破法施工，使用毫秒延时电雷管、矿用水胶炸药及矿用闭锁式发爆器进行爆破作业。

截至2018年底，鄂尔多斯市地方煤矿通过陆续实施技术改造，巷道掘进由炮掘逐步转变为综掘机械化掘进。神东煤炭集团等中央企业及国有大中型煤矿企业均采用综掘机、连续采煤机、掘锚机等掘进设备和快速掘进系统。

三、掘进工艺及机械化

从20世纪50年代初到80年代末，伊克昭盟地区煤矿大多数采用爆破落煤，畜力、罐车或小煤溜运输的掘进工艺。其间，爆破技术几经变革，但一直沿用炮掘的生产模式。1982年，地方国营棋盘井煤矿在巷道掘进中首家采用了电车运输。掘进煤层仍采用炮掘，掘进工作面仍处于掘进流程单一机械化，尚未形成各个生产工序的综合机械化。

伊克昭盟地区国有重点煤矿引入机械化掘进设备较早。1985年前后，神东矿区建设的大型机械化矿井逐步淘汰了炮掘工艺。2000年以来，鄂尔多斯市境内重点煤矿掘进巷道中，煤巷约占总掘进巷道工程量的70%。其高效掘进方式主要有悬臂式掘进机与单体锚杆钻机配套作业线，即煤巷综合机械化掘进。以后引进了锚杆钻车配套作业线，掘锚机组掘锚一体化掘进。这种方式当时仅在少数矿井使用，处于试验阶段。

1985年以来，随着补连塔和上湾等大型煤矿的开工建设，神东矿区主要采用较成熟的国产AM-50型小功率掘进机和EBZ-90型、EBZ-110SH型掘进机。1992年，由于小功率掘进机不能适应快速掘进机的需要，煤矿逐步投入大功率掘进机。在此期间，神东煤炭集团投入资金，对所属各矿井进行技术改造，装备了综掘设备，建成掘进机+桥式带式转载机+可伸缩带式输送机（刮板输送机）作业线。

1999年，补连塔煤矿采用连续采煤机，替代了佳木斯综掘机。2000年，乌兰木伦煤矿连续采煤机入井。此后，神东煤炭集团公司全部由连续采煤机替代了综掘机。

2003年，神东煤炭集团公司引进1台JOY12CM-15DDVG型掘锚机组，在乌兰木伦矿3-1煤63112运输巷和63114回风巷的掘进工作面使用。

2004年，神华集团与煤炭科学研究总院共同研究开发了适合矿区地质条件和生产工艺的EBJ-120TP型掘进机。该综掘机及机械化连续运输作业先由辽源煤矿机械厂组织生产，以中型和重型机为主，能截割硬度为6~8的岩石，在整体技术性能方面达到了国际先进水平。同年，神东矿区首次引进2台美国久益公司生产的12CM15-DDVG型掘锚一体化设备。同年8月，首台掘锚一体化设备在乌兰木伦煤矿63112回风巷开始进行单巷掘进工业性实验，月掘进1200米，支护锚杆4020套，小班最少进尺26米，日最高进尺45米。是年，神东煤炭集团上湾煤矿连采二队使用12CM270-10D型连续采煤机，创出日掘进进尺163米的最高纪录。

2005年，寸草塔煤矿使用的EBZ-120型掘进机最高日进尺达到72米，月进尺达到905米。上湾煤矿连采二队使用12CM7-11D型连续采煤机，掘进进尺29388米（包括支巷4895.4米），双巷月进尺3070.2米，日掘进163米，均创国内煤矿单机大断面（6米×4.4米）双巷掘进速度新纪录。同年，补连塔煤矿对掘锚机进行技术改造，加装了除尘风机，增高了中间刮板输送机的高度，提高了煤炭通过能力。随着工人操作技能的提高，煤矿月成巷600~700米，最高达860米。

到2005年底，全市煤矿技术改造后，巷道掘进由过去的炮掘逐步转变为机械化掘进。全市中小煤矿均推广使用综掘机。

2006年3月，补连塔煤矿引进两台奥地利钢联公司生产的ABM20型掘锚机，首先在32206工作面回风巷投入使用。同年，上湾煤矿连采二队创造了国内煤矿连采机掘进日进165米，月进尺3668米的新纪录。

2008年，伊泰集团煤矿煤层巷道掘进全部实现了机械化。酸刺沟煤矿、宏景塔一矿、苏家壕煤矿的部分煤层巷道采用连续采煤机掘进，平均每月进尺900米。连续采煤机是一种具有的较大截割宽度的集落煤、装运及行走为一体的综合机械化掘采设备，在截割头落煤后，通过自身刮板输送机转运到梭车或紧跟的固定皮带上外运，然后将煤炭转运至与主井相联系的固定皮带外运，实现了连续作业。

鄂尔多斯市煤矿由于地质条件的不同掘进速度亦各不相同。连续采煤机的掘进进度平均为900米/月，综掘机的掘进进度平均为400米/月。煤巷综掘工效根据不同作业条件，一般在0.57~1.14米/工之间。

2010年9月，寸草塔煤矿掘进一队开始使用MBG70-183新型锚掘机。该机在原BM20-087型掘锚机的基础上增设了一个滚筒喷雾增压泵，弥补了原锚掘机滚筒水压不够的缺点。同时，在输送机中槽上增加了一台除尘风机，通过吸尘装置，把截割滚筒割煤过程中产生的浮尘吸入除尘风机净化装置内，经过净化装置中的两组喷雾，把浮尘液化后送入输送机槽中。掘锚机截割头也有所改进，MB670-087型掘锚机采用的是耙抓式滚筒，内部元件减少了两个油缸，AB670-183型掘锚机采用伸缩式滚筒。

2011年11月，全断面高效快速掘进系统由神华集团公司立项，神东煤炭集团公司联合中国煤炭科工集团太原研究院、沈阳北方重工集团共同开发。

2012年3月，神东煤炭集团公司设备管理中心技术部、维修中心、山特维克公司联合对公司闲置的MB-G70S-153掘锚机进行了掘宽改造，截割滚筒由原来的4500毫米改造成5000毫米，加快了喷雾，加宽了铲板拓展端，增加了工作平台扩展块，从而满足了对顺槽掘进的要求。

2013年2月4日，世界首套快速掘进系统在神东煤炭集团公司正式投入使用。2014年7月，MBG70-234新型锚掘机在布尔台煤矿投入使用。MBG70-234型掘锚机由山特维克集团生产，外形尺寸11500毫米×4900毫米×2700毫米（长×宽×高），截割头直径为1150毫米，截割头宽度为5400毫米，输送机宽度为760毫米，生产能力每分钟为25吨。

黄玉川煤矿岩巷爆破掘进，耙装机装岩，3.5立方米矿车运输，月进尺约80米；煤巷掘进采用综合机械化掘进工艺，刮板机或带式输送机输送，月进尺200米。

栗家塔煤矿采用ASA100型掘进机破煤，后部配备一台装载机、三辆无轨胶轮车与SGB-40T型刮板机组成掘进生产运行系统。

2016年，神东煤炭集团公司掘进设备进一步配套完善，时有连采机56台、掘锚机44台、标准型掘锚机15台、大采高掘锚机18台、综掘机12台、梭车73台，各矿井掘进机主要选用国产半煤岩巷悬臂式综掘机，以山西天地煤机装备有限公司生产的EBH315型及EBH220型2种机型为主。

四、巷道支护

早期，伊克昭盟地区的掘进支护方式主要采用木棚（坑木）支护。1971—1975年，全盟各煤矿在井巷掘进施工中推广锚喷支护方式。1985年，准格尔旗纳林沟煤矿采用金属摩擦支架支护。

1986年，伊克昭盟棋盘井煤矿有2000架金属支架用于掘进巷道支护，掘进支护方式的改革，使吨煤成本降低0.15元。

2004年，神东煤炭集团公司上湾煤矿使用澳大利亚生产的ABD四臂锚杆机（功率为90千瓦，可同时操作四根锚杆支护）进行支护。连采一队采用单机三巷掘进，月进尺完成4656米，创全国掘进记录。2005年，达拉特旗吴四圪堵煤矿采用锚杆、锚索、金属网、钢筋梯、喷浆联合支护方式对掘进巷道进行支护。

2006年3月，补连塔煤矿32206工作面设计断面为19米，采用直径16毫米，长1.8米的树脂锚杆支护，间排距为1.0米×1.0米。

2007年，内蒙古自治区出台《加强煤矿安全基础管理的实施意见》，要求加强掘进工作面顶板管理。小煤矿应当积极进行支护方式改革，掘进巷道推广使用光爆锚喷、料石砌碹、锚杆、锚索、金属支架等支护。

2008年，神东煤炭集团公司、万利公司、伊泰公司和伊东公司的高产高效矿井在煤层巷道中，采用金属锚杆加端头支护。破碎顶板采用锚索、金属棚、锚索梁等支护方式。支护设备多为锚杆机、锚索钻机或者掘锚一体机。2010年，榆树井煤矿掘进施工采用光爆锚喷向前掘进，锚、网、索、喷一次成巷。

从2015年开始，伊泰集团公司新建塔拉壕煤矿、红庆河煤矿，各使用2台进口掘锚机一体化掘进，掘进速度较同等条件下综掘机掘进提高150~200米/月。通过引进掘锚一体机，红庆河煤矿提前3个月投产。同年底，内蒙古伊东资源集团公司东圪堵煤矿掘进支护方式采用MGJ-II锚杆打眼安装机进行支护，宏鑫金煤矿、忽沙图煤矿主要采用锚杆等支护方式，炭窑渠煤矿配备ZBV-660型单臂液压锚杆钻机进行打设锚杆、挂钢带支护。

至2018年，伊泰集团所属煤矿巷道支护一般为锚杆支护，顶板锚杆全为金属锚杆，长度为2米左右，直径为18毫米，均为端头锚固。顶板破碎或易于锚落时，用锚索加固，或根据实际情况改变支护方式，采用锚网、金属棚、锚索梁、锚杆梁等形式支护。有时采用几种形式进行混合支护，必要时采用直墙加顶梁支护。两帮锚杆亦采用端头锚固，靠近采面的一侧采用玻璃钢锚杆，另一侧采用金属锚杆，长度约为1.5米。支护设备多为锚杆机、锚杆钻机、锚索钻机。

第三节　采　煤

一、采煤组织

新中国成立前，伊克昭盟地区的私人小煤窑由窑头或把头管理，他们根据井下情况，组织安排生产，且大多为一个班生产。

新中国成立初期，伊克昭盟煤矿实行混采，采掘不分，边掘边采，采煤组织亦为采掘合一，没有专门的采煤队伍。

1966—1970年，准格尔旗乌素沟煤矿、纳林沟煤矿实现采掘分开，开始成立专门的采煤队伍。1个采煤队一般分为4个班，3个生产班，1个机电班。机电班负责跟班维护和工作面上的技术工作。在早期，实行土法开采，采煤队伍基础薄弱，规章制度不健全，生产管理不严密，片帮、冒顶等生产事故及机械设备故障时有发生，影响生产计划的完成。

20世纪80年代，随着采煤技术的发展，伊克昭盟地方国营煤矿相继实现了半机械化、机械化采煤。采煤方式的进步推动了煤矿管理水平的提高和劳动组织结构的优化。各煤矿普采队、综采队在组织结构上，配备有若干个分管生产、机电、安全副队长及专职技术员，实行分工负责，各把一关。在生产组织上，按要求编制工作面作业规程和安全生产规程，以及月度生产作业计划，建立了队干部、技术员、各工种岗位、各级安全生产责任制，并严格执行。当班生产工人提前 15～30 分钟到岗，参加由值班队干部组织召开的班前会（有的队组还要召开班后会），安排布置当日的生产任务和安全注意事项，并下井跟班及时解决生产过程中出现的问题。班与班之间严格实行“口对口，手把手，你不来我不走”的交接班制度。各个班交接前能够把本班出现的隐患及时处理，杜绝了接班人员接班后要重新判断事故的原因而耽误生产的现象。在生产管理上，以循环作业为基础，长臂采煤工作面的组织形式主要有三种：分段作业、追机作业、分段接力追机作业。伊克昭盟地方国营煤矿工作面的组织形式大多选择分段接力追机作业。

21 世纪以来，一大批中央煤炭企业、省管国有重点煤炭企业相继进驻鄂尔多斯境内进行煤炭开采。这些大中型企业为该地区的煤炭生产带来了先进的管理理念、管理模式和采煤组织构架的优化。内蒙古伊东资源集团股份有限公司东圪堵煤矿采煤组织为“三八制”，两个班生产，一个班检修，每班工作时间为 8 小时。也有的煤矿综采队采用“四六制”，三个班生产，一个班检修，每班工作时间 6 小时。“四六制”的采煤组织形式和生产方式缩短了检修期，减少了事故率，提高了开机率。

2005—2010 年，内蒙古伊泰集团公司针对所属煤矿实施机械化改造以后，职工队伍的技术素质短期内难以适应的实际，为了能顺利达产，集团公司的 14 座煤矿，除酸刺沟煤矿外，其他 13 座煤矿整建制地引入了具有机械化成熟生产经验的协作队伍。内蒙古伊泰集团公司煤矿与生产协作队伍的合作，因地制宜，承包模式多样。但不论采取何种模式组织生产，煤矿的责任主体不变，煤矿的日常管理工作均由内蒙古伊泰集团公司的煤矿组织实施，生产协作方相当于生产区队，在煤矿的直接指挥下进行生产。生产协作方的第一负责人一般为协作煤矿领导班子成员，担任生产副矿长职务。

2015 年以来，神东煤炭集团公司各煤矿采煤工作面大多采用“两采一准”“边采边准”“两班半采煤、半班准备”循环作业方式。综合机械化采煤工作面主要劳动组织形式为追机作业。依照机采工作面的生产流程，组织推移输送机、拉移液压支架等专业工作组，在采煤机割煤后依顺序跟进煤机进行作业。各工种之间分工明确，工种单一，新工人能够很快掌握生产技术，有利于落实工种岗位责任制，加快采煤机割煤速度，提高采煤工效。

神东煤炭集团公司煤矿综采队注重加强班组建设，先后分时期开展了“五好班组”创建活动，金牌班组、银牌班组、铜牌班组、六星班组、五星班组、四星班组、三星班组、二星班组、一星班组 9 个级别的“星级班组创建活动”，强化安全型、自控型、创新型、和谐型、学习型、标准型、绩效型、技能型“八型班组建设”，发挥了班组在煤炭生产中安全管理、增产提效、节能降耗的重要作用。

鄂尔多斯市各煤矿综采队伍经历了由少到多、由增到减的发展阶段。随着采煤技术装备不断提高和组织管理结构的优化，逐步由劳动密集型转向了管理集约型。成立于 2003 年 1 月的上湾煤矿综采一队仅有 80 人、员工平均年龄为 35 岁，这支年轻的综采队伍，在 2008 年创出了年产原煤超千万吨，全员工效达 1050 吨/

工的全国煤炭行业新纪录。

二、采煤方法及机械化

中华人民共和国成立前，伊克昭盟地区的煤窑开采方法原始落后，多采用“掏窝子”“掏槽子”“掏背景”等采挖方式，煤窑不多，产量很少。1949年伊克昭盟地区开办煤窑情况见表4-1-1。

表4-1-1 1949年伊克昭盟地区开办煤窑情况表

煤矿名称	窑口数	采煤方法	工人数	产煤量
罕台沟煤矿	1	土法采煤		每人每日500余千克
水头沟煤矿	1	土法采煤	10余名	每日5000余千克
块炭圪旦煤窑	1	土法采煤		年产3万~4万千克
忽鸡兔沟煤矿	1	土法采煤	10余名	年产2.5万千克
榆树湾煤窑	1	土法采煤	7名	年产37.8万千克
纳林沟煤窑	8	土法采煤	100余名	年产500余万千克
黑岱沟煤矿	5	土法采煤	60余名	年产350万千克
水洞户川煤矿	8	土法采煤	60余名	年产100余万千克
可兔沟、母画尔沟煤矿	20	土法采煤	40余名	年产150余万千克

中华人民共和国成立初期，伊克昭盟地区煤矿仍沿用传统的煤炭开采方式，开采设备简陋，生产技术落后，煤炭产量低，开采效率低，安全生产条件差。1950年5月，燃料工业部下发了《关于在全国煤矿全面推行新的采煤方法的决定》，在国有煤矿有计划、有步骤地推行生产方式改革。首先改革采煤方法，推广走向采煤法以代替落后的穿硐式、高落式等采煤法。20世纪50—60年代，随着国民经济的发展，在东胜县、准格尔旗、达拉特旗、伊金霍洛旗和鄂托克旗，通过国家投资对私营、公私合营煤矿进行技术改造或新建矿井，建成了纳林沟煤矿、酸刺沟煤矿、罕台川煤矿、二道沟煤矿、城坡煤矿、忽吉图煤矿、石圪台煤矿和棋盘井煤矿等一批小型地方国营煤矿。开采方法有了极大的改变，逐步由柱式采煤法取代了早期的土法采煤。煤炭产量和效率逐年提高，对周边邻近地区的工业生产和人民生活用煤起到了重要的保障作用。1963年，境内的卓子山矿务局开始由单一煤层开采向多煤层联合开采过渡。

1949—2018年，煤炭生产主要经历了土法开采、半机械化开采、机械化开采三个阶段。

（一）土法开采

伊克昭盟地区煤窑土法开采主要有三种方式：

第一种为“掏窝子”。矿工使用窑镢先将“根”掏开，后用楔扎开楔眼，将楔子安上，用锤打楔，炭即可落地，用窑镢将炭捣烂，由人工用绳垫将煤背出。此种掏煤法，使用的工具有窑镢、楔锤、绳垫。

第二种为“掏槽子”。先在掌子面的煤壁中间横穿一道沟槽，再在掌子面煤壁两端凿两道竖槽，打好横竖槽后，先取上层炭，后取下层炭。平硐的运煤方法采用小铁拖（条筐）将煤拉出，斜井中则需人力用绳垫将煤背出。此种掏煤方法所用采煤工具有创镢、铁锹、锤、撬棍、楔、小铁拖（条筐）或绳垫。

第三种为“掏背景”。先掘进10米

主巷道，后向左右开过风眼。风眼宽 4 米，高 1.5 米，深 60～70 米，然后在风眼的两翼各开 6 个工作面向前推进。工作面之间的煤柱宽 5 米，留掘进巷煤柱 5 米。当顶板压力太大或火灾频繁时，即重新打风眼，再形成新的回采工作面。

新中国成立初期，伊克昭盟地方国营煤矿其前身大多数为地方私人开办煤窑，使用土法采煤，以掘代采，生产方式原始落后。

（二）半机械化采煤

20 世纪 50—60 年代，伊克昭盟国营煤矿开始从土法采煤向残柱式、房柱式采煤方法改进，由单纯手工采煤工艺向半机械化采煤转变。1954 年，达拉特旗罕台川煤矿采用手工掏槽，由原来的先从顶层掏槽改为先从底层掏槽。1956 年，采煤方法由手工掏槽改为黑炸药爆破落煤。1957 年，东胜县酸刺沟煤矿首次采用人工打眼、爆破落煤，当年产煤 32370 吨。

1958—1962 年，伊克昭盟忽吉图煤矿、酸刺沟煤矿、高头窑煤矿、罕台川煤矿、二道沟煤矿、准格尔旗纳林沟煤矿、城坡煤矿先后采用了残柱式采煤法。罕台川煤矿由原来的留长帮柱采煤改为前进式的花点式采煤。残柱式采煤法是在人工煤窑基础上发展起来的，保留着若干土法开采的特征，适用于东胜地区煤田的较厚煤层，又称高落式采煤法。该方法留煤量大，资源浪费严重，生产效率低。

1964 年，伊克昭盟酸刺沟煤矿实现了半机械化开采。1965 年，达拉特旗罕台川煤矿归伊克昭盟工业处管理，1967 年又移交达拉特旗管理。在此期间，该矿的开采工艺及生产系统逐步实现了半机械化。1969 年，棋盘井煤矿开始使用房柱式采煤法，是当时全盟国营煤矿中采煤技术发展最快的煤矿。

1966—1970 年，伊克昭盟二道沟煤矿实现了半机械化开采，井下使用了截煤机、电煤钻、电机车及机械通风设备，采用短壁式采煤，煤炭产量从 5 万吨增加至 8 万吨。1972 年，酸刺沟煤矿开始使用割煤机掏槽，调度绞车提升。同时采用机械通风。1973 年，棋盘井煤矿架设井下输电线路，井下开始使用电煤钻打眼、爆破落煤、矿灯照明。1975 年，国家投资 30.8 万元，棋盘井煤矿建成半机械化井口一对。同年，准格尔旗纳林沟煤矿接通了清水河喇嘛湾发电厂至该矿的 10 千伏输电线路，开拓了阴场井 800 米巷道，使用电机车运输，并改造了 700 米无极绳绞车双轨提升斜井一对，井下开始使用电煤钻、截割机进行落煤，正式开始步入半机械化生产的行列。

20 世纪 70 年代中期，伊克昭盟各国营煤矿逐步实现了半机械化开采。鄂托克旗棋盘井煤矿、准格尔旗纳林沟煤矿、石圪台煤矿、达拉特旗纳林沟煤矿、乌珠沁素沟煤矿步入了半机械化开采行列。

20 世纪 70 年代中后期至 80 年代初期，伊金霍洛旗忽吉图煤矿、石圪台煤矿、后温家梁煤矿等国营煤矿均使用房柱式采煤法。这一时期的采煤方法较先前的残柱式采煤法有所改进，即在煤层中开掘房型硐室，硐室之间由煤柱间隔，采完房中煤后，采用后退式对房中煤柱进行回采。这种采煤方法使大量煤炭成为呆滞资源，大部分煤矿采出率低于 50%。

1977 年下半年，鄂托克旗棋盘井煤矿开始进行井下技术改造，率先采用短壁式采煤，并采用金属支柱、采煤机开采。更新了提升绞车，建成了风房机，井下改为 50 米短壁工作面；明火爆破改为电雷管爆破；工作面运输改为 17 型刮板输送机和 20 型刮板输送机。刮板输送机的使用标志着伊克昭盟煤矿由柱式向壁式采煤的转变。

1979年，城坡煤矿完成了截煤机掏槽、爆破落煤、人工装煤、矿车运煤的半机械化生产改造。1980年，高头窑煤矿、忽吉图煤矿、城坡煤矿也加入了半机械化开采行列，高头窑煤矿改用小型割煤机掏槽，忽吉图煤矿引进了电煤钻、截割机。准格尔旗纳林沟煤矿使用了刮板输送机。

1983年，鄂托克旗棋盘井煤矿通过内蒙古协作办，从无锡无偿引进40万元的煤矿专用设备，并进行技术改造，煤矿实现了长壁式采煤法。采用正规采煤法之后，采煤队煤炭年产量达到20万吨。同年，高头窑煤矿从山西矿业学院引进了一台截割机，开始在井下使用。

20世纪80年代后期，随着煤矿体制与管理的改革，残柱式采煤法逐渐淘汰。1985年起，五圪图煤矿、后温家梁煤矿开始采用半机械化开采。1989年，石圪台煤矿对井下设施进行技术改造，布置倾斜对拉工作面，分层开采。初期以炮采和普采为主，顺槽用刮板输送机运输。这一时期，伊克昭盟乡镇煤矿依然采用柱式采煤法，大多数煤矿以掘代采。

20世纪90年代初，以鄂托克旗棋盘井煤矿为代表的国营煤矿采煤先进技术向乡镇煤矿辐射，带动了一大批乡镇煤矿技术装备水平的提高。鄂托克旗东方红煤矿、阿木巴斯苏木煤矿、碱柜煤矿、自来水煤矿、雀沟煤矿、兽药厂煤矿，准格尔旗杨窑子煤矿，杭锦旗的亚斯图煤矿等，均实现了半机械化生产，达到了“五消灭”标准，并装备有“小四件”（小绞车、水泵、煤电钻、局部通风机），安全状况普遍转好，成为当时全盟乡镇煤矿的示范矿井。

“八五”期间，是伊克昭盟煤炭工业发展的一个重要转折时期。随着公路、铁路与电力运输线路的建设，兴建了大批地方小型煤矿。但由于当时的经济条件较为困难，大多数煤矿的年生产能力在6万~15万吨。部分新建煤矿及改扩建的地方国营煤矿单井年生产能力在15万~30万吨，同时还有年生产能力仅为2万吨左右的小型乡镇煤矿。多数新建煤矿采用壁式采煤法，炮采工艺。大部分乡镇煤矿前期采用房柱式、残柱式采煤法，后期向壁式采煤法过渡。

1995年，伊克昭盟地方国营煤矿正规工作面达到12个，实现普采工作面达到5个。全盟地方国营煤矿全部实现“五消灭”。乡镇煤矿实现“五消灭”的矿井达到50个。装备“五小件”和实现半机械化生产的矿井达到50个。

1998年，部分地方乡镇煤矿进行改扩建，小型煤矿陆续由原来的手工装运、柱式采煤向壁式采煤法转变。经济效益较好的煤矿直接设计为壁式采煤、矿车运输、绞车提升，机械通风方式。

2000年，伊克昭盟地方煤矿由于资金投入不足，绝大多数煤矿仍采用房柱式开采，生产条件简陋。落后的采煤方法使资源浪费严重，绝大多数煤矿达不到《内蒙古自治区地方煤矿管理条例》的规定，实际采出率仅为15%~30%。

2001—2005年，鄂尔多斯市煤矿压减至601座，矿井的采掘机械化程度大幅提升，但大多数小煤矿生产技术装备及开采工艺仍较为落后。对此，鄂尔多斯市煤炭局提出积极推进采煤方式的改革，全面推广壁式采煤法，采取“区段前进、工作面后退、中央边界式通风”的采煤方式。私人开办的小煤矿按鄂尔多斯市煤炭局要求，积极改变落后的采煤方式，向技术进步要产量、要效益。鄂尔多斯全市煤炭产量由1990年的410.64万吨增长到2004年的10128万吨。

（三）机械化采煤

20世纪70年代，伊克昭盟地区只有

棋盘井与纳林沟煤矿实现井下普通机械化开采。1975 年，纳林沟煤矿首次试用滑移顶梁液压支架分层长壁采煤法，配置刮板输送机运输。1977 年，棋盘井煤矿引进了煤电钻、金属支柱、采煤机、电瓶机车、绞车及其他机械设备，将 17 型刮板输送机改为 40 型刮板输送机，形成从生产到运输的普通机械化采煤生产线，成为全盟地区第一个采用正规采煤方法的煤矿。20 世纪 80 年代新建的乡镇煤矿机械化程度也有了很大的提高。

1992 年，碾盘梁煤矿采用倾斜长壁一次采全高采煤法，工作面总长度 300 米，实现高档普通机械化采煤。

20 世纪 90 年代后期至 21 世纪初，神东煤炭集团公司各中直国营煤矿首先实现了机械化采煤，采、掘、运、支等采煤设备机械化程度 100%，达到了世界先进水平。1997 年，乌伦木兰煤矿进行技术改造，矿井采用一对斜井开拓，新增主运输井筒，新上一套国产综采设备，机械化程度达 100%，实现了传统开采向机械化开采的转变。同年，神东煤炭集团公司补连塔煤矿建成投产。2000 年，补连塔矿 3202 倾斜长壁综采工作面走向长度达 5000 米，工作面长度为 240 米，采高 4. 5 米，可采储量 700 万吨，创国内综采工作面走向长度最长新纪录。2001 年，补连塔矿装备了具有国际先进水平的大功率电牵引双滚筒采煤机，采取长壁后退式综合机械化开采，实现了运输系统皮带化、辅助运输胶轮化、生产系统远程自动化控制和安全监测监控系统自动化。

2001 年，鄂尔多斯市煤炭局提出要努力改进煤矿生产条件，改革采煤工艺，重点对地方煤矿进行技术改造，并且在有条件的骨干矿井实现机械通风，在 3 ~ 5 个煤矿试验“区段前进、工作面后退式”采煤工艺。2002 年，壁式工作面回采工艺迅速推广，部分煤矿引进推广新型割煤机，在煤层厚度 3 米以下矿井推行普通机械化采煤工艺。同时，在全市广泛推行“区段前进，工作面后退、中央边界式通风”的采煤方式。至 2002 年底，全市 550 座保留煤矿中近 200 座矿井完成了采煤工艺的改革。

2003 年，根据煤炭工业部“十五”发展规划中“提高矿井安全生产技术水平，制止低水平重复建设”的要求，鄂尔多斯市开始在全市煤矿进行“整合资源、重组资产、关小上大、联合改造”工作，对煤矿企业采取收购、兼并、联合、重组、股份制改造等形式进行整合，产量以 30 万吨为下限，技术以“普采”为下限。全市地方煤矿相继采用新型采煤机、可弯曲刮板输送机、高档普通机械化开采设备，部分国营煤矿采用综合机械化开采设备。通过这次技术改造，从整体上提高了全市乡镇煤矿开采技术水平，形成了综合采煤机械化、高档普通采煤机械化和普通采煤机械化等不同档次的机械化采煤技术共存的开采格局。

2003 年 12 月底，鄂尔多斯市共有 382 座煤矿实现了“区段前进、工作面后退、中央边界式通风”的采煤工艺，占生产煤矿的 85%。采煤方式的变革使采出率提高了 25% ~ 30%，矿井服务年限平均延长 8 年。是年，神东煤炭公司补连塔煤矿综采队生产原煤 924 万吨，10 月产原煤达 102. 85 吨，创国内煤矿综采队单面年产、月产原煤新纪录。

2004 年，鄂尔多斯市煤炭局组织编撰了《鄂尔多斯市地方煤矿推行机械化开采提高回采率实施方案》，要求地方煤矿在 2010 年以前实现以综采为主、普采为辅的机械化壁式开采方式，将资源回采率由 2004 年的不到 30% 提高到 70% ~ 80% 的水平。

2004年6月21日，我国首套自行研制的LY2000/10C型重叠式连续运输系统在上湾煤矿试生产。该套系统是由煤炭科学研究总院太原分院在原生产的LY2000/980-10型连续运输系统的基础上研制改装而成，共计10个单元，全长98～106米，总装机容量980千瓦。8月，上湾煤矿综采队生产原煤104.0339万吨，刷新综采队工作面月产世界纪录。是年，上湾煤矿应用综采工作面一次采全高生产工艺，生产原煤1075万吨，其中9月7日，日产45538吨，创国内煤矿综采单面、年产、日产原煤新纪录。补连塔煤矿综采工作面全年产量完成1006.45万吨，也刷新了综采队年产世界纪录。上湾煤矿51102综采工作面当年单套综采单面产煤共计1000.25万吨，成为全国第一个千万吨综采队。

2005年，根据内蒙古自治区煤炭产业政策，鄂尔多斯市采取了合并法保留煤矿井田、配置已关闭煤矿井田及无法新设矿业权零星边角资源等措施，全面拉开了对地方煤矿进行“整顿关闭、资源整合和技术改造”为内容的“三年攻坚战”。全市地方煤矿全部重新进行改扩建设计，对煤矿的开采、运输、通风、排水、供电、通信、安全等设备设施进行综合机械化技术改造。鄂尔多斯市政府与各旗区政府签订了《鄂尔多斯地方煤矿改革采煤方法、提高资源回采率目标责任状》，其责任目标为：截至2007年12月31日，各旗区境内的保留煤矿必须全部实现正规化开采，煤矿机械化装备水平不低于90%，煤矿百万吨死亡率控制在规定范围内。全市地方煤矿通过资源整合与关闭，控制在300座以内。境内各集团公司煤矿积极进行了机械化改造。

2005年9月28日，上湾煤矿51104工作面联合带煤试运转，成为世界首个300米加长大采高综采工作面。是年，神东煤炭分公司创建的“75331”工程，即建成了7个千万吨矿井、5个300米工作面、3个千万吨综采队、3个自动化工作面、1个百人千万吨矿井，矿区原煤产量达到10241万吨，为国内第一个亿吨现代化煤炭生产基地。

2006年，鄂尔多斯市针对全市276座保留煤矿存在的浅埋深硬厚煤层长壁开采顶板控制技术、浅埋深特厚煤层采煤生产技术、急倾斜煤层开采技术、浅埋深自燃煤层分层开采技术、浅埋深特厚煤层分层开采顶板控制技术、浅埋深特厚煤层放顶煤开采等技术难题，对准格尔旗、伊金霍洛旗、东胜区、达拉特旗和鄂托克旗的10个煤矿进行了采煤方法改革试验。采煤方法改革技术论证由煤炭科学研究总院开采研究分院承担，最终提交了《10个试点煤矿的采煤方法研究报告》，这些试点煤矿在煤炭科学研究总院的设计与指导下，成功进行了煤炭开采。各煤矿根据不同的煤炭赋存与生产条件，分别采用了不同的采煤方法。试点煤矿的这些采煤方法很快在相应特殊地质条件的煤矿得到推广应用。同年3月，神东煤炭分公司上湾煤矿综采队生产原煤107万吨，开创国内同行业综采队单面月产新纪录。同年，上湾煤矿综采队年产原煤1145万吨，创一个综采队连续3年产超千万吨的世界新纪录。补连塔煤矿全年生产商品煤2000.3万吨（原煤2112.4万吨），成为世界最大的井工矿，创建了“500人一井两面2000万吨”的生产模式。

根据鄂尔多斯煤田赋存较厚的地质条件，“三年技改攻坚战”后，综合机械化放顶煤开采技术在全市迅速推广。针对放顶煤开采工艺开采强度大、质量高、瓦斯涌出量大、采空空间高度大、瓦斯易于积聚、顶板冒落时大量瓦斯从采空区涌入工作面、采空区易造成煤层自燃等情况，鄂尔多斯市煤炭局要求煤矿严格按照《煤矿安全规程》中的有关煤层平均厚度小于4米、采放比大于1∶3、采空区或工作面采出率达不到矿井设计规范规定的、煤层有煤和瓦斯突出危险的、顶板不易冒落的充填采空区高度小于放顶煤高度的、矿井水文地质条件复杂的煤矿不可使用放顶煤开采技术进行开采。内蒙古伊东集团公司扶贫煤矿适合并采用综采放顶煤工艺，解决了特厚煤层综采放顶煤开采的技术难题，有针对性研发了掩护式放顶煤液压支架，成为全市采煤机械化发展的样板矿。伊泰集团阳湾沟煤矿也淘汰了原悬移支架放顶煤采煤法，改为综采放顶煤。

2007年5月，神东煤炭分公司上湾煤矿建成国内首个6.3米大采高工作面，创综采工作面采高世界纪录。7月，补连塔煤矿建成6米大采高重型工作面。10月9日，上湾煤矿综采队生产原煤46328吨，再创全国综采队生产新纪录。同年，综采队生产原煤1160万吨，原煤回采工效达885吨/工，创国内综采队年产、单矿原煤回采工效最高纪录。同年，神东煤炭分公司设备维修中心研制的国内第一台1.6米带式输送机自移机尾运量达到4000吨/小时，性能居国内同类设备之首。同年，昌汉沟煤矿建成了国内乃至世界首个6.3米大采高重型加长工作面。之后，昌汉沟煤矿又增至两个综合机械化采煤工作面。2007年底，全市煤矿减少至296座，淘汰关闭率达50%。其中地方煤矿276座，设计产能14700万吨/年。单井生产能力由过去的平均年产9万吨提高到51万吨。资源采出率提高到75%以上。全市年产120万吨以上的大型矿井30座，占全市地方煤矿总数的11.4%。境内重点煤炭企业的产量占到全市煤炭总产量的70%，形成了伊泰、汇能、伊东、满世等一批单井设计产能达到300万吨/年以上的大型地方煤炭企业集团。保留煤矿全部淘汰了传统采煤方式，实现了机械化、自动化。全市实现综采的煤矿46座，高档普采的煤矿65座，露天开采的煤矿57座，普采、联合采煤的煤矿108座。进行技改的276座地方煤矿中，单井技改122座（井工开采101座、露天开采21座），整合技改煤矿150座（井工开采92座、露天开采58座）。

2008年3月，神东煤炭集团公司拥有自主知识产权的“自移机尾成套技术研究”项目通过专家组验收。6月21日，上湾煤矿综采队生产原煤49797吨。本月生产原煤1186856吨，创造了单面日产、月产最高纪录。是年，该队单机单面安全生产原煤1204.4万吨，标志着全国首个1200万吨综采队在上湾煤矿成功创建。同年，补连塔煤矿引进国际先进水平的大功率电牵引双滚筒采煤机和连续采煤机，工作面日产突破1万吨，主要技术经济指标达到国际先进水平。

到2008年底，全市有163座煤矿完成了技术改造，占地方煤矿总数的60%。伊泰集团公司创建了一矿一面的采煤模式，13个所属煤矿全部使用综合机械化生产技术，单井生产能力由18.9万吨提高到158.84万吨，回采工效由2吨提高到58吨，矿井采出率提高到75%以上。

2009年12月31日，世界首个7米大采高综采工作面在补连塔煤矿22303综采工作面投入生产。该工作面长301米，掘进长度4971米，煤层厚度平均为7.55米。工作面装备由神华集团公司和郑州煤机集团公司合作研发改造的JDYR7LS7采煤机，采DBTX1000千瓦机头、机尾用天地奔牛公司制造的2.05米中部槽。采用神东煤炭集团公司国产化研发的国内最大的6300KVA移变。综采工作面设备总重量12000余吨。

到2010年底，鄂尔多斯市采煤机械化综合程度由整合技改前不足10%提高到75%以上，实现了综合化、机械化、正规化生产。鄂尔多斯市境内建成千万吨级煤矿9座，包括世界上规模最大的井工煤矿——年产2000万吨的布尔台煤矿。伊泰集团建成了年产1200万吨的酸刺沟煤矿。华电蒙泰不连沟煤矿、神东黄玉川煤矿等一批千万吨级综合机械化煤矿陆续开始筹建。

“十一五”期间，鄂尔多斯市的采煤机械化矿井主要集中在国有重点煤矿。形成了以综合机械化采煤工艺为主导，以高档普采工艺为补充的机械化开采格局。同时，部分地方私营煤矿也逐步实行了高档普采与综采。基本实现了《内蒙古自治区煤炭工业“十一五”采煤机械化发展规划纲要》中提出的到“十一五”期末，鄂尔多斯地区新建矿井建设规模不低于年产120万吨，大力推行综合机械化放顶煤开采工艺和大采高一次采全高综合机械化开采工艺，辅助选用高档普采工艺，形成30处综合机械化矿井的目标。

2011年5月26日，补连塔煤矿22304工作面调向工作结束后，世界上最大的采煤机在该工作面正式投运。该采煤机选用德国艾柯夫公司SL1000型采煤机，最大装机功率为2590千瓦，设计生产能力为6000吨/小时。本月，世界最大采高和总装机功率的综合采煤机在神东煤炭集团公司设备维修中心一厂二部车间组装完成，进入调试阶段。是年，上湾煤矿首创同类型综采单产达到年产1400万吨水平。

到2013年底，鄂尔多斯市共有煤矿339座（含在建煤矿29座），其中井工煤矿183座，露天煤矿156座，总设计生产能力5.1亿吨/年。同时已培育形成1亿吨级煤炭企业1户，5000万吨级煤炭企业1户，3000万吨级煤炭企业1户，1000万吨级煤炭企业7户。生产技术水平大幅提升。

2014年4月16日，神东煤炭集团公司设备维修中心一厂二部成功研制JOY采煤机变频器震动冷却试验台，填补了该公司加载检测试验变频器的空白。5月6日，神东皮带机公司研制生产的填补国家空白的3200米矿用长距离单点软启动可伸缩带式输送机顺利通过了内蒙古自治区科技厅组织的科学技术鉴定。6月23日，用于6000米单点驱动软控制可伸缩带式输送机的轻型低阻力托辊在该公司研发成功。

2015年5月6日，神东煤炭集团公司启动8.8米一次采全高综采技术研究项目。同年，上湾煤矿首次采用沿空留巷技术开采中厚煤层，对成套设备进行了完善和改进，创下了煤炭行业沿空留巷最大采高和效率的纪录。到2015年底，全市共有煤矿331座（露天煤矿153座、井工煤矿178座），总设计生产能力7.6亿吨/年，平均单井生产能力230万吨/年，最低规模30万吨/年，最高规模3500万吨/年。2015年，全市共有煤炭企业123户，煤炭产量6.2亿吨，完成销售5.4亿吨，居全国产煤地级市之首。

“十二五”期间，鄂尔多斯市境内大中型煤矿全部实现了机械化开采，中型煤矿采煤机械化程度达到80%以上，大型煤矿的采煤机械化程度达到95%以上，特大型煤矿采煤机械化程度达到100%。

2016年，神东煤炭公司为满足补连塔煤矿12511综采面8米一次采全高生产需求，将原3.5米煤机截割滚筒更换为4.5米截割滚筒，改造后采高达7.5米左右。并对EKFSL000/6595采煤机进行了改造，通过增加牵引减速箱高度，加长摇臂、更换滚筒，成功将 6.3 米采煤机升级为 7 米采煤机。

2018 年 3 月 20 日，神东煤炭集团公司与郑州煤矿机械集团股份有限公司共同研发的世界首套核心设备采煤机、8.8 米液压支架在上湾煤矿第一个 8.8 米智能超大采高工作面投入试生产，并获得成功。8.8 米超大采高综采成套装备为国家科技部重点研发项目，是具有完全自主知识产权的 8.8 米超大采高工作面，也是世界上第一个超大智能采高工作面，号称“超级工程”和“钢铁长城”。项目从立项到投运仅 1 年 2 个月，填补了国内外特厚煤炭层开采的技术空白，推动了中国采煤装备国产化的升级改造，标志着我国大采高回采工艺达到国际领先水平。项目投产后，上湾煤矿创造了一次采全高最高、单面产量最大、自动化采出率最高的世界纪录。

截至 2018 年 12 月底，按国家能源局发布的公告，鄂尔多斯市安全生产许可证等证照齐全的生产煤矿 244 个，产能在 1000 万吨以上的大矿有 9 个，产能在 500~900 万吨的煤矿有 15 个，有 7 个煤矿被取消公告（其中，有 5 个煤矿已于 2018 年公告实施关闭）。

截至 2018 年底，鄂尔多斯市在册的生产煤矿情况详见表 4-1-2。

2001—2018 年，鄂尔多斯市累计完成煤炭产量 678923 万吨，具体情况见表 4-1-3。

表 4-1-2 2018 年底鄂尔多斯市在册的生产煤矿一览表

序号	煤矿名称	生产能力（万吨/年）	安全生产许可证编号	备注
1	中国神华能源股份有限公司哈尔乌素分公司（哈尔乌素露天矿）	3500	（蒙）MK 安许证字〔2013KG016〕	
2	神华准格尔能源有限责任公司黑岱沟露天矿	3400	（蒙）MK 安许证字〔2014KG019〕	
3	中国神华能源股份有限公司补连塔煤矿	2800	（蒙）MK 安许证字〔2013KG011〕	
4	中国神华能源股份有限公司布尔台煤矿	2000	（蒙）MK 安许证字〔2012KG005〕	
5	内蒙古伊泰京粤酸刺沟矿业有限责任公司酸刺沟煤矿	1800	〔蒙〕MK 安许证字〔2013KD017〕	产能增加（原产能 1200 万吨/年）
6	中国神华能源股份有限公司上湾煤矿	1600	（蒙）MK 安许证字〔2013KG002〕	
7	内蒙古蒙泰不连沟煤业有限责任公司不连沟煤矿	1500	（蒙）MK 安许证字〔2013KG012〕	
8	鄂尔多斯市转龙湾煤炭有限公司转龙湾煤矿	1000	（蒙）MK 安许证字〔2017KG055〕	首次公告
9	中国神华能源股份有限公司万利一矿	1000	（蒙）MK 安许证字〔2013KG003〕	

表4-1-2（续）

序号	煤矿名称	生产能力（万吨/年）	安全生产许可证编号	备注
10	鄂尔多斯市华兴能源有限责任公司唐家会煤矿	900	（蒙）MK安许证字〔2016KG053〕	产能增加（原产能500万吨/年）
11	鄂尔多斯市中北煤化工有限公司色连二号煤矿	800	（蒙）MK安许证字〔2016KG052〕	产能增加（原产能400万吨/年）
12	内蒙古北联电能源开发有限责任公司高头窑煤矿	800	（蒙）MK安许证字〔2013KG038〕	
13	鄂尔多斯市昊华精煤有限责任公司铜匠川矿区高家梁一号井	750	（蒙）MK安许证字〔2013KG017〕	产能增加（原产能600万吨/年）
14	新能矿业有限公司王家塔煤矿	680	（蒙）MK安许证字〔2012K329〕	
15	内蒙古满世煤炭集团罐子沟煤炭有限责任公司煤矿	600	（蒙）MK安许证字〔2011K290〕	
16	神华集团包头矿业有限责任公司李家壕煤矿	600	（蒙）MK安许证字〔2014KG047〕	
17	准格尔旗魏家峁露天煤矿	600	（蒙）MK安许证字〔2013KG039〕	
18	内蒙古准格尔旗力量煤业有限公司大饭铺煤矿	510	（蒙）MK安许证字〔2014KG020〕	
19	中国神华能源股份有限公司乌兰木伦煤矿	510	（蒙）MK安许证字〔2013KG001〕	
20	鄂尔多斯市巴音孟克纳源煤炭有限责任公司	500	（蒙）MK安许证字〔2012K082〕	
21	鄂尔多斯市民达煤炭有限责任公司煤矿	500	（蒙）MK安许证字〔2009K121〕	
22	内蒙古双欣矿业有限公司杨家村煤矿	500	（蒙）MK安许证字〔2013KG013〕	
23	内蒙古伊泰煤炭股份有限公司宏景塔一矿	500	（蒙）MK安许证字〔2009K242〕	
24	内蒙古伊泰煤炭股份有限公司纳林庙煤矿二号井	500	（蒙）MK安许证字〔2013KD001〕	
25	内蒙古博源煤化工有限责任公司湾图沟煤矿	450	（蒙）MK安许证字〔2011K232〕	
26	中国神华能源股份有限公司金烽寸草塔煤矿	450	（蒙）MK安许证字〔2013KG004〕	
27	内蒙古鄂尔多斯潮脑梁煤炭有限公司	400	（蒙）MK安许证字〔2013K243〕	

表4-1-2（续）

序号	煤矿名称	生产能力（万吨/年）	安全生产许可证编号	备注
28	内蒙古鄂尔多斯永煤矿业投资有限公司马泰壕煤矿	400	（蒙）MK安许证字〔2017KG056〕	
29	准格尔旗昶旭煤炭有限责任公司煤矿	400	（蒙）MK安许证字〔2010K167〕	
30	内蒙古蒙泰煤电集团有限公司满来梁煤矿	360	（蒙）MK安许证字〔2015K345〕	产能增加（原产能180万吨/年）
31	内蒙古汇能煤电集团巴隆图煤炭有限公司煤矿	350	（蒙）MK安许证字〔2013K287〕	
32	鄂尔多斯市巴音孟克刘家渠煤炭有限责任公司	300	（蒙）MK安许证字〔2012K221〕	
33	鄂尔多斯市宏丰煤炭有限责任公司	300	（蒙）MK安许证字〔2012K042〕	
34	鄂尔多斯市永恒华煤炭运销有限公司前进煤矿	300	（蒙）MK安许证字〔2009K006〕	
35	内蒙古北联电能源开发有限责任公司铧尖露天煤矿	300	（蒙）MK安许证字〔2012KG015〕	
36	内蒙古李家塔煤矿	300	（蒙）MK安许证字〔2013KG040〕	
37	内蒙古赛蒙特尔煤业有限责任公司赛蒙特尔煤矿	300	（蒙）MK安许证字〔2010K316〕	
38	内蒙古三维资源集团小鱼沟煤炭有限公司	300	（蒙）MK安许证字〔2009K006〕	
39	内蒙古上海庙矿业有限责任公司榆树井煤矿	300	（蒙）MK安许证字〔2012KG018〕	
40	神东天隆集团有限责任公司霍洛湾煤矿	300	（蒙）MK安许证字〔2013KG032〕	
41	神东天隆集团有限责任公司武家塔露天煤矿	300	（蒙）MK安许证字〔2013KG008〕	
42	神华蒙西煤化股份有限公司棋盘井煤矿	300	（蒙）MK安许证字〔2013CG002〕	
43	中国神华能源股份有限公司柳塔煤矿	300	（蒙）MK安许证字〔2013KG010〕	
44	准格尔旗金正泰煤炭有限责任公司	300	（蒙）MK安许证字〔2013KD023〕	
45	准格尔旗纳林沟煤炭有限责任公司孙家壕煤矿	300	（蒙）MK安许证字〔2012K176〕	

表4-1-2（续）

序号	煤矿名称	生产能力（万吨/年）	安全生产许可证编号	备注
46	鄂尔多斯市和泰煤炭有限责任公司和泰煤矿	270	（蒙）MK安许证字〔2012K157〕	
47	鄂尔多斯市蒙泰范家村煤业有限责任公司范家村煤矿	240	（蒙）MK安许证字〔2009K300〕	
48	鄂尔多斯市乌兰煤炭（集团）有限责任公司温家塔煤矿	240	（蒙）MK安许证字〔2009K090〕	
49	内蒙古汇能煤电集团羊市塔煤炭有限责任公司二矿	240	（蒙）MK安许证字〔2009K296〕	
50	内蒙古锦泰能源有限公司长滩煤矿	240	（蒙）MK安许证字〔2010K309〕	
51	内蒙古聚祥煤业集团有限公司阳塔煤矿	240	（蒙）MK安许证字〔2010K200〕	
52	内蒙古伊东集团宏测煤炭有限责任公司	240	（蒙）MK安许证字〔2009K005〕	
53	内蒙古伊东集团宏鑫煤炭有限责任公司煤矿	240	（蒙）MK安许证字〔2009K006〕	
54	内蒙古伊东煤炭集团窑沟扶贫煤炭有限责任公司	240	（蒙）MK安许证字〔2007K250〕	
55	内蒙古伊泰煤炭股份有限公司大地精煤矿	240	（蒙）MK安许证字〔2009K142〕	
56	内蒙古准格尔旗特弘煤炭有限公司官板乌素煤矿	240	（蒙）MK安许证字〔2013KG023〕	
57	中国神华能源股份有限公司寸草塔煤矿	240	（蒙）MK安许证字〔2013KG014〕	
58	准格尔旗弓家塔宝平湾煤炭有限责任公司煤矿	240	（蒙）MK安许证字〔2011K152〕	
59	准格尔旗纳林沟煤炭有限责任公司沙咀子煤矿	240	（蒙）MK安许证字〔2009K212〕	
60	准格尔旗云飞矿业有限责任公司串草圪旦煤矿	240	（蒙）MK安许证字〔2013KG006〕	
61	鄂尔多斯市嘉信德煤业有限公司煤矿	210	（蒙）MK安许证字〔2013KG041〕	
62	鄂尔多斯市大源煤炭有限责任公司柳林沟煤矿	200	（蒙）MK安许证字〔2013K210〕	
63	达拉特旗黑塔沟瑞光煤矿	180	（蒙）MK安许证字〔2011K257〕	

表 4-1-2（续）

序号	煤矿名称	生产能力（万吨/年）	安全生产许可证编号	备注
64	鄂尔多斯市东胜区平梁张大银煤矿	180	（蒙）MK 安许证字〔2013KG037〕	
65	鄂尔多斯市恒泰煤炭有限公司碾盘梁一井	180	（蒙）MK 安许证字〔2009K297〕	
66	鄂尔多斯市荣恒矿业有限责任公司煤矿	180	（蒙）MK 安许证字〔2009K139〕	
67	鄂尔多斯市瑞德煤化有限责任公司瑞德煤矿	180	（蒙）MK 安许证字〔2011K022〕	
68	鄂尔多斯市乌兰煤炭（集团）有限责任公司特拉布拉煤矿	180	（蒙）MK 安许证字〔2017K036〕	
69	鄂尔多斯市乌兰煤炭集团有限责任公司后温家梁煤矿	180	（蒙）MK 安许证字〔2013KD009〕	
70	内蒙古科建煤炭有限责任公司煤矿	180	（蒙）MK 安许证字〔2008K236〕	
71	内蒙古满世煤炭集团点石沟煤炭有限责任公司煤矿	180	（蒙）MK 安许证字〔2011K054〕	
72	内蒙古棋盘井矿业有限责任公司煤矿	180	（蒙）MK 安许证字〔2013KD011〕	
73	内蒙古伊东煤炭集团有限责任公司东圪堵煤矿	180	（蒙）MK 安许证字〔2009K044〕	
74	内蒙古伊泰宝山煤炭有限责任公司宝山煤矿	180	（蒙）MK 安许证字〔2009K061〕	
75	内蒙古伊泰煤炭股份有限公司纳林庙煤矿一号井	180	（蒙）MK 安许证字〔2013KD006〕	
76	准格尔旗经纬煤业有限责任公司煤矿	180	（蒙）MK 安许证字〔2010K267〕	
77	准格尔旗神山镇永利煤炭有限责任公司永利煤矿	180	（蒙）MK 安许证字〔2010K206〕	
78	准格尔旗永智煤炭有限公司煤矿	180	（蒙）MK 安许证字〔2009K213〕	
79	达拉特旗苏家沟煤炭有限责任公司苏家沟股份制井	150	（蒙）MK 安许证字〔2013KG044〕	
80	鄂尔多斯市乌兰煤炭（集团）有限责任公司满来梁煤矿	150	（蒙）MK 安许证字〔2009K145〕	
81	鄂尔多斯市准格尔旗聚能煤炭集团有限责任公司壕赖梁煤矿	150	（蒙）MK 安许证字〔2008K019〕	

表4-1-2（续）

序号	煤矿名称	生产能力（万吨/年）	安全生产许可证编号	备注
82	内蒙古恒东集团宏亚煤炭有限公司煤矿	150	（蒙）MK安许证字〔2012K151〕	产能减少（原产能270万吨/年）名称变更（原名内蒙古宇生能源有限责任公司宏亚煤矿）
83	内蒙古华电蒙能金通煤业有限公司	150	（蒙）MK安许证字〔2010K227〕	
84	内蒙古汇能煤电集团羊市塔煤炭有限责任公司一矿	150	（蒙）MK安许证字〔2009K295〕	
85	内蒙古嘉烨煤业有限责任公司兴恒煤矿	150	（蒙）MK安许证字〔2010K232〕	
86	内蒙古兴隆能源集团有限公司黑岱沟煤矿	150	（蒙）MK安许证字〔2009K283〕	
87	内蒙古伊泰同达煤炭有限责任公司丁家渠煤矿	150	（蒙）MK安许证字〔2009K124〕	
88	准格尔唐公塔煤矿唐公塔矿井	150	（蒙）MK安许证字〔2013K157〕	
89	鄂尔多斯市金阳煤炭有限责任公司煤矿	120	（蒙）MK安许证字〔2008K262〕	
90	鄂尔多斯市金运煤炭有限责任公司	120	（蒙）MK安许证字〔2013KD007〕	
91	鄂尔多斯市蒙西鑫源煤业有限公司	120	（蒙）MK安许证字〔2016K266〕	
92	鄂尔多斯市盛鑫煤业有限责任公司煤矿	120	（蒙）MK安许证字〔2015KG050〕	
93	鄂尔多斯市腾远煤炭有限责任公司	120	（蒙）MK安许证字〔2015K342〕	
94	鄂尔多斯市兴盛达煤业有限公司煤矿	120	（蒙）MK安许证字〔2011K217〕	
95	鄂尔多斯市闫家沟鑫东煤炭有限责任公司	120	（蒙）MK安许证字〔2009K299〕	
96	鄂尔多斯市永顺煤炭有限责任公司煤矿	120	（蒙）MK安许证字〔2010K220〕	
97	鄂尔多斯市正丰矿业有限责任公司鄂托克旗双欣煤矿	120	（蒙）MK安许证字〔2014K246〕	
98	鄂尔多斯市准格尔旗蒙泰远兴煤炭有限责任公司远兴煤矿	120	（蒙）MK安许证字〔2014K099〕	

表 4-1-2（续）

序号	煤矿名称	生产能力（万吨/年）	安全生产许可证编号	备注
99	鄂托克旗建元煤焦化有限责任公司建元煤矿	120	（蒙）MK 安许证字〔2012K330〕	
100	鄂托克旗乌仁都西煤焦有限责任公司煤矿	120	（蒙）MK 安许证字〔2012K328〕	产能减少（原产能150 万吨/年）
101	内蒙古宝丰矿业有限责任公司	120	（蒙）MK 安许证字〔2011K180〕	
102	内蒙古宝利煤炭有限公司煤矿	120	（蒙）MK 安许证字〔2013KG007〕	
103	内蒙古鄂尔多斯煤炭有限责任公司阿尔巴斯煤矿（二井）	120	（蒙）MK 安许证字〔2009K281〕	
104	内蒙古鄂尔多斯煤炭有限责任公司煤矿	120	（蒙）MK 安许证字〔2011QK003〕	
105	内蒙古满世煤炭集团四道柳煤炭有限责任公司煤矿	120	（蒙）MK 安许证字〔2009K160〕	
106	内蒙古蒙发煤炭有限责任公司呼和乌素煤矿	120	（蒙）MK 安许证字〔2011K032〕	
107	内蒙古蒙南煤炭有限公司碓臼沟煤矿	120	（蒙）MK 安许证字〔2009K173〕	
108	内蒙古蒙西煤业有限公司库里火沙兔煤矿	120	（蒙）MK 安许证字〔2015K343〕	
109	内蒙古蒙西煤炭有限责任公司蒙西煤矿	120	（蒙）MK 安许证字〔2013K334〕	
110	内蒙古三鼎煤炭有限责任公司煤矿	120	（蒙）MK 安许证字〔2013KD005〕	
111	内蒙古特弘煤电集团有限责任公司来叶沟煤矿	120	（蒙）MK 安许证字〔2010K178〕	
112	内蒙古伊东集团忽沙图煤炭有限责任公司忽沙图煤矿（二矿）	120	（蒙）MK 安许证字〔2010K306〕	
113	内蒙古伊东煤炭集团有限责任公司纳林庙煤矿石湾子三井	120	（蒙）MK 安许证字〔2009K003〕	
114	内蒙古伊东煤炭集团有限责任公司西乌素沟煤矿	120	（蒙）MK 安许证字〔2010K076〕	
115	内蒙古伊泰西部煤业有限责任公司安家坡煤矿	120	（蒙）MK 安许证字〔2017K018〕	
116	内蒙古怡和聚源煤炭有限公司	120	（蒙）MK 安许证字〔2013KD002〕	

表4-1-2（续）

序号	煤矿名称	生产能力（万吨/年）	安全生产许可证编号	备注
117	内蒙古友恒煤炭有限责任公司益民煤矿	120	（蒙）MK安许证字〔2011K127〕	
118	内蒙古准格尔旗美日煤炭有限责任公司花图沟煤矿	120	（蒙）MK安许证字〔2010K305〕	产能减少（原产能270万吨/年）
119	兖州煤业鄂尔多斯能化有限公司安源煤矿	120	（蒙）MK安许证字〔2013KG036〕	
120	伊金霍洛旗东博煤炭有限责任公司煤矿	120	（蒙）MK安许证字〔2012K327〕	
121	伊金霍洛旗呼能煤炭有限责任公司丁家梁煤矿	120	（蒙）MK安许证字〔2016K089〕	
122	伊金霍洛旗呼氏煤炭有限责任公司淖尔壕煤矿	120	（蒙）MK安许证字〔2015KG051〕	
123	伊金霍洛旗新庙镇敬老院煤矿	120	（蒙）MK安许证字〔2013KG024〕	
124	准格尔旗川掌镇石圪图煤炭有限责任公司	120	（蒙）MK安许证字〔2013K185〕	
125	准格尔旗鸿鑫纳户沟煤炭有限责任公司	120	（蒙）MK安许证字〔2013K111〕	
126	准格尔旗隆达煤炭有限责任公司单市塔镇炭窑渠煤矿	120	（蒙）MK安许证字〔2010K183〕	
127	准格尔旗荣祥煤焦化有限责任公司山不拉煤矿	120	（蒙）MK安许证字〔2014KG046〕	
128	准格尔旗神山煤炭有限责任公司敖家沟西梁煤矿	120	（蒙）MK安许证字〔2010K198〕	
129	准格尔旗云凯煤炭有限责任公司	120	（蒙）MK安许证字〔2014K110〕	
130	准格尔旗神陶煤炭运销有限责任公司营沙壕煤矿	100	（蒙）MK安许证字〔2012K103〕	
131	达拉特旗潮脑沟后阴塔煤矿	90	（蒙）MK安许证字〔2011K056〕	
132	鄂尔多斯市广利煤炭有限责任公司纳林庙煤矿	90	（蒙）MK安许证字〔2015K34〕	
133	鄂尔多斯市神通煤炭有限公司煤矿	90	（蒙）MK安许证字〔2010K226〕	
134	鄂尔多斯市乌兰煤炭（集团）有限责任公司石圪台煤矿	90	（蒙）MK安许证字〔2009KD008〕	

表 4-1-2（续）

序号	煤矿名称	生产能力（万吨/年）	安全生产许可证编号	备注
135	鄂尔多斯市乌兰煤炭（集团）有限责任公司温家梁三号煤矿	90	（蒙）MK 安许证字〔2009K033〕	
136	鄂尔多斯市闫家渠煤炭有限责任公司闫家渠煤矿	90	（蒙）MK 安许证字〔2009K136〕	
137	内蒙古鄂尔多斯煤炭有限责任公司白云乌素矿区 11-15 线煤矿	90	（蒙）MK 安许证字〔2013K337〕	
138	内蒙古海华煤炭有限公司江木图南井	90	（蒙）MK 安许证字〔2013KD003〕	
139	内蒙古燎原煤业有限责任公司	90	（蒙）MK 安许证字〔2014KG045〕	
140	内蒙古棋盘井矿业有限责任公司荣兴西来峰煤矿	90	（蒙）MK 安许证字〔2013K336〕	
141	内蒙古荣达煤业（集团）有限公司荣达煤矿	60	（蒙）MK 安许证字〔2012K199〕	
142	内蒙古伊东煤炭有限责任公司致富煤矿	90	（蒙）MK 安许证字〔2014K159〕	
143	内蒙古伊丰矿业有限责任公司煤矿	90	（蒙）MK 安许证字〔2010K148〕	
144	内蒙古准格尔旗如意苏家沟煤矿有限责任公司	90	（蒙）MK 安许证字〔2010K154〕	
145	陕西宇佳投资置业有限公司羊场煤矿	90	（蒙）MK 安许证字〔2013K260〕	
146	伊金霍洛旗昊达煤炭有限责任公司煤矿	90	（蒙）MK 安许证字〔2009K069〕	
147	伊金霍洛旗纳林陶亥煤炭经营运销公司小纳林沟煤矿	90	（蒙）MK 安许证字〔2014K029〕	
148	伊金霍洛旗新庙阿会沟致富煤矿	90	（蒙）MK 安许证字〔2015K340〕	
149	伊金霍洛旗兴隆煤矿	90	（蒙）MK 安许证字〔2012K134〕	
150	伊旗机井队巴龙图沟煤矿	90	（蒙）MK 安许证字〔2017K149〕	首次公告
151	内蒙古鄂尔多斯电力冶金股份有限公司一矿	80	（蒙）MK 安许证字〔2011K318〕	
152	达拉特旗创新煤矿	60	（蒙）MK 安许证字〔2011K239〕	

表 4-1-2（续）

序号	煤矿名称	生产能力（万吨/年）	安全生产许可证编号	备注
153	达拉特旗东杨煤矿	60	（蒙）MK 安许证字〔2014K261〕	
154	达拉特旗丰胜奎煤矿	60	（蒙）MK 安许证字〔2013K321〕	
155	达拉特旗高头窑李五兴煤矿	60	（蒙）MK 安许证字〔2007K259〕	
156	达拉特旗高头窑张美厚煤矿	60	（蒙）MK 安许证字〔2011K237〕	
157	达拉特旗物华煤炭有限责任公司	60	（蒙）MK 安许证字〔2014K241〕	
158	达拉特旗益阳煤炭有限责任公司高头窑煤矿	60	（蒙）MK 安许证字〔2013KG021〕	
159	鄂尔多斯市巴音孟克煤炭有限责任公司	60	（蒙）MK 安许证字〔2008K223〕	
160	鄂尔多斯市东胜区鑫源煤炭有限责任公司露天煤矿	60	（蒙）MK 安许证字〔2013K254〕	
161	鄂尔多斯市广厦煤炭运销有限公司刘家渠煤矿	60	（蒙）MK 安许证字〔2010K030〕	
162	鄂尔多斯市鸿森矿业有限责任公司贾家渠煤矿	60	（蒙）MK 安许证字〔2011K130〕	
163	鄂尔多斯市聚鑫龙煤炭有限公司煤矿	60	（蒙）MK 安许证字〔2009K219〕	
164	鄂尔多斯市蒙泰骆驼山煤业有限责任公司骆驼山煤矿	60	（蒙）MK 安许证字〔2011K289〕	
165	鄂尔多斯市蒙西鑫盛煤业有限公司煤矿	60	（蒙）MK 安许证字〔2014K285〕	
166	鄂尔多斯市神伊煤炭有限责任公司	60	（蒙）MK 安许证字〔2014K031〕	
167	鄂尔多斯市乌兰煤炭（集团）有限责任公司满来壕煤矿	60	（蒙）MK 安许证字〔2012K070〕	
168	鄂尔多斯市乌兰煤炭（集团）有限责任公司武家塔煤矿	60	（蒙）MK 安许证字〔2012KD010〕	
169	鄂尔多斯市亿宏煤矿	60	（蒙）MK 安许证字〔2013KX018〕	
170	鄂尔多斯市裕隆富祥矿业有限公司裕隆富祥煤矿	60	（蒙）MK 安许证字〔2009K284〕	

表 4-1-2（续）

序号	煤矿名称	生产能力（万吨/年）	安全生产许可证编号	备注
171	鄂尔多斯市张家梁煤炭有限责任公司	60	（蒙）MK 安许证字〔2013KG034〕	
172	鄂尔多斯市振兴煤业有限公司	60	（蒙）MK 安许证字〔2008K225〕	
173	鄂旗阿尔巴斯骆驼山鑫源煤矿	60	（蒙）MK 安许证字〔2011K324〕	
174	鄂托克旗巴音乌素六保煤矿	60	（蒙）MK 安许证字〔2014K303〕	
175	鄂托克旗晨光煤焦化有限责任公司煤矿	60	（蒙）MK 安许证字〔2015K338〕	
176	鄂托克旗东辰煤矿	60	（蒙）MK 安许证字〔2011K319〕	
177	鄂托克旗东亨煤矿	60	（蒙）MK 安许证字〔2011K273〕	
178	鄂托克旗尔格图煤矿	60	（蒙）MK 安许证字〔2016K313〕	
179	鄂托克旗福强煤业有限公司	60	（蒙）MK 安许证字〔2014K265〕	
180	鄂托克旗金欧煤矿	60	（蒙）MK 安许证字〔2011K322〕	
181	鄂托克旗棋盘井呼武煤矿	60	（蒙）MK 安许证字〔2010K251〕	
182	鄂托克旗棋盘井新胜煤矿	60	（蒙）MK 安许证字〔2013K332〕	
183	鄂托克旗新亚煤焦有限责任公司煤矿	60	（蒙）MK 安许证字〔2014K272〕	
184	鄂托克前旗长城煤矿有限责任公司	60	（蒙）MK 安许证字〔2013KG009〕	
185	弘业集团内蒙古宝丰煤矿有限责任公司	60	（蒙）MK 安许证字〔2013K292〕	
186	内蒙古八宝沟煤炭有限责任公司煤矿	60	（蒙）MK 安许证字〔2013K083〕	
187	内蒙古广纳煤业集团久丰矿业有限责任公司煤矿	60	（蒙）MK 安许证字〔2016K347〕	

表4-1-2（续）

序号	煤矿名称	生产能力（万吨/年）	安全生产许可证编号	备注
188	内蒙古广纳煤业集团利达矿业有限公司煤矿	60	（蒙）MK安许证字〔2011K302〕	
189	内蒙古广纳煤业集团天斯图矿业有限责任公司煤矿	60	（蒙）MK安许证字〔2011K325〕	
190	内蒙古广泰煤业集团华武煤业有限公司	60	（蒙）MK安许证字〔2018K256〕	首次公告
191	内蒙古华通瑞盛能源有限公司兴旺露天矿	60	（蒙）MK安许证字〔2013KG033〕	
192	内蒙古嘉烨煤业有限责任公司创业煤矿	60	（蒙）MK安许证字〔2009K280〕	
193	内蒙古通福煤炭有限责任公司煤矿	60	（蒙）MK安许证字〔2013K072〕	
194	内蒙古西蒙煤炭有限公司准旗弓家塔煤矿	60	（蒙）MK安许证字〔2011K010〕	
195	内蒙古星光煤炭集团有限责任公司一号井	60	（蒙）MK安许证字〔2008K275〕	
196	内蒙古杨家梁煤炭有限责任公司杨家梁煤矿	60	（蒙）MK安许证字〔2013KG030〕	
197	内蒙古伊东煤炭集团有限责任公司大庙渠煤矿	60	（蒙）MK安许证字〔2009K002〕	
198	内蒙古伊东煤炭有限责任公司敖劳不拉煤矿	60	（蒙）MK安许证字〔2013K158〕	
199	内蒙古油房渠矿业有限公司	60	（蒙）MK安许证字〔2013KG031〕	
200	内蒙古裕兴矿业有限公司煤矿	60	（蒙）MK安许证字〔2013KG042〕	
201	伊金霍洛旗常青煤炭有限责任公司	60	（蒙）MK安许证字〔2011K088〕	
202	伊金霍洛旗华能井煤矿有限公司煤矿	60	（蒙）MK安许证字〔2013K333〕	
203	伊金霍洛旗兰家塔富源煤炭有限责任公司煤矿	60	（蒙）MK安许证字〔2013K038〕	
204	伊金霍洛旗纳林塔纳林沟煤矿	60	（蒙）MK安许证字〔2014K140〕	

表 4-1-2（续）

序号	煤矿名称	生产能力（万吨/年）	安全生产许可证编号	备注
205	伊金霍洛旗乌兰煤矿	60	（蒙）MK 安许证字〔2008KG27〕	
206	伊金霍洛旗新庙丁家梁煤矿	60	（蒙）MK 安许证字〔2014K060〕	
207	伊金霍洛旗新庙三星煤矿	60	（蒙）MK 安许证字〔2012K040〕	
208	伊金霍洛旗育才煤炭有限责任公司煤矿	60	（蒙）MK 安许证字〔2012K125〕	
209	伊旗新庙乡石场湾煤矿有限公司煤矿	60	（蒙）MK 安许证字〔2013KG026〕	
210	中国神华能源股份有限公司神山露天煤矿	60	（蒙）MK 安许证字〔2013KG025〕	
211	准格尔旗尔林兔煤炭有限责任公司煤矿	60	（蒙）MK 安许证字〔2013K202〕	
212	准格尔旗光裕煤矿有限责任公司	60	（蒙）MK 安许证字〔2009K164〕	
213	准格尔旗怀远壕赖沟煤矿有限责任公司煤矿	60	（蒙）MK 安许证字〔2011K216〕	
214	准格尔旗金利煤矿有限责任公司	60	（蒙）MK 安许证字〔2012K170〕	
215	准格尔旗景福煤炭有限公司吴家梁股份煤矿	60	（蒙）MK 安许证字〔2008K101〕	
216	准格尔旗聚鑫煤焦有限责任公司高西沟煤矿	60	（蒙）MK 安许证字〔2013KG028〕	
217	准格尔旗山贵煤炭有限责任公司煤矿	60	（蒙）MK 安许证字〔2012K308〕	
218	准格尔旗食联煤炭有限责任公司煤矿	60	（蒙）MK 安许证字〔2013K159〕	
219	准格尔旗乌兰渠煤炭有限责任公司煤矿	60	（蒙）MK 安许证字〔2008K187〕	
220	准格尔旗欣发达煤矿	60	（蒙）MK 安许证字〔2013K174〕	
221	准格尔旗羊市塔奎乌煤矿	60	（蒙）MK 安许证字〔2012K214〕	

表4-1-2（续）

序号	煤矿名称	生产能力（万吨/年）	安全生产许可证编号	备注
222	准格尔旗羊市塔乡乌拉素煤炭有限责任公司	60	（蒙）MK安许证字〔2012K113〕	
223	准格尔旗羊市塔正泰煤矿	60	（蒙）MK安许证字〔2010K169〕	
224	准格尔旗赵二成渠煤炭有限责任公司煤矿	60	（蒙）MK安许证字〔2013K168〕	
225	准格尔旗卓正煤矿有限责任公司	60	（蒙）MK安许证字〔2010K315〕	
226	鄂尔多斯市东达煤炭有限责任公司峁尾巴精煤二矿	45	（蒙）MK安许证字〔2013K024〕	
227	伊金霍洛旗乌兰木伦朝阳煤矿	45	（蒙）MK安许证字〔2011K028〕	
228	伊金霍洛旗新庙三界沟煤矿	45	（蒙）MK安许证字〔2009K128〕	
229	伊金霍洛旗忠华煤炭有限责任公司煤矿	45	（蒙）MK安许证字〔2016K141〕	
230	鄂尔多斯市达拉特旗蒙新煤炭有限责任公司杭盖沟煤矿	30	（蒙）MK安许证字〔2008K263〕	
231	内蒙古鄂托克旗西阿煤炭有限责任公司煤矿	30	（蒙）MK安许证字〔2007K253〕	
232	达拉特旗通瑞（露天）煤矿	0	（蒙）MK安许证字〔2008K233〕	取消公告（原产能30万吨/年）
233	鄂尔多斯市新庙富安煤矿	0	（蒙）MK安许证字〔2009K039〕	取消公告（原产能120万吨/年）
234	内蒙古汇能煤电集团有限公司泰山煤矿	0	（蒙）MK安许证字〔2010K204〕	取消公告（原产能180万吨/年）
235	内蒙古君平煤炭有限责任公司	0	（蒙）MK安许证字〔2010K301〕	取消公告（原产能30万吨/年）
236	内蒙古鑫泰煤炭开采有限公司文玉煤矿	0	（蒙）MK安许证字〔2013KG043〕	取消公告（原产能300万吨/年）
237	准格尔旗公沟煤炭有限责任公司煤矿	0	（蒙）MK安许证字〔2009K189〕	取消公告（原产能240万吨/年）
238	准格尔旗弓家塔布尔洞煤炭有限责任公司煤矿	0	（蒙）MK安许证字〔2010K181〕	取消公告（原产能240万吨/年）

表 4-1-3 2001—2018 年鄂尔多斯市煤炭产量统计表

年份	产量（万吨）	同比（%）	年份	产量（万吨）	同比（%）
2001	3629	—	2010	44934	32.80
2002	5919	63.1	2011	58794	30.8
2003	8103	36.9	2012	63938	8.7
2004	12777	57.7	2013	63071	-1.4
2005	15253	19.4	2014	63119	0.1
2006	17625	15.6	2015	61516	-2.5
2007	19850	12.6	2016	56816	-7.6
2008	27878	40.4	2017	60246	6.7
2009	33840	21.4	2018	61615	7.6

三、采区支护

中华人民共和国成立初期，伊克昭盟地区煤矿的支护方式是采用木棚支护。20世纪70年代的土法开采时期，伊克昭盟地区煤矿支护方式为梅花式方口煤柱支护，即在工作面打两条梅花式的支柱，把暗门内的煤采完后，再拆除支柱。

20世纪80年代初，伊金霍洛旗忽吉图等煤矿改变支护方式，在煤层中开掘房型硐室，硐室之间由煤柱间隔，用以支持顶板。1983年，鄂托克旗棋盘井煤矿率先采用了金属支柱支护。1987年，唐公沟煤矿采用了金属网护顶，金属支柱支护方式。1988年，东胜市昌汉沟煤矿采用HZWA-2300型金属支柱的支护方式。1989年，石圪台煤矿的支护方式采用金属摩擦支柱管理顶板。

20世纪90年代初，伊克昭盟地方、乡镇煤矿普遍采用摩擦式金属支柱支护顶板方式。1990年，忽吉图煤矿采用滑移支架支护，时有金属支柱3000根、铰接顶梁3000根、移滑支架100架。1991年，纳林沟煤矿采用了滑移顶梁液压支架。1992年，内蒙古自治区煤炭厅支援东胜市酸刺沟煤矿1000根摩擦金属支柱，生产能力扩大到了15万吨/年。同年，伊泰集团新建的木图沟煤矿工作面使用单体液压支柱支护。伊金霍洛旗布尔台煤矿采用分层开采长壁式金属网假顶全部垮落法，摩擦支柱支护。同年5月，棋盘井煤矿回风巷推广应用了锚杆支护，工作面采用单体液压支柱支护方式。1998年，弓家塔煤矿改扩建后，工作面采用分层金属网假顶，金属摩擦支柱支护方式。

2001年，补连塔煤矿建成投产后，采用高阻力液压支架。2002年，根据鄂尔多斯市煤炭局的要求，地方煤矿煤层厚度3米以下矿井普遍推行摩擦支柱的支护方式。2003年，全市地方煤矿相继采用了金属摩擦支柱、单体液压支柱和金属铰接顶梁、液压支架支护方式，部分国营煤矿在厚煤层井田采用放顶煤支架。同年，新建的准格尔旗弓家塔布尔洞沟煤矿使用ZY3000/12126型掩护式液压支架，运输巷及回风巷为单体液压支柱配金属铰接顶梁支护。2004年，鄂尔多斯市在煤层厚度3米以下的煤矿推广了摩擦或金属支柱支护。同年，上湾煤矿综采队液压支架为DBT2 * 4319/142支架，补连塔煤矿综采队工作面液压支架为DBT/143支架。

2006年，达拉特旗吴四圪堵煤矿采用低位放顶煤支架。在鄂尔多斯市煤矿技术改造期间，自移式液压支架开始在井下广泛使用，实现了工作面的控顶工序机械化。是年，唐公沟煤矿综采工作面采用ZZ5400/17/35四支撑掩护式液压支架。

2007年，内蒙古自治区煤炭工业管理局印发了《内蒙古自治区加强煤矿安全基础管理的实施意见》，其中第三十一条要求推行支护方式改革，采煤工作面用单体液压支柱、炮采悬移顶梁液压支架、综采液压支架等稳定性和可靠性较高的支护方式。新掘进和新布置的采煤工作面禁止采用木支护。现有井筒、主要运输大巷、主要回风大巷、石门等主要巷道和采煤工作面采用木支护的要抓紧整改，必须在2008年底前淘汰木支护。2009年之前淘汰金属摩擦支柱支护。新建、改扩建和资源整合矿井的采煤工作面，禁止使用木支护和金属摩擦支柱。此举极大地推动了鄂尔多斯市采煤支护方式的改革。

2015年，内蒙古伊东资源集团股份公司东圪堵煤矿采区大巷采用锚杆（索）网喷浆支护，回采巷采用锚杆（索）网联合支护。宏鑫煤矿4101综采工作面采用ZY6800/17/37型液压支架支护，端头采用ZYG6800/17/37型过渡支架和单体液压支柱配合金属铰接顶梁支护。工作面运输巷、回风巷超前支护分别采用2排单体液压支柱配合铰接顶梁支护，超前支护距离20米。孙家壕煤矿支护方式为支撑掩护式液压支架，顶板采用全部垮落法进行管理。

窑炭渠煤矿采用单体液压支护及掩护式液压支架，顶板管理采用锚网索及液压支柱支护，掩护式液压支护。玉川煤矿采用单体液压支护及掩护式液压支护，顶板采用锚网索及液压支柱主动支护，掩护式液压支护。

2016年底，神东煤炭集团公司共有各种类型液压支架71套。同年，为满足补连塔矿12511综采面8米一次采全高工作面生产需求，向郑州煤矿机械集团股份公司租赁了ZY21000/36.5/80D型液压支架一套（159台），2050毫米中心距，工作阻力21000千牛。

2018年3月，世界首套8.8米液压支架在神东煤炭集团公司上湾煤矿综采一队投入使用，创造了煤矿支护装备的世界新高度和煤机行业新的制造水平。

第四节 提升运输

一、矿井提升

新中国成立之前，伊克昭盟旧式煤窑运输提升皆用人力、畜力，部分矿井打立梯斜井，基本靠人力背煤，后采用平板车运煤。再后来又改用畜力车运煤和人推矿车运煤。新中国成立初期，准格尔旗榆树湾二道沟、石硖沟煤窑为季节性挖煤，春夏秋三季靠驴骡驮运，冬天黄河封冻后用拖子人工拉运。1954年，东胜县人民政府接管酸刺沟3处私人煤窑，更名为地方国营酸刺沟煤矿，开始使用人力背煤。1956年，该矿西一号井井下铺设轻轨，改用人推矿车运煤。1964年，酸刺沟煤矿开始使用绞车提升。

20世纪70年代，达拉特旗纳林沟煤矿、准格尔旗二道煤矿、伊金霍洛旗石圪台煤矿分别实现绞车提升。1972年，鄂托克旗棋盘井煤矿开始使用绞车提升。1975年，准格尔旗纳林沟煤矿后阴场井使用电机车运输。1976年，准格尔旗纳林沟煤矿沙咀沟斜井铺设长700米无极绳绞车提升。1977年，达拉特旗罕台川煤矿采用卷扬机牵引提升。同年，鄂托克旗棋盘井煤矿更新为75千瓦绞车提升。1979年，酸刺沟煤矿在郭家渠东井口第一次安装提升机械。

20世纪80年代，忽吉图煤矿、唐公

沟煤矿开始使用绞车提升。鄂托克旗乌仁都西矿及后温家梁矿使用绞车提升。1987年鄂托克旗棋盘井煤矿运输大巷改用95千瓦双滚筒绞车提升，1988年改为135千瓦绞车提升。

1991年，达拉特旗纳林沟煤矿三号井改造提升运输系统。准格尔旗脑包沟扶贫煤矿改扩建，使用双钩串车提升，轨道运输，人工装卸。1992年，新建碾盘梁煤矿，设计生产能力60万吨/年，主井选用DX型B=800毫米强力带式输送机运输，副井选用JK-2×20型绞车单钩串车提升。准格尔旗地方新建创新煤矿，提升方式采用单钩串车提升，井下运输为矿车运输。

1995年，内蒙古自治区煤炭工业厅转发了煤炭工业部下发的《矿井提升系统许可运行证书检查标准》，要求全区煤矿在年底前按照要求对提升系统进行一次检查并上报。标准规定新安设的矿井主要提升装置，必须由上级主管部门验收合格并发给许可运行证书后方可投入使用。投入运行后的设备，必须由相关机电部门每年进行一次检查，每三年进行一次测试，以确保提升系统的安全。标准中对提升系统、提升机、提升信号、提升容器相关提升安全的装置检查及指挥调度方面作出了详细的规定。伊克昭盟煤炭工业管理局按要求对全盟煤矿进行了认真检查和整改。

2005年以前，伊泰集团酸刺沟煤矿井底煤仓内的原煤经箕斗提升至地面煤场卸载。其他煤矿原煤由机动车辆从井下工作面运至煤场，当时由于生产能力小，地面储煤不设筒仓，周边未设有防风抑尘网。2008年，伊泰集团的煤矿采用无轨胶轮车运输；阳湾沟煤矿采用轨道运输，绞车提升，大巷采用无极绳绞车运输。

2007年，内蒙古自治区印发了《加强煤矿安全基础管理的实施意见》，提出加强提升运输管理。使用绞车提升的矿井，矿用提升绞车应经过选型计算，满足提升要求，提升机的电控设备选用成套带动力制动的电控装置。使用带式输送机提升的矿井，输送机应经过选型计算，胶带应选用阻燃抗撕裂型。井下主要带式输送机均采用软启动方式，控制采用微机防爆电控装置，以实现各种工作状态的检测及控制，并配备相应的驱动滚筒防滑保护装置、防跑偏装置、自动洒水装置等。采区运输能力、大巷运输能力和主提升能力应互相匹配，井下设置缓冲煤仓。鄂尔多斯市煤炭局制定了具体的实施办法对各煤矿进行严格的检查考核，以确保达标。

2010年，黄玉川煤矿建成了全国最大的副立井提升系统，开创了国内竖井全无轨辅助运输的先河，并在提升能力、大罐笼柔性结构和容积方面开创了国内的三个第一。鄂托克前旗榆树井煤矿采用立井箕斗提升，井筒布置一对16吨箕斗，使用JKM-3.5×4（Ⅲ）型塔式多绳摩擦式提升机，提升高度362.5米，电机功率2000千瓦。

2011年，伊泰集团纳林庙煤矿一号井主提升采用强力带式输送机，主斜井与带式输送机大巷方位一致，装备一条带式输送机，全长1320米，带宽1200毫米，带速40米/秒，运输能力1500吨/小时。三分区装备带式输送机，全长860米，带宽1200毫米，带速3.15米/秒，运输能力1500吨/小时。矿井主运输采用三分区带式输送机与主斜井带式输送机直接搭接的连续运输方式，由盘区直至地面井口原煤缓冲仓。矿井辅助运输采用防爆无轨胶轮车，从地面到井下采掘各环节点均为无中转环节的直达运输系统。煤矿配备4台防爆无轨胶轮车，承担设备及材料辅助运输任务。并配备2台防爆无轨胶轮车，承担人员上下井运输任务。工作面搬家用车由公司生产服务中心承担。

2015年，伊东集团古城煤矿主斜井提升方式为带式输送机提升。同年，宏鑫煤矿主斜井采用带式输送机提升方式，配备KHP128带式输送机综合保护装置，具有堆煤、温度、低速、防跑偏、烟雾、防撕裂和张力下降等保护装置齐全。副斜井主要担负井下人员、材料、设备和矸石等提升任务，配有防爆无轨胶轮车10台。

2016年后，全市各类煤矿结合矿井实际，对提升系统进行技术改造，并辅之以先进的技术装备，实现了矿井提升机械化。

二、矿井煤炭运输

早期，伊克昭盟地方煤窑为了求生存，降低基建投资和生产成本，采用劳动力配合最原始的畜力车维持简单生产运输。

1956年，东胜县酸刺沟煤矿一号井下开始铺设轨道，使用人推平板矿车运输。1957年，达拉特旗罕台川煤矿、高头窑煤矿井下运输方式由人拉、人推车改为畜力车运输。

1958年，乌素沟煤矿井下运输采用畜力小胶轮车。1959年，准格尔旗纳林沟煤矿由原始的人力背煤改为驴驼运输。1961年，改为畜力小胶车运输。1963年，城坡煤矿开始使用人拉小平板车运煤。1966年，乌素沟煤矿开始使用铁矿车，矿车直接进入工作面，平巷运输为人力推矿车。

1970年，二道沟煤矿开始使用电机车运输，原煤产量由5万吨增加到8万吨，焦炭产量由1万吨增加到1.4万吨。1974年6月，忽吉图煤矿购买了一辆罗马汽车，开始汽车运输。1975年，城坡煤矿由人拉小平板车运输改为人推矿车轨道运输。同年，纳林沟煤矿井下铺设轨道，由原来的畜力小胶车运输改为电机车运输。石圪台煤矿将原来的骡马车运输改为轨道运输。1976年，达拉特旗高头窑煤矿使用人推矿车运输。从1977年起，采用电机车运输。同年，罕台川煤矿由畜力车运输改为人推矿车运输，卷扬机提升。高头窑煤矿井下始用小型电机车运输。棋盘井煤矿井下工作面改为17型和20型刮板输送机运输。1980年，罕台川煤矿启用电机车牵引。1982年，棋盘井煤矿改为40型刮板输送机，同时在井下大巷中采用电机车运输。直到20世纪80年代后期，伊克昭盟有的煤矿仍采用人工打眼，爆破落煤，畜力车运输的生产方式。从1985年开始，由于四轮车对井下运输巷道的起伏、转弯等适应能力强，且运输成本低，伊克昭盟地方煤矿陆续在井下引入小四轮车运输，取代了畜力车运输。由采掘工作面至地面储煤场，实现了四轮车一条龙运输系统。但因四轮车本身不具备防爆性能，后来引入电机车、汽车运输。

1987年，棋盘井煤矿建成了机械化采煤工作面，使用MLQ-100型滚筒采煤机，工作面和顺槽煤炭选用SGW-40T和SGW-44型可弯曲刮板输送机运输。在运输系统中使用了SPJ-800型绳架式胶带输送机和D-75型固定式胶带输送机运输。1987年后，忽吉图煤矿、乌仁都西煤矿、城坡煤矿、唐公塔煤矿均使用矿车运输。1988年，东胜市昌汉沟煤矿设计使用绞车、提升机提升，运输采用固定箱式矿车快轨运输，地面运输设备采用装载机、推土机和1吨矿车手动翻车机。

20世纪90年代初，伊克昭盟地区部分乡镇煤矿依旧为人工装煤，畜力车、四轮车运输，部分高厚煤层采用装载机装煤、畜力车、小农用车等非防爆运输设备在井下搞运输。东胜市除潮脑梁乡电业局张家梁煤矿井下采用装载机装煤，汽车运输外，其余小煤矿均采用人工装煤、四轮车运输。伊金霍洛旗部分煤矿采用四轮车、翻斗车，少部分使用绞车运输。准格尔旗弓家塔、羊市塔等地区乡镇煤矿采用装载机、汽车下井，其余多为四轮车，少部分采用绞车提升。鄂托克旗多采用畜力车、绞车运输提升方式。

1990年，新建霍洛湾煤矿井下主要运输大巷采用调度绞车与电机车运输。1991年，石圪台煤矿投资58万元，购置了大小自卸翻斗车8辆，成立了汽车队。唐公沟煤矿采用调度绞车运输，大巷使用电机车运输。准格尔旗石湾煤矿杨树湾平硐改扩建，采用7吨架线式电机车牵引运输。同年，针对个别煤矿使用四轮车下井拉煤，严重影响了井下运输安全的情况，伊克昭盟煤炭工业处要求严格禁止四轮车下井拉煤，否则令其停止生产、限期整顿。

“八五”期间，伊克昭盟井工煤矿提升与运输的机械化程度有了一定的改善。斜井提升设备多采用绞车提升。运输设备多采用电机车牵引矿车运输。1992年，棋盘井煤矿采用斜井串车提升。因该矿为高沼气矿井，运输大巷采用矿用增安型蓄电池电机车轨道运输。截至1996年5月底，全盟采用四轮车下井运输的地方煤矿达969个。装载机装车，翻斗汽车下井运输的地方煤矿达7个。仍然沿用畜力车运输的地方煤矿25个，采用轨道矿车运输的地方煤矿12个。

1996年，伊克昭盟煤炭公司建设纳林庙矿区，4对斜井，设计能力各30万吨/年，斜井开拓，主井均采用“机轨合一”的运输方式，主运大巷为胶带运输机运输。1997年，唐公沟煤矿改为由机动三轮车从井下工作面直接拉至地面煤场的运输方式。

2000年以后，煤炭装运方式由之前的轨道矿车运输演变为装载机装车。部分煤层厚度大的煤矿采用翻斗汽车直接进入工作面运输。全盟井下运输推广使用液压自卸式防爆运输车，使安全生产登上了一个新台阶。

2004年，通富煤矿矿井运输系统采用翻斗车运输，数量10台，空重车均由主井进出，出入统一调度。运输巷道每隔50米设一躲避硐室，在巷道的交叉路口设有醒目路标。同年，乌兰集团石圪台煤矿采用农用柴油车井下运输，空车由副井入，重车从主井出。同年，高家梁煤矿主井为皮带运输，副井为单钩串车的方式，地面为汽车运输。

2005—2007年，鄂尔多斯各煤矿进行综合技术改造，地方小型煤矿的运输方式有了很大改进。主副井提升与井下运输环节实现连续机械化，井下工作面使用刮板输送机，通过刮板转载机及刮板输送机将煤炭转至阶段运输大巷，再经带式输送机或绞车、无轨胶轮车等机械化提升运输设备运至地面。

2008年，伊泰集团煤矿井下运输采用机械化、自动化较高的带式输送机，形成了工作面刮板机-转载机-顺槽皮带-主运大巷皮带-主井皮带-地面的连续主运输系统，总运输能力达到10038.6吨/小时。

神东煤炭集团公司针对矿区现代化煤矿综采工作面年产量达千万吨，推进速度快，工作面走向长度大，系统运输距离长的实际，为保证采煤工作面实现连续生产、快速推进，其主运系统有足够大的运输能力，并保证运输连续和稳定，矿井主运输系统，均采用与刮板转载机配合的大运量、长运距、大功率、高速带式输送机运煤，实现了从井下工作面到地面的连续运输。同时，神东矿区也是我国首家成功将无轨胶轮车作为矿井主要辅助运输装备的矿区。2016 年底，神东煤炭集团公司已全面实施矿井辅助运输无轨胶轮化，彻底改变了传统辅助运输方式的弊端，极大地提高了运输效率，支撑了工作面长距离推进，解放了矿井生产能力，其所属的补连塔煤矿、上湾煤矿、乌兰木伦煤矿、柳塔煤矿、寸草塔煤矿、布尔台煤矿等主运输方式均为带式输送机，材料设备和人员运输为防爆无轨胶车。

截至 2018 年，鄂尔多斯地区煤矿的井下提升运输均实现综合机械化。生产能力为 300 万吨/年至 2000 万吨/年的大型、特大型矿井采用了大功率运输设备，提运能力及主井提升容量实现了配套化。

第五节 生 产 辅 助

一、矿井通风与防尘

新中国成立前到成立初期，伊克昭盟小煤窑基本采用独眼井生产，井硐深度浅，矿井没有形成通风系统，井下空气污染严重，工作环境差。因通风不良造成的瓦斯、煤尘爆炸事故时有发生。

1954 年，东胜县酸刺沟煤矿开始采用自然通风。1956 年，准格尔旗纳林沟煤矿采用自然通风。1963 年，乌素沟煤矿采用自然通风。

1968 年，棋盘井煤矿因采用落后的自然通风方式，发生了一起瓦斯煤尘爆炸事故。1975 年，东胜县酸刺沟煤矿改为机械通风。1977 年，棋盘井煤矿建立了进风井和出风井，安装了风机房，采用抽出式机械通风，改善了井下工作环境。1978 年，纳林沟煤矿首次采用机械通风。1979 年，城坡煤矿首次采用双井筒自然通风。

1983 年，煤炭工业部颁发《地方国营煤矿文明生产试行标准》，要求地方国营煤矿井巷通风合理，设施基本齐全，消灭串联风。矿井有效风量率不低于 85%，进风流中氧气不低于 20%，二氧化碳不超过 0.5%，采掘工作面风速不超过 4 米/秒。国营煤矿要消灭自然通风，每一生产矿井都必须使用机械通风，主要通风机必须安装在地面，保证运转正常，装有风机的井口要封闭严密。入风井和出风井，进风巷道和回风巷道要有足够的断面，要经常维修巷道，清理井巷中的杂物，保证风流畅通。其间，伊克昭盟地区经济基础薄弱，技术水平落后，除棋盘井煤矿外，大多数国营煤矿达不到该标准。

1983—1985 年，酸刺沟煤矿、忽吉图煤矿选用国产 4-72-11、4-72-16B 型风机作为主要通风机，功率在 22～110 千瓦之间。

1986 年，伊克昭盟对 729 个乡镇小煤窑进行了全面整顿，整顿后批准开采的小煤窑有 555 处，消灭独眼井 20% 左右。1987 年，准格尔旗二道沟煤矿提交《通风系统洒水灭尘工程报告》，改造通风系统，消灭了独眼井。

1988 年，达拉特旗煤炭工业管理局整顿关停了 7 个没有实现双井筒自然通风的矿井，要求乡镇煤矿建设双井井筒通风系统。同年，达拉特旗高头窑煤矿因风井周围有火区，通风困难，改造了通风系统及防灭火工程，新掘风井 100 米，购进风机 1 台，用黄土充填了原来着火的风井，加固火区密闭。准格尔旗乌素沟煤矿也进行了回风巷与风井改造。同年，昌汉沟煤矿采用中央并列抽出式机械通风。通风设施有局部通风机 2 台，设置风桥与 2 道风门。

1989 年，唐公沟煤矿由建矿初期的局部通风机通风改为主要通风机抽出式通风，形成正规机械化循环通风系统，并建立健全了通风管理制度，每班进行系统测风管理。同年，高头窑和乌素沟煤矿也进行了通风系统改造。

1990年，石圪台煤矿使用2台4-72-12型国产风机进行通风，抽风量768.3立方米/分钟，有效风量85%。同年8月，根据（伊署发〔1990〕69号）文件的要求，伊克昭盟开展了西部地区小煤窑整顿清理工作。

1991年，全盟地方煤矿机械化装备水平低，机电设备陈旧老化，12个国营煤矿实现机械通风的仅有3个，其余均为自然通风。达到“五消灭”的矿井只有鄂托克旗棋盘井煤矿和准格尔旗纳林沟煤矿，多数国营煤矿从建矿以来电气设备基本没有更新。达拉特旗纳林沟煤矿机电设备老化现象尤为严重。为此，伊克昭盟煤炭工业管理处要求各煤矿要配备至少3人对巷道进行维护管理，主要负责通风与浮煤清理工作，通风防尘工作有了很大改观。同年，全盟达到“五消灭”矿井仅占17.4%，独眼井占17%，自然通风占82.6%。由于井下通风不良，对采空区失去管理，引起煤层自燃发火。全盟着火点103处，改善通风方式，煤层灭火成为盟、旗两级人民政府最紧迫的任务。

到1991年底，伊克昭盟关闭了各类乡镇矿井69处，整顿中以“五消灭”为重点内容，加强“一通三防”管理，封闭没有实现双井口的矿井，凡是有条件实现“五消灭”的矿井，必须坚决实现。除个别没有电源不能实现机械通风的矿井(雀儿沟煤矿、后摩尔沟煤矿)，要求全部实现机械通风，并建立测风瓦检制度，按时测报风量和瓦斯情况。

1992年，准格尔旗对矿井通风、瓦斯与煤尘管理作出严格规定，要求在矿井中只要有一个煤岩层发现过一次沼气，即定为沼气矿井。各煤矿要制定瓦斯通风与检查制度，配备检测仪器。在采掘工作面内局部积聚沼气浓度达到2%时，附近20米内必须停止工作，切断电源，并进行处理与报告。各个矿井必须有独立通风系统，要经常清理维修巷道，并严禁矿井串联通风。同年3季度，伊克昭盟煤炭工业管理局组织对全盟国营煤矿进行安全检查，并针对检查中矿井“一通三防”工作存在的问题，要求各煤矿主回风巷中应设测风站，保证采煤工作面风流畅通。掘进工作面及相关硐室要进行局部通风。

1996年，伊克昭盟国营煤矿通风基本达到了机械化水平。各煤矿普遍使用主要通风机、局部通风机等机械通风设备。新建地方煤矿推广使用BK54A-6-No13新型节能风机，电机容量为15千瓦。

1997年，伊克昭盟为首批50个骨干重点矿井统一配备了新型节能风机，其中东胜市、达拉特旗各5套，伊金霍洛旗10套，准格尔旗10套，鄂托克旗20套。同年10月，伊克昭盟所属90座煤矿进行机械通风技术改造，并于12月底完成了技改工程，其中准格尔旗27座、达拉特旗27座、伊金霍洛旗10座、东胜市9座，鄂托克旗17座。这次技改主要是改变乡镇煤矿落后的通风方式，实现主要通风机机械通风。各煤矿增加了风硐、石门，扩大了回风平硐及回风副井，并完善了通风设施，配备了新型主要通风机，改善了通风系统的设备和设施，并关闭了独眼井煤矿。

从2000年起，神东煤炭集团公司开始对矿井通风系统进行改造，采用大断面、多通道方式降低矿井通风阻力；采用大功率、对旋式主要通风机，提高矿井通风能力；减少盘区布局，简化生产系统，减少角连通风；根据矿井延伸和采掘接续的变化及时调整通风系统，做到系统合理、设施完好、风量充足、风流稳定。同时，完成了各井工煤矿矿井通风阻力测定、主要通风机性能测试、矿井通风能力核定、矿井通风系统评价与优化工作。同年，伊克昭盟“双证”矿井均实现了机械通风，双井口，除个别煤矿因情况特殊没有及时安装风机外，机械通风率达到97%以上，双井口率达到100%，达到国家规定的“五消灭”要求。

2001年，乌兰木伦煤矿建成正规通风系统，采用中央并列抽出式通风，安装对旋主要通风机2台，辅运平硐、副斜井、主井进风，回风斜井回风；总进风量为3160立方米/分，总回风量为3270立方米/分。2001年以来，补连塔、布尔台等千万吨级煤矿采用高风压、大功率（2×55千瓦）对旋式局部通风机和大直径（1200毫米）、高强度风筒，配合长压短抽混合式通风方式，通过采用合理减阻、减漏、科学管理等措施，实现了3000米以上掘进巷道的有效供风，解决了超大断面、超长距离掘进巷道的供风难题。

2002—2004年，神东煤炭集团公司主持完成神东矿区主要尘源点采样462个，测定全尘浓度、呼吸性粉尘浓度、分散度、SiO_2含量、煤尘爆炸性指数等，通过主要尘源点的参数测试、分析、总结、评估，提出了神东矿区主要尘源点控制技术措施，制定了粉尘内部管理标准和科学管理制度，并实施了矿井综采面、连采面、辅运大巷、胶运大巷、回风大巷粉尘治理工程，使矿井各产尘点粉尘浓度普遍降低50%~80%。神东煤炭集团公司通还与煤科总院重庆分院合作完成了神东矿区井上下各产尘点煤尘采样、指标分析与评价，完成了综采工作面压气喷雾降尘技术，连采工作面湿式旋流除尘与涡流控尘技术。推广使用了综采支架喷雾，连采机除尘器除尘，主运输胶带大巷转载点封闭底皮带降尘技术，推广了辅运大巷清扫车、洒水车，建立了岩粉厂，实施了岩粉撒布措施，降低了粉尘浓度，杜绝了煤尘事故。2002年后，神东煤炭集团在对补连塔等煤矿通风系统进行技术测试和实践的基础上，总结出神东矿区通风系统的主要特征和技术参数，选择了国产矿用通风机的新生代产品DBK类通风机，并先后在补连塔、上湾、乌兰木伦煤矿使用。

2004年，补连塔煤矿进行第4次扩能改造，矿井生产能力由800万吨/年扩建为2000万吨/年。为适应生产能力的需求，对原南风井两条井筒进行并联回风改造，通风方式为中央分列式，选用两套BDK60-10-NO.28型通风机（一台工作，一台备用）。同年，上湾煤矿扩能改造，采用辅运平硐、主井、副井、齿轨车斜井、北进风井5个进风井和1个回风立井，通风方式为中央分列式。同年，乌兰木伦煤矿扩能改造工程竣工投入生产，通风方式为中央并列式。为满足矿井“一综两连”布局的风量需求，对矿井通风系统进行了改造优化，选择安装了2台最先进的BDK42-8-NO.22型通风机，主斜井、辅运平硐、副斜井进风，回风斜井回风。同年，鄂尔多斯合法保留的496座煤矿实现了中央边界式通风，占保留煤矿的90%，矿井通风条件得到明显改善。

2005年后，神东矿区对部分产能落后、机械化程度较低的矿井进行技术改造的同时，进行了通风系统改造。金烽寸草塔煤矿扩能后生产能力达到300万吨/年，布置了4条井筒，选用国产BDK-NO.20型轴流式通风机。万利一矿矿井扩能后，能力达800万吨/年，通风系统也进行了全面改造和调整，安装两台国产FBCDZ-8-NO.26型对旋轴流式通风机。唐公塔煤矿扩能改造后，生产能力达300万吨/年，布置了主斜井和辅运平硐2个进风井筒和1个回风井筒，安装了2台防爆对旋轴流式通风机，风机通过反转直接进行反风，反风风量大于正常通风风量的40%。柳塔煤矿技术改造扩能后，生产能力达300万吨/年，工业场地布置的1号、2号井为回风井，安装两台对旋轴流式通风机。寸草塔煤矿技改扩能后，生产能力达240万吨/年，选用两台FBCDZ-NO.28型通风机。

2005—2007年，鄂尔多斯市煤矿“三年技改攻坚战”时期，对矿井通风系统进行全面改造。2007年，国家安监总局及国家七部委局相继发布了《关于加强小煤矿安全基础管理的指导意见》(安监总煤调〔2007〕95号)，提出了在全国小煤矿推行专用回风井、壁式采煤方法和支护方法改革的意见，提出要逐步推行专用回风井，高瓦斯和有煤与瓦斯突出危险的小煤矿应推行布置专用回风井，新核准或批准的新建、改扩建、资源整合矿井中的高瓦斯和有煤与瓦斯突出危险的矿井必须布置专用回风井。要强制推行壁式采煤法，采煤工作面必须形成负压通风系统，至少保持两个畅通的安全出口，一个通到进风巷道，另一个通到回风巷道。

2007年，内蒙古自治区制定的《加强煤矿安全基础管理的实施意见》要求，矿井必须建立完整的独立通风系统，优先选择分区式通风方式；掘进巷道要采用矿井全负压通风或局部通风机通风。矿井主要通风机的反风设施、局部通风机的安装和使用以及风流、风量、风速、风质符合《煤矿安全规程》要求，高瓦斯矿井及低瓦斯矿井的高瓦斯区域的煤和半煤岩掘进工作面，必须安放并正常使用“三专两闭锁”装置；低瓦斯矿井掘进工作面供电要与采掘分开，并使用风电闭锁装置。矿井总回风要安设2台通风能力相同的主要通风机，在风机控制室内安装风机正反转起动柜，设置空运转系统，通风机的给风量不小于正常风量的40%，在井口设反风设施，可以迅速实现全矿井反风。同年9月，鄂托克前旗长城煤矿形成正规机械化通风系统，采用中央并列抽出式通风。长城煤矿设有通防管理部和通修工区，配备技术员、测风测尘工、瓦斯检查员、安全监测员等通风管理技术人员。矿井主要进回风巷道、采煤工作面、掘进工作面都设有测风站，测风员定期测量各地点风量。矿井总回风巷设有风速传感器，动态监测矿井回风量。准格尔旗唐公沟煤矿在技改后，重新配套了主要通风机，加大了通风管理人员和检测风、瓦斯管理人员，加设了煤矿安全监测监控系统。吴四圪堵煤矿采用中央并列抽出式通风，成立了矿通风队，有瓦检员、火药发放员、风筒维护工、测风测尘、通防工等技术人员36人，并制定了完善的“一通三防”管理制度。

2009年10月，伊泰集团的矿井全部形成了完整的通风系统，通风方式由原有的中央边界式逐步增加了中央分列式、对角式。通风方法采用对旋式风机抽出式，并采用风机反转进行反风。各矿井都有专用的回风巷道，井下中央变电所和水泵房均实现了独立通风。采煤工作面采用全风压U形通风方式，掘进工作面局部通风机实现了风电闭锁、瓦斯电闭锁。

2010年，鄂尔多斯地区煤矿全部形成正规机械化循环通风系统。成立了相应的通风管理机构，井筒布置有进风井及多个回风井。巷道布置有进风大巷、回风大巷以及阶段、采区进、回风巷。井下设有主要通风机、备用通风机、局部通风机、风门、风桥、风站及瓦斯、一氧化碳、温度等空气质量传感器。

2011年以后，神东煤炭集团公司一直沿用2000年以来技术改造形成的通风系统，保证了系统合理、设施完好、风量充足、风流稳定，通风阻力和阻力分布比例等达到《煤矿井工开采通风技术条件》的规定。2015 年，针对部分煤矿因改扩建造成井下用风地点增多，需要量加大的实际，对各矿井通风系统研究制定并实施了优化改造方案，使通风能力满足了安全生产需求。

“十三五”以来，鄂尔多斯市煤炭局认真贯彻落实国家及行业粉尘防治相关法律、法规，按照“以人为本、预防为主、防治结合”的方针和“源头治理、科学防治、严格管理、强化监督”的总体要求，把粉尘综合防治作为贯彻落实科学发展观、安全发展观和清洁高效发展的重要战略举措，大力推广充填开采、绿色开采、无煤柱沿空巷开采、智能化工作面试点开采等生产方式，带动了煤矿粉尘的综合防治。伊泰集团公司各煤矿采用粉尘采样器和测尘仪相结合的粉尘检测方法，每月对井下主要大巷，采面进、回风巷道和掘进巷道进行粉尘测试，并在采掘工作面、主要转载点和井底煤仓配置粉尘传感器。采取综合防尘和个体防尘相结合的防尘措施，个体防护均采用防尘口罩。各煤矿地面均设有容积大于 200 立方米的防尘水池，主要大巷防尘管路管径为 108~133 毫米，水管每隔 50 米或 100 米设置一处三通及阀门，按规定开展巷道冲洗工作。合理分配风量，以风速排（降）粉尘。最低排尘风速 0.25~0.5 米/秒，最优排尘风速 1.5~2 米/秒。在各进风巷道和回风巷道等风量变化较大之处设置风速检测探头，连续检测各巷道的风速和风量，保证风量满足各用风地点所需量。机械化采掘降尘采用采煤机、掘进机内外喷雾（静压水）及采面的架间喷雾系统。转载点采用落煤喷雾。同时，在掘进工作面距迎头 50 米处设置 1 道手动全断面净化水幕，回风流设置 1 道手动全断面净化水幕，主要大巷设置 1~2 道全段面净化水幕，采面进、回风各设置 1 道扑尘网，降尘效率达 83% 以上。主要大巷设置主隔爆水棚，采煤工作面进、回风巷道各设置辅隔爆水棚，掘进工作面随着掘进巷道及时设置辅隔爆水棚。隔爆水棚的设置均符合规定要求。

神东煤炭集团公司通过对矿区井下尘源点的参数测试、分析、总结、评估，制定了主要尘源点控制技术措施，细节管理标准。严格管理制度，开展科技创新，对矿井综采面、掘进面、胶辅大巷、回风巷等尘源和易产尘点进行粉尘专项治理，系统采用通风排尘、注水减尘、封闭尘源、喷雾（净化水幕、负压诱导、煤机高压外喷雾）降尘、捕尘网捕尘、风机除尘、抑尘剂抑尘等措施清理积尘。加强个体防护，提高个体防护标准，开展职业健康教育培训和定期体检，构建了矿井全方位、综合性防尘科学体系。神东煤炭集团公司各煤矿把采煤工作面综合防尘作为重中之重，先后采取了合理配风、煤层注水、架间负压诱导除尘系统、架间捕尘网、抑尘剂、回风巷降尘喷雾和防尘滤网定期冲洗、清理积尘等综合防尘措施。推广应用综采液压支架间负压诱导除尘装置系统，并对系统进行了自动化提升改造，使架间负压喷雾随采煤机移动和收支架护帮板自动开启喷雾，降尘率达到 34% 以上。通过进一步应用捕尘网技术，在工作面前、中、后各安设一道带喷雾捕尘网，当煤机经过时捕尘网即自动升降，增加风流中的粉尘和水雾颗粒碰撞概率，降尘率达到 44%，回风流防尘滤网除尘率达到 50%。神东煤炭集团公司煤矿加强掘进工作面通风防尘，经过反复调研、考察和探索，结合神东矿区连续采煤机和掘锚机掘进工艺，创新采用“长压短抽”通风并配合干（湿）式除尘风机除尘技术，取得良好的除尘效果。同时，针对综掘机掘进工作面掘进距离短、掘进巷道为岩巷的情况，在综掘工作面采取抽出式通风除尘工艺，将工作面粉尘浓度降至 2 毫克/立方米以下，使工作面粉尘危害得到较为彻底的治理。在辅助运输防尘方面，通过应用红外自动喷雾降尘技术，在运输巷道安装红外自动喷雾装置，当有车辆通过时喷雾自动停止洒水，车辆通过后延时开启。而且每个矿井配备了洒水车和巷道积尘自动清扫车，定期进行巷道冲洗和清扫，有效降低了辅助运输巷道粉尘。在主运输系统防尘方面，通过应用触动自动喷雾降尘技术，在带式输送机胶带上方悬挂触控传感器，当胶带上有煤运输时，触控传感器将信号上传至主控制器，自动打开降尘水幕降尘。

2016 年以来，神东煤炭集团公司根据不同岗位作业人员所处环境的粉尘浓度不同，配备不同类型的防尘口罩。作业人员劳保费由原来的 300 元/人/年提高到 2390 元/人/年，保证了生产一线员工的粉尘危害及身体健康。截至 2018 年底，神东煤炭集团公司通过长期实践和技术创新积累，构建全方位综合防尘管理与技术体系，回采工作面粉尘浓度 520 毫克/立方米以上降低到 18.2 毫克/立方米，综合降尘率达 96% 以上。掘进工作面粉尘浓度由 494.3 毫克/立方米降低到 4.8 毫克/立方米，综合降尘率达到 99%。矿井各产尘点粉尘浓度普遍下降 50% 甚至 90% 以上。矿井安全生产和矿工健康得到有效保障，煤矽肺职业病发病率减少到较低水平。

二、矿井排水

早期，伊克昭盟煤矿大多在浅部区开采，由于地质环境因素，矿井自身含水量较少，地下涌水量亦少。因此煤矿工业场地多采用公路两侧明排水沟排水，系自然排水法。若遇雨水丰富的年份，煤矿通常对水害隐患进行全面排查，采取修筑堤坝、开挖沟渠等截流、疏导措施。随着井巷的延伸和积水增多，则采用人工排水，常用的方法是用水桶人力提水，多数煤窑因无力排水而废弃。

1958 年 10 月，伊金霍洛旗忽吉图煤矿购买一台 5 马力锅砣机，采用锅砣机发电、水泵排水，为最早使用机械排水的煤矿。随着小型柴油机的大量出现，煤矿开始使用柴油机带动水泵排水。1961 年，东胜县酸刺沟煤矿开始使用电力排水，为最早使用电网的国有煤矿。1970 年，伊金霍洛旗石圪台煤矿使用柴油机发电排水。之后，准格尔旗乌素沟煤矿、纳林沟煤矿陆续使用柴油机发电，矿用多级水泵排水。1972 年鄂托克旗棋盘井煤矿使用电力泵从井口排水。1978 年改为采用垂直钻孔，定期排放井下积水。

1980 年以后，排水用的锅砣机被逐渐淘汰。伊克昭盟地区的高头窑、乌素沟、城坡、石圪台、后温家梁、乌仁都西煤矿陆续使用电力水泵排水。1985 年，唐公沟煤矿开始使用小型潜水泵排水设备。1988 年，新建昌汉沟煤矿设置井底水仓、水泵硐室，采用深井泵及配套电机一次性疏干井下积水。

20 世纪 90 年代初期，对于位于山坡下开凿斜井与平硐的煤矿，采取在井口顶侧加砌挡墙和开挖排水沟的办法予以防洪。其时个别有水矿井因两旁不挖排水沟，轨道和枕木都浸在水里，行人不便，而无水矿井则粉尘较大。

1992 年，棋盘井煤矿使用钻孔排水，矿井正常涌水量 300 立方米/天，使用功率 3010 瓦型号为 4GC-8×3 的 2 台主排水泵进行排水。伊金霍洛旗忽吉图煤矿使用 4 寸单级离心泵和深井离心泵进行排水。

神东煤炭集团公司在创新煤矿超大工作面开采技术，实现地层地表及地下水资源扰动最小化的基础上，根据煤层及水资源的赋存规律进行“生态再造”。从1998年开始首创分布式“地下水库”技术，创建矿井水的三级处理、三类循环、三种利用“三三三”技术工艺系统，即所有矿井水通过建设采空区过滤净化系统实施一级处理，净化处理后储存于井下建成的分布水库用于井下生产，在矿井水资源的保护和利用方面创造了独具特色的新工艺体系。

2000年后，内蒙古自治区、鄂尔多斯市煤矿安全监管部门对矿井防治水工作高度重视，各煤矿每年都要对矿水文地质、采空区、相邻矿井及废弃老窑积水的检测与抽排工作情况，防排水设备和设施的完好情况、雨季“三防”工作的安排情况进行全面排查。为防止地表水倒灌井下，煤矿采取对废弃井口及井田内采煤塌陷区、煤系露头等部位有漏水现象的进行基底防漏加固处理。2005年，唐公沟煤矿在井底建设了主副水仓，水仓容积700立方米，主排水泵为3台45千瓦水泵，1台工作、1台检修、1台备用。采煤工作面到主水仓设两路直径108毫米和159毫米的排水管，掘进工作面铺设直径50毫米的排水管。井下主水仓到地面设两路直径159毫米和219毫米的排水管。采用机械化全部跨落法综合采煤后，矿井平均涌水量为30~35立方米/小时。

2006年，鄂尔多斯市矿井井下水吨煤排放量为0.09立方米，日排放量为43525立方米，生活污水吨煤排放量为0.03立方米，日排放量14508立方米。

2007年，吴四圪堵煤矿两套污水处理车间投入使用，采用接触氧化二级生化处理工艺，将工业场地生活污水经一级提升后排至调节池，然后进入地埋式污水处理设备，出水达标后外排或回用。井下中央水泵房配单吸多级离心聚3台，井下污水通过双路排水管道排到地面矿井水处理站。

2008年，伊泰集团按照内蒙古自治区、鄂尔多斯市关于矿井排水标准的要求，改进了原排水系统。根据矿井设计的井下正常涌水量和生产实际测量数据，确定井下涌水量，并根据矿井水质特点以及排放标准和生产回用水水质的要求进行了改进，使矿井水处理站满足了矿井水处理的要求，处理后的水全部回用，主要为生产用水和洒水灭尘。

2009年，鄂托克前旗榆树井煤矿采用先进的ETS生态污水处理工艺，将工业场地生活污水及生产废水、井下污水分别通过生物接触氧化法、过滤处理等，使处理后的水重新用于生产或养殖。

2012年，伊东集团玉川煤矿排水系统采用井下集中排水。水泵房位于6号煤层主水平，水泵房内选用MD100-80×4（P）系列平衡型煤矿用耐磨多级离心泵3台，电动机功率160千瓦，正常涌水时1台工作、1台备用、1台检修，排水时间18.7小时。最大涌水时2台工作，排水时间14.1小时。采用两条排水管路，由水泵房至副斜井，沿副斜井井筒一侧敷设，矿井用水经副斜井排至地面矿井水处理站水池。

2013年，忽沙图煤矿矿井正常涌水量为35立方米/小时，最大涌水量为50立方米/小时，排水管道沿主井铺设到主水仓，长度为150米。根据矿井的实际情况，选用型号为MD85-45×2型离心式水泵3台，1台备用、1台工作、1台检修。

2014年，神东煤炭集团公司矿井水年产生量9800多万立方米，井上下复用6000多万立方米，复用率62%以上，达标排放率100%。仅此一年，即节约外购水费、处理和外排费11.82亿。神东煤炭集团公司的矿井分布式“地下水库”技术，有效实现了矿井水的循环利用。到2015年9月，上湾煤矿、补连塔煤矿等已经建成35座地下水库，每座平均储水量约71.4万立方米，整体储水量达到2499.5万立方米，历史最大储水量达到3100万立方米，相当于地面建设2~3座1000万立方米中型水库的储水量。

截至2018年，神东煤炭集团公司“再造式”的矿井分布式“地下水库”受到中国工程院院士的高度评价，以其经验总结形成的“生态脆弱区煤炭现代开采地下水和地表生态保护关键技术”项目先后荣获中国煤炭工业科学技术一等奖和国家科技进步二等奖。“神东矿区煤矿地下水库关键技术研究与应用”项目也获得省部级大奖。在国家知识产权局和世界知识产权组织共同举办的第十七届中国专利奖颁奖大会上，“一种矿井地下水的分布式利用方法”，以发明专利荣获中国专利奖金奖。

三、矿井设备维修

新中国成立初期，伊克昭盟国营煤矿大多采用土法采煤，生产设备较少，设施简陋，由工人进行简单的手工维护，维修工具为钳子、扳手、铁锤等简易工具。

20世纪60年代，转为地方国营性质的煤矿陆续建立各自的机修厂。煤矿机电设备的小修和日常维护均由本矿的机修厂和机修车间进行。达拉特旗罕台川煤矿机修厂建筑面积500平方米，车间4个，职工10人，主要维修设备7台，固定资产20万元。

20世纪70年代，准格尔旗纳林沟煤矿、城坡煤矿、酸刺沟煤矿，伊金霍洛旗石圪台煤矿、鄂托克旗棋盘井煤矿均建有机修厂。1973年，燃料化学工业部召开全国煤矿设备维修会议后，伊克昭盟煤矿随着技术水平的提升，先进设备的采用，维修业务逐年增多。主要国营煤矿在设备管理与维修方面也有了相应改进。当时，部分地方国营煤矿的机械维修设备有车床、砂轮机、刨床、铣床、电焊机，并设有锻造、木工、电气等车间。一些煤矿配备了气锤、小台钻、摇臂钻、钻床、锯床、切割机等。伊金霍洛旗忽吉图煤矿在矿内设立机修厂，自行制作小型零部件和设备维修。石圪台煤矿对已建立起来的维修车间进行了改造。准格尔旗城坡煤矿在设备维修管理方面，由过去仅有的烘炉、钳、扳手等简单的维修工具增添了钻床、车床、刨床、锯床、电焊机等设备，每月对机电设备进行检查，并及时维修，基本解决了该矿所有的机电设备的故障维修。准格尔旗纳林沟煤矿在总结过去管理经验的基础上，使设备维修逐步走上统一管理的轨道。纳林沟煤矿积极培养技术骨干，实现了随时随地即可处理设备故障，并逐月进行机电设备大检查。1976年，酸刺沟煤矿机修厂占地2000平方米，建筑面积500平方米，有4个车间，职工8人，主要设备4台，固定资产2万元。城坡煤矿机修厂建筑面积70平方米，车间1个，职工3人，主要设备2台。

在这一时期，随着伊克昭盟各煤矿机修厂的建设，设备维修技术水平的增强，以及管理制度的不断完善，极大地提高了机电设备的完好率，降低了设备的维修率、机电事故率和设备的失爆率。

20世纪90年代，准格尔矿区建成大型矿区机修厂、物资总库等设施，为煤矿机电设备大、中修等提供服务。集体和个人煤矿中有条件的也建立了自己的机修车间。各国营煤矿机修车间逐渐配备发电机组、钻床、气泵、氧焊设备、充电机等电器设备。

1992年，准格尔旗煤炭工业管理局

按照国家煤炭工业部颁发的《乡镇煤矿安全规程》规定的“井下不得带电维修、搬迁电气设备，保证无电作业”以及对各级配电电压和各种电气设备的额定电压等级的要求，制定了《准格尔旗安全生产基本规程》，对井下电器设备管理作出明确规定，要求井下供电必须使用合格的矿用电缆，消灭“鸡爪子”“羊尾巴”以及明接头。电缆悬挂要整齐，严禁使用明刀闸开关。井下一切防爆机电设备，定期检查维修。在检查时，必须断电，不准带电作业。井下带电作业人员必须穿绝缘靴，戴绝缘手套。各个机电硐室安置有电气设备，必须设有当心触电警标。进一步加强矿井电气设备管理，消灭电气失爆。

1992年，碾盘梁煤矿开始筹建，设置机钳电修车间和铆锻焊车间，有机修设备刨床、车床、钳工台、立钻各1台。同年，准格尔旗纳林沟煤矿小型机修厂拥有车床、刨床、电焊机等设备。新筹建的唐公塔煤矿，设立机钳电修车间，配有CD624BX1000型马鞍车床1台，CW系列车床4台、万能回转铣床1台、牛头刨床1台、1吨电动单梁起重机1台，以及台式钻床、立式钻床、砂轮机等机修设备。

1997年，国家煤炭工业部下发了《煤矿生产技术管理基础工作若干规定》，要求机电部门必须建立大型固定设备的技术档案，每年由局、矿机电副总工程师审查验收。伊克昭盟各煤矿按要求对设备实行动态管理，设备和配件实行更换制度，设备维护实行岗位责任制、巡回检查制、现场交接班制等制度。主要设备实行包机制，设专职司机和维护工。坚持日常维修保养和计划检修相结合的设备检修制度，推行设备状态监测、故障诊断、适时检修。主要生产设备严格执行设备检修许可证制度。矿井停产检修时间每年不少于12~15天，主要大型设备每日2~4小时检查维修。综采、综掘设备每日不少于4~6小时停机检修。21世纪初，鄂尔多斯市新建及改扩建的矿井，基本具备了矿山设备维修及车间修护能力。

2005年8月，神东天隆机械维修加工中心建成，为神东矿区和周边矿的采掘设备大修、维修提供专业服务，并经营矿用产品、矿山设备、国产化配件的开发、制造等业务。神东天隆机械维修加工中心下设“两中心”“五部”，即产品加工中心、设备维修中心，维修一部、维修二部、驻矿维修服务部、项目一部、项目二部。设备维修中心主要承担综采、连采、综掘成套设备及露天煤矿工程机械的大修，为集煤矿机电设备大修及零配件加工制造、高级技工培训、采掘运输设备租赁及物流配送“四位一体”的综合型维修中心。维修一部和维修二部承担神东矿区带式输送机的修理及零星结构件的加工、制造。驻矿维修服务部主要为神东矿区各煤矿提供应急维修服务。同时，开发、研制和修复进口设备的电器控制元件。神东天隆机械维修加工中心建有一条截齿生产线，年产采煤机截齿40万件以上，产品完全替代了进口产品，并获得了1项发明专利、4项实用新型专利。由天隆集团公司控股，与中国煤矿装备集团、IMM国际煤机集团合作建设的大型煤机维修项目，可针对煤炭开采、掘进等各种井下作业设备和井下运输车辆，进行维修并提供相应配件，服务半径达500千米。

2006年，伊泰集团公司成立了机电设备管理中心，下设技术、调剂、供电、计划，维修管理5个专业组，先后出台了《机电设备管理办法》《设备移交验收制度》《设备大修、项修管理办法》等10余项设备管理制度。伊泰集团公司的维修全部实行外委方式，不组织自己的维修队伍，所有设备的大修、项修业务全部委托有资质的企业。由天地华润公司承担煤矿综采设备大修业务、提供驻矿项修、小修服务，加工、制造、销售煤矿各类矿用配件，提供国内知名品牌煤机零配件及标准件配送服务，提供煤矿设备选型、配套等相关技术咨询及人员培训。

2007 年，《内蒙古自治区煤炭工业“十一五”采煤机械化发展规划纲要》中提出鄂尔多斯要发展采煤机械化，必须有配套完善的机修服务体系，否则推广采煤机械化将难以得到保障。2008 年，我国最大的采掘设备维修中心——神东矿区机电设备维修中心，在伊金霍洛旗工业园建成。神东矿区机电设备维修中心占地面积 453333 平方米，建筑面积 173909 平方米，由神华能源股份公司投资 8.85 亿元建设。工程建设分两期，由液压支架、采掘设备、矿山机械修理等 8 个车间与 2 个设备中转库等组成。大修车间采用全球最先进的燃气红外线辐射采暖燃烧技术，分区控制采暖，实现无人值守。神东矿区机电设备维修中心主要承担神东煤炭分公司、万利分公司、金峰分公司、杭锦旗塔然高勒煤矿及伊金霍洛旗李家壕煤矿所需的机电设备维修任务，补充神东煤炭分公司维修中心部分维修量和周转储存维修后的综采设备。神东矿区机电设备维修中心有液压支架修理车间、采掘设备修理车间、矿山机械修理车间、矿山电气修理车间、单体支柱修理车间、铆焊车间、机加工热处理车间以及设备中转库，并建有各车间的配件器材库、35 千伏变电所、日用消防水池及泵房、生产废水处理站，生活污水处理站等辅助生产设施。已形成年维修液压支 2250 台、综采设备 20 台（套）、连采设备 12 台（套）、综掘设备 12 台（套）、矿山机械 22280 吨、矿山电气 27000 千瓦、单体支柱 60000 根的年维修能力和完成各类加工 30000 吨的年生产能力。

2008 年，山东能源长城煤矿成立机电设备维修中心，有两个维修车间，员工 38 名。下设综合、大修、电机、中部槽维修和电器维修 5 个生产班组，负责全矿井上下各类机电设备、小型电器、电缆的维修和机械加工。

2009 年，东胜区开工建设色连一号井，在工业场地内设有矿井修理车间，负责机电设备的小修和设备日常维护。车间占地面积 1836 平方米，有机加工及矿修工段、电气修理工段、锻铆焊工段等。配备的主要机修设备有金属切削机床、锻压设备、电焊机，配备有 3 吨及 5 吨综采机械修理设备电动单梁起重机，864 平方米无轨胶轮车保养间，双梁式起重机 1 台及一组日常维修设备，以及木材加工房和加工设备 3 台。

2010 年，山东能源榆树井煤矿成立机修安装工区，承担榆树井煤矿电修设备、机修设备和皮带设备维修及各种工件的加工制作。同年，神东煤炭集团公司设备维修中心完成综连采设备大项修 320 台套，完成小型机电设备检修 23347 台件，完成产值 13.18 亿元，实现利润 1765.4 万元。通过充分挖掘效率、能力、技术、人员潜力，利用自主修复设备，开展了 8 类 19 项自修项目，完成自修产值 3930 万元。2012 年，神东煤炭集团公司设备维修中心完成综连采设备大项修 294 台套，完成小型机电设备检修 51370 台件，完成产值 17.51 亿元，实现利润 2350 万元。设备维修中心新开展了泵站的自修工作。电机大修、立柱外缸缸口修复项目取得重大进展。阀修理、电气件修理范围不断扩大。新开展了链轮环修复和移变大修项目，节约外委费用 4384.82 万元。2013 年，新增加采煤机滚筒、采煤机摇臂壳体、链轮、交流电机、移动变电站、螺栓等自修复项目，节约外委资金 3097 万元。同年，成立黄玉川维修车间，新增了皮带保护及矿用传感器检修业务。

2015 年，伊泰集团公司生产服务中心设立维修室和修复件库房，组织修复库存的废旧配件 44 件、发电机 11 台，节约成本 58.6 万元。同年，煤炭市场低迷，神东煤炭集团公司部分矿井限产停产，设备管理中心实际委托检修的大修设备数量减少，全年共完成综连采设备大项修 251 台（套），完成小型机电设备检修 49709 台（件），完成产值 16.43 亿元。

2016 年，伊泰集团公司生产服务中心组建了无轨胶轮车维修队，取代了原有的外委维修模式。全年预算费用 440 万元，较原外委模式每年 598 万元节约维修费用 158 万元。通过修旧利废，各项维修费用节约了 139.82 万元。

同年，神东煤炭集团公司积极对外承揽煤矿设备维修业务，通过网络投标、主动上门洽谈等方式，相继与伊泰、蒙泰等企业建立合作关系。全年累计承揽业务 42 项（2163 台件），其中 7 项建立年度合作协议，全年累计创收 5000 万元。并成立了井下机电安装队、天车维修队，相继承接了井下机电设备安装、天车维修保养、废旧电缆盘点、新三机挡煤板加工、矿井各类销轴加工、风门安装维护等内部拓展业务，全年累计创收 2013 万元。是年，经中国煤炭行业协会批准，神东煤炭集团公司成立采煤装备再制造工程技术中心。

2017 年，伊泰集团公司完成设备维修 236 项，发生维检费 5440 万元。维修成套设备 39 台/套、大型部件 290 件/次。在修 ZY8640/25.5/55 液压支架 153 架。修复各类型发动机、马达、绞车总成等 55 台（套），节约修理费用 320.5 万元。

四、照明与供电

（一）照明

中华人民共和国成立初期，伊克昭盟煤矿多为私人煤窑，井下多使用麻油灯照明，之后部分煤矿使用电石灯照明。由于电石灯是用生铁铸成，质量大、价钱高，它的使用远不如麻油灯广泛。

1954 年，东胜酸刺沟煤矿、达拉特旗罕台川煤矿使用麻油灯照明。1958 年，井下人员手持电石灯照明。直到 20 世纪 70 年代，大多数煤矿都使用这两种照明工具。

20 世纪 70 年代至 80 年代中后期，井下普遍使用矿灯照明，多数煤矿井下没有固定照明设施，只靠移动矿用防爆灯及手电筒照明。1972 年，达拉特旗罕台川煤矿改用矿灯照明。1973 年棋盘井煤矿井下开始使用矿灯照明，1977 年使用携带式蓄电池矿灯，配可控硅充电设备。20 世纪 70 年代中后期，准格尔旗城坡煤矿等部分技术改造较晚的煤矿依旧使用电石灯照明，到 1980 年方改用矿灯照明。高头窑煤矿直到 1982 年才改为矿灯照明。

1983 年，煤炭工业部颁布“六消灭”标准，严禁井下明火明电照明，包括普通白炽灯、普通日光灯、手电、土电灯等。井下作业人员必须每人佩戴一盏矿灯，没有矿灯者严禁下井。井下车场、变电所、水泵房及井下硐室逐渐使用矿用灯照明。井下各采区进风道、回风道、井下蓄电池充电房和井下火药库等均使用矿用防爆型照明灯。低沼气矿井使用矿用一般型，高沼气矿井使用矿用安全型。自此，伊克昭盟大多数煤矿改用矿灯照明。后各煤矿陆续引入发电机、架设矿区电网，逐渐解决用电照明问题。

1985 年，唐公沟煤矿引入电源，井下使用低压专用照明变压器、照明综合保护和防爆照明灯，井下人员使用酸式充电矿灯。

2005年，鄂尔多斯地方煤矿大规模技术改造后，井下人员使用蓄电池矿灯照明，并逐渐完善了井下硐室及各生产场所固定照明设施。

2010年，鄂尔多斯市各煤矿已基本建成双回路供电，井下机电硐室、井底车场、主运大巷、辅运大巷、工作面运输巷、工作面回风巷等地点设固定照明设施，灯具使用矿用防爆荧光灯或矿用防爆高压钠灯，工作面设置自移支架式防爆荧光灯。

进入“十三五”，鄂尔多斯煤矿在扩大井下照明区域和范围的同时，淘汰能耗大的照明灯具，井下作业人员使用体积小、质量轻、免维护、光效高、耗能小、寿命长的K1型矿灯。照明电源全部使用照明信号综合保护装置，提高了井下照明的安全性和可靠性。多数煤矿在运输大巷、井底车场、机电硐室、回风大巷等具有甲烷（瓦斯）和煤尘爆炸性气体混合场地，安装使用了24瓦矿用防爆型LED巷道灯。全市煤矿井下照明进一步规范。

（二）供电

20世纪60—70年代，伊克昭盟只有个别国营煤矿引入了高压电，井下铺设电网供电，多数煤矿日常生产用电靠发电机提供。

1962年，东胜县酸刺沟煤矿由东胜电厂至酸刺沟架设6.6千伏高压架空线路，到矿后降至380伏引入井下。1969年10月15日，由东胜至达拉特旗罕台川煤矿的高压输变电线路建成，罕台川煤矿开始使用电网供电。

1970年，准格尔旗二道沟煤矿从榆树湾电厂架设10千伏输电高压线，实现电网供电。同年，伊金霍洛旗忽吉图煤矿购进一台12马力柴油机和60千瓦发电机组，完成了500米的主井架线工程，为该矿首次用电。1971年，准格尔旗乌素沟煤矿与达拉特旗罕台川煤矿开始用柴油机发电。同年，达拉特旗罕台川煤矿从达拉特旗高头窑电厂引出11千伏高压架空线路，线路长25千米，引入井下电压降至380伏。棋盘井煤矿建成至尔格图大队的10千伏高压输电线路，到矿后降至380伏引入井下。伊金霍洛旗忽吉图煤矿由高头窑电厂架设10千伏高压输电线，由神木大柳塔至该矿武家塔斜井架设1千米高压输电线路。1972年，棋盘井煤矿建成至东水库10千伏高压输电线路。1974年，鄂托克旗乌仁都西煤矿由棋盘井变电所至该矿架设10千伏高压输电线路，线长25千米。达拉特旗纳林沟煤矿由东胜电厂至纳林沟煤矿架设10千伏高压输电线路，线长25千米。准格尔旗纳林沟煤矿、城坡煤矿接通了清水河县喇嘛湾电厂的10千伏输电线路。

1976年，伊金霍洛旗石圪台煤矿新开了二号井口，并购回一台135马力柴油发电机组。1978年12月20日，高头窑、东胜地区的输变电枢纽工程东胜变电站竣工并交付使用。变电站的输入线路由东胜发电厂的6千伏线路双回路和高头窑发电厂的35千伏单回路构成，输出电压10千伏，由7条配电线路分别向罕台川煤矿、酸刺沟煤矿等实行双回路供电，东胜地区供电不足的矛盾得到解决。1979年，城坡煤矿1700米深矿井实现了煤矿双回路供电。

1983年，伊金霍洛旗忽吉图煤矿从松定霍洛变电所到该矿架设10千伏高压输电线路，全长24千米，到矿后降至380伏引入井下。1985年，东胜电厂至罕台川煤矿架设10千伏高压输电线路，全长25千米。10月，准格尔旗乌素沟煤矿由沙圪堵电厂至该矿架设10千伏高压输电线路，线路全长30千米。伊金霍洛旗石圪台煤矿架设6千伏高压输电线路，线路长5千米。达拉特旗唐公沟煤矿建设35千伏变电所，10千米连接东胜110千伏输变电站。1988年，东胜市昌汉沟煤矿通电线路从罕台川煤矿35千伏变电所引单回路6千伏专线作为矿井供电电源，设计供电设备41台，总容量388.2千伏。采用单回路供电，地面供电引用三路架空线，风机房线、动力线、照明线。动力线又分接给机修车间、坑木加工厂、水源井、地面绞车。井下供电采用浅井供电。1989年，石圪台煤矿续建接续斜井，开采下部煤层，生产能力30万吨/年。矿井供电等级为6千伏、660伏、380伏，双回路供电。单回路从柳塔35千伏变配电所引入，架设7千米6千伏高压线，2回路从送往东部矿区经该矿的35千伏高压线路梯接。矿内设中央变配电所。

1990年，城坡煤矿供电一面取自清水河县城湾电厂，另一面取自薛家湾变电所10千伏电力线，实现双回路供电。忽吉图煤矿武家塔斜井从大柳塔35千伏变电所引入6千伏线路。从武家塔露天煤矿引6千伏架空线1.5千米，形成双回路供电。主副井筒上部北侧设井口变电所，井下设中央变电所送往各配电点。

1992年，准格尔矿区规划架设一回由220千伏地区变电站至唐公塔的110千伏输电线路，建成唐公塔公用变电站，降压10千伏运行，解决了准格尔矿区“八五”期间，建设300万吨地方煤矿用电问题。

1994年，伊克昭盟准格尔矿区、东胜神府矿区、万利矿区、桌子山矿区引入供电线路，地方煤矿供电根据自身位置就近引自相关变电站。其中准格尔矿区，自呼包电网引入单回路110千伏供电线路至薛家湾，建110千伏变电站一座。该供电系统电压等级设计为220千伏。东胜煤田北部区内，有东胜东郊10千伏变电站一座，电源引自包头（呼包电网）。东胜煤田南部及东部区，有松定霍洛110千伏变电站一座，110千伏电源分别接自华能神木自备电厂和经东胜接入的呼包电网。桌子山矿区110千伏电源来自宁夏石嘴山电厂和海勃湾电厂。在伊克昭盟境内形成35千伏供电系统，矿区内建有两座35千伏变电站，在棋盘井矿区有一座110千伏变电站。

1995年，伊克昭盟煤炭基地建设开发公司开办准格尔召煤矿，矿井接单回路10千伏电源，采用浅井式供电，井下电压380伏，自备发动机组作为安全生产备用电源。“九五”期间，伊克昭盟境内基本形成110千伏供电系统，但尚未全面实现双回路供电。

2000年，井下电网基本具备，使全盟乡镇煤矿先后淘汰电石灯、煤油灯照明，使用节能灯照明，但井下明电、明火现象仍比较普遍。多数煤矿供电系统简单，采用变压器中性点接地为井下供电，开关采用熔丝保护。准格尔旗还有个别煤矿沿用原始的电石灯下井，且矿井明刀闸使用普遍，安全隐患极大。

2006年3月，内蒙古自治区人民政府下发了《关于全区地方煤矿建设双回供电系统的通知》，内蒙古电力公司组织编写完成了《内蒙古煤矿双回路供电规划》。双回路供电工程110千伏项目由煤矿用户投资建设，要求2006年底前建成投产。鄂尔多斯市煤炭局转发了《关于加快地方煤矿双回路供电系统建设的通知》（内经煤炭字〔2006〕20号），开始进行鄂尔多斯地区煤矿双回路供电系统的规划与建设，并纳入全市提高地方煤矿采出率“三年攻坚战”的重要配套工程，要在2006年底全部完成规定项目。鄂尔多斯电业局建设乌兰木伦220千伏扩建输变电工程和鄂托克旗阿尔巴斯、准格尔旗乌日高勒、东胜神山、伊金霍洛旗纳林塔和新庙110千伏输变电工程。35千伏及以下煤矿实现双回路供电。

2007年，鄂尔多斯地区双回路供电与采煤机械化同步改造。内蒙古自治区政府为保证大中型煤矿的技改和建设以及安全供电，筹资10亿元，解决煤矿双回路电源建设问题。鄂尔多斯市各旗区、矿区积极开展煤矿电网建设，完善矿区双回路供电系统的实施。根据煤矿分布情况和实施机械化开采的电力需求，准格尔旗编制了《全旗矿区电网改造建设总体规划》，提出建设110千伏输变电站4处，投资9046.55万元。建设35千伏输变电站17处，投资2.99亿元。另外，在13座煤矿所在地分别建设110千伏输变电工程，投资1.08亿元。伊金霍洛旗建设1个110千伏和6个35千伏变电站。东胜区对煤矿已有的供电线路进行保留改造，作为煤矿双回路供电方案的备用供电电源，建设2个11万伏，3个3.5万伏变电站作为煤矿双回路供电方案的主供电源。鄂托克旗规划建设110千伏区域变电站1座，35千伏变电站2座，总投资7554万元。

2007年，鄂尔多斯市通过“三年技改攻坚战”，完成了煤矿双回路供电系统工程。变电站的管理与运行由各旗区进行管理，井下供电系统由中央变电所采用矿用高压真空配电装置运行，担负主排水泵、大巷带式输送机、采掘工作面等井下全部负荷用电。有些煤矿在井下使用移动变电站来满足采掘工作面设备用电需求。井下综采工作面控制设备选用隔爆型微电脑控制保护的组合开关，具有过载、短路、断相、漏电闭锁保护功能。大型电气设备采用了软启动装置，采煤机采用变频调速装置。整合技改后，伊泰集团井下采掘分开用电，掘进工作面使用的局部通风机使用专用电缆、专用变压器、专用开关及风电闭锁、瓦斯电闭锁装置。各变电站、变电所及井下中央变电所均配备具有一定专业知识的专职值班电工。

截至2018年底，全市共有电厂88座，电力总装机达到2308万千瓦，占全自治区总装机的19%，居全区首位。从电源结构来看，火电2038万千瓦，占总装机的88%；水电75万千瓦，是国家规划建设的9个煤电基地之一。从电厂性质来看，公用电厂装机1740.6万千瓦，自备电厂装机567.7万千瓦。

五、矿井通信

新中国成立初期，伊克昭盟煤矿没有通信工具，地面与井下亦无联系方式，井下发现险情及车辆调度情况通常无法送达地面。

1980年，鄂托克旗棋盘井煤矿接通矿区与鄂托克旗电话通信网。1988年，昌汉沟煤矿通信系统设计采用供电式交换总机，共设电话20部。掘进工作面还设有隔爆电话挂机连接总机。

1990年，城坡煤矿改扩建，原用通往沙圪堵的电话线路，与唐公塔总机接网，线长1500米，主要为生产调度服务。同年，北京至东胜煤田开发经营公司所辖矿区的通信电缆与全矿区的通信网络投入使用，矿区可直接和北京通话。

20世纪90年代，伊克昭盟国营煤矿基本建成对外联络与井下通信网络，但部分乡镇煤矿仍处于无通信状态。1992年，新建碾盘梁煤矿，在东胜市邮电局设两副中继线，采用纵横式自动电话交换机，容量270门，行政总机180门，调度总机90门。1996年底，神东矿区数字通信网开通。1997年，伊东集团东圪堵煤矿成立，由于生产、生活条件简陋，地面通信主要依靠固定电话联系，地面与井下没有任何通信设施。

2002年之前，伊泰集团各煤矿主要采用固定电话、手机，小灵通通信。从2002年开始，各煤矿相继建成并采用了调度通信、井下小灵通与综合自动化系统，井下与地面调度、煤矿与公司的通信完全实现网络化、自动化。

2007年，国家安全监管总局、国家煤矿安监局下发了《关于所有煤矿必须立即安装和完善井下通讯、压风、防尘供水系统的紧急通知》（安监总煤行〔2007〕167号），对井下通信系统作出详细规定，煤矿主副井井底车场、运输调度室、变电所、上下山绞车房、水泵房、带式输送机集中控制硐室等主要机电设备硐室和采掘工作面等必须安装通信设施，并能与矿调度室等部门直接联系。同年，吴四圪堵煤矿成立了通信班，负责处理通信联络系统的日常管理与维护，并投入使用DDSK型通信联络系统与无线通信系统，结束了井下采用临时通信的历史。DDSK调度主机采用双机热备的方式提供地面调度信号，地面的通信信号经安全耦合器耦合后，将本安型信号送入井下，无线通信信号经光缆传输送至井下后，在井下基站控制器的控制下，将无线信号覆盖至各生产现场。

2008年，伊泰集团选用PHS制式煤矿专用综合移动通信系统，系统集成了话务、调度等多种附加功能和增值业务，方便煤矿生产管理人员、电机车司机、皮带维修工以及其他流动人员与指挥调度中心之间的相互联系，便于井上和井下人员之间实时便捷通信，既提高了安全管理水平，也为井下人员自救提供了条件。

2010年，山东能源长城煤矿各个采区、掘进迎头、泵房、配电所等都安装了KTH-I型防爆电话机，实现了地面和井下的实时通信，并且在泵房和地面降压站安装了直通电话，实现了专线联系。榆树井煤矿在调度室配备两套DM-1多媒体通信调度系统，实现多种调度手段，来电录音。全矿办公电话达到98部，井下电话达到56部，200多套无线手机。为班组长以上管理人员及特殊工种全部配备了无线通信设备。同年底，神华集团公司以神东通讯信息网为汇接中心，实现了与准格尔能源公司等的通信信息汇接，以及煤矿井上下调度指挥与行政办公通信互联、互通和操作。汇接平台具有一键通功能、来电显示、选呼、群呼、强播、强拆、强接等多种功能，同时有录音，回放功能（录音数据保持一年以内）和线路静音超时催挂功能。

2014年以后，伊泰集团部分煤矿逐步更换并推广应用4G通信技术，实现井下人员精确定位，高质量视频通话、画面传输。2017年，伊泰集团公司各煤矿均安装了井下应急广播系统，确保井下人员听到应急指令，并对酸刺沟煤矿、大地精煤矿调度通信系统和无线通信系统进行升级换代，采用业内领先的4G无线通信技术和一网一站综合通信技术，实现融合通信，井上下调度通信一体化。

第二章 露 天 开 采

第一节 穿孔爆破

1981 年，国家提出“优先发展露天开采”的方针，规划建设包括准格尔在内的五大露天矿区，把露天开采作为持续、稳定、健康发展煤炭工业的一项重要战略。这一时期在开发资金、露天开采工艺和技术装备、露天煤矿建设等方面有了较大发展。

1986 年，华能精煤公司开始规划建设马家塔露天矿，包括马家塔和后补连两个采区。建矿初期，煤岩爆破采用钻机打孔，拥有 1 台 KX-150 型回转钻机与 1 台 KQ-150 型潜孔钻机，钻机结构简单，造价较低。1991 年，采用电雷管齐发爆破工艺。

1992 年，黑岱沟露天煤矿开工建设，1996 年投入试生产。建矿初期，穿孔设备采用老式冲击钻，后被高效能的潜孔钻和牙轮钻代替。

武家塔露天煤矿筹建初期仅有 2 台 KQ-150X 型潜孔钻。1993 年新购买 2 台 KQ-150 型潜孔钻进行穿孔爆破。1996 年正式投产后，采取传统的爆破工艺——单孔连续打眼、人工装入袋装铵油炸药，排间起爆、火雷管引爆的方式。

1997 年，马家塔露天矿采用“加密爆破孔距与深浅相结合”方式，优化了爆破参数，降低了煤粒和大块率，用铵油炸药取代了乳化炸药。采用倾斜钻孔双排孔斜间微差爆破。采用防水炮皮铵沥炸药，导爆索起爆并配以 3 段毫秒继爆管，实现斜间微差爆破。3 米以下岩石采用穿爆方法来处理，在穿爆时采取加密孔网进行爆破。

1998 年以前，黑岱沟露天煤矿采用初步设计确定的施工参数，爆破质量差，大块率高，拉底严重，严重影响单斗挖掘机装车，使生产成本增加、经济效益降低。后经过穿爆技术人员探讨研究，1998 年 3 月，爆破参数由原来的 8 米×7 米调整为 12 米×8 米，降低了穿爆成本，提高了爆破质量。

2000 年 5 月，黑岱沟露天矿在爆破工程中引进了空气间隔器，使用空气间隔器在炮孔底部间隔空气柱，每孔节约炸药 100 千克，降低了炸药材料费，且取得了良好的爆破效果。同年，黑岱沟露天矿采用多排垂直深孔微差松动爆破，用铵油炸药混装车运送和装药，填塞机充填炮孔。炸药采用多孔粒状铵油炸药为主爆药，2 号岩石炸药为起爆药，部分孔内有水的炮孔采用乳化炸药。是年，黑岱沟露天矿进行改扩建，拥有穿孔设备 DM-H 型英格索兰钻机 2 台、KY-250A 型牙轮钻机 1 台，其生产设备代表了 20 世纪 90 年代世界露天开采设备的先进水平。

2003 年，马家塔露天煤矿完成了后补连新村防震隔带工程。同年 7 月，武家塔露天煤矿采用炸药混装车装药代替人工装药，提高装药效率，同时降低了爆破人员劳动强度。是年，武家塔露天煤矿扩大生产规模，通过购买与租赁相结合的方式，引进 KQ-150 型、KQ-150Y 型、KQG-150Y 型潜孔钻机。

2005 年 5 月，鄂尔多斯地区成立最早的店圪卜（潮脑梁）露天煤矿开始剥离，剥离工程为 3 个月。同年，黑岱沟露天煤矿对穿孔、爆破工程提出“穿孔之前有设计、穿孔之中有监督、爆破过程有措施、爆破过后有分析”的要求，岩石爆破中的大块率降到 5% 以下。

2006 年 1 月，店圪卜露天煤矿投产，同年 9 月达产。生产期间，采用 4 台 750 型潜孔钻机穿孔。采用浅眼爆破法，爆破台阶高度 5 米，孔深 5.3 米，集中装药，装药长度 2.5 米，垂直钻孔，多排等边三角形布孔，采用毫秒微差爆破。同年 5 月，武家塔露天煤矿引进国内先进爆破技术——逐孔起爆技术。乌素沟露天煤矿开工建设。同年，神山煤矿根据神华集团淘汰落后生产工艺要求，经过停产整顿，改为露天开采，设计年产原煤 60 万吨。

2007 年 3 月 1 日，黑岱沟露天煤矿实施了中国第一次抛掷爆破，该技术应用于露天煤矿岩层剥离，爆破土方量 115 万立方米，使用炸药 700 吨，爆破范围长 450 米、宽 60 米、深 40 米，有效抛掷率达到 39%，创国内煤矿一次爆破总量、炸药使用量新纪录。同年 10 月，金阳露天煤矿爆破方式为岩石松动爆破。选用 HC725A 型潜孔钻机，穿孔直径可通过变换钻头、改变钻杆直径，满足岩石爆破要求。同年 12 月 30 日，神山露天煤矿破土动工。

同年，原果园煤矿和原石卜尔台煤矿资源整合后，成立满世昶旭露天煤矿。整合后井田面积为 12.2558 平方千米，原煤储量达 6442 万吨，设计年生产能力 120 万吨，可采服务年限 48.8 年。

2008 年 1 月，哈尔乌素露天煤矿成立。1 台山特维克制造的 D245S 履带自行式柴油机驱动全液压牙轮钻机投入使用，其钻孔直径 187 毫米，单根钻杆标准孔深 8.65 米，机载最大钻孔深度 45.23 米。3 月，陆续投入使用 4 台山特维克制造的 1190E 矿用电动履带式牙轮岩石钻机。

2008 年，鄂尔多斯市煤炭局在全市煤矿安全生产隐患排查治理中，对露天煤矿的爆破作出明确规定，要求严格按照《爆破工程安全规程》进行爆破作业，接入爆破作业的爆破公司要具备相关资质，高温区、火区爆破作业要制定安全技术措施并有专业技术人员进行管理。据此，黑岱沟煤矿制定了《黑岱沟露天煤矿松动爆破作业管理程序》，从爆破设计、布孔、验孔、火工品使用、装药、连线、警戒、起爆、爆区检查、爆破效果分析、资料整理等 12 个方面对爆破作业程序进行了规范。马家塔露天煤矿通过与内蒙古科技大学合作研究，优化了爆破参数，提高了爆破质量。

2010 年 2 月，黑岱沟露天煤矿在抛掷爆破区西区开始进行数码雷管抛掷爆破试验。当年完成 3.5 次抛掷区试验，有效抛掷率提高了 5%。同年，哈尔乌素露天煤矿采用多排孔微差松动的爆破方法。用炸药混装车运送和装药，填塞机充填炮孔，炸药用多孔粒状铵油炸药和重铵油炸药为主爆药，起爆具和 2 号岩石炸药为起爆药，个别有水炮孔采用乳化炸药。爆破中对岩石台阶和煤台阶分别采用松动爆破，工艺设计减少拉底现象。

同年，昶旭露天煤矿通过综合验收，进入正式生产，新购置山河智能一体化液压潜孔钻机 SWDB120、SWDB165 各 2 台，达到了除尘要求。宏丰露天煤矿扩产后穿孔设备更新为 12 台 KQG-150 型潜孔钻机，通过设备更新，孔径和穿孔深度增大，调整了孔距，不仅岩石爆破效果更加增强，而且减少了炸药用量。到 2010 年底，中国华能北方联合电力有限责任公司新建的两座煤矿正处筹建期，剥离工程均外委给有关施工单位，锌尖露天煤矿尚未开始爆破作业。魏家峁露天煤矿施工单位采用阿特拉斯900型钻机，孔径140毫米。

2011年12月14日和2012年11月2日，黑岱沟露天煤矿在抛掷爆破区西区采用山西壶关化工集团有限公司数码雷管进行了2次抛掷爆破试验，并成功爆破。2012年6月，黑岱沟露天煤矿台阶爆破数字化综合处理系统应用于抛掷爆破设计中，既有利于优化抛掷爆破设计，也为爆后效果分析提供了平台。同年，哈尔乌素露天煤矿制定了《哈尔乌素露天煤矿煤台阶松动爆破作业管理办法》《哈尔乌素露天煤矿穿孔作业管理办法》，从规章制度的角度对爆破作业流程进行了规范，确保了爆破作业安全。

2013年，哈尔乌素露天煤矿广泛使用岩石松动爆破，采取空气间隔器装药法，对降低炸药使用量、保证岩石破碎效果起到了良好的作用。同年9月，卡调系统应用于松动爆破设计及穿孔中，实现了智能定位及穿孔功能，基本摆脱人工布孔方式，降低了劳动强度，提高了钻机定位效率及穿孔精度。黑岱沟露天煤矿抛掷爆破炮区宽度由80米调整为85米，扩宽了采煤空间，减少了卡车入换时间，提高了运煤卡车工作效率。

2014年，哈尔乌素露天煤矿为了克服下部硬岩的夹制作用，同时能够降低爆破成本，采用混合装药结构，下部装爆炸威力较大的铵油炸药，上部使用威力相对较低的低密度炸药，并保证正常的充填高度。同年，哈尔乌素露天煤矿为了提高块煤率，采用低密度炸药进行煤台阶爆破，采用连续装药的结构，在提高劳动效率的同时，大大降低了爆破成本。

2015年4月，黑岱沟露天煤将数码雷管应用于抛掷爆破中，与高精度雷管相比，有效抛掷率提高4.68%。爆后沉降高度增加4~6米，预裂面整齐，破碎效果良好。同年，为提高煤质，提高筛上率，哈尔乌素露天煤矿爆破工程技术人员对煤层爆破作业的孔网参数进行调整，避免了对煤层的过度粉碎，提高了煤的块煤率。

2016年，哈尔乌素露天煤矿为解决钻机在旧坡道上穿孔作业时，未爆区域和已爆区域不易分辨的问题，购买了一部手持GPS，技术员用手持GPS进行采点定位，将已爆区域和未爆区域位置记录好，穿孔作业时可以根据记录准确快速找到穿孔的位置，准确省时，降低成本。

截至2017年，黑岱沟露天煤矿煤岩均需穿孔爆破。煤层上部26~54米厚的高台阶岩层采用多排倾斜超深孔斜线逐孔起爆的抛掷爆破，高台阶上部30~52米厚的岩层和煤层采用多排垂直深孔微差松动爆破，用铵油和重铵油炸药混装车运送和装药，填塞机充填炮孔。同年4月，哈尔乌素露天煤矿穿爆队分为穿孔队和爆破队，爆破队归属炸药厂，穿孔队主要负责穿孔及爆破设计的任务。

第二节 采 掘

伊克昭盟大规模露天开采始于1987年动工的东煤公司马家塔露天煤矿及1988年筹建的准能公司黑岱沟露天煤矿，现分别隶属于神东煤炭集团公司与准格尔能源有限责任公司。是年，伊克昭盟乡镇企业公司与准格尔召乡、炭窑渠村以联营形式开办小型露天煤矿，但采用的设备生产能力较小、建设规模仅为3万吨/年。

1988年，由东胜煤田开发经营公司牵头，伊金霍洛旗、达拉特旗、东胜市四家集资共同组建成立后补连露天煤矿，设计规模30万吨/年。是年，马家塔露天煤矿采用单斗电铲—汽车工艺，工作帮移动坑，内部组沟，内外排相结合的开拓运输系统。采坑按照初设分为旱采坑和汛采坑交替生产，矿建总剥离量为99万立方米。1988年12月23日，汛采坑外委内蒙古机械化施工公司，完成剥离71.64万立方米，采剥段完成旱采坑剥离22万立方米。1989年，该矿购入2台1立方米WD-400型电铲用于剥离。7月21日，洪水将旱采坑全部淹没。

20世纪90年代，伊克昭盟境内建设了准格尔、神府和东胜等露天煤矿，国有煤矿露天开采工艺由单斗—汽车工艺、半连续生产工艺、连续生产工艺逐步向现代化、大型化发展，除原有的单斗—汽车、单斗—铁道工艺两种间断工艺之外，还采用了轮斗—胶带连续工艺、单斗—汽车—破碎机—胶带半连续工艺和几种工艺结合的综合工艺。1990年4月21日，准格尔1200万吨现代化露天煤矿项目全面开工。

1992年8月8日，马家塔露天煤矿旱采坑停产。1993年，马家塔露天煤矿购进2台WD-400电铲，并成功探索陡帮开采工艺，最大限度地实施了边角煤回收，使煤炭采出率始终保持在97%以上。同期，黑岱沟露天煤矿采用综合开采工艺。上部黄土层的平均厚度为49米，采用轮斗挖掘机—胶带输送机—排土机的连续开采工艺。中部岩石的平均厚度为56米，上层采用单斗挖掘机—自卸卡车的间断开采工艺，下层采用抛掷爆破吊斗铲倒堆开采工艺。下部煤层的平均厚度为28.8米，采用单斗挖掘机—自卸卡车—坑边半移动破碎站—带式输送机的半连续开采工艺。

1996年9月，黑岱沟露天煤矿采场形成六个岩石台阶，三个煤台阶。表层软质黄土剥离，采用轮斗挖掘机两套系统设备。工作面带式输送机两采一移，采用单斗—汽车工艺，采煤采用单斗、汽车分采分运。同年，马家塔露天煤矿旱采坑恢复生产，并购进1台KW-4A电铲。1996年以来，黑岱沟露天煤矿共投入4台WK-I0B型单斗挖掘机进行采煤，投入10台395-B1型单斗挖掘机和1台200P型单斗挖掘机进行岩石层剥离。

1998年，马家塔露天煤矿调运武家塔露天煤矿1台4立方米电铲、15台工程车。煤层开采依据开采设备规格及作业方式，将煤层划分为独立的倾斜分层进行开采，煤炭采用爆破后装载车采装。

2000年，黑岱沟露天煤矿一期工程结束，形成2个轮斗挖掘机剥离工作面，6个单斗挖掘机工作面，2个采煤工作面。轮斗挖掘机又增加了1台转载机，实现组合台阶开采。

到2000年底，马家塔露天煤矿采坑可采储量为226万吨，同年11月初，采区开采到界，范围内资源全部采完。2001年6月，移交至后补连采区开工建设，基建剥离量60.66万立方米，经过6个月的改造，生产能力达到120万吨，剥采比为2.93立方米/吨。

2003年，黑岱沟露天煤矿吊斗铲扩能改造，第二套设备正式运行，投入2台992G装载机参与剥离和采煤作业。2005年，黑岱沟露天煤矿引进了国内第一台特大型矿山采掘设备8750型吊斗铲。

武家塔露天煤矿生产能力为60万吨/年，开采工艺为单斗—汽车，剥离设备最初仅有2台4立方米WK-4型电铲，后通过购买与租赁相结合的方式，不断引进生产设备。2005年，武家塔露天煤矿因露天开采工作线长度不足，剥离、采煤失衡，各个生产环节不能适应产量增长要求，开始改善生产工艺，扩大露天开采规模，对煤矿进行年产300万吨技改扩建。

2006年，黑岱沟露天煤矿采用国产2300-TZ型单斗挖掘机参与剥离作业，单斗容量达23立方米，创国内露天煤矿开采挖掘机单斗容量最大纪录。从同年开始，马家塔露天煤矿后补连采区剥离全部实行外委。

2007 年 2 月，黑岱沟露天煤矿引进国内第一台特大型矿山采掘设备 8750 型吊斗铲成功起吊，标志着世界上最大的、交流电机驱动的迈步式吊斗铲组装工作完成。吊斗铲倒堆工艺开始于下层岩石的剥离，使黑岱沟露天煤矿生产能力由 1200 万吨/年提高至 2000 万吨/年。2008 年，黑岱沟露天煤矿又投入 1 台最大斗容为 25.2 立方米的 WK-35 型单斗挖掘机、1 台 L1350 装载机参与采煤作业。同年，哈尔乌素露天煤矿采用单斗挖掘机追踪开采的露天采矿工艺，表土和上部岩石剥离采用单斗—卡车开采工艺，下部岩石剥离采用抛掷爆破吊斗铲爆倒堆工艺。煤层开采用单斗—卡车—地面半固定破碎站—带式输送机连续开采工艺。选用比塞洛斯、特雷克斯、小松等世界范围内具有强大实力的国际公司所提供的采掘、运输设备。投入 4 台比塞洛斯国际公司生产的 HR4949 型单斗挖掘机（斗容 60.4 立方米），2 台比塞洛斯国际公司生产的 395B 型单斗挖掘机（斗容 32 立方米），用于剥离岩石。

2009 年，黑岱沟露天矿吊斗铲倒堆工艺技术通过验收。马家塔煤矿后补连采区采完闭坑。同年，昶旭煤矿基建结束进入试生产，新购置 WK-4 型电铲 2 台，配备 EC360BLC、DX500LC 型液压挖掘机配合采装作业。丰荣露天煤矿建矿初期，拥有挖掘机 2 台、T220 型推土机 1 台、T180 型推土机 2 台。2009 年，累计剥离量为 2211.8 万立方米，累计生产原煤 200 万吨。

至 2010 年底，武家塔露天煤矿有 WD-400 型电铲 12 台，斗容均为 4.6 立方米。根据本地区煤炭赋存条件，采场自然分层由最初的 4 个台阶已发展到 5~6 个台阶，台阶高度均为 10~12 米，采掘带宽度为 20~30 米。同年，宏丰露天煤矿扩建至 300 万吨/年，采掘设备增加至 37 台单斗液压挖掘机。开采工艺为单斗—卡车工艺。组合台阶开采方式。金阳露天煤矿采掘工艺为单斗—卡车工艺。采装设备多为小松 360 型单斗液压挖掘机。2010 年底，共有采掘设备近 50 台套，采装能力由原 360 型挖掘机逐步过渡为 500 型，能力翻了近一倍。

2012 年，哈尔乌素露天煤矿采掘采用单斗挖掘机追踪式开采，挖掘机最小工作平盘宽度为 80~90 米。黄土层剥离工作由外委施工单位完成。同年，哈尔乌素露天煤矿双向装车在 2 号 WK35 试运行，20 天剥离完成了 53 万立方米。通过试验双向装车技术，在内回转角和外回转角相等的情况下，电铲装车回转角度减少回转角度的 1/3。电铲回转匀角速度时，电铲回转时间同样节约 1/3。由于电铲是双侧回摆采掘，因此电铲铲斗两侧和回转齿轮的磨损是均匀的，延长了设备使用寿命，减少了无形磨损，降低了维修成本。

第三节　运输与辅助设备

1987 年，马家塔露天煤矿购入 BJ-374 型自卸车 7 台，载重 20 吨。1992 年，剥离运输采用 11 台 BJ-374 自卸车，15 台大拖拉自卸车运煤。但随着运载量的增大，三分之二的煤炭运输靠雇用社会车辆。煤炭由采场经松—马公路运往黑炭沟车站装车外运。补连塔装车站建成后，煤炭上站经松—马公路运往补连塔装车站外运。

黑岱沟露天煤矿煤、岩石和部分黄土采用单斗挖掘机和大型自卸卡车运输的间断性开采工艺，主要运输任务由自卸卡车完成。建矿初期组装了 32 台 630E 型自卸卡车。1996 年，黑岱沟露天煤矿通过煤炭工业部验收，开始试生产。

1996 年，武家塔露天煤矿仅有 BJ3364 型自卸汽车 15 台，前苏联生产的别拉斯 7540 型矿用汽车 5 台，载重分别为 20 吨和 32 吨。企业改制后，剥离运输车辆引进了同力重工、航天泰特等较重 36 吨车型。通过后期生产中的不断投入，辅助设备逐步配套完善。

2002 年，黑岱沟露天煤矿逐步投入 154 吨 630E 型自卸卡车 196 台，108 吨 SF3102 自卸卡车 94 台，全部承担运煤任务。2003—2004 年，投入 630E 型自卸卡车 115 台、SF3102 自卸卡车 47 台。2005 年，又投入了 5 台 730E 型卡车。同年，店圪卜煤矿运输车辆有 SH-380 型 32 吨自卸翻斗车 60 台、辅助设备有徐工-50 装载机 4 台，主要承担剥离物运输及原煤运输。

2007 年，哈尔乌素露天煤矿采用德国进口巨型矿用汽车 MT5500，载重量为 326 吨，轮胎直径为 3 米，加一次油需要一吨，售价 2000 万元，是亚洲载重量最大、自动化程度最高的矿用汽车，主要承担该矿岩石的拉运工作。同时，还有 18 台 MT4400 型自卸卡车，承载能力 236 吨，承担煤矿坑下原煤拉运工作。哈尔乌素露天煤矿装备了大型高效的推土机、平路机等辅助设备，主要承担该矿排土场排土、工作面清理等工程。

金阳露天煤矿采掘场剥离、采煤运输设备多为北方奔驰 290 系列 20 吨自卸车，随着产能的扩大，由 2007 年的 30 多辆增加到 200 多辆。2008 年 7 月，金阳露天煤矿购买了一辆 5 吨五十铃厢式货车运输炸药，并先后购买了 5 辆 20 吨洒水车对采掘场、排土场进行洒水防尘。

2008 年，昶旭露天煤矿主要运输设备有 ND3250S、CQ3253TMC384 型自卸汽车。2000 年，购入同力矿用自卸车 10 台，配备 ZZ3251M3641W、ND3250S 型自卸车配合施工。

丰荣露天煤矿建矿初期拥有 BJZ3364 型自卸汽车 12 辆，装载容量 20 吨；ZL50 型装载机 2 台，斗容 2.5 立方米。2009 年，有 SH-380A 型 32 吨自卸翻斗车 40 台，辅助设备为徐工-50 装载机 4 台。

宏丰煤矿剥离运输采用 25 吨自卸卡车，从剥离工作面经工作平盘运输通路至工作帮移动坑线，升坑到地面矿山公路运到排土场排弃。煤炭运输采用 32 吨自卸卡车经矿山公路运到配套洗煤厂入洗。2010 年，共有 25 吨自卸卡车 165 台，32 吨自卸卡车 20 台。

新建国有铧尖露天煤矿有 5 台 40 吨豪沃自卸车，承担毛煤运输、清理煤顶板和储煤场原煤运输。3 台 LW500F 型装载机承担储煤场装车和其他辅助工作。魏家峁露天煤矿使用 21 吨载重汽车承担剥离与采煤运输工作，29 吨载重汽车承担采煤运输工作。

2010 年，神山露天煤矿有 30 台北方奔驰 TL3400 型自卸卡车，载重量 20 吨，输出功率 290 马力。20 台豪威宽体矿用车，载重量 30 吨。20 台泰安宽体矿用车，载重 30 吨，主要负责剥离运输及采煤运输任务。辅助设备有 4 台推土机，2 台装载机、4 辆洒水车、3 辆矿山指挥车、2 台平路机、2 台起重机、1 台工具材料车、1 台炮孔排水车，分别承担排土场平整、道路维修、材料运输、道路防尘等。昶旭露天煤矿购置大型矿用自卸车 20 台，配套电铲施工作业。

2011 年起，哈尔乌素露天煤矿原煤运输改为自营形式。原煤运输系统由煤底板至端帮 1130 破碎站的一系列上煤道路组成。2011 年，哈尔乌素露天煤矿投入 21 台 930E 自卸卡车。2012 年，投入 9 台

930E 自卸卡车。同年 5 月，黑岱沟露天煤矿投入 3 台自卸卡车。6 月，投入 2 台 SF33900 卡车，并租赁哈尔乌素露天煤矿 2 台 SF33900 卡车。

2015 年 5 月，黑岱沟露天煤矿租赁哈尔乌素露天煤矿 7 台 930E 自卸卡车参与运输生产。同年，神山露天煤矿共有车辆设备 38 台（套）。

2016 年 10 月，哈尔乌素露天煤矿与黑岱沟露天煤矿协同开采，调往黑岱沟露天煤矿 14 台 930E 自卸卡车。11 月、12 月，分别调往西湾项目部 12 台 SF33900 自卸卡车。

2017 年 2 月，黑岱沟露天煤矿调往西湾露天煤矿 6 台 SF3000 卡车。4 月，由于生产任务调整，哈尔乌素露天煤矿又调往黑岱沟露天煤矿 37 台 MT5000、8 台 MT4400 及 3 台 930E 自卸卡车。

第四节　排　　土

马家塔露天煤矿早期排土采用两个采坑轮排方式，每年汛期过后，旱采坑的剥离物先排放在汛采坑的采空区内，待旱采坑采空新区能够内排时，剥离物排放在旱采坑，采完煤后形成采空区将汛采坑的剥离物在汛期前全部回填。1992 年，旱采坑停采，对旱采沿帮排土场及北排土场的清理，共清理土石方 60 多万立方。

黑岱沟露天矿设置东、北、西及东沿帮、阴湾五个外排土场，一个内排土场。1、2 号轮斗挖掘机剥离的黄土用胶带全部输送到东排土场，排满后输送到内排土场。2002 年，为缩短运距，内排土场与采场之间设立了排土桥。排土场的主要排弃设备为自卸卡车—推土机、轮斗挖掘机输送带—排土机，摊平机械为多种型号的推土机。

2003 年，马家塔露天煤矿后补连采区的剥离量全部外排，外排土场设置在露天矿北部境界 50 米外的河床地带。初期考虑到防洪筑坝的要求，初期排高 7 米，第二个台阶排高 20 米，排土平盘宽度为 25 米，采用推土机推土的排土方式。

2004 年 8 月，黑岱沟露天煤矿主要用于卡车排土的北排土场停用。

2006 年，马家塔露天煤矿全部为沙土剥离。沙土平盘垫路发生的二次剥离量、垫路所需的岩石量的装运，由外委单位负责完成。同年，黑岱沟露天煤矿东沿帮排土场停用，阴湾排土场作为外包排土场和缓解内排土场内排紧张时期过渡所用。金阳煤矿采用装载机推土方式排土，2007 年 7 月，基建初期为矿井北部外排土场排土。

2007 年 9 月，黑岱沟露天煤矿主要用于卡车排弃的黄土及选煤厂选矸后的西排土场停用。10 月，东排土场排满停用。

武家塔露天煤矿排土场主要有两个，建矿时排土的外排土场和正在均衡推进的内排土场。外排土场仅供建矿时基建外排使用。内排土场从下至上，分为 5 个场，排土台阶 25 米左右。排土设备主要采用推土机、装载机配合自卸汽车排土。

2008 年，马家塔露天煤矿从外排土场设置了三个沙土台阶，剥离运输从采场沿南北方向设东、西两帮半干线迈步式前进到达排土工作面。同年，金阳露天煤矿实现内排土场排土。

哈尔乌素露天煤矿共有两个排土场，黑岱沟排土场和内排土场。黑岱沟排土场自哈尔乌素露天煤矿基建开始投入使用，主要承担基建工程量和后期生产剥离工程量的排弃。内排土场于 2009 年 7 月开始形成，台阶高度 35 米，初期主要承担煤层顶底板剥离物的排弃，后期主要承担整个露天煤矿上覆岩层的排弃工作。哈尔乌素露天煤矿排土设备主要为推土机，局部配合装载机进行排土。

2009 年，昶旭露天煤矿拥有 7 台轮式前装机用于排土。神山露天煤矿采区内共有两个排土场，内排土场设在井田东部，外排土场设在井田西南部。新建铧尖与魏家峁露天煤矿采用边缘式排土、汽车运输和推土机联合作业的排弃方式，排弃时采用场地排弃和沿帮排弃相结合的方式进行。

店圪卜露天煤矿有两个外排土场，排土段高 15 米，两段排土，排土平盘宽度 50 米，排土台阶坡面角 35 度，采用边缘排土，主要设备为徐工 - 50 装载机及 T180 推土机。

丰荣露天煤矿设外排土场两个，排土段高 15 米，两段排土。宏丰露天煤矿外排土场毗邻采场西部，占地面积 172 公顷。2010 年，昶旭煤矿开始内排，排土段高 30 米，最终排弃高度为 1285 米，最小平盘宽度为 30 米，外排土场总占地面积 120 公顷，并新购置了 PC-320 型推土机、2 台配合轮式前装机工作，提高了排土效率。同年，金阳露天煤矿排土场分为 5 个台阶，台阶高度为 15 米，最高排弃高度为 1470 水平。

2010 年，哈尔乌素露天煤矿通过现场踏勘、地形测绘和方案可行性比选，最终确定对原有的推土场西部运输系统进行优化，将原有约 1500 米直进式斜坡道，改为 500 米折返斜坡道，将原有直进斜坡道所在处改为排土场，通过测算增加排弃空间 1500 万立方米，节省运距 200 多米，降低运输爬高 60 米。

2011 年 10 月，黑岱沟露天煤矿在制定转向期间内排土场东部采用半留沟的排弃方式。同年，哈尔乌素露天煤矿排土量计划 12594 万立方米，其中内排量仅有 9158 万立方米，其余 3436 万立方米需要外排。按照加高后的设计外接土场容积仅剩 1900 万立方米，仍需 1536 万立方米。根据这一情况，提出外排压内排计划，从南部运输系统将内外排连为一体，解决了排弃容积不足的问题。

2012 年 9 月，黑岱沟露天煤矿提出内排土场东部半留沟条件下启用搭桥方案，采场东部的剥离物通过东端帮运输通道行至搭桥后进入内排土场，节省了剥离运距。11 月，哈尔乌素露天煤矿在采场中部六中煤顶板搭设一条通往 1025 内排土场的排土桥，使 995、1010、1025 三个剥离台阶前往 1025 排土台阶的运输距离缩短 520 米，减少爬高 20 米，优化了采场底部的开拓运输系统，取得了良好的经济效果。

2013 年，哈尔乌素露天煤矿在两矿交界位置排土场以南部分留沟减少黑岱沟露天煤矿二次剥离量。同年 10 月，为节省运距、降低成本，黑岱沟露天煤矿开始向哈尔乌素露天煤矿内排土场排弃。同年，该矿排土场停用，黑岱沟露天煤矿全部转为内排。

2014 年，哈尔乌素露天煤矿东扩帮上部受征地问题影响，致使东扩帮上部台阶无法正常推进，上煤主干道无法向东移设，各平盘剥离量严重不足，电铲工作线短，移设频繁，效率下降，电铲即将面临无量可采局面。哈尔乌素露天煤矿创造性地将上煤主干道移设至内排土场，优化了上煤运输系统。该技术方案的实施，不仅缓解了工作面紧张等不利于生产的问题，而且缩短了上煤综合运距 200 米。

截至 2017 年底，黑岱沟露天煤矿共排入乌素沟露天煤矿内排土 4498.17 万立方米，平均运距 3093 米。

第五节 疏干与排水

1996 年，黑岱沟露天煤矿地面工业

设施的防排水，随着主体工程的竣工而相应配套完成。在坑下最低处挖坑汇集雨水，再用高扬程水泵进行排水。

马家塔露天煤矿建矿初期，采区排水采用矿坑外围排水和矿坑排水。外围排水主要是矿区西部坡地汇集的降雨地表径流，通过西部排水明渠，将地表水分别从南北方向排放至乌兰木伦河。矿坑排水采用强排形式，在采坑底部设置集水沟和集水坑，由坑下移动泵房水泵排出。1997年，马家塔露天煤矿对原排水系统进行彻底改造。沿平盘四周布设排水沟网络，疏水汇集到集水箱后排出地表，降低了工作平盘煤中水分。

2000 年，黑岱沟露天煤矿由于内排的需要，坑下防排水采用煤底板最低处挖掘深坑进行防排水。之后，由于气候干旱，基本不用考虑防排水问题。

2002 年，马家塔露天煤矿进入后补连采区生产。在采区西工作帮铺设砼排水管线，到达南部开采境界后，拐向东面，穿过运煤公路后，排入乌兰木伦河。为了达到环保要求，在公路东侧修设了两个4000 立方米的串联沉淀池。

东胜丰荣露天煤矿采坑内积水用于采场及道路的洒水降尘，生活污水用于绿化灌溉。2005 年，丰荣露天煤矿拥有 2 台双离心泵，流量 140 立方米/小时，1 台使用、1 台备用。

满世金阳露天煤矿地处干旱山区，地表水缺乏，采掘场水源主要来自降雨集水。该矿采用在采场最低处设集水坑，坑下采用移动泵站的排水方式。2007 年，该矿购进两台 45 千瓦排水泵，1 台抽水、1 台备用。

2008 年，马家塔露天煤矿进入小井采空区作业。采空区紧邻河畔，区内巷道纵横交错充满积水。马家塔露天煤矿提前进行探巷排水，空巷水经过探测后先行钻孔排水，排水后再进行开采作业；开采出露的巷道内残留的水引至露天采场集水坑处理，挖临时水池，通过水沟与水泵把各平盘水倒入主集水坑，安设水泵排到地面主排水系统，进入沉淀池沉淀后外排。

满世昶旭露天煤矿坑内无涌水，排水针对季节性积水进行。2008 年，地表修筑截水坝 1370 米、地表导水沟 760 米。坑内设集水坑 10000 立方米，并敷设排水管路 530 米，泄洪口设在石卜尔台沟。2009 年，地表修筑截水坝 940 米、地表导水沟 350 米，坑内设集水坑 1000 立方米，并敷设排水管路 790 米。2010 年，地表修筑截水坝 1020 米、地表导水沟810 米，坑内设集水坑 10000 立方米，并敷设排水管路 600 米。

2011 年以来，神山露天煤矿，满世金阳露天煤矿、昶旭露天煤矿等加强季节性防洪排水工作，历年来未受到洪湖水的危害。

第六节 设 备 维 修

1990 年，武家塔露天煤矿设备维修车间有 1 台小车床和 1 台摇臂钻床，技术人员只有电工、钳工、汽修工等 15 人。随着筹建工作的开展，武家塔露天煤矿盖起了钳工车间、汽修车间、电修车间、材料库、锻压车间、清洗车间和锅炉房。车间和材料库均配备了天吊，钳工车间安装有 2 台车床、1 台摇臂钻、1 台钻床、1台刨床、1 台锯床、1 台轮轴压装机、1台剪板机，锻压车间有 1 台空气锤。电、钳工和汽修工增加到 40 人，可检修和维护 5 台电铲和 4 台钻床。车间内可进行简单的加工轴肖子垫和铜套。1998 年，武家塔露天煤下马，仅留有钳工车间、锻压车间及 1 台铣床和 1 台摇臂钻床。

2003 年，准格尔旗境内准能公司黑

岱沟工业公司成立了神华准能设备维修中心，下设轮斗车间、穿采车间、吊斗铲维修车间、汽修车间、轮胎维修车间、工程机械车间、整备车间、机修车间、电修车间、发动机车间10个车间。

2004年，武家塔露天煤矿改制后，恢复了生产，调回了轮轴压装机、车床，购买了锯床和刨床、液压拉马、叉车、2台吊车，电、钳工增加到50人，能承担电铲和钻机的检修、中修和大修任务。

2007年3月，神华准能设备维修中心轮胎维修业务从车间分离，成立轮胎车间。

2008年，哈尔乌素露天煤矿制定了《机电管理制度（暂行）》。2009年，哈尔乌素露天煤矿设备维修中心组织有关人员编写了《哈尔乌素设备检修机电管理制度》。同年，哈尔乌素露天煤矿撤销铸锻车间。设备维修中心主要负责黑岱沟露天煤矿和哈尔乌素露天煤矿两矿所有采、运、排设备及各类辅助设备的日常维护、保养及大中小型修理。设备维修中心有车、铣、刨、磨、镗、钻、焊等专业化维修设备，配有PT泵试验台、高压燃油试验台、发动机测功机、液压件试验台、电气试验台、油脂化验室等试验设备，各类设备612台，维修技术水平较高，可维修世界采矿业界前沿的大型设备。

黑岱沟露天煤矿机电设备管理实施两级管理。矿下设机电管理部为第一级管理职能部门，重点负责机电设备技术、在籍、运行等全面性管理。矿生产单位轮斗队、穿爆队、采掘队、运输队、工务队、供电队设专职机电副队长和机电技术员。设备二级管理，主要负责本队设备的维修和故障检修。主要采掘、运输、穿爆、工程设备的组装、维修工作由准能设备维修中心承担。设备检修分为三步，即运行点检、现场维护检修与总成检修。实行专业检修和通用检修相结合，状态检修和计划检修相结合的管理维修模式。

2010年，哈尔乌素露天煤矿完善并形成了《哈尔乌素露天煤矿机电管理制度》。时有穿采、汽修、工程机械、整备、机修、轮胎、发动机、电修8个维修车间。2010年底，哈尔乌素露天煤矿投入生产设备和辅助设备共计254台套，其中坑下供电设备57台，穿孔设备9台，挖掘设备11台，运输设备78台，推土机、平路机、装载机、压路机、炮孔填塞机等工程设备及其他辅助设备99台，均由该矿维修车间自行维修。

神山露天煤矿设置小型维修车间，有电焊机、台式钻床、砂轮机等常用设备。主要负责日常维修和临时性故障处理，同时负责电铲、钻机、推土机、压路机等工程机械的日常维护保养、月检、临时故障修理及小修任务，并负责对矿用自卸卡车及生产辅助用车的一、二级保养、临时故障修理及小修任务。

2012年，铧尖露天煤矿设有一个综合修理车间，主要设备有双梁桥式起重机、叉车、电瓶四轮车、车床、摇臂钻床、台式钻床、砂轮机、空气压缩机、充电机、半自动切割机、等离子切割机、手电钻、冲击钻、手砂钻等设备。

金阳露天煤矿、宏丰露天煤矿均为中型煤矿，不设机修车间，矿内设备大修主要靠设备售后服务站和东胜区内修理厂。煤矿附近有多家个体修理部，承担矿用设备的中小型修理。

2015年，黑岱沟露天煤矿设备主要由机电段、辅助段承担修理工作。机电段有7个钳工车间，主要设备有车床、铣床、钻床、5吨天吊、吊车、电焊机等，负责采坑电铲、钻机等矿内所有设备维修、保养。辅助段有2个车间，主要设备有悬臂吊、焊机、气泵、液压拉马等，负责矿内推土机、吊车、平路机、皮卡等辅助车辆的维修、保养。

第七节 供电与照明

鄂尔多斯地区露天煤矿规划建设时间较晚，在露天煤矿大规模建设时期，已有矿区电网。矿区供电与照明全部由就近电厂或自备电厂解决。伊金霍洛旗境内乌兰木伦露天矿区利用松定霍洛100千伏变电站和布尔台100千伏变电站和其他二级变电所供电，纳林陶亥矿区利用建设的35千伏变电所供电。

1989年，黑岱沟露天煤矿建矿初期，为解决施工用电问题，矿区利用已形成的薛家湾中心区变电站至黑岱沟露天煤矿的单回路110千伏供电线路临时代用10千伏输电线路。随着矿建工程不断加快，用电负荷不断增加，1990年黑岱沟露天煤矿临时变电站采用1台2000千伏安变压器供电至施工现场。1991—1992年，投入2台国产移动变电站供矿建施工与剥离施工，形成了采场北区单回路35千伏线路。之后，黑岱沟露天煤矿相继投入3台进口变电站，供采场设备用电。

1993年，准能公司电力建设的装机容量为2×100兆瓦机组的公司自备坑口发电厂建成运营。1995年，黑岱沟露天煤矿110千伏变电站正式启用。变电站采用双回进线，来自公司发电厂电网，地面系统为6.3千伏供电，采掘场为35千伏供电。

2007年，满世金阳露天煤矿供电引自东胜区潮脑梁35千伏变电站。变电站至煤矿采用10千伏双回路供电线路，其中一回路5125米，另一回路5141米，全部采用LGJ150/20型导线。2008年之前，金阳露天煤矿采用315千伏安风冷变压器供电，配套高低压开关柜。2008年11月，金阳露天煤矿进行技术改造，安装了德力希预装式变电站供电。同年，满世昶旭露天煤矿生产、生活用电主要依靠乌日图高勒变电所，从张家塔村农用供电网络接线。2009年，为解决电铲施工用电，昶旭露天煤矿与邻近煤矿合资建成丁家梁变电所，架设高压架空线1300米，电铲用电接至端帮高压线。

2010年7月，满世金阳露天煤矿新增了破碎设备，负荷加大，安装了西安高压开关柜生产的预装式变电站供电，变压器型号为SII-M-1250/10型，主要对煤厂破碎设备、修理部等供电。照明设备主要采用探照灯野外照明。

2010年，黑岱沟露天煤矿采场有三回路35千伏架空线路，环绕采掘场东、西两端帮，西端帮单回路，东端帮双回路。坑下设备供电由35/6.3千伏、35/22千伏进口移动变电站，通过6芯矿用移动式橡套电缆至各用电设备。6.3千伏线路四回路供煤矿检修及办公用电。同年，黑岱沟露天煤矿生产、生活用电全部由丁家梁变电所提供，采场电铲用电由移动杆引至高压终端杆。

马家塔露天煤矿供电电源来自补连塔35千伏变电站。电压等级6~35千伏，纵式供电。总容量21445.5千瓦，电容器容量800千瓦。矿总耗电量578.8×104千瓦时/年，吨煤耗电量9.65千瓦时。供电回路2XLJ-95，辐射型供电系统。

武家塔露天煤矿在矿区东侧约3千米处有35千伏变电所一座，两回路35千伏电源线路。一回路引自大柳塔110千伏变电所，另一回路引自忽吉图35千伏变配电所。哈尔乌素露天煤矿供电电源引自自备电厂110千伏变电站和黑岱沟露天煤矿110千伏变电站。坑下变电站可随采场和架空线路的推进而随时移设，主要为坑下电铲和钻机等大型设备供电。地面用电采用箱变和裸变供电，主要供各施工单位用电。

新建国有锌尖露天煤矿采用双回路供电，其中一回路35千伏电源引自四道柳35千伏变电站，新建35千伏出线间隔至锌尖变电站，线路全长14千米，全线路为单回路供电，供破碎站、储煤场、环坑、机修、办公区及水源井用电。另一回路10千伏电源引自四道柳10千伏母线段，线路全长18千米。魏家峁露天煤矿生产用电为35千伏双回路系统供电，供疏干排水与采剥生产用电。

店圪卜露天煤矿供电电源来自东胜区潮脑梁35千伏变电站，采用11千伏双回路供电、矿内设2台变压器（1台备用）为全日供电。用电场所主要有采场、道路、磅房、排水设备、办公及生活区，照明工具主要为白炽灯。

宏丰露天煤矿供电电源为双回路，一回路10千伏供电电源引自二水煤矿，线路长度为1.1千米；另一回路10千伏供电电源引自麻黄湾35千伏变电站，线路长度为2千米。380/220伏分别向工业场地日用消防泵房、锅炉房、净水车间、办公室、职工宿舍及场区照明等供电。东胜丰荣露天煤矿供电电源引自东胜区潮脑梁35千伏变电站，采用11千伏双回路供电。用电场所主要有采场、道路、磅房、排水设备、办公及生活区，照明工具主要是白炽灯。

2011年8月，哈尔乌素露天煤矿购回扩能移动变电站6台，均与之前移动变电站配置、型号、厂家相同。同年11月，购回扩能新增电缆车2台。12月，安装2台移动变电站。

2012年3月以来，哈尔乌素露天煤矿分别投入了2台新购置的移动变电站。5月，366号环坑架空新架设线路投入运行。8月，购回扩能新增2000千瓦发电车1台。

2015年，哈尔乌素露天煤矿共有16台移动变电站，同时运行移动变电站14台，2台移动变电站在移设间隔时间内使用。共21台箱裸变为地面供配电，使用15台。以保障哈尔乌素露天煤矿坑下设备40549千伏安容量正常使用。

第八节 通 信

1976年，准格尔能源公司筹建处下设1个话务室，通信设备有磁石电话交换机100门，为准格尔煤田开发建设驻薛家湾现场的地质、设计、银行等单位的通信业务服务。

1989年10月，黑岱沟露天煤矿在张家圪旦大队与准能公司通信站之间架设1条8.5千米长的10对市话电缆，作为中继线路用。

1990年，准煤公司成立了公共事业管理处通信总站，负责公司各单位及职工住宅电话的安装维修工作。1999年，矿区设计交换机容量为2000门，包括行政通信、调度通信、会议电话、卫星通信。对外通过呼准数字微波及薛家湾邮电局联网通信，对内通过光电缆公司联网通信。

2006年，境内露天煤矿使用800兆赫数字集群通信系统，共有四个载频，最大三路分集接收，收发共用，基站覆盖半径为10千米。系统采用英国OTE公司生产的基站，终端设备采用OTE公司生产的对讲机和摩托罗拉型车载台。

2007年，金阳露天煤矿建矿初期只有6台联通无线电话。后因生产需要，各值班室、煤场过磅房又安装了4台联通无线电话。2008年，金阳露天煤矿接通了东胜网通线，安装了6部程控电话。采掘场自建1个现场调度室，通信设备有30部实用多频对讲机。

2008 年，哈尔乌素露天煤矿使用 800 赫兹数字集群通信系统，时有车载对讲机 150 台、手持对讲机 136 台。同年，宏丰露天煤矿建设初期，没有光纤接入，与外部通信主要依靠当地的联通无线网络（手机）；办公邮件主要靠 2 个无线网卡传输，网速较慢；现场指挥使用 16 部无线对讲机。同年，昶旭露天煤矿自建 1 个现场调度室，通信设备采用多频对讲机 50 部。2009 年，昶旭露天煤矿筹建一套视频监控系统。2010 年，新增固定电话 17 部、多频对讲机 50 部，对外通信采用准格尔旗电信联网通信。

2010 年，宏丰露天煤矿扩产后，接入了光纤，安装了 29 部有线电话（座机）。办公邮件传输也接入了有线宽带，无论和内外部联系，通信均得到了明显的改善。单身宿舍均安装了网线，职工休息时可随时上网。生产调度继续沿用无线对讲机，只是数量增加到了 30 部。同年，金阳露天煤矿新建了办公楼，设计有监控室、调度室，配套相应的通信设备。

2010 年后，黑岱沟露天煤矿有英国产对讲机 160 余部，摩托罗拉产车载台 260 余部。所有生产设备和工程设备以及生产指挥人员均配置了调度通信设备。同年 11 月，地方通信的网通有线通信已覆盖铧尖矿区，电话业务为电信提供 2 条 2 兆中继线路，拥有调度电话 72 部、行政电话 20 部。调度系统选用西安大唐电信 SP-30 程控数字电话交换机，支持 256 门调度电话接入；支持局内、市话、本地、长途自动呼叫功能，并支持各种特服呼叫业务功能。

到“十三五”初，黑岱沟露天煤矿拥有车载对讲机 202 台，手机对讲机 160 台。哈尔乌素露天煤矿已经形成了完善的信息传播系统。神山露天煤矿通信采用有线电话、移动电话及对讲机三种方式。根据露天煤矿采掘、运输设备作业移动频繁的特点，管理和作业人员使用移动电话，筛分销售现场使用 ICF-4018 型对讲机共 15 部，爆破警戒用 TK-2207 对讲机 10 部。

第三章　生　产　管　理

第一节　生 产 调 度

中华人民共和国成立前，伊克昭盟地区小煤窑生产调度由窑头负责，井上井下无任何通信及生产指挥系统。对井下生产指挥主要靠窑头“喊窑”，即在井口对着井下大声喊话，也有用绳系铃，摆动绳子用铃声传递信号指挥。中华人民共和国成立初期，随着地方国营煤矿的建设，开始设立生产调度部门和调度工作制度。

20 世纪 60—80 年代，伊克昭盟地区煤矿生产调度一般由生产股负责，大矿单独设立调度室，24 小时有调度员值班，在矿长指挥下，具体实施调度职能。

1990 年，伊克昭盟煤炭工业管理处设调度员配合旗（市）煤炭工业管理部门进行生产调度及计划管理工作。同年 5 月，准格尔旗煤炭工业公司成立了总调度室。各国营煤矿均设有生产调度室，负责调度检查和指导各采区的生产进度和质量，协调处理煤矿生产发生的各种应急问题。20世纪90年代初期，伊克昭盟煤矿生产调度信息化管理较为落后，全盟大部分煤矿调度通信装备比较简易。调度室配备有值班电话机、传真机、586型计算机、复印机和电话会议机，总调度机+程控机等设备。调度设备主要为生产调度过程中的实时通话，调度手段和形式较为单一。

1992年，伊克昭盟煤炭工业管理局组成领导小组对煤矿建设工程进行统一指挥调度，实行垂直管理，采用“月报表”“交换工程图”“例会”及“代表巡视”的方法进行调度管理。同年，伊泰集团的煤炭生产调度以井口调度为主，生产井口每班班前会布置当班生产任务。下班后井口安检员或技术员向并口值班主任汇报井下安全生产整体情况，值班主任根据汇报填写值班记录。对井口难以解决的问题向矿长汇报，矿长根据问题严重程度决定是否向公司汇报，主要汇报形式为电话汇报或传真汇报。

1993年6月，华能精煤公司建立了矿区调度通信网，矿（厂）、处三级调度室不断增加和完著调度通信装备，现代化、自动化设备引入矿区调度，建立了会议电话汇接系统。各级调度室相应配置了计算机、传真机、录音电话、大屏幕投影电视、电视会议电话、移动电话等调度通信设备，基本实现了对生产、抢险救灾等各个环节及时、准确可靠的调度和指挥。调度监测监控功能和网络覆盖了该公司运销分公司、自备电厂、供电通信处、物资库和各矿（厂）等，其中补连塔等煤矿安装了CRT大屏幕工业监控电视和安全监测监控系统，采用移动通信系统计算机管理，并实现了计算机内部联网。

1994年，在完善调度通信网络的基础上，华能精煤公司加大对矿区调度中心通信网络的投入和建设力度，配置数字程控调度电话、闭路电视、电视监控系统、图文显示屏等设备。同年，伊东集团公司实施分管领导主抓生产调度工作，每月下煤矿进行现场检查，并召开生产调度会议，解决煤矿生产中存在的问题。

1998年，神东煤炭集团公司制定下发了《调度工作条例》，各级生产调度机构建立和完善了生产调度制度和各种记录、台账、图表及排版等。调度工作制度主要包括调度基本工作职责、各级人员岗位责任制、调度汇报制度和调度例会制度，调度班日汇报、交接班、调度通知、通报、事故汇报、专题汇报制度，深入现场及各种会议记录。逐日、逐月原煤、洗精煤库存、开拓和掘进进尺完成情况台账及报表，伤亡与非伤亡事故统计台账，日、月主要生产指标完成情况、采煤工作面接续、初采初放、收尾、掘进巷道贯通及八项经济技术指标等牌板，并配有生产交换图、采掘工程平面、通风、排水、供电、设备布置图、通信系统图、事故汇报程序图及矿井灾害预防处理预案等。同年，内蒙古煤炭工业厅下发（内煤地〔1998〕第28号）文件，对乡镇煤矿实行行业管理，要求煤矿建立安全生产调度制和报表制，部分乡镇煤矿相继建立起安全生产调度室。

1998年后，随着神府精煤公司和东胜精煤公司的合并，神东矿区调度通信系统按照煤炭工业部和神华集团建设标准化调度室的要求，全部安装了CBT大屏幕工业监控电视、安全监测监控系统、移动通信系统，数据采用计算机管理，并实现了计算机内部联网。

1999年，划转神华集团的准格尔煤炭工业公司、万利煤炭公司二级总调度室、三级调度室仍采用能满足矿井生产要求的程控交换机，基本形成光缆传输系统。

2001年3月，伊泰集团公司成立总调度室，统一负责公司所属煤矿的生产调度工作。同年，神东煤炭集团公司通讯局域网建成投入运行。2002年以后，鄂尔多斯市各煤矿积极开展调度工作标准化建设。经过调度业务竞赛和达标活动，各煤矿调度管理达到了规范化和标准化。

2004年初，神东煤炭集团公司依托神华集团通信网络实现了各煤炭分公司、矿（厂）、处通信系统一体化，并利用神华集团公司的局域网，实现了与鄂尔多斯等地的数据传输。随着高产高效矿井的建设，神东煤炭公司的调度中心和各矿调度室工作职能发生了较大变化，主要职能转向负责指挥日常生产和运输销售，以生产为中心，以作业计划为依据，全面、均衡地按班、日、月完成生产任务和重点工程计划，确保抓好采掘工作面的正规循环作业和矿井的安全生产工作，做好上情下达、下情上报和专题调度与重点调度，掌握采掘接续，指挥做好事故处理和抢险救灾工作，同时负有“三防”指挥与领导职责。调度工作的重点在矿（处）、区（队），实行三班负责制，矿调度人员每班轮流下井巡回检查，把问题解决在现场。同年，伊东集团各煤矿相继成立生产调度室，对煤矿地面、井下进行全天候、全方位管控，各煤矿分管领导负责主持召开煤矿安全生产调度周例会和月例会。

2005年11月，在完善生产调度指挥系统通信网络的同时，神东矿区率先启动了小灵通无线通信专网系统和入井人员车辆考勤定位系统。同年，汇能煤电集团有限公司羊市塔煤矿生产调度通信选用KTJ4H型（256门）调度总机1台。入井通信线路选用MHYA32-100×2×1/0.8型通信电缆2条，分别沿斜井井筒两侧敷设。选用KT28型井下无线通信系统及广播通信系统。同年，满世集团各煤矿陆续设立调度指挥中心，建立健全调度组织机构，制定了调度管理制度，并配备了安全监测监控系统。调度管理开始进入集中监测、集中控制、集中指挥的全面信息化管理阶段。

2006年，伊泰集团开始对所属煤矿进行远程生产调度。每天早8点召开生产调度会，通过视频解决生产中遇到的问题。伊泰集团公司各级调度实行24小时值班制度，除值班调度员外，有1名公司领导和1~2名业务领导24小时值班，值班领导负责当日生产、安全等调度管理工作。伊泰集团公司推行了逐级汇报制度和事故汇报制度。每日早7点各矿调度室将井下生产施工情况上报煤炭生产事业部调度业务组，并对完成情况进行分析后，经公司生产调度汇总，向公司领导汇报。各类事故均严格按照程序及时向单位领导和上级调度室汇报。同年，长城煤矿成立调度室，配备主任、调度员共8人，负责生产科室和矿井各部门以及生产单位的协调，并建立了完善的管理制度与矿井各类事故应急救援预案。

2008年，鄂尔多斯市地方煤矿生产调度由原来的人工通信、电话通信调度逐渐改变为防爆通信与计算机调度，各煤矿均建立了独立的调度室。同年，武家塔露天煤矿调度系统由剥离车辆自动输卡系统、采坑监控系统、GPS定位系统和调度显示系统、远程水泵等系统组成。同年5月，武家塔露天煤矿剥离车辆统计系统开始运行。

2010年，伊东集团公司9座煤矿建成监测监控视频集中调度系统，初步实现了安全生产24小时人、机实时监测。吴四圪堵煤矿形成了以生产副矿长为首，3名调度主任为辅的调度机构，调度中心配备7名调度工作人员，制定了生产调度管理制度与应急调度管理制度、统计资料管理制度。调度指挥中心通过电话调度与现场调度相结合的方式，对各作业地点进行统一调度，伊东集团公司和矿两级调度指挥中心，实行分级管理，集中统一指挥。榆树井煤矿成立了调度室，制定各项管理制度 10 项，配有 4 名专职调度员，推行了矿领导、生产、机电、调度员四级联合值班制度。神东煤炭集团公司布尔台煤矿生产调度采用工业电视、供电系统及运输系统远程监控，实时掌握各采掘工作而生产情况，并逐步建立完成了《调度管理制度》《调度督办制度》《生产指挥中心日常业务考核办法》等制度。

截至 2010 年底，神东集团公司煤炭板块调度通信系统实现了煤矿井上下调度指挥与行政办公通信互联、互通和互操作，具有一键通、来电显示、选呼、群呼、强插、强拆和强接等多种调度功能。神东集团公司各级生产调度管理系统实现了生产接续计划、设备配套计划、人力资源计划、生产报表统计的计算机联网，生产动态监测系统实现了数字化、可视化和网络化管理。动态图形、文本配合动态数字动态坐标线等形式反映了生产系统和设备的行动状态、各类控制指标及技术参数。通过工业自动化监控系统，在地面调度中心对采掘、运输、洗选、装车的全过程集中监控，实现了井下各系统无人值守和矿井的管控一体化。通过安全监控系统，对矿井上下环境参数及矿井各主要生产环节、主要设备信息进行采集，传输，加工处理，加强了调度管理。

2013—2014 年，伊泰集团公司生产事业部每月 25 日组织召开生产例会，各煤矿主要通过高清视频会议系统汇报当月生产、经营情况并协调解决存在的问题。事业部不能解决的，汇总并提出建议由集团公司解决。2015 年开始，伊泰集团公司通过撤并下设机构、制定数字矿山及信息管理等办法，将安全、生产、建设、经营等日常工作的管理责任和权力下放到各生产经营单位，将共性、偶发性工作集中统管，实现扁平化管理，制定下发了《煤炭板块经营管理台账及报表填报考评办法》，并按季度实施考核。

第二节 采掘管理

中华人民共和国成立初期，伊克昭盟地区煤矿采煤方法落后，管理方式单一，有的煤矿乱挖滥采，不同程度的存在重生产、轻管理的现象，采掘基础管理工作比较薄弱。

20 世纪 60 年代末，煤炭工业部颁布了《生产矿井井巷开拓部署的若干技术规定》，要求对煤矿的设计、施工和质量检查、工程竣工与验收、生产矿井采掘接续制定实施标准。按照煤炭工业部的要求，伊克昭盟部分地方国营煤矿开始编制采掘作业规程。掘进工作面技术作业规程的主要内容包括掘进通风、机械设备、工作面顶板控制、工作面循环图表及采煤掘进技术经济指标等。采煤工作面作业规程中，把工作面顶板控制作为采掘管理的主要内容。由于房柱式采煤采出率低下，留在采面的浮煤多，经常发生自燃着火，生产管理一直不正规。采用炮掘后，煤矿按照编制的生产作业规程进行作业，采掘管理得到加强。

20 世纪 80 年代，伊克昭盟国营煤矿按照煤炭工业部颁发的《关于采掘工作面推行正规循环作业的若干规定》，推广采用壁式采煤法。伊克昭盟煤炭管理部门把推行正规作业作为煤矿组织生产的一项根本制度，进一步加强采掘工作面的管理。先后在棋盘井、酸刺沟等煤矿主要巷道和采煤工作面推广正规循环作业，同时要求各煤矿编写了矿井顶板管理制度，国营煤矿采掘作业管理逐步走向正规化。

1983年，煤炭工业部颁发《地方国营煤矿文明生产验收试行标准》，伊克昭盟煤矿严格执行《安全规程》《作业规程》《操作规程》“三大规程”。按要求编绘采掘平面图、通风系统图、避灾路线图，积极推行新法采煤，实现正规循环作业，保证采掘关系协调。多数煤矿采掘工作面的工程质量消灭了不合格品，一级品率达到50%以上，正规回采面实现了“三直一平两畅通”。在采掘作业中，严格按照“有掘必探、有采必探、先探后掘、先探后采”方针，采掘管理水平进一步提高。同年，煤炭工业部颁发地方国营煤矿“六消灭”标准，比此前颁发的“五消灭”标准增加了一条“消灭干打眼”，部分煤矿在开凿井筒或掘进工作面及采煤工作时，使用湿式凿岩或电煤钻侧式供水，爆破时采用水炮泥。

20世纪90年代初期，伊克昭盟重点国营煤矿在采掘管理方面普遍制定了《作业规程》《保安规程》《操作规程》。工人在生产作业过程中严格按规程作业，分管生产的副矿长和采区、队长进行监督和管理，减少了各类生产事故的发生，保证了工程质量和生产任务的完成。

1990年，伊克昭盟煤炭工业管理处要求各地方国营煤矿必须具备四种聚酯薄膜图纸，即井田区域地形图、工业广场平面图、采掘工程平面图、井上下工程对照图，采掘管理工作进一步规范。

1992年，国家能源部下发《关于落实责任制防治重大瓦斯煤尘事故的决定》，要求采掘工作面必须实现湿式作业，实行煤体注水，消除煤尘堆积和飞扬。是年，准格尔旗制定《煤矿安全生产基本规程》，要求各煤矿加强作业现场管理。每个采掘工作面开工前必须编制作业规程，制定安全技术措施。低沼气矿井的高沼气区域和瓦斯涌出异常区内的采掘工作面，都必须按高沼气采掘工作面管理。各煤矿高沼气或瓦斯突出的掘进工作面，必须实现“三专两闭锁”，必须安装和完善掘进机械化装备。采掘工作面爆破前必须使用三级安全度的含水炸药。对炮采工作面实行“一炮三检”“三人联锁”爆破制度。井巷掘进使用全负压或者局部通风机通风，采掘工作面采取独立通风。

1997年，伊克昭盟煤炭工业管理局转发了国家煤炭部颁布的《煤矿生产技术管理基础工作若干规定》。按《煤矿生产技术管理基础工作若干规定》要求，伊克昭盟重点国营煤矿的总工程师负责组织编制矿井水平、采区开拓准备中长期规划和编制年度采、掘接替计划，保证水平、采区和工作面正常接替。高、突矿井和高承压水矿井，留有足够的瓦斯预抽时间和疏干防水、物探、隔离及底板加固的时间。采掘工作面投产、开工前有批准的作业规程。重要工程，如大硐室开凿、巷道维修、大型设备安装、开口、贯通、过断层等都有安全技术组织措施，并制定采、掘作业规程管理办法。各煤矿编制的采掘作业规程实行会审制，总工程师对规程质量负责，由分管矿长、总工、区队长检查监督。在灾害防治、工作面顶板控制、地质测量、劳动组织、循环作业相关方面严格按照规定执行。

2004年，神东煤炭集团公司在认真总结过去采掘接续管理经验的基础上，通过自主创新，联合西安华光公司，共同研发建设生产管理系统，探索和寻求通过信息化的手段实现采掘接续管理科学化的途径。

2005年，鄂尔多斯市煤矿进行综合机械化技术改造，井工煤矿采掘管理基本按照“三大规程”要求生产，实行正规循环作业，严格控制采掘比。唐公沟煤矿在综合机械化技改后，采煤作业采用“三八制”。长城煤矿为加强采掘管理，制定了《掘进专业技术、现场管理制度》《职工安全教育、安全技术培训制度》《区队管理制度》《三级隐患排查制度》及《特殊工种培训制度》等。

2007年，内蒙古自治区煤炭工业局印发了《加强煤矿安全基础管理的实施意见》(内煤局字〔2007〕333号)。鄂尔多斯各煤矿狠抓贯彻落实，推行支护方式改革，加强采掘工作面顶板控制。2008年，鄂托克前旗长城煤矿制定了作业规程编制和审批流程，实施施工组织设计和安全风险评价以及作业开工制度。

进入21世纪之后，神东煤炭集团公司采掘生产技术管理建立和形成了一套完整的制度体系。矿总工程师根据矿井开拓准备回采中、长期规划和年度采掘接续计划，按月召开采、掘平衡会议，解决落实有关问题。以提高采、掘、运机械化程度和工作面、采区的合理集中生产，建设高产高效矿井为目标，把改造矿井生产环节、优化开拓部署、防治“五大灾害”作为重要技术基础工作来抓，使采掘生产技术管理提高到一个新的水平。

2009年，伊泰集团公司进入机械化开采时期，所有生产矿井的采掘机械化程度达100%，采出率由30%提高到85%以上。伊东集团公司通过综采工艺回收大巷煤柱、煤层群联合开采、自开通道无煤柱开采等措施，加大技术设备、采掘接续、优化开采方案，强化采掘技术，实现均衡高效生产，主要生产效率指标达到国内领先水平。

2010年，鄂尔多斯市所有煤矿采掘工作面全部实行正规循环作业，采掘正常交替。采掘作业实行“三八制”“四六制”，采掘管理制度日益完善。上海庙榆树井煤矿综采工作面坚持旬检查、月验收制度，逐月逐旬定期对工作面进行工程质量和文明生产验收；制定了工程质量动态管理制度、工作面移交验收制度，严格执行技术规程措施，杜绝了无规程、无措施施工。

2013年，神东煤炭集团公司开发了煤矿作业规程管理系统，实现了作业规程编制、审批的标准化、规范化和网络化，为各级技术人员通过网络共享数据，进行技术交流和相互学习、借鉴搭建了良好平台。神东煤炭集团公司各矿井先后制定了《作业规程标准化考核办法》，每年在公司总工程师领导下开展不少于一次的作业规程评比活动，对优秀作业规程进行表彰奖励。同时，建立了公司、矿级、区队级、班组级四级顶板组织管理机构，落实具体责任人及职责。

2014年4月29日，神东煤炭集团公司组织召开了煤炭生产接续计划管理系统上线运行启动视频会，安排部署系统上线运行工作，在集团范围内全面推广接续管理系统。该管理系统由集团立项建设，是覆盖矿井、煤炭公司和集团公司，标准统一、功能齐全的煤炭生产管控信息平台。5月24日，神东煤炭集团公司应邀参与了国家煤矿安全监察局组织的《煤矿安全规程》修订工作。

2015年1月21日，《煤矿安全规程》修订讨论会在神东煤炭集团公司召开。神东煤炭集团公司就短壁机械化开采的发展历程、技术工艺及装备、所取得的成就和开采前景作了介绍，经过专家论证、审议，神东煤炭集团公司短壁机械化开采工艺被写入《煤矿安全规程》。截至2016年底，神东煤炭集团公司建立和完善的主要管理制度有《搬家倒面管理办法》《矿井地质工作管理办法》《矿井采空区储水管理办法》《地质测量工程管理办法》《煤炭资源管理办法》等。同年，“智能煤矿建设关键技术与示范工程项目”获得国家科学技术进步二等奖；并开始积极落实国家提出的“机械化替人，自动化减人”政策，积极推广应用大采高综采、高效综掘设备，并辅之以与此相适应的采掘管理手段，提高了机械化和数字化管理水平。

第三节 “三量”管理

一、储量管理

中华人民共和国成立初期，伊克昭盟普遍采用土法采煤，各煤矿缺乏储量管理意识，煤炭资源采出率在5%~10%之间。

1951年4月，政务院颁布《中华人民共和国矿业暂行条例》。同年12月，燃料工业部颁布《公私营煤矿暂行管理办法》《开采煤窑暂行处理办法》，资源回收工作开始引起伊克昭盟各级煤炭主管部门和煤矿的重视。

20世纪70年代，伊克昭盟煤矿资源采出率仅为10%~20%。残柱式采煤法浪费了大量的煤炭资源，开采时打2~3平方米洞，留几十平方米的煤柱，没有任何管理手段。1968—1976年，鄂托克旗棋盘井煤矿采用房柱式采煤，资源采出率仅为35%。1977—1981年，棋盘井矿改为短壁式采煤，煤炭损失大幅减少，采出率为55%。1982年以后，改为长壁式采煤，采出率达70%。准格尔旗纳林沟煤矿、城坡煤矿、二道沟煤矿和乌素沟煤矿为厚煤层开采，由于采煤方法落后，采出率很低，资源损失量很大。

1983年9月，为贯彻国家《矿产资源法》和煤炭工业技术政策，加强生产矿井煤炭资源管理，进行合理开采，减少损失，煤炭工业部制定并下发了《生产矿井储量管理规程（试行）》，提出加强储量管理，提高资源回收是与地质、设计、生产技术和生产管理等有直接关系的一项工作，各有关部门必须密切配合，共同做好，并由主管生产的局、矿长、总工程师具体负责。伊克昭盟煤炭主管部门及煤矿各级领导、工程技术人员通过贯彻落实，强化煤炭资源回收的意识进一步提高，并列入了重要议事日程，相继制定了具体的实施细则。

1988年，伊克昭盟煤炭工业管理处按照国务院《矿产资源监督管理暂行办法》和《内蒙古自治区矿产资源开发管理条例实施细则》的规定，制定出符合实际的“三率”指标和考核制度，将“开采采出率、采矿贫化率、选矿回收率”列为国营煤矿的考核指标，将“三率”指标考核与企业经济承包责任制相结合，落实到采区、科队和班组，并在先进单位评比中把“三率”指标的完成情况作为主要条件。

1989年，准格尔旗纳林沟煤矿、城坡煤矿等采用高落式采煤方法。二道沟煤矿、乌素沟等煤矿采用残柱式采煤方法。国营煤矿采出率为15%~20%，乡镇煤矿5%~10%。

1990年，伊克昭盟采出煤量为269万吨，损失煤量2.6万吨。东胜市酸刺沟煤矿、达拉特旗高头窑煤矿和罕台川煤矿采出率仅有30%左右。伊金霍洛旗忽吉图煤矿、石圪台煤矿和后温家梁煤矿，采出率分别为60%~75%、40%~73%、55.6%~70%，回采工效0.8~4吨/工日。

1991年，内蒙古自治区地质矿产局下发《关于开展矿山企业矿产开发监督管理年度检查的通知》，要求年度检查内容包括对动用储量、损失储量的管理情况及采出率、采矿贫化率和选矿回收率指标制定、考核情况，与企业经营承包责任制挂钩情况。是年，伊克昭盟煤矿采出率较低，东部地区采出率仅为10%左右，西部地区为17%。乡镇煤矿大多采肥弃瘦、采近弃远、采富弃贫，属掠夺式开采。

1992年，内蒙古煤炭工业厅制定的《内蒙古自治区地方煤矿地测工作标准》中对储量管理作了详细规定。矿井储量要具备矿井储量计算图、工作面损失量计算图、分煤层损失量计算图；要有矿井储量动态台账，逐月采出量台账，各种损失分析及损失率计算基础台账，开采期末的工作面、采区、全矿井损失率台账及开采结束后重新核算的损失率台账，各种永久性煤柱台账，报损煤量台账。伊克昭盟煤炭工业管理局要求各煤矿对照标准，逐步建立了各种计算图和台账。

1998年，内蒙古自治区召开全区煤炭工业工作会议，拟定《内蒙古自治区煤炭管理暂行规定》，其中对采出率的管理提出明确要求，规定设计生产能力9万吨/年以上矿井的采区采出率执行标准为：薄煤层不低于80%，中厚煤层不低于75%，厚煤层不低于70%。设计生产能力9万吨/年以下，3万吨/年以上煤矿矿井的采区采出率不低于60%；设计能力小于3万吨/年的煤矿矿井，采区采出率不低于50%。对采区采出率实行逐级检查和考核制度，内蒙古自治区人民政府煤炭主管部门负责对全区煤炭企业采区采出率的监督管理；盟行政公署和市人民政府煤炭主管部门负责对乡镇煤矿采区采出率的监督管理，每半年对采区采出率完成情况检查一次，并将检查结果报上级人民政府煤炭管理部门。伊克昭盟行政公署及盟煤炭工业管理局按规定加强了对全盟各煤矿的监管检查和整改落实。

1998年3月，煤炭工业部出台《生产矿井暂行管理办法》，要求煤矿企业负责人对本企业资源采出率负直接责任，总工程师负技术责任，生产技术机构负责提高资源采出率的技术管理工作。伊克昭盟煤炭工业管理局按照《生产矿井暂行管理办法》，要求各类煤矿必须设有储量管理人员。煤矿矿井的储量及采区采出率计算执行《生产矿井储量管理规程》，按规定建立健全各类图纸及台账。违反开采程序丢弃的煤层、零星块段、中厚及厚煤层的顶底煤，按不合格损失处理。储量注销、转出、地质及水文地质损失、报损，必须按照《生产矿井储量管理规程》中规定的权限审批，不经批准丢弃不采的，按不合格损失处理。计算采区采出率时，采出量和损失量应采用实测数据，并有实测采掘工程平面图。无法实测的，可用统计产量代替，但必须进行水分、灰分和矸石量改正。对矿井储量、损失储量年报和采区采出率实行月度考核。国有重点煤矿和国有地方煤矿由伊克昭盟煤炭管理部门考核，乡镇煤矿由旗市人民政府煤炭管理部门考核。对创造、采用、推广提高采区采出率新技术、新工艺、新装备及新办法的煤矿，开采小于可采厚度的薄煤层的煤矿，对已丢弃的残煤、煤柱进行复采的煤矿制定了相应的奖励措施。

2005年，鄂尔多斯市煤矿进行技术改造，通过改变采煤方法提高采出率。全市煤矿由原来的房柱式开采全部改造为长壁式机械开采。各煤矿还通过改变开拓布置、开采顺序，提高煤炭资源采出率。同时，针对过去有的煤矿“挑肥拣瘦”的掠夺式开采，造成丢失薄煤、边角煤，以及房柱式开采工艺造成的煤炭资源浪费情况，鄂尔多斯市部分重点煤炭集团公司积极实施边角煤回收、开采薄煤层，提高采出率的科研试验。

2007年，煤炭科学研究总院会同鄂尔多斯煤炭局编制了《鄂尔多斯市地方煤矿采空区调查报告》。报告调研结果显示，鄂尔多斯市井工煤矿共有采空区面积213.12平方千米，占全市井工煤矿总面积的23.5%。伊泰集团组织科研人员对残留煤柱回收进行重点技术攻关，使采出率最高达到85%左右，该项目开启了回收地下20亿吨滞留煤炭资源的新纪元。2008年，汇能集团申请对所属技改煤矿实施边角煤回收，对弓家塔宝平湾、布尔洞、公沟、泰山、富安5座煤矿的边角煤进行回收。是年，乌兰集团、满世集团、伊东集团等部分地方煤矿相继申请边角煤回收，鄂尔多斯煤炭资源采出率明显提高。

2009年5月，神东煤炭集团公司下发了《资源回收率管理办法》。同年9月，哈尔乌素露天煤矿对西端帮残煤进行回收。其中，剥离量13.0149万立方米，煤量34.8808万立方米，回收52.32万吨。至2010年5月，哈尔乌素露天煤矿对北端帮残煤进行回收，剥离量27.8875万立方米，煤量84.1822万立方米，回收126.27万吨。为安全回收非工作帮残煤，哈尔乌素露天煤矿采取了一系列相应措施，编制了《非工作帮残煤回收安全技术措施》，规划了非工作帮具体剥离、采煤范围及运煤路线，详细制定了非工作帮岩石及煤的爆破计划，保证了残煤回收顺利进行。

2010年底，鄂尔多斯市地方煤矿资源采出率由2005年整合技改前的不足30%提高到75%。露天矿采出率达到95%以上。矿井的单井生产能力由之前平均不足9万吨/矿/年提高到81万吨/矿/年，矿井服务年限较过去延长1倍以上。布尔台煤矿建立了资源储量管理技术档案、生产矿井储量管理基础台账，根据地测标准化要求和矿区实际情况，绘制了储量计算图纸。随着技术革新和采出率变化情况，实行超长超宽工作面布置，综合机械化开采，全部跨落法管理顶板，一次采全高，最大限度提高了煤炭资源采出率。

2013年，为了使煤炭资源的采出率尽可能达到最大值，哈尔乌素露天煤矿对煤台阶的“五煤”进行回收，同时在穿孔上作出相应的改变，取一次穿孔到位，避免二次穿孔爆破的发生，提高了资源采出率。

2014年，神东煤炭集团生产管理部根据神华集团下发的《神华集团公司煤炭资源储量分类标准（试行）》和《中国神华能源公司煤炭资源储量及回采率管理规定（试行）》，对《神东煤炭集团煤炭资源管理办法》进行了修订并下发执行。

截至2018年，神东煤炭集团公司煤炭资源储量实行信息化动态管理，资源储量动态信息实行矿井月填报、公司每半年汇总上报集团一次。神东煤炭集团公司生产管理部作为公司煤炭资源管理的主管部门，主要负责矿井资源采出率的日常管理工作及煤炭资源管理信息系统平台的建设维护，定期组织有关部门对矿井的资源储量和工作面采高进行现场检查，对采区采出率进行考核，并对检查考核结果进行通报。公司总工程师是公司煤炭资源管理的具体负责人，生产管理部是公司煤炭资源管理的责任部门，各矿井是本矿井资源管理的主要责任单位，各矿矿长是本矿资源管理的第一责任人。

二、“三量”管理

1980年以前，伊克昭盟国营煤矿开拓、准备、回采三个煤量的划分范围和计算方法，均按煤炭部1962年12月颁发的《关于矿井和露天煤矿的开拓煤量、准备煤量和回采煤量划分范围、计算方法及矿井巷道划分的规定》文件执行。但由于资源可靠性差、可采系数小、采出率低，在“三量”符合规定的情况下，水平、采区接替仍然紧张。

20世纪80年代初，伊克昭盟国营煤

矿的改扩建设计中都对矿井“三量”管理作出具体要求，各煤矿生产管理手段日益完善，建立了“三量”管理台账，并达到设计标准。

1983年，国家煤炭工业部颁发的《地方国营煤矿文明生产验收试行标准》中要求各煤矿“三个煤量”和资源采出率均要达到要求，做到均衡生产，全面完成国家计划和各项经济技术指标。

1990年，伊克昭盟地区煤矿的初步设计及改扩建设计中都对“三量”进行了计算，明确规定了可采量及可采期。1992年，内蒙古自治区煤炭工业厅制定的《地方煤矿地质测量工作试行标准》中要求，为保证矿井采掘正常接续，矿井的开拓煤量、准备煤量与回采煤量应满足规定的可采期限。计算“三量”动态统计台账，数据要准确，可采期限为开拓煤量3~5年，准备煤量1年，回采煤量4~6个月。

伊克昭盟在“八五”规划中对煤矿的储量管理及矿图管理同步进行了规划。到1995年，通过建立健全储量管理机构，“三量”达标的矿井达到18个。具备井田区域地质、地形图、井上下对照图、采掘工程平面图、通风系统图、工业广场平面图、井筒及主要巷道断面图、避灾路线图7种矿图的矿井达到18个。矿图绘制达到部级标准的矿井1个，达到自治区先进标准的矿井5个。

2005年之前，伊泰集团公司各煤矿的开拓煤量、准备煤量、回采煤量管理缺乏系统管理和数据支撑。2005年开始，伊泰集团公司各矿“三量”管理由煤矿地质人员计算统计。各矿“三量”均满足核定生产能力。大中型矿井开拓煤量可采期满足3~5年接续需要，准备煤量满足可采期1年以上生产需要，回采煤量满足可采期4~6个月回采需要。小型煤矿开拓煤量可采期满足2~3年接续需要，准备煤量满足可采期8~10个月以上生产需要，回采煤量满足可采期3~5个月回采需要。2005年，伊泰集团公司各矿平均开拓煤量6084万吨，准备煤量730万吨，回采煤量487万吨。2010年，三个煤量分别为31681万吨、3802万吨、2534万吨。

2010年，为了保证煤矿采掘接续合理，鄂尔多斯市大多数地方煤矿实行每半年或一年对矿井“三量”统计一次。随着开采技术的革新，矿井采出率逐年升高。李家壕煤矿对矿井“三量”实施动态管理，通过神华集团资源管理系统，采损信息、生产指标及“三量”报表逐月上报，半年进行一次资源量情况汇总，并上报集团公司。

2015年，伊泰集团公司各煤矿平均开拓煤量为23687万吨，准备煤量为2842万吨，回采煤量为1895万吨。2016年，伊泰集团公司各煤矿平均开拓煤量为38576、准备煤量为20795、回采煤量为6993万吨。2017年，分别为41711万吨、19322万吨、5590万吨，采区采出率基本稳定在全集团按产量加权平均83%。

到2018年，神东煤炭集团公司各煤矿作为资源管理的直接责任单位，主要负责储量平衡表、开拓煤量、准备煤量和回采煤量报表的编制，工作面、采区、矿井采出率的日常检查、验收及考核，资源管理信息平台的填报。每月对工作面进行检查，计算当月资源动用量、采出量和采出率等指标，每半年对矿井储量进行一次核实，计算资源动用量、采出量和采出率等指标，并将月、年度检查情况作为考核依据，从煤炭资源管理信息系统中上报矿井总工程师审核，审核通过后报公司生产管理部审核，并报公司总工程师审定。

第四节 煤炭质量管理

中华人民共和国成立初期，伊克昭盟煤矿未设有专门的煤炭产品质量管理机构，煤质管理工作由生产科（股）或其他科（股）兼管，基础工作较为薄弱。

1955年，燃料工业部颁布《井口原煤质量管理实行规程》。1962年，煤炭工业部颁布了《煤炭质量、数量暂行规定》，提出关于提高煤炭质量的措施和要求，对伊克昭盟煤矿注重煤质管理、提高产品质量起到了指导作用。

20世纪80年代，随着煤炭全行业质量管理工作的加强和供需关系的改变，煤质管理工作得到了伊克昭盟国营煤矿的普遍重视。鄂托克旗棋盘井煤矿将生产出的原煤进行洗选后变为精煤，提高了产品的质量。1984年，伊金霍洛旗忽吉图煤矿把产出的精煤进行人工筛选为各种粒度的优质动力用煤。

1985年，东胜煤田开发经营公司新建226平方米的煤质化验室。化验室设有天平、元素分析、加热、测温、蒸馏、制样6个工作室，各种煤质分析化验仪器设备16台，可以进行煤的全工业分析。其间，伊克昭盟煤矿先后在包头石拐化验室、内蒙古地质队煤勘院化验室、东煤公司化验室、伊盟煤炭公司化验室、包头第二化工厂质监科、包头矿务局化验室、东胜煤田开发经营公司化验室、包钢焦化厂化验室、内蒙古煤田地质勘探科研所等化验机构进行煤质化验。

1985年，伊克昭盟煤炭工业公司与华能精煤公司伊克昭盟分公司联合新建了伊克昭盟煤炭化验室，隶属两公司领导。1988年，伊盟煤炭工业公司新建了煤质化验室，对销往上海、北京等地的煤炭按照客户要求的煤质精度进行化验，符合质量要求后方销往外地。

1990年，伊泰煤炭股份有限公司成立煤质检验中心，负责公司的煤炭质量检验工作。

1991年，国家能源部制定并下发了《加强地方煤矿煤炭产品质量管理的若干规定》，要求地方煤炭企业的生产、加工、运销都要建立健全产品质量责任制，对煤炭产品质量管理的责任、管理、化验、监督和考核均作了明确规定，使伊克昭盟各煤矿的煤炭产品质量管理做到了有规可循。

1992年，伊克昭盟煤炭工业管理局制定了月运销计划，要求各旗区煤炭主管部门协助经营单位把好煤质关，严格执行煤炭销售“五不准”的规定，即不准销售未经拣选加工的毛煤，不准发运未经检验签证的产品，不准销售掺假产品（包括未加工的脏杂煤），不准自行变更煤质牌号和产品品种，不准在采样、制样、化验环节上弄虚作假、质级不符。并下达了具体的分配计划。同年，内蒙古自治区煤炭工业厅上调煤质化验单位为省级煤炭中心化验室，指定西部区煤矿化验单位为煤炭厅中心化验室。

1997年，伊克昭盟煤炭工业管理局转发了煤炭工业部下发的《煤矿生产技术管理基础工作若干规定》，其中对煤质管理提出具体要求。采煤设计、开采过程和运输系统等重要环节均需制定保证煤炭产品质量的措施。不同质量煤层和合理配采中应保证毛煤质量的检查和考核，严格与煤炭质量挂钩，保证各项质量措施的落实。机械化采煤工作面作业规程中必须有提高煤质的具体措施。炮采工作面对厚度超过300毫米的夹石层，应实行分采、分装、分运，并坚持爆破后先拣矸石后出煤。电铲装车大于300毫米的大块矸石不准装入煤车。应加强原煤质量管理，严格矸石、杂物的拣选，有条件的煤矿应采用机械或重介选矸。伊克昭盟各煤矿按《煤矿生产技术管理基础工作若干规定》要求，在掘进工作面实行煤矸分装分运，回采工作面实行“三拣四不上”，防止大块矸石、雷管、木料和其他杂物混入原煤。各煤矿结合煤层条件，规定了内部考核指标，建立奖惩制度，实行“超灰扣产办法”，对完不成质量指标的区队按扣减后的产量提取吨煤工资和奖金，超额完成煤炭质量计划指标的加发奖金。

1998 年，内蒙古自治区《煤炭管理暂行规定》中，对煤炭经营方面作出规定，要求非铁路运输的煤炭经营企业要有符合国家标准的计量和质量检验设备，并能出具符合国家标准的煤质检验报告。伊克昭盟各煤矿健全商品煤检验制度，加强煤质化验室各种煤样的日常检验工作，并出具每批商品煤的煤质报告。同年 8 月，伊泰煤炭集团股份有限公司质量检验中心正式通过内蒙古自治区技术监督局的计量认证审核，取得了相应资质。2010 年，该化验室已成为由中心化验室及西营子检测室、准格尔召检测室、唐公塔检测室、酸刺沟检测室、甲兰营检测室五个分支机构组成的煤炭产品专业检测化验室。

2001 年，内蒙古伊东煤炭集团研发中心化验室成立，研发中心化验室位于准格尔旗沙圪堵开发区伊东工业园，主要设备有智能量热仪、智能定硫仪、全自动工业分析仪、烘箱、马弗炉、智能灰熔点测定仪、红外测氢仪、电子天平、旋转黏度仪、破碎机、振筛机、制样机、激光粒度分析仪、型焦焦炭显气孔率测定控制仪、I 型转鼓、焦炭落下强度测定仪、反应性与反应强度操作仪等仪器。研发中心化验室采用国家标准规定的测试方法进行煤炭产品检验，主要承担煤的工业分析（包括水分、灰分、挥发分、固定碳的计算）及全硫、元素氢、发热量、灰熔点等煤质分析项目，可对水煤浆的成浆性及有关的质量指标进行分析，对型焦反应性、反应强度有关质量指标进行分析，为各煤矿、运销单位提供煤炭检测数据。2004 年，伊东煤炭集团公司成立煤质化验中心，对各类煤品进行统一取样化验，以保证煤品质量。

2006 年，鄂尔多斯市开展了严厉打击在煤炭中掺杂使假等违法行为专项行动，对于煤炭生产与经营企业在取缔非法无证经营的基础上，严厉查处煤炭经营过程中的掺杂使假、以次充好和缺斤短两现象，一经查实提请内蒙古自治区煤炭工业局依法注销煤炭经营资格。要求各煤炭企业认真贯彻产品质量法，独立配备煤炭计量和质量检验设施，配备经培训合格取得上岗证的计量和质检专业技术人员。在煤炭经营过程中，坚持以质论价、优质优价原则。同年，满世集团公司成立了煤质化验中心，制定了严格的煤质化验管理办法，通过对各煤矿生产煤炭进行实地化验，及时检验各项原煤指标，满足了客户的质量需求。

2008 年，伊东集团公司从改善煤质入手，相继配套建设 6 座洗煤厂，对生产的原煤进行洗选提质。2009 年，伊东集团公司相继在三大矿区成立煤质化验室，加强了煤质检验和配比。

2010 年，满世集团公司设有煤质管理委员会，专门负责煤质管理，在巴图塔集装站设有煤质检测中心，实施定期检查、季度考评制。同年，满世集团公司建设了罐子沟煤矿和点石沟煤矿洗煤厂、昶旭煤矿风选厂，总洗选能力达 1000 万吨/年，为煤炭需求商提供了优质煤炭产品。同年，准格尔旗产品质量计量检测所综合化验室承担煤炭产品质量检验业务，煤质检验均由取得检验员资格证的检验员进行检验。日常管理和检验流程严格按照准格尔旗质量计量所制定的《质量手册》《程序文件》等规范要求，接受质检所每年组织实施的内部审核及不定期监督检查，配置有自动量热仪、电脑测硫仪、智能马弗炉、数显电热鼓风干燥箱、锤式破碎缩分机、制样粉碎机、槽式二分器、标准筛等检验设备，主要对煤的水分、灰分、挥发分、固定碳、发热量、全硫、全水分技术指标进行检验。

2011—2012 年，酸刺沟选煤厂结合伊泰集团公司下发的煤质考核管理办法，联系现场实际，制定实施煤质考核管理标准，并设立专职煤质管理机构和煤质管理人员，在生产过程中根据入选煤质和商品煤结构，结合装车站离线快灰仪数据和化验室化验数据，实时掌握生产煤样和装车煤样的煤质情况，确保了商品煤发运指标与外排矸石热值指标符合集团公司考核标准。

2013—2014 年，凯达选煤厂根据《伊泰集团公司煤质管理实施细则》的有关规定，制定了《凯达选煤厂煤质管理考核办法》，成立了煤质管理小组，加强各生产环节的管理。煤质管理小组逐月到现场，进行煤质检查，轮流值班。每天对矸石带煤做一次抽查，每周五进行一次集体煤质检查，每月汇总考核结果并进行奖罚兑现。根据考核结果，协同运营方共同制定相应的处理方案，第一时间处理影响产品质量的隐患及事故。同时，建立了全面的煤质管理体系，即煤质行政管理体系、煤质监督检查体系和煤质管理实施体系，形成煤炭质量管理“事前预测预报，事中过程控制，事后信息反馈”的运行机制。

2014 年之前，神东煤炭集团公司即成立了煤质的管理领导小组，分管煤质副总经理任组长，分管生产、机电、安全、经营、洗选、检测的副总经理、总工程师、总会计师任副组长，煤炭经销中心等有关部门负责人为成员。煤质管理领导小组负责领导各煤质管理体系，部署、检查和指导煤质管理工作，协调解决自产煤生产、洗选加工、装车及外购煤收储、计量、发运各环节及销售集团反馈的煤质问题。根据神华集团下达的煤质指标和用户对煤质的要求，组织审定洁净煤生产组织、特种煤增产增效、混煤提质增效、产品结构优化等煤源煤质方案，负责制定煤质管理奖罚办法和各矿、厂，月、季、年煤质考核指标。煤质管理领导小组办公室设在煤质处。

准格尔能源公司根据《中国神华能源股份有限责任公司煤质管理办法》，先后制定了《神华准格尔能源公司煤质管理实施细则》《准格尔能源有限责任公司煤质管理考核奖罚办法》。黑岱沟露天煤矿、哈尔乌素露天煤矿也相继制定了《煤质考核管理办法》《杂物管理及考核办法》《煤质管理实施细则及提高煤质措施》等，加强配煤管理、工作面煤顶板控制、杂物管理，并设立了专门的煤质奖。到 2016 年，两个露天煤矿已形成一套程序化的煤质管理制度。采煤实行分采分运，软杂物、硬杂物明显减少，煤层顶板黏土岩、风化煤清理到位，保证了煤炭产品质量。

2016 年，为进一步提高煤炭产品质量，优化产品结构，应对市场变化，提升市场竞争力，打造鄂尔多斯煤国优品牌，鄂尔多斯市组织实施了煤炭质量及品牌标准化建设工作。11 月 7 日，国家工商总局商标局正式注册了“鄂尔多斯煤”原产地证明商标，并于 2016 年 11 月 29 日和 12 月 1 日，在北京和秦皇岛分别组织召开鄂尔多斯煤品牌战略发布会和鄂尔多斯煤品牌战略推介暨专场交易会，扩大了品牌知名度和影响力。

第五节 质量标准化

1965年，煤炭工业部开始在全国煤矿推行质量标准化管理。1985年7月18日，煤炭工业部决定继续开展评审“部级质量管理奖”和评选“部级质量管理小组”活动，并颁布了《煤炭工业部质量管理评审条例》及《煤炭工业部优秀质量管理小组评选办法》。20世纪60—80年代，随着企业的改革发展、技术进步和管理工作的不断加强，伊克昭盟各煤矿质量为本的意识普遍增强，在长期的生产和管理实践中逐步认识到了质量标准化管理工作的重要性。

“六五”末，棋盘井煤矿开始参加全国地方煤矿矿际竞赛，从实现正规生产，整顿脏、乱、差为初期目标，开展“建设文明矿井”活动，大搞质量标准化，矿井达到内蒙古自治区、能源部质量标准化矿井，计量工作达到了国家三级标准，档案管理达到自治区三级档案管理先进标准，矿图被评为自治区优秀矿图，矿井通风达到了国家甲级标准企业。棋盘井煤矿按照正规化矿井合理布置采掘，按标准化矿井严把质量关，质量标准化工作走在全盟地方国营煤矿的前列。伊金霍洛旗石圪台煤矿、准格尔旗纳林沟煤矿等，在矿井质量标准化工作及矿容矿貌建设方面均有极大改观。

20世纪90年代，伊克昭盟煤矿普遍推行质量标准化管理，对每一个工种都制定了标准化操作规范，达到煤炭生产标准化、操作规范化目标。1990年，伊克昭盟在全盟地方国营煤矿开展了“质量达标准、安全创水平”活动，要求煤矿作出规划，制定措施，限期达标；并根据内蒙古自治区煤炭工业厅的要求，对全盟国营煤矿进行了“一通三防”质量标准化考核评级。达拉特旗的4个国营煤矿均为四类矿井，被责成其边生产边整改；其他旗市的国营煤矿大多数为三类矿井。是年，鄂托克旗棋盘井煤矿被评为“1990年度部级质量标准化矿井”。纳林沟孙家壕煤矿达到自治区质量标准化矿井标准。

1991年，伊克昭盟地方煤炭工业发展“八五”计划中提出，到“八五”末，企业管理达到国家二级企业的煤矿1个，达到自治区先进企业的煤矿3个，达到部级质量标准化的矿井3个，达到自治区级质量标准化的矿井4个，实现文明生产的矿井7个。为实现这一目标，伊克昭盟煤炭工业管理局对全盟国营煤矿的质量标准化、安全创水平活动进行了专门安排部署。

1992年8月17日，鄂托克旗棋盘井煤矿被授予“部级质量标准化矿井”。

1994年1月，华能精煤公司在执行煤炭工业部颁发的《国有重点煤矿生产矿井质量标准化标准》的同时，按照煤炭工业部《关于认真贯彻“两会”精神，促进“质量标准化、安全创水平”再上新台阶的通知》要求，在各级安全生产委员会的领导下，由各级安检部门具体负责，全面开展了“质量标准化、安全创水平”活动。

1996年，后补连精煤开发有限公司露天煤矿，鄂托克旗乌兰联营煤矿被评为省级“质量标准化、安全创水平”矿井。棋盘井煤矿再次被评为“部级质量标准化矿井”。

1998年，东胜精煤公司借鉴先进单位经验，开始大搞安全质量标准化。同年12月，东胜精煤公司在乌兰木伦煤矿召开现场会，在神东矿区全面推行安全质量标准化创建工作。补连煤矿从投产开始就实现了生产建设与质量标准化管理的同步推进。

2003年，神东煤炭集团公司结合矿区实际，修订完善了采掘机运通等各个系统的质量标准化和考核办法，对工作要求、责任划分、考核奖罚进行了详细规定，按月检查，按季考核验收，建成了一批高水准的质量标准化单位，实现了由动态达标向全方位、全过程达标转变。

2006年，内蒙古自治区安全生产委员会下发了《内蒙古自治区煤矿安全质量标准化标准及考核评级办法》，要求生产规模120万吨/年以上的煤矿要在一年内达到一级标准；45万~90万吨/年的煤矿要在两年内达到一级标准；生产规模30万吨/年的煤矿要在三年内达到一级标准。届时未达标煤矿一律淘汰关闭。鄂尔多斯市境内及所属煤矿按照此办法开展自评，积极进行整改，促使质量标准化管理迈上了一个新台阶。

2007年，按照内蒙古自治区安委会下发的通知要求，鄂尔多斯市政府办公厅下发《关于煤矿安全质量标准化标准及考核评级办法的通知》（鄂政办〔2007〕81号）等文件，鄂尔多斯市煤炭局、内蒙古煤矿安全监察局包头分局、乌海分局组成联合评级验收组，分为3个小组，对全市井工煤矿安全质量标准化达标工作进行检查和评级验收。

2007年，鄂尔多斯市煤炭局根据内蒙古自治区煤炭工业管理局《加强煤矿安全基础管理的通知》，要求各煤矿对工业广场、软件管理、通风系统、瓦斯治理、爆破技术、防尘、防火和防治水、机电运输、采煤、掘进安全及劳动定员与保障分别制定了详细的考核评分细则及评分标准。露天煤矿同时对采掘场、排土场、爆破技术、道路运输、防尘防火、防治水、机电设备等方面制定了考核评分细则及评分标准。鄂尔多斯市煤炭局安全监察科按照自治区安全质量标准化考核评级办法，对全市煤矿全面进行了质量标准化验收。

2008年，国家安全监管总局发布了《深入开展煤矿安全质量标准化工作的通知》。鄂尔多斯市各级煤炭局积极组织煤矿深入开展安全质量标准化工作，认真做好检查、达标和上报工作，对组织开展安全质量标准化工作不力或进展缓慢的煤矿，及时提出整改意见，对未按期达标的煤矿，责令停产整顿，限期整改达标。

到2010年11月底，鄂尔多斯市累计建成199座质量标准化矿井。井工煤矿达到安全质量标准化的矿井142座，其中一级78座、二级47、三级17座，露天煤矿达到安全质量标准化矿井57座，其中一级7座、二级38座、三级12座。

2013年，神东煤炭集团公司持续推行质量标准化管理。2014年6月29日，补连塔煤矿、万利一矿、寸草塔煤矿、寸草塔二矿、乌兰木伦煤矿、布尔台煤矿被国家安全生产监督管理总局、国家煤矿安全监察局评为2013年度一级安全质量标准化矿井。同年，伊泰集团公司所属9座煤矿通过了煤矿安全质量标准化建设验收，全部达到国家一级安全质量标准化矿井标准。

2014年，伊泰集团公司通过制定完善《内蒙古伊泰集团有限公司安全质量标准化管理实施办法》《内蒙古伊泰集团有限公司建设矿井安全质量标准化标准及考核评级办法》，按照安全质量标准化动态达标要求，每季度对各煤矿进行一次安全质量标准化考核，所有生产煤矿全部达到国家一级标准，在建煤矿达到质量标准化公司标准要求。

2017年，神华集团亿利黄玉川煤矿、满世集团罐子沟煤炭有限责任公司、准格尔旗力量煤业有限责任公司大饭铺煤矿、云飞矿业串草圪旦煤矿、荣祥煤焦山不拉煤矿被国家安全生产监督管理总局、国家煤矿安全监察局评为一级安全生产标准化煤矿。

2018 年鄂尔多斯市安全质量标准化一级矿井统计见表 4-3-1。

表 4-3-1 2018 年鄂尔多斯市安全质量标准化一级矿井统计表

序号	煤矿名称	标准化等级	开采方式	所属旗区
1	鄂尔多斯市色连二号矿井	一级	井工	东胜
2	内蒙古双欣矿业杨家村煤矿	一级	井工	东胜
3	神华包头矿业李家壕煤矿	一级	井工	东胜
4	伊泰集团塔拉壕煤矿	一级	井工	东胜
5	鄂尔多斯潮脑梁煤炭有限公司	一级	露天	东胜
6	鄂尔多斯市东胜区平梁张大银煤矿	一级	露天	东胜
7	鄂尔多斯市嘉信德煤业公司煤矿	一级	露天	东胜
8	鄂尔多斯市民达煤矿	一级	露天	东胜
9	内蒙古汇能煤电集团巴隆图煤矿	一级	露天	东胜
10	神华蒙西煤化公司棋盘井煤矿	一级	井工	鄂托克旗
11	鄂尔多斯市转龙湾煤矿	一级	井工	伊金霍洛旗
12	鄂尔多斯市永煤矿业马泰壕煤矿	一级	井工	伊金霍洛旗
13	蒙泰煤电集团有限公司满来梁煤矿	一级	井工	伊金霍洛旗
14	内蒙古伊泰集团大地精煤矿	一级	井工	伊金霍洛旗
15	赛蒙特尔煤业公司赛蒙特尔煤矿	一级	井工	伊金霍洛旗
16	新奥矿业有限公司王家塔煤矿	一级	井工	伊金霍洛旗
17	伊金霍洛东博煤矿	一级	井工	伊金霍洛旗
18	神华神东集团补连塔煤矿	一级	井工	伊金霍洛旗
19	神华神东集团金峰寸草塔煤矿	一级	井工	伊金霍洛旗
20	神华神东集团柳塔煤矿	一级	井工	伊金霍洛旗
21	神华神东集团乌兰木伦煤矿	一级	井工	伊金霍洛旗
22	鄂尔多斯市乌兰满来梁煤矿	一级	露天	伊金霍洛旗
23	神东天隆集团武家塔露天矿	一级	露天	伊金霍洛旗
24	鄂尔多斯市华兴公司唐家会煤矿	一级	井工	准格尔旗
25	鄂尔多斯市蒙泰不连沟矿井	一级	井工	准格尔旗
26	内蒙古满世煤炭集团罐子沟煤矿	一级	井工	准格尔旗
27	内蒙古伊泰集团宏景塔一矿	一级	井工	准格尔旗
28	内蒙古伊泰集团酸刺沟煤矿	一级	井工	准格尔旗
29	神华亿利能源黄玉川煤矿	一级	井工	准格尔旗
30	准格尔旗力量煤业大饭铺煤矿	一级	井工	准格尔旗
31	准格尔旗荣祥山不拉煤矿	一级	井工	准格尔旗
32	准格尔旗云飞矿业串草圪旦煤矿	一级	井工	准格尔旗
33	北方魏家峁露天煤矿	一级	露天	准格尔旗
34	神华准格尔黑岱沟露天矿	一级	露天	准格尔旗
35	神华哈尔乌素露天矿	一级	露天	准格尔旗
36	准格尔旗金正泰煤炭有限责任公司	一级	露天	准格尔旗

第六节 设 备 管 理

1963 年，煤炭工业部颁发《煤矿机电运输设备配件和维护材料消耗定额》，伊克昭盟煤矿依据规定，制定相应的实施办法。1964 年，在“工业学大庆”活动中，全盟煤矿狠抓设备维修质量，组织职工管好、用好生产设备，保证煤矿正常生产。

1983 年，煤炭工业部颁发了《地方国营煤矿文明生产验收试行标准》，要求加强机电设备管理，设备技术档案健全，实行牌板管理和计划检修。在用的大型固定设备台台完好，采掘工作面设备台台防爆，移动设备“三率”达到“8072”或“9051”的要求。1985 年，唐公沟煤矿成立了机电队，负责全矿机电设备管理、维护保养等，时有专业技术人员 4 人。后随着生产设备的更新与能力扩大，不断引进技术骨干负责生产设备的管理。

1990 年，国家能源部下发了《煤矿用设备、材料、仪器仪表专用安全标志管理办法》，规定所有煤矿用设备、材料仪器仪表类产品要执行安全标志制度，在取得安全标志后，产品方准许在煤矿安装使用。对已取得安全标志的设备每两年要组织一次检查，复检中发现的技术、管理和其他问题，应限期整顿、停产整改，或吊销安全标志。伊克昭盟各煤矿严把设备、材料、仪器、仪表使用关，严禁无安全标志的产品进矿入井。

1991 年，内蒙古自治区煤炭工业管理局规定煤炭设备归口管理，并发放生产许可证。伊克昭盟煤炭工业管理局制定了具体的实施办法，要求各煤矿对设备进行一对一管理；制定了从设备选购至到货检查验收制度，设备安装验收制度，设备使用制度，设备维修保养制度，设备定期检修与计划大修制度，设备更新改造、报废、封存、审定制度，材料配件管理制度等。有多座煤矿被评为设备管理优秀单位。

1998 年，神东煤炭集团公司成立时建有设备租赁中心，负责神东矿区进口设备的到货管理、验收管理、配件仓储管理及设备搬家等管理工作。随着公司生产规模的不断扩大，传统的设备管理方式已经不能适应神东高产高效快速发展的需要，2002 年 1 月，神东煤炭集团公司按照 EAM 管理模式，在设备租赁中心基础上，成立了设备管理中心，负责神东矿区井下设备的前期选型、运输、技术、配套、国产化开发、设备有偿使用、设备大修、设备报废。同时，建立健全了设备租赁、管理、维护、大修等一系列管理制度。投资近 10000 万元，引进世界先进的 EAM 系统和检测检修设备，通过信息化手段，合理安排维修计划及相关资源与活动，实现了日常检修工作的程序化管理。

2005 年 3 月，神东煤炭公司创建了矿井设备信息化点检系统，全公司设备管理实现了信息化点检。同年，伊东集团东圪堵煤矿进行技术改造后，生产系统机电设备相应增多。为加强设备管理，东圪堵煤矿建立健全设备管理机构与管理制度，设机电副矿长 1 名，同时，成立机电科，设科长、副科长各 1 名，科员 12 名；并制定了一系列机电设备管理制度，定期对生产设备进行检查维修，大大提高了生产设备的完好率，使生产设备事故得到有效控制。唐公沟煤矿技改后，积极引进技术人才，连续几年招聘机电设备管理专业大学生 30 余名，提高了设备管理人员的整体素质。

2006 年 1 月，神东煤炭公司开启综采工作面信息传输技术，以解决各厂家设备通信接口不兼容的问题。同年 8 月，更新了点检系统应用分析软件，通过 EMA 平台获取设备的名称、编码、地理位置、所属 MBC 和使用时间，建立起了标准维修体系和故障管理体系，由事后维修变为有计划的预测性和预防性维修，提高了设备日常维修保养、预防性维修质量和效率，降低了设备故障率。

2007 年，内蒙古自治区下发了《加强煤矿安全基础管理的实施意见》的通知，要求煤矿加强矿井机电管理，设置以机电矿长为领导的机电运输管理机构，配齐机电专业人员，建立设备定期检测、监测、维护、保养和检修制度，保证设备完好。伊泰集团公司指定专职人员深入煤矿现场，对设备的型号、技术参数、出厂编号、使用地点等进行登记，并与煤矿现场机电工人配合，对设备进行编码、贴牌，做到账、卡、物、编码四对应。随着采掘变化及相应设备变更位置，对设备台账进行及时变更，对井下大型设备推行程序化检验、维修的管理方式，机电设备完好率逐步提升。

2008 年，鄂尔多斯市下发的《安全生产隐患排查治理实施方案》中对机电设备的管理情况作出明确规定，要求各煤矿要对井下设备是否取得“MA”标志，是否保证完好，是否杜绝电气设备失爆，更换国家明令淘汰的设备、材料及工艺，特别是高压开关、非阻燃皮带与非阻燃电缆的淘法情况进行严格检查，并限期整败。

2010 年，临矿集团榆树井煤矿成立了专门的设备与材料管理部门，设 1 名科长负责全矿设备的使用与调拨等工作。榆树井煤矿先后制定了《机电设备管理细则》《井下电气设备管理细则》等设备管理制度。新矿集团长城煤矿机电副经理分管矿井的机电设备管理工作，成立机电运营部，下辖机电工区具体进行现场管理。纳林庙二号井成立了机电动力部，制定了设备管理岗位责任制，每月进行一次机电设备质量标准化检查、打分评比，每年三季度组织进行一次机电技术比武，生产设备管理手段日益完善。

神东煤炭集团公司在煤炭产量每年以千万吨速度增长，高强度满负荷开采的情况下，万吨煤设备故障停机时间由 2002 年的 0.88 小时降至 2010 年的 0.07 小时；设备重特大机电事故由 2002 年的 12 次减少至 2010 年的 0 次，避免了 120 多起机电、运输事故，挽回经济损失 5000 余万元；设备利用率提高了 15%，而且每提高 1% 即可节约设备购置资金 9000 万元。2010 年 9 月，神东煤炭集团公司设备管理中心调度室实现了对各矿井主运输设备的远程监测监视。

2011—2013 年，伊泰集团公司编制出台了《煤矿机电设备拆件管理办法（试行）》《机电设备管理制度汇编》《煤炭板块机电设备检查考核标准汇编》《煤矿井下现场闲置设备和材料回收管理制度》《煤矿设备大型部件管理办法（试行）》《设备运行检查处罚条例细则》等管理制度和办法。同时，将 2011 年各井工煤矿机电设备事故分类汇编为《煤矿机电事故案例分析》，修订完善了《煤矿综、连采设备及运输设备润滑图表》《设备供电系统图册》等各项设备管理图册，使设备管理工作逐步走上规范化、程序化、制度化。

2015 年，神东煤炭集团公司利用自主开发的“设备精细化检修标准”“EMA 标准工单”“点检系统等设备检修维护系统”，实现了运行管理信息化。2016 年，神东煤炭集团公司修订并完善了《神东煤炭集团设备维修管理办法》，明确了各单位职责，细化了设备维修结算定额标准、设备维修管理处罚标准，规范了设备自修和外委维修流程，明确了各单位自行外委维修限额。组织编写了《神东煤炭集团高端配件开发管理办法（试行)》，完善了《高端配件开发产品试用和后评估实施细则》。同年，为进一步提高智能化生产作业，神东煤炭集团公司对采煤机电控系统进行了升级改造，使采煤机、液压支架、刮板输送机等设备实现智能运行、集中控制。

第四章　选　　煤

第一节　洗选规模

1970年，鄂托克旗国营棋盘井煤矿最先尝试土法洗煤，设备简陋，用水泵将水抽到一个铁制的水槽中，把槽中的煤粉末冲到煤泥中，再进行精煤和矸石的分离。这种原始的洗煤方法，劳动强度大，生产效率低，造成了大量的煤泥流失。

20世纪80年代初期，伊克昭盟矿区为提高煤炭质量和利用率，最大限度的满足煤炭用户的需求，各煤矿大力新建与煤矿产能相配套的洗煤厂或独立洗煤厂，增加了煤炭产品的附加值，提高了煤炭企业的经济效益。

到2018年，鄂尔多斯市有洗煤厂169座（包括3座在建)，其中配套洗煤厂99座，独立洗煤厂70座。产能81572.1万吨/年，其中配套洗煤厂产能69612.1万吨/年，独立洗煤厂产能11960万吨/年。

各旗区洗煤厂情况：东胜区有洗煤厂12座，均为配套洗煤厂，产能4620万吨/年；达拉特旗有洗煤厂20座，其中配套洗煤厂8座，独立洗煤厂12座，产能4830万吨/年；准格尔旗有洗煤厂35座，其中配套洗煤厂34座，独立洗煤厂1座，产能19680万吨/年；伊金霍洛旗有洗煤厂46座，其中配套洗煤厂18座，独立洗煤厂28座，产能11432.1万吨/年；乌审旗有洗煤厂8座，其中配套洗煤厂6座，独立洗煤厂2座，产能5920万吨/年；杭锦旗有配套洗煤厂1座，产能1000万吨/年；鄂托克旗有洗煤厂40座，其中配套洗煤厂16座，独立洗煤厂24座，产能31490万吨/年；鄂托克前旗有洗煤厂7座，其中配套洗煤厂4座，独立洗煤厂3座，产能2600万吨。2018年鄂尔多斯独立洗煤厂情况见表4-4-1，煤矿配套洗煤厂情况见表4-4-2。

表4-4-1　2018年鄂尔多斯市独立洗煤厂一览表

旗区	序号	洗煤厂名称	生产规模（万吨/年）	洗选工艺				隶属企业
				跳汰	重介	跳汰+重介	风选	
伊金霍洛旗	1	鄂尔多斯市凯利达煤业有限公司	150	√				
	2	伊金霍洛旗众德凯煤炭洗选有限责任公司	120	√				

表4-4-1（续）

旗区	序号	洗煤厂名称	生产规模（万吨/年）	洗选工艺				隶属企业
				跳汰	重介	跳汰+重介	风选	
伊金霍洛旗	3	鄂尔多斯蒙正丰商贸有限公司	150	√				
	4	伊金霍洛旗金峰煤炭经销有限责任公司	150	√				
	5	鄂尔多斯正能有限公司						
	6	伊金霍洛旗陆宝镁业有限责任公司						
	7	伊金霍洛旗常青洗煤有限责任公司	150	√				
	8	鄂尔多斯市隆利煤业有限责任公司	120	√				
	9	伊金霍洛旗隆达煤业有限责任公司	300	√				
	10	鄂尔多斯市荣丰工贸有限责任公司	120	√				
	11	鄂尔多斯市伊兴煤炭有限责任公司	150	√				
	12	鄂尔多斯市鹏南煤炭运销有限责任公司	120	√				
	13	伊金霍洛旗恒正煤炭运销有限责任公司	120	√				
	14	鄂尔多斯市昊辉新能源有限责任公司	120	√				鄂尔多斯市北通煤炭有限责任公司
	15	伊金霍洛旗恒聚工贸有限责任公司	120	√				伊金霍洛旗广宇煤炭运销有限公司
	16	伊金霍洛旗通久煤炭有限责任公司	150	√				内蒙古盛邦选煤有限公司
	17	兴生源煤炭有限责任公司	120	√				
	18	伊金霍洛旗鑫海洗煤厂	120	√				
	19	伊金霍洛旗兴达洗煤厂	120	√				
	20	伊金霍洛旗宏达煤业有限责任公司	120	√				
	21	鄂尔多斯市金恒泰能源有限责任公司	160	√				

表4-4-1（续）

旗区	序号	洗煤厂名称	生产规模（万吨/年）	洗选工艺				隶属企业
				跳汰	重介	跳汰+重介	风选	
伊金霍洛旗	22	鄂尔多斯市巨久煤炭有限公司	120	√				
	23	鄂尔多斯市鑫晶煤炭有限责任公司	120	√				
	24	鄂尔多斯金兴源煤业有限公司	220	√				
	25	鄂尔多斯市飞宏达商贸有限公司	在建					
	26	伊金霍洛旗兴达洗煤二厂	120	√				
	27	鄂尔多斯新宇泰煤炭有限公司	在建					
	28	鄂尔多斯众辰煤炭有限公司	在建					
乌审旗	1	乌审旗大牛地恒业煤炭物流公司	1000	√				
	2	鄂尔多斯市嘉能洗选有限公司	120	√				
鄂托克旗	1	鄂尔多斯市隆达实业集团有限责任公司选煤厂（150万吨/年）	150		√			
	2	鄂托克旗勇创煤业有限责任公司选煤厂（150万吨/年、150万吨/年，两个系统）	150 150		√			
	3	鄂托克旗鑫宇煤化有限公司选煤厂（120万吨/年、60万吨/年）	120 60		√			
	4	鄂托克旗茂达煤业有限责任公司选煤厂（120万吨/年、60万吨/年，两个系统）	120 60		√			
	5	鄂托克旗红雷煤焦化有限责任公司选煤厂（两个系统，一期60万吨/年、120万吨/年）	60 120		√			

表4-4-1（续）

旗区	序号	洗煤厂名称	生产规模（万吨/年）	洗选工艺				隶属企业
				跳汰	重介	跳汰+重介	风选	
鄂托克旗	6	鄂托克旗神华蒙西华宜煤业有限责任公司选煤厂（60万吨/年）	60		√			
	7	鄂尔多斯市卿卿煤业有限公司选煤厂（300万吨/年）	300		√			
	8	鄂尔多斯市蒙闽煤业有限公司选煤厂（180万吨/年）	180		√			
	9	鄂托克旗隆畅煤业有限责任公司（120万吨/年）	120		√			
	10	内蒙古鄂托克旗佳越煤业有限责任公司选煤厂（120万吨/年）	120		√			
	11	鄂托克旗新乌兰选煤有限责任公司（120万吨/年）	120		√			
	12	鄂托克旗庆隆煤业有限责任公司（120万吨/年）	120		√			
	13	鄂托克旗兴盛达矿业有限公司（240万吨/年）	240			√		
	14	鄂托克旗亿硕煤业有限责任公司两个系统（跳汰120万吨/年、精尾煤60万吨/年）	120 60	√				
	15	内蒙古裕兴矿业有限责任公司选煤厂（120万吨/年）	120	√				
	16	鄂托克旗泰丰选矸有限责任公司（120万吨/年）	120	√				
	17	鄂托克旗晨华煤业有限责任公司选煤厂（重介300万吨/年、跳台180万吨/年）	300 180	√	√			
	18	鄂托克旗创业环保选材有限公司（120万吨/年）	120	√				
	19	鄂托克旗宇强建材有限责任公司（120万吨/年）	120	√				
	20	鄂托克旗佳赫商贸有限责任公司（180万吨/年）	180	√				

表4-4-1（续）

旗区	序号	洗煤厂名称	生产规模（万吨/年）	洗选工艺				隶属企业
				跳汰	重介	跳汰+重介	风选	
鄂托克旗	21	鄂托克旗忠晟洗煤厂（原始手续300万吨/年）	300	√				
	22	鄂托克旗德华煤业有限责任公司（180万吨/年）	180	√				
	23	鄂托克旗振源煤焦销售有限公司（120万吨/年）	120	√				
	24	鄂托克旗和昌盛洗煤有限责任公司（120万吨/年）	120	√				
鄂托克前旗	1	榆树井煤矿干法洗煤厂	300				√	神州干选
	2	新上海一号煤矿选煤厂	400		√			内蒙古上海庙矿业有限责任公司
	3	上海庙矿业公司干法选煤二厂	400				√	内蒙古上海庙矿业有限责任公司
达拉特旗	1	内蒙古晟鑫源能源有限责任公司达拉特旗分公司洗煤厂	100	√				内蒙古晟鑫源能源有限责任公司
	2	达拉特旗鑫溢商贸公司洗煤厂	120	√				达拉特旗鑫溢商贸公司
	3	鄂尔多斯市达蒙鑫隆工贸有限公司洗煤厂	100	√				鄂尔多斯市达蒙鑫隆工贸有限公司
	4	鄂尔多斯市宏润洗煤有限公司洗煤厂	800	√				鄂尔多斯市宏润洗煤有限公司
	5	鄂尔多斯市万德宏煤业有限责任公司洗煤厂	150	√				鄂尔多斯市万德宏煤业有限责任公司
	6	鄂尔多斯市腾凯源商贸有限公司洗煤厂	180	√				鄂尔多斯市腾凯源商贸有限公司
	7	鄂尔多斯市尚山能源科技有限公司洗煤厂	180	√				鄂尔多斯市尚山能源科技有限公司
	8	鄂尔多斯市碳九煤炭销售有限公司洗煤厂	100	√				鄂尔多斯市碳九煤炭销售有限公司
	9	鄂尔多斯市宏业煤业运销有限公司洗煤厂	120	√				鄂尔多斯市宏业煤业运销有限公司
	10	达拉特旗亿泰洗煤有限公司洗煤厂	100	√				达拉特旗亿泰洗煤有限公司

表4-4-1（续）

旗区	序号	洗煤厂名称	生产规模（万吨/年）	洗选工艺				隶属企业
				跳汰	重介	跳汰+重介	风选	
达拉特旗	11	达拉特旗九晨商贸有限公司洗煤厂	120	√				达拉特旗九晨商贸有限公司
	12	内蒙古瑞丰煤炭销售有限责任公司洗煤厂	100	√				内蒙古瑞丰煤炭销售有限责任公司
准格尔旗	1	鄂尔多斯市千鼎洗煤有限责任公司	120	√				内蒙古三鼎煤炭有限责任公司

表4-4-2 2018年鄂尔多斯市煤矿配套洗煤厂一览表

旗区	序号	洗煤厂名称	生产规模（万吨/年）	洗选工艺				隶属企业
				跳汰	重介	跳汰+重介	风选	
伊金霍洛旗	1	育才煤矿洗煤厂	120	√				育才煤矿
	2	丁家渠煤矿洗煤厂	120		√			
	3	内蒙古博源煤化工有限责任公司湾图沟煤矿洗煤厂	450		√			内蒙古博源煤化工有限责任公司
	4	东博洗煤厂	120	√				伊金霍洛旗东博煤炭有限责任公司
	5	尔林兔洗煤厂	800		√			内蒙古汇能集团尔林兔煤炭有限公司
	6	鄂尔多斯市昊华精煤有限责任公司选煤厂	600		√			鄂尔多斯市昊华精煤有限责任公司
	7	鄂尔多斯市转龙湾煤炭有限公司选煤厂	500	√				鄂尔多斯市转龙湾煤炭有限公司
	8	伊金霍洛旗维奕煤炭有限责任公司	60		√			
	9	伊金霍洛旗万泰隆洗煤有限责任公司	120	√				伊金霍洛旗呼能煤炭有限责任公司
	10	伊金霍洛旗乌兰木伦考考赖沟煤矿洗煤厂	80	√				伊金霍洛旗乌兰木伦考考赖沟煤矿
	11	马泰壕煤矿选煤厂	800			√		鄂永矿业
	12	察哈素选煤厂	1000		√			国电建投内蒙古能源有限公司
	13	石拉乌素煤矿选煤厂	800		√			兖州煤业鄂尔多斯能化有限公司

表 4-4-2（续）

旗区	序号	洗煤厂名称	生产规模（万吨/年）	洗选工艺				隶属企业
				跳汰	重介	跳汰+重介	风选	
伊金霍洛旗	14	乌兰集团石圪台洗煤厂	90	√				乌兰集团
	15	王家塔煤矿洗煤厂	800		√			新能矿业有限公司
	16	内蒙古伊泰广联煤化有限责任公司红庆河煤矿	1500		√			内蒙古伊泰集团有限公司
	17	益民煤矿洗煤厂	120			√	√	内蒙古有恒煤炭有限责任公司
	18	伊金霍洛旗振兴煤炭有限责任公司选煤厂	90	√				蒙兴集团
乌审旗	1	巴彦高勒选煤厂	400		√			内蒙古黄陶勒盖煤炭有限责任公司巴彦高勒煤矿
	2	葫芦素洗煤厂	800		√			中煤西北能源有限公司
	3	营盘壕选煤厂	1000		√			鄂尔多斯市营盘壕煤炭有限公司
	4	母杜柴登煤矿洗煤厂	600		√			中煤西北能源有限公司
	5	门克庆煤矿洗煤厂	1200		√			中煤西北能源有限公司
	6	纳林河二号煤矿洗煤厂	800		√			中煤西北能源有限公司
鄂托克旗	1	鄂托克旗建元煤焦化有限责任公司选煤厂（含一、二期，600 万吨/年）	600		√			
	2	内蒙古星光煤炭集团有限公司选煤厂（500 万吨/年）	500		√			
	3	神华蒙西煤化股份有限公司棋盘井煤矿（400 万吨/年）	400		√			
	4	内蒙古双欣资源集团有限责任公司选煤厂（300 万吨/年）	300		√			
	5	内蒙古棋盘井矿业有限责任公司选煤厂（300 万吨/年）	300		√			
	6	鄂托克旗新亚煤焦有限责任公司选煤厂（300 万吨/年、180 万吨/年，两个系统）	300 180		√			

表 4-4-2（续）

旗区	序号	洗煤厂名称	生产规模（万吨/年）	洗选工艺				隶属企业
				跳汰	重介	跳汰+重介	风选	
鄂托克旗	7	内蒙古利民煤焦有限责任公司洗煤厂（240万吨/年）	240		√			
	8	内蒙古蒙西矿业有限公司选煤厂（150万吨/年）	150		√			
	9	内蒙古蒙西煤炭有限责任公司洗煤分公司（150万吨/年）	150		√			
	10	内蒙古星光煤炭集团鄂托克旗华泰煤业有限公司选煤厂（120万吨/年）	120		√			
	11	鄂尔多斯正丰矿业有限责任公司洗煤厂（120万吨/年）	120		√			
	12	内蒙古鄂尔多斯煤炭有限公司西达一厂（240万吨/年）	240		√			
	13	内蒙古鄂尔多斯煤炭有限公司西达二厂（120万吨/年）	120		√			
	14	内蒙古鄂尔多斯煤炭有限公司西达三厂（120万吨/年）	120		√			
	15	内蒙古鄂托克旗昊源煤焦化有限责任公司选煤厂（60万吨/年）	60		√			
	16	荣兴洗煤厂（180万吨/年）	180		√			
鄂托克前旗	1	长城一矿洗煤厂	300		1			长城一矿
	2	榆树井煤矿选煤厂	400		√			内蒙古上海庙矿业有限责任公司
	3	新上海一号煤矿选煤厂	400		√			内蒙古上海庙矿业有限责任公司
	4	上海庙矿业公司干法选煤二厂	400				√	内蒙古上海庙矿业有限责任公司
东胜区	1	恒泰洗煤厂	300	√				鄂尔多斯市恒泰煤炭有限公司
	2	纳汇煤矿一期洗煤厂	120	√				纳汇煤矿
	3	纳汇煤矿二期洗煤厂	180			√		纳汇煤矿
	4	泊江海子矿洗煤厂	300		√			内蒙古银宏能源开发有限公司

表 4-4-2（续）

旗区	序号	洗煤厂名称	生产规模（万吨/年）	洗选工艺				隶属企业
				跳汰	重介	跳汰+重介	风选	
东胜区	5	塔拉壕洗煤厂	600		√			内蒙古伊泰股份有限公司
	6	双欣矿业选煤厂	500		√			内蒙古双欣矿业有限公司
	7	范家村煤业有限责任公司选煤厂	600		√			鄂尔多斯市蒙泰范家村煤业有限责任公司
	8	盛鑫煤业洗煤厂	300		√			冀中能源
	9	色连一矿洗煤厂	500		√			同煤集团
	10	张家梁煤矿洗煤厂	120	√				鄂尔多斯市张家梁煤炭有限责任公司
	11	鄂尔多斯市宏丰煤炭有限责任公司	300	√				2018 年已转让
	12	色连二矿选煤厂	800		√			色连二矿
达拉特旗	1	鄂尔多斯市昊华红庆梁矿业有限公司	600		√			鄂尔多斯市昊华红庆梁矿业有限公司
	2	内蒙古北联电能源开发有限公司高头窑煤矿洗煤厂	800		√			内蒙古北联电能源开发有限公司
	3	羊场煤矿洗煤厂	120	√				羊场煤矿
	4	达拉特旗黑塔沟瑞光煤矿洗煤厂	300	√				内蒙古嘉烨煤业有限责任公司
	5	金运煤矿洗煤厂	100	√				
	6	内蒙古嘉烨煤业有限责任公司兴恒煤矿洗煤厂	120	√				内蒙古嘉烨煤业有限责任公司
	7	潮脑梁煤矿工业广场 120 万吨洗选煤厂	120	√				潮脑梁煤矿
	8	点石沟煤矿	500		√			内蒙古满世集团
准格尔旗	1	唐公塔煤矿洗煤厂	150		√			东辰公司
	2	内蒙古锦泰碓臼沟煤炭有限责任公司碓臼沟煤矿洗煤厂	120			√		内蒙古锦泰碓臼沟煤炭有限责任公司
	3	唐家会矿选煤厂	900		√			鄂尔多斯市华兴能源有限责任公司
	4	青春塔煤矿洗煤厂	600		√			内蒙古珠江投资有限公司
	5	宏测煤矿洗煤厂	300		√	√		伊东宏测煤矿

表4-4-2（续）

旗区	序号	洗煤厂名称	生产规模（万吨/年）	洗选工艺				隶属企业
				跳汰	重介	跳汰+重介	风选	
准格尔旗	6	扶贫煤矿选煤厂	300		√			鄂尔多斯市滨海金地运营管理有限公司
	7	内蒙古汇能煤电集团富民煤炭有限责任公司煤矿配套洗煤厂	180		√			内蒙古汇能煤电集团富民煤炭有限责任公司
	8	宏鑫煤矿	300		√			伊东集团宏鑫煤矿
	9	内蒙古恒东集团宏亚煤炭有限公司	120	√				
	10	忽沙图煤矿洗煤厂	120		√			内蒙古恒东能源集团有限责任公司
	11	阳塔煤矿洗煤厂	300		√			内蒙古聚祥煤业集团有限公司
	12	黄玉川煤矿选煤厂	1000		√			国家能源集团国神集团
	13	四道柳煤矿洗煤厂	120	√				内蒙古四道柳煤炭有限责任公司
	14	准格尔旗神陶煤炭运销有限责任公司营沙壕煤矿配套选煤厂	120		√			准格尔旗神陶煤炭运销有限责任公司营沙壕煤矿
	15	蒙祥煤矿洗煤厂	300	√				蒙祥煤矿
	16	串草圪旦洗煤厂	240		√		√	准格旗云飞矿业有限责任公司
	17	神华准格尔能源有限责任公司选煤厂	3000			√		国家能源集团准能集团公司
	18	哈尔乌素选煤厂	3000		√			国家能源集团准能集团公
	19	串草圪旦煤矿选煤厂	240	√			√	串草圪旦煤矿
	20	准格尔旗永智煤炭有限公司	150	√				准格尔旗永智煤炭有限公司
	21	内蒙古西蒙悦达能源集团有限公司电力满都拉煤矿洗煤厂	300		√			内蒙古西蒙悦达能源集团有限公司
	22	准格尔旗窑沟乡厅子堰煤矿有限责任公司选煤厂	300	√				准格尔旗窑沟乡厅子堰煤矿有限责任公司
	23	罐子沟煤矿选煤厂	600		√			内蒙古满世煤炭集团罐子沟煤炭有限责任公司

表4-4-2（续）

旗区	序号	洗煤厂名称	生产规模（万吨/年）	洗选工艺				隶属企业
				跳汰	重介	跳汰+重介	风选	
准格尔旗	24	准格尔旗宏丰煤炭运销有限责任公司洗煤厂	500	√			√	准格尔旗宏丰煤炭运销有限责任公司
	25	宏景塔一矿矿洗煤厂	400			√		
	26	伊泰京粤酸刺沟选煤厂	1200		√			伊泰集团
	27	北方魏家峁煤电有限责任公司露天煤矿洗煤厂	600		√			北方魏家峁煤电有限责任公司
	28	小鱼沟煤矿洗煤厂	300		√			内蒙古三维资源集团小鱼沟煤炭有限公司
	29	内蒙古伊东集团孙家壕煤炭有限责任公司	500		√			内蒙古伊东集团孙家壕煤炭有限责任公司
	30	鄂尔多斯市国源矿业开发有限责任公司龙王沟选煤厂	1000		√			中国大唐集团能源投资有限责任公司
	31	选煤厂	500		√			内蒙古准格尔旗力量煤业有限公司
	32	不连沟洗煤厂	1500		√			华电煤业集团公司
	33	内蒙古恒东集团汇隆露天煤矿选煤厂	300	√				内蒙古恒东能源集团有限责任公司
	34	长滩煤矿洗煤厂	300		√			锦泰集团
杭锦旗	1	塔然高勒选煤厂	1000		√			神华杭锦能源公司

第二节 洗选设备与工艺

一、洗选设备

1985年，鄂托克旗棋盘井煤矿采取补偿贸易和物资协作的方法，引进洗煤技术及1套年入洗能力30万吨的洗煤设备，新建年处理原煤20万吨的简易洗煤厂。

1989年前，神东矿区各装运点建立筛分站，所用的破碎筛分设备原始、简陋。

1991年，补连塔选煤厂开始建设块煤跳汰机、浓缩机、加压过滤机、计量和检测设备等，主要设备均从国外知名厂家引进，实现了生产控制、电力遥控、工业电视监控、管理办公、计量和质量检测的自动化。

1995年起，神东矿区新建的选煤厂设备大都从美国、澳大利亚、英国和德国等国引进。1998年，神东矿区各选煤厂由于建设较早，均采用跳汰、洗选工艺。划归神华集团后，先后对选煤厂进行了整合和技术改造，根据洗选煤种和生产规模，多数采用重介洗选工艺和相应的洗选设备。新建煤矿选煤厂均选用跳汰有压二产品重介旋流和重介浅槽洗选系统。

2002年后，神东煤炭集团公司补连塔选煤厂、上湾选煤厂、乌兰木伦选煤厂、布尔台选煤厂等进行了扩建和技术改造，采用国内先进设备的同时，并引进部分国外洗选设备。

2003年后，鄂尔多斯新建选煤厂均采用重介洗选工艺，所用设备具有大型化、自动化、专用化的特点。黑岱沟洗煤厂主要设备大部分自国外引进，破碎机、跳汰系统从英国毫米D公司引进，振动筛、跳汰机从德国KHD公司引进，罗茨鼓风机由德国艾珍公司引进，快速装车机从美国KSS公司引进，集中控制系统从美国艾迪公司引进，加压过滤机从奥地利安德里兹公司引进。

二、洗选工艺

鄂尔多斯煤炭洗选主要采用筛分、跳汰、重介、浮选等洗选工艺。各选煤厂按照市场要求，根据洗选煤特点，采取单一工艺或联合工艺进行洗选。

（一）筛分分选工艺

1989年之前，伊克昭盟选煤厂建立了简易破碎筛分站，对毛煤按粒度进行破碎筛选，手工拣出杂物和可见矸，所使用的方法和设备比较原始和简陋。其间，伊金霍洛旗忽吉图煤矿根据国内外煤炭市场需要，以生产精煤为主，人工筛选各种粒度的原煤，产品远销东南亚、日本及欧美，用途较为广泛。

1989年起，各煤矿陆续建设的井口型洗选厂，均把破碎筛分作为选煤第一道工序，使用破碎机和二级（或三级）振动筛进行破碎分选，除去杂质。后来建设的洗选厂和并入的选煤厂采用联合工艺，把筛分作为煤炭初选的第一道工艺，并不断改进。

1995年，伊克昭盟地方煤炭的洗选、分选有广源洗煤厂、棋盘井煤矿洗煤厂和鄂托克旗乡镇企业局洗煤厂为主的一些煤炭洗选加工企业。同年，悖牛川矿区建设简易筛选分级系统，根据用户需要对原煤进行筛选分级。露天煤矿破碎站采用吊斗—卡车工艺为破碎站上煤，破碎机将煤破碎到粒度300毫米以下，经过带式输送机进入储煤场。

（二）跳汰洗选工艺

跳汰式洗煤工艺是伊克昭盟地区最早的洗煤工艺，早期的洗精煤即始于跳汰式洗煤机的出现。1984年，鄂托克旗地方国营巴音乌素炼焦厂从江苏扬州引进跳汰式洗选煤技术。1985年，巴音乌素炼焦厂安装年入选原煤20万吨的跳汰式洗煤机1台，但因巴音乌素、骆驼山、滴沥帮乌素、棋盘井等矿区的煤质复杂，跳汰式洗煤工艺选出的精煤质量不高，回收率较低。

1986年12月8日，准格尔旗煤炭工业公司成立准格尔煤电运输总公司。1987年，准格尔煤电运输总公司建设选煤厂，采用跳汰法选煤工艺，按照优、劣煤实行分运、分储、分筛和混合入洗的方法，将大于50毫米的优煤与大于13毫米的劣煤混合后入洗，小粒级煤不洗，产品分混块、中块、优混煤和劣末煤4种。

1996年9月17日，伊克昭盟广源焦化有限公司选煤厂技术改造可行性研究报告得到煤炭工业部批复。该选煤厂为广源焦化有限公司的中间生产厂，布置在白云乌素矿区矿井地面工业广场内。可研报告规划对该选煤厂进行扩建，入洗原煤能力扩至30万吨/年，新增20万吨/年。采用原煤混合跳汰、煤泥直接浮选工艺。年产洗精煤16.05万吨（吨精煤成本102.20元），年产洗中煤10.36万吨，年产煤泥1.93万吨。

2000年前，神东矿区采用传统的跳汰洗选工艺，主要分为原煤准备系统、分选系统和煤泥水回收系统。原煤经过破碎筛分后，将大块矸石和杂物除去，用输送带运至原煤仓，再送至中央分选机，用水洗风动的方法实现煤矸分离，再对产品进行脱水处理。煤泥水经过过滤或沉淀回收复用。相对于重介洗选，跳汰洗选工艺分选精度差，适用于易洗煤种。

1991 年建设的补连塔选煤厂和 1994 年开工建设的上湾选煤厂，初期均采用跳汰洗选工艺。

1998 年，准格尔能源有限责任公司黑岱沟洗选厂建成投产，属矿井选煤厂，最初设计生产能力为 1200 万吨/年，采用跳汰洗选工艺。同年，鄂托克前旗焦化厂投资 80 万元对洗煤车间跳汰机进技术改造，使洗煤能力提高了 40%，年入洗原煤能力由 20 万吨提高到 35 万吨。

（三）重介洗选工艺

1999 年 5 月，广源煤焦铸造有限责任公司投资 4090 万元建设的 45 万吨/年重介洗煤厂试生产。

2002 年后，鄂尔多斯各新建选煤厂普遍采取了重介洗选工艺，并陆续对已建的跳汰选煤厂进行了工艺改造。其间，神东煤炭集团公司选煤厂均改用重介洗选工艺。

2003—2005 年，鄂尔多斯市各选煤厂针对精焦煤市场紧缺的状况，普遍对洗选工艺进行了改造。新建的选煤厂均采用重介洗选联合工艺。神东煤炭集团公司选煤厂根据煤种特点，分别采用二产品重介旋流器和三产品重介旋流器等复杂工艺，进行中煤复选和矸石再选，有效地提高了精煤采出率，实现了焦煤全部洗选，增加了经济效益。

2005 年，神东煤炭集团公司针对神东矿区部分毛煤质量变差的情况，对矿区各主洗选厂进行了技术改造，增建末煤重介洗选工艺系统，对筛下末煤采用重介工艺进行洗选。其间，上湾选煤厂、补连塔选煤厂、乌兰木伦选煤厂等均采用块煤重介浅槽分选工艺，煤泥经分级旋流器分级后，粗煤泥采用煤泥离心机处理，细煤泥经过浓缩机浓缩后，采用加压过滤机回收。

2008 年 12 月，位于鄂托克旗棋盘井工业园区的西达选煤厂洗选能力 120 万吨/年的重介洗煤厂正式开工建设，2009 年 6 月 20 日建成投产。

2009 年，煤制油选煤厂采用块煤重介旋流器分选工艺，出两种产品。轻物质（精煤）经脱水脱介筛脱水后，筛上物进入离心机二次脱水，通过带式输送机运往液化工程。重产物经脱介脱水筛后与末煤混合供矸石电厂。煤泥水由水力旋流器分级后，分别采用煤泥离心机、高效浓缩机和加压过滤机脱水处理，实现了全厂洗水闭路循环。

2010 年，伊泰集团酸刺沟选煤厂改扩建结束，采用重介质分选工艺。生产能力为 2250 万吨/年。有三产品旋流器重介系统和浅槽重介系统等 3 个洗选系统，主要产品为各种不同热值的混煤产品，产品粒度为 0～100 毫米不分级。同年 5 月，补连塔洗煤厂进行新一期改扩建工程建设，改扩建后，增加一套块煤洗选系统，一套末煤洗选系统，对原有块煤洗选系统进行扩建。投产后该厂原煤设计处理能力达 2200 万吨/年。选煤厂工艺为两种煤源中的一种 25 毫米分级全部入洗，另一种实现+25 毫米块煤洗选。+25 毫米块煤均采用重介浅槽洗选，-25 毫米末煤使用重介旋流器洗选，煤泥采用分级旋流器分级，粗煤泥采用煤泥离心机脱水，细煤泥经浓缩后采用加压过滤机和板框压滤机回收。矸石用汽车外排。补连塔选煤厂水洗系统采用重介洗煤工艺，洗水实现一级闭路循环。6 月底，位于上海庙能源化工基地焦化园区的新汶矿业集团内蒙古能源有限责任公司中心选煤厂一期工程试运转。该选煤厂为群矿型炼焦煤选煤厂，主要入洗福城、横山堡、黑梁、沙章图4个矿井的原煤，设计能力为1000万吨/年，分3期建设。一期工程设计能力为300万吨/年，原煤主要来自福城矿井。

乌兰木伦选煤厂工艺原设计采用+13毫米块煤重介浅槽分选，粗煤泥离心机回收，细煤泥加压过滤机回收联合洗选工艺，末煤不入洗。后因原煤扩产为500万吨，洗选系统的入洗下限提高到50毫米。2011年12月，乌兰木伦选煤厂对原系统工艺进行改造，块煤系统分选下限维持50毫米不变，重介浅槽洗选，新增-50毫米的末煤重介旋流器洗选系统，实现全入洗工艺。

2013年6月，黄玉川选煤厂洗选系统建成投产。选煤厂工艺为200~25毫米块煤使用引进的T26060型重介浅槽分选机分选工艺，-25(50)毫米末煤部分脱粉(或全部入洗)不脱泥无压三产品重介定流器（国产ϕ1400）分选工艺，粗煤泥回收采用分级旋流器+煤泥离心+高频筛的联合工艺，细煤泥采用浓缩后快开隔膜式压滤机+沉降离心机联合回收工艺，稀介质回收采用单段直接磁选工艺。

布尔台选煤厂为群矿型选煤厂，设计洗选加工能力3000万吨/年，主要承担布尔台煤矿、柳塔煤矿、寸草塔一矿和寸草塔二矿4个矿井的原煤洗选加工以及装车外运任务。2015年，布尔台选煤厂生产工艺为+13毫米块煤重介浅槽分选，13~2.0毫米两产品有压重介旋流器分选，2.0~0.2毫米TBS分选，煤泥采用加压过滤机、沉降过滤离心机和板框压滤联合处理。

神东煤炭集团公司作为全国首个亿吨级的煤炭清洁和洗选加工基地，提出了智能化新选煤厂建设目标，并将选煤厂全面智能化列为提升核心竞争力的重大战略举措。通过3年的实施，到2018年，上湾选煤厂已建成以EMS制造执行系统为核心，以多种数据获取渠道为支撑，以移动控制为契机的智能化选煤厂，实现了区域巡视向无人值守转变，调度集中控制向移动集中控制转变，人工数据采集向系统控制采集转变，运行状态由经验分析向大数据智能分析转变。

（四）浮选工艺

1987年，棋盘井煤矿引进浮选联合工艺。1989年6月，经内蒙古自治区计划委员会批准，在洗煤厂安装入洗能力30万吨/年的浮选联合工艺洗煤机1台，开始浮选洗煤。该厂根据冶金焦对煤炭质量的不同要求，首先确定矿点对煤质进行化验，按各矿点煤质成分配煤入洗，经过破碎水洗、脱水等工艺流程，分离出精煤、中煤和煤矸石。

（五）风选工艺

1998年唐公塔煤矿建成移动式风选厂，1999年停止生产。

1999年4月，伊泰集团投资建设纳林庙煤矿1号井、2号井选煤厂的热风气流干燥脱水系统。项目上马不久，由于技术和市场原因，停止生产。2005年，金烽煤炭分公司建成韩家村选煤厂500万吨/年风选系统。

第五篇

煤矿安全

新中国成立以前，伊克昭盟地区煤窑均为私人创办，土法开采浅部露头煤层，“掘洞而进，取煤而出”，工艺原始，设施简陋，生产环境恶劣。窑主为了攫取采煤之利，根本不顾挖煤工人安全。挖煤工人多是贫苦农民，因生活所迫，下井挖煤。因煤窑没有提升、运输、排水、通风等机械设备，缺少技术人才和技术手段，加之安全管理不善，煤矿事故频发。

新中国成立后，党和政府关心煤矿工人的生命安全和职业健康，高度重视煤矿安全管理工作，行业主管部门指导和促使煤炭企业建章立制，强化安全管理。贯彻党的安全生产方针，综合施策，多措并举，不断提高煤矿安全管理水平，煤矿的安全状况逐步好转。党的十一届三中全会以来，伊克昭盟地区煤炭工业蓬勃发展、安全管理工作跟进提升，创新举措，体制机制都发生了重大变化。通过上装备、抓培训、学法规、严管理，从盟到旗区、各类煤矿的安全生产条件发生了重大变化。煤炭生产技术装备越来越现代化，矿井安全检查和检测技术手段有了明显改善，矿井防治自然灾害事故的能力不断提高，企业安全管理工作步入制度化、规范化。

2001 年鄂尔多斯撤盟设市之后，全市煤炭工业实现跨越式发展。通过贯彻落实国务院关于煤炭企业重组整合、抓大关小的工作部署，淘汰落后产能，处置“僵尸企业”，更新过时装备，致力于办大煤矿、建现代化煤矿，一大批产能几百万吨、上千万吨、装备现代化的大型煤矿迅速崛起，煤矿的安全生产条件和矿工的作业环境发生了巨大变化，大大提高了安全抗灾能力。通过贯彻落实国家安全生产法律法规，学习推广国有大矿安全管理经验，建立健全安全管理制度，更新安全技术装备，提高安全科技管理手段，狠抓职工安全技术培训，培育煤矿安全文化，逐步形成了鄂尔多斯市独具特色的煤矿安全管理模式，创出领先全国的地方煤矿安全生产管理经验，整体煤矿安全管理工作跨进全国先进行列。

第一章 安 全 管 理

第一节 煤炭行业安全管理体制

一、盟市煤炭行业安全管理体制

新中国成立后，党和政府非常关心矿工的安全与健康。伊克昭盟根据燃料工业部《关于煤矿保安问题的决定》，开始组建安全管理机构，贯彻执行保安规程、作业规程及操作规程，煤矿安全工作提上议事日程。1955 年，伊克昭盟成立工业处，是最早分管本地区煤炭管理工作的机构。以后逐渐设立从盟工业管理局、旗县矿山监察室到煤矿的安全管理机构。1963—1965 年，酸刺沟煤矿、罕台川煤矿先后成立安全生产委员会，负责全矿安全生产及组织工人学习保安规程，开展业务培训。

1962年后，各国营煤矿认真贯彻执行国家、内蒙古自治区和伊克昭盟安全生产方针和有关规定，严格遵守安全操作规程和作业规程，建立矿山安全检查委员会，各井口也组建安全检查组织，各生产小组配备安全检查员。矿领导经常深入井下，进行安全检查。

1966年，“文化大革命”开始，各国营煤矿管理体制和生产秩序遭到破坏，安全监察部门形同虚设，安全管理制度废弛，不少煤矿陷于停产半停产状态。

1972年，伊克昭盟主管煤炭生产的机构是工业局，内设煤炭科。1973年，伊克昭盟燃化局成立，内设煤炭科，负责管理全盟地方国营煤矿和乡镇煤矿。

1979年，伊克昭盟劳动局成立矿山监察科，各旗县劳动局分别成立矿山监察室。矿山监察科（室）负责本地区煤矿安全生产的检查与监督，主要职权是：宣传安全生产方针和劳动保护政策法规，监督《矿山安全条例》和“三大规程”的贯彻执行；督促煤炭企业开展安全教育和技术培训工作；对严重违反《矿山安全条例》和“三大规程”的煤炭企业及主管部门的负责人有权提请上级领导机关给予行政处分，或者提请司法机关依法惩处；对不具备安全基本条件的煤炭企业，有权提请有关部门令其停产整顿或者予以封闭等。

1980年以后，在改革开放形势的推动下，伊克昭盟的地方国营煤矿、乡镇煤矿井下的生产条件发生了根本性变化，矿井安全检查和检测技术手段有了明显的改善，矿井防治自然灾害事故的能力有所提高，安全监察与检查的组织管理工作步入经常化、制度化、规范化。

1985年，东胜煤田开发经营公司组建安监科，负责直属矿区的安全检查及监督管理工作。1987年，东胜煤田开发经营公司改安监科为安全技术处，组建了7人安全生产委员会，定期研究讨论、决定生产中重大问题。

1987年，为了加速东胜煤田的开发建设，伊克昭盟盟委、行政公署根据内蒙古自治区人民政府的指示，对煤炭工业管理体制进行了调整。1988年1月5日，伊克昭盟煤炭工业处与东胜煤田开发经营公司正式分开办公，内设安监科等四个科室，另管辖伊克昭盟煤炭设计院和矿山救护队两个二级单位。

1991年7月22日，伊克昭盟煤炭工业处更名为伊克昭盟煤炭工业管理局，内设安全检查科等。1993年，伊克昭盟煤炭工业管理局由行政局转为企业局，全面实行企业化管理，但仍保留原有行政管理职能，下设安全检查科等。

2001年10月，伊克昭盟煤炭工业管理局更名为鄂尔多斯市煤炭局。12月26日，内蒙古自治区人民政府批准单独设置鄂尔多斯市煤炭局为行业行政主管部门，重新列入行政序列，负责全市地方煤矿安全生产的监督检查管理，依法整顿煤炭生产和经营秩序以及全市地方煤炭销售市场管理工作。

2002年2月4日，鄂尔多斯市人民政府办公厅《关于印发鄂尔多斯市煤炭局职能配置内设机构和人员编制规定的通知》，明确了鄂尔多斯市煤炭局为政府工作部门，内设办公室、生产技术科、安全检查科等职能科室。

2007年，鄂尔多斯市煤炭局是贯彻执行国家、内蒙古自治区关于煤炭工业管理的方针政策、法律法规并监督实施，负责全市煤炭行业管理的政府职能部门。其中就有负责对全市地方煤矿安全生产管理工作的监督和检查，依法整顿煤炭生产和经营秩序，关停违法开办的各类煤矿，取缔非法煤炭经营企业。

2008年，鄂尔多斯全市煤矿安全生产专项整治工作不断深化，安全生产形势稳定好转。一是认真贯彻落实国家、内蒙古自治区和市内有关政策规定，建立健全矿长安全责任制、技术人员安全责任制和各工种岗位安全责任制的“三级安全责任体系”和各项规章制度，形成了全方位、多层次的安全管理网络；二是不断加大监督检查力度，抓好安全监管监察各项措施的落实。通过实施煤矿安全生产隐患大排查、专项整治“回头看”、局领导包旗区督察、安监员驻矿检查等举措，加强煤矿安全监管，对发现的隐患挂牌督办、限期整改，巩固百日安全督查专项行动和安全生产隐患排查工作成果。

2010年机构改革后，鄂尔多斯市煤炭局负责全市煤炭行业的监督指导管理工作。2011年，全市煤炭系统抢抓经济全面回升、产业结构调整步伐加快的历史机遇，以完善煤炭经济运行机制为手段，大力推进产业结构调整和优化升级，多措并举，综合施策，全力保障煤矿安全生产。

2012年，鄂尔多斯市煤炭局贯彻科学发展观，以安全生产为前提，以提高煤炭能源保障能力为重点，以完善煤炭经济运行机制为手段，加大煤炭行业监管力度，全力保障煤矿安全生产。以开展“打非治违”活动为契机，进一步加大了对煤矿生产秩序的整顿力度，违法违规生产建设煤矿一律停产停建，并加强日常监管，强化对基建矿井及停产整顿矿井的巡查和监控力度，坚决打击停产煤矿私自组织生产、手续不全、未按设计施工等行为。

2013年，鄂尔多斯市煤炭局以党的十八大精神为指导，全面落实内蒙古自治区“8337”发展思路，围绕建成国家清洁能源输出基地和国家新型煤化工生产示范基地，实现煤炭产业绿色、健康、可持续发展总体战略目标，加快煤炭产业转型升级步伐。认真落实年初煤炭工作会议上的各项安排和部署，进一步规范安全监管程序，实行专项检查和重点检查相结合，不断提高煤矿安全监管水平。严格落实企业安全生产主体责任。有序推进煤矿安全分类管理，提高监管效率。加强宣传教育，认真贯彻落实《保护矿工生命七条规定》。根据安全生产形势任务，有针对性制定安全预防措施，聘请专家重点对煤矿“一通三防”、大面积空顶、采空区塌陷、水灾、冒顶、瓦斯等安全隐患进行检查整改，对企业安全主体责任、矿领导带班作业、班组建设、特种作业人员持证上岗等情况进行了督查。

2015年，鄂尔多斯全市牢固树立把隐患当事故的意识，深入开展部门联合执法，建立健全专家“会诊”制度，不断压实企业主体责任和行业管理部门，安全隐患排查治理常抓不懈，安全质量标准化建设、打非治违专项行动、井下监测监控系统、应急救援队伍建设等工作齐头并进，特别是从业人员教育培训工作深入开展，大幅提高了全市煤炭行业从业人员素质，煤炭专业技术人员约占到从业人员总数的60%。

2017年，鄂尔多斯市煤炭局贯彻落实党中央、国务院和内蒙古自治区党委、内蒙古自治区人民政府、内蒙古自治区煤炭工业局及市委、市政府关于加强安全生产工作的决策部署，以“全面落实企业安全生产主体责任”为主题，组织各旗区煤炭局和各煤矿企业通过集中开展形式多样、富有实效的安全生产系列活动，进一步强化红线意识，落实安全责任、弘扬安全文化，普及安全知识，提升安全素养，推动各项工作措施的落实，为全市煤矿企业更好落实企业安全生产主体责任提供有力保障。

2018年，鄂尔多斯市煤炭局督促煤矿企业建立健全煤矿安全生产的各项管理制度和覆盖全员、全方位、全过程的安全生产责任体系，把责任落实到各个环节、各个岗位和每个职工，形成常态化、长效化的管理机制，自觉落实企业主体责任。通过煤矿企业自查、驻矿安监员包矿盯守、划片抽查、聘请专家反复查、明察暗访、“回头看”等方式深入开展安全生产大检查，对查出的隐患全部实行“闭环管理”，及时消除安全隐患。深入推进煤矿安全生产标准化建设工作，全市建成安全生产标准化矿井192座。鄂尔多斯市煤炭安全管理工作随着煤矿安全管理工作的不断深化而不断强化。始终坚持安全第一、预防为主的方针，坚持安全监察与促进安全管理相结合、教育与惩处相结合，以管理和教育为主的原则，及时发现和消除事故隐患，有效纠正影响煤矿安全生产的违法、违规行为，建立起了安全管理工作的长效机制，保证了辖区内煤炭企业的安全生产。

二、旗区煤炭安全管理体制

（一）东胜区煤炭安全管理体制

1990年6月，东胜市煤炭工业管理局成立，科级建制，内设职能科室。2002年6月20日，东胜区人民政府办公室批复东胜区经济贸易委员会更名为东胜区经济贸易局（挂区煤炭局、粮食局、乡镇企业局牌子），内设安全生产办公室等职能机构。

2004年2月25日，东胜区人民政府批复决定单设东胜区煤炭局，内设办公室、安技室、安监站等。

2005年，东胜区煤炭局内设安监室、纠察室。2007年，东胜区煤炭局内设煤矿安全监控调度中心、安全监督管理站等。

2013年12月12日，鄂尔多斯市东胜区机构编制委员会批复鄂尔多斯市东胜区煤炭工业管理局，内设煤矿安全监控调度室、煤安全培训管理室等队室，下设鄂尔多斯市东胜区煤炭安全监督管理站、鄂尔多斯市东胜区矿山救护队等事业单位。

2015年9月14日，鄂尔多斯市东胜区经济和信息化局设立，挂煤炭局、粮食局牌子，内设安全管理室等。

2017年10月18日，将东胜区煤矿安全生产监督管理站更名为东胜区煤炭安全生产监管综合执法局，内设了12个队室，5个执法中队、3个市场监管中队、办公室、法规室、督查中队、信息监控指挥中心。

截至2018年底，东胜区煤炭局内设安监室、安全培训管理室、煤矿安全监控调度中心、矿山救护队等机构。

（二）达拉特旗煤炭安全管理体制

1954年，达拉特旗开始取消私营煤矿，开办国营煤矿。1956年后，国家颁布安全生产条例，达拉特旗各煤矿均配有安全员，重视抓安全生产。1957年，成立旗工业交通科。1958年，成立工业交通局，管理煤炭工业。20世纪60年代，对开办小煤窑出台一系列政策规定。1962年后，各国营煤矿认真贯彻执行国家、内蒙古自治区和伊克昭盟安全生产方针和有关规定，严格遵守安全操作规程和作业规程，建立矿山安全检查委员会，各井口也组建安全检查组织，各生产小组配备安全检查员。矿领导经常深入井下，进行安全检查。

2002年，在机构改革过程中，达拉特旗设置了煤炭局，为旗人民政府煤炭行政管理部门。2002年4月14日，达拉特旗煤炭局发布了《达拉特旗安全管理办法》，加强对全旗各类煤矿安全工作的领导。2003年，成立了全旗地方煤矿安全生产专项整顿工作小组，负责全旗地方煤矿深化安全生产专项整治工作，组织实施安全宣传、安全检查、安全培训、安全验收等相关工作。2005 年 12 月 1 日，达拉特旗煤炭安全监察总站成立，为煤炭局的二级全额事业单位，股级建制，总站人员 12 名。2007 年，达拉特旗煤炭局继续深化煤矿安全专项整治工作，充分发挥新成立的煤炭安监总站的职能作用，分片包乡明确任务，职责到人，查出问题及时整改。

2011 年，达拉特特旗煤炭局积极构建煤矿监管长效机制，严格落实煤矿安全生产责任制，层层签订安全生产责任状，明确监管责任。

2013 年 5 月 7 日，根据内蒙古自治区煤炭工业局《关于贯彻落实〈煤矿矿长保护矿工生命安全七条规定〉有关事宜的通知》要求，达拉特旗煤炭局印发《达拉特旗煤炭局关于印发〈“保护矿工生命，矿长守规尽责”主题实践活动实施方案〉的通知》，推动全旗煤矿矿长严格履行安全生产职责，切实保护煤矿职工生命安全。

2015 年，达拉特旗煤炭局通过多次开展煤矿安全生产大检查行动，进一步促进煤矿安全生产主体责任和政府安全监管责任的落实，扎实开展煤矿安全质量标准化建设、班组建设、井下紧急避险系统建设、制定完善生产安全事故应急预案和落实国家安全生产监督管理总局“双七条规定”等工作。对非法违法生产经营建设的坚决予以取缔，对存在重大安全生产隐患的要立即停产停工整顿，对符合安全生产（建设）条件的煤矿要进一步加强安全监管。

2016 年，达拉特旗煤炭局继续加大煤矿安全生产日常监管力度，继续配合旗安委会开展煤矿复工（复产）验收工作，严格按照《煤矿复工（复产）验收标准》，坚持原则不放松、标准不降低，促进煤矿隐患排查与整改落实工作。

2017 年，达拉特旗落实国家、内蒙古自治区、鄂尔多斯市有关煤矿安全生产法律法规和要求，采取强有力措施，狠抓煤矿安全监管“短板”，以铁的手腕全面加强安全监管工作。进一步明确了安监站、驻矿安监员的监管职责，试行监管重心下移、关口前移，切实落实安监站和驻矿安监员日常安全监管责任。

2018 年 1 月，达拉特旗煤炭局和鄂尔多斯煤矿安全监察分局与安监站签订了安全生产目标责任书，与 28 座煤矿负责人签订了安全生产责任书。截至 2018 年底，达拉特旗煤炭局共有人员 75 人，内设机构有办公室、财务室、票证室、技术股、稽查队、煤管市场管理站。

（三）准格尔旗煤炭安全管理体制

1990 年，成立准格尔旗煤炭工业管理局，与准格尔旗煤炭工业总公司合署办公。

2000 年，准格尔旗煤炭工业管理局开始组建安检队伍，对全旗煤矿进行检查。

2005 年，准格尔旗煤炭工业管理局成立安检站，分成东南部、西部、中南部 3 个检查组，分区域对煤矿进行安全检查。

2007 年，准格尔旗煤炭工业管理局成立露采办，对全旗露天煤矿进行安全检查。

2010 年 11 月，准格尔旗煤炭局设立，设安监站、矿山救护队等职能股室，负责全旗地方煤矿抢险救灾、安全预防检查及培训、消除各类灾害事故等方面的管理服务职能。

2014 年，准格尔旗煤炭局将安检站和露采办整合，成立东部安监站、中部安监站、中南部安监站、西部安监站，对全旗井工及露天煤矿进行安全检查。

2017 年 4 月，为优化执法力量配置和完善行政执法体制，进一步规范执法机构设置，切实解决多头执法、多层执法和重复执法等突出问题，组建煤炭安全生产监管综合执法局，为旗煤炭局所属事业单位。整合煤炭局相关执法职责和执法队伍，组建旗煤炭安全生产监管综合执法局。撤销旗煤炭纠察队、旗东部地区煤炭安全稽查站、南部地区煤矿安全生产监督管理站、西部地区煤矿安全生产监督管理站、旗中部地区煤矿安全生产监督管理站，将其整建制划入旗煤炭安全生产监管综合执法局，将旗煤炭局相关股室的执法职责划入旗煤炭安全生产监管综合执法局。

（四）伊金霍洛旗煤炭安全管理体制

2003 年 1 月 4 日，伊金霍洛旗人民政府批复将伊金霍洛旗煤炭工业管理局更名为伊金霍洛旗煤炭局，内设安检等科室。

2007 年 12 月 12 日，安全监控中心成立。

2009 年 7 月 13 日，伊金霍洛旗矿山救护队成立。

2010 年，随着伊旗煤炭工业的发展和旗委政府以及上级行业主管部门的要求，伊金霍洛旗煤炭局增设内部科室，下设伊金霍洛旗煤矿安全生产监督管理站、伊金霍洛旗矿山救护队等单位。

2014 年，伊金霍洛旗煤炭局有伊金霍洛旗煤矿安全生产监督管理站、伊金霍洛旗矿山救护队等单位，内部科室设煤矿安全质量标准化动态达标管理办公室等。

2017 年 9 月 6 日，为优化执法力量配置和完善行政执法体制，进一步规范执法机构设置，切实解决多头执法、多层执法和重复执法等突出问题，经旗综合行政执法体制改革试点工作领导小组研究，将旗煤矿安全生产监督管理站更名为旗煤炭安全生产监管综合执法局。

（五）乌审旗煤炭安全管理体制

2005 年 12 月 6 日，成立乌审旗煤炭管理局。2009 年 4 月，成立了乌审旗煤矿安全监察站。2010 年 6 月 25 日，乌审旗煤炭工业管理局更名为乌审旗煤炭局，下设乌审旗煤矿安全监察站。

2011 年，根据实际工作的需要，乌审旗煤炭局设乌审旗煤矿安全监察站、乌审旗呼吉尔特矿山安全应急救援队等。

2013 年，乌审旗煤炭局设乌审旗煤矿安全监察站、乌审旗呼吉尔特矿山安全应急救援队。

2017 年，乌审旗煤炭局有乌审旗煤矿安全监察站、乌审旗呼吉尔特矿山安全应急救援队等。5 月 9 日，经旗编委研究，将旗煤矿安全监察站更名为旗煤炭安全生产监管综合执法局。

2018 年 1 月 3 日，组建乌审旗经济商务和信息化局（挂乌审旗煤炭局牌子），为旗人民政府工作部门，不再单设煤炭局。4 月 11 日，撤销原乌审旗煤炭局所属相当股级事业单位乌审旗矿山安全应急救援队等，将乌审旗煤炭安全生产监管综合执法局隶属关系由乌审旗煤炭局调整为乌审旗经济商务和信息化局所属事业单位，其他机构编制事项保持不变。

（六）杭锦旗煤炭安全管理体制

2009 年 1 月，杭锦旗煤炭局安监站成立，核定编制 1 人，在职 3 人。

2010 年 9 月，杭锦旗煤炭局安监站同设应急调度股、稽查队。

2017 年 5 月，杭锦旗煤炭局安监站同设稽查队在职 4 人调整到商务和煤炭综合执法局，撤去稽查队内设机构。

2017 年 6 月，杭锦旗煤炭局安监站设应急调度股、煤管站、信息中心、考务办。

（七）鄂托克旗煤炭安全管理体制

1991年，为保护国家煤炭资源，促进地方煤炭工业稳步、持久、健康发展，鄂旗煤炭工业管理分为两大块区域，其中，桌子山煤田西麓棋盘井矿区由旗经委履行政府赋予的行政职能和行业管理职能，桌子山煤田东麓的千里沟矿区由旗乡镇企业局管理。

1. 棋盘井矿区煤炭安全管理体制

1994年12月30日，为进一步加强煤炭行业管理，经旗委政府同意，由旗编委研究决定，同意将经委职能和部分人员调整，煤炭局分设，成立鄂托克旗煤炭工业管理局，下设煤炭行业管理股。2002年，更名为鄂托克旗煤炭局，后于2010年7月15日挂靠旗经济商务和信息化局改名为鄂托克旗煤炭事业发展中心。

2002年2月28日，旗煤炭局下设鄂托克旗地方煤炭安全监察站，同时挂“鄂托克旗煤炭行业服务中心”的牌子，同时成立鄂托克旗地方煤炭纠察队。

2005年10月25日，经旗委政府同意，由旗编委研究决定成立鄂托克旗煤矿安全检查站、鄂托克旗煤炭纠察队。

2. 千里沟矿区煤炭安全管理体制

1991年，旗乡镇企业局下设千里沟煤炭管理站，负责千里沟矿区煤矿的安全管理及日常事务。

2003年，由旗经贸局管辖千里沟矿区煤矿安全，原千里沟煤管站转隶到经贸局并继续承担具体煤矿安全管理职责。

2006年，为便于统一管理，经旗委政府研究决定，将千里沟矿区煤矿安全管理及行业管理职能全建制移交旗煤炭局，由鄂旗煤矿安全检查站负责具体安全监管职责。

3. 合并后的煤炭安全管理体制

2006年7月27日，经旗编委同意，在旗煤炭局成立内设机构技术监督室。

2009年4月13日，经旗编委同意，成立鄂托克旗矿山救护队，隶属于旗安全生产监督管理局。2009年12月10日，为更好理顺体制，加强业务管理，旗政府同意将矿山救护队全建制移交给旗煤炭局。

2012年9月，旗编委同意成立鄂托克旗煤炭信息中心，与旗煤矿安全检查站为“一套人员、两块牌子”。

2017年8月29日，为进一步深化综合行政执法体制改革，经旗综合行政执法体制改革领导小组研究同意，成立旗煤炭安全生产监管综合执法局。鄂托克旗经济商务和信息化局（煤炭局）撤销煤炭纠察队、旗煤矿安全检查站，整建制划入旗煤炭安全生产监管综合执法局。

2019年1月25日，按照党和国家机构改革要求，组建成立旗能源局作为旗政府工作部门，原旗煤炭事业发展中心、煤炭安全生产监管综合执法局转隶到旗能源局，技术监督室更名为旗能源局煤炭组，矿山救护队转隶到旗应急管理局。

2021年3月19日，为深化事业单位改革，理顺管理体制，规范执法队伍，下沉执法力量，旗委政府决定将旗煤炭安全生产监管综合执法局更名为旗能源管理综合行政执法大队。

（八）鄂托克前旗煤炭安全管理体制

2005年5月，鄂托克前旗煤炭工业管理局成立，内设办公室和综合业务股（挂煤炭监察大队牌子），核定编制5名。

2006年12月，鄂托克前旗机构编制委员会批复成立煤矿企业安全生产监管站、鄂托克前旗煤炭市场经营监管站和鄂托克前旗安全监控调度中心，属鄂托克前旗煤炭工业管理局二级事业单位，核定事业编制3名。

2008年8月，根据工作需要，筹建

鄂托克前旗安全监控调度中心，2009 年 1 月正式投入运行。2011 年 8 月，更名为鄂托克前旗数字煤炭综合信息中心。

2009 年 12 月，鄂托克前旗人民政府批复成立鄂托克前旗矿山救护中队，属副科级建制，承担全旗煤矿领域应急救援职能，日常运行归口鄂托克前旗煤炭工业管理局管理。

2015 年 5 月，按照鄂托克前旗人民政府要求，鄂托克前旗煤炭工业管理局更名为鄂托克前旗煤炭局，挂鄂托克前旗经济商务和信息化局牌子，负责全旗煤炭行业管理工作。

2017 年 8 月，鄂托克前旗鄂托克前旗煤炭安全生产监管综合执法局成立，承担鄂托克前旗经济商务和信息化局关于煤炭方面全部行政执法。

第二节 煤炭企业安全管理体制

一、神东煤炭集团

1991 年，东胜精煤公司划归华能精煤公司后，安全管理工作在公司董事会和总经理的直接领导下，由公司负责生产的副总经理分管，安全监察处负责监督检查和对下属各公司安全监管部门的业务指导。同时，东胜精煤公司及各煤矿先后成立了安全监察机构，逐步形成了党、政、工、团齐抓共管的安全保障体系。1993 年起，华能精煤公司明确规定：各子（分）公司、矿（厂）行政正职和企业法定代表人是企业安全生产的第一责任者，对安全生产工作负全面领导责任；各行政副职对分管业务范围内的安全工作负责，承担相应的安全责任；分管其他工作的副职，在其分管工作中涉及安全生产内容的，承担相应的领导责任；各技术主管对分管业务范围内的技术负责；各区队（车间）、班组长是本队（车间）、班组的安全生产第一责任者；各业务部门同时要落实好业务保安责任制。

1998 年前，东胜精煤公司成立安全生产委员会，公司董事长任主任，分管生产和安全的副总经理任副主任，成员有党、政、工、团、公安等部门的主要负责人。安全生产委员会定期召开会议，分析研究安全生产情况，解决安全生产中存在的问题，提出改进措施，安排部署下一步安全生产工作，安委会是安全工作的决策机构。所属矿井也相应成立了安全生产委员会。各矿工会、团委还分别成立了群众安全监督网和青年安全监督岗，组织矿工家属成立了“家属协管会”，形成完善的安全生产管理网络。

1998 年以后，公司坚持沿用之前已建立的安全管理网络，根据领导调整和业务撤并，对人员做了实时调整，安全管理网络在实践中逐步得到完善。公司逐步开始在年初工作会上与矿井和生产辅助及地面单位签订安全生产责任状，以协议的形式来规定安全管理的责任和义务，同时实行领导年薪风险抵押金制度，加大安全绩效与薪酬待遇的挂钩比例，强化领导干部的安全责任意识。在员工工资分配中设立安全绩效奖，促使广大员工重视安全，不断提高保安意识和能力，确保安全生产。

2009 年，公司各生产单位安全管理部门由过去的安监局垂直管理变为各矿（厂、处）直接管理，成立安全管理办公室，落实安全副矿长和安全管理办公室安全责任，由过去的安全监督变为安全管理。同年 9 月，公司重新组建安全生产委员会，公司各生产单位安全管理部门由过去的安监局垂直管理变为各矿（厂、处）直接管理。2010 年，组建了公司安全专家委员会，建立了重大隐患排查、诊断常态化机制。自此，神东煤炭公司逐渐建立和完善了党委抓督查和宣教、行政领导抓全面管理、分管领导抓业务保安与监督检查、总工程师抓技术管理、工会抓群众网员、团委抓青年岗员、纪检抓效能监察、女工委抓家属协管、员工互相监督的“九位一体”管理体制，形成了安全生产“十道防线”。神东煤炭公司根据国务院颁布的《关于特大安全事故行政责任追究的规定》，层层建立了安全生产责任追究制度，对因安全生产责任落实不到位造成重大以上安全事故的相关责任者，严肃追究，给予重罚，促进了安全生产责任制的落实。

2012 年，神东煤炭集团安全风险抵押制度的应用范围拓展到区队长、班组长，分解落实了安全责任。2013 年，实施全员风险抵押金制度。2014 年，神东煤炭集团实施了“安全生产一票否决”制度，推行了煤矿“一把手”安全生产特别奖励、安全风险抵押金、安全承包管理等制度。至 2015 年，神东煤炭集团安监局下设安全监察一、二、三处，本安体系综合管理处，应急管理办公室，救护消防大队 6 个处队（室）。

二、神华准格尔能源集团

20 世纪 90 年代，神华准格尔能源集团有限责任公司设有安全生产委员会。公司董事长任主任，总经理任常务副主任，分管副总经理、总工程师、工会主席任副主任，成员由公司各单位行政正职、公司主要业务保安部门负责人组成。公司设安全监察局，分专业配备安全监察管理人员。所属矿（厂）等单位均建立健全了安全监察机构，设安监站并按规定配备安全监察管理人员。科队（车间）配备了安监员。公司安监局对下级安全监察机构进行业务领导，对各单位的安全生产进行监察检查和考核。公司各级工会、共青团组织为群众安全监督网、青年监督岗的组织与领导机构，组织开展群众性的安全生产、劳动保护监督检查活动。

三、伊泰集团

1995 年 4 月，伊盟煤炭公司成立由 14 人组成的安全生产委员会，董事长任主任，下设办公室，负责具体安全生产管理工作。1996 年，公司成立安全监察处，配备了 3 名专职安全监察员，负责监督、检查各生产经营单位的安全生产工作，实行分级管理。1997 年 8 月，伊泰煤炭股份有限公司成立安全监察处。1998 年开始，公司按各煤矿的分布区域划片设置煤矿安全监察站，配备专职安全监察员负责现场监督管理。公司直属专职安全监察员达 10 人。百万吨以上产能的煤矿相应配备 15~20 名安全管理人员。

2001 年公司转变为股份制民营企业以来，公司领导明确提出了“在安全与生产的关系上，宁可少产 100 万吨煤，也绝不死一个人；在安全与投入的关系上，宁可多花 1000 万元，也绝不死一个人”的安全理念和指导思想。为了加强企业的安全管理，公司建立了有 18 个人参加的安全生产委员会。2006 年 3 月，伊泰集团改变 1 个驻矿安监站监管多个煤矿的安全监察模式，在各煤矿设立了 10 个驻矿安监站。至 2006 年底，公司有派驻安监站 17 个，专职安全监察员 56 人，其中煤炭生产系统设置有 12 个安监站。2010 年，公司下设 19 个安监站，其中煤炭生产系统设置 15 个安监站。储运系统设置 4 个安监站。2011 年，增设塔拉壕煤矿安监站。

2010—2011 年，公司建立职业健康安全管理体系建设。至 2012 年，已形成了一套以危险源辨识和风险评估为基础，以风险预控为核心的安全管理方法。

截至2017年，根据工作需要和人员变动，公司安委会先后进行过13次人员调整。在安委会领导下，公司坚持“管理、投入、培训并重”的原则，使安全管理工作不断强化。在生产事业部同时设分管安全副总经理，分管生产事业部安全、培训、标准化、环保等相关安全生产管理工作。

四、蒙泰集团

2001—2003年，蒙泰煤焦公司成立初期，产业主要以煤田开发建设为主，其安全管理工作由总经理领导，公司“煤田办”负责。2003—2004年，公司取得了不连沟井田探矿权，拉开了企业发展壮大的序幕。煤矿建设中的安全管理工作由总经理领导，生产技术部负责。2004年9月，蒙泰公司由国有企业改制为民营企业。11月，公司成立安全生产管理委员会（简称安委会），由公司董事会和总裁直接领导。安委会下设安全领导小组，负责煤矿安全管理工作。自2007年起，随着蒙泰集团规模扩大，逐渐建立和完善了由集团董事会和总裁直接领导，集团安委会日常监督检查，各煤矿负责安全生产各环节安全监管的管理体制。各级安全管理部门均建立有各自的安全管理制度，并不断补充完善，从不同的层级上对安全生产的每个环节进行定期监督检查，同时积极接受政府安全生产管理部门和煤炭局、煤矿安全监察局等上级单位的监督检查。2008—2012年，蒙泰集团先后对安委会成员及管理职责进行调整，明确安委会是集团安全工作的决策、监管、审查单位，对集团安全管理工作负有宏观管理职能。安委会办公室是安委会的常设机构，负责安委会的监督、指导及日常工作，审核安全事故奖罚处理意见。

2013年5月，蒙泰集团设立煤炭安全领导小组，专门负责研究部署、领导煤矿安全生产工作，对煤矿存在的重大安全隐患的处置方案进行研究并督办。自此，煤矿安全管理工作形成了由安委会领导，煤炭生产本部监督、指导，各煤矿安全领导小组负责日常安全管理工作的安全管理体系，共同对煤矿安全生产过程中存在的问题进行监督、检查、研究、解决。

2015年6月，蒙泰集团深化企业内部管理改革，将安委会设在集团总裁（党委）办公室，负责安委会日常工作管理，原安委会安全、环保职能划归至煤炭生产本部、热电生产本部等单位。

五、神东天隆集团

2004年前，神东多种经营公司为了强化安全管理，同时向公司所属各矿、地面厂及生产辅助单位派驻安全监察站，对矿上的安全监察科进行合并整编，形成独立的安全监察队伍，实行双轨制管理。2004年7月，神东天隆集团公司安监部成立，11月安全质量技术部成立。2008年12月，安全管理委员会办公室成立，设在安全质量环保部门。全公司基层安全生产管理机构、人员实行集中统一管理，建立了安监管理专业化队伍，安全监察与生产矿井形成网络化管理体系。截至2015年，神东天隆集团公司先后设立了安全生产管理委员会、安全质量环保部、煤炭分公司安监处、各地面单位安技科、煤炭分公司调度监测监控中心。由安全质量环保部、煤炭分公司管理地面及井工矿井各单位，拥有112名安监人员。

截至2018年底，鄂尔多斯市境内的兖州煤业鄂尔多斯煤化有限公司、淮南矿业（集团）有限责任公司、山东能源集团有限公司、鄂尔多斯市昊华精煤有限公司、冀中能源、开滦（集团）有限责任公司、皖北煤电集团智能公司、监狱管理局、铁法煤业集团有限责任公司、内蒙古鹤蒙集团等国有企业所属煤矿按照国家煤矿安全监察工作的法律、法规、政策和属地安全监察工作的要求，坚持依法治企，依法治矿，强化安全法制建设，建立了安全生产委员会。根据国家七部委联合印发的《关于加强国有重点煤矿安全基础管理的指导意见》，结合矿井的实际情况，不断完善安全监察工作的体制和机制，形成了安全生产管理委员会—安全监察局—驻矿（厂）安全监察处—安全监察科（部、室）—安全监察员，统一领导，分级监察，以及自主监察和属地监管相结合的安全监察体制。

第三节 安全规章制度

一、盟市煤炭行业安全管理制度

20 世纪 50 年代初年，伊克昭盟各煤矿贯彻执行《煤矿技术保安试行规程》及操作规程，提高了矿井的安全水平。1953—1957 年，为保证安全生产，伊克昭盟工业处制定了关于煤矿安全生产方面的操作规程和规章制度。

1960 年，伊克昭盟各煤矿贯彻执行煤炭工业部制定的《煤矿安全生产几项暂行规定》《地方小型煤矿安全生产几项暂行规定》。1962 年，组织落实国家《关于加强企业生产中安全工作的几项规定》《煤矿企业安全工作条例》和《煤矿安全监察条例》。伊克昭盟各煤矿根据两个条例，对煤矿的安全工作进行全面整顿和调整，健全安全机构，充实安全监察人员，要求严格执行保安规程、技术操作规程、作业规程。同年，伊克昭盟罕台川煤矿制定了《安全操作规程》，贯彻人人管生产、人人管安全的“两管”，对安全工作抓的具体、及时和经常的“三抓”，在计划、布置、检查、总结工作的同时将安全生产同步纳入的“四同时”，加强了安全生产管理工作。1958—1962 年，伊克昭盟老石旦煤矿开展“百日无事故”活动，连续 3 年消灭了死亡事故。

1970 年，中共中央发出《关于加强安全生产的通知》后，伊克昭盟各煤矿认真贯彻落实文件精神，强调“安全为了生产、生产必须安全”的指示精神，恢复了安全管理机构和有关规章制度，并针对实际情况开展了安全大检查活动。1972 年，燃料化学工业部颁发《煤矿安全生产试行规程》和《小煤窑安全生产暂行规定》。伊克昭盟根据规程和规定的要求，建立安全生产责任制、工种岗位责任制和工程质量检查制度。1979 年，煤炭工业部颁发《煤矿企业安全工作试行条例》和《煤矿安全监察试行条例》。伊克昭盟燃化局将其印成小册子，层层下发，组织学习，并要求安全监察人员懂条例，记条例，按条例办事，进一步强化了煤炭系统安全监察工作，提高了业务保安水平，为把安全工作纳入规范化、制度化的管理奠定了基础。召开了全盟煤矿安全生产工作经验交流会议，强调抓好安全生产。

1981—1982 年，伊克昭盟国营煤矿认真学习贯彻《煤矿安全规程》，进一步提高了广大职工的安全技术业务水平。

1985 年，伊克昭盟煤炭工业公司贯彻煤炭工业部印发的《关于加强地方煤矿安全生产管理的通知》，要求按中央 1 号文件的要求，“从全面考虑，统筹规划，积极扶植，加强领导”，对全盟 13 个地方国营煤矿，部分重点乡镇煤矿进行了安全检查。同时，还对安全生产规章制度的制定、贯彻、落实情况进行了检查。1985 年，伊克昭盟在棋盘井煤矿召开了安全生产现场会议。

1986—1990年，伊克昭盟煤矿落实煤炭工业部下发的《关于煤矿开展防瓦斯、防煤尘安全活动的通知》，制定“安全第一、十条标准”、干部转变领导作风及各种规章制度。1989年5月12日，伊克昭盟行政公署发布《伊克昭盟乡镇煤矿管理暂行办法》，对乡镇煤矿安全管理提出了严格要求。

1990年以后，伊克昭盟各煤矿将安全生产工作纳入生产计划、布置任务、检查工作、总结工作及评比工作“五同时”，将查出来的问题，用定时间、定负责人、定措施、定处理措施的“四定”方式去解决。各煤矿在实行分区通风及机械通风的同时，推广使用瓦斯检定器；进行瓦斯抽放；利用一氧化碳增量法进行煤层自燃预报；推广湿式凿岩及综合防尘；推广锚喷支护及巷道金属材料支护等。在瓦斯防治方面，推广使用瓦斯遥测仪、断电仪、便携式瓦斯报警仪及袖珍瓦斯检测仪；爆破作业推行了“一炮三检”“三人连锁放炮制”；大力推行采掘机械化，减轻了工人的体力劳动，提高了采掘生产工效；采掘工作面的支护逐步实现液压化、钢铁化；为矿工配备了自救器；救护队恢复军事化管理，开展大比武活动等，提高了救护能力。

1998年，全盟煤矿认真贯彻国家煤炭工业局《关于认真搞好当前煤矿安全生产工作的通知》和内蒙古自治区有关安全生产的重要指示，坚持“安全第一、预防为主”的方针，落实安全生产责任制，狠抓安全管理，安全形势较为稳定。

2001年8月14日，伊克昭盟召开全盟煤炭工作暨煤矿安全生产整顿工作会议，会上印发了《伊克昭盟地方煤矿安全生产标准》。伊克昭盟煤炭局与各产煤旗区煤炭局签订了2001年煤炭工业目标管理责任状，下发了《伊盟煤炭局关于全盟地方煤矿全面开展整顿清理工作的通知》。要求对安全生产条件较差的煤矿，由盟、旗、煤矿清理整顿小组提出整改意见，责令其停产整顿；对证照不全，安全条件较差，短期改造无望，按照国家安全生产标准一时不能达标的煤矿予以关闭。将此次清理整顿地方煤矿工作与改变煤炭开采方式、解决煤矿安全与生产的根本问题有机地结合起来，有组织、有计划、有施工预算方案、有步骤地在1~2年内，将现有落后的采煤方式彻底转变为“区段前进、工作面后退、中央边界式通风”的短壁式采煤方式。伊克昭盟煤炭局下发了《关于进一步强化地方煤矿安全管理工作有关事宜的通知》。

2002年9月4日，鄂尔多斯市人民政府办公厅制定了《鄂尔多斯市深化地方煤矿安全生产专项整治工作实施方案》。2002年8—9月，为旗区自查、排查隐患阶段，旗区对辖区内的煤矿企业逐一进行排查，检查率要达到100%。2002年10—11月，为市级检查验收阶段，检查验收率不低于70%。同时，接受内蒙古自治区检查验收。全市深化煤矿安全生产专项整治验收工作截止到2002年12月20日结束。

2003年7月15日，鄂尔多斯市煤炭局向各产煤旗区煤炭局及重点煤炭企业转发了《国务院办公厅关于进一步加强煤矿安全生产工作的通知》。8月15日，鄂尔多斯市煤炭局制定了《鄂尔多斯市继续深化煤矿安全生产专项整治工作实施方案》，提出要进一步落实地方煤矿灾害防治的安全技术措施，不断提高地方煤矿“一通三防”能力，促进地方煤矿安全技术装备和管理水平稳步提高，巩固地方煤矿安全生产专项整治以来取得的成果，提高煤炭资源的利用率和保障煤矿安全生产，实现全市安全生产控制目标。

2004年，鄂尔多斯市煤炭局印发《鄂尔多斯市地方煤矿安全生产专项整治工作方案》《鄂尔多斯市地方煤矿安全生产专项整治工作组工作细则》和《鄂尔多斯市地方煤矿安全生产管理规范》，明确安全生产的管理职责、具体任务、奖惩办法，帮助广大煤炭生产企业掌握必要的安全防灾技能，提高安全生产操作技术水平，使地方煤矿安全生产监管工作更切实际便于操作。

2005年11月16日，鄂尔多斯市安全生产委员会针对当年9月底前全市发生的安全事故下发了《关于认真做好今年后两个月安全生产工作的通知》，提出煤矿安全主要以贯彻落实国务院两个重要文件为主线，通过实行更加严格的制度和更加严厉的措施，突出整顿关闭这个重中之重，落实安全责任，把事故预防纳入法制化轨道，切实保证煤矿安全生产和职工生命安全。

2006年4月26日，为贯彻落实国家“先抽后采、以风定产、监测监控”的十二字方针，鄂尔多斯市境内保留的矿井和新建矿井（含国有煤矿）按照系统设计要求安装了煤矿安全生产远程监控系统。在2006年底前完成旗区煤矿安全生产远程监控系统建设并实现全市联网，当年年底前完成所有矿井监控系统操作人员（至少3人）和管理人员（至少1人）的强制培训工作。对于不安装井下监测监控系统的矿井一律吊销全部证照，限期整改，逾期不合格的将予以关闭。2007年6月底形成全市远程联网监控系统。

2006年6月5日，鄂尔多斯市人民政府制定《鄂尔多斯市煤矿企业安全生产监管办法》。7月24日，鄂尔多斯市煤炭局正式组建了鄂尔多斯市煤炭局煤矿企业安全生产监管处并组织召开首次安全工作会，履行全市煤矿企业的安全生产监督和日常监管职责。2007年11月27日，鄂尔多斯市人民政府决定对现有保留煤矿实行安全质量标准化管理。

2008年，鄂尔多斯市煤炭局认真贯彻落实国家、内蒙古自治区和市有关政策规定，建立健全矿长安全责任制、技术人员安全责任制和各工种岗位安全责任制的“三级安全责任体系”和各项规章制度，形成了全方位、多层次的安全管理网络。

2009年5月12日，鄂尔多斯市煤炭局根据《内蒙古自治区人民政府关于印发〈内蒙古自治区地方煤矿安全生产驻矿承包责任制实施办法（试行）〉的通知》和《内蒙古自治区煤炭工业局、内蒙古煤矿安全监察局关于印发〈内蒙古自治区地方井工煤矿驻矿承包管理细则〉的通知》的要求，结合鄂尔多斯市实际，制定了《鄂尔多斯市地方井工矿驻矿承包管理实施细则》。2009年9月17日，为进一步强化和落实安全生产责任制，鄂尔多斯市人民政府制定并印发了《鄂尔多斯市安全生产责任制》。

2010年，鄂尔多斯市煤炭局以落实安全生产责任制为主线，不断加大煤矿安全督查力度，进一步完善市、旗（区）、乡、矿“四位一体”的安全责任体系和矿长安全责任制、区队长安全责任制、各工种岗位安全责任制的“三级安全责任制度”，层层落实安全工作责任。

2014年，鄂尔多斯市煤炭局建立了深入开展谈心对话活动制度，安监人员与分片联系的煤矿矿长、副矿长和总工程师认真开展了谈心对话工作，及时交流工作中的思路和想法，进一步理顺了工作关系。

从2016年5月1日起，全市所有生产煤矿实行全年276个工作日减量化生产规定，严格按照重新确定的生产能力组织生产，原则上法定节假日和周日不安排生产。对连续作业有特殊要求的煤矿，要制定276个工作日弹性生产方案。各监管支队对煤矿进行定期和不定期督查，并严格实行备案制度。要求煤炭企业建立停产复产管理制度，做好值班值守工作和安全调度工作。煤矿停产期间必须保证正常的通风、排水、供电和瓦斯检查。

2017—2018年，鄂尔多斯市煤炭局组织实施煤矿安全生产标准化动态达标验收和煤矿全面安全“体检”工作，夯实煤矿安全生产基础。聘请专家进行安全隐患专项治理，消除安全隐患。建设煤矿安全综合监管系统，实时监测井下设备运行、生产作业、隐患排查及风险点管控，增强煤矿安全生产“技防”能力。

二、煤炭企业安全生产管理制度

（一）神东煤炭集团公司安全生产管理制度

1998—2003年，神东煤炭公司根据国家有关的法律法规和政策，结合业务发展需要，先后制定下发了《安全生产责任制》《安全质量标准化考核办法》《安全质量标准化动态检查考核记分标准》《安全监察处罚办法》《“一通三防”管理实施细则》《强化班组建设管理办法》《矿井自燃发火防治管理规定》《事故报告抢险调查处理规定和职业病防治管理办法》等9项安全管理制度。2006年，神东公司编制下发了《煤矿职工安全手册》，员工人手一本，便于学习安全知识和规范员工操作。2006—2008年，神东公司制定实施了50多种安全管理制度，安全管理涉及的业务领域及各岗位、各工种基本实现了全覆盖。2014年以来，神东煤炭集团根据国家和内蒙古自治区出台颁布的相关法律法规，对22项管理制度进行了修订完善。

（二）伊泰集团公司安全生产管理制度

1995年4月，印发《伊克昭盟煤炭公司煤矿安全管理制度》，并制定颁布了《安全生产目标管理考核办法》《煤矿安全技术操作规程》与《对煤矿安全生产管理人员执行安全奖罚的规定》等，通过考核对煤矿安全生产管理人员实行经济奖罚。1997年，制定了《伊盟煤炭集团公司安全生产奖惩办法》《伊盟煤炭集团公司交通安全管理办法》。此后，公司依据年度的生产经营目标，每年制定并下达年度《安全生产奖惩办法》，强化对各生产环节的考核管理。1998年，颁布《伊盟煤炭集团公司事故报告和处理规定》，并在年度《安全生产奖惩办法》中增加了《煤矿安全风险抵押金实施办法》；同时，为保证煤矿安全技术改造经费的落实，制定了《伊盟煤炭集团公司安全技措专项经费管理办法》。

2001—2002年，修改补充完善原有的《安全奖惩办法》《煤矿安全管理处罚细则》《安全生产责任制》等规章制度，制定出台了《煤炭生产安全风险抵押金办法》《月安全奖惩办法》《责任事故处罚办法》。

2003年，编制完善《重大事故应急救援预案》，要求各生产经营单位同时编制实施《事故应急救援预案》及《灾害预防和处理计划》，严格实行《安全工作例会制度》和《煤矿管理人员下井日调月报制度》。

2005年，再次修订与完善《安全管理标准》《煤矿安全风险抵押金实施办法》，并印发《内蒙古伊泰集团有限公司煤矿出入井检身及清点制度》《煤矿（井口）和驻矿安监站安全状况评分标准及奖惩办法》。2006年，公司将风险抵押改为按煤矿抵押，即集团公司按年产量

（或责任大小）给每个煤矿（或单位）一个总数，抵押金如何分配，由各单位按照自己的实际情况来划分。各煤矿矿长（部门负责人）的抵押金数额不等，无死亡事故，年底按抵押金额的4倍返还，发生事故扣罚抵押金。

2008年，制定了《伊泰集团有限公司生产安全事故报告和调查处理条例》，建立健全了煤炭与非煤产业的各项安全管理制度、办法与流程标准，明确了集团公司安全生产的奖惩原则、考核指标、责任事故处罚办法等奖惩激励机制，建立完善了隐患排查治理工作责任体系、安全监督检查和责任追究体系、安全隐患治理资金保障体系，同时建立了隐患排查治理报告制度、隐患排查治理验收和销号制度、隐患排查治理奖罚制度。

（三）蒙泰集团公司安全生产管理制度

2005年起，每周二的办公会上学习有关制度、规定等。2008年起，蒙泰集团公司先后制定了《安全生产组织制度》《安全生产教育培训制度》《安全风险抵押制度》等制度。2008年5月，制定下发《煤矿五大灾害防治管理规定》，对矿井的灾害防治作出了明确规定。2010年9月，制定印发《关于加强领导现场带班的规定》，要求必须建立完善煤矿，领导带班下井制度，实行带班下井档案管理制度和井下交接班制度。2014年9月，制定印发《蒙泰集团安全管理制度》，要求各办、公司强化制度管理。

（四）神东天隆集团公司安全生产管理制度

2004—2010年，神东天隆集团公司制定并实施的安全管理制度有10多项。2011年之后，神东天隆集团公司煤炭分公司又陆续修订了《煤矿安全质量标准化管理办法》《安全风险评估管理办法》《安全管理奖惩办法》《消防安全管理办法》《安全技术措施专项资金管理办法》等30多项制度，并对集团所属企业进行绩效考核和安全制度专项检查考核。

第四节 安全培训

2001年撤盟设市之后，全市的煤炭工业发展进入了“快车道”。新建及生产煤矿发展到300多座，相关从业人员约10万人。煤矿分布点多面广，从业人员数量众多，培训工作任务艰巨。为落实“管理、装备和培训”并重的煤矿安全方略，提高煤矿从业人员素质，从根本上抓好煤矿安全基础工作，全市投入大量人力、物力、财力进行煤矿安全培训，对全面提高煤矿从业人员素质，促进全市煤矿安全生产形势的稳定好转发挥了重要作用。

一、鄂尔多斯市煤炭局组织安全培训

2001年8月初，对全市煤矿矿长进行专门的安全技术知识、法律、法规的考试，进一步提高了矿长的安全生产技术水平。对在整改过程中发现证件过期的特种作业人员，整顿小组要求旗区煤炭局及时与内蒙古煤矿安全技术培训中心取得联系，聘请教师深入矿区，集中进行培训，重新考核发证。全市共举办9期培训班，培训特种作业人员680余人。

2002年，鄂尔多斯市煤炭局认真组织安全培训，共培训技术人员和特种作业人员410人。

2004年，鄂尔多斯市煤炭局邀请内蒙古煤矿安全技术培训中心教师深入全市各矿区开办矿长和特种作业人员培训班，共培训矿长、生产副矿长404名，培训特种作业人员1976名。

2005年，鄂尔多斯市煤炭局共组织

各类安全培训班 11 期，培训矿长 389 人、特种作业人员 2973 人。年内，筹建“鄂尔多斯矿业大学”，开始培养矿山从业人员和能源重化工产业发展所需人员。

2006 年，鄂尔多斯市煤炭局共举办培训班 104 期，培训煤矿从业人员 7246 人，投入培训资金 400 万元。

2007 年，鄂尔多斯市煤炭局共举办培训班 203 期，培训煤矿从业人员 14341 人，其中特种作业人员 9230 人，区队级管理人员 659 人。举办全员培训班 69 期，培训 4452 人，煤矿企业管理层、技术人员专业化达到 80% 左右，特种作业人员持证率达到 90% 以上。

2008 年，鄂尔多斯市煤炭局共办培训班 104 期，培训煤矿从业人员 7246 人，投入培训资金 400 万元。

2009 年，内蒙古煤矿安全培训中心鄂尔多斯分校共举办特种作业人员培训班 311 期，培训人员 16745 人，办证人数 15557 人，合格率 92. 91%；全员培训 95 期，培训人员 6690 人，办证人数 6032 人，合格率为 90. 16%。通过培训进一步提高了广大煤矿监管人员和煤矿工作人员的安全意识，强化了事故防范能力。

2010 年，鄂尔多斯市煤炭局联合内蒙古煤矿安全培训中心鄂尔多斯分校共举办特种作业人员培训班 270 期，培训人员 17885 人，合格率为 88. 9%；全员培训 50 期，培训人员 3506 人，合格率为 92. 5%。鄂尔多斯煤炭技工学校在 2009 年 1 月通过内蒙古自治区劳动和社会保障厅的验收，获取了中等专业技工学校办学资质，12 月，通过内蒙古自治区煤监局的验收，取得煤矿三级安全培训机构的资质。

2011 年，内蒙古煤矿安全培训中心鄂尔多斯分校共举办培训班 252 期，培训煤矿从业人员 1. 8 万人次。为进一步提高培训成效，鄂尔多斯市煤炭局于 2011 年 7 月成立考务中心，对受训人员进行考试考核，不合格的不予发证。由鄂尔多斯市煤炭局分管领导担任组长，安监科、教育培训科、许可证管理办负责人担任副组长。配备工作人员 6 名，车辆 1 台。截至 2011 年年底，考务中心共组织考试 108 场次，考核受训人员 6479 人，合格 5216 人，合格率为 80%

2012 年 4 月，鄂尔多斯市煤炭技工学校完成煤炭远程教育网局域网的接入工作，把国家煤炭最新技术、政策等信息及煤炭行业管理、安全等权威讲课引人安全培训。2012 年底，完成考试平台建设工作，实现煤矿特种作业人员考试全国联网、无纸化考试。是年，鄂尔多斯市煤炭技工学校举办特种作业人员培训 92 期，培训人员 4800 人，举办煤矿数字化综合平台培训 17 期，培训人员 429 人。

2014 年，鄂尔多斯市煤炭局组织有关专家分别在东胜区、准格尔旗、伊金霍洛旗、鄂托克旗 4 个片区对 1100 人进行了煤矿安全生产事故警示教育讲课和安全质量标准化管理系统培训。全年共培训区队长 3335 人，合格率为 92. 44%；培训特种作业人员 21036 人，合格率为 85. 49%。

2016—2017 年，鄂尔多斯市煤炭局完善教育培训机制。严格实行教考分离，建立统一题库，结合全市煤矿实际，制定了考核办法，对考核合格人员免费颁发上岗证书。进一步健全考务管理体系，完善考试档案，切实做到考试不合格不发证。要求企业主要负责人、安全管理人员、特种作业人员 100% 的持证上岗，对煤矿职工进行全员培训。

截至 2018 年，鄂尔多斯全市有安全培训机构 16 所，其中，二级培训机构 2 所，三级培训机构 3 所，四级培训机构 11 所。各培训机构的师资力量、教学场地、实验室及实验设备、实际操作教学场地及设施设备均经内蒙古自治区有关部门的验收，达到培训资格的软硬件标准。除内蒙古煤矿安全培训中心鄂尔多斯分校与鄂尔多斯煤炭技工学校面向全市进行煤矿安全培训相关工作以外，其他培训中心只进行本系统内部从业人员、安全管理人员、特种作业人员的安全培训工作。

二、鄂尔多斯煤炭安全技术培训中心(煤炭技工学校)

2009 年 8 月，内蒙古自治区人力资源和社会保障厅批准鄂尔多斯煤炭安全技术培训中心为国家职业技能鉴定所，负责全市煤炭行业技术等级鉴定。2010 年 1 月，内蒙古自治区人力资源和社会保障厅批准设立鄂尔多斯煤炭技工学校。2011 年 12 月 12 日，内蒙古自治区煤矿安全监察局批准鄂尔多斯煤炭技工学校为三级煤矿安全培训机构，职责是对全市煤炭行业实施技术培训、安全培训、提供考试场所及技术服务。2017 年 5 月正式开始特种作业实操考核，6 月通过内蒙古自治区安全生产监督管理局评审，成为安全生产培训中心，开展非煤矿山、危险化学等企业主要负责人、安全生产管理人员、特种作业人员和其他从业人员培训。

学校位于东胜区铜川镇，满足 690 人教学需求，配备有开放式安全展厅 1 处，VR 事故体验室 1 处，供展出各类生产灾害及避灾措施和新时代行业“新四化”技术成果。铜川校区配备有可以同期满足 330 人实施考试的理论考试场地；棋盘井已建成 1 个教考点并配备实操考核设备，方便服务于较远地区煤矿企业。严格按照煤矿安全培训大纲要求制定并实施教学计划，从“新技术、新工艺、新法规、新设备、新标准”等方面强化安全培训实效性。本校区建成了可以容纳 110 人的集约型机房，覆盖了准格尔旗、伊旗、乌审旗、鄂旗、鄂前旗绝大部分区域。协助企业完成一期一档培训档案建设。建立培训回访制度，每期班结束后，对企业进行回访。2019 年 4 月，正式成为鄂尔多斯市安全生产监督管理局安全生产考试中心东胜区考试点，建成满足 26 个工种的特种作业实操考核设备并启动考核。

2012—2019 年，鄂尔多斯市安全培训中心（技工学校）培训情况见表 5-1-1。

表 5-1-1 2012—2019 年鄂尔多斯市安全培训中心（技工学校）培训情况表

年份	培训期数	培训总人数
2012	2	95
2013	14	947
2014	44	2645
2015	48	2818
2016	133	8320
2017	240	15030
2018	98	5913
2019	391	22212
合计	970	57980

第五节 煤矿安全整顿

20 世纪八九十年代，在改革开放和市场经济大潮的推动下，伊克昭盟地区一度掀起了大办煤矿的热潮。但多数煤矿，特别是乡镇、个体小煤矿生产工艺、技术装备、监督管理、工人素质、抗灾能力与快速增长的生产力水平不协调、不适应。煤矿安全问题突出，事故多发频发，已成为制约伊克昭盟地区煤炭工业快速发展瓶颈。为此，伊克昭盟行署、盟（旗）煤炭工业局，地区各煤矿按照上级煤矿安全整顿的统一部署，通过重组整合、关井压产，整章建制，强化监管，持续不断地整顿煤炭安全工作，逐步把全盟煤矿引导和推向健康发展的轨道。

1993年5月，为了全面贯彻落实新颁布的《矿山安全法》和国务院批转劳动部等部门《关于制止小煤矿乱挖滥采确保煤矿安全生产的意见》，进一步加强全盟地方煤矿的安全生产管理，使全盟煤炭生产达到正规开采，安全高效。伊克昭盟煤炭工业管理局提出具体指导意见，要求由旗（市）煤炭主管部门牵头，会同同级劳动部门和有关单位对现有生产矿井的证件进行一次全面审查，对证件不全、不符或证件过期的矿井要按办证审批程序限期办理合格证件，否则，责令其停产或封闭；对违法办矿的单位要追究有关领导的经济和法律责任。6月20日，煤炭工业部部长王森浩率领部有关司、中煤建设开发总公司、中国地方煤矿总公司、国家能源投资公司、北京煤炭设计院的负责人和专家一行到伊克昭盟调研煤炭工业，要求各旗市加强小煤窑的清理整顿工作，对无证开采、乱挖滥采现象，要采取有力措施，坚决予以制止。

1994年1月，伊克昭盟煤炭工业管理局结合全盟实际，制定了《伊克昭盟矿山安全生产条件合格证发放标准》，适用于全盟境内的乡镇煤矿（包括乡镇集体、企事业单位、军队及个体办矿）。标准规定煤矿企业必须取得《矿山安全生产条件合格证》后，方可进行生产，而且每两年进行一次复审；因管理不善，达不到基本安全生产条件的矿井，发证单位有权吊销《矿山安全生产条件合格证》，主管部门负责停产整顿。

1997年8月14日，伊克昭盟行署组织召开了由各产煤旗（市）旗（市）长、分管旗市长、旗（市）煤炭局长、各重点产煤乡（苏木镇）长及盟直各部门负责人参加的全盟整顿煤炭生产秩序及安全生产工作会议，对全盟依法整顿煤炭生产秩序作了强调和部署。

1998年8月11—12日，召开全盟整顿煤炭生产秩序现场会议，认真贯彻国务院、内蒙古自治区各级领导有关安全生产的重要指示，落实安全生产责任制，狠抓安全管理，安全形势较为稳定。

1999年，伊克昭盟行政公署与各产煤旗（市）政府签订了《伊盟地方煤炭安全生产、关井压产及市场管理目标管理责任状》，推动了整顿煤炭生产秩序工作的不断深入。

2000年3月12日，伊克昭盟煤炭工业管理局转发国家煤矿安全监察局“安全紧急通报”，要求各单位继续加强对各类小煤矿安全生产的监督管理，坚决关闭无证非法生产矿井，要求各产煤旗市煤炭管理部门要立即开展安全大检查活动。各单位主要领导要亲自参加，亲自组织，检查中要严格贯彻“不安全、不生产”的原则，对在检查中发现的有重大事故隐患的各类煤矿要坚决予以停产整顿，绝不姑息迁就。

2001年3月5日，伊克昭盟煤炭工业管理局要求各单位、部门认真遵照国家《煤矿安全监察行政处罚暂行办法》的规定，严格执行安全监察工作。5月30日，伊克昭盟行政公署办公室向各产煤旗市人民政府，盟直有关部门转发《伊克昭盟地方煤矿安全生产整顿工作方案》。按照全区煤矿安全生产整顿工作方案的安排部署，整顿工作从5月份开始，利用4个月左右的时间，集中进行专项整顿。8月14日，伊克昭盟煤炭工业管理局召开全盟煤炭工作暨煤矿安全生产整顿工作会议，认真贯彻落实《内蒙古自治区人民政府办公厅转发国务院办公厅关于关闭国有煤矿矿办小井和乡镇煤矿停产整顿的通知》精神。伊盟煤炭工业管理局与各产煤旗区煤炭局签订了《2001 年煤炭工业目标管理责任状》，印发了《伊克昭盟煤炭工业管理局关于全盟地方煤矿全面开展整顿清理工作的通知》。随着国家和内蒙古自治区对煤矿安全生产专项工作的深入细化，伊克昭盟煤炭工业管理局及时调整验收标准，严格按照《内蒙古自治区煤矿安全生产专项整顿验收工作实施方案》的二十四条规定组织验收。同时，将此次清理整顿地方煤矿工作与改变煤炭开采方式，解决煤矿安全与生产的根本问题有机结合起来。2001 年，全市未发生 3 人以上重大伤亡事故，乡镇煤矿百万吨死亡率为 3.63，地方国有煤矿百万吨死亡率为 0.17，创造了 1986 年以来 16 年的历史最高水平。

2002 年 9 月 4 日，根据《国务院办公厅关于进一步做好关闭整顿小煤矿和煤矿安全生产工作的通知》《国务院安全生产委员会关于印发〈深化煤矿安全生产专项整治工作实施方案的通知〉》的精神，鄂尔多斯市人民政府办公厅制定了《鄂尔多斯市深化地方煤矿安全生产专项整治工作实施方案》。8—9 月，为旗区自查、排查隐患阶段，各旗区煤炭局对辖区内的煤矿企业逐一进行排查，检查率达到 100%。10—11 月，为市级检查验收阶段，检查验收率不低于 70%，并接受自治区检查验收。

2003 年 8 月 15 日，结合全市地方煤矿安全生产专项整治工作的实际情况，鄂尔多斯市煤炭局制定了《鄂尔多斯市继续深化煤矿安全生产专项整治工作实施方案》，提出要进一步落实地方煤矿灾害防治的安全技术措施，不断提高地方煤矿“一通三防”能力，促进地方煤矿安全技术装备和管理水平稳步提高，巩固地方煤矿安全生产专项整治以来取得的成果，共有 382 座煤矿实现了“区段前进、工作面后退，中央边界式通风”的采煤工艺，占生产煤矿的 85%（生产煤矿共计 449 座）。采煤方式的变革将采出率提高了 25%~30%，矿井的服务年限平均延长 8 年，促进了地方煤矿的高效、安全生产。

2004 年，鄂尔多斯市煤炭局出台了《鄂尔多斯市地方煤矿安全生产专项整治工作方案》《鄂尔多斯市地方煤矿安全生产专项整治工作组工作细则》和《鄂尔多斯市地方煤矿安全生产管理典范》，使地方煤矿安全生产监管工作更切实际便于操作。对全市 114 座 C、D 类煤矿进行整改，有 79 座煤矿通过了验收，25 座正在按标准进行整改，10 座未通过验收的矿井依法予以吊证关闭。对高瓦斯区的摩尔沟矿区实行重点区域重点监管。

2005 年 7 月 19 日，鄂尔多斯市煤炭局转发国家五部委《关于严厉打击煤矿违法生产活动的通知》，对辖区内煤矿进行排查，属“五整顿”的煤矿，下达停产整顿通知书。在整改时限内仍未达标，属“四关闭”的煤矿，全部依法予以关闭。11 月 29 日，鄂尔多斯市煤炭局向各旗区煤炭局转发内蒙古自治区煤炭局下发的《转发国家安监总局关于推广应用煤矿数字化瓦斯远程监控系统的通知》，要求结合全地区实际，加快推进煤矿瓦斯远程监控系统建设工作，将此项工作列为加强煤矿安全生产重点工程之一。同时，根据国家煤矿安全监察局《关于加强煤矿矿灯安全检查工作的通知》，要求自 2006 年 4 月 1 日起，所有煤矿必须全部换用新型矿灯。

2006 年 4 月 26 日，贯彻落实国家“先抽后采、以风定产、监测监控”的十二字方针，鄂尔多斯市境内保留的矿井和新建矿井（含国有煤矿）按照系统设计安装煤矿安全生产监控系统，要求在 2006 年底前完成旗区煤矿安全生产远程监控系统建设并实现全市联网。当年年底前完成所有矿井监控系统操作人员（至少3人）和管理人员（至少1人）的强制培训工作。对于不安装井下监测监控系统的矿井一律吊销全部证照，限期整改，逾期不合格的将予以关闭。6月5—6日，全国煤矿整顿关闭工作现场会在鄂尔多斯市召开，会议深入贯彻《国务院办公厅转发安全监管总局等部门关于进一步做好煤矿整顿关闭工作意见的通知》及煤矿整顿关闭工作部际联席会议第三次会议的精神。现场参观鄂尔多斯矿区。

2008年6月4日，鄂尔多斯市按照国家和内蒙古自治区总体要求，下大力气抓好火区治理工作。结合全市煤矿实际，鄂尔多斯煤炭局制定并印发《鄂尔多斯市煤矿企业事故隐患排查治理实施办法》。2009年5月12日，结合全市实际，鄂尔多斯市煤炭局制定了《鄂尔多斯市地方井工矿驻矿承包管理实施细则》。

2011年，鄂尔多斯市煤炭局根据市人民政府2009年第12次常务会议制定的产业优化升级、淘汰落后产能的方针，要求涉及产业升级改造的91座地方煤矿全部变更为露天开采或综合机械化开采，到期未完成的，一律予以关闭。91座煤矿中9座已实施了关闭，14座属二次资源整合被整合井，3座保留现开采方式，4座采用特殊采煤方法。其余61座产业升级煤矿中达到试运转以上的21座，正在技改的40座（含34座露天煤矿）。

2011年3月开始，鄂尔多斯市煤炭局全面启动了全市煤炭企业兼并重组工作，编制了兼并重组工作方案。截至2012年底，全市的41户主体企业已全部确定。各参与兼并重组企业正在办理协议签订、资金补偿、主体进驻接管等事宜和转让手续、相关证件、名称变更手续，最终兼并重组后的企业将实现“四个一”，即：形成一个法人治理结构、一个安全责任主体、一套统计会计报表、一个企业名称，并在此基础上进一步完善公司法人治理结构，规范运营管理，促进全市煤炭工业更好更快的发展。

2013年，鄂尔多斯市煤炭局加快推进煤炭企业兼并重组。一方面理顺机制，简化程序，搞好服务，便捷、高效地为企业办理兼并重组相关手续，争取优惠政策，调解出现的争议纠纷。积极协调内蒙古自治区相关部门，建立联席办公制度，提高行政效率，简化行政审批程序，减免企业兼并重组中的股权转让交易税，切实推动兼并重组工作进程；另一方面加大督促力度，要求企业倒排兼并重组时间表，明确工作步骤，按期组织实施，年底完成煤炭兼并重组工作。

2014年，鄂尔多斯市煤炭局认真贯彻落实国家关于遏制煤矿超能力生产的文件精神，要求全市未经核准但已建成并组织生产的煤矿项目一律停产，未取得采矿许可证和安全生产许可证的煤矿不得投入生产。符合生产条件的煤矿企业严格按照设计生产能力（含核定能力）按月均衡组织生产，严厉打击非法违法生产建设行为，维护矿业开采秩序。至6月30日，地方煤炭企业兼并重组工作结束，全市实际参与兼并重组的煤矿243座（包含2座被乌海主体企业兼并的煤矿），占比86.8%，形成主体企业42户。至2015年底，全市共有煤炭企业123户，其中央企7户、国企10户、地方企业106户。

2016年，鄂尔多斯市煤炭局加强执法，深化打非治违专项行动，严肃查处违法违规生产行为。严格煤矿基本建设项目审批和检查监督，严厉打击证照不全、违法生产经营行为，严禁煤矿超能力生产和边技改边生产，关停非法建设生产矿井，切实维护矿业开采秩序。截至年底，国家公告的涉及全市的 7 座违法违规煤矿已全部停产停建。

2017 年，鄂尔多斯市煤炭局稳步实施化解煤炭行业过剩产能工作。引导退出煤矿 7 座，退出产能 495 万吨/年，较上级规定的退出任务多退出煤矿 5 座，产能 405 万吨。完成 19 座煤矿的产能置换工作，置换产能 2513 万吨/年。推动煤炭企业兼并重组，累计完成了 2 对煤炭企业与电力企业的兼并重组，7 户煤炭企业与电力企业签订长期合作框架协议。大力释放存量产能，积极推动煤矿复工复产工作，全力保障煤炭市场供应。全市复工复产煤矿 239 座，同比增加 67 座，增幅 40%。加快释放新增先进产能，通过煤矿竣工验收，联合试运转审批和延期，产能核增等方式新增产能 15740 万吨。推动现有产能升级改造，建成安全高效矿井 137 座，设计生产能力 44425 万吨，占生产煤矿产能的 81%。

2018 年，全市煤炭行业进一步规范煤矿生产建设秩序，严格煤矿基本建设项目审批和检查监督，严肃查处违法违规生产行为，切实维护矿业开采秩序。有序退出落后产能煤矿 5 座，退出产能 420 万吨。完成 7 座煤矿的产能核增工作，核增产能 1990 万吨/年，6 座煤矿正在办理核增产能手续，预计核增产能 2280 万吨。加快办理煤矿建设手续，全市共有 19 座煤矿通过竣工验收，总产能 7150 万吨/年。建成安全高效矿井 137 座，设计能力 44425 万吨/年，占生产煤矿的 79%。

第六节 安 全 检 查

1980 年，煤炭工业部发出通知，要求在“全国开展一次群众性的安全质量大检查”，由省（市）自治区负责组织检查团进行查思想、查纪律、查制度、查领导为内容的“四查”活动。伊克昭盟工业管理处向各矿发出通知，在全区开展安全大检查。通过边查边改，大打安全质量会战和设备维修会战，促进了煤矿安全基础工作。

1991 年，伊克昭盟煤炭工业管理局会同有关部门进行了两次较大规模的安全检查工作，重点检查了 12 个国营煤矿和部分重点乡镇煤矿的安全生产状况。各旗市和各矿初步建立了安全组织机构，健全了各项规章制度，开展了安全生产宣传活动和安全技术培训。各旗市煤炭局设置了安全技术股，国营矿建立了以主要领导为首的安全委员会，产煤乡配备了专职安全员。在制度建设上，盟公署批转了《关于乡镇煤矿安全生产若干规定》，各国营、乡镇煤矿普遍建立了矿长岗位责任制、安全员岗位责任制，编制了《安全操作规程》等。

1992 年，伊克昭盟煤炭工业管理局会同伊克昭盟经委、劳动局等部门对秋季安全检查工作进行的安排部署，盟直有关部门组成了工作组。10 月 4—22 日，重点对鄂托克旗、准格尔旗两个事故多发旗的国营煤矿、乡镇煤矿以及盟直属矿进行了检查，其他以旗（市）为主组织力量进行了重点抽查，对存在的问题提出整改意见。

1995 年 7 月 15 日，伊克昭盟煤炭工业管理局根据煤炭工业部《关于组织全国煤矿安全生产大检查的紧急通知》，各旗市煤炭局（公司）、各有关单位根据煤安字第十七号传真电文的要求，立即组织了安全生产的自检自查，各级领导亲自深入现场，切实解决安全生产中存在的实际问题，重点检查“一通三防”和雨季“三防”等重大事故隐患。

1996 年 6 月 4 日，根据劳动部《关于开展煤矿安全生产大检查活动的通知》，伊克昭盟煤炭工业管理局组织了两次大规模的煤矿安全大检查，对各类煤矿“五消灭”状况，有无事故隐患进行彻底检查，针对存在问题及时提出整改要求和措施。

1998年5月22日，内蒙古自治区人民政府办公厅下发《关于开展煤矿安全生产大检查的紧急通知》。伊克昭盟煤炭工业管理局立即组织开展了煤矿安全生产大检查。7月13日，根据煤炭工业部《关于开展夏季煤矿安全检查的通知》，为切实搞好煤矿安全生产，控制顶板、瓦斯、煤尘重大事故和淹井事故的发生，伊克昭盟煤炭工业管理局要求各旗区煤炭局检查前期安全检查时发现的问题，整改工作落实情况要坚决按照规程“三个十条”和“六个不准”的要求进行检查，该停产整顿的矿井必须整顿，绝不姑息迁就。同时检查雨季“三防”工作的落实情况，在“三防”工作方面存在问题的矿井要及时制定各种安全措施，确保雨季期间矿井安全度汛。12月8日，伊克昭盟煤炭工业管理局按照上级有关部门的指示精神，针对伊金霍洛旗新庙通达煤矿发生的“11·22”重大伤亡事故，向各产煤旗市煤炭局、各重点产煤乡发出《关于全盟重点产煤地区冬季安全生产大检查情况的通知》，并会同有关部门对重点产煤旗地区进行了安全检查。

2000年4月11日，按照内蒙古自治区煤炭工业管理局的安排部署和盟行署的要求，伊克昭盟煤炭工业管理局安全监察人员组成检查组，对东胜市、达拉特旗、伊金霍洛旗、准格尔旗境内各类地方煤矿进行安全大检查的抽查工作。抽查重点是正在生产的矿井，按生产矿井的10%进行抽查，4月22日结束。除鄂托克旗外，抽查率基本覆盖各产煤乡镇。采取井下、井上相结合的原则，硬件、软件共同抽查，共抽查矿井30个，对存在的问题用书面形式提出了整改意见及时限。贯彻落实全国煤矿安全生产整顿会议和全区安全生产工作会议精神，从5月21日开始，全盟煤炭系统抽调安检人员29人，组成东部、中部、西部3个工作组，分别由盟、旗市煤炭管理部门分管领导带队，深入矿区进行为期8天的安全互检整顿活动。

2001年5月21—30日，伊克昭盟煤炭工业管理局为搞好五月“安全月”暨第十一个“安全生产周”活动，促进各旗市煤管局在安全管理中互相学习，借鉴先进安全管理经验，决定五个产煤旗市开展一次“互相学习，争创第一”的全盟地方煤矿安全生产互检活动。是年，全市积极开展地方煤矿的安全生产专项整治工作，成立了市、旗、乡、矿“四位一体”近1000人的检查小组，对全市地方煤矿进行拉网式检查整治。同时，全市实行凡是发生一起死亡事故的煤矿停产三个月的制裁措施，有效地减少了死亡事故的发生。

2003年，鄂尔多斯市煤炭局推广先进采煤工艺的和安全大检查工作，全市共有382座煤矿实现了“区段前进、工作面后退，中央边界式通风”的采煤工艺，占生产煤矿的85%（生产煤矿共计449座）。采煤方式的变革将采出率提高了25%～30%，矿井的服务年限平均延长8年，实现了煤矿企业的可持续发展，促进了地方煤矿的高效、安全生产。

2004年8月23日，鄂尔多斯市煤炭局制定《开展地方煤矿安全生产大检查活动实施方案》，成立市煤炭局开展领导小组，下设三个检查小组。东部组负责准格尔旗，中部组负责达拉特旗、东胜区、伊金霍洛旗，西部组负责鄂托克旗，对大检查中存在的重大事故隐患进行现场解决，对管理较差的煤矿进行反复检查，重点问题重点解决。

2004年，鄂尔多斯市继续巩固“四位一体”（突出危险性预测、防治突出措施、防治突出措施的效果检验、安全防护措施）煤矿安全网络建设，抽调精兵强将充实鄂尔多斯市地方煤矿安全专项整治组深入矿区蹲点监管。抽调市、旗两级煤炭部门专业技术人员组成煤矿安全生产互检工作组，开展了为期10天的安全生产互检工作。共抽查了87座生产矿井，占生产矿井总数的20%，为各旗区进一步搞好安全生产管理提供了有益的启示。

2006年，鄂尔多斯市、旗区煤炭局专设煤矿企业安全生产兼监管机构，对全市煤矿企业安全生产分别履行监督和日常监管职责。鄂尔多斯市煤炭局下设煤矿企业安全生产监管处（安监处），安监处内设3个安全监管科，对全市煤矿企业安全生产监管分三片进行巡回监管。实行区域负责制，配备一定比例的副科级安全监管员，工作人员数量不低于15人，专业化率不低于80%。各旗区煤炭局下设煤矿企业安全生产监管站（安监站），安监站内设机构由所在旗区煤炭局确定，对所辖煤矿实行安全生产监管人员包矿负责制。

2007年1月20日至2月5日，按照内蒙古自治区煤矿安全监察局、内蒙古自治区煤炭工业局《关于立即开展对全区煤矿进行安全检查的紧急通知》及鄂尔多斯市安全生产委员会《关于印发〈全市安全生产全面大检查大整改工作方案〉的通知》精神，鄂尔多斯市煤炭局成立了由局长任组长的大检查整改领导小组，制定实施方案，进行全市煤炭安全生产大检查大整改。检查坚持“条块结合、属地为主”的原则，由市煤炭局对全市各旗区煤矿的事故隐患和重大危险源及其整改、监控措施进行“拉网式”实地检查，并对旗区各级督查组进行专项督查。总体要求检查不留死角、整改不留隐患。对不能按时完成隐患整改或重大危险源监控不力的煤矿，坚决予以停产、停业直至依法关闭。

2008年，鄂尔多斯市煤炭局组织各旗区煤炭局安监人员进行了东西部互检，检查原则是“隐患就是潜在的事故，只有治理隐患，才能防范事故，才能保证安全。”全年共检查煤矿3100座（次），下达限期整改通知书469份，停产（停建）通知书80份，隐患整改率达到100%。

2009年6月18日至25日，鄂尔多斯市煤炭局组织人员检查煤矿22座，查出煤矿存在的共同隐患有：图纸不完善，个别煤矿矿长证件、特种作业人员证件不全，部分煤矿作业规程不完善、不合理，支护锚杆失效现象比较普遍，“有掘必探”执行不到位，上下口没有挡风帘，单体支护不合理，个别矿测风站不合理，永久封闭不标准，风筒管理差，风门漏风现象严重，部分煤矿巷道煤层较厚。7月16—30日，局领导带领督查组对煤矿隐患排查治理情况、“安全生产年”“三项行动”落实情况，以及煤矿安全质量标准化工作情况进行了督查。共查煤矿28处，查出隐患共191条，逐矿下达了整改通知书，并责令市、旗煤管和煤监部门联合复查。

2010年，鄂尔多斯市煤炭局以落实安全生产责任制为主线，不断加大煤矿监督检查力度，重点抓好安全监管监察各项措施的落实。通过实施煤矿安全生产隐患大排查、专项整治“回头看”、局领导包旗区督察、安监员驻矿检查等举措，加强煤矿安全监管，坚决遏制重特大事故发生。全年共检查煤矿808座（次），下达限期整改通知书581份，停产（停建）通知书113份，煤矿隐患整改率达到100%。

根据秋冬季煤矿事故易发多发的特点，鄂尔多斯市煤炭局下发了《关于印发鄂尔多斯市秋冬季煤矿安全生产大检查暨打击非法违法生产经营建设行为专项行动实施方案的通知》，组织开展了煤矿机电运输专项检查，对矿井机电设备、运输系统进行了预防性检查，及时排除了存在的各类隐患。

2011年，鄂尔多斯市煤炭局先后对工作面顶板控制和雨季三防安全规范措施进行了合理改进，并开展了专项检查行动。对采煤工作面上下端头、回撤通道、巷道交叉点、掘进工作面、顶板破碎带支护和矿井排水系统、变配电所、供电线路、井架等防护措施中存在的问题和不足进行了整改。煤炭纠察支队、矿业治安支队、安全监管人员加强配合、相互协作，加大对已关闭矿井、报废矿井、基建矿井及停产整顿矿井的巡查和监控力度，坚决打击非防爆机动车辆入井、停产煤矿私自组织生产、手续不全、未按设计施工等行为，确保经营规范有序。

2012年，鄂尔多斯市煤炭局通过领导包旗区、安监人员包片的方式，经常性地组织开展安全生产专项整治行动，尤其对煤矿复工、雨季、国家市内重大庆典活动和全国安全事故多发等时期，组织全市煤矿安监人员，反复开展安全生产隐患大排查大检查活动，不断对煤矿“一通三防”、大面积空顶、采空区塌陷、水灾隐患、冒顶、瓦斯和露天煤矿爆破作业管理、采掘场台阶、工作平盘布置等方面存在的安全隐患进行集中整治，对企业安全主体责任、矿领导带班作业、班组建设、特种作业人员持证上岗等情况进行督查落实。

2013年，鄂尔多斯市煤炭局高度重视安全生产，对煤矿“一通三防”、大面积空顶、采空区塌陷、水灾隐患、冒顶、瓦斯和露天煤矿爆破作业管理、采掘上台阶、工作平盘布置等方面存在的安全隐患集中进行检查整治，对企业安全生产主体责任、矿领导带班作业、班组建设、特种作业人员持证上岗等情况进行检查。全年，鄂尔多斯市煤炭局各安全支队共检查井工及露天煤矿1509座（次），下达限期整改通知书1105份，停产（停建）通知书193份，查出安全隐患10246条。

2014年，鄂尔多斯市煤炭局认真开展安全隐患大排查大治理。通过安监人员包片的方式，经常性地组织开展安全生产专项整治行动，对于查出的安全隐患限期整改，挂牌督办，事后建立隐患台账，通过验收检查，煤矿隐患整改率达到97%以上。全年，鄂尔多斯市煤炭局各安监支队共检查煤矿2003座（次），查出安全隐患17051条，下达限期整改通知书1069份、停产（停建）通知书280份。

2016年，鄂尔多斯市煤炭局积极开展隐患排查治理工作。聘请专家开展安全隐患排查，在年初、“两会”期间和安全生产月开展了隐患排查整治行动。是年，局各监管支队共检查煤矿841座（次），下达限期整改通知书347份，停产（停建）通知书91份，共查出隐患4083条。对排查出的隐患全部实行“闭环管理”，一般隐患立即整改，重大隐患限期整改并挂牌督办，隐患整改率达到100%。

2017年，鄂尔多斯市煤炭局以煤矿安全、绿色、清洁、高效、智能化发展为主线，狠抓煤矿安全生产。组织实施煤矿安全生产标准化动态达标验收和煤矿全面安全“体检”工作，深入开展安全生产大检查，聘请专家进行安全隐患专项治理，及时消除安全隐患。建设煤矿安全生产综合监管系统，实时监测井下设备运行、生产作业、隐患排查治理及风险点管控情况，增强煤矿安全生产“技防”能力，煤炭生产百万吨死亡率为0。

2018年，鄂尔多斯市煤炭局督促煤矿企业建立健全煤矿安全生产的各项管理制度和覆盖全员、全方位、全过程的安全生产责任体系，把责任落实到各个环节、各个岗位和每个职工，形成常态化、长效化的管理机制，自觉落实企业主体责任。通过煤矿企业自查、驻矿安监员包矿盯守、划片抽查、聘请专家反复查、明察暗访、“回头看”等方式深入开展安全生产大检查，对查出的隐患全部实行“闭环管理”，及时消除安全隐患。全市已建成安全生产标准化矿井192座，占生产矿井的76%。严格煤矿基本建设项目审批和检查监督，严肃查处违法违规生产行为，切实维护矿业开采秩序。

第二章 灾 害 防 治

第一节 瓦斯灾害防治

新中国成立前，伊克昭盟地区煤矿（窑）少、规模小，生产方式原始落后。多数煤矿（窑）没有电力，没有通风设备，全部是自然通风，没有瓦斯监测设备。矿工们凭借观察“油灯”或“嘎斯灯”火焰长短、颜色，判断瓦斯含量。小煤窑较多的达拉特旗内旧矿井均为独眼井，无回风井口，因井下空气形不成回路，井下氧含量随着巷道延伸逐渐减少，井下工人往往在缺氧环境中生产作业。由于井下不通风、温度高，矿工中有“窑外数九，窑内入伏”之说。新中国成立后，开始逐步重视和解决矿井通风问题。1959年，国营煤矿部分矿井采用机械通风，之后逐渐普遍采用。乡、镇煤矿有部分矿井实现双井口自然通风，部分个体煤窑仍为独眼井开采，通风条件极差。达拉特旗内矿井属低瓦斯矿井，历史上虽无瓦斯爆炸事故记载，但井下着火，一氧化碳中毒事故发生过数例。1956年，国营煤矿开始配备瓦斯检查仪和瓦斯检查员、井下照明和电力设施，逐步采用防爆设备。

20世纪五六十年代，国家煤炭主管部门开始重视瓦斯灾害的防治，多次颁发文件和安全规程，要求采取有效措施，防治因煤矿瓦斯积聚酿成重大事故。随着地方煤矿生产方式的改进，井下采掘工作面的变化，国家要求地方煤矿改造通风系统，保证煤炭生产发展的需要。20世纪70年代，伊克昭盟地方国营煤矿集中一定资金，购买煤矿通风设备，改造矿井通风系统；到1980年，基本上消灭了“独眼井”，实现了矿井机械通风。1972年，达拉特旗罕台川煤矿使用安全矿灯，结束了井下明火照明的历史。1977年，鄂托克旗棋盘井煤矿安装了小型离心式风扇机，首次改自然通风为机械通风。1987年，国家给鄂托克旗棋盘井煤矿井下安装了瓦斯遥测仪。

伊克昭盟的矿井均属低瓦斯矿井，通风管理和瓦斯灾害防治设施比较简单。地方国营煤矿从1980年以后，逐步改自然通风为机械通风，到1990年底除少数矿井为自然通风外，多数矿井实现了机械通风。从1990年开始，伊克昭盟建设的新矿井，均实现了机械通风，并配备有一定数量的瓦斯鉴定器。随着电力的充足供应和通风设备能力的提高和瓦斯检测仪器的普遍使用，矿井安全状况有了明显改善。由于井下有了足够的新鲜空气，能够及时地把矿井采掘工作面的瓦斯浓度稀释到《煤矿安全规程》规定的界限以下，从而降低了瓦斯灾害的突发率。但乡镇煤矿自然通风矿井仍占有一定数量，这是酿成瓦斯事故的主要原因。据统计，1989—2010年，鄂尔多斯市境内煤矿发生瓦斯事故8起，死亡40人。

1992年开始，伊克昭盟煤炭工业管理局规定全市境内所有井工矿井（包括新建、改扩建）必须进行煤矿瓦斯等级鉴定。国有重点煤矿所属矿井（井工）的瓦斯等级鉴定工作由其主管部门组织进行，地方煤矿（井工）的瓦斯等级鉴定由内蒙古矿山安全与职业危害检测中心统一组织实施。

2000年起，神东集团对高瓦斯和煤与瓦斯突出矿井的通风系统进行改造，采用大断面、多通道方式布置巷道，降低矿井通风阻力；采用大功率、对旋式主要通风机，提高矿井通风能力；减少盘区布局，简化生产系统，减少串联通风；根据矿井延伸和采掘接替的变化，及时调整并不断简化、优化，减头减面，淘汰落后和非正规采煤方法、工艺，做到系统合理、设施完好、风量充足、风流稳定，使通风阻力和阻力分布比例等达到《煤矿井工开采通风技术条件》的规定；各采掘工作面、机电硐室实现了独立通风；矿井各水平、采区、采掘工作面、硐室均达到了《煤矿安全规程》规定的通风设计。各煤矿为瓦检员、爆破员配备了光学瓦斯检查仪、便携式瓦检仪；建立了地面瓦斯抽采系统，逐步实现了瓦斯积聚区域和煤与瓦斯突出区域先抽后采；严格按照AQ 1029标准装备和完善了瓦斯监测监控系统，运用现代化检测仪器，对各局部通风地点、综采工作面回风及盘区和矿井总回风的瓦斯浓度进行24小时集中连续监测，超限报警，并能切断被监控区域的全部非本质安全型电气设备的电源并闭锁；形成了预测预报、防煤与瓦斯突出措施、效果检验和安全防护的“四位一体”综合防突出体系。

2001年，鄂尔多斯市煤炭局不断加大煤矿瓦斯监控系统建设力度。全年共投入174万元对全市矿井井巷工程、通风系统等进行了改造完善，进一步改善了煤矿的安全生产条件。到2007年底，全市5个产煤旗区全部实现煤矿与旗区瓦斯监控中心联网。旗区瓦斯监控中心机房24小时对各煤矿井下的CH_4浓度、CO浓度、CO_2浓度、风速、负压进行实时监控，一旦出现有毒有害气体超标，中心工作人员可以立即通过视频电话向煤矿企业下达停止井下作业、撤出井下人员的安全指令，为防治煤矿瓦斯灾害构筑了一道科技防线。

2003年，鄂尔多斯全市共有382座煤矿实现了“区段前进、工作面后退，中央边界式通风”的采煤工艺，占生产煤矿的85%（生产煤矿共计449座）。采煤方式的变革使90%矿井通风条件得到明显改善，促进了地方煤矿的高效、安全生产。为了确保通风安全，防治瓦斯事故，各煤矿共配备15～50千瓦发电机组450台，5. 5～30千瓦备用主要通风机共计500台，井下砌筑密闭墙体共计100万立方米，并更换了各种电缆、防爆开关、水泵、干变、煤电钻、接线盒、电话、各种CH_4、CO监测仪器，并配备自救器。

2004年，鄂尔多斯市煤炭局对高瓦斯区的摩尔沟矿区实行重点区域重点监管。选配专业技术过硬、管理经验丰富和责任心强的人员担任片长和监管员，规定每星期下井不少于1次，每星期要向安检站汇报1次瓦斯记录，高瓦斯矿井的主要通风机和局部通风机必须24小时运转，如达不到安全生产要求予以罚款并停产整改3个月。投资500余万元为摩尔沟矿区和其他40家有瓦斯的矿井安装了瓦斯监控系统和瓦斯电闭锁装置，使鄂尔多斯市率先成为全国地方煤矿安装瓦斯监控系统的地区之一，对瓦斯危害进行了有效防控。

2009年，鄂尔多斯市煤炭局开展采空区专项治理工作，聘请北京煤科院的专家对全市采空区分布位置、范围进行细致的摸底调查，要求各煤矿绘制符合实际的采掘工程平面图、井上下对照图等图纸，定期与煤炭管理部门交换。井工煤矿采空区构筑了永久性防爆密闭，安装完善了远程监控检测系统，并与旗区煤炭局实现联网，对井下工作面情况进行实时监控。井下班组配备了便携式多功能监测仪器、多功能自动气体检测仪等设备，对工作地点的瓦斯、一氧化碳进行连续监测。

2010年开始，鄂尔多斯市煤炭局组织建设了鄂尔多斯数字煤炭综合平台，通过建设瓦斯监控系统、人员定位系统、煤炭产销系统、视频监控系统，基本实现了煤矿企业、旗区煤炭局和市煤炭局三级的平台统一、数据集中存储、信息分布维护，避免了重复建设。煤炭管理部门、企业以不同权限、不同角色直接登录系统开展工作，进行管理。鄂尔多斯市煤炭局明确提出全市煤矿安全生产上的重点是顶板和通风瓦斯两个方面。一是必须按照“先抽后采，监测监控，以风定产”十二字方针，加强瓦斯监测检查管理；二是加强通风设施的管理，严禁井下无风、微风作业，加强掘进通风管理，防止瓦斯集聚；三是严格按照规程加强瓦斯检测，真正做到“一班三检”“一炮三检”，坚决杜绝瓦斯事故的发生；四是加强井下电器设备的管理，严禁井下电器失爆。

2011年，根据国家安全生产监督管理总局、国家煤矿安全监察局印发的《煤矿瓦斯防治工作“十条禁令”》的规定，鄂尔多斯市各矿井组织通风科和相关部门，对照文件中各条内容，结合工作实际进行自查，针对寸草塔二矿“7·12”瓦斯事故，开展了重大安全隐患、“一通三防”和防治水三项专项治理活动。

2013年，布尔台煤矿在瓦斯涌出量相对较小的22201工作面使用钢圈风筒替换螺旋焊管埋入采空区进行抽放，累计回收3500米焊管；原有螺旋焊管埋入采空区需要加装抽放支管，并且管路需要垫高，防止进水，管路上部还要覆盖沙袋。瓦斯治理工程在做到“两超前、三同时”（瓦斯治理要超前预测、超前防范，瓦斯治理工程与采煤工作面同时设计、同时施工、同时投入使用）的同时还要在所有综采（放）面投产前，经现场验收，瓦斯治理具有一票否决权。

2014年，鄂尔多斯市煤炭局为加强采空区治理，委托中国煤炭科学研究总院编制完成了《煤矿采空区灾害综合治理总体规划》。对先期获得批复的6处煤矿采空区灾害治理项目办理开工前期各项审批手续。

2016年，鄂尔多斯市煤炭局深入开展重大灾害专项整治工作，按照《内蒙古自治区煤矿重大灾害专项整治实施方案》的统一安排部署，完成了瓦斯防治专项整治工作。

2018年，鄂尔多斯市煤炭局根据《内蒙古自治区煤炭工业局关于开展煤矿“一通三防”专项检查工作的通知》，制定了《“一通三防”专项检查工作方案》，成立了以局长任组长的专项检查领导小组，编制了具体工作方案，对各煤矿的通风管理情况、瓦斯防治情况、监测监控系统、防灭火情况、防煤尘情况等进行专项检查。

第二节 矿井水灾防治

新中国成立前，伊克昭盟煤矿因排水工具简陋，对水害（或山洪）多无抗灾能力，一旦发生事故，只能弃井停采。新中国成立后，随着煤矿开采工艺和开采技术逐步规范，井下排水设备和排水系统日趋完善，井下防治水工作也逐步走向正轨。

1951年，伊克昭盟各煤矿针对古窑分布、数量、积水、冻结煤量等情况进行了调查，并依据“有疑必探”方针进行探、放老窑积水。新中国成立前，达拉特旗内煤矿井下没有排水设施，20世纪50年代后期，开始使用锅砣机排水。1962年后，煤矿井下排水采用多种型号水泵排水，动力为柴油机、电动机。

1954年，东胜酸刺沟煤矿地面设有防洪坝和防洪沟，井下设有水仓，用潜水泵排水。1957年，内蒙古自治区工业厅提出防止老窑积水事故的措施要求。

1954年，达旗罕台川煤矿地面设防洪坝，井下有水仓1个，水泵6台。1971年，井下水泵增加到15台。1976年井下水泵增加到20台，有水仓2个。1981年井下水泵增加到45台，井下有水仓3个。1990年，井下水仓增加到6个。1966—1990年，井下增设防水煤柱，设置避灾路线。

1962年4月，内蒙古自治区煤炭工业管理局转发下达了《关于作好防治水工作的通知》，就全区煤矿防治水工作提出了具体要求及部署。准格尔旗纳林沟煤矿建设了地面防洪坝。1987年，该矿井下设有水仓2个、水泵2台。

1962年，准格尔旗城坡煤矿在地面挖排水沟。1987年，井下设有水仓1个，安装水泵1台。

1962年，准格尔旗乌素沟煤矿地面设有防洪坝。1973年，井下设有水仓2个，柴油机带动水泵2台。从1986年起，用电力泵。1954年，达旗高头窑煤矿地面设有防洪渠坝，井下设有水仓、用水泵排水。

1990年后，伊克昭盟各煤矿在日常开采中为防止透水事故，加强排水设施的管理，建立和加强了水文地质工作、地面裂隙的处理和雨季防洪工作。

1992年起，在东胜区新建的大型煤矿都配套建设了井下排水系统，矿井水仓、水泵、管路的设计能力与涌水量相适应，并配套备用排水设备，使排水能力保证满足最大涌水量的2~3倍。各煤矿建立了水害预测预报、防治水制度，有计划、有针对性地进行矿区和矿井水文地质调查、勘探和各项观测工作，查明矿井各种充水因素，分析地下水的贮存运移规律。根据生产安排的需要，不间断地提供水文地质资料，并对采掘工作面进行细致的年度、月度水情分析预报，制定预防措施。开采过程中，对矿井的突水源进行调研，掌握可能出水的断层及裂隙分布，查清井田内的采空区数量和分布地点，查清地面河流、湖泊、池塘积水区域、地面汇水区域和水量变化，编制完整的水文地质资料。通过对含水层、隔水层研究，确切了解每一个采区和采煤工作面隔水层的厚度、岩性及其层次组合关系，结合突水规律、突水机理，利用隔水层来预测和预防突水，同时为疏水降压提供合理的安全水压值。对古井、小窑采空区和本矿井采空区积水进行调查分析和核实，采取慎重、稳妥的措施，事前加以探放或有效隔离。坚持“有疑必探，先探后掘”的方针，进行井下探放水工作。有突水危险的矿井或区域，设置防水闸门，创造控制隔离条件后再进行采掘。危险区都设置了防水闸墙进行封闭隔离，以减少危险和涌水量。根据工作面分布情况，制定井下主要工作地点发生透水事故后的应急处理方案，包括应急预案程序、机构、应急采取的措施、避灾路线等，做到防患于未然。加强员工防治水知识、防水应急处理知识、逃灾避灾方法等培训。

2004 年起，鄂尔多斯全市各煤矿通过对水害隐患进行排查，确定了水害重大危险源，对其进行重点防治。

2006 年，鄂尔多斯全市各煤矿根据国家安全生产监督管理总局、国家煤矿安全监察局《关于加强煤矿水害防治工作的指导意见》和有关要求，编制了矿区水害防治规划、年度水害防治计划和水害应急预案。加大水害防治资金投入，保证工程、设备仪器落实到位。定期收集、调查核对本矿及相邻煤矿的废弃老窑情况，编制矿井综合水文地质图、矿井充水性图等基础图纸，建立健全矿区地下水动态观测网，为水害防治工作提供了翔实、可靠的技术依据。

2010 年，鄂尔多斯市煤炭局组织开展安全生产专项整治行动，制定印发《鄂尔多斯市煤炭局关于做好 2010 年煤矿雨季三防工作的通知》，要求各煤矿严格落实“雨季三防”措施，确保安全度汛。各煤矿根据国家安全生产监督管理总局、国家煤矿安全监察局《煤矿防治水规定》和有关要求，重新修改完善了防治水基础资料，完善了技术管理制度，并配置了专门的机构及专业技术人员。为各矿井及地测公司配备了探放水钻机。布尔台煤矿、石圪台煤矿地面安装了水文自动观测系统，并购置了井下瞬变电磁仪、高密度三维电法仪。

2013 年，国家煤矿安全监察局转发了《内蒙古自治区鄂尔多斯市普查煤矿采空区主要经验的通知》，要求全国推广学习鄂尔多斯市普查煤矿采空区，有效防范煤矿水灾的经验做法。

2016 年，鄂尔多斯市煤炭局成立了“雨季三防”工作领导小组和四个专项督查组，6 月对各旗区煤炭局和部分煤矿进行专项督查，要求汛期严格执行领导带班、24 小时值班制度；制定了详细的“雨季三防”工作方案，按照水害防治综合治理要求，对煤矿及周边地区水情水灾进行排查，有针对性地采取防范措施。针对“8・17”特大洪水，组织安监人员在各煤矿开展防治水大检查行动，严格要求井工煤矿制定操作性强的防治水、探放水安全技术措施，对地面采空塌陷裂缝区严格检查并进行充填，及时疏通排洪沟渠，对矿井排水设施进行全面检查、检修，同时加强掘进探放水工作。露天煤矿及时抽排采坑内积水，设置安全防护网和警示标牌，及时修补排土场边坡冲沟和冲毁的道路。全市共检查各类煤矿安全隐患 856 条，下达整改意见书 173 份，整改率达 100%。

2017 年，鄂尔多斯市煤炭局在全市范围内组织开展了采空区物探普查与详查工作，采取物探与钻探等手段相结合，分别从“面”“点”两个角度入手，扎实开展了不明老空区探测与灾害预防治理工作。

2017 年 7 月 3 日，鄂尔多斯监察分局按照全国煤矿水害防治工作视频会议精神及内蒙古自治区煤矿安全监察局加强汛期煤矿防治水工作的安排部署，就全市煤矿防治水工作进行了安排部署。对准格尔旗地区存在底板承压水安全风险的矿井，做好导水构造超前探查等措施，确保水害隐患排查清楚、防治方案切实可行、事故预案针对有效；对乌审旗地区因受采掘破坏或影响的岩溶含水层补给水源充沛的，确定水文地质类型为复杂和极复杂的矿井，监察矿井防排水系统及能力，确保满足矿井的防排水需要。

2018 年 7 月，鄂尔多斯地区连降大雨，鄂尔多斯监察分局按照内蒙古自治区煤矿安全监察局开展汛期煤矿防汛专项监察的要求，按监察计划巡查每处矿井。首先检查矿井制定的“雨季三防”工作方案是否符合实际，汛期值班值守工作是否落实，并到井口、主通风机房、变电所、防汛物资储备库等主要场查看防汛物资配备情况。11 月 19 日，为贯彻落实《国务院安委会办公室关于吸取近期事故教训 切实做好岁末年初煤矿安全生产工作的通知》，鄂尔多斯监察分局联合市煤炭局、准格尔旗煤炭局对受奥灰水威胁矿井开展“体检式”监察。检查组聘请防治水、通风、采掘、机电等专业 6 名专家，对煤矿采、掘、机、运、通及防治水工作进行全方位检查。检查组共检查受奥灰水威胁矿井 9 处，查出隐患和问题 325 条，罚款 142 万，对煤矿提出合理化建议 38 条。针对检查出的隐患和问题，编制《“体检式”监察报告》，责令煤矿改正，并移交市煤炭局进行监督落实。

第三节 矿井火灾防治

新中国成立前，伊克昭盟地区煤矿（窑）一旦发生火灾无法开采时，便封闭井口，任其自燃，久而久之，形成众多火区。有的火区连成一片，经久不熄，不仅燃烧浪费了大批煤炭资源，而且严重污染了生态环境。达拉特旗内煤矿（窑）煤种属不黏结煤，极易氧化自燃，发火期一般 2~4 个月。井下自燃现象经常发生。20 世纪 50—60 年代，全旗有 30 余处火点，燃烧面积约 20 万平方米。石山子窑、纳林沟窑均发生过采煤面自燃火灾，均以封闭井口的办法扑灭。

新中国成立后，伊克昭盟各煤矿高度重视防灭火工作，通过采用多种技术手段和综合管理措施，在防火和灭火工作中积极探索，科学实践，做了大量工作，取得了较好的防灭火效果。在防火、灭火方面，最初主要采用黄泥灌注浆方法，使用管路将黄泥浆灌注到采空区，隔绝碎煤接触空气，降低采空区温度，阻止或延缓煤的氧化和自燃。而后采用阻化剂防火，是用五水氯化钙 10% 或用六水氯化镁 20% 水溶液喷洒到采空区或煤体，使其浮着在煤的表面，形成氯化物薄膜，阻止煤与空气接触；阻化剂同时吸收煤在低温氧化时放出热量，借以降低煤的氧化速度，阻止煤炭自燃。

伊克昭盟煤矿采用控制风量防灭火。第一种方式是低风量供风防灭火。根据漏风阻力定理，如果工作面风量减少 1/2，其两端压差则可降低原来的 1/4，漏风量可减少 1/2~3/4。为此，在工作面风量、风速、温度符合保安规程要求的前提下，合理采用小风量供风是防灭火的有效措施。第二种方式是调风均压防灭火。

1990 年以后，伊克昭盟煤炭工业管理局在井下开始配备专用灭火器材，主要有灭火手雷、干粉灭火器、四氯化碳灭火器。1995 年以后，又配备高倍泡沫灭火器、惰性气体发生器等先进灭火器材。大多数矿井防灭火采用灌浆与阻化剂相结合工艺。地面设灰浆站，采用注浆泵并通过钻孔布置输浆管，将灰浆输入回采工作面运输巷、回风巷至工作面采空区；回采工作面运输巷及回风巷各配一台 WJ-2 型阻化剂喷射泵及配套材料；井下装、卸车点，变电所，水泵房，胶带运输巷分别设泡沫灭火器、CO_2 灭火器、干粉灭火器和水落发泡机。

20 世纪 90 年代起，全市各煤矿主要采用注浆、喷洒阻化剂、均压通风和堵漏风等综合技术措施预防自燃火灾发生。各矿在严格执行市煤炭局有关规定的基础上，采取火灾早期预测预报工作，建立火灾预测预报管理台账。选择合理的采煤方法，提高煤炭采出率，不留或少留顶煤，及时清理综采工作面浮煤，减少采空区遗煤。加快综采面推进速度，缩短密闭封闭时间。采用均压通风，回填地表漏风地表裂隙，在与采空区相连的联络巷中设置防火墙、采用黄泥注浆等综合防火措施。各新建煤矿在完善注浆系统的同时，建设了地面注氮车间，采取注氮和注浆相结合的方法防止内因火灾发生。

2000 年起，各煤矿先后安装了束管监测系统，对综采工作面采空区进行不间断监测，并适时进行注浆、注氮气防灭火，有效地遏制了井下火灾的发生。随着煤矿自动化程度的提高，各煤矿在带式输送机安装了防滑保护、防纵撕、堆煤保护、防跑偏装置、温度、烟雾保护和自动洒水等防灭火保护装置，并对保护装置定期检查和日常巡查，确保可靠运行；各煤矿均安装监测监控系统，在综采工作面回风巷、总回风巷、煤仓、胶带运输巷等容易发生火灾的地点的下风侧均安装温度、烟雾传感器，对火灾进行实时监测。

2002 年前，伊泰集团各煤矿主要依靠人工监测的方式。2002 年后，伊泰集团各煤矿配有 SG-2003 型火灾束管监测系统用于采空区火灾监测。生产现场主要采用黄泥注浆、注氮气（或液氮）、喷洒阻化剂相结合的综合防灭火措施；在采面设计和设备选型及回采时尽量避免采空区留有浮煤，放顶煤工作面制定专门的防灭火措施；采煤工作面结束后及时封闭，对地面采空区上部的裂隙进行封堵，防止漏风；加强井下采空区密闭质量的检查、管理，避免漏风；定期检查、检测采空区气体；煤矿每周进行自然发火预测预报；确保束管系统每天至少运行 8 小时以上，并对采煤工作面和封闭一年以内的采空区进行监测；采面上下隅角喷洒阻化剂，漏风严重时设密闭沙袋墙；合理使用局部增压通风技术。

2012 年，神东集团公司重点落实补连塔煤矿三、四盘区采空区防灭火工作，落实地面钻探、地表注浆等工作。其措施为：①严格入井检身制度，入井人员严禁携带火种；②严格井下机械、电气设备管理，井下使用的机械和电气设备以及供电线路必须符合《煤矿安全规程》要求，并按规定检查维修，保证完好正常，各种安全保护装置设置齐全，确保正常使用；③严格井下爆破作业管理，采掘工作面生产作业时必须按照爆破作业说明书进行爆破作业，杜绝爆破造成的火灾；④加强皮带运输系统的管理，完善皮带安全保护装置，严格按照《煤矿安全规程》规定配齐消防器材，各硐室、带式输送机机头机尾，必须采用不燃性材料支护，严禁使用非阻燃皮带；⑤严格执行《煤矿安全规程》，加强井下电焊、气焊、喷灯焊接等工作的管理，加强井下机电硐室的管理。

第四节 煤尘灾害防治

20 世纪 50 年代，伊克昭盟各煤矿大量使用风动工具及爆破技术，井下煤尘大量增加，严重威胁职工生命安全健康及矿井安全生产。特别是煤尘爆炸后产生大量的有害气体，容易造成人员伤亡；产生高速的火焰和冲击波，而且能形成反向冲击，引起二次爆炸或连续爆炸，对矿井造成严重的破坏。因此，各煤矿开始重视煤尘灾害的防治。

1962 年，伊克昭盟燃化局转发国务

院《关于防止矽尘危害工作的情况和意见的报告》的批文，对伊克昭盟各生产厂（矿）的粉尘情况着手进行治理。

1982年，伊克昭盟地方国营忽吉图矿开始使用水泡泥，以降低煤尘浓度。1988年，地方国营酸刺沟矿开始使用井下洒水防尘系统。1990年，鄂托克旗地方国营棋盘井煤矿安装防尘系统1套，敷设干支管长350米。1990年，达拉特旗唐公沟煤矿开始定期清扫煤尘。

20世纪90年代，煤层注水法和水炮泥开始在各煤矿推广应用。煤层注水法是通过打好的钻孔向开采的煤层注入压力水，水淹煤层节理、层理裂隙向四周扩散，使煤层预先湿润，以抑制开采时煤尘飞扬。注水分为静、动压两种方式。水炮泥是用装水的塑料袋填入炮眼，再用少量炮泥封口，借助炸药爆破压力将水压入煤层裂隙，同时爆炸时又能使部分汽化水附着于游离煤尘上，达到抑制煤尘浓度和防止爆炸的目的。随着煤矿安全管理深化细化，各煤矿对井下防治煤尘的措施和手段越来越多，主要做法是：定期清扫散落在巷道两帮、顶底板积存的煤尘或粉刷主要大巷；在易于扬尘的主要运输大巷、刮板输送机头、带式输送机头、装车点安装洒水管或喷雾器，借以浸湿原煤，降低粉尘飞扬。

为保障井下工人的身体健康及生命安全，防治粉尘职业病的发生，各煤矿为井下工人每人配备一台过滤式自救器，为采掘工人每人配备安全送风防尘口罩，为风钻、风镐和锚喷工人配备压风呼吸器。此外，还配备了急救用的氧气呼吸器等防护救护设备。

1992年起，各国营煤矿逐步安装完善了防尘洒水管路系统，主要进、回风巷设置净化水幕；综掘、综采、连采掘进工作面在采煤机上安装内外水喷雾装置、负压除尘装置，采煤机割煤时，喷雾自动启动，利用水幕负压除尘；综采工作面支架上安装自动喷雾系统，合理设定喷雾时间，自动喷雾系统随煤机移动，自动喷雾降尘；工作面运输巷道各转载点、溜煤眼上口及破碎机处进行封闭、安设水幕降尘；及时冲洗或清扫巷道中的积尘，并清理浮煤，防止浮煤堆积；在矿井所有巷道都安设隔爆水棚（槽），防止煤尘爆炸；各矿制定了防止煤尘聚集和爆炸的制度、措施和规程，坚持测尘月报制度，配备测尘仪，定期对煤尘、粉尘进行测定，根据存在问题，采取措施，提高防尘效果。

2000年以来，鄂尔多斯市煤炭局加大监察执法力度，着重抓大系统、治大隐患。从煤矿企业“一通三防”“三超”爆炸物品管理、粉尘防治等方面入手，明确和细化煤矿安全检查要点，加强对煤矿安全系统的检查，及时排除系统安全隐患，确保煤矿安全系统稳定可靠运转，夯实煤矿安全工作基础。

2003年，各煤矿综采技改后采用粉尘采样器和测尘仪相结合的粉尘检测方法，每月对井下主要大巷、采面进回风巷和掘进巷道进行粉尘测试，并在采掘工作面、主要转载点和井底煤仓配置粉尘传感器。

2008年之前，煤矿粉尘防治主要采取洒水降尘和转载点喷雾等措施。综采技改后，各煤矿采取综合防尘和个体防护相结合的防尘措施。在各进风巷道和回风巷道设置风速检测探头，保证风量满足各用风地点需要。普通掘进时采用湿式作业，湿式凿岩、水炮泥、爆破后喷雾洒水、装岩洒水、冲洗岩帮。机械化采掘降尘采用采煤机、掘进机内外喷雾及采煤面架间喷雾，转载点采用落煤喷雾。同时在掘进工作面距迎头50米处设置一道手动全断面净化水幕，主要大巷设置多道手动净化喷雾。采煤面进回风巷各设置一道捕尘网，降尘效果达83%以上。主要大巷设置主隔爆水棚，采煤工作面进回风巷各设置辅隔爆水棚。掘进工作面随掘进巷道进度及时设置辅隔爆水棚。通过采取综合防尘措施，降低了粉尘对工人健康的危害，避免了煤尘爆炸事故的发生。

第五节 顶板事故防治

井巷顶板冒落事故是鄂尔多斯市煤矿采掘作业中的主要灾害，在矿井事故中居首位。据达拉特旗煤炭局统计，1957—1999年，旗内国营煤矿和乡镇大煤矿发生的事故中，顶板事故占66.4%。据鄂尔多斯市煤炭局统计，1989—2010年，鄂尔多斯市境内煤矿各类事故死亡人数中，顶板事故占93.4%。

新中国成立之前，煤矿防治顶板事故的手段不多，在采掘过程中主要通过“敲帮问顶”检查顶板，排除隐患。往往因为大面积空顶作业或支护材料强度不够而发生冒顶事故。新中国成立后，伊克昭盟各煤矿把加强工作面顶板控制，改进支护形式，防范冒顶事故，作为煤矿安全生产的重中之重来抓。经过多年的探索和实践，逐步摸索工作面顶板控制规律，不断更新和改进顶板支护材料和支护手段，使顶板事故日趋减少。

从20世纪50年代开始，伊克昭盟地方国营煤矿为适应顶板活动规律及加强对顶板的支撑能力，纷纷采用坑木支柱维护采煤空间。20世纪60年代以后，伊克昭盟各煤矿以煤炭工业部规定的顶板分类法对所采煤层的顶（底）板进行了分类，在推广应用走向长壁采煤法的同时，按不同的顶板类别分别采用不同的工作面顶板控制方法，其中对采空区处理应用最为广泛的是全部垮落法。

20世纪70—80年代，井下支护方式和支护材料不断改进，采掘工作面由原来使用纯坑木支护，逐步改为金属材料支护，尤其是掘进巷道根据使用年限逐步改为工字钢棚、U型钢棚、水泥棚、锚杆支护。1980年，煤炭工业部下达《关于加强工作面顶板控制，防止顶板事故的通知》。伊克昭盟燃化局要求在采掘工作面推广使用摩擦式金属支柱及铰接顶梁，并对工人的现场操作加强了技术培训。1984年，准格尔旗纳林沟煤矿采煤工作面开始使用摩擦式金属支柱。

1985年，伊克昭盟国营煤矿基本实现了半机械化采煤，井下用矿灯照明。罕台川煤矿、纳林沟煤矿基本实现机械化开采。工作面顶板控制也有所改进，采用全部跨落法，坑木支护。部分煤矿开始推广使用摩擦式金属支柱支护，采煤方法也由残柱式向片盘式、短壁式转变。

20世纪90年代，伊克昭盟煤炭工业管理局根据煤炭工业部《关于加强回采工作面事故多发地点技术管理工作若干规定》及《关于加强掘进顶板管理，严禁空顶作业的通知》要求，制定了一系列工作面顶板控制细则和相应的检查制度。多数国营煤矿开始组建矿压试验小组，测定顶、底板参数，选定支护形式。20世纪90年代初，各煤矿多为炮采、炮掘工艺，各矿主要采用锚杆、锚网等支护形式，消灭空顶，保证支护具有足够的强度；加强顶板观察，编制专门的预防顶板事故安全技术措施；工作面作业时，严格执行安全技术规程和“敲帮问顶”制度，及时处理可能引起安全事故的隐患；根据工作面顶板情况，及时采取合理的支护措施，严禁空顶作业。2000年以后，各煤矿开始选用金属网护顶，工作面支护选用ZJH1800/17/25型悬移顶梁液压支架、DI-35-25/110Q型单体液压支柱，配合

HDJA-800 型金属铰接顶梁支护顶板，基本实现了液压支架、全部跨落法的工作面顶板控制举措。

自 1992 年起，随着综采、综掘装备的推广运用，伊克昭盟各煤矿加强对综采工作面的矿压观测，利用顶板动态观测法做好顶板来压强度、顶板断裂等情况的预报，对回采巷道进行顶板离层监测、顶底和两帮移近量监测、锚杆和锚索载荷监测，并定期分析监测结果；根据对检测数据和结果的分析，制定作业规程和措施，合理选择工作面推进方向和支护强度，确定支护参数和支架的类型、数量、初撑力等；引进采用开采工艺可视化、信息管理智能化等方面的关键技术，形成矿井高技术装备保障体系；以优化巷道施工工艺和支护参数为核心，研究煤层不同赋存条件巷道快速成型与维护关键技术，引进、研制并整合现有回采、准备巷道掘进与支护装备；采用大断面综合掘进系统，强力锚杆、锚索、锚网与多介质耦合法结构支护系统；建立巷道矿压实时监测系统，确保工作面安全快速掘进。

2007—2008 年，鄂尔多斯市煤炭局下发加强地方煤矿采空区大面积空顶及“一通三防”管理方面的文件，对采空区的密闭时间、密闭的具体要求、密闭的日常管理、密闭的检查验收和私自打开密闭采空区的责任追究等提出了具体要求，并由市矿山救护大队组织对全市地方煤矿的采空区密闭进行了检查。各煤矿陆续安装了矿压智能观测系统，实现了对矿井压力的智能观测和分析，为控制矿压、确定支架的合理参数、加强工作面顶板控制提供了依据。

2008 年后，各煤矿采煤工作面采用长壁采煤法一次采全高，工作面顶板控制方法为全部垮落法，回采巷道采用锚杆、锚索、架棚、钢带或挂网支护。煤层巷道支护一般为锚杆支护，支护设备多为锚杆机，锚索钻机或掘锚一体机。综采工作面主辅运巷道超前煤壁 20~30 米范围内，采用单体液压支柱及超前液压支架支护，并设专人维护。工作面采场支护顶板、维护安全作业空间，推移工作面，采用液压支架设备包括大采高液压支架、放顶煤支架、中厚煤层支架；综采工作面搬家倒面有开切眼安装和撤面时，编制工作面顶板控制专项措施。在永久支护之前，掘进工作面均使用前探梁或机载超前支架临时护顶作业，并在掘进过程中严格执行作业规程，确保掘进迎头至永久支护的距离不超作业规程规定。同时，根据矿压在线监测系统，顶板离层指示仪等随时掌握工作面顶板来压状态与巷道顶板离层数据，超前研判离层有冒顶风险的巷道，并及时采取加强支护措施。各煤矿专职安全员分班次，24 小时对全矿采煤工作面、掘进工作面、有人作业地点进行巡查，“敲帮问顶”，及时处理顶板安全隐患。通过采取一系列有效的工作面顶板控制措施，顶板事故大大减少，保证了安全生产。

2010 年以后，随着综采、连采等采煤装备的运用，各煤矿加强对综采工作面的矿压观测，利用顶板动态观测法做好顶板来压强度、顶板断裂等情况的预报，对回采巷道进行顶板离层监测，并定期分析监测结果；根据对检测数据和结果的分析，制定作业规程和措施，有效提高工作面顶板控制水平。

截至 2018 年，各煤矿依靠科技进步，强化工作面顶板控制。专门成立了以总工程师为组长，煤炭生产管理部门负责人、各井工矿总工程师为副组长，各矿采煤队、掘进队负责人与专职安全员为成员的顶板灾害防治组织机构；以采煤队、掘进队、专职安全员作为顶板灾害防治的具体实施队伍。加强了技术检测。综采技改前，煤矿顶板灾害防治主要依靠人工观测，未配备检测设备。技改期间，各矿采煤工作面均安装了矿压在线检测系统，实现连续自动检测工作面液压支架的工作阻力并实时传输、软件与人工相结合，分析掌握工作面顶板来压状态，作出预测预报。掘进工作面均安装了顶板离层仪，沿空留巷段巷道实施“110”工法，并增设顶底板移进量测量仪、单体液压支柱压力测量仪、由技术人员定期测量分析巷道顶板离层、顶底移进量、支柱压力数据，检测巷道顶板离层情况及沿空留巷段巷道顶底板移进量、巷道加强支护单体液压支柱支撑力。

第六节 冲击地压防治

一、冲击地压矿井

随着全市多数煤矿开采深度增加，地质灾害日益突出。2018 年 4 月 8 日，乌审旗中天合创能源有限责任公司门克庆煤矿发生强震事件，标志着鄂尔多斯市煤矿冲击地压开始显现，也给各矿敲响了警钟。

截至 2018 年底，鄂尔多斯市共有煤矿 335 座，总设计生产能力 86241 万吨/年。全市有 28 座煤矿开采深度超 400 米，按企业性质划分：中央企业绝对控股煤矿 9 座，国有煤矿 14 座，其他煤矿 5 座；按煤矿建设情况分：生产矿井 8 座，建设（技改）矿井 20 座；按生产能力划分：28 座煤矿总产能 16900 万吨/年，其中 9 座煤矿产能超 800 万吨/年，12 座煤矿产能在 180～800 万吨/年；7 座煤矿产能小于 180 万吨/年。按照《防治煤矿冲击地压细则》要求，现有 28 座煤矿均已进行了冲击地压倾向性鉴定和危险性评价。经评价鉴定，具有冲击倾向性的 19 座煤矿中，属于冲击地压矿井的 14 座（中等冲击危险和弱冲击危险矿井各 7 座），另有 1 座煤矿（鄂托克前旗长城煤矿）经鉴定具有弱冲击倾向性但未完成危险性评价工作。

二、冲击地压的防治工作

2018 年，门克庆煤矿“4・8”强震事件后，国家煤矿安全监察局、内蒙古自治区能源局对鄂尔多斯市煤矿冲击地压防治工作高度关切，多次组织到鄂尔多斯市开展督查调研工作。针对国家、内蒙古自治区督查调研提出的隐患问题、意见建议和鄂尔多斯市监管部门日常监管执法、专项检查提出的隐患问题，鄂尔多斯市煤炭局狠抓隐患问题整改落实工作，要求煤矿企业建立健全并严格落实生产安全事故隐患排查治理制度，并形成常态化机制，督促煤矿企业立即开展矿井冲击倾向性鉴定和危险性评价工作。同时报请市人民政府同意，委托煤炭科学技术研究院有限公司对全市采深 400 米以上的矿井进行冲击地压灾害评估，结合全市地质条件等情况提出了有针对性的防治措施。

2018 年 7 月，鄂尔多斯市煤炭局牵头组织山东兖矿集团鄂尔多斯能化公司和煤炭科学技术研究院组成三方“鄂尔多斯地区煤矿冲击地压防治技术与管理体系研究”课题组，以鄂尔多斯地区深部矿井冲击地压灾害发生机理以及有效监控防治为研究对象，对冲击地压致灾机理、监测预警技术、灾害防治技术及冲击地压条件下深井开采设计、安全开采技术进行全面研究。2019 年 4 月，课题组提交了阶段总结报告，通过分析煤矿地质、基础应力环境和开采情况对全市煤矿冲击地压矿井类型进行了划分，确定了每个冲击地压矿井类型，并有针对性地提出了防治方法。

2018 年 8 月 21 日，鄂尔多斯市煤炭局组织8个旗区煤炭局局长和28座埋深超过400米的矿井主要负责人召开了全市煤矿冲击地压防治技术与管理工作推进会，认真学习国家、内蒙古自治区冲击地压防治有关规定，通报了全市冲击地压防治工作情况，对矿井冲击地压防治工作进行了详细安排部署，并督促旗区监管部门认真监督落实。

2018—2019年，中煤西北能源有限公司成立了防冲控水中心，配备15名专家、博士。母杜柴登、纳林河二号井从山东省、河南省等冲击地压治理经验丰富的矿区引进16名专业人才，14座冲击地压矿井均建立了防冲管理机构，健全了防治煤矿冲击地压技术管理体系，制定了防冲岗位责任制；成立防冲办公室，配备防冲副总工程师和专业技术管理人员，负责矿井日常防冲技术管理与现场监督落实；建立了专门的防冲队伍，与其他相关施工区队共同落实各项防冲措施，使冲击地压防治工作规范有序开展。28座采深超400米煤矿按照《国家煤矿安全监察局关于印发〈煤矿井下单班作业人数限员规定(试行)〉的通知》重新编制《作业规程》，优化工序，改善生产组织管理，制定了冲击危险区限员管理制度。14座冲击地压矿井进入危险区人员全部穿防冲服，落实个体防护措施，通过人员定位系统记录进入的人员、时间，严格控制冲击危险区人数：掘进工作面200米范围内不得超过9人，回采工作面及两巷超前支护范围内进入人员生产班不得超过16人、检修班不得超过40人。同时，煤矿企业加大资金投入，自主开展智能化开采试验性工作，乌审旗巴彦高勒、门克庆两座冲击地压矿井智能化采煤工作面已投入使用，采煤工作面每班生产作业人员在限员16人的基础上减少5~7人。

第三章 应 急 救 援

第一节 机 构 队 伍

一、盟（市）应急救援机构

1963年3月8日，伊克昭盟第一支矿山救护队成立，隶属伊盟燃化局。至20世纪70年代，随着新建煤矿不断增加，矿山救护队的业务范围不断扩大，负责全盟14个地方国营煤矿及百余个社队煤窑的矿山救护工作，并在14个地方国营煤矿建立了不脱产的辅助救护队。1976年，准格尔旗纳林沟煤矿成立矿山救护队，有职工17人，配救护车1辆。

1978年1月，煤炭工业部下达《关于印发“全国部分煤矿救护队长汇报纪要”的通知》，提出尽快把矿山救护队建成“特别能战斗”的队伍。同年，伊克昭盟矿山救护队下放给盟属地方国营罕台川煤矿管理。

1982年，伊盟燃化局有2个矿山救护队，矿山救护队人数14人。

1984年，东胜煤炭开发经营公司组建东胜矿区矿山救护队，后发展到设备、车辆齐备的中队，由18名队员组成2个小队，并与上湾煤矿、布连塔煤矿、乌兰木伦煤矿组建了不脱产的辅助矿山救护队。

1985年8月16日，经内蒙古自治区煤炭工业厅批准伊克昭盟重新成立了矿山救护队，负责全盟煤矿救护、安全检查、培训专门人员等，有15名队员，配备有救护车辆、有2台氧气填充泵、1台万能苏生器、16台呼吸器和2台呼吸器校验仪。该队隶属原伊盟煤炭工业公司（当时该公司与华能精煤伊盟分公司是属于一个单位）。1988年，救护队归属伊克昭盟煤炭工业处。该队从1985年建队以来，共参与抢救各类事故61次，自身伤亡6人次。

1991年6月14日，伊克昭盟编制委员会统一确定盟矿山救护队编制，由原核定的15名增加到25名。按岗位分别为：队负责人2名、救护队员18名（编两队）、会记1名、出纳1名、司机3名。

1993年6月10日，经伊克昭盟行政公署研究同意，盟矿山救护队同财政脱钩，救护收费标准由0.05元/吨煤提高到0.15元/吨煤。在盟矿山救护范围内，国有煤矿救护费由救护队按煤炭销售数量直接收取，乡镇煤矿由各旗市煤炭局（公司）在上缴的维简费中代扣。提高救护费标准从1994年1月1日起执行。

1995年，伊克昭盟矿山救护队人员增加至27人，下设2个小队，1个办公室，其中有大小车辆4台、矿山救护车2台、氧气呼吸器23台、氧气泵1台。经费为自收自支。6月21日，伊克昭盟矿山救护队更名为伊克昭盟矿山消防救护队。

1997年3月12日，原伊克昭盟矿山消防救护队更名为内蒙古矿山救护支队伊盟区域矿山消防大队。

1999年6月30日，伊克昭盟煤炭工业管理局为保证盟矿山救护队的正常运转，经会议研究决定：将矿山救护队员的营养津贴由现行的每人每月30元调整为每人每月60元，从7月1日起执行。

2001年，伊克昭盟区域矿山救护大队在内蒙古自治区矿山救护大比武中，取得了“全区矿山救护技术比武（集体项目）优秀奖”，总成绩为全区第13名，业务理论个人全区第1名的好成绩。杨永厚等3人也被自治区煤矿安全监察局、自治区煤炭工业管理局表彰为“全区优秀矿山救护指挥员”。2001年撤盟设市，更名为鄂尔多斯市区域矿山消防救护大队。

2009年5月27日，按照《鄂尔多斯市人民政府关于全市矿山救护队伍规划建设的通知》，鄂尔多斯市人民政府经研究同意在原有矿山救护队的基础上，组建成立鄂尔多斯市矿山应急救援指挥中心。6月23日，鄂尔多斯市区域矿山消防救护大队更名为鄂尔多斯市矿山应急救援指挥中心。其宗旨是：为区域矿山应急救援提供统一指挥调度保障。矿山应急救援指挥中心为科级事业单位，隶属于市煤炭局。内设机构5个，分别为：综合科、战训科、人事培训科、后勤装备科、直属矿山救护机动大队，均为副科级建制。救护大队有工作人员107人，其中大队长1人，书记兼副大队长1人，副大队长2人，副大队长兼工程师1人。各救护中队有中队长1人，工程技术人员1～2名，每个救护中队编制3个救护小队，每个救护小队编制9名救护队员。按照建设国家级应急救援基地的要求，在东胜区铜川工业园为市矿山应急救援指挥中心新建训练、办公场地。在准格尔旗、伊金霍洛旗、鄂托克旗煤矿集中地区分别新组建弓家塔、纳林庙、棋盘井3个救护中队。原神东矿山救护大队、北联电吴四圪堵救护中队分别增挂“伊金霍洛旗乌兰木伦矿山救护大队”“达拉特旗高头窑救护中队”的牌子，统一组织采购了应急救援指挥车、呼吸器等各类救援设施。各煤矿企业建立了不少于

9人的辅助救护队，并配备了专业的应急救援器材，所有人员都经过集中培训。大幅度提高了对事故进行抢救处理的及时性和有效性。初步形成了覆盖全市、以30分钟行车距离为半径的应急救援网络，应急救援能力大幅度提高，为降低事故损失、保障人员生命安全提供了有力保障。

2011年，鄂尔多斯市煤炭局强化应急救援体系建设，增强应急处置能力。鄂尔多斯市矿山应急救援指挥中心紧紧围绕战备培训训练、预防检查、抢险救灾三大任务，认真开展各项工作，取得了良好成绩，并于2011年4月23日，获得了国家安全生产应急救援指挥中心和内蒙古自治区煤矿安全监察局应急救援中心认定的国家一级矿山救援资质。

2015—2016年，鄂尔多斯市矿山应急救援指挥中心对各项应急预案进行进一步完善，一旦险情发生，能迅速启动预案。平时不断加强队伍建设和实战演练，24小时待命，出现险情能够随时上阵，迅速开展救援工作。

2017年，鄂尔多斯全市现有国家一级资质应急救援队伍2支，其他应急救援队伍15支，并且每个煤矿都设有辅助救护队伍，形成了立体式全覆盖的应急救援体系。救援中心直属机动大队下设2个直属中队、6个救援小队，共配置救援指战员30名。按照《煤矿救护规程》规定及《矿山救护队质量标准化》要求，中心为大队建制，按要求大队设大队长1人，副大队长2人，总工程师1人，副总工程师1人。中队由3个以上小队组成，中队设中队长1人、副中队长2人，工程技术人员1人。小队由9人组成，设正、副小队长各1人。

二、旗区应急救援机构

20世纪80年代末，各旗区面对辖区内煤矿大量增加，抢险救灾任务逐步加重的实际，加强了基层矿山救护队伍建设。1986年，准格尔旗煤炭工业公司成立，并在原基础上成立了准格尔旗煤炭公司矿山救护队，队员13人，正式担负起了全旗地方煤矿的抢险救灾工作。后救护队正式扩编为中队建制，下属3个救护小队，指战员定编为30人。1997年，准格尔旗煤炭公司转制与准格尔旗煤炭工业管理局分设后，救护队归属准格尔旗煤炭工业管理局管理，队部驻在准格尔旗沙圪堵镇，事业编制，中队建制，队员定编为31人。根据《煤矿救护规程》和内蒙古矿山救援中心队伍质量标准化验收要求，2008年7月，矿山救护中队通过内蒙古自治区救援指挥中心的质量标准化达标验收，取得资质证书。2009年，矿山救护中队升级为矿山救护大队，大队编制，下设两个中队和6个救护小队，有队员56人，管理人员和后勤人员9人。

2009年5月，鄂尔多斯市东胜区矿山救护队成立，隶属于东胜区煤炭局，为全额拨款的二级单位，有队员17人。2010年底，有队员40人，设置3个救护小队，其中有队级指挥员4人。

截至2010年底，全市共有矿山救护大队4个，矿山救护中队2个。鄂尔多斯市区域矿山消防救护大队，隶属市煤炭局管理，国家二级资质，下设2个中队，有救护人员及辅助人员80人，队部所在地为东胜区。准格尔旗矿山救护大队，隶属准格尔旗煤炭局，业务归口鄂尔多斯市区域矿山消防救护大队管理，自治区三级资质，下设2个中队，有救护人员及辅助人员50人，队部所在地为准格尔旗沙圪堵镇。

2018年，伊金霍洛旗矿山救护队状况见表5-3-1。

表 5-3-1 2018 年鄂尔多斯市伊金霍洛旗矿山救护队情况表

建队时间	名称	是否独立法人		队伍建制			队伍编制			服务煤矿数量	
		是	否	大队	独立中队	其他	中队	小队	其他	本企业煤矿	签协议煤矿
	燎原煤矿兼职辅助救护队		1					1		1	
2009 年	鄂尔多斯市昊华精煤有限责任公司救援队		1		1		1			1	0
2010 年	育才煤矿	1				1		1			1
2011 年	育才煤矿	1				1		1			1
2011 年	伊金霍洛旗新庙镇敬老院煤矿辅助救护队		1			1		1		2	
2012 年	育才煤矿	1				1		1			1
2012 年	呼和乌素煤矿	1				1		1			1
2012 年	新能矿业有限公司王家塔煤矿救护队		1		1		1			1	0
2013 年	呼和乌素煤矿	1				1		1			1
2013 年	育才煤矿	1				1		1			1
2014 年	育才煤矿	1				1		1			1
2014 年	呼和乌素煤矿	1				1		1			1
2015 年	呼和乌素煤矿	1				1		1			1
2015 年	育才煤矿	1				1		1			1
2016 年	育才煤矿	1				1		1			1
2016 年	呼和乌素煤矿	1				1		1			1
2017 年	呼和乌素煤矿	1				1		1			1
2017 年	育才煤矿	1				1		1			1
2017 年	转龙湾煤矿救护中队		1		1		1			2	
2017 年	伊金霍洛旗乌兰木伦考考赖沟煤矿应急救援队		1			1			1	1	
2017 年	察哈素煤矿矿山救援中队	1			1		1	1	0	1	0
2017 年	红庆河驻矿救护中队		1			1	1	1		1	0
2018 年	育才煤矿	1				1		1			1
2018 年	呼和乌素煤矿	1				1		1			1

三、企业应急救援机制及队伍

（一）神东煤炭集团公司应急救援队伍

1989 年 10 月，神府矿区救护队（中队建制）成立。1990 年，东胜矿区救护消防队（中队建制）成立。1997 年 1 月 20 日，神府公司救护队和东胜公司救护消防队整合为神华集团公司救护消防队（中队建制），隶属于神华集团公司矿区安全救护中心。1998 年，神华集团公司矿区安全救护中心撤销，救护队归属神东分公司安监局管理，更名为神东煤炭分公司救护队（中队建制）。2004 年 1 月，救护消防队由独立中队升格为救护消防大队（副处级建制）。

2007 年 10 月，救护消防大队被国家批准为国家级鄂尔多斯矿山救援基地。主要承担神东煤炭分公司矿山救护和神东矿区地面消防及其他抢险救灾任务，同时肩负陕西省榆林市、内蒙古自治区鄂尔多斯市、山西省忻州市境内与公司签订救援服务合同的地方煤矿等应急救援职责。为配合救援工作，神东总医院被确定为国家安全生产监督管理总局矿山医疗救护神东分中心。

2009 年，神东矿区四公司整合成立神东煤炭集团公司，将万利救护中队划归神东救护大队，神东煤炭分公司救护消防大队更名为神东煤炭集团公司救护消防大队。大队升格为正处级建制，编制 221 人，有指战员 172 人，大队下设上湾中队、布尔台中队、东胜中队、保德中队和锦界中队。其中，上湾救护中队是救护大队直属加强中队，服务对象为上湾煤矿、大柳塔煤矿、补连塔煤矿、哈拉沟煤矿、榆家梁煤矿、马家塔煤矿及杨湾煤矿；布尔台救护中队是在原万利救护中队基础上组建，服务对象为乌兰木伦煤矿、石圪台煤矿、柳塔煤矿、寸草塔煤矿、寸草塔二矿、布尔台煤矿；东胜救护中队服务对象为唐公沟煤矿、昌汉沟煤矿、神山露天煤矿、金通煤矿、包头李家煤壕矿。2010 年 6 月 4 日，国家矿山救援鄂尔多斯基地在神东建成。

2012 年，神东煤炭集团救护大队组织救护队员备战并参加了“第九届全国矿山救援技能大赛”，参赛队员通过层层选拔和半年多的训练，在宁煤举行的全国比赛中获得团体总分第五名的好成绩。

2000—2015 年，神东煤炭集团企业救护队组织情况见表 5-3-2。

表 5-3-2 2000—2015 年神东煤炭集团企业救护队组织情况表

年份	救护大队	救护中队	救护小队	专职人数
2000		1	4	45 （大队 19）
2005	1	2	2	62
2010	1	5	15	145
2015	1	3	20	249 （大队 30）

（二）神东天隆集团应急救援机制及队伍

2005 年起，范家村煤矿一直与鄂尔多斯市东胜区矿山救护队签订救护协议，由鄂尔多斯市东胜区矿山救护队负责该矿的矿山救援任务以及救援管理工作。2015 年 5 月 1 日，范家村煤矿与鄂尔多斯市东胜区矿山救护队签订救护协议，救护协议期限为 1 年，每年签订 1 次，煤矿负责积极配合鄂尔多斯市东胜区矿山救护队开展矿山救护工作。2008，根据鄂尔多斯市煤炭局、安全生产监督管理局要求，结合矿井实际安全生产需要，范家村煤矿成立矿辅助救护队，下设办公室，办公地点设在煤业公司安全管理部；辅助救护队设置队长 1 人，救护队员 9 人。

2012—2014 年，满来梁煤矿与伊金霍洛旗矿山救护队签订救护协议，由伊金霍洛旗矿山救护队负责该矿的矿山救援任务以及救援管理工作。2014 年，满来梁煤矿成立矿辅助救护队，下设办公室，办公地点设在煤业公司安全管理部；辅助救护队分为 2 个小分队，设置中队长 1 人，小队长 2 人，救护队员 15 人。两队所有辅助救护队员均经过鄂尔多斯市救护大队培训合格，取得矿山辅助救护队员资格，并定期参加复训、加强体能锻炼，及时更新矿山应急救援、矿山救护知识。煤矿辅助救护队自成立以来，坚持“加强战备，严格训练，主动预防，积极抢救”的原则，积极做好矿山职工自救与互救知识的宣传教育工作。

2013—2015 年，新鑫煤矿与准格尔旗矿山救护大队签署救护协议，由准格尔旗矿山救护大队负责该矿的矿山救援任务以及救援管理工作。2015 年 1 月 1 日，新鑫煤矿与准格尔旗矿山救护大队签署救护协议，新鑫煤矿矿山救护工作由准格尔旗矿山救护大队负责，救护协议期限为 1 年，每年签订 1 次，煤矿负责积极配合准格尔旗矿山救护大队开展矿山救护工作。

2015 年，满来梁煤矿与鄂尔多斯市矿山应急救援指挥中心签订救护协议，由鄂尔多斯市矿山应急救援指挥中心负责该矿的矿山救援任务及救援管理工作。救护协议期限为 1 年，每年签订 1 次，煤矿负责积极配合鄂尔多斯市矿山应急救援指挥中心开展矿山救护工作。

神东天隆集团矿山救护队伍隶属神华集团神东公司，国家二级资质，下设 2 个中队，有救护人员及辅助人员 80 人，主要服务神华集团所属煤矿企业，队部所在地为伊金霍洛旗上湾镇。

（三）伊泰集团公司矿山救护大队

2006 年 8 月，伊泰集团公司成立矿山救护队，科级建制，隶属集团安全监察部。队内设队长、副队长、工程师、队员、司机、医生等岗位，有队员 27 人，司机 1 人，医生 1 人，合计 31 人。2007 年 8 月末，救护队撤销，人员分流。2009 年 3 月，成立酸刺沟救护中队、纳林庙救护中队；8 月，公司成立矿山救护大队。11 月，酸刺沟救护中队经内蒙古自治区煤矿安全监察局验收取得国家三级救护队资质后，公司的阳湾沟煤矿、酸刺沟煤矿的矿山救援任务由酸刺沟救护中队承担。

2011 年 9 月，内蒙古伊泰煤炭股份有限公司在煤炭生产事业部组建矿山救护大队，下设战训科、技术科、装备科、办公室、化验室及酸刺沟救护中队、纳林庙救护中队，共有指战员 70 人。当年，公司各煤矿在鄂尔多斯矿山救护大队培训辅助救护队员 70 人。2012 年，救护大队增设灭火队，定员 9 人。2015 年，矿山救护大队设大队长 1 名、总工程师 1 名、副大队长 2 名（兼中队长），内设战训科、装备科、技术科、化验室、灭火队、酸刺沟救护中队和纳林庙救护中队，定员 77 人，其中，酸刺沟救护中队、纳林庙救护中队各 32 人，包括副中队长 4 名、技术员 2 名，队员 54 名，司机定员 4 名。

（四）伊东煤炭集团矿山救护中队

2005 年 3 月，内蒙古伊东煤炭集团矿山救护中队成立，队员 12 人，是伊东煤炭集团公司自费组建的专职矿山救护队。在内蒙古自治区、鄂尔多斯市、准格尔旗煤矿安全监察局和煤炭管理局等各级有关领导和部门的大力支持下，以及各级救护队和友邻单位的扶持和帮助下，伊东集团矿山救护队由 12 人逐步扩编为 55 人，分 4 个小队，分别驻三大矿区和队部。救护中队位于内蒙古鄂尔多斯准格尔旗沙圪堵经济技术开发区，于 2008 年 4 月 18 日通过矿山救护队资质认证，资质等级三级。

第二节 救 护 装 备

一、盟（市）矿山救护队伍装备

1976 年，伊克昭盟矿山救护队救护装备有呼吸器 15 台、万能检查仪 1 台、氧气充填泵 1 台、瓦检器 2 台、一氧化碳检定器1台。1977年12月，将该队下放给罕台川煤矿，成立了一支辅助救护队，到1982年撤销。

1985年，伊克昭盟重新成立的矿山救护队暂定编制15人，配备有救护车2辆、2台氧气充填泵、1台万能苏生器、16台呼吸器和2台呼吸器校验仪。救护活动经费是由伊克昭盟财政拨专款2万元，其不足部分从各矿按规定提取的维简费中，每吨提取0.05元解决。同年12月，内蒙古自治区煤炭厅地方处为该队拨款17万元，盖了一座二层办公楼，并买下两栋家属住房。1986年，公司又自筹资金为队里购买了1台氧气充填泵、1台呼吸器校验仪及32个氧气瓶。1987年，公司又为队里购置了一卷长为2000米的引线绳及2付担架。1988年1月5日，救护队划归盟煤炭工业处直管二级单位，科级建制，财务上实行独立核算。

20世纪90年代，伊克昭盟矿山救护队增加的新型救护设备较多。救护交通运输工具有矿山救护车、吉普车等。通信设备有100瓦和15瓦电台、无线电对讲机、灾区声能电话等。个人防护设备有2小时与4小时氧气呼吸器、自动苏生器、压缩氧自救器、过滤式自救器等。检测设备有呼吸器校检仪，氧气检定器和瓦斯、一氧化碳、硫化氢检定器，灵敏度测试仪，氧气瓶压缩机等。灭火设备有惰性发生器、高倍数爆破发射机、干粉灭火器以及风帐、水枪、水龙头等。另外还有局部通风机、水泵、液压剪刀、液压起重器、圆盘锯等救护设备。

2001年，伊克昭盟煤炭工业管理局下拨给伊克昭盟矿山救护大队43.18万元的救护技术装备专项经费，为大队装备了20台正压式氧气呼气器、20盏强光节能井下照明灯、2台正压呼吸器校验仪，购置了1.33万元的消防水带，进一步提高了大队的救护装备水平，基本适应伊克昭盟矿山消防救护工作的需要。

2008年，鄂尔多斯市煤炭局拨付给市矿山救护大队专项设备款及专项费用1649649元。购买了井下对讲机1套，快速密闭5套，高压脉冲灭火装置2台，正压氧气瓶100个，红外线测距仪1台，便携式四合一气体测定仪10台，手动式瓦检仪12台，氧气、一氧化碳探头9台，红外线测温仪4台。

2010年，鄂尔多斯市煤炭局投入1000多万元为矿山应急救援指挥中心购买新装备，淘汰落后装备。年底，指挥中心有指挥车4辆、卫星通信指挥车1辆、发电车1辆、气体化验分析车1辆、消防水车2辆、装备车1辆、救援面包车7辆、国内最大功率排水泵2台、轻型救援钻机等装备。

截至2018年，各救护队装备均按要求配备。

二、企业矿山救护队伍装备

1. 神东公司救护队伍装备

1997年前，神府分公司救护队配置有1辆东风救护车、1辆面包救护车、1辆北京212吉普指挥车，配置31台AHY-6型氧气呼吸器及30台压缩氧自救器、1台高倍数泡沫灭火器，小队装备及个人装备基本配齐。当时因为没有固定的办公、学习、训练场所，救护队临时租用2号单身职工楼，队伍管理不正规，制度不健全不完善，夜间及假日没有值班小队。但是救护队指战员克服重重困难，加强管理，严格训练，圆满完成神府公司下达的各项工作任务。

1997—1998年，救护队配置了消防车7辆、BG4氧气呼吸器40台、空气呼吸器30台、高倍数泡沫灭火器2台、惰性气体发生装置4台，中队、小队、个人装备基本齐全，技术装备基本达到了规定要求。其间，领导重视，组织得力，训练设施齐全，建立健全以岗位责任制为中心的管理制度 39 种 1.5 万余字。通过开展技术练兵活动和质量标准化达标活动，加强管理，严格训练，队伍管理逐步走上规范化、科学化、军事化的轨道，队伍整体素质和实战能力有了显著提高。

2004 年，神东煤炭公司投入 448 万元，购置全国最高的 53 m 消防云梯车，成为全国第一个拥有最高消防云梯车的矿山救护队。

2015 年，神东煤炭集团矿山救护队伍装备见表 5-3-3。

表 5-3-3 2015 年神东煤炭集团矿山救护队伍装备一览表

3.5 吨水罐消防车	1 辆
5.5 吨水罐消防车	2 辆
1.5 吨五十铃消防车	2 辆
5 吨泡沫灭火车	1 辆
8 吨泡沫灭火车	1 辆
53 米登高平台消防车	1 辆
15 吨消防供水车	1 辆
BGP 高倍数泡沫灭火机	400 型 1 套
BGP 高倍数泡沫灭火机	20 型 2 套
DP 惰泡发射机	10 型 1 套
DP 惰泡发射机	00 型 1 套
YZ 压注式惰气发生装置	700 型 1 套
YZ 压注式惰气发生装置	500 型 1 套
一型喷涂机	1 台
500 立方米/分钟惰气灭火装置	2 套

2. 神东天隆集团救护队伍装备

改制后，天隆集团采购了消防水泡、高标准配置灭火器、消火栓。天隆大厦（一级消防）、和谐大厦（一级消防）、大柳塔商饮城均设置了自动消防灭火系统。

各单位每年与神东救护消防大队签订救护协议，进行矿井灾害的救援。同时，各单位也成立了兼职的辅助救护大队，配备了各种处理矿山事故的技术装备和救护器材，协助矿山救护队完成矿井事故处理工作，保证矿井抢险救灾工作的顺利进行。

3. 伊泰集团公司矿山救护队

2009 年，集团公司成立酸刺沟、纳林庙救护中队后，在进行救护队资质等级评定验收与质量标准化验收的过程中，进一步配备、完善了救护装备。

2011 年，伊泰集团公司救护大队主要装备见表 5-3-4。

表 5-3-4 2011 年伊泰集团公司救护大队主要装备明细表

设备名称	要求及说明	单位	数量
救援指挥车	帕拉丁	辆	2
东风起重运输车	5 吨小吊车	辆	2
液氮灭火装置		套	2
液态二氧化碳灭火装置		套	2
发电机组	200 千瓦（柴油）	台	2
井下直柱转运储罐	cfw—108/2.5	台	3
井下自增压调控装置	lby—800/2.5	台	1
北方奔驰牵引车		台	2
低温液体运输半挂车		台	2
多种气体检测仪	CH_4、CO、O_2、H_2S	台	2
防爆数码摄像机		台	1
矿用移动式注浆装置		套	1
高扬程水泵	BQS50—360—100	台	2
热成像仪		台	1

第三节 应急演练与事故救援

一、应急演练

鄂尔多斯市的各支矿山应急救援队伍，注重从提高自身素质入手，强化应急救援队伍的学习培训和应急救援实战演练。演练内容主要为水、火、瓦斯、煤尘、顶板等灾害事故的应急预防和救援，反风演习，井下大型模拟救灾实战演习等。应急演练严格按照各煤矿制定的应急预案执行，并由应急救援领导小组对应急救援过程进行监督、评估，发现应急救援过程中存在的问题，及时对应急救援预案进行修订。各煤矿均编制有矿井安全事故应急预案。同时，各煤矿按照要求定期开展事故应急救援演练，为煤矿各类安全事故应急救援奠定了扎实的基础。

2010 年 6 月 26 日，鄂尔多斯市煤炭局安监处、鄂尔多斯市矿山应急救援指挥中心在永智煤矿进行了一次反风演习。通过这次演习，检验了煤矿企业的抗灾能力，查出了存在的问题及薄弱环节，有助于进一步完善煤矿应对井下各种灾害的应急救援预案，进而提高煤矿企业的自救能力和救援水平。

2017 年，为强化应对各类突发矿井灾害事故的自救和抢救技能，鄂尔多斯市煤炭局矿山应急救援指挥中心于 6 月 20 日在昊达煤矿开展了井下火灾事故应急救援演练。通过演习，检验了煤矿企业各级领导的应急指挥能力，进一步提高了救援人员和井下工作人员的应急救援实战能力。强化了井下突发事件发生时，事故现场人员撤离速度、撤离路线的选择和自我保护能力。检查了应急救援的启动能力，以及各工种在突发事件来临时的整体协同能力和应急水平。查出了存在的问题及薄弱环节，进一步完善煤矿应对井下各种灾害的应急救援预案。

2018 年，鄂尔多斯市人民政府专门下发了《关于印发突发事件应急预案管理暂行办法的通知》，进一步规范预案编制、评审、审批、发布、备案、演练、修订、培训、宣传等相关工作，不断提高应急预案的实用性和可操作性，特别要求指定专人管理应急预案，定期更新联络电话，确保预案中的各类沟通联络信息准确可靠，一旦发生突发事件可以快速联系到应急救援队伍和相关人员。要求各级各部门要将应急预案培训纳入日常业务培训范围，定期组织学习，使有关人员熟悉预案相关内容和突发事件处置流程。市直各部门每年至少组织开展一次应急预案培训。各旗区、市直各部门要加大应急预案演练力度，将单项演练与综合演练、桌面演练与实战演练、观摩演练与双盲演练有机结合起来，通过演练不断磨合机制、锻炼队伍、完善预案。

2018 年 6 月 20 日，在“安全月”活动期间，市矿山救护队在鄂尔多斯市昊达煤矿开展了井下火灾事故应急救援演练，通过演习，进一步提高了救援人员和井下工作人员的应急救援实战能力。强化了井下突发事件发生时，事故现场人员撤离速度、撤离路线的选择和自我保护能力。

二、事故救援

1991—1998 年，神东煤炭公司救护队共处理各类事故 40 起（其中主要事故 10 起、小型事故 30 起），搬运遇难人员 2 名，撤出设备 40 台，挽回经济损失 618 万元。1998 年，两中队合并为神东救护消防大队。当年，伊旗新庙乡毛盖图煤矿发生火药库爆炸，立即出动紧急抢救，救出遇险者 5 人，搬运遇难者 15 人。截至 2004 年，救护消防大队出动 336 队次。

2004 年，鄂尔多斯市积极推进矿山应急救援体系建设，加强应急救援保障服务和安全生产救护。同年，市矿山救护队共完成救护保障任务 31 起，出动救护人员 263 人次、救护车辆 38 台次，并赴陕西省府谷县跨区域救护 3 起。为事故矿井解放出可采工作面 87 个，可采巷道 8000 多米，恢复可采煤 100 多万吨，抢运出 200 余万元的井下机电设备和井下运输车辆，为鄂尔多斯市地方煤炭工业挽回直接经济损失 3000 多万元，充分发挥了应急救援的服务保障作用。

2005 年，鄂尔多斯市矿山救护大队全年共完成救护保障任务 80 次，出动救护人员 810 人次、救护车辆 82 台次，挽回 25 平方千米约 6000 万吨的可采煤储量。

2007 年，鄂尔多斯市矿山消防救护大队逐步面向全市乃至周边省市开展应急救援服务活动。完成大队、中小队和救护队员三级业务培训以及国家质量标准化救护中队建设验收工作。2007 年，预防检查 78 次，共处理灾害性事故 23 起，处理封闭山顶塌落着火区 1 起，处理水灾事故 1 起，共出动队员 607 人次、车辆 145 台次，救援人员伤亡事故为零，处理事故成功率 99% 以上。

2008 年，鄂尔多斯市煤炭局矿山消防救护队完成大队、中小队和救护队员三级业务培训以及国家质量标准化救护中队建设验收工作。2008 年，共处理各类矿山事故 22 起，抢救遇难人员 3 人，遇险人员 2 人。救援人员伤亡事故为零，为保护矿工人身安全和国家煤炭资源发挥了重要作用。

2009 年，矿山应急救援指挥中心共检查验收 142 座井工煤矿密闭，配合煤矿进行救护演练 23 次，出动人员 683 人次，出动车辆 206 台次。应急救援方面共处理事故 9 起，其中协助准格尔旗救护队寻找遇难人员 6 名，处理综采面火灾事故 2 起，直接灭火 1 起，起封火区 4 起，处理区外火灾事故 1 起，出动车辆 27 台次，出动人员 167 人次，处理事故率比 2008 年同期下降 65%。在准格尔旗、伊金霍洛旗、鄂托克旗煤矿集中地区新建了弓家塔、纳林庙、棋盘井 3 个救护中队，原神东矿山救护大队、北联电吴四圪堵救护中队分别增挂“伊金霍洛旗乌兰木伦矿山救护大队”“达拉特旗高头窑救护中队”牌子。在煤矿企业建立了不少于 9 人的辅助救护队，初步形成了覆盖全市、以 30 分钟行车距离为半径的应急救援网络。

2010 年，鄂尔多斯市矿山应急救援指挥中心自组建以来，共为全市及邻近的包头市、锡林郭勒盟、陕北地区煤矿、非煤矿山、石化企业等提供紧急抢险救援服务 800 余起，成功解救被困遇险人员 112 人，找到遇难人员 87 人，为灾变的事故企业挽回直接经济损失约 7.52 亿元，减少煤炭资源损失约 4.5 亿吨，共挽回经济损失约 1350 亿元。有些救援行动在全国影响很大，如在鄂托克旗“3・13”煤矿特大瓦斯爆炸事故抢险救援工作中，将 33 名遇险遇难人员中 12 名遇险人员直接解救出事故现场；在准格尔旗“7・13”金利煤矿洪水淹井事故中，使被困的 12 名井下作业人员中 10 人获救；在 2010 年陕西省府谷县五一煤矿抢险救援中，成功抢救井下 14 名中毒作业人员中的 12 人。

2010 年，鄂尔多斯市矿山应急救援指挥中心共参加煤矿救援 11 次，其中市内 6 次，市外 5 次，救援成功率为 95%。抢救陕西省煤矿井下被困遇险遇难人员 14 人，其中 2 人遇难，12 人生还，挽回煤矿经济损失约 2 亿多元。检查验收井工煤矿密闭 187 座，培训辅助救护队员 567 名，检查验收以及应急救援演练出动人员 1349 人次，出动车辆 206 台次。截至

2010年，准格尔旗救护大队累计处理煤矿各类灾害事故700余起，恢复井下巷道80000多米，恢复可采储量7200万吨，工作面15000多个，抢救出遇险者30多人，抢运出井下设备折合人民币1650多万元，挽回经济损失共计9800多万元。

2011年，鄂尔多斯市矿山应急救援指挥中心共参加煤矿救援2次，出动救援指战员32人次，出动救援车辆5台次，成功抢救了温家塔煤矿井下被困遇险人员2人。累计为各井工煤矿培训了11批共847名兼职救护人员，进一步提升了煤矿自救能力。检查验收井工煤矿密闭164座次，对排查出不合格的督促煤矿立即进行整改，组织指战员到各旗区煤矿参加应急救援演练。检查验收以及应急救援演练出动人员845人次，出动车辆188台次。通过对井下密闭墙的检查验收和开展应急救援演练，切实加强了煤矿安全生产事故的防范能力。

2012年，鄂尔多斯市矿山应急救援指挥中心以备战训练和培训、预防检查应急抢险救援、质量标准化建设为工作重点，开展各项工作。矿山应急救援指挥中心2012年接到报警并出动参加煤矿灾害事故应急救援。其中市内5次，包括伊金霍洛旗温家塔煤矿洪水罐井被困2人事故。另外4次救援为一般性矿井气体超标处理。配合陕西省府谷县救护队处理事故2次，分别为抢救德丰煤矿窒息遇难的5人，成功抢救瑞丰煤矿大面积冒顶被埋井下的14人。2012年，矿山应急救援指挥中心对全市井工煤矿的密闭墙进行检查验收，共出动检查验收人员369人次，出动车辆123台次，共检查煤矿123座次，其中准格尔旗境内70座次，伊金霍洛旗境内3座次，东胜区达拉特旗、鄂托克旗境内19座次。

2014—2015年，伊泰矿山救护大队先后完成了纳林庙煤矿一号井煤层自燃，李家梁煤矿老井口火区处理，诚意煤矿采煤工作面一氧化碳超限，红庆河煤矿首次揭煤，宏景塔一矿环采空区掘进，酸刺沟煤矿与丁家渠煤矿启封封闭、恢复通风、排放瓦斯及纳林庙煤矿二号井筒仓煤炭自燃，宏景塔一矿掘进工作面贯通，凯达煤矿更换主要通风机等救护工作，累计出动54次，181队次，1408人次。

第四章 安 全 事 故

第一节 事 故 统 计

新中国成立前，伊克昭盟地区煤矿事故情况无系统记载。新中国成立后，伊克昭盟煤矿虽然对各类事故采取了严密的防治措施，但与其他行业比较，事故仍然较多。总的趋势是大事故少见，小事故频繁。比较严重的是顶板、运输、瓦斯和其他事故。1989—2010年，鄂尔多斯市境内煤矿各类事故死亡人数中，顶板事故占93.4%。

1999年，全盟地方煤矿共发生伤亡事故28起，死亡36人，与上年同期相比，伤亡事故减少18起，死亡人数减少34人，死亡人数降低49%。其中，地方煤矿发生伤亡事故4起，死亡5人，百万吨死亡率为1.58，远远低于内蒙古自治区煤炭局下达的控制指标；乡镇煤矿发生伤亡事故24起，死亡31人（其中7人为非生产事故），百万吨死亡率为2.90，比内蒙古自治区煤炭局下达的控制指标降低70%。伤亡事故中比例较大的仍是顶板事故。1999年共发生顶板事故26起，死亡30人，占全盟各类事故总和的83%，与上年同期相比有所上升；其次是瓦斯事故，占比14%。

2001年，鄂尔多斯全市通过专项整治，煤矿安全生产形势好转。地方煤矿发生伤亡事故16起，死亡17人，未发生3人以上重大伤亡事故，乡镇煤矿百万吨死亡率为3.63，地方国有煤矿百万吨死亡率为0.17，创造了1986年以来16年的历史最好水平。

2002年，鄂尔多斯全市地方煤矿安全生产形势再上新台阶，共发生伤亡事故17起，死亡18人，未发生3人以上重大事故。其中地方国有煤矿发生死亡事故2起，死亡2人，百万吨死亡率为0.5；乡镇煤矿发生伤亡事故13起，死亡16人，百万吨死亡率为0.57，均远远低于内蒙古自治区下达的控制指标。且从百万吨死亡率看，安全生产工作已达到国内同行业领先水平。

2003年，随着煤矿整顿力度不断加大，鄂尔多斯全市保留的地方煤矿共有552座。全年全市煤矿共发生伤亡事故18起，死亡26人，百万吨死亡率为0.64。其中，地方国有煤矿2起2人，百万吨死亡率为1；乡镇煤矿16起24人，百万吨死亡率为0.62。

2004年，全市共发生煤矿伤亡事故9起，死亡11人，百万吨死亡率为0.18。其中，地方国有煤矿1起1人，乡镇煤矿8起10人。

2005年，鄂尔多斯全市地方煤矿百万吨死亡率严格控制在内蒙古自治区煤炭工业局和市人民政府下达的指标内，全市地方煤矿共发生死亡事故13起，死亡20人，百万吨死亡率为0.22，安全管理工作得到了国家、自治区安监部门的充分肯定和一致好评。

2006年，鄂尔多斯全市煤矿企业共发生安全生产事故7起，死亡27人（含2起基建事故死亡2人）。全年除鄂托克旗“3·13”发生1起死亡21人的特大瓦斯爆炸事故外，煤矿企业未发生一次性死亡3人以上的重大事故，煤矿百万吨死亡率0.15，煤矿安全管理居全国领先水平。推进煤矿瓦斯远程监控系统建设，煤矿与旗（区）煤炭管理部门联网的线路传输工程已完成近80%，从而在整体上促进了全市煤矿安全生产形势稳定好转。

2007年，鄂尔多斯全市共发生煤矿安全事故8起，死亡12人，煤矿百万吨死亡率从2001年的1.31降至2007年的0.02。

2008年，鄂尔多斯全市煤炭行业发生煤矿安全生产事故3起，死亡6人，比内蒙古自治区下达的19人控制指标少13人，煤炭生产百万吨死亡率为0.016，煤矿安全生产处于行业领先水平。

2009年，鄂尔多斯市煤炭局不断加大监督检查力度，严抓各项安全措施的落实，通过实施煤矿安全生产隐患大排查，专项整治“回头看”，局领导包旗区督察，安监员驻矿检查等举措，加强安全监管，坚决遏制重特大事故发生。全市共发生煤矿安全生产事故5起，死亡14人，煤炭生产百万吨死亡率为0.021。其中，国有重点煤矿发生事故4起，死亡8人（3起7人属基建矿井事故，不计入百万吨死亡率）；地方煤矿发生事故1起、死亡6人。

2010年，鄂尔多斯全市发生煤矿安全生产事故3起，死亡4人，百万吨死亡率为0.009，安全生产状况处于国内领先水平。

2011年，鄂尔多斯市煤炭局加大监督检查力度，进一步健全市、旗（区）、乡、矿“四位一体”的安全责任体系，抓好安全监管监察各项措施的落实。全市共发生煤矿安全生产事故11起，死亡21人，百万吨死亡率为0.035，比内蒙古自治区煤炭生产百万吨死亡率低0.015，比全国煤炭生产百万吨死亡率低0.529，煤矿安全生产处于领先水平。

2012年，鄂尔多斯市煤矿安全生产形势总体保持平稳，煤炭生产发生死亡事故6起，死亡9人（1起4人运输事故属基建矿井，不计入百万吨死亡率），百万吨死亡率0.008。煤矿安全事故起数同比减少5起，死亡人数同比减少12人，百万吨死亡率下降0.027。

2013年，鄂尔多斯全市共发生安全生产事故8起，死亡13人（3起3人属基建事故，不计入百万吨死亡率），百万吨死亡率为0.22。

2014年，鄂尔多斯全市共发生死亡事故8起，死亡10人，百万吨死亡率0.0158。同比事故起数下降1起，死亡人数减少5人。

2015年，鄂尔多斯全市共发生煤矿安全生产事故2起，死亡2人（1起1人属基建事故，不计入百万吨死亡率），百万吨死亡率0.002。与上年同期相比，死亡事故减少4起，死亡人数减少6人，百万吨死亡率下降0.012，煤矿安全生产形势平稳。

2016年，鄂尔多斯全市共发生死亡事故6起，死亡8人，煤矿生产百万吨死亡率为0.10。

2017年，鄂尔多斯全市共发生死亡事故1起，死亡1人（瞒报不计入百万吨死亡率）。煤矿生产百万吨死亡率为0。

2018年，鄂尔多斯全市共发生煤矿安全生产事故5起，死亡5人，安全生产形势总体稳定。

1990—2018年，鄂尔多斯市煤炭系统历年百万吨死亡率统计见表5-4-1。

表5-4-1 1990—2018年鄂尔多斯市煤炭系统历年百万吨死亡率统计表

年份	煤矿个数	百万吨死亡率			死亡人数按事故性质分（人）								
		产量（万吨）	死亡人数（人）	死亡率	顶板（起/人）	瓦斯（起/人）	一氧化碳中毒（起/人）	机电（起/人）	井下运输（起/人）	火工品爆炸（起/人）	其他（起/人）	全区百万吨死亡率	全国百万吨死亡率
1989		522.56	48	9.2	38/42	5	1/1		2/2		3/3		
1990		112.3	49	9.87	36/42		1/1		1/1		2/5		
1991		700.92	59	8.4	36/40	1/1	8/11	1/1			2/6		
1992		764	52	6.9	34/42	1/2	3/4	1/1		2/2	1/1		
1993		889.8	44	4.7	35/36		3/4	1/1	2/2		1/1		
1994		1129	67	5.6	35/46		7/12	2/2			6/7		
1995		1574	49	3.2	35/36		4/6			1/1	5/6		
1996		1788.6	54	3.0	29/32	1/3	6/7			6/6	3/6		
1997		1687	63	3.56	43/51		4/7		4/4	1/1			
1998		1698	71	4.2	31/35	1/1	4/10		2/2	3/18	5/5		

表 5-4-1（续）

年份	煤矿个数	百万吨死亡率			死亡人数按事故性质分（人）								
		产量（万吨）	死亡人数（人）	死亡率	顶板（起/人）	瓦斯（起/人）	一氧化碳中毒（起/人）	机电（起/人）	井下运输（起/人）	火工品爆炸（起/人）	其他（起/人）	全区百万吨死亡率	全国百万吨死亡率
1999		1146	36	4.9	27/35						1/1		
2000		1008	27	2.6	14/16	2/8			1/1	1/1	1/1		
2001	406	2550	8	0.31	8/8								
2002	420	3008	18	0.6	15/16					1/1	1/1	1.451	
2003	572	8103	26	0.64	14/17	1/4					3/5	1.066	
2004	572	11697	11	0.18	5/7				4/4			0.488	3.08
2005	572	14000	21	0.24	7/8		3/8				4/5	0.504	2.83
2006	296	16163	6/26	0.15	3/3	1/21			1/1		1/1	0.205	2.4
2007	296	19673	8/12	0.015	3/4		2/4				3/4	0.197	1.485
2008	282	25139	3/6	0.016	1/2				1/2		1/2		
2009	294	33033	5/14	0.021			2/11				3/3		
2010	347	43300	3/4	0.009	1/2				2/2				
2011	347	58794	2/3	0.035	3/5	3/1		0	4/9	1/1	2/3		
2012	347	54317	1/1	0.008	1/1	0		0	3/6	0	1/1		
2013	347	57616	2/2	0.012	2/4	0		0	5/9	0	2/2		
2014	347	56067	1/1	0.0158	0	0		2/2	4/4	1/3	1/1		
2015	347	54011	1/1	0.0016	1/1	0		0	0	0	1/1		
2016	347	54317	0	0.010	2/4	0		0	4/4	0	0		
2017	329	62140	2/2	0.0083	1/1	0		0	2/2	0	2/2		
2018	335	61615	5/5	0.008	1/1	0		2/2			2/2		

第二节　典型事故

一、准格尔旗乌兰哈达乡乡企站煤矿火灾事故

1991年12月15日上午9时，准格尔旗乌兰哈达乡乡企站煤矿平硐主巷40~60米处发生火灾事故，死亡7人。事故原因：矿井紧靠北翼火区，存在极大安全隐患，不具备起码的办矿条件。开采中与火区打通后引起火灾。矿领导安全生产意识淡薄，安全知识贫乏，盲目蛮干，违章指挥。矿井发生火灾后，矿领导既不向有关部门及时报告，也没有采取正确、有效的措施灭火和封闭火区，仍然继续冒险生产。所有工人都没有经过安全培训，不懂起码的安全常识。矿长没有取得安全资格证。各项规章制度不健全，不具备起码的安全生产条件。独眼井生产，通风不良。生产现场指挥人员及安全员强令工人冒险作业和抢险，造成事故发生和扩大。乌兰哈达乡政府有关领导，玩忽职守，工作极不负责任，使该假集体矿得以开办。在生

产管理上，有关领导及管理人员忽视安全生产，在已经发现该矿出现重大安全生产隐患时，没有及时采取措施，导致了这起重大事故的发生。

二、杭锦旗格更召苏木格更召煤矿透水事故

1994年8月29日6时，杭锦旗格更召苏木格更召煤矿南大巷发生透水事故，直接经济损失100万元，死亡24人。事故原因：一是越界开采。格更召煤矿开采10号煤层，越界100多米，进入平沟煤矿20世纪60年代的采空区（9号煤层）下部，9、10号两层煤层间距仅1米，在水的压力及渗漏作用下造成透水。二是安全检查不力。在透水前必然有透水预兆，煤壁潮湿，炮眼内有水，顶板出现淋水或淋水加大，但没人检查这些问题。三是相关资料不足，盲目生产，对周围采空区情况不清。四是矿山测量力量不足。该矿无测量人员，只依靠平沟煤矿地测科测量，平沟煤矿地测科工作任务多时，就不对该矿进行测绘工作。五是矿与矿井下互相贯通，未留设矿界保护煤柱，造成邻近矿受害。六是矿领导及法定代表人法制观念淡薄，只顾经济利益，不管矿山开采过程中的安全工作。

三、准格尔旗黑岱沟虎石圪旦煤矿冒顶事故

1997年12月9日上午8时30分，准格尔旗黑岱沟虎石圪旦煤矿采煤工作面发生冒顶事故，4人死亡，1人轻伤。事故原因：煤矿安全生产管理制度混乱，安全操作规程不健全、不落实。回采工作面空顶面积大，缺少支护（出事地点仅有一根支柱），工人仍然违章冒险作业，盲目蛮干。煤矿管理人员、特种作业人员缺乏必要的安全生产知识，矿长高三既无安全资格证书，也无矿长资格证书，特种作业人员多数属于无证上岗，安全员崔玉柱也仅有安全资格证。该矿没有最基本的井上下对照图、采掘工程平面图、通风系统等图纸，无采掘计划，乱采滥挖。不按规定对工人进行安全培训，安全教育制度不健全。安全检查不到位，检查工具不齐全，也没有安全检查记录。矿长平均每月下井不到一次，只重效益，不注重安全管理。开采方式为落后的“残柱式”采煤法，煤层节理又比较发育，岩层结构不稳定，离层现象严重。

四、伊金霍洛旗新庙通达煤矿火药爆炸事故

1998年11月22日5时25分，新庙通达煤矿井下火药库发生爆炸事故，死亡16人，重伤2人，轻伤7人，直接经济损失120万元。这次事故的直接原因是该矿违法购买、储存、使用不符合《煤矿安全规程》的火工产品，并在井下私自建造炸药库，因井下使用明火引起火药爆炸。火工产品使用管理混乱，在井下炸药库门前摊放炸药、包装炸药，黑火药洒落严重。此次事故前不久曾发生黑火药燃烧事故，没有引起煤矿领导的高度重视。该矿安全生产管理混乱，各项规章制度形同虚设。1998年入冬后，四轮车一直停放在井下炸药库附近，炸药库明电照明，井下一直吸烟和点火取暖等违章现象严重。新庙乡政府对该矿安全生产督促检查力度不够，安全生产管理不到位。伊金霍洛旗有关管理部门对该矿火工产品管理、煤矿安全生产管理和监督检查力度不够，存在一定漏洞。大树湾镇政府在企业承包方面重效益轻安全，在承包协议中对安全生产管理没有提出明确要求，对承包人依法经营监督不够。

五、鄂托克旗伊利得煤矿“10·29”瓦斯爆炸事故

2003 年 10 月 29 日，鄂托克旗伊利得煤矿 14 层掘进工作面发生重大瓦斯爆炸事故，死亡 4 人，直接经济损失 150 万元。事故直接原因：该矿长时间不启用主要通风机，采用自然通风，掘进巷道内因长时间停电、停风造成工作面瓦斯积聚超限，工人在未排放瓦斯的情况下，违章进入掘进工作面，并使用非防爆机动三轮车进行运输，三轮车在发动过程中，排气口喷火点燃集聚的瓦斯，引起爆炸。间接原因：该矿矿长安全意识淡薄，安全生产管理混乱，对工人的违章作业未加制止。聘用无证人员负责矿井安全、生产、瓦检等；特种作业人员数量严重不足；局部通风机违章使用塑料编织风筒，漏风严重；在摩尔沟矿区供电线路改造期间（经常停电），没有制定相应的安全技术措施。该矿在未取得相关部门的审批同意的情况下，擅自进行技改工程，没有执行有关部门下达的停止技改工程和停产的指令。鄂托克旗煤炭局对该矿的安全生产监管监督不力，对该矿擅自组织技改工程未进行制止，对矿井存在的通风系统不合理等事故隐患未能及时发现。培训机构对矿长及煤矿特种作业人员培训及发证把关不严，没有依照规定严格按学员的文化素质及安全素质培训发证。

六、达拉特旗高头窑镇羊场煤矿顶板事故

2003 年 12 月 7 日中午 12 时左右，达拉特旗高头窑镇羊场煤矿井东部采煤工作面在挑夹矸作业过程中发生顶板事故，造成井下 3 人死亡，1 人受伤，直接经济损失 30 万元。事故直接原因：矿长杜金宝擅自违章指挥工人打开密闭进入无安全保障的工作面进行放顶煤作业。吕成宝等 4 名工人进入危险作业区作业。间接原因：矿领导违章指挥，不按照作业规程的要求进行支护，未制定任何安全措施，工作失职。高头窑镇平时疏于对煤矿的安全管理，对煤矿安全管理重视不够。达拉特旗煤炭主管部门在日常管理和检查中，虽多次对该矿进行了检查，但对全旗煤矿的无支护作业状况未及时加以制止。打夹矸时炮眼装药量大，造成煤顶断裂损伤，导致发生冒落。安全员对顶板隐患检查不到位，未认真执行“敲帮问顶”制度。

七、鄂托克旗荣盛煤矿“3·13”瓦斯爆炸事故

2006 年 3 月 13 日凌晨 3 时 25 分，鄂托克旗荣盛煤矿发生特大瓦斯爆炸事故，21 人死亡，13 人受伤，直接经济损失 861 万元。事故原因：井下通风不畅导致瓦斯积聚，电气失爆导致了瓦斯爆炸。事故发生后，乌海监察分局有关领导、鄂托克旗旗委、旗政府领导及有关部门负责人先后赶到事故现场，并组成临时抢险组织机构。正在内蒙古自治区督查煤矿安全生产工作的国务院安委会办公室第五督查组组长、国家煤矿安全监察局副局长王树鹤等一行、内蒙古煤矿安全监察局副局长关图儒、鄂尔多斯市政府有关领导上午 9 时赶到现场指挥抢险。下午 1 时，内蒙古自治区副主席赵双连、国家煤矿安全监察局副局长王树鹤以及内蒙古自治区有关部门、鄂尔多斯市有关领导紧急召开事故分析会议，听取了关于现场抢险、善后处理等工作情况的汇报，并对下一步抢险和事故处理提出明确要求。全力以赴抢救井下被困人员。要求事故临时抢险救灾指挥部，在确保抢险救护人员安全的前提下，全力寻找失踪人员，尽快完成抢险救护任务。要不惜一切代价抢救治疗升井矿工，确保

不发生死亡。要进一步强化各级政府对煤矿安全生产管理的责任，在调查“3·13”煤矿事故责任的同时，调查监管部门的责任。认真吸取鄂托克“3·13”矿难教训，切实加强煤炭安全生产监管。近期各地要认真检查煤矿安全生产，组织关闭小煤矿，确保完成全区第一批公告的小煤矿于3月底前达到“三不留一毁闭”标准（不留人员、不留采矿设备、不留建筑物，毁闭井筒，恢复地貌）。要坚决防止以技改、整合代替关闭小煤矿。对完不成任务的地区，要依法追究责任。

八、准格尔旗罐子沟煤矿“3·6”井下突水事故

2007年3月6日13时46分，准格尔旗满世集团罐子沟煤矿6101工作面切眼距工作面回风巷40米处发生严重井下突水事故，突水量约24300立方米，被淹巷道1610米，最大水量水位高差16.9米。事故造成2人遇难，直接经济损失260多万元。事故直接原因：煤矿首采区域位于罐子沟向斜轴部附近，多年积水自然形成富含水区，富水极不均匀，且煤层上部就是砂岩含水层。6101工作面切眼在2006年底扩大断层面，因自然承压影响，形成导流裂隙，随水压逐渐增大，造成突水。事故间接原因：煤矿水文地质工作做得不深入，预防性研究工作滞后于矿井建设；相应的防范措施不到位。在井下贮备巷道掘进过程中，没有及时组织探放水工作，特别是切眼用水出现异常，已经发现有水患，没有及时引起高度重视。煤矿管理松散，外聘管理人员、施工单位多，缺乏统一、整体的管理机制；各施工单位承包管理，重视进度，忽视安全，特别是对全区特殊的水文情况不了解，误以为全区为缺水地区，放松了对水灾的预防。煤矿建井排序紧张，注重工期进度，忽视全区特殊的水文地质影响会带来重大安全隐患。煤矿轻视安全技术管理，长期无专职安全副矿长；矿长调离不能及时调整补上；对施工单位安全技术、安全防范措施审批不严、落实督查不到位。

九、准格尔旗东辰煤炭公司唐公塔煤矿井下106顺槽一氧化碳涌出事故

2007年4月3日14时50分，准格尔旗东辰煤炭公司唐公塔煤矿井下106顺槽发生一氧化碳涌出，造成途径106顺槽的2名运料工死亡，事故直接经济损失120多万元。事故直接原因：对采空区和回采停产的半采空区，密闭封闭不及时，浮煤自燃，产生一氧化碳气体。一氧化碳受地表裂隙影响和采空区顶帮自然冒落影响，突然涌出，使路经106顺槽的2名运料工中毒。主要运料通道与采空区的联络巷未封闭，没有安排瓦检员巡回检查，一氧化碳涌出未能及时发现。事故间接原因：煤矿安全机构不健全，安全管理人员、井下特种作业人员严重不足。各级领导安全生产责任制、职能机构安全生产责任制、安全技术审批制、隐患排查制落实不到位。2004—2006年煤矿采掘无计划，超开采能力布置房柱工作面，大量煤体长期置露于风流状态下。特别是2006年煤矿因多方面因素影响，布置好的区段不能按计划采完，浮煤堆积。煤矿安全管理松懈，制定的制度、作业规程、安全技术措施在实际管理中不执行。特别是开采易自燃煤层没有按综合防灭火要求对采面、采空区进行预防性治理。对井下有害气体检查与安全管理不力，没有按照《煤矿安全规程》规定执行；井下安全监控系统不能发挥作用。公司在劳动组织管理方面上下不能统一协调，政令不畅，安全监管不力。对煤矿长期存在的管理问题没有及时予以整顿，也是造成这次事故的必然原因。

第六篇
环境保护

鄂尔多斯矿区地处毛乌素沙漠与黄土沟丘陵过渡带，水土流失、沙漠化严重，自然生态环境十分脆弱。在这种条件下，大规模、高强度的煤炭开采对生态和环境造成的破坏更为明显，与环境保护形成了尖锐的矛盾。如果仍走传统开采的老路，脆弱的生态环境必将面临毁灭性的破坏。

从“九五”期间开始，鄂尔多斯市人民政府及其煤炭、环保管理部门，为解决荒漠化地区煤炭开采扰动与地表生态环境保护间的突出矛盾，根据国家环境保护方针政策，统一规划，压实责任，鼓励企业大胆创新，确立了一条煤炭开采与环境保护协同发展的道路。以神东煤炭集团、准格尔能源公司为引领，各煤炭企业及时跟进，经过多年实践，结合矿区生产建设与区域自然环境特点，探索出“绿色开采+清洁利用+生态治理”的发展之路。在资源开采方面坚持“采前、采中、采后”环境治理理念：采前大面积高标准治理，增强区域生态保护功能，使生态环境具有抗开采扰动能力；开采过程中创新井下开采技术，最大限度地减少对生态环境的影响；采后构建持续稳定的区域生态系统，实现生态资源持续修复。通过现代化采煤全过程控尘、井下综合降尘、地面封闭防尘、运输固化封尘，实现了“采煤不见煤”。利用井下矸石充填废弃巷道或硐室进行安全处置，实现了矸石不升井。建立地下水库蓄水系统，利用采空区底板的高差关系和矸石的净化功能，通过污水在采空区流动，实现了井下供水、井下排水、污水处理、水灾防治、环境保护和节能减排六大循环利用功能。以建立水资源循环利用、土地资源修复利用、生态资源永续利用三项环境资源协同开发模式为主线，形成矿区“外委防护圈、周边常绿圈、中心美化圈”，矿区植被覆盖率由过去的3%～11%提高到63%以上。依托“三期三圈”治理模式，开展的“荒漠化地区大型煤炭基地生态环境综合防治技术”“千万吨矿井群资源与环境协调开发技术”“生态脆弱区煤炭现代化开采和地表生态环境保护关键技术”等研究成果获得国家科技进步三等奖。

第一章 环 保 管 理

第一节 管 理 机 构

一、政府主管部门

1996年前，伊克昭盟行政公署没有设立环境保护管理机构，矿区的废水、废气、固体废物治理及环境治理工作由伊克昭盟煤炭工业管理局对企业进行指导、协调和监督。1997年，伊克昭盟环境局成立，负责全盟的环境保护管理工作。

2001年，伊克昭盟撤盟建市后，鄂尔多斯市人民政府重新设置管理部门，市煤炭局、市环境保护局，强化环境保护管理，细化了环境保护管理职责。

鄂尔多斯市环境保护局负责全市环

境保护的具体政策、法规与条例的制定并监督实施；对市重大经济和技术政策、发展规划及重大经济开发计划进行环境影响评价；拟定市环境保护规划；组织拟定和监督实施市确定的重点区域、重点领域污染防治规划和生态保护规划；组织审定环境功能区划；组织并监督实施国家、自治区和市关于大气、水体、土壤、噪声、固体废物、有毒化学品以及机动车等污染防治法规和规章；监督对生态环境有影响的自然资源开发利用活动、重要生态环境建设和生态破坏恢复工作；监督检查各种类型自然保护区以及风景名胜区、生态建设环境保护工作；监督检查生物多样性保护、湿地环境保护、荒漠化防治工作；提出新建的各类国家级、自治区级和市级自然保护区的报批、审批建议；调查处理市重大环境污染事故和生态破坏事件；协调环境污染纠纷；负责环境监理和环境保护行政稽查；组织开展全市环境保护执法检查活动；贯彻执行国家、自治区环境质量标准和污染物排放标准，拟定地方环境保护标准；制定和组织实施各项环境管理制度；审定开发建设项目、环境影响报告书（表）；组织环境保护科技发展、重大科学研究和技术示范工程；建立和组织实施环境保护资质认可制度；指导和推动环境保护产业发展；负责环境监测、统计、信息工作，制定环境监测制度和规范；组织建设和管理环境监测网及环境信息网；组织开展全市环境质量监测以及污染源监督性监测和应急监测；组织、指导和协调环境保护宣传教育工作；推动公众和非政府组织参与环境保护；对矿产资源开发利用中的污染防治工作实行统一监督管理。

到2018年，鄂尔多斯市煤炭局、环境保护局在环境保护方面的职责不变。

二、企业管理机构

从20世纪80年代开始，伊克昭盟煤矿建设大规模兴起，矿区的环境保护工作面临着严峻挑战。神东煤炭公司、准格尔能源公司及地方重点煤炭企业根据《中华人民共和国环境保护法》《中华人民共和国环境影响评价法》《建设项目环境保护管理条例》等法律法规，遵循环境保护“预防为主，防治结合”的工作方针和“三同时”规定，建立健全了环境保护领导机构和管理机构。各煤炭企业集团分别成立以法人代表为首、各部门（矿、厂）主要负责人组成的环境保护管理委员会，各矿（厂）成立环境保护领导小组，同时分别设立本级专职管理机构，神东煤炭公司、准格尔能源公司分别建立了环境监测站。

1. 神华神东煤炭有限责任公司

1998年8月，公司成立环保绿化管理委员会。1999年，公司在安监局设立环保绿化管理委员会、环保管理处，负责公司环保业务。同年，公司成立环保绿化委员会，形成环保管理处、相关部门、专业化服务单位三级环保绿化管理体系。公司所属各矿井、厂（处）、中心设立环保绿化组织机构，配备专（兼）职环保管理人员，共同负责公司的环保工作。

2002年，公司将环保处从安全监察局分离出来，成为独立的处级建制单位，全面负责神东矿区的环境保护和生态建设各项工作。

2005年6月，神东煤炭公司将环保管理处变更为独立业务管理部门，下设环境监测站、水土保持监测站，负责对矿区的环境治理和生态建设工作进行统一规划、设计、组织管理、数据监测和监督检查。

2007 年，公司根据国家新建站标准，建设监测实验楼。2008 年，监测实验楼正式投入使用。

2. 神华准格尔能源集团有限责任公司

1991 年 8 月，公司成立环境保护办公室，科级建制；1995 年设立环境监测站，副科级编制。1997 年 4 月，准煤公司成立环境保护委员会办公室，为机关处级编制，定员 8 人，下设综合科和环境监测站。1999 年 4 月，准煤公司将环保办、精神文明办公室、行政处及公用事业公司环卫队、绿化队合并，成立行政环保处，下设房产管理所、土地管理所、环境监察监测站和环卫城管所等。

2001 年 12 月，撤销行政环保处，环境保护业务及人员划归生产技术部管理，下设环保监测站。2003 年 3 月，准能公司将环境监测站、文体部、档案馆、机关事务部、车队、宾馆、招待所合并成立服务中心，环境监测站负责公司环境监测工作，环境保护管理职能仍由准能公司生产技术部承担。2005 年 3 月，准能公司将服务中心更名行政环保处。承担准能公司环境保护管理职能，下设环境监测站，定员 10 人。2011 年 3 月，准能公司环保管理与土地职能合并，成立土地环保处。环境监测站划归到土地环保处，承担污染源和职业卫生监测工作。

2012 年 3 月，准能公司增设土地环保处环保管理科，人员编制为 3 人，属于准能公司机关编制，环保管理科负责准能公司环境保护监督管理职能；环境监测站定员编制为 7 人，负责准能公司污染源与职业卫生监测工作。

2015 年 4 月，准能公司成立环境保护部，人员编制为 10 人，属于准能公司职能部门，负责准能公司环境保护、节能减排和生态管理的工作。环境保护部下设环境监测站，人员编制 5 人，负责准能公司污染源与职业卫生监测工作。

截至 2018 年，鄂尔多斯煤炭工业环境保护工作已形成了“统一领导、分级负责、责任明确、有效推进”的管理格局。

第二节 管 理 制 度

1989 年 12 月，《中华人民共和国环境保护法》颁布实施后，鄂尔多斯地区各煤炭企业陆续制定了有关环保管理的规章制度，主要包括《环境保护管理办法》《环境保护设施运行管理办法》《大气污染防治实施细则》《固体废物污染防治实施细则》《建设项目环境保护与水土保持管理办法》《环境统计管理办法》《矸石排放计量管理办法》《污染源在线监测设施运行管理办法》《放射性污染防治管理办法》《环境监测管理办法》《环境绿化管理办法》《员工环保培训制度》等规章制度，并在实施过程中不断修改完善，实现了环境保护管理制度全覆盖。在建立完善管理制度的基础上，同时规定了《法人环境污染防治工作职责》《煤矿环保分管领导工作职责》《环境保护管理人员工作职责》《环境保护主管部门负责人工作职责》《生产班组环保工作职责》，并对相关部门明确了环保责任，将环保工作纳入了经济指标考核体系。

2005 年 3 月 10 日，鄂尔多斯市人民政府转发了市环境保护局、发改委、经济委员会、监察局、国土资源局、工商局、电业局 7 部门《关于对电石、铁合金、煤焦化等行业进行治理整顿的实施意见》，明确了治理整顿的任务，彻底关停取缔国家命令淘汰禁止的生产装置，限期整改超标排污的生产企业，同时对各旗(区)、部门职责和清理整顿措施及时限要求作了具体规定。

2007 年 6 月 16 日，鄂尔多斯市人民政府根据《内蒙古自治区人民政府关于“十一五”加强节能减排工作的实施意见》，下发了《鄂尔多斯市人民政府关于加强污染物减排工作的实施意见》，确立了“十一五”期间主要污染物减排目标，明确了实现减排目标的主要措施，提出了加强领导，保障各项措施落实到位具体要求。6 月 19 日，鄂尔多斯市人民政府印发《关于加强节能降耗工作的实施意见》，从“统一思想，进一步明确节能工作的总体要求和目标任务；统筹兼顾，抓好重点领域的节能工作；调整结构，促进产业和技术全面升级；加强工作措施，切实推进节能工作的有效开展”4 个方面提出了 21 条节能降耗的实施意见。同日，鄂尔多斯市人民政府办公厅印发《鄂尔多斯市高耗能高污染行业治理整顿的实施意见》，明确了高耗能高污染行业市场准入和机构调整的方向、整顿治理的主要目标及工作重点，确定了淘汰落后产能的关停企业，提出了推进高耗能高污染行业结构调整的政策措施。

2016 年 11 月 4 日，《鄂尔多斯市环境保护条例》经鄂尔多斯市第三届人民代表大会常务委员会第二十九次会议通过，于 12 月 1 日经内蒙古自治区第十二届人民代表大会常务委员会第二十八次会议批准，2017 年 1 月 1 日正式施行。本条例分 9 章 61 条对环境监督管理、煤炭、石油、天然气开发环境保护、水资源保护、农村牧区环境保护、自然生态保护、大气及其他污染防治、法律责任等内容用法规的形式固定下来，填补了鄂尔多斯市环境保护地方法规的空白。

2017 年 11 月 27 日，鄂尔多斯市人民政府印发《鄂尔多斯市煤炭工业“十三五”发展规划》，对“十三五”期间的环境保护工作提出了新的要求。根据矿区资源条件，环境容量和生态承载力，合理确定煤炭开发强度，以最小的生态环境扰动获取更大的资源效益；稳步推进煤炭绿色开采和生态矿山建设，改善矿区生态环境；加强煤炭清洁生产、绿色开采、保水开采、矿井热能利用等技术推广应用；加大采煤沉陷区治理与生态再建投入力度，加强煤矸石以及煤炭伴生资源的综合利用；建设资源节约型、环境友好型、矿地关系和谐型矿区，及时将和谐生态、和谐民生、和谐生产安全、绿色矿山、农牧民持续增收等方面建设长效机制。坚持“谁污染、谁付费、谁破坏、谁补偿”的原则，探索建立矿区资源环境补偿机制。加强煤炭企业排污费征收管理，严格执行排污许可证制度，全市范围内所有投入运行的煤炭企业必须持证排污。严格环境执法监督，执行污染物排放标准，提高环境执法的刚性和权威，深入开展环保专项行动和环保后督察工作，形成打击环保违法的长效机制。

第二章 绿色开采与污染防治

第一节 绿色开采

20世纪80年代，神东矿区、准格尔矿区建设初期，因矿区地处鄂尔多斯高原与黄土高原的交接地带，自然生态环境极为敏感、脆弱，风蚀区面积占70%，平均植被率仅3%～11%。在这种条件下，大规模、高强度的煤炭开采对生态和环境造成的破坏更为明显，与生态环境保护形成了尖锐的矛盾。如果走传统开采的老路，先开采后治理或边采边治，矿区内势必造成矸石林立、水土流失严重、荒漠化程度进一步加剧，脆弱的生态环境必将面临毁灭性的破坏。神东矿区经过多年的实践和研究，探索出一条脆弱生态环境条件下大型煤炭基地绿色开采的新途径，并在其他矿区推广应用。

一、绿色开采技术

（一）构建采前生态防护功能圈

“九五”期间，以神东煤炭公司为引领，各煤炭企业及时跟进，为避免传统开采模式导致生态退化、环境污染、资源浪费和增加生态恢复与重建成本，避免传统的“边生产边治理”或“先生产后治理”的被动治理模式，在充分认识煤炭企业特有生产特点的同时，充分考虑矿区所在地区生态环境脆弱、水资源稀缺的客观条件，创建了荒漠区“大范围生态环境防治，控制采坑沉陷造成的局部沙化”的生态环境防治模式，提出了采前整体生态防护功能圈构建的技术思路并实施。

鄂尔多斯煤炭企业针对荒漠化地区煤炭资源开采扰动与地表生态环境保护间的突出矛盾，借鉴神东煤炭公司的经验，树立了“采前、采中、采后”环境治理理念，即采前大面积治理，增强区域生态保护功能，使生态环境具有一定的抗开采扰动能力；创新井下开采技术，最大限度减少对生态环境的影响；采后继续构建持续稳定的区域生态系统，实现生态资源持续利用。通过“前、中、后”三期环境治理的实践，走出了一条以煤业发展为支撑、井上井下互动、大范围治理增强区域生态环境功能的主动性生态治理道路，实现了高产高效与生态安全的有机统一。

根据生态功能圈构建理论，结合矿区的特点，在煤炭开采前，运用生态功能圈构建技术，主动、积极地对整个矿区进行生态功能图构建。从生态学的基本原理出发，根据矿区自然条件与开发建设特点，科学地进行了外围防护圈、周边绿化圈、中心美化圈3个生态功能圈的构建。

外围防护圈：以植物措施为主，机械措施为辅，将高大流动沙丘治理技术、半固定沙丘植被恢复技术和铁路公路沙害防治技术相结合，将生态林结构由原来的乔木为主、乔灌结合调整为草本为主、草灌结合，优化了林分结构对占矿区总面积的风沙区进行控制治理，构成整体生态功能构建的基础。

周边常绿圈：以水土保持整地技术、针叶树与灌木混交造林技术、小流域综合治理技术为主，营造中心区周边山体水土保持常绿林，使其在矿区生态功能整体构建中起关键性的生态防控作用。

中心美化圈：以生态系统优化、人工调控导向技术、抗逆树种选择及抚育管理为重点，集水土保持技术、植被建设技术、园林建造技术、景观建造技术、市政建设技术为一体，配合外围防护圈与周边绿化圈，形成3圈整体生态防护功能。

（二）采中清洁生产

1. 井下无岩巷布置与矸石利用

鄂尔多斯地区的井工矿，特别是大型矿井，创新了井下“分层开拓、无盘区划分、全煤巷布置、立交巷道平交化”的无岩巷布置技术，尽量减少矸石产出量，实现从源头上减少矸石产出，使吨煤出矸率由20%下降到5%。同时在井下采用废巷填充（利用废弃巷道作为充填空间）、贮矸硐室填充技术（在永久煤柱内开掘井下贮矸硐室，实现煤矸石置换），实现了矸石不升井。在巷道内每隔5个联络巷设置1个排矸联络巷，用来排放采掘工作面产生的矸石。同时辅助采用地面矸石回填及矸石资源化利用，矿区建设煤矸石热电厂，剩余矸石采用分层堆放、分层覆土、封场复垦绿化等工艺将水土流失较为严重的沟壑改造为可永续利用的良田，避免了矸石山带来的环境污染。

2. 矿井水利用

20世纪80年代，鄂尔多斯地区煤炭大规模开发初期，针对矿区水资源极度匮乏的情况，矿井水利用主要以地面处理与循环利用为中心，遵循“加长单循环环节，多次利用”原则，污水经地面生产、生活及生态建设灌溉，形成合理的多层次、重复利用的水循环系统，不但节约了水资源，也杜绝了污染。各矿井均建有配套矿井水处理站，矿井废水经井下提升进入一级、二级反应池，经一级、二级混凝沉淀后，溢流进入一次调节池，经一级提升后进入过滤器过滤，清水大部分回用于电厂、选煤厂、井下洒水及小区绿化等，剩余部分经过在线监测达标后排放。沉淀池煤泥经脱水后制成泥饼外运，针对矿区选煤用水量大的情况，开发了闭路水循环节水技术，煤泥水全部集中到浓缩池进行澄清处理，其澄清水作为循环水，实现选煤系统的水量动态平衡，生产系统水重复利用率达到了99.5%，单位清水耗量仅为0.01立方米/吨，仅为传统选煤用水量的10%。地表生态圈采用管网进行灌溉，中心美化圈的管网覆盖率达到100%，周边常绿圈的管网覆盖达到80%，解决了干旱地区生态建设用水不足和矿井污水污染环境的难题。

在生产实践中，发明了矿井水采空区过滤与净化复用技术，在矿井水不外排的基础上，实现了矿井水的资源化循环利用。利用井下采空区过滤、净化的机理，借助一定的安全防护工程，将井下生产的污水全部注入采空区，把采空区变为具有净化、蓄水功能的水库，水库中的清水再通过辅助设施引出，再次用于矿井的生产及生活，改变了将矿井水从井下输送至地面专设的污水处理设施进行净化后再利用的传统方式，节约了污水处理成本、简化了排水系统。随着开采深度的扩大，采空区范围也随之增大，井下涌水总量也将增加，为避免上层采空区水库对下层煤的影响，将新的采空区开发为新水库，将旧水库的水资源转移至新水库，实现井下采空区水库的时空转移，确保了将水资源固化在井下，避免了水资源排至地表后因蒸发、外排导致的永久流失，构成了具有井下供水、井下排水、矿井水处理、水灾防治、环境保护和节能减排六大功能和优势的立体空间网络的井下水资源循环利用系统。

通过矿井水采空区过滤与净化复用技术，实现了井下污水的零升井，避免了矿井水引起的地表水体与土壤污染，减少了地表水体的利用，有利于地表生态环境的维持与改善，为生产、生活节约了净水资源。

3. 粉尘综合治理

鄂尔多斯矿区开采强度大、机械化程度高，粉尘浓度易超标。从20世纪90年代开始，通过引进、创新防尘新技术、新工艺、新措施，从源头、过程加大防尘管理。通过对采掘设备安装内外喷雾系统，采掘工作面下风侧安设全断面防尘过滤网，在综采工作面外喷雾水箱中添加粉尘捕捉药剂，推广触点式降尘装置，安设粉尘自动监控系统，引进先进的HBK01/600型干式除尘系统等技术，井下综采工作面下风侧安全可降至10.7毫克/立方米、呼吸性粉尘可降至3.1毫克/立方米，提高了井下降尘效果。地面防尘开发了封尘剂和分选装车全封闭技术，煤炭从井下生产到地面分选装车采用全封闭运输，装车碾压后喷洒封尘剂，减少了环境污染和煤炭损失。

4. 矿井回风井伐风热能利用

由于矿区冬季最低气温达−25 ℃，平均气温−10 ℃，因此冬季必须配备供热设备为进风井的冷空气加热。传统供热方式采用燃煤锅炉供暖，每年需消耗大量的燃煤，排放大量的CO_2、SO_2、NO_x等有害气体，存在成本高、经济性差、污染环境等问题。为提高节能减排水平，最大限度提高资源循环利用，针对矿井回风风流稳定、风量大、温度相对稳定、热能蕴藏量大的特点，采用回风低温热能回收技术，即利用回风源热泵系统回收矿井回风中的低温热能，为冬季进风井的冷空气加热提供充足的热源，同时解决地面办公建筑的供暖，避免了采用燃煤锅炉供暖产生的温室气体，提高了矿区节能环保水平。

（三）采后生态系统修复与功能优化

通过对沉陷区生态环境变化规律研究发现：开采沉陷对土壤水分、养分、植被均无明显影响，对生态环境没有造成明显破坏，同时得出矿区植被生长主要依赖大气降水，基本不依赖地下水。因此，通过对水分承载力与植被的关系大气降水的合理有效利用、生态功能的优化研究，形成沉陷区植被修复技术与沉陷区功能优化技术，针对性地解决了沉陷区贫瘠、干旱、塌陷对植物的影响。

沉陷区植被封育修复：在原有植被较好的沉陷区采用封育修复技术，利用生态系统自我调节、自我修复能力使其自然恢复。通过研究发现，采煤沉陷对当地的天然植被基本无影响，植物根系具有一定的自修复能力，草本和灌木根系恢复速度较快，将本地油蒿群落物种作为生态修复的主要选择物种。

人工辅助修复技术：在植被较差的沉陷区采取补设沙障、补播草籽，以稳定沙面，保持植被覆盖率。在黄土硬梁区，以封育、自然恢复为主，结合种植苜蓿、沙打旺等。流动沙丘、半流动沙丘以人工治理、封育为主，促进油蒿群落的发育。

沉陷区生态功能优化：因地制宜，通过乡土植物提高植被覆盖率，增强生物多样性，同时发展生态产业。建立沙柳、沙棘林基地，发展沙柳造纸、建材产业和沙棘食品与保健品产业。在发挥生态功能的同时，发挥生态经济功能。先后在上湾煤矿、补连塔煤矿开展了沉陷区生态修复试验，主要种植油松、樟子松、沙棘、沙枣、紫穗槐、文冠果、山杏、红枣和杨柴等各类乔灌木。

微生物复垦关键技术：菌根是鄂尔多斯矿区塌陷地复垦应用的主体微生物，菌根与矿区适合生产的紫穗槐、沙棘、文冠果、紫色苜蓿和野樱桃等均能形成较好的共生关系，侵染率达到80%以上。在矿区干旱、土壤贫瘠和矿区塌陷裂隙伤根等逆境中，菌根通过扩大根系吸收范围、活化土壤养分和修复根系功能等机制，从而显著改善植物的营养状况，改良土壤结构，提高植物的抗逆性（如抗寒、抗旱、耐盐碱），促进植被的生产与生态快速恢复。微生物复垦技术首次在神东矿区实现了规模化生态应用，对矿区环境修复与可持续发展具有重要的现实意义。

露天采区土地复垦与生态重建技术：采取复垦区土壤改良技术，边剥离边回填，分层开采后，按原土层顺序分层回填。因露天开采完全破坏了原土壤结构，导致土壤养分和理化性质下降，因此土壤改良至关重要。对于复垦区结构疏松的土壤，采取加垫黏土的办法进行改良，与原有土壤反复耕翻混合，增强土壤的黏度，形成土壤的团粒结构，达到保水保肥的目的。通过种植豆科牧草，伏期压青，2年后种植农作物，将作为秸秆再返还农田，既提高了土壤有机质含量，又增加了微量元素，有效减轻了矸石中硫化物对作物的影响。

采取植被重建技术，经过多年的研究与实践，筛选出适宜于复垦区的农作物品种有玉米、大豆、葵花、荞麦、土豆等，适宜的树木品种有油松、刺槐、旱柳、侧柏、紫穗槐等。采取多树种结合、多层次混交的方式，建设复合生态系统。在复垦区内建设牧草饲料基地和设施农业基地，利用氧化塘养鱼、养鸭，形成循环农业模式。同时在复垦区内建立旅游度假村，形成良好的生态产业。在马家塔露天开采区回填132公顷，其中回填复垦113.3公顷、水域18.7公顷。绿化覆盖率达到80%，较开采前提高15.8倍，并建有旅游宾馆、水域活动区、经济林、优质牧草、大棚蔬菜种植基地及猪、羊、牛、鱼养殖场，建成了一座现代化的人造生态园。

第二节 污 染 防 治

一、环境影响评价与环境监测

（一）环境影响评价

1986年3月26日，国务院环境保护委员会、国家计划委员会、国家经济委员会联合发布《建设项目环境保护管理办法》，规定凡从事对环境有影响的建设项目必须执行环境影响评价制度和“三同时”（建设项目中环境保护设施与主体工程同时设计、同时施工、同时投产使用）并对实施这两项制度的对象、主管部门、各有关部门间的职责分工、审批程序、环境影响报告书和环境影响报告表、环境影响评价资格审查、评价工作收费、项目初步设计中的环境保护篇章、环境保护设施的竣工验收报告、监督检查等作了具体的规定。东胜矿区、准格尔矿区开发建设初期，根据《建设项目环境保护管理办法》的规定，在新建、改建、扩建的煤矿、电厂、铁路等项目中，执行环境影响评价制度。在编制可行性研究报告的同时，编制环境影响评价大纲和环境影响报告书，并履行相关审批手续。在工程建设过程中，严格执行环保设施与主体工程“三同时”制度。凡改建、扩建和技术改造工程，对与建设项目原有的污染源，在经济合理的条件下同时进行治理。项目建成后，其污染物的排放达到国家或地方政府规定的标准，符合环境保护的有关规定。

1987年3月22—23日，国家环保局主持召开《神府东胜矿区环境影响评价大纲》评审会。会议认为，该评价大纲既有区域环境影响评价特点，又有煤矿建设项目评价特点，予以通过。

1989年12月29日，《中华人民共和

国环境保护法》颁布，规定新建项目环境影响报告书经批准后，计划部门方可批准建设项目设计，建设项目中防治污染的措施，必须与主体工程同时设计、同时施工、同时投入使用，防治污染的设施必须经原审批环境影响报告书的行政主管部门验收合格后，该建设项目方可投入生产或者使用。1990年后，鄂尔多斯地区煤炭系统所有新建、改建、扩建的煤矿、电厂、煤制油、煤化工项目均按照《中华人民共和国环境保护法》和《建设项目环境保护管理办法》的规定，办理了相关审批手续。

截至2018年，鄂尔多斯煤炭系统所有建设项目的环境影响报告书全部通过了国家或地方政府环境保护行政主管部门审查和批复。工程竣工后，均由环境保护行政主管部门进行环保专项验收。

（二）环境监测

1994年，华能精煤公司、准格尔煤炭公司分别在神东矿区和准格尔矿区建立了环境监测站，站内设综合技术室、水室、废气室、废渣室、噪音室，是全国煤炭行业一级环境监测站。

1998年，神华准格尔能源公司制定《准格尔煤炭工业公司环境保护暂行管理办法》，经过两次修订，2009年形成《神华准格尔能源有限责任公司环境保护管理办法》，2012年制定《神华准格尔能源有限责任公司放射性污染防治管理办法》。公司根据相关制度对企业环境保护工作实行统一管理，分级负责体制。

1999年4月，神华神东煤炭有限责任公司建立环境监测站，隶属环境保护管理处，定编8人。监测站配置仪器设备齐全，是全国煤炭行业一级环境监测站。站内设综合技术室，全站员工6人，全部为大专以上文化程度的各类专业技术人员，其中助理级以上工程师2人。2001年7月，监测站首次通过计量认证，根据国家《环境监测管理办法》和《环境监测技术规范》规定，该站具有监测地表水、废水、环境空气、废气、噪声五大类60多个监测项目的能力。2007年，公司根据国家新建站标准，由神东煤炭公司投资165万元，按照国家三级站实验室配置，建设监测实验楼。2008年，监测实验楼正式投入使用，总面积为778平方米。监测站拥有原子吸收分光光度计、双光束分光光度计、常规分析仪、红外分光测油仪、环境空气监测系统等多种大型仪器，共35类，75台（套），具备同时开展矿井水、生活污水、锅炉烟尘、烟气、环境噪声等环境要素和各种污染源监测的能力。

2004年5月，从神东煤炭集团公司分离出来并改制为非国有控股股份制企业，其所属伊金霍洛旗环保工程分公司承担着所属企业和部分矿区的生态绿化、防沙治沙、复垦区管理等工作。2007年，天隆集团将其整合为胜源建安公司，环保职能保留。

2008年10月，伊泰集团公司成立环境治理部，11月更名为环境监察部，开始建立环境管理体系。2010年3月，环境管理体系正式开始运行。11月，经北京中经科环质量认证有限公司审核，集团公司ISO14001环境管理体系完成认证注册。2012年12月，公司设立伊金霍洛旗地区、准格尔旗东部区和准格尔旗西部区监察站3个基层环境监察站。

非公有制煤炭企业除少数企业外，一般不设专门的环境保护与监测机构，环境保护与监管主要由地方行政主管部门负责监督性监测。

二、“三废”治理

（一）废水防治

从20世纪90年代到21世纪初，东

胜矿区大规模开发建设，乌兰木伦生活污水处理厂、上湾矿井水处理厂、补连塔矿井水处理厂、乌兰木伦矿井水处理厂相继建成投入使用，处理后的水质达到《煤炭工业污染物排放标准》。

2003 年，黑岱沟露天煤矿洗煤中产生的污水进入捞坑，经浓缩机、加高效絮凝剂沉淀后，溢流部分返回循环水箱循环使用，底流经加压过滤后，清水返回循环水箱循环使用。

2004 年，准格尔能源公司矸石电厂自建污水处理站，采用自净式生活污水净化设备，处理后的生活污水全部用于厂区绿化和灰场喷洒。辅机循环水、化学废水、输煤冲洗水、锅炉冲灰水及含油废水进入废水集中处理室，经深度处理后进入复用泵房进行复用。

2004 年，“神东集团公司井下水采空区过滤净化技术”获得国家专利。

2007 年，准格尔能源公司投资 4500 万元，对污水处理厂进行改造，采用循环式活性污泥法工艺，改造后处理能力为 20000 吨/天，处理后用于国华准格尔发电厂循环冷却补充水。污水排放符合《城镇污水处理厂污染物排放标准》（GB 18918—2002）一级 A 标准。

2008 年，黄玉川煤矿矿井水处理站建成投用，采用泥凝—沉淀—过滤—消毒处理工艺，按分质供水原则回用。

2009 年，神华鄂尔多斯煤直接液化项目一期工程根据污水排放水质差异，建设了包括污水处理、极低浓度含油污水处理、高浓度污水处理、含盐污水处理和催化剂污水处理 5 个系统的污水处理厂，废水处理设施执行“清污分流、污污分治、一水多用”原则。煤液化、加氢稳定、加氢改制等装置产生的高浓度废水经脱硫、酚胺回收后，送高浓度废水处理系统处理。含油污水、生活污水与处理后的高浓度废水混合后，送低浓度废水处理系统处理，处理后经深度处理系统处理后回用，不外排。含盐废水送含盐废水处理系统处理，后回用。浓水与电站中和废水等浓盐水经蒸发浓缩处理后排至蒸发塘自然蒸发。催化剂废水经蒸发结晶处理后生产固体硫酸铵盐。雨水通过清净下水排口排放，排水口设置有自动监测设施。厂区周边和排水管线沿线地下各监测值符合《地下水质量标准》（GB/T 14848—93）三类标准限制要求，实现了污水零排放。

2013 年，新建布尔台新矿井水处理厂，处理能力 22000 立方米/天。

2013 年，神华鄂尔多斯煤直接液化项目新增 1 套 120 立方米/小时的 E2 蒸发器产品水汽提装置，用于进一步净化处理经蒸发处理后净化水，原新增含硫污水汽提装置作为原污水汽提系统备用装置；新增 100 立方米/小时高效催化氧化和 100 立方米/小时臭氧氧化装置、410 立方米/小时（MBR+RO）组合膜工艺污水深度处理系统；新增 300 立方米/小时脱盐回用系统和 290 立方米/小时精制反渗透处理系统；新增 1 座 10 万立方米蒸发塘，蒸发塘总容积由 80 万立方米扩增至 90 万立方米。在污水回用方面，高、低浓度处理的净水经深度处理后，回用于循环水系统和热电中心脱盐系统；含盐污水处理的净水回用于热电锅炉；含硫污水经汽提和酚回收处理后，部分回用于煤液化加氢稳定单元，其余送高浓度污水处理系统进行处理；E1 蒸发器产生的浓液送往蒸发塘自然蒸发，E2 蒸发器产生的浓液去结晶装置进一步蒸发浓缩，产生硫酸铵产品作为化肥外销。全厂污水回用率达到 98%。

2015 年，新建上湾区域生活污水处理厂，处理能力 20000 立方米/天，一期处理规模 10000 立方米/天，主要负责处理补连塔区域、马家塔区域和上湾区域地企生活污水。处理工艺为 A2O+混凝沉淀+过滤，处理后水质达到《城镇污水处理厂污染物排放标准》。

截至 2018 年，鄂尔多斯各矿、厂全部配备了污水处理厂，各企业全面完善污水收集、处理、排放、应急、利用等系统，同时以布尔台区域为基础，创新矿井水“四个三”（三区收集、三级处理、三类循环、三种利用）收集处理利用模式，创建全国环保标杆矿井。全市煤制油化工企业对废水防治采用废水、中水回用技术，不断优化废水处理与回用方案，针对不同废水特性，建立了不同的终端废水处理装置，达到回用水装置预处理要求后进行深度处理，回用于循环水，实现了污水零排放。全市各坑口电厂、矸石电厂均建设了工业废水处理系统，主要用于厂房冲洗水、各润滑冷却器回水、空压机冷却水、输煤清洗水、煤场喷洒和环境绿化等，出水水质符合《国家污水综合排放标准》和《生活杂用水水质标准》。

（二）废气粉尘防治

“八五”期间，神东矿区以热电厂取代零散和中小型工业锅炉，自备热电厂均采用高效除尘设施，除尘率达到 95%以上。矿区职工集中供应煤气，是国内首批煤矿工人生活不用烧煤的矿区之一。

1999—2005 年，准格尔能源公司黑岱沟露天煤矿投产后，5 台采暖锅炉安装脉冲袋式除尘器和干法脱硫装置。对大型设备的采掘、运输、排土作业时产生的粉尘，采取洒水措施进行控制，配备 4 台 100 吨洒水车，年洒水量约 51 万吨。破碎站和储煤厂是露天煤矿生产过程中产生煤粉尘的重点污染源，为有效控制煤尘污染，采用防风抑尘控制技术安装抑尘网，总长度为 1516 延长米。洗煤过程中物料传递均通过带式输送机，带式输送机转载站及输送带均安装了防尘罩，长度 3000 米。对洗选环节的筛分、破碎车间设机械通风除尘，原煤口、落煤点设置了湿式除尘设备，共安装除尘设备 23 台（套）。

2005 年 6 月，准格尔能源公司洗煤厂粉尘综合治理项目由神华集团公司组织实施，采用全新的粉尘治理措施，具体方案是：对带式输送机采用双密封弓形导料槽结合复膜滤料扁带除尘器进行治理；对筛分机采用可伸缩橡胶密封带结合除尘器进行治理；对给料机与中部槽的结合部位全部用特种橡胶密封带进行密封，并对仓上的落煤孔洞进行部分封堵处理。2006 年底，项目完工，共计安装各种型号复膜滤料扁带除尘器 74 台、双密封弓形导料槽 1174 米、密封筛分机 9 套、破碎机 5 套、给料机 72 台，298 处工艺尘源点全部得到治理。

2007 年，神华鄂尔多斯煤直接液化项目自备热电站建成投运，包括 3 台设计负荷 440 吨/小时循环流化床锅炉、2 台 100 兆瓦的发电机组、3 台燃煤锅炉配套建设了规模为 163 万标准立方米/小时的（静电+布袋）除尘设施和炉内喷钙脱硫系统，处理后的烟气经 180 米高烟囱排放，烟气污染物浓度指标均满足《锅炉大气污染物排放标准》（GB 13271—2001）Ⅱ时段标准，除尘效率达 99.74%，脱硫效率达 92.7%。

2008 年，神华鄂尔多斯煤直接液化项目装置建成，配套的环保设施有：采用双塔汽提工艺的 74.4 万立方米/年，含硫污水汽提装置；采用萃取工艺的 74.4 万立方米/年酚回收装置；采用 AO 工艺的 204 立方米/小时低浓度含油污水处理系统；采用 3T 固定化微生物专利技术的 150 立方米/小时高浓度污水处理系统；采用微滤、反渗透、循环蒸发工艺的 286 立方米/小时含盐污水处理系统；采用 Claus 工艺和尾气还原吸收工艺的 2.5 万吨/年硫磺回收装置，硫回收率达 99.8% 以上；采取溶剂吸收工艺的 106.4 万吨/年气体脱硫装置；建成库容为 120.0 万立方米和 68.60 公顷的两座渣场，库容为 80 万立方米、年蒸发量为 51.12 万吨的蒸发塘一座，库容为 2 万立方米的危废填埋池一座，以及气体回收系统和火炬系统。

2008 年，准格尔能源公司投资 2062 万元，对 1 号机组和 2 号机组的锅炉除尘器进行了脱硫除尘一体化改造，，采用 PXJ 旋流塔板湿法除尘技术和湿式石灰法脱硫工艺，除尘效率 99.2%，脱硫效率 79.1%，烟尘和二氧化硫平均排放浓度分别为 116.78 毫克/立方米和 279.46 毫克/立方米。

2009 年，准格尔能源公司投资 636 万元对哈尔乌素露天煤矿 3 台采暖锅炉和黑岱沟露天煤矿 5 台采暖锅炉进行脱硫改造，采用炉内喷钙脱硫工艺，经准格尔旗环境监测站监测，脱硫效率达 80%，使锅炉二氧化硫达标排放；投资 391 万元对哈尔乌素露天煤矿选煤厂的破碎站和转载站等工作地点安装了防风抑尘网；投资 152 万元对黑岱沟选煤厂转载站进行防风抑尘网的建设，有效降低了煤粉尘的污染，抑尘效率达 80%；投资 882 万元对黑岱沟选煤厂装车站建设了干雾抑尘系统，降低了煤炭装车过程中的粉尘污染；投资 214 万元对黑岱沟选煤厂带式输送机加装了防尘罩，有效降低了煤粉尘的扩散。

2009 年，神华鄂尔多斯煤直接液化项目先期工程开始试生产，燃煤锅炉烟气二氧化硫、氮氧化物及颗粒物三种污染物排放浓度 100% 达标，脱硫效率 86.2%，达到设计及环评要求。备煤装置制粉烟道气、工艺尾气采用高效长袋低压脉冲喷吹高浓度煤粉袋式收尘器进行处理后，由高烟囱达标排放。煤制氢装置气化和变换工序闪蒸气送火炬燃烧、酸性气体放空富 H_2S 气体送硫磺回收装置、酸性气放空二氧化碳汽提尾气由高烟囱达标排放。轻烃回收及脱硫、含硫污水汽提等装置富含 H_2S 尾气送硫磺回收装置。硫磺回收尾气经处理后，由 100 米高排气筒达标排放。锅炉烟气采用半干法脱硫、四电场静电除尘进行处理后，由 100 米高烟囱达标排放。火车装卸区无组织排放气采用油气回收系统进行回收处理。

“十一五”期间，鄂尔多斯市境内的所有煤炭装车站全部设计安装了固化风尘喷洒设施及干雾抑尘系统，在储煤厂、破碎站加装了防风抑尘网，在输煤系统加装了密封罩，汽车运煤加盖苫布，火车运煤喷洒生态高效抑尘剂，降低了煤尘对环境的污染。

2010 年，神东矿区 6 吨以上级锅炉全部安装了除尘脱硫设施，除尘率达 95% 以上，脱硫率达 50% 以上，经地方环境监测站监测，锅炉烟尘排放浓度在 80~130 毫克/立方米（国标 200 毫克/立方米），二氧化硫排放浓度在 200~400 毫克/立方米（国标 900 毫克/立方米），烟尘和二氧化硫平均减排 48% 和 67%。准格尔能源公司对哈尔乌素露天煤矿 3 台 SHX20-1.6A 型内设循环流化床锅炉安装了 PPCS96-2X6 型袋式除尘器，除尘率达 99.5%，采用炉内喷钙干法脱硫工艺，脱硫率达 70%，烟尘指标和二氧化硫排放指标优于国家标准。为解决新增供热问题，神东煤炭集团公司与煤炭科学研究总院合作，引进并建成新型高效煤粉锅炉 9 台，总吨位 170 蒸吨/小时，主要包括补连塔煤矿 5 台、寸草塔二矿 2 台、万利一矿 2 台。9 台煤粉锅炉在节约能源的基础上符合环保要求，全部配套安装布袋除尘设施，保证了烟气达标排放。

2012 年，哈尔乌素洗煤厂扩能 1000 万吨/年项目开工建设，同步涉及并安装复膜扁布袋除尘器 38 台套，3 号原煤输送系统安装防尘罩 3000 米。

2014 年 10 月，为满足《火电厂大气污染物排放标准》（GB 13223—2011）的排放限值要求，神华煤制油热电中心锅炉烟气脱硫脱硝系统进行改造，新建 1 套炉外氨法脱硫脱硝装置并投运，排放烟气中 SO_2 浓度和 NO_x 浓度均≤200 毫克/标准立方米，烟尘浓度≤30 毫克/标准立方米，实现达标排放。

2015 年 6 月 9 日，神华鄂尔多斯煤直接液化项目进行锅炉烟气脱硫脱硝工艺改造，脱硫工程采用氨法脱硫工艺，脱硝工程采用 SNCR 脱硝工艺，改造后的烟气污染物浓度达到了最新标准《火电厂大气污染物排放标准》（GB 13223—2001）相关指标控制要求。鄂尔多斯市环境保护局以鄂环发〔2015〕161 号文同意热电中心 3×440 吨/小时循环流化床锅炉烟气脱硫脱硝工程通过环保竣工验收。自备热电站锅炉炉渣及煤气化灰渣运至渣场灰渣库填埋封存，自备热电站锅炉飞灰部分送往附近水泥厂综合利用。

截至 2018 年，鄂尔多斯煤炭系统通过现代化采煤全过程控尘、井下综合降尘、运输固化封尘，实现了“采煤不见煤”。坑口电厂、矸石电厂、锅炉全部安装除尘脱硫设施，污染物排放实现了达标。各煤制油化工企业各项大气污染物排放均符合国家排放标准，原料煤当中的硫在转化的过程中成为硫磺产品，接近零排放。

（三）固体废物防治

“八五”期间，神东矿区按照当时国家固体废弃物排放要求处理固体废物。征用沟壑地 476 亩，在沟口建立拦渣坝，集中排放各矿井的矸石，填沟造地，上覆沙土，经过平整、碾压，植树种草，是矸石山变成绿地。对于露天矿产生的弃渣，采用一边开挖，一边回填的方式，并进行复垦实验。

2003 年，黑岱沟露天煤矿扩能改造，筛出的煤矸石排入排矸场并利用剥离矿物及时掩埋压实。生产剥离过程中产生的剥离矿物有计划地排入排土场压实复垦。洗煤厂产生的矸石排到排土场压实复垦或用于矸石电厂作动力燃料。

2009 年，神华鄂尔多斯煤直接液化项目一期工程开始试生产，所产生的废渣全部采用回收、焚烧、渣场填埋方式进行处理。其中部分生产装置中的废催化剂通过回收再生利用，污水处理厂“三泥”采取焚烧处理方式，其他的固体废弃物送往渣场处置。

“十一五”期间，鄂尔多斯市新增矸石电厂项目装机 321 万千瓦，劣质煤综合利用 900 万吨。2010 年，在建矸石电厂规模 120 万千瓦，矸石利用率将进一步提高。“十二五”期间，全市煤炭系统煤矸石等固体废弃物综合利用率达 69%，废弃物排放总量得到有效控制。

2015 年 2 月，神华鄂尔多斯煤直接液化项目新建 1 座具备“三防”（防风、防雨、防渗）要求的库容 600 立方米的危废暂存库并投运，主要用于暂时存储生产装置产生的危险废物。6 月，煤直接液化油渣暂存库“三防”治理项目投用，项目主要建设 1 座气膜棚全封闭防渗煤直接液化残渣暂存库，建筑面积 6942 平方米，最大储存量 50000 立方米，用于煤直接液化残渣的临时储存，年周转暂存量 61 万吨，解决了油灰渣暂存周转场所不符合污染防控要求的问题。

2016 年 8 月 22 日，神华集团公司批复通过了《35 万吨/年油渣萃取项目建议书》，并在伊金霍洛旗经济商务和信息化局备案。该项目采用油渣萃取工艺技术，生产不同等级的沥青和萃余物。9 月 28 日，鄂尔多斯市环境保护以《关于中国神华煤制油化工有限公司鄂尔多斯煤制油分公司煤直接液化装置加工利用废矿物油项目环境影响报告书的批复》（鄂环评字〔2016〕112号）通过了煤直接液化装置加工利用废矿物油项目。

2017年9月，神华鄂尔多斯煤直接液化项目E1浓液结晶项目投入运行。该项目采用“除硬预处理+分质结晶”工艺处理E1蒸发器产生的浓液，生产硫酸钠产品和杂盐。项目建成投运后，运行稳定，产出的硫酸钠产品满足国家硫酸钠产品标准（纯度≥92%），解决了高浓盐水的终端处理回用问题，完善了含盐废水处理流程，实现了工业废水全部处理回用的目标。10月，污泥干化成套设备建成投运，设备采用低温带式干化工艺，污泥中的微生物被彻底杀死，污泥不会进行二次发酵，不产生臭气，避免了二次污染，减轻了污泥有关的负面效应，使处理后的污泥更易被接受，污泥干化后显著减容，含水率80%~85%的脱水污泥可干化至含水率10%以下，完全满足锅炉掺烧要求。

截至2018年，鄂尔多斯市境内的各煤炭生产企业根据《中华人民共和国固体污染物环境防治法》《一般工业固体废弃物贮存、处置场污染控制标准》（GB 18599—2001）和《煤炭工业污染物排放标准》（GB 20426—2006）等有关规定，结合矿区实际情况，从煤矸石的收集、运输、处置、贮存设施、运输车辆、安全标志、管理等方面制定了一系列相关规定，并且制定了相应的考核办法及考核标准。井下辅助运输采用无轨胶轮化技术，实现了无岩巷布置，使生产过程中产生的煤矸石通过科学合理的开采方式滞留在井下，实现井下大部分矸石不外排，避免了矸石山占用大量土地和矸石山自燃造成的环境污染。利用废弃巷道或专门掘排矸硐室直接排矸置换技术，将开采过程中产生的矸石用于回填采空区，减小地面沉降。对洗选过程中的部分矸石及中煤直接用于发电，剩余部分用于沟壑复垦回填，填沟造地、筑路、制砖等。对无法利用的煤矸石，按照“谁排放、谁治理”的原则明确责任，修建排矸场集中处置，矸石推平压碾后，上覆黄土，平整后植树种草，使矸石场变成绿地。电力企业产生的粉煤灰，一部分用于生产水泥、建筑装饰材料的原料，其余则在灰场集中处置。煤制油化工企业按照国家环境规定，固体废弃物全部达标处理。

第三章 火区治理与生态修复

第一节 火 区 治 理

一、火区概况

2006—2008年，鄂尔多斯市涉及煤田火区的旗区及企业，先后委托内蒙古自治区煤田地质局、内蒙古元古资源开发科技有限责任公司、内蒙古龙旺地质勘探有限责任公司、中国煤炭地质总局航测遥感勘察院、宁夏煤田地质局等单位，完成了煤田火区的勘察。根据勘察结果，鄂尔多斯市煤炭局于2009年6月委托内蒙古煤炭科学研究院有限责任公司编制完成了《内蒙古自治区鄂尔多斯市煤田（矿井）防灭火总体方案设计》，确定了卓子山煤田、东胜煤田、准格尔煤田为火区治理范围。

煤田火区主要分布在各煤田煤层露头部位、露天开采区、老窑采空区、裂陷区及关闭废弃小窑井口。火区现场勘查发现，煤火处于煤层露头部位，一般沿裂缝、塌陷坑处见有青烟、硫磺析出、高温辐射，可看到明火、大量的青烟、强烈的刺鼻气味，局部见烧变岩。老窑采空区裂陷部位大多可见明火、大量的青烟。火区地表指示特征是火区野外调查和火区圈定的重要依据，表现为明火、热异常、有害气体、青烟、裂缝、硫磺（芒硝）析出、烧变岩及植被枯死等。煤层的起火自燃原因有客观因素和人为因素两种。

客观因素。煤田煤层厚、埋藏浅，沟谷发育，地形切割强烈，煤层露头发育。煤层中的挥发分率高，自然发火倾向强，属自燃—易自燃煤层。煤中的固定碳、黄铁矿等，在长时间氧化作用下不断积蓄热量，同时产生了燃点比煤更低的一氧化碳等易燃物质，经长时间的积累，发生起火，从而导致煤层自燃。根据区内各煤矿的经验数据，采出的原煤堆放半年开始自燃。根据燃点试验，地面堆放原煤温度>50 ℃时，易发火自燃；在 20～35 ℃时有自燃发火的可能；只有当温度<20 ℃时，不易发火燃烧。

人为因素。火区沿煤层露头走向遍布很多历史上曾经遗留的废弃老窑，老窑开采的范围主要位于煤层露头往下的浅部，由于老窑采空区和地表塌陷、裂隙的存在，致使地面空气通过地表塌陷裂隙进入采空区，进而导致采空区周围的煤炭自燃发火并向四周扩散。因此，火区主要是集中在已废弃的老窑采空区。原生产矿井采用高落式或巷柱式回采方法，采空区留有大量煤柱、残浮煤，加之采空区存在大量空间且密闭不严，浅部地表塌陷裂隙不能覆盖封闭，漏风严重，造成自燃。小煤矿私挖乱采是火区形成、发展的关键因素。煤田内关闭小井数量大，关井后续工作资金短缺，井口密闭质量不高且无人维护，漏风严重造成自燃。露天开采的不正当回填也是引发煤火燃烧的主要因素。在将煤层用露天开采方式采出后其剥离物往往回填，但却没能将煤层的出露面压实，恰恰为煤层自燃创造了条件。在煤层露头与剥离物的接触面上形成局部聚热环境，经过一段时间氧化聚热温度会达到煤层燃点，形成明火。

依照《内蒙古自治区煤田火区治理规划》批复文件，桌子山煤田火区 20 处，着火面积 668.85 万平方米；东胜煤田火区 45 处，着火面积 5397 万平方米；准格尔煤田 9 处，着火面积 48.4 万平方米。

二、火区治理管理

2007 年 9 月 29 日，内蒙古自治区人民政府以内政字〔2007〕234 号文件印发《内蒙古自治区人民政府关于加强煤田（煤矿）火区专项治理工作的实施意见》，提出了“谁开发、谁治理，谁致燃、谁治理，谁治理、谁受益；谁审批、谁监管，谁验收、谁负总责；统一领导、协调联动、分级负责；统一规划、综合治理、先易后难、科学有序、先控制后熄灭”的治理原则，对火区治理工作程序作了具体规定。

2008 年 4 月，鄂尔多斯市人民政府根据内蒙古自治区人民政府文件规定，成立了由市长任组长，分管副市长任副组长，市直有关部门负责人任成员的火区治理工作领导小组。建立了联席会议制度，定期不定期开展督促检查工作，及时发现问题，及时研究解决。鄂尔多斯市煤炭局专门成立了煤田防灭火监管支队，各旗区政府也成立了相应的组织机构，职责明确，任务到人，市、旗两级共配备了140人的监管队伍，有效确保了火区治理工作的顺利推进。

2009年4月2日，内蒙古自治区财政厅、经济委员会印发《内蒙古自治区煤田（煤矿）灭火专项资金管理暂行办法》，规定了政府投入的煤田灭火专项资金主要用于煤田（煤矿）火区勘察、火区治理方案编制、治理工程监理、工程验收、火区监控监测、项目招投标、专项经费预（决）算编审、专业设备及监测仪器购置等费用支出。对在煤田（煤矿）灭火工作中作出突出贡献的单位和个人给予适当奖励。专项资金统一纳入预算管理，专款专用。自治区经济委员会根据项目进展情况，制定专项资金使用计划，向自治区财政厅提出根据资金使用申请，经自治区财政厅审核无误后，按照项目实施进展拨付资金。建立健全专项资金管理使用监督检查制度，自治区财政厅和经济委员会对专项资金的管理使用情况适时进行监督检查，确保专项资金管理使用安全有效。

2010年7月14日，鄂尔多斯市伊政煤田灭火工程有限责任公司成立。该公司是由鄂尔多斯市国有资产投资经营有限公司、鄂尔多斯市城市基础设施建设投资有限公司及伊泰集团共同出资组建的股份公司，专门负责鄂尔多斯市公共井田火区治理工作。

2010年4月23日，鄂尔多斯市人民政府以鄂府发〔2010〕21号文件印发《鄂尔多斯市人民政府关于全市露天开采煤矿灭火工程环境综合治理的实施意见》，提出了“统一规划、突出重点、整体推进、综合治理、标本兼治”的原则和“分类指导，协调推进，限时治理，务求实效”的要求，进一步推进灭火工程的环境治理工作，努力打造良好的矿区生态环境。

2011年1月18日，鄂尔多斯市人民政府印发《关于公共井田火区统一纳入伊政煤田灭火工程有限责任公司治理范围的通知》，决定将鄂尔多斯市所有公共井田火区全部纳入伊政煤田灭火工程有限责任公司治理范围，由该公司负责统一实施。公共井田火区治理项目监管划归市、旗（区）两级煤炭管理部门负责。准格尔旗、达拉特旗、东胜区人民政府承担辖区内公共井田火区治理工作的领导责任，严格把关，规范运作；市直各有关部门各司其职，加强监管，搞好服务；伊政煤田灭火工程有限责任公司精心组织，确保全市井田公共火区治理工作健康有序开展。

2012年2月，鄂尔多斯市人民政府印发《鄂尔多斯市煤田火区项目监管办法》，确立了“专业公司统一治理、治理项目集中管理”的煤田火区治理工作原则，提出了火区项目管理的具体措施，规定了火区日常监管与责任追究制度，为公共井田火区治理工作提供了制度保障。

三、火区治理工程

鄂尔多斯市煤炭资源埋藏浅、露头多、挥发分高，属自燃和易自燃煤层，加之冲沟冲刷煤层露头发育和20世纪五六十年代传统落后的剥夺式开采方式形成的采空老窑塌陷裂缝沟通地表，产生漏风，导致煤矿井田内不断出现着火点，而且日益增加。

2008年4月16日，鄂尔多斯市人民政府办公厅印发了《鄂尔多斯市煤（井）田火区治理工作实施方案》，从此，煤（井）田火区治理工作全面展开。2009年，鄂尔多斯市把火区治理工程作为市、旗（区）人民政府的“一号工程”，周密安排、精心组织，以鄂府发〔2009〕51号文件印发了《鄂尔多斯市人民政府关于进一步加强煤（井）田火区治理工作的实施意见》，提出了“先期控制、后期治理”的工作思路和十条意见：严格按照内蒙古自治区人民政府明确的治理时限完成灭火工作；火区治理工作实行统一规划，分区治理；火区治理业主单位严格按照灭火工程专项初步设计及《煤田火灾灭火规范（试行）》的要求组织施工，切实做到科学组织、规范有序；新增火区由市、旗（区）人民政府出资委托火区勘察单位勘察，火区治理要选择灌浆、惰气、均压、填埋等多种灭火方案进行比较，优先推荐投资小、灭火速度快、效果好的最佳方案；严厉打击煤（井）田火区治理工程中非法转让、倒卖区块及借灭火之名乱采乱挖等行为；严格规范火区勘察、设计秩序，坚决打击虚假、伪造勘察及设计行为；露天煤矿原则上不再单独实施火区治理工程，灭火工程和露天开采统筹规划，合并治理，整体推进；井工煤矿要严格执行“先灭火后技改、先灭火后生产”的原则；进一步强化监管，落实责任；强化舆论监督，营造全民监管氛围。

2008—2012年，内蒙古自治区共批复鄂尔多斯市煤田（煤矿）火区141处，其中煤田火区23处（伊政治理19处），煤矿火区118处。自治区煤炭工业局批复128处，其中，118处煤矿火区、10处煤田火区；自治区发改委批复13处煤田火区。按所属旗区划分，准格尔旗63处火区（煤矿火区48处、煤田火区15处）、伊金霍洛旗24处煤矿火区、鄂托克旗13处煤矿火区、达拉特旗18处火区（煤矿火区处15、煤田火区3处）、东胜区23处火区（煤矿火区18处、煤田火区5处）。

鄂尔多斯全市火区治理工作于2008年全面启动，58处火区在年内开工实施治理，相关旗区及企业对火势范围较小的火区通过黄土碾压、井下密闭、打隔离带等综合措施同步实施了控制和治理。

截至2009年末，鄂尔多斯全市火区治理累计完成投资32.2亿元，复垦绿化面积12000多亩，剥离土石方126.21亿立方米。应急救援方面共处理综采面火灾事故2起，直接灭火1起，起封火区4起，处理区外火灾事故1起；出动车辆27台（次），出动人员167人（次），处理事故率比2008年同期下降65%。

2010年起，内蒙古自治区确立了火区治理3年攻坚战目标，要求所有火区在2012年底前完成治理。截至年末，鄂尔多斯全市累计74处火区开工实施治理，公共井田火区全部移交伊政煤田灭火工程有限公司治理；全市火区治理工程累计完成资金投入42.6亿元，复垦绿化面积12000亩。6月24—25日，内蒙古自治区首届煤田（煤矿）火区治理现场会在鄂尔多斯市召开，会上对鄂尔多斯市煤（井）田火区治理工作经验进行了全面总结推广，国家能源局及内蒙古自治区领导对鄂尔多斯市的煤（井）田火区治理工作给予了充分肯定。

2011年，火区治理井然有序继续推进，矿区复垦绿化成效显著。在火区治理工作中，鄂尔多斯全市按照煤矿火区由业主进行治理，煤田火区由煤田灭火工程公司统一治理、统一招投标、统一安全实施主体、统一工程质量、统一财务销售管理，在保障安全、保护环境、保证矿区稳定的基础上，分步实施，整体推进。截至2011年底，鄂尔多斯全市火区治理工程累计投入资金102亿元，复垦绿化面积24.7平方千米，通过复垦绿化将过去的山丘沟壑改造成了平原沃野，生态效益、社会效益显著。准格尔旗黄天棉图集中治理区和伊金霍洛旗常青煤矿火区，成为全区样板工程。

截至 2012 年底，鄂尔多斯全市 107 处火区通过内蒙古自治区批复的剥离挖除火源、灌浆、打隔离带等方式完成治理，其余 34 处采取密闭、黄土覆盖、机械碾压、灌浆等措施进行了治理，全市范围内明火基本扑灭，火势蔓延得到有效遏制。历时近 5 年，全市火区治理任务基本完成。累计投入治理资金 105 亿元，复垦绿化 49 平方千米。火区治理以全区第一的成绩通过自治区组织的考核验收。

2013 年，鄂尔多斯全市煤炭系统继续巩固火区治理效果，组织开展竣工验收。完善火区治理的各项扫尾工作，同时对已复垦绿化区域残缺植被进行补种补栽，火区治理项目绿化成效得到巩固。2014 年，鄂尔多斯市煤炭局煤矿灾害治理工作有序开展。4 月，鄂尔多斯市煤炭局委托中国煤炭科学研究总院编制完成了《煤矿采空区灾害综合治理总体规划》，并上报内蒙古自治区煤炭工业局申请审查批复。另外，先期获得批复的 6 处煤矿采空区灾害治理项目已开始办理开工前期各项审批手续。

2018 年，鄂尔多斯市人民政府责成市煤炭局印发了《鄂尔多斯市煤炭局关于切实推进煤田（煤矿）火区治理工作的通知》和《鄂尔多斯市煤炭局关于印发全市煤田（煤矿）着火点治理方案》，明确了新产生的火点、未完成治理的火区和治理主体灭失火区治理措施，由旗区人民政府尽快组织治理。

2010—2018 年，各旗区煤田火区治理情况见表 6-3-1 至表 6-3-5。

表 6-3-1 2010—2018 年准格尔旗煤田火区治理情况表

年份	火区数量（处）	完成治理（处）	完成工程量（万平方米）	黄土灌浆量（万立方米）	回填渣方量（万立方米）	复垦绿化（万平方米）	回收残煤（万吨）	完成投资（万元）
2010	22	17	10630	39	7179.33	932.96	1127.16	199002.67
2011	6	9	599	23	6808.59	257.3	634.81	130675.63
2012	6	6	773	23	3075	211.24	280.47	66266.62
2013	8	5	1145		1000	304.69	51.43	25519.61
2014	5	3	1357		1357	303.14	181.05	11434.5
2015	3	2	843		843	339.62	190.7	6026.3
2016	1	1	599		599	19.95	140.38	7652.55
2017	1	1	5.25		17.1	98.41	18.24	8576.67
2018	4	3	6.96		27.8	386.05	53.8	8487.44
合计	56	47	15958.21	85	20906.82	2853.36	2678.04	463641.99

表 6-3-2　2010—2018 年伊金霍洛旗煤田火区治理情况

年份	火区数量（处）	完成治理（处）	完成工程量（万平方米）	黄土灌浆量（万立方米）	回填渣方量（万立方米）	复垦绿化（万平方米）	回收残煤（万吨）	完成投资（万元）
2010	4	2	92.73	300	8127	57.73	404	32789.15
2011	2	0	30	200	1300	0	42	16000
2012	4	1	74.99	180	1265.4	38.01	72.2	17410.07
2013	2	0	20	210	1400	56	51	19000
2014	2	1	18	170	1350	60	43	18000
2015	2	2	13	130	580	34	27	8000
2017	1	1	1529.34	0	1529.34	53.8	50.17	2199.54
2018	2	1	3935.33	350	4229.34	181.7	309.27	70166.01
合计	19	8	5713.39	1540	19781.08	481.24	998.64	183564.77

表 6-3-3　2010—2018 年东胜区煤田火区治理情况表

年份	火区数量（处）	完成治理（处）	完成工程量（万平方米）	黄土灌浆量（万立方米）	回填渣方量（万立方米）	复垦绿化（万平方米）	回收残煤（万吨）	完成投资（万元）
2010	11	7	2709.7	26.1	528.02	12807.86	443.17	9140.4
2011	3	0	12	18	12		0	180
2012	3	1	11.27	16.9	11.27	40.67	0	169.05
2013	2	0	11.7	17.55	11.7		0	175.5
2014	2	0	13.1	19.65	13.1		0	196.5
2015	2	0	12.5	18.75	12.5		0	187.5
2016	3	1	13.83	18.9	12.6		3.99	197.99
2017	13	5	1155.01	50.05	1155	104.6	89.08	12784.56
2018	15	7	3626.25	84.05	3626.27	85.9	0.04	41552.63
合计	54	21	7565.36	269.95	5382.46	13039.03	536.28	64584.13

表 6-3-4　2012—2018 年达拉特旗煤田火区治理情况表

年份	火区数量（处）	完成治理（处）	完成工程量（万平方米）	黄土灌浆量（万立方米）	回填渣方量（万立方米）	复垦绿化（万平方米）	回收残煤（万吨）	完成投资（万元）
2012	2	0	45	0	0	0	0	4000
2013	2		120		0	1	8	1200
2014			260		50	7	16	2600
2015			280		110	9	42	15015
2018	2		1700	0	0	21	150	14276
合计	6	0	2405	0	160	38	216	37091

表6-3-5 2010—2018年鄂托克旗煤田火区治理情况表

年份	火区数量（处）	完成治理（处）	完成工程量（万平方米）	黄土灌浆量（万立方米）	回填渣方量（万立方米）	复垦绿化（万平方米）	回收残煤（万吨）	完成投资（万元）
2010	1	1	24.32	0	1200	40.6	25	8400
2011	1	1	10				1.2	1300
2012	1	1	30				42	5200
2013	2	2	1.684	3	3.42	1.684		330
2015	2	1	0.45	0.45	0.45	0.45	0	2000
2016	9	5	232.65	92.59	563.55	18.05	17	7197.5
2017	11	9	191.295	70.52	1382	41.5015	42.775	6498.25
2018	5	3	46.3441	44.7	33.6	44.7	7	610.31
合计	32	23	536.7431	211.26	3183.02	146.99	134.98	31536.06

第二节 生态修复

一、矿区水土保持综合治理

鄂尔多斯矿区地处黄河中游的毛乌素沙漠与黄土高原丘陵沟壑区过渡地带，地表物质组成疏松、植被稀少、气候干旱、多风沙，加之自然灾害频繁，水土流失十分严重。矿区水蚀和风蚀交替进行，构成了水蚀风蚀叠加的复合侵蚀区，是黄河流域风蚀沙化和水土流失最为严重的地区之一。各矿区面临着大规模开发煤炭资源对环境造成巨大影响的考验。

1990年，东胜煤田经营开发公司为减少风沙危害，成立了绿化公司，负责矿区的治沙和绿化工作。同时制定了矿区水土保持治理规划，将急需治理的流沙分为马家塔、补连塔两个治理区域，实行分期、分区治理。本着因地制宜、因害设防、适树适草的防风治沙原则，采取带、片、网相结合，植树种草与封山封地相结合的方法，先后对马家塔、补连塔两个治理区域进行分期治理。在流动沙丘的迎风坡和沙丘的顶部设置油蒿网格沙障8万多亩，春秋季节在沙障旁种植适合本地生长的速生乔灌木林7万余亩，有效地降低了风速，减少了矿区风沙危害。

1992—1994年，华能精煤公司东胜煤田绿化工程公司与中科院综合考察协会协作，在东胜精煤公司马家塔矿进行了露天矿坑复垦试验。试验面积200亩，其中95%面积种植林草，维持原回填土层；5%的面积种植农作物，表层加厚20厘米客沙土壤，利用处理后的矿坑水灌溉。

自1994年起，东胜矿区对红石圈小流域实施了水土保持综合治理。红石圈小流域位于上湾煤矿工业广场西侧，流域面积2.07平方千米。治理前，该处植被覆盖度低，水土流失严重，暴雨产生的洪水直接威胁上湾煤矿工业广场与生活小区的安全。红石圈小流域综合治理采取水保工程措施与林草种植相结合的方法。水保工程包括坡面水土保持整地工程和沟口拦洪筑坝工程。水土保持整地工程主要是对小流域丘陵坡面沿等高线布置水平沟和鱼鳞坑，坑内挖出的土石筑成半圆形拦水土埂，共实施坡面水保工程123.3公顷。在小流域泄洪沟口建筑拦洪土坝，控制流域面积 1.48 平方千米，控制面积率达 71.5%。针对区域干旱贫水的特征，铺设了灌溉管网，利用处理后的上湾矿井水进行浇灌。治理工程共栽植杏树 2 万株，樟子松、油松、侧柏、新疆杨等乔木 36 万株，柠条、杨柴、紫穗槐等灌木 60 万穴，投入治理资金 854 万元。通过综合治理，根治了小流域水土流失问题，原来的自然灾害多发地域变化成为集水土保持、经济林种植为一体生态保护绿色基地。

1995 年，东胜煤田经营开发公司对考考赖沟水源地进行治理。考考赖沟是乌兰木伦河的一级支流，是神东矿区主要供水水源地。供水工程于 1995 年建成并投入运行，日供水能力 30000 立方米。其工程取水处的上游多为活动沙丘，植被稀少，风沙活动剧烈，造成来水水质严重污染，含沙量达 6.4 千克/立方米，水厂每年排沙费用近百万元，严重影响供水工程的正常运行。治理工程采用以造林绿化防风固沙为主的综合治理措施。首先在流沙地设置各种不同规格类型的沙障，在此基础上，大面积营造防护林带，种植固沙能力强的沙柳、紫穗槐进行造林固沙。这些树种适宜当地生长环境，成活率和存活率高。防护林平均宽度达 800 米，治理面积 7302 亩。随着固沙植物的繁衍生长和地表结皮的逐渐形成，在水源上游沙地上形成一道永久性的灌草生物防护屏障，有效地阻滞流沙进入水源。经过治理，水中含沙量降至 0.2 千克/立方米，年节约清沙费用约 100 万元。

1997 年，东胜煤田绿化工程公司制定了《马家塔露天矿复垦规划设计》，从 1998 年起，分年度实施。马家塔露天煤矿在煤炭开采过程中，采取了边剥离边回填的采煤方式。回填时对剥离土石分层回填，大量的矸石回填在采坑的最底层，上面依次是碎石沙土、剥离层表土。

1997 年 10 月，国务院领导批示国家环境保护局等部委对神东矿区防风治沙、水土保持和环境保护工作进行全面考察。新华社、人民日报、中央电视台等 20 余家国内媒体对神东矿区防风治沙、水土保持和环境保护工作进行了集中报道。1997 年和 1998 年连续两年，国家环境保护局向联合国环境署推荐神东矿区为“世界环境保护全球 500 佳”候选单位。

1998 年，神东煤炭公司制定并实施了《乌兰木伦河道防洪护矿工程规划》。神东矿区各矿集中于乌兰木伦河两岸，冬季干旱多风沙，夏秋季暴雨集中山洪多发，矿区早期无序开采造成乌兰木伦河道多处堵塞，给矿区生产生活造成很大危害。神东煤炭公司根据矿区干支流洪水规律，进行了统一规划，修筑了防洪护矿大坝、拦渣坝、围渣堰、挡沙墙、护渣堤、排洪渠、排渣场等基础工程，对乌兰木伦河进行了彻底整治。乌兰木伦河道治理工程不仅控制了夏季洪水危害，而且显著地改善了矿区的气候，有效地减少了水土流失。9 月，神东矿区防沙治沙水保绿化工程通过国家验收。

1999 年 6 月，水利部授予神东煤炭公司、神东煤炭公司马家塔露天煤矿“全国水土保持和生态环境先进单位”称号。

2000 年，马家塔露天矿复垦区被列为全国生态建设示范基地，被国家列为 AA 级旅游区，成为集养殖经营、垂钓、水上娱乐服务于一体的旅游休闲观光景区。

2000—2007 年，神东煤炭公司实施了“两山一湾”水土保持常绿林带建设工程。“两山一湾”生态常绿林主要包括大柳塔东山、大柳塔西山与乌兰木伦小区 C 形湾。神东煤炭公司累计投入资金

1849.5万元，栽植常绿树18.31万株，栽植阔叶树43.91万株，造林7333亩。大柳塔东山位于神东中心区东侧，山体总长约10千米，高约60~100米，分为南区、中区和北区三个区域。到2007年底，南区投入资金360万元，治理面积418亩，栽植油松、樟子松3.91万株，沙棘等灌木5.24万穴；中区投入资金136万元，治理面积144亩，栽植油松、樟子松1.35万株，沙棘、杨柴等灌木2.49万穴；北区投入资金377万元，治理面积317亩，栽植樟子松、河北杨4.99万株，混植紫穗槐、杨柴等灌木6.56万穴。大柳塔西山位于神东中心区西侧，山体总长约6千米，为裸露的沟壑地貌，分为南区与北区。南区共投入资金351万元，完成治理面积534亩，栽植油松、侧柏等6.02万株，沙棘、柠条等灌木4.05万穴；北区投入资金328万元，完成治理面积575亩，栽植油松8593株，黄刺玫等灌木2664穴。乌兰木伦小区C形湾包括C形湾坡面常绿林带、红石圈治理区及上湾生态园区三部分。C形湾坡面常绿林共投入资金202.5万元，治理面积1364亩，栽植油松、樟子松1.96万株；红石圈治理区共投入资金196万元，治理面积3000亩，栽植油松1.22万株、杏树2万株；上湾生态园共投入资金82万元，治理面积1099亩，栽植新疆杨、旱柳、火炬树2.44万株，栽植沙枣、紫穗槐、拧条等22.49万穴。生态园内建有1万立方米污水蓄水池一座。这三块常绿林共同构成了矿区周边常绿林生态体系，是中心区重要的防护屏障，发挥着挡风固沙、保护水源、调节中心区气候的重要作用，有效地改善了矿区的生态环境。

2012年3月，国土资源部确定伊泰京粤酸刺沟煤矿、伊泰大地精煤矿、伊东天隆集团武家塔露天矿为第二批国家级绿色矿山试点单位。

2013年6月，国土资源部确定伊泰集团宝山煤矿、丁家渠煤矿为第三批国家级绿色矿山试点单位。2014年，国土资源部确定的12个国家级绿色矿山试点单位中，伊泰集团有4个煤矿入选。

2017年，准能集团公司累计完成复垦总面积2449.28公顷，土地复垦累计投入14.1亿元，黑岱沟露天煤矿北排土场、东排土场、东沿帮排土场、西排土场与哈尔乌素露天煤矿外排土场现已全部封场。内排土场完成复垦面积109万平方米，工业广场绿化面积212万平方米，绿化率89.5%。累计栽植各种乔灌木6439.7802万株（丛），牧草17.13平方千米，植物种类60多种。植被覆盖度比自然地貌提高3倍多，牧草产量增长5倍多；水土侵蚀量比原来减少80%以上，水蚀模数由环评的13000吨/平方千米降到现在的1500吨/平方千米。经过人工复垦的矿山废弃地土壤熟化后，表层土壤结构得到很好的改善，土壤生产力大大提高，植物的经济效益可观，据测投入产出比达到1∶4，复垦后的矿区人工生态系统质量，明显优于原有的自然农业生态系统。矿区生态系统的结构由简单趋向复杂，植物种群由单一趋向多样化，水土流失得到治理，已经从荒坡秃顶变成植被覆盖，草木茂盛的人工生态区。生态系统向着良性循环方向发展，土地复垦及生态恢复工作实现了煤炭生产与生态环境效益同步增长的目标。

截至2018年底，鄂尔多斯市煤炭企业按照不同类型，本着因地制宜、因害设防、因地设树的原则，乔灌草、带片网结合，人工育林、育草与封林、封草结合，发挥了林草植被的多功能、多层次的防护作用。其中，神东矿区摸索出“预复垦”的新路子，全面系统地开展矿区生态建设工作。在开采之前，做好整体规划，将矿区划分为“三圈一水”，包括外围防护圈、周边常绿圈、中心美化圈以及河道水域景观，并制定综合防治方案，逐步实施，有针对性地增加植被覆盖率，增强区域生态功能，在防风固沙、防治水土流失方面取得了成效。

二、铁路水土保持工程

1986 年 5 月，包神铁路开工建设。线路经过地区风沙地貌明显，以半固定、固定沙地为主，局部有新月形移动沙丘分布，沿线风大、沙多、气温变化大，暴雨集中，蒸发强烈，经过多处盐渍土、煤矿采空区、泥石流滑坡地段。为保证铁路运输生产的安全畅通，包神铁路公司坚持生物防护与铁路工程建设同时规划、同时设计、同时投资、同时施工、同时验收。在铁路两侧设置防沙屏障，种植固沙灌木，栽植线路行道树，在风沙危害严重地段设置防沙工程蔽障，沿线路堑地段设挡土墙，修建河岸挡墙，整治取土场恢复植被，对水土流失情况进行监测。

2003 年 9 月，大准铁路扩能改造工程开工建设。工程扰动地表面积 110.63 公顷，水土保持责任面积 71.80 公顷，可绿化面积 53.36 公顷。大准铁路水土保持工程治理面积 46.65 公顷，种植柠条、沙棘、苜蓿、杨树、油松、云杉等进行防风固沙，水土保持责任面积全部得到治理。

2006 年 6 月，大准铁路点岱沟至南坪支线工业广场专用线开工建设。工程水土保持方案责任面积 197.25 公顷，根据水土流失地貌类型及主体工程施工生产特点，将工程建设责任范围分为路基防治区、站场防治区、辅助设施防治区三个防治区。经过治理，项目区的生态环境得到了明显改善，责任区水土流失得到了有效的控制。

到 2008 年底，包神铁路共投资 962 万元，用于治沙与水土保持工程。生物防沙面积达到 765.9 万平方米，造林 11.9 万平方米，种植植被 26 万平方米，营造防沙网格 14 万平方米，防沙障蔽 27 万平方米，林带平茬 56 万平方米，栽植防风固沙林带 60375 亩。

截至 2018 年底，鄂尔多斯运煤铁路专用线通过逐年坚持对沿线路基、边坡、沙化地段进行防沙工程治理和环境绿化，有效地减少了线路沙害和路基风蚀，增强了路基、边坡的抗风沙能力。

三、采煤沉陷区治理

20 世纪 80 年代，神东煤炭公司在建成沙漠绿洲的基础上，以“开采一次性煤炭资源，建设永续利用的生态资源”为原则，开展沉陷区综合治理工作。采煤沉陷区治理在不破坏原生态环境的前提下，对生态环境进行修复，增加生物多样性，稳定沉陷区生态系统。在治理过程中，注重生态效益、经济效益和社会效益的有机结合，发展生态经济林，使企业、政府和村民达到共赢。先后与中国矿业大学以及国内其他科研院所合作，积极探索沉陷区治理技术，研究和发现开采对生态环境的影响规律，有针对性地开展 30 多项沉陷区生态治理技术研究，解决沉陷区土壤贫瘠、干旱、缺水、塌陷对植物的影响。

1998 年，上湾沉陷区综合治理项目区位于乌兰木伦镇上湾村，属于上湾煤矿和补连塔煤矿采煤塌陷区，神东煤炭集团共投资 1720 万元，已建成面积达 10 万平方米的上湾采煤沉陷区生态经济林试验示范基地，栽植各类乔灌木 100 万穴。坚持科研试验与示范推广相结合、生态治理与经济林产业化发展相结合的原则，乌兰木伦镇上湾村塌陷区生态经济林项目的实施，改善地表生态环境，保障煤炭生产顺利进行，促进地方林业经济的发展，增加当地农民收入。

2008年以后，与中国矿业大学（北京）合作，开展微生物复垦技术研究与试验。通过从当地土壤中筛选出适宜的丛枝菌根真菌，培养后附着在植物根系上，扩大植物根系对土壤水分和养分吸收，从而攻克了塌陷区生态治理中土地贫瘠、干旱缺水和塌陷伤根三大技术难题。此项技术获陕西省科技进步一等奖，并通过国家科技进步二等奖的审核。微生物复垦技术研究与试验已广泛应用于神东沉陷区治理中。

2009年，由神华集团公司投资4亿元建设的神华新村，位于伊金霍洛旗乌兰木伦镇境内，占地62.7公顷，规划总面积约30万平方米，其中住宅25万多平方米，集中安置神华神东煤炭集团位于乌兰木伦镇井田开采范围内、未来5年应当搬迁的约1200户农牧民。工程由市政府负责规划，神华神东煤炭集团负责建设，将神华新村打造成中国西部第一村。神华新村项目以“五化五型”新农村的目标来建设。“五化”是指：居住城镇化、生活现代化、服务标准化、产业特色化、文明整洁化。不仅建设高品质的住所，而且要建设教育、文体、医疗、培训、商业等配套齐全的公用设施，实现电话、网络、有线电视、给排水、供暖、供气、道路等“八通”，搭建新村信息化、工业化与服务业相融合的发展平台。神华新村还计划建设产业园区，实施企业运作，让新村发展特色工矿业、工矿服务业、养殖业、手工业等产业，形成产业体系，铺就发展路，打开致富门，支撑新村的发展。此外，神华集团还在神东煤炭集团公开选拔经营管理干部在新村挂职。“五型”是指：和谐文明型、绿色环保型、共同富裕型、循环节约型、持续发展型。要大力扶植新村一、二、三产业的同步、协调、绿色发展，为矿区拆迁农牧民打开致富门、铺就发展路。

截至2018年，鄂尔多斯市境内的煤炭企业，依据沉陷区的生态环境特点，选择抗旱、节水、耐风蚀沙埋、具有改良土壤作用和经济效益的适宜品种，根据植物群落的演替规律，考虑植物种的自我进展演替性，选择的植物有针叶乔木树种，樟子松、油松、侧柏；阔叶经济树种，文冠果、山杏、沙棘；灌木树种，紫穗槐、杨柴。

第七篇
科技与信息化

20 世纪 80 年代前，伊克昭盟由于煤炭开采技术落后，机械化程度低，矿井灾害防御能力不足，致使丰富的煤炭资源优势得不到充分发挥。1984 年后，随着准格尔和东胜矿区的大规模开发，煤炭企业高度重视科技工作，实施科技领先战略，创建“科技创新型”企业，加强重大核心技术攻关，提升企业自主创新能力，构筑了具有企业特色的技术创新组织、管理和评价体系，创建了基于科技资源整合模式的“产、学、研、用”合作创新机制。

进入 21 世纪，鄂尔多斯市人民政府及其科技、煤炭管理部门，以保障国家能源安全为己任，瞄准世界前沿，坚持走中国智造之路，致力于煤炭生产和煤化工技术研发，发挥了政府科技引领和指导作用。全市煤炭领域的央企、国企、大型民营企业，根据自身的特点及行业地位，经过不断地探索和改进，逐步建立起了在“两个牢牢掌握”（牢牢掌握关系企业发展的核心技术、牢牢掌握科技管理关键环节）原则下具有各自特色的技术创新管理体系，逐步形成了以技术委员会为决策层，以专家咨询委员会为咨询层，以科技管理部门为管理层，以科技中心（研究院）为研发层，以煤炭开发利用技术创新战略联盟为载体，社会科技力量为重要补充，集科技开发、科技管理、科技服务于一体的科技创新体系。

鄂尔多斯市人民政府及其煤炭工业管理部门、科学技术管理部门，始终坚持技术创新工作中企业的主体地位，使企业成为需求、投入、研发组织和成果转化的主体。广泛开展产、学、研合作，充分整合利用外部科技资源，以神华集团牵头成立的煤炭开发利用技术创新战略联盟为依托，以准格尔和东胜矿区开发为契机，开展与德国、日本、美国、瑞士、法国、荷兰、比利时等国科研机构与制造商的技术交流。各企业在完善管理机构的基础上，先后形成了神东煤炭技术研究院，神华准能资源公司研发及工程示范中心、神华煤制油研发中心、内蒙古伊泰煤基新材料研究院、煤间接液化国家地方联合工程研究中心、内蒙古伊东集团研发中心以及由内蒙古伊泰集团有限公司控股成立的中科合成油技术有限公司为主的自主研发团队，技术创新工作显著成效，为企业持续发展提供技术保障。

截至 2018 年，鄂尔多斯全市煤炭领域完成科研项目 1361 项，实现并掌握了以神东现代化矿区建设与生产、特大型矿井群资源与环境协调开采、现代化露天矿建设与生产、煤炭采掘装备国产化研发、煤直接液化工艺催化剂关键技术等为代表的一批具有国际领先水平的核心技术，支撑建设了神东矿区、准格尔露天矿区等数十个千万吨级煤矿，建设了煤直接液化、煤间接液化等多个世界首创的示范工程。煤炭生产、煤化工、煤炭伴生资源整合利用等多个领域共获得授权专利 1737 项，其中发明专利 445 项，获得国家科技进步奖 6 项。

随着产学研联合攻关力度的不断扩大，鄂尔多斯煤炭企业加速推进信息化建设，促进煤炭行业由要素驱动型向创新驱动型转变。多数煤业集团已建成大容量光纤以太网和百兆同步数据网，形成了完善的网管系统、网络安全系统、数据库系统和存储系统，实现了井下无线通信系统、人员定位系统、车辆定位系统、工业电视系统、语音广播系统、调度指挥系统、工业自动化系统、安全监控系统全覆盖。矿井智能化建设也在从局部向全系统延深，上湾煤矿、转龙湾煤矿等多个大型矿井实现了“工作面有人巡视、无人操作”的工作模式和开采、运转、提升、通风、供电、排水等生产环节自动化。

第一章 科 技 管 理

第一节 管理机构

一、政府主管部门

1959年2月21日，伊克昭盟科学技术委员会成立，同时成立伊盟科学技术协会，委员会和协会是一套班子，两块牌子。1962年，伊盟科委、科协同时撤销。1963年，伊盟科委和伊盟科协同时恢复建制，仍是一套班子，两个牌子。1966年“文化大革命”开始，科技管理机构处于瘫痪状态。1968年，伊克昭盟革命委员会设生产指挥部，科技工作归生产指挥部管理。1972年，科技工作划归计划委员会管辖。1975年2月，伊克昭盟组建科技局，内设办公室、政工科、科普科、农牧科和工业科，下设科技器材服务站、科技情报研究所、沙漠研究所、标准计量所以及乌审召中间试验办公室等二级单位。1979年初，伊克昭盟科学技术委员会重新成立，撤销科技局，科协也随之调整。1983年机构改革中，伊克昭盟科委改为科技处，1997年改为科技局。

2001年，伊克昭盟撤盟设市后，鄂尔多斯市煤炭局、科学技术局为全市煤炭系统科技工作的管理部门。市煤炭局的职能是负责煤炭行业重大科技攻关项目的组织、协调、管理工作，推动全市煤炭行业的技术改造以及新技术、新工艺、新设备的推广与应用。内设技术装备科，负责煤炭行业新技术、新工艺、新设备的推广组织工作。煤炭局办公室负责煤炭行业信息化建设和市局系统电子政务、网络建设的组织指导与实施工作。市科技局的管理职责是：贯彻执行国家、自治区有关科技工作的法律法规和方针政策，牵头拟定全市科技发展规划和方针、政策，并组织实施和监督检查；负责组织制定全市应用技术研究与开发专项资金项目计划、科技创新基金项目计划；负责统筹协调重大社会公益性技术研究及关键技术、共性技术研究工作；牵头组织全市国民经济与社会发展重要领域的重大关键技术攻关；负责组织全市重大科技项目的方案论证、综合平衡、评估验收和制定相关配套政策；会同有关部门拟定高新技术产业化政策，指导全市高新技术产业开发区建设；会同有关部门拟定全市促进产学研相结合的相关政策，制定全市科技成果推广政策；指导科技成果推广工作，组织相关重大科技成果应用示范，推动企业自主创新能力建设；提出科技体制改革的政策和措施建议，推进科技体制改革工作；审核相关科研机构的组建和调整，优化科研机构布局；会同有关部门提出全市科技资源合理配置的重大政策和措施建议，优化科技资源配置；负责全市科学技术奖评审及奖励的组织工作，会同有关部门拟定科技人才队伍建设规划，提出有关政策建议；制定科技保密管理办法，负责相关科技评估管理和科技统计；组织拟定全市对外科技合作与交流政策，负责政府间双边和多边科技合作与交流工作；执行国家、自治区有关知识产权的方针、政策，组织协调全市保护知识产权工作；会同有关部门建立知识产权执法协作机制，开展相关的行政执法工作；负责制定全市知识产权及专利发展规划、方针、政策，并组织实施和监督检查；指导旗区、企事业单位知识产权工作。

二、企业管理机构

20世纪90年代初期，根据国家科学技术委员会《关于组织科技界推动企业科技进步的工作纲要》和《科技体制改革要点》的精神，鄂尔多斯地区的重点煤炭企业的科技创新活动实行总经理领导下的总工程师技术负责制，明确了总工程师负责制定企业科技发展规划和计划，组织技术改造、技术开发、技术培训，以及具有支配技术开发资金适用等方面的职权。同时，企业在科技创新活动中接受国家和地方政府科技管理部门的宏观指导。

2004年开始，鄂尔多斯地区各煤炭企业在建立健全科技管理部门的基础上，部分重点企业根据《国民经济和社会发展第十个五年计划科技教育专项规划》，分别成立了科学技术委员会或科学技术领导小组，成为企业科技管理的决策机构，并明确了科学技术委员会和科技管理部门的职责。

科学技术委员会职责：负责制定本企业年度和中长期规划、技术规范及要求，并指导、监督实施；对新建、改扩建、技术改造等重大工程项目组织分析讨论，为设计提供参考；对重大项目设计初稿组织讨论，提出修改意见，对审查批准的设计充分消化和掌握；对新技术、新工艺、新设备引进项目组织调研、讨论，编制可行性报告，并对可行性项目开发、应用深入开展工作；确定建设、生产和经营中的重大技术方案及重要装备选型，决定重大科研课题的立项；解决项目实施过程中的技术难题，对重大技术难题组织攻关，并总结成果；负责本企业重大技术问题的决策和指导。

科技管理部门职责：鄂尔多斯煤炭工业涉及煤炭生产、煤化工、煤炭关联产业等多个领域，各企业科技管理部门的职责根据企业的经营性质确定，具体履行科研管理、知识产权与成果管理，技术标准管理、商标权及著作权管理等职能。

科研管理职能：负责制定并监督落实科研开发项目管理制度；编制、上报、下达科研开发中长期规划、年度科研开发计划及资金计划并监督执行；组织国家、地方政府及本企业的科研开发，新产品开发，生产与安全技术、环境保护与节能减排技术项目立项审查，资金审查，项目攻关、实施、验收及成果鉴定；组织并参与重大建设项目和技术改造项目工艺技术路线和产品技术方案的比选；负责科研项目技术合同管理；负责对科研经费使用情况及效果进行检查，配合审计部门对科研经费进行专项审计；负责国家和地方政府科研专项资金管理，对项目课题进行资金使用审查；负责国内外科技研发信息收集、分析和整理；负责组织内外部科技交流与合作，共享技术研发资源；负责调研、汇集、上报本企业科研需求，全面掌握本企业技术研发现状和未来发展动态。

知识产权与成果管理职能：编制专项工作规划和年度计划，负责职务发明专利申请的审核、申报，审核职务发明专利的奖酬；负责专利权转让、许可贸易、实施技术转让等方面的专利咨询；组织专业技术分级评审、技术对外许可、转让管理及保护；负责科技论文对外公开发布审核；组织本企业科技进步奖与科技成果奖的评审，负责科技成果的登记及资料归档，完成上级科技进步奖和发明奖的申报工作；负责科技进步先进工艺及重大技术的应用、交流、推广、转让、共享管理；负责本企业对外科技展览的组织管理；负责本企业科学技术委员会（科学技术工作领导小组）办公室工作。

技术标准管理职能：负责制定本企业技术标准管理制度，制定年度技术标准并监督实施；编制本企业产品目录，制定（修订）企业技术标准，组织各类产品标准报批稿的审查；负责推进采用国际标准，采用国外先进技术的“双采”工作；负责办理产品标准的批准，发布及备案工作，组织技术标准成果的推广应用及鉴定、申报工作；参与新产品、改进产品质量、技改措施和技术引进中的产品标准工作；负责煤化工“新三剂”（催化剂、添加剂、助剂）的试用管理。

商标权及著作权管理职责：负责本企业商标注册、保护等工作；负责本企业著作权申请、认定、保护等工作。

三、研发机构

（一）神东煤炭技术研究院

神东煤炭技术研究院的前身是2003年成立的神东煤炭公司科技中心，是集科研项目攻关、工程设计和科技活动组织为一体的科研机构。2009年12月，神东煤炭集团公司将科技中心的设计业务划出，成立神东设计公司，科技中心其他职能不变。

2012年7月25日，神东煤炭集团公司将总工办、科技中心、煤矿安全技术专家组整合成立神东煤炭技术研究院，下设综合管理部、工程技术研发部、机电信息技术研发部、通风安全研发部、节能环保研发部、知识产权管理部6个部门，是集科研管理、科技研发和科技活动组织为一体的科技管理机构，属神东煤炭集团的二级单位。

神东煤炭技术研究院的主要职能是：负责科技管理、技术研发、技术服务及成果推广，其目的是解决制约煤矿安全生产的重大技术难题，充分发挥产、学、研及科技创新优势，为企业安全、生产、环保提供技术支持。具体职责为：负责企业科技发展战略研究，了解经济全球化及当代科学技术的发展趋势，掌握国家宏观经济技术政策、本行业关键技术的发展方向、企业主导产品在国内外市场的地位和变化趋势，全面分析、掌握自身及竞争对手的优势和劣势，确定科学合理的战略目标，并根据市场的变化适时调整，以市场为导向，从企业实际出发，研究、制定技术创新方向、目标和规划；积极推行产、学、研相结合的研究开发方式，通过社会化、专业化服务，提升企业技术科技水平，跟踪国际技术的最新发展动态，加快企业技术创新和科研成果的转化，提高企业自主开发能力；负责对生产过程中安全技术问题的研究，前瞻性地解决生产中的重大安全技术问题；组织新技术、新工艺、新设备推广应用，不断提高企业的技术装备水平和工艺水平；负责设备国产化技术研究；负责企业知识产权的组织、研究、协调和申报工作；负责企业科技项目管理、组织、评审、开发工作及科技成果管理、评审工作；负责本企业科学技术委员会的日常工作；指导本企业群众性小改小革与技术创新性活动；负责主办《神东科技》《科技动态》等内部刊物并进行技术交流；负责与国内外信息科研机构合作，及时了解国内外新技术、新工艺及企业产品营销趋势。

2013年8月21日，神东煤炭集团公司成立博士后科研工作站，有针对性地解决了综采工作面自动化生产关键技术难题及高效推进工作面自动化生产面临的技术难题，为核心技术人才团队建设搭建平台。

（二）神华准能资源公司研发及工程示范中心

2011年3月12日，准格尔能源有限责任公司成立煤炭伴生资源综合利用研发及工程示范中心（简称研发中心），开展神华准格尔矿区煤炭伴生资源循环经济产业项目技术研发工作。2012年8月6日，研发中心划归神华集团的全资公司神华准能资源公司管理，主要负责技术攻关、相关科研成果转移、知识产权管理、组织制定循环经济产业项目规划、申报国家专项资金等工作。研发中心设置2部6室，即技术部、综合管理部，6个研究室。2014年10月，内蒙古自治区科技厅批准研发中心为内蒙古自治区煤炭伴生资源综合利用工程技术研究中心。

（三）神华煤制油研究中心

2003年9月10日，神华集团公司与上海市人民政府就神华集团在上海建设煤液化试验基地和研究中心事宜签署合作协议，神华煤制油研究中心拟由中国神华煤制油有限公司、上海电气（集团）总公司和上海华谊（集团）公司共同出资组建。同年12月，神华煤制油研究中心有限公司在上海闵行区注册成立，主要负责建设煤直接液化中试装置，系统地进行煤液化技术开发，为国家煤直接液化项目示范工程提供技术支撑。

（四）内蒙古伊泰煤基新材料研究院

2017年7月20日，内蒙古伊泰煤基新材料研究院有限公司在鄂尔多斯市康巴什新区注册成立，负责煤间接液化技术研究，气化、净化、油品合成、油品加工、尾气制氢、工程技术的优化及系统集成方案、节能减排的优化研究；煤炭间接液化下游精细化学品的研发，低芳溶剂油、洗涤剂醇、烷基苯、润滑油基础油、黄托蜡、特种蜡的研发；煤基新材料的研发，先进碳基负荷材料、直链脂肪酸钠的研发；气化煤料适应性研究，气化煤质分析及配煤研究。

（五）内蒙古伊东集团研发中心

2001年，内蒙古伊东集团成立研发中心，开展煤炭开采技术、煤炭深加工和非金属材料的技术研究。2004年9月，准格尔旗煤转化研发中心在集团研发中心设立，伊东集团以研发中心为依托，筹建伊东循环经济产业基地。

2007年8月，伊东集团公司与中国矿业大学化工学院、中国矿业大学材料科学与工程学院、中国科学院山西煤炭化学研究院合作，挂牌成立了伊东循环经济产学研基地。同年，伊东集团被国家工业和信息化部等6部委列为国家级循环经济示范试点企业。2009年7月，伊东集团研发中心实验车间投入使用。

2011年，伊东集团公司投资100万元，新建研发中心实验楼和中试装置，下设煤转化、蒙陶、化工3个研发室，有工作人员50名，其中博士5名、硕士12名、技术人员33名。

（六）煤间接液化国家地方联合工程研究中心

2009年5月，鄂尔多斯市发改委向国家发改委申请建设煤间接液化国家地方联合工程研究中心（简称工程研究中心）。同年8月20日，工程研究中心实验楼项目开工建设，2011年投入使用，项目总投资约6000万元。2011年11月，国家发改委正式确定伊泰煤制油有限责任公司为煤间接液化国家地方联合工程研究中心。

工程研究中心由内蒙古伊泰煤制油有限责任公司管理，下设专家委员会、办公室、技术部、信息中心、生产试验部、工程部、实验室。工程研究中心是建设煤间接液化中试平台以及配套的研究和分析测试设施，以技术研究联合体的形式建设煤转化工程实验室，以煤转化工程实验室和间接法煤基合成油工业中试平台为依托，组建生产数据分析网络，完成生产运行数据、化验分析数据的在线收集汇总、分析计算工作，以客观实时分析指导优化生产，并对煤制油产业的进一步发展积累数据。

工程研究中心配合伊泰集团开展2000吨/年煤基合成油工业中试装置，建设配套的间接法煤基合成油费托催化剂实验生产装置，以及煤炭气化、煤干馏、催化反应动力学和催化剂研究实验室的建设工作。同时，依托伊泰集团煤制油示范项目、煤转化工程实验室和煤间接液化中试平台，设立煤化工技术人才培训中心，培养高级煤化工研究和工程开发人才、产业技术人员和生产操作人员。

（七）中科合成油技术有限公司

2006年4月，内蒙古伊泰集团有限公司、中国科学院山西煤炭化学研究所、山西潞安矿业（集团）有限责任公司、徐州矿务集团有限公司、神华集团有限责任公司、连顺能源有限公司6家股东，组建成立中科和成油技术有限公司，注册资金10亿元，内蒙古伊泰伊泰集团有限公司占股40.4%，处于相对控股地位。

中科合成油技术有限公司在国家科技部“863”计划、中国科学院知识创新工程相关企业的支持下，开展了煤基液体燃料合成浆态床工业化技术的研究和开发，拥有世界领先、完全自主知识产权的低温和高温浆态床F-T合成技术，以及包括煤炭气化和油品加工全过程煤炭液化系统集成技术，拥有专利120余项。

中科合成油公司下设工程有限公司、内蒙古有限公司、淮南催化剂有限公司、国家重点科学实验室，主要从事国家专项课题研发、煤机合成油技术研发、产业技术转让、催化剂生产与销售、煤制油专用设备的研制和开发、煤化工石油化工工程设计、能源化工工程环境评价等业务，为国内外客户提供煤基合成油的技术支持和服务。

第二节　管理制度

从1992年起，鄂尔多斯地区的大型煤炭企业根据党的十四大提出的“振兴经济首先要振兴科技”的要求，为加快矿区现代化建设步伐，先后制定了《科技创新管理办法》《科技创新奖励办法》《博士后工作站管理办法》《知识产权实施细则》《“五小”成果奖励管埋办法》《科技创新项目管理办法》《科技创新成果管理办法》《知识产权管理办法》《技术标准管理办法》《“四小”成果管理办法》《科技进步奖奖励办法》和《科技论文奖奖励办法》，并在实践中不断修订完善，规范了本企业的科技创新管理工作。

2016年6月23日，为进一步发挥市场配置科技资源的主导作用和财政科技资金的引导作用，规范专项资金后补助机制的实施和管理，鄂尔多斯市科技局、财政局联合制定了《鄂尔多斯市科技专项资金后补助管理办法》，规定了从事科技活动的单位，根据市场需求及自身发展需要先行投入资金组织开展科技活动，取得成果或服务绩效，通过评估认定或绩效考核后，给予经费补助的财政资助方式。对科技成果转化后补助的范围、享受科技成果转化后补助的条件、成果转化后补助管理程序以及管理监督等作了明确规定。

截至2018年，鄂尔多斯市煤炭行业中，凡具备自主研发条件的煤炭企业，根据各自的实际情况，建立并完善了科技工作管理制度，包括：《科技创新工作管理办法》《科技创新资金管理办法》《科技创新项目招投标管理办法》《知识产权管理办法》《专利和非专利技术管理办法》《科技进步奖奖励办法》及《科技论文奖奖励办法》。

《科技创新工作管理办法》是鄂尔多斯市煤炭企业科技创新工作的纲领领性文件，对科技工作的指导思想、组织体系、资金保障、项目管理、资金管理、科技成果管理、人才市场管理等进行了全面的规定，为具体管理办法的出台明确了基本原则。

第二章　科　技　研　发

第一节　煤炭科技研发

一、中央煤炭企业研发项目

（一）神东煤炭集团研发项目

1. 煤炭采掘关键装备国产化研究

煤炭采掘关键装备包括采煤机、刮板输送机、液压支架、连采机等七大系统。2004年，由神华集团公司牵头，神东煤炭公司为研发主体，将其中的液压支架和连续采煤机国产化研发项目确定为重点科技研发项目。采取的研发思路是充分发挥市场需求量大、资金雄厚、对进口设备使用性能理解深刻的优势，组织社会各方面力量参与研发。以引进设备带动技术创新，突出重点，集中攻关。在实施过程中，成立由院士和行业专家组成的技术论证小组，深入研究国产化研发技术可行性、经济合理性和技术方案，确定国产化设备的主要技术参数和标准；以消化吸收的方式，组织有关单位对引进设备的设计方法、设计理念进行深入研究，并进行设计技术再创新；以自主研发的方式，与有关单位合作研发本项目中高强度钢板焊接、超大采高支护等关键工艺和技术；以委托的方式，请具有一定技术实力的单位，对本项目中电液控制系统等核心技术进行研发攻关；以合同约定的方式，要求研制单位加强质量保证体系建设，对设备设计、制造全过程引入监造制度。2004—2010年，主要进行了液压支架、电液控制系统及连续采煤机国产化研究。

采高2.4~5.5米系列液压支架国产化：以消化吸收、合同约定的方式，与上海电气集团公司、北京煤机公司、郑州煤机集团公司、平顶山煤机公司、航天四川神坤装备公司等单位，合作开发了采高2.4米、2.8米、3.5米、4.0米、4.5米、5.0米、5.5米等系列化高端液压支架。其中，采高5.5米国产化液压支架，于2006年12月24日通过中国煤炭工业协会组织的专家技术鉴定，获2007年度煤炭工业科技进步二等奖；采高3.5米国产化液压支架，于2007年12月10日通过神华集团公司组织的设备和技术验收；“高端液压支架及其先进制造关键技术研究与产业化”获2010年度煤炭工业科技进步一等奖。

电液控制系统国产化：以委托的方式，与航天四川神坤煤机装备公司合作开发，于2009年9月12日通过中国煤炭工业协会组织的专家技术鉴定，打破了国外少数企业在该技术领域数十年的垄断局面，提高了中国煤炭装备制造业的核心技术能力。

采高 6.3 米、7.0 米液压支架国产化：神东煤炭集团公司以自主研发的方式，与北京煤机公司、郑州煤机集团公司、平顶山煤机公司等单位合作，创新研发了世界领先的采高 6.3 米和 7.0 米液压支架。采高 6.3 米液压支架获 2009 年度河南省科技进步一等奖。

连续采煤机国产化：神东煤炭集团公司以委托的方式，与太原煤炭科学研究院合作，开发了 EML340 型连续采煤机，该机型于 2008 年 10 月通过中国煤炭协会组织的专家技术鉴定；2009 年 11 月 14 日，通过神华集团公司组织的设备和技术验收。

推广及应用情况：截至 2009 年，采高 2.4~5.5 米国产化高端液压支架，仅在神东煤炭集团公司已推广应用 30 套/批、合计 4815 架。其中，5.5 米 5 批、220 架，5.0 米 7 套、1257 架，4.5 米 4 套、663 架，4.0 米 3 套、673 架，3.5 米 7 套、957 架，2.8 米 2 套、551 架，2.4 米 3 套、639 架。国产化电液控制系统已在神东煤炭集团公司、神宁集团公司以及山西焦煤公司、山东鲁能公司和四川、内蒙古等地推广应用 20 余套；自主研发的采高 6.3 米高端液压支架，仅在神东煤炭集团公司已推广应用 5 套、合计 911 架；自主研发的采高 7.0 米液压支架通过试验 1 套、154 架，到 2010 年底，推广应用 3 套、合计 462 架；国产化的 EML340 型连续采煤机，已在神东煤炭集团公司、陕西煤化工集团和山西等地推广应用 3 台套。

8.8 米智能超大采高综采成套装备研发与示范工程：2018 年 3 月，神东煤炭集团公司与郑州煤矿机械集团股份有限公司共同研发的世界首套 8.8 米液压支架在神东煤炭集团上湾煤矿投入使用。在研发制造过程中，攻克了设计方案甄选、新型原材料研发、工艺创新、制造装备、总装调试、检验标准和检测手段等多项难关，使该项目的设计方案合理性、原材料开发、工艺创新、制造水准及综合性能均超过了国际标准，创造了煤矿支护装备的世界新高度和煤机行业新的技术巅峰，多项参数均打破世界纪录，代表了当今世界先进水平。该套设备在上湾煤矿第一个 8.8 米智能超大采高 12401 综采工作面安装使用。投产后，使上湾煤矿工作效率提高 85%以上，成本降低 30%，资源采出率提高 30%，上湾煤矿成为世界煤矿采高最大、工效最高、单井单面年产量超过 1600 万吨的特级安全高效矿井。这是开采技术和采掘装备上的一次历史性重大变革，将进一步引领国内超大采高技术的发展。

2. 神东矿区综采配套技术研发

神东矿区综采配套技术研发主要包括：运输巷道超前支护支架、回风巷超前支护支架组、回撤掩护支架、高效矿井 SGZ1000/3×1000（855）型刮板输送机成套设备、给料破碎机、履带行走式液压支架的研发。

运输巷道超前支护支架：2007 年开始小批量生产并进入推广应用阶段。根据不同煤层条件与配套设备特点，先后开发了 6 种型号的系列产品，已在兖州煤业、神东煤炭集团、陕西煤炭集团等企业推广使用。该机通过机、电、液控制可实现自动升降，随综采工作面的推进快速推移，实现了超前支护机械化，简化了支护程序，减轻了工人劳动强度，提高了安全性以及生产效率。

2009 年 11 月 7 日，综采工作面运输巷道超前支护支架通过山西省科学技术厅组织的鉴定，鉴定认为：该支架设计合理，性能可靠，操作灵活，达到国际先进水平。

回风巷超前支护支架组：为满足超前快速支护要求，神东煤炭集团公司和中国煤炭科学研究总院太原研究院合作研制了工作面回风巷和运输巷超前支护设备。使用超前支护支架组后，彻底取消了单体支柱支护方式，提高了支护作业的安全性，加快了超前支护速度，提高了综采面单产，取消了专门的顺槽超前支护工，节省了工资成本。

回撤掩护支架：神东矿区采用的“内外辅巷多通道快速回撤工艺”，要求在回撤通道和端头配置高效安全的专用支护设备。回撤掩护支架和三角区掩护支架的研制成功，构成了回撤端头特种支架组；回撤掩护支架组的使用，实现了回撤巷道支护机械化、回撤巷道端头和三角区顶板的主动临时支护，提高了综采支架回撤效率与安全性，使辅巷多通道搬家倒面工艺得到进一步完善和发展。回撤掩护支架整体顶梁结构提供了更大范围的安全作业空间；高强度特种滑轮组设计，提高了绞车拉架的安全水平；先进的遥控式电液控制系统，避免了操作人员在危险区域作业。

高效矿井 SGZ1000/3×1000（855）型刮板输送机成套设备：国产化高效矿井 SGZ1000/3×1000（855）型刮板输送机成套设备的研制，是科技攻关的重点之一，填补了我国刮板输送机成套设备高端产品的空白。项目开发的 SGZ1000/3×1000（855）型刮板输送机、SZZ1350/525 型转载机、PCM400 型破碎机、ZY2300 型自移装置成套输送设备，能够满足采高 6 米、年产 1000 万吨以上的高效矿井一次采全高综采工作面的需要。

2007 年 9 月至 2008 年 12 月，刮板输送机成套设备在神东矿区昌汉沟矿 15104 工作面和 15106 工作面使用，最高日产达 4.62 万吨，最高月产达 100.8 万吨，创出国产设备一次采全高的最高纪录，达到了国际先进水平。

给料破碎机：连续采煤机短壁机械化开采的后配套关键设备。国外已经有久益、朗艾道、奥登伯格·斯坦勒、杰弗里、弗尔查德、亚奇等多家公司在生产，但在我国尚属空白。该项目的研制成功，为连续采煤机后配套运输设备增加了一种新的机型，较好地发挥了连续采煤机的采煤能力，提高了工作面的开机率，并且替代进口，减少投资，具有显著的经济效益和社会效益。

履带行走式液压支架：短壁机械化开采的支护设备。以前我国短壁机械化开采程度低，由于没有采用连续采煤机、运煤车、锚杆钻机、给料破碎机、铲车等设备配套组成短壁机械化连续采煤系统，煤炭采出率一般只有 30%~40%。1995 年神东煤炭公司大柳塔煤矿首次使用连续采煤机回采边角煤获得成功。但连续采煤机回采时，由于没有配套履带行走式液压支架对顶板进行机械化支护，只能留煤皮或留大断面煤柱，煤炭采出率只能达到 50% 左右，单产水平受到限制；并且由于预留了许多煤皮和煤柱，造成工作面顶板不能及时垮落，大面积悬顶，形成安全隐患。1998 年，神东煤炭公司与煤炭科学研究总院太原研究院合作研制了用于配套连续采煤机回采工作面的履带行走式液压支架，于 2000 年 6 月交付使用。2003 年，太原研究院又对现有行走支架进行了较大规模的技术升级改造，在可靠性、灵活性及适应性方面都有了提高，实现了短壁工作面安全高效生产，完全实现了机械化支护。

2008 年 1 月，研制的新型 XZ7000/24.5/46 型履带行走式液压支架，开始在神东煤炭公司上湾煤矿使用。从 51203CL

工作面已采的3个块段来看，煤炭采出率比原来提高8%，到9月16日为止，累计使用250天，配合连采机产出煤189710吨，未发生安全生产事故，取得了较好的经济效益。2008年7月，该机开始小批量生产并进入推广应用阶段，已有XZ7000/17/30、XZ7000/24.5/46、XZ7000/25.5/50三种型号16台履带行走式液压支架在神东等矿区陆续投入使用。2008年10月10日，新型履带行走式液压支架顺利通过鉴定，鉴定委员会认为：该设备在总体设计、适应性、可靠性等方面达到了国际先进水平。

3. 神东矿井建设配套技术

神东矿区掘进巷道底板硬化技术研究：2004年，针对神东矿区掘进巷道底板泥岩问题，通过现场调研和典型矿井采样，开展了底板泥岩泥化机理、高效混凝土复合剂、泥化物固化剂、土工格室固化特性等理论研究、材料配比试验、数值计算分析以及大量现场试验，提出了5种底板硬化综合治理方案，包括高效混凝土复合剂方案、固化剂直接固化方案、土工格室硬化方案、固化剂+面层硬化方案和土工格室+面层硬化方案。新方案具有适用性广、施工速度快、综合成本低及环保等特点。

新型高强纤维锚杆的研发：该项目针对神东矿区回采巷道片帮严重、使用木锚杆支护失效、金属锚杆存在安全隐患一系列问题，在研究神东矿区地质技术条件和生产技术条件的基础上，采用科学合理的技术方法，研发出适合神东矿区巷帮支护的新型高强纤维锚杆。

该项目自2004年12月试验，在锚杆结构、配方及生产工艺方面取得了突破性成果。并于2005年11月建成了新型高强纤维锚杆生产线，年生产能力达到220000根，取得了矿用产品标志证书。新型高强纤维锚杆已经在神东矿区的保德煤矿、上湾煤矿等8个矿应用。该项目成功解决煤帮支护问题，广泛应用于有瓦斯或煤尘爆炸危险的矿井。

神东矿区合理煤柱宽度、巷道断面与支护技术参数研究：神东矿区地跨晋、陕、蒙三省区，开采的矿井有补连塔煤矿、大柳塔煤矿、榆家梁煤矿、上湾煤矿、乌兰木伦煤矿、保德煤矿等。煤田分属侏罗纪和石炭纪，煤层的成煤年代不同，在同一煤田或矿井内，煤层赋存有多层，稳定程度、煤层厚度与顶底板岩性存在较大差异，将会导致回采巷道等地下结构工程，在巷道围岩变形以及矿压显现规律等方面，存在明显的区别。

自2006年起，神东煤炭分公司与中国矿业大学合作，通过理论研究、计算机数值模拟、现场试验等综合研究方法，对神东矿区保德煤矿、活鸡兔井、补连塔煤矿、哈拉沟煤矿、榆家梁煤矿和上湾煤矿6个矿井、7个煤层的合理煤柱宽度、巷道断面与支护技术参数等进行了深入研究和优化，为神东矿区不同煤田、不同煤层条件下的巷道围岩控制与支护提供了相关的技术决策参数。

神东快速建井模式及应用：1998年，神东矿区在自然资源条件基础上结合全新的设计思想，依靠先进的建井技术，合理布置井下各生产系统和地面设施配套系统，整个矿井实现了系统环节少、设施配套、能力匹配、建井周期短的目标。

以“主斜井-副斜硐”开拓、无轨胶轮车辅助运输、连续采煤机快速掘进、矿井“无盘区”布置、长距离大断面快速掘进通风及地面箱式变电站与井下联合远程供电等关键技术群为主体，再辅以生活区集中规划布置、矿井地面非生产性设施简化布置及地面洗选系统与井下生产系统集成布置等措施，构建了快速建井的

"神东模式"。应用神东独创的快速建井模式，建成800万吨/年的榆家梁煤矿仅用了10个月，建成120万吨/年的大海则煤矿仅用36天，建成100万吨/年的康家滩煤矿仅用了96天，比采用传统模式建成一个大型或特大型矿井大大缩短了时间。

4. 神东煤矿生产工艺配套技术

长工作面、大采高、高强度开采工艺研究：神东矿区煤炭资源丰富，特厚煤层较多。2003年起逐步在神东矿区，上湾煤矿、补连塔煤矿、保德煤矿、石圪台煤矿、霍洛湾煤矿等，针对厚煤层特点，采用了6~7米大采高开采工艺和技术，增加了产量，提高了煤炭采出率。

该项目是以上湾煤矿和榆家梁煤矿为具体工程背景，着重针对长工作面（300~360米）、大采高（5.5~6米）、高强度开采（年产800万吨）工艺的矿压显现规律及设备整体配套参数展开系统的科学实测与理论研究，提出能指导神东矿区浅埋特厚煤层大采高、超长工作面开采实践的围岩控制关键技术和技术参数，认识和掌握内在的客观规律，为神东矿区的煤炭开采生产服务。

经过项目研究课题组和神东分公司充分的论证研究，2005年9月28日，全国第一个大采高300米加长综采工作面在神东煤炭分公司上湾煤矿51104工作面投入生产。技术经济指标见表7-2-1。

表7-2-1 神东煤炭分公司上湾煤矿240米、300米工作面技术经济指标对比表

指标	51103工作面	51104工作面	比较结果
工作面长度	240米	300米	增加60米
每刀煤的时间	45~55分钟	55~65分钟	增加10分钟
每刀煤的产量	1322.9吨	1653.6吨	增加330.7吨
日产量	27781吨/21刀	29765吨/18刀	日增产1984吨
月产量	83.34万吨	89.3万吨	月增产5.96万吨
年产量	1000万吨	1072万吨	年增产72万吨
回采工作面工效	790.3吨/工	849.8吨/工	提高59.5吨/工
搬家倒面次数	1.68次/年	1.44次/年	减少0.24次/年
万吨掘进率	17.3米/万吨	14.1米/万吨	减少3.2米/万吨
采出率	74.30%	76.00%	增加1.7%
减少损失			24万吨/年
5.5米支架数量		177架	增加35架
三机能力	3500吨/小时	3500吨/小时	长度增加60米
乳化液泵	三泵一箱	四泵一箱	增加一泵
移动变电站容量	7800千伏安	7800千伏安	

本研究成果，已在上湾煤矿（51201、51202、51204等工作面）、榆家梁煤矿（44200-1、44206、44207、44208等工作面）、大柳塔煤矿活鸡兔井（21^{上}305、21^{上}306、21^{上}307、21^{上}308等工作面）、补连塔煤矿（31402、32301、32204、32206等工作面）等工作面推广应用。

800万吨/年综采工作面成套技术：1998年，通过对神东矿区“浅埋深、薄基岩、厚风积沙”特定覆岩结构条件下采场矿压的研究，得到了采场顶板以短梁破断为特征的基岩全厚沿煤壁整体切落失稳规律，建立了采场顶板破断后的“短砌体梁”结构力学模型。以此为依据，研制了适合神东矿区矿压规律和生产技术条件的大采高、强力掩护式电液伺服控制液压支架，并对工作面成套设备进行优化配置。首创了综采工作面辅巷多通道快速搬家新技术与工艺。

连续采煤机短壁机械化开采成套技术：1999年，为解决神东矿区井田范围内存在的部分中小型井田和边角块段煤层资源回收问题，开始在矿区范围内试验推广连续采煤机短壁机械化开采技术。该技术分单翼短壁机械化采煤法和双翼短壁机械化采煤法，实现了短壁工作面落煤、装煤、运煤、支护等工艺的机械化生产。同时，研制开发出与之配套的履带行走式新型液压支架，用于支护短壁机械化开采回风巷、运输巷、支巷及联络巷交汇处的大断面空顶，实现了短壁机械化工作面的安全高效生产。

高度集中生产的安全保障技术：2000年，针对神东矿区煤层易自燃，自然发火期仅为1个月左右，且实现高度集中开采后工作面推进距离长（最长已达6000米），回采周期长（超过一年）的特点，研究开发了可对综采工作面（包括采空区）和相邻巷道自然发火危险性进行监测监控的计算机可视化系统。成功研究开发出井上下移动注沙和注浆系统，配以独创的山沙胶体和三相泡沫灭火新材料，解决了西部地区在防灭火方面缺土缺水的困难，为西部矿区防灭火技术的发展开创了一条新路。

采用大断面双巷掘进配以快速隔风技术，解决了综采工作面推进距达6000米的高度集中开采的通风问题。

研究开发出适应于高产高效综采面的压气喷雾降尘技术和适应连采面的涡流控尘配合湿式旋流除尘器的降尘技术，降尘率分别达85%和97%。

综合应用多种新型物探和钻探手段，可准确探明覆岩的各种地质构造，结合计算机智能化分析，研制了一套突水溃沙治理新技术，避免了重大突水溃沙事故的发生。

矿区生产与管理的网络控制与信息技术：2000年，针对煤矿工作环境恶劣和安全性、可靠性要求高等特点，应用先进的异构网络集成和异构数据源采集技术，以集成化的三层网络为基础，将煤矿生产全程自动化、全方位管理信息化的各项应用统一在一个网络平台上，建成了神东矿区生产与管理综合自动化系统，并研制开发出一系列自动化控制防爆设备。实现了矿井生产、运输、通风、供排水、供电、矿井安全、洗选和装车等生产环节的监测与控制自动化，实现了生产过程集中控制与企业数字化管理。该综合自动化系统的实施，提高了各生产系统的可靠性，形成了现代化的煤矿生产与管理模式，多种固定岗位实现了无人值守，全员工效提高了22%。

采掘设备报废条件及优化配置系统研究：该项目包括两个子课题，采掘设备报废条件研究及报废管理系统开发和综采设备优化配置系统研究。

采掘设备报废条件研究及报废管理系统开发在理论分析、实验研究的基础上，建立了液压支架的寿命评价体系，开发出基于B/S模式的液压支架报废管理系统，为现场设备管理与决策提供了较为便捷的工具。

综采设备优化配置系统通过分析

2005—2006年神东分公司开采条件、生产能力与设备配置之间的关系，完成了对该公司煤炭产量与设备数量配置的优化、综采工作面搬家倒面停产与不停产的对比分析以及进口设备与国产装备的对比分析研究，开发了综采设备配置决策支持软件，对神东煤炭分公司设备的优化配置具有指导作用。

自移机尾技术：该项目研究适合于各种采高的自移机尾，包括中厚煤层、特厚煤层和薄煤层自移机尾，使自移机尾产品系列化、成套化，满足神华集团高速发展的需要。项目从2007年1月起开始正式实施，同年12月结束。共完成SDWX/JW-Ⅳ型中厚煤层自移机尾、SDWX/JW1.6-Ⅰ型1.6米带式输送机自移机尾、SDWX/JW1.2-Ⅰ型薄煤层自移机尾样机研制，井下工业性试验等工作。研制的SDWX/JW1.6-I型1.6米带式输送机自移机尾，运力为4000吨/小时，运距达6000米，是国内外最大最长的自移机尾，获得一项2008年中国企业新纪录；SDWX/JW1.2-I型薄煤层自移机尾，铰接座距底板高度为715毫米，是国内外高度最低的自移机尾，填补了国内外在相关自移机尾研究方面的空白。

连续运输系统研发：进口的连续采煤机及其配套运输设备存在配件供应周期长、价格高、售后服务滞后等问题，该项目主要目的在于研制适用于井下短壁机械化采煤作业中的连续采煤机后配套连续运输系统成套装备。要求连续运输系统具有大运量、高寿命、高可靠性，转动、移动灵活，对煤层和巷道适应性强等特点，与连续采煤机和带式输送机配套，实现从受料、破碎、转载至输送机的连续运输，以满足短壁机械化高产高效连续采煤作业的需要。

2000年开始，项目主要针对长距离、多转向、同步行走式连续运输系统总体结构、给料破碎输送机和行走式刮板输送机履带行走技术、刮板输送设备紧凑型传动与运煤机构、截齿破碎机构及破碎块度控制机构、机电一体化电气控制与操纵技术、液压控制系统等一系列技术进行了研究。通过近两年的研究，2002年7月，LY1500/865-10型连续运输系统通过了中国煤炭工业协会组织的鉴定，专家一致认为：该系统属国内首创，总体技术达到了国际先进水平。

项目实施后，短壁回采工作面商品煤年产量超过220万吨，最高月产量超过25.4万吨，最高日产量超过1万吨。掘进工作面最高日掘进进尺超过200米，最高月掘进进尺达5000米以上。以上五项指标全部创造了短壁机械化开采的世界纪录。

四臂锚杆钻车：是适合我国煤炭储存条件并与连续采煤机配套作业的高效机械化快速支护装备。该钻车具有独立的四个钻臂，各钻臂平行作业，可以高效完成顶板支护的配套作业。自2002年起，项目主要针对整机布置和稳定性技术、锚钻机构、履带行走机构、真空除尘技术、电缆自动收放系统、液压系统可靠性、自动控制及电气系统、临时支护系统等技术进行了研究。2005年12月，CMM25-4型四臂锚杆钻车通过了中国煤炭学会组织的专家技术鉴定（中煤会鉴字〔2005〕第12号），鉴定会认为：该机总体技术水平已经达到国际先进，部分技术达到国际领先水平。

四臂锚杆钻车的研制成功，填补了国内空白，可以完全替代进口同类产品。该产品具有完全独立知识产权，获发明专利1项，实用新型专利5项，并形成了相应的设计企业标准。项目通过鉴定后，已经在内蒙古伊泰集团、神东煤炭集团、山西晋神煤炭公司、内蒙古蒙泰集团等煤矿企业推广应用35台。

5. 荒漠化地区大型煤炭基地生态环境综合防治技术

神东矿区地处毛乌素沙漠与黄土高原过渡地带，干旱缺水、地表植被退化严重，生态环境十分脆弱，加之矿区煤层埋藏浅，开采漏风严重，煤层极易自燃，使矿区的快速和谐发展受到严重制约。2002年开始，神东煤炭分公司通过与中国矿业大学、内蒙古农业大学、北京市环境保护科学研究院联合攻关，开展了“荒漠化地区大型煤炭基地生态环境综合防治技术”和“特大井田浅埋藏易自燃防灭火关键技术”的研究。

“荒漠化地区大型煤炭基地生态环境综合防治技术”项目，以地理环境和生态环境为研究对象，应用生态系统健康理论，解决了在生态环境极度脆弱条件下大规模煤炭开采与生态环境保护之间矛盾的世界性难题，创建了荒漠化地区煤炭开采过程中的“井上井下互动，大范围生态环境防治，控制采矿沉陷造成的局部沙化”的主动型生态环境综合防治技术体系——神东环境防治模式。该项目完成矿区生态治理面积185平方千米，接近开采面积65平方千米的3倍，矿区植被覆盖率由建设前的11%提高到59.4%。获国家专利11项，其中发明专利6项，实用新型专利5项。

6. 神东矿区水资源保护性采煤技术研究与应用

中国西部干旱半干旱地区严重缺水、生态环境脆弱，高强度煤炭开采对浅部水资源造成严重影响并制约国民经济发展。该项目在国家级课题的支持下，以神东矿区为示范区，对矿区水文地质结构系统及特征、采动覆岩运动与关键层破断规律、采场覆岩裂隙扩展与渗透规律、裂隙闭合及地下水位恢复条件、适用于不同条件的保水开采关键技术等问题进行了系统研究。

本项目自2002年起，通过8年的研究，提出了神东矿区水文地质结构类型和神东矿区地质采矿条件下的保水开采隔水关键层概念，建立了隔水关键层的判别模型，揭示了隔水关键层利用、保护和恢复机理，为保水开采奠定了理论基础；形成了煤层上覆厚基岩条件下保水开采、薄基岩条件下水资源转移贮存、烧变岩带保水开采、重要水源地保护规划等水资源保护性采煤技术；有效地保护了对国民经济发展具有重要支撑作用的水资源，改善了区域生态环境；系统地解决了我国干旱半干旱地区浅深、薄基岩条件下煤炭资源开采与水资源保护之间的矛盾，为实现我国煤炭资源开发过程中的资源环境协调发展和绿色开采提供了科学依据。

7. 矿井辅助运输车辆研发

WC2型顺槽用胶轮运输车：本项目自2004年开始，与常州公司、昆山公司、山西煤机公司合作，采用先进的虚拟样机技术进行整机设计，利用有限元分析方法对主要结构件进行优化设计，对发动机防爆、液压驱动系统、两侧独立操纵互不干扰双向驾驶技术等关键技术进行攻关研究。为提高使用可靠性，其传动液压和电气系统在保证功能的情况下尽量集成化，关键部位选用进口。整车防爆盒各项性能符合国家相关规程和要求。

2008年10月，本项目通过中国煤炭学会组织的鉴定，整机达到了国际先进水平。目前已取得国内实用新型专利授权3项。WC2型顺槽用胶轮运输车已在神东煤炭集团公司、神宁集团公司、晋城无烟煤业集团赵庄煤矿、霍州煤电集团干河煤矿、兖矿集团济三煤矿、山西焦煤集团西山煤电、辽宁铁法集团大平煤矿等20多个企业广泛应用。

WC40Y支架搬运车：神东煤炭集团现使用的部分液压支架单架质量已达到35吨，采高为6.3米液压支架的质量达42吨。工作面长度增加到400米左右，工作面支架总质量已达到8000余吨。采用传统轨道接续搬家倒面方法将会严重制约矿井生产。从国内外的经验来看，专用支架搬运设备——支架搬运车，是快速搬家到面的唯一有效手段。

本项目是研制符合煤矿条件和相关防爆标准要求并具有自主知识产权的液压支架专用搬迁设备——40吨支架搬运车。2005年开始与哈尔滨焊接所、航天科技集团、上海大电气、煤炭科学研究总院太原分院、三一重工合作，采用先进的虚拟样机技术进行整机设计，利用有限元分析方法对主要结构件进行优化设计。对发动机防爆改造、液压驱动系统、大扭矩湿式制动器等关键技术进行攻关研究。

本项目于2006年7—10月在神东煤炭公司进行工业性试验。试验期间共搬运支架325架，总行程约3300千米，实现了煤矿井下液压支架的“面到面”不间断运输，提高了煤矿液压支架搬家倒面的机械化水平。在神东煤炭公司上湾煤矿综采工作面液压支架搬家作业中，参加搬运的5台车（除WC40Y支架搬运车外，另外4台车为进口车辆）中，WC40Y支架搬运车样机共搬运29吨支架60架，占支架总数的34%，总体性能高于进口产品，在速度、结构件强度、操控性能等方面优于进口同类车型。该设备全面服务于神华神东煤炭集团公司、神宁集团公司，内蒙古伊泰，陕西煤业、西山晋兴，北京鲁能煤业，山西朔州、阳泉、霍州，山东兖州等煤炭企业。

WJ-10FB防爆柴油铲运机：神东煤炭集团井下防爆柴油铲运机长期依赖进口。2006年起与山西煤机装备有限公司合作，开始进行WJ-10FB防爆柴油铲运机的研制。总体设计参照国外先进技术，结合国内制造技术水平、现状和使用地点的适用性进行了专门设计。

2009年11月18日，中国煤炭工业协会在北京召开了由神华集团公司和山西煤机装备有限公司研制的WJ-10FB防爆柴油铲运机科技成果鉴定会。鉴定委员会认为：该车在总体适应性、可靠性上达到了同类产品的国际先进水平，其中通过快速更换工作机构实现“一机多用”的技术，填补了国内空白。

CLX3型铲车：该项目自2007年开始实施，2009年样机在神东煤炭公司井下进行了工业性试验，共生产113天，运送大型部件28次，掘进巷道4500米，清理浮煤271次，各项指标符合要求，整机性能基本达到进口同类机型水平。该机2009年通过了中国煤炭学会鉴定，专家一致认为：CLX3型防爆胶轮铲车主要技术性能达到了国际领先水平，填补了国内空白，解决了进口设备价格昂贵，配件采购周期长，售后服务滞后的问题。

铰接式防爆胶轮车：自2001年起，神东煤炭公司按照国内煤矿无轨运输巷道设计参数要求，进行整车布置、转向、制动、驾驶操纵、工作装置等设计研究。项目实施后共获得6项专利，并编制完成WC5E系列防爆柴油机无轨胶轮车企业标准、WC8E系列防爆柴油机无轨胶轮车企业标准、TY6100FB系列防爆柴油机技术条件、TY6121FB系列防爆柴油机技术条件4项技术标准。

项目成果除在神东矿区应用外，已推广应用到兖州立井、晋城斜井、平朔安家岭等国内多家采用无轨辅助运输系统的矿井。在运人、材料和设备的搬家倒面中发挥了重要作用，为矿井创造了显著的经济效益。

TY6/20FB 型井下防爆低污染中型客货胶轮车获 2001 年中国煤炭工业协会科学技术一等奖；TY7FB 型井下防爆低污染胶轮车获山西省科学技术进步三等奖；W8 型防爆低污染悬挂式胶轮车获 2004 年中国煤炭工业协会科学技术一等奖；2005 年被国家科技部、国家质检总局等部委授予“国家级重点新产品”称号；WdC5Y 型防爆悬挂自卸式胶轮车于 2005 年被评为山西省科技攻关项目。

连采设备搬运车：2007 年 9 月，由神东煤炭分公司与江苏天明机械集团有限公司共同开发研制，第一台样机于 2009 年 6 月正式投入使用，效果良好。在此基础上，又于 2009 年 10 月相继研发了第二台、第三台连采设备搬运车，完善了第一台车存在的问题。该车在上湾煤矿进行连采机整机入井搬运。搬运距离为 8 千米，历经 5 小时，整个过程顺利完成。2010 年该车已有 3 台在神东煤炭集团公司使用。

轻型防爆胶轮车：2006 年起，神东煤炭分公司对国内煤矿现使用的车辆进行分析比对，借鉴各车优点，提高整车性能，对关键部件和系统进行专门攻关研究。轻型防爆胶轮车项目完成后，所形成的产品与进口同类产品相比具有性能可靠、造价低、维护费用少、备品配件价格低及供应及时等优点，且设备价格仅为进口车辆的 1/2~1/3，可减少辅助运输人员 30%~50%，生产效率可提高 50% 以上。

2008 年 12 月 22 日，WC20R 防爆胶轮车通过了中国神华股份公司组织的专家验收组的验收，验收专家组认为：该车性能参数合理、可靠性高、油耗低、运行成本低、制动安全可靠、人员乘坐舒适，在总体设计、适应性、可靠性上达到了同类产品的国际先进水平，可作为防爆运人车的主力车型。

截至 2010 年，该车已经在神东煤炭集团公司、神宁集团公司、中煤平朔煤炭工业公司、晋城无烟煤集团、兖州矿业集团、黄陵矿业集团、同煤集团、阳煤集团、华晋焦煤等全国各大煤矿得到了广泛的应用。截至 2009 年底，该车已有 1000 多台在全国各大煤矿使用。

WC25EJ 铲板式支架搬运车：2006 年，神东煤炭分公司在 WC25EJ 铲板式支架搬运车总体设计中，参照了国外先进技术，结合国内制造技术水平、现状和使用地点的适用性进行了专门设计和研制，填补了国内 25 吨搬运类型车的空白，可完全代替进口同类型车辆，已有 40 余台 WC25EJ 铲板式支架搬运车投入使用。用户包括神东、兖矿集团济三煤矿、西山煤电斜沟煤矿、霍州煤电干河煤矿、天地王坡煤矿、陕西南梁煤矿、陕北韩家湾煤矿、鄂尔多斯昊华煤矿、天隆公司、府谷鸿宇生产服务公司等。2008 年 10 月，该项目通过了中国煤炭学会组织的鉴定。

薄煤层防爆无轨胶轮车：本项目为 2008 年度中国煤炭工业协会科学技术研究项目，项目编号：MTKJ08-202。同年 10 月，2 台材料车、2 台自卸车和 1 台人车进入神东煤炭分公司榆家梁煤矿，进行了现场试用，试用运行良好，百公里故障率不到 0.1。根据生产需要，2009 年 4 月以后，陆续又有 171 台薄煤层防爆无轨胶轮车在神东煤炭集团投入使用，解决了神东煤炭集团薄煤层的辅助运输问题。

2011—2018 年，神东煤炭集团发挥矿区资源优势，借鉴国内外优秀成果，进行技术集成创新及成果转化。在技术创新、管理创新、信息化应用等方面开展了 100 多项技术研究。

（二）神华准格尔能源集团研发项目

1. 现代露天煤矿开发重大关键技术研究与应用

中国露天煤矿开采工艺普遍采用单

斗—卡车间断工艺，耗能高、能力小。神华准格尔能源集团自 2006 年起，以黑岱沟露天煤矿、哈尔乌素露天煤矿为对象，开发以抛掷爆破—吊斗铲倒堆剥离工艺为主的成套综合开采技术、安全生产保障技术、生态脆弱区露天煤矿生态环境修复重建技术。

抛掷爆破—吊斗铲倒堆剥离开采工艺成套技术：在研究国内外露天煤矿开采工艺、国外露天矿山的抛掷爆破及吊斗铲倒堆剥离工艺技术及实际应用情况基础上，针对准格尔黑岱沟露天煤矿实际开发条件，借鉴引进工艺，基于吊斗铲倒堆剥离工艺的综合开采工艺的组合方式、优化匹配吊斗铲倒堆工艺的开采程序、开采参数、倒排程序、运煤通道设置、煤层开采方法，形成了抛掷爆破—吊斗铲倒堆剥离开采工艺成套技术并应用。

露天煤矿扩建拉斗铲倒堆工艺研究：2001 年 3 月，准格尔能源公司与中国矿业大学签订“露天煤矿扩建拉斗铲倒堆工艺研究”技术合同。同 11 月，该项目通过验收。

露天煤矿抛掷爆破技术：2004 年 3 月，为配合吊斗铲倒堆剥离工艺，准格尔能源公司与中国矿业大学签订了“露天煤矿抛掷爆破技术研究”项目合同，项目投资 118.9 万元。经过 3 的研究和消化吸收及技术引进，2007 年 3 月 1 日，在黑岱沟露天煤矿成功进行了第一次抛掷爆破，填补中国露天矿高段抛掷爆破技术空白。

露天煤矿排土场地质勘查与边坡稳定性评价：2006 年 5 月，准格尔能源公司与煤炭科学研究总院抚顺分院合作，对哈尔乌素露天煤矿排土场基底承载土体力学特征和未来排土场边坡稳定性进行研究。项目投资 160.29 万元，2007 年 7 月通过验收。

黑岱沟、哈尔乌素露天煤矿抛掷爆破与炸药配方及其生产工艺系统研究与实施：2006 年 7 月，准格尔能源公司与澳瑞凯公司签订“黑岱沟、哈尔乌素露天煤矿抛掷爆破与炸药配方及其生产工艺系统研究与实施”技术合同。2010 年 4 月，该项目通过验收。

露天煤矿运输车辆交通预警系统：2006 年 12 月，准格尔能源公司与中国矿业大学、北京中矿华沃电子科技有限公司签订技术合同，进行了黑岱沟露天煤矿交通车辆预警系统研究，获得成功。项目投资 168.8 万元。

露天矿剥、采、排与土地复垦综合预控技术：2007 年 7 月，准格尔能源公司与神华（北京）遥感勘查有限责任公司、辽宁工程技术大学、北京北卫新图数字科技有限公司签订了技术合同，进行露天矿剥、采、排与土地复垦综合预控技术研究，获得成功。项目投资 685 万元。

现代露天矿水土保持与生态环境重建方法：2007 年 10 月，准格尔能源公司与内蒙古自治区水利科学研究院、内蒙古农业大学签订了技术合同，进行了“现代露天矿水土保持与生态环境重建方法”项目研究，2008 年 7 月通过验收。

现代露天煤矿开采工艺技术研究：2007 年 11 月，准格尔能源公司与中国矿业大学签订“现代露天煤矿开采工艺技术研究”技术合同。2009 年 12 月，该项目通过验收。

现代化露天煤矿设备故障诊断技术研究：2008 年 9 月，准格尔能源公司与北京航天同创科技有限公司签订“现代化露天煤矿设备故障诊断技术研究”技术合同。

抛掷爆破及其炸药生产核心技术引进消化吸收再创新：2008 年 12 月，准能公司与中国矿业大学、北京星宇惠龙科技发展有限公司联合体签订“抛掷爆破及其炸药生产核心技术引进消化吸收再创新”技术合同。2011 年 9 月 6 日，项目通过验收。

准格尔现代露天煤矿综合开发重大关键技术自 2007 年 3 月在准格尔能源公司应用以来，提高了露天煤矿的生产效率和综合效益，采煤工效达到了 158 吨/(人·工)，比世界最先进的美国北羚羊露天矿提高 38 吨/人/工，直接经济效益达到 55.22 亿元。

2. 本质安全化技术研究

准格尔选煤厂粉尘综合治理技术研究：2005 年 6 月，准格尔能源公司与无锡市华能电力机械有限公司签订“准格尔选煤厂粉尘综合治理技术研究”技术合同。2007 年 2 月，该项目通过验收。

哈尔乌素露天煤矿排土场地质勘察与边坡稳定性评价：2006 年 5 月，准格尔能源公司与煤炭科学研究总院抚顺分院签订“哈尔乌素露天煤矿排土场地质勘察与边坡稳定性评价”技术合同。2007 年 7 月，该项目通过验收。

黑岱沟露天煤矿运输车辆交通预警系统研发：2006 年 12 月，准格尔能源公司与中国矿业大学、北京中矿华沃电子科技有限公司联合体签订“黑岱沟露天煤矿运输车辆交通预警系统研发”技术合同。2008 年 12 月，该项目通过验收。

排矸场稳定性预控技术研究：2008 年 11 月，准能公司与辽宁工程技术大学签订“排矸场稳定性预控技术研究”技术合同。2010 年 8 月 23 日项目通过验收。

神华准格尔矿区露天煤矿防洪坝系安全保障关键技术研究：2011 年 5 月，准格尔能源公司与中国矿业大学（北京）签订“神华准格尔矿区露天煤矿防洪坝系安全保障关键技术研究”技术合同，2012 年 12 月，项目完成了验收。

阴湾排土场基底水浸条件下排弃方式及边坡稳定性预控技术研究：2012 年 10 月，准格尔能源公司与煤炭科学研究总院签订“阴湾排土场基底水浸条件下排弃方式及边坡稳定性预控技术研究”技术合同。截至 2012 底，项目已具备验收条件。

黑岱沟露天煤矿二条区南端帮边坡稳定性研究：2012 年 6 月，准格尔能源公司与中煤国际工程集团沈阳设计研究院签订“黑岱沟露天煤矿二条区南端帮边坡稳定性研究”技术开发委托合同。截至 2012 底，项目已具备验收条件。

3. 采矿科技创新

2012—2018 年，神华准格尔能源集团在煤矿开采方面不断进行科技创新，研发创新项目 43 项。

（三）神华杭锦能源公司科研项目

神华杭锦能源公司负责建设的塔然高勒煤矿，是神华集团首座以立井开拓方式建设的千万吨级现代化矿井，2008 年 7 月 24 日，获得国家发改委核准，该矿井全面开工建设。矿井设计采用主、副、风全立井开拓。建井初期采取普通法施工，随着井筒逐渐向下延伸，井筒涌水量超过原地质报告提供的以及涌量，给建井施工做成极大困难。同年 11 月，神华杭锦能源公司会同专家组反复论证，将剩余井筒采用冻结法施工，使矿井架收纳盒得以顺利进行。

2011 年开始，针对矿井地质条件的变化，神华杭锦能源公司从 2011 开始先后进行了“塔然高勒煤矿首采区综合防治水技术研究”“塔然高勒煤矿大采深软岩工作面安全高效准备技术及液压支架设计研究”“塔然高勒煤矿地质特征分析及顶底板管理技术研究”“一种用于软岩工作面的液压支架、一种用于回采工作面顺槽的液压支架设计研究”等科研项目，所有研发项目均取得成果。

2014年，有矿井东翼煤层上方勘查发现其他资源，暂停了首采工作面的安装。2015年11月，神华集团公司决定塔然高勒煤矿缓建，并关闭了首采工作面和部分大巷。

二、地方煤炭企业研发项目

从20世纪60代开始，伊克昭盟煤炭系统的工程技术人员围绕生产建设需要，推广使用长臂式采煤方法、机械采煤、采区巷道改革项目研究与应用。20世纪80代以后，通过矿井技术改造、技术革新及新技术应用，在采煤方法、监测监控、井筒掘进、巷道支护、瓦斯抽采等领域，采取自主研发与科研单位（院校）相结合的方法，研发多项科研项目，有些项目达到了国内领先水平。

2006年12月，鄂尔多斯市人民政府转发了《内蒙古自治区人民政府关于印发自治区中长期科学和技术发展规划纲要（2006—2020）的通知》，鄂尔多斯地方煤炭企业按照国家和自治区的总体要求，将煤炭生产中的技术创新和配套装备研制作为重点研究项目。在煤炭开发方面，以煤炭高效、清洁、安全开发与信息化技术作为重点领域和优先主题，开发了深部地层煤炭资源高精度勘探技术，煤炭开采自动化控制系统，煤与瓦斯预测、预报、防治技术，矿区监测监控及调度关系信息化，大型矿井煤炭高效开采和洗选加工配套装备，煤炭资源环境友好开采技术，引进并掌握了具有机电一体化、自动化性能的高能力综合机械化采煤技术装备，实现了安全、高效，提高了煤炭采出率。

截至2018年，鄂尔多斯地方煤炭企业共完成煤炭生产领域科研项目186项，其中准格尔旗24项、伊金霍洛旗54项、东胜区22项、乌审旗39项、达拉特旗26项、鄂托克前旗20项、鄂托克旗1项。

第二节 煤制油技术研发

一、煤直接液化技术

（一）煤直接液化关键技术研发

“煤直接液化关键技术”是国家列入“863”计划项目。2003年5月至2005年12月，由神华集团公司牵头，煤炭科学研究总院、石油化工科学研究院、中国石化工程建设公司共同承担。

课题配合神华鄂尔多斯煤直接液化100万吨/年示范工程建设，完成了0.1吨/天连续试验装置（BSU）的改造和6吨/天的煤直接液化工艺开发装置（PDU）建设和试验运转，进行了示范工程配套技术和关键技术的研发，完成了神华上湾煤不同条件下的液化试验和连续运转考核试验，应用“863”高效催化剂技术，开发了具有自主知识产权的神华煤直接液化工艺，完成了100万吨/年煤直接液化工艺包设计。

2007年1月12日，国家“863”计划能源技术领域办公室在上海组织召开了“煤直接液化关键技术”课题验收会，专家组一致通过课题验收。

课题主要研究成果神华煤直接液化工艺和100万吨/年神华煤直接液化工艺设计包已经用于由神华煤直接液化工业示范装置的设计建设。课题共申请国内外专利26项。

（二）煤直接液化高效催化剂研究与开发

“煤直接液化高效催化剂研究与开发”被国家列为“863”计划项目，2002年科技部立项，由煤炭科学研究总院和神华集团公司共同承担。课题开发的煤直接液化高效催化剂为超细颗粒的水合氧化铁催化剂。课题研究成果已应用于神华煤直接液化示范工程中，对示范装置降低投资、降低运行成本等起到了关键作用。

（三）大规模煤炭直接液化基础研究

“大规模煤炭直接液化基础研究”被国家列为“973”计划项目。2004 年 9 月，科技部下达项目任务，由中国煤炭科学研究总院、中国矿业大学、华东理工大学、山西煤炭化学研究所及神华集团公司等共同承担。通过对神东煤和北电胜利煤的 BSU 和 PDU 装置多次试验，验证了煤液化反应动力学模型和煤液化示范厂工艺设计基础的准确性，为工业化示范厂的基础设计、开车方案、操作规程和故障处理预案提供了技术支持，处于国际领先水平。2009 年 9 月 17—18 日，科技部组织有关专家在北京召开了项目验收会，通过了专家组验收。

（四）煤合成燃油（CTL）汽车适应性研究

2007 年 4 月，科技部批准立项。合作单位有中国汽车技术研究中心、上海交通大学、中国第一汽车集团公司、天津大学。子课题一为“CTL 柴油标准及配方研究”，承担单位为神华煤制油研究中心有限公司、中国神华煤制油化工有限公司；子课题二为“CTL 柴油发动机台架试验研究”，承担单位为上海交通大学和天津大学；子课题三为“CTL 柴油汽车耐久性试验研究”，承担单位为中国汽车技术研究中心和中国第一汽车集团公司。研究成果通过了科技部组织的验收。

（五）煤液化残渣沥青类物质的萃取和利用技术开发

2009 年 9 月，科技部批准项目。课题协作单位有煤炭科学研究总院、大连理工大学、中国科学院山西煤炭化学研究所。项目分为“煤液化残渣的萃取和针状焦原料的制备”“沥青质类物质制备炭素材料”和“煤直接液化残渣用于道路沥青改性的技术研究”三个子课题，2011 年，项目完成验收。

（六）褐煤提质制取高品质气化原料新工艺及褐煤热解成套中试装备开发

该项目是神华集团 2009 年科技创新项目，也是国家 863 课题“模块化褐煤提质制取高效气化原料新工艺开发及关键装备研究”的配套项目。项目建设 6000 吨/年褐煤热解中试装置，满足褐煤热解中试研究需求。

二、煤间接液化技术

（一）内蒙古伊泰煤间接液化技术研发

2002 年 5 月 18 日，伊泰集团有限公司与中国科学院山西煤炭化学研究所签订《联合开发煤基合成液体燃料——浆态床技术的协议》。针对山西煤炭化学研究所的煤制油实验因资金制约难以进展的情况，伊泰集团先期投资 1800 万元，占有核心技术 15% 的股份，享有该技术的优先使用权，并达成共识，共同建设以中国科学院山西煤炭化学研究所为技术依托、伊泰集团有限公司为业主的煤基合成油示范厂。

2002 年 8 月，中科院山西煤炭化学研究所完成了中试技术平台的建设和调试。进行了试运转并打通了中试流程。2003 年 8 月，山西煤炭化学研究所千吨级中试项目通过装置改造，进入了长期稳定运转和技术优化匹配的试验阶段。9 月 21 日，“煤基合成液体燃料——浆态床技术”在山西煤炭化学研究所千吨级中试装置试车成功，并获得了油品大样。伊泰集团公司委托煤炭科学研究总院北京煤化学研究院对鄂尔多斯市东、南、北部的主要煤种进行了气化实验，并完成了《内蒙古伊泰集团有限公司煤炭加压固定床气化实验报告》。12 月 30 日，“煤基合成液体燃料——浆态床技术”在山西煤炭化学研究所千吨级中试装置上，从粗油品中生产出了无色透明的高品质柴油，属当前世界上纯度最高、最优质的清洁柴油，具有高动力、无污染等特点，产品的特点是馏分较轻、硫含量低（<5 Pm），符合欧Ⅳ排放标准，其最大的优点是十六烷值高达70，可以作为柴油提质组分与普通柴油（十六烷值为49）混兑，提高使用价值，适宜作为大中城市车用燃油。

2004年7月，中试装置完成连续1000小时运转试验，并在浆态床反应器技术方面取得了重大突破，从根本上奠定了工艺技术满负荷长周期生产运行的工程技术基础，达到了项目执行的目标，形成了先进的自主开发的铁基系列催化剂和相应的浆态床工程技术。

2004年10月23—24日，在山西省太原市，由中国科学院主持，组织了以陈俊武院士为组长的专家组对伊泰集团公司参与、中国科学院山西煤炭化学研究所承担的"煤基液体燃料合成浆态床工业化技术（煤基合成油技术）"进行鉴定，中试装置通过了中科院专家组鉴定。鉴定意见认为：煤基液体燃料合成浆态床工业化技术（合成技术）在工艺、设备及催化剂研究试验方面都已取得可靠的成果，达到了预期的目标，具有自主知识产权，具备了建设示范厂的技术条件。标志着我国掌握了煤基合成油催化剂和浆态床反应器等核心技术，具备开发和提供先进成套产业化自主技术的能力，并成为世界上少数几个拥有可以将煤变为高品质柴油全套技术的国家之一，已基本具备工业示范和产业放大的技术条件。2005年9月，煤基合成油催化剂和浆态床反应器等核心技术通过国家科技部验收；2006年1月，通过了中国科学院重大项目验收。

（二）神华鄂尔多斯煤间接液化项目催化剂技术研发

2006年底，中国神华煤制油公司开展了铁基费托催化剂的实验室研制、表征、评价工作，主要包括开发满足放大条件的多种可选铁基费托合成催化剂配方及制备路线，并对实验室浆态床、固定床的活性、选择性、稳定性进行考察，实验室评价指标要求达到国内外先进水平。实验室催化剂配方和制备基础工艺研究工作，主要集中在催化剂活性组分第五组元的筛选、组分含量匹配和优化、加硅量和加硅方式、沉淀反应工艺条件、助剂加入的节点、焙烧温度和时间等试验。此外，实验室研发工作还包括催化剂反应动力学研究、催化剂表征分析形成和应用机制等。

2007年底，在铁基费托催化剂研发的基础上，中国神华煤制油公司在上海中试基地建设每批次5千克的催化剂制备放大中试装置，2008年4月主体建成。

2008年4月，神华集团公司相关科研人员随即投入催化剂制备工艺放大研究开发工作，内容包括与生产厂商合作的生产线技术改造方案研究、生产线改造、进行不同工业原料及大型设备考察试验、装置调试、生产操作技术开发、中间产品及最终产品质量检测、吨级催化剂工业试生产等。

2009年6月，进行了628小时催化剂预评价试验运转结束并通过装置技术检修、改造后，工业试生产工艺包工艺技术和装置应用于催化剂评价的试验成功。9—10月，工业试生产催化剂在工业试生产工艺包上经过1200小时的运转试验，确定SFT418催化剂在合适的工艺条件下，一氧化碳转化率达到92%，二氧化碳选择性低于25%（占转化的一氧化碳摩尔数百分比），甲烷选择性低于3%（占转化的一氧化碳摩尔数百分比），新型催化剂SFT418性能满足立项的要求，同时验证了工业试生产工艺包工艺技术可行。

2010年3月30日，中国煤炭工业协会在北京组织召开“煤基浆态床费托合成催化剂及工艺”成果鉴定会，专家组认为项目对合理利用国内煤炭资源、保障国家能源安全具有重要意义，建议加快建设煤基浆态床费托合成工业化示范装置，尽早形成我国具有自主知识产权的费托合成工业化成套技术。4月，煤制油化工公司与国内一家催化剂生产单位签署了“神华低温浆态床费托合成铁系催化剂”专利技术许可合同，采用非排他，限定地域、规模和时间的普通许可方式向该催化剂生产单位授权，并在许可期内生产和销售“神华低温浆态床费托合成铁系催化剂”。

截至2010年底，煤制油化工公司在煤间接液化催化剂工艺技术开发过程中申请的发明专利，共获得授权16项。

第三章 科技交流与合作

第一节 科技交流

一、煤炭技术交流

1986—1995年，为了充分利用国家煤炭科技资源，华能精煤公司采取“走出去，请进来”的办法，先后与日本工程技术振兴协会、法国道达尔公司、法国矿产设备公司、日本日商岩井株式会社、英国MK公司、日本经济技术振兴协会、日本三井物产株式会社煤炭部、西德信贷银行、美国ARCO公司、日本丸红公司、日本通产省、美国久益公司、日本出光兴产公司、日本电源开发公司、日本煤炭开发技术协力中心、美国久益英国分公司、日本电源开发株式会神松浦火力发电所、奥地利奥钢联公司、澳大利亚（纽卡斯尔、沃克沃思、犹兰）三个煤矿及煤矿设备制造厂、德国KHD公司、法国SAE公司、俄罗斯选煤设计院、德国液压支架生产厂、美国阿科公司、中国台湾中华矿业协进会、英国NEI采矿设备公司、英国煤炭公司岩石力学部、德国伯克瑞特公司、德国塔克拉夫公司、以色列麦哈夫公司、美国朗艾道公司、美国阿科公司、美国Denver Sala公司、英国TRANSMITTON公司、德国艾柯夫公司、英国长壁刮板机公司、瑞士ABB公司、美国美中互利工业公司、法国KOCH煤矿工程设备集团、奥地利安得利斯公司、日本日商岩井公司环境调查部、英国安德森公司等企业和组织，对煤矿建设、技术、水煤浆合作项目、煤田煤质、煤炭生产设备、煤炭洗选技术、矿井监控监测等方面进行了广泛的交流。

1998年6月，神华集团公司与日本国际协力事业团合作开展“神府东胜矿区水资源综合调查”项目，日本调查团一行6人赴西安就该项目中的转龙湾水库勘察工作，与国家黄河管理委员会黄河上中游管理局进行协商，并就水文分析、淤沙措施等技术问题与有关专家进行交流。

2004年2月，准格尔能源公司与中国矿业大学、中煤国际沈阳设计院就抛掷爆破技术发展方向及现有技术成果进行了分析论证，初步确定从澳瑞凯澳大利亚公司引进相应技术。

同年5月，准格尔能源公司与中国矿业大学、辽宁工程技术大学、中煤国际沈阳设计院等高校、科研机构对吊斗铲技术进行了深入探讨，决定从美国比塞洛斯公司引进S8750-65型吊斗铲。

同年9月，神华集团公司在北京召开了“高性能液压支架本土化高强度钢材与焊接工艺”研讨会，探讨了解决神华液压支架本土化研发中存在的主要技术问题的途径和方法。

同年11月，神华集团公司组织神东煤炭集团公司、准格尔能源公司组团参加了在上海举办的“第13届国际煤炭研讨会暨首届中国国际煤炭展览会”。

2009年4月19日，中国煤炭学会与神华集团公司在神东矿区共同组织举办了神东矿区中厚较薄煤层综合自动化工作面开采技术高层研讨会。煤科总院太原研究院、中国矿业大学、中国煤炭科工集团，潞安、兖州、开滦等全国煤业、矿业集团参加会议。

2010年9月以“友谊、交流、合作”为主题的“神华杯”采煤技能国际邀请赛在神东煤炭公司举办。来自澳大利亚、德国、印度、俄罗斯、南非、美国、印尼、越南和中国9个国家、12家煤炭企业的114名参赛选手参加比赛。

2011年2月，中国煤炭科工集团上海研究院到神东煤炭公司考察了解第三套7米大采高工作面设备安装情况，并就国外采煤设备的制造水平等话题进行了交流、讨论。

2012年4月6日，神东集团公司与沃德传动有限公司就综采、掘进设备技术创新等问题交换了意见。4月16日，与中国煤炭科工集团太原研究院（山西天地煤机装备有限公司）召开高效全断面掘进机研制项目技术交流会。8月，与西安煤矿机械有限公司就采煤机的使用情况进行了讨论与交流。10月，与中国煤炭科工集团上海研究院就研发全断面矩形道进机交换了意见。11月，与华为技术有限公司签订了《神东煤矿通信“一网一站”项目研究合作框架协议》，并就项目合作事宜举行座谈。

2015年3月，神东煤炭集团公司与中国煤炭科工集团武汉设计研究院举行了合作框架协议签约仪式。公司与西安煤矿机械有限公司签署战略合作框架协议。7月21日，公司与西安煤矿机械有限公司举行座谈会，就煤机国产化项目相关事宜进行交流。

2004年2月，准能公司与中国矿业大学、中煤国际沈阳设计院就抛掷爆破技术发展方向及现有技术成果进行了分析论证，初步确定从澳瑞凯澳大利亚公司引进相应技术。

2005年8月，准能公司与中国矿业大学对“露天煤矿抛掷爆破技术研究”项目的技术路线进一步优化，引进国外相应技术进行了深入探讨。

2006年6月，准能公司与中国矿业大学就如何将拉斗铲倒堆工艺与现有工艺有效衔接，以充分发挥拉斗铲倒堆工艺优势，提高生产效率，降低生产成本，形成效率高、成本低的综合剥离工艺进行深入研讨。

2007年10月，准能公司与澳瑞凯（威海）爆破器材有限责任公司、澳瑞凯澳大利亚有限公司矿山服务部对黑岱沟露天煤矿进行的抛掷爆破数据、效果及产2万吨乳化炸药、9万吨铵油及重铵油的散装炸药厂等取得的效果和存在的问题相互交换了意见，为下一步工作提供了思路。

2008年2月，准能公司与北京航天四创科技有限公司、哈尔滨工业大学、上海交通大学就准能公司如何改善事后维修的被动局面，合理安排计划，实现采矿设备的预知性维修；通过数据分析，对设备管理和矿山生产组织提供可信的技术支持等问题进行了技术交流。

2009 年 11 月，准能公司与中国矿业大学、北京星宇惠龙科技发展有限公司就“抛掷爆破及其炸药生产核心技术引进消化吸收再创新”项目的静态制乳器的设计、油相分析结果、抛掷爆破模拟软件效果预测方案等问题进行了探讨。

2012 年 8 月，准能公司与中国矿业大学对“建设一流露天煤矿规划”进行了研讨，提出世界一流露天煤矿的内涵与特征，对黑岱沟露天煤矿进行了客观评价，找出了存在的差距，提出黑岱沟露天煤矿建设为世界一流的具体措施和方案。

2017 年 3 月，为降低采矿设备检修运营成本，提高检修效率，准格尔能源公司科学技术研究院和设备维修中心组成调研组，针对轮胎自动拆装装置、自动焊接机器人等科技创新项目，对国内研发制造厂商进行了专题调研。

2017 年 7 月，准格尔能源集团科学技术研究院组织公司机电管理部、设备维修中心相关技术人员与中国船舶重工集团公司第七一二研究所就 395B 电铲变频驱动系统国产化研发进行了技术交流。

二、煤制油化工技术交流

2004 年 10 月 13—14 日，由中国神华煤制油有限公司主办、日本新能源产业技术综合开发机构（NEDO）协办的“中日煤液化技术交流会”在上海举行。会议交流了中国煤炭液化产业化示范工程进展与展望、神华煤直接液化工艺、神华煤直接液化工艺 6 吨/天 PDU 装置等情况以及日本煤液化基础研究和产业化研究的概况、日本新能源技术产业综合开发机构关于煤炭直接液化的研究开发情况。日本煤液化专家 18 人、中方 50 人参加了此次会议。

2005 年，神华煤制油化工公司与 GE 公司成立联合工作组，探讨气化技术的合作原则性合作框架，推进了双方在 IGCC 领域的共同建立示范电厂的进程。

2010 年，第三届世界煤制油大会在北京召开，神华集团公司总经理张玉卓出席大会并做了《神华煤转化现状及未来发展》的主题演讲，煤制油化工公司副总裁兼鄂尔多斯煤制油分公司总经理张继明向与会人员介绍了“煤炭直接液化技术在中国的示范运行”。会后，90% 的与会人员赴鄂尔多斯参观了神华煤直接液化厂，并就有关技术问题与现场人员进行了交流。

2013 年，煤制油化工公司与世界煤转化技术协会协作举办世界煤转化技术大会。代表分别来自境内外政府机构、行业协会、新能源生产企业、煤化工企业、工艺技术公司、核心部件生产研发企业以及其他各类先进技术供应商，科研院校、咨询机构等。煤制油化工公司开始承担中国化工学会煤化工专委会组织工作。在煤制天然气、煤制油、煤制烯烃、煤制乙二醇、煤制醇醚燃料等新型煤化工专业范围内，组织国内外高水平、高质量的学术交流活动，促进了煤化工科技与管理的进步和发展。

三、鄂尔多斯国际煤炭及能源工业博览会

2006 年 4 月 16 日，为加强能源领域的交流与合作，推动能源产业特别是煤炭产业的创新发展，集中展示国内外煤炭行业取得的新成果、新工艺、新技术和新产品，搭建煤炭能源领域内的交流、学习、合作平台，经鄂尔多斯市人民政府批准，鄂尔多斯市煤炭局与煤炭科学研究总院、东胜区人民政府联合举办了首届鄂尔多斯国际煤炭及能源工业博览会，与会的煤炭

企业与参展煤机厂商达成煤矿设备订购合同9项、意向性协议133项、煤矿技术改造“交钥匙”工程协议9项、煤矿专业技术人员引进意向协议2项、采矿技术服务意向协议16项，协议资金总额近60亿人民币。

2007年4月16—18日，第二届鄂尔多斯国际煤炭及能源工业博览会召开以后，国际煤炭及能源工业博览会定于每年4月16日都在鄂尔多斯市召开。

2018年4月16—18日，第十三届鄂尔多斯国家煤炭及能源工业博览会在鄂尔多斯国际会展中心举行。大会以“安全生产、高产高效、清洁利用、绿色发展”为主题，集中展示国内外最先进的煤矿采掘、煤矿安全生产、煤炭安全生产信息化、煤炭互联网+、煤炭物流信息化等。融合煤炭行业发展新趋势，把握行业发展新动向，成为鄂尔多斯及周边各大矿井群近千家煤矿掌握新技术，了解新产品，采购新装备的交流平台，展示面积4万平方米，设1个室内展馆、5个室外专业展棚和大型煤机设备展区，邀请380多家国内外能源企业、装备制造企业和咨询物流企业参展，是一次集合作交流与技术推广为一体的煤炭行业盛会。同期，还举办了2018全国煤矿安全开采与科技创新发展高层论坛、2018中国煤炭开采技术与智能装备发展峰会等多场前沿专业论坛。

第二节　科技合作

一、煤炭项目

（一）井工煤矿合作项目

1.“煤炭采掘关键装备本土化”创新项目

2005年，神东煤炭集团实施“煤炭采掘关键装备本土化”重大科技创新项目，首批攻关研制采高4.5米和5.5米液压支架。通过特殊采购的方式，与郑州煤矿机械集团股份有限公司和中煤北京煤矿机械有限责任公司合作对大采高液压支架本土化进行研发，在神东全方位的参与下（主要是质量控制和技术支持），两种支架均通过了按国际标准进行的压架试验，其中采高4.5米和5.5米液压支架已在神东矿区下井使用，实现了高端液压支架的国内生产。

2. 破碎机项目

2006年3月6日，上海建设路桥机械设备公司参与神东矿区破碎机国产化的研发，以取代进口的MMD破碎机。经过半年的攻关，研制的国内功率最大的破碎机于2006年7月初下井。经过连续5个月的运行，过煤量超600万吨。现场实测表明，该破碎机完全能够取代进口的MMD破碎机。

3. 3.5米液压支架项目

2005年8—10月，神东煤炭公司在成都主持召开了3次由四川航天技术研究院开发的3.5米液压支架设计方案技术交流会、预审会和评审会。2006年1月22日，国内首架3.5米高端液压支架样机试制成功。2007年1月10日，30架试验批液压支架通过出厂验收。同3月，在神东煤炭公司进行井下工业性试验。运行8个月，开采了3个工作面，支架整体运行良好。

4. ZY8800/17/35D掩护式液压支架和电液控制系统研制项目

2005年3月，神华集团公司与航天科技集团签订该项目战略合作协议，从样机开发、试制，到批量生产、井下工业性试验，要求两年完成。同12月10日，在神东召开了ZY8800/17/35D掩护式液压支架和电液控制系统项目验收评议会。ZY8800/17/35D掩护式液压支架整体运行良好，通过专家组验收。液压支架的核心技术——电液控制系统，具有完全自主知识产权，填补了我国该领域空白，打破了外国公司对该项技术的垄断，为全面实现液压支架国产化奠定了技术基础。2009年9月，“液压支架电液控制系统”通过了由中国煤炭工业协会组织的科技成果鉴定，总体上达到国际先进水平，部分性能达到国际领先水平。截至2009年底，航天科技集团制造的液压支架已有3套（424架）在神东矿区使用。

5. 井下防爆胶轮车项目

2008年3月，航天科技集团北京航天发射技术研究所中标神东煤炭公司5辆薄煤层矿用防爆指挥车的研制项目，于2009年6—11月陆续交付使用。该批矿用防爆指挥车在现场应用中，各项性能指标达到设计要求，使用状况良好。至2009年底，整车及防爆柴油机、防爆暖风电机、防爆汽车仪表装置和防爆汽车仪表装置显示箱4项关键零部件已经全部取得煤矿安全认证，获得了行业准入资格。

6. 全断面高效快速掘进系统

该项目由神华集团公司立项，神东煤炭集团公司联合中国煤炭科工集团太原研究院、沈阳北方重工集团共同开发，系统总长约210米，总质量630吨，总装机功率超过2400千瓦，上山截割系统、装运系统、行走系统和临时支护系统四部分组成，包括全断面掘进机十臂锚杆钻车、可弯曲胶带转载机、迈步式自移机尾和白移动力站5种设备，集全断面连续切割技术自动定位、无线遥控技术、快速装运、机载除尘机载锚杆钻机、调车等功能于一体。2013年2月投入试用，2014年6月进行工业性试验，运行良好。这是世界上首次把过去分步实施的煤炭采掘、运输、除尘等多道工序集于一身的掘进系统，实现了掘支平行作业、连续破碎运输和智能远程操控等高效一体化作业，是国内自主研发的煤炭行业的第一个新型成套高智能生产系统。

7. “一网一站”研究项目

该项目由神东煤炭集团公司、华为技术有限公司、陕西汇华数字科技有限公司合作完成，首次将万兆环网引入井下，实现了对井下无线通信、人员定位、车辆定位、工业电视、语音广播、调度指挥和工业自动化七大系统的统一接入、承载和管理，完成了井上下一体化通信组网，终端设备可在专网、公网间无缝漫游，实现了有线和无线电话统一管理。2013年6月，上湾煤矿实验试点成功验收之后，项目先后在上湾煤矿和锦界煤矿进行大规模实施，整体运行良好。

8. 锚杆和锚索钻车研发

该项目由神东煤炭集团公司与北京璟隆重工有限公司合作完成，可与综掘机进行交叉配套作业，提高掘进效率；升降的前部支撑机构（临时支护机构）实现了操作人员在无空顶下作业，提高了作业安全性；设有可升降的平台，可使两套钻臂整体随平台升降，根据巷道高度情况对作业人员的工作位置进行上下调整，以适应不同巷道截面的支护作业；两套钻臂机构可独立作业，也可同时作业，可将钻孔机具转送到任何位置和旋转不同角度，从而实现巷道内的机械化作业施工；设有可左右转动和翻动的踏板装置，以满足不同巷道宽度的施工要求，方便作业人员操作。

9. 顺槽联巷密闭快速掏槽机开发

该项目由神东煤炭集团公司与包头大成重工公司合作完成，采用挂胶履带的行走方式来适应在井下巷道条件下工作点频繁变动并能对路面保护；设计出可回转的、在巷道周边不同位置进行掏槽切割的多节变幅动臂工作机构；设计的横轴式链传动切割方式能够高效、安全、可靠地切割出符合相关规定的密闭槽；设有出气-水混合的喷雾降尘系统和照明系统。

10. 系列井下工程车研发

该项目包括四个子课题，即10吨防爆工程车、管路抓举车、管路吊运车和井下混凝土泵车。10吨防爆工程车研究课题由神东煤炭集团公司与连云港天明装备有限公司合作完成，设计独特的中间铰接架可保证前后车架垂直方向摆转±10°；利用暖风设施来适应井下温度低的环境；具有应急启动机构和柴油机应急停机机构。项目研制的WCJIOE防爆柴油机无轨胶轮车可替代进口的煤矿辅助运输设备，解决了因长期使用国外进口设备而导致购置费用昂贵、使用成本高、配件供货周期较长而造成停运等一系列问题。管路抓举车研究课题由神东煤炭集团公司与常州科研试制有限公司合作完成，可抓举直径为100~500毫米、长度为4~12米的管路。举升高度最大为3.5米、最大抓举质量为1.5吨、水平方向最大纵向位移5米、垂直方向最大微调位移2米。具有省人、省力、安全可靠、快捷、机械化程度高的优点，能较好地满足煤矿井下管路安装、拆卸的要求。2011年12月9日，国内首辆WC3E管路抓举车，并通过验收。管路吊运车研究课题由神东煤炭集团公司与常州科研试制中心有限公司共同研制的胶轮柴油动力管路调运设备，额定载重量为5000千克，车速可达30千米/小时（空载）、28千米/小时（重载），最大液压臂伸缩长度起吊能力为1.5米/2310千克。2011年8月，首台型号为WC5E的管路吊运车完成地面调试。井下混凝土泵车研究课题由神东煤炭集团公司与莱州亚通重工公司共同研制适用于井下使用的混凝土搅拌运输车，装载量5立方米，可边搅拌边运输；采用成熟的闭式液压系统搅拌驱动，方便井下维修与操作；罐体布置为前倾斜、前出料，司机一人即可完成装卸料操作；设有回转密封系统；采用非交接转向桥车身使车辆的运行速度能够达到40千米/小时，充分提高了该车辆的运行效率。

11. 黄玉川矿水害隐患探查、识别、评价技术研究

该项目由神东煤炭集团公司与西北矿井水文地质研究院完成，通过本项技术的应用，成功探测识别处回撤通道存在导水陷落柱，改变了矿井回撤通道的位置，避开了导水陷落柱，将导水陷落柱改造为水源地。该项目降低了对隐伏构造及富水区域探查的盲目性，能更有效探查出异常区。

12. 掩护支架运程控制系统研制

该项目由神东煤炭集团公司、上海高立高电子有限公司合作完成，将掩护支架手动操作设计成遥控操作，实现支架远程操作，改善了支架操作工的作业环境，提高工作效率，降低步动强度，避免手动操作发生员，提高设备的安全性、可靠性，减少支架电磁阀损坏。

13. 井下平板式防水密闭墙建设技术标准

该项目由神东煤炭集团公司与中煤科工集团武汉设计研究院合作完成，制定了《井下平板式防水密闭墙建设技术标准》和适用于神东矿区的防水密闭墙安全稳定性的评价方法和要求，给出了防水密闭墙结构及受力模式的物理力学模型和数学模型，形成了针对不同地质、水压及围岩条件的防水密闭墙建设技术一般要求，包括设计、施工及竣工验收标准。截至2015年底，国家及相关煤炭生产企业未对该种类型的防水密闭墙制定任何标准及规范。

（二）露天煤矿合作项目

2003年1月21日，准能公司与中国

矿业大学签订“露天煤矿扩建应用吊斗铲过渡方案研究”技术服务合同。2004年1月12日，该项目通过验收。3月20日，准能公司与抚顺煤炭研究所签订“露天煤矿综合生产调度系统可行性研究与方案设计”技术服务合同。2004年8月12日，该项目通过验收。5月30日，准能公司与辽宁工程技术大学签订“准能公司污水处理厂工艺技术改造及污水回用与露天矿生态恢复工程可行性研究”技术服务合同。2004年8月2日，该项目通过验收。

2004年3月10日，准能公司与辽宁工程技术大学技术签订“黑岱沟露天煤矿扩建工程单斗卡车工艺向吊斗铲倒堆工艺过渡时期矿山工程合理衔接方案研究”技术服务合同。2005年3月10日，该项目通过验收。

2005—2009年，准能公司与辽宁工程技术大学、中国矿业大学、中煤沈阳设计院、吉林大学、北京航天同创科技有限公司等10家单位相继合作，签订了20余项技术开发合同。

2012年10月，准能公司与煤炭科学研究总院针对阴湾排土场建设方案、排弃高度、基底水浸的特殊条件下的边坡稳定性研究进行了深入合作，保证了安全排弃的前提下，确定了排弃空间的最大化。

二、煤制油项目

（一）煤制油重大装备本土化项目

该项目由神华集团公司与上海电气集团公司合作，共同实施煤制油重大装备本土化主研发与攻关，煤液化核心装备研制及国产化研发方面已取得阶段性成果，在泵、机、阀研发中开发了10项新产品，申报了5项专利技术；研制出了我国首批2000吨/小时大型气化炉，标志着我国煤液化装置的国产化水平达到新的高度，为研制出具有自主知识产权的中国煤液化成套装置打下了基础。

（二）二氧化碳捕集与封存技术

神华二氧化碳捕获与封存（CCS）预可研项目。2005年，中美双方开始讨论二氧化碳捕获与封存（CCS）预可研项目的工作计划，2006年正式确定立项。2007年，美方合作单位与美国能源部正式签订工作计划和合同书，双方对具体执行方案进一步商议和讨论，按照计划开展相关研究工作。2009年1月，中美双方在美国西弗吉尼亚大学召开了项目成果验收会，并确定了项目进一步执行的研究内容和工作计划。同年2月，中美双方就神华煤直接液化厂CCS示范项目的进展及封存地址的选择等内容进行了交流。3月，美方完成最终预可研报告，中方完成相关研究工作和分析报告的汇总工作。参加本部分的研究单位有：国家能源局、神华集团公司、国土资源部地质调查局、美国能源部、西弗吉尼亚大学、劳伦斯里弗摩尔实验室、国家能源技术实验室等。

（三）煤基喷气燃料研发

2010年，中国神华煤制油化工公司与空军后勤部于2012年2月24日签署了《推进煤基喷气燃料军民融合发展战略合作协议》，研究开发煤基大比重喷气燃料，加快推进煤基喷气燃料关键技术的联合攻关。新型煤基喷气燃料首次试验飞行成功，多项指标均优于现用航空煤油，相同体积燃料释放能量更多，提高了飞机的动力，延长飞机作战半径，更适合航母舰载机使用。项目取得的研究成果标志着中国在煤基喷气燃料研究领域已达到世界领先水平。煤制油化工公司与中国航空油料集团签署战略合作协议，共同推进煤基航空燃料的研发和标准体系建设，推进煤基航空燃料在民用航空领域的应用。煤制油化工公司与北京航天试验技术研究所合作共同开发低冰点喷气燃料，解决当前高空长航时无人机用低冰点喷气燃料短缺的问题。

2011 年，神华集团公司《关于神华集团公司第二批科技创新项目立项的通知》批复同意了合成气制低碳混合醇技术的研究。煤制油化工公司委托中国科学院山西煤炭化学研究所负责催化剂开发、吨级放大研究及配套工艺研究。依托上海研究院开展合成气制低碳混合醇工业单管试验装置建设和运转研究，对合成气制低碳混合醇进行工艺验证、优化以及对吨级放大催化剂的评价，为千吨级工业侧线研究提供基础。由神华包头煤化工公司负责千吨级合成气制低碳混合醇工业侧线装置设计、建设和试验运转研究。本项目开辟了非石油路线以煤基合成气为原料制取含氧液体燃料、油品添加剂及高附加值醇类化学品的多元化产品途径。

2013 年，煤制油化工公司与航天科技集团六院签订战略合作框架协议，联合开展煤基航天煤油新产品开发。2014 年完成煤基航天煤油试生产、理化性能测试、电传热试验、材料相容性试验等基础研究工作，并采用煤基航天煤油成功进行了两次发生器热试车，产品具有推力大、绿色环保、储运方便、经济性高等优点。煤基航天煤油火箭发动机整机热试车，各项技术指标满足发动机要求，实现世界首次煤基火箭煤油在航天领域的应用。神华鄂尔多斯煤制油分公司与中国航天科技集团公司第六研究院一六五研究所签署战略合作协议，共同推进煤基航天煤油的研发和产业化。2017 年 8 月 30 日，航天六院一六五所、神华鄂尔多斯煤制油分公司和宁夏煤业集团合作研制的煤基航天煤油在中国航天科技集团六院进行了火箭发动机热试车试验。试车结果表明，煤基航天煤油性能优良，与现役航天煤油性能完全一致。

（四）煤间接液化技术研发

2002 年 5 月 18 日，伊泰集团公司与中科院山西煤炭化学研究所签订《联合开发煤基合成燃料——浆态床技术的协议》。2003 年 9 月 21 日，项目在山西煤化所千吨级中试装置试车成功，并获得油品大样，具备了工业示范和产业放大的技术条件。2005 年 9 月，通过了科技部验收。

第四章 科技成果与奖励

第一节 科技成果

鄂尔多斯地区的煤炭企业坚持以“科技创新、引领行业科技进步，提升国家核心技术竞争力”为目标，不断提升企业技术创新能力。2005—2018 年，共取得授权专利技术成果 1737 项，其中煤炭板块成果 1361 项、煤制油化工板块 256 项、煤炭伴生资源赫尔佐利用项目 120 项。煤炭板块项目中，中央企业 685 项，其中获发明专利 111 项、实用新型 574 项；地方企业 676 项，其中获发明专利 114 项、实用新型 558 项、软件著作专利 4 项；煤炭伴生资源综合利用项目有 75 项获发明专利，42 项获实用新型专利，

3项已获德国、日本、俄罗斯、美国、南非、巴西、澳大利亚、韩国、加拿大等国授权。鄂尔多斯市各旗（区）煤炭行业已授权专利情况见表7-4-1至表7-4-7。

表7-4-1 2001—2018年准格尔旗煤炭行业已授权专利统计表

序号	申请日期	发明创造名称	专利类别	授权公告日期
1	2001年3月30日	热风、乏气切换调整制粉送粉燃烧系统	发明	2003年7月30日
2	2007年5月29日	用于矿业机械的密封装置	实用新型	2008年4月23日
3	2006年8月29日	一种制备氧化铝的方法	发明	2008年8月13日
4	2007年7月24日	煤仓顶部除尘装置	实用新型	2008年8月20日
5	2008年5月15日	转运点除尘系统	实用新型	2009年4月8日
6	2009年12月23日	智能褥疮治疗仪	实用新型	2010年8月25日
7	2010年6月24日	一种用于露天矿区的防洪坝装置	实用新型	2011年1月12日
8	2010年6月24日	一种防洪坝装置	实用新型	2011年1月12日
9	2010年6月24日	一种用于露天矿区排土场的毛细渗灌装置	实用新型	2011年1月19日
10	2011年1月19日	用于露天煤矿区排土场的坝体装置	实用新型	2011年9月21日
11	2011年3月30日	铁路隧道照明自动控制系统	实用新型	2011年9月21日
12	2010年4月27日	一种超低密度乳化炸药及其制备方法	发明	2012年4月18日
13	2010年5月18日	苏丹红在铵油炸药制备中应用及相应铵油炸药和制备方法	发明	2012年6月27日
14	2011年10月11日	电机绕组接地点检测设备	实用新型	2012年8月8日
15	2011年11月30日	刮板输送机故障检测装置及系统	实用新型	2012年11月21日
16	2012年8月22日	一种乳胶基质生产装置	实用新型	2013年2月27日
17	2012年10月23日	一种多功能乳化炸药补给车	实用新型	2013年4月10日
18	2012年11月1日	后氮缸检修装置	实用新型	2013年4月17日
19	2011年10月10日	一种基于防洪坝系的主振动频率确定煤矿爆破方式的方法	发明	2013年4月17日
20	2012年11月1日	矿用电缆桥	实用新型	2013年4月24日
21	2012年10月30日	一种用于胶带输送机的监测保护装置及胶带输送机	实用新型	2013年4月24日
22	2011年12月22日	一种防洪坝系的安全性检测方法	发明	2013年6月5日
23	2011年12月22日	用于露天采煤区爆破的防洪坝系安全监测方法和监测系统	发明	2013年6月5日

表 7-4-1（续）

序号	申请日期	发明创造名称	专利类别	授权公告日期
24	2012年12月11日	一种电缆托架车	实用新型	2013年6月5日
25	2012年12月28日	综合检测装置	实用新型	2013年6月19日
26	2012年12月28日	带有防护装置的吊斗铲撑杆及吊斗铲	实用新型	2013年6月19日
27	2012年12月28日	一种矿山运输卡车的压力传感器组件	实用新型	2013年6月19日
28	2012年12月28日	一种矿山运输卡车的传感器组件	实用新型	2013年6月19日
29	2012年12月28日	一种矿山运输卡车的传感器组件	实用新型	2013年6月19日
30	2012年12月28日	一种用于拆卸活塞的装置	实用新型	2013年6月26日
31	2012年12月28日	吊斗铲缆绳防护装置	实用新型	2013年7月24日
32	2012年12月28日	一种用于拆装活塞缸的装置	实用新型	2013年7月24日
33	2011年11月30日	供匝间耐压测试用的可调式托架	发明	2013年8月21日
34	2013年6月17日	一种用于卡车液压系统的油温采集装置	实用新型	2013年12月4日
35	2013年6月17日	一种用于车辆制动蓄能器的压力采集装置	实用新型	2013年12月4日
36	2013年7月3日	导线电源发生器	实用新型	2014年1月29日
37	2013年9月17日	用于支护隧道拱部的拱顶钢架	实用新型	2014年2月3日
38	2013年10月14日	用于测试冲击压实的路基的系统	实用新型	2014年4月3日
39	2013年10月30日	骨料保温系统	实用新型	2014年4月3日
40	2012年8月14日	酸法提铝后的粉煤灰弃渣改性制备橡胶填料的方法	发明	2014年4月12日
41	2013年10月15日	一种带有环道的换热器	实用新型	2014年4月30日
42	2011年12月23日	基于粉磨酸浸工艺从粉煤灰中提取氧化铝的方法	发明	2014年4月30日
43	2013年11月15日	一种矿用车辆油箱的报警装置	实用新型	2014年5月7日
44	2014年1月7日	用于围岩隧道施工中的支护结构	实用新型	2014年6月3日
45	2014年1月7日	一种墩身混凝土养护结构	实用新型	2014年6月3日
46	2013年11月15日	一种用于更换胶带的胶带架	实用新型	2014年6月18日
47	2013年12月17日	炸药原料上料装置	实用新型	2014年6月25日
48	2013年12月17日	电力机车侧向摩擦减振器中摩擦片定位装置及摩擦减振器	实用新型	2014年6月25日
49	2013年12月27日	一种蒸发器	实用新型	2014年6月25日
50	2014年1月9日	一种浅槽头轮总成与减速机的连接装置	实用新型	2014年7月2日

表 7-4-1（续）

序号	申请日期	发明创造名称	专利类别	授权公告日期
51	2014 年 1 月 6 日	炸药混装车的安全锁紧装置	实用新型	2014 年 7 月 2 日
52	2014 年 1 月 6 日	一种悬梯	实用新型	2014 年 7 月 2 日
53	2014 年 1 月 6 日	一种利用废油品生产炸药的燃料配置装置	实用新型	2014 年 7 月 2 日
54	2014 年 1 月 6 日	一种电动轮卡车接触器智能保护器	实用新型	2014 年 7 月 2 日
55	2013 年 12 月 11 日	一种用于露天煤矿的除尘装置	实用新型	2014 年 7 月 2 日
56	2013 年 12 月 27 日	一种利用交流等离子体球化粉体的设备及系统	实用新型	2014 年 7 月 2 日
57	2013 年 12 月 27 日	一种用于溶出罐腐蚀防护的复合衬里	实用新型	2014 年 7 月 2 日
58	2014 年 1 月 8 日	建筑物养护棚	实用新型	2014 年 7 月 3 日
59	2014 年 1 月 8 日	建筑物保温棚	实用新型	2014 年 7 月 3 日
60	2014 年 1 月 8 日	挂篮滑移装置和挂篮滑移系统	实用新型	2014 年 7 月 3 日
61	2014 年 5 月 13 日	一种泵的打压试验装置	实用新型	2014 年 9 月 17 日
62	2014 年 1 月 6 日	一种矿用机械设备注油车	实用新型	2014 年 9 月 24 日
63	2011 年 11 月 30 日	刮板输送机故障检测装置、系统及方法	发明	2014 年 12 月 10 日
64	2014 年 7 月 2 日	一种露天煤矿的开采条幅清理装置	实用新型	2014 年 12 月 10 日
65	2014 年 7 月 2 日	漂浮式潜水泵组件	实用新型	2014 年 12 月 10 日
66	2014 年 9 月 15 日	一种加油车	实用新型	2015 年 3 月 4 日
67	2013 年 12 月 30 日	酸法粉煤灰提取氧化铝粗精液中镓的回收方法	发明	2015 年 4 月 2 日
68	2014 年 11 月 17 日	一种液位测量装置	实用新型	2015 年 4 月 22 日
69	2013 年 12 月 27 日	一种精制白泥的加工方法以及由该方法获得的白泥	发明	2015 年 4 月 29 日
70	2014 年 11 月 17 日	一种护孔机	实用新型	2015 年 4 月 29 日
71	2014 年 12 月 9 日	电子元件和线路的保护装置	实用新型	2015 年 4 月 29 日
72	2014 年 12 月 22 日	光纤卡限位装置	实用新型	2015 年 5 月 13 日
73	2014 年 12 月 22 日	用于 630E 卡车 AID 报警电路板的测试装置	实用新型	2015 年 5 月 13 日
74	2014 年 12 月 23 日	用于 630E 发动机保护器电路板的测试装置	实用新型	2015 年 5 月 13 日
75	2014 年 12 月 22 日	一种用于对装载机远程模块检测的检测仪	实用新型	2015 年 5 月 13 日
76	2014 年 12 月 1 日	一种用于拆装托辊的支架	实用新型	2015 年 5 月 20 日
77	2014 年 12 月 9 日	一种用于维修卡车前羊角的装置	实用新型	2015 年 5 月 20 日
78	2013 年 9 月 17 日	隧道拱架的安装施工方法	发明	2015 年 6 月 3 日
79	2014 年 12 月 9 日	一种动态烘箱	实用新型	2015 年 6 月 17 日

表 7-4-1（续）

序号	申请日期	发明创造名称	专利类别	授权公告日期
80	2014 年 12 月 9 日	一种多组联动电动搅拌器	实用新型	2015 年 6 月 17 日
81	2014 年 12 月 1 日	一种用于固定液压油箱的装置	实用新型	2015 年 6 月 17 日
82	2014 年 12 月 22 日	一种铁路车辆轮轴换装机	实用新型	2015 年 6 月 17 日
83	2014 年 12 月 22 日	一种酸法提取粉煤灰中氧化铝的废水处理装置	实用新型	2015 年 6 月 24 日
84	2014 年 12 月 22 日	一种防止打滑的斗提机	实用新型	2015 年 6 月 24 日
85	2014 年 12 月 9 日	空气滤芯的安装工具	实用新型	2015 年 6 月 24 日
86	2014 年 12 月 22 日	一种用于拆卸液力耦合器的装置	实用新型	2015 年 6 月 24 日
87	2014 年 12 月 22 日	一种吸盘式取垫器	实用新型	2015 年 6 月 24 日
88	2014 年 12 月 22 日	一种乳化炸药供给装置	实用新型	2015 年 6 月 24 日
89	2014 年 12 月 22 日	一种用于移动履带链的辅助滚台设备	实用新型	2015 年 6 月 24 日
90	2014 年 12 月 22 日	一种用于修复履带链板上的履刺的修复系统	实用新型	2015 年 6 月 24 日
91	2014 年 12 月 22 日	一种卡车的上车梯子	实用新型	2015 年 6 月 24 日
92	2014 年 12 月 22 日	一种制动柜把手组件	实用新型	2015 年 6 月 24 日
93	2014 年 12 月 22 日	一种卡车水箱防护装置	实用新型	2015 年 6 月 24 日
94	2014 年 12 月 22 日	一种用于安装液力耦合器的装置	实用新型	2015 年 6 月 24 日
95	2014 年 12 月 29 日	一种管件固定装置	实用新型	2015 年 6 月 24 日
96	2014 年 12 月 22 日	一种用于铁路车辆轮轴的转换组件	实用新型	2015 年 6 月 24 日
97	2014 年 12 月 22 日	一种衬套分解组装压装机	实用新型	2015 年 6 月 24 日
98	2014 年 12 月 22 日	一种衬套镶套机	实用新型	2015 年 6 月 24 日
99	2014 年 12 月 22 日	一种法兰撑开装置	实用新型	2015 年 6 月 24 日
100	2014 年 12 月 23 日	一种用于拆装螺母锁圈的锁圈拆装工具	实用新型	2015 年 6 月 24 日
101	2014 年 12 月 23 日	回油阀组件及回油管路系统	实用新型	2015 年 6 月 24 日
102	2013 年 7 月 30 日	露天煤矿应用吊斗铲的运输道路形成方法	发明	2015 年 7 月 15 日
103	2013 年 12 月 27 日	一种粉煤灰酸法生产氧化铝过程中溶出料浆分离洗涤方法	发明	2015 年 7 月 22 日
104	2012 年 12 月 28 日	综合检测装置	发明	2015 年 7 月 29 日
105	2014 年 12 月 22 日	一种电阻栅更换装置	实用新型	2015 年 8 月 12 日
106	2013 年 9 月 17 日	用于支护隧道拱部的拱顶钢架与隧道施工方法	发明	2015 年 8 月 12 日
107	2014 年 12 月 22 日	一种工业废液处理装置	实用新型	2015 年 8 月 19 日
108	2014 年 8 月 11 日	基于硫酸铵法从粉煤灰中提取氧化铝的方法	发明	2015 年 8 月 26 日

表 7-4-1（续）

序号	申请日期	发明创造名称	专利类别	授权公告日期
109	2013 年 12 月 17 日	一种利用结晶氯化铝制取氧化铝的方法	发明	2015 年 9 月 9 日
110	2012 年 12 月 28 日	一种露天煤矿开采工艺	发明	2015 年 9 月 30 日
111	2013 年 12 月 30 日	从粉煤灰中溶出铝的方法	发明	2015 年 10 月 2 日
112	2015 年 5 月 26 日	一种基于 UC3842 的开关电源	实用新型	2015 年 10 月 21 日
113	2012 年 12 月 28 日	一种露天煤矿开采工艺	发明	2015 年 11 月 18 日
114	2013 年 12 月 27 日	一种利用交流等离子体球化粉体的设备及系统	发明	2015 年 11 月 18 日
115	2013 年 12 月 27 日	一种粉煤灰提铝残渣制备硅微粉的方法	发明	2015 年 12 月 2 日
116	2012 年 3 月 8 日	基于硫酸铵活化工艺从粉煤灰中提取氧化铝的方法	发明	2015 年 12 月 9 日
117	2015 年 7 月 10 日	用于更换制动卡钳的工具	实用新型	2015 年 12 月 16 日
118	2014 年 5 月 19 日	一种制备高纯结晶氯化铝的方法	发明	2016 年 1 月 13 日
119	2015 年 6 月 11 日	弹性旁承拆卸装置	实用新型	2016 年 1 月 13 日
120	2013 年 12 月 27 日	一种以粉煤灰制备建筑用板材的方法及以该方法制备的产品	发明	2016 年 1 月 20 日
121	2013 年 12 月 13 日	发泡水泥保温板、用于制作其的组合物及其制作方法	发明	2016 年 2 月 2 日
122	2013 年 12 月 30 日	酸法炼铝工艺中的除铁方法	发明	2016 年 3 月 2 日
123	2013 年 12 月 13 日	以粉煤灰提铝残渣为原料制备二氧化硅微粉的方法及二氧化硅微粉	发明	2016 年 3 月 2 日
124	2013 年 12 月 30 日	一种粉煤灰酸法生产氧化铝的方法	发明	2016 年 3 月 2 日
125	2013 年 12 月 30 日	粉煤灰酸法生产氧化铝过程中酸性废液的处理方法	发明	2016 年 3 月 2 日
126	2013 年 12 月 13 日	发泡陶瓷保温板及其制备方法	发明	2016 年 3 月 2 日
127	2013 年 12 月 13 日	发泡水泥保温板及其制作方法	发明	2016 年 3 月 12 日
128	2013 年 12 月 27 日	一种以白泥为原料制备 4A 型分子筛的方法及由该方法制备的产品	发明	2016 年 3 月 23 日
129	2013 年 12 月 30 日	一种从粉煤灰中提取镓的方法	发明	2016 年 4 月 2 日
130	2013 年 12 月 27 日	一种耐酸腐蚀的氧化锆复合陶瓷材料及其制备方法	发明	2016 年 4 月 27 日
131	2014 年 5 月 22 日	一种由粉煤灰制备沸石固磷剂的方法及以该方法制备的产品	发明	2016 年 6 月 1 日
132	2015 年 12 月 30 日	一种开关柜安全组件	实用新型	2016 年 6 月 1 日

表 7-4-1（续）

序号	申请日期	发明创造名称	专利类别	授权公告日期
133	2015 年 12 月 30 日	用于前装机的电喇叭装置	实用新型	2016 年 6 月 1 日
134	2015 年 12 月 29 日	传动油压力监测装置	实用新型	2016 年 6 月 1 日
135	2015 年 12 月 29 日	一种轮构件的焊接台架	实用新型	2016 年 6 月 1 日
136	2015 年 12 月 30 日	风动式上砂控制阀	实用新型	2016 年 6 月 1 日
137	2015 年 12 月 30 日	履带板连接销的拆除装置	实用新型	2016 年 6 月 1 日
138	2015 年 12 月 30 日	电缆拖拽器	实用新型	2016 年 6 月 1 日
139	2015 年 12 月 30 日	光缆防鸟害安装装置	实用新型	2016 年 6 月 1 日
140	2015 年 12 月 30 日	风动式上砂阀的控制开关	实用新型	2016 年 6 月 1 日
141	2015 年 12 月 30 日	一种用于支撑发动机的装置	实用新型	2016 年 6 月 1 日
142	2015 年 12 月 16 日	一种弹簧安装装置	实用新型	2016 年 6 月 22 日
143	2015 年 12 月 16 日	快速测定煤炭灰分的装置	实用新型	2016 年 6 月 22 日
144	2015 年 12 月 16 日	一种联轴器拆卸装置	实用新型	2016 年 6 月 22 日
145	2015 年 12 月 16 日	一种推砟装置	实用新型	2016 年 6 月 22 日
146	2015 年 12 月 16 日	一种胶带机皮带更换装置	实用新型	2016 年 6 月 22 日
147	2015 年 12 月 16 日	一种管道汽水分离排气装置	实用新型	2016 年 6 月 22 日
148	2015 年 12 月 16 日	一种胶带铺收装置	实用新型	2016 年 6 月 22 日
149	2015 年 12 月 16 日	方向盘拆卸工具	实用新型	2016 年 6 月 22 日
150	2015 年 12 月 30 日	一种变配电模拟系统	实用新型	2016 年 6 月 22 日
151	2015 年 12 月 16 日	露天煤矿采煤运输系统	实用新型	2016 年 6 月 22 日
152	2015 年 12 月 16 日	充电机测试装置及充电机测试系统	实用新型	2016 年 6 月 22 日
153	2015 年 12 月 16 日	推土机	实用新型	2016 年 6 月 22 日
154	2015 年 12 月 16 日	一种充气管防护装置及轮胎	实用新型	2016 年 6 月 22 日
155	2015 年 12 月 30 日	移动式升降平台	实用新型	2016 年 6 月 22 日
156	2015 年 12 月 16 日	堵料开关装置	实用新型	2016 年 6 月 22 日
157	2015 年 12 月 16 日	一种活塞安装装置	实用新型	2016 年 6 月 22 日
158	2015 年 12 月 16 日	用于大板车的注脂集成器和大板车润滑系统	实用新型	2016 年 6 月 29 日
159	2015 年 12 月 16 日	一种稀油桶放油装置	实用新型	2016 年 6 月 29 日
160	2015 年 12 月 16 日	一种升降平台液压油路系统	实用新型	2016 年 6 月 29 日
161	2015 年 12 月 16 日	钻机驱动轮	实用新型	2016 年 6 月 29 日
162	2014 年 12 月 22 日	一种露天煤矿煤炭开采运输工艺	发明	2016 年 7 月 6 日
163	2015 年 12 月 16 日	一种轮边减速器	实用新型	2016 年 7 月 6 日
164	2015 年 12 月 30 日	一种电路板清洗器	实用新型	2016 年 7 月 13 日

表 7-4-1（续）

序号	申请日期	发明创造名称	专利类别	授权公告日期
165	2015 年 12 月 30 日	一种行走支重轮总成	实用新型	2016 年 7 月 13 日
166	2013 年 12 月 30 日	氯化铝溶液脱钙的方法及粉煤灰提取氧化铝的方法	发明	2016 年 8 月 2 日
167	2015 年 12 月 16 日	入料缓冲器及用于重介质选煤的介质桶	实用新型	2016 年 8 月 3 日
168	2015 年 12 月 16 日	一种中部沟运煤通道	实用新型	2016 年 8 月 3 日
169	2015 年 12 月 30 日	发光耦合器	实用新型	2016 年 8 月 3 日
170	2015 年 12 月 16 日	工作制动器壳体与活塞的分离装置	实用新型	2016 年 8 月 3 日
171	2015 年 12 月 31 日	寒区运营铁路隧道监测系统	实用新型	2016 年 8 月 3 日
172	2015 年 12 月 30 日	一种穿楼板管道周边防渗装置	实用新型	2016 年 8 月 10 日
173	2015 年 12 月 30 日	风动架车机的自动同步控制装置	实用新型	2016 年 8 月 10 日
174	2015 年 12 月 29 日	一种对矿用卡车电源测试的装置	实用新型	2016 年 8 月 10 日
175	2015 年 12 月 30 日	一种卡车相位模块测试平台及卡车相位模块测试系统	实用新型	2016 年 8 月 10 日
176	2015 年 12 月 30 日	用于挖掘机的甘油润滑装置	实用新型	2016 年 8 月 10 日
177	2015 年 12 月 30 日	矿用卡车的轮胎气带更换装置	实用新型	2016 年 8 月 10 日
178	2015 年 12 月 30 日	销轴传动链的销轴脱销监控装置	实用新型	2016 年 8 月 10 日
179	2015 年 12 月 30 日	一种反应热效应的测量装置	实用新型	2016 年 8 月 10 日
180	2014 年 12 月 22 日	一种钡酚醛-丁腈复合胶黏剂及其制备方法和用途	发明	2016 年 8 月 24 日
181	2015 年 12 月 29 日	一种卡车报警卡集成板	实用新型	2016 年 8 月 24 日
182	2013 年 12 月 27 日	一种用于溶出罐腐蚀防护的复合衬里	发明	2016 年 9 月 7 日
183	2015 年 12 月 16 日	一种支腿组件	实用新型	2016 年 9 月 14 日
184	2015 年 12 月 29 日	一种提供车辆检修的边修库	实用新型	2016 年 9 月 14 日
185	2014 年 9 月 15 日	露天矿沙土边帮的拓帮方法	发明	2016 年 9 月 21 日
186	2014 年 12 月 22 日	多孔氧化铝气凝胶的制备方法	发明	2016 年 12 月 7 日
187	2013 年 12 月 13 日	发泡陶瓷保温板及其制备方法	发明	2017 年 1 月 2 日
188	2013 年 12 月 13 日	发泡水泥保温板、用于制作其的粉煤灰提铝残渣组合物及其制作方法	发明	2017 年 1 月 2 日
189	2014 年 12 月 22 日	一种酸法提取粉煤灰中氧化铝的废水处理装置及方法	发明	2017 年 1 月 4 日
190	2014 年 12 月 29 日	Al_2O_3-SiO_2 气凝胶的制备方法	发明	2017 年 1 月 4 日
191	2014 年 12 月 22 日	酚醛树脂胶黏剂及其制备方法和用途	发明	2017 年 1 月 11 日

表7-4-1（续）

序号	申请日期	发明创造名称	专利类别	授权公告日期
192	2013年12月30日	一步酸溶法生产的氧化铝电解用铝电解质体系及其应用	发明	2017年2月2日
193	2016年9月14日	隧道围岩内部温度的测试装置	实用新型	2017年3月7日
194	2014年12月22日	一种将粉煤灰中氧化铝活化溶出的方法	发明	2017年4月5日
195	2014年12月22日	一种铁路车辆轮轴换装机及换装方法	发明	2017年4月12日
196	2016年10月17日	一种煅烧炉	实用新型	2017年4月12日
197	2016年11月2日	一种反应釜	实用新型	2017年5月10日
198	2016年11月25日	胎压监测及自动充气装置	实用新型	2017年5月24日
199	2016年11月25日	一种自动润滑系统故障检测装置	实用新型	2017年5月31日
200	2016年12月13日	露天矿端帮路电缆组件	实用新型	2017年6月9日
201	2015年12月16日	一种露天煤矿修筑斜坡道的方法	发明	2017年6月16日
202	2016年12月21日	矿用重型卡车发电机漏电检测装置	实用新型	2017年6月27日
203	2017年1月6日	一种稳压电源	实用新型	2017年7月28日
204	2016年11月9日	夹管阀	实用新型	2017年8月8日
205	2016年6月23日	一种利用两段式酸反应法提取氧化铝的方法	发明	2017年8月25日
206	2015年12月16日	一种采用吊斗铲循环作业的采煤方法	发明	2017年9月5日
207	2017年2月16日	用于胶带机托辊的更换装置	实用新型	2017年9月8日
208	2015年12月30日	一种露天煤矿及其开采方法	发明	2017年10月20日
209	2016年4月20日	基于硫酸热浸出从粉煤灰提取氧化铝的方法	发明	2017年10月20日
210	2017年4月10日	启动马达的检测装置	实用新型	2017年11月24日
211	2017年4月11日	一种露天矿场降尘装置	实用新型	2017年11月24日
212	2017年4月17日	一种用于垂直拉紧装置的拉紧系统	实用新型	2017年11月24日
213	2017年4月11日	卡车斩波器门极驱动板测试装置	实用新型	2017年11月24日
214	2017年4月11日	卡车逆变器门极驱动板测试装置	实用新型	2017年11月24日
215	2015年12月30日	露天煤矿端帮桥的拆除方法	发明	2017年11月28日
216	2017年4月17日	用于脱介筛的喷水系统	实用新型	2017年12月29日
217	2016年11月3日	粉煤灰酸法提取氧化铝工艺中酸循环利用的方法	发明	2018年1月2日
218	2017年5月19日	隔离开关组件及接触网	实用新型	2018年1月3日
219	2017年6月19日	矿用设备电路板检修辅助装置	实用新型	2018年1月5日

表7-4-1（续）

序号	申请日期	发明创造名称	专利类别	授权公告日期
220	2017年5月27日	孔深测量装置	实用新型	2018年1月5日
221	2017年5月3日	煤炭分选系统	实用新型	2018年1月5日
222	2015年12月30日	一种反应热效应的测量装置及测量方法	发明	2018年1月16日
223	2017年6月19日	分体式钻杆	实用新型	2018年1月16日
224	2017年7月6日	制动器安装装置	实用新型	2018年2月2日
225	2017年6月19日	沉降槽	实用新型	2018年2月2日
226	2017年6月19日	沉降分离槽	实用新型	2018年2月2日
227	2017年5月10日	封堵装置	实用新型	2018年2月9日
228	2017年8月8日	吊装装置	实用新型	2018年3月23日
229	2017年6月29日	制动器分离装置	实用新型	2018年3月23日
230	2017年8月8日	用于蓝式过滤器的冲洗装置及乳胶基质生产线	实用新型	2018年3月27日
231	2017年7月14日	用于前装机制动踏板阀的模拟制动装置	实用新型	2018年3月27日
232	2017年7月6日	一种盐酸法处理粉煤灰生产氧化铝的系统	实用新型	2018年3月27日
233	2017年8月8日	用于酸性氯化铝体系中亚铁离子氧化的系统	实用新型	2018年3月27日
234	2017年8月8日	用于“一步酸溶法”生产氧化铝工艺中 Fe^{2}+氧化的系统	实用新型	2018年3月27日
235	2017年6月14日	用于氯化铝溶液中亚铁离子氧化的氧化反应器	实用新型	2018年5月15日
236	2017年9月8日	一种用于溶液除杂的连续离交装置	实用新型	2018年5月18日
237	2015年12月30日	一种吊斗铲剥离工艺中的中部运煤沟移设确定方法	发明	2018年7月3日
238	2017年12月15日	用于轨道车辆的喷砂机构及具有其的撒砂系统	实用新型	2018年7月12日
239	2016年3月22日	一种煤粉铵油炸药及其制备方法与应用	发明	2018年7月27日
240	2018年1月2日	防爆镇流器	实用新型	2018年8月3日
241	2015年12月29日	滑坡预测方法和系统	发明	2018年9月3日
242	2016年11月28日	用于露天矿的空中采矿机	实用新型	2018年9月25日
243	2016年3月22日	一种低密度铵油炸药及其制备方法与应用	发明	2018年10月2日
244	2016年11月9日	一种粉煤灰提铝残渣/橡胶复合材料及其制备方法	发明	2018年10月2日
245	2018年2月23日	一种溶液取样装置及溶液存取系统	实用新型	2018年10月9日
246	2016年6月23日	一种从粉煤灰中提取钪的方法	发明	2018年10月12日
247	2016年11月9日	填料的制备方法、填料、聚乙烯复合材料及其制备方法	发明	2018年10月12日

表 7-4-1（续）

序号	申请日期	发明创造名称	专利类别	授权公告日期
248	2016 年 11 月 9 日	一种橡胶填料的制备方法、橡胶填料及复合橡胶	发明	2018 年 10 月 12 日
249	2016 年 1 月 11 日	酸改性钾水玻璃-氟碳改性苯丙乳液复合涂料及其制备方法	发明	2018 年 10 月 23 日
250	2018 年 2 月 23 日	胶带清扫器及胶带机	实用新型	2018 年 11 月 20 日
251	2018 年 2 月 9 日	卸料装置	实用新型	2018 年 11 月 20 日
252	2018 年 3 月 28 日	无线风压监测仪校验装置及系统	实用新型	2018 年 11 月 20 日
253	2018 年 3 月 1 日	一种用于拆卸车轮心轴与悬挂装置的拆卸装置	实用新型	2018 年 11 月 20 日
254	2018 年 2 月 23 日	拔取装置	实用新型	2018 年 11 月 20 日
255	2018 年 2 月 23 日	排障装置	实用新型	2018 年 11 月 20 日
256	2018 年 2 月 5 日	卡车前悬挂拆装装置	实用新型	2018 年 11 月 20 日
257	2015 年 12 月 30 日	一种矿用卡车设备调试平台	发明	2018 年 12 月 4 日
258	2016 年 12 月 20 日	露天煤矿的开采方法	发明	2018 年 12 月 4 日
259	2016 年 12 月 26 日	铁路桥梁偏心距测量辅助装置	发明	2018 年 12 月 4 日

表 7-4-2　2001—2018 年伊金霍洛旗煤炭行业已授权专利统计表

序号	申请日期	发明创造名称	专利类别	授权公告日期
1	2017 年 12 月 12 日	一种矿山用喷雾除尘装置	实用新型	2018 年 7 月 17 日
2	2017 年 12 月 12 日	一种污水净化装置	实用新型	2018 年 7 月 17 日
3	2017 年 12 月 12 日	一种非承重可复用式新型软质风桥	实用新型	2018 年 7 月 17 日
4	2017 年 12 月 12 日	一种污水质量检测装置	实用新型	2018 年 7 月 17 日
5	2017 年 12 月 12 日	一种选煤机用易拆卸筛板	实用新型	2018 年 7 月 31 日
6	2017 年 12 月 12 日	一种选煤机用可调节筛板	实用新型	2018 年 7 月 31 日
7	2017 年 12 月 12 日	一种选煤机用可转动防堵塞筛板	实用新型	2018 年 7 月 31 日
8	2018 年 1 月 12 日	采空区过滤水系统	实用新型	2018 年 8 月 3 日
9	2018 年 5 月 10 日	一种新型巷道收敛变形连续测量装置	实用新型	2018 年 11 月 9 日
10	2018 年 5 月 10 日	一种巷道收敛观测装置	实用新型	2018 年 11 月 9 日
11	2018 年 5 月 10 日	一种智能化矿井通风调节系统	实用新型	2018 年 11 月 23 日
12	2018 年 5 月 9 日	一种混凝土输送缓冲出料装置	实用新型	2018 年 12 月 4 日
13	2016 年 8 月 3 日	胶带机头钢丝绳快速分离机	实用新型	2017 年 2 月 1 日
14	2016 年 8 月 3 日	胶带机头钢丝绳快速分离机及其分离方法	发明专利	2018 年 4 月 3 日

表 7-4-2（续）

序号	申请日期	发明创造名称	专利类别	授权公告日期
15	2017 年 4 月 26 日	一种履带式机械拖移装置	发明专利	2018 年 10 月 23 日
16	2017 年 4 月 26 日	一种带输送机的自清理装置	发明专利	2018 年 11 月 30 日
17	2018 年 4 月 11 日	中压厂用电系统	实用新型	2018 年 10 月 12 日
18	2018 年 4 月 11 日	综采工作面超前支护单体自移装置	实用新型	2018 年 10 月 26 日
19	2018 年 4 月 3 日	一种综掘机液压式前探梁	实用新型	2018 年 10 月 23 日
20	2018 年 4 月 11 日	矿用运输装置	实用新型	2018 年 11 月 2 日
21	2018 年 3 月 22 日	新型探水钻钻尾注水器	实用新型	2018 年 11 月 16 日
22	2018 年 3 月 16 日	胶带输送机清扫装置	实用新型	2018 年 10 月 12 日
23	2018 年 3 月 30 日	一种煤矿用耐磨多级离心式水泵填料函冷却装置	实用新型	2018 年 10 月 16 日
24	2018 年 3 月 20 日	皮带机中驱过渡架	实用新型	2018 年 10 月 12 日
25	2018 年 3 月 15 日	溜煤筒内壁缓冲装置	实用新型	2018 年 11 月 16 日
26	2018 年 3 月 20 日	皮带机闭锁线悬挂装置	实用新型	2018 年 10 月 12 日
27	2018 年 3 月 30 日	一种柔性单轨吊吊挂装置	实用新型	2018 年 10 月 16 日
28	2018 年 3 月 26 日	一种压滤机的滚轮结构	实用新型	2018 年 12 月 11 日
29	2018 年 3 月 30 日	一种运人车车门门锁改造结构	实用新型	2018 年 12 月 11 日
30	2018 年 3 月 28 日	一种无轨胶轮车后马槽插销结构	实用新型	2018 年 11 月 16 日
31	2018 年 3 月 28 日	一种现代化矿山井下变电所隔爆型高压配电装置	实用新型	2018 年 9 月 28 日
32	2018 年 3 月 20 日	皮带输送机的配重托盘	实用新型	2018 年 10 月 2 日
33	2018 年 3 月 15 日	一种稀释采煤工作面回风隅角有害气体的装置	实用新型	2018 年 9 月 28 日
34	2018 年 3 月 16 日	一种方向可调式巷道照明灯	实用新型	2018 年 10 月 12 日
35	2018 年 3 月 28 日	锚索悬挂装置	实用新型	2018 年 11 月 16 日
36	2018 年 3 月 30 日	一种刮板输送机排水管安装架	实用新型	2018 年 11 月 16 日
37	2018 年 3 月 16 日	自动感应风门	实用新型	2018 年 11 月 16 日
38	2018 年 3 月 22 日	锚杆机钻尾挡水装置	实用新型	2018 年 11 月 16 日
39	2018 年 3 月 22 日	一种中央水泵房矿井水抽提系统	实用新型	2018 年 10 月 9 日
40	2018 年 3 月 26 日	矿用无轨胶轮车阻车装置	实用新型	2018 年 10 月 12 日
41	2018 年 3 月 26 日	高压电缆接线盒固定托架	实用新型	2018 年 10 月 12 日
42	2018 年 3 月 26 日	低压电缆接线盒固定支架	实用新型	2018 年 11 月 16 日
43	2016 年 8 月 16 日	煤矿水平式全断面高效除尘装置	实用新型	2017 年 2 月 8 日
44	2016 年 8 月 16 日	煤矿水平式全断面高效除尘装置	发明	2018 年 8 月 14 日
45	2018 年 3 月 7 日	液压支柱及自移系统	实用新型	2018 年 11 月 23 日

表 7-4-2（续）

序号	申请日期	发明创造名称	专利类别	授权公告日期
46	2018 年 4 月 13 日	风机防结冰装置及矿用风机	实用新型	2018 年 11 月 20 日
47	2018 年 4 月 19 日	水位调节装置及风压能自动进排水装置	实用新型	2018 年 11 月 16 日
48	2017 年 11 月 29 日	块精煤直接装车系统	实用新型	2018 年 8 月 14 日
49	2018 年 3 月 7 日	自移系统	实用新型	2018 年 11 月 20 日
50	2017 年 11 月 29 日	全风压式自动排水装置	实用新型	2018 年 8 月 14 日
51	2015 年 6 月 24 日	冻结井筒混凝土内层井壁液体泡沫养护工艺	发明	2017 年 5 月 24 日
52	2015 年 6 月 24 日	冻结井筒内层井壁混凝土泡沫养护装置	发明	2017 年 4 月 5 日
53	2015 年 9 月 15 日	一种弱胶结地层巷道支护方法及支护系统	发明	2018 年 3 月 27 日
54	2017 年 2 月 22 日	冻结井筒混凝土内外层井壁蒸汽养护工艺	发明	2018 年 12 月 18 日
55	2015 年 9 月 15 日	一种弱胶结地层巷道支护系统	实用新型	2016 年 4 月 20 日
56	2017 年 2 月 22 日	一种对冻结井筒混凝土内外层井壁进行蒸汽养护的装置	实用新型	2017 年 9 月 8 日

表 7-4-3 2001—2018 年东胜区煤炭行业已授权专利统计表

序号	申请日期	发明创造名称	专利类别	授权公告日期
1	2016 年 7 月 18 日	一种动力煤质量控制方法	发明	2018 年 8 月 31 日
2	2017 年 3 月 24 日	一种钢管装车装置以及钢管运输车	实用新型	2017 年 11 月 10 日
3	2017 年 8 月 31 日	大电流检测电路和防爆开关测试台	实用新型	2018 年 3 月 16 日
4	2017 年 8 月 31 日	防爆开关测试台和防爆开关测试系统	实用新型	2018 年 3 月 16 日
5	2017 年 9 月 1 日	三相同步测试电路、装置及防爆开关测试台	实用新型	2018 年 3 月 16 日
6	2017 年 3 月 8 日	一种自动排水控制系统	实用新型	2017 年 9 月 26 日
7	2018 年 3 月 29 日	一种多功能户外探险杖	实用新型	2018 年 11 月 16 日
8	2012 年 4 月 17 日	一种孔隙-裂隙水疏放装置	实用新型	2013 年 4 月 17 日
9	2013 年 5 月 7 日	皮带机支架	实用新型	2013 年 10 月 9 日
10	2013 年 8 月 8 日	主皮带机尾自清理皮带机和主皮带机尾自清理系统	发明	2016 年 8 月 10 日
11	2015 年 6 月 24 日	电缆支撑装置和综掘机作业系统	实用新型	2015 年 10 月 21 日
12	2016 年 6 月 24 日	液压支架的室外防冻系统	实用新型	2016 年 11 月 9 日
13	2018 年 5 月 29 日	制动器及平板车	实用新型	2018 年 12 月 11 日
14	2018 年 5 月 29 日	自移设备	实用新型	2018 年 12 月 11 日

表 7-4-4 2001—2018 年乌审旗煤炭行业已授权专利统计表

序号	申请日期	发明创造名称	专利类别	授权公告日期
1	2017 年 4 月 27 日	摩擦式提升机钢丝绳跳动和脱槽检测装置	实用新型	2017 年 12 月 8 日
2	2017 年 5 月 24 日	一种煤矿用脱水溜槽	实用新型	2018 年 2 月 12 日
3	2017 年 7 月 14 日	一种双回路二次涨拉千斤顶	实用新型	2018 年 5 月 15 日
4	2016 年 12 月 15 日	一种除尘效果好操作简单的煤矿除尘装置	实用新型	2017 年 6 月 30 日
5	2017 年 5 月 24 日	一种煤矿用污水处理装置	实用新型	2018 年 3 月 6 日
6	2017 年 3 月 18 日	一种深孔断顶爆破单元式装药装置	实用新型	2017 年 11 月 28 日
7	2017 年 3 月 18 日	一种高效皮带打孔装置	实用新型	2017 年 11 月 28 日
8	2017 年 3 月 18 日	一种沙漠矿区矿震监测系统地表台站安设装置	实用新型	2017 年 12 月 1 日
9	2017 年 9 月 27 日	一种基于永磁电机驱动的井下输煤监控系统	实用新型	2018 年 4 月 20 日
10	2017 年 9 月 27 日	一种矿井原煤仓入仓智能控制系统	实用新型	2018 年 4 月 20 日
11	2017 年 9 月 27 日	一种输煤脱水系统	实用新型	2018 年 6 月 29 日
12	2018 年 2 月 7 日	一种用于断顶孔的排水装置	实用新型	2018 年 9 月 21 日
13	2018 年 2 月 7 日	一种用于钻孔的密封除尘器	实用新型	2018 年 10 月 2 日
14	2017 年 5 月 10 日	一种煤矿配水井排水系统	实用新型	2017 年 12 月 26 日
15	2012 年	一种煤矿原岩温度测试装置	实用新型	2013 年 12 月 12 日
16	2012 年	一种煤矿原岩温度测试装置使用方法	发明专利	2013 年 12 月 12 日
17	2016 年	一种煤矿冲击预测预警方法	实用新型	2018 年 6 月 29 日
18	2016 年	煤矿井下液压定向切顶设备	实用新型	2018 年 12 月 18 日
19	2016 年 1 月 13 日	立井系统及其井塔	实用新型	2016 年 8 月 17 日
20	2017 年 1 月 3 日	一种矿井支护装置	实用新型	2017 年 9 月 8 日
21	2017 年 10 月 13 日	一种可调角度防爆箱悬挂固定器	实用新型	2018 年 6 月 1 日
22	2015 年 5 月 20 日	一种含磷污水的处理方法	发明专利	2018 年 7 月 24 日
23	2014 年 10 月 14 日	一种粉煤灰凝胶缓释肥料及其制备方法	发明专利	2016 年 6 月 1 日
24	2017 年 11 月 15 日	一种多介质过滤器	实用新型	2018 年 6 月 29 日
25	2017 年 12 月 11 日	一种质量缺陷尿素回收装置	实用新型	2018 年 8 月 7 日
26	2017 年 11 月 15 日	一种污水处理用曝气装置	实用新型	2018 年 6 月 29 日
27	2017 年 12 月 11 日	一种硫回收尾气处理系统	实用新型	2018 年 8 月 7 日
28	2017 年 12 月 29 日	一种硫回收用冷凝液改造装置	实用新型	2018 年 8 月 7 日
29	2017 年 11 月 15 日	一种硫回收装置	实用新型	2018 年 8 月 7 日

表 7-4-4（续）

序号	申请日期	发明创造名称	专利类别	授权公告日期
30	2017 年 12 月 7 日	一种用于尿素工艺蒸汽冷凝液回收利用装置	实用新型	2018 年 10 月 26 日
31	2018 年 3 月 26 日	节能二甲醚生产系统	实用新型	2018 年 12 月 7 日
32	2018 年 3 月 26 日	甲醇生产过程中的杂醇油和废水回收装置	实用新型	2018 年 11 月 30 日
33	2018 年 3 月 26 日	使用寿命长的气化炉激冷环	实用新型	2018 年 10 月 30 日
34	2017 年 3 月 24 日	一种低温甲醇洗配套的丙烯制冷系统	实用新型	2017 年 12 月 15 日
35	2012 年 11 月 12 日	一种充分利用反应热的高浓度 CO 耐硫变换工艺及装置	发明专利	2015 年 9 月 20 日
36	2014 年 8 月 25 日	一种两段式干粉汽化炉的烧嘴罩	实用新型	2015 年 1 月 7 日
37	2014 年 8 月 25 日	一种浓相煤粉中下部输送装置	实用新型	2015 年 1 月 7 日
38	2017 年 10 月 23 日	加热式工业污水处理系统	实用新型	2018 年 8 月 3 日
39	2017 年 11 月 9 日	一种改进的烟气热量的热回收器	实用新型	2018 年 8 月 3 日
40	2017 年 12 月 20 日	一种增压式汽水两用节能锅炉	实用新型	2018 年 8 月 10 日
41	2016 年 2 月	一种用于工业废水的分盐工艺	发明专利	2017 年 7 月 14 日
42	2016 年 2 月	一种一氧化碳检测装置	实用新型	2016 年 8 月 10 日
43	2016 年 2 月	一种配置次氯酸钠溶液的装置	实用新型	2016 年 8 月 10 日
44	2016 年 2 月	一种具有报警功能的高速精制混床	实用新型	2016 年 8 月 10 日
45	2016 年 2 月	一种一氧化碳检测预处理装置	实用新型	2016 年 8 月 10 日
46	2016 年 2 月	一种排渣气化炉	实用新型	2016 年 8 月 10 日
47	2016 年 2 月	一种具有报警功能的排渣气化炉	实用新型	2016 年 8 月 3 日
48	2016 年 2 月	一种蒸汽凝液回收装置	实用新型	2016 年 8 月 24 日
49	2016 年 2 月	一种具有加压控制的混床	实用新型	2016 年 8 月 24 日
50	2016 年 2 月	一种具有远程控制的合成氨压缩机	实用新型	2016 年 8 月 24 日
51	2016 年 2 月	一种凝液回收利用装置	实用新型	2016 年 8 月 24 日
52	2016 年 2 月	一种气化炉	实用新型	2016 年 8 月 24 日
53	2016 年 2 月	一种具有压力报警的气化炉	实用新型	2016 年 8 月 24 日
54	2016 年 2 月	一种合成氨压缩机	实用新型	2016 年 8 月 24 日
55	2018 年 5 月	一种化工生产用热交换装置	实用新型	2018 年 6 月 23 日
56	2017 年 3 月 29 日	具浮球导向器的排气阀	实用新型	2017 年 11 月 24 日
57	2017 年 3 月 29 日	自调节式输送带空段清扫装置	实用新型	2017 年 11 月 24 日
58	2017 年 3 月 29 日	透平冷凝液热源回收系统	实用新型	2017 年 11 月 24 日

表 7-4-4（续）

序号	申请日期	发明创造名称	专利类别	授权公告日期
59	2017 年 3 月 29 日	布袋除尘器反吹风机互备结构	实用新型	2017 年 11 月 24 日
60	2017 年 3 月 29 日	锅炉工业风袋式除尘器	实用新型	2017 年 11 月 24 日
61	2017 年 4 月 5 日	可自动控制供气流量的线性聚乙烯脱气仓	实用新型	2017 年 12 月 8 日
62	2017 年 4 月 5 日	可控制开车温度的气相聚丙烯反应器	实用新型	2017 年 12 月 8 日
63	2017 年 4 月 5 日	可控制丙烯温度的沉降器过滤器	实用新型	2017 年 12 月 15 日
64	2017 年 4 月 26 日	可调节返回阀阀门开度的 MTO 装置	实用新型	2017 年 12 月 15 日
65	2017 年 4 月 26 日	防超温的低温甲醇洗系统过程气循环装置	实用新型	2017 年 12 月 8 日
66	2017 年 4 月 26 日	可改善蒸汽收率的中低压蒸汽发生器	实用新型	2017 年 12 月 15 日
67	2017 年 4 月 26 日	防管线温降的空分装置	实用新型	2017 年 11 月 24 日
68	2017 年 4 月 26 日	具温度保护的电动阀	实用新型	2017 年 11 月 24 日
69	2017 年 5 月 24 日	一种提升运行稳定的磨煤机	实用新型	2018 年 2 月 6 日
70	2017 年 5 月 24 日	一种锁斗冲洗水泵	实用新型	2017 年 12 月 26 日
71	2017 年 5 月 24 日	线性聚乙烯透平膨胀系统	实用新型	2018 年 2 月 6 日
72	2017 年 5 月 24 日	一种具有分析隔膜室不排料故障的煤浆进料泵	实用新型	2017 年 12 月 15 日
73	2017 年 5 月 24 日	一种具有程序控制的正压闭式循环氮气输送系统	实用新型	2018 年 3 月 13 日
74	2017 年 5 月 24 日	一种高效复合型磨煤机	实用新型	2017 年 12 月 26 日
75	2017 年 6 月 12 日	一种具备报警功能的气体纯化装置	实用新型	2018 年 1 月 23 日
76	2017 年 6 月 14 日	一种新型挤压造粒机组	实用新型	2018 年 2 月 6 日
77	2017 年 6 月 16 日	一种新型离子交换器内部的约翰逊管	实用新型	2018 年 1 月 23 日
78	2016 年 8 月 25 日	一种用于尿素包装托盘	实用新型	2017 年 4 月 5 日
79	2016 年 8 月 25 日	一种尿素散装系统	实用新型	2017 年 3 月 29 日
80	2017 年 1 月 24 日	一种冷却塔辅助冷却器	实用新型	2017 年 9 月 21 日
81	2017 年 2 月 23 日	一种均匀混凝的石化废水处理装置	实用新型	2017 年 9 月 3 日

表 7-4-5 2001—2018 年鄂托克前旗煤炭行业已授权专利统计表

序号	申请日期	发明创造名称	专利类别	授权公告日期
1	2011 年 11 月 26 日	风水混合喷雾降尘装置	实用新型	2012 年 8 月 8 日
2	2011 年 11 月 26 日	自动旋转喷雾装置	实用新型	2012 年 8 月 8 日
3	2011 年 11 月 26 日	钻杆探透堵水退杆装置	实用新型	2012 年 8 月 8 日
4	2011 年 11 月 26 日	工作面变配电设备自移装置	实用新型	2012 年 8 月 8 日

表7-4-5（续）

序号	申请日期	发明创造名称	专利类别	授权公告日期
5	2011年11月25日	矿井铺网巷道联网用的窜条加工装置	实用新型	2012年8月8日
6	2011年11月28日	井下载人车辆调车装置	实用新型	2012年8月8日
7	2011年12月19日	本安型通信分站	实用新型	2012年8月8日
8	2012年12月6日	种井下风门之间的闭锁装置	实用新型	2013年7月3日
9	2012年8月18日	大断面巷道过导水断层的施工方法	发明	2014年9月24日
10	2012年12月6日	压风机房故障远程自动化报警系统	实用新型	2013年7月3日
11	2012年12月6日	一种井下风门之间的闭锁装置	实用新型	2013年7月3日
12	2012年12月6日	自动控制煤层注水系统	实用新型	2013年7月3日
13	2012年12月6日	声控盘式喷雾降尘水幕	实用新型	2013年7月3日
14	2012年12月6日	综掘工作面长压短抽式除尘系统	实用新型	2013年7月3日
15	2012年12月6日	锅炉房除尘封闭装置	实用新型	2013年7月3日
16	2013年12月24日	煤矿富水异常区域防治水方法	发明	2016年1月20日
17	2013年9月30日	单轨吊自动停车防撞装置	实用新型	2014年7月30日
18	2014年3月19日	一种动力自旋清扫器	实用新型	2014年7月30日
19	2014年3月19日	一种煤矿煤机电缆机械自移装置	实用新型	2014年7月30日
20	2014年6月3日	一种钢丝绳自锁式滑头	实用新型	2014年10月22日
21	2015年12月17日	一种皮带撕裂保护装置	实用新型	2016年10月5日
22	2015年8月3日	一种皮带串条抽拔装置	实用新型	2016年2月3日
23	2015年8月4日	一种油缸液压拆卸装置	实用新型	2016年2月3日
24	2016年3月11日	一种煤仓防堵防漏装置	实用新型	2016年10月12日
25	2017年7月3日	一种综采工作面转载机与皮带简易机尾互动自移装置	实用新型	2018年2月13日
26	2017年7月3日	一种单轨吊梁阻车装置	实用新型	2018年2月13日
27	2017年11月17日	一种工作面运输机机头、机尾分别独立供电装置	实用新型	2018年6月5日
28	2015年5月29日	一种调度绞车排绳装置	实用新型	2015年10月7日
29	2015年5月29日	一种棚头托举装置	实用新型	2015年10月7日
30	2015年5月29日	一种反井钻机吊移装置	实用新型	2015年10月7日
31	2015年5月29日	一种自动识别急停保护指示器	实用新型	2015年10月7日
32	2015年5月29日	一种超前支护多联防倒杆装置	实用新型	2015年10月7日
33	2015年5月29日	一种带有防脱合金片的钻头	实用新型	2015年10月7日

表 7-4-5（续）

序号	申请日期	发明创造名称	专利类别	授权公告日期
34	2015 年 5 月 29 日	一种钻孔角度校准器	实用新型	2015 年 10 月 7 日
35	2015 年 5 月 29 日	一种液压支架阀组闭锁装置	实用新型	2015 年 10 月 7 日
36	2015 年 5 月 29 日	一种新型加长锚杆搅拌推进器	实用新型	2015 年 10 月 7 日
37	2015 年 5 月 29 日	一种可控制最高水位的乳化液泵站水箱自动加水装置	实用新型	2015 年 10 月 7 日
38	2018 年 1 月 20 日	上海庙矿业锚索智能生产软件控制系统	软件著作	2018 年 3 月 27 日
39	2018 年 1 月 21 日	基于调度绞车选型与钢丝绳校核计算	软件著作	2018 年 5 月 11 日
40	2015 年 5 月 29 日	一种反井钻机施工方法	发明	2017 年 4 月 12 日
41	2015 年 5 月 29 日	煤矿巷道用带式输送机皮带延长系统及方法	发明	2017 年 2 月 1 日
42	2015 年 5 月 29 日	一种具有安全支撑装置的钻机	发明	2017 年 9 月 29 日
43	2015 年 5 月 29 日	一种井下运输系统集中控制自动化装置	发明	2017 年 9 月 29 日
44	2015 年 5 月 29 日	一种综掘机二运架空运行装置	发明	2018 年 1 月 30 日
45	2015 年 5 月 29 日	一种煤炭地销集散装置	发明	2018 年 8 月 17 日
46	2015 年 10 月 12 日	间接充水含水层突水危险性综合评价方法及系统	发明	2019 年 1 月 22 日
47	2017 年 5 月 17 日	一种液压传动绕绳机	实用新型	2017 年 12 月 22 日
48	2017 年 5 月 17 日	一种矿用立井安全门摇台自动闭锁装置	实用新型	2017 年 12 月 22 日
49	2017 年 6 月 23 日	一种天窗煤矸分运装置	实用新型	2017 年 12 月 29 日
50	2016 年 6 月 22 日	钻井感应装置与钻杆	实用新型	2018 年 1 月 12 日
51	2017 年 3 月 22 日	一种干式钻眼用除尘器	实用新型	2018 年 1 月 16 日
52	2017 年 6 月 10 日	一种液压支架操纵阀配件拆卸工具	实用新型	2018 年 2 月 23 日
53	2017 年 7 月 16 日	一种可缓减振幅的弹簧锤	实用新型	2018 年 2 月 23 日
54	2017 年 11 月 13 日	一种综采工作面卸载点手动快捷取样装置	实用新型	2018 年 6 月 1 日
55	2017 年 8 月 12 日	一种大块径矸石半自动分选机	实用新型	2018 年 3 月 23 日
56	2017 年 11 月 9 日	一种巷道收敛变形量的测量装置	实用新型	2018 年 5 月 15 日
57	2017 年 9 月 21 日	拆卸工具及拆卸系统	实用新型	2018 年 6 月 8 日
58	2017 年 12 月 30 日	一种液压坑道钻机可调节支撑杆	实用新型	2018 年 8 月 10 日
59	2017 年 12 月 30 日	一种手拉葫芦检测装置	实用新型	2018 年 8 月 10 日
60	2017 年 12 月 30 日	一种钢筋梯自动化生产线	实用新型	2018 年 8 月 10 日
61	2017 年 12 月 30 日	一种可调式皮带清扫器	实用新型	2018 年 8 月 10 日
62	2017 年 12 月 30 日	一种压缩空气管道远距离输送物料装置及输送方法	实用新型	2018 年 8 月 10 日

表 7-4-5（续）

序号	申请日期	发明创造名称	专利类别	授权公告日期
63	2017 年 12 月 30 日	一种皮带切割机	实用新型	2018 年 8 月 10 日
64	2017 年 12 月 30 日	一种锚网折弯装置	实用新型	2018 年 8 月 10 日
65	2017 年 12 月 30 日	一种垂直双边折弯平台装置	实用新型	2018 年 8 月 10 日
66	2017 年 12 月 30 日	一种弯钩机具	实用新型	2018 年 8 月 10 日
67	2017 年 12 月 30 日	一种风动混凝土输送泵	实用新型	2018 年 8 月 10 日
68	2017 年 12 月 30 日	一种平巷集中箱料车自动卸料装置	实用新型	2018 年 8 月 10 日
69	2017 年 12 月 30 日	一种锚网定位握边装置	实用新型	2018 年 8 月 10 日
70	2017 年 12 月 30 日	一种用于地下出水区的疏放水装置	实用新型	2018 年 8 月 10 日
71	2017 年 12 月 30 日	一种升降式油桶架	实用新型	2018 年 8 月 10 日
72	2017 年 12 月 30 日	一种皮带卷带装置	实用新型	2018 年 8 月 10 日
73	2017 年 10 月 14 日	工作面采高测量装置	实用新型	2018 年 7 月 6 日
74	2017 年 6 月 22 日	矿产仿真挖掘装置与矿产仿真挖掘机	实用新型	2018 年 7 月 17 日
75	2017 年 12 月 20 日	一种扩孔钻头	实用新型	2018 年 9 月 25 日
76	2017 年 12 月 20 日	一种压板式固定装置	实用新型	2018 年 9 月 25 日

表 7-4-6　2001—2018 年杭锦旗煤炭行业已授权专利统计表

序号	申请日期	发明创造名称	专利类别	授权公告日期
1	2012 年 12 月 28 日	一种用于回采工作面顺槽的液压支架	实用新型	2013 年 10 月 9 日
2	2012 年 12 月 28 日	一种用于软岩工作面的液压支架	实用新型	2013 年 10 月 9 日
3	2013 年 11 月 7 日	一种甲醇合成催化剂及其制备方法	发明	2016 年 8 月 17 日
4	2014 年 12 月 29 日	一种高压突水钻孔的封孔装置	实用新型	2015 年 6 月 24 日
5	2017 年 2 月 23 日	一种真空闪蒸罐的冷凝装置	实用新型	2017 年 9 月 29 日
6	2017 年 2 月 23 日	一种新型粉煤锁斗充气器	实用新型	2017 年 9 月 29 日
7	2017 年 1 月 24 日	一种锅炉落煤口改造装置	实用新型	2017 年 9 月 29 日
8	2017 年 1 月 25 日	一种包膜油喷洒装置	实用新型	2017 年 9 月 29 日
9	2017 年 2 月 28 日	一种新型空气储气罐	实用新型	2017 年 9 月 29 日
10	2017 年 2 月 23 日	一种气化粉煤锁斗的笛管	实用新型	2017 年 9 月 8 日
11	2017 年 2 月 15 日	硫酸铵浆液中硫离子的分离系统	实用新型	2017 年 8 月 25 日
12	2017 年 2 月 7 日	一种内置式单室平衡容器气泡水位测量装置	实用新型	2017 年 8 月 25 日
13	2017 年 1 月 24 日	一种疏水扩容器乏汽回收系统	实用新型	2017 年 8 月 25 日

表 7-4-6（续）

序号	申请日期	发明创造名称	专利类别	授权公告日期
14	2017 年 1 月 24 日	一种乙二醇通氮装置	实用新型	2017 年 8 月 25 日
15	2017 年 1 月 23 日	一种测爆仪装置	实用新型	2017 年 9 月 5 日
16	2017 年 2 月 28 日	一种原料破碎机	实用新型	2017 年 10 月 20 日
17	2017 年 2 月 7 日	一种编织袋热熔破口装置	实用新型	2018 年 1 月 30 日
18	2017 年 1 月 24 日	一种接触式油挡	实用新型	2017 年 8 月 22 日
19	2017 年 1 月 24 日	一种定排冷凝低低压蒸汽改造系统	实用新型	2017 年 8 月 18 日
20	2017 年 1 月 25 日	一种复合肥包膜防结块系统	实用新型	2017 年 8 月 18 日
21	2017 年 1 月 24 日	一种机封冷却水管道	实用新型	2017 年 8 月 18 日
22	2017 年 1 月 23 日	一种酯化气取样气液分离装置	实用新型	2017 年 8 月 22 日
23	2017 年 2 月 23 日	一种磨煤机的动转子	实用新型	2017 年 11 月 10 日
24	2017 年 5 月 11 日	一种复合肥生产汽水分离器	实用新型	2017 年 12 月 1 日
25	2017 年 2 月 23 日	气化车间伴热凝结液回收系统	实用新型	2017 年 10 月 27 日
26	2017 年 2 月 8 日	一种用于气液分离的换热器封头	实用新型	2017 年 10 月 24 日
27	2017 年 3 月 4 日	一种锅炉脱盐水预热除氧系统	实用新型	2017 年 10 月 27 日
28	2017 年 3 月 1 日	一种加压氮泵的密封系统	实用新型	2017 年 10 月 27 日
29	2017 年 3 月 28 日	一种原水预热系统	实用新型	2017 年 10 月 27 日
30	2017 年 2 月 28 日	一种空浴式汽化器	实用新型	2017 年 10 月 27 日
31	2017 年 2 月 28 日	落煤管落料点调节装置	实用新型	2017 年 10 月 31 日
32	2017 年 3 月 20 日	一种黑水处理系统	实用新型	2017 年 12 月 26 日

表 7-4-7 2001—2018 年鄂托克旗煤炭行业已授权专利统计表

序号	申请日期	发明创造名称	专利类别	授权公告日期
1	2016 年 3 月 11 日	一种矸石仓下自动抽水装置	实用新型	2016 年 8 月 24 日
2	2016 年 3 月 11 日	一种缓冲桶消泡装置	实用新型	2016 年 8 月 24 日
3	2016 年 3 月 11 日	一种矸石仓防砸及耐磨装置	实用新型	2016 年 8 月 24 日
4	2016 年 3 月 11 日	一种矸石仓废水收集装置	实用新型	2016 年 8 月 24 日
5	2018 年 3 月 21 日	一种煤矿用粉尘过滤筛选装置	实用新型	2018 年 10 月 1 日
6	2018 年 3 月 21 日	一种煤矿用布袋除尘器	实用新型	2018 年 10 月 1 日
7	2018 年 3 月 21 日	一种煤矿污水处理及回收装置	实用新型	2018 年 10 月 1 日
8	2018 年 3 月 21 日	一种煤矿废水处理装置	实用新型	2018 年 10 月 1 日

表 7-4-7（续）

序号	申请日期	发明创造名称	专利类别	授权公告日期
9	2018 年 3 月 21 日	一种露天煤矿专用除尘装置	实用新型	2018 年 10 月 1 日
10	2018 年 3 月 21 日	一种新型布袋除尘器	实用新型	2018 年 10 月 1 日
11	2017 年 3 月 16 日	链板输送机用的长度调节机构	实用新型	2017 年 12 月 15 日
12	2017 年 3 月 16 日	可调式倾角输送装置	实用新型	2017 年 12 月 15 日
13	2017 年 3 月 16 日	链式输送机用的链条结构	实用新型	2017 年 12 月 15 日
14	2017 年 3 月 16 日	轨道十大倾角提升机构	实用新型	2017 年 12 月 15 日
15	2017 年 3 月 16 日	原煤装车机构	实用新型	2017 年 12 月 15 日
16	2017 年 3 月 16 日	原煤用的链条输送筛分装置	实用新型	2017 年 12 月 15 日
17	2017 年 3 月 16 日	可调式末煤筛分装置	实用新型	2017 年 11 月 7 日
18	2017 年 3 月 16 日	精煤筛筒调节机构	实用新型	2017 年 11 月 7 日
19	2017 年 3 月 16 日	精煤筛选装置	实用新型	2017 年 11 月 7 日
20	2017 年 3 月 16 日	末煤滑筛	实用新型	2017 年 11 月 7 日
21	2017 年 3 月 16 日	倾角输送带用的转向控料机构	实用新型	2017 年 11 月 7 日
22	2017 年 3 月 16 日	可平放的倾角输送带	实用新型	2017 年 11 月 7 日
23	2018 年 3 月 21 日	一种煤矿用粉尘过滤筛选装置	实用新型	2018 年 10 月 1 日
24	2018 年 3 月 21 日	一种煤矿用布袋除尘器	实用新型	2018 年 10 月 1 日
25	2018 年 3 月 21 日	一种煤矿污水处理及回收装置	实用新型	2018 年 10 月 1 日
26	2018 年 3 月 21 日	一种煤矿废水处理装置	实用新型	2018 年 10 月 1 日
27	2018 年 3 月 21 日	一种露天煤矿专用除尘装置	实用新型	2018 年 10 月 1 日
28	2018 年 3 月 21 日	一种新型布袋除尘器	实用新型	2018 年 10 月 1 日
29	2017 年 3 月 16 日	链板输送机用的长度调节机构	实用新型	2017 年 12 月 15 日
30	2017 年 3 月 16 日	可调式倾角输送装置	实用新型	2017 年 12 月 15 日
31	2017 年 3 月 16 日	链式输送机用的链条结构	实用新型	2017 年 12 月 15 日
32	2017 年 3 月 16 日	轨道十大倾角提升机构	实用新型	2017 年 12 月 15 日
33	2017 年 3 月 16 日	原煤装车机构	实用新型	2017 年 12 月 15 日
34	2017 年 3 月 16 日	原煤用的链条输送筛分装置	实用新型	2017 年 12 月 15 日
35	2017 年 3 月 16 日	可调式末煤筛分装置	实用新型	2017 年 11 月 7 日
36	2017 年 3 月 16 日	精煤筛筒调节机构	实用新型	2017 年 11 月 7 日
37	2017 年 3 月 16 日	精煤筛选装置	实用新型	2017 年 11 月 7 日
38	2017 年 3 月 16 日	末煤滑筛	实用新型	2017 年 11 月 7 日

表 7-4-7（续）

序号	申请日期	发明创造名称	专利类别	授权公告日期
39	2017 年 3 月 16 日	倾角输送带用的转向控料机构	实用新型	2017 年 11 月 7 日
40	2017 年 3 月 16 日	可平放的倾角输送带	实用新型	2017 年 11 月 7 日
41	2015 年 3 月 5 日	全负压连采连充分步置换“三下”采煤法	发明专利	2016 年 12 月 28 日

第二节 科技奖励

一、奖励办法

2009 年 9 月 4 日，鄂尔多斯市人民政府为了建立和完善科技工作的激励机制，提高全民知识产权创造和保护意识，鼓励发明创造，促进组织技术创新，增强经济和社会发展的核心竞争力，根据《中华人民共和国专利法》和《国家知识产权战略纲要》，制定颁布了《鄂尔多斯市专利成果转化奖励办法》，对专利成果奖励范围、条件、申报程序、评审机构和评审办法作了具体规定。

二、获奖项目

2001—2018 年，鄂尔多斯煤炭系统获得国家及省部级科技奖励 165 项，其中国家级奖励 6 项、省部级奖励 159 项，具体情况见表 7-4-8 至表 7-4-17。

表 7-4-8　2009—2015 年神东煤炭集团科研项目获奖情况表

年份	获奖单位	科研项目	获奖等级
2009	神东煤炭集团公司	4U2CIE 财务集中管理及战略性与经营性成本管理创新	煤炭企业管理现代化创新成果一等奖
2009	神东煤炭集团公司	6.3 米一次采全厚重型综采工作面成套技术	内蒙古自治区科学技术进步一等奖
2009	神东煤炭集团公司	班组核算及其软件系统的推广和应用	煤炭企业管理现代化创新成果二等奖
2010	神东煤炭集团公司	神东亿吨级煤炭矿区生产管理系统	内蒙古自治区科学技术二等奖
2012	神东煤炭集团公司	千旱干旱区煤研石山从枝菌根生态重建理论与应用研究	中国煤炭工业科学技术一等奖
2012	神东煤炭集团公司	万吨矿井群资源与环境协调开发技术	国家科学技术进步二等奖
2012	神东煤炭集团公司	神东矿区合理煤柱宽度、巷道断面与支护技术参数研究	中国职业安全健康协会科学技术二等奖
2012	神东煤炭集团公司	活鸡兔井近距离煤层开果矿压规律及灾害防范技术研究	中国职业安全健康协会科学技术三等奖
2012	神东煤炭集团公司	神东矿区合理煤柱宽度、巷道断面与支护技术参数研究	中国职业安全健康协会科学技术二等奖

表 7-4-8（续）

年份	获奖单位	科研项目	获奖等级
2012	神东煤炭集团公司	活鸡兔井近距离煤层开采矿压规律及灾害防范技术研究	中国职业安全健康协会科学技术三等奖
2013	神东煤炭集团公司	神华神东煤炭集团公司神东矿区涌水量预测模型研究	中国职业安全健康协会科学技术三等奖
2013	神东煤炭集团公司	振动筛负载工况在线智能诊断系统研发与应用	中国职业安全健康协会科学技术三等奖
2013	神东煤炭集团公司	高产高效综采工作面安装及回撤技术研究	中国职业安全健康协会科学技术三等奖
2013	神东煤炭集团公司	神东矿区综采面回风隅角 C 治理技术研究	中国职业安全健康协会科学技术三等奖
2013	神东煤炭集团公司	生态腕弱区煤炭现代开采地下水和地表生态保护技术	中国煤炭工业科学技术一等奖
2014	神东煤炭集团公司	生态胞弱区煤炭现代开采地下水和地表生态保护关键技术	国家科学技术进步二等奖
2015	神东煤炭集团公司	煤炭现代开采地下水与地表生态保护	煤炭行业科技创新示范工程奖
2015	神东煤炭集团公司	一种掘进机	中国煤炭工业科学技术专利一等奖
2015	神东煤炭集团公司	智能矿山建设关键技术与示范工程	中国煤炭工业科学技术特等奖
2015	神东煤炭集团公司	数字矿山综合智能一体化生产管控系统研发与应用	中煤能源杯中国职业安全健康协会科协技术奖
2015	神东煤炭集团公司	神东综采综放开采条件下地表移动变形与覆岩破坏高度实测规律	第六届安全生产科技成果奖
2015	神东煤炭集团公司	基于 GIS 和组态技术的矿山智能管控系统	第六届安全生产科技成果奖
2015	神东煤炭集团公司	5 米采高以上工作面直接过度采煤装备推广应用	全国能源化学系统职工技术创新优秀成果奖
2015	神东煤炭集团公司	煤层巷道冒顶机理与控制技术研究	中国煤炭工业科学技术一等奖

表 7-4-9 神华准能集团公司科技项目获省部及行业奖情况汇总

年份	获奖单位	科研项目	获奖等级
2007	神华准能集团公司	准格尔选煤厂粉尘综合治理研究与实施	内蒙古自治区科技厅省科技进步奖一等奖
2008	神华准能集团公司	黑岱沟露天煤矿交通车辆预警系统研究开发	内蒙古自治区科技进步奖二等奖
2009	神华准能集团公司	特大型复杂矿床露天煤端帮靠帮开采方法及开拓运输系统优化设置	中国煤炭工业科学技术奖一等奖

表 7-4-9（续）

年份	获奖单位	科研项目	获奖等级
2009	神华准能集团公司	露天煤矿抛掷爆破的炸药制备关键技术研究及应用	第二届民爆科技进步奖一等奖
2009	神华准能集团公司	准格尔现代露天煤矿开发重大关键技术研究与应用	内蒙古自治区科技进步一等奖
2010	神华准能集团公司	特大型矿区群资源与环境协调开发技术	中国煤炭工业科学技术一等奖
2010	神华准能集团公司	大型露天煤矿开采新技术与应用研究	国家科技进步二等奖
2011	神华准能集团公司	现代化露天煤矿开采工艺技术研究	鄂尔多斯市科学技术进步一等奖
2011	神华准能集团公司	现代露天煤矿水土保持生态修复关键技术及其应用研究	鄂尔多斯市科学技术进步三等奖
2012	神华准能集团公司	露天煤矿高台阶抛掷爆破与吊斗铲倒堆工艺技术及应用	国家科技进步二等奖
2013	神华准能集团公司	选煤厂特大型槽仓工程关键技术研究与应用	内蒙古自治区科技进步二等奖
2015	神华准能集团公司	准格尔选煤厂粉尘综合治理研究与实施	第六届安全生产科技成果奖三等奖
2015	神华准能集团公司	矿用巨型工程轮胎再制造技术研究与应用	中国循环经济协会科学技术奖二等奖
2016	神华准能集团公司	大型煤炭企业集团“3579”提质增效精益管理的实践与探索	煤炭企业管理现代化创新成果特等奖
2016	神华准能集团公司	大型煤炭综合能源企业“五八二一”班组管理体系的构建与应用	煤炭企业管理现代化创新成果一等奖
2017	神华准能集团公司	大型复杂露天矿欠稳定边坡灾害预测与防治关键技术	中国职业安全健康协会科学技术奖一等奖

表 7-4-10　2001—2018 准格尔旗煤炭行业科研项目获奖情况表

年份	获奖单位	科研项目	获奖等级
2007	准能公司	准格尔选煤厂粉尘综合治理研究与实施	内蒙古自治区 2007 年度科技进步奖一等奖
2008	准能公司	黑岱沟露天煤矿交通车辆预警系统研究开发	内蒙古自治区 2008 年度科技进步奖二等奖
2009	准能公司	特大型复杂矿床露天煤矿端帮靠帮开采方法及开拓运输系统优化设置	2009 年中国煤炭工业科学技术奖一等奖
2009	准能公司	露天煤矿抛掷爆破的炸药制备关键技术研究及应用	第二届民爆科技进步奖一等奖

表 7-4-10（续）

年份	获奖单位	科研项目	获奖等级
2009	准能公司 中国矿业大学	准格尔现代露天煤矿开发重大关键技术研究与应用	2009 年度内蒙古自治区科技进步一等奖
2010	准能公司	特大型矿区群资源与环境协调开发技术	2010 年度中国煤炭工业科学技术一等奖
2010	准能源公司	大型露天煤矿开采新技术与应用研究	2010 年度国家科技进步二等奖
2011	准能公司	现代化露天煤矿开采工艺技术研究	2011 年度鄂尔多斯市科学技术进步一等奖
2011	准能公司	现代露天煤矿水土保持生态修复关键技术及其应用研究	2011 年度鄂尔多斯市科学技术进步三等奖
2012	准能公司	露天煤矿高台阶抛掷爆破与吊斗铲倒堆工艺技术及应用	2012 年度国家科技进步二等奖
2013	内蒙古伊泰京粤酸刺沟矿业有限责任公司	酸刺沟煤矿 6 上煤综采工作面主回撤通道二次支护方案优化	内蒙古自治区职工技术创新成果二等奖
2013	内蒙古伊泰京粤酸刺沟矿业有限责任公司	酸刺沟煤矿沫煤分选系统改造	内蒙古自治区职工技术创新成果二等奖
2013	内蒙古伊泰京粤酸刺沟矿业有限责任公司	酸刺沟煤矿综采工作面设备列车存车巷设计	内蒙古自治区职工技术创新成果二等奖
2013	内蒙古伊泰京粤酸刺沟矿业有限责任公司	防跑车装置	内蒙古自治区职工技术创新成果二等奖
2013	内蒙古伊泰京粤酸刺沟矿业有限责任公司	监控闭锁线收放车	内蒙古自治区职工技术创新成果三等奖
2013	内蒙古伊泰京粤酸刺沟矿业有限责任公司	酸刺沟煤矿井下水复用生产方案及实施	内蒙古自治区职工技术创新成果三等奖
2013	内蒙古伊泰京粤酸刺沟矿业有限责任公司	酸刺沟煤矿西翼三条大巷掘进层位优化设计	内蒙古自治区职工技术创新成果优秀奖
2013	内蒙古伊泰京粤酸刺沟矿业有限责任公司	酸刺沟煤矿洗煤厂复用水系统改造	内蒙古自治区职工技术创新成果优秀奖
2013	内蒙古伊泰京粤酸刺沟矿业有限责任公司	酸刺沟煤矿 4 煤大巷布置方案优化	内蒙古自治区职工技术创新成果优秀奖
2013	内蒙古伊泰京粤酸刺沟矿业有限责任公司	酸刺沟煤矿顺槽过水源地方案	内蒙古自治区职工技术创新成果优秀奖
2013	准能公司	选煤厂特大型槽仓工程关键技术研究与应用	2012 年度内蒙古自治区科技进步二等奖
2013	黄玉川煤矿	国家能源局国家能源科技进步	三等奖

表 7-4-10（续）

年份	获奖单位	科研项目	获奖等级
2013	内蒙古伊泰京粤酸刺沟矿业有限责任公司	酸刺沟煤矿软弹性管线吊挂环	内蒙古自治区职工技术创新成果优秀奖
2014	内蒙古伊泰京粤酸刺沟矿业有限责任公司	小冒采比高韧性顶板特厚煤层综放开采关键技术与装备研究	内蒙古自治区科学技术奖二等奖
2015	黄玉川煤矿	中国煤炭工业协会煤炭企业管理现代化创新成果（行业级）	三等奖
2015	准能公司	准格尔选煤厂粉尘综合治理研究与实施	第六届安全生产科技成果奖三等奖
2015	准能公司	矿用巨型工程轮胎再制造技术研究与应用	2014 年度中国循环经济协会科学技术奖二等奖
2015	内蒙古蒙泰不连沟煤业有限责任公司不连沟煤矿	松软特厚煤层 9.5 米大断面切眼支护技术创新	二等奖
2016	神华准能集团有限责任公司	大型煤炭企业集团“3579”提质增效精益管理的实践与探索	煤炭企业管理现代化创新成果特等奖
2016	神华准能集团有限责任公司	大型煤炭综合能源企业“五八二一”班组管理体系的构建与应用	煤炭企业管理现代化创新成果一等奖
2017	内蒙古伊泰京粤酸刺沟矿业有限责任公司	井下超前探放水和水害监测关键技术系统研发	中国地质学会“十大地质科技进展”第六名
2017	黄玉川煤矿	国家煤矿安全监察局安全生产标准化	一级矿井
2017	煤炭科学技术研究院有限公司 中煤平朔集团有限公司 神华准格尔能源有限责任公司	大型复杂露天矿欠稳定边坡灾害预测与防治关键技术	中国职业安全健康协会科学技术奖一等奖
2018	淮矿西部煤矿投资管理有限公司	西部煤矿深埋煤层安全开采关键技术研究	内蒙古自治区科学技术奖二等奖
2018	鄂尔多斯市华兴能源有限责任公司	内部市场精细化管理创新	煤炭企业管理现代化创新成果三等奖
2018	鄂尔多斯市华兴能源有限责任公司	多水源威胁特厚煤层采动水岩耦合致灾机理与调控用技术研发与应用	安徽省科学技术奖三等奖
2018	黄玉川煤矿	中国煤炭工业协会煤炭企业管理现代化创新成果（行业级）	二等奖
2018	黄玉川煤矿	中国煤炭工业协会 2016—2017 特级安全高效矿井	安全高效

表 7-4-10（续）

年份	获奖单位	科研项目	获奖等级
2018	黄玉川煤矿	中国煤炭建设协会煤炭行业优秀工程总承包金奖项目（2011—2013 基建）	优秀工程总承包金奖
2018	神华准能集团有限责任公司	卡车毫米波雷达防碰撞预警系统	内蒙古自治区科学技术三等奖
2018	神华准能集团有限责任公司准格尔能源有限责任公司	准格尔特大型露天矿区绿色开发关键技术研究与应用	中国煤炭工业科学技术一等奖
2018	神华准能集团有限责任公司准格尔能源有限责任公司	露天煤矿开采新工艺应用及其刚性约束下采区转向技术	教育部科学技术进步二等奖
2018	神华准能集团有限责任公司	矿用卡车毫米波雷达防碰撞系统研发与应用	中国职业安全健康协会二等奖

表 7-4-11　2001—2018 年伊金霍洛旗煤炭行业科研项目获奖情况表

年份	获奖单位	科研项目	获奖等级
2011	鄂尔多斯市昊华精煤有限责任公司	煤矿软岩巷道加固与锚喷网优化设计的研究	中国煤炭工业协会科学技术二等奖
2012	鄂尔多斯市昊华精煤有限责任公司	极破碎围岩大断面硐室与顺槽优化设计及安全监控技术研究	中国石油和化工自动化应用协会科学技术二等奖
2013	鄂尔多斯市昊华精煤有限责任公司	高家梁煤矿软岩斜井锚喷网支护施工监测及数值模拟研究	中国石油和化工自动化应用协会科学技术三等奖
2013	鄂尔多斯市昊华精煤有限责任公司	鄂尔多斯南部浅埋采场覆岩破坏规律及裂隙导通性评价	中国煤炭工业协会科学技术二等奖
	国电建投内蒙古能源有限公司	国电建投内蒙古能源有限公司矿井及选煤厂工程	煤炭行业工程质量“太阳杯”奖
	国电建投内蒙古能源有限公司	国电建投内蒙古能源有限公司察哈素煤矿井下二期工程	煤炭行业工程质量“太阳杯”奖
2016	鄂尔多斯市昊华精煤有限责任公司	浅埋煤层群工作面覆岩破断结构演化规律及其压力调控技术	中国煤炭工业协会科学技术三等奖
2017	鄂尔多斯市昊华精煤有限责任公司	末煤脱粉入洗工艺技术研究与应用项目	中国煤炭工业协会科学技术三等奖
2017	国电建投内蒙古能源有限公司	大采高厚顶板侧向强矿压控制技术研究	中国煤炭工业科学技术三等奖
2018	内蒙古伊泰广联煤化有限责任公司红庆河煤矿	全矿井多网融合通信技术及装备	中国煤炭工业协会科学技术三等奖

表 7-4-12 2001—2018 年东胜区炭行业科研项目获奖情况表

年份	获奖单位	科研项目	获奖等级
2017	色连二矿	《主斜井皮带集控优化及改造》	2017 年度全国煤矿优秀“五小”成果二等奖 中国煤炭工业协会二等奖
2017	色连二矿	《综采工作面综合水处理技术应用》	2017 年度全国煤矿优秀“五小”成果二等奖 中国煤炭工业协会二等奖
2017	色连二矿	《新型树脂锚固剂安装器》	2017 年度全国煤矿优秀“五小”成果三等奖 中国煤炭工业协会三等奖
2017	色连二矿	选煤厂原煤仓下给煤机变频器公用的改造	2017 年度全国煤矿优秀“五小”成果三等奖 中国煤炭工业协会三等奖
2017	色连二矿	液压单体支柱连锁防倒装置	2017 年度全国煤矿优秀“五小”成果三等奖 中国煤炭工业协会三等奖
2017	内蒙古银宏能源开发有限公司	内蒙古高寒地区液压支架室外过冬防护技术	中国煤炭工业协会三等奖
2017	内蒙古银宏能源开发有限公司	泊江海子矿 113101 首采面刮板输送机机尾改造	中国煤炭工业协会二等奖
2017	内蒙古银宏能源开发有限公司	113101 首采面设备开关列车优化设计	中国煤炭工业协会二等奖
2018	色连二矿	矿级物资消耗管理系统的创新应用	2018 年度全国煤矿优秀“五小”成果二等奖 中国煤炭工业协会二等奖
2018	色连二矿	井下巷道钢管半自动装车装置	2018 年度全国煤矿优秀“五小”成果一等奖 中国煤炭工业协会一等奖
2018	色连二矿	变频调速电缆盘卷机的设计发明及应用	2018 年度全国煤矿优秀“五小”成果一等奖 中国煤炭工业协会一等奖
2018	色连二矿	工业以太环网在胶带机集控系统中的创新应用	2018 年度全国煤矿优秀“五小”成果一等奖 中国煤炭工业协会一等奖
2018	色连二矿	旁路注氮技术在易自燃煤层综采工作面的应用	2018 年度全国煤矿优秀“五小”成果一等奖 中国煤炭工业协会一等奖
2018	色连二矿	色连二矿选煤厂工艺优化改造实践与应用	2018 年度全国煤矿优秀“五小”成果一等奖 中国煤炭工业协会一等奖
2018	色连二矿	转载机落煤点液控燕尾设计与应用	2018 年度全国煤矿优秀“五小”成果二等奖 中国煤炭工业协会二等奖
2018	色连二矿	地表岩移观测数据处理程序开发	2018 年度全国煤矿优秀“五小”成果三等奖 中国煤炭工业协会三等奖

表 7-4-12（续）

年份	获奖单位	科研项目	获奖等级
2018	色连二矿	采煤机破碎机截齿防脱改进	2018 年度全国煤矿优秀“五小”成果三等奖 中国煤炭工业协会三等奖
2018	色连二矿	产煤机天线抗干扰改进	2018 年度全国煤矿优秀“五小”成果三等奖 中国煤炭工业协会三等奖
2018	色连二矿	易自燃煤层综采工作面收作期间铺风筒布整体封堵采空区技术应用	2018 年度全国煤矿优秀“五小”成果三等奖 中国煤炭工业协会三等奖
2018	内蒙古银宏能源开发有限公司	矿井基建期煤矸风井临时混合提升系统优化设计研究应用	中国煤炭工业协会三等奖
2018	内蒙古银宏能源开发有限公司	矿井除氟车间及锅炉房脱硫车间废液处理系统改造与综合利用	中国煤炭工业协会一等奖
2018	内蒙古银宏能源开发有限公司	单体搬运滑道的发明与应用	中国煤炭工业协会二等奖
2018	内蒙古银宏能源开发有限公司	主井箕斗提升防止过度装载技术创新	中国煤炭工业协会二等奖
2018	内蒙古银宏能源开发有限公司	上向疏水钻孔孔口套管固管工艺改革实践	中国煤炭工业协会二等奖
2018	内蒙古银宏能源开发有限公司	选煤厂磁选机底流调节方式改造	中国煤炭工业协会二等奖
2018	内蒙古银宏能源开发有限公司	井下主要运输皮带与主井提升集中远程监控改造与应用	中国煤炭工业协会三等奖
2018	内蒙古银宏能源开发有限公司	主井两台提升机开车闭锁功能设计	中国煤炭工业协会三等奖

表 7-4-13　2015—2018 年乌审旗煤炭行业科研项目获奖情况表

年份	获奖单位	科研项目	获奖等级
2015	乌审旗蒙大矿业有限责任公司	蒙陕矿区深部侏罗纪煤田沉积控水规律与水害防控技术体系研究	中国煤炭工业协会科技进步一等奖
2016	乌审旗蒙大矿业有限责任公司	纳林河二号矿井软岩层覆岩运动控制及采掘工艺研究	中国煤炭工业协会科技进步二等奖

表 7-4-13（续）

年份	获奖单位	科研项目	获奖等级
2016	中煤鄂尔多斯能源化工有限公司	固定床气化废水处理“零排放”工艺系统开发与应用	获二等奖
2017	中煤鄂尔多斯能源化工有限公司	固定床气化废水处理“零排放”工艺系统开发与应用	获二等奖
2017	中煤鄂尔多斯能源化工有限公司	净化液氮洗尾气送锅炉掺烧试验及应用	获三等奖
2017	中煤鄂尔多斯能源化工有限公司	碎煤加压液态排渣（BGL）气化炉长周期高负荷稳定运行攻关	获三等奖
2017	中煤鄂尔多斯能源化工有限公司	气化炉粉煤回收装置	获荣誉奖
2017	中煤鄂尔多斯能源化工有限公司	气化炉开车减少焦丁使用量	获荣誉奖
2018	巴彦高勒煤矿	垛式支架在大采高综采工作面超前支护中的应用研究	中国煤炭工业科学技术奖三等奖
2018	巴彦高勒煤矿	巴彦高勒煤矿高承压强富水含水层下采煤顶板水防控技术研究	中国煤炭工业科学技术奖三等奖
2018	鄂尔多斯市伊化矿业资源有限责任公司	现代煤矿井塔耦合振动控制及振动损伤研究	三等奖
2018	内蒙古博大实地化学有限公司	合成氨装置冷冻系统系列改造	荣誉奖
2018	内蒙古博大实地化学有限公司	空分装置增设水冷式表冷器技术改造	荣誉奖
2018	中煤鄂尔多斯能源化工有限公司	矿井水综合利用技术开发	获三等奖
2018	中煤鄂尔多斯能源化工有限公司	酚氨回收提质增效技术改造	获三等奖
2018	中煤鄂尔多斯能源化工有限公司	CO_2 压缩机轴瓦国产化改造研究	获三等奖
2018	中煤鄂尔多斯能源化工有限公司	中油替代锅炉点火用柴油	获荣誉奖
2018	中煤鄂尔多斯能源化工有限公司	供电系统快速无扰动电源替续控制单元改造	获荣誉奖

表 7-4-14　2018 年达拉特旗煤炭行业科研项目获奖情况表

年份	获奖单位	科研项目	获奖等级
2018	达拉特旗苏家沟煤炭有限责任公司	浅埋厚煤层综采工作面采空区自燃“三代”分布规律研究与应用	绿色矿山科学技术三等奖

表 7-4-15　2012—2018 年杭锦旗煤炭行业科研项目获奖情况表

年份	获奖单位	科研项目	获奖等级
2012	杭锦能源公司	神华杭锦能源公司塔然高勒煤矿食堂文体中心及灯房浴室联合建筑工程	中国煤炭行业优质工程
2015	杭锦能源公司	神华杭锦能源公司塔然高勒煤矿主、副井井塔建设工程	煤炭行业工程质量“太阳杯”奖
2016—2018	内蒙古伊泰化工有限责任公司	煤基合成精细化学品工程示范项目	2016—2018 年度内蒙古石油和化学工业协会科技进步一等奖
2016—2018	内蒙古伊泰化工有限责任公司	煤化工废水“零排放”工程示范	2016—2018 年度内蒙古石油和化学工业协会科技进步三等奖

表 7-4-16　2010—2018 年鄂托克前旗煤炭行业科研项目获奖情况表

年份	获奖单位	科研项目	获奖等级
2010	内蒙古上海庙矿业有限责任公司 山东科技大学 中煤西安设计工程公司	富水软岩冻结凿井安全监测技术研究应用与井壁结构优化研究	2010 山东省煤炭科学技术奖二等奖
2010	内蒙古上海庙矿业有限责任公司 山东科技大学	副井软岩凿井安全检测技术研究应用与井壁结构优化	山东省科技进步二等奖
2011	榆树井煤矿	采区变电所综合自动化网络系统的实践与应用	山东省煤炭企业管理现代化创新成果二等奖
2011	榆树井煤矿	于以太网的井下主排水集中控制系统的设计和应用	第二十五届山东省企业管理现代化创新及优秀应用成果一等奖
2012	内蒙古上海庙矿业有限责任公司 中国矿业大学	西部煤矿侏罗纪弱胶结极软岩复杂地层硐室与巷道支护关键技术	中国煤炭工业协会二等奖
2012	内蒙古福城矿业有限公司	主井皮带升级改造及综合自动化控制研究	山东省煤炭系统职工创新成果奖一等奖
2013	内蒙古上海庙矿业有限责任公司 中国矿业大学	井筒毗邻泥化富水软岩大断面硐室变形破坏机理及其修复技术研究	中国煤炭工业协会二等奖

表 7-4-16（续）

年份	获奖单位	科研项目	获奖等级
2013	内蒙古福城矿业有限公司	急倾斜大采高综采成套技术研究与应用	内蒙古自治区科学技术奖三等奖
2013	内蒙古福城矿业有限公司	+850 水平单轨吊系统网络化研究	内蒙古自治区职工技术创新成果奖二等奖
2014	内蒙古福城矿业有限公司	急倾斜大采高综采成套技术研究与应用	中国煤炭工业科学技术奖三等奖
2014	内蒙古福城矿业有限公司	急倾斜大采高综采成套技术研究与应用	山东省企业技术创新奖三等奖
2014	内蒙古福城矿业有限公司	强烈采动影响下厚煤层采面区段平巷布置和支护技术研究	山东省企业技术创新奖二等奖
2015	内蒙古福城矿业有限公司	强烈采动影响下厚煤层采面区段平巷布置和支护技术研究	中国煤炭工业科学技术奖三等奖
2015	内蒙古福城矿业有限公司	矿井水综合利用及矿区生态修复技术研究与实施	山东省企业技术创新奖二等奖
2015	内蒙古上海庙矿业有限责任公司 中国科技大学	富水弱胶结膨胀软岩巷道围岩控制及支护成套技术研究与应用	中国煤炭工业协会三等奖
2018	内蒙古福城矿业有限公司	虹膜考勤批量修改工具	全国煤矿优秀“五小”成果奖三等奖
2018	内蒙古福城矿业有限公司	继电器故障速查装置	全国煤矿优秀“五小”成果奖三等奖
2018	内蒙古福城矿业有限公司	溜槽缓冲设计	全国煤矿优秀“五小”成果奖三等奖
2018	内蒙古福城矿业有限公司	人力资源综合查询平台	全国煤矿优秀“五小”成果奖二等奖
2018	内蒙古福城矿业有限公司	一种新型皮带机尾自移装置	全国煤矿优秀“五小”成果奖三等奖
2018	内蒙古福城矿业有限公司	干旱荒漠化地区矿井水综合利用与矿区生态修复技术研究与实施	绿色矿山科学技术奖三等奖

表 7-4-17 2017 年鄂托克旗煤炭行业科研项目获奖情况表

获奖年份	获奖单位	科研项目	获奖等级
2017	内蒙古裕兴矿业有限公司	连采连充分步回采“三下”采煤技术研究	中国煤炭工业科学技术二等奖

第五章 信息化建设

第一节 管理机构

鄂尔多斯地区煤矿信息化建设始于20世纪80代末期。1988年，准格尔煤矿工业公司开展煤矿信息化建设，生产技术部是信息化建设的归口管理部门。

1989年，随着神东矿区建设的快速发展，华能精煤公司成立矿区通信处，负责矿区的通信工作。1992年成立矿区供电通信处，开始进行矿区数字通信网二期的规划、设计和建设。1998年，神府、东胜两公司合并成立神东煤炭公司，供电通信处对神府、东胜两矿区原有的通信网络进行统一整合，集中管理。2001年9月，神东煤炭公司成立信息中心，负责专用通信网、计算机综合信息的运行管理。

2001年后，鄂尔多斯煤炭工业开始大规模发展，以神东煤炭集团、准格尔能源集团为龙头，伊泰集团、鄂尔多斯投资集团、满世集团、伊东资源集团等20多家大型民营煤炭企业，相继形成规模，外省的部分大型国有企业相继来蒙建矿，煤矿信息化建设已成为煤炭革命的紧迫要求，同时成为企业竞争的重要阵地。从此，各企业分别设置信息化管理机构和运维机构，成立信息管理部和信息中心，负责本企业煤矿信息化管理和运维工作，并明确了工作职责。

管理机构职责：负责拟定本企业的信息化发展规划和年度滚动计划，组织信息化系统管理标准和规章制度的制定、补充、修改并组织实施及考核；负责网络基础框架的设计和升级；负责本企业现行的ERP管理系统的协调开发，实施，培训及运行管理；负责内、外网站的设计、建设、发布及推广；负责控制信息设备预算，组织企业相关IT设备、电脑、打印机、耗材等选型、预算、采购、维护、验收、发放、报废、调配和资料登记归档；负责制定企业计算机开发应用计划，有步骤地组织计算机应用软件开发引进，逐步实现企业管理信息化、现代化；负责企业信息系统、ERP系统相关软件、硬件的维护和升级等日常工作；负责网络建设及信息安全的管理、软硬件资产管理、行为管理、网络访问管理、安全漏洞管理、补丁管理和对各类网络违规行为的审计；负责企业外部信息的收集、汇总、分析研究，为企业决策提供参考，协助宣传部门相关信息采集、发布、编辑等工作；负责企业信息系统安全应急预案制定和实施，组织信息化系统的培训工作和企业信息系统软硬件设施相关档案管理。

运维机构职责：各企业的信息中心是信息化专业队伍，承担信息化服务职能，主要负责信息系统自主研发、应用系统、计算机网络、通信专用的专业化维护，井下信息与通信系统的专业化服务等。具体职责是：负责信息化规划的实施；负责信息化建设、管理、培训和技术交流工作；负责计算机软硬件设施、网络设备的购置审核、调配和报废鉴定工作；负责对重大计算机网络软硬件事故调查处理；负责定期组织各单位计算机管理员培训或研讨，促进技术交流，提高业务能力和管理水平；负责信息网络管理，维护局域网内高端网络设备、二级单位网络设备、主干传输光缆以及各应用系统的服务器。

截至2018年，鄂尔多斯地区的煤炭企业经过30年的努力，以有效支撑信息化各项工作为目标，积极探索信息化人员队伍建设模式，坚持“吸引人才、留住骨干、保持稳定”的策略，以专职人员为主、兼职人员为辅，构建了一支技术过硬、专兼结合的信息化建设队伍，保证了煤矿信息化建设的有效推进。

第二节 网络与平台建设

一、人工转接模拟通信网络建设

20世纪80代，神府东胜煤田和准格尔煤田开发建设初期，因为矿区地理位置偏僻，交通不便，信息闭塞落后，当时陕蒙两地邮电无法提供矿区开发所需的通信业务，矿区的通信设施只能由企业自行投资建设。矿区最早的通信总机是人工转接，长途电话职能靠话务员人工转接，有时一个长途电话要等一个小时甚至更长的时间才能接通。当时华能精煤公司和准格尔煤炭公司总共不足100部电话，通信极不方便。1991年，通信交换由人工转接、纵横制式逐渐转换到数字程控制式，但由于当时矿区通信传输还是载波线路，刮大风时，通话线受风害影响，拨打电话经常发生通话中断。

1992—1993年，华能精煤公司、准格尔煤炭公司先后进行矿区数字通信网工期规划、设计和建设，于1996年底建成并开通运行。

二、数字矿区计算机网络建设

1998年，神府、东胜两公司整合成立神东煤炭公司，神东煤炭公司供电通信处对神府、东胜矿区通信网络进行统一整合，集中管理，形成了以大柳塔为中心，南起神木县城，北至东胜的大型通信网络，南北通信距离长达160千米，为神东专网成为神华集团的通信信息汇接中心奠定了基础。在此期间，准格尔煤炭公司将通信总站划归通信公司，与露天煤矿通信站合并成立电讯公司中心区通信总站，通信设施不断增容，通信用户容量由过去的2000门增加至6800门。

在不断完善通信网络建设的基础上，神东、准格尔两公司加强计算机网络建设。2000年，神东煤炭公司建立了10MIS系统，完成了公司工资管理、人事管理、干部管理、档案管理、培训管理、职称管理、公司管理、统计管理等系统建设，实现了管理信息化的“神东模式”。2002年，准格尔能源公司劳动人事管理、货票管理、生产调度日报、办公室自动化管理、档案管理、物资管理、经营管理、职工医院管理、电话费查询、财务管理、公司网站、无纸化办公、医疗保险费管理、住房公积金管理、铁路运输管理15个系统上线运行。

2002年，神东专网实现第二次数字化改造，网络、交换、传输和电源等设备基本实现国产化，安装了华为等国内大型通信厂商的设备，神东专网成为神华集团的通信信息网络汇接中心。

2003年，神东煤炭公司提出了建设“数字矿区”的目标；2004年，确立了建设“六型矿区”，打造“数字型”企业的愿景；2005年，提出了进行“IT战略规划”项目的实施；2006年，制定了神东信息化建设规划。

三、数字矿山信息化系统集成

2006年，神东煤炭公司信息中心开始为所属九大矿十井井下小灵通系统、车辆人员定位系统和矿井调度电话系统提供专业化服务工作。

2007年，神东矿区信息化的快速发展，带动了鄂尔多斯地方大型民营企业。伊泰集团公司提出了三年内煤矿安全监测监控达到国内先进水平，其他煤炭企业集团也把煤矿信息化建设作为提高企业核心竞争力的主战场抓紧抓实。各煤炭企业坚持“总体规划、分步实施、重点突破、量力而行、小步快频、持续改进”的原则，采取“试点先行、逐步推进和优化”的策略，对部分大型矿井建成了综合自动化系统。

2008年，神东煤炭公司通信专网已建成了以大柳塔为中心，南起神木县锦界镇，北至鄂尔多斯市，东起山西省保德县孙家沟的大型通信信息环形网络，沿线设立14个通信站，铺设光缆线路805千米，形成了以光纤传输为主的现代化数字通信信息网。同5月，伊泰集团酸刺沟煤矿建成了综合自动化系统。

2009年开始，鄂尔多斯各大煤炭企业集团对所属的大型煤矿建设综合自动化系统进行调研，按照“以点带面，分步实施”的原则，陆续建设了矿井综合自动化系统和煤矿安全管理系统，并实现了功能的有效应用。

矿井综合自动化系统：系统组态画面将提供清晰、人性化的人机界面，形象地反映皮带运输系统、综采工作面、主要通风机、中央水泵房工艺流程的实时数据，以及供电系统电量参数和系统运行状态。生成系统工艺流程图，完成报警、数据存储、显示和查询、历史曲线，打印生产报表。在地面中央控制室对皮带运输系统实现远程控制。

视频监控系统：视频监控系统利用光纤作为传输介质，将井下、井上的主要生产环节、重要设备及关键场所的实时图像传送到煤矿调度指挥中心和矿领导办公室，使调度指挥人员和矿领导能够直观、快捷地了解生产一线情况，掌握井上、井下重要设备的实时工况，提高科学调度指挥和管理的现代化水平。

井下小灵通调度系统：选用PHS制式煤矿专用综合移动通信系统，系统集成了话务、调度等多种附加功能和增值业务，具有低辐射、部署快捷、升级扩容方便、终端应用成熟等特点，且组网灵活、兼容性强。便于各级煤矿生产管理人员、电机车司机、皮带维护工以及其他流动人员与指挥调度中心之间的相互联系，便于井上和井下、井下人员之间实时便捷通信，提高了安全管理水平，也为井下人员自救提供了条件。此外，还通过调度系统、工单管理系统相互配合，对煤矿井下人员、设备进行监测，控制和跟踪管理，保证抢险救灾、安全救护的高效运作，为生产统计管理等方面提供有效的信息。

井下人员定位系统：通过实时动态工况视频图，能够及时查询全矿井下人员总数、井下不同区域的人员分布及人员的基本信息，并在采掘图形中，查询不同区域的人员分布情况、区域人员详细信息；此外，还可查询人员下井累计时间、人员轨迹及人员轨迹三维动画。

煤矿安全监测系统：煤矿安全监测系统以煤矿采掘平面图为基础，实时显示各安装地点需监测的甲烷、风速、压差、一氧化碳、温度等模拟量及馈电状态、设备开停、风筒开关、烟雾等开关量状态，并按照设置要求实现气体浓度超限声光报警和断电/复电控制，并自动统计生成报警测点信息统计报表、曲线、柱状图、模拟图等功能，为煤矿安全生产保驾护航。

设备自动化监测监控集成功能：对井上、井下主要生产环节的各种生产参数和重要设备的运行状态参数，如煤仓煤位、水仓水位、供电电压、供电电流、功率等模拟量，以及水泵、提升机、主要通风机、局部通风机、带式输送机、采煤机、开关、磁力起动器运行状态和参数等进行在线监测，实现数据异常报警及历史数据查询。

煤层自燃监测（束管气体检测）系统：系统可实时处理数据、自动生成提示报告和数据报表，在安全生产工况图中实时显示束管检测地点关键数据及曲线查询，以及束管监测和人工采样检测各种气体含量的曲线查询和历史数据查询，实现煤层自燃监测数据采集、联网与信息共享。

四、智慧矿山大数据应用时代

2016 年，鄂尔多斯煤炭领域以神东煤炭集团为示范，启动了数据标准化建设，开展了国家矿井安全生产监管物联网工程应用示范项目。

2017 年，神东煤炭集团启动建设 ERP 设备管理模块，启动实施上湾煤矿 8.8 米大采高智能工作面项目。按照实施方案，上湾煤矿在 12306 综采工作面开展成套设备的智能控制平台、设备故障预警及专家决策平台、巡检机器人、设备速度适应控制技术、设备集中自动注油技术、自移机尾自动化等课题研究实践，探索出设备集中控制和预警、专家决策、煤岩识别、安全供电、矿压监测等多种智能化管理，全面提升矿井现代化建设水平。

2018 年，神东“智能矿山”建设全面推进，建成了上湾煤矿 8.8 米“智能”超大采高综采工作面，上湾“智能化”选煤厂。开展了补选塔煤矿、上湾煤矿“智慧矿山”建设，和布尔台煤矿“智能”变电站建设，矿井 5G 全“智能”技术研究。“智能矿山”建设成果获国家科技进步奖 1 项、中国煤炭工业协会奖 1 项、国家能源集团奖 3 项。

截至 2018 年底，鄂尔多斯煤炭企业均已建设完成了矿井综合自动化系统、煤矿安全生产管理系统和办公自动化系统。井工煤矿包括视频监控系统、井下小灵通调度系统、井下人员定位系统、井下车辆定位系统、煤矿安全监测系统、自动化监测监控设备集成、煤层自燃监测（束管气体监测）系统等。露天煤矿包括车辆调度系统、卡车轮胎在线监测、钻机孔深自动监测、炸药混装车监控系统、采煤挖煤机高度精准定位、露天煤矿燃油监控系统、供配电监控系统等。

五、鄂尔多斯数字煤炭综合平台建设

2010 年，鄂尔多斯市煤炭局为全面推进煤炭行业工业化、信息化深度融合，以数字化集成、自动化运行、可视化操作、智能化管理为主线，全面提升煤炭行业管理水平，启动建设覆盖全市、旗（区）煤矿的“标准统一、流程规范、信息共享、功能完善、服务全面、技术先进、安全可靠”的鄂尔多斯数字煤炭综合平台，2011 年建成上线运行，2016 年进行了升级改造。鄂尔多斯数字煤炭综合平台有效集成了 GIS、煤矿管理、产销管理、安全管理、应急管理等功能，构建了覆盖市、旗区、矿端三级联网，市局平台统一管理和数据集中存储，旗区煤炭局分层监管，煤炭企业终端应用的煤炭行业信息化体系。

鄂尔多斯数字煤炭综合平台主要有煤矿管理、安全管理、产销管理、综合监管等功能。

第八篇
煤炭转化

鄂尔多斯地区的煤炭转化起始于20世纪80年代。鄂托克旗棋盘井一带逐步建立起了一些土焦厂，因设备简陋和技术落后，不但产量低质量差，而且造成了严重的环境污染，直到1995年，土焦窑全部被取缔，只保留了部分符合生产条件的焦化厂。

20世纪90年代末，随着经济社会的快速发展，中国油气资源不足与需求增长之间的矛盾日益突出，针对我国富煤、贫油、少气的能源特点，充分发挥丰富的煤炭资源优势，发展现代煤化工技术，实施清洁能源替代战略，减少对国外石油的过度依赖，是保障国家能源安全的必然选择，也是煤炭产业转型升级、企业创新发展的重要举措。鄂尔多斯作为全国最大的煤炭生产基地，市委、市政府发挥煤炭资源优势，从保障国家能源安全出发，瞄准世界前沿，通过打通“煤—电—化—热”一体化多联产的路径，提高产品附加值，形成新的竞争优势，为解决国家石油供应短缺开辟一条新路。

通过十几年的实践，鄂尔多斯市在技术进步、市场需求、能源安全战略、产业链延伸、区域经济发展等方面构建了煤基新型能源系统，逐步形成了包括煤制油、煤制天然气、煤制烯烃、煤制乙二醇、煤制醇醚在内的五大煤转化产业技术体系。煤炭清洁高效转化实现了四大转变：促进煤炭由主要作为燃料、原料并重转变；促进煤炭由能源主体向与新能源、可再生能源协同发展转变；促进煤炭由高碳粗放型开发利用向近零排放目标的清洁高效利用转变；促进煤基能源生产消费向智能化方向转变。

2018年，受燃料及原材料价格下降、市场需求等因素拉动，鄂尔多斯市煤化工企业产能逐步释放，煤化工经济质量和效益同步提升。全市规模以上工业企业中煤制油、煤制气、煤制甲醇、煤制乙二醇、煤制烯烃、煤制尿素等现代煤化工企业共计28户，占规模工业企业总数的7%。煤化工行业实现产值526.3亿元，占规模工业企业产值15.2%，同比增值3.2%，产值同比增长43.6%，拉动全市规模工业企业产值增长5.2%，贡献率达38.2%，成为工业经济增长的重要驱动力。主要产品产量增长稳定。煤制油102.8万吨，同比增长0.7%；煤制气4.8亿立方米，同比增长17.3%；煤制精甲醇685.1万吨，同比增长16.5%；煤制乙二醇29.8万吨，同比增长50.1%；煤制尿素293.6万吨，同比下降22.5%；聚丙烯树脂102.5万吨，同比增长116.1%；聚乙烯树脂96.3万吨，同比增长92.6%。鄂尔多斯全市28户煤化工企业实现销售产值929.8亿元，同比增长41.9%，产销率高达176.6%；实现主营业务收入559.4亿元，同比增长48.1%，高于全市规模工业企业主营业务收入增幅37.9%；实现利润65.9亿元，同比增长41.9%，高于全市规模工业企业利润增幅151.6%。随着煤化工企业生产能力的加快释放，有效刺激了原煤需求，提高了煤炭附加值。2018年，鄂尔多斯全市原煤就地转化率为22%，同比提高4.3%，其中，煤化工行业煤炭消费量占规模工业企业煤炭消费量的37%。28户煤化工企业综合能源消费量为4504万吨标准煤，同比增长100.4%。燃煤电厂总装机容量1963.6万千瓦，发电量988.4亿千瓦时，煤炭消耗量4566万吨。

第一章 燃 煤 发 电

第一节 公 用 电 厂

20 世纪 80 年代末，随着国家能源战略重点西移，鄂尔多斯地区煤炭产量逐年大幅提高，但煤炭市场供大于求和交通条件受限已成为煤炭外销的双重瓶颈。内蒙古自治区人民政府为了将资源优势转变为经济优势，提出了“煤从空中走，电送北京城”，变单纯外向输煤为输煤与输电并举发展的战略，中共伊克昭盟盟委、行政公署同时提出了“开发煤田，以煤促电，煤电并举”的发展思路，按照“点、线、面”相结合的发展布局，决定在矿区、铁路沿线建设一批高参数、大容量燃煤电厂和以劣质末煤、矸石为燃料的坑口发电厂，吸收消化煤炭产能。

一、达拉特电厂

达拉特电厂位于鄂尔多斯市达拉特旗树林召镇达拉营盘，由内蒙古自治区和国家能源投资公司共同投资建设。1990 年 12 月，国家计委批复了《达拉特电厂一期工程建议书》，批准建设规模为 120 万千瓦，分两期完成，一期为 2×30 万千瓦。1991 年 1 月，国家能源部批准达拉特发电厂的最终装机容量确定为 500 万千瓦，是当时亚洲规模最大的火力发电厂，同时将达拉特电厂项目列为国家“八五”计划重点工程之一。1992 年 5 月 28 日和 12 月 8 日，国家计委批准一、二期工程开工。1995 年 11 月 15 日，一期工程 1 号机组投产发电。1996 年 11 月 30 日，一期工程 2 号机组投产发电。二期 2 台 33 万千瓦机组分别于 1998 年 6 月和 1999 年 2 月投产发电。2002 年 7 月三期工程开工建设，2 台 33 万千瓦机组分别于 2004 年 8 月和 10 月投产发电。在一、二、三期的基础上，达拉特电厂进行扩建四期工程，规划装机容量为 4×60 万千瓦，总投资 95 亿元，首期 2×60 万千瓦机组项目总投资 51 亿元，于 2004 年 4 月 28 日开工建设。达拉特电厂四期工程是国家“西电东送”的重点项目，是内蒙古自治区加快实施能源战略、建设内蒙古电力能源基地的重点工程。2007 年 6 月 16 日，四期工程首期 2×60 万千瓦机组顺利通过 168 小时试运行，正式投入商业运行。至此，达拉特电厂总装机容量达到了 318 万千瓦。

二、国华电厂

国华电厂位于鄂尔多斯市准格尔旗薛家湾镇，由神华内蒙古国华准格尔发电有限责任公司负责建设经营。

国华电厂项目二期 2×33 万千瓦火电机组的于 2000 年 5 月 9 日正式开工建设，双机分别于 2002 年 4 月 25 日和 9 月 21 日投产，创造了工期短、质量优、造价低的优异成绩。机组就地燃用准格尔露天煤矿劣质末煤和洗中煤。

国华电厂三期 2×33 万千瓦火电机组扩建工程于 2006 年 2 月 7 日正式获得国家发改委核准，同年 3 月 27 日开工建设。双机分别于 2007 年 9 月 26 日和 9 月 30 日顺利通过了 168 小时试运行，并实现脱硫系统同步投运，工程建设工期仅为18个月。三期扩建工程3号机组投产后，连续安全、稳定运行379天，创造了中国企业新纪录。

截至2018年，国华电厂的总装机容量达到132万千瓦。

三、准大发电厂

准大发电厂位于鄂尔多斯市准格尔旗薛家湾镇大饭铺村，由内蒙古能源发电投资集团有限公司旗下的内蒙古能源准大发电有限公司负责建设经营。

准大发电厂是内蒙古自治区厂网分开后第一个建设的电源点，为典型的坑口电站，属于煤电一体化项目，设计总装机容量4×33万千瓦，一期工程2×33万千瓦于2007年2月全部建成投产。机组采用空冷、脱硫、布袋除尘、DCS、等离子点火等先进技术，完全符合国家产业政策和电力工业结构调整的方向，对于自治区实施“煤电转换”战略和加快能源基地建设起到了示范作用。

四、不连沟矸石热电厂

不连沟矸石热电厂位于鄂尔多斯市准格尔旗大路工业园区，由华电煤业投资建设，内蒙古蒙泰不连沟煤业有限责任公司经营管理。

工程规划装机容量4×30万千瓦发电机组，分两期建设。一期工程建设2×30万千瓦直接冷空抽气供热汽轮发电机组，配亚临界、自然循环的循环液化床锅炉。工程于2011年9月开工建设，2016年1月两台机组全部建成投产。

五、魏家峁电厂

魏家峁电厂位于鄂尔多斯市准格尔旗龙口镇境内，业主为华能集团旗下的北方魏家峁煤电有限责任公司。

魏家峁电厂是华能北方联合电力公司首家煤电一体化项目，一期工程为2×66万千瓦国产超临界燃煤发电机组。机组采用间接空冷方式，水源取自黄河万家寨水库，配套年产600万吨露天矿，燃煤采用输煤皮带由煤矿直接输入电厂，项目于2016年12月全部建成投产。电厂采用高效静电除尘、脱硫、脱硝和在线烟气连续监测装置，汽轮机采用新型C193三缸两排汽型式，低压缸采用1050毫米末级叶片，热耗率低至7897千焦/千瓦时，锅炉效率提高至94%，厂用电率降至3.37%，供电煤耗降至299.65克/千瓦时。粉尘、二氧化硫、氮氧化物排放浓度分别降至9.8毫克/立方米、34毫克/立方米、48毫克/立方米，均达到超低排放标准。工程投产后，可满足蒙西至天津南特高压输变电项目的电力需求。

六、准能矸石电厂

准能矸石电厂位于鄂尔多斯市准格尔旗薛家湾，由神华准格尔能源集团有限责任公司建设经营。分为两期建设。一期工程装机容量2×10万千瓦，采用双缸冲动冷凝式汽轮机，三相交流两级同步双水内冷发电机，配套2台410吨/小时锅炉，1991年5月开工建设，1993年8月2台机组全面投产。

二期工程装机容量2×33万千瓦，2008年6月20日经国家发改委批准，总投资28.03亿元。同年6月开工建设，2010年建成投产。采用国产亚临界空冷煤矸石发电机组，配套2台1062吨/小时循环流化床锅炉及辅助设施，建设完备的全厂辅助车间集中控制系统，将水网控制系统、煤电控制系统、灰网控制系统组成一个控制网络，并在主厂房集中控制室内设置全能值班操作员站，实现全厂辅助车间的集中控制。截至2018年，准能矸石电厂总装机容量达到86万千瓦。

七、京泰发电厂

京泰发电厂（原酸刺沟低热质煤电厂）位于鄂尔多斯市准格尔旗薛家湾镇酸刺沟矿区，毗邻年产原煤1200万吨的酸刺沟煤矿，由北京京能热电有限公司、内蒙古伊泰股份有限公司、山西粤电能源有限责任分别以51%、29%、20%的比例合资组建的内蒙古京泰发电有限责任公司建设经营。

京泰发电厂（酸刺沟电厂）2×3万千瓦机组工程系煤电联营、坑口电站、循环经济型项目，2008年6月10日获国家发改委核准，7月15日开工建设，2010年2月建成投产。

八、神华亿利电厂

神华亿利电厂位于鄂尔多斯市达拉特旗树林召镇亿利化工园区，由原神华神东电力有限责任公司与内蒙古亿利能源股份有限公司按51%、49%的股比共同出资组建的神华亿利能源有限责任公司建设经营。

神华亿利电厂发电装机容量为4×20万千瓦，项目于2004年1月国家发改委委托内蒙古自治区发改委批准，2006年5月24日开始主体施工，4台机组分别于2007年12月，2008年2月、4月和8月投产，建设总工期26个月，配套建设的铁路专用线2006年建成。电厂采用国内首台20万千瓦等级无外置床的循环流化床锅炉，是一个新型循环利用项目，采用完全空冷技术，年耗水量60万立方米，远低于同容量的湿冷机组。采用炉内脱硫和低氮烧技术，二氧化硫和氮氧化合物排放浓度符合最新国家标准，对保护和改善当地生态环境产生积极的影响，是洁净能源技术应用的典范。该项目将煤炭、发电、化工、粉煤灰综合利用等产业有机结合起来，形成完整的产业链，具有产品附加值高、抗风险能力强、社会综合效益好等特点，是发展循环经济的典范。

九、蒙南电厂

蒙南电厂位于鄂尔多斯市伊金霍洛旗纳林陶亥镇境内，由内蒙古汇能集团蒙南发电有限公司建设经营。

蒙南电厂2×6万千瓦机组项目于2004年经内蒙古自治区发改委核准，2004年开工建设。电厂地处神府东胜煤田精煤区腹地，距最近的煤矿不足500米，属典型的坑口电厂。电厂燃料充分利用当地矿区产出的上层煤、煤矸石、劣质煤和煤泥，减少了煤炭资源浪费，缓解了地方环境污染和土地侵占。2009年，将电厂锅炉改造为煤与煤气燃烧的锅炉，并将园区内年产60万吨干馏煤项目产生的低热值干馏煤尾气全部接入燃烧发电，实现资源综合利用。

蒙南电厂40%以上的燃料为脱硫、除尘后的低热值干馏煤尾气，配备了高效烟气脱硫、脱硝系统，二氧化硫、氮氧化合物排放浓度均优于《火电厂大气污染物排放标准》。

十、布连电厂

布连电厂位于鄂尔多斯市伊金霍洛旗乌兰木伦镇布连乡，由中国国电集团公司、河北省建设投资公司各占50%比例共同出资组建的国电建设内蒙古能源有限公司负责建设经营。

布连电厂一期工程为2×66万千瓦超超临界空冷燃煤发电机组，2012年建成投产。锅炉采用北京巴威公司生产的超超临界直流、单炉膛、一次再热、全封闭、固态排渣、前后墙对冲燃烧方式，过滤器出口压力28兆帕，过滤器/再热器出口温度为605 ℃/603 ℃，锅炉采用烟台龙源公司生产的等离子点火系统。汽轮机采用上海电气集团股份有限公司生产的单轴、三缸两排气、中低压缸双流、中间再热式超超临界空冷汽轮机，主蒸汽机压力27兆帕，主汽/再热热段蒸汽温度600 ℃/600 ℃，设计背压12兆帕，夏季满发背压力为30千帕。发电机采用上海电气集团股份有限公司生产的全封闭、自通风、水-氢-氢冷却方式的发电机。主要辅机以国产化为主，冷水主泵、高压房路系统分别选用了英国和德国进口产品。电厂化学水系统、锅炉补给水处理系统、凝结水精处理系统、热力系统水汽监督、工业废水处理系统、生活水及生活污水处理系统、制氢系统的设备全部实现了国产化。

十一、上湾热电厂（三期）

上湾热电厂位于鄂尔多斯市伊金霍洛旗乌兰木伦镇，地处神东矿区腹地，是神华国能（神东电力）集团公司的二级单位，主要利用矿区大量废弃的煤矸石、煤泥和井下疏干水，属于资源综合利用型和环保型热电联产企业。

上湾热电厂主要经营发电、供暖业务。电厂分三期建设，2×1.2万千瓦抽汽凝汽式湿冷机组。随着国民经济建设发展和神东矿区煤炭产能的高度释放，供热面积和低热值煤产量随之增加，原有热电厂产能已无法满足需要。同时，为了落实国家“上大压小”的产业政策，上湾电厂一、二期先后关停。

上湾热电厂三期工程于2008年4月开工建设，2009年底建成投产，规模为2×520吨/小时循环流化床锅炉配置2×15万千瓦抽凝式汽轮机组，实现供热面积约200万平方米。投产运行后，两台机组相继连续运行351天、377天、381天和352天，创造了国内燃用劣质煤循环流化床机组的新纪录，两台机组指标国内领先。

十二、蒙西发电厂

蒙西发电厂位于鄂尔多斯市蒙西高新技术工业园区，由北方联合电力有限责任公司负责建设经营。

蒙西发电厂建设规模为2×30万千瓦亚临界空冷燃煤发电机组，同步建设除尘、脱硫装置、配套建设脱硫脱硝改造设施。北方联合电力有限责任公司为缓解“十一五”期间内蒙古自治区电力供应紧张局面，2004年蒙西发电厂在未得到国家核准的情况下开工建设，2007年12月建成投产并纳入国家电力工业正常生产统计。国家发改委于2008年8月18日下发了《关于2007—2010年煤矸石综合利用电厂项目建设有关事项的通知》，同意蒙西发电机组列入建设计划。2004年，内蒙古自治区发改委向国家能源局上报了《关于申请补办内蒙古自治区已建成投产电站项目核准和电力业务许可证的请示》。按照《国家能源局关于内蒙古自治区2015年度火电规划建设的指导意见》有关解决遗留问题的要求，该项目取得了支持性文件，内蒙古自治区发改委同意核准蒙西发电厂矸石综合利用机组工程项目。

蒙西发电厂2×30万千瓦机组采用直接空冷技术，年补水量约为194万立方米，生产用水为蒙西镇污水处理厂再生水，年需燃煤量268万吨，主要燃用鄂托克旗和乌海市洗煤厂产生的煤、矸石和中煤，经公路运输进厂。电厂所排灰渣全部综合利用。

十三、东胜热电厂

东胜热电厂位于鄂尔多斯市东胜区富

兴北路，由国电内蒙古东胜热电厂有限公司建设经营。

东胜热电厂规划建设规模为4×30万千瓦空冷供热机组，一期工程2×33万千瓦空冷供热机组，分别于2008年1月24日、6月28日双投产发电。

工程采用了当时国内先进技术，使用无燃油等离子点火系统，成为当时全球首家无燃油火电厂。机组采用直接冷空技术，补水采用城市中水，年节约生产用水约100万吨，较水冷机组节约用水70%。提高机组综合效率，同步设置电除尘器，全烟气脱硫，综合脱硫效率年达95%以上，有效减少了二氧化硫排放。

十四、蒙泰热电厂联产项目

蒙泰热电厂联产项目位于鄂尔多斯市东胜区民族街，由内蒙古蒙泰集团热电厂有限公司负责建设经营。

蒙泰热电厂联产项目装机容量为4×2.5万千瓦，分两期建设。一期2×2.5万千瓦抽凝汽轮发电机组3×130吨循环流化床锅炉项目于2006年6月建成投产，二期2×2.5万千瓦背压汽轮发电机组3×130吨循环流化床锅炉项目于2009年10月投产运行。

该项目集发电、供热、污水利用于一体，充分利用东胜周边地区的劣质煤、煤矸石及中水回用发电，年发电量约6亿千瓦时，其中5亿千瓦时进入蒙西电网商业运营。利用发电余热对城区集中供暖，实现供暖面积800万平方米。利用粉煤灰作为水泥生产原料就地消化，电厂所产生的废气、废水、废渣全部回收利用，基本达到零排放。

蒙泰热电厂联产项目配套设备为转型循环流化床锅炉，具有氮氧化物排放低、可实现在燃烧过程中直接脱硫、燃料适应性广、燃烧效率高、排放的灰渣易于综合利用、负荷调节范围大等优势，每年可消化大量低热值劣质煤、煤矸石和煤流等，为当前煤炭清洁燃烧的首选炉型。

十五、蒙泰热电联产（二期）

蒙泰热电厂联产项目二期位于鄂尔多斯市东胜区北部宋家渠，由内蒙古蒙泰煤电集团有限公司建设经营。

蒙泰热电联产二期工程采用2×33万千瓦亚临界单抽直接空冷供热汽轮机发电机组，配套两台循环流化床锅炉，以煤矸石、煤泥为主要燃料，所用原料由范家村选煤厂和满来梁选煤厂提供，大部分通过皮带输送运到电厂。烟气采用脱硫脱硝工艺，符合环保排放要求。项目于2014年4月开工建设，2015年4月投产运行。

十六、康巴什热电厂

康巴什热电厂位于鄂尔多斯市康巴什城区，由鄂尔多斯市康巴什热电有限公司经营管理，控股股东为北京能源投资集团有限公司。康巴什热电厂建设规模为2×35万千瓦热电厂+500万吨/年煤矿。一期工程2×35万千瓦超临界供热机组采用间接空冷、电袋式除尘、石灰石-石膏湿法脱硫、SCR脱销、全封闭煤场、辅网集中控制等技术，具有煤源、水源近距离供给条件，符合城市热电联产和国家节能减排等产业政策，是康巴什最大的基础设施工程，承担着城区供热任务。

该项目于2011年4月开工建设，2014年1月投产发电，当年完成30亿千瓦时的发电量，实现了“即投、即稳、即盈”目标。

十七、杭锦旗矸石电厂

杭锦旗矸石电厂位于鄂尔多斯市杭锦

旗塔然高勒镇塔沟，由内蒙古能源集团杭锦发电有限公司经营。

2006 年 10 月，内蒙古能源集团与鄂尔多斯市杭锦旗人民政府就塔然高勒煤电一体化项目实施、前期工作、享受国家优惠政策及协议生效条件等方面达成合作意向，其后经双方协商，内蒙古能源集团按 60%，杭锦旗人民政府按 40% 的股份共同投资建设杭锦旗矸石电厂项目。

2008 年 10 月 7 日，国家发改委以发改能源〔2008〕2611 号文件核准并批复杭锦矸石电厂 2×33 万千瓦机组工程，项目总投资 28.97 亿元。2010 年 8 月，项目全面开工建设，2016 年 12 月 2 日两台机组全部实现成功并网，进入 168 小时满负荷试运行。

截至 2018 年，鄂尔多斯市范围内先后建成投产 21 个公用燃煤电厂，总装机容量 1475 万千瓦。其中，准格尔旗 7 个，总装机容量 548.4 万千瓦；伊金霍洛旗 5 个，总装机容量 177.6 万千瓦；东胜区 3 个，总装机容量 142 万千瓦；达拉特旗 3 个，总装机容量 411 万千瓦；杭锦旗 1 个，装机容量 66 万千瓦；鄂托克旗 1 个，装机容量 60 万千瓦；康巴什区 1 个，装机容量 70 万千瓦。

第二节 自 备 电 厂

2001 年后，鄂尔多斯市煤电企业根据自身实际和市场需求，科学规划建设自备电厂，在为工业企业生产运营提供动力供应、降低企业生产成本的同时，兼顾周边企业和居民用电用热需求。随着自备电厂装机规模持续扩大和火电行业、环保标准不断提高，鄂尔多斯市进一步加强和规范自备电厂的监督管理，逐步推进自备电厂和公用电厂同等管理，推动了自备电厂有序发展，维护了市场公平竞争，实现了资源优化配量。

截至 2018 年，鄂尔多斯市已建成燃煤自备电厂 13 个，总装机容量 434.4 万千瓦，分布在准格尔旗、伊金霍洛旗、鄂托克旗、东胜区、乌审旗、杭锦旗 6 个旗区。2018 年鄂尔多斯市 6000 千瓦及以上自备电厂的基本情况见表 8-1-1。

表 8-1-1 2018 年鄂尔多斯市 6000 千瓦及以上自备电厂基本情况表 万千瓦

序号	项目名称	规模	装机构成	项目业主（隶属企业）	电厂类型	是否为热电联产	性质	投产时间
准格尔旗		11.2						
1	伊东热电厂	10	2×5	伊东集团	常规燃煤	是	自备	2008 年 1 月
2	伊泰煤制油有限责任公司自备电厂	1.2	1.2	伊泰集团	常规燃煤	否	自备	2009 年 5 月
伊金霍洛旗		5						
1	宝恒热电厂	5	2×2.5	宝恒集团	常规燃煤	是	自备	2005 年 1 月
鄂托克旗		372.2						
1	蒙西水泥有限公司自备电厂	4.2	2×1.2+3×0.6	蒙西水泥有限公司	低热值煤	否	自备	2001 年 1 月

表 8-1-1（续） 万千瓦

序号	项目名称	规模	装机构成	项目业主（隶属企业）	电厂类型	是否为热电联产	性质	投产时间
2	鄂尔多斯电力有限责任公司自备电厂	132	2×33+2×33	鄂尔多斯电力冶金集团	低热值煤	否	自备	#1 2005 年 12 月 #2 2006 年 1 月 #3 2010 年 2 月 #4 2010 年 6 月
3	鄂尔多斯电力冶金集团背压机组	10	2×5	鄂尔多斯电力冶金集团	低热值煤	否	自备	2014 年 6 月
4	鄂尔多斯电力冶金集团 PVA 项目一期动力车间	54	4×13. 5	鄂尔多斯电力冶金集团	低热值煤	否	自备	2014 年 3 月
5	双欣煤矸石电厂	40	2×6. 5+2×13. 5	双欣资源集团	低热值煤	否	自备	2007 年 7 月 2007 年 10 月 2011 年 9 月 2011 年 10 月
6	高新材料有限公司棋盘井低热值煤发电项目	66	2×33	高新材料有限公司	低热值煤	否	自备	2015 年 8 月
7	君正低热值煤发电项目	66	2×33	鄂尔多斯市君正能源化工有限公司	低热值煤	否	自备	2015 年 2 月
东胜区		6						
1	内蒙古鄂尔多斯羊绒集团有限责任公司罕台镇背压式供热机组项目	6	2×3	内蒙古鄂尔多斯羊绒集团有限责任公司	常规燃煤	是	自备	2013 年 8 月
乌审旗		30						
1	中天合创鄂尔多斯煤炭深加工示范项目一期 360 万吨甲醇项目	30	2×13. 5+3	中天合创能源有限责任公司	火电	否	自备	2017 年 8 月
杭锦旗		10						
1	亿鼎煤化工动力中心抽背式汽轮发电机组	10	2×5	亿鼎煤化工有限公司	常规燃煤	否	自备	2015 年 11 月

2018 年，鄂尔多斯市燃煤电厂总装机容量 1953. 6 万千瓦，发电量 988. 4 亿千瓦时，煤炭消耗量 4566 万吨。2010—2018 年鄂尔多斯市火力发电量及耗煤量情况见表 8-1-2。

表 8-1-2 2010—2018 年鄂尔多斯市火力发电量及耗煤量情况表

年份	发电量（亿千瓦时）	耗煤量（万吨）
2010	515.2	2380
2011	561	2592
2012	610.9	2823
2013	665.3	3074
2014	706.3	3263
2015	711	3285
2016	649.5	3001
2017	786.8	3635
2018	988.4	4566

第二章 炼焦与干馏

第一节 炼 焦

一、土法炼焦

鄂尔多斯地区蕴藏着大量结焦性能良好的烟煤，其中肥煤、气煤、焦煤和瘦煤都是优质的煤焦配煤。1955 年，准格尔旗国营煤矿二道沟碳业社开始炼焦，主要供应榆树湾硫磺厂。之后，鄂托克旗棋盘井等地也开始土窑炼焦。

20 世纪 80 年代，鄂托克旗棋盘井一带逐步建起了一些土焦厂。1988 年，鄂托克旗生产土焦 7 万吨，完成年计划的 51.9%。至 1989 年，鄂托克旗拥有 200 个乡镇企业煤矿，其中 30% 开展土焦生产，共产土焦 5.54 万吨。

1992 年间，东胜煤田的焦粉生产仍限于土法生产，工艺落后，规模较小，不能满足市场需求。准格尔旗煤炭工业管理局组织建设了川掌乡弓家塔联营煤矿和焦粉加工厂。棋盘井煤矿投资 117.7 万元引进 2 组 12 台山西介休焦炉，新增了 2 万吨/年的焦炭生产能力。按照冶金部、农牧渔业部的要求，伊克昭盟在西部地区推广介休焦炉技术。伊克昭盟煤矿设计院对东胜神府煤田土法生产焦粉和大同简易立式碳化炉生产工艺以及市场情况进行调研，经论证认为：焦粉生产具有投资少、效益好、市场需求量大的特点；大同简易立式碳化炉具有生产高效、劳动强度低，能够连续生产、质量稳定，耗煤少、占地面积小，对环境污染小，经济效益好的特点。伊克昭盟煤矿设计院提出《伊克昭盟煤炭开发经营公司焦粉厂可行性研究》的报告，并上报伊克昭盟煤炭工业管理局。经伊克昭盟煤炭工业管理局批准，伊克昭盟煤炭开发经营公司新建焦粉厂 1 座，建设规模初期为 1 万吨/年。生产工艺流程和设备选型采用从大同引进的简易立式碳化炉，工艺流程为：选择块煤→装车提升至进料口→进料碳化→水折灭火→

出料→破碎→筛分→分别入库或装袋，主要设备有出料机2台、提升机1台，不回收煤气和煤焦油。

1993年1月，伊克昭盟煤炭开发经营公司在鄂托克旗棋盘井新建焦化厂1座，生产规模为1万吨/年，企业性质为集体所有制，总投资52.1万元，其中集体投资32.1万元、个人投资20万元。生产流程为：建一座简易洗煤厂，自产煤和调入的原煤经洗选后形成洗精煤，再将洗精煤装炉炼成焦炭。截至年底，鄂尔多斯地区有各类焦化厂、点114个，全年实际生产焦炭25.8万吨，完成年计划的68%。全盟乡镇煤矿生产焦炭11万吨，其中准格尔煤田有焦化厂12个，全年生产焦炭2.9万吨；东胜煤田南部及东部区有焦化厂14个，全年生产焦粉3万吨；桌子山煤田鄂托克旗8个矿区共有炼焦场点88处，其中平炉325个、土窑1300个、隧道炉28个、介休炉26个、机焦炉1个，年生产焦炭能力58.42万吨，年生产焦炭耗原煤157.13万吨。每年大约排放废气144亿标准立方米、二氧化硫4800吨、烟灰11.55万吨、煤粉灰12万吨、煤矸石4.5万吨、洗煤废水50万吨。“三废”排放量逐年递增，矿区环境日渐恶化，影响公路交通安全，使鄂尔多斯西部珍稀濒危植物受到严重破坏。

1994年，依照国务院关于对浪费资源和能源以及污染环境的企业，特别是小煤矿、小土焦等乡镇企业，必须一律关闭的决定，伊克昭盟行署对正在生产和建设中的各类焦炭生产企业进行全面彻底的清理整顿，并作出具体规定：对焦炭生产企业的批办条件，必须符合国家环境保护标准，焦炭质量必须符合国家标准，必须有焦炭副产品回收工艺系统，必须具备建设规模相适应的资金、生产技术和管理人员。凡属伊克昭盟境内生产和在建的国有、乡镇、个体、联办、外办焦炭生产企业，均在整顿范围之内，并对现有改造条件的焦炉进行技术改造，将其逐步改造成为改良型环境达标焦炉，不具备改造条件的或建于水源保护区、居民聚居区的土焦炉要全部清理。在清理整顿期间，严禁新建土焦生产企业和扩大土焦生产规模。根据伊克昭盟煤焦化基地规划发展布局，逐步分期分批发展机械化焦炭生产和改良型环保达标焦炉，对具备生产条件，积极采用先进炼焦工艺和技术，或经改造能达到要求标准的企业，积极给予扶持。

1994年2月，内蒙古自治区人民政府转发了《晋陕蒙接壤地区能源开发环保检查现场会的会议纪要》，就整顿采煤秩序、清理河道障碍、改造土法炼焦、制定资源开发与环境保护规划等工作进行了安排部署。伊克昭盟行政公署随即成立小煤窑小土焦清理整顿领导小组，分别在东胜煤田补连塔矿区和鄂托克旗棋盘井地区召开现场办公会议，进行落实。伊克昭盟煤炭工业管理局组织编制了《伊克昭盟地方小土焦生产技术改造总体可研报告》。5月13日至6月7日，由伊克昭盟煤炭工业管理局牵头，抽调17人分3组赴全盟各旗市进行安全调查，开展清理整顿小煤窑和小土焦的第一阶段工作。经过治理整顿，截至1994年底，全盟共取缔土焦厂点331个。

1995年3月30日，棋盘井地区的土焦窑由1300个减少到979个，但焦炭产量并未受此影响。全盟焦炭产量达到58.8万吨，完成计划30万吨的196%，比上年增长147%。

1996年，鄂托克旗进一步加强对全旗小土焦场点的清理整顿工作，将旗内及鄂托克旗与乌海市交接地带的炼焦点(包括圆室炉、萍乡炉)全部取缔，无一处重新生产。1997年，全盟焦炭产量

62.8万吨，完成年计划的95%。至1997年底，全盟严重污染环境的土焦场点全部被取缔。

二、机械化炼焦

20世纪90年代，伊克昭盟引进机械化炼焦技术。准格尔旗、伊金霍洛旗采用半机械化N-74型直立炉，以不黏煤作为原料生产铁合金焦。1991年，伊克昭盟精焦生产数量8.28万吨。7月，伊克昭盟煤化厂开始用不黏煤生产铁合金焦、焦油，至1994年3月，因生产期间一直处于亏损状态而停产。同年，鄂托克旗棋盘井煤矿将2组萍乡炼焦炉改造为山西89型炼焦炉，该炉型新增集中排烟系统、煤气回收系统、排放系统和煤焦油回收系统，炼焦工艺由土法炼焦向机械化炼焦转变。

鄂托克旗在主要发展国有企业机焦生产的同时，也在发展乡镇企业焦炭生产。1994年8月，鄂托克旗组织旗内重点苏木乡镇、巴音陶亥农场及生产焦炭国营煤矿、炼焦厂到山西榆次、文水、孝义、介休、汾阳、龙泉进行了为期10天的考察学习，初步掌握了91型焦炉和龙泉型焦炉等较先进设备的技术性能。考察后，棋盘井镇与阿尔巴斯苏木、碱柜乡、巴音陶亥乡联合增设了年产12万吨的91型焦炉改造项目；额尔和图苏木筹备新建3万吨洗煤炼焦厂，公其日嘎乡进行年产1.5万吨山西介休JHK-89型环保焦炉技改项目。改造后，焦炭生产能力由原来的54万吨增加到100万吨。

1994年，伊西京蒙煤焦化总公司焦化厂（原鄂托克旗焦化厂）完成了为期3年的技改任务，共投入技改资金2.1亿元，形成5万吨/年的焦炭生产能力和30万吨/年的洗选能力。鄂托克旗焦化厂与北京焦化厂挂靠联合，成立了京蒙炼化公司，进行年产10万吨焦炭的机焦炉改造，改造后降低生产成本300多万元，焦炭质量也上到新的等级，经济效益明显提高。鄂托克前旗焦化厂因异地办厂管理不便、运销不畅、资金短缺等原因形成负债经营，经伊克昭盟行署盟长办公会议研究决定，将该厂委托于伊克昭盟煤炭公司经营管理。10月25日，经伊克昭盟煤炭工业管理局批准，伊克昭盟广源煤焦有限责任公司焦化厂进行技改，技改资金控制在10万元以内，由伊克昭盟煤炭工业管理局向财政处申请小土焦技改资金解决，技术上借鉴山西介休91型焦炉。

1995年4月，伊克昭盟煤炭工业管理局与山西省晋中开明科技开发公司小型选煤焦化研究所建立技术协作关系，成立了该研究所91型焦炉技术在蒙西地区的代理机构，当年在鄂托克旗桌子山煤田煤焦化基地首次引进并推广该技术。随后，盟、旗、乡镇、企业几方筹集资金开工建设91型环保达标焦炉7组，年底已投产年产焦炭3万吨的机组3组。12月16日，鄂托克旗焦化厂二期工程一次性点火成功，该工程已累计投资近3000万元，年产10万吨焦炭的机焦生产线全部进入正常运行。

1998年，伊东集团从陕西省神木三江煤化研究所引进技术，成立了准格尔旗第一家机制炼焦厂。伊西焦化集团公司有选煤厂5座，煤炭洗选能力为50万吨；有焦化厂5处，生产能力24万吨。当年，生产精焦10万吨、机焦8.7万吨、煤焦油0.5万吨。鄂托克旗关闭萍乡炉，投资1750万元筹建改型的70型机焦炉试产成功，焦炭产量增加5.5万吨，机焦成本降低了40元/吨。

1999年，鄂托克旗取缔小土焦场点后，全旗投资1000多万元对土法炼焦窑炉进行全面改造，建成20多个达标焦炉，焦炭生产能力达到30万吨/年，另投资1亿多元建设20万吨机焦炉项目。鄂托克前旗焦化厂投入350万元对红旗三号炉进行维修改造。

2000年，伊金霍洛旗乌兰煤炭集团有限公司采用S-98型复热炭化炉以不黏煤为原科生产焦灰。伊克昭盟东部（包括在建项目）有焦炭生产能力22万吨，煤焦油产量7000吨。已建成的焦化项目有伊东有限责任公司焦化厂，年产焦粉1.3万吨，回收煤焦油2000吨；乌兰煤炭集团有限责任公司马家沟焦化厂年产焦粉1.5万吨，回收煤焦油1500吨；何家村焦化厂年产焦粉3万吨，回收煤焦油3000吨；准格尔旗电业局柳林沟焦化厂年产焦粉1.5万吨，回收煤焦油2000吨。规划在弓家塔地区建5个年产焦炭12万吨、回收煤焦油8000吨的焦化厂，总投资6000万元。

2002年，准格尔旗羊市塔地区建设形成焦粉厂近20家，达到年产焦粉60余万吨、焦油6万吨的规模，成为准格尔旗焦粉生产基地。伊东煤炭集团有限责任公司投资250万元对公司焦化厂进行二期技改，新建2座立式焦化炉，形成年产焦粉量达到5万吨、焦油5000吨的规模。

2003年，鄂尔多斯市已建成和在建焦炉100多座，年产焦粉300万吨，副产品焦油15万吨，就地消化原煤500万吨。伊金霍洛旗南部精煤区新建39家小型焦化厂，准格尔旗新建30家、在建30家小型焦化厂，实现了坑口煤就地加工转化。鄂托克旗焦炭产销量以73.8%的速度增长。当年，鄂尔多斯市焦化项目共完成投资1亿元，全市新建了一批焦化厂。新建年产捣固焦70万吨的神华蒙西煤化工，年产焦炭40万吨的利民煤焦有限公司焦化厂，年产焦炭20万吨的星光集团公司焦化厂、棋盘井煤矿焦化厂、乌仁都西煤矿焦化厂和红义荣耀煤焦公司焦化厂等，在建年产焦炭3万吨的焦化厂有69家。

2003年9月，悖牛川煤电煤化工基地开工建设，一期工程规划：建设20家煤焦化企业，焦粉总生产能力500万吨/年；建设捣固焦5~6家，焦炭生产能力200万吨/年；围绕自备电厂，规划建设焦粉深加工的高载能企业电石厂、碳化硅厂、硅铁厂等5~6家，生产总规模达到15万吨/年；对排放的焦炉尾气进行研究开发；规划建设金属镁、高岭土、泡花碱等企业；对煤焦油进行提纯加工，年回收焦油60~80万吨。按年产150万吨焦炭计算，年耗煤约260万吨，可回收焦炉煤气8亿立方米，50%用于炼焦燃料，50%用于石灰窑、发电和民用。悖牛川煤电煤化工基地借鉴国内对大同不黏煤采用直立炉炼焦制气的成功经验，以及羊市塔等地区采用直立炉炼焦的实践，推荐采用大同弱黏煤炼焦用的H75-12型空外热式直立炉以及内蒙古煤炭科学研究院推荐的MH-03型内热式直立炉等炉型，其单组炉年产量在4万吨以上。

2004年，鄂尔多斯全市取缔了59家改良型焦炭企业的688个孔窑。2005年，共取缔了21家20万吨以下的机焦企业、29家100立方米以下的炼铁企业的35台炉，减少机焦产能约160万吨。同年，鄂尔多斯市规划西部桌子山煤田建成2000万吨以上煤焦化基地。2006年，全市共取缔了190家兰炭企业、212家小白灰企业的289台炉。全市有焦炭企业5家（鄂托克旗4家，伊金霍洛旗1家）\ 炼焦企业14家，产能208万吨。

三、现代化煤焦化

“十一五”期间，鄂尔多斯市全部淘汰了煤焦化落后产能企业，重点建设和培育技术含量及环境保护能力强、产能规模化的大型煤焦化企业和重点项目。截至2018年，已建成投产项目5个，在建项目1个，具体分布在鄂托克旗和鄂托克前旗境内。

（一）建元煤焦化捣固焦项目

建元煤焦化96万吨/年捣固焦项目位于鄂尔多斯市鄂托克旗棋盘井109国道南侧，由鄂托克旗建元煤焦化有限责任公司负责建设经营。

该项目由内蒙古自治区发改委以内发改工字〔2008〕2207号文件备案许可，批准建设规模96万吨/年捣固焦。2008年7月开工建设，2011年7月竣工，实际完成投资73086.64万元。主要生产工艺为炭化室高4.3米的2×72孔96万吨/年捣固焦及其化产回收，主要产品是焦炭、煤焦油、粗苯、硫酸铵。

项目投产后，使鄂托克旗建元煤焦化有限责任公司成为环保治理设施完善、化产回收齐全、煤气深加工工艺先进、产品结构合理的大型煤焦化企业，实现了由数量型向效益型转变，由产品单一型向注重环境保护转变，形成了炉型上水平，产品多样化，经营上规模，环境达标准的煤化工企业，成为当地可持续发展的支柱产业。鄂托克旗建元煤焦化有限责任公司历年产品产量及煤炭转化量情况见表8-2-1。

表8-2-1 2013—2018年鄂托克旗建元煤焦化公司产品产量及煤炭转化量表 万吨

年份	2013	2014	2015	2016	2017	2018	合计
产品产量	102.7	104.2	79.67	38.7	55.7	85.4	466.37
煤炭转化量	141.98	142.19	116.4	51.4	74.2	115.3	641.47

（二）华誉捣固焦项目

华誉捣固焦70万吨/年捣固焦技改扩建100万吨/年捣固焦项目位于蒙西工业园区，由内蒙古星光煤炭集团鄂托克旗华誉煤焦化有限公司建设经营。

2005年，内蒙古自治区发改委以内发改工字〔2005〕399号文件对华誉煤焦化有限公司70万吨/年捣固焦技改扩建100万吨/年捣固焦项目予以备案许可。2010年2月开工建设，2012年3月投产，实际完成投资53000万元。主要生产工艺为宽炭化室、宽蓄热室、双联下喷、废气循环、单热式2×55孔TJL5550D型焦炉，炼焦采用捣固煤饼，侧装煤饼高温干馏工艺。煤气净化回收系统设有冷鼓、电捕、蒸氨、硫铵、洗脱苯、脱硫及硫回收等工序。主要产品有焦炭、焦炉煤气，同时回收煤焦油、粗苯、硫磺、硫铵等。鄂托克旗华誉煤焦化有限公司历年产品产量及煤炭转化量情况见表8-2-2。

表8-2-2 2012—2018年鄂托克旗华誉煤焦化有限公司产品产量及煤炭转化量表 万吨

年份	2012	2013	2014	2015	2016	2017	2018	合计
产品产量	44.5	48.93	51.79	58.14	65.93	72.71	79.79	421.79
煤炭转化量	62.3	68.5	72.5	81.4	92.3	101.8	111.7	590.5

（三）恒坤一期捣固焦项目

恒坤一期捣固焦130万吨/年捣固焦项目位于鄂尔多斯市鄂托克前旗上海庙经济开发区，由山东能源新矿集团内蒙古能源有限责任公司旗下的内蒙古恒坤化工有限公司建设经营。

该项目于2009年9月开工建设，2011年9月建成投产，实际完成投资103758.75万元，占地面积456亩。采用2×65孔ZHJL5552D捣固型焦炉炉型，炭化室高度5.5米，同时建有可生产14吨/小时0.8兆帕蒸汽的烟道余热利用装置，以及170吨/小时干熄焦带25兆瓦发电装置，主要工艺包括备煤、捣固炼焦，熄焦和化产回收各工序。主要产品有焦炭、焦油、粗苯、硫胺、焦炉煤气蒸汽等。内蒙古恒坤化工有限公司历年产品产量及煤炭转化量情况见表8-2-3。

表8-2-3 2011—2018年内蒙古恒坤化工有限公司煤焦化产量及煤炭转化量表

万吨

年份	2011	2012	2013	2014	2015	2016	2017	2018	合计
产品产量	13.69	92.02	109.89	85.79	93.48	69.15	92.25	99.27	655.54
煤炭转化量	19.57	113.73	121.55	99.67	109	82.15	115.2	112.06	772.93

（四）红缨捣固焦项目

红缨捣固焦项目位于鄂尔多斯市鄂托克旗经济开发区，由鄂托克旗红缨煤焦化有限责任公司建设经营。

2010年6月10日，内蒙古自治区经济和信息化委员会以内经信息重点字〔2010〕137号文件对鄂托克旗红缨煤焦化有限责任公司100万吨/年捣固焦项目予以备案许可。2011年6月开工建设，2012年开始边建设边生产，2014年5月全面建成。项目采用2×60孔JT5555D型宽碳化室结构，包括备煤、炼焦、地面除尘站、煤气净化、白灰、筛储焦、生化水处理、综合污水深度处理、焦炉烟囱废气脱硫脱硝处理等设施。红缨煤焦化有限责任公司在生产过程中，采用先进的煤焦化新工艺、新技术，原料和焦炭的运输均有封闭的皮带运输长廊输送，精煤粉碎楼、筛焦楼、转运站、装煤出焦等粉尘污染点设置布袋除尘器，除尘率达99%以上，回收的煤尘、焦粉配入精煤炼焦使用。煤气净化产生的煤焦油外销至有处量资质的企业进行深加工，焦油渣、脱硫废液、洗油残渣、焦粉、污泥等配入精煤炼焦。炼焦生产的煤气经过净化后除供焦炉、锅炉使用外，其余全部供给烧窑烧制白灰。

该项目的主要产品有焦炭、煤焦油、硫铵、硫磺、粗苯等。鄂托克旗红缨煤焦化有限责任公司历年产品产量及煤炭转化量情况见表8-2-4。

表8-2-4 2012—2018年鄂托克旗红缨煤焦化有限责任公司产品产量及煤炭转化量表

万吨

年份	2012	2013	2014	2015	2016	2017	2018	合计
产品产量	8.22	98.67	110.65	77.78	69.21	101.69	109.23	575.45
煤炭转化量	11.31	133.21	149.37	105.01	93.43	137.28	146.74	776.35

（五）华冶煤焦化捣固焦技改项目

华冶煤焦化捣固焦技改项目位于鄂尔多斯市蒙西高新技术工业园区，由内蒙古鄂尔多斯市华冶煤焦化有限公司建设经营。

2005年11月1日，内蒙古泰发祥工贸有限公司（内蒙古鄂尔多斯市华冶煤焦化有限公司前身）获得内蒙古自治区发改委以内发改工字〔2005〕1620号文件备案许可，建设70万吨/年捣固焦项目。2011年，该公司为进一步适应市场需求，顺应国家产业政策调整和行业标准化要求，在现有生产装置的基础上进行技术改造，将生产规模由70万吨/扩大到100万吨/年。同年11月9日，技改方案获得内蒙古自治区经济和信息化委员会以内经信投规字〔2011〕765号文件备案许可。技改项目于2012年3月开工建设，2013年6月竣工投产，实际完成投资77118.35万元。项目采用2×72孔TJL4350D型单热式捣固焦炉，设置炼焦配套的煤气净化系统。主要生产工序为转煤储运、煤破碎、配煤炼焦、焦炭储运、煤气净化回收。主要产品有焦炭、煤焦油、硫磺、硫铵、粗苯。鄂尔多斯市华冶焦煤化有限公司历年产品产量及煤炭转化量情况见表8-2-5。

表8-2-5 2012—2018年鄂尔多斯市华冶煤焦化公司产品产量及煤炭转化量表

万吨

年份	2012	2013	2014	2015	2016	2017	2018	合计
产品产量	7.77	29.35	19.02	14.64	停产	停产	41.21	111.99
煤炭转化量	10.74	41.1	26.85	19.87	停产	停产	57.84	156.4

（六）蒙西捣固焦联产甲醇项目（在建）

蒙西矿业100万吨/年捣固焦联产10万吨/年甲醇项目位于鄂尔多斯市鄂托克旗棋盘井镇棋东项目区，由内蒙古蒙西矿业有限公司建设经营。

2011年9月16日，内蒙古蒙西矿业有限公司100万吨/年捣固焦联产10万吨/年甲醇项目，获得了内蒙古自治区经济和信息委员会以内经信投规字〔2011〕633号文件备案许可，概算投资12.7亿元。项目采用碳化室5.5米高的单热式侧装煤捣固炼焦技术，干熄焦（湿法洗焦备用），焦炭四级分筛后外送；同时副产品焦炉煤气经冷鼓电捕、脱硫及硫回收、硫铵（含蒸氨）、洗脱苯装置脱除煤气中的焦油氨、粗苯和硫化物后外送甲醇装置，甲醇采用焦化副产品焦炉煤气为原料，采用纯氧部分氧化进行烃类转化，低压法合成甲醇，节能型的三塔流程进行精馏生产甲醇，生产的甲醇贮存至甲醇罐区。项目建成后，主要产品有焦炭、煤焦油、粗苯、硫铵、甲醇、合成氨。

截至2018年底，该项目的前期工作已完成了土地出让、用地规划，环境影响评价、水土保持、安全专篇等审批手续。

第二节 褐煤干馏提质

褐煤是鄂尔多斯煤炭的重要组成部分，褐煤提质加工是褐煤利用的重要途径。“十一五”期间，鄂尔多斯市随着褐煤产量的提高，结合国家推动实施重大能源开发项目的需求，褐煤提质技术进入了高速发展期，褐煤资源综合利用技术逐渐成熟，低利用率的直接燃烧越来越少，可实现褐煤资源最大化利用的干馏技术已成为提质技术的主导；并在坑口电厂等特殊条件下辅以干馏提质，建成投产的项目已从单一的褐煤提质加工向规模大型化、联产梯级利用转型，褐煤资源的多联产利用和装备大型化工业应用已成为鄂尔多斯褐煤化工项目的发展趋势。

截至2015年，鄂尔多斯市已建成褐煤提质项目6个，年生产能力达到680万吨，其中包括鄂尔多斯西盟煤焦化有限公司60万吨/年干馏项目、内蒙古汇能煤电集团有限公司60万吨/年干馏煤+20万吨/年活性炭。联产项目，鄂尔多斯中奥煤化工科技有限公司60万吨/年干馏煤项目、内蒙古正能化工集团有限公司360万吨/年干馏煤项目、内蒙古远兴天然碱股份有限公司与浙江化工股份有限公司合资建成的60万吨/年干馏煤项目和内蒙古伊东集团东方能源化工有限责任公司60万吨/年干馏煤项目。

第三章 煤 炭 液 化

第一节 直 接 液 化

一、神华煤直接液化项目

神华鄂尔多斯煤直接液化项目一期工程位于鄂尔多斯市伊金霍洛旗乌兰木伦镇马家塔村，建筑用地面积为381.38公顷(含间接液化生产区，不含铁路装卸区和生活区)，由中国神华煤制油化工有限公司负责项目建设，神华鄂尔多斯煤制油分公司负责生产运营。

神华鄂尔多斯煤直接液化项目一期工程按照功能分为厂前区和生产区，其中厂前区包括厂办公楼、汽车库、消防气防站、维修站、全厂性仓库等设施；生产区包括备煤、催化剂制备、煤液化、加氢稳定(T-STAR)、加氢改质、2套煤制氢、2套空分、轻烃回收、含硫污水汽提、硫磺回收、脱硫、酚回收、油渣成型装置等15套工艺装置及配套的储运和公用工程系统。

(一) 立项

20世纪90年代中期，在国家计委和国家科学技术委员会的支持和组织下，煤炭科学研究总院分别同德国、日本和美国有关政府部门和公司签署了合作开展中国煤炭直接液化工厂可研协议，德国用云南先锋煤、日本用神华煤和黑龙江依兰煤、美国用神华煤，分别在液化试验装置上进行了试验，并取得了工艺设计数据，同时分别完成了百万吨级煤液化工厂的可行性研究。从研究结果来看，美国碳氢技术公司的煤直接液化工艺技术性能最好，油收率高于日、德技术。

1997年8月21日，国务院以煤代油专用资金办公室同意由神华集团公司与美国碳氢技术公司合作，进行神东矿区煤炭直接液化可行性研究工作。9月22日，美国碳氢技术公司与神华集团公司和煤炭科学研究总院签订“中国神华煤直接液化厂商业化项目”可行性研究协议。根据合作协议，美国碳氢技术公司先后分别进行了神华柠条塔、神华上湾煤连续液化装置(CFU)条件试验，分别形成了神华柠条塔煤、神华上湾煤直接液化项目预可研报告。数据显示柠条塔煤和上湾煤液化特性相近，但鉴于上湾煤贮量、开采和供煤条件较好，神华集团公司确定神华煤直接液化厂使用神华上湾 3 号煤作为液化生产的原料。

1998 年 7 月，煤炭工业部邯郸设计研究院完成了项目厂址选择预可研报告，在比选三个厂址方案的基础上，推荐内蒙古伊金霍洛旗乌兰木伦镇马家塔作为煤直接液化工厂的厂址。

1999 年 12 月，神华集团公司正式委托中石化北京设计院承担项目两个油品提质加工装置的预可研报告编制工作，以及美国碳氢技术公司（HTI）三个核心装置预可研报告中文版编写工作。同时委托中国五环化学工程公司承担其他生产装置、公用工程和辅助设施的预可研报告编制工作，中国五环化学工程公司还作为总体单位负责项目预可研工作的协调。

2000 年 5 月，项目的预可研报告工作完成。同年 9 月 11 日，神华集团公司以《关于报批神华煤直接液化项目建议书的请示》将神华煤直接液化项目建议书上报国家计委。

2001 年 3 月 15 日，国家计委以《印发国家计委关于审批神华煤直接液化项目建议书的请示的通知》，正式通知神华集团公司开展煤直接液化项目可行性研究工作，编制可行性研究报告。

2002 年 1 月，依据美国碳氢技术公司（HTI）提供的工艺包数据和石油化工科学研究院完成的液化油加氢改质试验数据，神华集团委托中国石化工程建设公司完成了项目可行性研究报告并上报国家计委。11 月 9 日，国家计委正式批准建设神华煤直接液化项目，但同时指出：考虑到该项目是世界上第一套煤炭直接液化工业化生产装置，存在一定的风险，为稳妥起见，先安排一条生产线，其余二条生产线待取得经验后再行安排。随着神华集团公司对美国碳氢技术公司（HTI）煤液化工艺的认识、了解和研究的进一步深化，同时经过美国碳氢技术公司（HTI）工艺包数据和验证性试验结果的比较，发现美国碳氢技术公司（HTI）工艺在某些方面有较大的技术风险，可能会影响到煤液化装置长期、稳定、连续运转。通过多方面的开发、研讨和优化并吸取了其他煤直接液化工艺的优点，神华集团煤直接液化工艺课题组提出了具有自主知识产权的中国神华煤直接液化工艺设计原理。在充分消化吸收国外各工艺的基础上，研发了适合神华煤特点并符合中国国情的煤直接液化工艺技术。

2003 年 1 月，神华集团公司决定在煤直接液化项目中放弃美国碳氢技术公司（HTI）工艺，改用“神华煤直接液化工艺”。3 月，神华集团公司按照“神华煤直接液化工艺”进行先期工程基础设计，并选定催化剂用天然黄铁矿替代美国碳氢技术公司（HTI）煤直接液化工艺所用的胶体催化剂。8 月 19 日，神华集团公司向国家发改委上报了《神华集团公司关于对神华煤直接液化项目一期工程工艺技术进行优化的请示》。

2004 年 1 月，采用“863”高效合成煤直接液化催化剂的中国神华煤直接液化工艺逐渐成熟。1 月 19 日，神华集团公司向国家发改委上报《神华集团公司关于神华煤直接液化项目一期工程开工的请示》。6 月 11 日，中国神华煤直接液化工艺通过了由中国石油化工协会和中国煤炭工业协会联合组织的技术鉴定。6 月 15 日，神华集团公司又向国家发改委提交《神华集团公司关于请求加快审批神华煤直接液化项目一期工程开工报告的请示》。8 月 20 日，国家发改委以《国家发展改革委关于神华煤直接液化项目一期工程工艺优化方案有关问题的批复》（发改能源〔2004〕1743 号）批准了工艺优化方案，并同意项目开工建设。

（二）项目实施

1. 管理机构

2002 年 12 月 10 日，神华集团公司与美国 ABB 鲁玛斯环球（ABB Lummus）公司签订神华煤直接液化项目管理合同，组建联合项目管理团队，项目正式进入建设准备期。

2004 年 2 月 4 日，煤制油公司成立煤直接液化项目主任组，取代联合项目管理团队行使项目日常管理职能。

2005 年 3 月 14 日，煤直接液化项目成立 11 个区域项目组，分别是煤液化项目组、加氢项目组、备煤及锅炉项目组、煤制氢项目组、空分项目组、辅助项目组、厂外供水项目组、公用工程项目组、罐区项目组、厂区项目组和重型设备监造组。5 月 24 日，煤直接液化项目组成立 9 个职能部门，分别是项目行政组（煤制油厂代管）、设计管理部、安全健康环保部、质量部、商务管理部、项目管理控制部、采购部、施工管理部、项目财务组，项目人力资源管理、外事管理、总部行政管理等工作由煤制油公司职能部门代管。

2. 设计

2002 年 7 月，神华集团公司委托中国石化工程建设公司、中国五环工程有限公司、齐鲁炼油设计院、化学工业第二设计院、煤炭工业邯郸设计院、铁道部第三设计院开始神华煤液化项目的总体设计。10 月，完成项目第一版总体设计。12 月，神华集团公司委托国内外 10 多家著名的工程公司开始进行神华煤液化项目的基础设计工作。

2003 年 3 月，神华集团公司煤液化工程部组织编制完成设计统一规定，之后又进行了修订。同时，神华集团公司按照“神华煤直接液化工艺”对项目基础设计进行了修改。7 月，完成项目第一版基础设计。

2004 年 9 月，完成项目基础设计的修改，并提交神华集团公司审查。12 月 14 日，项目详细设计开始。

2005 年 3 月，项目环境影响（补充）报告书通过国家环境保护总局批复。5 月 20 日，神华集团公司批准项目基础设计（修改版）。7 月，项目职业卫生防护设施设计通过卫生部批复。8 月，项目消防基础设计通过内蒙古自治区公安消防总队审查。2006 年 2 月，项目基础设计劳动安全专篇通过国家安全生产监督管理总局批复。2007 年 6 月 28 日，项目详细设计完成。

3. 施工

2004 年 8 月 25 日，神华鄂尔多斯煤直接液化项目举行一期工程开工典礼，由中国石化集团第四建设公司、中国化学工程第十一建设公司、天津蓝巢吊装有限公司、中国化学第一岩土工程公司、河北水文地质勘察设计院、广东华泰检测科技有限公司、中国石化北京工程公司、中国化学工程集团公司、中国天辰工程公司、中国五环科技公司、华陆工程公司、东华工程科技公司、大庆石化建设公司负责施工，由齐鲁石化监理公司、华旭-辰达监理联合体、核工业四达监理公司、中平监理公司和神东监理公司负责监理，由石油化工工程质量监督总站、神华神东矿区建设工程质量监督站负责工程监督。项目采取一揽子方案与总承包商签订 EPCM（设计、采购、施工、管理）总承包合同，划分了 15 个 EPCM 合同包和 13 个其他合同包，全部采用国际公开招标方式。

2008 年 12 月，项目各装置及单元工程陆续验收后，石油化工工程质量监督总站出具了《工程质量监督报告》，并报国家主管部门备案。神华神东矿区建设工程质量监督站出具了《工程质量监督报告》，并直接向神华集团公司报告。整个项目建设阶段，没有发生重大质量事故，安装工程焊接一次检测合格率达到 97%，土建单位工程质量合格率达到100%。

神华集团公司批准神华鄂尔多斯煤直接液化项目一期工程总投资概算共计134.86亿万元，实际审定完成投资134.34亿万元，比概算降低5236万元。

4. 联动试车

2008年10月，鄂尔多斯煤制油分公司专门成立了首次投料试车领导小组，组长由分公司总经理担任，各专业副总经理为副组长，成员为生产管理部、质量技术部、机械动力部和安全健康环保部等管理部门。生产中心成立了投料试车工作小组，中心经理担任组长，各装置生产副经理和设备副经理为副组长，所有工艺、设备技术人员及安全工程师为小组成员。

2008年11月12日，根据国务院总理温家宝、副总理李克强的指示精神，国务院副总理张德江主持会议，专题研究了神华煤直接液化工程试车工作。会议指出，神华煤液化项目是中国实施石油替代战略和自主创新的重大工程，中央领导对此高度重视，要求各有关部门和单位，要充分发挥社会主义集中力量办大事的优势，从大局出发，加强协调，密切配合，全力以赴，积极支持神华集团公司做好联动试车工作。会议议定成立以工业和信息化部为组长单位、国家能源局为副组长单位的神华煤直接液化示范工程项目协调组。在协调组内，成立专家组、保障组、安全组三个专项工作组。专家组组长单位为中国石油化工集团公司，主要工作是组织专家做好技术方面的支持；保障组组长单位为国务院国有资产监督管理委员会，主要工作是动员各企业在技术力量、备品备件和维修等方面予以保障；安全组组长单位为国家安全生产监督管理总局。同年12月5日，神华煤直接液化工程联动试车协调指导小组第一次会议原则通过了《神华煤直接液化示范工程联动试车协调指导小组工作方案》。此后，项目协调组的三个专项工作组分别开赴工程现场进行考察调研和专项检查，多次召开协调指导会和专题会议，分别从安全、保障和专业技术等各方面为示范工程投料试车提出建设性的指导意见，并帮助解决技术难题，协助完善试车技术方案。

2008年12月30日14时46分，神华煤直接液化百万吨级示范工程在达到设定的试车条件下，开始了首次投煤试车。试车在1/3负荷下开始，至17时30分负荷增加至2/3。经过6小时的运转，煤的转化率明显增加。20时46分反应温度升至415℃；23时18分煤浆流量达到420吨/小时，装置达到了设定的负荷运转。12月31日凌晨4时30分，第一反应器出口达到了设定的455℃，7时液化残渣在成型机顺利成型。12月31日14时30分，打通了全流程，生产出合格的柴油和石脑油等目标产品。

神华鄂尔多斯煤直接液化项目工艺流程如图8-3-1所示。

5. 竣工验收

2008—2010年，神华煤直接液化项目先后完成了消防、安全、环保、职业卫生、水土保持、档案专项验收。2016年4月，神华集团公司组织相关部门、单位和专家成立神华煤直接液化项目一期工程竣工验收委员会，在项目现场进行竣工验收，委员会听取了项目建设单位、总承包单位及设计单位、施工单位、监理单位和质量监督单位有关工程建设和试车情况的汇报，察看了工程实体质量情况和竣工档案情况，对项目竣工验收报告进行了审议，一致同意该项目通过竣工验收。

二、神华煤直接液化项目运行成果

神华煤直接液化项目第一条生产线正式进入商业化运营后，以上湾煤为原料，

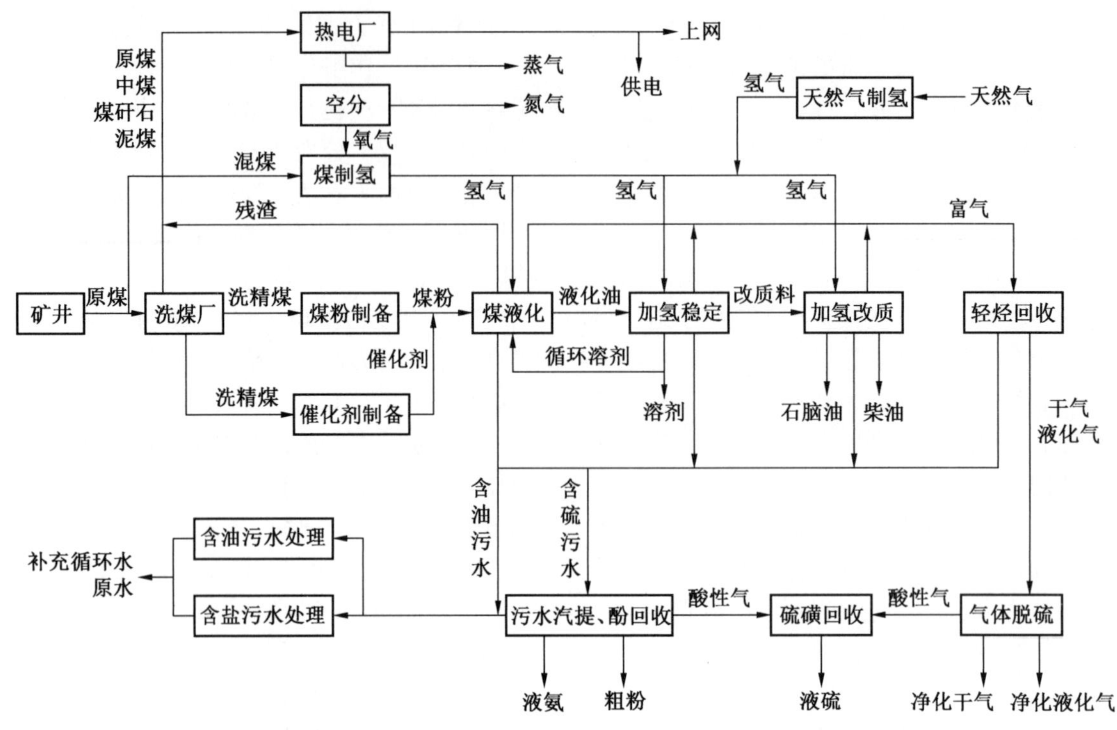

图8-3-1 神华鄂尔多斯煤直接液化项目工艺流程图

生产负荷保持在80%以上。截至2018年12月，项目累计生产各类油品和化工品715.91万吨，转化煤炭3586.47万吨，缴纳税金73.2亿元。历年产品产量及煤炭转化量具体情况见表8-3-1。

表8-3-1 2009—2018年神华鄂尔多斯煤制油分公司产品产量及煤炭转化量表 万吨

年份	2009	2010	2011	2012	2013	2014	2015	2016	2017	2018	合计
产品产量	7.39	44.28	79.26	86.55	86.62	90.17	70.52	84.86	83.81	82.45	715.91
煤炭转化量	122.32	270.21	388.51	387	404.82	404.58	336.06	405.28	434.24	433.45	3586.47

第二节 间接液化

一、神华煤间接液化项目

神华鄂尔多斯煤间接液化项目位于神华煤直接液化厂区内，占地面积35327平方米，由中国神华煤制油化工有限公司负责建设，神华鄂尔多斯煤制油分公司负责生产运行。

神华煤间接液化项目是继煤直接液化工艺之后开辟的第二条煤制油工艺路线，主要建设内容为煤制合成气单元、催化剂预处理单元、费托合成单元、脱碳单元、油品加工单元、轻烃提浓单元、吸附膜分离单元、合成水处理单元8个核心装置。

（一）立项

2001年，神华集团公司将煤间接液化科技创新项目列入集团能源发展战略，对煤间接液化技术引进与开发做了前期准备工作。

“十五”期间，在国家“863计划”和中国科学院知识创新工程及山西省政府、内蒙古伊泰集团、神华集团公司、连顺能源公司等联合支持下，中国科学院山西煤炭化学研究所主持开发了浆态床煤间接液化合成油的系统工业技术，并达到了国际同类技术水平（与南非沙索公司的技术水平相当），具备了合成油示范厂建设的条件，其自主开发的由煤到成品油的全流程工艺模拟软件可用于合成油示范厂和百万吨级商业厂的工艺模拟、技术经济分析和产品方案分析。该项目在国际合成油工业技术保密的情况下独立自主完成，拥有完全的自主知识产权。

2004年10月23—24日，由中国科学院主持，组织了以陈俊武院士为组长的专家组，对“煤基液体燃料合成浆态床工业化技术”（合成技术）进行了鉴定。鉴定认为：“煤基液体燃料合成浆态床工业化技术”（合成技术）在工艺、设备及催化剂研究试验方面都已取得可靠成果，达到了预期目标，具有自主知识产权，具备了建设示范厂的技术条件，建议不失时机地开展合成油示范厂工程设计准备工作。

2005年8月29日，神华集团公司以《关于神华煤直接液化先期工程中增加费托合成装置的请示》上报国家发改委，提出在神华鄂尔多斯煤直接液化项目厂区内与煤直接液化项目先期工程同步建设年产18万吨级合成油装置，增加的合成油装置将与煤直接液化先期工程同期建成投产。这个单独申报的项目在神华集团内部被称作“829项目”。

2006年，国家发改委经过多方周密论证，鉴于示范工程是在中国科学院山西煤炭化学研究所开发的低温浆态床费托合成技术中试基础上放大200余倍，许多技术需在示范工程中继续开发完善。因此，确定由神华集团、内蒙古伊泰集团、山西潞安矿业集团三家国内有实力的能源企业先行建设18万吨级煤间接液化工业示范装置。这三个示范装置原料煤不同、煤气化方式不同，通过示范旨在发现存在的技术问题并进一步优化工艺，为我国大规模煤炭间接液化技术的建设提供基础数据支持，同时培训专业技术人员，为大规模产业化奠定基础。

2007年6月6日，国家发改委以《关于在神华煤直接液化一期工程中增加合成油品装置的复函》，批准了神华集团公司煤直接液化一期工程中增加合成油品装置。

（二）项目实施

1. 管理机构

2006年5月，中国神华煤制油有限公司成立煤间接液化项目主任组，分为项目经理层和项目工程师层。项目经理层包括商务合同经理、进度控制经理、费用控制经理、设计协调经理、施工协调经理、采购经理、HSE经理、质量经理；项目工程师层包括土建结构工程师、管道工程师、静设备工程师、动设备工程师、电气工程师、仪表工程师、弱电工程师、暖通工程师等。

2. 设计

2006年5月，煤间接液化工程项目组正式从煤直接液化项目设计管理部接手煤间接液化工程设计管理工作。9月8日，煤间接液化项目各单元的设计委托正式发出。

2007年4月26日，完成所有技术附件的签署。7月18日，神华集团公司批准煤间接液化项目设计承包商方案。8月，神华集团公司委托中国石化工程建设公司和中科合成油工程有限公司进行煤间接液化项目基础设计。12月，基础设计完成。

2008年1月，详细设计正式启动。8月，项目安全评价报告通过国家安全生产监督管理总局批复。

2009年3月，详细设计全部完成。6月，建设工程消防施工图设计通过鄂尔多斯消防支队批复。11月，基础设计《安全设施设计专篇》通过国家安全生产监督管理总局批复。

3. 施工

2007年8月29日，项目举行开工仪式。根据项目特点、实物工程量和项目管理力量情况，采用EPC（设计、采购、施工）总承包合同模式，施工承包商采取邀请招标的形式择优选出，招标短名单由施工管理部在煤直接液化项目现有承包商中优选后经过资格审查并经项目主任组批准后确定。

神华鄂尔多斯煤间接液化项目由中国石化集团第四建设公司、中国化学工程第十一建设公司、天津蓝巢吊装有限公司、中国化学工程第一岩土工程公司、河北水文地质勘察设计院、广东华泰检测科技有限公司负责施工，由北京毕派克建设监理公司、核工业四达建设监理公司负责监理，由还有化工工程质量监督总站负责质量监督。施工过程中，实现安全人工时累计6038615小时，连续安全生产522天，无发生任何安全事故，于2009年完成投料试车。

神华鄂尔多斯煤间接液化项目工艺流程如图8-3-2所示。

4. 投资

2007年6月6日，国家发改委以《关于在神华煤直接液化一期工程中增加合成油品装置的复函》批准了神华集团公司煤直接液化一期工程中增加合成油品装置，批复投资98198万元。

2008年6月，神华集团公司以《关于“18万吨/年合成油品项目”科技创新

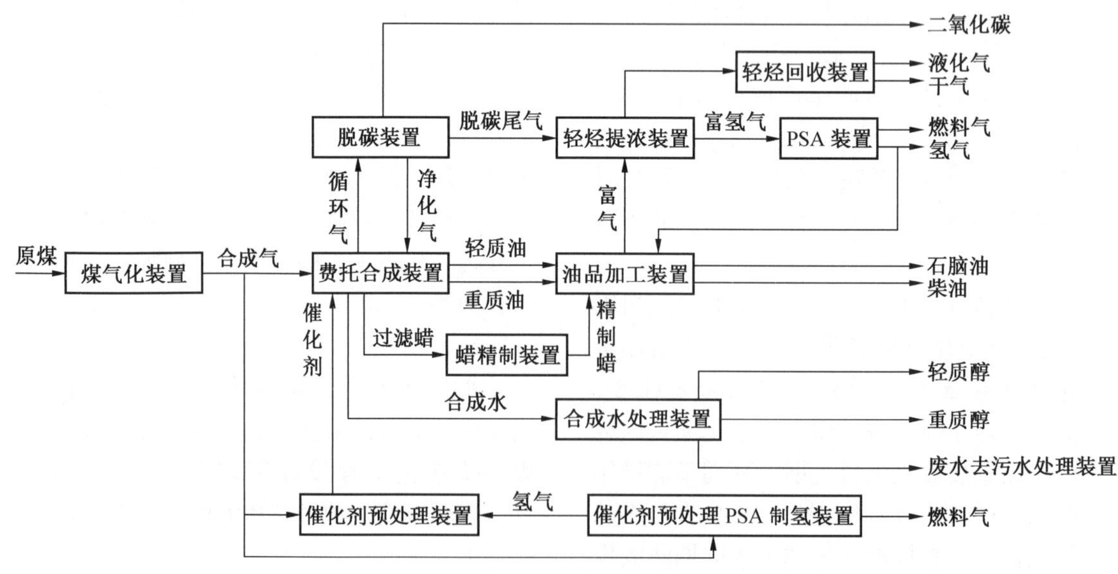

图8-3-2 神华鄂尔多斯煤间接液化项目工艺流程图

项目立项的批复》，批复该项目为科技项目，并增加了天然气制氢装置，批复总投资 142975.06 万元。

5. 竣工验收

2010 年 5 月 24 日，内蒙古自治区卫生厅通过该项目职业卫生验收。2011 年 5 月 19 日，该项目通过档案验收。2013 年内蒙古自治区安全生产监督管理局批复项目安全设施竣工项验收合格。

由于该项目完成第二次试生产运行停车后，生产装置采取充氮保护措施，环保设施专项验收、项目竣工验收等待再次启动生产时完成。

二、伊泰煤间接液化项目

伊泰煤间接液化项目位于鄂尔多斯市准格尔旗大路工业园区，由内蒙古伊泰集团有限公司负责建设，内蒙古伊泰煤制油有限责任公司负责生产运营。

项目一期为 16 万吨/年煤基合成油工程，由水煤浆制备、空分制氧、煤气化生产合成气、氢气与一氧化碳变换调整、酸性气体脱除、F-T 合成烃类产物、F-T 产物提质生产合成油、从 F-T 水相回收醇类产物、F-T 循环气脱碳、从 F-T 合成尾气中回收 LPGY 与轻石脑油、从 F-T 合成尾气中提取氢气及回收净化解析气中的硫 12 个主要生产单元与工序组成。项目建成后，主要产品为优质柴油、石脑油和液化石油气。

（一）立项

2002 年 5 月 18 日，伊泰集团公司与中国科学院山西煤炭化学研究所签订《联合开发煤基合成液体燃料——浆态床技术的协议》。针对山西煤炭化学研究所的煤制油实验因资金制约难以进展的情况，伊泰集团先期投资 1800 万元，占有核心技术 15% 的股份，享有该技术的优先使用权，共同建设以山西煤炭化学研究所为技术依托、内蒙古伊泰集团有限公司为业主的煤基合成油示范厂。

2002 年 8 月，山西煤炭化学研究所完成了中试技术平台的建设和调试。9 月进行试运转并打通中试流程。2003 年 8 月，山西煤炭化学研究所千吨级中试项目通过装置改造，进入长期稳定运转和技术优化匹配的试验阶段。9 月 21 日，伊泰集团公司与山西煤炭化学研究所联合开发的“煤基合成液体燃料——浆态床技术”在山西煤炭化学研究所千吨级中试装置试车成功，并获得了油品大样。同时，伊泰集团委托煤炭科学研究总院北京煤化学研究院对鄂尔多斯市东、南、北部的主要煤种运行气化实验，完成了《内蒙古伊泰集团有限公司灶炭加压固定床气化实验报告》。

2003 年 11 月 10 日，内蒙古自治区人民政府召开主席办公会议，听取山西煤炭化学研究所专家关于煤间接液化项目的情况介绍，并形成《内蒙古自治区人民政府主席办公会议纪要》，确定伊泰集团为内蒙古自治区煤基合成油项目的业主单位。

2004 年 7 月，中试装置完成连续 1000 小时运试验，并在浆态床反应器技术方面取得重大突破，从根本上奠定了工艺技术满负荷、长周期生产运行的工程技术基础，达到了项目执行的目标，形成先进的自主开发的铁基系列催化剂和相应的浆态床工程技术，标志着我国取得了自主开发、具有自主知识产权的煤基合成油技术，具备了产业化示范开发的条件。

2005 年 2 月，鄂尔多斯市人民政府成立煤基合成油示范工程项目前期工作领导小组，要求准格尔旗政府对拟选厂址所在地进行统一规划，完成大路新区水资源论证，落实项目用地、用水问题，并在项目开工前达到“四通一平”。8 月，伊泰集团向内蒙古自治区发改委上报《内蒙古伊泰集团有限公司48万吨/年（一期16万吨）煤基合成油项目预可行性研究报告》；8月23日，内蒙古自治区发改委下发《关于同意开展48万吨/年煤基合成油项目前期工作的函》。11月13日，内蒙古自治区发改委在北京组织评审通过了项目可研报告，并于12月下发了《关于内蒙古伊泰集团有限公司年产48万吨煤基合成油项目核准的通知》，正式核准项目建设。

（二）项目实施

1. 管理机构

2006年2月28日，内蒙古伊泰煤制油有限责任公司成立，下设总经理办公室、人力资源部、工程部、技术装备部、财务部和公用工程、气化、合成油、电仪运行四个车间与化验室，具体负责伊泰煤间接液化项目一期工程的建设管理。

2. 设计

2005年12月，伊泰集团公司通过招标确定中石化宁波工程有限公司、中国石油集团工程设计有限责任公司抚顺分公司，分别作为煤制油项目工程设计标段一、二的中标单位，按标书所规定的内容及范围进行工程设计。至2008年底，项目涉及的工艺、设备选型、安全环保、土建、电气仪表、给排水、管道、暖通、自动控制、热工及总图等设计工作相继完成，并在施工过程中逐步完善。

3. 施工

2006年5月11日，内蒙古伊泰煤制油有限责任公司举行项目开工奠基仪式。由鄂尔多斯市薛家湾供电局负责项目厂区新建10千伏临时施工变电及配变新增工程施工，内蒙古鄂尔多斯市地质勘查有限公司负责场区的工程地质初步勘察和详细勘察工程，聚兴路桥有限公司负责厂区场平与临时道路，上海英泰克工程有限公司负责工程监理，内蒙古准格尔黄河水务有限公司为伊泰煤制油项目提供施工、年产及生活用水，内蒙古第一电力建设工程有阳责在公司负责锅炉单元、化学水站、换热站、汽机间原料煤卸煤储存及输送系统施工，中国石化第二建筑集团公司负责变换单元、酸性气体脱除、氨制冷硫回收与合成气制备变电所、泡沫消防泵房、稳高压消防单元、污水处理单元、循环水泵房及变电所、全厂给排水系统、中控楼、综合楼、餐厅、成品库与材料库的施工，中国化学工程第十三建设集团有限责任公司负责煤浆制备、气化单元与渣水处理工程施工，中石化第四建设集团公司负责安装费托合成单元、脱碳油洗单元、中间罐区、重质蜡分离单元、PSA制氢、油品加工单元及合成变电所，内蒙古众泰建筑安装有限公司负责总降压站施工，陕西化建工程有限公司承担储运与罐区泵房及变电所、成品罐区、汽车装车站、装车交易站施工，浙江省开元安装公司负责空分单元施工，江苏省苏中建设集团股份有限公司负责储煤库、成品库施工。土建工程历时740天，至2008年10月完工；主装置设备安装从2007年9月15日吊装气化框架第一台汽化炉开始，至2008年11月，先后完成了额成品罐区、合成油系统、空风、气化、油品加工、电气、仪表及包括供电系统、给排水系统、供热系统、中央控制室及火炬系统等公用工程设备与管网桥架、防腐保温的施工安装；各装置区相继开始管道安装与设备调试。2009年3月，联动试车取得成功，全面进入试生产阶段。

伊泰16万吨/年煤制油项目工艺流程如图8-3-3所示。

4. 工程验收

2009年1月，各施工单位完成了由监理单位组织的“三查四定”整改工作；

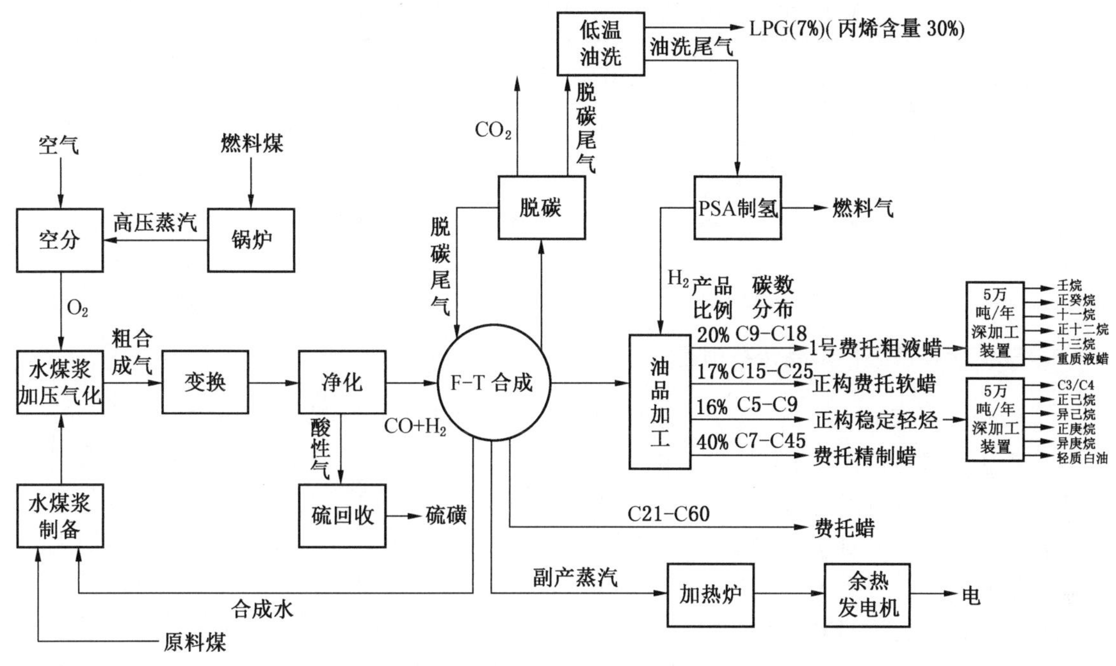

图 8-3-3 伊泰 16 万吨/年煤制油项目工艺流程图

2 月，公司获得了鄂尔多斯雷电灾害防御中心出具的《防雷装置验收合格证》；3 月，内蒙古自治区环境保护局出具了《内蒙古自治区环境保护局关于同意内蒙古伊泰煤制油有限责任公司 48 万吨/年煤基合成油项目一期 16 方吨/年工程试生产的意见》；8 月，内蒙古自治区安全生产监督管理局出具《危险化学品建设项目试生产（使用）方案备案告知书（试行）》，鄂尔多斯消防部门出具《关于内蒙古伊泰煤制油有限责任公司年产 16 万吨煤制油一期工程消防验收合格的意见》，内蒙古石油化工建设工程质量监督站出具《建设项目转人试生产阶段建议书》。

2010 年 5 月，鄂尔多斯市建设工程质量监督站对公司一期项目进行了十建工程验收，8 月出具了各装置的《建设工程质量监督报告》共 24 份；6 月，内蒙古自治区石油化工业建设工程质量监督站对安装工程进行了交工验收，8 月，出具了《内蒙古伊泰煤制油有限责任公司 48 万吨/年煤基合成油（一期 16 万吨/年）项目交工质量监督报告》。其间，公司组织施工单位取得了锅炉、压力容器、起重机械的使用证书及全厂压力管道监检证书共 14 册，为公司取得安全生产许可证创造了条件。

5. 运行

伊泰 16 万吨/年煤间接液化项目，于 2009 年 3 月 27 日顺利产出第一桶合格成品油，打通了工业化示范全部流程，实现了安全、稳定、长周期、满负荷、优质运行目标。该项目示范技术是国内首套山西煤炭化学研究所自主研发的催化剂和 F-T 中科合成油浆态床工业化技术，成为我国“十一五”期间首个达到设计产能的煤制油示范项目。装置正常运行负荷基本维持在 120% 左右，产品实现“时产时销”。截至 2018 年 12 月，项目累计生产各类油品和化工品 158. 55 万吨，实现利润 5. 53 亿元，缴纳税金 12. 57 亿元。历年产品产量及煤炭转化量见表 8-3-2。

表 8-3-2 2009—2018 年伊泰煤制油分公司产品产量及煤炭转化量表　　万吨

年份	2009	2010	2011	2012	2013	2014	2015	2016	2017	2018	合计
产品产量	2.51	9.68	15.18	17.2	18.17	17.83	20.22	19.45	18.92	19.43	158.59
煤炭转化量	18.57	71.60	84.31	98.55	101.73	99.86	113.22	108.13	103.67	105.96	905.6

三、伊泰精细化学品示范项目

伊泰120万吨/年精细化学品项目位于杭锦旗独贵塔拉锦泰工业园区，由内蒙古伊泰煤炭股份有限公司出资建设，内蒙古伊泰化工有限责任公司负责生产运营。项目概算总投资168.80亿元，其中设备采购65.08亿元、材料采购27.52亿元、安装工程15.30亿元、土建工程25.65亿元、其他35.25亿元。项目包括厂前区工程、桩基工程、强夯工程、空分装置、热电装置、水煤浆气化装置、粉煤气化装置、净化装置、化学品合成、加工与液体物料储运等工程。

伊泰精细化学品项目，利用费托合成产生的“直链烃产物”的优势，以自主研究并成功中试的化学品加工工艺和16万吨/年煤间接液化示范项目工艺为依托，对费托合成产物按碳数、族组作为基础进行切割分离并设计建设了蜡加工、黏度指数改进剂、高等合成润滑剂生产等加工装置，生产以油品为主的16种产品。

本项目产品具有芳烃含量极低、无毒、无味、无色、渗透性强等特点，多项指标如芳烃含量和硫含量延低于埃克森美孚溶剂标准，可以替代国内部分低品质低芳溶剂产品。该项目解决了传统煤化工单一低端产品问题，从根本上区别于煤制化肥、焦化、电石、甲醇/甲醚等项目，可带动相关产业走向高端化，避免低端同质化的恶性竞争，主要产品具有较大的市场需求空间和较强的竞争力。

（一）立项

2011年1月26日，内蒙古自治区发改委下发《关于内蒙古伊泰化工有限责任公司120万吨/年精细化学品项目开展前期工作的通知》，同意项目开展前期工作。2012年3月27日，内蒙古自治区住房和城乡建设厅下发《关于内蒙古伊泰化工有限责任公司120万吨/年精细化学品项目选址的批复》。2015年，项目获鄂尔多斯市政府有关部门下发的《危险化学品建设项目安全设施设计审查意见书》《鄂尔多斯市安全生产监督管理局关于内蒙古伊泰化工有限责任公司年产120万吨精细化学品示范项目职业病防护设施设计专篇的批复》《鄂尔多斯市环境保护局关于内蒙古伊泰化工有限责任公司120万吨/年精细化学品项目应急暂存池项目环境影响报告表的批复》三个终审批复支持性文件。

2015年12月，项目获得的终审支持性批复文件包括：项目备案批复、选址批复、环境影响报告批复、节能评估报告批复、水土保持报告批复、职业病危害预评价报告批复、地震安全性评价报告批复、项目安全许可意见书、水资源论证和水权转让报告批复。项目取水申请已得到水利部黄河管理委员会的批复。截至2016年底，项目所需要的支持文件全部获得批复。

（二）管理机构

内蒙古伊泰化工有限责任公司于

2009年10月29日在鄂尔多斯市注册成立，是内蒙古伊泰煤炭股份有限公司的独资公司，专门负责120万吨/年精细化学品示范项目建设工作。公司成立初期，下设行政部、综合部、项目前期办公室、工程管理部、设计管理部、公用工程部。2012年，增设机电动力部、计划管理部。2013年，增设安全质量环保部，将计划管理部更名为控制部，行政部、综合部、项目前期办公室整合为综合部。2014年，增设生产准备部、公路项目办公室。2015年10月，随着项目建设的推进，公司成立热动、供水、气化、净化、合成、加工、电气、仪表、检修9个车间与中心化验室及气化净化项目部、热电项目部、合成项目部、加工项目部、预干燥项目部、公辅项目部、电仪项目部。另有伊泰集团公司派驻的杭锦旗结算中心、物资供应站等机构。2016年，公司撤销公用工程部、公路项目办公室、预干燥项目部，成立杭锦旗信诺市政建设投资有限责任公司、水资源运营管理部。2018年，供水车间划归内蒙古晶泰环境科技有限公司。

（三）项目设计

2010年12月，公司委托中科合成油公司完成伊泰120万吨/年精细化学品项目可行性研究报告的编制工作。

2011年，公司协助编制项目安全评价报告、环境影响报告书、节能评估报告书；编制完成杭锦旗独贵塔拉工业园区总体规划、锦泰精细化工园控制性详细规划，完成项目建设指挥部建址详勘并绘制布点图；协助中科合成油技术公司完成项目建设进度计划图及2012年采购计划与资金费用计划初稿，并与中科合成油技术公司全面对接项目设计与可行性研究报告。

2012年12月，公司确定由中科合成油技术公司作为总体设计院，中国五环工程有限公司为二总院的模式开展设计。

2013年6月，公司发布了总体设计阶段项目统一规定、总体设计专业统一规定、基础设计专业统一规定、油品加工界区条件表与油品加工装置总平面布置图、装置竖向平面布置图。先后召开低温甲醇洗、水煤浆气化工艺包审查会与2014年开工土建图纸对接会以及低温甲醇洗、变换、水煤浆气化基础设计中间审查会。

2014年，中国五环工程有限公司、中科合成油工程有限公司先后完成了设计范围与部分基础设计，完成了航天长征化学工程股份有限公司承担的粉煤气化装置基础设计审查工作，并展开工程详细设计工作。至2015年12月，中国五环工程有限公司、中科合成油工程有限公司、航天长征化学工程股份有限公司的设计工作基本完成，并已完成主要技术交底工作。

2016年，公司完成各装置HAZOP审查工作，HAZOP分析意见关闭。根据环评变更完成设计协调及消防设计审查等工作，完成加工装置新增罐组、气化水煤浆添加剂装置及稳定轻烃LPG改质装置的设计。

2017年，公司主要开展下游公司深化合作技术接口管理事宜，公司对外合作项目共10项（包括完成技术评估8项）、前期合作意向3项，其中恒瑞新科化工有限公司30万吨/年稳定轻烃及液化气改质项目、伊霖化工20万吨/年合成气制乙二醇项目、安德力精细化学品项目已开工建设。同时，完成环保危废处理中心项目、水煤浆添加剂制备项目设计。

2018年1—3月，公司组织召开了水系统技改方案与平面图纸审查及化水EDI的技术对接会，协调跟踪伊泰下游合作方物料管线设计工作。

（四）工程建设

2013年6月，伊泰120万吨/年精细

化学品项目全面开工建设，对施工单位实行EPC总承包合同模式。河北建设勘察研究院有限公司负责水煤浆气化装置桩基工程；山西冶金岩土工程勘察公司负责装置区强夯工程；空气化工产品（中国）投资有限公司负责空分装置；山东迪尔集团负责热电装置；中国化工工程第三建设有限公司负责水煤浆气化装置；粉煤气化装置总承包商为航天长征化学工程股份有限公司，分包单位是中国化学工程第六建设有限公司（气化框架）、中国化学工程第十三建设有限公司（渣水框架）、多维联合集团有限公司（气化框架钢结构）；净化装置承包商为北京航天石化装备工程公司，施工单位是中国化学工程第三建设公司；化学品合成、加工与液体物料储运系统由中国合成油工程公司总承包，分包单位是中国化学工程第三建设公司。

2013年，完成厂前区、装置区部分主要设备采购、超限设备现场制造与低温甲醇洗、水煤浆气化、油品合成、油品加工工艺包及F-T合成专利催化剂采购等58项重大合同的签订。

2014年，公司完成桩基、强夯工程与厂前区餐厅、室内运动馆主体工程，宿舍楼（1~4号）交付使用；完成工艺设备采购3763台（套），达总工艺设备数的97.66%。

2015年，项目完成总体施工进度67%，完成项目一级进度节点数20个，完成率91%，其中全厂土方完成97%、混凝土完成93%、钢结构完成98%、厂区道路施工完成49%、地坪施工完成43%、管道完成60%，设备安装3051台，完成68%；全厂大件设备（质量80吨及以上）共计78台，累计到货72台，完成吊装70台，完成率90%；供水工程一、二级泵站实现受电，塔锦二级公路完成施工正式通车。

2016年，总体施工进度完成98%，除浓盐水装置、液体物料储运系统新增罐组装置外，其余装置土建工程基本完成，仅剩零星工作；基本完成各装置设备、管道、电气、仪表安装，具备中交条件；完成除合成装置外各装置的管道试压，实施仪表联校，并开始单机试车，完成1840个。同时，完成水煤浆气化、粉煤气化、净化、加工、尾气制氢、硫回收、合成等主装置中交，实现煤储运与配煤系统、液体物料储运系统、全厂火炬、锅炉系统、生产给水加压及消防泵房、化学水处理装置、第二与第三循环水场、污水处理回用水系统空压站、换热站、厂外供水工程、110千伏总变电站、中央控制室、中心化验室、综合办公楼、消防站、全厂地下给排水管网、消防事故水池投用。

2017年上半年，公司完成全部工程施工收尾工作，包括原煤预干燥装置、全厂外管廊系统、硫回收氨法脱硫系统、浓盐水处理膜浓缩车间、余热发电系统、高含盐/超高含盐水池、浓盐水处理蒸发结晶、储运新增罐组等工程。

2018年1月，油品销售大厅投入使用。3月，5号宿舍楼完成室内装修具备入住条件，6~7号宿舍楼完成主体砌筑；污水处理装置新增预处理单元王建工程施工基本完成，开始安装工程。

伊泰120万吨/年精细化学品项目产业链及工艺流程如图8-3-4所示。

（五）投资

2009—2013年，项目累计完成投资65670.77万元，其中园区征地1410.46万元，在建工程48307.55万元、固定资产2412.17万元、预付款849.29万元。

2014年，项目按形象进度实际完成投资242621万元，其中设备投资87900万元、材料投资5197万元、安装投资3791万元、土建投资46827万元、其他

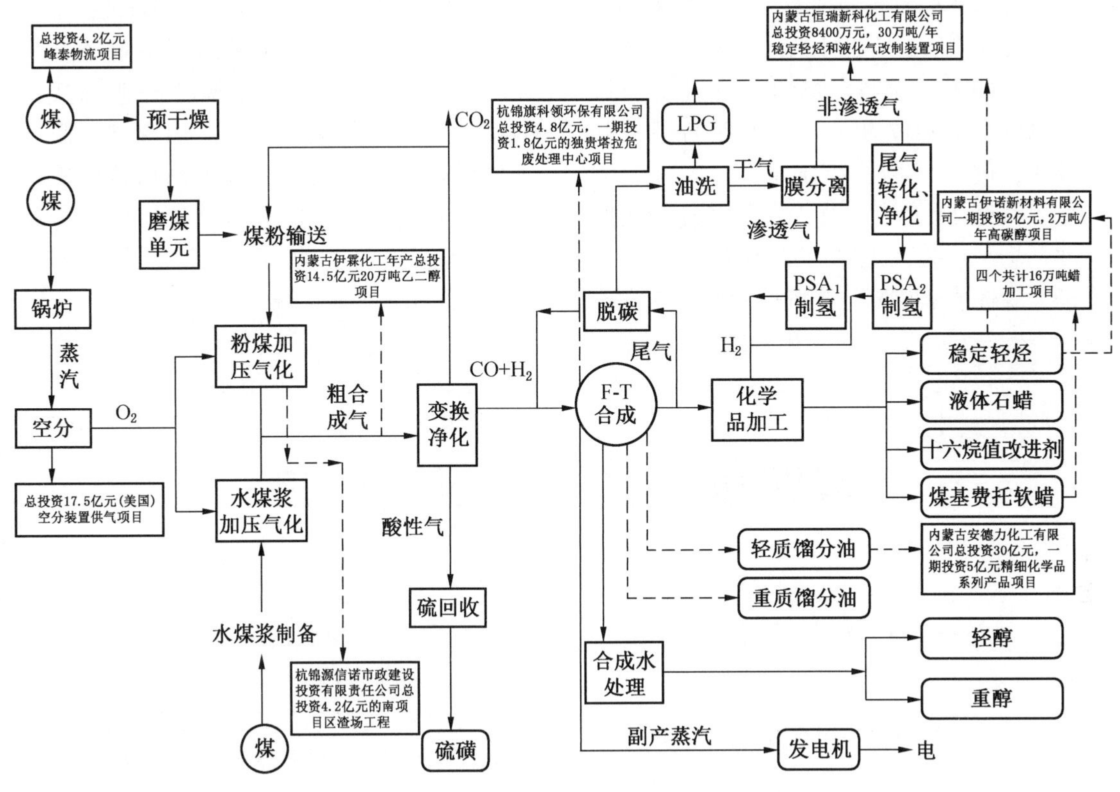

图 8-3-4 伊泰 120 万吨/年精细化学品项目产业链及工艺流程图

投资 98906 万元；累计完成投资 295081 万元，实际付款累计 261248 万元。

2015 年，完成投资 725533 万元，支付资金 428597 万元。项目累计完成投资 1024330 万元（不含空分装置），其中设备投资 410762 万元、材料投资 13860 万元、安装工程 62213 万元、土建工程 197146 万元、其他投资 220349 万元；项目累计支付 676646 万元。

2016 年，项目完成投资 335278 万元（不含渣场，含概算外 60/104 项目投资 501 万元、黄河取水口投资 4900 万元），其中设备投资 71798 万元、材料投资 49675 万元、安装工程 35257 万元、土建工程 46146 万元、其他投资 132402 万元。

2017 年，项目完成投资 177620 万元，其中设备投资 31025 万元、材料投资 10378 万元、安装工程 7390 万元、土建工程 13797 万元、其他投资 115030 万元。至年底，项目累计完成投资 1537229 万元（不含空分装置 13.2 亿元）。

伊泰精细化学品项目自 2017 年 6 月投料试车到 2018 年，产品产量累计完成 140 万吨，转化煤炭 505 万吨。

四、伊泰 200 万吨/年煤间接液化项目

伊泰 200 万吨/年煤间接液化项目位于鄂尔多斯市准格尔旗大路工业园区，是伊泰 16 万吨/年煤制油项目的二期工程，由伊泰集团有限公司出资建设，概算投资 290.7 亿元。该项目列为国家《煤炭深加工产业示范“十三五”规划》中新建项目。

2013 年 12 月，国家发改委下发了伊泰 200 万吨/年煤制油项目开展前期工作的复函，项目开始场平、强夯施工。2014

年，开始非标设备制造及部分设备采购。

2016年12月2日，国家发展改革委以发改能源〔2016〕2540号文件对项目予以核准，2017年6月8日举行了奠基仪式，进入实质性建设阶段。

截至2018年，成品罐区完成场地勘察、场平、罐区地基开挖及基础换填处理，罐体土建混凝土基础已浇筑完成，土建施工已出零米并具备交付安装条件；罐体板材已采购到货，开展储罐板材的预制作业。F-T合成反应器已制造完成92%，大型吊装施工单位、工程监理、地质详勘、桩基处理工程承办单位已通知招标方式确定，反应器制造交付后可进行吊装施工，项目累计完成投资11.26亿元。

第四章 其他煤化工

第一节 煤制天然气

一、汇能煤制天然气项目

内蒙古汇能煤电集团有限公司投资建设的煤制天然气项目是鄂尔多斯地区第一个煤制天然气项目，也是国家首批核准的4个煤制天然气示范项目之一。项目位于鄂尔多斯市伊金霍洛旗汇能煤化工工业园，由内蒙古汇能煤化工有限公司负责建设经营。

2009年12月，国家发改委《关于内蒙古汇能煤化工有限公司年产16亿立方米煤制天然气项目核准的批复》对项目予以核准。

项目分为两期建设。一期工程建设年产4亿立方米煤制天然气生产线，二期工程建设年产12亿立方米煤制天然气生产线。

一期工程于2010年4月开工建设，工程整体由空分装置、气化装置、变换装置、净化装置、甲烷化合成装置、液化装置、硫回收装置、公用工程系统组成。以当地煤为原料，采用清洁高效转化技术，生产煤制天然气（SNG）及其液化产品(LNG)。整体工艺技术成熟可靠，具备节能降耗、环保高效的特点。主要工艺技术及工艺来源为：空分采用了法国液空的(90000标准立方米/小时）技术及装备；气化采用西北化工研究院“多元料浆水煤浆加压气化”专利气化技术；净化采用了大连理工大学的“低温甲醇洗”专利技术；硫回收采用了山东三维的“克劳斯→燃→裂→洗SSR”专利技术；甲烷合成采用了丹麦托普索公司的“甲烷合成”专利技术；液化采用了德国林德公司的“混合冷剂制冷液化”专利技术；中水回用采用了美国的“HERO高效反渗透”专利技术。

2014年10月17日，气化3号气化炉投料成功；10月26日，产出煤制天然气；10月29日，液化产出合格的液化天然气，导入大罐。煤制天然气中甲烷纯度达到97%~98.16%(mol）以上，LNG甲烷纯度达到99.2%~99.97%(mol）以上。12月6日，气化1号气化炉投料成功。12月7日，水煤气并入系统，生产系统两台气化炉开始运行。

汇能煤制天然气项目一期工程实现了一次性投料试车成功，实际完成投资70

亿元。产品质量达到并优于设计标准，整条生产线连续稳定运行，在国内煤制天然气项目中创造了试车时间最短、转化催化效率最高、产品质量稳定的佳绩，率先填补了国内采用水煤浆气化技术生产煤制天然气的技术空白，成为鄂尔多斯市建设国家清洁能源主力输出基地的重点投产项目。历年产品产量及煤炭转化量见表8-4-1。

表8-4-1 2014—2018年汇能煤化工公司（一期工程）产品产量及煤炭转化量表

万吨

年份	2014	2015	2016	2017	2018	合计
产品产量	2.22	23.73	30.36	28.02	33.04	117.37
煤炭转化量	—	99.82	122.5	111.82	131.33	465.47

2018年初，汇能煤制天然气项目二期工程建设全面启动，新增建设规模12亿立方米/年煤制天然气并全部液化，工程概算投资72亿元，计划2021年7月建成投产。

二、恒坤化工焦炉气制甲烷

恒坤化工焦炉气制甲烷项目位于鄂尔多斯市鄂托克前旗上海庙经济开发区，由山东能源新矿集团内蒙古能源有限责任公司旗下的内蒙古恒坤化工有限公司建设经营，是该公司130万吨/年捣固焦项目的联产项目。

2010年7月15日，内蒙古恒坤化工有限公司委托北京众联盛化工工程有限公司编制完成了《1.2亿立方米/年焦炉煤气制甲烷（LNG）项目可行性研究报告》。8月13日，内蒙古自治区发改委以内发改工字〔2010〕1835号文件《关于新矿内蒙古能源有限责任公司1.2亿立方米/年焦炉气制甲烷项目的通知》对项目予以备案许可。10月10日开工建设，至2012年6月，土建和安装工程基本完成，现场进入试车阶段。2013年2月，项目试车成功，产出合格的液化天然气。11—12月，进行了脱碳装置试车和LNG装置联合试运转，产出LNG产品，从此，装置正常运行。

内蒙古恒坤化工有限公司利用来自焦化厂的焦炉煤气制LNG项目主要工艺包括气柜、螺杆压缩及预净化、活塞压缩、脱碳、精脱硫、甲烷化、脱水干燥和深冷液化、产品储存及装车等工艺。从2014年投产运营到2018年，累计生产LNG13.61万吨。

三、京泰能源煤制天然气项目（在建）

京泰能源煤制天然气项目位于鄂尔多斯市准格尔旗大路工业园区，由内蒙古北控京泰能源发展有限公司建设经营。

京泰能源煤制天然气项目是国家能源发展“十三五”规划和煤炭深加工产业示范“十三五”规划中的重点建设项目。2013年3月开始前期工作，2016年4月取得环评批复，2017年5月获得国家发改委核准，建设规模为40立方米/年煤制天然气，概算投资232.6亿元，建设用地262.17公顷。项目采用粉煤加压气化和碎煤加压气化双气化组合工艺，粗煤气经耐硫变换，低温甲醇洗工艺后得到净化合成气，合成气经甲烷合成生产SNG，副产品有煤焦油、中油、轻油、粗酚等。

截至2018年底，项目前期准备工作已基本完成，实际完成投资近8亿元，占概算投资总额的3%。

第二节 煤制醇醚

一、国泰化工煤制甲醇项目

国泰化工煤制甲醇项目位于鄂尔多斯市杭锦旗独贵塔拉镇境内，由鄂尔多斯市昊华国泰化工有限公司建设经营。

2005年8月5日，内蒙古自治区发改委以内发改工字〔2005〕1071号文件对鄂尔多斯昊华国泰化工有限公司煤制甲醇项目予以核准，批准建设规模为40万吨/年煤制甲醇。2012年5月4日开工建设，2014年完成主要设备调试工作，2015年8月20日设料试车一次成功，产出合格甲醇，2016年正式进入商业化运营，项目建设实际完成投资367329万元。

项目采用先进的四喷嘴对置式水煤浆气化及低温甲醇洗、“绝热-管壳”式水冷反应器合成等工艺技术，从投料试车到2018年装置运行正常。历年产品产量及煤炭转化量见表8-4-2。

表8-4-2 2016—2018年昊华国泰化工公司产品产量及煤炭转化量表 万吨

年份	2016	2017	2018	合计
产品产量	44.93	45.20	41.10	131.23
煤炭转化量	96.52	98.85	87.91	283.28

二、荣信化工煤制甲醇项目

荣信化工煤制甲醇项目位于鄂尔多斯市达拉特旗经济开发区，由兖州煤业鄂尔多斯能化有限公司旗下的内蒙古荣信化工有限公司建设经营。

内蒙古荣信化工有限公司180万吨/年煤制甲醇及转化烯烃一期90万吨/年甲醇项目是兖矿集团有限公司为落实鲁蒙两省区《能源战略合作框架协议》《煤电化综合开发框架协议》，根据鄂尔多斯市人民政府的意见，于2009年12月21日成立兖州煤业鄂尔多斯能化有限公司，以此作为投资主体，出资1.9亿元收购了香港建滔化工集团有限公司已经启动的90万吨/年煤制甲醇项目及其前期手续。

2010年，内蒙古自治区发改委以内发改工函〔2010〕402号文件对该项目备案许可。一期项目占地面积1300亩，概算投资51.1亿元。2012年1月开工建设，2014年7月投料试生产，2015年7月进入商业化运营，项目建设实际完成投资45.18亿元。

甲醇生产采用化学合成法，以煤为原料采用水煤浆加压气化技术制备粗合成气，经部分耐硫变换、低温甲醇洗净化得到精制合成气，采用英国DAVY经向反应器技术合成甲醇、三塔精馏技术制得精甲醇的生产工艺。截至2018年，各装置设备运行平稳。历年产品产量及煤炭转化量见表8-4-3。

表8-4-3 2014—2018年荣信化工公司产品产量及煤炭转化量表 万吨

年份	2014	2015	2016	2017	2018	合计
产品产量	30.16	92.11	95.08	91.38	95.02	403.75
煤炭转化量	67.26	191.60	169.85	159.76	164.80	753.27

三、新能能源煤制甲醇项目

新能能源煤制甲醇项目位于鄂尔多斯市达拉特旗新奥工业园区，由新奥集团股份有限公司旗下的新能能源有限公司建设经营。

2006年4月26日，国家发改委以发改工字〔2006〕707号文件对新能能源有限公司煤制甲醇项目予以核准，批准建设规模为60万吨/年煤制甲醇，占地面积1平方千米，概算投资24.3亿元。2006年6月8日开工建设，2009年7月24日投料试车成功，生产出合格甲醇。

该项目设计能力是以123.51吨/小时煤为原料，以54.6吨/小时煤为燃料，生产出≥99.86%、83.33吨/小时优等级甲醇，发电3万千瓦，即年产60万吨甲醇。历年产品产量及煤炭转化量见表8-4-4。

表8-4-4　2011—2018年新能能源公司产品产量及煤炭转化量表　　万吨

年份	2011	2012	2013	2014	2015	2016	2017	2018	合计
产品产量	62.36	65	75.14	68.21	77.01	73.75	78.01	80.39	579.87
煤炭转化量	161.18	159.83	138.76	128.7	152.91	134.02	146.59	146.47	1168.46

四、中煤远兴煤制甲醇项目

中煤远兴煤制甲醇项目位于鄂尔多斯市乌审旗无定河镇纳林河化工项目区，由内蒙古中煤远兴能源化工有限公司建设经营。

2008年4月11日，国家环境保护部以环审〔2008〕66号文件对内蒙古中煤远兴能源化工有限公司煤制甲醇项目予以批准，批准建设规模为60万吨/年煤制甲醇，概算投资35.83亿元。项目于同年5月开工建设，2009年因受国际金融危机影响而缓建。2011年4月，经中煤能源股份公司审查批复后复工续建，2013年12月竣工投产，实际完成投资36.38亿元。

项目气化装置采用西北化工研究院多元料浆气化专利技术，净化装置变换工段采用宽温耐硫技术，冰机工段采用氨压缩制冷技术，脱硫脱碳工段采用大连理工大学低温甲醇洗技术，硫回收采用荷兰和丰公司超优克劳斯专利技术，甲醇合成采用DAVY公司水冷/气冷中联低压合成技术，合成气压缩机采用离心压缩技术，氢回收采用膜分离技术，甲醇精馏采用三塔+回收塔精馏技术。截至2018年，各装量实现了满负荷稳定运行。历年产品产量及煤炭转化量见表8-4-5。

表8-4-5　2014—2018年中煤远兴公司产品产量及煤炭转化量表　　万吨

年份	2014	2015	2016	2017	2018	2019
产品产量	45.03	63.12	49.31	57.83	61.73	277.02
煤炭转化量	113.11	134.49	108.47	122.19	133.16	611.42

五、金诚泰煤制甲醇项目

金诚泰煤制甲醇项目位于鄂尔多斯市乌审旗图克镇呼吉尔特，由鄂尔多斯市金诚泰化工有限责任公司建设经营。

2005年4月25日，内蒙古自治区发

改委以内发改工字〔2005〕458号文件批准金诚泰化工有限责任公司煤制甲醇项目立项，批准建设规模60万吨/年煤制甲醇，概算投资30亿元。2006年至2009年8月，项目基础设施建设完善后，于2009年9月全面开工建设，2013年1月15日进行联动试车，5月2日投料试生产。

该项目以当地煤为原料，采用清华大学“非熔渣——熔渣氧气分级气化技术”，该工艺煤耗低，碳转化率高达94%～96%，有效气体成分（$CD+H_2$）在80%～83%，系统热效率高达94%～96%，技术成熟，工艺选进，运行稳定，气化产生的污水量小，且容易处理。截至2018年，各装置运行正常。历年产品产量及煤炭转化量见表8-4-6。

表8-4-6 2013—2018年金诚泰化工公司产品产量及煤炭转化量表 万吨

年份	2013	2014	2015	2016	2017	2018	合计
产品产量	9.6	29.2	36.7	50	52.8	58.5	236.8
煤炭转化量	19	46.8	45.9	56.2	60.4	77.2	305.5

六、世林煤制甲醇项目

世林煤制甲醇项目位于鄂尔多斯市乌审旗苏里格经济开发区乌兰陶勒盖镇前进村，由内蒙古黄陶勒盖煤炭有限责任公司世林化工分公司建设经营。

2005年9月30日，内蒙古自治区发改委以内发改工字〔2005〕1456号文件对世林化工分公司煤制甲醇项目作了立项备案，建设规模为30万吨/年煤制甲醇。2006年，内蒙古自治区发改委以内发改工字〔2006〕1983号文件批准项目开工建设，2012年7月17日投料试车成功，工程建设实际完成投资198873.4万元。

该项目采用的工艺技术路线是：利用航天气炉工艺技术生产合成了气，经一氧化碳耐硫变换，低温甲醇洗脱除酸性气体，低压甲醇合成及甲醇精馏制得最终合格甲醇，同时副产品有硫磺、杂醇油。截至2018年，各装置运行平稳。历年产量及煤炭转化量见表8-4-7。

表8-4-7 2013—2018年世林化工分公司产品产量及煤炭转化量表 万吨

年份	2013	2014	2015	2016	2017	2018	合计
产品产量	6.45	8.97	4.92	—	10.47	30.12	60.93
煤炭转化量	18.9	32.94	15.04	—	29.56	60.12	156.56

七、西北能源煤制甲醇项目

西北能源煤制甲醇项目位于鄂尔多斯市准格尔旗境内，由鄂尔多斯市西北能源化工有限责任公司建设经营。

2004年，内蒙古自治区发改委以内发改工字〔2004〕1525号文件同意鄂尔多斯市西北能源化工有限责任公司开展项目的前期工作，2008年以内发改工字2008〕196号文件予以备案许可。该项目建设规模为20万吨/年煤制甲醇，于2009年3月工建设，2016年9月建成投产，实际完成投资19.7亿元。工程主要生产装置有气化装置、净化装置、甲醇装置、空分装置、热电站、公用工程及辅助生产设施。

该项目主要生产工艺是：以煤为原料，采用多元料浆加压气化工艺制备粗合成气，粗合成气经一段耐硫宽温变换、低温甲醇洗后，利用管壳外冷-绝热复合式水冷反应器合成粗甲醇，粗甲醇经三塔精馏得到精甲醇。从投料试车到2018年底，各装置运行平稳，实现安全、稳定、满负荷、长周期、优质运行。历年产品产量及煤炭转化量见表8-4-8。

表8-4-8 2017—2018年西北能源化工公司产品产量及煤炭转化量表 万吨

年份	2017	2018	合计
产品产量	21.76	26.03	47.79
煤炭转化量	55.02	67.83	122.85

八、久泰煤制甲醇项目

久泰煤制甲醇项目位于鄂尔多斯市准格尔旗大路新区南煤化工基地，由久泰能源内蒙古有限公司建设经营。

2007年8月6日，内蒙古自治区发改委以内发改工字〔2007〕1251号文件对久泰能源内蒙古有限公司煤制甲醇项目予以备案许可，同意建设规模100万吨/年煤制甲醇。项目于2007年8月开工建设，占有地面积1100亩，2010年10月建成投产，实际完成投资60亿元。

该项目以煤为原料，经过煤浆制备、气化（德士古气化炉）生成合成气进入变换系统调整一氧化碳和氢气的比例，经过低温甲醇洗系统脱除其中的H_2S等酸性气体成分，H_2S进入硫回收装置生产硫磺外卖，生成净化气送往甲醇合成装置生产出粗甲醇，再送入精馏装置提纯后，产出符合国家标准的优等甲醇。

截至2018年，各装置运行平稳，一直处于满负荷或超负荷运行状态，产量逐单提升。历年产品产量及煤炭转化量见表8-4-9。

表8-4-9 2010—2018年久泰能源公司产品产量及煤炭转化量表 万吨

年份	2010	2011	2012	2013	2014	2015	2016	2017	2018	合计
产品产量	8.94	76.40	107.64	104.73	106.13	108.4	110.46	115.06	111.62	849.38
煤炭转化量	25.47	175.27	233.70	226.61	230.14	229.71	236.33	247.92	231.30	1836.45

九、东华煤制甲醇项目

东华煤制甲醇项目位于鄂尔多斯市准格尔旗大路工业园区，由内蒙古东华能源有限责任公司建设经营。

2005年，内蒙古自治区发改委以内发改工字〔2005〕251号文件对内蒙古东华能源有限责任公司120万吨/年煤制甲醇项目（一期60万吨/年）予以备案许可。2009年开工建设，2012年10月17日竣工投产，实际完成投资45.69亿元。该项目采用水煤浆气化工艺技术，日产优质甲醇2100吨。截至2018年，各装置实现了安全、稳定、长周期运行，产品产量持续提升。历年产品产量及煤炭转化量见表8-4-10。

表 8-4-10 2012—2018 年东华能源公司产品产量及煤炭转化量表 万吨

年份	2012	2013	2014	2015	2016	2017	2018	合计
产品产量	4.4	56.0	70.1	75.1	69.6	72.2	74.8	422.2
煤炭转化量	21.4	133.3	153.6	170.5	166.9	160.7	164.1	970.5

十、易高煤制甲醇项目

易高煤制甲醇项目位于鄂尔多斯市准格尔旗大路工业园区，由内蒙古易高煤化科技有限公司建设经营。

2006 年 4 月 5 日，内蒙古自治区发改委以内发改工字〔2006〕462 号文件对内蒙古易高煤化科技有限公司 20 万吨/年煤制甲醇项目予以备案许可。项目即时开工建设，2011 年 6 月 9 日竣工投产，实际完成投资 17.7 亿元。工程主要生产装置有气化装置、净化装置、甲醇装置、空分装置及公用工程、辅助设施。主要生产工艺采取水煤浆连续气化、部分变换、NHD 脱硫脱碳、绝热管壳式合成塔、四塔、精馏等工艺。

从 2011 年 6 月 9 日投料试车成功到 2018 年底，易高煤制甲醇项一直处于平稳、满负荷运行状态，产量持续提高。历年产量及煤炭转化量见表 8-4-11。

表 8-4-11 2011—2018 年易高煤化科技公司产品产量及煤炭转化量表 万吨

年份	2011	2012	2013	2014	2015	2016	2017	2018	合计
产品产量	3.82	20.85	23.99	24.41	30.65	31.33	28.67	29.76	193.48
煤炭转化量	26.65	52.95	58.50	58.15	67.06	63.23	61.11	64.58	452.23

十一、荣信煤制乙二醇项目

荣信煤制乙二醇项目位于鄂尔多斯市达拉特旗经济开发区，由内蒙古荣信化工有限公司建设经营。

2017 年，达拉特旗发改委以达发改产业发〔2017〕13 号文件，对内蒙古荣信化工有限公司年产 40 万吨煤制乙二醇及 30 万吨聚甲氧基二甲醚循环经济示范项目（一期工程年产 40 万吨乙二醇）予以备案许可，批复概算投资 73.36 亿元，占地面积 1268 亩。同年 11 月开工建设，当年完成投资 3.8 亿元。截至 2018 年底，土建工程全部完成，安装工程完成 30%，累计完成投资 45.8 亿元。

该项目以煤为原料，采用自主知识产权的多喷嘴水煤浆气化技术产出粗煤气后，通过变换、调整氢碳比，降温后送到净化系统，通过低温甲醇洗脱硫脱碳，生产合成气，合成气经 CO 深冷分离、PSA 提氢后送乙二醇系统，采用 WHB 草酸酯法合成乙二醇。

十二、久泰乙二醇项目

久泰乙二醇项目位于鄂尔多斯市准格尔旗大路新区南煤化工基地，由久泰能源（鄂尔多斯）有限公司建设经营。

2017 年 7 月 3 日，准格尔旗发改委以准发改发〔2017〕241 号文件对久泰能源（鄂尔多斯）有限公司年产 50 万吨乙二醇项目予以备案许可，批准概算投资 74.17 亿元。项目于 2018 年 9 月开工建设，当年主要开展工程设计、场平、桩基、设备订货等工作。主要生产工艺采用粉煤气化—甲醇—甲醛—甲醛氢羧基化法制备乙二醇技术路线。

第三节 煤制化肥

一、亿利煤制合成氨、尿素项目

亿利煤制合成氨、尿素项目位于鄂尔多斯市杭锦旗独贵塔拉工业园区，由亿利资源集团有限公司旗下的鄂尔多斯市亿鼎生态农业开发有限公司建设经营。

2011 年 1 月 5 日，内蒙古自治区发改委以内发改产业字〔2011〕9 号文件《关于同意亿利资源集团有限公司年产 60 万吨合成氨 104 万吨尿素项目备案的通知》，对项目建设予以许可。同年 5 月开工建设，2014 年 11 月开始投料联动试车，2015 年 2 月打通全流程进行试生产，10 月进入商业化运营，实际完成建设投资 53 亿元。

该项目主要生产装置包括热电装置、气化装置、净化装置、合成装置、尿素装置及公用工程和辅助设施。

热电装置主机装机规模为三炉两机，其中锅炉采用三台 480 吨/小时的 CFB 高温高压循环流化床锅炉，发电机组采用两台 50 兆瓦抽气背压式汽轮发电机组，同时配套建设有输煤、脱硫脱硝、污水处理等辅助设施。

气化装置采用 HT-L 航天粉煤加压气化技术，该工艺是一种以干煤粉为原料，采用激冷流程生产粗合成气的工艺，采用了盘管式水冷壁气化炉，顶烧式单烧嘴，粉煤干法进料及湿法除渣，在较高温度及压力下，以纯氧及少量水蒸气为汽化剂在气化炉中对煤进行气化。主要由磨煤及干燥单元、煤加压及进煤单元、气化及合成气洗涤单元、渣及灰水处理单元等四个工艺单元组成。

净化装置含有变换、低甲、液氮洗、CO 深冷分离、PSA 制氢、硫回收等工艺装置。其中，变换装置采用与气化装置配套的宽温耐硫变换工艺，低温甲醇洗装置采用中石化宁波工程公司自主设计的一酸性气体脱除工艺，液氮洗装置采用上海国际化建工程咨询公司独立开发的液氮洗专有技术，一氧化碳深冷分离装置采用法国液化空气集团公司开发的深冷分离技术，PSA 制氢装置采用北大先锋开发的变压吸附提氢技术，硫回收装置采用 C-C 两段发克劳斯技术。

合成装置采用瑞士 Casale 公司开发的氨合成专利技术，配套建设有氨压缩装置、氨合成装置、氨冷冻装置以及液氨储存罐区。

尿素装置采用意大利 Snamprogetti 氨汽提法尿素合成专利技术，配套建设有尿素合成装置、尿素造粒装置、尿素后处理装置以及尿素输送包装装置。

截至 2018 年，各装置运行平稳，但根据市场需求，只能以销总产，历年产品产量及煤炭转化量见表 8-4-12。

表 8-4-12 2016—2018 年亿鼎生态农业开发公司产品产量及煤炭转化量表

万吨

年份	2016	2017	2018	合计
产品产量	48.3	55.0	56.5	159.8
煤炭转化量	222.81	241.40	255.03	719.24

二、中煤煤制合成氨、尿素项目

中煤煤制合成氨、尿素项目位于鄂尔多斯市乌审旗图克镇图克工业园区，由中煤鄂尔多斯能源化工有限公司建设经营。

2009 年 9 月 18 日，内蒙古自治区发改委以内发改工字〔2009〕2137 号文件对中煤鄂尔多斯能源化工有限公司年产200 万吨合成氨 350 万吨尿素项目（一期100 万吨/年合成氨 175 万吨/尿素）予以备案许可。项目设计年产 100 万吨合成氨、175 万吨尿素、10 万吨液化甲烷，以及 5 万吨煤蒸浮选剂、粗品酚、混合硫铵等产品，采用两套 50/80 合成氨尿素装置，生产大颗粒尿素。项目于 2011 年 8 月 4 日开工建设。2014 年 2 月 1 日竣工投产，实际完成建设投资 99. 67 亿元。

该项目主要生产工艺包括煤气化、煤气净化、氨合成、尿素生产等工艺流程。

煤气化：从输煤系统来的 5~50 毫米的碎原料煤送至气化炉上部煤锁进入气化炉，汽化剂（蒸汽和氧气的混合物）经气化炉下部的喷嘴进入气化炉，反应生成粗煤气（CO、CO_2、H_2 等），粗煤气再经洗涤除尘后送至变换工序。

煤气净化：粗煤气中 CO 在变换催化剂作用下与 H_2O 反应生成 CO_2 和 H_2；再经低温甲醇洗脱硫脱碳、液氮洗精制，精制气配氮使氢氮比达到 3：1 而成为合成气。

氨合成：合成气经压缩机升压至15. 0 兆帕后送入氨合成系统，在催化剂作用下生成合成氨，再经冷冻系统而成为液氨。

由尿素生产：液氨和来自低温甲醇洗的 CO_2 送往尿素装置，在高压下反应生成尿素溶液，再经大颗粒装置制粒后，送尿素包装存储及外售。

该项目从投料试车成功至 2018 年，各装置一直保持安全、稳定、长周期、满负荷运行。历年产品产量及煤炭转化量见表 8-4-13。

表 8-4-13 2014—2018 年中煤鄂尔多斯能源化工公司产品产量及煤炭转化量表

万吨

年份	2014	2015	2016	2017	2018	合计
产品产量	82. 78	169. 67	185. 55	199. 57	183. 93	821. 5
煤炭转化量	169	249. 24	270. 49	288. 48	254. 82	1232. 03

三、博大煤制合成氨、尿素项目

博大煤制合成氨、尿素项目位于鄂尔多斯市乌审旗纳林河工业园区，由内蒙古博大实地化学有限公司建设经营。

2019 年 9 月 15 日，内蒙古自治区发改委以内发改工字〔2009〕2013 号文件对内蒙古博大实地化学有限公司年产 50 万吨合成氨、80 万吨尿素项目予以备案许可。项目于 2010 年 3 月开工建设，2014 年 1 月竣工投产，实际完成建设投资 54 亿元。

该项目生产装置包括空气分离装置、煤气化装置、一氧化碳变换系统、酸性气体、脱除系统、液氮洗（转气体制）系统、氨合成系统、尿素合成装置及辅助系统、公用工程系统等。主要生产工艺是：空气分离装置采用美国 AP 公司的深冷技术，煤气化装置采用多元料浆气化技术，一氧化碳变换采用耐硫变换工艺，酸性气体、脱除采用低温甲醇洗工艺，气体精制采用液氮洗工艺，氨合成采用低压合成技术，硫回收采用三级芬克斯硫回收工艺，尿素装置采用荷兰专制商 Stamicarbon 公司的2000+超优 CO_2 汽提工艺技术等。生产过程实现了自动控制、自动报警、产品追溯，使生产现场透明化和数据化，工业电视监控系统对生产作业状态适时监控。

截至 2018 年，各装置实现了安全、稳定、长周期、满负荷、优质运行。历年产品产量及煤炭转化量见表 8-4-14。

表 8-4-14　2014—2018 年博大实地化学公司产品产量及煤炭转化量表　　万吨

年份	2014	2015	2016	2017	2018	合计
产品产量	54. 40	93. 34	97. 47	94. 83	97. 56	437. 6
煤炭转化量	97. 61	126. 28	124. 23	118. 87	123. 14	590. 13

四、天润煤制合成氨、尿素项目

天润煤制合成氨、尿素项目位于鄂尔多斯市准格尔旗大路工业园区，由内蒙古天润化肥股份有限公司建设经营。

2005 年 8 月 5 日，内蒙古自治区发改委以内发改工字〔2005〕1070 号文件对内蒙古天润化肥股份有限公司年产 30 万吨合成氨、52 万吨尿素项目予以备案许可。项目于2009 年开建设，2013 年 11 月 3 日竣工投产，实际完成建设投资 32 亿元。

该项目是内蒙古西部第一家以煤为原料的单套装置生产能力在 50 万吨/年以上的大型坑口尿素厂，工艺设备采用世界先进的水煤浆气化技术，整体技术水平达到国际领先地位。截至 2018 年，装置实现了“安、稳、长、满、优”的运行效果。历年产品产量及煤炭转化量见表 8-4-15。

表 8-4-15　2013—2018 年博大实地化学公司产品产量及煤炭转化量表　　万吨

年份	2013	2014	2015	2016	2017	2018	合计
产品产量	6. 57	44. 62	14. 91	44. 27	56. 41	60. 17	226. 95
煤炭转化量	6. 57	44. 62	9. 56	75. 63	92. 53	97. 43	275. 15

第四节　煤 制 烯 烃

一、中天合创煤制烯烃项目

中天合创煤制烯烃项目位于鄂尔多斯市乌审旗图克工业园区，由中国中煤能源股份有限公司、中国石化长城能源化工有限公司、申能股份有限公司、内蒙古满世煤炭集团股份有限公司共同出资（分别占股 38. 75%、38. 75%、12. 5%、10%）组建的中天合创能源有限责任公司建设经营。

2013 年初，内蒙古自治区发改委以内发改产业字〔2013〕851 号文件对中天合创鄂尔多斯煤炭深加工示范项目（煤制甲醇、二甲醚）予以备案许可，同年 4 月开工建设。建设初期，通过深入市场调研和论证，烯烃产品的市场前景优于二甲醚产品。因此，将项目建设方案进行了调整，变更为300万吨/年甲醇装置和137万吨/年聚烯烃装置，并将方案变更上报内蒙古自治区发改委。2017年，内蒙古自治区发改委以内发改产业字〔2017〕229号文件予以备案许可。

中天合创煤制烯烃项目是国内已建成的最大规模煤化工装置，是当时世界上最大的煤制烯烃项目。主要生产装置包括6套82000标准立方米/时制氧能力的空分装置、14台处理能力为1500吨/天的煤气化炉、4套净化装置及2套合成装置、3套聚乙烯装置和2套聚丙烯装置、6台超高压煤粉锅炉、2台超高压抽凝机组和1台超高压背庄机组等热电联产装置，以及配套的铁路专用线、长输水管线、水处理、工业分析、罐区、储运等辅助生产装置及设施。引进美国GE公司水煤浆气化技术，鲁奇公司甲醇合成、S-MTO、ST环管法聚丙烯、lneos气相聚丙烯、ExxonMobi釜式和管式高压聚乙烯、ST线性聚乙烯技，德国林德低温甲醇洗净化技术以及中石化耐硫CO变换等专利技术，主要工艺及设备技术水平处于当今世界前列。

2017年4月27日，中天合创360万吨/年甲醇（中间产品）137万吨/年聚烯烃项目中的核心装置管式聚乙烯装置投料试车一次成功；8月6日，釜式聚乙烯装置投料试车一次成功；8月17日，打通全流程，产出合格的乙烯和丙烯产品，该项目正式建成投入运行，实际完成建设投资410.3亿元。

截至2018年，中天合创煤制烯烃项目的产品有乙烯、丙烯、丙烷、甲基叔丁基醚、粗丁烷、重烯烃、1-丁烯、混合C4、硫磺、甲醇、氧（液化的）、氮（液化的）。从打通全流程至2018年底，完成产品产量160.67万吨，转化煤炭118万吨。

二、久泰聚烯烃项目

久泰聚烯烃项目位于鄂尔多斯市准格尔旗大路煤化工基地，由久泰能源准格尔有限公司建设经营。

2012年1月18日，内蒙古自治区发改委以内发改产业字〔2012〕108号文件对久泰能源（准格尔）有限公司60万吨/年聚烯烃项目予以备案许可。项目于2013年3月开工建设，到2018年底，工程建设进入收尾阶段，累计完成投资82.8亿元。

该项目以大路煤化工基地生产的煤制甲醇为原料，采用美国UOP公司MTO技术、KBR前脱丙烷分离技术及陶氏化学UNIPOL聚丙烯技术，建成后可年产25万吨聚乙烯、35万吨聚丙烯、6万吨丁二烯、2.5万吨丁烯-1、16.8万吨油品和液化石油气，为当地的煤炭转化起到了拉动作用。

第九篇
经营管理

新中国成立初期，伊克昭盟地区煤矿在计划经济体制下，长期以来一直是单纯生产、单一产品、单一经营，用人多、效益低，经营管理方法粗放，多数煤矿严重亏损，只能维持简单再生产。

1961年，中共伊克昭盟盟委、盟行政公署认真贯彻中共中央提出的“调整、巩固、充实、提高”的八字方针和《国营工业企业工作条例（草案)》，针对各煤矿经营管理方面存在的问题，进行了全面整顿，加强了计划、劳动、财务、供应等方面的管理工作。

1978年，党的十一届三中全会以后，一切经济工作转入以提高经济效益为中心的轨道。伊克昭盟各煤矿控制投入，增加产出，搞活销售，降低储备，开始由单纯生产型向生产经营转变。1982年，按照中共中央2号文件精神，各煤矿先后开展了劳动组织、劳动纪律、财经纪律等经营管理方面的整顿，改进了企业管理，提高了企业素质。1984年，伊克昭盟贯彻执行《中共中央关于经济体制改革的决定》精神，以简政、放权、开放、搞活为主要内容，进行煤炭企业管理改革，引入竞争机制，用经济手段管理企业，经营管理制度不断完善。1987年7月30日，中共伊克昭盟盟委、行政公署下发了《关于国营企业实行承包经营责任制的若干规定(试行)》，本着所有权与经营权适当分离，国家、集体、企业和个人利益相统一的原则，对煤炭企业实行了包上缴利润、包企业进步、包资产增值，工资总额同企业经济效益挂钩“三包一挂钩”的三年经营承包责任制。1990年3月7日，中共伊克昭盟盟委、行政公署下发了《关于稳定、完善全民所有制企业承包经营责任制的若干规定》，要求实行承包到期的企业，在认真总结经验的基础上进行新一轮承包。未实行承包经营而具备承包条件的企业要尽快进行承包。承包期限为3~5年。在全盟全民所有制企业中全面推行了承包经营责任制。

20世纪90年代，伊克昭盟煤炭工业管理局认真落实国务院《全民所有制企业转换经营机制条例》，坚持深化企业改革与强化企业管理相结合，落实企业享有的生产经营决策权、产品劳务定价权、产品营销权和物资采购权、投资决策权、资金支配权、联营、兼并权、劳动用工权、人事管理权和工资奖金分配权，进行了计划、统计、劳动人事，分配制度、财务和运销管理等方面的配套改革，企业逐步适应市场要求，自主经营、自负盈亏、自我发展、自我约束，商品生产和经营单位，实现了责、权、利的统一。进入21世纪以后，为加强对煤炭经营的管理，国家相继出台了《煤炭经营管理办法》《煤炭生产经营管理办法》等，为鄂尔多斯市煤矿经营管理提供了政策和法规方面的保障。其间，随着神东煤炭集团公司、准格尔能源公司等中央企业及大型国有煤炭企业进驻鄂尔多斯进行煤炭开采，不仅为本地区带来了先进的生产技术，而且引入了科学的经营管理理念和机制与方法。鄂尔多斯地区煤矿立足自身优势，以追求数量、质量、规模、结构和效益的统一为目标，紧紧围绕理念创新、模式转变、动力转换，走低成本扩张，内涵式发展的路子，深化劳动、人事、分配三项制度改革，推动经营机制和营销模式的创新，促进了全市煤炭产业的快速发展，实现了由生产型向生产经营型、质量效益型、清洁能源型的转变。

第一章 关井压产与兼并重组

第一节 关 井 压 产

“七五”期间，鄂尔多斯地区的煤炭开采走出了一条“国家修路、群众办矿，国家、集体、个人一齐上”的道路。短短3年时间，小煤矿（窑）星罗棋布，无序开挖，形成了大小不一、数以千计的小煤窑群。小煤窑的泛滥，对矿区资源造成严重破坏，影响了矿区规模化开发。

1998年10月7日，内蒙古自治区人民政府根据国务院的统一部署，下发《关于在全区范围内开展煤矿关井压产工作的通知》，根据国家下达的关井任务，自治区政府划定了关闭、停产整顿非法和布局不合理煤矿的工作范围，对布局不合理、影响国有煤矿发展的各类小煤矿实行关闭。

1999年12月3日，内蒙古自治区人民政府办公厅下发《在全区范围内开展煤矿关井压产工作的补充通知》，规定对应予取缔和关闭的各类煤矿，全区各级铁路交通部门不得为其提供运输条件；煤炭供销部门不得购销其所产煤炭；供电部门不予为其供电，其他单位不予转供电；金融机构不予为其开设账户或提供贷款；火工品供应部门不得为其提供火工产品；对应取缔和关闭的各类煤矿收缴证照，摧毁地面设施、封填井口，立碑警示，拍照存档，做到“三不留、一闭毁”，并将关闭矿井登记造册，分送地矿、煤炭、公安、工商等部门，对采矿许可证、煤炭生产许可证、煤矿安全生产许可证、火工品储运证、工商营业执照等予以吊销或注销。

同年，内蒙古自治区煤炭关井压产工作协调领导小组下发《关于内蒙古自治区西部三盟市重点地区煤矿关井压产工作实施方案》，将伊克昭盟作为自治区关井压产的重点地区。伊克昭盟行政公署根据实施方案的要求，成立了由一名副盟长任组长，盟煤炭工业管理局局长、地矿局局长、任副组长，盟计委、经贸委、劳动局、监察厅、环保局、公安局、工商局、土地局、乡镇企业局、交通局等部门为成员单位的关井压产工作领导小组，所辖各旗市也成立了相应的领导机构，统一领导关井压产工作。伊克昭盟及旗市关井压产工作领导小组多次召开会议，部署落实国务院提出的煤炭行业实行“下放、关井、监管”政策和自治区煤炭工业工作会议精神，与各旗市主要领导签订了《关井压产责任状》，并列入各级政府责任目标的主要考核内容。

从1999年4月起，关井压产工作进入攻坚阶段。伊克昭盟行政公署转发了《内蒙古自治区煤炭管理暂行规定》，在全盟范围内对煤炭经营秩序进行整顿，并成立了专门机构，制定实施方案。在关井压产的同时，积极组织落实整顿煤炭秩序工作，形成了综合治理的高压态势，取缔了非法经营的煤炭企业。一些小煤矿业主主动撤出设备，配合政府关闭井口。证照不全的煤炭企业主动申请办理了应有的证照。

其间，根据国家煤炭行业关井压产领导小组办公室关井办字〔1999〕10号文件要求，伊克昭盟分期分批对关闭的矿井名单在《鄂尔多斯日报》上进行公告，保证了关井压产工作的公开性和民主性，广泛接受社会各界及广大群众对政府的监督。

2000 年 3 月，内蒙古自治区关井压产领导小组对伊克昭盟关井压产工作进行了验收。关井、压产、总量控制三项指标，均完成了国家和自治区下达的计划目标，并顺利通过了国家关井压产领导小组组织的阶段性验收。在关井压产中，伊克昭盟关闭矿井 787 座，其中吊销许可证 20 座。

2003 年，鄂尔多斯市煤矿由过去的 1901 座关闭整合为 552 座，总的年设计能力为 4880 万吨，关井压产取得了阶段性成果。

2005 年 8 月，全国人大常委会、国务院确定了“争取用三年左右的时间解决小煤矿问题”的战略部署。国务院先后印发了《国务院关于全面整顿和规范矿产资源开发秩序的通知》《国务院办公厅关于坚决整顿关闭不具备安全生产条件和非法煤矿的紧急通知》等文件。同年 11 月，为贯彻落实文件精神，内蒙古自治区人民政府下发《煤矿整顿关闭工作实施方案》，提出“安全第一、淘汰落后、整合重组、综合治理”的原则，结合自治区煤矿资源赋存、布局和矿区双回路供电系统规划等实际情况，按照“分类指导、分批实施”的要求，将全区未达到安全生产条件的煤矿，划分为停产整顿、关闭取缔、整合技改三类，并明确了范围和标准。

鄂尔多斯市人民政府按照内蒙古自治区人民政府确定的煤矿整顿关闭工作目标和取缔关闭标准和要求，成立了由 1 名副市长为组长，市政府副秘书长、市工业办主任、煤矿安全监察局局长为副组长，工业办、煤炭局、煤矿安全监察局、国土资源局、工商局、公安局、监察局等部门为成员单位的整顿关闭工作领导小组，明确了工作职责，落实了工作责任制。各旗区同时成立了相应的领导小组。

同年 11 月，鄂尔多斯市人民政府按照内蒙古自治区人民政府《煤矿整顿关闭工作实施方案》，提出了今后全市煤矿整顿关闭工作的具体要求，对未取得采矿许可证的非法煤矿、超层越界开采煤矿、非法违法煤矿依法吊扣营业执照。对关闭煤矿注销爆炸物品使用许可证和储存证、停止供应火工用品、切断关闭矿井的电源，对停产整顿的矿井，按整改方案限量提供火工品和限量供电。各旗区电力部门及时会同煤炭管理、煤矿安全监管等部门和煤矿安全监察机构，制定落实双回路供电系统实施方案。

鄂尔多斯人民政府结合各地实际，制定了《煤矿整顿关闭责任书》，明确了各地关闭煤矿的明细、时限、标准和奖罚措施。各旗区政府根据责任书要求，进一步细化了本地区的煤矿整顿关闭工作方案，将关闭煤矿任务逐级分解到基层，落实到具体煤矿和具体责任人。

2006 年，鄂尔多斯市政府把煤矿整顿关闭工作纳入旗区安全生产考核中，作为对主要领导和班子成员的考核内容。同时，对有关职能实行分片包干、责任到人，将整顿关闭任务，由经委、煤炭、国土、监察主要领导分片包干、明确责任。组织了 2000 余人的队伍对煤炭生产和经营秩序进行监管。

2007—2009 年，内蒙古自治区进一步强化了小煤矿正常退出机制，对资源枯竭、开采技术落后、安全保障程度差的煤矿，加快淘汰关闭；对不能按批准的设计工期完成资源整合技术改造项目工程的，依法实施关闭；对未在规定时限内达到安全质量标准化要求的，依法实施关闭；对发生3人以上死亡事故，依法实施关闭。这四项政策措施，有力地促进了鄂尔多斯小煤矿的淘汰关闭工作，为在“十一五”末淘汰关闭年生产30万吨以下的小煤矿奠定了基础。2007年，鄂尔多斯市煤矿总设计生产能力达到15000万吨，资源采出率由整合技改前的不到30%提高到70%以上。地方煤矿资源采出率由整顿关闭前的不足30%提高到75%以上。机械化程度由整顿关闭前的不足10%提高到65%以上。采煤工效由整顿关闭前的平均2.5吨/工提高到15吨/工。煤矿生产规模由整顿关闭前的9万吨/年提高到54万吨/年以上。伊泰、汇能、伊东、满世等大型地方煤炭企业集团的一些骨干矿井单井设计生产能力达300万吨/年以上。

2010年，鄂尔多斯市煤炭局根据市人民政府2009年第12次常务会议制定的产业优化升级、淘汰落后产能的目标，按照“政府主导、企业自主、升级改造、到期退出”的原则，对涉及产业升级改造的91座地方煤矿全部变更为露天开采或综合机械化开采，到期末完成的，一律关闭。通过一年的整合技改，在91座煤矿中对9座实施了关闭，14座被二次整合，2座保留当前开采方式。66座产业升级煤矿中通过竣工验收的2座，具备试运转条件的12座，采用特殊采煤方法的4座，其余煤矿均按要求加快了产业升级技术改造工作。

第二节 兼并重组

20世纪90年代末，内蒙古自治区党委、政府确定伊克昭盟为资源整合重点地区。伊克昭盟以此为契机，开展了以煤炭资源整合为手段，实施采煤方法改革、提高煤矿资源采出率、实行机械化采煤的三年攻坚战，采取股份、兼并、收购等方式将小煤矿全部整合为大中型煤矿。在鄂尔多斯市政府鼓励煤矿企业积极投资政策的激励下，整合后的井工煤矿全部进行了采煤方法改革，采用了综采先进工艺，提高了生产规模、资源采出率和技术装备水平。伊克昭盟在关井压产的同时，坚持以并为主、关并结合、以强并弱、以大并小、股份合作、保障安全的原则，对具备资源整合条件的煤矿实行兼并。截至2006年，地方煤矿数量由整合前的552座减少到276座，减幅达50%；设计生产能力由4880万吨/年提高到14700万吨/年；整合技改后的资源采出率由整合技改前的不到30%达到整合技改后的70%以上。

2010年8月，国务院下发《国务院关于促进企业兼并重组的意见》。内蒙古自治区人民政府印发《关于煤炭企业兼并重组工作方案的通知》，提出从2011年开始，拟利用3年时间，对全区现有地方煤炭企业实施兼并重组。通过政策引导、政府推动、企业自愿、市场运作的模式，地方煤炭生产企业数量由353户减少到80~100户；煤炭企业最低生产规模由30万吨/年提高到120万吨/年。其中，鄂尔多斯市煤炭企业由211户减少至58户以内。按照国务院的要求和内蒙古自治区兼并重组工作方案，鄂尔多斯市人民政府坚持集约发展、规划先行、市场化运作、积极稳妥和安全生产的原则，以资源为基础，以资产为纽带，以股份制为主要方式，通过并购、转让、联合、控股等多种有效形式，开展煤炭生产企业兼并重组。煤炭企业兼并重组主要由兼并主体兼并其他企业，鼓励大型煤炭企业联合重组。兼并重组后，新形成的煤炭企业实现资源、资本、生产、安全、经营、组织等方面的高度有机统一。鼓励区域内跨地区兼并重组，严禁设置地区障碍，兼并主体在备兼并对象原注册地设立子公司。

2011 年，为保证煤炭企业兼并重组工作的稳步推进，鄂尔多斯市人民政府成立了煤炭企业兼并重组领导小组，负责全市煤炭企业兼并重组领导工作。领导小组下设办公室，办公室设在市煤炭局，负责领导小组的日常工作。明确规定市人民政府主要负责人是本市煤炭企业兼并重组工作的第一责任人。兼并重组工作以市人民政府为责任主体，决策本行政区域内煤炭企业兼并重组的业主选择及重组方案确定。

2012 年后，鄂尔多斯市根据内蒙古自治区人民政府为兼并重组制定的煤炭行业准入、提升生产水平、铁路运力、资源配置、财税政策、投融资、退出机制、安全生产 8 项支持性政策措施，制定了兼并重组工作方案，全市共有 149 户企业、280 座煤矿参与兼并重组。鄂尔多斯市煤炭局充分发挥行业管理和监督作用，持续加大煤炭企业兼并重组的推进力度，兼并重组保留的 42 户主体企业全部确定，并经内蒙古自治区煤炭企业兼并重组领导小组办公室备案。兼并重组协议全部签订完毕，并办理了主体接管，手续变更等相关手续。

2014—2015 年，鄂尔多斯市煤炭企业兼并重组验收备案企业见表 9-1-1。

表 9-1-1　2014—2015 年鄂尔多斯市煤炭企业兼并重组验收备案企业一览表

主体企业	被兼并企业	兼并方式	备案时间
内蒙古伊泰集团	鄂尔多斯市东达煤炭有限责任公司萨尾巴精煤二矿	全资收购	2014 年 11 月
内蒙古恒东能源集团有限责任公司	准格尔旗阳堡渠煤炭有限责任公司、鄂尔多斯市白家梁煤矿、内蒙古宇生能源有限责任公司宏亚煤矿、准格尔旗路鑫聚煤炭有限责任公司煤矿	全资收购 股权转让	2014 年 12 月
内蒙古特弘煤电集团有限责任公司	准格尔旗协华煤炭有限责任公司	全资收购	2014 年 12 月
亿利资源集团有限公司	鄂托克旗宏斌煤矿	全资收购	2014 年 12 月
内蒙古嘉烨煤业有限责任公司	达拉特旗树林召兴恒煤矿	全资收购	2014 年 12 月
鄂尔多斯市乌兰煤炭有限责任公司	鄂尔多斯市荣恒矿业有限责任公司	全资收购	2014 年 12 月
内蒙古广纳（集团）有限责任公司	鄂托克旗久丰矿业有限责任公司（煤矿）	全资收购	2015 年 1 月
内蒙古特弘煤电集团有限责任公司	准格尔旗羊市塔乡乌拉素煤炭有限责任公司	股权转让	2015 年 3 月
内蒙古双欣能源化工有限公司	乌海市蒙港投资有限公司、蒙港公司全资子公司乌海市天裕工贸有限公司煤矿、蒙港公司全资子公司乌海市天誉煤炭有限责任公司煤矿、准格尔旗鸿鑫纳户沟煤炭有限责任公司煤矿	全资收购 股权转让	2015 年 3 月
内蒙古棋盘井矿业有限责任公司	内蒙古神隆矿业有限公司、鄂托克旗荣兴西来峰煤矿、弘业集团内蒙古宝丰煤矿有限责任公司	全资收购	2015 年 8 月

第三节 化 解 产 能

2016 年 2 月 1 日，国务院下发了《国务院关于煤炭行业化解过剩产能实现脱困发展的意见》，划定了有序退出过剩产能的煤矿范围。在安全方面，煤与瓦斯突出、水文地质条件极其复杂、具有强冲击地压等灾害隐患严重，且在现有技术条件下难以有效防治的煤矿；开采深度超过《煤矿安全规程》规定的煤矿；达不到安全质量标准化三级的煤矿。在质量和环保方面，产品质量达不到《商品煤质量管理暂行办法》要求的煤矿；开采范围与依法划定、需特别保护的相关环境敏感区重叠的煤矿。在技术和资源规模方面，非机械化开采的煤矿；晋、蒙、陕、宁 4 个地区产能小于 60 万吨/年的煤矿；开采技术和装备列入《煤炭生产技术与装备政策导向（2014 年版）》限制目录且无法实施技术改造的煤矿；与大型煤矿井田平面投影重叠的煤矿。其他方面，长期亏损、资不抵债的煤矿；长期停产、停建的煤矿；资源枯竭、资源赋存条件差的煤矿；不承担社会责任、长期欠缴税款和社会保障费用的煤矿；其他自愿退出的煤矿。

按照国务院《关于煤炭行业化解过剩产能实现脱困发展的意见》要求，鄂尔多斯市把化解煤炭过剩产能工作列入议事日程，成立了由市长任组长、分管副市长任常务副组长，相关市直部门及旗区部门为成员的煤炭企业化解过剩产能工作领导小组，对煤炭产能进行全面摸底调查，分类建立台账，经市政府常务会议和市委常委会议研究，制定了化解煤炭过剩产能工作方案，细化分解工作任务，明确退出规模、清单和时间表，把化解过剩产能落实到每一个地区、企业、项目和责任人。同时建立推进协调机制，积极筹措配套资金，加大监督检查力度，严格考核奖惩，确保各项工作落到了实处。

2016 年，对照国务院化解过剩产能工作意见，鄂尔多斯市计划 5 年内有序引导退出设计产能 60 万吨以下的 22 座煤矿，核定产能 735 万吨/年。其中，井工煤矿 12 座，核定产能 495 万吨/年；露天煤矿 8 座，核定产能 240 万吨/年，另外 2 座煤矿（丰荣煤矿和龙泰煤矿合计产能 60 万吨/年）因采矿许可证到期，不在去产能范围。同时，引导其他煤矿自愿退出，并列入计划。计划内 20 座煤矿除兰太煤矿为中盐控股外，其余均属地方民营企业，涉及职工人数 1069 人，其中合同用工 790 人，劳务派遣 279 人。2015 年底资产总额 49.8 亿元，总负债 33.6 亿元，其中银行贷款 13.6 亿元。鄂尔多斯市对这些煤矿全部明确了退出时限。在 2016—2018 年攻坚期退出煤矿 6 座，产能 180 万吨/年。

鄂尔多斯市采取三条措施，引导煤矿有序退出：争取奖补政策，引导服务年限不足 5 年的有序退出；引导与新建煤矿进行产能置换，由新建煤矿给予其一定的经济补偿或参股经营；引导其与相邻保留煤矿整合，将剩余资源划转给保留煤矿，由保留煤矿给予补偿或参股经营。按照目标责任状和内蒙古自治区经信委《关于调整 2016 年退出煤矿的通知》要求，2016 年，鄂尔多斯市引导退出煤矿 1 座，退出产能 30 万吨/年。退出煤矿为鄂托克旗夏电矿业有限公司露天煤矿。境内中央企业关闭矿井 2 座，分别为神华唐公沟煤矿，退出产能 150 万吨/年；北联电吴四圪堵煤矿，退出产能 240 万吨/年。

2017 年，鄂尔多斯市退出煤矿 7 座（5 座井工、2 座露天），总产能共计 495 万吨/年，广纳煤矿和阿尔巴斯一矿作为去产能矿井共计 75 万吨/年，其余 5 座为自愿退出。其中，实施产能置换的 4 座，共计产能 330 万吨/年；享受去产能奖补资金的煤矿 3 座，共计产能 165 万吨/年。

2018 年，鄂尔多斯市退出煤矿 5 座，退产能 420 万吨/年。其中，列入 2018 年煤炭去产能任务指标的为达拉特旗通瑞煤矿（核定产能 30 万吨/年）；鄂托克旗君平煤矿（核定产能 30 万吨/年）；用于产能置换关闭退出的矿井有 3 座，分别为汇能集团泰山煤矿（核定产能 180 万吨/年）和新庙富安煤矿（核定产能 120 万吨/年），关闭退出后用于长滩煤矿的产能指标置换；鄂托克旗星光集团华泰煤矿（核定产能 60 万吨/年）关闭退出后用于伊泰集团酸刺沟煤矿的产能核增置换。5 座煤矿均于 2018 年底通过内蒙古自治区化解过剩产能领导小组办公室验收。

2016—2018 年，鄂尔多斯市累计完成去产能任务退出煤矿 15 座，共计化解产能 1335 万吨/年。剩余 15 座煤矿总产能 570 万吨/年（不包括采矿证过期的丰荣和华泰，这两座煤矿不允许实施去产能工作，将按照自然关闭进行验收）。剩余产能 60 万吨/年以下煤矿将于“十三五”末，按照“关闭一批、兼并重组一批、少量保留一批”的原则陆续完成去产能任务。

第二章　计划与统计

第一节　机　　构

新中国成立后，国家对国民经济发展实行高度集中的计划管理体制，伊克昭盟地区的煤炭工业纳入国家计划管理。1953 年 12 月，伊克昭盟成立计划委员会，下设计划科和统计科，负责本地区煤炭工业的计划管理和统计工作。

1955 年，伊克昭盟工业处成立，负责全盟的煤炭工业管理，下设专职机构，负责制定煤炭工业发展规划、计划和统计工作。

1956 年 6 月成立伊克昭盟统计处，1958 年撤销，1962 年 12 月恢复建制，正式单独成立伊克昭盟统计局。1966 年 4 月，统计局撤销，统计业务重新划归伊克昭盟计划委员。1996 年，统计业务与计划委员会彻底分离，重新恢复伊克昭盟统计局建制。

1987 年 1 月，成立伊克昭盟煤炭工业管理处。1991 年 7 月，更名为伊克昭盟煤炭工业管理局，下设规划运行科，负责煤炭生产开发规划的组织拟定和实施工作，提出煤炭经济运行规划和年度调控指标，负责煤炭行业统计工作。

2001 年，伊克昭盟撤盟设市以后，历经多次改革，鄂尔多斯市煤炭工业的计划与统计工作由市政府下设的发展和改革委员会、煤炭局、统计局依据业务范围共同负责。各旗（区）的计划、统计机构随着盟（市）不同时期的机构改革而调整。

截至 2018 年，鄂尔多斯所有煤炭企业分别健全了计划、统计机构，负责本企业的战略规划、中长期规划、建设改造计划、生产经营计划、专项资金计划的编制与下达；负责建设与改造项目、生产经营的统计工作，并负责对下属单位计划、统计业务进行指导和基本建设项目的前期管理。至此，鄂尔多斯煤炭工业的计划与统计工作形成了“统一领导、分级负责”的管理格局。

第二节 计 划

一、计划编制

1949—1978年，在国家计划经济体制时期，伊克昭盟的煤炭行业按照国家指令性计划开展工作。

1979年，随着国家计划经济体制逐步向社会主义市场经济体制转轨和“调整、改革，整顿、提高”八字方针的贯彻执行，伊克昭盟计划工作的重心逐渐开始转变。1984年7月，伊克昭盟计划处提出了计划工作的六大转变，即从把精力花在研究指标转向研究经济和社会发展的战略；从年度计划为主转向中长期计划为主；从单纯性指令性计划转向指令性、指导性计划于市场调节相结合；从片面追求数量指标转向重视质量指标；从以速度为中心转向以经济效益为中心；从单纯的定指标、分投资、分物资、应付日常事务转向调查研究，制定宏观经济决策战略；从单纯的纵向经济转向纵横相结合的经济。

“五五”计划后期，国家有关部委为解决工业能源问题，组织调查各地区煤炭资源赋存情况，伊克昭盟富集的煤炭资源引起社会广泛关注。“六五”计划开始，国家煤炭工业向中西部转移的战略方针初步形成。“七五”计划时期，煤炭工业部将伊克昭盟东胜煤田和准格尔煤田的开发列入规划，煤矿建设采取“大中小矿井建设相结合，以中小型为主，对大型露天矿采取分期建设”的方针。伊克昭盟行政公署抢抓机遇，不失时机地编制加快建设中小型地方煤矿的发展规划。

1987年以后，煤矿生产经营自主权逐步增强，伊克昭盟煤矿由盟行政公署会同煤矿行业管理部门制定煤炭行业发展总体规划，各煤矿根据总体规划分别制定符合本煤矿发展的各类计划。

1988年，伊克昭盟煤炭工业管理处上报《全盟煤炭行业“三个奋斗目标”规划方案的报告》。规划方案依据国家修路，地方办矿的原则，对各煤田统一规划，分级管理，采取“群采”“联办”等形式进行煤炭资源开发，根据资源储量，时有生产能力作为“七五”规划基数。“七五”期间，准格尔煤田重点建设龙王沟45万吨/年矿井，沙梁井45万吨/年矿井，唐公塔一、二号各60万吨/年矿井。东胜煤田“七五”期间重点建设马家塔60万吨/年东露天煤矿、马家塔一号60万吨/年斜井、武家塔60万吨/年露天煤矿、乌兰木伦30万吨/年煤矿、后补连30万吨/年露天煤矿。西桌子山煤田重点建设鄂托克旗经济委员会新建的库里忽沙图15万吨/年矿井、棋盘井煤矿扩建的西来峰15万吨/年矿井。矿建资金通过国家投资和地方集资的方式筹集。同年编制的《东胜煤田经济区国土综合考察报告》，对东胜煤田的主要建设项目和配套项目进行系统的计划安排，并着手开始对准格尔煤田配套项目的调研、考察和规划工作。

1991年，伊克昭盟盟委编制《伊克昭盟乡镇煤矿基本情况调查及“八五”期间乡镇煤矿发展规划》，提出“八五”期间规划建设好20个重点产煤乡，改造和扩建重点乡镇煤矿48个，投资总概算5245万元，年生产能力达390万吨。

同年，伊克昭盟煤炭工业管理局编制完成《伊克昭盟地方煤炭工业发展十年规划和“八五”计划》，提出“八五”期间和今后十年全盟地方煤炭工业发展的基本任务是：依靠科技进步，开发利用煤炭资源，围绕国家对准格尔和东胜两大煤田的开发建设，进行地方国营煤矿的改造、配套、矿井标准化建设工作，有计划地分期、分批改造一批骨干乡镇煤矿发展布局，结合全盟各地煤炭资源的特征，各有侧重，形成电煤及其他工业用煤、商品煤、民用煤、煤焦化四个基地。把地方煤炭工业以及建材、化工等相关产业的发展，作为带动地方经济发展的主要战略之一。在扩大煤炭外运能力的同时，把重点放在煤炭的就地转化、加工增值和综合利用上，提高地方煤矿技术管理和综合水平。基本任务和主要奋斗目标为，到“八五”期末的1995年，全盟地方煤矿原煤产量达到1530万吨，比1990年增加519万吨，年平均增长13%；焦炭产量达到50万吨；全盟煤炭工业产值（按1990年不变价格计算）达到61355万元，比1990年增加31459万元，年平均增长16%。地方煤矿安全生产百万吨死亡率考核指标为0.45，奋斗指标为0.4。到2000年，全盟地方煤矿原煤产量达到1550万吨，比1990年增加939万吨，年平均增长9.8%；焦炭产量达到70万吨：全盟煤炭工业产值（按1990年不变价格计算）达到84757万元，比1990年增加54861万元，年平均增长11%。

1992年，伊克昭盟编制《伊克昭盟地方煤矿重点建设计划》《重点乡镇煤矿（厂）改造计划》《东胜煤田南部区商品（出口）煤基地初步规划方案》。

1993年，伊克昭盟行政公署下达《伊克昭盟1993年国民经济和社会发展计划（草案）》，提出抓紧建设东胜市碾盘梁、准格尔旗唐公塔和伊金霍洛旗霍洛湾煤矿。对现有乡镇煤矿改造的同时，新开工建设10个年产10万吨规模的乡镇煤矿。尽快建设唐公塔集装站和洗煤厂，并抓好出口煤基地的规划和建设。是年，原煤产量要达到850万吨以上。集中抓好煤化工、天然气化工的选项调研。

同年，伊克昭盟行政公署印发《伊克昭盟国民经济和社会发展第八个五年计划调整意见》，提出要在统一规划、合理布局的前提下，坚持统配与地方并重的原则，加快、加大地方煤矿建设，加快地方优质煤种和短缺煤种的开发。坚持外运外销和就地转化并重的原则，使生产能力与运销、转化能力均衡发展。发展煤炭洗选加工和综合利用。开发建设“四煤”（准格尔矿区、东胜煤田南部矿区、东胜煤田北部矿区、西卓子山矿区）、“四个基地”（出区煤基地、出口煤基地、电煤基地、焦煤基地）。“八五”期末，原煤生产能力达到3000万吨/年，其中地方煤矿1130万吨/年，统配煤矿1310万吨/年，外来办矿180万吨/年，华能办矿380万吨/年。

1994年6月，伊克昭盟煤炭工业管理局根据煤炭工业部《关于开展〈晋陕蒙宁区“九五”计划及2010年发展规划〉的通知》《伊克昭盟地方煤炭工业发展十年规划和“八五”计划》，以及各煤田主要勘探区地质勘探报告和有关现场实际调查资料，编制完成了《内蒙古伊克昭盟煤炭工业“九五”计划及2010年发展规划》。对伊克昭盟地区交通及外部建设条件、煤炭资源概况、地方煤矿开发现状进行了分析，提出煤炭资源开发要坚持“扶持、改造、整顿、联合、提高”的方针，规模应大、中、小型结合，统筹规划，合理布局，提高单井生产能力，保证地方骨干矿井与乡镇集体、个体煤矿协调发展，继续开发建设“四个基地”。地方煤矿原煤生产能力实现2300万吨/年，各类矿井共计850个。改扩建及新建选煤厂21个，年入选原煤能到力为700万吨/年。焦化厂

30个，生产能力为105万吨/年。到2005年，地方煤矿原煤生产能力实现2800万吨/年，各类矿井共计770个。选煤厂23个，年入选原煤能力865万吨/年。焦化厂36个，生产能力为150万吨/年。到2010年，地方煤矿原煤生产能力实现3500万吨/年，各类矿井共计693个。选煤厂24个，年入选能力为1145万吨/年，焦化厂38个，生产能力为215万吨/年。

1995年6月，内蒙古自治区煤矿设计研究院与伊克昭盟煤矿设计院联合编制完成了《内蒙古自治区伊克昭盟地方煤炭工业发展规划》。根据国家批准本地区的总体规划，参照全盟煤炭发展的分片规划方案，以伊克昭盟境内所属的东胜煤田、准格尔煤田、桌子山煤田为规划范围，对区内地方煤矿的发展规模、矿井选择、安全生产及技术方向的改进重点规划论证。规划期为15年，分期进行建设。依据煤炭资源赋存情况、市场需求以及矿区相应的外部建设条件，将准格尔煤田作为动力煤基地，东胜煤田南部及东部地区作为商品（出口）煤基地，东胜煤田北部地区作为电煤基地，桌子山煤田作为煤焦化基地。到2000年底，准格尔煤田动力煤基地一期规模达到3250万吨/年，二期规模达到4990万吨/年；东胜煤田万利矿区电煤基地一期规模达到4510万吨/年，二期规模达到7530万吨/年；东胜煤田悖牛川矿区出口煤基地期规模达到一期1.023亿吨/年，二期规模达到1.3560亿吨/年；桌子山煤田煤焦化基地一期规模达到3530万吨/年，二期规模达到3530万吨/年。

1995年8月起，煤炭企业以建立现代企业制度为目标，自主选择经营方向和调整生产经营范围，自主编制、修改和安排生产经营计划，并组织实施。“十五”计划中期，煤炭企业开始执行年度预算，取代原有的年度计划。

“九五”计划后，随着经济体制改革的不断深入，政府对企业的计划管理职能逐步转换，由直接下达指令性计划转变为指令性计划与指导性计划相结合，后又逐渐过渡到以下达指导性计划为主的管理体制。“九五”末期，随着市场经济体制进一步完善，国家不再向企业下达具体的计划指标。煤炭工业部根据国务院颁布的《全民所有制工业企业转换经营机制条例》，制定下发了《全民所有制煤炭工业企业转换经营机制实施办法》，对煤炭企业的计划管理作出了明确规定。伊克昭盟各煤炭企业根据自身的生产经营实际和市场变化编制内部经营计划。

2000年，伊克昭盟煤炭工业管理局编制完成《伊克昭盟地方煤炭工业“十五”发展计划及2010年规划》。提出“十五”期间，要把科学配置煤炭资源与市场竞争论实协结合起来，进行经济结构、产品结构的调整，原煤总产量达到6250万吨，焦炭总产量达到520万吨，洗精煤总产量达到600万吨，煤焦油总产量达到24.5万吨，原煤出口680万吨，完成工业总值54.9亿元，实现利润6.37亿元，完成税金2.47亿元，上缴利税8.7亿元，出口创汇2.72亿美元。

2002年，鄂尔多斯市煤炭局根据《鄂尔多斯市煤炭工业“十五”规划》，编制了《鄂尔多斯市2002—2010年煤炭生产开发规划》，经市人民政府批准，确定了2002年建设的11个重点项目。

2003年8月，鄂尔多斯市煤炭局与鄂尔多斯国土资源局共同编制完成了《2003—2010年鄂尔多斯市煤炭资源开发利用布局总体规划》，全市煤炭产量、地质勘探，资源储量、矿井建设、公用基础设施等情况进行论证，提出到“十一五”末，力争把鄂尔多斯市建成西部最大的能源大市，成为亿吨级煤炭生产基地的总体要求。

2007年，鄂尔多斯市煤炭局编制完成《鄂尔多斯市中东部地区地方露天煤矿规划》，并根据建设国家级能源重化工基地的战略目标，编制完成了《鄂尔多斯市地方煤炭工业发展规划》《鄂尔多斯市煤炭物流园区规划方案》。规划到“十二五”初，全市煤炭产量达到3亿吨，采掘机械化程度不低于75%，煤炭采出率达到75%以上，淘汰落后产能3000万吨。120万吨/年以上的矿井原煤入洗率达到80%以上，煤矿的煤矸石、煤泥等固体废弃物综合利用率提高到70%。创建5~10个1000万吨级煤炭企业，组建2个以上5000万吨级煤炭企业，建设1~2个亿吨级煤炭生产基地，逐步实现煤炭企业的集中生产和集约化经营。

2011年9月，鄂尔多斯市煤炭局与煤炭科学研究总院编制《鄂尔多斯市煤炭产业战略规划（2011—2015年）》，提出要依托鄂尔多斯市煤炭资源优势，坚持创新发展、优化发展、集中发展的发展思路，坚定不移地贯彻“控制总量、优化布局、有序开发、调整结构、提高效益、惠及民生”的发展方针，在发展中进行调整，在调整中保持快速发展，紧密围绕“建设国家能源基地”这一主线，对煤炭产业进行全局性、战略性、根本性调整，不断对地方煤矿进行资源整合和机械化改造。树立“大煤炭、大经济、大市场”的观念，坚持实行“以资源换项目、以资源换资金”战略，走“规模化、现代化、清洁化、低碳化”的路子，倾力建设煤炭生产、煤化工生产、电力生产“三大”基地，将鄂尔多斯市打造成“国际知名、国内一流”的能源重化工城市。

2013年3月，鄂尔多斯市发改委根据国家和内蒙古自治区《煤炭工业发展“十三五”规划》和《鄂尔多斯市国民经济和社会发展第十二个五年规划》编制了《鄂尔多斯市煤炭工业发展十二五规划》，对全市煤炭企业发展状况和面临的形式作了总结，对煤炭需求和供需平衡进行预测和分析，确立了发展思路、目标和任务，规划了煤炭开发布局，提出了政策建议和措施。

2015年9月11日，鄂尔多斯市人民政府印发《鄂尔多斯市工业经济转型发展规划（2015—2025)》，其中提出要推动产业转型发展，围绕煤炭等矿产资源开发利用，以输出优质煤炭等为重点，加快转变能源发展方式，变输出原煤为输出优质动力煤和电力，变输出一次能源为二次能源，变单一资源利用方式为综合高效利用方式，加快实施煤电一体化，建成一批大型坑口电站和低热值煤电厂，构建以煤炭为主的多级能源体系。到2020年，原煤产能控制在6.8亿吨，煤炭洗选率不低于95%，就地转化率达到45%，火电装机规模达到3000万千瓦，外送装机容量1800万千瓦，清洁能源产业总产值达到3800亿元，建成国家清洁能源输出主力基地。

2017年11月，鄂尔多斯市发改委编制了《鄂尔多斯市煤炭工业发展“十三五”规划》，确立了十三五期间煤炭工业发展的指导思想、基本原则、发展目标和主要任务，提出了保障措施和政策建议。

截至2018年，鄂尔多斯市境内的煤炭企业在历年的企业发展中，坚持以服从国家产业政策、科学合理、效益优先、依法合规的原则，紧紧围绕企业内部五年发展规划，每年开展年度计划的编制工作。年度计划主要包括原煤产量、品种、运量、商品煤（焦炭）产量、煤炭销售量，以及煤矿生产的采掘关系、工作面交替、劳动生产率、材料消耗等。计划指标包括原煤产量指标、洗精煤产量指标、电力消耗指标、煤质指标，以及开拓进尺、全员效率、采区采出率、工业总产值综合能耗、坑木消耗、炸药消耗、吨煤成本、实现利润、采掘机械化程度、工作面单产单进等技术经济指标。编制工作大体包括前期调研、编制起草、论证衔接、审批下达4个阶段。

二、计划执行

20世纪70年代前，伊克昭盟地区煤炭生产执行国家制定的指令性计划，全盟年度煤炭生产计划一经批准即逐级下达。各旗县煤炭管理部门、煤矿编制季度、月度执行计划，确保计划完成。基本建设计划的执行由伊克昭盟煤炭主管部门控制投资概算，基本建设单位统一组织施工，按阶段进行综合平衡，保证项目的施工进度或进行一定程度的调整，按程序组织验收投产。财务计划的执行按企业隶属关系利润全部上缴，超额完成利润计划的，企业按规定提取一定比例的奖励基金，亏损由国家或地方财政补贴。物资供应计划由物资供应业务机构通过政府物资部门进行统一调拨。产品销售计划的执行由伊克昭盟煤炭主管部门统一价格，统一分配。劳动力计划执行由人事劳资部门按分配和招工指标统一控制。“文化大革命”期间，由于计划规定过高，严重脱离实际，大部分煤矿超能力生产，未能按计划完成生产任务。

1985年，煤炭工业部实行六年投入产出总承包，扩大企业自主权。伊克昭盟煤炭工业管理处规定煤矿在完成国家指令性及指导性计划前提下，可自行销售一部分增产煤，价格适当浮动，同时将自筹资金下放给各旗市煤炭管理部门。

1987年后，煤炭工业自主权进一步扩大，政府由制定计划，转为以宏观调控为主。采取指令性计划、指导性计划和市场调节相结合，实行以运定产，以销定产。煤矿也从单纯的执行，转变为根据市场条件以及企业实际适当灵活执行计划。

“八五”期末到“十三五”初期，计划执行逐渐分为纵向执行和横向执行两部分。采取“统一计划，分级管理”的原则。由鄂尔多斯市煤炭局组织全市煤炭系统的计划执行。在计划下达后，指导企业执行生产建设计划，并根据实际情况，适时进行矿区生产阶段和建设项目中单位工程的重大调整及组织实施，适当将计划执行中遇到的重大政策问题及时向市政府和有关部门汇报，为上级政府部门提供决策依据。各旗区煤炭局、煤炭企业负责所辖煤矿和附属厂的均衡生产，检查计划的执行情况，及时发现和预见计划执行中存在的问题。检查各煤矿生产准备情况，保证相关计划的实现。检查并调节生产过程中的物资供应，保证各类工程资金计划的综合平衡和落实。各煤矿具体承担日常性的综合平衡工作，包括回采与掘进的平衡，产量和质量的平衡，生产与材料、设备、劳动力之间的平衡，生产与维修的平衡，生产与基本建设之间的平衡。

第三节 统 计

新中国成立初期，伊克昭盟煤炭企业的统计工作处于分散状态，只作为了解掌握煤矿生产经营状况或地区发展状况的手段。主要统计各煤矿的人员、产量、产值以及主要材料消耗情况。

1952年10月，燃料化学工业部召开第一次统计工作会议。会议交流了统计工作经验，对加强统计工作提出了要求。从1959年11月开始，伊克昭盟统计工作执行煤炭工业部颁发的《煤炭工业计划与统计常用指标办法》。1963年，伊克昭盟煤矿物资供应、财务情况等进行统计，形成系统的统计报表制度。1972 年，燃料化学工业部颁发《煤炭生产统计指标计算方法》。1979 年，煤炭工业部重新修订颁发了《煤炭生产统计指标计算方法》，伊克昭盟煤矿遵照执行。

1988 年 1 月，伊克昭盟煤炭工业管理处成立。设计划财务科，负责对煤矿的煤炭产量、材料消耗、工业总产值、基本建设完成情况，以及煤矿正规化循环作业、产品质量、工程质量、成本及计划完成等，进行全面统计，统计工作成为计划管理的手段和重要依据。在此期间，每年年初，伊克昭盟煤炭工业管理处都要召开全盟煤炭工业统计工作会议，传达贯彻上级煤炭工业统计会议精神，安排布置本年度统计年报工作，并对下年度各项定期报表填报工作提出要求。

同年 12 月 15 日，伊克昭盟煤炭业管理处根据内蒙古自治区煤炭工业管理局召开的全区统计工作会议精神，召开了全盟煤炭统计工作会，各旗市煤炭公司统计员、各地方国营煤矿统计员参加了会议。会议要求县营及以上全部非统配煤矿的全民所有制独立核算工业企业，包括解放军建设兵团所属煤矿和公安劳改煤矿企业填报地方煤矿主要经济技术指标统计表。县营及以上非统配煤矿用国家补助资金的矿井改造项目、安全技改项目及小型基本建设项目、专项资金项目填报地方国营煤矿固定资产投资完成情况统计表。县营及以上（包括系统外）全部统配煤矿填报地方国营煤矿基本情况年报表。统配煤矿和原重点煤矿、部直属煤炭所在公司和省（区）煤田地质公司、基建指挥部和省（区）煤矿基本建设局、重点煤机厂填报伤亡事故表。省（区）煤田局（厅）统配矿务局（矿）填报死亡事故明细表。地方国营煤矿填报全部职工人数与工作日、季、半年和年度报表。矿职工平均人数与工资统计表，全部职工工资总额构成情况统计表等。

1989 年，伊克昭盟煤矿定期报表使用计算机汇总，部直属煤炭企业实现点对点电传。煤炭行业统计工作逐渐配备计算机，对全盟煤炭统计报表进行汇总，统计工作由传统的统计手段逐渐发展为计算机统计，提高了统计工作效率及准确度。

“八五”到“十一五”期间，鄂尔多斯市煤炭企业统计工作逐步改进和完善。由专业部门的统计人负责，按国家煤炭工业主管部门统一规定的报表规格要求，按年度或一定时期进行统计，上报鄂尔多斯市统计局。其统计内容和范围包括计划执行情况（煤炭行业生产经营情况、基本建设及技改技措），煤炭行业开发建设大事记，全市煤炭矿山分布情况表，全市地方煤炭工业产值情况表生产成本及利税表，全市地方煤炭企业伤亡事故类别及百万吨死亡率统计表，各旗区原煤、焦炭、洗精煤产量表，鄂尔多斯煤炭销售市场管理站收费情况表，全市地方煤矿、洗煤厂、焦化厂技措、基建项目一览表，市煤炭局领导任命及科级干部聘任情况表以及市煤炭局机构设置示意图等。

2010 年，为推动鄂尔多斯市煤炭工业与信息化深度融合，鄂尔多斯市煤炭局启动建设了数字煤炭综合平台。该系统实现了市局、旗区局、煤矿的三级互联互通，各项业务系统的分级管理，保证各类数据的实时上传、信息资源共享。2016 年，鄂尔多斯市煤炭局对原有数字煤炭综合平台进行了升级改造，增加了煤矿安全生产综合监管系统，新增煤矿基础数据库、综合指挥调度、灾害防治、隐患排查治理、安全生产标准化、安全风险分级管控、安全监控远程监管、安全检查、移动 App 应用九大业务模块。特别是煤炭基础数据库，提升了包括统计工作在内的信息化管理水平。

“十二五”到“十三五”期间，随着各煤炭企业产业结构的拓展，统计工作的范围、内容、方法和手段也相应得到的扩展和转变。统计业务按工作内容分为综合、生产、经营统计，固定资产投资(境内、境外)、外贸进出口信息资料及统计分析工作三部分。统计范围初期的煤炭、铁路、港口，后逐渐增加了电力、煤制油化工、航运。统计指标也随着业务日渐增多，指标涵盖了煤炭生产、煤炭销售、发供电、铁路运输、港口、航运、煤制油化工产品、外贸进出口、各项效率指标、基建投资及股票信息等。同时，统计方法也由后期统计转变为前期分析预测与后期统计结合。统计手段基本实现了信息化和系统数据共享。大多数煤炭企业每月编制生产经营基建统计资料，并于每年底汇编成册。

第三章 人力管理与物资供应

第一节 人力资源管理

一、劳动用工

1949 年前，伊克昭盟地区的私人煤窑据生产能力和煤炭需求量雇佣矿工，多为季节性生产，工作不固定，窑主可随时雇佣或辞退，工人也可自行决定去留。

1950 年，私营煤窑被政府接管后，改组为地方国营煤矿。伊克昭盟政务委员会根据政务院《关于救济失业工人的指示》，煤矿需要的劳动力采取招收录用本行业原来解雇的工人和接收当地劳动部门统一介绍就业的劳动力。1955 年全国第二次劳动局长会议和 1956 年全国劳动调配工作会议后，伊克昭盟煤矿招收人员时，遵守先城市、后农村的原则，优先录用城市退伍军人和企业多余人员、失业工人以及要求就业的初中毕业生，并通过劳动部门进行招收。

从 1957 年开始，伊克昭盟煤矿用工执行国家“企业申请，政府批准，劳动部门招收”的用工制度。

1966 年 3 月，煤炭工业部印发了《关于试行亦工亦农劳动制度有关问题的通知》，至此亦工亦农劳动制度成为当地煤矿特有的劳动用工制度。

1973 年，中共中央批准的《关于知识青年上山下乡若干问题的试行规定草案》中规定“矿山井下等行业补充自然减员或按国家计划增加工人时，可由退休职工的子女顶替，或者从本单位职工的子女中招收。”这项政策对保证及时补充伊克昭盟地方国营煤矿工人、稳定职工队伍起到了积极作用。

1979 年，国家劳动总局颁发了《关于招工实行全面考核择优录用的意见》，伊克昭盟地方国营煤矿普遍实行了面向社会、公开招工、全面考核、择优录用的招工办法，同时废除了“内招”和“顶替”的做法。

同年 10 月，国务院发布劳动用工制度改革的四项规定。煤炭企业招收的所有工人，一律实行劳动合同制，并建立退休养老保险制度。伊克昭盟煤炭企业招工按照规定坚持先培训后就业的原则，面向社会招收，择优录用。

1992年初，伊克昭盟地区煤炭企业针对传统体制下劳动用工制度的计划化和固定化，形成的“铁饭碗”；工资分配制度的统一化和刚性化，形成的“铁工资”；企业人事制度的资历化和终身化形成的“铁交椅”，进行了打破“三铁”的劳工用工制度、工资分配制度、企业人事制度方面的改革，采取富余人员下岗的方式进行减人提效，同时打破干部终身制。

1995年，《中华人民共和国劳动法》颁布实施以后，伊克昭盟煤炭企业实行全员劳动合同制，建立了以劳动合同制为主、劳务派遣为辅的劳动用工制度。劳动用工主要包括劳动合同制（含协议制、非全日制）和劳务派遣制两种形式。

之后，鄂尔多斯市煤炭企业根据《劳动合同法》，用工全部采取平等自愿的劳动合同制形式，实行竞聘上岗。经考试录用并培训合格后，与煤矿签订劳动合同，并到当地劳动保障行政部门办理劳动合同鉴证和备案手续，办理录用人员就业登记，填发《劳动保障手册》。

2006年10月11日，为规范煤矿企业劳动用工管理，防止超强度、超能力、超定员生产，国家安全生产监督管理总局、国家煤矿安全监察局、国家发展改革委员会、劳动和社会保障部联合下发了《关于加强煤矿安全生产工作规范企业劳动定员管理的若干指导意见》，对小煤矿劳动组织和用工管理作出明确规定。鄂尔多斯煤矿按照规定对招用的井下从业人员（包括农民工）到当地劳动保障部门办理录用、备案手续，进行就业前的培训，依法与从业人员签订劳动合同，依法参加工伤保险。

2010年后，鄂尔多斯地区的煤炭企业在原有劳动用工制度基础上，企业签订劳务协议，实行劳务派遣用工；后勤保障服务实行业务外包，委托专业公司管理物业、保洁、食堂、绿化等后勤保障工作，其工作人员与专业公司签订劳动合同。

截至2018年，鄂尔多斯市所有煤矿的劳动用工形式仍然主要为劳动合同制（含协议制、非全日制）和劳务派遣制两种形式。

二、干部管理

新中国成立后，中共伊克昭盟盟委、行政公署和各旗县委、旗县政府派人以公私合营或煤炭生产互助组、合作社的形式，接管和改造各地原有私营煤矿。1953年，部分煤矿转为国营。旗县、村办煤矿管理干部由各地政府部门考察任命。区直、盟直、军办煤矿干部由主管部门任命。各煤矿干部报上级煤炭管理部门备案。

20世纪60—70年代，伊克昭盟地方煤矿的党政干部由盟委、盟行政公署任命和管理。煤矿的科（股）级干部由各煤矿任命和管理，并报上级煤炭主管部门备案。

1982年，中共中央提出了干部革命化、年轻化、知识化、专业化的“四化”标准，伊克昭盟按照中共中央和煤炭工业部的要求，针对地方煤矿普遍存在的班子成员过多、年龄老化、专业技术干部少的状况，相继对煤矿领导班子进行了调整。调整后的煤矿领导班子均达到“四化”标准。

1984年，煤炭工业部党组下发了《关于煤炭企事业单位领导班子党政一把手，实现高文化结构的意见》，伊克昭盟煤炭主管部门严格按“四化”要求选拔煤矿党政干部，并将一些学历不高，从煤矿生产一线成长起来的年轻干部送往各级煤炭管理干部学院学习深造。同年5月，国务院发出进一步扩大国营企业自主权的暂行规定。为贯彻国务院、内蒙古自治区文件精神，中共伊克昭盟盟委、盟行政公署下达文件，规定地方国营煤矿的矿长（经理）按干部管理权限由上级主管部门任命，副矿长（副经理）由矿长（经理）提名，按权限报上级主管部门批准。

1986年3月，伊克昭盟根据煤炭工业部党组的文件精神，对煤矿干部采取民主推荐，组织考察，党委集体讨论，按照管理权限审批的程序选拔任用。注重从经过实践锻炼，作出显著成绩的工人和技术人员中择优选用。

同年9月，伊克昭盟根据中共中央、国务院颁发的全民所有制工业企业三个条例，在干部管理上，实行企业中副厂长、厂级经济技术负责人和中层行政干部人选由厂长提出，征求企业党委意见后，中层行政干部由厂长任免。厂级行政副职按管理权限上报审批，实现了企业从党委领导下的厂长负责制到厂长负责制的转变，明确了厂长是企业的法人代表，对企业负有全面责任。

1988年4月，《中华人民共和国全民所有制工业企业法》颁布，规定厂长有权提请政府主管部门任免或聘任、解聘副厂级行政领导，任免或聘任、解聘中层行政领导干部，赋予了厂长的人事决定权。5月，中共中央组织部、人事部提出了全民所有制工业企业引入竞争机制，改革人事制度的意见，要求在中小企业和有条件的大型企业中，可以通过公开招聘选聘企业经营者，企业内部各级管理人员的任用，也要体现平等竞争的原则，逐级聘用，择优而任。对企业中的行政副职及中层管理人员，均由经营者聘任。本着“相对稳定，局部调整，改善结构，提高素质”的原则，伊克昭盟突出抓了部分大型骨干煤炭企业和重点煤矿领导班子的调整。通过调整，各煤矿领导班子的知识结构、专业结构和年龄结构均有较大的改善，政治素质、业务素质和身体素质明显提高。

从1991年开始，伊克昭盟有关部门依据煤炭工业部颁布的《煤炭系统干部考核暂行办法》中考核的原则、内容、方法和考核后备干部的任用、奖惩及要求，除经常性考核外，定期考核每三年进行一次，按干部管理范围，由主管单位和协管单位共同进行。同时，每两年对煤矿管理干部进行一次民主评议，全面了解和掌握干部的德、能、勤、绩，考评按干部管理权限分级进行。考核按照德才兼备、注重实绩的原则，把领导干部的党性观念、法制观念和清正廉洁作为考核内容，定性与定量相结合，充分走群众路线。在考核的基础上，对煤炭企业领导班子及其所属管理干部进行了调整。

1992年，根据《全民所有制工业企业转换经营机制条例》，煤炭企业被推向市场。伊克昭盟行政公署放宽煤炭企业的管理自主权，乡镇、个体煤矿逐步推行煤矿矿长公开聘任制，由煤炭企业公布任职条件，进行公开招聘，对符合条件者择优录取，签订聘任书，应聘上岗。

1996年12月28日，中共伊克昭盟盟委为贯彻内蒙古自治区党委办公厅印发的《内蒙古自治区国有企业领导班子管理暂行办法》，对国有企业党政领导班子职数必须经上级党组织核定，严格按照核定后的职数配备领导。符合条件的党员行政副职，应进入党委班子，党政领导成员可适当交叉任职；由伊克昭盟委管理的企业领导班子，党组织书记、副书记、纪检书记、工会主席经盟委研究决定后，由盟委组织部直接对企业党组织发文任免。企业法人代表的任免经盟委研究决定后，由盟委组织部向企业主管部门组织发文，再由企业主管部门向该企业发文；非公司制企业的副职、三总师的聘任（解聘）由厂长提名，企业党组织研究确定初步人选后，报上级党组织备案，上级组织部门和企业主管部门共同考核初步人选并同意后，由企业厂长聘任（解聘）；国有独资和国家控股公司董事长，总经理的聘任（解聘），由董事会提名，企业组织（人事）部门考察，党组织同意后向董事会推荐，由董事会聘任（解聘）。聘任（解聘）前报上级党组织备案；国有独资和国家控股公司董事长、总经理“一肩挑”的，应设专职党组织书记或副书记。公司副总经理的聘任（解聘），要按程序报上级党组织备案，上级组织部门和企业主管部门共同考核同意后，由总经理提请董事会聘任（解聘）。

2000年以后，鄂尔多斯境内煤炭企业、煤矿多以乡镇、股份合作制、个体为主，煤矿企业逐步建立了现代企业制度，按照《公司法》的规定程序，根据各煤炭企业及煤矿的具体管理规定，选聘主要领导干部。中直国有煤矿的管理干部由煤矿管辖部门任命。地方国营煤矿的管理干部由各地行政管理部门任命。实行民主推荐与领导推荐相结合的干部推选机制，广泛征求群众意见和拟任用单位分管矿领导的意见，实行公开竞争的干部选拔机制。干部选拔任命程序为自愿报名、集中考试、群众评议、任前公示，最后按干部管理权限，由上级组织部门任命。

“十一五”期间，鄂尔多斯境内的中央及国有大型煤炭企业专业技术人员职务评聘工作实行专业技术职务任职资格制度和专业技术职务聘任制度的“双轨制”（评聘分开）。专业技术职务评聘管理的内容：根据实际需要设置专业技术工作岗位，规定明确的职责和任职条件；在定编定员的基础上，确定高、中、初级专业技术职务的合理结构比例和具体职数；组织专业技术职务任职资格的评审，考试工作；在经过评审委员会评定的或考试合格的专业技术人员中，以聘用的形式，选拔符合条件者担任专业技术职务；规定受聘者的任期，建立专业技术人员考核制度，对担任专业技术职务人员进行考核，正确评价专业技术人员的德才表现和工作实绩，为专业技术人员的奖惩，任免、晋升、降职、培训等提供依据。

截至2018年，鄂尔多斯煤炭领域的干部管理逐步建立了“党管干部、任聘结合、任前公示、任中考核、民主评议、优胜劣汰”的长效工作机制。

三、薪酬管理

20世纪50年代初，国家推行八级工资制，把煤炭企业职工工资标准由各行业的第九位上升到第一位，与石油、有色金属并列。但由于各地发展水平不同，工资也有所不同。

1957年，全国煤矿工资进行改革，废除工资分级和物价津贴制度，实行货币工资制，改进技术人员的工资等级制度，实行职务工资制。根据职务的重要性、责任大小、职责简繁、技术复杂程度等因素，并参照当地工资状况，按照职务，统一规定工资标准。建立统一的煤炭工业工人工资标准。全国煤炭企业共制定了井下工人、井上工人、露天煤矿工人、机械制造工人、井上运转工人、井下运转工人6种工资标准。井下工人，特别是采掘工人，工资级别高于井上工人。根据各地区和各企业的具体情况，划分为十组工资区。井下工人一级工工资标准最高40元，最低28.5元；八级工工资标准最高128元，最低91.2元。1958年12月18日，东胜县各煤矿改计件工资制为计时工资制。

1961年11月，伊金霍洛旗忽吉图煤矿招收工人110多名，实行计件包工制，工人月工资40元左右。1963年，改为吨煤工资计件制，每吨付给工人1.60元，后增加到1.80元。1972年，鄂托克旗棋盘井煤矿开始实行奖金制度。

1976年5月，准格尔煤田开发筹建处成立，属于七类工资区。由于筹建处人员是上级主管部门从国家机关、事业单位及企业调拨而来，人员构成比较复杂。因此，按人员的来源，管理人员、工程技术人员分别执行国家机关行政、工程技术人员及煤炭企业职员、工程技术人员工资标准七类区工资；从文化、教育、卫生、设计等事业单位调入的人员，仍执行全国统一规定的工资标准。经上级主管部门批准，生产建设工人暂按包头矿务局生产建设工人各工种的工资标准执行。

1977年，根据国家《关于调整部分职工工资的通知》(国发〔77〕第89号)，伊克昭盟各煤矿进行了调资工作。调资范围：1971年底以前参加工作的一级工；1966年底参加工作的二级工；1971年底以前参加工作的其他职工也可升级，但升级面不得40%。增加一级工资一律按工资等级标准进行。级差小于5元的按5元增加，级差大于7元的按7元增加。1978年，伊克昭盟对1971年11月底以前参加工作有特殊贡献的煤矿职工进行了升级，升级面规定为2%。在这一时期，伊克昭盟部分煤矿实行计时工资加奖励的工资制度。

1980年，根据中共中央、国务院批转全国物价工资会议的通知和国务院《关于职工升级的几项具体规定》及劳动总局《职工升级的几项规定中若干具体问题的处理意见》的规定，准格尔矿区筹建处成立了调资考评委员会，内蒙古自治区煤炭工业管理局批准了调资方案，按职工总数的40%，共为126名职工晋升了工资。

1983年，根据国务院（国发〔1983〕65号）批转劳动人事部《关于1983年企业调整工资和改革工资制度问题的报告的通知》，煤炭工业部《关于印发煤炭工业企业调整工资若干具体问题的补充处理意见的通知》的规定，准格尔煤矿建设指挥部于次年4月底基本完成了职工的调资工作。同年，棋盘井煤矿开始实行奖励制度。之后，又增加了知识分子津贴、专业技术干部津贴，并对突出贡献者浮动一级工资。

从1984年开始，根据中央关于经济体制改革的精神，伊克昭盟在地方国营煤矿推行吨煤工资浮动包干办法，把原来国家对企业按职工人数安排工资总额，改为按出煤多少提取工资总额，并实行增人不增加工资，减人不减工资，按劳分配，以劳取酬，多劳多得、少劳少得的分配方法。干部执行月工资制，工人实行岗位工资制和计件相结合的工资制度。基本上解决了企业吃“大锅饭”的问题。1985年，根据国务院、劳动部、煤炭工业部规定，伊克昭盟煤矿进行了工资制度改革，主要提高井下工人，特别是采掘一线工人的工资水平。同年，按照国务院《关于国营企业发放奖金有关问题的通知》，准煤公司指挥部制定了《月度奖金发放办法》，依据职工的工作成绩发放奖金。

1985年，伊克昭盟行政公署按照内蒙古自治区地方国营煤矿工资制度改革领导小组文件精神，煤炭企业工人实行岗位工资等级制，按不同岗位在原技术等级标准的基础上，对应执行岗位工资等级标准。井下采煤、掘进、开拓、锚喷、砌碹和露天煤矿坑下大型采、剥、运设备司机及助手为一类工种岗位，分六个岗位等级，工资标准最高114元，最低55元

（六类工资区）；井上技术工人和特重体力劳动的工人为一类工种岗位，分8个岗位等级，工资标准最高114元，最低38元；井上普通工人为二类工种岗位，分7个岗位等级，工资标准最高103元，最低38元。伊金霍洛旗忽吉图煤矿在率先实行承包经营责任制后，逐步完善奖励制度。规定煤矿完成承包指标后，奖给承包法人代表3年基本工资，奖给副职本人工资的70%。职工在提取的奖励基金中，按层次发给奖金。超额完成任务后，盈利自留。

1987年，伊克昭盟有条件的地方国营煤矿按照中共伊克昭盟盟委、伊克昭盟行政公署《关于国营企业实行承包经营责任制的若干规定（试行）》文件要求，推行了以包上缴利润、包企业进步、包资产增值，工资总额同经济效益挂钩“三包一挂钩”的承包经营责任制。规定对承包者要奖惩兑现。奖惩同三项承包内容的各项指标挂钩，同承包者的个人利益和企业工资总额挂钩，并按照重奖严罚的原则，分年度及时兑现。

1990年，伊克昭盟境内煤矿工人工资实行计件制，对无法计件的工种，实行岗位责任承包。井下采掘吨煤、进尺完成定额基数后，每超产超掘1吨或1米增发奖金1元。井下工人按月综合考核，奖金按月计发。井上辅助人员和行政后勤人员按月考核，奖金年终兑现。

1992年6月，伊克昭盟煤炭工业管理局在《关于盟直属煤矿职工工资、劳保、福利等有关问题的暂行规定》中，明确了对直属的唐公沟煤矿、碾盘梁煤矿、后补连塔煤矿的岗位津贴，参照境内大型煤炭企业岗位津贴执行标准执行。

1993年10月1日，伊克昭盟劳动人事处转发内蒙古自治区工资制度改革领导小组颁发的《关于调整我区国有企业参考工资标准的通知》。新调整的参考工资标准最低起点分别提高7元，其他各等级工资标准基本参照原来的系数进行调整。各煤炭企业矿长（经理）的最低职务工资标准和副矿长（经理）及其以下管理人员的职务工资等级线，自治区均不再统一设置，由企业自主安排。企业工人的工资标准，按国家机关十一类工资区划分，每类工资区按三类产业成工种交叉使用三种工资标准。即六类工资区，三类产业使用第一种工资标准，二类产业使用工种第二种工资标准，一类产业使用第三种工资标准。企业职工改工种新调整的工资标准，采取以级套级办法，将经劳动部门批准的职工工资序列、工资等级、标准工资（档案工资）对照新标准，套改为新调整的工资标准。工人的工资超过八级工资一个级差的（小级），可套入特一副，超过两个极差的套入特一级，以此类推。离休人员以本人离休时的标准工资与离休后按规定增加的生活费之和为基础，按照16%计算增加离休费；退休人员以本人退休时标准工资按比例计算的数额与退休以后按规定增加的生活费之和为基础，按16%计算增加退休费。离休退休人员按上述办法增加的离休费如低于25元、20元的，分别按25元、20元的标准增加离休、退休费。

1994年，伊克昭盟煤矿推行内部工资制度，实行工龄补贴，全面实行日工资管理办法，各煤矿严格执行定员定编制度，全面推行效益工资、计件工资、联销联利联责奖罚、个人承包等不同的工资分配形式。职工工资报酬直接同产量、材料消耗、利润指标挂钩。

1995年，内蒙古自治区人民政府办公厅关于《〈内蒙古自治区企业最低工资暂行规定〉实施细则》规定。用人单位不论规模大小、隶属关系，最低工资不得低于所在地最低工资标准。最低工资由基本工资、奖金及以工资形式支付给劳动者的各种津贴、补贴等组成（但在井下工作的津贴不作为最低工资的组成部分）。实行综合计算工时工作制的用人单位，支付给劳动者集中休息或轮休调休期间的工资，不得低于当地最低工资标准。实行计件工资等工资形式和集体承包内部分配的用人单位，必须按月、周、日进行合理折算，其折算发放的工资不得低于当地相应工种单位时间内的最低工资标准。劳动者与用人单位形成劳动关系或建立劳动合同关系后，见习期间和学徒期满转正后的工资不得低于当地最低工资标准。伊克昭盟行政公署转发了此文件，各煤矿严格遵照执行。

2000年以后，鄂尔多斯市国有之外的私营煤矿、公司均结合企业的具体情况制定不同的工资制度，多采用岗位基本工资与效益工资以及附加的学历补贴等相结合的工资制度。

2013—2015年，鄂尔多斯地区的中央煤炭企业完成了岗位评价及薪酬体系优化项目，实施了岗位评价及薪酬体系优化项目，该项目以岗位价值、员工能力为基础，以职业发展为导向，以组织和员工绩效为牵引的战略薪酬激励体系，使工资分配更趋公平、合理。

2017年，鄂尔多斯国营煤炭企业和大型民营企业，分别完成了绩效评价体系和绩效评价指标，绩效薪酬分为绩效工资、效益分享、专项考核三部分，绩效评价指标主要由关键绩效指标、管理指标、专项考核指标组成，并根据各单位的生产经营特点分别编制了组织绩效评价方案。建立了绩效工资+效益分享+专项考核的绩效薪酬体系，通过实现价值共创、利益共享，激发了各单位生产经营活力。

2018年，鄂尔多斯市煤炭企业继续优化以业绩为导向，突出岗位价值、彰显个人才能、提倡绩效贡献的薪酬分配体系。在岗位评价及薪酬体系优化的基础上，对岗位薪酬标准不间断进行改革和改善，进一步细化明确了薪酬标准核定中学历、技术、技能等调薪要素的规定，按照技术、技能与管理序列相对应的薪酬关系，持续推进全员绩效管理，将组织绩效层层分解，形成了公司、矿、区队、班组、员工五层四级考核评价模式，业绩评价结果直接决定各层级的绩效工资，实现了收入与业绩贡献挂钩。

四、社会保险

新中国成立初期，伊克昭盟劳动和煤炭主管部门对煤矿职工劳动保护待遇等作出明确规定。职工因工死亡者，除由煤矿承担丧葬费外，酌情发放死者家属抚恤金。因工残废者，按其轻重程度酌情发给一定补偿费，具有劳动能力者尽量留用。因工伤休假期间，按月发放基本工资。

1951年2月，政务院颁发《中华人民共和国劳动保险条例》及《中华人民共和国劳动保险条例实施细则》，对职工病、伤、残、亡等劳动保险事项进行了明确规定。职工人数100名以上的煤矿在煤炭生产经营过程中出现伤亡事故时，由所在煤矿支付相关费用。至此，伊克昭盟地方国营煤矿实行了统一的劳动保险制度。

1953年，伊克昭盟地方国营煤矿执行国家颁发的《关于中华人民共和国劳动保险条例若干修正的决定》和《中华人民共和国劳动保险条例实施细则修正草案》。煤矿职工的劳动保险范围及待遇标准有了适当扩大和适度提高。

1963年4月，国务院颁发了《老弱残暂列编外的通知》，并批准了劳动部、全国总工会《关于安置和处理老弱残职工的意见》。同年9月，煤炭工业部颁发了《关于煤矽肺应按职业病处理的通知》。1964年4月，煤炭工业部对老弱残人员的处理又作了补充规定。伊克昭盟各类煤矿严格执行国家和煤炭工业部的政策、规定，对老弱残职工进行了适当安置，使其在生活上有了保障。

1976年，国务院颁布了《关于安置老弱残干部的暂行办法》和《关于工人退休、退职的暂行办法》。两个办法在伊克昭盟煤矿实施后，使相当一部分老弱残人员得到妥善安置。

1977—1985年，伊克昭盟煤矿坚持贯彻落实国家、内蒙古自治区、伊克昭盟行政公署有关规定，做好部分丧失劳动能力老弱伤残职工的安置工作，充分体现了国营煤矿的优越性。

1986年7月，国务院发布改革劳动制度四项规定，伊克昭盟国营企业新招工人一律实行劳动合同制，并规定了劳动合同制工人退休养老保险办法。企业按照劳动合同制工人工资总额的15%，劳动合同制工人按照不超过本人标准工资的3%缴纳退休养老基金。

1991年6月，国务院发布了《国务院关于城镇企业职工养老保险制度改革的决定》，将建立职工养老保险的范围，由合同制工人扩大到包括固定职工在内的全部职工。实行职工养老保险费由国家、企业、个人三方共同负担的社会统筹运营模式。伊克昭盟煤炭企业根据《关于城镇企业职工养老保险制度改革的决定》的要求，按时将企业固定职工纳入缴费范围。神东矿区内的企业仍按照属地原则，参加企业所在地区的社会统筹。

1995年3月，国务院发布了《关于进一步深化企业职工养老保险制度的通知》，确定了企业职工养老保险制度改革的目标和社会统筹与个人账户相结合的原则，对建立个人账户、基本养老金计发办法等重大问题作了规定。伊克昭盟煤炭企业依据国务院文件及煤炭部有关文件精神，结合本企业实际，启动了统一养老政策、统一标准、统一筹集比例、统一管理和统一调剂使用基金的“五统一”方案。统筹范围包括全部企业的固定工、劳动合同制职工、集体工、签订一年以上劳动合同的临时工、离退休职工，以及符合国家退职条件的职工。

同年4月21日，煤炭工业部下发《煤发行业社会保险制度改革总体方案》《煤炭企业职工养老保险行业统筹实施方案》。伊克昭盟煤炭企业按照文件要求为职工建立了养老保险个人账户和职工养老保险档案。7月，伊克昭盟劳动人事局颁发《关于下达1995年度社会保险基金征集调拨方案的通知》，规定企业职工养老保险基金以职工工资总额与离退休费用两项之和为征缴基数，单位缴费比例为17%，职工缴费比例为3%。

1998年7月，伊克昭盟社会保险局印发《关于下达盟直单位1998年度社会保险基金征集方案的通知》，规定公司缴费比例仍为17%，员工个人缴费比例调整为4%。同年，伊克昭盟地区根据国家和内蒙古自治区有关规定建立职工社会保险制度，煤炭生产企业按要求为井下职工办理了意外伤害保险。

2003年7月，鄂尔多斯市社会保障局转发《内蒙古自治区关于调整职工个人缴纳基本养老保险费比例的通知》，将基本养老保险个人缴费比例调整为7%。

2005年7月，鄂尔多斯市人民政府办公厅颁发《关于统一调整基本养老保险缴费比例的通知》，将基本养老保险缴费比例调整为单位缴纳20%，个人缴纳8%。之后，缴费比例再未作调整。同年12月24日，鄂尔多斯市劳动和社会保障局、财政局、安全生产监督管理局联合发出《关于工伤保险费率有关问题的通知》，鄂尔多斯市煤矿按规定实行工伤保险浮动费率，即按工伤发生率及职业病危害程度等因素，相应调整缴费比例。

2009 年，鄂尔多斯市煤炭局印发《关于在地方煤矿企业全面推行强制责任保险的通知》。根据《中华人民共和国煤炭法》和《国务院关于保险业改革发展的若干意见》，要求在煤矿开采等行业推行强制责任保险试点，决定由人保保险鄂尔多斯市分公司负责全市地方煤矿企业的强制责任保险工作。截至 2009 年 7 月 1 日，全市煤矿企业（中直企业除外）全部为本企业所有从业人员办理了责任保险，并作为办理煤炭生产许可证、安全生产许可证年检的必备条件。

2010 年 7 月 19 日，国务院《关于进一步加强企业安全生产工作的通知》中规定，提高工伤事故死亡职工一次性赔偿标准。从 2011 年 1 月日起，依照《工伤保险条例》的规定，鄂尔多斯市地方煤炭企业对生产安全事故造成的死亡职工，一次性工亡补助金标准调整为按全国上一年城镇居民人均可支配收入的 20 倍计算，发放给工亡职工近亲属。同时，依法确保工亡职工一次性丧葬补助金、供养亲属抚恤金的发放。

截至 2018 年，鄂尔多斯市所有煤炭企业形成了以养老保险、医疗保险、工伤保险等为主要内容的社会保障体系框架，实现了保险全覆盖。

第二节 物 资 供 应

一、管理体制

新中国成立初期，国家在物资供应方面实行以计划分配为主体的物资流通体制，除钢材、水泥、木材等 8 种重要物资由国家统一平衡外，其他物资由煤矿自行从市场上采购。第一个五年计划期间开始，物资分为国家统一分配、中央各工业部门分配和地方管理三种类型。其间，地方级主管部门开始编制相应的物资供应计划，建立物资计划定额管理和经济核算等制度。伊克昭盟地区煤炭工业生产、基本建设的物资等均由伊克昭盟物资公司供应。木材原为自由购销，从 1953 年开始为国家调拨，具体由伊克昭盟计划委员会申请供应。1955 年，包头市木材公司在东胜县设立木材分销处，行政组织关系隶属伊克昭盟，负责全盟煤矿部分木材的供应。1957 年，木材分销处撤销，业务由伊克昭盟贸易公司接管。

1958 年，伊克昭盟计划委员会物资管理局成立。1960 年，改为伊克昭盟行政公署物资局，并成立东胜物资供应站。同时设立伊克昭盟驻包头二级站和东胜、海勃湾物资仓库，具体负责组织煤矿物资供应工作。1963 年，伊克昭盟物资供应综合公司成立，所辖旗县也相应成立了物资局，负责包括煤矿在内的物资供应管理工作。同年，伊克昭盟木材公司成立，与伊克昭盟物资综合公司合署办公。煤矿的木材供应由该公司管理，同时经营机电产品。

1963—1965 年，国家实行“统一计划，综合平衡，条块结合，分级管理”的物资供应体制，对物资统一集中管理。1965 年，伊克昭盟木材公司与伊克昭盟物资综合公司分设，木材供应由伊克昭盟木材公司和各旗、县物资局经营管理。钢材等金属材料由伊克昭盟物资公司分配物资指标，伊克昭盟金属材料公司负责申请订货调拨，金属材料公司和各旗、市物资供应公司组织向煤矿供应。

1978 年，国家进一步加强了物资的集中管理，新增物资管理机构与直供单位，推行“两集中”“五统一”的物资管理办法，即财、物集中，统一计划、统一采购、统一分配、统一调度、统一管理，以财物集中为主，分散为辅，统分结合，分级管理的物资供应管理体制。

1979年后，伊克昭盟金属材料公司、轻化建材公司、机电设备公司、金属回收公司相继成立。1984年，伊克昭盟物资局改为伊克昭盟物资公司，全盟7旗1市均设有物资供应公司，主要供应物资有钢材、木材、水泥、汽车、输电器材、机器设备、零部件等。1987年6月1日，在东胜市设立计划外物资指定的销售市场伊克昭盟物资贸易中心，为伊克昭盟物资公司的二级单位。1988年，为做好地方国营煤矿和乡镇煤矿专用设备、材料的组织供应和煤炭对外销售等业务工作，成立了伊克昭盟煤炭工业供销公司，隶属于伊克昭盟煤炭工业管理处直接领导，专为地方国营煤矿组织供应专用材料、设备和向区外地区销售煤炭等。

1992年，内蒙古自治区煤炭工业管理局下发《关于伊克昭盟地方煤矿物资、材料、设备供应办法的通知》，伊克昭盟地实现煤炭物资供应就地就近、系统供应。煤矿物资、材料、设备（包括坑木、钢材、水泥、火工产品、煤矿专用设备、二类机电产品），统一由内蒙古煤炭供销公司组织供应，通过伊克昭盟煤炭开发经营公司组织分配到矿，接受内蒙古自治区煤炭工业管理局的行业归口管理。伊克昭盟西部地区煤矿的物资、材料、设备按计划下达给海勃湾矿务局，由伊克昭盟煤炭开发经营公司委托伊西煤炭公司代办经营。伊克昭盟中东部地区的物资、材料、设备在内蒙古煤炭供销公司包头仓库和呼和浩特市设点供应，直接由伊克昭盟煤炭开发经营公司组织经营。各旗市煤炭工业管理局、煤炭企业等负责所辖煤矿和附属厂的均衡生产、检查并调节生产过程中的物资供应，保证各类工程资金计划的综合平衡和落实。

在这一时期，煤炭企业正处于经济体制转轨时期，企业生产建设中所需的部分物资由国家和内蒙古自治区物资主管部门按计划供应。煤矿物资管理部门根据生产、建设计划安排，经行业主管部门报送物资供应申请计划，国家物资主管部门平衡后确定物资供应指标并按计划供应。

1995年以后，随着市场经济体制的建立和完善，企业的生产、建设物资全部进入市场，结束了国家物资主管部门统一管控的管理体制。为适应市场经济对物资供应的要求，伊克昭盟采取由煤矿向市场自主采购的管理体制。

二、物资计划

新中国成立前，伊克昭盟地区的煤窑为私人经营，使用工具简单，物资需求无计划，缺什么买什么，用多少买多少，生产工具由窑工自备。

新中国成立初期，伊克昭盟的煤炭工业处于社会主义改造期，因物资贫乏，对物资供应计划编制没有形成一套固定的编报程序和管理办法。

1953年，燃料化学工业部编印了《物资器材目录》，将煤炭工业常用物资分为18类。从此，鄂尔多斯地区煤矿开始编报物资供应计划。1955年，燃料化学工业部颁布《企业物资供应计划编制方法》，统一国家和各部门管理的物资分配计划品种。煤炭企业物资计划编制工作逐步走上正轨。

20世纪70年代，伊克昭盟各煤矿的物资供应计划由各队组、车间提出需求计划，经煤矿材料科或供应科综合平衡，按生产计划和建设任务进行编制。生产维修按消耗定额和资金限额编制，基建和其他工程按预算编制。供应计划编制后，经主管领导组织计划，机电、工程、生产、财务、供应等部门共同审查后上报上级主管部门。其间，伊克昭盟煤炭工业管理处根据内蒙古自治区煤炭工业管理局下达的年度物资供应计划要求，将各煤矿所报计划按国家和各部门管理的材料、设备、配件、二类机电产品和煤矿专用三类物资，分别归口并会同计划、基建、安监、生产、动力、财务等有关处室共同审查，经主管领导审批后，按渠道上报，作为对各煤矿物资分配的依据。

1980年以后，随着经济体制改革的发展，物资供应由原来的计划调拨、条块分割单一渠道的流通体制，转变为多渠道、少环节的流通模式。物资计划由单一的指令性计划向指导性计划的市场调节型转变。所需物资由煤矿自行向生产厂或经销单位签订供货合同。煤矿建设需要的砖、瓦、沙、石、白灰等地方建材，根据各自范围内的需求量，资源和建材企业情况，本着就地就近的原则，制定出具体供应方案，上报主管部门。

1986—1990年，国家逐步缩小指令性计划，进一步对企业放权，扩大物资供应中市场经济的比例。煤炭企业依靠四个渠道组织供应。国家统一分配渠道，亦指令性计划供应。这部分物资，根据国家确定的供应计划指标，按企业的隶属关系由企业主管部门的物资供应机构统一组织货源，统一对企业分配。合同订货，亦市场调节渠道。各类煤矿在国家指令性计划内不能满足企业生产和基本建设的情况下，由煤矿与货源厂（场）签订物资供需合同，通过市场自行采购，以弥补物资缺口。煤炭协作物资。这一渠道，是利用伊克昭盟各类煤矿的煤炭产品，根据运销环节的计划，向一些物资货源厂（场）发运物资协作的煤炭，按协作合同由物资货源厂（场）向伊克昭盟煤矿企业提供所需物资，各自进行结算。但发煤企业所需物资和物资到货并非完全对应，而由企业主管部门的物资供应机构进行平衡协调，供应需求物资的煤矿企业。企业自供的物资。伊克昭盟部分煤炭企业对生产建设所需部分物资可自行生产，其产品可首先满足自身需求。在以上四个供应渠道中，由国家指令性计划供应的物资主要是为钢材、木材、水泥、玻璃、沥青、火药、雷管和部分有色金属材料及机电设备。国有煤矿的指令性钢材、木材供应量约占年消耗量的80%，地方煤矿指标小，到货不足。市场调节的合同物资主要是为煤炭工业部统管的机电产品、煤矿专用产品、一类机电产品、橡胶制品、支护用品及三类物资。由于这一时期部分指令性计划物资价格上涨、货源紧缺，使企业放弃指令性计划物资不购，而进入市场采购。

1994年，国家对煤矿的物资供应计划基本退出。从1997年起，各类煤矿企业不再向上级主管部门报送物资计划及统计报表。20世纪90年代末，煤矿企业成为市场经济的主体，物资供应计划管理转变为供需直接签订合同的市场行为。伊克昭盟各煤矿企业的物资供应计划业务分别由机电部门、供应部门组织供应。

2000年以后，随着社会主义市场经济体制的不断完善，煤矿物资供应渠道更加广泛，鄂尔多斯市煤矿物资产品竞争日趋激烈，煤矿对各类煤矿专用产品，特别是大型综采设备、成套设备的采购自主权进一步扩大，物资供应渠道也呈多样化趋势，物资质量得到进一步提高。

三、物资采购

新中国成立前，伊克昭盟地区的私营小煤窑开采时断时续，物资采购由窑主或总役随用随购，现货交易，或以物换物。

煤矿设有采购人员，购买生产和生活物资。使用量增大时，可向作坊或工匠成批订货，约定期限进行提货。所购物资多为铁锹、镐头、箩筐等简单生产工具。

1953年，全国统一物资分配制度。各类物资划分为国家通配物资、部委管理物资和地方管理物资。其中，统配物资中，属于煤炭企业需要的材料包括钢材、木材、水泥、炸药、雷管、橡胶、轮胎等。设备包括汽车、推土机、皮带运输机、卷扬机、破碎机、洗选机、起重机、凿岩机、机床、工业锅炉、电力电缆等。部管物资中属于煤炭企业需申请的材料和设备包括铸铁管、电石、运输带、胶管、石墨电极、油毡、玻璃、柴油、汽油、润滑油、内燃机械、工业泵、风机、交流电动机、工业轴承、变压器、控制电缆等。除土产材料等三类物资无须订货合同外，统配、部管物资和二类机电产品及煤矿专用产品，均需根据国家物资管理部门下达的分配指标签订合同。同时实行申请订货，订货程序为归口安排、统一下达、分户记账、地方调剂。统配煤矿根据合同派采购员到生产厂家（或管理站）组织催交。地方煤矿按订货合同派员组织货源。煤矿大中型基本建设项目的订货，材料与设备采取不同方式。基本建设的统配、部管材料按当年国家拨给的投资指标和工程进度情况，按单项工程项目专项分配，由内蒙古自治区煤炭管理供应部门逐级下达建设单位。

1954—1958年，国家对部管二类物资没有统一管理，煤矿企业与煤炭企业管理部门根据需要与经销单位订货。1959—1979年，二类物资由国家统一管理，订货方式由企业所在地区物资部门根据上级下达的物资供应指标统一订货。货到后，参考企业申报计划，分配给企业使用。1979年，伊克昭盟社队煤矿生产所需的坑木、雷管炸药、维修材料以及必需物资，由内蒙古自治区、伊克昭盟计划部门按生产计划下达指标。由伊克昭盟煤工业管理处供销公司供应，一般物资由矿方自主订货采购。1980—1985年，国家将二类物资划归中国机电设备公司华北一级站管理。伊克昭盟各煤矿所需机电产品订货采购与该站签订合同，也可从市场直接采购煤炭部统筹二、三类物资。

1986—1990年，国家逐步缩小指令性计划，进一步对企业放权，扩大物资供应中的市场经济比例，供应渠道坚持“多渠道、少环节”的原则。

20世纪90年代初，随着改革开放的不断深入，物资资源逐渐丰富，物资采购指令性计划不断缩小，指导性计划不断扩大，越来越多的物资进入市场自由采购。除火工品及爆破器材一直由地方安全部门统一供应外，物资供应逐渐实现市场化。通过市场调节、地方平衡分配、与生产厂家订购，就地采购等方式组织物资供应，在物资流通领域形成了两种体制、两种价格并存的格局。

20世纪90年代后期，由于全国煤炭市场疲软，煤款回收困难，购买生产所需物资缺乏资金。为了保证煤矿生产建设的正常进行，伊克昭盟煤炭工业管理处放宽了对企业物资的自主采购权。各煤炭生产企业不再向上级主管部门报送物资采购计划，而采取以物易物、顶账、抹账、赊账等方式换回所需生产物资。物资供应采购的计划性趋于淡化，各煤炭企业物资部门库存物资一度上升，质次价高的物资流入企业，甚至一些与企业生产、生活无关的物资也顶替拖欠的煤款进入了煤矿企业。

进入21世纪，鄂尔多斯市煤炭企业物资供应采购全面进入市场。煤炭主管部门加大了依法宏观调控的力度，要求全市煤炭系统全面推行比质比价管理，规范采购行为，建立健全采购管理的各项制度，加强对物资采购供应的监督管理。煤矿物资采购合同形式由原来的单一设备购销合同改为商务技术合同的采购模式。通过技术谈判和竞争性商务谈价，使所采购的各类设备的性能充分满足了市场需求，而且价格也趋于合理。

2000—2005 年，为贯彻落实《中华人民共和国合同法》《中华人民共和国招投标法》《中华人民共和国反不正当竞争法》，鄂尔多斯各煤炭企业相继出台了物资采购的相关管理办法和实施细则，包括《物资采购管理办法》《物资供应系统规范采购方式的管理办法》《机电设备采购供应管理办法》《煤矿专用机电产品采购供应管理规定》《物资供应价格管理办法》《供应公司采购物资准入管理办法》《物资采购招标管理办法》《供应商准人管理办法》等。对煤炭企业物资招标采购、物资询价比价采购、供应商管理、合同管理、物资索赔管理等作了详细的规定，规范了采购行为。

“十二五”到“十三五”期间，随着网络信息的发展，鄂尔多斯市煤炭企业物资供应部门均建立了供应商档案，并输入计算机信息网络管理系统，建立了完备的供应商准入机制，加快了全市煤炭企业物资供应采购工作的市场化法制化进程。

四、仓储管理

20 世纪 50—60 年代，伊克昭盟煤矿对库存物资维护保养要求较低，只要做到保管完好无损，收发及时准确，库房干净整洁即符合管理要求。20 世纪 60 年代中期，伊克昭盟煤矿学习其他工业企业先进仓库管理经验，对仓库管理的要求越来越高。先后推行了分区分类、“四号定位”（库号、架号、层号、位号），“五五摆放”（五五成行、五五成方、五五成串、五五成堆、五五成层）的定位管理，方便了物料的点数、盘数和取送。所有库存物资坚持实行永续盘点，随收发，随盘点。当天收、发、存物资数量，当天填表、上牌板，日清月结，月盘、季点、年终清仓。对盘点中发现的问题查明原因，分清责任，作好记录，分别按储耗、磅差、盈亏、报废、事故等造册，按规定程序上报审批处理，做到了账、卡、物、价四对口。同时，把好验收发料关，物资进库坚持按到货凭证，现场收货，开箱验收，对照发货单进行检查，标记、点数、检尺、核算、量方、过磅、确认质量无误后，方可入库上架，并随时做好验收记录和到货登记。从接到入库通知的当天起 1～6 日内完成上述验收工作。对质量低次、数量规格等不符的物资，作好记录，查明原因，认真处理，不经批准，不准入库，不准动用。物资说明书、图纸、合格证、化验单等技术文件随物保管，随物发出。

20 世纪 80 年代，伊克昭盟地方煤矿开展仓库保管员岗位练兵活动，使保管员掌握了“四懂”（懂物资名称规格、懂物资基本性能和用途、懂技术保养规程、懂业务流程）、“四会”（会识货、会换算、会保管保养、会使用量具）、“十过硬”（验收、发料、“四对口”“五五化”“四号定位”账卡、报表、原始记录、交接手续、执行制度过硬）。

在这一时期，伊克昭盟各煤矿实施清仓利库工作。对清仓物资首先企业自用，然后采取因材改制、修复利用，开设门市部，送货上门，减少进货、商退合同，召开平衡调剂会等多种形式处理。各煤矿认真整顿清理基层单位小仓库，堵塞以领代耗、物资外流的漏洞。大部分煤矿企业边清核，边改章建制，防止前清后乱，巩固清仓成果。

“七五”期间，各煤矿坚持因地制宜、“土洋结合”、逐步提高的原则，对仓库进行了改扩建，大量采用叉车、汽车吊、电动单双梁桥吊、电子秤等，使仓储机械逐步配套，改善了储装运设施。同时，采取了金属防腐蚀、橡胶防老化、化工原料防变质及木材防磨、防开裂、防虫蛀等技术措施，增添了测试仓库温湿度、计量、防潮、防火、防爆、报警等新装置。

1987年，伊克昭盟各煤矿按照盟委、盟行政公署《关于国营企业实行承包经营责任制的若干规定（试行)》，积极开展“双增双节”活动，逐渐推行了定额管理制度，把煤矿物资的采购分配权和储备资金使用管理权，集中到政府煤炭管理部门。由煤炭管理部门对煤矿实行计划定额、定量和资金限额供应，煤矿进行物资的具体使用管理。各煤矿均建立定额管理制度，定额领料、物资消耗定额审批制度和物资消耗定额管理奖惩办法等，做到了短线物资合理储备，中线物资控制储备，长线物资压缩储备，勤进少进，增加资金流转，避免物资积压。政府煤炭管理部门根据各煤矿材料使用情况，对未超消耗定额指标的煤矿，节约材料的煤矿按经营承包责任制给予奖励。

1988年，伊克昭盟各煤炭企业按照公安部等五部一委一局联合发布的《关于切实加强小矿山爆破器材安全管理的通知》，建立了爆破器材管理责任制和爆破器材领退制度，实行爆破器材专库专存、专人管理。

20世纪90年代初，为适应煤炭企业连续性生产的需要，提高物资储备的应变能力，伊克昭盟煤矿加强物资储备管理部门之间的衔接，煤矿生产能力、物资需求关系的平衡，避免了物资储备少，造成生产脱节，储备量过大，形成物资积压浪费的情况发生。各煤矿根据国家煤炭物资供应部门储备和地方储备的二级储备机制，在管好用好煤炭工业部全国性调剂平衡物资的同时，地方煤矿储备结合实际情况，主要储备一些通用和专用的材料储备。储备量以原煤产量基准核定一定数量的储备资金。

2002年1月，鄂尔多斯境内的中央煤炭企业实施物资供应信息化管理。企业资产管理系统（EAM系统）在神东矿区推广应用，结束了手工汇总的传统做法。EAM系统对生产、基建及专项物资可以作出快速反应，有效缓解供需矛盾，使矿区各站库物资均能一目了然。

2006年起，神东物资供应管理中心先后两次委托内蒙古科技大学开发应用进口生产备件储备定额管理系统和国产备件储备定额管理系统，彻底改变了凭经验做储备计划的传统做法。充分利用EAM系统中近年来的基础数据，运用指数平滑法、概率统计分析法、可靠性分析法三种数学方法，预测备件消耗趋势，进行对比分析，得出最符合实际的数值，使储备管理工作更具实效性。

2007年开始，鄂尔多斯各煤炭企业对所属物资供应站点下达控制库存总额，并纳入绩效考核管理，每月对各站进行检查评比，对超出控制指标的进行处罚，并加大物资利库和移拨力度，使各站库存量基本维持了核定指标。

“十三五”期间，鄂尔多斯各煤矿物资供应仓储管理工作逐步推行信息化建设，引入并实施现代化仓库和以条形码技术为基础的仓库管理信息系统，部分煤炭企业实现了物流技术现代化和管理手段信息化。用信息化手段固化了仓储管理流程，实现了物流作业过程的实时化管理，实施了备件的现场质量跟踪管理和物流关键绩效指标测量，为生产建设建立了更加可靠的物资供应保障体系。

第四章 财 务 与 审 计

第一节 财 务 管 理

一、预算管理

（一）管理机构

2003年，鄂尔多斯地区的全民所有制煤炭企业根据《中华人民共和国预算法》，开始实行全面预算管理。各企业成立了全面预算管理委员会，负责制定预算管理的原则、目标、政策和程序；审议和下达年度经营预算目标和预算指标体系；审议和下达年度预算方案和预算调整方案，审查和监督本企业预算执行情况；审议预算考评办法，组织年度预算考评。财务管理部门是预算管理委员会的常设机构；负责拟定本企业预算管理制度和年度预算指标及指标体系方案；组织年度预算编制和调整工作；监督检查财务预算执行情况，定期编制预算完成情况报告。计划管理部门负责拟定本企业中长期经营/资本计划，拟定预算年度的投资预算和业务量预算并监督其执行情况。人事管理部门负责拟定本企业人工成本预算，拟定经营者年薪制和工效挂钩方案；参与年度预算考评工作。生产销售管理部门分别负责拟定月度生产、销售业务量计划。

截至2018年，鄂尔多斯地区的全民所有制煤炭企业和大型民营煤炭企业普遍推行了全面预算管理，建立健全了管理机构，以企业发展目标为指引，以定额标准为基础，以业务为核心，以信息化系统为支撑，最终形成了以生产预算、经营预算、成本费用预算为重点，以资金预算为保障的全员、全过程、全方位的预算管理体系。

（二）预算指标体系

鄂尔多斯各煤炭企业年度预算指标在授权经营范围内，经董事会批准后逐步分解，下达到责任单位（部门），做到层层把关，逐级负责。预算体系指标分为预算目标指标和管理控制指标两大类。其中，预算目标指标包括主营业务收入、成本及费用、利润总额、还本付息总额、净现金流量、资本保值增值率、净资产收益率、固定资产投资率。管理控制指标包括业务量、流动资金、企业贡献、偿债能力、发展能力状况、基本建设等内容。

（三）执行与控制

鄂尔多斯各煤炭企业以年度预算为基础，按季度、月度编制滚动预算，保证年度预算的实现。在预算执行过程中实行月报告、季分析、年考核。各责任单位（部门）建立原始凭证记录，完善各项管理制度，严格执行生产经营月度作业计划和成本费用定额、费率标准，加强实时监控。建立成本费用分级控制体系，将成本费用项目分为刚性控制和弹性控制两大类。刚性控制项目严格禁止超出当期预算；弹性控制项目经该公司主管领导审批后可以在一定幅度内超出当期预算，各项成本费用开支建立严格的审批程序，不得以未超过预算控制总额为由人为调节成本。建立资本性支出预算管理责任中心，合理安排单位工程项目，适时调整工程进度，做到资本性支出预算的执行与生产经营需求相匹配。建立资本性投资项目考核制度，项目负责人的业绩与预算执行情况紧密挂钩。

二、固定资产管理

新中国成立前，伊克昭盟境内煤窑均属个人私营，手工开采。开采使用镐头、钎子、筐子等简单工具，窑主只需支付工人工资，形成不了固定资产。

1953 年，经过社会主义改造，煤矿生产规模逐步扩大。国家和伊克昭盟重点投资建设了东胜县酸刺沟煤矿、昌汉沟煤矿，伊金霍洛旗忽吉图煤矿、石圪台煤矿，鄂托克旗棋盘井煤矿、乌仁都西煤矿，准格尔旗二道沟煤矿、乌素沟煤矿、纳林沟煤矿、五圪图煤矿，达拉特旗高头窑煤矿、唐公沟煤矿、罕台川煤矿等地方国营煤矿。煤矿的固定资产增加了井筒、巷道、设备、设施、厂房、宿舍、食堂、浴室等。

1962 年，煤炭工业部颁发《固定资产管理办法》，规定地面固定资产及设备仍按直线法计提基本折旧基金。对矿井的井筒、巷道和与之直接关联的井口附近建筑物则以全矿井的可采储煤量为计算基础，用产量法计提基本折旧基金。当年，伊克昭盟地方国营煤矿固定资产原值 11.26 万元，净值 11.03 万元，折旧额 0.23 万元。

1965 年，煤炭工业部对固定资产基本折旧基金计提方法作部分改变，井巷等固定资产改按直线计提基本折旧基金。基建单位的施工机械和运输设备，按照实际完成的工作台班和行驶吨公里计提折旧，不再根据使用年限按月平均计算。同年，内蒙古自治区财政厅下发《关于改进企业生产费用范围和大修费用管理工作的通知》，规定企业的设备、工具、器具、物品，同时具备单位价值在 500 元（或 200 元）以上和使用年限在一年以上的为固定资产，购置固定资产的资金应按照从基本建设投资、固定资产更新的 4 项费用中开支。有些设备如工具、器具和物品虽然价值在 500 元（200 元）以上，但使用年限不到一年或使用年限一年但价值在 500 元（或 200 元）以下的，可以作为低值易耗品管理，摊入产品成本。属于企业主要设备，数量较大，其单位价值即使在 500 元（或 200 元）以下，也应列入固定资产。是年，伊克昭盟境内煤矿开展清产核资，贯彻落实煤炭工业部《关于加强财务管理工作十项规定》和《煤炭工业财务管理基本制度》。全盟地方国营煤矿固定资产原值 17.53 万元，折旧 3.89 万元，净值 13.64 万元。

1979 年 7 月起，伊克昭盟地方煤矿按照国家颁布的煤炭企业实行固定资产有偿调拨的办法，用经济办法管理固定资产，把多余、闲置的固定资产主动调出，以减少设备积压，提高了固定资产的利用率。

1983 年，煤炭工业部开始进行煤炭企业固定资产折旧率的预算工作。经国务院批准，从 1985 年起，全国统配和重点煤矿恢复计提固定资产基本折旧基金，取消从吨煤成本中提取维简资金。对矿井井巷建筑物规定不提折旧基金，而采用从吨煤按月提取井巷工程基金的办法。但使用维简资金或生产费用完成而达成固定资产标准的矿井建筑物，不提基本折旧基金，也不做固定资产处理。伊克昭盟地方煤矿严格执行煤炭工业部的规定，从 1983—1985 年，伊克昭盟鄂托克旗地方国营煤矿固定资产分别为 111.6 万元、146 万元和 197 万元。

1995 年底，伊克昭盟煤炭工业管理局组成清产核资领导小组，对各直属企事业单位的资产进行清查。包括资产负债清查，对各类资产（包括流动资金、固定资产、长期投资、无形资产、递延资产和其他资产）进行全面清理、核对和查实。清查企业固定资产的房屋、建筑物、机器设备、运输设备、仪器仪表和工具用具等。固定资产的原值、净值、已提折旧额。已提足折旧的固定资产、待报废和提前报废的固定资产数额，以及损失、待核销数额等。核实租出、借出的固定资产。对清查出的各项盘盈、盘亏固定资产的核实。对各项闲置、不用固定资产造册登记，长期投资的管理情况及投资效益，在建工程的建设程度、投资额以及完成时间。

2003 年，鄂尔多斯市煤矿根据企业经营状况，制定了相关的固定资产管理制度，并成立专职部门负责所有固定资产的管理，明确规定了固定资产的核算范围、分类、折旧方法和折旧年限、购置的审批流程、验收与登记、款项结算、调拨、移交、修理、出租和出借、保险、对外投资及抵押和担保、盘点、处置、大型部件的管理等，规范了对固定资产的管理。

从 2009 年开始，鄂尔多斯煤炭企业逐步建立了全资产管理体系，针对所有资产，明确管理职责、业务标准和管理流程，做到“谁使用、谁维护、谁保管、谁负责”，不断提高各级资产管理人员的精细化管理意识，提高资产使用效率，降低生产成本，保护资产的安全完整，实现资产的保值增值，增强企业的综合竞争实力。2014 年，通过梳理资产管理流程、整理完善资产类制度，形成全资产管理手册。以资产管理制度、流程、系统平台为支撑，逐步实现资产实物、台账、价值管理业务一体化，为公司全资产管理决策提供支持。

“十三五”期间，鄂尔多斯市地区所有煤炭企业，分别制定完善了《固定资产管理办法》，对固定资产的标准和登记、分类、取得和计价、折旧和修理、使用和管理、转移和报废、清查和评估、监督与制裁等方面明确了具体规定，对企业的固定资产统一了范围和管理权限，统一了核算方式，统一了控制手段，实现了国有资产保值增值。

三、资金管理

（一）流动资金管理

1953—1956 年底，社会主义改造完成后，伊克昭盟地方国营煤矿根据国家规定所需流动资金由国家地方财政拨款企业无偿占用，企业除提取少量奖励基金之外，全部利润按隶属关系上缴地方财政。流动资金在生产和流通领域，包括储备资金、生产资金、货币资金和结算资金，其中储备资金约占定额流动资金的 70%～80%。

1958 年，国家对国营企业定额流动资金由原来国家财政全额拨款无偿占用改为双口供应方式，即 70% 由国家财政无偿拨款，30% 由人民银行计息贷款有偿占用。

1965 年之前，伊克昭盟地方国营煤矿对流动资金的需求，每年都要编制计划，报主管部门审批。1966 年，改为由煤矿自定计划，由当地银行审批。

1983 年，国务院决定，自是年 7 月 1 日起，国营企业流动资金由原来的财政拨款和银行贷款两家供给，改为由中国人民银行统一管理、统一供给。国家不再给企业增拨流动资金，由人民银行核定企业的流动资金定额和使用计划，考核企业使用流动资金的经济效益。原来财政拨给企业的流动资金，仍然留给企业，作为自有资金，实行有偿占用，收取一定比例的占用费。伊克昭盟地方国营煤矿由于煤价偏低，多数出现了亏损，无力负担流动资金占用费，享受到了国家免交国拨流动资金占用费的优惠政策。

1990年后，伊克昭盟地方国营煤矿在流动资金管理等方面形成了适合行业生产经营特点的配套措施。各煤矿加强了定额管理和计划管理，制定的各种主要材料消耗定额达60多种。在此基础上，编制采购计划和使用计划，对加速资金周转发挥了重要的作用；采用集中统一的供销体制，对统配物资实行集中采购，销售货款集中回收，最大限度地保证了资金支付能力；建立经济合同会审制度，对外采购、协作、承包工程等采取有关部门会审制度，达到了事前会审的目的；建立了内部银行和内部结算制度，超计划用款实行有偿占用；建立健全了流动资金使用和考核制度实行资金分级管理，责、权、利相结合，避免了超值积压，流动资金周转速度加快，吨煤占用逐步减少。

“九五”期间，伊克昭盟地方煤矿以储备资金、生产资金管理为重点，以定额为基础，坚持使用和管理相结合，物资管理和资金管理相结合的原则，建立健全了定额流动资金管理制度，制定了各级、各部门资金管理和使用经济责任制，并定期进行考核和奖惩。储备资金由煤矿供应部门负责，煤矿在管理储备资金中，正确制定材料采购计划，按核定的材料定额和合理的储备量搞好供需平衡，运用经济批量订购法，合理安排采购资金。同时，严格到货验收，正确编制用料计划，实行限额领料和余料退库制度。加强材料库存管理，切实掌握储备资金使用动态，运用ABC管理法，正确核定资金管理重点，以减少资金占用。定期进行清仓查库，及时处理超储积压物资，保证储备资金账实相符。减少不良资产的资金占用。生产资金主要由生产部门负责。煤矿在管理生产资金中，正确编制生产计划，严格按计划投量，以减少盲目超产积压，搞好各个环节之间的衔接和平衡，合理组织生产，缩短生产周期，控制生产消耗，减少资金在生产过程中的停留时间。为加快资金周转，各煤矿营销部门面向市场，以销定产，定期走访煤矿用户，不断开发适销对路的煤炭产品，保证货款及时回收，提高了流动资金的有效利用率。

“十五”到“十三五”期间，随着国家煤炭开发的战略西移，一大批中央企业、国有煤炭企业先后进驻鄂尔多斯境内进行煤炭开采。在这一相当长的时期内，煤炭企业新建、在建和投产煤矿的流动资金管理大体经历了三个阶段。

在基本建设时期，主要是加强基建物资储备管理工作。为提高储备资金的使用效果，采用高度集中的供应采购管理模式。由供应部门统一集中管理，每年初按设计文件所附设备清册和主要材料用量清单，结合年度基建计划和工程进度，在认真核对年度储备量的基础上编制储备用款计划，并有计划地组织订货，合理使用储备资金。

在试生产时期，实行企业与二级单位二级核算体制，每年初各单位根据下达的生产任务，结合自身特点和依据企业制定的生产消耗定额和物资储备定额，编制各自的财务收支计划，确定流动资金需求量，报公司批准后执行。企业根据各单位的资金需求量统筹安排，最终确定总的流动资金需求量，以最低的资金成本和风险筹集所需要的资金，公司对内部流动资金总体上实行统一调度、统一经营。二级单位根据生产需要自由支配一部分专用材料和配件。

在生产经营时期，随着生产经营规模的扩大和企业成本费用核算的细化，为强化资金管理，提高资金的使用效率，企业对内部各单位实行流动资金有偿使用管理办法。收入由各单位自行核算，谁的钱入谁的内部存款户，各单位上缴属于企业集中的款项后，生产经营中的资金缺口由各单位根据内部结算中心规定的条件向内部结算中心申请贷款，并且规定流动资金贷款只能用于日常生产经营周转，不得用于固定资产投资、对外投资、借款不符合流动资金货款用途和活动。对物资采购供应，库存资金实行“二集中”“五统一”的管理模式，物资采购按照公开、公平、公正的原则，货比三家，采用招标或投标的形式进行，各单位坚持管钱与管物相结合，并实行资金的归口管理建立健全了责、权、利相结合的考核制度。

各煤炭企业内部结算中心为企业的内部结算和资金调度中心，具有结算、信贷、调节、融资、监督、控制的职能，负责结算制度的制定、业务流程的设计、贷款的管理与回收、利息的计算与收取。可以有计划地组织货款回收、各种基建遗留工程和技改工程的进度款的按付，有计划、有组织地组织物资采购，按现金收支计划控制各项日常费用的支出，对增收节支起了较大的作用。

（二）专项基金

1. 煤炭生产发展基金与维持简单再生产基金

20世纪60年代初，伊克昭盟地区的煤矿逐步设立维持简单再生产井巷工程基金（简称维简费），后改为固定资产更新改造基金。1965年，国家对煤矿生产矿井的开拓延深工程不再投资，由生产成本中预提维持简单再生产井巷工程基金，伊克昭盟煤矿按吨煤1元提取。1983年，改为按吨煤销售提取3元维简费。

1990年，根据国家物价局、国家煤炭工业部《关于扶持统配煤矿几项价格措施的通知》和内蒙古自治区人民政府办公厅《关东胜煤田开发建设中有关问题的批复》，参照毗邻地区山西、陕西收取生产发展基金和价外补贴的方式方法。伊克昭盟国营、集体、个体、联办煤矿（包括外地在伊克昭盟办矿法人单位和军办煤矿）按销售吨煤收取7元发展基金。随煤价一次结清，由各旗市煤炭管理部门统一收缴和向产煤单位按比例返还。所收取基金按照“统一收缴、分级管理、专款专用、滚动发展”的原则，国营煤矿收取的煤炭生产发展基金留煤矿5元，上交盟和旗市各1元。乡镇、集体、个体、联办煤矿留煤矿3元，上缴盟和旗市各2元。

从1992年6月1日起，根据伊克昭盟行政公署《关于煤矿维简费等费用征收使用问题的批复》和伊克昭盟财政局《关于印发〈伊克昭盟地方煤炭生产发展基金的征集和管理办法〉的通知》，对伊克昭盟煤炭工业管理局直属煤矿征收4元/吨生产发展基金，费用按月足额上缴主管局，专户储存。盟提留的基金部分主要用于重点煤炭项目的开发以及技术改造煤化工项目和直接为煤炭生产服务的项目。旗市提留部分，主要用于地方煤矿的重点建设、技术改造、安全措施、技术培训等项目。

1995年，供克昭盟煤炭工业管理局执行内蒙古自治区人民政府《关于印发内蒙古自治区地方煤矿维简费和发展基金征收管理办法的通知》，对地方销售煤炭每吨征收5元发展基金和7.5元维简费。2001年，鄂尔多斯煤炭企业维简费增加到10.5元，这两项收费主要用于全行业关井压产、安全生产、煤矿技术发展、矿区基础设施的建设。

2005年后，鄂尔多斯煤炭企业根据煤炭实际产量在成本中按月提取维简费。国有重点煤炭企业按吨煤9.5元提取，非国有重点煤炭企业（含国有企业矿办小井）按吨煤10.5元提取。煤矿维简费按照先提后用、量入为出的原则，专款专用、专项核算，年终结余可结转下年继续使用。全部用于煤矿生产正常接续的开拓延伸、资源整合、机械化采煤改革和提高资源采出率改造支出。

2009—2010年，鄂尔多斯市煤矿沿用财政部、国家发展改革委、国家煤矿安全监察局联合发布的《关于规范煤矿维简费管理问题的若干规定》(财建〔2004〕119号)，按照吨煤8元维简费提取，当年尚未使用部分结转下年继续使用。

2012年后，鄂尔多斯煤矿一直按原规定的标准计提维简费。

2. 煤矿安全生产专项资金

煤炭生产安全费用是企业按原煤设计产量从成本中提取，专门用于煤矿安全生产设备购置、高瓦斯矿井监控系统建设、应急救援、火区治理、安全奖励和专项整治工作的资金。2005年，鄂尔多斯市大、中型煤矿企业按吨煤3元提取，露天煤矿按吨煤2元提取，由企业自提自用。全市境内部分隶属关系、企业性质、规模大小、达不到国家正规开采要求，资源采出率不符合国家技术政策规定标准的煤矿企业和小型煤矿，按吨煤10元提取。企业提取的安全费2005—2007年间，全部用于企业必需的安全生产装备、设施与技术保障、煤矿资源整合、机械化采煤改革、提高资源采出率的资金支出。

2009—2010年，鄂尔多斯煤矿沿用财政部、国家发展改革委、国家煤矿安全监察局联合发布的《关于煤炭生产安全费用提取和使用管理办法》(财建〔2004〕119号)，按照各矿井规模及瓦斯、自然发火程度、涌水量等因素，吨煤提取标准分为8元、5元、3元。

2011年，鄂尔多斯煤矿执行国家税务总局颁发的《国家税务总局关于煤矿企业维简费和高危行业企业安全生产费用企业所得税税前扣除问题的公告》(财企〔2010〕第26号）规定的安全生产费用计提标准。

2012年，国家安全生产监督管理局、财政部下发《企业安全生产费用提取和使用管理办法》(财企〔2012〕16号)，规定煤炭生产企业依据开采的原煤产量按月提取。各类煤矿原煤单位产量安全费用提取标准为，煤（岩）与瓦斯（二氧化碳）突出矿井、高瓦斯矿井吨煤30元，其他井工矿吨煤15元；露天煤矿吨煤5元。根据《企业安全生产费用提取和使用管理办法》第十四条中小微型企业和大型企业上年末安全费用结余分别达到本企业上年度营业收入的5%和1.5%时，经当地县级以上安全生产监督管理部门、煤矿安全监察机构和财政部门同意，企业本年度可以缓提或者少提安全费用。经市、旗区相关主管部门同意，2012—2013年按照原有标准计提。2014年后，鄂尔多斯市煤矿按新标准计提安全费。

3. 环境治理保证金

2009年，根据《鄂尔多斯市露天煤矿临时用地审批方案》，对申请临时用地的露天煤矿，根据其设计可采储量、配套非资源性产业、公益项目建设和环境治理情况，缴纳一定数量的环境治理保证金煨煤区煤矿按0.3元/吨缴纳，半精煤区煤矿按0.4元/吨缴纳，精煤区煤矿按0.5元/吨缴纳。由鄂尔多斯市煤炭矿业协会一次性收取，专户储存。保证金由鄂尔名斯市人民政府统一安排使用，主要用于全市公益事业、矿区环境治理和非资源产业开发等重大社会事业建设。对愿意自行投资建设与保证金数额匹配的非资源性、公益性项目的煤炭企业，在其项目建成并经鄂尔多斯市露天开采煤矿临时用地审批联席会议验收鉴定后，退还其缴纳的保证金。

同年，鄂尔多斯市人民政府第五次常务会议通过《鄂尔多斯市人民政府关于地方煤炭开采企业缴纳环境治理保证金配套建设非资源性产业项目的实施意见》，将全市所有地方煤矿全部纳入配套建设非资源性产业的范围。各煤炭企业兴办非资源性产业和其他公益项目，按照设计可采储量缴纳一定数额的环境治理保证金。全民所有制煤炭企业所属煤矿比照地方煤矿，按热值标准分别收取环境治理保证金。规模较小的煤矿企业可联合或可自行投资建设与自身标准相符的基础设施、公益项目和非资源性工业项目，所投资金额可抵顶需缴纳的环境治理保证金。对不投资建设配套项目的煤矿企业须以现金缴纳环境治理保证金。对已投资建设配套项目的煤炭企业，按其项目实际投资额和其应缴纳的环境治理保证金数额，确定其是否需再投资或再缴纳。配套项目的甄别、认定先由各旗区人民政府分别组织申报，再由鄂尔多斯市发展和改革委员会、经济委员会、煤炭局、国土资源局等部门共同组成专门机构，负责进行煤炭企业建设配套项目的甄别、认定工作，对经有关部门共同认定的配套项目投资，可抵顶环境治理保证金。对按时、足额缴纳环境治理保证金或积极建设非资源性产业及其他公益项目的煤炭企业，在铁路运力、产能控制、临时用地审批等方面给予支持和倾斜。

四、成本管理

1953 年后，伊克昭盟私营煤矿转为国营煤矿，开始实行消耗按计划价格核算，逐步建立和完善成本核算制度。

1982 年，煤炭工业部对全国煤炭企业进行成本整顿的调查。1984 年，伊克昭盟煤矿贯彻执行国务院颁布的《全国企业成本管理条例》，规范了煤矿成本管理。同时推行了吨煤工资浮动包干办法，有效地控制和降低了材料和人工成本。

1985 年，煤炭工业部实行六年投入产出总承包，扩大企业自主权。伊克昭盟各煤矿均建立了定额管理制度，运用经济手段进行物资、材料管理，以此降低成本，提高效益。伊克昭盟煤炭管理部门根据各煤矿材料使用情况，对符合消耗定额指标，节约材料的煤矿进行奖励。

1992 年，根据《全民所有制工业企业转换经营机制条例》，国家实行简政放权，将企业推向市场，企业拥有独立的经营自主权。伊克昭盟各煤矿制定相应管理办法，实行层级成本管理体制，明确各级成本核算内容和管理责任，使煤炭产品成本层层得到控制。建立了计划管理、定额控制、分级管理责任制，在生产过程中通过技术、经济措施，改进采区巷道布置，降低掘进率；改进采掘方法，实行工作面正规循环作业，提高工作面月产量、月进尺和采出率；搞好安全生产，减少事故损失；重视物资的回收复用和修用利废，提高劳动效率，压缩非生产性支出。同时采用原煤成本按费用要素分类核算办法和专群结合的管理形式。采用原煤生产按成本费用要素项目核算材料、工资、电力、折旧、其他费用，并按生产过程核算掘进、回采、井下运输、井巷维修、设备维修、其他生产过程、辅助生产生过程等核算材料、物资和劳动消耗。

1995 年之后，伊克昭盟煤炭企业根据国家统一规定，结合企业的实际情况，明确规定了煤矿成本开支范围，包括生产经营过程中实际消耗的各种外购产品、原材料、辅助材料、备品、配件、燃料、动力、包装物、低值易耗品和运输、装卸等费用，以及煤矿各职能部门管理费用、煤炭销售发运环节经营费用等。其中，煤矿采用房柱式开采的成本开支范围包括爆破费（火工品费、人工费）、井下运输费、井下装卸费等直接生产发运、辅助材料、备品备件消耗以及生产过程中耗用的电费、水费、修理配件和工时费等辅助生产费用，使成本管理进一步明细化。

2005年，鄂尔多斯地区煤矿经过机械化改造后，采用综合机械化开采的成本开支范围包括煤炭综采生产成本、掘进生产成本、洗选加工成本以及制造费用及各种设备、工器具、材料以及所有管理费用全部列入成本核算，各煤矿坚持成本和费用最低化原则，主要成本和费用管理原则，成本和费用责任制原则，成本和费用管理有效化和科学原则化，正确划分资本性支出与生产经营性支出的界限，产品成本与期间费用的界限，产品与在产品的界限，正确确认本期成本费用，严格遵守成本与费用开支范围和标准，以最小的投入获得最大的产出。

“十一五”到“十三五”期间，鄂尔多斯境内的中央煤炭企业、国有煤炭企业和所属地方煤炭企业不断优化成本管理方式方法，创新了成本管理模式。

五、税金与利润

新中国成立后，国家对伊克昭盟煤矿资金实行统收统支，利润上缴，亏损由国家财政拨补政策。所有煤矿均征收工商税，按煤炭销售收入计算税率。

1958年起，国家进行税收改革，在合并原商品流通税、货物税、营业税等税种的基础上，建立工商统一税。对地方国营煤矿征收工商税，对集体煤矿实行二十一级全额累进并加成的所得权。1961年3月31日，煤炭工业部规定企业利润留成基金按“先筹后用，量入为出”的原则使用，主要用于技术革新、改造及综合利用。

1978年后，煤炭企业将煤矿经营业绩与个人工资、津贴、奖金等待遇挂钩，调动了职工生产积极性，伊克昭盟地方国营煤矿全部实现盈利。

1979年起，伊克昭盟地方国营煤矿根据财政部《关于国营企业试行企业基金的规定》，确定煤炭企业年终提取基金的条件和标准。完成计划利润，按产量、质量、利润和供货合同四项指标考核，全面完成四项利润指标，按职工工资总额提取5%。在完成利润指标的前提下，每完成一项按工资总额1.25%提取。未完成利润指标一律不提。计划亏损煤矿，完成四项指标按工资总额3%提取。在完成降低亏损计划指标前提下，每完成一项按工资总额0.75%提取。实行利润留成的煤矿，按提取基金后的利润额提取利润留成。

1983年，国家实行国营企业第一步利改税，凡有盈利的国营大中型企业均按实现的利润缴纳55%的所得税。税后利润再按一定比例上缴国家和企业留利。1984年，国家在第一步利改税的基础上，实行税收的第二步改革，将工商税划分为产品税、增值税、营业税等，并增加了资源税（只对原油、天然气、煤炭等矿产征收）、城市维护建设税、房产税、土地使用税等，并按企业规模分别对大中型企业按固定比例55%缴纳所得税。对小型企业按新的八级超额累计税率计算缴纳所得税。调节税按一户一率的原则核征（当年利润比核定的基础利润增长部分减征70%）。企业税后留利由企业支配，用于新产品试制基金、生产发展基金、储备基金、职工福利基金和职工奖励基金。其间，伊克昭盟地方国营煤矿均按国家企业基金规定，利润留成办法执行。

1985年1月1日起，煤炭工业部对国营煤矿实行产量、基本建设、亏损总承包，承包期定为六年，同时实行吨煤工资包干。从 1988 年开始，伊克昭盟对地方国营煤矿实行包上缴利润，包企业进步包资产增值，工资总额同企业、经济效益挂钩“三包一挂钩”的三年承包。引进竞争机制，在承包中建立风险机制，做到利益共享、风险共担。其中包上缴利润即在“包死基数、确保上缴、超收多留、歉收自补”的原则下，采取上缴利润递增包干。核定上缴利润基数，规定递增率；上缴利润基数包干，超收部分按一定比例分成或分档分成，微利企业利润包干，包死基数。亏损包干，对政策性亏损企业，包死基数，超亏不补，减亏全留或分成。对经营性亏损企业限制在 1～2 年内扭亏，实行分年度减亏承包，上缴利润递增，超收分成等。

1994 年 5 月 1 日起，财政部、国家税务局联合发出通知，煤炭产品的增值税率由同年 1 月 1 日制定实行的 17% 调整为 13%。按照财政部、国家税务总局的通知精神，伊克昭盟地方煤矿多缴的税款得以退还。

1997 年，根据财政部、国家税务局《关于调整内蒙古伊克昭盟煤炭资源税单位税额的通知》，伊克昭盟财政局和伊克昭盟地方税务局结合本地情况，规定从是年 3 月 1 日起，伊克昭盟境内的煤炭（部分中央煤炭企业和地方煤矿）资源税单位税额由原来的 0.5 元/吨调整为 1.5 元/吨。煤炭资源税的 50% 由旗、市税务局征收，并入旗市级库，其余 50% 由伊克昭盟地税局征收。1997 年 1—2 月，按原煤炭资源税单位税额 0.5 元/吨计算的资源税仍由旗市税务局征收并就地入库，年终结算时，属自治区部分，由伊克昭盟财政局专项上缴。

2002 年，经过 4 年市场周期性低迷后，煤炭市场趋好，煤矿利润大幅增长。

2003 年，煤矿实行以销定产，开始实行预算管理，各煤炭企业严格按预算执行，确保利润最大化。同年，鄂尔多斯煤炭企业分别制定了《财务管理制度》，制度规定了利润及利润分配的管理办法，规范了成员单位利润分配程序。

2009 年，鄂尔多斯境内煤炭企业涉及的税费有增值税、企业所得税、资源税、房产税、土地使用税、城建税、印花税、车船使用税等税金及地方教育费附加，资源补偿费、水资源费、排污费、采矿权用费、地面塌陷补偿费、下岗职工就业保障金、残疾人就业保障金、可持续发展基金、水土补偿费等费用。

2010 年，依据财政部、国家税务总局、海关总署联合下发的《关于西部大开发税收优惠政策》，神东煤炭集团、准格尔能源集团继续申请取得了西部大开发税收优惠政策批复，企业所得税减按 15% 的税率征收。

2011—2012 年，鄂尔多斯煤炭企业主要税种及税率：增值税 17%，营业税为应税营业税税率为 3%、5%，城市维护建设税为应缴纳流转税额的 5%、7%，教育费附加为应缴纳流转税额的 3%，地方教育费附加为应缴纳流转税额的 2%。企业所得税的税率为 15%、25%，资源税按煤炭销量 3.2 元/吨征收。

2013 年，鄂尔多斯市煤炭企业主要税种为增值税、营业税、资源税和企业所得税，其中增值税税率为 17%，营业税税率为 3%。2014 年 1 月 1 日，铁路运输业“营改增”由原来的营业税税率 3%，改为增值税 11%，企业所得税的税率为 25%，其中宝山煤矿、酸刺沟煤矿等符合西部大开发的优惠条件，减按 15% 的优惠税率上缴企业所得税。神华鄂尔多斯煤制油公司符合高新技术企业的优惠条件，减按 15% 的优惠税率上缴企业所得税。2014 年 10 月 1 日，部分煤炭企业因《西部地区鼓励类产业目录》(国家发展和改革委员会令〔2014〕第15号）的出台，不再符合西部大开发的优惠条件，所得税率由原来的优惠税率15%恢复为25%。2014年12月之前按应税煤炭销售数量征收资源税，税率为3.2元/吨。2014年12月1日资源税改革后，按应税煤炭销售收入的9%征收。

2016年，全国范围内全部实行营业税改为增值税。

2018年，鄂尔多斯市境内煤炭企业主要税种为增值税、资源税和企业所得税，新增环保税和水资源税。增值税税率主要为17%，企业所得税的税率为25%。其中符合西部大开发的企业，减按15%的优惠税率上缴企业所得税。符合高新技术企业优惠条件的企业，减按15%的优惠税率上缴企业所得税。资源税按应税煤炭销售收入的9%征收。

第二节　审　　计

1983年，国务院批转了审计署《关于开展审计工作几个问题的请示》，规定各部门、各单位都要建立内部审计机构。1985年后，煤炭工业部相继颁发《煤炭工业审计工作的若干规定》《煤炭工业经济效益审计法》《煤炭工业承包经营责任审计暂行办法》《煤发工业企业决算审计办法》等文件，伊克昭盟煤炭行业管理部门以及各煤矿按照国家和煤炭工业部，关于建立审计机构工作制度、办法的要求经历了“边组建，边工作，以工作促组建”和全方位、多层次强化审计工作的过程。

1988年1月，伊克昭盟煤炭工业管理处与东胜煤田开发经营公司分设，内设财务计划科，负责全盟煤炭行业的审计工作。1991年，伊克昭盟煤炭工业处更名为伊克昭盟煤炭工业管理局，设财务审计科，负责则全盟煤炭行业的审计工作。

1992年，伊克昭盟煤炭工业管理局制定了《全盟地方国营煤矿内部审计工作办法》，并组成专业审计小组，开展财务审计工作，对全盟煤炭系统各二级单位和基建矿、改扩建工程、各旗市专项资金的使用、管理、效益进行了检查审计。1993年，伊克昭盟煤炭工业管理局由行政局转为企业局，实行企业化管理，设财务审计科，审计职能不变。

2001年12月26日，鄂尔乡斯市煤炭局重新列入行政序列，设财务审计科，负责全市煤炭行业的审计工作。其后，煤炭管理名称虽然经过多次变动，但机构设置中均设有审计科。下属旗区煤炭局、二级单位以及各煤矿企业均设有相应机构。审计科每年年初对上一年度票证科和票证总库年度票证管理工作情况进行一次全面审计，包括销售类票证，收据类票证，准销证、运煤专用票的领用、发放、结存、缴销、欠销情况等。对存在的问题提出处理意见，并按要求进行整改。对东、西、南、北四大煤管站年度收费任务完成情况，拨入经费情况、费用支付情况、罚没款收支情况、旗站拨款及支付情况、票证使用情况等进行审计评价，对存在的问题提出处理意见。对鄂尔多斯市煤炭局二级单位费用收支情况进行审计，以及资产管理、财经纪律的执行情况进行审计。

2002—2005年，鄂尔多斯市煤炭企业在加强财务收支及经济效益审计的同时，开展了经济责任审计。公司审计部门中层及以上干部进行离任审计。对审计过程中发现的白条抵库、变相列支等问题，查明原因，并出具审计报告，提出整改措施和建议，杜绝了同类现象的发生。

2010年，鄂尔多斯市煤炭局制定了《鄂尔多斯市煤炭局内部审计实施办法》，对内部审计人员的职权、审计对象及职责、内部审计范围、内部审计程序均作了明确规定，并对局各科室和二级单位的收费管理、定额经费使用、票证管理、资产管理、扣卸煤管理、基建等情况进行了全面审计。

2011年9月，鄂尔多斯民营煤炭企业正式开始实施建设项目的全过程审计。由审计部门安排专业人员参与项目立项、可研、初设审批、项目招投标、合同谈判、材料价格确定等过程。监督招投标过程的合法性，以选择最符合项目要求的施工单位，参与各项目工程重大变更签证的审核。同时，在项目实施期间组成工程审计项目组，深入施工现场及时处理与审计有关事务，发现问题，及时纠错防偏或提出改进意见。

2011—2015年，鄂尔多斯境内的中央煤炭企业结合本企业实际，先后制定了一个办法、八个细则、一个手册。一个办法是《内控审计工作管理办法》，主要包括内控审计部门职能、职责、人员要求、工作权限、工作程序、工作要求、责任和处罚等内容。八个细则主要是针对所开展的业务和在预期内将逐步开展的业务制定的业务实施细则，包括经营财务审计、经济责任审计、工程项目审计、物资采购审计、信息系统审计、内控与风险管理审计、审计结果利用和后续审计等实施细则。一个手册是《内部审计工作手册》，内容包括内部审计部门机构设置、审计工作流程、审计工作标准（包括审计实施方案标准、审计通知书标准、审计记录标准、审计证据标准、审计工作底稿标准、审计组审计报告标准、审计部门审计报告标准、审计意见书和审计决定标准）、审计工作方法、审计质量控制、审计人员绩效考核制度、审计工作督导制度、外部审计质量控制与评价制度、审计档案管理制度、审计工作会议制度、审计人员从业要求、审计人员工作纪律12个方面的内容。2016年，重点进行了经营管理及专项审计、经济责任审计、专项资金结算审计，对审计过程中调查发现的问题，提出整改建议。

截至2018年，鄂尔多斯市煤炭局及境内中央和国有煤炭企业、地方煤炭企业均设有专职审计部门。各煤炭企业根据国家法律法规和内部审计要求，结合本单位实际，分别制定了《内部审计工作管理实施细则》《审计工作流程》《审计档案管理办法》《内部审计法规及文件制度汇编》《工程审计管理办法》《定期内部审计制度》《审计结果利用管理办法》《内部审计人员职业道德规范》《专项管理审计管理办法》《工程建设项目在建评审管理办法》《经济责任审计管理办法》《审计跟踪管理办法》《内部审计质量控制制度》等规章制度。通过对审计程序、审计方案的编制，审计证据的收集和使用，以及审计工作底稿、审计报告、审计文书、审计工作台账、审计工作报表、审计项目档案归纳与整理等工作进行规范要求，使内部审计工作的制度化、标准化、规范化得到了全面推进。审计项目有财务收支审计、经济效益审计、经济责任审计、基本建设审计、专项审计和审计调查、年度财务决算审计，以及接受国家、内蒙古自治区、鄂尔多斯市的外部审计。审计部门在煤炭企业或单位的领导之下，依据法律法规，对企业及其所属单位、部门进行内部监督审计，独立行使审计职权。

第五章　煤　炭　运　销

第一节　运 销 管 理

新中国成立到20世纪80年代，从全国来看，煤炭供需处于供不应求状态。由于交通基础设施不完善，铁路运力严重不足，给产煤区的煤炭运销造成极大困难。这一时期，伊克昭盟地区煤炭销售实行“保护国营、扶持集体、限制个体”的原则。对地方国营煤矿和扶贫煤矿、重点集体煤矿给予优先照顾；对其他乡镇矿予以适当扶持；对经过整顿限期改造、封闭及无证开采的煤矿，一律不予安排销售指标。铁路外运计划以安排国营煤矿为主，乡镇煤矿为辅。伊克昭盟煤炭工业管理处根据全国煤炭订货会精神，以及国家和内蒙古自治区对伊克昭盟地区煤炭计划的安排意见制定地方煤炭运销指标。按月安排下达分配给本地区各煤矿原煤运销计划。各煤矿按年、季、月向伊克昭盟煤炭主管部门和运输管理部门上报运输计划，运销实行统一管理。伊克昭盟煤炭主管部门与交通运输管理部门对外运出区、出盟的煤炭，实行统一分配、统一订货、统一运输、统一调度。经铁路运销的地方煤炭，由伊克昭盟煤炭公司统一组织经营。经公路外运和当地销售的地方煤炭，由旗县煤炭工业部门组织经营。任何个人未经批准不得从事煤炭经营活动。凡通过公路外运和当地销售的地方煤炭，煤炭主管部门按照“统一计划、统一价格、统一货票、统一结算、统一调度”的原则分级管理。

“七五”期间，为开拓煤炭市场，促进煤炭外运外销，伊克昭盟行政公署批准组建了伊克昭盟乡镇企业公司，后更名为伊克昭盟煤炭公司，主要业务为煤炭运输和销售。伊克昭盟煤炭公司以及各旗县煤炭工业公司共同进行伊克昭盟地区煤炭销售管理工作。

1985年，伊克昭盟行政公署印发《关于加强煤炭管理工作的通知》，煤炭管理部门按要求实行计划管理，平衡销售，兼顾国家、集体、个人三者利益。各旗市参照上年实际销售数量下达本旗煤炭生产计划，并设立销售站点，用户可自选矿点，统一销售本旗煤炭。

从1985年9月1日开始，伊克昭盟地区售煤发票由旗市税务机关统一印制。运往外地的煤炭在达拉特旗大树湾、昭君坟，准格尔旗喇嘛湾、城坡，杭锦旗巴拉贡等路口实行票证查验。凡无票证和没有按价出售的煤炭，由检查站补收煤款(包括维简费和管理费)，上交所在旗市煤炭管理部门。

1991年，伊克昭盟煤炭工业管理局颁布《伊克昭盟煤炭市场管理暂行办法》。凡本盟境内的煤矿、煤炭经销单位、用户和承运人均应服从本地区煤炭运销管理。在公路干线之外的一些必要路口设立开票结算点，按规定收取和上缴各项费用。严格执行国家物价政策，实行煤矿坑口外销保护价格。保护价格由盟物价工商部门会同煤炭主管部门研究决定。在全额缴纳国家核定的煤炭税收和费用后，经盟以上物价工商、煤炭主管部门批准，允许煤炭销售价格适当下浮。严格执行税费收取的标准和规定，不得任意超收或歉收。各项费用要按期如数逐级上交，各经销单位做好代收、代扣工作，不允许拖欠或拒交。具体收费范围、标准、管理办法由伊克昭盟财政处、伊克昭盟物价工商处、伊克昭盟煤炭工业管理局联合下文予以规定。对损害煤矿和经销单位利益的各种乱摊派、乱收费行为及时清理，坚决制止，情节严重者，由物价工商部门依法惩处。全盟地方煤炭的销售使用统一票证、统一发运单。凡通过铁路外运的地方煤炭由经销单位盖章出具发运煤票，再分别由盟、旗市煤炭主管部门加盖印章后使用。对通过公路外运和当地销售的地方煤炭，属合同煤的，按上述票证管理程序执行，一律使用煤炭销售专用发票，由煤管站加盖印章使用，严禁自行印制、转让、倒卖票证，违者依法惩处。

1997 年 4 月 20 日，为使全盟煤炭产、运、销平衡发展，根据内蒙古自治区计划委员会和内蒙古自治区煤矿工业管理局的要求，伊克昭盟煤矿工业管理局编制完成了《伊克昭盟煤炭工业销、运、产情况调研报告》，如实反映全盟煤炭的产、运、销状况。

同年 11 月 3 日，为贯彻煤炭工业部对煤炭生产总量和库存量实行“双控制”的精神，以及内蒙古自治区人民政府《关于依法整顿煤炭生产流通秩序的通知》、内蒙古自治区煤炭工业管理局《关于蒙陕交界地区煤炭销售管理的意见》，伊克明盟行政公署下发《关于全盟煤炭销售实行准销证管理办法的通知》，并制定了《伊克昭盟煤炭市场实行准销证制度的暂行办法》，决定在全盟范围内实行煤炭销售准销证管理。凡伊克昭盟境内从事煤炭经营的单位和个人必须执行准销证管理办法，并成立了伊准东部地区煤炭联合收费管理站、伊克昭盟北部地区煤炭销售市场联合收费管理站、伊克昭盟南部煤炭稽查管理站、伊克昭盟西部地区煤炭销售市场联合管理站，全盟煤炭市场管理和收费工作实现了统一管理、统一票证、联合收费，扭转了煤炭市场管理薄弱环节。同时并制定了《经销站管理制度》《路查路检工作人员工作纪律》，以此强化内部监督。

1998 年，为整治部分地区煤炭以次充好、掺杂使假而导致质级不符的问题，伊克昭盟技术监督局与伊克昭盟煤炭工业管理局联合转发内蒙古自治区技术监督局和内蒙古自治区煤炭工业管理局《关于整顿煤炭市场、严厉打击销售劣质煤炭违法行为的通知》，对全盟已注册和未注册的煤炭企业进行全面清理整顿。对年产 3 万吨以上的煤炭生产单位进行质量检测评价，经质量检测后，由伊克昭盟技术监督局核发“销售煤炭质量证书”。证书中明确生产销售单位（个人）、煤炭品种，主要质量指标（灰分、发热量等），核发单位及有效期。各经销单位对储运、销售的煤炭，要明示品种、质级及相应的质量证明或检测报告，不得混杂品种堆放。

1999 年 6 月 1 日，伊克昭盟煤炭工业管理局印发《关于在全盟范围内实行煤炭准销证管理办法的通知》，将准销证的发放严格限定在持有“两证”(采矿许可证和煤炭生产许可证）的煤矿范围内，煤炭市场管理坚持统一管理、统一票证、统一收费项目及标准的原则。为规范煤炭运销市场，保证道路安全，伊克昭盟煤炭管理部门先后将拉煤车辆的限载标准按车型定为 13 吨、18 吨。2000 年，将主挂运煤车辆最高限载标准调整为 22 吨。对限载设施建设、拉煤车辆统一加盖篷布、限载监督检查等措施作了全面部署。在伊金霍洛旗阿会沟、包府线苏家梁、大饭铺、敖德线等重要出境公路，建立限载计量站，安装了6台电子衡，确保了限载政策有效推行。

2000年，伊克昭盟煤炭销售协会和各旗（市）的区域煤炭销售协会成立，对煤炭价格进行宏观监督，实施最低保护价，打击低价竞销和低价倾销的不正当竞争行为。

2004年，鄂尔多斯市人民政府重新调整落实了煤炭收费政策。稳定了煤炭市场，提升了煤炭价格，增加了税费收入，缩小了煤炭企业间的不平等竞争，减缓了社会矛盾。通过政策规范引导和成立专门工作组协调争取，使29家市外煤炭营销企业来该市注册经营，新增税收1亿多元。鄂尔多斯市煤炭局严格按照“统一管理、统一收费项目、统一票证及标准”的管理原则，加大对各类煤炭票证的使用监管力度，严厉打击印制假票、倒贩票证、串票使用等违规行为，减少了收费漏洞。

2005年，鄂尔多斯市煤炭局下发《超载超限运煤车辆从煤矿源头进行治理的意见》。全市境内所有煤矿、合法煤炭经营场所安装符合国家技术质量标准的电子汽车衡。各煤矿企业、合法煤炭经营场所对其出售的煤炭及煤炭产品，按过磅吨位足额为煤炭运输车辆开具规范的煤炭销售票据。

2008年，根据交通部、公安部、国家发改委《关于进一步加强车辆超限超载治理工作的通知》以及内蒙古自治区《关于〈2008年内蒙古自治区治理超限超载工作要点〉和〈内蒙古自治区集中整治55吨以上非法超限超载车辆和严厉打击扰乱治超秩序违法行为专项行动实施方案〉的通知》中规定的认定标准，鄂尔多斯市明确规定，严禁非法超限超载车辆，特别是车货总重超过55吨的非法超限超载车辆行驶公路和桥梁。执法人员在公路上对经检测后认定为非法超限超载的车辆，立即扣留，严格按要求卸载到位，并足额收取补偿费。对于情节恶劣的严重超限车辆，处以30000元罚款。对所卸载的煤炭按规定予以罚没。同年10月，鄂尔多斯煤炭局转发《内蒙古自治区煤炭经营监管办法实施细则》，全市煤炭经营、加工企业实行资格审查制度，严格执行企业资格标准，由各级煤炭经营资格监管部门依法对煤炭经营企业的煤炭经营进行监督管理。

2009年5月，鄂尔多斯市煤炭局印发《全市煤（井）田火区治理工程煤和煤矸石销售票证暂行管理办法》，鄂尔多斯市境内的煤（井）田火区治理工程煤和煤矸石销售使用专用票证，严格按照“一证、一票、一车”的原则执行。工程煤炭资源税由各旗区煤炭管理部门代扣代缴，其他税种按实际销售价格按账征收。煤矿生产的煤矸石，增值税按实际销售价格计征，所涉及的各项规费减半征收。票证实行分级负责管理，由鄂尔多斯市煤炭局负责监督管理。旗区煤炭局负责票证的领用、发放、缴销等日常监督管理。同时，鄂尔多斯市煤炭局为煤矿企业搭建煤炭产销服务平台，各旗区煤炭局和煤矿企业在鄂尔多斯市煤炭局官方网站每日填写前一日鄂尔多斯市煤矿产销情况表，建立全市煤炭产销信息库，及时反映煤炭产销、价格等相关信息，及时调整市场营销策略，运用现代科学技术手段进行煤炭运销管理。

2010年，鄂尔多斯市煤炭局为维护和规范市场秩序，保证煤炭行业健康发展，采取常规纠察与突击稽查相结合的方式，积极开展煤炭市场巡回检查，依法整顿煤炭运营秩序，确保税费足额入库，充分发挥行业协会作用，强化政府与市场之间的沟通和联系。通过协会组织对全市煤炭市场进行统一调控，提高企业自律性，减少企业之间的无序竞争，保证地区煤炭销售市场的稳定。同时，充分利用政府部门在社会的影响力，建立全市煤炭信息平台。鄂尔多斯市煤炭局在部门网站上创建的煤炭产销专栏，将各旗区、各区域内煤矿、各重点煤炭运销企业、主要煤炭集散港口的存煤数量、销量、铁路运量、吨煤价格等定期统计、汇总，并在市煤炭局的网站公布，为供需双方搭建交易平台。

2012 年，鄂尔多斯市煤炭局印发《关于矸石票煤泥票管理和使用规定》，进一步规范煤矸石煤泥票使用管理，规定煤矸石票煤泥票严格执行“总量控制、分批供应”和“五要素”原则；各煤炭生产经营企业要如实上报其矸石、煤泥量，专票专用，如有虚报、套票、串票等行为，一经查实，停止供票，取消其申领资格，并追究相关人员的责任。

2013 年，鄂尔多斯市煤炭局加强煤炭市场监管，多措并举，积极应对煤炭市场下行压力，广泛开展调研，准确掌握全国煤炭市场动态。同年 3 月初，鄂尔多斯市煤炭局赴中国煤炭工业协会、曹妃甸、京唐港以及部分煤炭终端用户企业，进行了实地走访调研，客观全面了解了全国煤炭市场的运行情况，为有效应对煤炭市场下行压力提供决策依据和参考信息。千方百计帮助企业扩大销售，走访了五大电力集团公司，积极促成五大电力集团增加了鄂尔多斯市煤炭采购量。与乌兰察布市兴和县物流产业园区开展合作，并积极争取铁路运力，促成本市煤炭通过包西铁路到乌兰察布综合物流产业园区，再经汽运到京津唐地区，增加了本市煤炭在该地区的市场份额。同时成功召开了第二届煤炭产运需恳谈会，邀请全国五大电力集团、各大港务公司、呼铁局、太原局以及各终端用户企业和鄂尔多斯市地方煤炭生产企业近 240 家 600 人参会。会上，市政府与五大电力集团签署了战略合作框架协议，部分煤炭企业与 25 家用户签订了煤炭购销合同，新增煤炭采购量 2580 万吨。鄂尔多斯市煤炭局成立了煤炭运行服务协调领导小组，进一步强化了数据统计、信息报送、市场运行分析等工作，协调解决企业遇到的各种困难和问题，认真贯彻落实内蒙古自治区《关于促进全区煤炭经济持续健康发展有关措施》及扶持工业企业的各项政策措施，继续执行涉煤费用减免政策，切实减轻企业负担，帮助企业走出了困境。

2013 年，取消了神府地区过境煤炭票证，规范了煤炭市场，加强区域合作。

2014 年，鄂尔多斯市人民政府及市煤炭主管部门千方百计帮助企业扩大销售。成立了全市煤炭销售服务工作领导小组，组织煤炭供需企业对接洽谈帮助企业开拓市场，增加销量。引导企业成立了北部区煤炭销售联盟，建立了南部区价格联动机制，实施区域联动，稳定市内煤价。带动企业建立营销团队，转变营销模式，实施“走出去”战略，成功召开了恳谈会和煤博会。恳谈会期间，该市 10 户重点煤炭生产企业与国内 35 家终端用户达成新的合作意向，新增煤炭合同量 4053 万吨。

2016 年，鄂尔多斯市煤炭局、市地方税务局印发《鄂尔多斯市煤炭销售票证使用管理操作规程的通知》，进一步加强对领票企业的资质审查，严格煤炭销售证缴销和周转量的控制。鄂尔多斯市煤炭局为保障区内煤炭市场稳定，实行区内动力煤市场指导价政策。充分发挥煤炭销售协会的作用，根据市场形势制定销售指导价，引导煤矿按指导价组织销售，防止了煤矿相互压价销售，稳定了煤炭价格。使区内煤炭市场动力煤价格实现了稳中有增，逐步形成煤电双赢、互利互惠的发展格局。同时，积极开拓区外市场，继续加强与五大电力集团的交流合作，增加了对该市的煤炭采购量。鄂尔多斯市煤炭局积极对接铁路部门，努力帮助企业争取“一口价”等优惠政策，降低物流成本，增强了市场竞争力。

2017 年 2 月，鄂尔多斯市煤炭局印发《关于进一步加强市场监管维护市场秩序的通知》，加大对煤炭销售票证使用情况的监管力度。对违法违规行为，依据《煤炭经营管理办法》予以处罚。

经过多年的探索实践，对合法生产、安全生产的煤炭产品实行“凭票证销售”的管理制度。煤矿企业在销售原煤时，必须先领购煤炭销售票证，并按销售煤炭吨位足量开票，据实填写煤炭销售票证，随货同行。这样就借助煤炭准销票证掌握了煤炭企业的销售量，为税费核算提供了准确依据，实现以销量控税费。如领购票证过期，企业还可以“交旧领新”，避免因票证给企业带来损失。此外，实施该项制度一是可强化对煤矿的约束力。如果煤矿出现违规、违法生产及令行不止等行为，则通过停发煤炭销售票证，督促其积极整改。二是可增强对市场的调控力。在煤炭销售市场低迷的情况下，通过煤票有效调控产量，减少煤炭供应量，稳定价格，保障煤炭市场健康稳定发展。为保障该项制度执行到位，鄂尔多斯市煤炭局设立了煤炭纠察支队，并根据市内矿区分布、道路交通等情况设立了东南西北四大煤管站和众多分站，对过站载煤车辆进行查验，确保凭票销售制度贯彻实施。

第二节 煤 炭 运 输

一、运输方式

早期，伊克昭盟境内煤炭大多为自产自销，运输方式多由人力肩挑或畜驮。运输工具为箩筐（用柳条、荆条编制而成）和布袋。之后，出现驴、骡、马、骆驼等牲备驮筐或布袋装炭的运输方式。随着社会发展，人力单轮车的出现，使煤炭运输方式开始发生变化，进而发展到人力平车拉炭、单匹牲口拉炭的木轮车、铁轮车。农业化合作化后利用骡马大车拉炭，这种运输方式一直延续到 20 世纪 60 年代。

1971 年，鄂托克旗棋盘井煤矿购回第一台运输汽车。1974 年 6 月，伊金霍洛旗忽吉图煤矿购回了一辆罗马汽车。伊克昭盟地区的煤矿开始使用汽车运输煤炭。之后，拖拉机和汽车运输煤炭逐步替代人力平板车和牲口驾车拉运煤炭的运输方式，汽车运煤成为主要运输方式。水路运输主要是用小木船运过黄河上岸后，将煤炭销往包头和巴彦淖尔等地。1980 年后，煤炭运输方式发生了根本性的变化。伊克昭盟境内煤炭运输形成了公路、铁路并举的格局。汽车和铁路运输煤炭成为主要运输载体。其间，小型拖拉机、农用动力三轮车作为短途煤炭运输载体仍然使用。

20 世纪 90 年代末期，随着煤炭外销量的增加，伊克昭盟境内煤炭运输形成了公路、铁路、轮船等多种运输方式。由煤炭企业组织不固定的汽车队的境内短途运输；由专门运输煤炭车队组织的定矿、定卸货地的固定运输；由煤炭企业或煤炭用户组织的定期、定线、定车“三固定”的公路长途运输；由煤炭企业或专门从事煤炭运销单位组织铁路运输；煤炭企业向其他国家出口煤炭组织海上轮船运输。截至 2018 年，鄂尔多斯地区的煤炭运输形成了铁路、公路、水路系统发展的运输格局。

二、交通基础设施建设

（一）公路建设

20 世纪 80 年代中后期，随着国家能源战略西移，东胜煤田南部精煤区和准格尔黑岱沟露天煤矿等国家重点能源建设项目开工建设，与煤田开发项目配套的包头—府谷公路、呼和浩特市—大饭铺公路等公路也陆续开工建设投入使用。这些公路建成通车，改善了产煤区的交通运输条件。

“九五”期间，伊克昭盟煤炭行业投资近9亿元，建成羊指公路、曹羊公路、边贾公路及悖牛间大桥，黄天棉图矿区至包府公路、纳林塔矿区至包府公路，西营子集装站配套公路等。

2002年，棋盘井—乌仁都西矿区运煤公路专线开工建设，2003年8月1日建成通车。通过BOT方式修建乌仁都西—蒙西40千米运煤公路专线，同年10月底建成通车。投资738万元的鄂绒集团硅电联产项目13千米运煤公路专线，同年9月18日通车。2004年，鄂尔多斯市投入1.05亿元用于运煤公路建设，完成274千米的运煤公路专线建设。“十五”期间，鄂尔多斯市规划修建矿区运煤公路23条，总长度610千米，路面等级为二级油路，总投资6.4亿元。

截至“十一五”末，鄂尔多斯市公路总里程17682千米，按行政等级分：国道1369千米，省道1200千米，县道2783千米，乡道4749千米，村道7210千米，专用公路371千米。按技术等级分：高速公路658千米，一级公路395千米，二级公路2065千米，三级公路4050千米，四级公路8616千米，等外公路1898千米。

“十三五”期间，鄂尔多斯市境内有国道5条，分别为国道109线北京—拉萨公路、210线（G210辅道）包头—南宁公路、国家高速公路荣成—乌海（G18荣乌高速）、包头—茂名（G65包茂高速）、北京—西藏公路（G6高速）。有省道6条，分别为省道103辅道呼市—河曲公路（SF103线）、省道高速公路城壕—大饭铺公路（S103线）、省道214线东胜—神木公路（S214线）、215线乌拉山—靖边公路（S215线）、216线察汗淖—靖边公路（S216线）、313线府谷—深井公路（S313线）。运煤专用公路21条，分别为达拉特旗16千米（4条）、准格尔旗169.6千米（10条）、伊金霍洛旗63.56千米（7条）。

（二）铁路建设

1. 包神铁路

神府东胜煤田开发初期，为解决煤炭外运问题，国家决定建设包头至神木的运煤铁路。包神铁路北起内蒙古包头万水泉南站，与京包、包兰铁路相连，向南经鄂尔多斯高原至陕西省神木县大柳塔北站。铁路正线全长172千米，单线内燃牵引，建设标准按国家一级专用铁路设计。包神铁路是神府东胜煤田第一条煤炭外运通道，由华能精煤公司、内蒙古自治区、陕西省共同出资修建。1984年8月1日开工建设，1989年10月9日全线开通运营，年运输能力为2200万吨。

2. 大准铁路

大准铁路是国家“八五”计划重点建设项目“准格尔项目一期工程”三大主体工程之一。大准铁路东起山西省大同市，西至内蒙古鄂尔多斯市准格尔旗薛家湾，正线全长264千米，是西煤东运大通道——大秦线的向西延伸，为国家单线一级电气化铁路，由原准格尔煤炭工业公司全资修建。大准铁路主要负责准格尔矿区的煤炭外运，是鄂尔多斯东部地区煤炭外运的主干线，也是内蒙古中西部地区铁路运输网框架中东西三大通道之一。1990年7月17日，大准铁路第一期丰（镇）准（格尔）段工程破土动工。1993年6月28日，大准铁路丰准段全线铺架贯通。1994年5月，大准铁路第二期大（同东）

丹（洲营）段开工建设。1996年7月31日，大准铁路大丹段全线铺架贯通。1997年11月19日，大准铁路电气化全线开通。1999年11月24日，大准铁路经国家验收合格后正式投入运营。2006年完成扩能改造后，年运能力达到4800万吨。

3. 巴准铁路

巴准铁路（巴图塔至点岱沟段）是新准铁路的一部分，与新街矿区铁路专用线共同组成新准铁路。巴准铁路东接大准铁路点岱沟站，西与包神铁路巴图塔站接轨和新街矿区连通，主要承担神华新街矿区煤炭的外运任务，并兼顾部分内蒙古自治区地方煤炭及物资的运输。巴准铁路由中国神华股份公司（股比90%）和鄂尔多斯国投公司（股比10%）共同出资修建。正线全长128千米，为国家一级电气化铁路。2010年2月开工建，2014年11月投入运营。

4. 准池铁路

神华集团准池铁路内蒙古中部及山西省北部，北起大准铁路外西沟车站，南至朔黄铁路神池南车站，线路全长182.315千米。2012年3月18日开工建设，2014年11月投入运营。

5. 新准铁路

神华新街至准格尔铁路为地区性煤炭运输主干线，东端与大准线相连，西端与包神线和东乌线相接，并通过大准线及规划中的准池铁路，经朔黄铁路直达黄骅港，在路网上形成一条横贯内蒙古西部的煤运新通道。正线全长128.1千米，为国家单线一级铁路。项目于2010年12月25日开工建设，2013年7月开通运营。

6. 准东铁路

准东铁路是大准铁路的向西延伸，属国家路网规划中大同至石嘴山线路中的一段，全长145千米，按“统筹规划、分期实施”的原则安排建设。一期工程为薛家湾至西营子，正线全长72.6千米，建设标准为地方一级单线铁路（预留电气化条件）。由伊泰集团控股96%、内蒙古如意实业股份有限公司持股4%共同出资建设。一期工程于1998年11月8日开工建设，2000年12月16日建成通车。二期工程东起一期工程虎石站，站点为准格尔召站，正线全长60.1千米，建设标准为国家一级。项目于2007年5月开工建设，2010年10月28日开通运营，年运力6600万吨。

7. 呼准铁路

呼准铁路北起京包铁路呼和浩特西站，向南途经呼和浩特市回民区、玉泉区、土默特左旗、托克托县，过黄河进入鄂尔多斯市准格尔旗，南接准东铁路周家湾站，正线全长124.18千米。

项目于2004年4月1日全面开工建设，2006年11月12日全线开通试运营。2008年7月16日，电气化工程全面开工。2009年8月18日，全线电气化开通运营，输送能力达到3300万吨/年。

8. 矿区铁路专用线

20世纪80年代以后，鄂尔多斯地区的煤矿开始大规模开发建设，各矿配套建设的矿区铁路专用线随着煤矿建成投产开始运营。截至2018年，全市境内的煤矿和煤化工企业全部建有长度不等的铁路专用线，分别与就近的铁路干线或煤炭集装站相连接。

9. 浩吉铁路

2012年1月，内蒙古西至华中地区铁路煤运通道项目获批。2015年6月，线路开工建设；2019年8月，线路命名为浩吉铁路；2019年9月28日，浩吉铁路全线通车投入运营。

浩吉铁路由北起内蒙古鄂尔多斯市境内浩勒报吉南站，终到江西省吉安市境内吉安站，线路全长1813.544千米，共设

77个车站，设计速度120千米/小时（浩勒报吉南站至江陵站、坪田站至吉安站）、200千米/小时（江陵站至坪田站），设计年输送能力为2亿吨，是中国“北煤南运”战略运输通道，也是运营里程最长的重载铁路。

第三节 煤炭销售

一、市场开拓

1949年前，伊克昭盟境内私密生产的煤炭早期开采主要供民用，就近销售或以煤换物。多为走村叫卖或在逢会逢集时等待买主，双方面议成交送炭上门。民国初年，除民用外，煤炭主要销往包头、巴彦淖尔、呼和浩特以及周边托克托、清水河、萨拉齐、察素齐等地。准格尔旗榆树湾等地煤炭多销往山西省偏关、河曲县城。鄂托克旗地区煤炭主要销往宁夏石嘴山、平罗县一带。外销运输工具主要为早期采用的畜驮，后用“二饼子”车。准格尔旗榆树湾、城坡、纳林沟等地大多用小船水运至黄河对岸后，再用畜驮运往县城销售。

新中国成立后，伊克昭盟有关部门设立煤炭销售站点进行煤炭交易。煤炭主要供民用和手工业作燃料，少量运到周边地区销售。国家没有统一的煤炭价格，煤炭销售随行就市，价格灵活，自由议价。从1958年开始，国家实行计划经济，煤炭销售由上级部门制定生产计划和销售计划，统一调运、统一销售。

1982年，伊克昭盟中东部矿区生产的煤炭销往包头市、呼和浩特市、巴彦淖尔盟等地，西部矿区通过铁路运输销往南方各省。土、精焦销往宁夏石嘴山地区、宁夏钢铁厂、巴彦淖尔盟乌拉山化肥厂、呼和浩特市焦化厂、河北宣化等地。1985年，全盟生产原煤261.7万吨，外销100万吨，占总销售量的41%。其中，中东部矿区销往包头等地70万吨，比1981年增长233.3%，东胜煤田南部长烟煤远销国外。

1993年，伊克昭盟根据煤炭资源赋存情况、市场需求以及矿区相应的外部建设条件，将准格尔矿区作为动力煤基地、东胜煤田南部及东部地区作为商品（出口）煤基地、东胜煤田北部区作为电煤基地、桌子山煤田作为煤焦化基地的四个基地。各主要产煤地区的煤炭销售流向：桌子山地区煤炭销往包头钢铁公司、呼和浩特钢铁厂、乌海市千里山钢铁厂、乌拉山化肥厂、乌海市海勃湾电厂、乌海市大化工厂以及内蒙古西部地区、宁夏等地；准格尔煤田煤炭主要销往乌兰察布市丰镇电厂，准格尔电厂，呼和浩特托克托A、B电厂，岱海电厂；万利矿区煤炭主要销往达拉特电厂，包头一、二电厂，呼和浩特电厂；悖牛川矿区煤炭主要销往沿海城市的上海石洞口电厂、江苏南通电厂、浙江温州电厂、广东珠江电厂等，宝钢集团、包头钢铁公司、首都钢铁集团、包头重化工、辽宁葫芦岛锌厂等冶金煤气化企业，并向海外出口。

“九五”期间，在煤炭产量快速增长，全国煤炭市场低迷的背景下，伊克昭盟境内煤炭企业，特别是中央和国有煤炭企业，相继成立了煤炭运销公司、煤炭销售分公司和驻外办事处等营销机构，并适时调整营销思路，提出了开拓外部市场，巩固内部市场的营销策略，加强市场开拓，坚持定期走访用户，搞好售后服务。同时，积极调整产品结构，加强煤质管理，最大限度地稳定和巩固了内外部市场。华能精煤公司首先开辟了威海市燃料煤市场，1997年3月，成立山东办事处，主要负责山东煤炭市场的开发和销售、货款回收及售后服务等工作。

2001年后，在全国煤炭市场极度疲软、鄂尔多斯地区所产煤炭与同品质的相邻省市煤炭在价格上无竞争优势、市场竞争异常激烈的情况下，鄂尔多斯市煤炭局及各煤炭企业充分利用在电力系统的人力资源和各种有利条件，巩固老用户，开发新用户，使鄂尔多斯煤炭在上海、浙江、江苏电力企业的用量翻了一番以上，宝钢集团公司、上海焦化厂等用户的用量大幅增加。先后开发了华能福州电厂、江苏太仓电厂、江苏利港电力有限公司、江苏高资电厂、江阴夏港电厂、浙江北仑电厂、江苏谏壁电厂、华润江苏常熟电厂、江阳苏龙电厂、江苏镇江电厂、上海外高桥二电厂、福建厦门华夏电力公司等一批新用户。

2004年后，煤炭价格开始回暖。煤炭由买方市场逐步转向卖方市场，国家基本放开煤炭销售的控制，由市场进行调节。面对变化的市场形势和用户对鄂尔多斯煤炭的旺盛需求，为解决日益突出的供需矛盾，各煤炭企业调整思路，按照"减少市场煤炭，优先保重点用户"的原则，优先保证与人民生活密切相关、直接关系到社会发展稳定的行业与企业的煤炭供应。有计划地开拓和扩大新的外部市场，使鄂尔多斯地区煤炭的使用覆盖范围进一步扩大。

2008—2010年，在受金融危机冲击、国内外经济形势下滑、煤炭市场形势由紧转松、国内五大电力企业拒签合同的形势下，鄂尔多斯市煤炭市场开拓以独立发电厂和冶金化工企业为突破口，开发了上海、江苏、浙江、福建、安徽等市场，扩大了鄂尔多斯煤炭销售的市场份额。

鄂尔多斯市在大力开发煤炭销售外部市场的同时，积极分析和稳定本地区内部市场。鄂尔多斯市煤炭局经过分析统计，2010年，鄂尔多斯市煤炭消费为3641万吨，其中电厂耗煤约2400万吨，其他产业及民用耗煤约1241万吨。由于本地区居民生活普遍使用天然气，采用集中供暖，因此民用煤所占比例很低。本地煤炭深加工企业用煤主要有煤炭洗选加工和发电，以及煤制油、煤制天然气、煤化工等深加工产业链。

2011—2014年，鄂尔多斯市煤炭销售面对再次出现的市场低迷。在华北地区以华能、华电、国电、大唐、华润等中国五大电力公司为主，销售范围覆盖辽宁、京津、山东、浙江、江苏等地区。销售方式包括铁路直达，下水煤离岸平仓、港口场地交货等。销售煤种以电煤为主，以及供钢铁企业的喷吹煤。

2016年以来，随着经济和交通运输业的快速发展，以及资源的优化配置，鄂尔多斯市煤炭销售渠道越来越多、销售市场越来越广。不仅满足周边地区的用煤需求，而且巩固和占领了华北、华东、华南、胶东及内蒙古等市场，甚至远销日本、摩洛哥、美国、德国、韩国、泰国、孟加拉国等国家和地区。

2018年，鄂尔多斯市煤炭销量66372万吨，同比提高6.8%。各旗区煤炭销量情况见表9-5-1。

表9-5-1 2018年1—12月鄂尔多斯市各旗区煤炭销量情况表 万吨

月份	准格尔旗	伊金霍洛旗	鄂托克旗	达拉特旗	东胜区	鄂托克前旗	乌审旗	神华集团					全市	同比增减（%）
								小计	神东公司	准能公司	包头神华	乌海能源		
1	2445	884	269	326	723	106	405	1022	590	267	154	11	6180	50.4

表 9-5-1（续） 万吨

月份	准格尔旗	伊金霍洛旗	鄂托克旗	达拉特旗	东胜区	鄂托克前旗	乌审旗	神华集团					全市	同比增减（%）
								小计	神东公司	准能公司	包头神华	乌海能源		
2	1477	822	169	390	591	63	278	976	572	249	145	10	4766	17.7
3	1950	901	180	349	753	37	393	1079	623	264	159	33	5642	3.2
4	1949	1123	221	387	575	65	165	1068	596	339	126	7	5553	-2.8
5	1999	930	276	392	728	112	264	1171	665	336	167	3	5872	8.8
6	1495	894	210	313	512	91	266	1241	688	402	143	8	5022	-11.5
7	1597	952	231	480	486	82	192	1244	689	406	142	7	5264	-7.3
8	1985	1182	366	570	627	82	285	1302	701	414	182	5	6399	21.1
9	1816	1321	295	483	519	119	453	1254	677	418	155	4	6260	6.9
10	1785	748	361	210	705	54	241	1278	676	413	178	11	5382	-5.6
11	1487	992	242	287	461	83	181	1282	679	414	180	9	5015	7.8
12	1700	930	223	166	502	0	251	1245	648	427	163	7	5017	9.9
全年	21685	11679	3043	4353	7182	894	3374	14162	7804	4349	1894	115	66372	6.8

二、煤炭价格

新中国成立前，伊克昭盟地区煤炭价格取决于煤炭质量、品种、运输成本、市场需求等因素。窑主根据运输、煤炭发热量及耐烧程自行定价。冬季煤价相对高于夏季煤价。

新中国成立初期，每吨煤一般 3～5 元。1953 年，伊克昭盟各旗县分别成立煤炭供销经营管理部门，统管煤炭供销及价格。准格尔旗东部和伊金霍洛旗煤炭平均售价为 6.6～26.8 元/吨。东胜县、达拉特旗、准格尔旗西部煤炭平均售价在 1.8～15 元/吨。

1958 年 2 月，按国家规定，煤炭开始试行以质论价，各种煤炭品种，都以一定灰分间隔作为一个等级。根据灰分拟定初步价格，以基础价为准，可轻微上下调节，原煤售价提高到 13.44 元/吨。1965 年，国家调整煤炭价格，制定试行煤炭按质论价办法。煤炭出厂价格计算主要根据煤炭的性质（煤种、品种、灰分、水分、硫分、限下率）的不同来计算。首先根据原煤的灰分定出各品种煤的基本价格，再根据不同品种的质量比价率，计算某一品种，某一质量等级煤的具体价格。

1984 年 10 月 3 日，国务院批准社队集体群众集资或专业承包煤矿所产煤炭，凡未纳入计划的，允许自行销售，自定价格。其他地方煤矿执行全国统一煤炭价格。

1985 年 8 月 13 日，伊克昭盟行政公署对全盟煤炭价格进行调整。民用煤执行调价前煤价。准格尔旗纳林沟煤矿（东部地区）长焰煤出厂价格由 8.0 元/吨调整到 11.0 元/吨，吨煤提价 3.0 元。准格尔旗乌素沟煤矿、达拉特旗罕台川煤矿、东胜市酸刺沟煤不黏结煤出厂价格均由 6.6 元/吨调整到 10.0 元/吨，吨煤提价 3.4 元。伊金霍洛旗忽吉图矿长焰煤出厂价格由 8.0 元/吨调整到 12.0 元/吨，吨煤提价 4.0 元。鄂托克旗棋盘井煤矿肥煤出价格由 11.0 元/吨调整到 17.0 元/吨，吨煤提价 6.0 元。

1987 年，煤炭工业部改革计价办法，改灰分计价为发热量计价。此后，煤炭价格政策虽然多次改革调整，但总体均为以发热量计价。

1988 年，伊克昭盟民用煤出厂价格平均由 7.78 元/吨调整为 14.33 元/吨，销售价格由平均 11.54 元/吨调整为 14.93 元/吨。

1989 年，东胜煤田煤炭坑口价一直沿用 1985 年以前小煤矿的价格，即收购价包括维简费 3 元、装卸费 0.80 元在内共 15.5 元/吨。由于吨煤投资太低，国营煤矿与大型矿煤价一般在 40~60 元/吨之间，乡镇煤矿在 20 元/吨以下。其间，因煤矿建设不配套，难以扩大再生产，甚至难以维持时有生产能力。根据国家计划委员会、中国人民银行关于凡是“使用银行贷款或建设债券等安排的建设项目，建成投产后，均执行新电新价、新煤新价等市场价格，以利于项目债务按期偿还”的要求，国营煤矿坑口价提高到 35 元/吨，乡镇集体煤矿坑口价提高到 25 元吨。调出伊克昭盟外的煤炭，由经营单位补贴地方 10 元/吨。调出内蒙古区外的煤炭，由经营单位补贴地方 15 元/吨，其中 10 元留盟，5 元交自治区财政，作为煤炭发展基金，专门用于矿建配套投资、市政建设、矿区新增城镇人口的粮副补贴和蔬菜、副食品基地建设。

1990 年，按照国家物价局、国家煤炭工业部（财字〔87〕第 774 号）文件，按发热量计价的规定，伊克昭盟规定工业用原煤价格（坑口价），国营煤矿坑口价 35 元/吨，乡镇集体煤矿坑口价 25 元/吨，作为 100% 基础价格，沫煤应为 103%，中块煤应为 140%，特大块应为 129%。现行沫煤价格低于原煤价格，实行筛选比价后，实际比现行规定沫煤价格吨煤提高 72%，工业用煤比现行价格实际提高 40%。吨煤平均提高 4 元，加上收取的生产发展基金，每吨煤平均提高 11 元。

同年，根据国务院《关于提高煤炭价格的通知》，伊克昭盟物价工商行政管理处与伊克昭盟煤炭工业处下发《关于整顿地方煤矿煤炭出厂价格的通知》，全盟煤矿煤炭价格不分用途，统一执行调后规定的销售价，各乡镇、集体、个体煤矿参照相邻国营煤矿执行同煤种同价格。

1990 年，伊克昭盟地方煤矿煤炭价格调整情况见表 9-5-2。

表 9-5-2　1990 年伊克昭盟地方煤矿煤炭价格调整情况表　　元/吨

煤种	产品名称	出厂价	现行调整	装车费	维简费	结算价
不黏结煤	块煤	10.00	21.00	1.5	3.00	25.5
	混合煤		17	1.5	3	21.5
	沫煤	6	12	1.5	3	16.5
长焰煤	原煤	12	24	1.5	3	28.5
气肥煤	原煤	17	28	1.5	3	32.5

1992 年 6 月 10 日，根据内蒙古自治区物价局《关于提高地方煤炭出厂价格的通知》，伊克昭盟上调地方煤炭价格。地方国营和乡镇、集体煤矿的煤炭在现行

出厂价格的基础价外吨煤提高 8 元，其中 5 元用于地方煤矿发展基金，3 元用于维简费。

2000 年，根据伊克昭盟行政公署《关于整顿伊克昭盟煤炭销售秩序有关问题的实施意见》，实行煤炭销售最低保护价。准格尔旗弓家塔区域（含伊金霍洛旗新庙）大块煤 35 元/吨，混煤 22 元/吨。准格尔旗柳林沟区域大块煤 32 元/吨，混煤 21 元/吨。准格尔旗羊市塔区域（含准格尔旗川掌乡勿图沟）大块煤 33 元/吨，混煤 22 元/吨。准格尔旗黄天棉图区域（含伊金霍洛旗纳林塔）大块煤 38 元/吨，混煤 27 元/吨。伊金霍洛旗乌兰木伦区域大块煤 38 元/吨，混煤 25 元/吨。忽吉图二号平硐、武家塔、白石头二号层大块煤 25 元/吨，混煤 20 元/吨。

2003 年，鄂尔多斯市充分发挥煤炭销售协会的作用，严格执行协会确定的区域煤炭最低保护价，煤炭销售价格有所上升，焦炭价格同时提高。

2005 年，鄂尔多斯市根据国家发改委《关于对部分煤炭价格实行临时干预措施的通知》，对全市生产的无烟块煤实行最高销售限价，价格水平以煤炭生产企业 2005 年 1 月底前实际销售的最高价格为最高限价，只能降低，不准提高。

2006 年，全国重点煤炭产运需衔接会确定电煤价格全面放开，国家不再对电煤价格实施干预，由供需双方在政府监控条件下协商确定电煤价格，并采取必要的配套措施予以保障。从此，煤炭价格由国家统一定价转向企业自主定价，由指令性价格转向指导性价格，最终转向市场定价。煤炭企业根据用户需求情况灵活定价，但同时也要受物价局和上级部门的监督管理，不得过高或过低。

2007 年 4 月，受全国热力煤出口减少的影响，国际热力煤价格由原来的 52.5 美元/吨提升到 55~56 美元/吨之间。受季节性影响，全国煤炭行情面临下行压力。鄂尔多斯地区煤炭价格仍保持适度上扬。同月，鄂托克旗电煤价格为 110 元/吨，焦煤价格 150 元/吨。准格尔旗东部区原煤价格 130~150 元/吨，块煤价格 180~200 元/吨。中南部区原煤价格为 175~188 元/吨，块煤价格 200~240 元/吨。伊金霍洛旗乌兰木伦镇境内原煤价格达 190 元/吨。同年底，除块煤价格有所下跌外，原煤和块煤价格小幅增长。准格尔旗东部区原煤价格增长至 145~165 元/吨，块煤价格增长至 195~215 元/吨。中南部区原煤价格增长至 210 元/吨，块煤价格增长至 260 元/吨。伊金霍洛旗乌兰木伦镇境内原煤价格增长至 200 元/吨。原煤价格增幅在 10~20 元/吨之间，块煤价格增幅在 15~20 元/吨之间。

2009 年，鄂尔多斯地区煤炭企业受经济趋稳向好等因素拉动，动力煤需求保持旺盛，煤价继续上涨。准格尔旗西部区原煤价格为 280~290 元/吨。达拉特旗粉煤价格为 135 元/吨，块煤价格为 220 元/吨。鄂托克旗电煤价格 140 元/吨，焦煤价格 360 元/吨。

2011 年，鄂尔多斯地区煤炭企业普遍成立煤炭销售定价委员会，规范和完善了煤炭定、调价机制，煤炭售价平均高于同煤质煤矿 10~15 元/吨。从 2012 年开始，煤炭销售价格遵循市场规律，以质论价。各煤炭企业每月通过会议的形式确定次月各煤矿、各煤种销售量与指导价格。在煤炭质量稳定的情况下，考虑市场变化和操作灵活性，适时进行调价。参考价格小于或等于 300 元/吨时，调整价格在上下 5% 的范围内，自行审批调价。参考价格大于 300 元/吨，调整价格在上下 3% 的范围内，或超出以上规定范围的，由定价委员会讨论并最终确定价格。

2014—2015年，鄂尔多斯区内销售以发运站采购社会矿同煤质热值奖惩价格为参考依据，根据需求、煤质、热值、调运等综合情况信息调整价格。同时，根据市场形势变化定期到周边地区煤矿与呼和浩特、包头、银川、榆林、神木等地区进行市场调研，通过收集市场需求、价格运费、竞争企业等动态信息，为销售决策提供数据支持。区外销售价格始终以环渤海动力煤指数变化为参照，并参考同行大型煤炭企业的销售价格，以客户需求为导向，调整销售价格。

2016年，根据市场变化，鄂尔多斯市煤炭企业煤矿实行“阶梯降价”与“竞价销售”新机制。汽运实施竞价招标，降低了汽车运输成本。

2017年，区外销售定价模式主要包括长协定价、参考指数市场定价、市场定价三种。年度长协定价分为两种，5500大卡动力煤基准价535+调整幅度=[(上月最后一期BSP Ⅰ指数+上月最后一期CCTD秦皇岛价格指数)/2-535]/2，其他煤种合同价格根据与5500大卡煤种单卡合同价格一致的原则，确定并四舍五入取整。月度长协定价参考CCTD5500大卡品种价格确定当月价格，其他煤种价格参照5500大卡煤种价格确定并四舍五入取整。参考指数市场定价分别执行CCTD 5500大卡当月均价、CCTD 5500大卡靠泊当期价格±5元/吨。CCI5 500大卡靠泊当日定价、CCI 5500大卡靠泊当周均价、执行CCI当月均价。第三种模式为一船一议价，随行就市定价。

2018年，鄂尔多斯市原煤平均售价279元/吨，块煤平均售价337元/吨，混煤平均售价270元/吨，综合平均售价291元/吨。

2018年鄂尔多斯市煤炭价格统计见表9-5-3。2001—2018年鄂尔多斯市煤炭运行数据统计见表9-5-4。

表9-5-3 2018年鄂尔多斯市煤炭价格统计表 元/吨

月份	4500大卡				5000大卡				5500大卡				全市均价			
	原煤	块煤	混煤	综合价	原煤	块煤	混煤	综合价	原煤	块煤	混煤	综合价	原煤	块煤	混煤	综合价
1	196	260	191	212	302	352	302	317	374	426	373	389	318	372	341	332
2	201	265	196	217	307	357	307	322	379	431	378	394	323	377	319	337
3	194	258	189	210	292	342	292	307	359	404	358	372	310	362	301	320
4	173	237	168	189	257	307	252	269	317	361	315	329	277	325	263	283
5	181	245	176	197	270	320	265	282	336	380	334	348	292	336	280	298
6	186	250	181	202	283	333	278	295	360	404	358	372	305	352	298	315
7	182	246	177	198	281	331	276	293	359	403	357	371	303	348	297	313
8	179	243	174	195	274	324	269	286	351	395	349	363	296	341	290	306
9	179	243	174	195	274	324	269	286	351	395	349	363	296	341	290	306
10	181	245	176	197	277	329	273	290	355	402	355	369	300	347	295	311
11	174	241	167	190	270	325	264	283	347	398	345	361	291	343	285	303
12	161	225	156	177	257	309	253	270	335	382	335	349	279	337	270	291

表 9-5-4 2001—2018 年鄂尔多斯市煤炭运行数据统计表

年份	煤炭产量		煤炭销售		煤炭价格	
	产量（万吨）	同比（%）	销量（万吨）	同比（%）	平均价格（吨/元）	同比（%）
2001	3629	—	2550	—	22	—
2002	5919	63. 1	3008	18. 0	—	—
2003	8103	36. 9	8013	166. 4	—	—
2004	12777	57. 7	11700	46. 0	85	—
2005	15253	19. 4	15253	30. 4	125	47. 1
2006	17625	15. 6	16163	6. 0	162	29. 6
2007	19850	12. 6	19637	21. 5	175	8. 0
2008	27878	40. 4	25139	28. 0	272	55. 4
2009	33840	21. 4	33033	31. 4	298	9. 6
2010	44934	32. 8	43301	31. 1	338	13. 4
2011	58794	30. 8	58800	35. 8	366	8. 3
2012	63938	8. 7	59054	0. 4	310	-15. 3
2013	63071	-1. 4	57616	-2. 4	266	-14. 2
2014	63119	0. 1	56067	-2. 7	226	-15. 0
2015	61516	-2. 5	54011	-3. 7	181	-19. 9
2016	56816	-7. 6	54317	0. 6	208	14. 9
2017	60246	6. 7	62140	14. 4	307	47. 6
2018	61615	7. 6	66372	6. 8	309	1. 6

第十篇
党群组织

新中国成立后，伊克昭盟煤炭系统的党组织陆续成立。特别是社会主义改造完成以后，地方国营煤矿渐成规模，纷纷成立党组织，并设立了党组织的办事机构。从此，煤炭系统的各级党组织团结带领广大煤矿职工以煤为业，以煤兴市，以煤报国，拉开了鄂尔多斯市建设全国特大型煤炭生产基地的序幕。

20 世纪 80 年代末，中共伊克昭盟盟委和行署为加快发展本地煤炭产业，专门组建了煤炭工业管理处，并设立党总支和基层党支部。而后机构多次调整变化，成立了伊克昭盟煤炭工业管理局党委。在此期间，各旗区（市）政府煤炭主管部门也纷纷成立，并建立了党组织。自此，鄂尔多斯地区煤炭行业有了统一健全的各级党组织。在伊克昭盟煤炭工业管理局党委和地方党委的领导下，各级党组织通过开展整党和“三讲”教育，深入进行党的基本理论、基本路线、坚持四项基本原则和反对资产阶级自由化的教育，使党的领导作用得以发挥，党政关系逐步理顺，党组织的战斗力不断提高。在煤炭产业改革发展进程中，各级党组织充分发挥党委的核心领导作用、党支部的战斗堡垒作用和共产党员的先锋模范作用，从政治上、思想上、组织上全面加强党对全盟煤炭企事业的领导，促进和保证了全盟煤炭事业的健康发展。

2001 年以后，鄂尔多斯市煤炭工业进入跨越式发展新阶段。煤炭系统各级党组织注重加强自身建设，担负党建主体责任，积极发挥政治引领作用。党的组织体系进一步健全，党员队伍不断发展壮大，逐渐形成了煤炭行业配套的党建制度体系。按照党中央关于开展党的先进性教育的部署要求，各级党组织深入贯彻“三个代表”重要思想和科学发展观，进一步增强了党组织的活力，指导和推动了全市煤炭工业改革发展。

特别是党的十八大、十九大以来，煤炭行业各级党组织把党的建设作为企业的“根”和“魂”，坚持从严治党，认真学习领会习近平新时代中国特色社会主义思想，深入开展党的群众路线教育实践教育、“三严三实”专题教育、“两学一做”学习教育、“不忘初心、牢记使命”主题教育，引导广大党员牢固树立“四个意识”，坚定“四个自信”，坚决做到“两个维护”，在思想上政治上行动上同党中央保持高度一致，践行社会主义核心价值观，党员队伍的理想信念更加坚定。通过党的作风建设，纪检监察工作，开展反腐倡廉教育，执行中央八项规定和从严治党的系列制度条例，为煤炭行业狠抓治理整顿，推动深化改革和煤炭产业健康发展，提供了坚实的政治保证，发挥了核心领导作用。

鄂尔多斯煤炭系统各级党组织历来重视领导群团工作。20 世纪 50 年代，在建立煤矿党组织的同时，各煤矿也相继建立了工会、共青团、女工等群众组织。依据各自的章程，发挥自身优势，在同级党组织和上级工会、共青团组织领导下，围绕中心，服务大局，教育和引导职工艰苦奋斗、爱岗敬业，积极开展多种形式的建功立业劳动竞赛、文化体育活动、群众安全监督协管和增产节约等活动，发挥了联系群众的纽带作用、党的助手和突击队的作用。

第一章 中国共产党组织

第一节 组 织 机 构

一、盟市煤炭系统党组织

（一）伊克昭盟煤炭系统党组织

早在1936年3月，中国共产党就在伊克昭盟地区建立了组织，是年10月成立中共伊盟工委，成为争取民族解放和抗日战争胜利的领导力量。但从煤炭行业来看，至新中国成立前，因区域分散、矿小人少等原因，伊克昭盟地区煤炭行业一直没有建立党组织。

新中国成立之后，伊克昭盟煤炭系统的党组织陆续成立。1953年3月，最早在拉僧庙建立中共鄂托克旗桌子山矿区委员会，隶属于中共鄂托克旗委员会。

社会主义改造完成后，伊克昭盟地方国营煤矿渐成规模，纷纷成立了党组织。1955年10月，达拉特旗高头窑煤矿最先建立了党支部。之后，准格尔旗纳林沟煤矿、东胜市酸刺沟煤矿、伊金霍洛旗忽吉图煤矿、达拉特旗罕台川煤矿、鄂托克旗棋盘井煤矿等地方国营煤矿也相继成立了党支部，并设立了党组织的办事机构。

伊克昭盟虽然分管工商业的行署（政府）部门成立较早，但行署（政府）专设煤炭主管部门的时间较晚，加之分管煤炭工业的机构多次调整，这就导致煤炭行业主管部门的党组织建立较晚。直到1988年9月，伊克昭盟才专门组建煤炭工业管理处，并建立党组织。

1988年1月初，伊克昭盟煤炭工业管理处与东胜煤田开发经营公司分设。同年9月，经盟直机关党委批准，成立伊克昭盟煤炭工业管理处党支部（包括盟矿山救山队）。初建时，党支部有中共正式党员8名，预备党员1名。由盟煤炭工业处处长刘玉祥兼任党支部书记。在盟矿山救护队设生活支部，主要负责党员的学习、组织生活，积极分子的培养等工作。

1989年，伊克昭盟煤炭公司归口盟煤炭处管理。同年底，经中共伊克昭盟盟委同意，伊克昭盟煤炭工业管理处成立党组，由刘玉祥任党组书记，徐占彪任党组副书记。

1990年6月，经伊克昭盟盟直机关党委批准，成立盟煤炭工业管理处党总支委员会，下设6个党支部，即煤炭工业管理处党支部、煤矿设计院党支部、矿山救护队党支部、煤炭公司机关党支部、煤炭工业管理处驻包头办事处党支部、煤炭工业管理处驻乌海办事处党支部。是年，盟煤炭处党总支已有中共正式党员41人，预备党员2人。由盟煤炭工业处处长刘玉祥兼任党总支书记。煤炭公司机关党支部仍为党总支的生活支部，在此期间发展了3名中共党员。盟煤炭工业处党总支及6个党支部均未设立专职办事机构。

1991年7月22日，盟煤炭工业管理处更名为盟煤炭工业管理局，中共伊克昭盟煤炭工业管理处党总支委员会相应更名为中共伊克昭盟煤炭工业管理局党总支委员会。

1992年2月10日，根据盟委组织部和盟直机关党委文件通知，将原盟煤炭工业管理局党总支改设盟煤炭系统党委，有党员245名，占职工总数的近1/4，下设伊克昭盟煤炭工业管理局党组、中共伊克昭盟煤炭公司委员会、中共后补连露天煤矿党总支委员会、中共唐公塔煤矿支部委员会、中共碾盘梁煤矿支部委员会、中共伊克昭盟煤矿设计院支部委员会、中共伊克昭盟矿山救护队支部委员会、中共伊克昭盟煤炭管理总站临时支部委员会、中共伊克昭盟煤炭工业管理局机关生活支部委员会等。伊克昭盟煤炭公司党委下设7个党支部。后补连露天矿党总支下设6个党支部。开发经营公司因刚成立，尚未健全党的组织。同年6月1日，中共伊克昭盟煤炭系统委员会及其办公室印章正式启用。

1992年6月8日，伊克昭盟煤炭系统党委召开第一次党代会，选举产生了第一届党委委员，由祁文华任党委书记。同年7月4日，伊克昭盟煤炭系统召开第一次党员代表大会，共有41名党员代表参加，其中，男代表38名，女代表3名；蒙古族代表8名，汉族代表33名。同年8月11日，经煤炭系统党委第一次党员代表大会选举，并经盟直机关党委（伊直党发〔1992〕37号文件）批准，伊克昭盟煤炭系统党委由8人组成。同时，成立系统党委办公室，处理日常党务工作。

1993年1月1日，伊克昭盟煤炭工业管理局由行政局建制转为企业局，机构名称不变，实行企业化管理。转为企业局后，仍保留原有行业行政管理职能。于是，撤销了伊克昭盟煤炭工业管理局党组，成立伊克昭盟煤炭工业管理局党委，并相继成立了广源公司、鑫源公司、富源公司、北源公司、建安公司、基地公司等直属企业。4月15日，盟煤炭系统党委一届二次（扩大）会议召开，会上改选了盟煤炭系统党委委员，由9名委员组成。会议还传达了盟委党务、群团和民族工作会议精神，总结了系统党委成立以来的工作，并决定下一步在各二级单位成立党支部，吸收新党员，审批预备党员。8月5日，盟煤炭工业管理局机关党支部改选，经煤炭系统党委同意，该党支部委员会由3人组成。

1994年8月15日，伊克昭盟党委决定撤销全盟各盟直机关系统党委。盟煤炭系统党委、系统党委办公室随之撤销，免去原煤炭系统党委委员及职务，停止使用2枚煤炭系统党委印章。系统党委撤销后，党务工作由盟煤炭工业管理局党委代管。同年8月31日，盟直机关党委决定撤销系统党委后，恢复原来局党委的设置，原隶属于系统党委的二级单位的党务工作全归恢复后的局党委管理。同年9月24日，经中共伊克昭盟委员会（伊党干字〔1993〕67号文）批准，成立中共伊克昭盟煤炭工业管理局委员会，有党委委员7人。

1995年3月23日，伊克昭盟煤炭系统党建及精神文明建设四合一会议，在准格尔旗召开。1996年，盟煤炭工业管理局有中共党员196人，其中女党员11人。

（二）鄂尔多斯市煤炭系统党组织

2001年9月18日，撤销伊克昭盟和县级东胜市，设立地级鄂尔多斯市。同年12月26日，经内蒙古自治区人民政府批准单独设置鄂尔多斯市煤炭局，为地方煤炭行业行政主管部门，重新列入政府行政序列。中共伊克昭盟煤炭工业管理局委员会更名为中共鄂尔多斯市煤炭局委员会。

2002年2月7日，因中共鄂尔多斯市煤炭工业管理局委员会直属一、二机关党支部党员人数较多，不便于开展党员活动，经局党委和市直机关工委同意，设立局机关第三党支部，支部委员会由3人组成，有党员16名。同年，市煤炭局党委委员有6人组成。

2007年，中共鄂尔多斯市委根据市煤炭局工作实际，将1名基层工作经验丰富的少数民族妇女干部调整到了局领导班子，改善了领导班子的年龄、知识、性别结构。是年，市煤炭局共设11个党支部，包括市局机关一、二、三党支部，东部煤炭管理站、西部煤炭管理站、南部煤炭管理站、北部煤炭管理站4个党支部，救护队、纠察支队、市煤矿设计院、培训中心鄂尔多斯分校4个党支部。共有党员218名，其中预备党员10名，少数民族党员14名，女党员44名，退休党员17名，党员文化程度分别为研究生3名、大学本科23名、专科80名、专科以下112名。

2015年7月29日，中共鄂尔多斯市煤炭局委员会召开党员代表大会，依照《中国共产党章程》《中国共产党党和国家机关基层组织工作条例》和《中国共产党基层组织选举工作暂行条例》，按照差额选举办法，采用无记名投票方式，选举产生了市煤炭局第一届党的机关工作委员会委员，共13人，并召开了第一届党的机关工作委员会委员第一次会议。魏凤英当选为机关党委书记。

2016年1月，鄂尔多斯市煤炭局党委领导班子再次进行调整，王瑞任局党委书记兼局长。

2017年，鄂尔多斯市煤炭局改选了机关党委和机关纪委，选齐配强了12个党支部的领导班子，将机关党支部由大划小，便于开展活动。专门成立了退休党支部，建成了退休党支部活动阵地。所有支部都建立了党小组，基层党支部按照“一支部一品牌”打造党建特色支部。

2018年2月，中共鄂尔多斯市煤炭局委员会改为党组，王瑞任市煤炭局党组书记、局长。

2018年2月，郞建勋担任鄂尔多斯市煤炭局党组书记、局长。

2019年1月，鄂尔多斯市政府机构改革，以市煤炭局为基础，改建为市能源局，煤炭局党组书记兼局长郞建勋改任鄂尔多斯市能源局党组书记、局长。

二、旗区煤炭局党组织

（一）东胜区煤炭局党组织

1956年，东胜县酸刺沟煤矿建立党支部，隶属于中共东胜县委，共有党员3名，由钟广清任党支部书记。

1958年，经中共东胜县委批准，酸刺沟煤矿由党支部改为党总支，由白光栋任党总支书记。

1971年4月28日，撤销酸刺沟煤矿党总支委员会，重新设立党支部，隶属于中共东胜县委。

1975年10月25日，酸刺沟煤矿又由党支部改为党总支委员会，下设4个支部，分别是西采区党支部，支部书记武富斌，副书记王怀小；东采区党支部，支部书记李福生，副书记苏忠厚；学校党支部，支部书记包金栋，副书记张纯真；机关党支部，支部书记崔子珍，副书记折玉山。

1975—1977年，酸刺沟煤矿党总支书记由董志华担任。

1981年7月12日，东胜市煤炭管理站成立。1982年，东胜市煤炭管理站改名为伊克昭盟煤炭工业公司东胜市分公司。1984年3月，经东胜市政府批准，东胜煤炭分公司下放旗（市）经济委员会管理，正式成立东胜市煤炭工业公司。同时，成立公司党支部，党支部书记由公司经理李厚岐担任。1985年10月，公司党支部书记改选，自改选之日起至1989年5月，党支部书记由公司经理宋在虎担任。

1989年5月，东胜市煤炭工业公司

改为东胜市煤炭工业管理局，党支部也改称为东胜市煤炭工业管理局党支部，党支部书记由邱茂勇担任。

1990年，东胜市煤炭工业管理局党支部共有中共党员12名。1991—1999年，陈强、邱茂勇、李厚岐先后担任东胜区煤炭局党支部书记。2003年，东胜区煤炭局合并于东胜区经贸局。2004年，东胜区煤炭局重新独立出来，张志远任党支部书记。2008年，刘二江任东胜区煤炭局党支部书记。

2012年，申请成立东胜区煤炭局党总支，8月召开党员大会选举产生中共鄂尔多斯市东胜区煤炭工业管理局总支委员会，书记杨世荣，副书记杨利军。

2015年11月，中共鄂尔多斯市东胜区煤炭工业管理局总支委员会书记由杨光耀担任，副书记由史晓娟担任。

2016年，中共鄂尔多斯市东胜区煤炭工业管理局总支委员会书记由史茂林担任，副书记由史晓娟担任。

2019年，因机构改革东胜区煤炭局改为东胜区能源局，党总支名称改为中共鄂尔多斯市东胜区能源局总支部委员会。

（二）达拉特旗煤炭局党组织

1955年10月，达拉特旗地方国营高头窑煤矿党支部成立，隶属于达拉特旗高头窑乡党委，朱尤喜任党支部书记。1966年，高头窑党组织由党支部改为革命委员会。1965年9月，高头窑煤矿和罕台川煤矿分设，罕台川煤矿成为独立矿，罕台川煤矿党组织随之成立，成立之初为罕台川煤矿革命委员会，隶属于达拉特旗青达门乡党委，由张世杰任矿长兼革命委员会主任。1977年，高头窑煤矿由革命委员会改为党支部，张世杰任矿长兼党支部书记。

1981年7月，伊克昭盟煤炭工业公司树林召分公司成立。同年9月，成立达拉特旗煤炭工业公司党支部，隶属于达拉特旗党委，党支部书记由刘占仁担任。

1984年6月，撤销达旗煤炭工业公司树林召分公司，成立达旗煤炭工业公司，准科级建制，党支部名称随之改为达拉特旗煤炭工业公司党支部委员会。

1986年，达拉特旗煤炭工业公司由准科级建制升为正科级建制，撤销达拉特旗煤炭工业公司，改称达拉特旗煤炭工业管理局，党支部名称随之改为达拉特旗煤炭工业管理局党支部委员会，党支部书记由局长袁永泉兼任。

1989年12月，成立达拉特旗煤炭工业管理局党总支委员会，燕茂荣任党总支书记。

1992年，成立达拉特旗煤炭工业管理局党委，书记燕茂荣，副书记袁永泉。下设7个支部：罕台川煤矿党支部、机关党支部、纳林沟煤矿党支部、唐公沟煤矿党支部、高头窑煤矿党支部、供销公司党支部和煤管站党支部。

2002年，达拉特旗煤炭工业管理局党委书记全秉智，副书记戚玉华。党委下设5个党支部：机关党支部、煤管站党支部、罕台川煤矿党支部、纳林沟煤矿党支部、高头窑煤矿党支部。

2003—2005年，达拉特旗煤炭局党委书记马占尧，副书记叶有泉。党委下设2个党支部：机关党支部、煤管站党支部。

2006—2010年，达拉特旗煤炭局党委书记付挨伟，副书记叶有泉。下设4个党支部：机关党支部、安监站党支部、煤管站党支部、退休党员党支部。

2011—2015年，达拉特旗煤炭局党委书记李军，副书记叶有泉。

2016年，成立煤炭局党总支委员会，书记云少军。下设4个党支部：安监站党支部、机关党支部、煤管站党支部、退休党员党支部。

2018年，撤销煤管站党支部、退休党员党支部。

2019年，成立能源局党总支委员会，书记云少军。下设2个党支部：机关党支部、安监站党支部。

(三) 准格尔旗煤炭局党组织

1956年7月，准格尔旗地方国营纳林沟煤矿党支部成立，党组织隶属于准格尔旗机关党委。翌年，成立矿党委。1959年，纳林沟煤矿党组织由党委建制转为党总支。1972年，纳林沟煤矿党总支又转为党委，隶属于准格尔旗委组织部。

1961年，准格尔旗地方国营乌素沟煤矿党支部成立，隶属于准格尔旗机关党委。1989年4月，乌素沟煤矿党支部隶属于准格尔旗煤炭工业公司党委，不再隶属于旗机关党委。

1973年，准格尔旗地方国营城坡煤矿党支部成立，隶属于准格尔旗煤炭工业公司党委。

1985年9月15日，准格尔旗煤炭公司正式成立。同年12月25日，公司建立了党支部，隶属于准格尔旗直属机关党委。党支部由5人组成，支部书记由张英担任。准格尔旗煤炭公司党支部成立后，发展迅速，党员人数增加较多。

1987年6月18日，经准格尔旗委批准，成立了准格尔旗煤炭公司党总支，隶属于准格尔旗委，不再隶属准格尔旗直属机关党委。党总支委员由5人组成。至1987年7月底，准格尔旗煤炭公司党总支共有党员25人。同年8月13日，中共准格尔旗总支委员会机关直属支部组建，组建时共有党员20名，支部委员3名，王存柱担任支部书记。同日，中共准格尔旗总支委员会窑沟地区经销站党支部组建，该支部包括窑沟地区经销站和驻呼和浩特经销站，共有党员5名，支部书记由王兰成担任。

1988年8月11日，经伊克昭盟党委批准，准格尔旗煤炭工业公司由原科级建制升为处级建制，并成立准格尔旗煤炭工业公司党委，党委委员由9人组成，马占海担任党委书记。

1989年，准格尔旗煤炭公司党委增补赵玉光为党委委员，至此，准格尔旗煤炭公司党委委员共有7人。1990年，准格尔旗煤炭公司党委共有党员116人。

1991年，准格尔旗煤炭工业管理局成立，与准格尔旗煤炭公司合署办公，一套人马，两块牌子。

1997年11月，准格尔旗煤炭工业管理局与旗煤炭工业公司分离，并将准格尔旗煤炭公司分为准格尔旗煤炭有限责任公司和准格尔旗煤炭销售管理总站，二者一套人员、两块牌子。由淡玉刚同志担任党委书记，党委下设10个党支部。

2003年，准格尔旗煤炭工业管理局党委书记李秉福，党委下设9个党支部。2005年，准格尔旗煤炭工业管理局党委书记吕建军。

2006年，准格尔旗煤炭工业管理局党委书记吕炬。

2008年，准格尔旗煤炭工业管理局党委书记安志荣。

2010年，设立准格尔旗煤炭局，为旗人民政府组成部门，不再保留准格尔旗煤炭工业管理局，由安志荣同志担任党委书记。

2012年，准格尔旗煤炭局党委书记范如。

2019年1月21日，准格尔旗能源局挂牌成立。能源局党委下设9个党支部，共有党员148人。

(四) 伊金霍洛旗煤炭局党组织

1959年，忽吉图煤矿建立党支部，有中共党员5名，隶属于伊金霍洛旗补连乡党委，由赵国华担任党支部书记。1964年，调孔庆祥担任忽吉图煤矿党支部书记。1983年，郝振华任忽吉图煤矿党支部书记。1985年，王赖毛任忽吉图煤矿党支部书记。1990年，忽吉图煤矿党支部共有党员31名。

1965年7月1日，石圪台煤矿成立党支部，隶属于伊金霍洛旗希尔台乡党委。1990年，石圪台煤矿党支部隶属于矿区办事处党委，不再隶属于希尔台乡党委。1995年，伊金霍洛旗委、旗政府以地方国营石圪台煤矿为核心组建了伊金霍洛旗煤炭集团公司，石圪台煤矿党组织划归伊金霍洛旗煤炭集团公司党委。2000年初，伊金霍洛旗煤炭集团公司全面转制，由国营企业转为民营企业，鄂尔多斯市乌兰煤炭集团有限责任公司正式成立，石圪台煤矿随之转制，石圪台煤矿党组织隶属于乌兰煤炭集团公司党委领导。

1985年7月，伊金霍洛旗煤炭工业公司成立，同时成立公司党支部，科级建制，隶属于伊金霍洛旗党委，党支部书记由该公司经理关英兼任。1987年，伊金霍洛旗煤炭工业公司党支部共有党员4名，至1990年底发展到14名。

1988年10月，党支部书记改选，由白祥林担任公司党支部书记。1991年，党员人数发展到17名。

1995年12月，伊金霍洛旗煤炭工业管理局成立。1997年，伊金霍洛旗煤炭工业管理局党支部共有党员17名，其中正式党员15名，预备党员2名。

2003年1月，伊金霍洛旗煤炭局成立。同年11月，选孙荣同志担任党支部书记，共有10名党员。

2005年11月，选白香玲同志担任局党支部书记，2007年11月改选，由邱占生同志担任党支部书记，党员人数共52名。

2011年3月，选张瑞杰同志担任局党支部书记，党员人数共108名。

2017年11月，选王利忠同志担任局党支部书记，党支部有115名党员，发展对象7名，积极分子17名。

2019年6月，王利忠同志担任党委书记。

（五）乌审旗煤炭局党组织

2006年3月，乌审旗煤炭工业管理局成立党支部，郝宝山任党支部书记。

2010年，乌审旗煤炭局党支部共有中共正式党员9人，其中女党员2人，少数民族党员5人，大专以上学历的党员9人。

2013年1月，乌审旗煤炭局共有正式党员24名，党支部换届改选，支委成员5人，折海军任党支部书记，王治军任党支部副书记。

2014年10月，王治军退休，哈斯其劳任党支部副书记。

2016年，乌审旗煤炭局共有党员38名，1名预备党员，7名入党积极分子。7月，党支部换届改选，支委成员5人，吴建国任党支部书记，王广祥任党支部副书记。

2019年1月，因机构改革，乌审旗煤炭局合并到乌审旗能源局，乌审旗能源局共有党员33名，其中有8名女党员，11名少数民族党员，6名研究生党员。1名预备党员，3名入党积极分子。

（六）杭锦旗煤炭局党组织

2004年8月，杭锦旗煤炭工业管理局成立，有办公室、稽查队、财务股、业务股4个股室。2005年2月，经杭锦旗旗直机关党委批准，建立杭锦旗煤炭工业管理局党支部。初建时，党支部有中共正式党员5名。支部委员3名，党支部书记由杭锦旗煤炭工业管理局局长梁占和担任。

2009年，杭锦旗煤炭局有党员10人，预备党员2人。3月，杭锦旗煤炭局党支部改选，党支部委员4人，杨耀荣为党支部书记，郝海宝为党支部副书记。

2010年4月，中共杭锦旗旗委为杭锦旗煤炭局增配了专职党支部书记，由席向春担任。同年6月，杭锦旗党支部2名预备党员到期转正后，共有党员15名。

2017年3月，杭锦旗煤炭局经过党员大会重新选举支委会组成人员，党支部书记由局长刘永明担任，副书记薛刚担任。

（七）鄂托克旗煤炭局党组织

1968年，鄂托克旗地方国营棋盘井煤矿已有5名党员，但未组建党组织。1969年，棋盘井煤矿有党员8名，是年成立了党组织，建制名称为中国共产党棋盘井煤矿革命委员会，设革命委员会主任1名，副主任1名，委员3名。

1971年，棋盘井煤矿正式成立党支部，隶属于鄂托克旗党委，设党支部书记1名、支部委员3名，党支部书记由革命委员会主任陈宝喜兼任。

1975年，经鄂托克旗乌珠尔镇党委同意，成立中共棋盘井煤矿党总支委员会，设党总支书记1名、副书记1名、总支委员共3名，并下设行政支部、供销社支部、生产支部3个党支部。煤矿党总支不再隶属于鄂托克旗党委，改为隶属于鄂托克旗乌珠尔镇党委。

1982年，棋盘井煤矿下设的3个党支部书记改选，朱怀礼任运销支部书记，钟如才任生产支部书记，樊务银任行政支部书记。

1984年，棋盘井煤矿下设的3个党支部书记改选，支部领导也得到加强。任淑芳任行政支部书记，朱怀礼任运销支部书记，樊务银任生产支部书记。

1990年，棋盘井煤矿党员队伍不断壮大，党员增加到36人。党组织成立之初，党员的学历全是初中以下文化水平，但随着党员队伍的发展壮大，棋盘井煤矿吸收了一批高中生、中专生和大专生加入党组织，党员的文化素质不断提高。

1995年，棋盘井煤矿党总支转为党委，苗喜明任党委书记，赵秀荣任党委副书记。

2000年，棋盘井煤矿因资不抵债，经鄂托克旗旗委、旗政府研究决定，让苗喜明以个人承包的形式接手了棋盘井煤矿，自此棋盘井煤矿转制为民营企业。棋盘井煤矿党委延续。

1989年7月16日，鄂托克旗煤炭工业管理局成立，同时成立党支部，支部委员由7人组成，徐志强任党支部书记。

1990年12月29日，中共鄂托克旗煤炭工业管理局支部共有党员8名，经鄂托克旗旗委常委会研究，决定将煤炭工业管理局下放到旗经委统一管理，白子明担任党支部书记。

2003年，鄂托克旗煤炭系统共有党员42名，其中局机关12名，二级单位30名。同年，成立了鄂托克旗煤炭系统党总支。

2004年，鄂托克旗煤炭系统党总支设党支部5个（煤炭局党支部、棋盘井煤炭管理站党支部、安监站党支部、纠察队党支部、千里沟煤管站党支部），刘再英任党总支书记。

2005年，鄂托克旗煤炭系统共有党员56名，党支部5个，李向峰任党总支书记。

2013年，乔世怀任鄂托克旗煤炭系统党总支书记，有党员98名，设党支部5个。

2019年，武兵成任鄂托克旗能源局党总支书记，共有党员72名，设党支部3个（能源局机关党支部、煤炭安全生产监管综合执法局党支部、煤炭管理站党支部）。

（八）鄂托克前旗煤炭局党组织

2005年5月8日，鄂托克前旗煤炭工业管理局成立。同年7月8日，成立局党支部，张占岐任支部书记。

2009年，鄂托克前旗煤炭局共有12名党员，1名预备党员，3名入党积极分子。同年6月，鄂前旗煤炭局党支部改选，鱼功浩同志担任支部书记。

2011年，鄂托克前旗煤炭局共有党员14名，同年12月，鄂前旗煤炭局党支部改选，刘志军担任党支部书记。

2013年，鄂托克前旗煤炭局共有党员14名，同年1月，鄂前旗煤炭局党支部改选，边子文同志担任党支部书记。

2016年，鄂托克前旗煤炭局党支部共有党员18人，2名预备党员到期转为正式党员。11月3日，鄂前旗煤炭局党支部改选，支部委员5人，贾向兵为支部书记，史卫东为支部副书记。

2017年，鄂托克前旗煤炭局党支部共有党员15人。8月3日，鄂托克前旗煤炭局党支部委员进行增补。

2019年1月31日，鄂托克前旗能源局党组成立，共有党组成员4名，阿拉腾乌拉同志担任党组书记。

三、中央企业党组织

（一）桌子山矿务局

1953年3月，在拉僧庙建立中共鄂托克旗桌子山矿区委员会，隶属于中共鄂托克旗委员会，是伊克昭盟煤炭行业最早建立的党组织。

1958年，全国掀起了一场轰轰烈烈的夺煤炼铁“大跃进”高潮。内蒙古自治区人民政府给伊克昭盟公署下达了50万吨的采煤任务。后经伊克昭盟行政公署研究决定，进军桌子山煤田，开展夺煤炼铁大会战，并从乌审旗、鄂托克旗、杭锦旗、达拉特旗、东胜县调集民工，从机关、文艺团体抽出部分人员，组成12000余人的会战大军。国家也调遣了大批干部、工人西进，或几人一组，或百人一批，从祖国四面八方云集桌子山下。

1959年4月1日，为加快开发桌子山煤田，成立桌子山矿务局。同年5月，中共伊克昭盟委员会批准成立中共桌子山矿务局临时委员会，下设4个党总支。矿务局党委书记由伊克昭盟盟委副书记郝文广兼任，副书记由冯国安、千奋勇担任。

1960年初，桌子山矿务局机关从卡布其搬到海勃湾。同年5月，正式成立中共桌子山矿务局委员会，机构设置有党委办公室、组织部、宣传部、监察委员会、武装部、工会、共青团，党员总数为263人。1962年5月，随着建制的改变，党组织改称中共桌子山煤矿委员会，隶属于中共海勃湾市委。

（二）准格尔煤炭工业公司

1976年5月，内蒙古自治区煤炭工业管理局党组决定成立准格尔煤田开发筹建处临时党支部，隶属于内蒙古自治区煤炭工业管理局党组领导。

1979年，成立中共准格尔煤田开发筹建处委员会。

1983年6月，煤炭工业部党组和内蒙古自治区党委决定，将中共准格尔煤田开发筹建处委员会改称为中共准格尔煤矿建设指挥部委员会，隶属于煤炭工业部党组。

1986年，准格尔煤炭工业公司正式成立。同年12月，煤炭工业部党组（〔1986〕煤党字第12号文件）决定，正式成立中共准格尔煤炭工业公司委员会。

1990年，中共准格尔煤炭工业公司委员会隶属于内蒙古自治区直属机关工委，机构设置有党委办公室、组织部、宣传部。党委下设14个党支部，共有中共党员540人，其中女党员62人，少数民族党员50人。

1998年9月，准格尔煤炭工业公司由原煤炭工业部划归神华集团公司管理，准格尔煤炭工业公司党组织隶属于神华集团党委。

2001年3月，准格尔能源工业公司改制更名为神华准格尔能源有限责任公司，党组织随之改为中共神华准格尔能源有限责任公司委员会。

2003年3月，召开中共神华准能公司第一次代表大会，大会选举产生了中共神华准能公司第一届委员会。

2009年4月，召开中共神华准能公司第二次代表大会，大会选举产生了中共神华准能公司第二届委员会。

2014年10月，成立中共神华准能集团有限责任公司委员会，撤销中共神华准格尔能源有限责任公司委员会。原公司直属子分公司及代管所属单位党组织，由中共神华准能集团有限责任公司委员会集中统一管理。

2016年9月，召开中共神华准能集团有限责任公司第一次代表大会，大会选举产生了中共神华准能集团有限责任公司第一届委员会。

（三）东胜煤田开发经营公司

1984年，根据国家计划委员会和中国精煤公司筹备处的意见，为适应开发神府东胜煤田的需要，分别在陕西和内蒙古自治区设立中国精煤公司筹备处榆林地区分公司和中国精煤公司筹备处伊克昭盟分公司，分别接受陕西、内蒙古和中国精煤公司筹备处的双重领导。同年11月，成立中共中国精煤公司伊克昭盟分公司伊克昭盟煤炭工业公司总支委员会。

1985年5月，华能精煤公司在北京正式成立。中国精煤公司筹备处伊克昭盟分公司改称华能精煤公司伊克昭盟分公司，为县处级建制。同年6月，根据华能精煤公司意见，经中共伊克昭盟委员会批准，中国精煤公司伊克昭盟分公司更名为华能精煤公司伊克昭盟分公司，党组织相应改为中共华能精煤公司伊克昭盟分公司总支委员会。

1987年1月，华能精煤公司伊克昭盟分公司受内蒙古自治区领导管理，隶属伊克昭盟地方领导，挂靠华能精煤公司，成为地局级建制企业。中共东胜煤田开发经营公司委员会隶属伊克昭盟盟直机关党委。同年6月，经内蒙古自治区党委批准，东胜煤田开发经营公司由县级建制升格为地级市建制，终止同伊克昭盟盟直机关党委的隶属关系，公司党委工作直接接受中共伊克昭盟委员会的领导。11月，根据中共内蒙古自治区委员会〔1987〕136号文件和中共伊克昭盟委员会〔1987〕103号文件批复，正式成立中共东胜煤田开发经营公司委员会，办事机构设党委办公室、纪律检查委员会、工会、团委等。

1990年，中共东胜煤炭开发经营公司委员会下属4个基层党委，5个党总支，52个基层党支部。党员总数671人，其中女党员51人，少数民族党员34人，党员干部444人，专业技术干部145人。

1992年，东胜煤田开发经营公司重新划归华能精煤公司管理，更名为华能精煤东胜分公司，党组织随之划归华能精煤公司。

1995年，国务院将华能精煤公司从华能集团独立出来，成立了中国神华能源股份有限公司，为中央直属企业，专业从事神府东胜煤田的开发，内蒙古自治区东胜煤田开发经营公司划归中国神华能源股份有限公司管理。同年8月，神华集团有限责任公司成立。

1996年6月，神华东胜精煤有限责任公司成立，成为神华集团的国有全资子公司，体制和业务接受神华集团公司的全面领导。

1998年8月，神华集团合并神府、东胜两个分公司，成立神华神府东胜煤炭有限责任公司。

四、市煤炭局直属企事业单位党组织

（一）鄂尔多斯煤矿设计院党组织

1983年7月，伊克昭盟煤矿设计院成立，隶属于伊克昭盟经济贸易委员会。1984年成立党组织，隶属于伊克昭盟机关党委。

1988年，伊克昭盟煤炭工业管理处成立后，伊克昭盟煤矿设计院成为盟煤炭处的二级单位。

1990年6月，经伊克昭盟盟直机关党委批准，成立伊克昭盟煤炭工业管理处党总支委员会，盟煤矿设计院是盟煤炭工业处的二级单位。在煤矿设计院设党支部，由盟煤炭工业处党总支青年委员范有贵兼任盟煤矿设计院党支部书记。

1992年2月10日，伊克昭盟煤炭系统党委成立，在煤矿设计院设立党支部。7月13日，经伊克昭盟煤炭系统第一届党代会研究，盟煤矿设计院党支部委员会由3人组成，刘继宽担任支部书记。8月21日，贾玉玲调任煤矿设计院党支部副书记。

1993年8月5日，盟煤矿设计院党支部改选，党支部委员有3名，贾玉玲担任支部书记。1996年11月13日，赵文林任设计院党支部书记，杨永清任党支部副书记。

2006年，市煤炭设计院党支部改选，支委会由3人组成，赵文林当选党支部书记，杨永清当选副书记。2008年5月30日，高荣华任煤矿设计院党支部书记。2013年8月13日，马晓梅任煤矿设计院党支部书记。2014年2月18日，刘永杰兼任煤矿设计院党支部书记。2017年8月15日，煤矿设计院党支部换届，支委会由3人组成，刘永杰当选为党支部书记。2017年12月19日，煤矿设计院支部委员会改选，支委会由3人组成，李志军当选党支部书记。

（二）鄂尔多斯煤炭管理站党组织

1991年6月15日，伊克昭盟煤炭销售市场管理总站成立。9月7日，经伊克昭盟煤炭工业管理局研究，任命孙春长为盟煤炭销售市场管理总站专职党支部书记。

1992年2月10日，伊克昭盟煤炭系统党委成立，在盟煤炭销售市场管理总站成立临时党支部。同年3月28日，盟煤炭销售市场管理总站召开全体党员会议，决定正式成立盟煤炭销售市场管理总站党支部。支部委员会由3人组成，苏谦担任党支部书记。

1994年8月2日，伊克昭盟煤炭系统党委撤销，盟煤炭工业管理局党委成立，盟煤炭销售市场管理总站党组织隶属于盟煤炭工业管理局党委，仍是党支部建制。

1995年5月12日，盟煤炭销售市场管理总站共有党员18人，因党员人数较多，且多数党员在基层工作，不便参加组织支部生活，经中共伊克昭盟煤炭工业管理局委员会同意，盟煤炭销售市场管理总站成立党总支委员会，下设中部、东部、西部、机关4个党支部。党总支委员会由5人组成，由杨进廷担任总支委员会书记，张永福任副书记。

1995年，成立伊克昭盟西部伊乌煤炭销售市场联合管理站；1996年3月18日，成立伊准东部地区煤炭联合收费管理站；1997年1月1日，成立伊克昭盟北部地区煤炭销售市场联合管理站、伊克昭盟煤炭南部稽查管理站。

1996年，中共伊克昭盟煤炭销售市场管理总站总支委员会的党员发展到26人。

1997年1月1日，伊克昭盟北部地区煤炭销售市场联合管理站和伊克昭盟南部地区煤炭销售市场管理站（稽查管理站）成立。南部煤管站党支部时有党员11人，王新宽担任党支部书记。2005年11月，郝凯耀担任南部煤管站党支部书记。2007年1月，王树林担任南部煤管站党支部书记。2007年3月，窦光祖担任南部煤管站党支部书记。2013年8月至2016年10月初，池永宏担任党支部书记，贾利明担任党支部副书记。2016年10月初至2018年2月底，南部煤管站党支部共有党员26人，鲍伟担任党支部书记，王峰担任党支部副书记。2018年10月初至2019年9月底，王峰担任南部煤管站党支部书记。

2001年10月8日，伊克昭盟撤盟设市，伊克昭盟煤炭工业管理局正式更名为鄂尔多斯市煤炭局。2003年3月，由王树林担任东部联合管理站站长，陈君任支部书记。2006年2月8日，由赵光荣担任东部联合管理站站长，窦光祖任支部书记。2007年3月20日，由赵光荣担任东部联合管理站站长兼支部书记。2008年5月30日，由王拥军担任东部联合管理站站长，支部书记空缺。2009年12月31日，由贾利民担任东部联合管理站站长，雷勇胜任党支部书记。2013年5月21日，王欢琳任党支部书记。2014年2月7日，由鲍伟担任东部联合管理站站长，王欢林担任支部书记，支部时有党员20名。2015年5月15日，由鲍伟担任东部联合管理站支部书记兼站长，王峰任副书记兼纪检委员。2016年10月10日，由王欢林担任东部联合管理站支部书记兼站长，刘利军任副书记兼纪检委员。2018年9月25日，由张红雨担任东部联合管理站支部书记兼站长，刘利军任副书记兼纪检委员。

1998年3月5日，调贾玉玲任伊克昭盟煤炭管理总站党支部书记。同年4月8日，调窦光祖任煤炭销售市场管理总站党总支副书记，白海峰为北部煤管站党支部书记。

2000年12月26日，由张永福担任北部地区煤炭管理站党支部书记。

2003年，李治国任总站党总支书记。陈君继续任东站党支部书记，贾利民任西站党支部书记。

2004年2月26日，经市煤炭局党委研究，张帆任北部煤炭管理站党支部书记，王新宽任西部煤炭管理站党支部书记。同年4月28日，西部煤炭管理站和北部煤炭管理站2个党支部委员会改选。西部煤炭管理站支部委员会由4人组成，王新宽任党支部书记。北部煤炭管理站支部委员会由5人组成，张帆任党支部书记。同年8月30日，鄂尔多斯市煤炭销售市场管理总站撤销，同时撤销党总支和总站机关党支部，在东、西、南、北4个分站设立党支部，隶属于局党委。

2006年2月8日，经市煤炭局党委会议研究，李峰任北部煤炭管理站党支部书记，时有党员23名。2012年2月24日，延晓勇任北部煤炭管理站党支部书记。2014年11月28日，刘成任北部煤炭管理站党支部书记，时有党员33名。2018年10月15日，詹建忠任北部煤炭管理站党支部书记。

（三）鄂尔多斯矿山救护队党组织

1988年1月初，伊克昭盟煤炭工业处成立，盟矿山救护队划为煤炭工业处二级单位。同年9月，煤炭工业处党支部成立，伊克昭盟矿山救护队设党支部，主要负责党员的学习、组织生活，积极分子的培养，以及机关职工的学习等。

1990 年 6 月，伊克昭盟煤炭工业处成立党总支委员会，在盟矿山救护队设党支部，由于设立时盟矿山救护队只有 3 名党员，所以只设书记，未设委员。

1993 年 5 月 17 日，盟矿山救护队的中共党员发展到 6 名，决定正式成立中共伊克昭盟矿山救护队支部委员会，支委会由 4 人组成，田永宏任支部书记，杨永厚任副书记。

1997 年 3 月 12 日，伊克昭盟矿山救护队正式更名为内蒙古矿山救护队伊克昭盟区域矿山消防大队。同年 4 月 21 日，内蒙古矿山救护队伊克昭盟矿山消防大队党支部改选换届，有支部委员 5 名，田永宏任支部书记，杨永厚任副书记。

2000 年 5 月 19 日，伊克昭盟矿山消防救护大队党支部第三次改选，支委会由 5 人组成，田永宏任支部书记，杨永厚任副书记。

2003 年，杨永厚任救护队党支部书记。同年，共开展党员学习 12 次，召开党员大会 12 次，召开支委会议 5 次，新发展党员 1 人。

（四）鄂尔多斯煤炭纠察支队党组织

2004 年 8 月 29 日，因鄂尔多斯市煤炭管理总站党总支和机关党支部撤销，所有总站工作人员并入市煤炭纠察队，成立中共鄂尔多斯市纠察队支部委员会，原所有煤炭管理总站机关支部的党员及纠察队党员纳入新成立的纠察队党支部。

2006 年 2 月 8 日，王俊嵘任纠察队党支部书记。

2009 年 12 月 31 日，池永宏任地方煤炭纠察大队党支部书记。2010 年 1 月 14 日，召开党员大会，改选党支部，支部委员会 5 人，池永宏任党支部书记，郝凯耀任支部副书记。

2013 年 8 月 20 日，杨世平任纠察支队党支部书记，支部委员 3 名，党员 10 名。2014 年 4 月 21 日，纠察支队党支部召开党员大会，改选党支部，杨世平任党支部书记兼纪检委员，党员发展到 11 名。

2016 年 10 月 10 日，纠察支队党支部共有支部委员 5 人，郝拴禄任党支部书记。至 2018 年底，该支部共有党员 13 名。

（五）煤炭技工学校党组织

2006 年，鄂尔多斯市煤炭技术培训学校成立，并成立校党支部。

2010 年 1 月，经内蒙古自治区教育厅批准，鄂尔多斯市煤炭技术培训学校改为鄂尔多斯市煤炭技工学校。煤炭技工学校党支部共有党员 13 人，支部委员 3 名，白喜任校党支部书记。2011 年新发展党员 1 人，2012 年新发展党员 2 名。

2013 年 5 月 21 日，经市煤炭局党委会议研究，赵炯任煤校党支部书记，支委会由 3 人组成。

2014 年 2 月 18 日，白喜任煤校党支部书记，支部党员共计 13 名。

2014 年 11 月 21 日，延晓勇担任煤校党支部书记，2014 年新发展党员 1 名。

2015 年 8 月 6 日，煤校党支部换届改选，延晓勇担任煤校党支部书记，支部委员 5 人，支部党员 15 人。

2016 年 10 月 10 日，贾利民担任煤校党支部书记，2016 年 10 月 24 日经党支部换届改选，有支部委员 5 人，新发展党员 1 名。

2017 年 10 月 29 日，煤校党支部进行换届改选，支委由 5 人组成。白喜任党支部书记。2019 年，党支部新发展党员 1 名。

（六）鄂尔多斯市煤炭局直属企业党组织

1990 年 3 月，伊克昭盟煤炭公司归口伊克昭盟煤炭工业处管理。6月，经伊克昭盟盟直机关党委批准，成立伊克昭盟煤炭工业处党总支委员会。伊克昭盟煤炭公司设立机关党支部委员会，为伊克昭盟煤炭工业处党总支的生活支部。伊克昭盟煤炭公司副经理王子珍兼任伊克昭盟煤炭工业处党总支副书记。在此期间，伊克昭盟煤炭公司机关支部发展了3名党员。

1992年1月15日，经伊克昭盟盟委研究决定，由陈俊任碾盘梁煤矿筹备处副主任。2月10日，伊克昭盟煤炭系统党委成立，下设包括伊克昭盟煤炭公司党委、后补连露天煤矿党总支、唐公塔煤矿党支部和碾盘梁煤矿党支部等在内的9个二级单位党组织。伊克昭盟煤炭公司为党委，下设7个支部。后补连露天矿为党总支，下设6个支部。7月4日，伊克昭盟煤炭系统召开第一次党员代表大会，共有41名党代表。7月13日，经伊克昭盟煤炭系统党委第一次党代会决定，在伊克昭盟煤炭开发经营公司成立党支部，郭大虎担任支部书记。8月11日，经伊克昭盟煤炭系统党委第一次党代会选举，煤炭系统党委由8人组成。12月18日，经盟委批准，盟直属唐公塔煤矿和后布连露天矿由原党支部改设立为党委，唐公塔煤矿党委书记张建国、副书记李牛；后补连露天煤矿党委书记雷云泽、副书记刘永福。

1993年1月1日，伊克昭盟煤炭工业管理局由行政局建制转为企业局，机构名称不变，实行企业化管理。伊克昭盟煤炭工业管理局相继成立了煤炭开发经营公司、煤炭基地建设开发公司、煤炭工业建筑安装公司、煤炭工业管理局铸造厂、焦化厂、焦粉厂等直属企业。5月3日，煤炭工业管理局党组任命张绥清为煤炭开发经营公司党支部书记。8月5日，成立中共煤炭工业管理局西部地区办事处委员会，具体负责西部地区所有直属企业的党组织工作，杨智高任支部书记。同时，成立华联煤炭公司党支部，支部委员由3人组成，阿木古郎任支部书记。同日，煤炭开发经营公司党支部和煤炭基地建设开发经营党支部进行了改选。9月29日，煤炭工业管理局党组任命宋在虎为煤炭基地建设开发公司党支部副书记。10月11日，按伊克昭盟盟委组织部《关于后补连煤矿党委组成人员的批复》，后补连煤矿党委委员由5人组成。10月18日，任命张铁铭为煤炭工业管理局铸件厂党支部书记兼厂长。10月，经伊克昭盟盟委同意，碾盘梁煤矿筹备处更名为碾盘梁煤矿，同时撤销碾盘梁煤矿筹备处党支部，成立碾盘梁煤矿党委。

1994年4月11日，经伊克昭盟煤炭系统党委会议研究决定，煤炭基地建设开发经营公司党组织改选，薛文明任党支部书记，宋在虎任副书记。同日，煤炭工业管理局建筑安装工程公司成立党支部，杨占荣任党支部书记。7月25日，经中共伊克昭盟煤炭系统委员会批准，成立金源物资工贸有限公司党支部，张玉田任支部书记。9月16日，经煤炭工业管理局党委决定，任命蒋万忠为后布连精煤开发有限公司党委书记。10月24日，碾盘梁煤矿划归盟煤炭工业处管理。12月29日，经盟煤炭工业管理局党委研究决定，成立中共伊克昭盟碾盘梁煤矿总支委员会，李治国任党总支书记，陈俊任副书记。

1995年2月23日，伊克昭盟富源地产品经营总公司成立，有党员7人。3月22日，富源地产品经营总公司成立了党支部，王子清任支部书记。至年底，该公司党员人数发展到10人。

1996年3月18日，根据伊克昭盟盟委关于企业改革“重塑重构，对接推进”的方针，盟煤炭工业管理局撤销驻西部办事处及煤焦化公司、广源公司、铸造公司

3个公司，同时组建广源煤焦铸造有限责任公司，任命刘维生为公司党总支书记。4月9日，广源煤焦铸造公司设党总支委员会，总支委员会由5人组成，刘维生任党总支书记，乔振华任副书记。5月14日，经中共伊克昭盟委员会组织部同意，碾盘梁煤矿党总支委员会由5名同志组成，王秀坤担任书记。5月30日，因工作调离免去张玉田同志金源物资工贸公司党支部书记职务，改由李治国担任。6月18日，煤炭工业管理局党委任命张玉昌兼任鑫源公司党支部书记，樊三维兼任北源公司党支部书记。7月21日，免去樊三维北源公司党支部书记职务，任命闫建斌担任支部书记兼副经理。10月4日，经盟行署研究决定，将盟煤炭工业管理局所属的广源煤焦铸造公司整建制移交鄂托克旗人民政府管理，公司党支部也移交鄂托克旗委。11月13日，中共伊克昭盟煤炭工业管理局委员会对部分公司党组织领导班子改选，由杨小平担任后补连精煤开发经营公司书记职务，由赵文林担任盟煤矿设计院党支部书记、副院长职务，杨永清担任盟煤矿设计院院长、党支部副书记职务，由张存良担任盟煤炭销售生产管理总站党支部副书记职务。

1997年6月18日，张玉昌兼任鑫源公司党支部书记，樊三维兼任北源公司党支部书记。

1998年4月8日，依照伊克昭盟经济体制改革管理局（体改局）转制方案，盟煤炭工业管理局将原有的直属企业转制为国有民营企业，企业党组织随之转变。同日，中共伊克昭盟煤炭工业管理局委员会任命任沁祝为弓家塔煤矿党支部书记、副矿长。6月15日，蒋万忠担任后布连精煤开发有限责任公司党委书记、总经理，杨小平任党委副书记、副总经理。

2000年12月26日，曹培恒接替任沁祝担任弓家塔联营煤矿党支部书记职务。

2002年3月18日，鄂尔多斯市煤炭局政企分离，煤矿党组织随之转变。

2018年鄂尔多斯市煤炭行业党组织及党员情况见表10-1-1。

表10-1-1　2018年鄂尔多斯市煤炭行业党组织及党员情况表

单位	党委数	党组数	党总支数	党支部数	党员		
					总数	女党员	少数民族党员
准旗能源局	1	1	0	9	155	16	12
唐公塔煤矿			1	5	47	2	3
致富煤矿	0				2	0	0
碓臼沟煤矿					9	0	0
弓家塔宝平湾煤矿					8	0	
唐家会矿	1			11	184	7	4
宏测煤矿				1	17	2	0
扶贫煤矿煤				1	17	5	2
富民煤矿	0	0	0	1	4	1	0
特弘煤炭有限公司官板乌素煤矿				1	15	0	0

表10-1-1（续）

单位	党委数	党组数	党总支数	党支部数	党员		
					总数	女党员	少数民族党员
光裕煤矿				1	19	0	0
宏鑫煤炭有限责任公司				16	16	2	0
金正泰煤矿	1			3	39	1	
乌兰渠煤矿				2	43	1	
凯达煤矿				1	6	0	0
内蒙古伊泰西部煤业有限责任公司	0	0	0	0	2	0	0
麻地梁煤矿	1	0	0	7	97	2	0
神华亿利能源有限责任公司黄玉川煤矿	1			11	124	3	6
恒博煤矿							4
瑞德二矿				1	13	0	0
羊市塔一矿				1	5	0	0
纳二矿党支部					19	2	4
宏景塔二矿				1	8	0	1
营沙壕煤矿				1	7	0	0
蒙祥煤矿					7	0	1
云飞矿业	1			4	57	2	6
准能集团公司	13	0	20	224	4088	628	398
弓家塔	0	0	0	1	4	0	0
卓正煤矿	0	0	0	0	1		
准格尔旗西乌素煤矿党支部				1	6	0	0
罐子沟煤矿				1	26	3	2
纳二矿党支部					19	2	4
酸刺沟煤矿				1	26	0	1
北方魏家峁煤电有限责任公司				7	276	40	31
小鱼沟煤矿				1	2	1	
龙王沟煤矿	1			4	110	6	6
大饭铺煤矿				4	1	0	
准格尔旗不连沟煤矿	1	0	1	19	238	44	10
锌尖煤矿	1	0	0	1	14		2

第二节　组织建设

1955—1965年，根据中共中央《关于发展新党员的决定》，伊克昭盟煤矿各级党组织积极发展新党员，壮大党员队伍。各旗区地方国营煤矿在建矿的同时分别建立了党的组织，党的关系隶属于煤矿所在地党组织。1955年，伊克昭盟仅有1个地方国营煤矿党支部。1956年，伊克昭盟新发展国营煤矿党支部2个。国营煤矿党组织建立后，主要工作是建立健全党的组织机构，领导煤矿发展经济。

1966—1976年，“文化大革命”时期，领导干部受到批斗，机关工作普遍陷于瘫痪、半瘫痪状态，党的基层组织和党员的组织生活陷于停顿。当时，伊克昭盟煤炭系统党的组织建设亦受到很大冲击，煤炭生产不能正常进行，企业经济效益连年下降。

1978年，党的十一届三中全会召开，党组织建设进入了新的时期。伊克昭盟煤炭系统的各级党组织认真学习贯彻党的十一届三中全会制定的路线、方针、政策，团结带领广大党员和煤矿职工解放思想，实事求是，团结起来向前看，大干快上，恢复生产，党组织建设和煤炭生产经营管理开始步入正轨。

1980年，伊克昭盟煤炭系统的各级党组织开始加强自身建设，巩固和完善“三会一课”制度，通过举办党员轮训班，组织党员学习《中国共产党章程》《关于党内政治生活的若干准则》等，使党员统一思想，明确党的基本路线所包含的“四项基本原则”“一个中心、两个基本点”，根除派性，恢复和发扬党的优良传统和作风。

1980—1990年，盟煤炭系统的党组织相继成立、健全和完善。党建工作着力点主要在发展和健全各级党组织机构上，在不断加强“三会一课”制度的同时，进一步建立健全了民主生活会制度。1982年，根据中央《发展党员工作座谈会纪要》和《关于加强在中青年知识分子中发展党员工作的报告》以及内蒙古自治区党委关于发展党员的意见，伊克昭盟各级煤炭党组织开始重视在知识分子中发展党员。1985—1986年，盟煤炭系统的各级党组织按照中共中央和自治区党委的要求，开展了整党工作。1987—1988年，伊克昭盟煤炭系统的各级党组织逐步推行了组织工作目标管理制度，把发展党员的重点放在生产一线工人队伍上。

1992年，中央2号文件下达后，内蒙古自治区党委提出“两带一区”战略，伊克昭盟煤炭系统党组织提出“进一步解放思想、更新观念，大胆探索，勇于实践，努力加快煤炭行业的改革步伐，最大限度地发挥盟煤炭资源优势，把煤炭经济的发展推上一个新台阶”的总体设想。根据党的十四大要求，盟煤炭系统将“二五”普法工作重点转入专业法学习，各级党组织分别组织学习《企业法》《合同法》《工会法》《全民所有制工业企业转换经营机制条例》，并建立健全了党员管理制度。

1993年，在党员干部中开展在市场经济条件下增强党性锻炼，加强党风廉政建设活动，教育和引导广大党员干部以身作则，严于律己，用实际行动来保证和促进社会主义市场经济的健康发展。盟煤炭工业管理局专门召开了煤炭系统机关建设和精神文明建设现场会，制定《思想政治工作规范》《廉政建设制度》《工作人员日常行为规范》。

1994年4月7日，伊克昭盟煤炭系统党建暨精神文明建设工作会议召开，会议贯彻党的十四届三中全会以及全国全区宣传思想工作会议和中央纪委三次全会以及伊克昭盟宣传思想组织工作会议精神，对全盟煤炭系统党建、宣传思想、精神文明建设以及机关作风建设工作进行安排部署。10月25日，伊克昭盟煤炭工业管理局下发《关于认真学习贯彻〈中共中央关于加强党的建设几个重大问题的决定〉的通知》，要求坚持党要管党的原则，把加强党的组织建设作为突出环节来抓，把保证搞好企业改革、转换经营机制、提高经济效益作为党组织工作的出发点和落脚点，用完成任务的实际效果来检验基层党组织的工作。

1995年2月，盟煤炭工业管理局下发《关于在全盟煤炭系统开展社会主义市场经济理论大学习大讨论的实施意见》，并在局机关成立领导小组，组织实施大学习大讨论活动。3月24—25日，召开全盟煤炭系统党的建设、精神文明建设工作会议，要求发挥党组织在企业的核心领导作用和党员的先锋模范作用，团结带领干部群众在煤炭事业开发建设中建功立业。全旗煤炭系统共有党员102名，其中有23名被评为1995年优秀党员候选人。

1996年，伊克昭盟煤炭系统各级党组织对全体党员进行民主评议和测评，并深入开展“双学”(学理论、学党章）活动，全面提高党员和干部队伍素质。

1997年6月23日，为庆祝香港回归和迎接内蒙古自治区成立50周年，举办了一期党员理论培训班。伊金霍洛旗煤炭工业管理局党支部开展了“党员责任区”和“十无三好”活动，将局党支部全体党员编为2个责任区，要求每个党员在各自的责任区和组长共同负责联系群众。伊泰煤炭集团公司党委印发了《伊盟煤炭集团公司1997—1999年党组织建设规划》，提出了“哪里有项目部，哪里就有党支部”“市场拓展到哪里，党建工作就深入到哪里、党员就流动到哪里”的组织建设观念，在有10名员工或3名以上党员的项目工地上全部建立了党支部或党小组。

1998年7月15—17日，盟煤炭工业管理局召开全盟煤炭系统党的建设、精神文明建设及煤炭生产管理工作会议，推动了基层“学先进、树新风、讲奉献”“争做四有新人”“我为党旗添光彩”等多种活动开展。盟煤炭工业管理局党委制定《伊克昭盟煤炭工业管理局1997年至1999年党组织建设规划》，集中时间举办党员和入党积极分子培训班。开展“扶贫包乡”“城乡结对子”等活动，协助鄂托克旗实施区域性上电扶贫项目。

1999年，盟煤炭工业管理局制定了《“三讲”教育自我剖析阶段方案》，县级以上党政领导和局机关部门主要领导分别进行了“三讲”教育自我剖析。

2000年，中共伊克昭盟煤炭工业局委员会下发《关于〈开展邓小平党建理论和江泽民总书记“三个代表”重要思想大学习大讨论活动的实施意见〉》，要求围绕实现“翻两番”、推进“二化三新六突破”、开展二次创业，建成“六大基地”、实施“八大工程”，实现四个阶段目标的战略思路开展学习讨论。

2002年，煤炭系统党组织认真学习宣传贯彻十六大精神、鄂尔多斯市第一次党代会精神和全市党建工作会议精神，制定《市煤炭局党建、精神文明建设目标管理实施考核细则》，通过考核，市局机关11个党总支、支部均达标。

2002年，伊泰集团公司转为非公有制职工全员持股企业，公司内全体党员均由国有企业职工转为民营企业职工。伊泰集团公司党委提出，企业转制后，“坚持加强党对企业的领导，集团公司党委是领导核心的原则不变”，党委下属1个党总支、35个党支部，继续实行党政领导交叉任职和党政领导一肩挑的做法。

2004年，按照内蒙古自治区直属工委和神华集团党组的统一安排，准格尔能源有限责任公司党委在22个直属党组织、116个基层党支部、2215名共产党员中开展了保持共产党员先进性教育活动。

2008年5月12日，四川汶川发生特大地震，全市煤炭系统各级党组织党员缴纳特殊党费。准格尔能源公司全体共产党员上交抗震救灾“特殊党费”37.4万元；在支援南方电煤的战役和抗震救灾工作中，杜振军被市国资委授予“抗雨雪冰冻灾害先进个人”。

2009年，各级党组织围绕贯彻落实十七届三中全会精神，以推进城乡统筹发展、实施“三重一大”（重大事项决策监管、重要干部任免监管、重大项目监管、大额度资金使用监管）等事项规定、实现“三农三牧”的科学发展、实施“结构转型、创新强市”新战略等展开组织建设，坚持党管干部、党管人才的原则，严把党员“入口关”，认真做好民主评议党员工作，严肃处理不合格党员。

2011年，市煤炭局按照市委创先争优活动方案要求，组织了执法人员培训班，组织纠察支队和煤管站干部职工进行了为期一个月的军训，进一步严肃了政风政纪，树立煤炭行业执法人员良好形象。

2013年，市煤炭局根据市纪委、市政府纠风办的安排部署，按照“谁主管、谁负责”“管行业必须管行风”的工作原则和“标本兼治、纠建并举”的工作方针，制定《市煤炭局民主评议政风行风工作实施方案》，将全局12个重点科室、8个二级单位和69名科级干部列为评议对象。局领导班子集体签订了《鄂尔多斯市煤炭局公开承诺书》，向社会各界及广大职工公开承诺、践诺。由局领导牵头，组织局纪委、监察等部门，对局机关各科室和二级单位进行不定期考勤查岗，通过深入煤管路站明察暗访，严肃查处“吃拿卡要”等违规违纪问题。同时，主动接受社会监督。问卷调查对市煤炭局总体评价满意率为96.5%，重点评议的69名重点岗位科级干部满意率均在95%以上。

2014年，市煤炭局党委抓党建注重加强学习型党组织建设，结合群众路线教育实践活动，市煤炭局认真贯彻执行中央、自治区、市委市政府关于转变工作作风、密切联系群众的各项规定，制定和完善了各项规章制度，实现用制度管人管事。坚决反对享乐主义和奢靡之风，局领导带头上下班不坐公车，机关车辆实行统管。全年投入帮扶资金100万元。深入开展在职党员进社区活动，组织在职党员走进康巴什宁馨社区，把党的温暖送给困难群众。

2015年，按照市委关于群众路线教育实践活动的统一安排部署，重点做好建章立制、整改落实环节的工作。以“三严三实”为标尺，细致查找问题，深入分析问题，认真整改问题，从严从实推进各环节各步骤工作。

2016年，市煤炭局坚持用党的建设引领煤炭产业转型发展。改选了机关党委和机关纪委，选齐配强了12个党支部的领导班子，将机关党支部由大划小，便于开展活动。专门成立了退休党支部，建成了退休党支部活动阵地。印发《关于基层党支部标准化、规范化、科学化建设的实施意见》，进一步实现党支部建设更加标准化、规范化、科学化。出台《党员管理实施细则》《不合格党员处置办法》，进一步加强了党员管理。完善了《干部职工学习制度》《支部书记抓党建工作述职述责制度》《干部职工请销假制度》等。建成“煤海先锋”展厅、“煤海清风”廉政文化长廊、“煤海文苑”机关文化长廊。设有妇女之家、职工之家、青年之家，建成党员活动室、职工阅览室。

2017年，市煤炭局党组认真落实全面从严治党主体责任，积极探索党建工作新模式、新方法、新机制，深入推进“智慧党建”，以打造“煤海先锋”党建品牌为核心，以建设“转型服务先锋队”党组织为目标，深入开展“攻坚克难凝心工程、转型发展引领工程、提质增效服务工程”，统筹推进党的“五位一体”建设，落实党建工作责任，局党组建立了主要领导负总责、分管领导亲自抓、基层党组织具体抓的党建工作责任制，领导联系支部，党员联系群众。严守党的政治纪律与政治规矩，坚持党建引领各项工作不动摇。

2018年，市煤炭局党组注重加强政治建设，围绕“书记抓、抓书记”这一核心，结合中央、自治区党委和市委巡视反馈意见，构建了党组书记为党建工作第一责任人、机关党委书记为主要责任人、基层党支部书记为直接责任人的工作责任体系，履行党建工作责任。强化政治学习，引导党员干部牢固树立“四个意识”，始终坚定“四个自信”。将“两学一做”学习教育常态化制度化与党员活动、新媒体教育相结合，推动“学、做、改”。学习宣传党章党规、习近平新时代中国特色社会主义思想，引导全局党员不忘初心、牢记使命，强化政治意识。加强组织建设，让党组织的基础保障硬起来。选齐配强了12个基层党支部的领导班子，党支部推行“一支部一品牌”，开展争创“一面流动红旗”活动，印发《党支部规范化建设实施方案》，将南部煤管站和煤炭技工学校党支部作为规范化建设示范点。认真学习贯彻《中国共产党支部工作条例（试行）》，推动全局形成大抓基层、大抓支部的良好态势。抓党建促脱贫，与帮扶嘎查成立了联合党支部，派驻工作队，一户一策精准扶贫，建阵地、改危房、送温暖、兴产业，累计投入帮扶资金1000余万元。

第三节 宣 传 教 育

20世纪50年代末60年代初，“大跃进”和三年自然灾害，也是开发桌子山煤田时期。当时条件异常艰苦，“山前山后皆帐篷，沟里沟外石头屋”“盖天铺地，星月照明”，又严重缺水。桌子山矿务局党委根据现实情况提出，一手抓生产建设，一手抓职工生活。一方面组织力量到外地采购副食品，一方面发动职工自力更生改善生活。局党委还结合桌子山煤炭生产建设的实际，在职工中开展“艰苦奋斗，艰苦创业，争上游，夺高产，拼命建好桌子山”的活动。

1963年3月，毛泽东主席题词“向雷锋同志学习”，号召全国人民学习雷锋的共产主义精神品质。伊克昭盟煤炭系统的各级党组织发动煤矿职工学毛主席著作，学雷锋、做好事，为人民服务。这一时期，煤矿职工的精神面貌发生了深刻变化，管理步入正轨，经营效益不断提高。

1966—1976年，“文化大革命”期间，政治学习一度废弛，党的建设陷于停滞。

1978年，在党的十一届三中全会精神指引下，煤炭系统各级党组织学习《中国共产党章程》和《关于党内政治生活的若干准则》等相关党的建设规范性文件，对党员的思想教育逐步走向正轨。

1985年，煤炭系统党组织按照上级的部署，集中时间开展了整党工作。整党的突出重点是纠正新的不正之风、增强党性、加强纪律性；同时认真做好清除“左”的影响、彻底否定“文化大革命”，核查“三种人”，调整领导班子等项工作。通过整党，为改革排除障碍和干扰，创造良好的政治条件和社会环境，促进和保证改革的健康发展。

1989—1991 年，伊克昭盟煤炭系统采取了三种方式对党员进行教育：一是建立党员学习制度，各党支部每月组织一次党员学习，对党员干部分层次进行培训教育；二是在各支部开展“创建先进支部，争做优秀党员”的活动；三是建立民主评议党员制度。

1993 年，煤炭系统组织党员干部学习《邓小平文选》和党的十四大、十四届四中全会精神，并在党组织内部开展民主评议党员活动。准格尔旗煤炭工业公司党委遵循“提高质量、讲求实效”的方针，将电化教育与口头宣讲有机结合，除开展党的基本知识、党的基本路线、爱国主义和集体主义教育和建设有中国特色的社会主义的再教育外，还利用大量的时间和精力开展了党风党纪廉政教育。

1998 年，伊克昭盟煤炭工业管理局党委印发《关于认真开展学习邓小平理论的通知》，并组织局机关党员干部参加盟直机关党委和盟党校组织的理论培训班 8 期。

2000 年，煤炭系统党组织分阶段开展“三讲”教育活动，形成“讲学习、讲政治、讲正气”的政治舆论环境。2001 年初，学习江泽民总书记的“三个代表”重要思想，全年共组织 9 期培训班。局党委在直属的四大煤管站举办了 3 期政治理论和业务知识培训班，参加人员 342 人。

2002—2003 年，按照市委《关于认真学习贯彻党的十六大精神的通知》《关于建设学习型、创新型、竞争型、服务型机关的通知》《关于开展“大力解放思想、优化开放环境”培训教育活动的通知》要求，制定培训教育活动实施方案，分批次组织宣讲团到各基层单位举办宣讲教育培训班，培训率达 98% 以上。2004 年，煤炭系统党组织围绕“大煤炭、大煤电、大化工、大载能”的战略开展党建工作。市煤炭局党委对所属基层党组织进行摸底调查和组织整顿，对党员进行集中培训教育。

2005 年，市煤炭局集中时间开展保持共产党员先进性教育活动，成立了教育活动领导小组，制定了活动方案。首先举办学习班对全体党员进行了培训，市煤炭局党委注重领导机关、领导干部带头，在各个阶段、各个环节为基层和党员作出表率。

2008 年，市煤炭局致力于抓好“四项工程”(学习培训工程、稽查纠察工程、行风评议工程、民主生活会工程)，普遍建立了路站建设制度、职工教育整顿制度、政务公开制度、大额资金使用制度、考核制度、奖罚制度，新修订完善了《鄂尔多斯市煤炭局党员干部职工考核制度》。

2009 年，市煤炭局党委制定了《开展深入学习实践科学发展观活动实施方案》，针对全市煤炭行业实际，提出“生产安全、产业升级、惠及民生”和“全力以赴保增长，转型升级调结构，物流建设解瓶颈，服务企业上水平”作为学习实践活动主题。

2011 年，为确保创先争优活动的学习效果，市煤炭局组织行业执法人员举办了执法培训班，组织纠察支队和煤管站干部职工进行了为期一个月的军训，进一步严肃了政风政纪，树立煤炭行业执法人员良好形象。2013 年，按照市委、市政府的工作部署，市煤炭局开展了以正确履职、肃纪整风、提升效能、文明服务为主要内容的政风行风建设工作。制定《2013年鄂尔多斯市煤炭局民主评议政风行风工作实施方案》和《市煤炭局关于严肃工作纪律整顿工作作风的八项规定》《公务用车使用管理暂行办法》《干部职工请销假管理制度》等规章制度。全年共查处违规违纪问题6起，查处17人。

2014年，市煤炭局按照市委关于开展党的群众路线教育实践活动的总体部署，制定了详细的实施方案，成立了党的群众路线教育实践活动领导小组和8个联系督导组，由局领导担任联系督导组组长。局领导班子深刻剖析自身存在的问题与不足，认真撰写个人对照检查材料，召开了高质量的民主生活会。为切实做好建章立制、整改落实环节的工作，制定《局党委领导班子整改方案》《“四风”突出问题专项整治方案》和《改进作风、加强制度建设工作计划》奠定基础。

2015年，市煤炭局全面推进“干部素质工程”，在煤炭技工学校举办了四期党员及党务工作者培训班，每期培训班为期5天，共培训党员274人。6月，市煤炭局启动“三严三实”专题教育活动，按照“谋事要实、创业要实、做人要实”的总要求，对干部职工提出干真事、干实事、会干事，做老实人、说老实话、做老实事等要求，激发广大干部职工工作责任感和工作热情，助推市煤炭行业转型升级。市煤炭局以社区党组织为依托，以创建服务型社区党组织和和谐社区为目标，通过“五个一”做好在职党员进社区活动。

2016年，市煤炭局印发《在全局党员中开展“学党章党规、学系列讲话，做合格党员”学习教育实施方案》《“两学一做”学习教育学习计划安排》《分层推进“两学一做”学习教育的具体方案》等一系列文件，成立了“两学一做”学习教育领导小组和联系督导组，督促指导各党支部扎实开展“两学一做”学习教育。4月25日，召开动员会部署开展“两学一做”学习教育，提出打造“煤海先锋”党建品牌。市煤炭局党组不断强化问题导向，把解决问题贯彻学习教育全过程。

2017年，市煤炭局党组积极探索符合机关特点的党建工作新模式、新方法、新机制，深入推进“智慧党建”，以打造“煤海先锋”党建品牌为核心，以建设“转型服务先锋队”党组织为目标，深入开展“攻坚克难凝心工程、转型发展引领工程、提质增效服务工程”三项工程，统筹推进党的“五位一体”建设，实现党建引领全局改革发展各项事业再上新台阶。针对中央、自治区巡视反馈以及各调研指导组督查发现的问题，逐一进行整改落实。局党组认真学习贯彻习近平总书记系列重要讲话精神和考察内蒙古讲话精神，对全局319名党员和煤管站、纠察队等市场执法人员分6期进行轮训。自治区“两学一做”第五调研指导组、自治区直属机关工委“两学一做”调研指导组等先后到市煤炭局进行观摩指导。

2018年，市煤炭局党委从提升党员的理论素养入手，制定印发《党员干部学习教育培训计划》，以党组中心组学习为龙头，认真落实“三会一课”制度。通过“煤炭大讲堂”、基层党校等学习形式，开展党员经常性教育。市煤炭局党组还制定《党员管理办法》《党支部规范化建设实施方案》《基层党组织书记述职评议考核办法》《党建考核细则》等一揽子管全局利长远的规章制度，实现用制度管人管事。完善了“煤海先锋”党建网，升级改造了“煤海先锋”党建展厅，建设了党员活动室、职工阅览室，配备了职工之家、妇女之家、青年之家，打造了“煤海文苑”机关文化长廊、“煤海清风”廉政文化长廊、安全生产文化长廊和党史文化长廊。

第四节　廉政纪检

1988年，伊克昭盟煤炭工业管理局成立后，局党委始终坚持从严治党，把加强党风廉政建设和纪检监察工作列入重要议事日程，针对煤炭行业腐败案件易发多发的实际，从反腐倡廉教育入手，致力于关口前移，建立健全一系列加强党风廉政建设和纪检监察工作规章制度，开展党风政风行风矿风建设，采取一系列措施，狠抓正反两方面的典型，查办违纪案件，堵塞各种漏洞，认真解决群众反映强烈的“热点”“难点”问题，促进了全市煤炭系统党风和廉政建设不断好转，营造了有利于煤炭产业健康发展的政治生态。

1990年，伊克昭盟纪委在全盟范围内开展盟直单位党风和廉政建设大检查，伊克昭盟煤炭公司由政工科负责在公司机关和乌海、包头办事处详细传达了伊克昭盟纪委下发的有关大检查文件，并组织全体职工学习盟委副书记李占华在大检查动员大会上的讲话，结合公司实际，对大检查内容做了具体的贯彻和落实。10月中旬，伊克昭盟煤炭公司工会和政工科在公司机关和乌海、包头办事处分别进行了年度党风党纪政纪、机关作风、廉政建设等方面的大检查，分别组织党员召开了民主生活会，开展了批评与自我批评。

1992年1月，盟煤炭工业管理局成立了纠风、廉政建设自查小组，对1991年全年招待费用开支、资金来源及待客制度、执行情况进行了全面自查。按照中共中央办公厅、国务院办公厅《关于认真检查对严禁用公款吃喝送礼等有关规定执行情况的通知》，向盟直煤炭系统各党委、总支、支部转发《〈中共伊克昭盟纪律检查委员会关于企业在经济活动中涉及党风党纪及若干问题的暂行规定〉的通知》。盟煤炭工业管理局财务科制定了煤炭行业财务管理办法、审计制度和基本建设管理办法，并组成专业审计组，对局辖各二级单位和基建矿、改扩建工程、各旗市专项资金的使用、管理、效益进行检查审计，共查出违纪金额310057.5元（包括计划外基建支出），纠正资金198727元。7月28日，伊克昭盟盟委组织部对盟煤炭工业管理局机关领导班子进行民主测评，合格率为100%。

1993年，伊克昭盟煤炭工业管理局加强了对纪检信访工作的领导，在充实力量、完善制度的同时，通过理论学习和培训，加强了纪检信访队伍的自身建设，提高了政治业务素质。纪检信访干部带头遵纪守法、廉洁奉公，密切配合中心工作，为经济建设、改革开放服务。

1994年，伊克昭盟煤炭工业管理局印发《关于全盟煤炭系统开展反腐败斗争的实施意见》。全盟煤炭系统各单位都组建了反腐败斗争领导小组，加强教育、健全制度、严明纪律，并大力整顿各个煤炭管理站。各站从整顿路站路风、清理不合理收费项目入手，坚决贯彻落实行政性收费、罚没收入“收支两条线”的管理规定；大力纠正全盟煤炭行业的不正之风，制定出“三岗”制度，层层竞聘上岗，人人缴纳风险抵押金，人人都有危机感；在煤炭管理站各个路站配备专职纪检员，聘任常年法律顾问，定期给路站工作人员讲授政策法规课，随时对执勤人员进行考评；坚持奖罚分明，对工作成绩不突出、不遵纪守法的12名同志进行了罚款、撤职待岗、降职降薪、辞退除名等处理。

将群众关心的热点问题逐一进行了清理整顿，对所有来信来访提出的问题都做认真的处理和答复。

1995年4月21日，盟煤炭工业管理局认真宣传中央纪委全会精神，布置自查自纠任务。根据中纪委提出的两个“五条要求”“二十六个不准”和补充规定，逐条逐项对照检查，对局机关副处级以上领导干部进行专门评议，评议合格率为100%。经过两年多的反腐败斗争，全盟煤炭系统的党风和廉政建设得到加强，行业风气明显好转，精神文明建设年年上一个新台阶，局党委被评为盟直先进党委。

1996年，伊克昭盟煤炭系统各企事业单位学习中纪委第六次全体会议精神和江泽民同志的重要讲话。坚持严格执行领导干部收入申报的规定，在保留的稽查点稽查内部不正之风，严格检查漏收费用。煤炭管理收费站先后有8人因地方拉煤过路车辆收款不开票等行为分别做了辞退、开除留用、待岗、罚款、通报批评等不同程度的处理。对部分文明路站、先进工作者给予了表彰奖励。通过正反两方面的典型教育，激发了广大路检工作人员的积极性，为伊克昭盟收取各种税费1500多万元。

1998年，盟煤炭工业管理局加强全盟煤炭收费管理站的路站路风建设，要求在收费中严格执行“收支两条线”，健全各项制度，奖罚严明，路检人员实行“文明查车、礼貌待客”。

2002年，鄂尔多斯市煤炭局纪检部门认真组织学习贯彻党的十五届六中全会的决定，努力做到“八个反对，八个坚持”，认真落实党风廉政建设责任制，印发《党风廉政建设工作计划》和《党风廉政建设考核细则》，健全和完善有关廉政制度，从源头上预防和治理腐败现象。市煤炭局对局领导、各科室和二级单位实行了费用一次性核定，定额包干、超支自负、按规定报支的管理办法；对局领导干部和二级单位部门领导实行收入申报、礼品登记及重大事项报告制度；切实加强内部管理及自我约束机制，强化内部纪检、纠察、审计工作的结合。

2003年，市煤炭局以煤炭行政主管部门、煤管路站、执法检查和煤炭行业主要窗口单位为重点，围绕“转变作风、规范行为、改善服务、多办实事”的要求，开展民主评议行风。实行工作组分片责任制，分为东、西、南、北和局机关5个片区，各工作组负责指导做好所属单位的政务公开、职工教育培训、路站路风建设、机关作风建设和争创文明单位活动等项工作。发动职工群众和煤炭行业、煤矿业主、运煤司机、服务对象用户及社会各界参与民主评议行风。

2004年，市煤炭局致力于完善工作机制，加强组织领导，接受社会监督，改善工作作风。面向社会公开聘用了11名行风评议员。印发2000份“执政为民，加快发展”民主评议行风征求意见调查卡，利用市广播电视台《行风热线》节目接受群众监督。针对有的煤管站存在“冷横硬顶拖”的现象，抽调机关人员下站跟班监督。加强纠察力量检查监督，采取宏观监督、流动监督、纪检部门综合监督等办法，发现问题，严肃查处。共辞退、待岗处分违规违纪路站煤管站88人。

2008年，鄂尔多斯煤炭系统各级纪检部门落实党风廉政建设责任制，建立健全党风廉政诫勉谈话制度、党委领导班子民主生活会制度、领导干部个人重大事项报告制度、党风廉政建设责任追究制度、领导干部廉政档案制度、领导干部述廉制度、考核评测制度、定期报告制度等，形成比较完善的党风廉政建设工作制度体系，形成“一级抓一级、一级对一级负责、层层抓落实”的工作机制，进一步深化推进治本抓源头工作。7月，制定《2008年市煤炭局二级单位党风廉政建设责任制考核细则》，实行“五挂钩”（与评先奖优挂钩、与干部岗位挂钩、与工作奖罚挂钩，与职称评审挂钩、与年度综合考评挂钩），各单位根据自身实际制定了党风廉政建设责任制的有关配套制度。煤管站把执行党风廉政建设责任制与加强路站路风建设、民主评议行风工作结合起来，制定出《市煤炭局行政纠察管理办法》和《煤管路站检管理办法》，认真开展整顿和规范市场经营秩序活动。

2009年，按照市纪委的工作部署，认真学习贯彻中央纪委三次全会精神，重点学习胡锦涛总书记的重要讲话，按照“改革创新、惩防并举、统筹推进、重点建设”的基本要求，以完善惩治和预防体系为重点，把反腐倡廉建设的各项工作落到实处。出台《鄂尔多斯市煤炭局煤炭行政纠察管理办法》和《鄂尔多斯市煤炭管理站路检管理办法》，纠察大队和煤警大队开展了整顿和规范市场秩序活动。印发了《市煤炭局关于“三重一大”事项若干规定的实施意见》，在前期预防的基础上，全面构筑党内监督、群众监督、舆论监督三位一体的监督体系，形成有效的风险监控网络。

2010—2011年，市煤炭局党委调整了落实党风廉政建设责任制领导小组，印发《党风廉政建设工作要点》《责任分工》以及《二级单位考核细则》。深化干部人事制度改革，纪委全程参与选拔任用科级干部工作，逐步健全和完善干部考察、监督、激励机制。加强财务管理制度，对二级单位、科室和局领导实行了公务经费年初一次核定，定额包干，超支自付。邀请市纠风办人员到路站监督检查，严肃查处“吃拿卡要”问题，改善路站服务态度，树立文明执法和优质服务的煤管队伍形象。

2013年，市煤炭局党委按照“一岗双责”的原则与各科室、各二级单位签订《2013年市煤炭局党风廉政建设目标责任状》，保证反腐倡廉各项制度、规定落到实处。按照《市煤炭局内控机制制度汇编》确定的重点岗位的工作流程、廉政风险点、防控措施和执法依据，认真做好事前、事中、事后监督。

2017年，市煤炭局党组建立党风廉政建设主体责任清单，严守党的政治纪律与政治规矩，强化廉洁勤政和反腐倡廉教育。召开全市纪检系统派驻工作推进会，组织全局30名支部书记和纪检委员参加了派驻纪检组的业务培训。建立了全体职工廉政档案，会同派驻纪检监察组对各科室、二级单位执行纪律情况进行了5轮次督查。

2018年，市煤炭局党组印发《2018年度鄂尔多斯市煤炭局党风廉政建设主体责任清单》，全面落实党组书记“一岗双责”。局党组对各二级单位党风廉政建设责任落实情况进行了4轮次专题督导，会同派驻纪检监察组对各二级单位党风廉政建设情况进行了5轮次督查调研。组织全局30名支部书记和纪检委员参加了派驻纪检监察组的业务培训。申报第四批市级廉政文化建设示范点，接待各级党委、纪检部门观摩学习20余次。认真执行市委关于干部选拔任用工作的程序法规，完善了干部选拔任用有关事项报告制度和责任追究制度。印发《关于集中整治形式主义、官僚主义“十种表现”的实施方案》，开展“四风”问题内部督查2次。

第二章 群 团 组 织

第一节 工 会

一、组织机构

新中国成立前，伊克昭盟煤矿很少，也没有工会组织，工人与煤矿主之间属于雇佣关系。新中国成立后，煤矿工人的社会地位不断提高，党和政府注重企业的民主管理，鄂尔多斯市煤炭行业的厂矿机关陆续建立了工会组织和职工代表大会制度。

1954年，伊克昭盟煤炭系统最早的工会组织——东胜国营酸刺沟煤矿工会成立，隶属于东胜县总工会。随后，伊克昭盟其他地方国有煤矿相继成立工会组织。1955年10月，高头窑煤矿工会成立，隶属于达拉特旗总工会。1956年6月，罕台川煤矿工会成立，隶属于达拉特旗总工会。同年10月，纳林沟煤矿工会成立，隶属于准格尔旗总工会。1958年，城坡煤矿工会成立，隶属于准格尔旗总工会。1965年7月，石圪台煤矿工会成立，隶属于伊金霍洛旗总工会。1971年5月1日，鄂托克旗棋盘井煤矿工会成立。同年12月，忽吉图煤矿工会成立，隶属于伊金霍洛旗总工会。1979年，乌素沟煤矿成立工会，隶属于准格尔旗总工会。1989年7月，唐公沟煤矿工会成立，隶属于达拉特旗总工会。

1978年，党的十一届三中全会以后，鄂尔多斯市各级工会组织经过拨乱反正，逐步发展，人员编制有所增加，机构不断健全。翌年11月，内蒙古自治区煤矿工会恢复，机构编制统属内蒙古自治区总工会，定编7人。

1987年，伊克昭盟煤炭工业公司工会成立。1988—1989年，伊克昭盟煤炭工业公司工会改为内蒙古自治区东胜煤田开发经营公司工会。1990年7月9日，伊克昭盟煤炭公司有职工132人，其中有110人参加工会，按照《中国工会章程》组织原则，正式成立了工会委员会，并经伊克昭盟煤炭公司第一届职工代表大会暨工会代表大会选举产生了伊克昭盟煤炭公司工会委员会，工会主席由张晨晖担任。为便于开展工作，伊克昭盟煤炭公司还在乌海办事处、包头办事处及公司机关成立了工会小组，并通过民主选举产生了小组负责人，初步形成工会工作体系。

1993年6月18日，经49名女职工大会选举，成立了伊克昭盟煤炭工业管理局女工委员会。同年，准格尔旗煤炭工业公司成立全旗煤炭系统行业工会。

1995年6月，根据《中华人民共和国工会法》和《中国工会章程》的要求：各种所有制企业、事业和机关等基层单位都应依法建立工会组织。因伊克昭盟煤炭工业管理局于1993年转为企业局后工人队伍不断壮大，经研究决定成立伊克昭盟煤炭系统工会，隶属于伊克昭盟总工会。随后，伊克昭盟煤炭工业管理局成立筹建局直属单位工会领导小组。随后，煤炭工业管理局的各直属单位，包括煤炭销售市场管理总站、煤矿设计院、煤炭管理东部站、西部站、南部站、北部站、弓家塔煤矿等纷纷建立了工会组织。

1999年3月，伊克昭盟煤炭集团公司工会委员会成立唐公塔矿区工会工作委员会，全面负责矿区工会工作。2000年，伊克昭盟煤炭集团公司工会委员会经上级工会批准更名为伊克昭盟煤炭集团公司工会联合会。

二、工会活动

1959年2月，内蒙古自治区总工会召开全区电话会议，要求各地区各单位工会大搞以技术革命为中心的群众运动，进一步掀起社会主义劳动竞赛和生产建设的高潮。5月，中共内蒙古自治区党委作出了《关于深入开展增产节约运动的决议》。同年，内蒙古自治区总工会又发出《告全区职工书》。桌子山矿务局老石旦煤矿被评为全国小型煤矿红旗单位。

1961年，内蒙古自治区总工会召开了全区工作会议，贯彻党的“调整、巩固、充实、提高”方针。内蒙古自治区总工会、内蒙古自治区煤炭工业管理局为推广大磁矿的经验，联合组成了大磁矿先进经验传播队，深入到桌子山矿务局传播经验。桌子山矿务局工会组织对家属进行破除封建思想，正确对待恋爱、婚姻、家庭和妇女地位的教育，引导矿务局家属学文化、学技术，从家庭中解放出来，面向社会，做一名新时代的女性。同年二季度，桌子山矿务局工会还组织职工家属大搞农副业生产，全局自产蔬菜2170吨，仅局机关家属就种菜150亩，生产各种蔬菜500吨、养鸡8300只、养猪40头，到野外采摘野菜100吨、山葱20吨、草籽50吨。

1966年，“文化大革命”开始后，伊克昭盟煤炭系统的各级工会陷于瘫痪。

1974年以后，伊克昭盟社会主义劳动竞赛又陆续开展起来，其中鄂托克旗棋盘井煤矿被内蒙古自治区党委和内蒙古自治区革命委员会授予“内蒙古自治区先进集体”称号。1977年，鄂托克旗棋盘井煤矿工会成立了文艺队，由35人组成，出席了伊克昭盟文艺汇演并受奖。后来还建立了篮球队、乒乓球队、阅览室、游艺室，共有运动员40名，先后出席过鄂托克旗运动会3次。

1980—1983年，伊克昭盟各级工会组织普遍开展了“学雷锋、树新风”和“五讲”（讲文明、讲礼貌、讲卫生、讲秩序、讲道德）“四美”（心灵美、语言美、行为美、环境美）“三热爱”（热爱祖国、热爱社会主义、热爱共产党）活动。为提高工人队伍的政治素质，准格尔旗纳林沟煤矿工会开展了“五讲四美三热爱”活动，引导职工学雷锋，树新风，争做好人好事的活动。全年机关职工主动参加义务劳动5次。在干部职工中发扬阶级友爱、助人为乐的优良传统，矿内职工曹德文因爱人病故，造成生活困难，矿上干部职工主动伸出援手，为曹德文捐款400多元。

1984年5月，准格尔旗纳林沟煤矿响应上级号召，建设职工之家。为丰富职工的文化生活，矿工会建立了图书馆、游艺室。1987年，纳林沟煤矿为解决职工子女幼儿入托的难题，建设了职工幼儿园，矿工会拿出部分资金为幼儿园布置环境，修建活动场所。矿工会还为职工设置了篮球、排球、乒乓球、台球、羽毛球、象棋、麻将等设施，方便职工进行各种体育健身活动。1990年，纳林沟煤矿工会建立了职工互助储金会，解决了部分职工遇有特殊困难的借款问题。

1991年，伊金霍洛旗煤炭工业管理局被伊克昭盟总工会评为“全盟先进职工之家”。

1992年，伊克昭盟煤炭公司组织职

工参加建党70周年系列纪念活动和自治区那达慕大会活动。还主办和协办了“五一”“六一”“七一”文艺汇演，并组织参加了东胜、伊克昭盟地区的歌咏比赛和“当代人风采”的演讲活动，以及盟直幼教系统文艺汇演。1993年，唐公塔煤矿工会成立了阅览室和“职工之家”，组建了职工业余篮球、乒乓球队，并组织全体职工参加了全盟煤炭系统的比赛活动。

1993年3月，伊克昭盟煤炭工业管理局女工委成立，组织全系统女工认真落实中国妇女七大提出的各项任务。1994年“三八”劳动妇女节，盟煤炭工业管理局机关召开了庆“三八”表彰奖励大会，表彰奖励“三八”红旗手6名。配合1994年“国际家庭年”活动，开展了组织评比，鼓励女职工参加“五好家庭”、“文明户”竞赛和“四自”“四有”教育活动。为活跃和丰富职工的文化生活，女工委还配合党团组织开展为职工喜闻乐见、寓教于乐的活动。1994年，伊克昭盟煤炭工业管理局共提拔使用女干部5人，并建立妇女干部后备队伍，协助做好发展女党员的工作。

1996年，准格尔旗煤炭工业公司工会积极开展建设“职工之家”活动。由于包头、达达拉特旗发生了强烈地震，该公司工会组织全体职工为灾区人民捐助救灾款3751元，为准格尔旗的14名失学儿童捐款200元。此外，该公司工会组织走访调查了离退休人员、孤寡老人和生活困难的职工。

1997年是自治区煤炭系统深化改革、实行两个根本转变，实现两个提高、扭亏增盈走出困境的关键年。7月，伊金霍洛旗煤炭工业管理局工会和办公室组队，参加了伊金霍洛旗第三届职工运动会，并建立了机关干部工间操制度。10月1日，盟煤炭工业管理局党委决定在全局开展“五好文明家庭”创建活动并进行表彰，共评选出“五好文明家庭”10户、“五好文明家庭标兵”3户。

1998年，盟煤炭工业管理局工会面向全盟煤炭系统大力宣传贯彻《工会法》《劳动法》，“三八”节还组织全体女职工、离退休职工召开座谈会、联谊会，评选和表彰了“三八”红旗手、“巾帼建功”女职工、“五好文明家庭”共120户。1999年，伊克昭盟煤炭集团工会还在公司内部组织了以“热爱党、热爱祖国、热爱企业、投身改革、岗位奉献”为主题的“伊煤杯”读书演讲比赛。

2001年，市煤炭工业管理局组织评选表彰了“三八”红旗手8名、“先进妇女组织”1个、“五好文明家庭”12个。组织直属系统文艺汇演，参加市直机关工委举行的庆祝建党80周年的系列活动，其中，小合唱《鄂尔多斯歌会》竞赛中获得一等奖，演讲比赛中《党旗飘飘》获得了三等奖。同年，伊泰集团公司工会主席苏中友、技术中心主任刘志科创作的《伊煤之歌》在全国企业之歌大赛上获得优秀奖。2002年，鄂尔多斯市煤炭局工会围绕全市煤炭工业的中心任务，全面加强基层组织的建设，利用“五一”“元旦”等节日，组织职工开展喜闻乐见的娱乐活动和新《工会法》知识竞赛活动。

2006年，内蒙古棋盘井矿业有限责任公司工会开始实施“送温暖”工程。2007年，市煤炭局女工委组织广大妇女学习《婚姻法》，利用“五五”普法的重要契机推动妇女权益保障法及相关法律的宣传活动。“三八”节期间，女工委召开座谈会暨表彰会，表彰了“巾帼建功”先进个人10名、“文明和谐家庭”5个。

2008年，市煤炭局女工委组织广大妇女认真学习党的十七大精神和《婚姻法》《妇女权益保障法》等相关的法律法规，使广大女职工做到知法、懂法、守法，在维护权利的同时，争做新时期的女性。公司女工委还深入开展“学先进、树新风”“三八红旗手”“五好文明家庭”等评选活动，激励广大女职工的创新精神。2009 年“七一”，鄂尔多斯市煤炭局工会组织职工参加了全市举办的歌咏比赛。

2010—2018 年，鄂尔多斯各级煤炭管理部门和企业工会组织开展了各项活动，活跃了职工生活，保证了职工权益。

三、职代会

新中国成立后，伊克昭盟国营煤矿纷纷成立工会组织之后，便开始建立职工代表大会制度。

1956 年 1 月，达拉特旗罕台川煤矿召开了第一届职工代表大会，共有职工代表 39 人，会议听取了行政工作报告并讨论了如何解决矿内有关重大问题。

1957 年，中国共产党八届三中全会确立了在企业实行党委领导下的职工代表大会制度。1959 年以后，内蒙古自治区开始在煤炭企业普遍推行职工代表大会制度。同年，伊克昭盟桌子山矿务局召开了职工代表大会。

1960 年 1 月，达拉特旗罕台川煤矿工会召开第二届职工代表大会，有代表 35 人。

1961 年，伊克昭盟贯彻《国营工业企业工作条例（草案）》，职工代表大会在企业的地位进一步巩固。伊克昭盟地方各国营煤矿都认真坚持职工代表大会制度，纷纷召开了职工代表大会。职工代表们能够在大会上提出意见和建议，并参与讨论煤矿的生产和经营问题。1963 年 12 月 19 日，东胜市酸刺沟煤矿工会召开了第一届职工代表大会，有正式代表 30 人、列席代表 13 人，大会制定并通过了《酸刺沟煤矿职工大会组织条例》。1966 年 3 月 16 日，东胜市酸刺沟煤矿召开了第二届职工代表大会，大会讨论并制定了矿内各项规章制度。

1978 年，党的十一届三中全会以后，中华全国总工会决定全面恢复企业的职工代表大会制度。伊克昭盟煤炭企业的职工代表大会制度也随后恢复，各煤炭企业一般在年初召开职工代表大会。职工代表听取行政领导的工作报告，审议企业的经营方针、重大技术改造计划和财务预决算等，并提出建议和作出相应的决议；参与工会领导的换届选举；审议通过各种行政部门制定的有关经济责任制、工资改革、职工晋升、资金分配、职工培训、奖罚等重大方案；决定各煤炭企业对职工福利基金的使用、职工住宅的分配等问题。

1981 年 7 月，伊克昭盟各煤炭企业贯彻执行《国营工业企业职工代表大会暂行条例》。1982 年 8 月 7 日，东胜市酸刺沟煤矿召开了第三届职工代表大会，共有职工代表 24 人。1984 年 1 月 2 日，鄂托克旗棋盘井煤矿召开首届职工代表大会，共有职工代表 22 人。1986 年 9 月，伊克昭盟各煤矿根据《全民所有制工业企业职工代表大会条例》精神，加强对职工代表大会工作的领导，职工代表大会制度得到健全和完善。1988 年 3 月 30 日，鄂托克旗棋盘井煤矿工会召开第四届职工代表大会，共有职工代表 52 人。

1990 年 7 月 2—4 日，伊克昭盟煤炭集团公司召开了第一届职工代表大会，职工代表 39 人、列席代表 6 人、特邀代表 1 人。大会选举产生了第一届工会委员会，设立了专职工会主席，工会主席兼任集团公司党委委员，享受党政副职待遇。由工会牵头，成立了经费审查委员会、妇女工作小组，配备了专职工会干部，推动了工会的组织建设。1996 年，准格尔旗煤炭工业公司召开了第一次职代会，选举产生了新一届工会委员会，并重新调整了基层工会组织，使工会组织形成了网络。

2009 年，伊泰集团成功举办第六次职工代表大会。

2010—2018 年，各煤炭企业按照企业实际，召开了职代会，充分发挥职代会在企业发展中的重要的作用。

第二节 共 青 团

一、组织机构

新中国成立后，伊克昭盟地方国营煤矿在建矿时不仅重视建立党组织，而且重视煤矿青年工作，分别建立了团组织，隶属于企业党组织和所在地旗（市）团委领导。

1954 年，东胜县酸刺沟煤矿成立团支部，隶属于东胜县团委。1955 年，桌子山煤矿成立共青团支部。1955 年 10 月，达拉特旗高头窑煤矿团支部成立，隶属于高头窑乡团委。1956 年 7 月，伊金霍洛旗石圪台煤矿团支部成立，建制名称为伊金霍洛旗石圪台煤矿基层共青团委员会，隶属于布尔台乡团委。同年，准格尔旗纳林沟煤矿成立团小组，与准格尔旗窑沟乡学校合为一个支部。翌年，纳林沟煤矿团组织与窑沟学校分设，单独成立团支部，隶属于达拉特旗团委。

1958—1959 年，桌子山矿务局成立共青团临时委员会。1960 年，共青团桌子山矿务局临时委员会改为共青团桌子山矿务局委员会。

1965 年 10 月，达拉特旗罕台川煤矿成立团支部，隶属于达拉特旗青达门乡团委。1966 年，“文化大革命”开始后，伊克昭盟各级共青团组织处于瘫痪状态。

1970 年，鄂托克旗棋盘井煤矿成立团支部，隶属于鄂托克旗团委。

1971—1973 年，按照《中共中央关于整建团工作的通知》精神，内蒙古自治区煤炭系统开始整顿各级团组织恢复工作，伊克昭盟煤矿各级团组织陆续恢复工作。1971 年，伊金霍洛旗忽吉图煤矿团支部成立，隶属于伊金霍洛旗补连乡团委。

1979—1980 年，共青团准格尔煤田建设筹建处委员会成立，下设 5 个团支部。

1983—1984 年，共青团准格尔煤田建设筹建处委员会改称为共青团准格尔煤田建设指挥部委员会。1985 年 5 月，共青团中国精煤公司伊克昭盟分公司伊克昭盟煤炭工业公司委员会成立。同年 6 月，共青团中国精煤公司伊克昭盟分公司伊克昭盟煤炭工业公司委员会又改称为共青团华能精煤公司伊克昭盟分公司委员会。

1986 年 3 月 19 日，鄂托克旗棋盘井煤矿团总支组织全体团员召开组织建设大会，重新选举了团总支的领导。1987 年，共青团准格尔煤田建设指挥部委员会、共青团中国华能精煤公司伊克昭盟分公司委员会，分别改称为共青团准格尔煤炭工业公司委员会和共青团内蒙古自治区东胜煤田开发经营公司委员会。1989 年，准格尔旗煤炭工业公司组建共青团总支委员会。

1990 年，鄂托克旗棋盘井煤矿团总支重新整顿改选，下设行政支部、生产支部、洗煤厂支部 3 个支部。1992 年 4 月 14 日，共青团伊克昭盟煤炭公司委员会正式成立，团委下设 6 个团支部，共有共青团员 115 人。

1993 年 6 月，伊克昭盟煤炭工业管理局党委整顿盟局机关及各二级单位的团组织，成立了团支部。将盟煤炭工业管理局机关及相关 6 个煤炭系统的单位，包括盟煤炭工业管理局、盟煤矿设计院、盟煤炭销售市场管理总站、盟煤炭基地建设开发公司、盟煤炭开发经营公司、盟煤炭建筑安装工程公司合并成立一个团支部，名称为伊克昭盟煤炭工业管理局团支部，隶属于伊克昭盟盟直机关团委。同年6月15日，依照《中国共产主义青年团章程》有关规定，盟煤炭工业管理局团支部选举产生了新的团支部委员会，由5人组成。1994年11月2日，盟煤炭工业管理局团支部召开了全体团员大会，对团支部委员会进行改选，选举产生了7名新的委员。同年，盟煤炭工业管理局共有职工59人，其中团员27人。

1995年，盟煤炭销售市场管理总站有职工239人，其中团员17人。1996年，盟煤炭工业管理局共有共青团员44人，其中女团员27人。1997年，准格尔煤炭工业公司成立团委。

2001年5月27日，盟煤炭工业管理局的6个直属公司已经全部实行转制，人员也全部分流，局机关原有的7名团员有5名已经入党，另外2名已超龄并办理了退团手续。经盟直机关团委批准，盟煤炭工业管理局团支部撤销。

2013年12月，鄂尔多斯市煤炭局成立团委。为更好地发挥共青团辐射带动基层团员青年的作用，经局党委同意，2014年2月，局团委积极推动局机关、各二级单位分别成立了团支部，并配备了专兼职团干部。2014年，市煤炭局团委下设10个基层团支部，有专兼职团干部37人。3月，团委申请成立了团员活动室暨“青年之家”。

2015年，局团委成功推荐救护队荣获了全市“五四”青年奖章荣誉称号，1名团干部荣获全市“优秀共青团干部”荣誉称号。先后推荐了2名团干部到团市委挂职锻炼，完成了4期5人的基层团干部调训工作；并向局党委推荐了2名优秀青年干部发展为预备党员。局团委下设10个基层团支部，有专兼职团干部35人。2016年，市煤炭局团委传达学习团中央、团市委的会议精神和领导讲话，引导团员青年努力践行社会主义核心价值观，加强对团干部的教育培训。2017年，煤炭局团委加强团组织自身建设，依托市煤炭局“煤炭大讲堂”“两学一做”学习教育、周五干部职工集中学习等学习形式和平台，组织全局团员青年认真学习习近平重要讲话精神和各项重要会议精神。利用团干部QQ群、微信群等新媒体平台，为广大团干部推送各类学习资料。

2018年，市煤炭局不断深化推优入党工作，把推优工作的立足点放在加强团员的培养和教育上，推荐那些思想素质好，在工作第一线做出显著成绩的优秀团员和团干部作为党的发展对象，为党组织输送新鲜血液，推优入党2人。

二、团代会与团员活动

1954年，东胜市酸刺沟煤矿团支部建立，团支部的领导职务一直都由矿内行政人员兼任。

1958—1959年，桌子山矿务局团组织在团员青年中宣传党的方针政策，开展增产节约运动和技术革新、技术革命，较好地发挥了团员青年生力军的作用。1960年8月，共青团桌子山矿务局委员会第一届团代会召开，代表41人。

1966年，“文化大革命”开始后，伊克昭盟各级团组织工作陷于停顿。

1971年，按照《中共中央关于整建团工作的通知》精神，伊克昭盟煤炭系统的各级团组织陆续恢复和建立。同年，伊金霍洛旗忽吉图煤矿团支部成立，该团支部建立后，一直协助忽吉图煤矿党支部开展工作。

1983—1984年，共青团准格尔煤田建设筹建处委员会改称为共青团准格尔煤田建设指挥部委员会。1983 年，鄂托克旗棋盘井煤矿团总支建立“青年之家”，面向全旗开展计划生育和安全文明生产等宣传教育活动；还在棋盘井煤矿对团员青年进行“五讲四美三热爱”的宣传教育，并组织全矿青年团员开展读书活动、举办春节联欢晚会、参加运动会等，丰富了广大职工的文化生活。

1985 年，为适应改革开放的新形势，伊克昭盟各级团组织把培养“四有”(有理想、有道德、有文化、有纪律）新人作为宣传教育的重要内容，不断提高团员青年的思想政治水平和科学文化素质。

1988—1989 年，准格尔旗纳林沟煤矿团支部持续加强团组织建设和管理，并连续两年被评为“伊克昭盟优秀团支部”。

1990 年，伊克昭盟煤矿各级团组织认真学习党的十三大精神和团中央十二大的各项任务，以经济建设为中心，以精神文明建设为主导，对广大团员青年进行了深入细致的思想教育。鄂托克旗棋盘井煤矿团总支开展学雷锋活动，出板报 80 多期。

1991 年，伊金霍洛旗煤炭工业管理局团支部被伊克昭盟团委评为“先进团支部”。

1993 年 5 月，伊克昭盟煤炭集团公司团委举行了首届团代会。同年，唐公塔煤矿共青团发动团员青年开展植树造林等义务劳动。准格尔旗煤炭工业公司共青团开展了争做“四有”新人，在生产经营各项工作中充分发挥先锋队突击作用，并组织团员青年积极参与为“希望工程”募捐活动，为失学儿童献爱心。1996 年，盟煤炭工业管理局团支部组织团干部和团员深入矿区，组织青年为希望工程捐款 300 多元、捐书 30 册、植树 500 余株。1998 年，盟煤炭集团公司团委成立了青年志愿者协会，积极参加团委组织的“希望工程献爱心”和“一元钱跨世纪助学”活动，开展扶贫帮困工作，被共青团鄂尔多斯市委员会命名为“全市优秀青年志愿者服务队”。

2013 年，市煤炭局团委成立，机关和二级单位分别成立了团支部，配备了专兼职团干部。煤炭局成立志愿服务团，开展了“助山区、送温暖”捐赠活动、“学雷锋故事会”宣讲活动、“爱心献空巢”志愿活动以及无偿献血、扫雪等志愿服务活动。参加民运会的对口接待、煤炭交易会的酒店报道工作。2014 年，市煤炭局团委开展了“青年观察员”主题教育实践活动，开展了“优秀共青团员”和“十佳青年”评选活动，组织了单身青年参加了由市电视台举办的“青春有约·缘来是你”相亲酒会，结合市煤炭局开展的党的群众路线教育实践活动，举办以“奉献煤炭事业、共筑中国梦想”为主题的职工知识竞赛。

2015 年，市煤炭局团委团结带领团员青年开展了适合青年特点、激发青工热情的系列活动。6 月份，市煤炭团委联合党办共同开展了以“倡导全面读书，增强党性修养”为主题的“读书月”活动，全局近 200 余名团员青年和入党积极分子参加了本次活动。7 月，市煤炭局团委举办了以“爱我鄂尔多斯·展我煤炭风采”为主题的知识竞赛，市煤炭局机关及各二级单位共 10 支代表队参加了比赛，市电视台作了专题报道。

2016 年，市煤炭局团委以培养和造就青年人才为着力点，利用机关“青年之家”学习阵地，举办团干部培训班，组织各类学习 10 次。“五四”期间，市煤炭局团委对 2 个优秀基层团支部、5 名优秀团干部和 10 名优秀青年进行了表彰。根据《鄂尔多斯市人民政府办公厅关于开展2016年度全市“博爱一日捐”募捐活动通知》，组织局机关各科室和二级单位1026名干部职工参加活动，募捐金额达到11万余元。4月20日，到杭锦旗塔然高勒管委会巴音布拉格嘎查开展了植树护绿活动，累计栽植树苗1500余株。2017年，市煤炭局团委加强“青年之家”阵地建设。“五四”青年节，市煤炭局团委对2个优秀基层团支部、8名优秀团干部和11名优秀青年予以了表彰。组织干部职工开展“博爱一日捐”募捐活动，募捐金额达10.9万余元。8月30—31日，市煤炭局团委配合局机关工委组织参加鄂尔多斯市首届煤炭系统职工运动会。

2018年，市煤炭局团委以“党建带团建”为统揽，全面加强团的基层组织建设，系统学习习近平总书记关于青年工作的重要思想。5月，联合工会组织市局职工参与了“全民健身你我同行红十字精神走进生活”徒步活动；组织单身青年参与了3次联谊活动，按照市直机关团工委要求，将单身青年共同纳入“情系鄂尔多斯——市直机关单身青年交友群”。每年由团委负责“博爱一日捐”募捐活动，同时积极向红十字会进行救助申请，帮助煤炭局19名困难职工申请到了救助金。

第三节 社会组织

一、鄂尔多斯市煤炭协会

2007年，鄂尔多斯市煤炭协会成立，下设综合部、行业协调部、人事培训部3个职能部门。

市煤炭协会的业务范围：根据国家法律、法规和政策，建立和完善行业自律机制；结合本市行业特点规范会员行为，协调会员关系，不断提高行业凝聚力；开展调查研究，向政府及其有关部门反映会员单位在生产、经营等方面的重大问题，并提出相关政策建议；反映会员单位诉求，维护会员单位的合法权益；依照有关规定创办内部刊物和自媒体平台，开展煤炭市场交流活动；经有关部门授权，积极开展煤炭产业新技术、新设备、新工艺的应用推广工作，组织煤炭行业技术成果推广应用，推动煤炭工业技术进步，提高行业技术装备水平；发展煤炭循环经济，促进行业节能减排；倡导清洁能源研发，促进煤炭深加工和煤炭转化；根据市场和行业发展需要举办交易会、展览会等，为会员单位开拓市场创造条件；组织行业技能比赛及文体活动，增强会员单位凝聚力；在会员单位中开展先进企业、优秀矿长评选推介工作，总结推广先进经验，提高行业整体素质。

截至2018年，鄂尔多斯市煤炭协会共有会员单位57家，理事单位19家，理事由8人组成，其中会长1人、副会长1人、秘书长1人。

二、鄂尔多斯市煤炭学会

2017年8月24日，市煤炭局组织召开了鄂尔多斯市煤炭学会成立大会，选举产生了煤炭学会领导机构。

作为行业性学术机构，鄂尔多斯市煤炭学会对于推动全市煤炭产业科技创新发展具有重要意义。通过学会这一平台，进一步整合全市煤炭行业科技要素，增强科技创新能力，更加便于引入外部优势技术资源，组织市内煤炭企业与国内、国际科研机构、学术团体及学者开展学术交流，进行煤炭学术课题研究、重大科研攻关，开发和推广煤炭领域的科研新成果，推动建立以企业为主体、产学研相结合的技术创新体系，促进科技成果向生产力转化，有利于增强全市煤炭企业的科技创新能力，提高行业总体实力。

人物与荣誉

新中国成立后，尤其是改革开放以来，在各级党委和人民政府的领导下，鄂尔多斯煤炭事业得到了突飞猛进的发展，取得了举世瞩目的成就，凝聚了全市煤炭人的心血和汗水，在煤炭事业的发展中，涌现出一批为了煤炭事业发展作出突出贡献的先进集体和先进个人。他们中间有引领煤炭工业改革发展的政府行政部门领导，有长年累月奋战在生产一线的煤矿工人，有为煤炭开采倾注智慧心血攻坚克难的科技工作者，他们是鄂尔多斯煤炭战线的优秀代表。他们所创造的卓越业绩，以及他们令人敬佩的奋斗精神、可歌可泣的创业故事、特别能战斗的优良作风、克己奉公的品格风范，载入鄂尔多斯煤炭工业的发展史册！

一、人　物

（一）人 物 简 介

1. 盟市煤炭管理部门领导（按任职时间先后排序）

院良臣　男，汉族，1933 年 10 月出生，内蒙古达拉特旗人，初中学历，高级经济师，1950 年 10 月参加工作，1952 年 9 月加入中国共产党。

1950 年 10 月至 1958 年 5 月，在达拉特旗先后任民政助理员、中共达拉特旗委组织部干事、组织部副部长；1958 年 5 月至 1960 年 6 月任准格尔旗榆树湾硫磺厂党委书记；1960 年 6 月至 1976 年 12 月，先后任准格尔旗党委常委、工业部部长、党委宣传部部长、党委副书记、革命委员会第一副主任、党委书记；1976 年 12 月至 1987 年 12 月，先后任伊克昭盟革命委员会副主任、行署副盟长、党委副书记；1987 年 12 月至 1996 年 9 月，任中共伊克昭盟盟委副书记，兼任东胜煤田开发经营公司党委书记、总经理，华能精煤公司东胜分公司经理（履行政府煤炭管理部门和本企业管理双重职能）；1997 年 12 月退休。

范　影　男，汉族，1930 年 1 月出生，山东蓬莱县人，大学专科学历，1944 年参加工作，1946 年 9 月加入中国共产党。

1944 年在吉林省长春汽车汽车修理厂学徒工；1945 年在黑龙江哈尔滨参加东北民主青年联合同盟军；1946—1948 年，在黑龙江省肇州县公安局任看守所所长；1949 年任中国新民主主义青年团肇州县委书记；1950 年在东北团委办公室工作；1952—1953 年，在中央团校学习；1954 年在东北局团委任宣传部长；1955

年赴苏联中央团校学习；1956年在共青团中央团校哲学教学研究室任教；1957年3月至1964年3月，在包头矿务局先后任团委书记、召沟矿矿长、党委书记；1964年3月至1969年10月，任包头矿务局副局长；1969年10月至1972年，任海勃湾老石旦煤矿革命委员会主任；1973年至1975年10月，任包头矿务局党委副书记、副局长；1975年10月至1976年6月，任内蒙古自治区煤炭工业管理局安检处处长；1976年6月至1979年3月，任准格尔煤田筹建处主任兼任内蒙古自治区煤田地质公司经理、党委书记；1979年3月至1983年6月，任内蒙古自治区煤炭工业管理局党组副书记、副局长；1983年6月至1986年12月，任准格尔煤矿建设指挥部第一副总指挥；1986年12月至1990年，任准格尔煤炭工业公司经理级调研员（正局级）；1990年至1995年9月，被国家计划委员会聘为驻准格尔重点项目联络员；1995年9月离休。

刘玉祥 男，汉族，1936年11月出生，内蒙古杭锦旗人，小学文化程度，1951年参加工作，中共党员。

1951—1952年，在伊克昭盟干校学习，之后参加土地改革及民主政治运动；1965年2月至1966年3月，任中共杭锦旗委办公室主任；1966年3月至1973年3月，先后任中共杭锦旗委办公室主任、杭锦旗医院革命委员会主任；1973年3月至1983年10月，先后任杭锦旗革命委员会政治部副主任，中共杭锦旗委常委、副书记、纪检委书记，杭锦旗政协主席；1983年10月至1988年7月，任中共杭锦旗旗委书记；1988年7月至1991年12月任伊克昭盟煤炭工业处党总支部书记、处长。

徐占彪 男，汉族，1935年9月出生，陕西省榆林市人，小学文化，1952年参加工作，1956年9月加入中国共产党。

1952年10月至1958年9月，在鄂托克旗供销合作社工作；1958年9月至1959年10月，在鄂托克旗商业局工作；1959年10月至1966年4月，任中共鄂托克旗委组织部干事；1966年4月至1969年4月，任鄂托克旗公卡汉公社党委副书记；1969年4月至1975年11月，任棋盘井煤矿矿长、党委书记；1975年11月至1976年9月，任鄂托克旗邮电局副局长；1976年9月至1981年11月，先后任鄂托克旗工交局局长、经委主任；1981年11月至1983年10月，任伊克昭盟汽车修理厂副厂长；1983年10月至1984年11月，任伊克昭盟第二毛纺织厂厂长；1984年11月至1988年9月，任伊克昭盟纺织公司工会主席；1988年7月至1992年12月，任伊克昭盟煤炭工业管理局副局长；1992年12月至1994年4月，任伊克昭盟煤炭工业管理局督导员（正处级）；1994年4月退休。

王秉璋 男，汉族，1950年出生，山西保德县人，大学专科学历，1970年参加工作，中共党员。

1970—1985年，在棋盘井煤矿参加工作，历任车间主任、生产股副股长、煤矿副矿长、矿长、党委书记；1985—1987年，在内蒙古自治区干部管理学院学习工业企业管理专业；1990年10月至1995年12月，先后任伊克昭盟煤炭工业处副处长，伊克昭盟煤炭工业管理局局长、党组书记。

1988年被内蒙古自治区政府授予“劳动模范”称号；1989年荣获“全国煤炭工业劳动模范”；1990年获得“中国第二届优秀矿长”奖章；1989年当选中共内蒙古自治区第五届党代会代表。

祁文华 男，1944年9月出生，内蒙古托克托县人，大学专科学历，1960年2月参加工作，中共党员。

1960年2月至1971年5月，在内蒙古自治区东胜县粮食局工作；1971年5月至1976年5月，任中共东胜县委办公室秘书；1976年5月至1981年3月，先后任共青团东胜县委副书记、书记；1981年3月至1982年3月，任中共东胜县委宣传部部长；1982年3月至1984年3月，任中共东胜县委宣传部部长兼泊江海子乡党委书记；1984年3月至7月，任中共东胜县委办公室主任；1984年7月至1989年6月，任中共东胜市委常委、办公室主任（其间，1986年9月至1988年9月在伊克昭盟党校大专班脱产学习）；1989年6月至1991年3月，任中共东胜市委常委、宣传部部长；1991年5月至2002年4月，任伊克昭盟（鄂尔多斯市）煤炭局党组成员、副局长；2004年10月退休（正处级）；2011年1月3日病逝。

白祥林 男，汉族，1957年4月出生，陕西省神木县人，在职研究生学历，高级政工师，1974年8月参加工作，1976年加入中国共产党。

1974年8月至1976年10月，内蒙古

自治区伊金霍洛旗下乡知青；1976年10月至1981年3月，在伊金霍洛旗供电局发电厂工作；1983年3月至1984年3月，在伊金霍洛旗纪委工作；1984年3月至1988年4月，在伊金霍洛旗人事局工作（其间，1985年9月至1987年7月在内蒙古农牧学院学习）；1988年4月至1995年8月，在伊金霍洛旗煤炭公司（煤炭局）先后任副总经理、经理、局长；1995年8月至1998年9月，任伊克昭盟煤炭工业管理局党委委员、副局长。

1991年被国务院授予“全国劳动模范”称号；1993年6月被自治区授予“优秀青年企业家”；1994年6月被评为“自治区优秀共产党员”；1994年11月被评为“中国煤炭工业优秀经理”；1994年12月被授予“中国煤炭工业劳动模范”。

王益民 男，汉族，1956年12月出生，内蒙古杭锦旗人，大学本科学历，高级政工师，1975年7月参加工作，1985年5月加入中国共产党。

1975年7月至1978年4月，伊克昭盟杭锦旗塔然高勒乡下乡知青；1978年4月至1980年7月，在伊克昭盟农牧学校造林治沙专业学习；1980年7月至1983年9月，在伊克昭盟机械化造林总场任技术员；1983年9月至1985年6月，在伊克昭盟林业局工作；1985年6月至1997年2月，在伊克昭盟党委组织部干部科先后任科员、副科长、科长（其间，1990

年至1996年在中央党校函授学院专科党政管理专业、本科经济管理专业学习毕业)；1997年2月至1998年6月任伊克昭盟煤炭工业管理局党委副书记；1998年6月至2002年4月，任伊克昭盟煤炭工业管理局党委副书记、副局长（其间，2000年9月至2002年4月在内蒙古师范大学研究课程进修班经济学专业学习)；2002年4月至2013年4月，任鄂尔多斯市煤炭局党委副书记、纪委书记；2013年4月至2017年11月，任鄂尔多斯市煤炭局调研员；2017年11月退休。

冯桂林 男，汉族，1962年8月出生，内蒙古武川县人，大学本科学历，会计师，1978年12月参加工作，1985年1月加入中国共产党。

1978年12月至1983年8月，在伊克昭盟财贸办公室担任文书、会计；1983年8月至1986年8月，在内蒙古广播电视大学伊克昭盟分校商企大专班脱产学习；1986年8月至1992年10月，在伊克昭盟审计处先后担任商企科副科长、盟直审计局副局长、商企科科长；1992年10月至1998年6月，任伊克昭盟煤炭工业管理局财务科科长（其间，1996年9月至1998年12月，在中央党校函授学院伊盟学区就读经济管理专业)；1998年5月至2015年7月，先后任伊克昭盟煤炭工业管理局党委委员、总会计师、调研员（2002年9月至2006年9月，在内蒙古师大研究生班进修经济学专业)。

刘　智 男，汉族，1952年9月出生，内蒙古准格尔旗人，大学本科学历，1972年4月参加工作，1973年10月加入中国共产党。

1972年4—8月，在内蒙古自治区准格尔旗西营子乡工作；1972年8月至1976年8月，在共青团准格尔旗羊市塔乡委员会工作；1976年8月至1983年8月，在准格尔旗西营子乡先后任党委副书记、书记；1983年8月至1984年8月，在准格尔旗四道柳乡任党委书记；1984年8月至1986年8月，在伊克昭盟党校大专班学习；1986年8月至1987年10月，在准格尔旗党委政策研究室任副主任；1987年10月至1988年8月，在准格尔旗农业局工作；1988年8月至1993年10月，任中共准格尔旗旗委常委、旗委办公室主任；1993年10月至2000年3月，任准格尔旗政府副旗长；2000年3月至2002年4月，任鄂尔多斯市煤炭局党组成员、副局长；2002年4月至2005年10月，任鄂尔多斯市煤炭局调研员；2005年10月退休。

赵光荣 男，汉族，1970年5月出生，内蒙古杭锦旗人，大学本科学历，高级工程师，1993年8月参加工作，1993年3月加入中国共产党。

1993年8月至1994年3月，在伊克昭盟煤炭工业管理局工作；1994年4月至1997年1月，在伊克昭大源电煤公司工作；1997年1月至1999年5月，在伊克昭盟煤炭工业管理局工作；1999年5月至2006年3月，在鄂尔多斯市煤炭局南部煤管站工作，任党支部书记、站长；2006年3月至2007年4月，在鄂尔多斯市煤炭局东部煤管站任站长；2007年4月至2017年7月，在鄂尔多斯市煤炭局任党委委员、副局长。

于建英　男，汉族，1966年11月出生，内蒙古兴和县人，大学本科学历，高级工程师，1991年7月参加工作，1997年11月加入中国共产党。

1991年7月至1994年3月，在内蒙古煤田地质局117队工作；1994年3月至1997年8月，在伊克昭盟煤炭工业管理局技术科任科员；1997年8月至2000年1月，在准格尔旗弓家塔联营煤矿任副矿长；2000年1月至2007年8月，先后任鄂尔多斯市煤炭局安全检查科副科长、规划科科长、兼任生产技术科科长；2007年8月至2019年7月，先后任鄂尔多斯市煤炭局副调研员、总工程师，党组成员、副局长。

王恭敏　男，汉族，1951年4月出生，安徽省砀山县人，大学本科文化，高级建筑工程师，1968年9月参加工作，中共党员。

1968年9月至1970年8月，在伊克昭盟建材厂当工人；1970年8月至1977年3月，在华建八局八公司工作，先后任文书、材料员、计划员、团支部书记、团总支副书记；1977年3月至1980年7月，在内蒙古工业学院学习；1980年7月至1982年4月，在伊克昭盟房管所任技术员、助理工程师、生产技术组长；1982年4月至1984年4月，在伊克昭盟房建工程队任副队长；1984年4月至1985年9月，任伊克昭盟建设处村镇建设科科长；1985年9月至1987年3月，在内蒙古乌审旗城建局任第一副局长（挂职）；1987年3月至1988年8月，任伊克昭盟房改办常务副主任；1988年8月至1991年6月，任伊克昭盟城乡建设环境保护处副处长兼房改办主任、伊克昭盟建筑学会副理事长；1991年6月至1994年8月，任伊克昭盟盟直房管局党组书记、局长兼房改办主任；1994年8月至1997年6月，任伊克昭盟政协副秘书长兼办公室主任；1997年6月至2001年9月，任伊克昭盟盟委统战部副部长兼伊克昭盟工商联党组书记、主任、总商会会长，伊克昭盟企业家协会常务副会长，伊克昭盟光彩事业促进会常务副会长，伊克昭盟工商联民营企业党委书记；2001年9月至2007年8月，任鄂尔多斯市委统战部副部长，市工商联党组书记、会长，总商会会长，鄂尔多斯市企业家协会常务副会长，鄂尔多斯市光彩事业促进会常务副会长，内蒙古第九届工商联副会长、总商会副会长；2007年8月至2011年4月，任鄂尔多斯市煤炭局调研员。

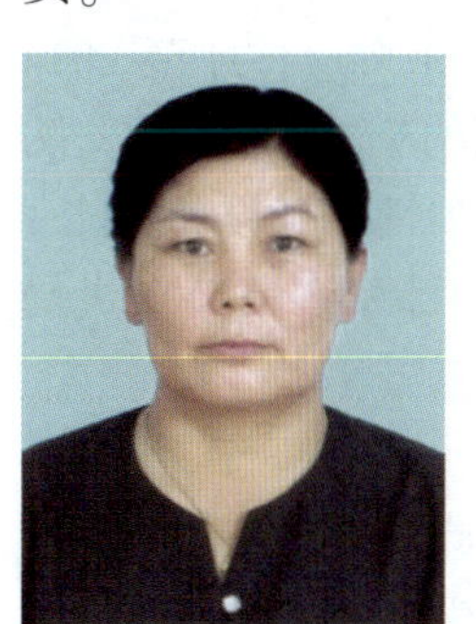

魏凤英　女，蒙古族，1957年3月出生，内蒙古杭锦旗人，大学专科学历，1975年9月参加工作，1985年1月加入中国共产党。

1975年9月至1979年1月，在杭锦旗巴音布拉格苏木任民办教师、赤脚医生；1979年1月至1981年10月，在东胜市柴登乡妇联工作；1981年10月至1988年11月，在杭锦旗团委工作；1988年11月至1995年11月，在杭锦旗妇联工作，先后任副主席、主席；1995年11月至2000年10月，任杭锦旗纪委常委、书记（其间，1993—1996年，在中央党校伊克昭盟分院函授大专经济管理专业学习）；2000年11月至2003年11月，任杭锦旗政府副旗长；2003年11月至2007年11月，任杭锦旗人大常委会主任；2007年11月至2017年3月，任鄂尔多斯市煤炭局党委委员、副局长。

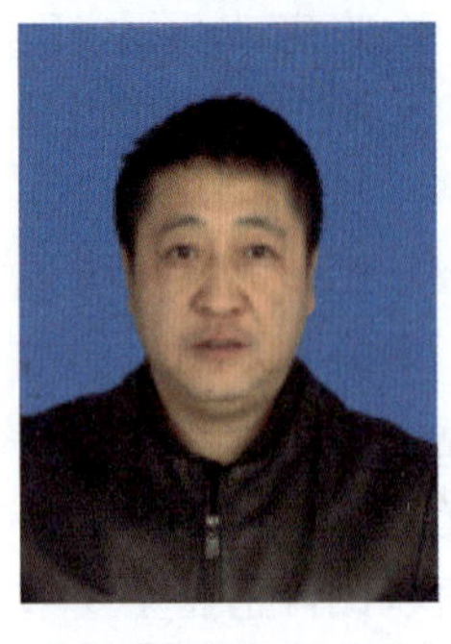

王海滨　男，汉族，1972年3月出生，内蒙古通辽市人，大学本科学历，1990年12月参加工作，中共党员。

1990年12月，在中国人民解放军武警部队应征入伍；内蒙古自治区通辽市参军入伍。1993年7月至1995年7月，在天津消防指挥学校学习；1995年7月至1996年7月，在中国人民解放军武警部队工作；1996年7月至1998年8月，在中国人民武装警察学院学习，任排长；1998年8月至2011年11月，在内蒙古自治区鄂尔多斯市消防支队先后任参谋、副大队长、大队长；2011年11月至2014年5月，在内蒙古自治区包头市消防支队任培训基地主任、固阳消防大队大队长；2014年11月至今，在鄂尔多斯市煤炭局任副调研员。

王　瑞　男，汉族，1976年9月出生，内蒙古杭锦旗人，大学本科学历，公共管理硕士学位，1996年12月参加工作，1999年5月加入中国共产党。

1996年12月至2003年11月，在中共内蒙古自治区杭锦旗旗委办公室工作（其间，1997年8月至2000年7月先后在中央党校函授学院大专班经济管理专业、内蒙古大学自考本科班行政管理专业学习）；2003年11月至2006年10月，任内蒙古自治区杭锦旗吉日嘎朗图镇党委副书记、政府镇长；2006年10月至2009年2月，任内蒙古自治区杭锦旗巴拉贡镇党委副书记、政府镇长（其间，2008年5月至2008年11月，挂职鄂尔多斯市交通局局长助理）；2009年2月至6月，任内蒙古自治区杭锦旗政府办公室主任；2009年6月至2013年4月，任鄂尔多斯市水土保持局党组成员、副局长（其间，2010年3月至2012年6月，获得内蒙古大学MPA教育中心公共管理硕士学位）；2013年4月至2016年1月，任鄂尔多斯市政府副秘书长、市政府办公厅党组成员；2016年1月至2016年11月，任鄂尔多斯市煤炭局党委书记、局长；2016年11月至2018年2月，任鄂尔多斯市煤炭局党组书记、局长。

高凌云　男，汉族，1968年10月出生，内蒙古伊金霍洛旗人，大学本科学历，1991年9月参加工作，1995年12月加入中国共产党。

1991年9月至1996年8月，在内蒙古自治区伊金霍洛旗新街镇工作；1996年8月至2004年3月，先后任伊金霍洛旗新街镇副镇长、党委副书记、人大主席（其间，2000年9月至2002年7月，在中央党校函授学院法律专业学习）；2004年3月至2005年11月，任伊金霍洛旗补连乡乡长；2005年11月至2007年12月，任伊金霍洛旗札萨克镇人大主席；2007年12月至2012

年5月，任伊金霍洛旗矿区生态补偿办公室主任；2012年5月至2015年12月，任鄂尔多斯市煤炭局办公室主任；2016年2月至2019年1月，任鄂尔多斯市煤炭局副调研员；2019年1月，任鄂尔多斯市能源局党组成员、副局长。

杨　昊　女，汉族，1965年9月出生，内蒙古鄂托克前旗人，在职研究生学历，1985年7月参加工作，1984年12月加入中国共产党。

1985年7月至1987年8月，在伊克昭盟纪委办公室任科员；1987年8月至1990年7月，在内蒙古乌海市乌达煤矿职工大学中文系文秘专业学习；1990年7月至1994年5月，在鄂尔多斯市纪委监察局工作（其间，1992年8月至1994年12月，在中央党校函授经济管理专业（本科）学习）；1994年5月至2007年4月，先后任鄂尔多斯市纪委信访室副科级纪检监察员、正科级纪检监察员、纪委干部室正科级纪检监察员、兼任市政府服务投诉举报中心主任；2007年4月至2012年11月，先后任鄂尔多斯市政府行政效能投诉中心（市监察局行政效能监察室）主任、市纪委监察局行政效能监察室主任（副处级）；2012年11月至2015年6月，任鄂尔多斯市国资委党委委员、纪委书记（其间，2013年9月至2016年7月，在中央党校就读在职研究生政治学理论专业）；2015年6月至2018年9月，任市纪委派驻市煤炭局纪检组组长兼党委委员。

邬建勋　男，汉族，1969年2月出生，内蒙古鄂托克旗人，在职研究生学历，1989年7月参加工作，1998年6月加入中国共产党。

1989年7月至1999年6月，在内蒙古自治区鄂托克旗财政局工作，先后任会计、办公室秘书、主任科员、办公室主任（其间，1996年10月任副主任科员，1994年9月至1997年7月，在中央财经大学会计专业函授学习）；1999年6月至2001年4月，在鄂托克旗财政局任预算股长（其间，1998年9月至2001年6月，在中央党校经济管理专业函授学习）；2001年4月至2011年4月，先后任鄂托克旗财政局副局长、局长（其间，2007年9月至2010年7月，在中央党校经济管理专业在职学习，取得研究生学历）；2011年4月至2016年1月，任鄂托克经济开发区管委会任副主任（副处级）；2016年1月至2018年3月，在鄂托克旗人民政府任党组成员、副旗长；2018年2月至2019年1月，任鄂尔多斯市煤炭局党组书记、局长；2019年1月至今，任鄂尔多斯市能源局党组书记、局长。

2. 全国劳动模范（按授予时间先后排序）

张双旺　男，汉族，1943年6月出生，陕西省府谷县人，大学专科学历，高级经济师，1958年10月参加工作，1966年2月加入中国共产党，全国劳动模范。

1958年10月至1966年2月，先后在伊克昭盟杭锦旗皮革厂、石膏厂、机械厂、手工业管局工作；1966年2月至1970年6月，在中共伊克昭盟杭锦旗旗委人事科工作；1970年6月至1979年10

月，先后任中共伊克昭盟杭锦旗旗委办公室秘书、副主任；1979年10月至1982年3月，先后任伊克昭盟杭锦旗独贵塔拉公社主任、党委书记；1982年3月至1984年4月，任伊克昭盟行署办公室秘书；1984年4月至1985年5月，任伊克昭盟食品公司副经理；1985年5月至1988年3月，任伊克昭盟乡镇企业处副处长；1988年3月至1997年8月，先后任伊克昭盟乡镇企业公司、伊克昭盟煤炭公司、伊克昭盟煤炭集团公司总经理；1997年8月至2016年8月，先后任内蒙古伊泰集团有限公司、内蒙古伊泰煤炭股份有限公司总经理、董事长；2016年8月，任内蒙古伊泰投资股份有限公司董事长。

1993年荣获"内蒙古自治区优秀企业家"称号；1995年被国务院授予"全国劳动模范"称号，并享受政府特殊津贴；1996年被煤炭部授予"中国煤炭工业优秀企业家"称号，同年被评选为"自治区优秀共产党员"；2008年入选"内蒙古自治区最具影响力十大劳模""改革开放三十年内蒙古最具影响力经济人物""先锋人物""诚信人物"；2009年荣获"第三届全国非公有制经济人士优秀中国特色社会主义建设者"称号；2019年荣获由中共中央、国务院、中央军委颁发的"庆祝中华人民共和国成立70周年纪念章"。

刘仲田 男，汉族，1964年10月出生，山西省河曲县人，博士研究生学历，高级工程师，1987年7月参加工作，1986年11月加入中国共产党，全国劳动模范。

1987年7月至1991年11月，在内蒙古东胜经营开发公司矿山建设处任主任科员；1991年11月至2000年5月，历任华能精煤东胜公司马家塔露天矿矿长助理，驻矿安监站站长、马家塔露天矿副矿长、矿长、党委书记；2000年5月至2003年1月，任神华集团神东煤炭公司副总经济师兼物资供应处处长、物资供应中心主任、党委书记；2003年1月至2010年12月，任神华集团神东多种经营公司总经理、党委书记，神东天隆集团公司董事长、总经理、党委书记。

1998年9月荣获内蒙古自治区优秀"青年企业家"称号；2000年荣获"全国劳动模范""内蒙古自治区劳动模范"荣誉称号；2005年荣获全国煤炭"工业综合利用与多种经营优秀厂长"称号，优秀"民营企业家"称号；2006年被中国企业家协会选人"中国优秀企业家"数据库；2007年至2009年，荣获"中国企业改革发展贡献奖""中国最具影响力企业家""内蒙古十大经济人物"称号。

张东海 男，汉族，1970年8月出生，陕西省府谷县人，硕士研究生学历，1990年4月参加工作，1993年6月加入中国共产党，全国劳动模范。

1990年4月至1992年7月，到伊克昭盟煤炭公司工作（其间，1990年9月至1992年7月，在北京干部管理学院工业企业管理专业学习）；1992年7月至1999年6月，先后任伊克昭盟煤炭公司驻北京办事处副主任、主任，伊盟煤炭公司运输开发公司、经营公司副经理；1999年6月至2008年11月，先后任内蒙古伊泰煤炭股份有限公司副总经理、总经理；2008年11月至2019年1月，先后任伊泰集团有限公司副总经理、党委副书记、总经理，内蒙古伊泰煤炭股份有限公司任董事长，伊泰集团有限公司党委书记、董事长、总裁（其间，2016 年 4 月，当选为中国煤炭工业协会兼职副会长；2017 年 10 月，当选为内蒙古煤炭工业协会副会长）。

2003 年荣获内蒙古自治区“第九届杰出青年企业家”荣誉称号；2004 年 7 月，荣获“内蒙古第七届十大杰出青年”荣誉称号；2005 年荣获“内蒙古自治区劳动模范”和“全国劳动模范”荣誉称号；2007 年荣获“内蒙古自治区优秀企业家”称号；2008 年荣获中华全国铁路总工会授予的“火车头奖章”；2009 年获“第三届内蒙古自治区优秀中国特色社会主义事业建设者”称号、“第十三届中国青年五四奖章”；2010 年荣获“中华慈善奖最具爱心捐赠个人奖”、内蒙古自治区“社会公益之星”“内蒙古自治区诚信人物”；2012 年荣获“内蒙古自治区第三届全区道德模范”称号；2014 年荣获“中国石油和化工优秀民营企业家杰出贡献奖”；2019 年荣获由中共中央、国务院、中央军委颁发的“庆祝中华人民共和国成立 70 周年纪念章”。

杨进京　男，汉族，1963 年 1 月出生，辽宁省兴城市人，大学专科学历，高级工程师。1983 年 11 月参加工作，1996 年 7 月加入中国共产党，全国劳动模范。

1983 年 11 月至 2003 年 2 月，先后在准格尔能源公司机电安装大队、黑岱沟露天煤矿采掘队工作；2003 年 2 月至 2010 年 12 月，历任神华准格尔能源有限责任公司设备维修中心穿采车间主任工程师、车间副总工程师。

1996 年荣获内蒙古自治区“青年岗位能手”“先进青年科技工作者”荣誉称号；2004 年被国资委授予“优秀共产党员”；2005 年荣获“内蒙古自治区劳动模范”“全国劳动模范”荣誉称号。

马宝清　男，汉族，1964 年 5 月出生，内蒙古达拉特旗人。硕士研究生学历，高级工程师，1985 年 8 月参加工作，1989 年 1 月加入中国共产党，全国劳动模范。

1985 年 8 月至 1991 年 11 月，任东胜煤田开发经营公司副主任科员、主任科员、秘书；1991 年 11 月至 1997 年 3 月，先后任武家塔露天矿矿长助理（副处级）、矿长；1997 年 3 月至 2006 年 8 月，任马家塔露天矿矿长、党委书记；2006 年 8 月至 2009 年 9 月，任神东土地矿产资源委员会副主任、主任（副总师级）；2009 年 9 月至 2010 年 4 月，任神东煤炭集团公司公共关系部总经理助理兼经理；2004 年 4 月至 2010 年 12 月，借调神华国贸公司俄罗斯项目组工作任副组长。

2001 年 12 月荣获中国煤炭工业协会“露天采煤青年科技奖”；2005 年荣获“内蒙古自治区劳动模范”“全国劳动模范”荣誉称号、全国煤炭系统双“十佳矿长”荣誉称号。

舒歌平　男，汉族，1961 年 5 月出生，浙江省长兴市人，博士研究生学历，研究员，1985 年 8 月参加工作，1986 年加入中国共产党，全国劳动

模范。

1985年8月至1986年7月，煤炭科学研究总院北京煤化学研究所研究人员任院团委委员，煤化所团支部书记；1986年7月至1987年7月，参加中央讲师团在黑龙江双鸭山师范学校讲学；1987年7月至2002年1月，在煤炭科学研究院北京化学研究所先后任工程师、副主任、高级工程师、研究员，煤液化所副所长研究员；2002年1月至2003年10月，任神华集团公司煤液化技术部处长；2003年10月至2008年5月，先后任神华集团煤制油研究中心有限公司主任工程师、党支部书记，总经理，神华集团公司职工董事；2008年5月至2010年，任神华煤制油化工有限公司鄂尔多斯煤制油公司总工程师、神华集团公司职工董事。

2003年荣获“神华集团先进工作者”；2004年享受国务院政府特殊津贴；2005年获“全国劳动模范”荣誉称号；2006年主持研发的国家“863”计划“煤直接液化高效催化剂”项目获煤炭工业协会一等奖；2009年荣获“感动神华十大人物”荣誉称号。

武国平 男，汉族，1966年9月出生，内蒙古凉城县人，硕士研究生学历，教授级高级工程师，1989年参加工作，1997年12月加入中国共产党，全国劳动模范。

1989年至1993年10月，在内蒙古海勃湾矿务局公乌素煤矿工作；1993年10月至1997年1月，在准格尔煤炭工业公司黑岱沟露天矿历任技术员、车间副主任；1997年1月至2010年12月，历任神华准格尔能源有限责任公司选煤厂车间副主任、主任、厂长助理、副厂长、厂长。

2000年荣获“内蒙古自治区劳动模范”荣誉称号；2003年荣获全国“五一劳动奖章”；2004年荣获“煤炭工业优质高效选煤厂厂长”；2005年荣获“全国十佳选煤厂厂长”称号；2010年荣获“全国劳动模范”荣誉称号。

韩 伟 男，汉族，1973年7月出生，内蒙古准格尔旗人，大学本科学历，工程师，1990年9月参加工作，1997年7月加入中国共产党，全国劳动模范。

1990年9月至2003年7月，在补连塔煤矿炮掘队先后任掘进工、检修工、检修班班长；2003年7月至2015年9月，先后任补连塔煤矿连采队副队长、党支部书记、队长；2015年9月任补连塔煤矿培训组组长。

1996—2008年，先后荣获神东煤炭有限责任公司“十大明星”“优秀共产党员”“文明职工”“安全生产先进工作者”，神华集团“先进工作者”“安全先进工作者”等称号；2010—2014年，先后荣获“神东煤炭集团劳动模范”“鄂尔多斯市职业道德建设先进个人”“中央企业劳动模范”“神华集团劳动模范”等荣誉称号；2015年先后荣获“内蒙古自治区劳动模范”“全国劳动模范”等荣誉称号。

(二) 人　物　表

1. 出席全国与内蒙古自治区人大代表、中共党代会代表

姓名	性别	出生年月	党派	工作单位	届次
马　军	男	1959 年 10 月	中共党员	准格尔能源公司	第十届全国人大代表、中共内蒙古自治区第八届代表大会代表
杨景才	男		中共党员	神华神东煤炭公司	第十届全国人大代表
王林祥	男	1951 年 12 月	中共党员	鄂尔多斯集团	第十届全国人大代表
钟如才	男	1937 年 8 月	中共党员	伊克昭盟煤炭工业管理局	内蒙古自治区第五届人大代表
王秉璋	男	1950 年 5 月	中共党员	鄂托克旗棋盘井煤矿	中共内蒙古自治区第五次代表大会代表
宋翰峰	男	1942 年 10 月	中共党员	准格尔煤炭工业公司	中共内蒙古自治区第四、第五次代表大会代表
刘金铃	男	1934 年 3 月	中共党员	准格尔煤炭工业公司	内蒙古自治区第九届人民代表大会代表
高文志	男	1968 年 9 月	中共党员	星光集团公司	内蒙古自治区第十一届、第十二届人大代表
杨汉宏	男	1960 年 10 月	中共党员	神华准能集团有限责任公司	中共内蒙古自治区第十次代表大会代表

2. 全国与内蒙古自治区政协委员

姓名	性别	出生年月	党派	工作单位	届次
丁炘原	男	1930 年 3 月	中共党员	准格尔煤炭工业公司	内蒙古自治区第五届、第六届政协委员
谢德洪	男	1931 年 12 月	中共党员	东胜煤田开发经营公司	内蒙古自治区第六届政协委员
张双旺	男	1943 年 6 月	中共党员	内蒙古伊泰集团公司	内蒙古自治区第七届、第八届政协委员
李良增	男	1934 年 10 月	中共党员	准格尔煤炭工业公司	内蒙古自治区第七届政协委员

(三) 人　物　名　录

省部级劳动模范与全国及内蒙古自治区“五一”劳动奖章获得者（按姓氏笔画排序）

1. 内蒙古自治区与国家部级劳动模范

(1) 内蒙古自治区劳动模范。

马宝清　马家塔露天煤矿党委书记、矿长

王传岭　鄂尔多斯市营盘壕煤炭有限公司

王安坤　神府东胜煤炭公司

王秉璋 鄂托克旗棋盘井煤矿矿长

王爱平 伊东煤炭有限责任公司

王彩荣（女） 内蒙古广纳煤业集团有限责任公司

白彦芳 准格尔煤炭工业公司

吕建华 内蒙古蒙西水泥股份有限公司车间主任

乔彩霞（女） 内蒙古伊泰集团唐公塔煤炭集装站工人

刘仲平 马家塔露天煤矿

刘志全 神东天隆集团武家塔露天煤矿

刘里锁 原地方国营准格尔旗纳林沟煤矿工人

刘埃林 内蒙古伊泰集团有限公司

苏刚刚 内蒙古伊泰煤制油有限责任公司维保中心副班长

李玉良 鄂尔多斯市乌兰煤炭集团有限责任公司党委书记、董事长

李成才 内蒙古伊泰集团股份有限公司副总经理

李美良 原地方国营东胜市酸刺沟煤矿采煤二队队长

杨二喜 内蒙古伊东集团股份有限公司董事长

杨鹏英 准格尔能源有限责任公司

张　礼 棋盘井矿业有限责任公司

张东海 内蒙古伊泰集团有限公司总经理

张栓罗 原地方国营东胜市酸刺沟煤矿工人

张海洋 神东煤炭集团布尔台煤矿综采队队长

张雪英 准格尔能源有限责任公司

陈玉文 内蒙古蒙南煤炭有限公司董事长

武国平 准格尔能源有限责任公司选煤厂车间主任

徐爱军 山东能源长城煤矿综采队队长

（2）国家部委劳动模范。

马　祥 内蒙古伊泰集团宏庆河煤矿副矿长

王秉璋 鄂托克旗棋盘井煤矿矿长

白彦芳 准格尔煤炭工业公司

刘玉清 内蒙古满世投资集团有限公司总工程师

闫新林 内蒙古伊东煤炭集团扶贫煤矿矿长

李文江 神华准格尔有限责任公司黑岱沟露天煤矿运输队工人

李怀珠 乌兰煤炭集团温三号煤矿

吴永刚 内蒙古伊泰集团宏景塔二矿副矿长

宋　达 神东煤炭集团补连塔煤矿综采一队班长

张　勇 新上海庙一号煤矿筹建处

张立明 老石旦煤矿工人

张振金 内蒙古伊泰集团红庆河煤矿

张海峰 内蒙古伊泰煤炭股份有限公司塔拉壕煤矿矿长

张聚国 万利一矿

苗喜明 内蒙古棋盘井矿业有限责任公司董事长

郝有成 内蒙古中煤蒙发煤炭有限公司呼和乌素煤矿机电工

郝利军 准格尔旗永智煤炭有限公司

冀树春（女） 神华伊利能源有限责任公司设备技术部主管

2. 全国及内蒙古自治区“五一”劳动奖章获得者

（1）全国“五一”劳动奖章获得者。

于水清 内蒙古能源杭锦发电厂

李宝山 神东煤炭公司上湾煤矿

李建章 神东煤炭集团上湾煤矿综采队队长

吴海江 内蒙古伊泰集团运管中心综合车间工程师

张立明　老石旦煤矿工人

陆亚明　中天合创葫芦素煤矿综采二队队长

武国平　神华准格尔能源有限责任公司选煤厂车间主任

孟庆珍　内蒙古广纳煤业集团有限责任公司

魏建雄　神华准格尔能源有限责任公司

(2) 内蒙古自治区“五一”劳动奖章获得者。

丁明磊　神东煤炭集团乌兰木伦煤矿采煤班长

马　祥　内蒙古伊泰集团红庆河煤矿

王小虎　神东煤炭集团维修中心二厂班长

王全才　内蒙古广纳煤业集团有限责任公司

刘　树　神东煤炭集团机关部师经理助理

刘瑞东　山东能源长城煤矿机运队副队长

齐俊峰　内蒙古伊泰煤炭股份有限公司纳林庙一号井矿长

苏改妮（女）　神东煤炭集团检测公司煤质监测室副主任

李永利　神东煤炭公司上湾煤矿

杨　冬　神东煤炭集团乌兰木伦煤矿通风队瓦斯检查员

张世峰　神东煤炭集团设备维修中心

赵　欣　神东煤炭集团工会劳动部部长

威振明　神华准格尔能源有限责任公司

贺亚卿　神华准格尔能源有限责任公司

贾振峰　神东煤炭集团布尔台煤矿科员

陶良山　神东煤炭集团地测公司测量组长

二、荣　　誉

（一）先　进　集　体

（按获得表彰时间的先后排序）

1. 获得国家部委、中华全国总工会及全国性行业协会表彰的先进集体

单位名称	荣誉称号	授予年份	授予部门
鄂托克旗棋盘井煤矿	全国矿、处际竞赛先进单位	1984	煤炭工业部、全国煤矿地质工会
鄂托克旗棋盘井煤矿	全国煤炭工业先进集体	1985	煤炭工业部、全国煤矿地质工会
鄂托克旗棋盘井煤矿	全国煤炭工业先进集体	1985	煤炭工业部、全国煤矿地质工会
鄂托克旗棋盘井煤矿	全国煤矿群众安全监督检查先进集体	1986	中华煤矿地质工会全国委员会
鄂托克旗棋盘井煤矿	全国煤矿群众安全监督检查先进集体	1986	中华煤矿地质工会全国委员会

（续）

单位名称	荣誉称号	授予年份	授予部门
鄂托克旗棋盘井煤矿	全国地方煤矿安全生产先进单位	1988	能源部
伊金霍洛旗煤炭工业公司	全国地方煤矿安全生产先进单位	1989	能源部
内蒙古伊泰集团公司	全国县级基层党组织	1996	中共中央组织部
神东煤炭公司	全国煤炭系统造林绿化先进单位	1999	国家煤炭工业局
神东公司马家塔露天煤矿	全国水土保持、生态环境先进单位	2000	水利部
神东煤炭公司石圪台煤矿	全国水土保持、生态环境先进单位	2000	水利部
神东煤炭公司大柳塔选煤厂	全国十佳选煤厂	2000	国家煤炭工业局
神东煤炭公司	全国“安康杯”竞赛优胜企业	2001	中华全国总工会、国家经济贸易委员会
神华集团准格尔能源有限责任公司	全国“五一”劳动奖状	2004	全国总工会
鄂尔多斯市煤炭局	全国煤炭工业先进集体	2007	中国煤炭工业协会
伊东煤炭集团窑沟扶贫煤炭公司扶贫煤矿	全国煤炭工业先进集体	2007	中国煤炭工业协会
伊泰煤炭股份有限公司宏景塔煤矿	全国煤炭工业先进集体	2007	中国煤炭工业协会
棋盘井矿业有限责任公司一矿采一队	全国煤炭工业先进集体	2007	中国煤炭工业协会
准格尔能源有限责任公司选煤厂洗选一车间	全国煤炭工业先进集体	2007	中国煤炭工业协会
万利寸草塔一矿综采队	全国煤炭工业先进集体	2007	中国煤炭工业协会
内蒙古棋盘井矿业有限责任公司一矿采一队	全国煤炭工业先进集体	2007	人事部、中国煤炭工业协会
内蒙古棋盘井矿业有限责任公司一矿采一队	全国煤炭工业先进集体	2007	人事部、中国煤炭工业协会
内蒙古伊东煤炭集团窑沟扶贫煤炭有限责任公司	全国煤炭工业先进集体	2007	中国煤炭工业协会
内蒙古伊东煤炭集团窑沟扶贫煤炭有限责任公司	全国煤炭工业双十佳煤矿	2008	中国煤炭工业协会

（续）

单位名称	荣誉称号	授予年份	授予部门
神华准格尔能源有限责任公司黑岱沟露天煤矿	全国煤炭工业双十佳煤矿	2009	中国煤炭工业协会
神华集团准格尔能源有限责任公司	全国煤炭工业双十佳煤矿	2009	中国煤炭工业协会
内蒙古伊泰煤炭股份有限公司宏景塔一矿	全国煤炭工业双十佳煤矿	2009	中国煤炭工业协会
神华神东煤炭集团有限责任公司万利一矿	全国煤炭工业先进煤矿	2009	中国煤炭工业协会
神华神东煤炭集团有限责任公司乌兰木伦煤矿	全国煤炭工业先进煤矿	2009	中国煤炭工业协会
神华神东煤炭集团有限责任公司榆家梁煤矿	全国煤炭工业先进煤矿	2009	中国煤炭工业协会
内蒙古伊泰集团有限公司大地精煤矿	全国煤炭工业先进煤矿	2009	中国煤炭工业协会
内蒙古伊泰集团有限公司白家梁煤矿	全国煤炭工业先进煤矿	2009	中国煤炭工业协会
内蒙古伊泰集团有限公司诚意煤矿	全国煤炭工业先进煤矿	2009	中国煤炭工业协会
内蒙古伊泰煤炭股份有限公司富华煤矿	全国煤炭工业先进煤矿	2009	中国煤炭工业协会
内蒙古伊泰煤炭股份有限公司凯达煤矿	全国煤炭工业先进煤矿	2009	中国煤炭工业协会
内蒙古伊泰煤炭股份有限公司阳湾沟煤矿	全国煤炭工业先进煤矿	2009	中国煤炭工业协会
内蒙古伊泰煤炭股份有限公司纳林庙煤矿一号井	全国煤炭工业先进煤矿	2009	中国煤炭工业协会
内蒙古伊泰宝山煤炭有限责任公司宝山煤矿	全国煤炭工业先进煤矿	2009	中国煤炭工业协会
内蒙古伊泰同达煤炭有限责任公司丁家渠煤矿	全国煤炭工业先进煤矿	2009	中国煤炭工业协会
内蒙古伊东煤炭集团有限责任公司东圪堵煤矿	全国煤炭工业先进煤矿	2009	中国煤炭工业协会
内蒙古伊东煤炭集团窑沟扶贫煤炭有限责任公司	全国煤炭工业先进煤矿	2009	中国煤炭工业协会
内蒙古伊东煤炭集团有限责任公司	全国精神文明建设先进单位	2009	中央精神文明建设指导委员会

（续）

单位名称	荣誉称号	授予年份	授予部门
北联电能源开发公司吴四圪堵煤矿	全国工人先锋号先进集体	2009	中华全国总工会
伊泰纳二矿	全国煤炭工业双十佳煤矿	2009	中国煤炭工业协会
伊泰纳二矿	全国煤炭工业双十佳煤矿	2009	中国煤炭工业协会
内蒙古棋盘井矿业有限责任公司三矿采煤区机运队	全国煤矿优秀安全班组	2010	国家安全生产监督管理总局、中华全国总工会、国家煤矿安全监察局
内蒙古裕兴矿业有限公司综采工区采煤队	全国煤矿优秀安全班组	2010	国家安全生产监督管理总局、中华全国总工会、国家煤矿安全监察局
内蒙古伊东煤炭集团窑沟扶贫煤炭有限责任公司	先进煤矿	2010	中国煤炭工业协会
昊华精煤公司	水土保持先进单位	2010	水利部黄河水利委员会
内蒙古棋盘井矿业有限责任公司三矿采煤区石景民班组	全国煤炭工业先进集体	2012	人力资源和社会保障部、中国煤炭工业协会
内蒙古棋盘井矿业有限责任公司三矿采煤区石景民班组	全国煤炭工业先进集体	2012	人力资源和社会保障部、中国煤炭工业协会
山东能源新矿集团长城煤矿有限责任公司	全国煤炭工业先进集体	2012	人力资源和社会保障部中国煤炭工业协会
伊泰同达公司大地精煤矿	国家级绿色矿山	2012	国土资源部
酸刺沟煤矿	国家级绿色矿山	2012	国土资源部
内蒙古准格尔旗特弘煤炭有限公司官板乌素煤矿	全国煤炭工业先进煤矿	2013	中国煤炭工业协会
内蒙古广纳煤业集团有限责任公司	全国模范职工之家	2013	中华全国总工会
内蒙古广纳煤业集团有限责任公司	全国模范职工之家	2013	中华全国总工会
内蒙古上海庙矿业有限责任公司	煤炭工业科技创新示范矿（单位）	2013	中国工业煤炭协会
伊泰同达公司丁家渠煤矿	国家级绿色矿山	2013	国土资源部
伊泰同达公司大地精煤矿	全国煤炭工业先进煤矿	2013	中国煤炭协会
内蒙古伊东集团宏鑫煤炭有限责任公司	煤炭工业先进煤矿	2013	中国煤炭工业协会
酸刺沟煤矿	煤炭工业双十佳煤矿	2013	中国煤炭工业协会

（续）

单位名称	荣誉称号	授予年份	授予部门
内蒙古广纳煤业集团有限责任公司	全国“安康杯”竞赛优胜单位	2014	中华全国总工会
内蒙古广纳煤业集团有限责任公司	全国“安康杯”竞赛优胜单位	2014	中华全国总工会
黄玉川煤矿	大型生产建设项目水土保持示范样板工程	2014	黄委晋陕蒙接壤地区水土保持监督局
酸刺沟煤矿	煤炭工业先进煤矿	2015	中国煤炭工业协会
神东天隆公司武家塔煤矿	国家级绿色矿山试点单位	2015	国土资源部
内蒙古伊东集团宏鑫煤炭有限责任公司	煤炭工业先进煤矿	2015	中国煤炭工业协会
准格尔旗云飞矿业有限责任公司串草圪旦煤矿	全国先进煤矿	2015	中国煤炭工业协会
准格尔旗云飞矿业有限责任公司串草圪旦煤矿	全国先进煤矿	2015	中国煤炭工业协会
色连二矿	煤炭行业工程质量“太阳杯”奖	2016	中国煤炭工业协会
色连二矿	煤炭企业管理现代化创新成果二等奖	2016	中国煤炭工业协会
杭锦能源公司塔然高勒煤矿机电检修运行班	全国“安康杯”竞赛优胜班组	2016	中华全国总工会、国家安全生产监督管理总局
唐家会矿选煤厂	2015—2016优质高效选煤厂	2017	中国煤炭工业协会
准格尔旗永智煤炭有限公司	先进煤矿	2017	中国煤炭工业协会
准格尔旗云飞矿业有限责任公司	煤炭工业先进煤矿	2017	中国煤炭工业协会
准格尔旗云飞矿业有限责任公司串草圪旦煤矿	全国“双十佳煤矿”	2017	中国煤炭工业协会
内蒙古准格尔旗特弘煤炭有限公司官板乌素煤矿	全国煤炭工业文明煤矿	2018	中国煤炭工业协会
鄂尔多斯市金诚泰化工有限责任公司工会委员会	全国模范职工之家	2018	中华全国总工会
中煤鄂能化公司化验中心运行二班	全国青年安全生产示范岗	2018	共青团中央应急管理部
色连二矿综采二队	全国青年安全生产示范岗	2018	共青团中央应急管理部

（续）

单位名称	荣誉称号	授予年份	授予部门
内蒙古上海庙矿业有限责任公司	全国煤矿文化艺术工作先进单位	2018	中国煤矿文化艺术联合会、中国煤矿文化宣传基金会
内蒙古上海庙矿业有限责任公司	高新技术企业	2018	科技部
温家塔煤矿	全国煤炭工业先进集体	2018	中国煤炭工业协会
唐家会矿综机综采工区	全国煤炭工业先进集体	2018	中国煤炭工业协会
内蒙古满世煤炭集团罐子沟煤炭有限责任公司综放队	全国煤炭工业先进集体	2018	人力资源和社会保障部、中国煤炭工业协会
内蒙古满世煤炭集团罐子沟煤炭有限责任公司	中国煤炭资源与环境协同发展示范单位	2018	中国煤炭城市发展联合促进会
酸刺沟煤矿	全国煤炭工业先进集体	2018	人力资源和社会保障部、中国煤炭工业协会
酸刺沟煤矿	中国煤炭资源与环境协同发展示范单位	2018	中国煤炭城市发展联合促进会
伊泰纳二矿	煤炭工业先进单位	2018	中国煤炭工业协会
转龙湾煤炭公司	两化融合先进单位	2018	中国煤炭工业协会
内蒙古广纳煤业集团有限责任公司	全国模范劳动关系和谐企业	2019	中华全国总工会
内蒙古伊泰股份有限公司塔拉壕煤矿	两化融合先进单位	2019	中国煤炭工业协会
内蒙古广纳煤业集团有限责任公司	全国模范劳动关系和谐企业	2019	中华全国总工会
唐家会矿选煤厂	十佳选煤厂	2019	中国煤炭工业协会
准格尔旗永智煤炭有限公司	先进煤矿	2019	中国煤炭工业协会
准格尔旗云飞矿业有限责任公司	全国双十佳煤矿	2019	中国煤炭工业协会
伊泰纳二矿	先进单位	2019	中国煤炭工业协会

2. 获得内蒙古自治区人民政府、总工会及厅（局）等表彰的先进集体

单位名称	荣誉称号	授予年份	授予部门
鄂托克旗棋盘井煤矿	自治区先进集体	1974	中共内蒙古自治区委员会、自治区革命委员会
鄂托克旗棋盘井煤矿	自治区先进集体	1974	中共内蒙古自治区委员会、自治区革命委员会

（续）

单位名称	荣誉称号	授予年份	授予部门
鄂托克旗棋盘井煤矿	安全先进单位	1981	内蒙古自治区煤管局
鄂托克旗棋盘井煤矿	正规开采、安全生产先进单位	1984	内蒙古自治区煤炭厅
鄂托克旗棋盘井煤矿	安全生产先进单位	1985	内蒙古自治区煤炭厅
鄂托克旗棋盘井煤矿	安全生产先进单位	1987	内蒙古自治区煤炭厅、内蒙古煤矿工会
鄂托克旗棋盘井煤矿	劳动保护工作先进单位	1989	内蒙古自治区总工会
鄂托克旗棋盘井煤矿	劳动保护工作先进单位	1989	内蒙古自治区总工会
鄂托克旗棋盘井煤矿	先进集体	1991	中共内蒙古自治区煤炭工业厅委员会、内蒙古自治区煤炭厅
伊金霍洛旗忽吉图煤矿	安全生产先进矿井	1992	内蒙古自治区煤炭厅
东胜市酸刺沟煤矿	安全生产先进矿井	1992	内蒙古自治区煤炭厅
石圪台煤矿采煤队	安全生产先进班组	1992	内蒙古自治区煤炭厅
后温家梁矿掘进队	安全生产先进班组	1992	内蒙古自治区煤炭厅
罕台川矿匠木图分矿北采区	安全生产先进班组	1992	内蒙古自治区煤炭厅
纳林沟矿孙家壕采区	安全生产先进班组	1992	内蒙古自治区煤炭厅
鄂托克旗棋盘井矿采煤队	安全生产先进班组	1992	内蒙古自治区煤炭厅
伊克昭盟救护队	安全生产先进班组	1992	内蒙古自治区煤炭厅
准格尔旗矿山救护队	矿山救援先进单位	2007	内蒙古自治区煤矿安全监察局、内蒙古自治区总工会
伊东煤炭集团矿山救护中队	矿山救援先进单位	2007	内蒙古自治区煤矿安全监察局、内蒙古自治区总工会
内蒙古伊东集团窑沟扶贫煤炭有限责任公司综采一队	工人先锋号	2008	内蒙古自治区总工会
棋盘井矿业有限责任公司三号井采煤区机电运输队	工人先锋号	2008	内蒙古自治区总工会
北方联合电力有限责任公司达拉特发电厂运行二部	工人先锋号	2008	内蒙古自治区总工会
神华神东煤炭分公司上湾矿综采队	工人先锋号	2008	内蒙古自治区总工会
鄂托克旗煤炭局	煤矿安全基础管理先进单位	2009	内蒙古自治区煤炭局

（续）

单位名称	荣誉称号	授予年份	授予部门
准能公司黑岱沟露天煤矿	五一劳动奖状	2009	内蒙古自治区总工会
鄂托克旗隆达煤化有限责任公司选煤一厂机修班组	工人先锋号	2009	内蒙古自治区总工会
鄂托克前旗长城煤矿有限责任公司综采队	工人先锋号	2009	内蒙古自治区总工会
内蒙古伊泰煤炭公司大地精煤矿	工人先锋号	2009	内蒙古自治区总工会
内蒙古伊泰煤制油公司	五一劳动奖状	2010	内蒙古自治区总工会
内蒙古广纳煤业集团公司	工人先锋号	2012	内蒙古自治区总工会
内蒙古广纳煤业集团公司	工人先锋号	2012	内蒙古自治区总工会
杭锦能源公司工会	自治区示范化企业工会	2013	内蒙古自治区总工会
神华塔然高勒煤矿综掘队	工人先锋号	2013	内蒙古自治区总工会
上海庙矿业公司工会	工人先锋号	2013	内蒙古自治区总工会
广纳煤业集团有限责任公司	五一劳动奖状	2014	内蒙古自治区总工会
广纳煤业集团有限责任公司	五一劳动奖状	2014	内蒙古自治区总工会
鄂尔多斯市金诚泰化工有限责任公司党总支	基层服务型党组织示范点	2014	中共内蒙古自治区委组织部
鄂尔多斯市亿鼎生态农业开发有限公司	自治区产业创新人才团队	2016	中共内蒙古自治区委组织部
博大实地化学有限公司	工人先锋号	2016	内蒙古自治区总工会
榆树井煤矿综掘一工区	工人先锋号	2016	内蒙古自治区总工会
中煤鄂能化公司	高新技术企业	2017	国家税务局、内蒙古自治区科技厅、内蒙古自治区财政厅、内蒙古自治区地方税务局
鄂尔多斯市金诚泰化工有限责任公司工会委员会	工人先锋号	2017	内蒙古自治区总工会
鄂尔多斯市金诚泰化工有限责任公司工会委员会	高新技术企业	2017	内蒙古自治区财政厅、内蒙古自治区科技厅、内蒙古自治区地税厅、内蒙古自治区国税厅
酸刺沟煤矿采煤一队	工人先锋号	2017	内蒙古自治区总工会
鄂尔多斯市金诚泰化工有限责任公司工会委员会	模范职工之家	2018	内蒙古自治区总工会
广纳煤业集团有限责任公司	“双强六好”非公有制企业先进党组织	2019	中共内蒙古自治区委员会

(二) 先 进 个 人

(按获得表彰时间的先后排序)

1. 获得国务院、国家部委、全国总工会及全国性行业协会等表彰的先进个人

姓　名	工作单位	荣誉称号	授予年份	授予部门
张立明	海勃湾矿务局老石旦煤矿	全国五一劳动奖章 全国煤炭工业劳动模范	1985	中华全国总工会煤炭部
郭金树	准格尔旗煤炭公司	科技成果奖	1988	中国社会科学院
王秉璋	鄂托克旗棋盘井煤矿矿长	全国能源工业劳动模范	1989	能源部、中国煤矿地质工会
王秉璋	鄂托克旗棋盘井煤矿	优秀矿长	1990	中国煤炭工业协会
白祥林	伊金霍洛旗煤炭工业公司	全国劳动模范	1991	能源部
白彦芳	准格尔煤炭工业公司	全国煤炭工业劳动模范	1994	煤炭工业部
张双旺	伊克昭盟煤炭公司	全国劳动模范	1995	国务院
郭昭华	准格尔煤炭工业公司	全国双十佳矿长	1998	中国煤炭工业协会
王玉良	神华神府东胜煤炭公司 马家塔露天煤矿	优秀矿长	2000	中国煤炭工业协会
刘仲田	神华神府东胜煤炭公司 马家塔露天煤矿	全国劳动模范	2000	国务院
王　安	神东煤炭公司	十一届孙越崎能源奖	2002	中国科学技术发展基金会
寇　平	神东煤炭公司	煤炭工业“双十佳”矿长	2002	中国煤炭工业协会
伊茂森	神东煤炭公司榆家梁煤矿	煤炭工业“双十佳”矿长	2002	中国煤炭工业协会
曲金田	神华神府东胜煤炭 有限责任公司大柳塔煤矿	全国双十佳矿长	2002	中国煤炭工业协会
武国平	准格尔能源公司选煤厂	全国五一劳动奖章	2003	中华全国总工会
李　波	神东煤炭榆家梁煤矿	全国双十佳矿长	2004	中国煤炭工业协会
马宝清	神东煤炭马家塔煤矿	全国双十佳矿长	2004	中国煤炭工业协会
李宝山	神东煤炭公司上湾煤矿	全国五一劳动奖章	2004	中华全国总工会
张东海	内蒙古伊泰集团	全国劳动模范	2005	国务院
马宝清	神华神府东胜煤炭公司 马家塔露天煤矿	全国劳动模范 全国双十佳矿长	2005	国务院 中国煤炭工业协会
杨进京	神华准格尔能源有限 责任公司	全国劳动模范	2005	国务院

（续）

姓 名	工作单位	荣誉称号	授予年份	授予部门
杜善周	神东煤炭榆家梁煤矿	全国双十佳矿长	2005	中国煤炭工业协会
武国平	准格尔能源公司选煤厂	全国十佳选煤厂厂长	2005	中国煤炭工业加工利用协会
李永利	神华集团神东分公司上湾煤矿	全国双十佳矿长	2006	中国煤炭工业协会
刘晋冀	神东大柳塔煤矿	优秀矿长	2006	中国煤炭工业协会
刘志明	神东保德煤矿	优秀矿长	2006	中国煤炭工业协会
胡 剑	神东哈拉沟煤矿	优秀矿长	2006	中国煤炭工业协会
刘志全	神东天隆武家塔露天矿	优秀矿长	2006	中国煤炭工业协会
张聚国	金烽昌汗沟煤矿万利一矿	优秀矿长	2006	中国煤炭工业协会
罗树成	乌兰集团曼赖梁煤矿	优秀矿长	2006	中国煤炭工业协会
王乃国	新矿内蒙古能源有限责任公司	优秀采煤队长	2006	中国能源化学工会全国委员会、中国煤炭工业协会
郝志东	胜利露天煤矿	露天开采青年科技奖 全国煤炭工业劳动模范	2006 2007	中国煤炭工业协会
刘玉清	满世集团有限责任公司	全国煤炭工业劳动模范	2007	中国煤炭工业协会
闫新林	伊东煤炭集团窑沟扶贫煤炭有限责任公司	全国煤炭工业劳动模范 全国双十佳矿长	2007	中国煤炭工业协会
张海峰	伊泰集团大地精煤矿	全国煤炭工业劳动模范	2007	中国煤炭工业协会
张聚国	金烽昌汗沟煤矿万利一矿	全国煤炭工业劳动模范	2007	中国煤炭工业协会
李文江	准格尔能源有限责任公司黑岱沟煤矿	全国煤炭工业劳动模范	2007	中国煤炭工业协会
李怀珠	乌兰煤炭集团温三号煤矿	全国煤炭工业劳动模范	2007	中国煤炭工业协会
苗喜明	内蒙古棋盘井矿业有限责任公司	全国煤炭工业劳动模范	2007	中国煤炭工业协会
李振宽	伊金霍洛旗煤炭局	全国煤炭工业先进工作者	2007	中国煤炭工业协会
郝有成	中煤蒙发公司呼和乌素煤矿	全国煤炭工业劳动模范	2007	中国煤炭工业协会
宋 达	神东补连塔煤矿综采一队	全国煤炭工业劳动模范	2007	中国煤炭工业协会
庞军林	伊泰集团宏景塔一矿	全国双十佳煤矿矿长	2008	中国煤炭工业协会
李建章	神东公司上湾煤矿	全国青年安全生产示范岗 全国五一劳动奖章	2008 2009	共青团中央、国家安全生产监督管理总局 中华全国总工会
魏建雄	准格尔能源有限责任公司	全国生产技术能手 全国五一劳动奖章	2008 2009	劳动和社会保障部 中华全国总工会
于水清	内蒙古能源杭锦发电厂	全国五一劳动奖章	2009	中华全国总工会

（续）

姓　名	工作单位	荣誉称号	授予年份	授予部门
冀树春	神华亿利能源公司	全国能源工业劳动模范	2009	国务院国有资产监督管理委员会、人力资源和社会保障部
张　勇	神华准能黑岱沟露天矿	全国双十佳煤矿矿长	2009	中国煤炭工业协会
马　平	伊泰宝山煤矿	全国双十佳煤矿矿长	2009	中国煤炭工业协会
候争气	伊东煤炭东圪堵煤矿	全国双十佳煤矿矿长	2009	中国煤炭工业协会
王国立	神东上湾煤矿	优秀矿长	2009	中国煤炭工业协会
黄月伦	伊泰集团白家梁煤矿	优秀矿长	2009	中国煤炭工业协会
靳占飞	伊泰煤炭凯达煤矿	优秀矿长	2009	中国煤炭工业协会
赵挡牛	伊泰同达煤炭丁家渠煤矿	优秀矿长	2009	中国煤炭工业协会
姬海军	伊东集团窑沟扶贫煤矿	优秀矿长	2009	中国煤炭工业协会
马云普	准格尔能源有限责任公司	全国生产技术能手	2009	劳动和社会保障部
石小军	准格尔能源有限责任公司	全国生产技术能手	2009	劳动和社会保障部
武国平	神华准格尔能源选煤厂	全国劳动模范	2010	国务院
郭云虎	内蒙古棋盘井矿业有限责任公司采煤队长	全国煤矿优秀班组长	2010	国家安全生产监督管理总局、中华全国总工会、国家煤矿安全监察局
陆亚明	中天合创葫芦素煤矿综采二队队长	中央企业优秀共产党员	2010	国务院国有资产监督管理委员会
夏宇君	新上海一号煤矿公司	煤炭工业科技管理“先进工作者”	2011	人力资源和社会保障部
池　波	中天合创葫芦素煤矿档案管理	档案管理先进个人	2011	中国煤炭工业协会
庞军林	酸刺沟煤矿	全国煤炭工业双十佳矿长	2011	中国煤炭工业协会
张　勇	新上海一号煤矿筹建处	全国劳动模范	2012	人力资源和社会保障部、中国煤炭工业协会
郝利军	准格尔旗永智煤炭有限公司	全国煤炭工业劳动模范	2012	人力资源和社会保障部、中国煤炭工业协会
陆亚明	中天合创葫芦素煤矿综采二队队长	全国五一劳动奖章	2013	中华全国总工会
周　微	内蒙古准格尔旗特弘煤炭有限公司官板乌素煤矿	全国煤炭工业优秀矿长	2013	中国煤炭工业协会
翁洪周	新上海一号煤矿筹建处	第十二届中华技能大赛“全国技术能手”	2014	人力资源和社会保障部

（续）

姓　名	工作单位	荣誉称号	授予年份	授予部门
张建强	酸刺沟煤矿	全国百名优秀青年矿工	2014	中国煤炭工业协会
刘　良	内蒙古广纳煤业集团有限责任公司	全国优秀工会工作者	2015	中华全国总工会
孟庆珍	内蒙古广纳煤业集团有限责任公司	全国五一劳动奖章	2015	中华全国总工会
刘　良	内蒙古广纳煤业集团有限责任公司	全国优秀工会工作者	2015	中华全国总工会
王　坤	中天合创葫芦素煤矿经营副总	煤炭行业技能大师	2015	中国煤炭工业协会
冯　军	黄玉川煤矿	第六届安全生产科技成果奖	2015	国家安全生产监督管理总局
雷剑波	准格尔旗云飞矿业有限责任公司串草圪旦煤矿	优秀矿长	2015	中国煤炭工业协会
李月月	黄陶勒盖煤炭公司	煤炭行业优秀共青团员	2016	中国煤炭工业协会
邬海江	准格尔旗永智煤炭公司	优秀矿长	2017	中国煤炭工业协会
李光华	特弘煤炭有限公司官板乌素煤矿	优秀矿长	2017	中国煤炭工业协会
李　鹏	山东能源长城煤矿	优秀矿长	2017	中国煤炭工业协会
郭　平	内蒙古伊东集团宏鑫煤炭有限责任公司	优秀矿长	2018	中国煤炭工业协会
马　祥	红庆河煤矿	全国煤炭工业劳动模范	2018	人力资源和社会保障部、中国煤炭工业协会
张振金	红庆河煤矿	全国煤炭工业劳动模范	2018	人力资源和社会保障部、中国煤炭工业协会
武　利	内蒙古李家塔煤矿	全国监狱工作先进个人	2019	司法部
焦存福	满世煤炭集团罐子沟煤矿	优秀矿长	2019	中国煤炭工业协会

2. 获得内蒙古自治区党委、人民政府、总工会及厅（局）表彰的先进个人

姓　名	工作单位	荣誉称号	授予年份	授予机关
张栓罗	伊克昭盟东胜市酸刺沟煤矿	内蒙古自治区劳动模范	1977	内蒙古自治区人民政府
邱法则	达拉特旗罕台川煤矿腐肥厂	内蒙古自治区科技四等奖	1980	内蒙古自治区人民政府
刘里锁	准格尔旗纳林沟煤矿	内蒙古自治区劳动模范	1981	内蒙古自治区人民政府
王秉璋	鄂托克旗棋盘井煤矿	内蒙古自治区劳动模范	1986	内蒙古自治区人民政府

（续）

姓　名	工作单位	荣誉称号	授予年份	授予机关
王秉璋	鄂托克旗棋盘井煤矿	内蒙古自治区劳动模范	1989	内蒙古自治区人民政府
李美良	东胜市酸刺沟煤矿	内蒙古自治区劳动模范	1989	内蒙古自治区人民政府
白祥林	伊金霍洛旗煤炭工业公司	内蒙古煤炭系统先进工作者	1991	内蒙古自治区煤炭工业管理局
蒋万忠	鄂托克旗棋盘井煤矿	内蒙古自治区煤炭系统先进工作（生产）者	1991	内蒙古自治区煤炭厅委员会、内蒙古自治区煤炭厅
白彦芳	准格尔煤炭工业公司	内蒙古自治区劳动模范	1995	内蒙古自治区人民政府
梁淑芳	伊克昭盟煤炭工业管理局	全国煤炭工业统计工作先进个人	1995	内蒙古自治区煤炭工业管理局
高占华	伊克昭盟煤炭工业管理局	全区煤矿安全生产先进个人	1995	内蒙古自治区煤炭工业管理局
李　焕		全区煤矿安全生产先进个人	1995	内蒙古自治区煤炭工业管理局
张双旺	伊泰集团公司	自治区优秀共产党员	1996	中共内蒙古自治区委员会
郝锐军	伊东煤炭集团	自治区优秀党务工作者	1999	中共内蒙古自治区委员会
武国平	准格尔能源公司选煤厂	内蒙古自治区劳动模范	2000	内蒙古自治区人民政府
刘埃林	伊泰集团公司	内蒙古自治区劳动模范	2000	内蒙古自治区人民政府
刘仲平	马家塔露天煤矿	内蒙古自治区劳动模范	2001	内蒙古自治区人民政府
王爱平	伊东煤炭有限责任公司	内蒙古自治区劳动模范	2001	内蒙古自治区人民政府
乔彩霞	原伊克昭盟煤炭公司唐公塔集装站	内蒙古自治区劳动模范	2001	内蒙古自治区人民政府
张子飞	神华神东补连塔煤矿	内蒙古自治区优秀共产党员	2002	内蒙古自治区党委
王福生	神华万利唐公塔煤矿	内蒙古自治区优秀党务工作者	2002	内蒙古自治区党委
刘春林	伊泰煤炭股份有限公司	内蒙古自治区会计工作先进个人	2003	内蒙古自治区财政厅
张东海	内蒙古伊泰集团	内蒙古自治区十大杰出青年 内蒙古自治区劳动模范	2004 2005	中共内蒙古自治区委员会、内蒙古自治区人民政府、内蒙古自治区青年联合会
张　礼	棋盘井矿业有限公司	内蒙古自治区劳动模范	2005	内蒙古自治区人民政府
马宝清	神华神府东胜煤炭公司马家塔露天煤矿	内蒙古自治区劳动模范	2005	内蒙古自治区人民政府
李玉良	乌兰煤炭集团	内蒙古自治区劳动模范	2005	内蒙古自治区人民政府
王安神	神华神府东胜煤炭公司	内蒙古自治区劳动模范	2005	内蒙古自治区人民政府
杨二喜	内蒙古伊东集团	内蒙古自治区劳动模范	2005	内蒙古自治区人民政府
张　礼	内蒙古棋盘井矿业有限责任公司副矿长	内蒙古自治区劳动模范	2005	内蒙古自治区人民政府

（续）

姓　名	工作单位	荣誉称号	授予年份	授予机关
乔世怀	鄂托克旗煤炭局	内蒙古自治区第八届哲学社会科学优秀成果奖	2006	内蒙古自治区社会科学联合会
初保泽	准格尔能源有限责任公司	内蒙古自治区技术能手	2006	内蒙古自治区总工会
康孝荣	鄂托克旗煤炭局	全区矿山救援先进工作者	2006	内蒙古煤矿安全监察局、内蒙古自治区总工会
齐俊峰	内蒙古伊泰煤炭股份有限公司纳林庙一号井煤矿	自治区五一劳动奖章	2006	内蒙古自治区总工会
白枫桐	神华神东煤炭分公司矿山救护消防大队	全区矿山救援先进工作者	2007	内蒙古煤矿安全监察局、内蒙古自治区总工会
李永利	中国神华神东煤炭分公司上湾矿	自治区五一劳动奖章	2007	内蒙古自治区总工会
威振明	准格尔能源有限责任公司	自治区五一劳动奖章	2007	内蒙古自治区总工会
房新华	神华神东煤炭分公司矿山救护消防大队	全区矿山救援先进工作者	2007	内蒙古煤矿安全监察局、内蒙古自治区总工会
翟庆吉	神华神东煤炭分公司矿山救护消防大队	全区矿山救援先进工作者	2007	内蒙古煤矿安全监察局、内蒙古自治区总工会
王光耀	神华神东煤炭分公司矿山救护消防大队	全区矿山救援先进工作者	2007	内蒙古煤矿安全监察局、内蒙古自治区总工会
李志强	鄂尔多斯市煤炭局	全区矿山救援先进工作者	2007	内蒙古煤矿安全监察局、内蒙古自治区总工会
张　帆	鄂尔多斯市矿山消防救护大队	全区矿山救援先进工作者	2007	内蒙古煤矿安全监察局、内蒙古自治区总工会
王小刚	鄂尔多斯市矿山消防救护大队	全区矿山救援先进工作者	2007	内蒙古煤矿安全监察局、内蒙古自治区总工会
郝栓禄	鄂尔多斯市矿山消防救护大队	全区矿山救援先进工作者	2007	内蒙古煤矿安全监察局、内蒙古自治区总工会
陈文清	准格尔旗矿山救护队	全区矿山救援先进工作者	2007	内蒙古煤矿安全监察局、内蒙古自治区总工会
张引富	准格尔旗矿山救护队	全区矿山救援先进工作者	2007	内蒙古煤矿安全监察局、内蒙古自治区总工会
鲁栓宝	准格尔旗矿山救护队	全区矿山救援先进工作者	2007	内蒙古煤矿安全监察局、内蒙古自治区总工会
高志荣	伊东煤炭集团矿山救护中队	全区矿山救援先进工作者	2007	内蒙古煤矿安全监察局、内蒙古自治区总工会

（续）

姓　名	工作单位	荣誉称号	授予年份	授予机关
杨桂林	伊东煤炭集团矿山救护中队	全区矿山救援先进工作者	2007	内蒙古煤矿安全监察局、内蒙古自治区总工会
郭银泉	准格尔旗人民政府	全区矿山救援先进工作者	2007	内蒙古煤矿安全监察局、内蒙古自治区总工会
吕建军	准格尔旗煤炭局	全区矿山救援先进工作者	2007	内蒙古煤矿安全监察局、内蒙古自治区总工会
齐金泉	准格尔旗煤炭局	全区矿山救援先进工作者	2007	内蒙古煤矿安全监察局、内蒙古自治区总工会
贺亚卿	准格尔能源有限责任公司	自治区五一劳动奖章	2008	内蒙古自治区总工会
李建章	神东公司上湾煤矿	工人先锋号	2008	内蒙古自治区总工会
刘宝军	神东矿山救护消防大队	全区矿山救援先进工作者	2008	内蒙古煤矿安全监察局、内蒙古自治区总工会
周建军	神东矿山救护消防大队	全区矿山救援先进工作者	2008	内蒙古煤矿安全监察局、内蒙古自治区总工会
杜利军	神东矿山救护消防大队	全区矿山救援先进工作者	2008	内蒙古煤矿安全监察局、内蒙古自治区总工会
李　良	神东矿山救护消防大队	全区矿山救援先进工作者	2008	内蒙古煤矿安全监察局、内蒙古自治区总工会
边春生	神东矿山救护消防大队	全区矿山救援先进工作者	2008	内蒙古煤矿安全监察局、内蒙古自治区总工会
杨　三	神东矿山救护消防大队	全区矿山救援先进工作者	2008	内蒙古煤矿安全监察局、内蒙古自治区总工会
张建平	神东矿山救护消防大队	全区矿山救援先进工作者	2008	内蒙古煤矿安全监察局、内蒙古自治区总工会
张　红	神东矿山救护消防大队	全区矿山救援先进工作者	2008	内蒙古煤矿安全监察局、内蒙古自治区总工会
张俊明	伊东煤炭集团公司矿山救护中队	全区矿山救援先进工作者	2008	内蒙古煤矿安全监察局、内蒙古自治区总工会
苏海军	伊东煤炭集团公司矿山救护中队	全区矿山救援先进工作者	2008	内蒙古煤矿安全监察局、内蒙古自治区总工会
王晓军	伊东煤炭集团公司矿山救护中队	全区矿山救援先进工作者	2008	内蒙古煤矿安全监察局、内蒙古自治区总工会
杨　震	伊东煤炭集团公司矿山救护中队	全区矿山救援先进工作者	2008	内蒙古煤矿安全监察局、内蒙古自治区总工会
索文明	鄂尔多斯市区域矿山消防救护大队	全区矿山救援先进工作者	2008	内蒙古煤矿安全监察局、内蒙古自治区总工会

（续）

姓　名	工作单位	荣誉称号	授予年份	授予机关
金喜如	鄂尔多斯市区域矿山消防救护大队	全区矿山救援先进工作者	2008	内蒙古煤矿安全监察局、内蒙古自治区总工会
苏永宽	鄂尔多斯市区域矿山消防救护大队	全区矿山救援先进工作者	2008	内蒙古煤矿安全监察局、内蒙古自治区总工会
戈　强	鄂尔多斯市区域矿山消防救护大队	全区矿山救援先进工作者	2008	内蒙古煤矿安全监察局、内蒙古自治区总工会
刘富强	鄂尔多斯市区域矿山消防救护大队	全区矿山救援先进工作者	2008	内蒙古煤矿安全监察局、内蒙古自治区总工会
王志军	鄂尔多斯市区域矿山消防救护大队	全区矿山救援先进工作者	2008	内蒙古煤矿安全监察局、内蒙古自治区总工会
田学峰	鄂尔多斯市区域矿山消防救护大队	全区矿山救援先进工作者	2008	内蒙古煤矿安全监察局、内蒙古自治区总工会
张　宇	鄂尔多斯市区域矿山消防救护大队	全区矿山救援先进工作者	2008	内蒙古煤矿安全监察局、内蒙古自治区总工会
王二云	准格尔旗煤炭局矿山救护队	全区矿山救援先进工作者	2008	内蒙古煤矿安全监察局、内蒙古自治区总工会
陈文清	准格尔旗煤炭局矿山救护队	全区矿山救援先进工作者	2008	内蒙古煤矿安全监察局、内蒙古自治区总工会
郝永军	准格尔旗煤炭局矿山救护队	全区矿山救援先进工作者	2008	内蒙古煤矿安全监察局、内蒙古自治区总工会
杨继锐	准格尔旗煤炭局矿山救护队	全区矿山救援先进工作者	2008	内蒙古煤矿安全监察局、内蒙古自治区总工会
王钰翔	鄂托克旗煤炭局	全区煤矿安全基础管理先进个人	2009	内蒙古自治区煤炭工业局
乔世怀	鄂托克旗煤炭局	全区煤矿安全基础管理先进个人	2009	内蒙古自治区煤炭工业局
杨鹏英	准格尔能源有限责任公司	内蒙古自治区劳动模范	2010	内蒙古自治区党委
张雪英	准格尔能源有限责任公司	内蒙古自治区劳动模范	2010	内蒙古自治区党委
李建峰	鄂托克旗煤炭局	全区矿山救援先进工作者	2010	内蒙古煤矿安全监察局、内蒙古自治区总工会
冯伟韬	鄂托克旗煤炭局	全区矿山救援先进工作者	2010	内蒙古煤矿安全监察局、内蒙古自治区总工会
阿嘎尔	鄂托克旗煤炭局	全区矿山救援先进工作者	2010	内蒙古煤矿安全监察局、内蒙古自治区总工会

（续）

姓　名	工作单位	荣誉称号	授予年份	授予机关
苏志刚	鄂托克旗煤炭局	全区煤炭生产许可证管理先进个人	2010	内蒙古自治区煤炭工业局
刘志全	神东天隆武家塔露天煤矿	内蒙古自治区劳动模范	2010	内蒙古自治区人民政府
刘瑞东	山东能源长城煤矿机运队副队长	自治区五一劳动奖章	2013	内蒙古自治区人民政府
王彩荣	内蒙古广纳煤业集团有限责任公司	内蒙古自治区三八红旗手	2019	内蒙古自治区妇女联合会 中共内蒙古自治区委员会、内蒙古自治区人民政府
徐爱军	山东能源长城煤矿综采队队长	内蒙古自治区劳动模范	2015	内蒙古自治区人民政府
王传岭	营盘壕煤矿	内蒙古自治区劳动模范	2015	内蒙古自治区党委政府
王全才	内蒙古广纳煤业集团有限责任公司	自治区五一劳动奖章	2018	内蒙古自治区总工会
马　祥	红庆河煤矿	自治区五一劳动奖章	2018	内蒙古自治区总工会
甘乌仁图雅	鄂尔多斯市亿鼎生态农业开发有限公司	自治区五一劳动奖章	2019	内蒙古自治区总工会
刘　欣	中天合创化工分公司分析检验中心	自治区五一劳动奖章	2019	内蒙古自治区总工会

煤炭企业简介

神华神东煤炭集团有限责任公司

神华神东煤炭集团有限责任公司（简称神东煤炭集团）是中国神华能源股份有限公司投资成立的全资子公司，主要负责内蒙古自治区南部和陕西省北部交界地带的神东矿区大型骨干矿井、山西保德煤矿及配套设施的开发建设。矿区中心所在地大柳塔镇和乌兰木伦镇南距榆林市约150千米，北临包头市180千米，距鄂尔多斯市83千米。包神铁路和多条公路通过矿区，鄂尔多斯机场距矿区38千米。

神东煤炭集团的历史最早可追溯到1985年成立的华能精煤榆林地区分公司和华能精煤伊克昭盟分公司，后分别更名为华能精煤神府分公司和华能精煤东胜分公司。神华集团公司成立后，华能精煤神府、东胜两个分公司分别在国家工商行政管理局重新注册成立了神华神府精煤有限责任公司和神华东胜精煤有限责任公司。1998年8月，两公司实施整合，合并组建了神华神府东胜煤炭有限责任公司（简称神东煤炭公司）。同年，煤炭工业部所属的万利煤业（集团）有限责任公司和中国人民解放军北京军区联勤部所属的呼和浩特企业管理局整体移交神华集团经营管理，分别成立了神华万利煤炭分公司和神华金烽煤炭有限责任公司。2005年4月，神华集团公司将神东煤炭公司、金烽煤炭公司、万利煤炭公司涉及煤炭生产业务的资产重组，注入中国神华能源股份有限公司参与上市，设立为中国神华能源股份有限公司神东煤炭分公司、金烽煤炭分公司、万利煤炭分公司，对神东煤炭公司未上市资产及业务由存续保留的神东煤炭公司负责经营。2009年5月，神华集团公司实施大基地、大集团战略，以原神东煤炭分公司为基础，将神东煤炭公司、神东煤炭分公司、金烽煤炭分公司、万利煤炭分公司进行跨省区整合，成立神东煤炭集团公司，注册资本45.477亿元。负责神东矿区及配套设施开发建设。

20世纪80年代，按照“国家修路，群众办矿，国家、集体、个人一齐上”的方针，以小煤矿为基础，利用集资联营的办法开发建设。20世纪90年代，按照“高起点、高技术、高质量、高效率、高效益”的建设方针，以建设大型和特大型现代化矿井为主的思路，积极采用国内外先进技术和设备，探索出了一条优良地质条件与先进技术装备、先进开采工艺相结合的高产高效建设道路。进入21世纪后，依托神华矿、电、路、港、航、化一体化模式，大胆进行技术和管理创新，形成了以“生产规模化、技术现代化、队伍专业化、管理信息化”为特征的现代化千万吨矿井群生产格局。从1998年起，煤炭产量平均每年以千万吨速度递增。2005年建成全国第一个亿吨级煤炭生产基地，2011年成为全国首个2亿吨商品煤生产基地。

截至2018年底，神东煤炭集团有3000万吨/年以上的矿井1个，2000万吨/年以上2个，1000～2000万吨/年5个，1000万吨/年以下5个，总产能超过2亿吨/年。2018中国煤炭企业科学产能百强矿井排行榜中，神东所属13个矿井全部入选。前10名中，神东矿井占7个。矿井采掘机械率达到100%，资源采出率达80%以上，原煤生产效率最高超过124吨/工。累计创造中国企业新纪录百余项，企业主要技术经济指标达到国内第一、世界领先水平。

神东煤炭集团主营煤炭生产及洗选加工，煤炭产品主要是块煤、特低灰煤和混煤，特征是“三低一高”，即低硫（≤0.5）、低磷（≤0.05）、低灰（≤8.5）、中高发热量（约5500千卡/千克），是优质动力、化工和冶金用煤，被誉为“城市环保的救星”。

神东煤炭集团注重创新工艺技术，提升生产能力。依靠科技进步，创新开采技术，逐步形成了“一井一面300人1000万吨”“一井二面500人2000万吨”的千万吨安全高效矿井新模式。形成了以平硐—斜井综合开拓、连续采煤机掘进、大巷条带式布置、无轨胶轮化运输、长短壁结合开采、地面箱式移动变电站直接供电、多通道快速搬家倒面、全断面快速掘进、数字化矿山等为主要内容的千万吨矿井生产建设核心技术体系。先后建成了全国第一个年产800万吨、1000万吨和1200万吨的综采队。第一个年产1000万吨、2000万吨的矿井。相继创新了第一个300米、360米、400米、450米加长工作面。首创了世界上第一个5.5米、6.3米、7米、8.8米大采高重型工作面、中厚偏薄煤层自动化工作面和智能超大采高综采工作面，煤炭采掘机械化率达到100%。最高全员工效达124吨/工。先后获得“五一劳动奖状”、第三届中华环境奖、全国质量奖等奖项。累计获得授权专利961项，省部级以上荣誉131项、国家科技进步奖7项。其中，“神华现代化矿区建设和生产技术”获得国家科技进步一等奖；“西部干旱半干旱矿区土地复垦的微生物修复技术与应用”等6项获得国家科技进步二等奖。

按照神华集团构建政治、经济和生产三大本质安全体系要求，神东集团公司贯彻落实神华集团“瓦斯超限就是事故”“煤矿可以做到不死人”的安全生产理念，推广实施煤矿本质安全管理体系，重点加强人的不安全行为的预控和管理，采用计划—执行—检查—处理（PDCA）持续改进的管理方法，达到“人员-机械-环境-管理”的最佳匹配，有效实现了安全生产风险预控，奠定了安全生产的坚实基础。神东矿区建设30年来，杜绝了3人以上重大安全事故，历年原煤生产百万吨死亡率控制在0.03以下。

神东煤炭集团切实履行社会责任，努力实现和谐发展。累计投入公益资金16.52亿元，用于解决地方的公路建设、供电通信建设与改造、特色产业发展、地方企业扶贫、地方机构援建、人畜饮水、医疗卫生等。直接接收的本地籍员工占80%以上，通过相关配套产业间接带动和创造的就业达6万多人。累计投入环保生态建设资金26.3亿元，治理面积240平方千米，是开发面积的1.7倍，矿区植被覆盖率由开发初期的3%～11%提高到60%以上。

神东煤炭集团注重培育大神东文化，引领企业科学发展。通过实施“建设世界领先的清洁煤炭生产商”发展战略，实现“创百年神东，做世界煤炭企业的领跑者”的企业愿景，坚持“人本和谐、学习创新、规范执行、安全高效”的核心价值观，积极履行“为国家作贡献，为社会促和谐，为员工谋幸福，为客户增价值”使命，实现了企业和谐发展。2006年，被命名为煤炭行业首家“中国企业文化建设示范基地”，同年，荣获全国企业文化优秀成果奖。

神东煤炭集团重视和加强企业党建工作、思想政治工作和精神文明建设。加强基层党组织建设和党员队伍建设，建成全国文明单位3个、省级文明单位4个、地（市）级文明单位10个、县（市）级文明单位6个、全国青年文明号5个。

“十三五”期间，坚持和加强党的全面领导，坚持稳中求进工作总基调，坚持管理提升和内涵式发展，稳步提升企业发展质量和效益，努力创建世界一流示范企业。

国家能源集团准能集团有限责任公司

国家能源集团准能集团有限责任公司（简称准能集团）是集煤炭开采、坑口发电及煤炭循环经济产业为一体的大型综合能源企业。

准能集团前身是原煤炭部直属准格尔煤炭工业公司。准格尔项目一期工程是国家“八五”“九五”重点建设项目，是国家首个煤电路一体化项目，首创了煤炭企业煤、电、路统一规划、统一设计、统一建设、统一管理的建设管理体制，造就了区域一体化的“准格尔模式”。1976年，项目开始筹备；1986年，国家计委批准项目立项，公司成立；1990年，开工建设；1996年，投入试生产；1998年，划归原神华集团管理；1999年，正式移交生产。2000年3月，实行债转股，转制为有限责任公司，更名为神华集团准格尔能源有限责任公司。2005年3月，公司更名为神华准格尔能源有限责任公司。2014年，神华准能集团有限责任公司组建成立。准能集团拥有煤炭资源储量30.85亿吨，具有“两高、两低、一稳定”（灰熔点高、灰白度高、水分低、硫分低、产品质量稳定）的品质特点，是优质动力、气化及化工用煤，以清洁低污染而闻名，被誉为“绿色煤炭”。

准能集团拥有年生产能力6900万吨的黑岱沟露天煤矿和哈尔乌素露天煤矿及配套选煤厂，装机容量960兆瓦的煤矸石发电厂，年产4000吨的粉煤灰提取氧化铝工业化中试工厂，以及生产配套的供电、供水等生产辅助设施。

准能集团牢固树立新发展理念，全面落实集团“一个目标、三型五化、七个一流”发展战略，致力于产业结构优化，探索煤炭企业低碳、绿色、高质量、可持续发展之路，助力国家能源集团建设具有全球竞争力的世界一流能源集团。

坚持筑根强魂，提升党建质量。准能集团党委坚持把党的政治建设摆在首位，树立“四个意识”，坚定“四个自信”，做到“两个维护”，全面贯彻新时代党的建设总要求，持续深入落实全国国有企业党建工作会精神，深入推进“两个一以贯之”。认真贯彻落实党建工作要求，把党建工作融入改革发展、安全生产经营各环节，形成“一单位一典型，一支部一亮点”的党建特色品牌，充分发挥党委领导核心作用，基层党支部战斗堡垒作用和党员先锋模范作用，为企业高质量发展提供了坚强的政治保证。坚持推动新思想落地生根。按照“五个全覆盖”工作要求，围绕“四强化六提升”党建工作思路，巩固深化“三基建设”，持续开展“社会主义是干出来的”岗位建功行动、“两带两创”主题实践活动，有效促进了党的建设与生产经营深度融合，以一流党建引领一流企业建设。全面推进党风廉政建设和反腐败斗争工作，层层压实“两个责任”，持续贯彻中央“八项规定”精神及公司各项规章、规定，实现了内部巡察全覆盖，严格纪律审查，问题线索处置率100%。准能集团先后获得“中央企业思想政治工作先进单位”“中央企业先进基层党组织”等荣誉称号。

坚持科学组织生产，实现高效运营。准能集团坚持整体效益最大化原则，科学组织煤、电生产，充分发挥高效运营优势。紧紧围绕建设世界一流露天煤矿目标，按照“设备大型化、生产规模化、管理现代化、效益最大化”的方针，不断优化生产工艺，引进高端设备，加快现代化技术改造，优化产品结构，提高矿产资源开发利用水平，争做露天煤矿行业的引领者。一是持续优化露采方案，统筹黑岱沟露天煤矿和哈尔乌素露天煤矿开采。资源采出率保持在98%以上，达到同行业先进水平。黑岱沟露天煤矿和哈尔乌素露天煤矿多次被评为“特级安全高效露天煤矿”。二是引入先进生产技术装备和先进工艺，提高生产效率。黑岱沟露天煤矿率先在国内应用了抛掷爆破—吊斗铲倒堆工艺，全员采煤工效近100吨/工日，开采综合能耗为3.1千克标准煤/吨，远低于行业8.2千克的能源消耗限额标准。三是以价值创造和市场需求为导向，推进提质增效改造，生产适销对路产品。商品煤综合发热量提高77大卡，优质煤比例提高4.99%。开发块煤新产品，增效1.78亿元。四是充分发挥集团区域营销优势和公司一体化运营优势，加大电力营销力度，积极协调地方政府和电网提高开机率和负荷率。近年来，机组利用小时逐年上升，在中电联举办的全国循环流化床机组竞赛中15次获奖。

坚持风险防控，安全环保持续稳定。准能集团坚持“抓安全环保就是抓发展、抓效益”的理念，坚决守住安全环保底线。一是持续强化风险预控与隐患排查治理双重预防机制，实现岗位标准作业和标准化班组建设双基管理全覆盖。二是自上而下持续加强应急管理，完善各项应急预案，加强职业健康管理，加大安全培训力度，坚持开展全国安全文化示范企业创建工作，重点打造一批安全文化建设成果显著、安全绩效良好的单位、区队和班组。三是坚持走好“生态优先、绿色发展”新路，全力推进国家矿山公园建设，按季完成绿化复垦工程，深化复垦区现代农牧业建设。加快露天开采、运输、洗选各环节粉尘控制科研攻关，全面推行垃圾分类管理，依法合规处置危险废物，建设“安全绿色准能”。

坚持科技引领，推进创新驱动发展。准能集团紧紧围绕“提质增效、降本增效、创新创效”主线，积极践行创新驱动发展，搭建了以科学技术研究院为载体、众多创新工作室为骨干的全员创新平台，开创了科技创新工作新局面。近三年来，获批科技创新项目总金额达近40亿元，累计申报专利306项，获授权专利102项，其中发明专利45项，群众性技术创新成果1000余项。“数字准能”建设稳步推进，整合和新建了60余个信息系统，实现了公司生产、安全、经营、机电、技术等各个管理领域的信息化全覆盖。在露天煤矿的穿、采、运、排各个环节建设自动采集、检测、监测和智能调度系统，初步实现了原煤生产、洗选装车、矸石发电等全产业链的一体化联动管理运营。设备高端开发取得新进展。成立了高端开发管理中心，加强与国内科研院所合作，大力推进设备国产化研发应用，集中力量对电铲、自卸卡车等大型设备关键部件和核心系统进行国产化研发，打破国外技术垄断，降低使用成本，缩短供货周期。

坚持履职尽责，树立责任央企。准能集团着力推动“采—复—农—园”协同发展新模式。一是按照“采复一体化”总要求，全力推动矿区复垦工作。累计投入14.5亿元，完成复垦面积3040公顷，植被盖度达到80%以上，水土流失控制率80%以上，生物物种和生态群落的多样性明显提高。黑岱沟露天煤矿和哈尔乌素露天煤矿均被评为“国家级绿色矿山”。二是与准格尔旗人民政府合作，成立矿区生态建设公司，着力开发利用土地和生态功能，建成矿业开发+矿区农牧业+矿区工业旅游为特色的现代绿色矿区。三是准格尔国家矿山公园建设资格获批，成为国家能源集团和鄂尔多斯市首个国家级矿山公园，正在构建“采—复—农—园”协同发展新模式，探索一条“生态优先、绿色发展”的矿业高质量发展之路。积极承担“精准扶贫”社会责任，对口扶贫兴安盟突泉县永安镇，使贫困户成功脱贫；积极参与地方民生工程建设、热心社会公益事业，为灾区、社会各界捐助1300余万元。累计投入资金1.5亿元，开展生产区、中心区环境文明整治，员工生产、生活环境进一步改善。准能集团连续三年被评为“全国煤炭系统社会责任报告发布优秀单位”，荣获第五届全国文明单位，助力准格尔旗获第五届全国文明城市。

中煤西北能源有限公司

中煤西北能源有限公司（简称西北能源公司）成立于2017年1月，是中国中煤能源股份有限公司的全资子公司，其前身是2009年12月成立的中煤能源鄂尔多斯分公司。西北能源公司主要负责中煤集团蒙陕区域内3座煤矿生产建设、6座煤矿煤炭产品销售、4个煤化工项目煤炭供应、5条铁路专用线建设与运营管理、2个井田项目前期工作以及区域内煤质检测检验监督与管理、建设工程质量监督等业务。

西北能源公司下设乌审旗和榆林2个分公司，受中煤集团委托，管理鄂尔多斯市伊化矿业资源有限公司（母杜柴登矿井）、乌审旗蒙大矿业有限公司（纳林河二号矿井）和鄂尔多斯市银河鸿泰煤电有限公司（沙拉吉达井田）3个矿业公司。正在开展达海庙和沙拉吉达2个井田项目前期工作，井田规划能力均为800万吨/年。

西北能源公司煤矿采区主要分布在内蒙古呼吉尔特矿区、纳林河矿区和陕西神府矿区。母杜柴登和纳林河二号矿井建设规模分别为600万吨/年、800万吨/年。

按照中煤集团统一部署，西北能源公司除销售自有母杜柴登、纳林河二号煤矿等煤炭产品外，还负责中天合创公司门克庆、葫芦素煤矿煤炭产品对外销售。西北能源公司销售的煤炭产品具有低水、低灰、特低硫、低中硫、特低磷、高热值等特性，是优质动力煤、化工用煤和冶金喷吹煤。

西北能源公司承担中煤集团在鄂尔多斯等地区所属中煤鄂尔多斯能源化工有限公司（175万吨/年尿素）、中煤远兴能源化工有限公司（60万吨/年甲醇）、中煤蒙大新能源化工有限公司（50万吨/年工程塑料）等用煤的统一采购与供应。

西北能源公司负责区域内配套铁路专用线建设和运营管理，已建成中煤尿素、大牛地和中天合创门克庆、烯烃线，连接鄂尔多斯南部铁路，打通了煤矿和化工产品铁路外运通道。正在规划建设纳林河二号井铁路专用线，建成后连接蒙华铁路，直达华中地区，奠定了未来煤矿产能释放基础。

未来几年，西北能源公司将深入贯彻落实中煤集团“两商”战略和“12355”发展思路，以质量效益为中心，以项目开发建设、资源整合为主线，以惠泽员工、回报股东、奉献社会为主题，践行以人为本、与时俱进、求真务实理念，坚持文化引领、协同发展、合作共赢方向，实施科技兴企、人才强企、依法治企方略，打造生产、加工、贸易、物流、生产服务

"五位一体"的煤炭产业格局，建设安全、绿色、创新、高效、协调、共享"六型"一流能源企业，打造中煤集团新的利润增长极。

神华鄂尔多斯煤制油分公司

中国神华煤制油化工有限公司鄂尔多斯煤制油分公司位于内蒙古鄂尔多斯市伊金霍洛旗乌兰木伦镇，是中国神华煤制油化工有限公司全资公司，其前身为2004年3月1日成立的中国神华煤制油有限公司煤制油厂。2008年5月16日，神华集团公司将中国神华煤制油有限公司、神华包头煤化工有限公司实行整合，成立中国神华煤制油化工有限公司，撤销煤制油厂，成立神华鄂尔多斯煤制油分公司。2009年5月22日，公司更名为中国神华煤制油化工有限公司鄂尔多斯煤制油分公司。

神华鄂尔多斯煤制油分公司主要从事煤制油品相关业务，运营目前全世界唯一的百万吨级煤直接液化商业化项目。以煤炭为原料，采用神华集团和煤炭科学研究总院联合开发的、列入国家"863"计划的纳米级催化剂，在供氢溶剂的作用下，通过高温、高压液化反应以及提质加工过程生产清洁油品。工厂由煤直接液化联合装置（包括催化剂制备、备煤、煤液化、加氢稳定、加氢改质、轻烃回收、油渣成型装置）、煤气化联合装置（包括壳牌粉煤气化、变换、低温甲醇洗、氢气提纯、天然气制氢、空分、CCS装置）、环保储运装置（包括环保四套、污水处理场、净水场、凝结水、油品罐区、火炬回收、循环水、外供水装置）、煤间接液化装置（包括费托合成、油品加工、催化重整装置）、热电装置（包括动力、脱硫脱硝装置）五大系统共42个生产单元组成。主要生产装置包括：6000吨/天煤粉加工量的煤直接液化装置、325万吨/年处理量的加氢稳定装置、100万吨/年处理量的加氢改质装置、2×50000标准立方米/小时制氧量的空分装置、10万吨/年CCS示范装置、2×2000吨/天投煤量煤制氢装置、3×440吨/小时循环流化床锅炉、2×100兆瓦的发电机组。项目核心工艺催化剂制备装置采用神华集团和煤炭科学研究总院联合开发的"神华煤直接液化高效催化剂"专有技术，煤液化装置采用神华集团自主知识产权的神华煤直接液化工艺技术，同时集成了美国Axens公司T-Star加氢稳定专利技术，国内成熟的加氢改质技术，德国Linde公司低温甲醇洗净化技术、气体分离技术，荷兰Shell干煤粉加压煤气化技术。项目设计年生产油品108万吨，主要产品为柴油73万吨、石脑油25万吨、液化石油气10万吨，副产品有粗酚、液氧、液氮等，后续开发了汽油、煤直接液化沥青、煤基火箭煤油等新产品。

截至2017年底，神华鄂尔多斯煤制油分公司资产总额原值195.21亿元，折旧摊销55.39亿元，减值82.46亿元，净值57.36亿元。2011—2017年，产品产量累计完成581.75万吨，产品销量累计完成576.51万吨；营业收入累计完成327.11亿元，利润累计完成-4.89亿元，亏损指标控制在上级下达的计划之内；纳税68.78亿元。

神华鄂尔多斯煤制油分公司经历了12年的发展历程，在经济建设中，坚持安全生产、科技创新和"绿水青山就是金山银山"的环保理念，做出了显著的成绩。2006年，"神华煤直接液化高效催化剂技术"荣获中国煤炭工业协会科学技术一等奖。2010年，荣获内蒙古自治区"五一"劳动奖状、中国职业健康安全协会科学技术一等奖。2011年，被中国石油和化学工业联合会、中国化工环保协会评为“十一五”全国石油和化学工业环境保护先进单位，被内蒙古自治区安监局评为“内蒙古自治区职业卫生典型示范企业”“神华煤直接液化关键技术”被中国煤炭工业协会授予科技进步特等奖。2012年，“一种煤炭直接液化的方法”获得第十四届中国专利金奖，系神华集团首次在知识产权领域获奖。该专利目前已获得美国、日本、俄罗斯、乌克兰、加拿大、澳大利亚、印度尼西亚、印度和欧盟等国家和地区的专利授权。2014年，“一种煤炭直接液化的方法”在第八届国际发明展览会上荣获“发明创业奖·项目奖”金奖；神华10万吨级CCS示范项目获得中国石油和化学工业联合会科技进步一等奖；公司团委被国务院国资委授予中央企业“五四”红旗团委；被内蒙古自治区总工会授予“安康杯”竞赛优胜单位奖。2013—2016年，连续四年荣获壳牌全球煤气化装置“最佳运行奖”。2017年，“煤制油品/烯烃大型现代煤化工成套技术开发及应用”被国务院授予国家科学技术进步一等奖。截至2017年底，神华鄂尔多斯煤制油分公司获得国家授权专利130项，其中发明专利35项、实用新型专利95项。承担神华集团公司科技创新项目35项，累计研发投资近32亿元。

展望未来，神华鄂尔多斯煤制油分公司将紧紧围绕国家能源集团“全力打造具有全球竞争力的世界一流综合能源集团”的宏伟目标，以高质量发展为统领，坚持提质增效工作主线，深度参与供给侧结构性改革和军民融合国家发展战略，扎实践行能源革命新思想，高效推进煤基特种油品研发应用和煤直接液化二三线项目建设，进一步稳生产、促经营、强管理，以昂扬的斗志，踏上产业发展新征程，为国家清洁能源发展战略、保障国家能源安全、增强我国能源自我保障能力作出更大的贡献，在中国特色能源发展道路上继续书写新的辉煌。

兖州煤业鄂尔多斯能化有限公司

兖州煤业鄂尔多斯能化有限公司成立于2009年12月18日，注册资本金人民币81亿元，是兖州煤业股份有限公司所属全资子公司，也是兖矿集团在内蒙古地区投资的唯一主体（兖矿集团是以矿业开采、高端化工、现代物流及工程技术服务为主导产业的特大型企业集团，是中国唯一一家拥有境内外四地上市平台的煤炭企业，是世界500强企业）。兖州煤业鄂尔多斯能化有限公司在鄂尔多斯地区进行煤炭高效清洁综合开发工作，主要业务集煤炭开采与洗选、煤化工、煤炭高效清洁等为一体，实施跨地区、跨行业、多元化经营，并开展与上述产业有关的投融资、物流、贸易等业务，是兖矿集团在内蒙古自治区开展的煤化油综合开发的多元化新型能源企业。

兖州煤业鄂尔多斯能化公司成立以来，在鄂尔多斯建成3对（转龙湾煤矿、石拉乌素煤矿、营盘壕煤矿）千万吨级特大型矿井和180万吨煤制甲醇转烯烃一期60万吨甲醇项目，收购兼并和改造升级安源、文玉两个地方煤矿，参股伊泰准东铁路公司25%股权，拥有一个煤炭运销分公司，煤炭产能达到3000万吨/年、化工产能达到60万吨/年；同时荣信化工二期“年产40万吨煤制乙二醇和30万吨聚甲氧基二甲醚（DMMN）项目”建成试产，初步形成“园区化、高端化、智能化”产业集群。截至2018年底，鄂尔多斯能化公司已完成投资480亿元，累计上缴税费近78亿元，职工超过10000人

（在册职工5500人，相关服务人员4800人）。

兖州煤业鄂尔多斯能化公司成立以来，始终坚持党建引领企业治理，坚守安全、环保、廉洁、稳定四条红线，不断转变经济发展方式，深入推进精益管理，将创新创效贯穿生产建设全过程，将践行社会责任、促进当地发展融入企业发展战略，有效保证了企业的高质高效发展。

坚持把方向、管大局、保落实，发挥党委领导核心和政治核心作用。兖州煤业鄂尔多斯能化公司党委坚持不忘初心、围绕中心、瞄准靶心，牢固树立"抓好党建工作是最大政绩"思想，牢记"创造智慧动能、引领能源变革"的企业使命，积极培育"智慧加汗水、忠诚加担当"理念，大力弘扬"忠诚、担当、创新、开放、卓越"企业核心价值观，积极构建"12345+N"党建工作运行体系，创新落实集团公司国企党建"双入双创"新模式，把党组织嵌入公司治理结构各环节、把党建工作融入企业生产经营全过程，将创新、创效贯穿党建工作各领域，推动党建工作由定性向定量、由"软任务"向"硬指标"转变。以改革创新精神加强和改进党的建设，以党建精益管理为抓手，创造性推进党的基层组织建设、全员素质提升、企业文化建设、作风建设、和谐建设五个"三年提升工程"落实，编制《党建创新实践指南》《过硬党支部建设指导手册》《精益党建考核评价标准》，对"五个三年提升工程"进行分解，逐项明确具体工作内容、"操作规程""项目负责人"和完成时限，确保了党建工作任务清、责任明、落实准、做实功、求实效、出实绩，为公司开创改革发展新局面提供了思想保证、组织保障和动力支持。

坚持建设与生产并重，靠人才、技术、资金支撑，规模当量不断提升。安源煤矿是兖矿集团在鄂尔多斯地区整合的第一对生产矿井，位于伊金霍洛旗纳林陶亥镇，2010年12月1日正式接管，核定生产能力120万吨/年，被评为内蒙古自治区质量标准化一级矿井、国家二级质量标准化矿井。

荣信化工位于内蒙古自治区鄂尔多斯市达拉特经济开发区。一期60万吨甲醇项目投资51.1亿元。3000吨级水煤浆气化炉是目前全国，乃至全世界单机装置最大、最先进、科技含量最高、综合利用水平最强的装置之一。项目已于2014年7月9日建成投产。二期年产40万吨煤制乙二醇30万吨聚甲氧基二甲醚项目于2017年11月开工建设，并开展世界单炉日处理煤量最大的4000吨级水煤浆气化关键技术研发。项目预算总投资76.8亿元，占地约1268亩。项目建成后年均产值35亿元，年利润总额10亿元，年均税后利润7.75亿元。荣信化工曾荣获内蒙古自治区"高新技术企业""研究开发中心"等荣誉称号。

文玉煤矿位于伊金霍洛旗纳林陶亥镇。2011年7月20日正式接管，核定生产能力300万吨/年，为内蒙古自治区质量标准化二级矿井。2018年10月，矿井核定生产能力120万吨/年。

转龙湾煤矿是2011年1月28日兖矿集团通过竞拍方式，以78亿元获得转龙湾煤矿采矿权。井田东西长8.5千米，南北宽5.1千米，面积43.46平方千米。煤矿采用斜井运输方式，设计生产能力500万吨/年，煤矿及选煤厂估算项目资金28亿元。2018年底，矿井已经核增到1000万吨/年，现已实现核增即达产，达产即达效。

石拉乌素煤矿由昊盛煤业有限公司建设。兖州煤业股份有限公司拥有昊盛煤业公司 77.74% 股权。石拉乌素井田面积 70.644 平方千米；井田地质资源/储量 23.59 亿吨，设计可采储量 14.5 亿吨，煤矿采用立井提升方式，工业场地内共布置 3 个井筒及配套规模洗煤厂，设计生产能力 1000 万吨/年，煤矿及选煤厂估算项目总资金 46 亿元。该矿正处于联合试运转期间。

营盘壕煤矿是兖矿集团在鄂尔多斯市落地的第一个化工项目，即年产 180 万吨甲醇转烯烃的配套项目。井田面积 113.41 平方千米，井田地质资源/储量 22.6 亿吨，设计可采储量 11.8 亿吨，煤矿采用立井提升方式，工业场地内共布置 3 个井筒及配套规模洗煤厂，设计生产能力 1200 万吨/年，概算投资 67.7 亿元（不含资源价款）。目前矿井已经建成，各系统达到安全生产标准要求。

坚持绿色低碳发展方向，强化环保源头治理。兖州煤业鄂尔多斯能化有限公司牢固树立绿色发展理念，按照“洁净煤炭、精细化工”发展方向，以资源节约、环境改善、生态修复为核心，创建资源节约型、环境友好型企业，实现绿色低碳可持续发展。先后投资 22.3 亿元新建、革新污染物治理设施，不断加大污染治理力度，高效推进源头防控和绿色发展，着力实施“蓝天、碧水、净土”污染防治攻坚战。一是坚持保护优先。坚决落实生态保护红线、环境质量底线、资源利用上线硬约束，深化新旧动能转换工程，推动形成绿色发展方式和生活方式，坚定不移走生产发展、生态良好的文明发展道路。二是超前性谋划。把握党和国家深入推进生态文明建设的新形势、新部署、新要求，密切关注进入环保领域的新产业、新业态、新模式、新技术，抢占生态文明建设先机。在化工、煤矿单位实施废水零排放工程，其中荣信化工工业用水循环利用率达到 99.9% 以上，污水综合利用后通过蒸发结晶工艺制成工业盐销售实现零排放；石拉乌素、营盘壕煤矿新建矿井水零排放项目，采用超滤+反渗透+蒸发结晶工艺，将矿井水含盐量降低至 1000 毫克/升，达到工业用水标准，实现综合利用，浓盐水利用蒸发结晶工艺做成工业用盐。同时，各化工厂及矿井锅炉设施全部完成超低排放改造，实现锅炉烟气超低排放。三是开发式治理。将环境恢复治理与产业发展相融合，加强与地方环保部门及科研机构、施工单位合作，当好项目召集人，引进战略合作伙伴，打造绿色环保经济产业园。转龙湾、石拉乌素、营盘壕煤矿利用当地特有的天然沟壑、废弃取土坑等地貌，采用生态治理修复技术，利用矸石充当填充物，实现矿井、当地生态双赢。四是资源化利用。以文化、旅游、休闲、商贸为导向，以生态恢复为主题，积极开发城市生态绿心功能区，实现矿山及周边地区景观化，使矿山废弃地成为旅游观光的新热点、绿色生态的新亮点、经济建设的增长点。

兖州煤业鄂尔多斯能化有限公司将充分发挥兖矿集团技术、产业、人才、管理、品牌和投融资平台等优势，与地方区位、环境、资源与发展等优势充分融合，推进煤电联营、煤化联产、产贸联动，加大战略合作、兼并重组力度，最大限度释放增量潜能，打造全国一流示范矿井和高端化工园区集群，力争五年内实现煤炭产能 1 亿吨、化工产品产能 1000 万吨，十年内煤炭产能 1.2 亿吨、化工产品产能 2000 万吨，在陕蒙建成行业领先战略支撑基地。

山东能源集团鄂尔多斯企业

山东能源集团是山东省属国有独资公

司，总部位于山东省济南市，权属企业分布在山东、山西、陕西、内蒙古、新疆、贵州等十多个省（自治区）及加拿大、澳大利亚等国家和地区，是世界500强企业。

山东能源集团从2004年开始进入鄂尔多斯市投资兴业，截至2019年，鄂尔多斯境内共有项目27个，其中煤炭项目14个（投产8个、在建5个、筹建1个），拥有资源储量70.79亿吨，总设计规模5280万吨/年；煤炭转化项目10个（已投产3个、在建4个、规划3个）；配套项目3个（均已建成），已累计完成投资400多亿元。

山东能源集团在鄂尔多斯市开发建设主要分布在以下两个区域。

一、鄂尔多斯市上海庙能源化工基地

山东能源集团在鄂尔多斯市上海庙能源化工基地拥有煤炭资源储量47.23亿吨，规划产能2860万吨/年，其中生产矿井3个（长城一矿300万吨/年改扩建、长城二矿400万吨/年改扩建、榆树井煤矿300万吨/年），在建矿井4个（长城三矿500万吨/年、长城五矿180万吨/年、长城六矿180万吨/年、新上海一号煤矿400万吨/年），筹建矿井1个（鹰骏三号煤矿600万吨/年）。

规划在上海庙能源化工基地建设520万吨/年捣固焦、4.8亿立方米/年焦炉煤气制液化天然气项目。一期130万吨/年捣固焦和1.2亿立方米/年焦炉煤气制液化天然气项目已经建成投产。二期130万吨/年捣固焦和1.2亿立方米/年焦炉煤气制液化天然气项目正在建设。

规划总装机7400兆瓦电厂项目。控股建设的山东能源盛鲁电厂2×1000兆瓦超超临界空冷发电机组电厂项目已于2017年5月24日开工，项目总投资预计67.52亿元，累计完成投资534012万元；新矿内蒙古能源公司2×350兆瓦综合利用热电联产项目手续已经报送国家能源局并已开工建设；临矿上海庙矿业公司2×350兆瓦低热值煤发电项目手续已报送内蒙古自治区发改委。临矿参股建设的国电双维2×1000兆瓦超超临界空冷发电机组电厂项目已于2019年6月开工建设。新矿参股建设的北方联合电力长城电厂已获得核准。

装备制造项目：满足5000万吨/年生产能力矿区装备制造基地项目已建成投入使用。

其他配套项目：总规模1700万吨洗煤厂项目，干熄焦余热发电（4×25兆瓦发电机）项目。已建成投产榆树井煤矿洗煤厂产能300万吨/年、新上海一号煤矿洗煤厂产能400万吨/年、长城一号煤矿洗煤厂产能300万吨/年、中心洗煤厂产能700万吨/年（规划1000万吨/年）。

二、鄂尔多斯中东部能源化工基地

山东能源集团鄂尔多斯中东部能化基地煤炭项目拥有资源储量23.56亿吨，规划产能1820万吨/年，其中生产矿井4个（杨家村煤矿500万吨/年、巴彦高勒煤矿400万吨/年、金正泰露天煤矿300万吨/年、石场湾煤矿60万吨/年），在建矿井1个（油房壕煤矿500万吨/年）。

鄂尔多斯中东部能源化工基地煤化工投资项目4个。截至2019年底，建成2个，在建项目2个，其中世林化工4×30万吨/年甲醇项目一期30万吨/年已经建成，亿鼎化工60万吨/年合成氨104万吨/年尿素项目正在建设。2013年10月，山东能源集团收购了杭锦旗新源供热和杭锦旗聚野煤化60万吨/年煤焦化配套2×12兆瓦自备电厂两个项目，新源供热已建成，聚野煤化项目已作为“僵尸企业”

进行处置。

内蒙古伊泰集团有限公司

内蒙古伊泰集团有限公司（简称伊泰集团公司）前身为伊克昭盟乡镇企业公司，总部位于鄂尔多斯市东胜天骄北路。1988年3月，经中共伊克昭盟委员会批准，原伊克昭盟乡企业处副处长张双旺组织政府机关超编人员创立了伊克昭盟乡镇企业公司，至1996年，先后更名为伊克昭盟煤炭公司、伊克昭盟煤炭集团公司。2000年10月，经产权制度改革变为国有控股企业，更名为伊克昭盟煤炭实业集团有公司。2001年11月，通过资产重组改制为非公有制企业，重新注册为内蒙古伊泰集团有限公司，形成以煤炭生产、运输、销售为基础，集铁路与煤化工为一体，以房地产开发、生态修复及有机农业等非煤产业为互补的清洁能源企业。截至2018年底，伊泰集团公司设有9个职能部门，3个直属管理中心，6家全资子公司，11家控股公司，14家参股公司，资产总额1131亿元，员工总数7073人。

30年的发展历程中，伊泰集团公司始终坚持党建引领企业治理，不断转变经济发展方式，将环境保护和社会责任融入企业发展战略，有效地保证了企业的健康发展。

坚持党建引领，为企业发展提供政治保证。伊泰集团公司成立伊始，积极探索构建“现代企业制度院的建设+环境保护+社会责任”四位一体的企业治理模式，实行“党政交叉任职”的复合型领导体制。在党建工作定位上，可概括为“一核心三优势”，致力把党的政治优势转化为企业发展的机遇优势。人才优势与和谐优势。创建了“一融合双培养三引领”的党建工作法，即坚持党企融合，把党员培养成企业人才、把企业人才培养成党员，引领先进企业文化、引领构建和谐企业、引领履行社会责任。确立了“哪里有项目哪里就有党支部，市场拓展到哪里党建工作就深入到哪里和党员就流动到哪里”的管理目标。制定了“不违规、不违法、不打擦边球”的“三不政策”。提出“四个不变”原则，即“坚持和加强党对企业的领导，伊泰集团党委是领导核心不变；坚持合法经营，照章纳税，两个文明建设协调发展的方向不变；坚持依靠广大职工，充分尊重广大职工主人翁地位的宗旨不变；坚持为地方和国家做贡献的思想不变”。坚持推动企业文化铸魂工程，逐步完善“我的伊泰，我的家”伊泰企业文化，形成以“家以方圆、感恩回报”“诚行天下，创享未来”为核心理念的“家文化”体系。党的十八大以后，伊泰集团党委更加注重发挥政治核心和政治引领作用，不断创新党建工作，强化党建特色，突出党建亮点，丰富党建经验，筑牢基础党组织的“根”与“魂”。截至2018年底，集团公司党委下设5个党总支，63个党支部，党员总数1910名，占到职工总数的27%。1996年，集团公司党委荣获“全国先进基层党组织”称号。

坚持转变经济发展方式，经济实力显著增强。伊泰集团一直坚持“以煤为主、多元互补”的一体化发展战略，做强做大煤炭主业成为伊泰的利润之源和长足发展的基础保障。从15万吨/年的小矿起步，到1500万吨/年的特大型矿井投产，先后经历了资源整合、技术改造、矿井压产的发展过程。到2018年底，全集团拥有生产矿井11座，总产能超过6000万吨/年，实现了地区煤炭生产的安全高效与集约化。控股铁路煤炭专运线7条，总里程超过500千米。在煤炭主业发展壮大的同时，伊泰集团十分注重煤炭资源的产品升级和转化，于2009年在准格尔旗建成并投产具有我国自主知识产权的16万吨/年煤间接液化项目，并实现了达产、达标和盈利，该项目曾获得国家能源局科技进步奖、内蒙古自治区科技进步一等奖。2017年9月，在杭锦旗建设的伊泰120万吨/年精细化学品项目实现了满负荷运行。正在实施的还有新疆100万吨/年、准格尔大路200万吨/年、甘泉堡200万吨/年3个煤制油项目。

伊泰集团坚持转变经济发展方式与产业升级，经济贡献率连续多年位居鄂尔多斯市地方企业之首。2018年，生产商品煤6064万吨，铁路发运煤炭1.06亿吨，销售煤炭8988万吨；生产各类油品及化工品108.82万吨，销售109.56万吨；销售商品房21万平方米；实现营业收入416亿元、净利润66.8亿元，缴纳税费80.9亿元。1988—2018年，累计实现利润559.8亿元，缴纳税费715亿元。其间，伊泰集团先后荣获"国家煤炭工业现场管理最佳企业""全国煤炭工业优秀企业金石奖""全国就业与社会保障先进民营企业""全国模范劳动关系和谐企业""全国文明单位""全国民族团结进步模范集体""第四届中国工业大奖表彰奖""中华慈善奖""内蒙古自治区首届主席质量奖"等荣誉。坚持安全、环保源头治理，有力支撑企业发展。伊泰集团秉承"两个宁可"理念，不断夯实安全基础，投资2亿多元，为煤矿装备了安全生产监测监控系统、程序调度通信系统、井下人员定位系统、井下无线通信系统、气体束管监测系统、工业电视和大屏幕系统及系统集成综合自动化生产调度指挥平台。投资近5000万元完成"数字煤矿安全生产综合管理信息系统关键技术研究与应用"项目，搭建了以各煤矿为主体的综合展示界面，可在任意地方实时掌握煤矿六大系统、综合自动化等安全监测信息，实现了公司内部生产板块各类专业数据共享与安全生产实时监控。30年间，伊泰集团原煤生产百万吨死亡率除2014年为0.039，其他年度均为零。

伊泰集团公司始终坚持加强生态环境建设与保护，坚持综合治理与"边开采、边治理"相结合，累计投入环保建设资金约10亿元，完成了矿区环保设施的升级改造，各单位工业场地绿化率达95%以上。其中，所属的四家煤矿均已被国土资源部评为绿色矿山建设试点单位。采取"企业+农户"的造林模式，在杭锦旗库布齐沙漠征用50万亩沙地用于碳汇林建设，并在周边地区与农牧户合作造林。至2018年底，累计完成投资近4亿元，造林总面积达34万亩，防风固沙总面积达到84万亩。在为煤化工项目提供碳汇保障的基础上，同时为鄂尔多斯西部搭建了绿色生态屏障。

坚持人民为中心，积极履行社会责任。伊泰集团作为内蒙古自治区最大的地方煤炭企业，在自身快速发展的同时，用实际行动践行慈善公益，感恩回报社会。2007年至今，伊泰集团一直重点帮扶杭锦旗吉日嘎朗图镇，累计投资1.6亿元，开展黄河南岸现代农牧业科技示范基地建设，开发、整合农业高效示范田近7万亩，使当地农牧民人均增加耕地面积50亩，年人均增加收入1.5万元。2008年，在我国南方发生雨雪冰冻灾害、煤炭供需趋紧、许多煤炭企业纷纷涨价的形势下，伊泰信守承诺，严格按照合同约定数量、价格、质量供货，倾力支援南方灾区，20天内抢运优质煤炭220万吨，超额完成国家下达的目标任务，受到了国家发改委的表扬。截至2018年底，累计向社会公益事业无偿捐资超过10亿元，其中捐助教育事业超过5000万元、抗震救灾8500多万元、医疗卫生近1亿元、文体事业1.4亿元、扶贫及新农村建设超过2亿元、其他基金近1.5亿元。伊泰集团的善举受到国家及社会各界的广泛赞誉，被内蒙古自治区宣传部授予“公益之星”，先后五次被国家民政部授予“中华慈善奖”；其中2014年被中华慈善总会授予“第二届中华慈善突出贡献奖”。

内蒙古汇能煤电集团有限公司

内蒙古汇能煤电集团有限公司（简称汇能集团）成立于2001年，现有子公司58家，总资产610亿元，员工近万人，是以煤炭、电力、化工为主业，集金融、地产、路桥、物流等产业于一体的大型股份制企业。汇能集团自成立以来，累计生产原煤4亿吨，上缴税费378亿元，年平均实现营业收入150亿元。汇能集团现已形成4500万吨/年煤炭、21万千瓦电力、4亿立方米/年煤制气、4亿立方米/年液化气生产能力。2018年，实现营业收入194.51亿元，上缴各项税费50.47亿元，位居中国民营企业500强第462位。

优质高效的煤炭产业。煤炭是汇能集团的基础产业。现有煤矿19座（主要分布于鄂尔多斯南部精煤区、伊金霍洛旗新街矿区、乌审旗纳林河矿区等市县），已经投产10座，全部为机械化开采，总产能4500万吨/年，洗选能力2000万吨/年。煤炭百万吨死亡率连续13年为零，安全管理水平居同行业企业前列。加上目前正在建设的长滩2000万吨/年露天煤矿、白家海子1500万吨/年煤矿等9座新建煤矿，今后5~8年，汇能集团公司煤炭产能将达到1亿吨/年，成为国家特大型煤炭企业。

引领示范的煤化工产业。现代煤化工是汇能集团的新兴产业。年产16亿立方米煤制气项目于2009年12月经国家发改委核准，是国家发改委首批核准的煤制气示范项目之一，项目总投资200亿元，分两期建设。一期工程年产4亿立方米煤制气及其液化生产线于2014年10月正式投产，现累计生产LNG 110多万吨，并创造了连续安全稳定运行600多天的纪录。二期工程目前正在紧张建设当中。

迅速崛起的电力产业。电力是汇能集团的重点产业。2006年，汇能集团所属蒙南发电公司2×6万千瓦供热机组建成投产，加上煤制气项目9万千瓦动力机组，现装机规模21万千瓦。作为蒙西至天津南特高压输电通道的配套电源点之一，汇能长滩2×66万千瓦超临界燃煤发电项目正在建设，计划于“十三五”末建成投产，届时汇能集团将形成153万千瓦电力生产能力，全面构筑起“大煤炭、大化工、大电力”的主导产业新格局。

势头强劲的物流产业。汇能集团物流产业以煤炭外运和液化天然气外销为主，外销煤炭属特低硫、特低磷、特低灰、高发热量的优质环保动力煤，通过铁路直达或港口中转等方式远销东南沿海等地，年发运煤炭300万吨左右。汇能集团与河北省邢台市、天津市宝坻区等20多个市、县、区签订了清洁能源战略合作协议，在京津冀陕等地建设LNG、LCNG加气站，现已建成投运13座，直接向用户提供车用燃料、工业和民用液化天然气，年外销液化天然气20万吨。

蓬勃发展的非煤产业。汇能集团积极实施多元化经营战略，不断调整优化产业结构，壮大非煤产业规模，努力实现多元发展、转型发展、创新发展、高质量发展。金融产业方面，注资25亿元成立了汇能小额贷款公司，累计发放贷款48亿元，有力支持了当地中小企业发展，汇能商业银行正在申报审批当中。房地产业方面，汇能房地产公司在东胜区开发建设了总面积45.66万平方米的汇能商务办公区和两个住宅小区，在北京市丽泽商务区投资30亿元建设了总面积16万平方米的汇能鼎兴大厦项目。路桥产业方面，汇能集团公司参股建设了新包神铁路、准朔铁路和大马铁路，以BOT模式建设了边贾、边府两条矿区公路，突破了南部精煤区煤炭运输瓶颈制约，打通了沿线村镇农副产品外运通道，促进了地方经济发展。水务产业方面，汇能集团在鄂尔多斯市悖牛川流域建设了300平方千米水源保护地，建成4个地表水蓄水湖，年供水能力1200万吨，有效保护了悖牛川流域的生态环境，解决了汇能煤化工园区及周边矿区村民的生产生活用水问题。

积极履行社会责任。汇能集团自成立以来，始终以“四源（园）精神”为统领，即努力把汇能集团打造成为“人民政府的财源、股民回报的来源、职工幸福的家园、民众致富的乐园”，在自身发展壮大的同时，积极履行社会责任，累计为灾区及贫困地区捐资、助学、扶贫、供煤、修路等折合人民币4亿多元，受益群众8万余人，被自治区党委、政府评为“全区履行社会责任先进企业”和“扶贫济困爱心单位”。

内蒙古蒙泰集团有限公司

内蒙古蒙泰集团有限公司（简称蒙泰集团）成立于2001年，是一家以高端铝合金材料生产和深加工为龙头，以煤、电、铝、材及城市供热一体化为基础产业，以投资和发展助力乡村脱贫致富的现代农牧产业为重点的大型民营企业。现有员工4600余人，资产总额近300亿元，年营业收入200多亿元，位列自治区民营企业百强第六位。

蒙泰集团以“让有限资源无限化、让无限事业绿色化”为使命，以绿色发展，科技强企理念为指导，成功构筑了以高端铝合金材料生产和深加工为龙头的“煤—电—铝—材”一体化现代工业产业链和以助力乡村脱贫致富为己任的高附加值现代农牧业产业链，走出了一条资源利用与生态建设协调发展、传统产业与科技创新相互支撑、产业循环与转型升级齐头并进的高质量发展道路。

蒙泰集团积极依托新科技，不断加大科技创新投入，提高科技含量和附加值，推动产业转型升级。围绕构建“煤—电—铝—材”一体化产业体系目标，蒙泰集团于2017年在鄂尔多斯达拉特工业园区投资建设了50万吨/年原铝生产项目。在此基础上，依托上海交通大学材料学院在高端铝合金材料方面的先进技术和人才资源支撑，投资建设了20万吨/年高端铝合金材料、坯料生产项目。通过研究开发可代替进口的高端铝合金材料和深加工产品，提升产业层次，推动转型升级。

蒙泰集团立足高科技，在研发创新上先试先行。与上海交通大学成立昆山晶微铝合金新材料研究院，联合研发航空大扁锭液态3D打印装备，最终将在蒙泰铝产业园生产替代进口的大尺寸、高性能铝合金圆锭和大扁锭。同时，蒙泰集团还与华东理工大学、东北大学、中国科学院过程所、北京信息科技大学等国内多所知名大学、科研院所进行合作，联合开展高铝粉煤灰综合利用、无人飞行器快递柜等新型项目研发，并积极关注和探索新型薄膜太阳能技术。

蒙泰集团放眼全球，着意与世界优秀企业合作，整体收购了欧洲著名铝加工企业，依托该公司现有的业务和平台资源，着手建立蒙泰欧洲高端铝产品研发中心，研究开发高端铝合金材料和深加工产品，并借助该公司既有品牌、技术、人才和潜在市场资源，在中国投资建设高端铝型材和深加工项目，进而开拓中国乃至全球高端市场，逐步实现蒙泰铝产品业务的国际化。

蒙泰集团不断提升煤炭资源就地转化力度和清洁循环高效利用水平，努力做大做强煤、电、铝产业，发挥传统产业在“煤—电—铝—材—深加工”一体化循环产业战略中的支撑作用。目前，蒙泰集团有全资矿井 3 座，其中范家村煤矿于 2008 年投产，核定年产能 240 万吨，配套的范家村洗煤厂 2012 年投产，年洗选能力 600 万吨；新鑫煤矿于 2013 年投产，核定年产能 120 万吨；满来梁煤矿于 2014 年投产，核定年产能 360 万吨。蒙泰集团参股建设铁路 6 条、集运站 3 个，煤炭年储装发运能力 2000 万吨。已建成电力装机容量 202 万千瓦，城市供热能力 2000 万平方米；蒙泰东胜 2×66 万千瓦热电联产机组已经开工建设，届时公司电力装机容量将达 334 万千瓦，城市供热能力将达到 4000 万平方米。原铝年产能 50 万吨、年产能 20 万吨的高新铝合金项目正在建设。未来将根据高端铝合金材料和深加工项目原料需求情况，适时新建配套原铝项目。

蒙泰集团深入贯彻生态优先，绿色发展理念，将绿色、环保、清洁理念落实在每一条产业链上，力求产业发展与生态环境的和谐统一。蒙泰北骄电厂主要污染物排放已提前达到燃气机组排放标准；蒙泰铝厂的整体环境以及环保节能标准，达到同行业领先水平。蒙泰集团精心打造的花园式工厂和绿色矿山，已成为能源企业绿色发展的新名片。

蒙泰集团秉承感恩理念，在坚持自身发展的同时，持续不断的回馈社会。近十多年来，蒙泰集团先后在生态环境治理、社会赈灾、贫困救助，以及地方教育、文化体育事业发展方面，累计捐款捐物近 2 亿元。同时，全力支持乡村振兴和精准扶贫事业的发展，重点投资建设了以黑驴养殖为主导，以威士忌酿酒为特色补充，以有机种植—特色酿酒—生态养殖—文化旅游为主线的有机互补、循环联动的高附加值农牧业产业链。目前，蒙泰黑驴养殖项目已完成投资 2 亿元，黑驴存栏数达到 2000 头。计划两年内，再投资 3 亿元，养殖规模达到 1 万头，并以此带动当地农牧民发展种植、养殖、旅游等产业，带领当地逐步走上绿色高端、品牌增收的道路，最终形成以生态治理为基础，以带动当地农牧民脱贫致富为目标的现代化农牧业生态圈。

内蒙古伊东资源集团股份有限公司

内蒙古伊东资源集团股份有限公司（简称伊东集团）是按照资源资产资本化、产业发展一体化、经营运作法人化、产品成本市场化方式组建的现代化大型综合能源化工企业集团，始建于 1985 年，前身为准格尔旗煤炭工业公司，是地方国有企业，经 1998 年、2000 年两次转制，现为民营股份制企业。经过 34 年发展，形成煤炭、化工、非煤三大产业板块。截至 2018 年底，公司设有 7 个职能部门，8 家一级子公司，总资产 394 亿元，员工 5190 人。

三十多年的发展历程中，伊东集团始终坚持“煤炭为主体、煤炭转化和非煤产业为两翼”的发展战略，实施创新驱动战略，入选中国企业 500 强、中国民营企业 500 强、全国煤炭企业 100 强、全国煤炭企业产量 50 强、内蒙古民营企业

100强；是全国精神文明建设工作先进单位、全国社会扶贫先进集体、国家级循环经济示范试点单位、内蒙古自治区煤炭生产重点企业和电力大用户，同时也是地方纳税和就业大企业。

持续发展煤炭主业。伊东集团始终坚持发展煤炭主业，在煤炭技改方面走在了全市前列。为了充分利用资源、保护资源，按照现代化安全高效矿井标准，投资40多亿元完成矿井综合机械化改造及配套洗煤厂建设。所属煤矿均建成现代化、标准化、高产高效矿井。现有煤矿15座，煤炭核定产能2670万吨/年，洗选能力2300万吨/年，形成窑沟、神山、古城三大矿区。伊东集团与华能、大唐、华电等五大电力集团形成了长期稳定的合作关系，年供煤650多万吨。在包头古城湾和官牛犋、秦皇岛、京唐港、曹妃甸设有转运站和销售机构，形成完整的生产、洗选、集装、运输体系。在资源整合、技术改造过程中，伊东集团开拓创新、积极变革，积累了宝贵的煤炭技术改造经验。一是淘汰了落后的房柱式开采法，采用了当时最先进的综合机械化采煤工艺，为近水平煤层最安全、采出率较高的机械化采煤方式。二是积极进行煤矿综合机械化改造。因过去的开采工艺存在安全不能保障、资源浪费严重、采出率低等诸多弊端，为合理开发、有效利用煤炭资源，保证安全，扩大规模，伊东集团在2003年以所属扶贫煤矿为试点，采用当时最为先进的综采放顶煤技术，对采煤工艺进行技术改造。2005年8月，扶贫煤矿近水平特厚煤层综合机械化开采改造完成，矿井煤炭采出率达到81%以上，成为鄂尔多斯地方煤炭企业中首座综采放顶煤矿井。三是投资9亿多元为煤矿配套建设8座洗煤厂，生产适销对路、品质优、价格高的环保洗选煤。在选择煤炭洗选方式上，结合矿区原煤特点，率先引进并使用了重介浅槽洗煤技术，使煤炭洗选效率大大提高。针对公司所属煤矿煤矸石中富含大量高岭岩，引进并使用重介转鼓技术，从煤矸石中洗选高岭岩，建成先进的机械化高岭岩洗选厂。四是革新煤炭储装技术，建造现代化环保煤炭战略装车基地。为解决煤炭外运问题，提升产品效益，伊东集团对露天储煤场装车技术进行革新，建设集卸、储、装为一体的全封闭、环保型快速煤炭装车基地。2008年10月，内蒙古呼铁伊东古城湾战略装车基地在包头正式投入运营。基地建有3个全封闭球钢网架穹顶储煤仓，整个储存、输送煤炭的过程全部在封闭状态下进行，系统装车速度快，自动化程度高，作业流程精准，卸、储、装、运全封闭作业，符合国家环保标准和生态文明建设要求，被铁道部列为华北地区铁路网集疏运的重点基地。

大力发展化工和非煤产业。为调整产业结构，实现转型升级，伊东集团积极推进企业由煤炭向煤化工转型发展，大力发展循环经济，实现煤炭资源就地转化，清洁利用。累计投资170亿元建设沙圪堵循环经济化工园区、大路煤化工园区和乌兰察布市旗下营氯碱化工园区，就地转化煤炭700多万吨，形成年产440万吨煤化工产能。为充分发挥地域和资源优势，伊东集团于2004年开始规划建设沙圪堵循环经济产业基地，实施干馏煤项目建设，以提高原煤附加值，实现就地转化。该项目利用本地区不黏结煤采用干馏技术，累计投资60亿元，2009年8月建成投产，形成60万吨/年兰炭、10万吨/年甲醇、2×50兆瓦热电联产项目。2007年，伊东集团被列为国家级循环经济示范试点企业。2009年5月，东华能源公司一期60万吨/年煤制甲醇项目在大路煤化工园区开工建设，总投资40亿元，于2012年10

月正式投产。2010 年，伊东集团响应自治区号召，打造旗下营化工园区。2010 年 10 月，东兴氯碱和聚氯乙烯树脂及综合配套化工项目开工奠基仪式隆重举行。2012 年 8 月电石项目投产，后续项目于 2013 年 12 月全面建成投产，项目总投资 70 亿元。伊东集团在持续发展煤炭主业和大力发展化工产业的同时，加大非煤产业投入。2001 年 3 月，伊东集团年产 3 万吨高岭土项目一期工程立项审批。2001 年 7 月，在准格尔经济开发区新建年产 1200 吨煅烧高岭土项目，远期规划目标为 3 万吨。

伊东集团全力推进三大化工园区建设，“一体两翼”发展战略获得前所未有的实践。目前，所建设项目均已投产、达产、稳产，技术、工艺、设备先进，产品质量高，并已成功研制出纳米高岭土、型焦等产品。同时，多元化发展战略取得了显著成绩，为地方经济发展作出了贡献。2018 年，生产原煤 1642.96 万吨，销售商品煤 1531.31 万吨；生产各类化工产品 267.79 万吨，销售 212.64 万吨；实现营业收入 98.29 亿元，实现利润总额 5.14 亿元，上缴各项税费 14.13 亿元。1997—2018 年，累计实现利润总额 47.11 亿元，上缴各项税费 139.43 亿元。

以安全和环保筑牢企业发展基础。伊东集团坚持“不安全不生产、生产就必须保安全”的宗旨，着力强化安全生产工作红线意识，将贯彻落实企业安全生产主体责任放在了重要位置。近年来，累计投入资金 8.87 亿元用于安全生产工作。一是着力构建综合自动化平台。2011 年，建成监测监控视频集中调度系统及视频会议系统，实现了监测、监控、调度、指挥一体化。二是完善应急救援体系建设。所属矿山救护中队于 2007 年通过内蒙古自治区三级矿山救护队资质验收；2011 年，又增设了煤矿辅助救护队，进一步增强了突发安全事故的应急救援能力。三是认真开展安全生产标准化工作。所有煤矿均通过安全生产标准化验收。2007 年，窑沟扶贫煤矿建成鄂尔多斯市首座安全质量标准化 A 级矿井。

在做好安全工作的同时，伊东集团坚持“环保与安全并重”的原则，严格贯彻落实环境保护政策，积极开展环境整治和生态环境恢复治理工作，专门成立绿化公司，对所属矿区进行植树造林。目前，已经恢复植被面积 42520 亩，累计投入资金 4.1 亿元，用于矿区防尘、土地复垦、植被恢复、水土保持等环境保护工作，使生产建设与生态建设同步进行，取得了明显效果。

以党建为引领履行社会责任。伊东集团历来重视党建工作在民营企业中的作用，以“四位一体”党建工作模式助力企业发展。“四位一体”工作模式就是公司工作由党委会、董事会、监事会、经营管理层协同开展，董事会管决策，监事会管监督，经营管理层管生产经营，党委管思想政治、企业文化、考核验收。伊东集团党委把党组织的战斗堡垒作用和党员的先锋模范作用作为连接四个轮子的传动轴，实现四轮驱动，保证公司沿着正确的方向稳定发展。在“四位一体”党建工作模式的引领下，伊东集团将党支部建到了矿区、车间等生产一线，党组织成为推动企业生产经营的中坚力量。2012 年 3 月 21 日，伊东集团党建工作作为全国 19 家非公企业典型案例之一，在全国非公企业党建工作会议上进行了交流。

伊东集团以党的建设引领履行社会责任，牢固树立“社会支持伊东、伊东回报社会”的企业发展理念，将支持和赞助社会公益事业摆在重要议事日程，在各项社会事业上累计投入 8 亿多元。在村企共建上，伊东集团及下属企业与所在地村社结对帮扶，投入1亿多元帮助村社改善基础设施，促进村民脱贫致富。积极响应国家“精准扶贫”号召，累计捐资700多万元。在助医助学上，赞助准格尔旗人民医院300万元；捐资1000万元用于鄂尔多斯大学建设；捐资200万元参与建设准格尔旗世纪中学，捐资100万元建设鄂尔多斯第一中学；董事长杨二喜个人捐款100万元建设神山小学。在公益赞助上，为汶川、玉树、雅安地震共计捐款400万元。2017年，为沙漠论坛捐资200万元，捐资200万元建设伊东广场，捐资520万元建设“煤海明珠”塔。历年赞助红十字会、“博爱一日捐”230多万元。在矿区移民上，伊东集团投资4000多万元建设神山矿区移民新村，安置400多名当地居民入住，并实现了统一供暖、供水、供电，统一物业管理，统一文教卫生的“三统一”，有效提高了当地村民的生产、生活水平。

内蒙古满世煤炭集团股份有限公司

内蒙古满世煤炭集团股份有限公司（简称满世集团）隶属于满世投资集团有限公司，是在原内蒙古满世煤炭集团有限责任公司基础上整体改制的股份制企业。公司注册资本金5亿元，是以煤炭生产、煤炭物流、煤炭销售、煤化工为经营业务的大型能源企业，也是中国煤炭企业50强和中国煤炭企业产量50强企业。

满世集团秉承以市场为导向、以客户为中心的经营理念，坚持生产规模化、技术装备现代化、员工队伍专业化、管理手段信息化的“四化”方向，遵循高起点、高目标、高质量、高效率、高效益“五高”原则，加强安全生产管理，加快结构调整，加大科技创新，推进产业升级，积极开展兼并重组，不断强化企业管理，取得了良好的生产经营业绩。

满世集团依托鄂尔多斯丰富的煤炭资源禀赋及优势，以国家和地区发展煤炭产业政策为契机，建成了5座大型现代化生产煤矿，年产销低灰、低硫、低磷、高发热量“环保型”优质动力煤2500多万吨。满世集团还联合长城能源化工公司、中煤能源股份和申能集团等国内大型能源企业组建中天合创能源有限公司，共同投资614亿元建设年产2500万吨煤矿、360万吨甲醇和137万吨烯烃项目。

满世集团确立以建设“大物流”的发展思路，逐步实现以煤炭物流为主的综合性物流产业新格局。目前，已建立了完善的公路和铁路运输网络，配套了煤炭发运基础设施及覆盖全国的销售网络。满世集团拥有运输车辆1000多台，承担着煤炭公路运输任务，同时在呼铁局、太原局拥有稳定的铁路发运计划。在北京、上海、秦皇岛、天津等十几个地区设立销售网点，形成了完整的煤炭产、运、销闭合运营体系；满世集团还参股建设了新包神铁路、准朔铁路和呼准鄂铁路，进一步拓展了煤炭外运渠道和运输能力。

展望未来，满世集团将以科学发展为主题，以加快转变发展方式为主线，大力实施转型升级、科技创新、人才强企、安全发展“四大”战略，坚持规模化、集约化、现代化模式，大力发展园区经济、循环经济，优化产业、产品结构，形成以煤炭生产、煤炭物流、煤炭销售、煤化工四大产业为支柱的产业格局；争取用十年左右的时间，实现“经济总量翻番，再造一个新满世”的战略目标，实现原煤产量5000万吨、营业收入300亿元、资产总额300亿元，努力将公司建设成为国内一流的大型能源企业。

内蒙古神东天隆集团股份有限公司

内蒙古神东天隆集团公司股份有限公司（简称天隆集团）是在原神东天隆集团有限公司的基础上整体变更创立的。总部位于内蒙古鄂尔多斯市伊金霍洛旗，产业分布于全国5省区10多个县市，主要分布在内蒙古自治区鄂尔多斯市、陕西省榆林市、新疆维吾尔自治区昌吉州以及北京等地。现有从业人员8000多人，下设30个子（分）公司，包括8个分公司、17个全资子公司、5个控股公司。其中煤炭生产矿井6个，煤炭集装站3个，矿用产品制造企业5个，矿山建设经营专业化服务企业6个。天隆集团是一个以煤炭生产、销售为核心业务，集矿井建设、机电安装、搬家倒面、煤机维修、矿用产品加工制造、化工产品生产等为一体的综合性大型混合所有制企业。截至2018年底，天隆集团拥有总资产89.43亿元，净资产63.99亿元，年上缴税费10亿元以上。天隆集团成立15年来，坚持“发展企业、回馈社会”的宗旨，积极承担社会责任，累计向社会扶贫帮困，赈灾助学各类慈善捐款超亿元，成为助力地方经济、推动社会发展的重要力量，赢得了地方政府、当地百姓的高度赞誉。

天隆集团以建设富裕、和谐、幸福家园为目标，以成就员工、回报股东、奉献社会为宗旨，不断创新发展理念，转变发展方式，破解发展难题，提高发展质量和效益，融合国有企业的优良传统和民营企业的高效运行机制，统筹兼顾了地方利益、企业利益、股东利益和员工利益，统筹兼顾了主导产业与其他产业可持续健康发展。

天隆集团始终坚持创新发展、绿色发展、安全发展、和谐发展理念，率先在神东矿区全面实现了煤炭生产机械化、自动化、信息化。两大主力直属矿井均建成“国家一级安全质量标准化矿井”“内蒙古自治区特级高产高效矿井”。其中，武家塔露天煤矿已经建成全国首个“国家级绿色矿山”“中华环境友好型企业”。2005年，被列入内蒙古自治区重点煤炭企业行列；2007年，位列全国煤炭企业100强第57位；2007年和2008年，连续两年被中国企业联合会推选为“中国最具影响力企业”；2008年，荣获“中国最具影响力企业”；2008年，荣获“中国最佳诚信企业”；2009年，位列全国煤炭企业100强第50位，煤炭产量50强第31位；2010年，位列全国能源企业500强第193位；2011年，被内蒙古自治区列为“2011—2013年营业收入超百亿元重点扶植企业”和“煤炭资源整合主体企业”。2012年，位列中国煤炭企业100强第67位，煤炭产量50强第44位。

在新的历史时期，天隆集团的发展目标：稳定和谐，凝心聚力，持续发展，综合实力不断增强，打造国内能源行业的知名企业；股东收益持续增长，员工对美好生活的需要不断得到满足；建成富裕、和谐、幸福的天隆家园，为区域经济繁荣和社会稳定作出新的更大贡献。

内蒙古恒东能源集团有限责任公司

内蒙古恒东能源集团有限责任公司（简称恒东集团）成立于2006年4月，注册资金6.3817亿元，总部位于内蒙古准格尔经济开发区，地处晋、陕、蒙三省交界的煤炭“金三角”地带。主营煤炭生产、加工和销售，是一家股份制纯煤炭产业民营企业。原有煤矿3个，2011年煤炭企业兼并重组，又兼并整合了4座煤矿，现有煤矿 7 座（其中露采矿 4 座）。井田总面积 68.28 平方千米，地质储量 5.32 亿吨，设计产能 1320 万吨/年。现有管理人员 210 人，一线生产工人 5000 余人。

恒东集团所属煤矿主要分布在准格尔煤田精煤区，成煤于古生代的石炭纪、二叠纪，温湿气候及反复的海水进退为植物生长提供了良好环境，造就了独一无二的低灰、低硫、高热值的“准格尔绿色环保煤炭”。各煤矿矿区公路干线与京藏高速、荣乌高速、包茂高速连接，大准铁路、准东铁路、准朔铁路都与矿区相邻，形成四通八达的煤炭外运通道。

2018 年，恒东集团入围中国能源集团 500 强，位列第 384 位，连续 7 年荣登“内蒙古民营企业 100 强”，2018 年位列第 34 位。2013 年到 2017 年上半年，公司连续几年负债经营，2017 年下半年开始盈利。当年，煤炭产销突破千万吨。

恒东集团高度重视员工的生命安全，重点加强安全隐患的排查治理。环境保护工作以打造绿色矿山为目标，对社会负责、对当地老百姓负责，开发一块、治理一片，实现可持续发展。一是全面落实煤矿安全生产的主体责任和环境保护工作直接责任。将安全环保工作通过签订目标责任状的形式落实到各煤矿、各部门，并制定了明确的奖惩办法，保证安全生产、环境保护责任不留空当。二是积极开展“安全生产月”等活动，切实加强班前调度会、生产技术培训、警示教育等工作，全体员工抓安全生产和环境保护的自觉性和责任感不断增强，管理的力度明显增加，技术水平有了较大的提高。三是狠抓安全标准化工作，工程质量、支护质量明显提高，员工的操作更加规范有序。实行领导带班下矿（井）等制度，切实加强了对重点部位、重点环节、重点岗位的检查巡视，推行“动态+定期辨识”等办法，安全隐患得到及时有效的整治。四是根据煤矿环评和上级环保部门对环保工作的要求，增加洒水车、抑尘雾炮车，控制矿区扬尘。通过建设污水处理厂和危废物品回收站、硬化工业广场、修建进出矿道路等设施，矿区环境保护工作有了明显的提高。五是下大力气抓企业安全文化建设，在煤矿重要场所和职工学习休息室设立了安全警示牌、安全寄语条幅，使安全知识举目可见、侧耳可闻，安全文化在各煤矿落地生根。各煤矿实现了安全生产零事故，环境保护工作无提高到了一个新的水平。

恒东集团加强生产经营和煤炭销售工作，按照行业主管部门的要求，做到建档管理、有序生产。恒东集团 7 个煤矿均通过了行业管理部门安全生产标准化二级认定，做到了管理和生产相互协调、全面推进。建立健全了符合煤矿实际的员工管理制度、生产管理制度、设备管理制度等，用制度管人管事，有效地规范了员工行为。各煤矿切实加强了煤炭营销工作，稳定老客户，开拓新市场。各煤矿都建有配套的选煤厂或洗煤厂，延伸了煤炭产业链，实现了煤炭的提质增效。

多年来，恒东集团始终把安全和环保工作当作头等大事来抓，认真践行“绿水青山就是金山银山”的理念，不断提高绿色开采技术，实现污染物、废弃物减量排放和近零排放。切实加强矿区生态环境治理与修复，因地制宜，选择种植粮食作物、果树、优质牧草以及乔灌木，完成复垦绿化近万亩，其中有 6000 亩土地具备发展高标准农田的基础条件，为当地农民持续增收奠定了基础。

鄂托克旗建元煤焦化有限责任公司

鄂托克旗建元煤焦化有限责任公司

(建元煤焦化公司)始建于2005年，位于内蒙古鄂尔多斯市鄂托克旗棋盘井工业园区。公司注册资本3.7亿元，现有员工2900多人，是一家集煤炭开采、洗选、炼焦、化工为一体的现代化大型民营企业。

建元煤焦化公司成立至今，已形成年产120万吨焦煤、年洗选600万吨原煤、年产100万吨捣固焦、年加工20万吨粗苯、年产5万吨LNG的生产规模。通过技术不断突破创新，优化产业结构，推动转型升级。新建项目有420万吨/年焦化项目、26万吨/年乙二醇项目（总投资40亿元）；60万吨/年已内酰胺项目（总投资117亿元）；200万吨/年复合肥、60万吨/年合成氨、6万标准立方米/小时氢气，焦炉煤气综合利用项目（总投资48亿元）；5万吨/年针状焦项目（总投资8亿元）；上述项目总投资213亿元，总产值达到300亿元。项目整体投产后，可安排就业人员1800余人。建元煤焦化公司煤—焦—化循环经济产业链初具雏形，成为西部地区产业链最为完整的煤炭深加工企业之一，将煤炭的可利用价值吃干榨尽。

建元煤焦化公司目前的主要产品有焦煤、精煤、中煤、焦炭、煤焦油、硫胺、硫磺、粗苯、纯苯、甲苯、二甲苯、非芳烃、重苯、LNG等。建元煤焦化公司始终坚持“质取未来、精益求精”的质量理念，经过多年的不懈努力，产品赢得了客户与社会各界的广泛认可，覆盖了国内的大部分省市、自治区。建元煤焦化公司先后荣获“经济突出贡献奖”“守合同重信用单位”“重大项目推进奖”“质量信得过企业”“煤炭行业先进集体”等多项荣誉。被列为内蒙古自治区首批“双百亿”重点扶持企业，被确认为“煤炭资源整合主体”企业，连续几年入围内蒙古民营企业100强。

不断开拓创新实现企业高质量发展。建元煤焦化公司坚持探索技术创新，以建元煤化科技研究院为平台，联合中国科学院山西煤炭化学研究所、华东理工大学、南京大学等国内7家知名科研团队，完成煤炭全效循环利用的革新工程设计及建设。实现了焦炭化工整合发展优势超过石油化工一体化项目，确保了研发项目技术的领先优势合在节能减排、全元素综合利用、优化产业结构、提升产品质量、降低产品成本等方面取得开创性进步。

加强环保投入，确保可持续发展。建元煤焦化公司按照国家生态优先，绿色发展战略。于2019年在环保技改项目中共西投入2.8亿元，其中焦炉废气脱硫、脱硝项目投资11856万元，煤场煤棚封闭项目投资10040万元，地面除尘项目投资4200万元，焦炉无组织排放治理投资600万元，熄焦水循环利用投资5429万元，焦化废水治理项目投资560万元。通过对技术的不断革新，设施设备的不断升级、完善、改造，有效生产过程中所排放的废水、废气、废渣，实现了循环利用，走出了一条节能减排、降耗增效的新路子。

优化产业结构推动协调发展。道路决定命运，战略指引未来。建元煤焦化公司加快产业升级改造的步伐，将原产能为120万吨/年矿井，通过技术革新对矿井的通风系统、排水系统、供电系统、提升运输系统等进行全面改造，改造后矿井年产量达到500万吨，可采储量为2.5亿吨，设计服务年限36.7年。2014年4月29日，该项目经批复开工建设，并将按照工期完成，进入试生产。

党建引领，推进项目高质量完成。建元煤焦化公司创新党建模式，实施了创新加技术、党建加项目，不断推动企业高质量的发展目标，党建项目同步组建，对推动新旧动能转化，实现高质量发展起到至关重要的作用。在项目建设的同时，将8家大型国有承建单位纳入公司党支部管理，经开发区党工委批准成立了党总支，并且在开发区党工委的指导下，将党支部建在工地上。提出了“支部建在项目上，党旗飘在工地上，党员驻在一线上”党建新思路，通过每周党支部书记例会，分析解决项目建设过程中所存在的问题及解决的方案。共产党员带领员工，通过传、帮、带等作用发挥，在项目建设中实现了好、快、省、安、优等全方位推进，有效地保证了项目建设的高质量完成。

精准扶贫，逐步实现共同富裕。建元煤焦化公司按照全面打赢脱贫攻坚战三年行动的总体要求。承担企业的社会责任，帮助贫困村逐步脱贫实现共同富裕，在项目建设关键时期，共出资52.7万元。鄂托克旗木凯淖乌素其日嘎村20万元，棋盘井镇伊克达赖嘎查5万元，鄂旗阿尔巴斯苏木2万元，棋盘井镇苏米图村10万元，鄂旗阿尔巴斯苏木敖伦其日嘎查6万元，鄂旗苏米图苏木布隆嘎查2万元，帮扶大学生1.5万元，帮扶单位困难职工1.2万元。

建元煤焦化公司正以更加稳健的发展步伐，坚定不移的执行“煤炭开采为主导，洗选为基础，大力拓展煤炭资源，坚持煤化工综合利用和精细加工方向不断延伸”的发展战略，全力推进年产500万吨焦煤的矿井升级改造项目、年产420万吨焦化等项目的建设，以聚焦“百年企业、百年建元”为目标，依托着国际资本市场的优势，肩负“提供优质能源，深化资源利用，助推和谐社会”的使命，秉承“维德、维业、维新”的三维精神，为实现“承资源之本、丰产业之翼、立百年之业”的宏伟愿景，将建元打造成一个“管理精细化、生产标准化、经营国际化”的知名能源企业而拼搏奋斗。

附　录

鄂尔多斯市人民政府关于印发《鄂尔多斯市提高煤炭行业综合竞争力行动计划（2016—2018）》的通知

鄂府发〔2017〕17 号

各旗区人民政府，康巴什新区管理委员会，市人民政府各部门，各直属单位，各大企事业单位：

现将《鄂尔多斯市提高煤炭行业综合竞争力行动计划（2016—2018）》印发给你们，请结合实际，认真组织实施。

鄂尔多斯市人民政府

2017 年 2 月 18 日

鄂尔多斯市提高煤炭行业综合竞争力行动计划（2016—2018）

煤炭工业是我市的支柱产业。进入新世纪，特别是“十一五”以来，我市抢抓西部大开发、国家能源战略西移等一系列重大机遇，采取了关井压产、“三年技术改造攻坚”等一系列产业升级举措，煤炭工业取得了长足发展，为全国、全区、全市经济社会发展作出了突出贡献。但是与世界上先进产煤地区相比，我市煤炭工业发展水平仍存在一定差距和不足，抵御市场风险能力弱、竞争力不强、缺乏行业引领作用等问题还较为突出。当前，我市经济社会正处在优化结构、转型升级、提升质量、加快发展的重要时期，煤炭作为龙头产业，亟需提高综合竞争力，打造国内领先、世界一流的行业水平。为加快推动煤炭生产和消费，全面提高煤炭行业综合竞争力，实现煤炭工业科学发展，特制定本行动计划。

一、煤炭工业现状

（一）从资源储量看，我市煤炭资源富集，分布广阔，含煤区面积约 6.1 万平方公里，占全市国土面积的 70% 以上，预测总储量近万亿吨，探明储量 2017 亿吨。2015 年，全市煤炭产量 6.15 亿吨，完成销售 5.4 亿吨。我市煤炭储量、产量约占全国的 1/6，全自治区的 2/3，居全国地级市首位。全市火电总装机容量达到 1770 万千瓦，已形成煤化工产能 1213 万吨/年，煤炭就地转化率 18%。我市已成为国家重要的清洁能源输出基地和现代煤化工生产示范基地。

（二）从煤炭品质看，我市境内由东到西分布有准格尔、东胜、桌子山三大煤田，主要有长焰煤、不黏结煤、弱黏结煤和少量焦煤，总体具有低硫、低磷、低灰、中高发热量的特征，宜用于动力煤、煤气化、煤液化，属于动力煤的主产区，是国家规划建设的14个大型煤炭基地之一和9个煤电基地之一。

（三）从资源赋存条件看，煤田地质构造简单，煤层赋存稳定，低瓦斯、埋藏浅、易开发，适宜兴建大型、特大型矿井。根据资源赋存特点、地质勘探程度、区域分布状况，共规划建设万利、准格尔、神东、高头窑、塔然高勒、新街、呼吉尔特、上海庙、纳林河、准格尔中部、新街台格庙、纳林希里、乌兰格尔、桌子山等14个矿区，其中8个矿区总体规划已获国家发展和改革委员会批复，井田总面积约5000平方公里，保有资源总量约650亿吨，是国家“十三五”煤炭战略布局“开发西部”的核心地区。

（四）从现有产能状况看，全市现有煤矿342座，核定生产能力78511万吨/年，约占全国煤矿产能的16%。产能1000万吨/年的单一煤炭企业产能约占总产能62%。2015年，全市安全高效矿井16座，核定产能15190万吨/年，仅占总产能的29%，先进产能占比小，结构不合理。

（五）从煤矿开采规模看，我市煤矿平均单井生产能力230万吨/年，最低规模30万吨/年，最高规模3500万吨/年。全国平均单井生产能力不到35万吨/年，比全国高195万吨/年。截至2015年底全国煤矿总数1.08万座，其中30万吨以下的煤矿7000座（9万吨/年以下的煤矿5400座），产量占10%，安全事故却占70%以上，而我市60万吨/年以下的煤矿仅有25座，核定生产能力876万吨/年。

（六）从煤矿开采机械化程度看，我市有井工和露天两种开采方式，井工煤矿183座生产能力50896万吨/年，露天煤矿159座生产能力27615万吨/年。煤矿采掘机械化程度达到95%，仅有5座煤矿（合计产能210万吨/年）因地质条件复杂采取炮采工艺，其他煤矿均采用机械化采掘作业，但智能化水平有待提高。美国煤炭开采高度机械化，接近于100%；我国煤矿采煤和掘进机械化程度分别为95.87%和53.52%。

（七）从煤炭资源回收利用看，我市煤矸石综合利用率为73.4%，矿井水利用率为60%；全国煤矸石综合利用率为64.2%，矿井水利用率为67.5%，我市煤炭资源综合利用仍需加强和提高。

（八）从煤矿质量标准化建设看，全市煤矿安全质量标准化一级矿井128座、二级矿井56座，分别占生产矿井的42%和19%，存在滑坡降级现象。

（九）从煤炭百万吨死亡率看，2015年我市煤炭百万吨死亡率为0.0016，创近年来新低，全国为0.162，美国为0.018。

（十）从煤炭洗选加工看，2015年我市煤炭洗选率90%、入洗率为57%；全国原煤入洗率为65.9%；2014年美国原煤入洗率为55%。

（十一）从煤炭企业情况看，全市现有煤炭企业146户，已培育形成了亿吨级煤炭企业1户，5000万吨级煤炭企业1户，3000万吨级煤炭企业1户，1000万吨级煤炭企业14户。300万吨以下的煤炭企业78户，产能占11.6%，但户数占比达53.4%，企业数量多、规模小，抵御市场风险能力弱。

（十二）从煤炭的转化利用看，我市煤炭主要用于电力、钢铁、建材、化工。目前，我市82%的煤炭供应市外市场，而美国90%以上的煤炭用于发电，且注重提高煤炭利用效率和减少污染物排放，实施了国家级“洁净煤技术示范计划”和“洁净煤发电行动计划”，采用先进的高效发电技术和污染物控制技术，实现了燃煤电厂硫、氮、汞等污染物减排。未来发电仍然是煤炭利用的主要方向，我市应扭转远离消费市场、运输成本较高的劣势，提高坑口发电比重，变“输煤”为“输电”。

（十三）从煤炭消费看，目前我国已经成为全球煤炭最大的生产国和消费国，一直努力削减化石能源尤其是煤炭的消费量，大力发展新能源产业，2015年煤炭和新能源消费占比分别占能源消费总量的64%和12%。按照《能源发展战略行动计划（2014—2020年）》要求，我国煤炭在能源消费中的占比将逐年降低，到2020年降至62%，而非化石能源占一次能源消费比重将在2020年达到15%，但煤炭仍是主体能源，主导地位不会改变。

二、指导思想

牢固树立和贯彻落实创新、协调、绿色、开放、共享的新发展理念，全面实施创新驱动发展战略，以打造全国煤炭清洁能源输出基地和现代煤化工生产示范基地为依托，以建设“两优”(优势产能、优质产品)、争创一流（世界一流的煤炭行业水平）为目标，以煤炭安全绿色智能化开采和清洁高效低碳化利用为主攻方向，构筑“五化”水平，建设“十项提升工程”，建立质量标准体系，加强基础理论研究，突破核心关键技术，形成行业领先水平，推动煤炭供给侧结构性改革，实现煤炭工业发展由数量、速度、粗放型向质量、效益、集约型转变，提升煤炭工业的可持续发展能力。

三、行动目标

全面建设开采工艺先进、生产效率高、资源利用率高、安全保障能力强、环境保护水平高、单位产品能源消耗低的优势煤炭产能，生产符合环保要求、市场需求、用户信赖的优质动力煤产品，集中精力提高煤炭行业综合竞争力，力争到2018年底我市煤炭工业达到国内领先、世界一流的水平。

（一）安全生产

煤炭百万吨死亡率控制在0.02以内，处于国际领先水平。

（二）科技水平

1. 智能化程度。煤矿机械化开采程度达到100%，煤矿采煤、掘进、机电、运输、通风、排水、供电、监测监控等系统和调度、生产、经营管理全部实现数字化集成、自动化运行、可视化操作、智能化管理。

2. 采区回采率。

（1）井工煤矿采区回采率：薄煤层（<1.3 m）达到85%以上，中厚煤层（1.3~3.5 m）达到80%以上，厚煤层（>3.5 m）达到75%以上。

（2）露天煤矿采区回采率：薄煤层（<3.5 m）达到85%以上，中厚煤层（3.5~10.0 m）达到90%以上，厚煤层（>10.0 m）达到95%以上。

3. 安全高效矿井。全市煤矿全部达到煤炭工业一级以上安全高效矿井（露天）标准，其中特级安全高效矿井（露天）产能达到总产能的80%以上。

（三）规模效益

1. 原煤生产人员效率。煤矿原煤生产人员效率高于25吨/工。

2. 产业集中度。核定产能500万吨/年以上的骨干煤炭企业原煤产量达到90%以上。

3. 行业经济效益。经营亏损的煤矿企业全部扭亏为盈，煤炭企业全部实现盈利增收。

（四）社会责任

1. 员工收入。煤矿职工人均收入高于全国煤炭行业平均水平。

2. 依法纳税。煤炭企业自觉主动足

额纳税，企业信用评级良好。

（五）生态环境

1. 煤矸石利用率高于 80% 以上。

2. 矿井水利用率不低于 95% 或达标排放。

3. 矿山治理率。煤矿塌陷土地治理率达到 90%，排矸场和露天矿到界排土场复垦率达到 95% 以上。

4. 单位产品能源消耗。井工煤矿企业单位产品能耗不大于 11.8 千克标准煤/吨，露天煤矿企业单位产品能耗不大于 8.2 千克标准煤/吨；动力煤电力消耗不大于 6 千瓦时/吨，炼焦煤、选煤企业选煤电力消耗不大于 9.5 千瓦时/吨；水耗小于 0.2 立方米/吨。

5. 煤炭洗选。总洗选能力要高于总核定产能，原煤洗选率不低于 95%，实现应选尽选。

（六）质量标准

打造≤0.5% 的特低硫、≤0.01% 的特低磷、≤16% 的低灰、≥5000 大卡/千克发热量的鄂尔多斯国优煤炭品牌。

四、主要任务

（一）标准化。实施知识产权战略，鼓励煤炭企业科技创新，制定煤矿生产经营的各项技术标准，分类整理国家标准、行业标准和企业标准，建立标准库，形成先进产能标准。建立安全生产、合法经营、监督检查等规范性制度，明确职责、内容、程序，简化行政审批，梳理权力清单、责任清单和负面清单，实行“三单管理”，按制度管人管事，提高办事效率，形成长效机制。

（二）信息化。全面实施“互联网+煤炭”发展战略，整合全市煤炭行业信息资源，建立市、旗区、煤矿三位一体信息化系统，深度推进煤炭行业工业化、信息化融合，实现煤炭全产业链高端信息化。

（三）智能化。研发和推广采煤工作面智能化开采和井下无轨胶轮车智能交通管控系统，完善煤矿生产、运输、经营监测监控系统，实现煤矿智能开采、智能管理。

（四）低碳化。研发各煤层安全高效开采和呆滞压覆资源回收技术，提高煤炭资源回收率。推广充填、保水等绿色开采技术，推进废弃物和伴生资源综合利用，减少污染物排放。加快推进煤炭产品提质增效进度，实现煤炭清洁高效利用。加快治理矿区环境，修复矿区生态，建设绿色矿区。

（五）集约化。推进煤炭企业兼并重组，提高产业集中度；实施精细化管理，降本增效，实现脱困发展；大力发展煤炭精深加工产业，加快煤转电、煤化工产业发展，延长产业链，增加附加值，实现煤炭产业集约发展。

五、重点工作

（一）实施安全保障提高工程。建立煤矿安全生产长效机制，落实企业主体责任，加大安全投入力度，常态化排查治理煤矿瓦斯及一通三防、顶板、水害、提升运输等重大安全隐患灾害。严格煤矿安全质量标准化动态标准，到 2018 年底，全市煤矿安全质量标准化全部达到一级标准。完善重大危险源、突发事件辨识预警和应急救援技术，建立专项应急预案、现场处置方案、煤矿应急广播系统、安全避险六大系统和人员撤离救援运输系统等相结合的避灾救援体系，提高煤矿安全生产保障能力。（责任单位：各旗区人民政府、市煤炭局、市安全生产监督管理局、鄂尔多斯市煤监分局、乌海市煤监分局、各煤炭企业）

（二）实施智能开采提档工程。研发

煤矿巷道高效快速掘进与支护技术及装备，采高8米以上的综采工艺与装备，符合国Ⅲ排放标准的防爆电喷柴油发动机系统，矿井双动力辅助运输装备，井下超级电容车辆等清洁辅助运输装备。淘汰炮采等落后采煤工艺，全面提升煤矿机械化、自动化、信息化和智能化集成水平。研究推广煤炭综采成套装备智能系统，大力发展煤矿无人开采技术，通过工作面无线全覆盖和语音视频稳定传输，实现采煤机、刮板机、工作面支架的智能化三机联动、记忆切割、视频监控、姿态检测以及采煤机的高速数据通信和远程集中控制等智能功能，减少工作面操作人员，节约人力资源成本，降低煤炭生产安全隐患，保证井下安全，从根本上提高作业安全系数，实现“减人增效”。到2018年底，特级安全高效矿井实现智能化开采。研制井下智能交通管控系统，实行井下红绿灯自动控制、车辆任务排程、车辆可视化通讯调度、车辆定位、车辆超速监测、车辆信息采集与定点拍照、LED交通信息公示、车辆全寿命周期管理，实现无轨胶轮车辆多层次、系统化、全方位的管理和调度，有效提高生产效率、节约能耗。到2018年底，井工煤矿全部实行井下智能交通管控。（责任单位：各旗区人民政府、市煤炭局、市科学技术局、各煤炭企业）

（三）实施绿色矿山提效工程。以神东矿山为样板，以“减量化、资源化、低碳化、再循环、再利用”为原则，推广环保治理集成技术，运用先进的科技手段，大力推广使用无煤柱开采、充填开采、保水开采、水资源保护与地表生态修复技术等绿色开采技术。建立健全矿区综合治理长效机制，完善政策、规范和标准，落实资金，制定和实施治理规划及方案，打造环保本安型的绿色矿山，发展绿色矿业经济，着力构建矿产资源可持续利用与自然生态环境保护相协调的矿业发展环境，建设生态文明矿区。到2019年，煤矿塌陷土地治理率达到90%以上，排矸场和露天矿排土场复垦率达到95%以上，实现经济效益、生态效益和社会效益和谐统一。（责任单位：各旗区人民政府、市煤炭局、市国土资源局、市林业局、市环境保护局、各煤炭企业）

（四）实施煤炭产品提质工程。大力发展高精度煤炭洗选加工，完善以跳汰和重介为主选工艺的大型选煤厂成套技术和装备，新建煤矿全部配套建设高效的选煤厂或群矿选煤厂，现有煤矿实施选煤洗煤设施升级改造，组织开展井下选煤厂示范工程建设。严格落实《商品煤质量管理暂行办法》和《鄂尔多斯煤炭品种及质量》，建立完善分区域、分煤种、分指标参数的鄂尔多斯煤炭质量标准体系，打造鄂尔多斯国优煤炭品牌，开发优质的动力煤产品。建设和完善矿区煤炭优质化配送中心、大型现代化煤炭物流园区和储配煤中心，通过采用选煤、洗煤、配煤等先进的煤炭优质化加工技术，提高、优化煤炭质量，对发热量5000大卡以上的煤炭进行全面提质，硫控制在0.5%以下、磷控制在0.01%以下、灰控制在16%以下，生产符合环保要求、面向区外市场、满足用户需求的优质煤炭产品，实现煤炭精细化加工配送。到2018年底，建成总流通规模达到5亿吨/年的32个煤炭物流园区。（责任单位：各旗区人民政府、市发展和改革委员会、市经济和信息化委员会、市煤炭局、市质量技术监督局、市工商行政管理局、各煤炭企业）

（五）实施煤炭分质提级工程。鼓励低阶煤提质技术研发和示范，高效去硫、去灰、去水，提高发热量。建设以低温干馏为主要技术路线的煤炭分质利用示范项目，适度发展洁净型煤产业，提供标准化产品和定制化服务，促进我市北部地区发热量在 5000 大卡以下煤炭分质利用和提质增效。鼓励煤—化—电—热一体化发展，逐步实现“分质分级、能化结合、集成联产”的新型煤炭利用方式，实现全物质的循环利用和能量的梯级利用，降低生产成本、资源消耗和污染排放。到 2018 年底，建成一批百万吨级低阶煤分级提质示范项目。（责任单位：各旗区人民政府、市发展和改革委员会、市经济和信息化委员会、市煤炭局、市科学技术局、各煤炭企业）

（六）实施资源综合利用提量工程。研发厚煤层、中厚煤层、薄煤层安全高效开采和“三下”压煤、隔离煤柱、边角煤开采技术，提高煤炭资源回收率。推进废弃物资源化利用，减少污染物排放，加大煤矸石、煤泥、矿井水等资源综合利用力度。推广矸石井下充填技术，实现废弃物不出井；实施保水开采，实现矿井突水控制与水资源保护一体化；积极推广粉煤灰在建筑材料、土壤改良等方面的综合利用。建设与煤伴生的高岭土、膨润土、镓、煤层气等资源精细化利用示范项目，促进矿区循环经济发展。到 2018 年底，煤矸石综合利用率高于 80% 以上，矿井水利用率不低于 95%。（责任单位：各旗区人民政府、市发展和改革委员会、市经济和信息化委员会、市煤炭局、市科学技术局、各煤炭企业）

（七）实施现代煤炭市场提优工程。加大运用大数据、云计算、物联网、移动互联网技术力度，创新“互联网+煤炭产业”发展模式，实现煤炭生产方式、经济模式、产业结构的优化升级。完善煤炭数字综合平台建设，优化功能，实现市、旗区、煤矿纵向相连，煤炭、国土、环保、水保、公安、电力等职能部门横向相通。以内蒙古煤炭交易中心为依托，优化现货市场和期货市场，建立信息服务和监测预警新机制，构建统一开放、竞争有序的全国性煤炭交易市场体系。培育煤炭物流大企业，创新电子商务物流配送体系，提高运输能力，降低物流成本。优化煤炭服务站点布局，转变服务职能，打击不法行为，维护市场秩序。优化煤炭生产性服务业，大力发展煤矿备品备件集中配送平台、第三方检测检验服务和生活性服务外包项目，建成种类齐全、分布广泛、功能完善的现代服务业体系。（责任单位：各旗区人民政府、市工商行政管理局、市商务局、市煤炭局、各煤炭企业）

（八）实施科技创新提能工程。以“高起点、高标准、高质量、高效率”为原则，以服务生产建设为重点，以神东公司国家级煤质化验中心和国家级安全检测中心为平台，建设煤质、安全、环保、水保、水质、食品、仪器设备和材料等矿区质量技术检测检验体系，建成西北地区最大最强的质量技术检测检验与科学研究机构。围绕煤炭安全、高效、绿色、高回收率和低成本集约化生产以及矿区资源与环境协调开发，争取建设煤炭绿色开采国家工程实验室或国家工程（技术）研究中心。加快行业技术标准制定，推动行业优势技术成为行业标准。加强企业技术创新基础能力建设，大力推进以神东公司为代表的具有国际竞争力的创新型领军企业建设，引领行业中小企业创新服务体系建设，构建社会化、专业化、网络化的技术创新服务平台。培育造就高水平的行业创新人才队伍，在安全、机电、洗选等领域设立技术大师工作室，提供技术创新和应用条件保障。到 2018 年底，技术大师工作室数量达到 30 个。以内蒙古工业大学矿业学院鄂尔多斯校区、鄂尔多斯应用技术学院、鄂尔多斯理工学校为基地，加强与中国煤炭科学院、西安煤炭科学院、重庆煤炭科学院等科研院所合作，成立煤炭学术分会，建立博士后工作站，联合培养一线创新人才和青年科技人才，造就一批高技能人才队伍，提升煤炭行业人员的科学素质和劳动技能。到 2018 年底，力争培养博士后 20 人。（责任单位：各旗区人民政府、市科学技术局、市人力资源和社会保障局、市煤炭局、各煤炭企业）

（九）建设煤炭清洁转化提面工程。加快煤炭就地清洁高效转化利用，减少外部市场供应，保持市场供需平衡。全面建设国家煤电基地，打通华东、华南、华北、华中等电力外送通道，引导鼓励煤矿配套建设节能、环保、高效、超低排放的大型坑口发电机组和低热值煤发电项目，建立煤电联营机制，推进煤电一体化发展，实现“输煤”为“输电”，力争到 2018 年底全市电力装机容量达到 3000 万千瓦。全面建设现代煤化工生产示范基地，发展煤制油、煤制气、煤制甲醇、煤制烯烃等煤化工产品，延伸产业链条，大力发展精细化工，促进产业高端化、产品终端化，使我市逐步形成高加工度、精细化、高附加值的现代煤化工产业体系。到 2018 年底，煤化工总产能达到 2500 万吨、煤炭就地转化达到 40% 以上。（责任单位：各旗区人民政府、市发展和改革委员会、市经济和信息化委员会、市煤炭局、市科学技术局、各煤炭企业）

（十）实施煤炭企业提升工程。推进煤炭企业兼并重组工作，横向引导大型煤炭企业与中小型煤炭企业、大型国有煤炭企业与地方民营煤炭企业兼并重组，纵向鼓励引导煤炭企业与电力、冶金、建材、化工等上下游企业兼并重组。到 2018 年底，500 万吨/年以上的骨干煤炭企业原煤产量达到全市总产量的 90% 以上。推进煤炭企业现代化管理制度建设，全方位提升管理水平，引导煤炭企业在矿井生产、技术管理、安全管理、经营管理等各个方面实施全面精益化管理，降低成本，增加效益。鼓励煤炭企业上市发展，拓宽融资渠道，增强发展能力。引导鼓励煤炭企业发挥技术优势和规模优势，以优势产能和优质产品为先导，挖掘煤炭开发利用需求，提供相应的产品与服务，积极参与国际国内煤炭科技合作和标准制定。（责任单位：各旗区人民政府、市发展和改革委员会、市经济和信息化委员会、市煤炭局、市金融办、各煤炭企业）

六、保障措施

（一）加强组织领导。成立以市长为组长，分管副市长为常务副组长，发改、经信、煤炭、环保、国土、林业、水保、公安、电力、金融等相关职能部门为成员的推进领导小组。各旗区也要成立相应组织领导机构，加大落实力度，确保实现行动目标。

（二）完善标准体系。分类整理煤炭生产和经营所需的国家标准、行业标准和企业标准，按照生产和经营所涉及的领域，建立科学规范、分类合理，包含技术标准、管理标准和工作标准的鄂尔多斯地方标准体系。收集并整理企业所需的各类标准资料与数据，建立标准数据库与资源共享平台。

（三）依靠科技驱动。强化煤炭企业在技术创新决策、研发投入、科研组织和成果应用中的主导作用，鼓励煤炭企业积极参与研究制定行业技术创新规划、计划、政策和标准。积极培育以神东公司为主的煤炭企业，组建国家重点实验室、国家科技研发中心、产业技术创新战略联盟等创新平台，建立以企业为主体、市场为导向、产学研用相结合的创新体系，培育一批技术创新能力强，拥有自主知识产权和品牌，融研发、设计、制造、生产、服务于一体，具备核心竞争力的煤炭企业和具有国际竞争力的专业人才队伍。

（四）完善政策支持。争取税收、金融、资源配置优惠政策，研究出台用地、用电、用水等支持政策，建立煤炭创新基金，积极引导各类社会资本进入煤炭安全高效智能化开采和清洁低碳利用相关领域，加快技术改造和升级发展。

（五）强化监督管理。建立推进机制，把握总体方向，制定具体实施方案，逐项分解任务，按年度分批推进。成立专家委员会，分阶段检查和总结推进工作，按期评估推进情况。

附件：鄂尔多斯市提高煤炭行业综合竞争力行动计划分解表（2016—2018）

附件

鄂尔多斯市提高煤炭行业综合竞争力行动计划分解表（2016—2018）

项目	2016	2017	2018
标准化建设	1. 建立5项地方标准。 2. 完成鄂尔多斯原产地商标注册	1. 整理国家标准、行业标准、企业标准。 2. 完成鄂尔多斯煤炭质量体系建设工作	1. 建设完成标准库。 2. 形成鄂尔多斯国优煤炭品牌
制度化建设	1. 出台2项安全生产规范性制度。 2. 梳理权力清单、责任清单和负面清单	1. 建立安全生产、合法经营、监督检查规范性制度。 2. 全面实行“三单管理”	形成用制度管人管事的长效机制
智能开采	1. 神东矿区研发和试点采煤工作面智能化开采、井下无轨胶轮车智能交通管控系统。 2. 整合全市煤炭行业信息资源，实现互通互联	1. 央企、国企所属的特级安全高产高效矿井建成智能化采煤工作面。 2. 120万吨/年以上的井工煤矿建成井下无轨胶轮车智能交通管控系统	1. 特级安全高产高效矿井实现智能化开采。 2. 井工煤矿全部实现井下无轨胶轮车智能交通管控
安全保障	1. 50%的生产矿井达到安全质量标准化一级标准。 2. 健全安全救援体系。 3. 百万吨死亡率控制在0.02以下	1. 70%的生产矿井达到安全质量标准化一级标准。 2. 百万吨死亡率控制在0.02以下	1. 全市煤矿安全质量标准化全部达到一级标准。 2. 百万吨死亡率控制在0.02以下
绿色矿山	1. 在神东、中煤、山东能源集团所属煤矿开展充填开采、保水开采、地表生态修复等绿色开采技术试点。 2. 井工煤矿塌陷区、排矸场、露天煤矿排土场边施工边治理	建成神东、上海庙、准格尔、呼吉尔特、万利、高头窑6个生态绿色矿区	煤矿塌陷土地治理率达到90%以上，排矸场和露天矿排土场复垦率达到95%以上

（续）

项目	2016	2017	2018
煤炭产品提质	1. 新建煤矿全部建设高效选煤厂。 2. 累计建成20处煤炭物流园区，总流通量达到3.2亿吨/年	1. 现有煤矿实施选煤洗煤设施升级改造。 2. 新建4处煤炭物流园区，总流通量达到5000万吨/年	1. 新建8处煤炭物流园区，总流通量达到1.2亿吨/年。 2. 实现发热量5000大卡以上煤炭精细优质配送
煤炭分级分质利用	1. 和科研院所研发低阶煤提质技术，全面去硫、去灰、去水、提高发热量。 2. 东胜区、准格尔旗、伊金霍洛旗试点发展洁净型煤产业	在东胜区、达拉特旗建成2处高标准低阶煤分质利用示范项目	1. 建成一批百万吨级低阶煤分级提质示范项目。 2. 推进煤—化—电—热一体化发展，实现北部地区发热量在5000大卡以下煤炭分质利用和提质增效
煤炭资源综合利用	1. 推广矸石井下充填技术，实现废弃物不出井。 2. 加大煤矸石、煤泥、矿井水等资源综合利用力度	研发厚煤层、中厚煤层、薄煤层安全高效开采和“三下”压煤、隔离煤柱、边角煤开采技术，提高煤炭资源回收率	煤矸石综合利用率高于80%以上，矿井水利用率不低于95%
现代煤炭市场建设	1. 完善煤炭数字综合平台，全部实现市、旗区、煤矿纵向相连。 2. 以内蒙古煤炭交易中心为依托，优化现货市场和期货市场，建立信息服务和监测预警新机制，构建统一开放、竞争有序的全国性煤炭交易市场体系	1. 充实煤炭数字综合平台执法功能，实现煤炭、国土、环保、水保、公安、电力等职能部门信息监控横向相通。 2. 培育煤炭物流大企业，创新电子商务物流配送体系，提高运输能力，降低物流成本	完成煤矿备品备件集中配送平台、第三方检测检验服务和生活性服务外包项目建设，形成种类齐全、分布广泛、功能完善的现代服务业体系
科技创新	1. 成立鄂尔多斯煤炭学会。 2. 建立1个博士后工作站	1. 新建1个博士后工作站。 2. 中国煤炭科学研究院、西安煤炭科学院、重庆煤炭科学院等分别在我市设立工作站。 3. 建立技术大师工作室10个	1. 建设煤质、安全、环保、水保、水质、食品、仪器设备和材料等矿区质量技术检测检验体系。 2. 新增技术大师工作室20个。 3. 培养博士后20人
煤炭清洁高效利用	煤炭就地转化率达到21%	煤炭就地转化率达到30%	煤炭就地转化率达到40%以上
煤炭企业培育发展	1. 完成6户煤炭企业纵向重组。 2. 完成安全高效矿井申报工作	1. 完成10户规模不足300万吨/年/户的单一煤炭企业横向兼并重组。 2. 推动1~2户煤炭企业上市发展	1. 单一煤炭企业规模全部达到300万吨/年以上。 2. 500万吨/年以上的骨干煤炭企业原煤产量达到90%以上。 3. 煤炭企业全部实现盈利增收。 4. 煤炭企业信用评级良好

鄂尔多斯市人民政府关于印发《鄂尔多斯市煤炭工业发展“十二五”规划》的通知

鄂府发〔2013〕34号

各旗区人民政府，康巴什新区管理委员会，市人民政府各部门，各直属单位，各开发区（园区）管理委员会，各大企事业单位：

现将《鄂尔多斯市煤炭工业发展“十二五”规划》印发给你们，请认真组织实施。

鄂尔多斯市人民政府

2013年7月18日

鄂尔多斯市煤炭工业发展“十二五”规划

目　　录

前　言

鄂尔多斯市煤炭资源丰富，含煤面积占全市国土面积的70%以上，2010年底保有查明煤炭资源储量达1774亿吨，约占全区煤炭总储量的1/3、全国的1/7，预测远景储量超过1万亿吨。为科学、合理、高效地利用好鄂尔多斯市煤炭资源，根据国家及内蒙古自治区《煤炭工业发展“十二五”规划》和《鄂尔多斯市国民经济和社会发展第十二个五年规划》等，编制本规划。

一、发展现状和面临的形势

（一）“十一五”取得的主要成就

1. 煤炭对全市、全区和全国的贡献能力显著增强。煤炭产量从2005年的1.5亿吨增长到2010年的4.5亿吨，年均增长约6200万吨，年均增长率为25%，外运出市率平均89%。

2. 产业集中度进一步提高。2005年，全市地方煤矿有552处，总产能不足5000万吨，平均单井产能不足10万吨。通过实施煤炭资源整合，“十一五”期间煤矿数量减少至276处，总生产能力提高到15000万吨。一批亿吨级和千万吨级的煤炭企业集团正在形成。

3. 煤矿科技与安全生产水平大幅提高。煤矿资源回采率由2005年的不足20%提高到60%，机械化生产水平达到65%以上，百万吨死亡率控制在0.02以下，安全生产处于全国领先水平。

4. 伴生资源综合利用初见成效。“十一五”期间，新增矸石电厂项目装机321万千瓦，劣质煤综合利用900万吨。2010年在建煤矸石电规模120万千瓦。

5. 矿区总体规划有序推进。编制了煤炭矿区总体规划11部，规划总面积约19200平方公里，地质总储量2600亿吨，建设总规模近8亿吨。其中已经获国家发展和改革委员会批复8部，即准格尔、万利、高头窑、神东、塔然高勒、呼吉尔特、新街、上海庙矿区，面积约17116平方公里，资源总储量1820.6亿吨，建设总规模近5.2亿吨。

6. 矿区铁路加快建设。按照《鄂尔多斯市铁路中长期发展规划》，加快建设“三横四纵”主铁路网架，煤炭运输能力大幅提高，煤炭外运量由2005年12600万吨提高到26000万吨。

（二）存在的主要问题

1. 煤炭开发主体较为分散。全市现有煤炭企业200多家，其中年产1000万吨以上的重点煤炭企业8家，产量约占全市总产量的70%以上，开发主体过于分散，有待进一步整合转型。

2. 煤炭综合利用效率较低。2010年，全市煤炭就地转化率仅11%，煤炭洗选率仅35%，煤矸石利用率不足25%。

3. 煤炭外运通道能力不足。2010年，全市外运出区量约3.4亿吨，铁路运力仅2.3亿吨，缺口达1.1亿吨。

4. 火区和矿区生态环境治理任务紧迫。截至2010年底，我市累计采出原煤约21亿吨，动用储量约58亿吨，采动影响土地面积约1200平方公里，引发煤田火区150处、面积约52平方公里，形成老采空区面积307平方公里、沉陷区面积741平方公里，排放煤矸石约5000万吨，占压沟、谷等土地面积约3.5平方公里。

（三）面临的形势

1. 发展机遇

——独特的资源和区位优势使鄂尔多斯市成为国家理想的资源接续区。全市煤炭资源品种齐全、品质优良，资源赋存特点适宜于兴建大型、特大型矿井。地理位置承东启西，既是大西北的东桥头堡，又是华北、华东、华中能源大后方。资源和区位优势，既为鄂尔多斯煤炭产业快速发展提供了内在条件，也为国家今后相当长时间的资源接续提供了可靠的资源保障。

——国际能源供给总体趋紧有利于发挥资源优势。新世纪以来，国际能源供应持续紧张成为我国乃至世界经济发展的常态和重要特征。在此基础上，我国将能源发展战略定位为“节约为先、立足国内、多元发展、保护环境、加强国际合作”，“立足国内、多元发展”的能源发展战略定位为鄂尔多斯市将资源优势转变为经济优势创造了难得的机会。

——国家能源替代战略有利于发展煤化工产业。我国缺油、少气、富煤的资源赋存特点决定了煤化工在我国化学工业中的特殊地位。发展煤制甲烷气、煤制油产业，将成为我国替代天然气、石油进口的重要手段。与石油化工相比，煤化工技术正不断完善，竞争力大幅提高，石油和化学工业的原料结构已经开始调整。预计进入“十二五”以后，煤化工在化学工业中的比重会不断提高；从长远看，煤化工将与石油化工并驾齐驱。也为我市发展煤化工产业，建设国家能源重化工基地创造了有利时机。

——新的国家宏观政策将给我市煤炭产业带来新的发展机遇。我市是鄂尔多斯盆地核心区，属国家西部大开发地区，被列为国家主体功能区规划中的重点开发区。中央已出台《中共中央国务院关于深入实施西部大开发战略的若干意见》（中发〔2010〕11号）、《全国主体功能区规划》和《国务院关于进一步促进内蒙古经济社会又好又快发展的若干意见》（国发〔2011〕21号），正在制定蒙陕甘宁“金三角”能源开发指导意见，这些宏观政策必将给我市煤炭生产、运输、转化等方面赋予新的发展机遇。据预测，2015年全国煤炭需求量占能源需求总量仍在65%以上。按照国家《煤炭工业发展“十二五”规划》，我国煤矿建设将控制东部、稳定中部、大力发展西部，而我市正市西部煤炭开发的主要力量。

二、煤炭需求预测及供需平衡分析

（一）国民经济和社会发展概况

2010年，全市实现地区生产总值2643亿元，增长19.2%；财政收入538.2亿元，增长47.1%，其中地方财政收入239.1亿元，增长47.5%；城镇居民人均可支配收入25205元，增长15.2%；农牧民人均纯收入8756元，增长12.2%。2010年煤炭实现增加值约700亿元，占规模以上工业增加值的70%，煤炭行业税收占财政总收入的32%。

（二）煤炭需求预测

1. 市内煤炭需求预测

“十一五”期间，全市煤炭主要消费部门以发电和焦化为主。预计“十二五”期间，化工特别是煤化工对煤炭需求将后来居上，并超过电力对煤炭的需求量。市内煤炭需求量为17050万吨。

——火电：根据《鄂尔多斯市电力发展“十二五”规划》，预测我市“十二五”新增电力装机900万千瓦，到2015年火电装机容量可达到2000万千瓦、发电量1100亿千瓦时，需原煤6050万吨。

——化工：根据《鄂尔多斯市煤化工“十二五”规划》，预测我市“十二五”末煤化工类项目需用煤约10500万吨，其中全市建成能源类煤化工项目（煤制油和煤制气）用煤约4000万吨、其他非能源类煤化工项目用煤约6500万吨。

——建材、民用及其他：2010年，全市建材、民用及其他行业需煤290万吨，根据历年产业发展及增长形势，预测2015年该类行业需煤500万吨。

2. 周边盟市对我市的煤炭需求预测

我市是自治区西部乌兰察布、呼和浩特、包头、巴彦淖尔等盟市的煤炭主要供应地区。据调查，“十二五”末，乌兰察布市将建成1000万千瓦电力装机（需煤3000万吨），呼和浩特市将建成900万千瓦电力装机（需煤2700万吨），包头市将建成900万千瓦电力装机和120万吨煤制烯烃（需煤3800万吨），巴彦淖尔市将建成500万千瓦电力装机和700万吨煤化工（需煤4500万吨）。周边盟市对我市原煤需求量按60%计算，约8000万吨。

3. 煤炭出区销售预测

“十一五”期间，区外对我市煤炭需求年均增长3000万吨，2010年煤炭出区销售量3.4亿吨。考虑“十二五”期间，国家应对全球气候变化，大力发展核电、可再生能源，走低碳发展道路，年均增长量较“十一五”要有所下降。年均增长量按3000万吨计算，到2015年我市出区销售煤炭将达到5亿吨。

鉴于上述分析，预测2015年市内、周边盟市、区外煤炭需求总量将达到7.5亿吨。

（三）煤炭供需平衡分析

全市2010年底在籍生产煤矿产能约4.45亿吨、在建煤矿规模4860万吨。“十二五”期间，新开工有望投产煤矿规模约24140万吨、产能升级改造煤矿规模1500万吨、小煤矿区煤炭资源整合退出产能800万吨，考虑结转“十三五”期间规模4000万吨，2015年煤炭总产能将达到7.02亿吨。由此可知，“十二五”末，全市煤炭供应缺口约5000万吨，需求大于供给，产能略为紧张。

（四）煤炭外运能力预测

1. 出市运输能力

2010年，我市通过铁路和公路共外运煤炭40110万吨，其中铁路外运23800万吨、公路外运16310万吨。

“十二五”期间，随着现有铁路改扩建和电气化改造，我市煤炭外运能力将会大幅增加，到2015年铁路运力可达到5.7亿吨，其中包西铁路（10000万吨/年）、包神线（向北5000万吨、向南10000万吨）、大准线（15000万吨/年）、呼准线（5000万吨）、包兰线（2000万吨）、准朔铁路（5000万吨/年）、准神线（2000万吨/年）、乌靖铁路（3000万吨）。公路运力货运总量可达到4亿吨，其中煤炭发运量可达到3亿吨。考虑其他工业产品外运量，预测到2015年我市煤炭出市运输能力在8亿吨左右，出市运输能力充足。

2. 出区运输能力

2010年，我市出区外运煤炭约34000万吨，其中铁路外运煤炭22770万吨、公路外运11230万吨。

“十二五”末，预测我市煤炭出区通道能力可达5亿吨以上，其中铁路出区外运为约4.9亿吨，主要有：包西铁路（10000万吨/年）、大准线（18160万吨/年）、京包线扩能改造（15750万吨/年）、准朔铁路（5000万吨/年），适当考虑公路运输能力，可以保障我市煤炭“十二五”末5亿吨煤炭的出区运输的能力。

三、发展思路和目标

（一）发展思路

以科学发展为主题，以转变发展方式为主线，以国家建设大型煤炭基地为契机，变输出原煤为输出提质煤，变输煤为输电、输油、输气，遵循“四个发展”，做好“四个加强”，实现“四个提高”，建设“三个基地”。四个发展即清洁发展、循环发展、低碳发展、绿色发展；四个加强即加强煤炭洗选配一体化，加强资源整合和企业兼并重组，加强煤矸石、高铝粉煤灰、伴生资源综合利用，加强煤电用一体化和煤炭产业延伸；四个提高即提高原煤洗选率、提高产业集中度、提高资源综合利用水平、提高煤炭产业层次和精深加工水平；三个基地即建设国家重要的煤炭生产基地、国家重要的电力生产基地和现代煤化工基地。

（二）发展目标

1. 煤炭生产。据预测，2015 年全国煤炭需求量 39 亿吨。自治区拟将 2015 年煤炭产量调控在 10 亿吨左右，综合考虑蒙东、蒙西煤炭发展布局，2015 年我市煤炭产量应控制在 7 亿吨，考虑到国家发生大灾大难的应急需要，建议储备产能 5000 万吨，总产能控制在 7.5 亿吨左右。

2. 和谐矿区建设。建设一批资源节约型、环境友好型、矿地关系和谐型示范矿区，及时将和谐生态、和谐民生、和谐生产安全、绿色矿山、农牧民持续增收等方面建设经验与成效转化为政策和制度成果，建立健全和谐矿区建设长效机制。

3. 煤炭基地建设。“十二五”末，将我市建成 8 亿吨级商品煤生产基地，建成准格尔、神东 2 个亿吨级矿区，万利、新街、上海庙 3 个 5000 万吨级矿区，高头窑、塔然高勒 2 个 3000 万吨级矿区。

4. 煤炭转化。到“十二五”末，全市火电装机达到 2000 万千瓦，消耗煤炭 6050 万吨；煤化工消耗煤炭 10500 万吨；煤炭就地转化能力提高到 25%。

5. 产业集中度。整合年产量 300 万吨以下的煤炭企业，进一步提高产业集中度，“十二五”期间力争培育 1 户亿吨级、1 户 8000 万吨级、3 户 5000 万吨级、7 户 1000 万吨级地方大型煤炭企业，煤炭开发主体整体控制在 80 家左右。

6. 技术进步。煤矿全部实现机械化开采，大型煤矿采掘机械化程度达到 95% 以上，特大型煤矿采掘机械化程度达到 100%，中型煤矿采掘机械化程度达到 80% 以上。

7. 安全生产。避免重特大事故发生，职业危害防治得到加强。煤矿生产百万吨死亡率控制在 0.03，处于世界先进水平行列。

8. 资源综合利用与环境保护。煤炭资源采出率符合生产煤矿相关的规范要求，万吨原煤电耗、物耗达到全国先进水平。煤炭洗选率提高到 80% 以上，煤炭洗选能力与产能相匹配。煤矸石利用率达到 75%，矿井水利用率达到 80% 以上，洗煤废水闭路循环率达到 100%，煤矿企业主要污染物全部达标排放。粉煤灰提取氧化铝达到 380 万吨，灰渣综合利用率达到 60%。

9. 职工素质。煤矿各类专业技术人员占职工总数的比例达到 30% 以上，职工受教育的平均年限达到 13 年。

四、煤炭开发布局和主要任务

（一）煤炭及其相关产业发展布局

1. 煤炭生产布局。重点开发准格尔、万利、神东、高头窑、上海庙、塔然高勒矿区，适度开发新街、呼吉尔特、纳林河矿区，完善纳林河、纳林希里、准格尔中部矿区总体规划，适时规划乌兰格尔矿区。强化矿区总体规划在煤炭开发过程中的指导作用，一个井田由一个主体开发，一个主体可以开发多个井田。煤炭开发过程中，须将资源节约、转化、循环利用、污染治理、水资源保护放在突出位置。除鄂托克旗边角资源外，新建井工矿规模 120 万吨/年以上、露天矿规模 300 万吨/年以上。

2. 煤炭转化布局。沿黄河及交通干线发展现代煤化工和煤电园区，发挥水煤组合优势，推进煤基多联产发展，构建现代煤化工产业体系。保护性利用焦煤，构建焦炉煤气、高温焦油的苯、酚、非芳烃、工业萘等精细化工产业链。煤炭洗选率实现 80% 以上，洗选规模与产能相匹配。通过提高洗选率，实现外输煤炭全部为 5000 大卡以上的高热值煤。中热值煤（小于 5000 大卡）用于建设大型坑口煤电一体化项目，就地转化输出电力。低热值煤（煤矸石和煤泥、洗中煤）用于建设劣质煤综合利用电厂。

3. 资源综合利用布局。未利用煤矸石全部用于复垦、筑路和井下填充。对准格尔矿区和桌子山矿区的富铝煤，按“发电—高铝粉煤灰—氧化铝—电解铝—铝材”及建材产业链等进行综合利用。探索准格尔煤田富高岭土煤等煤炭可利用伴生资源开发利用新途径。

（二）勘查布局

1. 已完成矿区规划区域。重点对已经批复矿区（新街、高头窑、呼吉尔特、塔然高勒等）的勘查区进行补充勘探，达到详查以上勘探程度，为总体规划修编提供依据；对尚未批复的矿区（纳林河、准格尔中部、纳林希里等）加深勘探程度，达到详查及以上区域面积占矿区含煤面积的 60%，满足矿区总体规划编制和审批的要求。

2. 未完成矿区规划的区域。主要对准格尔煤田的西部区、东胜煤田的深部区进行预查和局部普查勘探工作，重点对乌兰格尔详查区周边进行普查以上勘探工作，为编制矿区规划提供基础资料。

（三）主要任务

1. 发展大型煤炭企业集团，优化产业组织结构和生产结构。鉴于我市目前开发主体参差不齐、较为分散的情况，“十二五”要着力推进煤炭企业兼并重组，打造一批对全区乃至全国煤炭市场具有一定调节能力的大型和特大型能源企业，进一步优化煤炭组织结构，提高抗风险能力，增加市场话语权。同时要优化煤炭生产结构，生产规模在 300 万吨以下的煤炭生产企业全部退出市场。

2. 合理推进煤矿项目建设，打造国家重要的煤炭生产基地。在建成（4.45 亿吨）和在建（4860 万吨）产能的基础上，依据已取得国家路条、转化项目有实质进展、优先发展本土大企业、已上报国家或自治区、为大项目预留资源等原则，“十二五”时期我市拟规划新开工煤矿备选项目总建设规模 24140 万吨。到 2015 年，将我市建成 8 亿吨级煤炭生产基地。分年度安排为 2011 年 4520 万吨、2012 年 5040 万吨、2013 年 5220 万吨、2014 年 5670 万吨、2015 年 3690 万吨。按矿区安排为准格尔矿区 4430 万吨、万利矿区 600 万吨、高头窑矿区 1420 万吨、神东矿区 180 万吨、塔然高勒矿区 300 万吨、新街矿区 2640 万吨、呼吉尔特矿区 6000 万吨、上海庙矿区 2640 万吨、纳林河矿区 3370 万吨、准格尔矿区中部区 1040 万吨。

3. 加快推进火电项目和特高压通道，建设国家重要的电力供应基地。推进 900 万千瓦煤电项目建设，将我市建成 2000 万千瓦级煤电基地。完善电网布局，积极推进至长沙和河北南网特高压、超高压电力通道以及京津冀直供电体系建设，扩大外送电量。争取开展市内电力多边交易，推进工业园区直供电，消化富余电力。

4. 做大做强煤化工产业，建设国家煤基清洁能源重化工基地。依托现有产能，全力延伸发展下游产品。推进总规模 500 万吨煤制油、200 亿立方米煤制气、600 万吨煤制化肥、700 万吨煤制甲醇、170 万吨煤制甲醇转烯烃等项目建设，形成现代煤化工产业集群。

5. 强化煤炭洗选配运设施，建设大型煤炭物流园区。加快推进鄂尔多斯至曹妃甸、至两湖地区等铁路项目，提升煤炭外运能力。结合煤炭生产矿区、铁路、公路运输通道分布，建设集洗、选、配、运一体化的大型煤炭物流园区。转变运输方式，积极发展全封闭高速皮带运输系统，建设煤炭绿色运输通道，逐步替代汽车运输，减轻公路运输压力，改善公路沿途环境质量。

6. 发展煤基循环经济，促进高碳能源低碳化利用。积极转变能源发展方式，以煤炭有效开发、高效利用、转化后固体废弃物全部利用为原则，以煤炭提质加工、清洁转化技术和不同能源间的互补技术为重点，降低煤炭直接消费过程中的排放强度，实现低碳化利用。煤化工已多联产为主导，将清洁能源、精细化工和合成材料作为主要产品构建循环经济发展格局。探索煤电用一体化发展模式，抓好煤—电—粉煤灰—电解铝—铝材（建材）、煤—电—多晶硅—光伏制造、煤—电—冶金、煤—电—建筑陶瓷、煤—电—热、煤—电—云计算等一体化项目建设，挖掘能源有效需求，提高煤电综合利用效益。引进有实力和有技术的大企业，加大煤层气勘探开发力度。

7. 保障煤矿安全生产。严格安全生产管理，加强煤矿安全执法管理。加大安全投入，提高瓦斯、水害、火灾等重大灾害防治能力。加大煤矿安全科技攻关，推广使用先进技术与装备。完善煤矿安全生产应急救援体系及安全教育培训体系，提高煤矿从业人员素质。

五、环境影响评价

（一）煤炭开采对土地和水资源的影响

煤田火区造成地表沉陷；井工开采使平原或沙地形成大片沉陷盆地；露天开采使上下土层混合，土壤肥力降低；地表下沉产生地裂缝、坡度变陡，使雨洪冲刷量变大，加剧水土流失；采空区、沉陷区的存在，土地资源失去了经济、社会和生态效益。

我市煤炭开采深度由早期的100米以浅发展到目前400米左右，形成多个以矿井或露天采坑为中心的降落漏斗，地下水进入采空区，再以疏干水形式排到地面，造成地下水资源流失，水位下降；部分煤矿导通地表潜水，使地表水资源漏失。

（二）预防和减轻煤炭开采对环境影响的措施

1. 合理规划矿区及矿井建设规模。推进资源整合和兼并重组，建设大型现代化煤矿，提高生产集约化水平，实现集中排放、集中治理，减少污染源点，降低排放强度。

2. 采用先进的采煤工艺及技术。采用保水开采、井下充填、煤矸置换等新工艺和新技术，减轻对地表水系和地下水系破坏，减少煤矸石产生量及采煤引起的地表沉陷等。

3. 加强环境保护及治理，发展循环经济，促进矿区可持续发展。新矿区、新矿井建设要符合国家环保要求，生产矿井应加强沉陷区治理和水资源循环利用。综合利用煤矸石、煤泥、煤层气等资源发电，利用粉煤灰提取氧化铝或生产新型材料。增加环境治理投入，保障矿区绿色和谐发展。

六、政策建议与措施

（一）认真落实国家和自治区有关支持政策

争取国家及自治区对我市煤炭、煤化工项目核准、资源配置及水权置换、土地指标、环境容量指标等方面的差别化产业政策；争取国家支持我市建立国家级煤炭交易中心；争取将我市列为国家征收煤炭工业可持续发展基金试点地区，批准征收煤炭可持续发展基金，合理分配煤炭产业收益，增加地方统筹建设资金，增强可持续发展能力；密切关注国家将要出台的生态补偿政策措施和生态补偿条例，支持我市加快矿区环境综合整治，争取国家将我市老矿区列入国家生态环境补偿试点地区。申请国家将我市列入资源型经济转型综合配套改革试验区。

（二）严格煤炭资源配置，提高生产行业准入门槛

新建煤矿项目必须同步建设转化项目及高新技术、装备制造等配套项目。新建井工矿产能不低于 120 万吨/年，露天矿产能不低于 300 万吨/年。科学合理安排“十二五”煤矿备选项目，优先支持转化项目已落地的煤矿项目，无转化项目的煤矿项目不予报批。限制单一扩大产能的低水平煤矿改造项目。禁止向产能过剩行业配置资源，引导企业投资向高技术、深加工、第三产业转移，引导已配置煤炭资源的高新技术和装备制造企业与地方煤炭企业合作，共同投资煤炭项目，带动地方煤炭企业转型。推行煤炭生产企业资质管理，生产规模不低于 300 万吨/年。

（三）建立健全资源开发利益共享机制

探索“资源资本化、资本股份化”发展模式，政府以煤炭资源的矿业权和土地使用权入股煤炭企业。当地居民用被征用土地、草牧场入股企业，与企业协商建立优先分配机制。政府将参股企业作为配置资源的条件，增强资源开发的调控能力，提高煤炭对经济社会的贡献度。争取国家和自治区调整矿产资源补偿费和煤炭价格调节基金分成比例，增加市和旗区人民政府比例。争取国家对我市上划中央税收的政策支持，加大对煤炭输出地区转移支付力度，支持地方推进环境综合整治和改善民生，促进可持续发展。

（四）兼并重组中小煤炭企业，培育地方大型能源企业集团

提升煤炭产业的集中度、市场竞争力和行业话语权，支持地方煤炭企业资产兼并重组，提高煤炭生产的集约化水平，产能在 500 万吨以上资产优良的企业可优先作为兼并主体。兼并重组后的煤炭企业形成“四个一”，即一个法人治理结构、一个安全责任主体、一套统计报表、一个企业名称。兼并重组后的主体企业可优先申报增加铁路运力、新建煤矿、转化项目核准。兼并重组后主体企业在税收优惠、用水、用地、环境指标、融资等方面予以政策倾斜。建立煤炭企业退出机制，对不积极参与重组的企业，不新增资源、不增加铁路运力、不报批煤矿项目；在规定时限内，达不到最低生产规模的煤炭企业和不参与兼并重组的煤矿，不予办理工商营业执照、采矿证、煤炭生产许可证的年检及延续手续。

（五）加强煤矿生态环境治理，建设和谐矿区

编制矿区生态环境综合治理规划，规范矿区环境影响评价和单项环境影响评价。实行矿区环境影响监测评估、报告、公示制度，煤炭企业要定期向环保部门报告环保投入与治理情况，环保部门要对煤炭企业造成的粉尘噪声污染、草场耕地损害、地下水位下降等环境问题进行跟踪监测、评定，并向社会公布。建立预交生态环境治理保证金制度，对新建煤矿在项目验收前完成生态环境治理保证金收缴工作，对生产煤矿以年为单位进行生态环境治理保证金核定。提高矿区和煤矿环保准入门槛，新建煤矿要严格执行煤矿环保设施与主体工程“三同时”制度，生产煤矿要落实煤矿地质环境治理保证金制度。鼓励采用煤炭开发新技术，减少水土资源流失，保护生态环境。新建煤炭项目必须进行社会风险性评估，编制并报批搬迁方案，进行评估和公示，项目开工前完成搬迁计划。

（六）重点保护性开发利用准格尔高铝煤炭资源

保护性开发准格尔煤田高铝煤炭资源，对现有生产的高铝煤实行定点燃烧、定点储存、定点转化、综合利用，构建煤—电—粉煤灰提取氧化铝—电解铝及深加工—建材循环经济产业链。争取国家设立准格尔高铝煤炭资源循环经济示范区，同步核准煤矿、火电、氧化铝、电解铝及其他配套加工项目。争取国家将从粉煤灰中提取氧化铝及副产品活性硅酸钙、分子筛、水泥熟料等产品列入国家资源综合利用目录，免收增值税和所得税。

（七）提高洗选率、煤矸石利用率和煤矿水回用率

限制低热值煤长距离运输，煤炭运输应当采取防尘、防洒漏措施。2015 年，全市煤炭洗选率达到 80%，洗选能力与煤炭产能相匹配，出区煤炭洗选率达到 100%。鼓励建设煤矸石电厂、煤矸石制建筑材料、充填复垦造地造田等项目。2015 年，全市煤矸石综合利用率提高到 75%。矿井用水优先采用处理后的煤矿疏干水，减少外部取水量，煤矿疏干水综合利用率达到 80% 以上，洗煤废水闭路循环率达到 100%。

（八）加强人力资源建设

支持煤炭企业建立技术开发中心，增强自主创新能力。设立煤矿企业人力资源发展基金，加强对技术创新和技术改造给予的政策支持。加强煤矿专业人才继续教育，实施煤炭行业技能型紧缺人才培养培训工程。规范煤矿从业人员职业资格管理，鼓励企业开展全方位、多层次的职工安全、技术教育培训。大力发展独具特色的煤炭高等教育和职业技术教育，推进煤炭技术创新服务体系建设。发挥中介组织作用，鼓励和支持煤炭行业协会建立健全煤炭市场供求、技术经济指标等方面的信息定期发布制度和行业预警制度，及时反映行业动态和提出政策建议，加强行业自律，引导企业发展。

鄂尔多斯市人民政府关于印发《鄂尔多斯市煤炭工业发展“十三五”规划》的通知

鄂府发〔2017〕191 号

各旗区人民政府，康巴什新区管理委员会，市人民政府各部门，各直属单位，各大企事业单位：

现将《鄂尔多斯市煤炭工业发展“十三五”规划》印发给你们，请结合实际，认真组织实施。

鄂尔多斯市人民政府

2017 年 11 月 27 日

鄂尔多斯市煤炭工业发展“十三五”规划

第一章　发展基础及背景

一、主要成就

（一）经济社会发展概况

“十二五”期间，面对煤炭需求持续走低、经济下行压力加大的不利局面，全市响应中央“转型升级”的政策号召，积极推进工业转型升级步伐，淘汰落后、高污染、低附加值的工业产业，大力扶持现代服务业、旅游业等第三产业。市人民政府结合实际，实施了有针对性的发展改革措施，解决经济发展中面临的新问题和新矛盾。经济发展整体呈现增长平稳、结构优化、质量提升、民生改善的良好态势。

2015年全市地区生产总值达到4226.1亿元，增长7.7%；规模以上工业增加值达到2054.4亿元，增长9.6%；固定资产投资达到2737亿元，增长14.5%。全力扶持企业，出台了稳定企业生产经营、促进非公经济发展等政策措施，实现主营业务收入4239亿元、利润516亿元、税金344亿元，均居全区第一位。新增煤化工产能90万吨/年，其中60万吨烯烃、30万吨乙二醇；非煤产业完成投资1515亿元，占工业总投资的81%，实现增加值993亿元，占规模以上工业增加值的48%，同比提高6.3个百分点；煤炭产业占工业的比重降到60%以下。

（二）资源保障能力更加稳固

鄂尔多斯市煤炭资源富集，分布广阔，含煤区面积约6万多平方公里，占全市国土面积的70%以上，预测总储量近万亿吨，其中探明储量2017亿吨，约占全自治区的三分之二、全国的六分之一。境内由东到西分布有准格尔、东胜、桌子山三大煤田。煤田构造简单，煤层赋存稳定、低瓦斯、埋藏浅、易开发，适宜兴建大型、特大型矿井；煤种齐全，有长焰煤、不黏结煤、弱黏结煤、褐煤、气煤、肥煤、1/3焦煤、焦煤，可用作动力煤、化工用煤，也可做配焦用煤；煤炭资源品质优良，总体具有低硫、低磷、低灰、中高发热量的特征。全市煤炭资源总体勘查面积为4.8万平方公里，其中，预查面积2.63万平方公里，普查面积1.16万平方公里，详查面积0.53万平方公里，勘探（精查）面积0.48万平方公里。

截至2015年底，累计勘查获得煤炭资源量3031.8亿吨，其中保有储量2921.7亿吨、可采储量1016.9亿吨。根据资源赋存特点、地质勘探程度、区域分布状况，全市1000米以内的浅层煤炭资源划分为14个开发矿区。其中万利、准格尔、神东、高头窑、塔然高勒、新街、呼吉尔特、上海庙8个矿区总体规划已获国家发展和改革委员会批复；纳林河、准格尔中部、新街台格庙、纳林希里、乌兰格尔五部矿区总体规划已经编制完成；桌子山矿区经国家发展和改革委员会同意不需报批总体规划。详见表1-1。

（三）煤炭基地建设有序推进

“十二五”期间，鄂尔多斯市加强规划和建设管理，合理有序推进国家大型煤炭生产基地建设。逐步建成了东胜、准格尔2个亿吨级矿区和万利、高头窑两个5000万吨级矿区。以绿色开采、清洁生产为抓手，持续推进煤矿建设的现代化和标准化，建成了国内先进、世界前列的千万吨级特大型煤矿。“十二五”期间，在建煤矿27座，建设规模17900万吨/年。

表 1-1　鄂尔多斯市规划矿区基本情况表

序号	矿区名称	隶属旗区	矿区面积（平方公里）	资源储量（亿吨）	规划井田（个）	规划规模（万吨/年）
	总计		20266	3097	123	88220
一	已批复矿区		14023	1984	82	52320
1	准格尔矿区	准格尔旗	1120	282	22	17380
2	神东矿区	伊金霍洛旗	1076	128	17	8840
3	新街矿区	伊金霍洛旗	1416	240	5	4900
4	呼吉尔特矿区	乌审旗	3001	704	7	6300
5	塔然高勒矿区	杭锦旗	2379	162	5	2600
6	高头窑矿区	达拉特旗	3110	194	4	2300
7	万利矿区	东胜区	767	131	8	3840
8	上海庙矿区	鄂托克前旗	1154	143	14	6160
二	上报待批矿区		4691	857	29	26300
1	纳林河矿区	乌审旗	2069	343	12	11100
2	准格尔中部矿区	准格尔旗	672	210	8	6700
3	新街台格庙矿区	伊金霍洛旗乌审旗	766	144	5	6200
4	纳林希里矿区	伊金霍洛旗	1184	160	4	2300
三	完成规划编制矿区		1552	256	12	9600
1	乌兰格尔矿区	达拉特旗准格尔旗	1552	256	12	9600

其中："十一五"结转续建煤矿 5 座，建设规模 3800 万吨/年。"十二五"期间，核准在建煤矿 22 座，建设规模 14100 万吨/年。核准未开工煤矿 2 座，建设规模 2400 万吨/年。建成投产煤矿 3 座，新增煤炭产能 1880 万吨/年；技改煤矿 68 座，产能 7005 万吨/年。"十二五"期间，煤矿建设投资 900 亿元。

（四）煤炭生产稳步发展

1. 煤炭生产结构

截至 2015 年底，全市在籍煤矿 331 座，设计产能 76145 万吨/年。按开采方式分：井工煤矿 178 座，产能 50695 万吨/年，露天煤矿 153 座，产能 25450 万吨/年；按进展情况分：生产煤矿 239 座，产能 53120 万吨/年，技改煤矿 68 座，产能 7005 万吨/年，在建煤矿 24 座，产能 16020 万吨/年；按企业性质分：央企 33 座，设计产能 25970 万吨/年，外省国企 35 座，设计产能 7560 万吨/年，地方煤矿 263 座，设计产能 42615 万吨/年。煤矿平均单井产能 230 万吨/年，较 2010 年的 140 万吨提升 64%。按照井型划分：大、中、小型煤矿个数分别占 51%、44%、5%，产能分别占 85%、14%、1%。

（五）原煤产量

2011—2015 年全市累计生产原煤 31 亿吨，"十二五"期间年平均递增 7.1%。其中 2015 年煤炭产量 6.15 亿吨，比 2010 年 4.5 亿吨增 36.67%，完成"十二五"规划 7 亿吨以下的控制目标。全市累计销售煤炭 28.6 亿吨，其中 2015 年销售煤炭 5.4 亿吨。"十二五"煤炭产量见表 1-2。

表1-2　鄂尔多斯市“十二五”煤炭产量　　万吨

	“十一五”	“十二五”期间				
年度	2010年	2011年	2012年	2013年	2014年	2015年
煤炭产量	44900	58800	63900	63100	63100	61500
煤炭销售量	44900	58800	59054	57616	56067	54011

（六）煤炭产业集中度逐步提高

在煤炭资源整合基础上，煤炭企业兼并重组有序进行，大型煤炭企业发展成效明显，煤矿技术水平得到提升，企业自我发展能力显著增强。2015年底共有煤炭生产企业146家。其中，中央企业7家，总设计产能25970万吨/年；外省国有企业10家，总设计产能7560万吨/年；地方煤炭企业129家，总设计产能42615万吨/年。“十二五”以来，市内煤炭企业技术面貌发生了较大变化，全市煤矿采掘机械化程度、全员效率、采区回采率分别达到90%、35吨/工、78%。大型重点煤炭企业改变过去单一煤炭生产经营模式，逐渐向电力、煤化工以及房地产、交通运输等领域延伸，自我发展能力和抗风险能力增强。

（七）煤炭加工转化能力增强

鄂尔多斯市已成为国家重要的清洁能源输出基地和现代煤化工生产示范基地。煤炭洗选加工能力增强。截至2015年底，全市选煤厂182座，总洗选能力5.6亿吨/年，2015年原煤洗选量48610万吨，洗选率90%，其中入洗率57%。实施煤炭清洁生产同时，强化煤炭高效利用、循环发展战略，促进煤炭产业链延伸增值。2015年就地转化能力达到17%，较“十一五”末提高6个百分点；资源综合利用水平提高。高铝粉煤灰资源化利用取得新进展，煤矸石综合利用率逐年提高，煤矸石等固体废弃物综合利用率达到69%，矿井水综合利用率达到68%，焦煤全部实现了就地循环利用。

（八）拓展销售市场减轻企业负担

2012年以来，全市积极适应全国煤炭工业发展新常态，切实减轻企业负担，稳定煤炭销售市场和价格，率先开发建立了煤炭交易中心，及时发布煤炭销售信息；组织召开煤炭产运需恳谈会，为地方煤炭生产企业、各大港务公司、地方铁路局、各终端用户等产运需三方搭建合作平台，促成煤炭生产与销售，进一步提高鄂尔多斯市煤炭产品的市场话语权和占有率；加强与铁路、物流园区合作，扩大铁路运力，并加强公路短途运输，确保煤炭顺利外运；全力推进企业兼并重组；通过做大做强地方企业，提高抵御市场风险的能力；延伸产业链推动煤炭产业结构调整和转型升级；限制或停止部分产能以降低库存，并压缩经营性成本；通过税费减免、电价补贴、电力多边交易和发放煤炭企业员工培训补贴等优惠政策，进一步减轻企业负担，保障煤炭企业正常生产运营。

（九）煤矿安全生产水平不断提高

“十二五”期间，全市煤矿安全监管部门把握“安全第一、预防为主、综合治理”的方针，多措并举开展煤矿安全生产隐患排查工作，安全生产水平显著提高。2015年全市煤炭百万吨死亡率为0.0016，创近年来新低，仅为全区的12%、全国的1%，总体处于全国与世界领先水平。

（十）生态环境治理取得明显成效

通过政府引导，企业投资，群众参

与，加大矿区生态修复和环境治理力度，取得明显成效。大力发展煤矿清洁生产和循环利用，煤炭企业工业污染源得到普遍治理。2015 年，煤矸石等固体废弃物综合利用率达到 69%，矿井水综合利用率达到 68%，废弃物排放总量得到有效控制。

二、存在主要问题

（一）产业集中度有待提高

2015 年全市煤炭生产企业 146 户，其中生产规模在 300 万吨以下的煤炭企业 96 户，产能仅占 13.2%，但户数占比达 66%，企业数量多、规模小，抵御市场风险能力弱。开发主体所处位置不集中，与鄂尔多斯市的煤炭资源分布状态和能源战略地位不相称，需进一步整合煤炭开发主体，提高煤炭产业集中度。

（二）煤炭综合利用效率较低

煤炭产业结构不尽合理，产品结构初级化，产品附加值低，煤炭就地转化比重低，原煤大量直接外销。重开采轻转化，加工转化利用产业链短，高、精、尖项目少，产品附加值低，产业利润大部分流失在了运输和销售环节，经济效益不能充分体现。煤矸石、煤泥、高铝煤炭等煤矿伴生和再生资源尚未得到有效利用，2015 年全市煤炭就地加工转化率仅为 17%，矸石利用率约 17.8%，粉煤灰利用率约 40%，煤炭产业结构需进一步优化，资源综合利用水平亟待提高。

（三）生态治理和环境保护任务紧迫

矿区生态治理与环境保护任务重，大量煤矸石堆放，同时煤矿开采造成地下水位下降；大规模的煤炭公路外运，对沿线造成了粉尘污染。虽然近几年国家和地方人民政府安排资金支持矿区综合治理，部分矿区生产和生活条件得到改善，但总体来看，治理任务艰巨。随着煤矿开采范围和强度的增大以及煤炭转化规模的加大，地表沉陷、植被破坏、水系破坏、环境污染等一系列生态环境问题进一步凸显，煤炭生产及利用将面临土地和环境容量制约，煤炭工业发展与生态环境保护的矛盾将更加突出。

（四）煤炭行业人力资源不足

近年来，我市培养和接纳了大批煤炭专业技术人员，但随着煤炭产业的发展和煤矿机械化水平的提高，煤炭专业人才资源特别是熟练技工仍严重不足。作为全国最大产煤地区，目前尚无专业门类齐全、特色鲜明的煤炭高等院校和职业技术学校，缺乏自主培养煤炭专业技术人才的渠道；煤炭产业技术、经济、政策等方面咨询服务机构尚未健全。

三、面临的形势

（一）国家煤炭产业宏观发展形势分析

1. 行业发展面临新挑战。我国经济发展进入新常态，从高速增长转向中高速增长，向形态更高级、分工更优化、结构更合理的阶段演化，能源革命加快推进，油气替代煤炭、非化石能源替代化石能源双重更替步伐加快，生态环境约束不断强化，煤炭行业提质增效、转型升级的要求更加迫切，行业发展面临历史性拐点。

2. 煤炭的主体能源地位不会变化。我国仍处于工业化、城镇化加快发展的历史阶段，能源需求总量仍有增长空间。煤炭占我国化石能源资源的 90% 以上，是稳定、经济、自主保障程度最高的能源。煤炭在一次能源消费中的比重将逐步降低，但在相当长时期内，主体能源地位不会变化，必须从我国能源资源禀赋和发展阶段出发，将煤炭作为保障能源安全的基石。

3. 能源需求增速放缓。在经济增速趋缓、经济转型升级加快、供给侧结构性改革力度加大等因素共同作用下，能源消费强度降低，能源消费增长换挡减速。“十三五”期间，预计我国经济年均实际增长6.5%以上，能源消费年均增长3%左右，增速明显放缓。

4. 清洁能源替代步伐加快。我国能源结构步入战略性调整期，能源革命加快推进，由主要依靠化石能源供应转向由非化石能源满足需求增量。天然气、核能和可再生能源快速发展，开发利用规模不断扩大，对煤炭等传统能源替代作用增强，预计到2020年，非化石能源消费比重达15%左右，天然气消费比重达10%左右，煤炭消费比重下降到58%左右。

5. 生态环保和应对气候变化压力增加。我国资源约束趋紧，是二氧化碳排放量最大的国家，已提出2030年左右二氧化碳排放达到峰值的目标，国家将保护环境确定为基本国策，推进生态文明建设，煤炭发展的生态环境约束日益强化，必须走安全绿色开发与清洁高效利用的道路。

6. 煤炭工业发展迎来诸多历史机遇。“一带一路”建设、京津冀协同发展、长江经济带发展三大国家战略的实施，给经济增长注入了新动力。国家将煤炭清洁高效开发利用作为能源转型发展的立足点和首要任务，为煤炭行业转变发展方式、实现清洁高效发展创造了有利条件。国家大力化解过剩产能，为推进煤炭领域供给侧结构性改革、优化布局和结构创造了有利条件。现代信息技术与传统产业深度融合发展，为煤炭行业转换发展动力、提升竞争力带来了新的机遇。

（二）我市煤炭工业发展形势分析

我市煤炭工业起步早、发展慢，直到上世纪八十年代神华集团进入，全市煤炭工业规模化发展才得以启动。特别是2000年以来，经过大开发、大建设，得到了大发展。经过兼并重组、产业升级，实现了机械装备、开采技术、生产规模、安全生产水平的大提升。

2012年以来，受经济增速减缓煤炭需求量下降、进口煤炭的冲击、国内煤炭产能过剩的影响，煤炭销售量、销售价格双下降。原煤销售量由2011年的5.88亿吨下降到2015年的5.4亿吨，原煤综合平均价格由2011年的376元/吨下降到2015年的168元/吨。市内煤炭企业亏损面急剧抬升。在国家化解过剩产能、支持煤炭企业脱困等政策的有力实施下，2016年煤炭行业形势有所好转，但在整个“十三五”期间，将受到煤炭资源配置政策影响，面临新增产能陆续释放、外部市场增长乏力等多重压力。

依据国家煤炭工业发展实际，结合全市经济发展的趋势，我市煤炭工业发展将逐步进入“商品煤销售质量要求提高，外销比例压缩，市内就地转化能力强势增长，转化率大幅度提高，煤炭供需基本保持平衡，具有一定的发展空间，煤炭企业盈利趋稳，煤电、煤化等一体化推进，煤炭企业转型加快，矿产开发环保压力提升，机械化、信息化、智能化和绿色开采广泛推广应用”的发展阶段。

鄂尔多斯煤走品牌化、标准化、清洁化、信息化的道路，融入“一带一路”建设、京津冀协同发展、长江经济带发展三大国家战略的实施，煤炭工业将迎来新的发展机遇。

第二章　煤炭需求预测及供需平衡

一、煤炭需求预测

（一）弹性系数预测

2011—2015年，鄂尔多斯市地区生产总值年均增长率10.04%；煤炭消费弹性系数平均2.63。考虑我国能源消费结构调整、煤炭消费总量控制、资源综合利用率提高等因素，“十三五”期间预计全市平均煤炭消费弹性系数 2.0。“十三五”时期，预测鄂尔多斯市生产总值年平均增速 7.5%。预测 2020 年全市煤炭消费量 2 亿吨左右。

（二）主要行业耗煤预测

1. 电力工业煤炭需求预测

2015 年底，全市燃煤电厂装机规模 1200.94 万千瓦，发电量 733.60 亿千瓦时，消费煤炭约 4000 万吨。根据全市电力需求预测和电源建设规划，预测到 2020 年，煤电装机将达到 3300 万千瓦，发电量 1650 亿千瓦时，煤电行业用煤约为 8000 万吨。

2. 化学工业煤炭需求预测

鄂尔多斯市煤化工主要产品煤制油、煤制气、煤制烯烃、煤制甲醇、煤焦化、煤制化肥、煤制乙二醇等，2015 年消耗煤炭 3305 万吨。“十三五”期间鄂尔多斯市坚持有序发展煤炭深加工基地，提高煤炭就地转化能力，科学推进煤制油、煤制气项目，鼓励煤基多联产等煤炭深加工项目发展，预测 2020 年化工行业煤炭消耗量将达到 13300 万吨左右。

3. 冶金工业煤炭需求预测

鄂尔多斯市境内冶金企业发展滞后，2014 年鄂尔多斯市冶金行业消费煤炭近 1000 万吨。预测到 2020 年全市冶金行业消费煤炭将稳定在 1000 万吨左右。

4. 建材工业煤炭需求预测

2015 年鄂尔多斯市建材行业消费煤炭近 200 万吨。预测 2020 年鄂尔多斯市建材行业煤炭消费量为 200 万吨。

5. 其他工业耗煤预测

2015 年鄂尔多斯市其他工业耗煤在 800 万吨左右。预测 2020 年将达到 1000 万吨。

6. 民用及其他行业用煤预测

2015 年鄂尔多斯市民用煤约 150 万吨。预测 2020 年民用煤减少至 100 万吨左右。

“十三五”市内煤炭需求预测见附表 2-1。

表 2-1 “十三五”市内煤炭需求预测表

项目	单位	2015 年实际	2020 年预测
耗煤量合计	万吨	9455	23600
电力	煤电发电量（度）	738.4	1650
	耗煤量（万吨）	4000	8000
煤制油	产量（万吨）	90	540
	（万吨）	230	2600
煤制气	产量（亿立方米）	3.40	100
	耗煤量（万吨）	50	2700
煤制烯烃	（万吨）	0	440
	耗煤量（万吨）	0	3300
煤制甲醇	产量（万吨）	443	800
	耗煤量（万吨）	1100	2000
煤焦化	产量（万吨）	780	1000
	耗煤量（万吨）	1100	1400

表 2-1（续）

项目	单位	2015 年实际	2020 年预测
煤制化肥	产量（万吨）	396	410
	耗煤量（万吨）	800	850
煤制乙二醇	产量（万吨）	6	120
	耗煤量（万吨）	25	450
冶金工业耗煤	（万吨）	1000	1000
建材工业耗煤	（万吨）	200	200
其他工业耗煤	（万吨）	800	1000
民用及其他行业耗煤	（万吨）	150	100

（三）煤炭需求预测结论

综合考虑煤炭消费弹性系数及主要耗煤行业的煤炭需求情况，市内 2020 年煤炭需求量为 2 亿吨以上，较 2015 年增长 104%。

（四）煤炭调出量预测

“十二五”期间，全市每年商品煤调出区外保持在 4-5 亿吨左右。预测“十三五”期间，东部地区开采量逐步减少，促使全国煤炭生产量逐步降低。同时受经济形势以及环境政策的变化，煤炭消费占能源消费的比重也会逐步下降。因此“十三五”期间，鄂尔多斯市外销煤炭趋于稳定，每年外调原煤在 4.5 亿吨左右。见表 2-2。

表 2-2　2010—2020 年鄂尔多斯市内、外煤炭需求预测　　万吨

	2010 年实际	2015 年实际	2020 年计划
一、煤炭净调出量	40000	45000	45000
1. 调入量			0
其中：铁路			0
公路			0
2. 调出量	40000	45000	45000
其中：铁路	21000	30000	35000
公路	19000	15000	10000

二、供需平衡分析

（一）煤炭产能预测

1. 生产煤矿：2015 年底，全市在籍生产煤矿共 239 处，总设计产能 53120 万吨/年。

2. 技改煤矿：2015 年底，全市技改煤矿 68 座，产能 7005 万吨/年。

3. 在建煤矿：2015 年底，“十二五”结转新开工煤矿 2 座，产能 2400 万吨/年；续建煤矿 26 座，产能 17100 万吨/年。到 2020 年投产煤矿 26 座，“十三五”末增加产能 17100 万吨/年。

4. 规划煤矿：“十三五”拟建煤矿 38 座，产能合计 28060 万吨/年，其中：到 2020 年投产煤矿 7 座，“十三五”末增加产能 4460 万吨/年。

5. 产能退出煤矿：因资源枯竭和化解煤炭过剩产能等因素，“十三五”期间关闭退出煤矿产能5500万吨/年左右。

根据以上分析，预测2020年，鄂尔多斯煤炭产能达到7.5亿吨左右。

（二）煤炭产量预测

根据鄂尔多斯市煤炭开采条件和近年煤矿生产情况，预测2020年煤炭产量控制在6.5亿吨左右（预留1亿吨市场调节产能）。详见表2-3。

表2-3　“十三五”煤炭产量预测表

亿吨

	2015年实际	2016年预计	2017年预计	2018年预计	2019年预计	2020年预计
在籍煤矿产量	6.15	5.00	5.00	4.90	4.80	4.45
在建煤矿产量		0.80	0.80	1.00	1.20	1.60
规划煤矿产量		0.00	0.20	0.30	0.30	0.45
煤炭供给预测合计	6.15	5.80	6.00	6.20	6.30	6.50

（三）煤炭供需平衡

“十三五”期间，鄂尔多斯市煤炭消费总量呈上升趋势，预计将从2015年的9800万吨增长到2020年的20000万吨；同期煤炭产量也将略有增长，预计将从2015年的61500万吨增长到2020年的65000万吨。预计每年将有4.5亿吨左右输送区外，维持煤炭净调出态势。见表2-4。

表2-4　“十三五”煤炭供需平衡预测表

亿吨

	2015年实际	2016年预计	2017年预计	2018年预计	2019年预计	2020年预计
原煤销售量	5.40	5.30	5.5	5.80	6.00	6.50
市内需求	0.92	1.00	1.20	1.40	1.50	2.00
转化率%	17.00	18.87	21.88	24.14	25.00	30.77
外输原煤	4.42	4.30	4.30	4.40	4.50	4.50

第三章　指导思想和发展目标

一、指导思想

牢固树立“创新、协调、绿色、开放、共享”的发展理念，以国家和自治区煤炭“十三五”规划为指导，从鄂尔多斯市区域经济和社会发展实际情况出发，积极适应经济发展新常态，抓住能源革命新机遇，围绕建设国家清洁能源输出基地和现代煤化工产业示范区，打造“鄂尔多斯煤”国家优质品牌，以建设先进产能、优质产品，打造绿色矿山、和谐矿区，争创世界一流的煤炭行业水平为目标，以提高发展质量和效益为中心，以推动煤炭供给侧结构性改革为主线，着力优化产业结构，着力推进清洁高效低碳发展，着力规范发展秩序，化解存量、做优增量、调控总量，稳固提升国家大型煤炭生产基地的突出地位，为稳定国家煤炭供应、保障能源安全、实现国民经济和社会发展“十三五”规划目标奠定基础。

二、基本原则

（一）坚持创新发展。创新行业管理

体制，完善煤矿退出机制，激发企业内生发展动力；强化科技创新引领作用，积极推广先进适用技术，积极推进重大技术示范工程建设，积极推动现代信息技术和煤炭产业深度融合发展。

（二）坚持融合发展。依据国家及自治区能源发展战略规划，优化煤炭发展布局，发展先进产能。积极推进煤炭生产与电力、煤化工等下游转化产业融合，加快煤炭转型升级，进一步提高煤炭工业发展质量。

（三）坚持绿色发展。贯彻生态文明发展理念，建设绿色煤炭工业。加强煤炭在开发、转化、利用各环节的监督和管理，提高煤炭产品质量，推进煤炭加工转化，建设煤炭分级分质梯级利用示范项目。促进煤炭的节约、高效、清洁化发展。加大煤炭矿区环境保护和生态治理，努力建设和谐矿区。

（四）坚持开放发展。立足国内，积极参与并融入国家“一带一路”发展战略，遵循多元合作、共赢发展，在煤炭贸易、技术及装备等方面加强国内、国际合作，提升鄂尔多斯市煤炭影响力。

（五）坚持共享发展。保障煤炭资源开发利益合理分配。保障人民群众生活同步提高，生态环境同步改善。

三、发展目标

（一）资源勘查

加强煤炭后备资源的地质勘探工作，继续提高已编制完成矿区总体规划区域的勘查区勘探程度，详勘面积达到国家修编矿区总体规划60%以上的要求；未规划区域开展煤田地质普查，为新矿区规划奠定基础；加快开展准格尔煤田、东胜煤田深部区煤层气勘探工作。

（二）煤矿建设

“十三五”期间，“十二五”结转新开工煤矿2座，产能2400万吨/年，续建煤矿26座，产能17100万吨/年。为满足鄂尔多斯市境内煤电、煤制气、煤制油等国家重点建设和示范项目原料和燃料煤需求，合理布局重点煤矿开发建设。规划新建高标准、高起点的现代化备选矿井38座，拟建规模为29360万吨，估算建设总投资1695亿元。其中“十三五”末投产规模为4500万吨。

（三）煤炭生产

“十三五”期间，在满足国内煤炭市场需求，保障市内煤电、煤化工原料煤炭供应的前提下，到2020年，全市原煤产能控制在7.5亿吨（预留1亿吨市场调节产能）；产量控制在6.5亿吨左右。坚持推进煤炭绿色开采，采区回采率达到85%以上。推广充填开采、保水开采和薄煤层开采等绿色开采技术。

（四）煤炭销售

全面实施“鄂尔多斯煤”品牌战略，强化煤炭清洁利用，大幅度提高煤炭洗选，“十三五”煤炭洗选率达到90%，外输商品煤全部实现洗选，建立商品煤分级分质利用体系，推广应用煤炭洗选、配煤等洁净煤生产技术。到2020年，全市煤炭销售量达到6.5亿吨，市外销售稳定在4.5亿吨左右；市内转化量达到2亿吨左右，其中煤电转化量8000万吨、煤化工转化量8000万吨。原煤就地转化率由2015年的17%提高到30%以上。

（五）煤矿技术

“十三五”期末，煤矿技术进步达到以下目标：煤矿采掘机械化程度达到100%；千万吨级煤矿18个，年产量28000万吨，占到鄂尔多斯市煤炭产量的36%。煤矿原煤生产人员效率高于40吨/工。

（六）企业发展

“十三五”期间，通过产业、产权、管理、文化的深度融合，积极推进煤电、煤化一体化发展，继续加大煤炭企业兼并重组和资源整合力度，提高生产规模和产业集中度。到2020年，全市煤炭企业减少到100家以内。支持和培育亿吨级煤炭企业1家、5000万吨级煤炭企业4家、1000万吨级煤炭企业10家，产量占全市总产量的85%以上。

（七）安全生产

全市煤矿安全生产水平进一步提高。生产和基建矿井，杜绝重特大事故，有效防范较大事故，努力降低一般事故。生产煤矿全部达到国家安全质量标准化和瓦斯综合治理工作体系建设要求。“十三五”期间，全市原煤生产百万吨死亡率控制在0.01以下。

（八）资源综合利用

切实提高煤炭伴生矿产资源的利用，“十三五”期末，鄂尔多斯市煤矸石综合利用率达到80%以上，矿井水利用率达到90%以上。加快准格尔矿区粉煤灰提取氧化铝技术试验研究，“十三五”期间力争实现产业化开发利用。结合煤层气勘探开展煤层气开发利用试验示范建设。主要发展目标见表3-1。

表3-1 “十三五”时期煤炭工业主要发展目标

指标	单位	2015年	2020年
煤炭产能	亿吨	6	7.5
煤炭产量	亿吨	6.15	6.5
市内煤炭消费量	亿吨	0.92	2
外调量	亿吨	4.48	4.5
退出产能	万吨	—	5520
煤矿百万吨死亡率		0.0016	<0.01
煤矿采掘机械化程度	%	90	100
全员劳动工效	吨/人/日	35	40
采煤沉陷区治理率	%	—	80
土地复垦率	%	—	90
煤矸石综合利用率	%	69	80
矿井水利用率	%	68	90
原煤洗选率	%	90	90

（九）环境治理

规划期内，进一步加强环境保护和生态治理，重点整治采煤沉陷区、植被破坏等。采煤沉陷区治理率达到80%以上，土地复垦率达到90%以上；矿井水达标排放率达到100%，选煤厂洗水闭路循环率不低于95%；大中型煤矿企业主要污染物达标排放率达到100%，小型煤矿企业主要污染物达标排放率达到90%以上。

第四章 主要任务

一、规范煤炭开发秩序

加强行业自律，遵循市场规律，依法建设和生产，促进市场供需平衡；有效衔接资源勘探、矿区总体规划、矿业权设置方案之间关系，合理布局矿区建设规模、矿井产能和开发顺序；严格执行国家产业政策和项目基本建设程序，提高煤矿企业及新建产能准入标准，发展先进产能，严禁煤矿超能力生产；重点支持煤电、煤制气、煤制油等国家重点建设和示范项目原料和燃料煤需求为目标的煤矿建设，新建煤矿的开发主体必须投资能提高煤炭产品附加值、延长煤炭产业链或生态治理等转化项目；鼓励煤炭企业对在籍煤矿进行资源整合技改，依法淘汰落后产能，大力提高煤矿先进产能比重。严格通过产能核定等方式提高煤矿生产规模；建立联合执法机制，加强源头治理，严格查处未批先建等违规项目，严禁非法违法开采煤炭资源。

二、创新煤炭发展模式

实施创新驱动发展战略，推动煤炭产业生产、消费、技术和体制革命，推动行业发展从高强度资源投入型、劳动密集型发展向资源节约型、人才技术密集型和两化深度融合型转变；加强煤炭上下游产业一体化发展，推进煤炭企业转型发展；鼓励企业兼并重组，提高集中度，争取市场话语权；推进煤炭企业与煤电、煤化等企业联营，形成利益共同体；新建煤矿必须走煤电或煤化一体化项目，推动煤炭由燃料向原料与燃料并重转变；强化煤炭清洁利用，大幅度提高煤炭洗选，大力推广低温提质技术；推广充填、保水等绿色开采技术，推进废弃物和伴生资源综合利用，减少污染物排放。

三、优化煤炭开发布局

以市场为导向，以清洁能源基地为依托，兼顾各旗区煤炭工业平衡发展，统筹考虑煤炭资源赋存条件、市场区位、环境容量、产业布局与经济社会发展，统筹规划水源、电力、交通运输、公共服务等基础设施建设。优化煤炭开发布局，重点开发建设上海庙、准格尔中部、纳林河、呼吉尔特四个矿区，打造神东、准格尔两个亿吨级矿区，高头窑、万利、新街、上海庙、准格尔中部、纳林河、呼吉尔特七个千万吨级矿区，满足鄂尔多斯境内煤电、煤制气、煤制油等国家重点建设和示范项目原料和燃料煤需求，提高煤炭长期稳定供应保障能力。

四、优化煤炭产业结构

加快煤炭产品提质增效，实现煤炭清洁高效利用。推进企业兼并重组，提高煤炭产业集中度，横向引导大型煤炭企业与地方中小型煤炭企业、大型国有煤炭企业与地方民营煤炭企业兼并重组；采取多种形式，引导、鼓励地方中小型煤炭企业联合重组；纵向鼓励引导煤炭企业与电力、冶金、建材、化工等上下游企业兼并重组。“十三五”期间，培育亿吨级煤炭企业1家、5000万吨级煤炭企业4家、1000万吨级煤炭企业10家。

五、实施资源综合开发利用

按照“清洁、高效、循环”的思路，把资源节约、转化、循环利用放在煤炭开发利用的突出位置，巩固和提高国家级清洁能源基地建设。支持煤炭企业利用低热值煤、矿井水、矿井瓦斯及其他共伴生资源，发展循环经济。随着输出清洁煤质量和原煤入洗率的提高，大型矿区和大型选煤厂（群）周边低热值煤及矸石量增加，鼓励和支持发展低热值煤发电和煤矸石制建材项目建设。坚持矿井排水产业化利用，提高矿井水资源利用率和利用水平。

六、加强煤炭清洁高效开发利用

鼓励和支持新建煤炭转化项目采用煤—电—化—热一体化或联营模式建设，

使矿井水、低热值煤、粉煤灰、余热余气循环利用，提高资源综合利用水平。支持煤矿瓦斯利用和发电，加快实施风排瓦斯利用。加大力度支持高铝煤开展粉煤灰提取氧化铝技术研发和项目示范，促进产业化发展，构建煤—电—灰—铝循环经济产业链，逐步将高铝煤炭全部就地转化，实现资源化利用。进一步推动在籍煤矿、选煤厂的升级改造，提升现代化装备水平，提高煤矿资源回收率与入选率；加快电力、天然气外输通道及其配套煤电、煤制燃料等项目建设；大力支持和引进有技术经济实力的企业建设煤、电、铝和煤、化（天然气、油）一体化循环产业项目，促进节能减排，实现煤炭清洁高效开发利用。

七、实施优质品牌战略

鄂尔多斯市已成为国家重要的清洁能源输出基地和现代煤化工生产示范基地。以国家推动能源革命、绿色开采、清洁利用等重大战略为契机，促进煤炭产业转型升级，提升煤炭产品商品化程度，推进经济增长方式转变，保障煤炭工业可持续发展。启动煤炭标准化建设形成先进产能标准化框架，根据市场需求，分质分级开发商品煤利用体系，规范各类煤炭产品的质量指标，建立煤炭行业诚体系信建设，开启鄂尔多斯煤品牌战略之路，全力打造安全、高效、绿色、清洁的“鄂尔多斯煤”国优品牌、民族精品，为煤炭产业创新创业、转型发展提供更加强劲的动力。推进煤炭产业工业化、信息化融合；探索和推行煤矿智能化技术，做强现有优势产能；提高科技创新能力，加强与煤炭科研院所合作，建立和完善煤炭科技创新联盟，加强技术攻关，把煤炭做成高端工业品，提高在行业中的整体竞争力；构建煤炭行业质量技术检测检验体系，强化煤炭洗选配运设施，建设大型煤炭物流园区，依托内蒙古煤炭交易中心，完善煤炭物流公共管理平台，构建统一开放、竞争有序的全国性煤炭交易市场体系。

八、强化绿色和谐矿区建设

根据矿区资源条件、环境容量和生态承载力，合理确定煤炭开发强度；稳步推进煤炭绿色开采和生态矿山建设，改善矿区生态环境；加强煤炭清洁生产、绿色开采、保水开采、矿井热能利用等技术推广应用；加大采煤沉陷区治理与生态再建投入力度，加强煤矸石以及煤炭伴生资源的综合利用。根据矿区资源条件、环境容量和生态承载力，遵循资源开采业发展规律，合理确定煤炭开发强度，以最小的生态环境扰动获取最大的资源效益。加快治理矿区环境，修复矿区生态，建设绿色矿区。创新矿山管理模式，发展智慧型矿山。建设资源节约型、环境友好型、矿地关系和谐型矿区，及时将和谐生态、和谐民生、和谐生产安全、绿色矿山、农牧民持续增收等方面建设经验与成效转化为政策和制度成果，建立健全和谐矿区建设长效机制。

九、加强煤矿安全建设

强化对煤矿建设、生产全过程的监督管理，建立和完善煤矿安全生产应急救援体系建设；认真贯彻安全第一、预防为主、综合治理的方针，全面落实煤矿企业安全主体责任，完善煤矿安全生产长效机制；推进煤矿安全质量标准化矿井建设，加大安全投入，推进煤矿安全治本攻坚，加强重大灾害预防；重视对生产人员的安全技能培训，提高职工安全素质和技能操作水平；进一步加强煤矿安全建设和提高职业健康保障程度，加强职业危害防治，提高职业健康水平。

十、有序推进煤层气产业发展

加强煤层气（煤矿瓦斯）勘查和开发利用。结合实际，重点开展准格尔煤田、东胜煤田深部区等重点地区煤层气综合地质研究、有效资源评价，根据资源评价结果和有利目标区优选成果，优化试点地区，进行勘探试验和井组排采试验。采取多种方式开展煤层气（煤矿瓦斯）开发利用的示范试验。“十三五”期末，煤层气地面开采利用量达到 0.5 亿立方米。依据鄂尔多斯市煤层气资源分布、煤层气产量、市场需求和天然气输气管网建设情况，因地制宜初步发展煤层气压缩和液化工业。开展低浓度瓦斯采集、提纯和利用的技术示范工作。推广低浓度瓦斯发电、热电冷联供，鼓励乏风瓦斯氧化及余热发电或供热等利用。支持推进煤层气输气管网、压缩（液化）站、储气库、瓦斯发电等项目建设。

第五章　环境影响评价

一、煤炭开发对环境的影响

生态环境较为脆弱，煤炭开发强度较大，煤炭开发对环境影响主要体现在采煤沉陷导致地表植被破坏，导致区域水土流失，地下水径流破坏、潜水位下降和地表水减少。预计到 2020 年，全市煤矸石年产生量较 2015 年增加 675 万吨，沉陷面积增加 780 平方公里。

二、预防和减轻环境影响的对策

（一）完善环境经济政策，建立长效机制。本着“谁污染、谁付费、谁破坏、谁补偿”的原则，探索建立煤炭矿区资源环境补偿机制，加强煤炭企业排污费征收管理。严格执行排污许可证制度，全市范围内所有投入运行的煤炭企业均要求持证排污。

（二）严格环境执法监督，提高监管能力。严格执行相关污染物排放标准、非常规污染物的控制标准等环境质量标准。提高环境执法的刚性和权威，继续深入开展环保专项行动，积极开展环保后督察工作。

（三）加强对重点排污企业的监管，完善监督管理体制和机制。完善环境行政执法部门与司法机关的协调配合，强化环境违法案件向司法机关移送的力度，形成打击环境违法的长效机制。

（四）加强治理，改善矿区生态环境。基于改善环境质量的治理目标，落实“生态保护红线、环境质量底线、资源利用上线和环境准入负面清单”约束。在环境敏感区和生态脆弱区，结合资源条件和环境容量，严格控制煤炭开发规模，合理安排开发时序。强化废弃物源头减量，切实减少矿区各类污染物排放。建立多部门联动生态治理监管机制，有序推进矿区资源综合利用，采空区、沉陷区生态环境综合治理，防治水土流失。将生态文明理念融入煤矿全生命周期建设，树立良好社会形象，使煤炭开发与当地社会和谐发展。

（五）加强宣传教育，完善公众参与机制。广泛开展创建环境友好企业、绿色矿区等系列活动，增强企业的环境意识。树立环境是资源、环境是资本、环境是资产的价值观。建立有效的社会监督、舆论和信息反馈机制，切实保障社会公众有效行使监督权。

三、环境治理预期效果

到 2020 年，全市煤矸石综合利用率 80%，矿井水或露天矿矿坑水利用率 90%，煤层气（煤矿瓦斯）抽采利用率 72%。煤矿塌陷土地治理率达到 80%，排矸场和露天矿排土场复垦率达到 90%。

第六章 保障措施和政策建议

一、保障措施

（一）创新行业管理体制机制

坚持转变政府职能，增强服务意识，落实简政放权要求，大力推行权力清单、责任清单、负面清单制度并实施动态管理，推进阳光审批和政府信息公开。从资源规划、生产运行、标准制定、安全监管等方面，进一步完善各部门职能职责，形成主管部门、监管部门和行业组织间相互联系、相互协作、界限分明的煤炭监管体系。

（二）依法加强行业监管

加强对煤矿生产经营全过程管理，提高事中事后监管的针对性、有效性，加大煤矿安全监管监察工作力度。严格规范煤炭开发秩序，禁止未核准先建、批小建大等违法违规建设，加强违法违规煤矿停工停产的督查和限期整改措施落实。严格矿业权审批，对国家规划矿区内的煤炭资源，凡未经国家批准矿区规划和设置矿业权方案的，一律不予办理矿业权手续。严格落实煤矿产能登记公告制度，健全涵盖产能认定、建档登记、属地公告、定期上报等流程的常态化工作机制。

（三）加强煤炭科技人才队伍建设

加强专业技术人才队伍建设，落实煤矿从业人员岗前培训和在职继续教育制度，提高煤炭行业从业人员素质；建立健全和完善产学研用相结合的协同创新体系，加快关键技术攻关，推进重大科技示范工程建设，推广应用先进技术；积极培育国家重点实验室、国家科技研发中心、产业技术创新战略联盟等创新平台，建立以企业为主体、市场为导向、产学研用相结合的创新体系；培育一批技术创新能力强、拥有自主知识产权和品牌，融研发、设计、制造、生产、服务于一体，具备核心竞争力的煤炭企业。

（四）健全煤矿关闭退出机制

建立煤矿有序退出机制，指导煤矿有序退出。积极落实国家有关奖补资金、财税支持、金融支持、职工安置、国土、环保、质量、安全等方面的配套政策。做好企业职工转岗分流、基本生活保障等工作。对于资源枯竭、安全无保障、扭亏无望的煤矿，通过引导退出、资源整合、兼并重组等方式有序关闭或退出。做好产能退出煤矿的土地利用和环境恢复治理工作。

（五）深化煤炭企业改革

发挥企业主体作用，引导国有煤炭企业发展由依靠政府支持向依靠创新和市场竞争转变，提高企业自主决策水平。健全煤炭企业法人治理结构，完善现代企业制度，严格管控投资和经营风险。鼓励企业创新管理模式，着力提升内部管理支撑力，精简机构人员，提高管理效率，降低运营成本。创造条件推进集团公司整体上市，支持大型煤炭企业发行债券，促进企业转换经营机制。支持辖区各类所有制企业，以重组存量煤矿为重点，发展混合所有制。

（六）发展煤炭服务产业

1. 发展煤炭现代物流。支持蒙西至华中铁路等煤炭输送通道建设。完善物流转运设施，发展煤炭绿色物流，推进封闭运输，支持煤炭物流园区建设。加强监管，清理不合理收费，降低物流成本。利用物流网、互联网技术，推进煤炭物流标准化建设，提高煤炭物流专业化能力和服务能力。

2. 健全煤炭市场交易体系。继续加强以内蒙古煤炭交易中心为依托的国家级煤炭交易平台建设；开辟“互联网+煤炭产业”营销模式，推进煤炭现货、期货共同交易模式，实现煤炭产业生产、经营方式的优化升级。

二、政策建议

（一）完善煤炭税费体系

推进和完善煤炭税费改革，整合清理各种不合理收费。落实规范煤炭企业增值税抵扣、资源综合利用税收等优惠政策。做好资源税改革后续工作，理顺煤炭资源税费体系，切实减轻煤炭企业负担。

（二）完善资源开发利益补偿和分享机制

进一步完善征地补偿标准动态调整机制，规范临时用地补偿标准，建立与完善征地补偿款预存制度和分配办法。实行对被征地农牧民的多元化安置，鼓励矿山企业采取劳务委托承包等方式，支持当地发展壮大集体经济。实施地企股权合作开发项目方式。改革土地征用模式，创新矿区土地流转制度，探索农牧民参与煤炭开发项目方式等，探索政府、企业、农牧民合理分享资源开发红利的科学机制。

（三）完善鼓励政策，促进伴生资源开发利用

继续完善促进煤炭伴生资源综合利用政策，明确煤炭企业在资源开发过程中，主体资源与伴生资源统筹规划，同步设计，同步建设，合理开采，避免单纯开采主体资源导致伴生资源破坏。依法依规对伴生资源利用给予政策和税费方面的扶持，将循环利用伴生资源的后续加工产品列入产业目录，实行差别化政策。

（四）加大金融支持力度

鼓励和支持金融机构对经营遇到困难但经过深化改革、加强内部管理仍能恢复市场竞争力的骨干煤炭企业的金融服务，保持合理融资力度。支持企业通过发债替代高成本融资，降低资金成本。

运用市场化手段妥善处置企业债务和银行不良资产，支持银行向金融资产管理公司打包转让不良资产，提高不良资产处置效率。支持社会资本参与企业并购重组，鼓励保险资金等长期资金参与企业并购重组，拓展并购资金来源。建立企业金融债务重组和不良资产处置协调机制，组织协调相关部门支持金融机构做好企业金融债务重组和不良资产处置工作。

（五）加强规划实施管理

分解落实目标任务，确定实施主体和责任，保障规划顺利实施。各级政府部门和企业按照职能职责，明确规划实施责任单位，认真落实发展目标和重点任务。通过完善市场机制和利益导向机制，为完成规划目标营造良好的政策环境、体制环境和法制环境。通过完善市场机制和利益导向机制，激发市场主体的积极性和创造性，引导市场主体行为与本规划提出的目标和重点任务相一致。

附件：鄂尔多斯市“十三五”续建煤矿项目表。

附件：

鄂尔多斯市“十三五”续建煤矿项目表

序号	项目名称	旗区	建设规模（万吨/年）	项目单位	核准文件文号	建设进度
	合　计		19500			
1	神华亿利黄玉川煤矿	准格尔旗	1000	神华亿利能源有限责任公司	发改能源〔2007〕331号	在建

（续）

序号	项目名称	旗区	建设规模（万吨/年）	项目单位	核准文件文号	建设进度
2	塔然高勒煤矿及选煤厂	杭锦旗	1000	神华杭锦能源有限责任公司	发改能源〔2008〕1887号	在建
3	李家壕煤矿	东胜区	600	神华包头能源有限责任公司李家壕煤矿	发改能源〔2008〕2890号	在建
4	青春塔煤矿及选煤厂	准格尔旗	600	内蒙古珠江投资有限公司	发改能源〔2008〕3649号	在建
5	魏家峁（罐子沟）露天矿	准格尔旗	600	北方魏家峁煤电有限责任公司	发改能源〔2009〕602号	在建
6	红树梁煤矿及选煤厂	准格尔旗	500	准格尔旗宏丰煤炭运销有限责任公司	发改能源〔2011〕1437号	在建
7	唐公塔煤矿	准格尔旗	600	鄂尔多斯市东辰煤炭有限责任公司	发改能源〔2011〕3256号	在建
8	龙王沟矿井及选煤厂	准格尔旗	1000	鄂尔多斯市国源矿业开发有限责任公司	发改能源〔2011〕3257号	在建
9	满来梁煤矿及选煤厂	伊金霍洛旗	180	内蒙古蒙泰满来梁煤业有限公司	发改能源〔2011〕3259号	在建
10	巴彦高勒煤矿及选煤厂	乌审旗	400	内蒙古黄陶勒盖煤炭有限责任公司	发改能源〔2011〕3261号	在建
11	塔拉壕煤矿及选煤厂	东胜区	600	内蒙古伊泰煤炭股份有限公司	发改能源〔2012〕3049号	在建
12	红庆河煤矿及选煤厂	伊金霍洛旗	1500	内蒙古伊泰广联煤化有限责任公司	发改能源〔2013〕314号	在建
13	色连一号煤矿及选煤厂	东胜区	500	内蒙古同煤鄂尔多斯矿业投资有限公司	发改能源〔2013〕318号	在建
14	色连二号煤矿及选煤厂	东胜区	400	鄂尔多斯市中北煤化工有限公司	发改能源〔2013〕405号	在建
15	唐家会煤矿及选煤厂	准格尔旗	500	鄂尔多斯市华兴能源有限责任公司	发改能源〔2013〕406号	在建
16	尔林兔煤矿及选煤厂	伊金霍洛旗	800	内蒙古汇能煤电集团有限公司	发改能源〔2013〕408号	在建

（续）

序号	项目名称	旗区	建设规模（万吨/年）	项目单位	核准文件文号	建设进度
17	新上海庙一号煤矿	鄂托克前旗	400	内蒙古上海庙矿业公司	发改能源〔2013〕671 号	在建
18	长城二号	鄂托克前旗	120	山东能源新矿内蒙古能源有限责任公司	发改能源〔2013〕708 号	在建
19	察哈素煤矿及选煤厂	伊金霍洛旗	1000	国电建投内蒙古能源有限公司	发改能源〔2013〕2492 号	在建
20	门克庆煤矿及选煤厂	乌审旗	1200	中天合创能源有限责任公司	发改能源〔2014〕429 号	在建
21	葫芦素煤矿及选煤厂	乌审旗	1300	中天合创能源有限责任公司	发改能源〔2014〕428 号	在建
22	泊江海子矿及选煤厂	东胜区	300	内蒙古银宏能源开发有限公司	国能煤炭〔2015〕5 号	在建
23	玻璃沟煤矿及选煤厂	准格尔旗	400	内蒙古平庄煤业（集团）有限责任公司	国能煤炭〔2015〕160 号	未开工
24	马泰壕煤矿及选煤厂	伊金霍洛旗	400	鄂尔多斯市永煤矿业投资有限公司	国能煤炭〔2015〕416 号	在建
25	红庆梁煤矿及选煤厂	达拉特旗	600	杭锦旗西部能源开发有限公司	发改能源〔2015〕1554 号	在建
26	转龙湾煤矿及选煤厂	伊金霍洛旗	500	鄂尔多斯市转龙湾煤炭有限公司	发改能源〔2015〕1557 号	在建
27	麻地梁煤矿及选煤厂	准格尔旗	500	内蒙古智能煤炭有限责任公司	发改能源〔2015〕1558 号	在建
28	长滩煤矿及选煤厂	准格尔旗	2000	内蒙古汇能煤电集团有限公司	发改能源〔2015〕2828 号	未开工

鄂尔多斯市煤炭销售计量专用票票样

鄂尔多斯煤 ERDOS COAL

内蒙古鄂尔多斯市

T190600000000

煤炭销售计量专用票（煤矸石专用）

年 月 日 编号：T 190600000000

企业名称				
车牌号		煤炭种类		
净重		煤炭品种		票样
单价(元/吨)		含税总价(元)		
运往地点				
开票员		路检员		
时间				

第一联 存根

24小时内有效 过期作废 不作发票使用

鄂尔多斯煤 ERDOS COAL

内蒙古鄂尔多斯市

C190100000000

煤炭销售计量专用票（煤矿专用）

年 月 日 编号：C 190100000000

企业名称				
车牌号		煤炭种类		
净重		煤炭品种		票样
单价(元/吨)		含税总价(元)		
运往地点				
开票员		路检员		
时间				

第一联 存根

24小时内有效 过期作废 不作发票使用

鄂尔多斯煤 ERDOS COAL

内蒙古鄂尔多斯市

S190500000000

煤炭销售计量专用票（煤炭副产品专用）

年 月 日 编号：S 190500000000

企业名称				
车牌号		煤炭种类		
净重		煤炭品种		票样
单价(元/吨)		含税总价(元)		
运往地点				
开票员		路检员		
时间				

第一联 存根

24小时内有效 过期作废 不作发票使用

编 纂 始 末

2019 年 1 月 31 日，鄂尔多斯市能源局正式挂牌成立。这是鄂尔多斯市人民政府管理体制改革的重大举措，市能源局履行贯彻党中央、自治区党委关于能源工作的方针政策，落实市委相关决策部署的职责，坚持和加强党对能源（包括煤炭）工作的集中统一领导。从此，鄂尔多斯市煤炭局已成为历史，其发展历史和重要工作将载入史册，煤炭事业也翻开了新的一页，继续谱写出新的壮丽篇章。

2019 年 4 月初，市能源局根据市政府关于第二轮修志工作的部署，启动了《鄂尔多斯煤炭工业志》编纂筹备工作。8 月 16 日，经市能源局党组研究决定，印发《关于组织开展〈鄂尔多斯市煤炭工业志〉编纂工作的通知》，要求全面系统、丰富准确、客观真实地记载鄂尔多斯煤炭工业发展历史和现状。上限从 1949 年 10 月 1 日起开始，下限截至 2018 年年底。根据个别事物的发展适当上溯或下延，力争在 2020 年 10 月完成志稿编纂和评审等各项工作，确保 2020 年底前出版发行。

为了更好地开展《鄂尔多斯煤炭工业志》的编纂工作，市能源局成立了编纂工作领导小组。党组书记、局长郇建勋任组长，党组成员、副局长高凌云、霍励平以及副调研员王海滨等任副组长。领导小组下设办公室，负责日常协调与沟通，办公地点设在市能源局。

2019 年 8 月，市能源局和应急管理出版社（原煤炭工业出版社）通过政府招投标方式签订编纂服务协议。在中国煤炭工业协会煤炭工业文献工作委员会（简称煤炭文献委）指导下，成立了编纂小组，聘请神华宁煤集团王铁、山西潞安集团李晋明、山东能源集团孙卓龙、京煤集团潘惠楼等参加编纂工作，经过征求意见和讨论，确定了《鄂尔多斯煤炭工业志》编写大纲，并对编纂工作进行了分工。

2019 年 9 月 6 日，在市能源局副局长霍励平主持召开《鄂尔多斯煤炭工业志》编纂工作动员会。会议对编纂以及资料收集工作提出了安排和要求。煤炭文献委副主任陈昌、秘书处主任于海宏、《内蒙古煤炭工业志》副总纂王晓波为参与编纂工作的人员作了业务培训。市能源局相关科室及二级单位、各旗区能源局、市煤炭协会，相关大型煤炭企业的人员参加培训。

2019 年 10 月至 2020 年 1 月为资料收集阶段。市能源局编纂办公室组织安排煤炭文献委和编纂小组专家分别到各旗区能源局，以及神东、准能、满世、伊东、乌兰、天隆等大型煤炭企业进行调研、收集资料，对相关企业修志工作给予帮助和指导。

2020 年春节期间，一场突如其来的新冠肺炎疫情打断了正常的编纂安排。3 月底，疫情控制基本稳定、各项防控措施落实后，王铁、李晋明等专家返回鄂尔多斯市，克服困难，继续开展编纂工作。其他专家也坚持居家办公，确保抗击疫情期间修志工作不断线。4—8 月份，煤炭工业文献委先后五次通过视频方式召开编纂会议，对编纂过程中发现、遇到的问题进行沟通、及时交换意见和建议，保证了编纂工作顺利进行。参加编纂的专家大多是已经退休的老同志，他们都是煤炭行业的史志专家，主持或参与过煤炭企业史志（年鉴）工作，担任过煤炭志书的主编或总纂。他们热爱煤炭史志事业，不辞辛苦、夜以继日、甘于奉献，为志书编纂成功作出了重要贡献！

编纂过程中，曾遇到许多困难和挫折，特别是在资料收集和史实核实方面难度极大。市能源局领导自始至终对志书编纂工作关心支持，安排牛珍、李泓锟等工作人员，协调处理业务问题，伊泰集团安排吕文娇等同志帮助联系落实和整理资料。各旗区能源局、相关大型煤炭企业对修志工作十分重视和支持，提供了大量有价值的史志著作、年鉴、大事记、传略、画册、汇编等文献资料，丰富了志书内容。这次修志是在原鄂尔多斯市煤炭局已有的约 40 万字初稿的基础上进行的，否则，资料收集的难度不可想象！

2020 年 8 月，编纂小组在完成全部志稿编纂的基础上，进行了初审。全志由概述、大事记、专志、人物与荣誉、单位简介等部分组成，前有彩色图片、序和凡例，后有编纂始末，共计 150 余万字。

2020 年 9 月，市能源局组织有关部门和科室，对志稿进行复审，提出了修改意见和建议。《中国煤炭工业志》编委会办公室组织专家对志稿进行评审。10 月 20 日，在鄂尔多斯市能源局召开评审会议。专家认为《鄂尔多斯煤炭工业志》编纂指导思想明确、观点正确，体裁完备、结构合理，资料丰富、史实准确，语言通顺、文字规范，记述符合志书要求，同意通过终审。

在此基础上，编纂人员认真研究和收集各方面的意见和建议，举一反三，列出问题清单，逐一落实解决。最终完成修改稿约 80 万字，经市能源局党组研究同意，2021 年 5 月交付应急管理出版社出版发行。

《鄂尔多斯煤炭工业志》的编纂成功，首先得益于市能源局领导对修志工作的高度重视，保证了编纂工作顺利进行；其次，感谢各区旗能源局及所属单位、各类煤炭企业对修志的帮助和支持；最后，感谢煤炭文献委和参与编纂的专家对工作的认真负责和无私奉献。在此，向所有关心和帮助修志的同志们致以衷心感谢！

由于时间较为短促，尤其在资料收集方面有所短缺，志书会存在不足之处，敬请各位读者批评指正！

《鄂尔多斯煤炭工业志》编纂办公室

2021 年 1 月